槿域遍踏

千 句 文

朴永信 著

뱅크북

序言(서언)

대개(大槪) 나어린 학동(學童)들이 한자(漢字)를 배움에 있어서 처음에 천자문(千字文)부터 공부(工夫)하는 게 보통(普通)이다.

그러나 아쉽게도 오늘날에 와서 보니, 이미 1500여년(餘年) 전(前)에 중국(中國)의 양(梁)나라 때 주흥사(周興嗣)가 그들만의 역사(歷史)와 문화(文化)를 중심(中心)으로 지은 천자문(千字文)을 가지고, 그것도 그 옛날 문화(文化)를 선도(先導)했던 한민족(韓民族)의 후손(後孫)인 이 땅의 어린이들이 이미 낡은 시대(時代)의 유물(遺物)이 된 저들의 것을 가지고 아직까지도 아무 생각도 없이 읽고 쓰고 풀이하는 현실(現實)에 대해 안타깝고도 부끄러운 마음을 가눌 길이 없었다.

뿐만 아니라, 이 땅에 한글 전용정책(專用政策)을 펼친 이후(以後)로 말을 해서 뜻을 전달(傳達)하거나 글을 읽고서 그 뜻을 이해(理解)하는 능력(能力)이 현저(顯著)히 떨어져서 일상생활(日常生活)에 많은 어려움을 겪고 있는 바, 이 사회(社會)가 안고 있는 말과 글의 비효율적(非效率的) 현실(現實)을 이대로 두는 것은 패권(覇權)을 노리는 외세(外勢)가 거리낌 없이 들어와서 우리의 미풍양속(美風良俗)을 해치고 문화(文化)를 예속화(隷屬化)하는 위험(危險)을 스스로 불러들이게 됨은 물론(勿論)이요, 인류사적(人類史的)으로 가장 훌륭한 어문체계(語文體系)를 물려주신 선조(先祖)들의 빛나는 유산(遺産)에 대한 예의(禮儀)가 아닐 뿐만 아니라, 다가올 미래(未來)에 문화적(文化的)으로 선진(先進)한 나라를 이끌어갈 후손(後孫)들의 바람직한 역할(役割)에 대한 도리(道理)를 저버리는 일이라 여기게 되었다.

그리하여 부족(不足)하지만 작은 힘이나마 다해서 이 나라의 본디 말이 지닌 우수(優秀)한 어문체계(語文體系)를 이어받게 하여, 시정(市井)의 서민(庶民)에서 학문(學問)을 추구(追求)하는 학자(學者)에 이르기까지 말과 글의 뜻이 쉽게 소통(疏通)되고, 우리의 말과 글로써 동서고금(東西古今)을 자유(自由)로이 왕래(往來)하며, 나아가 우리의 우수(優秀)한 문화(文化)가 세계인(世界人)의 모범(模範)이 되는 날이 오기를 기다리며 올바른 언어(言語)의 길을 여는 데에 아둔한 재주와 보잘 것 없는 한 방울의 땀이라도 보태고자 남은 생(生)의 과제(課題)로 삼기에 이르렀음을 밝힌다.

본시(本是) 미욱한데다 배움이 얕은 내가 부끄러움도 무릅쓰고 감(敢)히 용기(勇氣)를 내어 우리 한민족(韓民族) 고유(固有)의 역사(歷史)와 문화(文化), 인문사회(人文社會)의 요소(要素)에 바탕을 둔 사자성구(四字成句) 250구(句)를 새로이 만들어 2007년(年)에 근역천자문(槿域千字文)이라 이름한 학습서(學習書)를 저술(著述)한 바 있었다.

비록 가장 기초(基礎)되는 천자(千字)를 골라서 우리 한민족(韓民族)의 고유성(固有性)을 표현(表現)하려 하였으나, 좀 더 밝혀 표현(表現)하기에는 미흡(未洽)하였기에, 이번에 다시금 근역편답(槿域遍踏)의 형식(形式)을 빌은 사자성구(四字成句) 일천구(一千句)를 만들어 천구문(千句文)이라 이름하였다.

상용한자(常用漢字)를 주(主)로 하여 4천자(四千字)를 골라서 글귀를 짓기는 하였으되, 여전히 흡족(洽足)치 못하고 아쉬운 부분(部分)이 남아있음을 인정(認定)한다. 따라서 학습교재(學習教材)의 역할(役割)로서 시대(時代)의 변천(變遷)과 발전(發展)에 따라 그에 따른 내용(內容)의 보완(補完)과 수정(修正)은 물론(勿論), 개편(改編)의 여지(餘地)를 두고자 한다.

그렇게라도 누군가는 본(本) 학습서(學習書)의 미흡(未洽)함을 보완(補完)해 주어서, 마치 세상물정(世上物情) 모르는 사마귀가 주제넘게도 구르는 철륜(鐵輪)에 맞서며 부끄러운 만용(蠻勇)을 부려대듯이, 감(敢)히 기라성(綺羅星)같은 고명(高明)하신 학자(學者)들 앞에 민망(憫惘)하게도 어리석은 치기(稚氣)를 부려 내놓은 보잘 것 없는 저술(著述)의 면구스런 낯을 가려주길 소망(所望)한다.

비록 나의 민망(憫惘)함이 이러함에도 유난히 한자(漢字) 학습(學習)의 필요성(必要性)을 강조(强調)하고 나서는 까닭은, 오로지 말을 주고받는 편리(便利)함에만 길들여져서 한편으론 기록(記錄)하여 남기는 문자(文字)의 기능(機能)을 소홀(疏忽)히 하는 현재(現在)의 언어교육(言語教育)의 허점(虛點)을 바로잡아서, 다소(多少)의 번거로움을 감수(甘受)하고라도 기꺼이 미래(未來)를 향한 어문학적(語文學的) 가치(價値)에 그 중요성(重要性)을 두어야 함을 호소(呼訴)함이다.

우리의 어문체계(語文體系)는 교착어(膠着語)로서, 그 남다른 강점(强點)은 소리글자와 뜻글자를 아울러 쓰는 이른바 음문병용(音文竝用) 체계(體系)이기에, 그 표현(表現)에 있어서는 가장 적실(適實)함을 추구(追求)할 수 있으며, 그 가치(價値)에 있어서는 거의 무한대(無限大)에 이르는 문학적(文學的) 소지(素地)의 발현(發顯) 가능성(可能性)이 열려 있다는 데 있다.

이 음문(音文) 병용(竝用)의 어문체계(語文體系)는 소통(疏通)과 기록(記錄)에 있어서의 강점(强點)을 함께 추구(追求)할 수 있다는 점(點)에서 언어(言語)로서는 가(可)히 독보적(獨步的) 가치(價値)를 지닌다 할 것이다.

미래(未來)의 언어(言語)는 가장 강력(强力)한 경쟁력(競爭力)을 갖춘 언어(言語)만이 살아남아 문화선진국(文化先進國)으로의 도약(跳躍)을 그 언어(言語)를 사용(使用)하는 영역(領域)에 선사(膳賜)할 것이기 때문이다.

그것이 바로 '국한문병용(國漢文竝用)'이라 일컬어온 음문병용(音文竝用) 정책(政策)을 주창(主唱)하는 이유(理由)이며, 객지(客地)에서의 고단하고 긴 여행(旅行) 끝에서야 비로소 그리운 고향(故鄕)을 찾아가듯이, 우리말의 오랜 외유(外遊)와 방황(彷徨)을 끝내고 본디 조상(祖上)으로부터 물려받은 우리의 우수(優秀)한 어문체계(語文體系)로 돌아가는 과정(過程)이기도 하다.

부디 미래(未來)로 나아감에 있어 한민족(韓民族)의 후손(後孫)들이 슬기롭기를 바란다.

참고(參考)로 그리 긴요(緊要)치만은 않은 말이기는 하나, 한 가지 덧붙이자면 오늘날 대부분(大部分)의 사람들이 한자(漢字)의 기원(起源)이 중화민족(中華民族)에서 비롯된 것으로 알고 있으나, 꼭이 그렇지만은 않다는 점(點)도 뒷장의 결어(結語)에서 언급(言及)하기로 한다.

2019年 11月 祭魚齋에서 著者 朴永信 謹記.

千句文

孩提繈跖 模倣習性 啓蒙迪惺 學童會塾

天地間人 宇宙洪荒 廣闊無邊 綺羅星辰

朝昇暮昃 明暗遞迄 逾晦翌朔 盈虧荏苒

輪廻週期 悠久毋遏 曆朞鉏鋙 閏副找缺

日晝月夜 溟涬太極 氤氳溥洽 陰陽胚胎

元亨利貞 千變萬化 存在有限 時空世界

超脫不可 氣候肇曮 丙熒壬冽 春花秋實

夏暑冬冷 三寒四溫 俛仰堪輿 洋洲陸州

山高河低 岡巒馳灣 坤貌賁奭 億兆蒼生

自由放任 東奔西走 各倥浮漂 個聯範疇

尊卑貴賤 崇昔濫觴 野蠻游弋 狩獵漁撈

槿域我邦 雌熊蟄窟 十旬遂渝 丹脣皓齒

桓雄揀偶 南男北女 倍達聖祖 弘益理念

平等互惠 檀君王儉 博愛精神 先驅思想

牛耕田畓 揷秧稼穡 綠色革命 森林保護

資源豐裕 氏族系譜 嗣孫襲伯 慈悲煦育

父爲子綱 修身齊家 仁義禮智 倫紀確立

冠婚喪祭 卜誌龜甲 吉凶禍福 書刻獸骼

所謂鑽灼 象形摹寫 鳥跡成篆 部首偏旁

記錄歷史 文字般若 獨創國語 訓民正音

頒布普及 宗廟昭穆 社稷繼承 專鈐御璽
卿尹輔翼 弼匡熙隆 諮詢稽顙 軌軸輻輳
圓融以和 顯哲堯舜 允執厥中 安頓綏靖
弊竇撤罷 詔勅矯捄 法曹典憲 慣例規程
其他條項 票決認准 聿遵嚴飭 勳功褒賞
罪責刑罰 勸善懲惡 英邁浩蕩 攬轡澄淸
照諒閥閱 薦擧銓敍 複數召募 科場坼榜
桃李擢第 增員委囑 敏腕辨措 爵位祿俸
俊乂豪傑 紅塵鬪名 群黨角逐 疆土紛搖
寇偸猖獗 韃靼屈歐 寅倭兇矮 侵略壓制
版圖漸膨 派遣駐屯 抹撥政策 旦夕逼迫
束縛萎縮 衰頹騫崩 累代附庸 隷屬貢租
侮蔑恥辱 靜肅聽講 冀謵咿唔 洙泗攷歆
麒麟曾希 顔孟亞孔 碩儒讜士 泰師偉才
凌駕凡常 怜悧慧眼 品格倜儻 襟韻膾炙
課題賦與 蒸烝聘熱 湯也沸騰 汽罐替劬
摸擬試驗 訐歪篚楚 喬栞棟樑 杠柯柴薪
楫櫂濟津 朽棹辛涉 詰註愧赧 惟惓諄誨
穉齡偬犇 駒隙刹那 耉偪愈邇 昏耗耄耋
寐幻寤惛 耆軀倚枴 瞀睹含嘆 稚筍攖脽
奈獎晩帆 龍頭蛇尾 閑暇聾懶 垈陟九層
方今恒初 意欲懇切 七顚八起 忍耐克服
眞摯努力 涓滴穿磐 燭煬竭炷 挑燈耽讀

千句文

孩提襁跖 模倣習性 啓蒙迪惺 學童會塾

天地間人 宇宙洪荒 廣闊無邊 綺羅星辰

朝昇暮昃 明暗遞迄 逾晦翌朔 盈虧荏苒

輪廻週期 悠久毋遏 暦朞鉏鋙 閏副找缺

日晝月夜 溟涬太極 氤氳溥洽 陰陽胚胎

元亨利貞 千變萬化 存在有限 時空世界

超脫不可 氣候肇曮 丙烴壬冽 春花秋實

夏暑冬冷 三寒四溫 俛仰堪輿 洋洲陸州

山高河低 岡巒馳灣 坤貌賁奭 億兆蒼生

自由放任 東奔西走 各倥浮漂 個聯範疇

尊卑貴賤 崇昔濫觴 野蠻游弋 狩獵漁撈

槿域我邦 雌熊蟄窟 十旬遂渝 丹脣皓齒

桓雄揀偶 南男北女 倍達聖祖 弘益理念

平等互惠 檀君王儉 博愛精神 先驅思想

牛耕田畓 揷秧稼穡 綠色革命 森林保護

資源豐裕 氏族系譜 嗣孫襲伯 慈悲煦育

父爲子綱 修身齊家 仁義禮智 倫紀確立

冠婚喪祭 卜誌龜甲 吉凶禍福 書刻獸骼

所謂鑽灼 象形摹寫 鳥跡成篆 部首偏旁

記錄歷史 文字般若 獨創國語 訓民正音

頒布普及 宗廟昭穆 社稷繼承 專鈐御璽

卿尹輔翼 弼匡熙隆 諮詢稽顙 軌軸輻輳

圓融以和 顯哲堯舜 允執厥中 安頓綏靖

弊竇撤罷 詔勅矯捄 法曹典憲 慣例規程

其他條項 票決認准 聿遵嚴飭 勳功褒賞

罪責刑罰 勸善懲惡 英邁浩蕩 攬轡澄淸

照諒閥閱 薦擧銓敍 複數召募 科場坼榜

桃李擢第 增員委囑 敏腕辨措 爵位祿俸

俊乂豪傑 紅塵鬪名 群黨角逐 疆土紛搖

寇偸猖獗 韃靼屈歐 寅倭兇矮 侵略壓制

版圖漸膨 派遣駐屯 抹撥政策 旦夕逼迫

束縛萎縮 衰頹騫崩 累代附庸 隸屬貢租

侮蔑恥辱 靜肅聽講 冀謵咿唔 洙泗攷歙

麒麟曾希 顔孟亞孔 碩儒讜士 泰師偉才

凌駕凡常 怜悧慧眼 品格倜儻 襟韻膾炙

課題賦與 蒸烝聘熱 湯也沸騰 汽罐替动

摸擬試驗 訐歪箠楚 喬栞棟櫟 柾柯柴薪

楫櫂濟津 朽棹辛涉 詰詿愧赧 惟惓諄誨

穉齡偬犇 駒隙剎那 耇傴愈邇 昏耗耄耋

寐幻寤惛 耆軀倚枴 瞀睹含嘆 稚笱攖脽

奈獎晩帆 龍頭蛇尾 閑暇螯懶 垈陟九層

方今恒初 意欲懇切 七顚八起 忍耐克服

眞摯努力 涓滴穿磐 燭煬竭炷 挑燈耽讀

飜譯解釋 徹底研究 肄玆玩繹 積羽沈舟

孜則得之 井蛙頗頑 吾暫擱帕 乃裹餱糧

簞笥壺罌 瓠瓶醴漿 簡餉麵麨 肆沽塡希

遍踏觀覽 蹈踵晷趨 岐佇俟逑 啖脯顎瘁

晡迕莚餐 霞雁丫迆 旅館投宿 悶鬱徘宵

螢爝炤黯 蛩螿熒愁 檐溜淋墮 滯留遲延

羇寓逍遙 逗遛忌憚 僅尋僻徑 黎氛曖昧

睒旭暹赫 顧瞻瞑眩 勖攀峻嶺 頂矜俯瞰

遼廓杳渺 崿嶂如屛 瀑渙泓沼 楓嶽緋谿

峰疊嵾嵯 秀景奇怪 悸翫猗歟 嵩岬崔嵬

峭壁崖壑 蕈傘俏笠 黴菌微細 暖濕繁殖

松柢茯苓 嵎夷晴嵐 蕘豎樵笛 鋒爪銳喙

鷹鷲徊霄 上狆下降 種卵孵雛 捿禽飛翔

梟嘴巢蛋 烏鵲窺枝 豹狼暴虐 咆哮麓籟

虎嘯狸慄 獅吼鹿逃 雪氷凝固 獪毆陷穽

攫擒獐豕 箭鏑翊鳩 一鏃二雉 巖盤湧泉

潺湲湊溪 湜澗潛肢 爽洒浹骸 泠洌滌溽

瓢勺汲涑 晛暉斜岑 踰峴庵廬 佛敎寺院

僧伽坐禪 勉勵悟道 袈裟袂褻 錫賚藜杖

偈鐸梵唄 蓮藕莅瀐 芙蓉菡萏 採掘鑛脈

燃爐碎塊 鎔銑鑄型 鍊鐵鍛冶 燉焠煉鋼

特殊材料 匠巧捏造 窯燔陶瓷 瑕疵淘汰

雇傭勤勞 公共組合 擴充伸張 企業經營

滎水洛濚 淺灘涖瀁 川央深汪 磯叟釣揟

鉤餌拐鱦 奄掀貪挽 扼鯉潑剌 俔渾趁濱

扭罟徐掣 曳網淆紊 罣滓抛拌 掬鰍滑澾

胜鱠醋醬 遡洄貝殼 腔螺恰耳 擡袋揵胛

兩肩負擔 渠鷺唼鯫 汀葦蕭颯 江流向海

沿岸砂礫 沙漠坦坪 際涯淼茫 潮汐洊渚

浦激洿濘 結晶鹽質 赴艙臊腥 櫓搒舷軋

寄港碇泊 埠艤堵列 艦艇迅速 船舶緩赶

颱渦怒濤 滄波澎湃 鮫掉臀鰭 鯨瀆瀛泗

郊村陋巷 半里閭閣 湖畔鳧鷗 恬鴨俙乙

沓崟浸潭 亭榭楊柳 樫菁鶯啼 丘陵陂陀

墾畑區劃 阡陌縱橫 鶴唳祥瑞 絳裙嬌孃

顱宜嫁娶 徼徯因緣 媒婆詷謏 風聞茂盛

窈窕淑姬 郎娘彿庚 慇懃慫慂 憧憬戀慕

欣快許諾 赤繩繫足 盥櫛扮粧 鏡返逆像

珈簪飾繕 竅圜珏璫 珮珂佩肘 錦衣繡履

萋斐燦爛 岳丈忒詡 夫唱婦隨 賢母良妻

末分享禧 配匹伴侶 百年偕老 彼此盟誓

什物具備 机案椅几 梧桐欌籠 摩擦潤澤

閨房針線 綻裂縫緘 搗砧鉧尉 鴛鴦衾枕

伉儷妊娠 孕腹娩痛 襁褓裸嬰 爺覩怡曰

肖俺祚胤 你倧裔胄 金聲玉振 登載戶籍

哺乳眷毓 衫褰襤褸 袴敝韡惡 送舊迎新

沐浴齋戒 焚香招魂 棗栗梨柹 奠俎歆嘗
孫祐祉佑 省墓歲拜 昆季孝悌 兄友弟恭
忳忘强調 姊妹楷婉 怙恃舅姑 婭壻姻親
昻嫂叔姪 須睦云爾 擲柶遨遊 拍掌哄笑
撙節始富 剩餘財產 住址契辦 楨杆援搬
礎柱基幹 釿鍔凹凸 銹鈯礪砥 鋸牙截椽
撮釘亇鎚 建築施設 悤忙竣工 移徙定着
邸宅爹棐 盆荂苾芬 雔燕哢囀 庭前農園
葡萄藤蔓 姚黃魏紫 芝蕙覃馨 芳茀郁馥
蜂蝶臻蜜 杏蔭杜鵑 窪池飼鱗 魚泳澹淵
塘堤灑掃 麴蘗醞釀 漉渣滲涿 碗酎淡醇
瓮醯濃厚 皿盂盪洪 鑞鉛錮鎬 菜蔬漬鹼
刮擣葫薑 蔥蒜葷臭 鼻洟幷嚔 噍椒僉辣
菘葍淹醛 醱酵味酸 菹凍貯藏 浥粲廚熾
炒蕂榨油 烓鏊煎餠 猪肉串臠 脂肪煠饅
糖粉製菓 往參慶筵 賀客遝至 蹠廈鄭迓
舍廊接賓 俉儐滿堂 愿諶祁烋 祝壽翁媼
卬亦憙已 歌舞饗宴 聾啞牽盲 蹎僵扶掖
汝某誰孥 幼沖俱歿 孱子孤兒 乞食行脚
閔惜忡怛 匙飯箸饌 饒飽饕餉 咽喉噎嘔
胸膈痙攣 剋肺仍呃 蘖莇即蘇 甿埩謳穰
竝幅播植 堆肥沃壤 嗅塴哇唾 該籽栽培
核柝萌芽 瓜芮莳枚 町畦撒豆 苗圃株股

剪柰椄樆 墅庤橘柚 埥昉穫穗 庄儲粳粱

早曙桀喔 晻昧尙曥 窿抒珠屑 彗孛晢旰

鷄鳴戾晨 曉零霜露 刮眵醴漱 夙昕絪縕

垂簾捲扱 托牖呼吸 晌昨昌曜 午頃最旺

晏祀暐晟 鋤犁耘耔 巾帨霑汗 澣搾曝曬

浣襪揔挩 昊曄旻曠 梻搣荳莢 稻稈摘稔

挾簣掇穎 鴇鶉跳粱 杵撞臼粒 碓抗粗糲

純粹淨潔 升斗鈞準 秤竿錙銖 鋺錘均衡

比較差異 斤量揆適 測度荷重 米穀倉庫

猫欠鼠竦 洞坰旣曛 拮据疲困 倦怠弛惰

拂拭塵埃 濯髮梳洗 休息瞅茶 寢牀就眠

蚤蝨褥醬 紡織機械 絮綿纖維 絹絲紹杼

林擱棚棧 騶牧馴駿 駭嘶牚橈 僮鎌刈芻

鈇鑕斮莝 廏羈絆牟 牝牡舐犢 豚柵周穢

嬶瀞戴盎 煨焰飪羹 熹焄燋堀 爸媽糟糠

洼涸汚染 蛆蛹蛻蠅 蟲覺觸鬚 蚊蚋虻螫

癘疫閉鎖 痘疹痂瘢 巫筮爻卦 魔鬼幽靈

奸慝詛呪 災殃恐怖 膀符防厄 祓禳幸朕

犧牲毛血 壇墠祠祀 奧妙玄談 迷謎讖緯

旱魃枯渴 塉薄尤甚 饑饉飢餓 納稅催促

聚斂苛酷 草根木皮 糜粥糊口 郡縣鑑査

概括把握 趣旨拔萃 請謁稟申 衷心忠告

憐愍愚氓 廳拯賑卹 捐廩救恤 借款俵畀

奉仕團體 巡視訪問 醫聽病症 健康診斷

疝疼嚬呻 痢疾泄瀉 刀圭劑藥 疥癬搔癢

粘膜潰瘍 癰疽疔瘡 膚痍腐膿 剖析檢證

溶液注射 消毒棉繃 治療痊癒 癱瘓頷仄

痲痺障礙 胅踝䐜瘀 鍼灸腧穴 艾蒿灰烙

疢恙茸蔘 攝養回復 癲癇狂癖 癌腫痼癈

琉璃透映 脊椎支背 肱膂肯綮 骨硬肌軟

五臟六腑 肝膽脾胃 膀胱泌尿 肛腸擠糞

腺弱腎閡 肋髀股膝 瘦瘠憔悴 靡寧憂患

輾轉反側 咳嗽喀痰 喘嘽僜痡 殞境冥府

卒亡永訣 惆悵亘哭 訃詵哀悼 夭逝憫惘

彭殤弗侔 死後私審 仔詳縷唁 弔儀賻贍

柩屍麻殮 殯靷尸魄 埋葬棺槨 邱塋愴悢

曇暈雲霓 霍閃震霈 驟響淅瀝 雷霆霹靂

滂沱俾矣 溝洫氾溢 耜沁洑澱 鍬鍤浚渫

灌漑洩畎 泡沫汎泛 隄堰閘門 飄飆芸朶

颱猜忮挫 莖凋隕淖 霪霖乍歇 暘皐虹蜺

雨霽瀏亮 徜徉徧躡 街販店鋪 市廛鬧聒

展示宣傳 待售效果 類似叢脞 取捨選擇

抖擻迂斯 箇束糾購 儈誑仲介 架橋役割

帳簿樣式 賣買價値 賖賈賅估 賃貸債務

加減乘除 雙挍打算 貿易協商 押署締約

渡航漕輓 車輛運輸 需要供給 菲帷繚庇

耦俳諢譚 譬喩諷刺 鍵鑰箕帚 箱奩相應

古諺說話 鰥寡謠惸 志操鮮稀 寸劇批評

諳誦詩句 桂樹兎春 吟哦詠懷 管籥絃琴

律呂長短 伎倆競演 傾聆奏樂 喝采稱譽

懸板扁額 毫端遒勁 繪畵藝術 彪炳彬蔚

紋彩華麗 墳塚遺蹟 碑碣琢彫 拊搨銘帖

秦漢封泥 銅器鋟貽 筆硯紙墨 梅蘭菊竹

簇幀掄掛 佳作魅了 傅賜雅號 薛卞咀嚼

青出於藍 逵衢敞豁 殿閣樓臺 禁墉苑囿

炬烘炫燿 閹宦闔闢 宮廷陪侍 輦衕警蹕

惶悚跼蹐 皇帝后妃 冕旒綾袞 綵緞絢斌

衙掾擅恣 狡猾諛媚 阿諂手段 鞠躬跽覲

惻怨付託 另別依賴 感謝報恩 芹誠贈呈

對座黙契 授膳受賂 娷裨哿頔 唆嗾幇助

餞贐嘉貺 些个賚贄 嚮贖賰賄 誤謬蹉跌

瀆吏汶職 總察監督 皆蚩看做 綜覈抨劾

諱頃訥答 兢否涇渭 惙譴惼狹 官僚廉直

誣譖寔羞 歎願棄却 貶斥更迭 剔抉迴黜

京畿迂謫 邈法島嶼 隻影荊棘 雜輩坌集

闃闠騷擾 拿帩刁棍 捶拷訊鞫 諈誘恓搆

噫嘻屢讋 癡呆菽麥 單乖齟齬 敲扑叱咤

枷拉桎梏 牢獄拘囚 訴訟裁判 檻于囹圄

辿過閈閎 噲伍同席 掔樽揖袖 挹盞酬酌

酒槃膏肴 杓盃搉酢 乾杯酣飮 欽羨諧謔
庶幾猥褻 倡攄佯僖 蟻腰婀娜 妖艶誘惑
舌澁戱弄 但只恁嬉 媛媿頻顰 姸靨蛾眉
鄙衕婸婊 娼妓淫佚 醜忝顋頳 捓裀掊胯
怔悢藬嬿 搼裳劫奪 揞齜嘔啜 臥榻仆睡
昨醉未醒 腦裏朦朧 嫡嫉寵妾 寃讒嗚泣
朱頰淚痕 宕娛劳乎 慾淪賭坊 每懒汩沒
抽籤僥倖 小貪大失 嗟吁夢哉 浪費終貧
窮乏艱難 苟且嬾慾 姜哥姥嫗 守錢吝嗇
貨幣貫緡 銀盒楮劵 媤姐姑媳 蠶桑螽禾
虛榮奢侈 櫃匣寶函 漆搮鍍鉑 珍鈺璧帛
碧瑛翡翠 球琳琅玕 煥朗輝煌 玲瓏恍惚
司徭儼伻 僕們傯套 吩咐訢喳 表忖臆悖
奴婢疎忽 勃恚啈咄 姦邪譎誕 詐欺竊盜
贗贓預置 鏐顆斟侈 磁掫裩鋌 瞿唉這廝
遐陬遯竄 搜探蹤迹 危局逢賊 迨彴遭遇
停止躊躇 犬猿胥嫌 予又厭懟 是非曲折
訶譏漫罵 激昂興奮 袒裼揎掣 畢竟摑臉
隔牆捽搏 近隣遠戚 咫尺猶阻 容恕慰諭
被害賠償 寬宥赦免 事件收拾 尖塔鐘虡
敬虔讚頌 懺悔祈禱 改悛再活 樊隅踪蹬
籬垣狗吠 蓬蓽茅軒 蘆葺蓋屋 門牌姓銜
疑訝知己 叩扉而喚 識面憶朋 邂逅抱擁

驚喜雀躍 聊喫葉茶 鍾鉢茗汁 故鄉情緒

素朴淳樸 離韓僑胞 歸還歡悅 蕢廂僦畸

隱遁逸居 去者莫追 覓來勿拒 雖窘湛愷

何必求仙 闇室窄竈 黍粟炊煮 扇煽熏燮

堗颶煤煙 胡羯跋扈 愡恫威脅 宸仗訏謨

好誼敦篤 關係持續 使臣交換 紬袍纓紳

搢笏詣闈 携帶翰札 鼎峙撐錡 壹鉉攲覆

優勝劣敗 曷襄佈懿 婞羌繙牒 曝嗔扯捽

烽燧笳簫 靺鞨裘褐 帽幖党徽 戎狄擄掠

畏怯避匿 倘呱殺戮 塞墜塗炭 憎慂憤搒

敂膺絶叫 貼檄惹愾 俠儕舒贊 壯丁徵兵

入隊令狀 武班階級 指揮統轄 謀慮補佐

主導從推 幄幕幢麾 鈴閤閫帥 斧鉞權柄

揭揚旌旗 孰能夸技 巨擘衒霸 搯臑崛峿

臂構腱筋 脛腓膞腿 騎馬姿勢 跆拳練磨

跨距踺蹴 鏢撓棒揘 堡壘瞋眈 順番循環

獩貊兜鎧 鞏靬靴鞋 匍匐偵邏 哨戍捕捉

祕密訖漏 驛站馹騁 郵便通信 緊急連絡

慷慨噴喟 儹咨鬩匪 焦燥討議 黑白論爭

違忤衆喧 煩惱罔兮 鳳凰鸞鵬 猴翅穩棲

顥穹頡頏 冒險熟考 叮嚀妥當 宰箚現況

諜諑侯薨 叛徒犯闕 奚簒弑耶 蹂躪蚓蠢

焉敢輒妨 侃証擯殫 涕泫諫諍 干戈弓矢

塹壕按排 僞裝掩蔽 攎鉍瞷脆 彊弩狙佰

彎弦彈嘀 銃砲彈丸 電光石火 爆破標的

攪亂敵陣 攻擊據點 咸翕斬劉 覘垷陞梯

郛郭扞禦 猛烈抵抗 左衝右突 臨戰毅勇

俄蹶踞鞍 猝倏倢趙 邀沮伊倀 槍搪劍剄

包圍衛繞 撲煞殲泯 進退唯谷 豫見卓越

遮計霧散 魁懼跪頫 傀儡殆刎 俘搓顫頤

仇讐怨恨 僉快誅咎 砦彙虜獲 絞頸瞲擊

旝幟闡捷 甕城壞落 燒燬悉盡 熄滅灰燼

羊丑犒饋 路傍殘邑 剝片瓦塼 廢墟悽慘

寂寞凄然 匕剽狶亢 屠畜釜烹 鎭撫鼓吹

到處戡殄 摠酋兼併 扳掑抑捺 完全占領

將軍凱旋 征伐開拓 愼陳遷都 致辭丕績

譔殉謚侑 戢戟繳銷 彷徨异輟 甘呑苦吐

炎涼俗態 倒錯混沌 箴誡秉彛 驕傲傷謹

倨慢傚恝 誹謗詠嘲 謙遜美德 讓步秩序

多言或訛 矛盾詭辯 輕率妄動 誇少恪堅

外柔內剛 岦韜囊錐 忖詰慤懋 余忺逌諝

晉庠棰斅 詞藻魯鈍 嗜蒐瓊章 鈔纂輯撰

抄冊原本 蠹蝕毁損 箋註添削 校訂編緝

篇牘卷帙 目次索引 假綴拙稿 敷衍用途

描謄印刷 著述發刊 蕪舛薈蕞 濁甫怎憾

勘懜整慙 俶獻熒窓 攸睿諸彦 伏望鞭撻

目次(목차)

千句文(천구문) 編輯內容(편집내용)

<學習篇(학습편)>

童蒙(동몽) : (0001～0004)

孩提繦跕 模倣習性 啓蒙迪惺 學童會塾

天文(천문) : (0005～0025)

天地間人 宇宙洪荒 廣闊無邊 綺羅星辰 朝昇暮昃 明暗遞迄 逾晦翌朔
盈虧荏苒 輪廻週期 悠久毋遏 曆朞鉏鋙 閏副找缺 日晝月夜 溟涬太極
氤氳溥洽 陰陽胚胎 元亨利貞 千變萬化 存在有限 時空世界 超脫不可

氣候(기후) : (0026～0030)

氣候肇曮 丙熒壬冽 春花秋實 夏暑冬冷 三寒四溫

地理(지리) : (0031～0041)

俛仰堪輿 洋洲陸州 山高河低 岡巒馳灣 坤貌賁奭 億兆蒼生 自由放任
東奔西走 各倥浮漂 個聯範疇 尊卑貴賤

人文(인문) : (0042～0061)

崇昔濫觴 野蠻游弋 狩獵漁撈 槿域我邦 雌熊蟄窟 十旬遂渝 丹脣皓齒
桓雄揀偶 南男北女 倍達聖祖 弘益理念 平等互惠 檀君王儉 博愛精神
先驅思想 牛耕田畓 揷秧稼穡 綠色革命 森林保護 資源豐裕

家庭(가정) : (0062～0068)

氏族系譜 嗣孫襲伯 慈悲煦育 父爲子綱 修身齊家 仁義禮智 倫紀確立

文化(문화) : (0069～0081)

冠婚喪祭 卜誌龜甲 吉凶禍福 書刻獸骼 所謂鑽灼 象形摹寫 鳥跡成篆
部首偏旁 記錄歷史 文字般若 獨創國語 訓民正音 頒布普及

政治(정치) : (0082～0102)

宗廟昭穆 社稷繼承 專鈐御璽 卿尹輔翼 弼匡熙隆 諮詢稽顙 軌軸輻輳
圓融以和 顯哲堯舜 允執厥中 安頓綏靖 弊竇撤罷 詔勅矯捄 法曹典憲
慣例規程 其他條項 票決認准 聿遵嚴飭 勳功褒賞 罪責刑罰 勸善懲惡

登用(등용) : (0103～0112)

英邁浩蕩 攬轡澄淸 照諒閥閱 薦擧銓敍 複數召募 科場坼榜 桃李擢第
增員委囑 敏腕辨措 爵位祿俸

紛爭(분쟁) : (0113～0129)

俊乂豪傑 紅塵鬪名 群黨角逐 疆土紛搖 寇偸猖獗 韃靼屈歐 寅倭兇矮
侵略壓制 版圖漸膨 派遣駐屯 抹撥政策 旦夕逼迫 束縛萎縮 衰頹騫崩
累代附庸 隷屬貢租 侮蔑恥辱

訓育(교육) : (0130～0152)

靜肅聽講 冀謟咿唔 洙泗敓欹 麒麟曾希 顔孟亞孔 碩儒讜士 泰師偉才

凌駕凡常 怜悧慧眼 品格倜儻 襟韻膾炙 課題賦與 蒸烝聘熱 湯也沸騰
汽罐替劬 摸擬試驗 訐歪箠楚 喬栞楝樑 枉柯柴薪 楫櫂濟津 朽棹辛涉
詰註愧赧 惟惓諄誨

勸學(권학) : (0153~0177)

穉齡偲犇 駒隙刹那 耉傴愈邇 昏耗耄耋 寐幻寤惛 耆軀倚枴 瞀睹含嘆
稚筍攖脽 奈奬晚帆 龍頭蛇尾 閑暇釐懶 岱陟九層 方今恒初 意欲懇切
七顚八起 忍耐克服 眞摯努力 涓滴穿磐 燭煬竭炷 挑燈耽讀 飜譯解釋
徹底硏究 肄玆玩繹 積羽沈舟 孜則得之

<遍踏篇(편답편)>

行旅(여행) : (0178~0199)

井蛙頗頑 吾暫擱帕 乃裹餱糧 簞笥壺罍 瓠瓶醴漿 篚餉麵麴 肆沽塡帣
遍踏觀覽 蹈踵晷趨 岐佇俟逑 唉脯顎瘁 晡迮菈餮 霞雁丫池 旅館投宿
悶鬱徘宵 螢熁炤黯 蛩螿煢愁 檐溜淋墮 滯留遲延 羇寓逍遙 逗遛忌憚
僅尋僻徑

山間(산간) : (0200~0242)

黎氛曖昧 睒旭暹赫 顧瞻瞑眩 勖攀峻嶺 頂矜俯瞰 遼廓杳渺 嵔嶂如屛
瀑渙泓沼 楓嶽緋谿 峰疊嵾嵯 秀景奇怪 悸翫猗歟 嵩岬崔嵬 峭壁崖壑
蕈傘俏笠 黴菌微細 暖濕繁殖 松柢茯苓 嵎夷晴嵐 蕘豎樵笛 鋒爪銳喙
鷹鷲徊霄 上翀下降 種卵孵雛 捿禽飛翔 梟嘴巢蛋 烏鵲窺枝 豹狼暴虐
咆哮麓籟 虎嘯狸慄 獅吼鹿逃 雪氷凝固 獪毆陷穽 擭擒獐豕 箭鏑翊鳩
一鏃二雉 巖盤湧泉 潺湲溱溪 浞澗潛肢 爽洒浹骸 泠洌滌漘 瓢勺汲湅
睨暉斜岑

寺刹(사찰) : (0243~0251)

蹁峴庵廬 佛敎寺院 僧伽坐禪 勉勵悟道 袈裟袂裵 錫賚藜杖 偈鐸梵唄
蓮藕莅瀸 芙蓉菡萏

工匠(공장) : (0252~0264)

採掘鑛脈 燃爐碎塊 鎔銑鑄型 鍊鐵鍛冶 燉焠煉鋼 特殊材料 匠巧揑造
窯燔陶瓷 瑕疵淘汰 雇傭勤勞 公共組合 擴充伸張 企業經營

河川(하천) : (0265~0284)

滎水洛瀍 淺灘湓瀁 川央深汪 磯叟釣揹 鉤餌拐䱇 奄掀夤挽 扼鯉潑剌
俔渾趁濱 扭罟徐掣 曳網淆紊 罣滓抛拌 掬鰍滑撻 胜鱠醋醬 遡洄貝殼
腔螺恰耳 擡袋揵胛 兩肩負擔 渠鷺唼鯫 汀葦蕭颯 江流向海

海岸(해안) : (0285~0300)

沿岸砂礫 沙漠坦坪 際涯淼茫 潮汐洊渚 浦潋洿濘 結晶鹽質 赴艙臊腥
櫓搒舷軋 寄港碇泊 埠艤堵列 艦艇迅速 船舶緩赶 颱渦怒濤 滄波澎湃
鮫掉臀鰭 鯨濆瀛泅

閭閻(여염) : (0301~0311)

郊村陋巷 半里閭閻 湖畔鳧鷗 恬鴨俙乙 沓崟浸潭 亭榭楊柳 樫菁鶯啼
丘陵陂陀 墾畑區劃 阡陌縱橫 鶴唳祥瑞

婚事(혼사) : (0312~0336)

絳裙嬌孃 齟宜嫁娶 徼徯因緣 媒婆詗讀 風聞茂盛 窈窕淑姬 郎娘彿庚
慇懃慫慂 憧憬戀慕 欣快許諾 赤繩繫足 盥櫛扮粧 鏡返逆像 珈簪飾繕
竅圜珏瑲 珮珂佩肘 錦衣繡履 萋斐燦爛 岳丈忲詡 夫唱婦隨 賢母良妻
末分享禧 配匹伴侶 百年偕老 彼此盟誓

成家(성가) : (0337~0372)

什物具備 机案椅几 梧桐欌籠 摩擦潤澤 閨房針線 綻裂縫緘 搗砧鏝尉
鴛鴦衾枕 伉儷妊娠 孕腹娩痛 襁褓裸嬰 爺覩怡曰 肖俺祚胤 你倧裔胄
金聲玉振 登載戶籍 哺乳眷毓 衫褰襤褸 袴敝褰恧 送舊迎新 沐浴齋戒
焚香招魂 棗栗梨柹 奠俎歆嘗 孫祐祉佑 省墓歲拜 昆季孝悌 兄友弟恭
忳忘强調 姊妹楷婉 怙恃舅姑 婭壻姻親 彔嫂叔姪 須睦云爾 擲栖遨遊
拍掌哄笑

定着(정착) : (0373~0397)

撙節始富 剩餘財産 住址奚辦 楨杆援搬 礎柱基幹 釿鍔凹凸 銹鈯礪砥
鋸牙截椽 撮釘ケ鎚 建築施設 悤忙竣工 移徙定着 邸宅奓斐 盆芞苾芬
雊燕呀囀 庭前農園 葡萄藤蔓 姚黃魏紫 芝蕙覃馨 芳茀郁馥 蜂蝶臻蜜
杏蔭杜鵑 窪池飼鱗 魚泳澹淵 塘堤灑掃

料理(요리) : (0398~0417)

麴蘖醞釀 漉渣滲涿 碗酎淡醇 瓮醯濃厚 皿盂盪洟 鑞鉛錮鎬 菜蔬漬鹼
刣擣葫薑 蔥蒜葷臭 鼻洟幷嚏 嚥椒兪辣 菘葍淹酫 醱酵味酸 菹凍貯藏
淴粲廚熾 炒膐榨油 烓鏊煎餠 猪肉串臠 脂肪煠饅 糖粉製菓

壽宴(수연) : (0418~0438)

往參慶筵 賀客遝至 蹠廈鄭迓 舍廊接賓 倍儐滿堂 愿諶祁烋 祝壽翁媼
卬亦憙已 歌舞饗宴 聾啞牽盲 蹎僵扶掖 汝某誰孥 幼沖倶歿 孱孑孤兒
乞食行脚 閔惜忡怛 匙飯箸饌 饒飽饕餔 咽喉噎嘔 胸膈痙攣 剋肺仍呃

農業(농업) : (0439~0452)

蘖莻卽蘇 町埒謳穰 竝幅播植 堆肥沃壤 嗅塴哇唾 該籽栽培 核柝萌芽
瓜芮蒔枚 町畦撒豆 苗圃株股 剪柰棱樆 墅庤橘柚 堉昉穫穗 庄儲粳粱

勤勞(노동) : (0453~0469)

早曙桀喔 晻昧尙曙 隧抒珠屑 彗孛晢旰 鷄鳴戾晨 曉零霜露 刮眵靧漱
夙昕絪縕 垂簾捲扱 托牖呼吸 晌昨昌曜 午頃最旺 晏昶暐晟 鋤犁耘耔
巾帨霑汗 澣搾曝曬 浣襪揔捝

收穫(수확) : (0470~0490)

昊曄旻曠 栜掝荳莢 稻稈摘稔 挾簣掇穎 鴇鶉跳梁 杵撞臼粒 碓抗粗糲
純粹淨潔 升斗鈞準 秤竿錙銖 鋺錘均衡 比較差異 斤量揆適 測度荷重
米穀倉庫 猫欠鼠竦 洞垌旣曛 拮据疲困 倦怠弛惰 拂拭塵埃 濯髮梳洗

休息(휴식) : (0491~0493)

休息脷茶 寢牀就眠 蚤蝨褥蟚

織造(직조) : (0494~0496)

紡織機械 絮綿纖維 絹絲紹杼

畜産(축산) : (0497~0504)

林擱棚棧 騶牧馴駿 駭嘶掌橈 僮鎌刈芻 鈇鑕斮莝 廄羈絆牟 牝牡舐犢

豚柵周穢

汚染(오염) : (0505～0514)

嬶瀞戴盎 煨焰飪羹 熹焄燋堀 爸媽糟糠 注涸汚染 蛆蛹蛻蠅 蟲覺觸鬚
蚊蚋虻螢 癘疫閉鎖 痘疹痂瘢

巫俗(무속) : (0515～0524)

巫筮爻卦 魔鬼幽靈 奸慝詛呪 災殃恐怖 牓符防厄 祓禳幸朕 犧牲毛血
壇墠祠祀 奧妙玄談 迷謎讖緯

救恤(구휼) : (0525～0540)

旱魃枯渴 埼薄尤甚 饑饉飢餓 納稅催促 聚斂苛酷 草根木皮 糜粥糊口
郡縣鑑査 概括把握 趣旨拔萃 請謁稟申 衷心忠告 憐愍愚氓 廳拯賑卹
捐廩救恤 借款俵畀

醫療(의료) : (0541～0564)

奉仕團體 巡視訪問 醫聽病症 健康診斷 疝疼嚬呻 痢疾泄瀉 刀圭劑藥
疥癬搔癢 粘膜潰瘍 癰疽疔瘡 膚痍腐膿 剖析檢證 溶液注射 消毒棉繃
治療痊癒 癱瘓頷仄 痲痺障礙 肤踝膹瘀 鍼灸腧穴 艾蒿灰烙 疚恙茸蔘
攝養回復 癲癇狂癖 癌腫痼癈

身體(신체) : (0565～0572)

琉璃透映 脊椎支背 肱膂肯綮 骨硬肌軟 五臟六腑 肝膽脾胃 膀胱泌尿
肛腸擠糞

老患(노환) : (0573～0580)

腺弱腎闋 肋髀股膝 瘦瘠憔悴 靡寧憂患 輾轉反側 咳嗽咯痰 喘嘽儜痡
殞境冥府

葬事(장사) : (0581～0592)

卒亡永訣 惆悵亘哭 訃訧哀悼 夭逝憫惘 彭殤弗侔 死後私審 仔詳縷唁
弔儀賻贍 柩屍痲殮 殯靷尸魄 埋葬棺槨 邱塋愴恨

雨霖(우림) : (0593～0609)

曇暈雲霓 霍閃震霈 驟響淅瀝 雷霆霹靂 滂沱俾矣 溝洫氾溢 耜氿洑瀫
鍬鍤浚渫 灌漑洩畎 泡沫汎泛 隄堰閘閂 飄颻芸朶 颱猜忮挫 莖凋隕淖
霪霖乍歇 暘皐虹蜺 雨霽瀏亮

商業(상업) : (0610～0631)

徜徉徧躡 街販店鋪 市廛鬧聒 展示宣傳 待售效果 類似叢脞 取捨選擇
抖擻迂斯 箇柬糾購 儈誑仲介 架橋役割 帳簿樣式 賣買價値 賒賈賅估
賃貸債務 加減乘除 雙挍打算 貿易協商 押署締約 渡航漕輓 車輛運輸
需要供給

公演(공연) : (0632～0648)

菲帷繚庇 耦俳諢譚 譬喩諷刺 鍵鑰箕帚 箱奩相應 古諺說話 鰥寡謠愽
志操鮮稀 寸劇批評 諳誦詩句 桂樹兎春 吟哦詠懷 管籥絃琴 律呂長短
伎倆競演 傾聆奏樂 喝采稱譽

藝術(예술) : (0649～0665)

懸板扁額 毫端遒勁 繪畵藝術 彪炳彬蔚 紋彩華麗 墳塚遺蹟 碑碣琢彫
拊搨銘帖 秦漢封泥 銅器錂貽 筆硯紙墨 梅蘭菊竹 簇幀掄掛 佳作魅了

傳賜雅號 薛卞咀嚼 青出於藍

都城(도성) : (0666~0676)

逵衢敞豁 殿閣樓臺 禁墉苑囿 炬烘炫燿 閭宦闔闢 宮廷陪侍 輦衙警蹕 惶悚踽踖 皇帝后妃 冕旒綾袞 綵緞絢斌

非理(비리) : (0677~0707)

徇掾擅恣 狡猾諛媚 阿諂手段 鞠躬跽覲 惻懇付託 另別依賴 感謝報恩 芹誠贈呈 對座默契 授膳受賂 婭裨胥頔 唆嗾幇助 餞贐嘉貺 些个賚贄 罋贖賄賂 誤謬蹉跌 瀆吏汶職 總察監督 皆蚩看做 綜覈抨劾 諱頉訥答 兢否涇渭 惙譴惼狹 官僚廉直 誣譖寔羞 歎願棄却 貶斥更迭 剔抉迥黜 京畿迂謫 邈法島嶼 隻影荊棘

罪罰(죄벌) : (0708~0720)

雜輩坌集 閧鬧騷擾 拿峭刁棍 捶拷訊鞫 誣諉慆搆 噫嘻屢讋 癡呆菽麥 單乖齟齬 敲扑叱咤 枷拉桎梏 牢獄拘囚 訴訟裁判 檻于囹圄

遊興(유흥) : (0721~0736)

辿過閈闥 噲伍同席 掔樽揖袖 挹盞酬酌 酒槃膏肴 杓盃揑酢 乾杯酣飲 欽羨諧謔 庶幾猥褻 倡攄佯僖 蟻腰婀娜 妖艷誘惑 舌澁戲弄 但只恁嬉 媛媿頻顰 姸魘蛾眉

淪落(윤락) : (0737~0749)

鄙衚婸婊 娼妓淫佚 醜忝顋頳 揜袒掊膀 怔悵蘖嬺 攟裳劫奪 揞齇嘔啜 臥榻仆睡 昨醉未醒 腦裏朦朧 嫡嫉寵妾 寃讒嗚泣 朱頰淚痕

賭博(도박) : (0750~0758)

宕娛嵾乎 慾淪賭坊 每懒汨沒 抽籤僥倖 小貪大失 嗟吁夢哉 浪費終貧 窮乏艱難 苟且孏慫

近隣(근린) : (0759~0778)

姜哥姥嫗 守錢吝嗇 貨幣貫緡 銀盒楮劵 嫄姐妬媳 蠶桑畚禾 虛榮奢侈 櫃匣寶函 漆搽鍍鉑 珍鈺璧帛 碧瑛翡翠 球琳琅玕 煥朗輝煌 玲瓏恍惚 司徭儼伻 僕們儢套 吩咐詬喳 表悄臆悖 奴婢疎忽 勃恚哱咄

竊盜(절도) : (0779~0803)

姦邪譎誕 詐欺竊盜 贗贓預置 鏐顆斟偧 磁揓褪鋋 瞿唉這廝 遐陬遯竄 搜探蹤迹 危局逢賊 迨彴遭遇 停止躊躇 犬猿胥嫌 予又厭懟 是非曲折 訶譏漫罵 激昂興奮 袒裼揎掔 畢竟摑臉 隔牆捽摶 近隣遠戚 咫尺猶阻 容恕慰諭 被害賠償 寬宥赦免 事件收拾

改悛(개전) : (0804~0807)

尖塔鐘虡 敬虔讚頌 懺悔祈禱 改悛再活

邂逅(해후) : (0808~0833)

樊隅踪蹬 籬垣狗吠 蓬蓽茅軒 蘆葺蓋屋 門牌姓銜 疑訝知己 叩扉而喚 識面憶朋 邂逅抱擁 驚喜雀躍 聊喫菓茶 鍾鉢茗汁 故鄕情緖 素朴淳樸 離韓僑胞 歸還歡悅 貰廂僦畸 隱遁逸居 去者莫追 覓來勿拒 雖窘湛愷 何必求仙 閨室窄竈 黍粟炊煮 扇煽熏爕 堗颸煤煙

戰爭(전쟁) : (0834~0962)

胡羯跋扈 愢惆威脅 宸仗訏謨 好誼敦篤 關係持續 使臣交換 紬袍纓紳

搢笏詣闉 携帶翰札 鼎峙撐錡 壹鉉敧覆 優勝劣敗 曷襄佈懿 婞羌繙牒
曝嗔扯捽 烽燧笳簫 鞢鞨裘褐 帽幖党徽 戎狄擄掠 畏怯避匿 倘呱殺戮
塞墜塗炭 憎悀憤掦 敂膺絶叫 貼檄惹愾 俠儕舒贊 壯丁徵兵 入隊令狀
武班階級 指揮統轄 謀慮補佐 主導從推 幄幕幢麾 鈴閤闐帥 斧鉞權柄
揭揚旌旗 孰能夸技 巨擘衒霸 摺臑崛峿 臂構腱筋 脛腓膞腿 騎馬姿勢
跆拳練磨 跨距蹥蹴 鏢撓棒揘 堡壘瞋眈 順番循環 獩貊兜鎧 鞏靬靴鞋
匍匐偵邏 哨戍捕捉 祕密訖漏 驛站馹騁 郵便通信 緊急連絡 慷慨噴喟
儹咨閼匪 焦燥討議 黑白論爭 違忤衆喧 煩惱罔兮 鳳凰鸞鵬 猴翅穩棲
顥穹頡頏 冒險熟考 叮嚀妥當 宰葥現況 諜諛侯薨 叛徒犯闕 奚篡弑耶
蹂躪蚓蠢 焉敢輒妨 侃証擯殫 涕泫諫諍 干戈弓矢 塹壕按排 僞裝掩蔽
攄鉍瞷脆 彊弩狙佰 彎弦彈嚆 銃砲彈丸 電光石火 爆破標的 攪亂敵陣
攻擊據點 咸翕斬劉 覘垷陞梯 郛郭扞禦 猛烈抵抗 左衝右突 臨戰毅勇
俄蹶踞鞍 猝倏倢趙 邀沮伊倀 槍搪劍剄 包圍衛繞 撲煞殲泯 進退唯谷
豫見卓越 遮計霧散 魁懼跪頻 傀儡殆刎 俘搓顫頤 仇讐怨恨 僉快誅咎
砦彙虜獲 絞頸馘擎 擔幟闡捷 甕城壞落 燒燬悉盡 熄滅灰燼 羊丑犒饋
路傍殘邑 剝片瓦塼 廢墟悽慘 寂寞凄然 匕剽狶亢 屠畜釜烹 鎭撫鼓吹
到處戡殄 摠酋兼倂 扳拇抑捺 完全占領 將軍凱旋 征伐開拓 愼陳遷都
致辭丕績 譔殉謚侑 戢戟繳銷

箴言(잠언)：(0963～0979)

彷徨异輟 甘呑苦吐 炎涼俗態 倒錯混沌 箴誡秉彝 驕傲傷謹 倨慢傚愬
誹謗詠嘲 謙遜美德 讓步秩序 多言或訛 矛盾詭辯 輕率妄動 誇少恪堅
外柔內剛 毖韜囊錐 忖詁愨懋

結語(결어)：(0980～1000)

余忺逭諝 晉庠棰斆 詞藻魯鈍 嗜蒐瓊章 鈔纂輯撰 抄冊原本 蠹蝕毁損
箋註添削 校訂編緝 篇牘卷帙 目次索引 假綴拙稿 敷衍用途 描謄印刷
著述發刊 蕪舛薈蕞 濁甫怎憾 勘慺整槧 俶獻熒窓 攸睿諸彦 伏望鞭撻

千句文(천구문) 줄거리

0001 孩提纔跖(해제재척): 두세 살 된 어린애가 겨우 땅을 딛고 일어설 때쯤이 되면
0002 模倣習性(모방습성): 본을 받는 버릇이 생기므로,
0003 啓蒙迪惺(계몽적성): 어린이를 깨우쳐 가르쳐서 깨달음으로 나아가게 하고자
0004 學童會塾(학동회숙): 글을 배우는 어린 아이들이 글방에 모여서 공부(工夫)를 하고 있다.
0005 天地間人(천지간인): 하늘과 땅 사이에 사람이 있고
0006 宇宙洪荒(우주홍황): 우주(宇宙)는 넓고 거칠어서 (우주는 넓고 공허하여)
0007 廣闊無邊(광활무변): 훤하게 넓어서 막힌 곳이 없이 끝이 없는데
0008 綺羅星辰(기라성신): 밤하늘에 반짝이는 무수(無數)한 별들이 있다.
0009 朝昇暮昃(조승모측): 아침이면 해가 떠오르고 저녁이면 해가 기울어서
0010 明暗遞迄(명암체흘): 밝고 어두움이 갈마들어 이르게 되는데
0011 逾晦翌朔(유회익삭): 그믐을 넘기면(지나면) 다음날은 초하루가 되어
0012 盈虧荏苒(영휴임염): 달이 차고 이지러지면서 차츰 차츰 세월(歲月)이 지나가서
0013 輪廻週期(윤회주기): 차례로 돌아가면서 한 바퀴 도는 일정(一定)한 시기(時期)가 있는데
0014 悠久毋遏(유구무알): 아주 오래 전(前)부터 그침이 없다.
0015 曆朞鉏鋙(력기서어): 책력(冊曆)에서 일주년(一週年)이 되는 돐이 서로 어긋나게 되면
0016 閏副找缺(윤부조결): 윤달을 다음에 두어서 이지러짐을 채운다.
0017 日晝月夜(일주월야): 해가 뜨면 낮이고 달이 뜨면 밤이 되는데,
0018 溟涬太極(명행태극): 자연(自然)의 기운이 하늘과 땅으로 나뉘어지지 않은 혼돈(混沌)한 상태에서
0019 氤氳溥洽(인온부흡): 천기(天氣)와 지기(地氣)가 서로 합하여 어우러져 두루 퍼져서
0020 陰陽胚胎(음양배태): 음(陰)과 양(陽)의 기운이 사물(事物)이 생겨날 수 있는 요소(要素)가 되며,
0021 元亨利貞(원형리정): 천도(天道)의 네 가지 원리(原理)는 사물(事物)의 근본(根本) 원리(原理)로서
0022 千變萬化(천변만화): 변화(變化)가 무궁(無窮)하여 한(限)이 없으나,
0023 存在有限(존재유한): 현존(現存)하는 모든 것은 그 한계(限界)가 있어서
0024 時空世界(시공세계): 시간(時間)과 공간(空間)의 세계(世界)를
0025 超脫不可(초탈불가): 벗어나기가 불가능(不可能)하다.
0026 氣候肇曮(기후조엄): 기후(氣候)는 해(日)가 궤도(軌道)를 따라 운행(運行)하는 데서 비롯되며,
0027 丙煖壬冽(병난임렬): 남녘은 따뜻하고 북방(北方)은 차다.
0028 春花秋實(춘화추실): 봄에는 꽃이 피고 가을에는 열매를 맺으며,
0029 夏暑冬冷(하서동랭): 여름은 덥고 겨울은 추운데,
0030 三寒四溫(삼한사온): (겨울철엔) 사흘은 춥고 나흘은 따뜻하다.
0031 俛仰堪輿(면앙감여): 하늘과 땅을 아래로 굽어보고 위를 쳐다보니
0032 洋洲陸州(양주육주): 큰 바다에는 섬이 있고, 뭍(육지)에는 고을이 있으며,
0033 山高河低(산고하저): 뫼(山)는 높이 솟아있고, 하천(河川)은 낮게 흐르며,
0034 岡巒馳灣(강만치만): 언덕과 산은 바닷가의 큰 물굽이를 향해 달리는데,
0035 坤貌賁奭(곤모분석): 땅은 그 모습을 살피니 크고도 기운(氣運)이 왕성(旺盛)하다.
0036 億兆蒼生(억조창생): 수많은 세상(世上) 사람들이
0037 自由放任(자유방임): 각자(各自)의 자유의사(自由意思)에 맡겨서 간섭(干涉)치 않으며,
0038 東奔西走(동분서주): 부산하게 이리저리 돌아다니면서
0039 各倥浮漂(각공부표): 각기 분별(分別) 모르고 바삐 떠돌아다니지만,

0040 個聯範疇(개련범주): 각 개인(個人)은 어떤 범주(範疇)에 연관(聯關)되어 있으면서
0041 尊卑貴賤(존비귀천): 지위(地位)의 높고 낮음과 귀(貴)하고 천(賤)한 신분(身分)으로 나뉜다.
0042 崇昔濫觴(숭석람상): 아득한 옛날에 사물(事物)의 시초(始初)가 있었는데,
0043 野蠻游弋(야만유익): 미개하여 문화가 유치한 때에는 물속을 헤엄쳐 다니며 주살로 고기를 잡거나
0044 狩獵漁撈(수렵어로): 야생동물을 사냥을 하고 수산물을 잡거나 채취(採取)하면서 살았다.
0045 槿域我邦(근역아방): 무궁화(無窮花)가 아름답게 피는 강역(疆域)인 우리나라에서
0046 雌熊蟄窟(자웅칩굴): 암컷 곰이 굴에 들어가서 밖에 나오지 않으면서
0047 十旬遂渝(십순수투): 백일(百日)이 지나자 비로소 모습이 변(變)하여 달라져서
0048 丹脣皓齒(단순호치): 아름다운 여자(女子)로 되었다.
0049 桓雄揀偶(환웅간우): 환웅(桓雄)께서 짝으로 가려서 고르시니
0050 南男北女(남남북녀): 남쪽에 신시(神市)의 남자와 북쪽에 웅족(熊族)의 딸이 성혼(成婚)이 되어
0051 倍達聖祖(배달성조): 배달나라(우리나라 上古時代의 稱號)의 거룩한 조상(祖上)이 되었으며,
0052 弘益理念(홍익리념): 널리 이롭게 하는 것을 최고(最高)의 가치(價値)로 여기는 근본적인 생각은
0053 平等互惠(평등호혜): 차별이 없이 동등(同等)하여 서로가 도와서 편익을 주는 은혜로움이었다.
0054 檀君王儉(단군왕검): 그 후예(後裔)인 단군왕검(檀君王儉)께서 베푸신
0055 博愛精神(박애정신): 온 세상(世上) 사람을 널리 평등(平等)으로 사랑하는 정신(情神)은
0056 先驅思想(선구사상): 다른 사람들보다 앞선 사상(思想)이었다.
0057 牛耕田畓(우경전답): 소를 부려서 밭과 논을 갈고
0058 揷秧稼穡(삽앙가색): 벼를 심어서 곡식(穀食) 농사(農事)를 지으면서
0059 綠色革命(녹색혁명): 품종(品種)의 개량 등을 통해 많은 수확을 올리는 농업상의 혁명을 이루고
0060 森林保護(삼림보호): 울창(鬱蒼)한 수풀을 잘 보살펴서 지키니
0061 資源豐裕(자원풍유): 자연(自然)에서 얻어지는 여러 가지 물자(物資)가 매우 넉넉하게 되었다.
0062 氏族系譜(씨족계보): 같은 조상(祖上)을 가진 혈통(血統)이나 혈족에 관하여 적은 책을 만들어서
0063 嗣孫襲伯(사손습백): 대(代)를 이을 자손(子孫)은 맏이에게 대물림을 하는데,
0064 慈悲煦育(자비후육): 크게 사랑하고 가엾게 여기는 마음으로 온정(溫情)을 베풀어 기른다.
0065 父爲子綱(부위자강): 아버지는 아들의 벼리가 되어
0066 修身齊家(수신제가): 심신(心身)을 닦고 집안을 다스리게 함으로써
0067 仁義禮智(인의례지): 사람의 몸에 갖추어야 할 어질고, 의롭고, 예의와 지혜를 갖추게 하여
0068 倫紀確立(륜기확립): 윤리(倫理)와 기강(紀綱)을 굳게 세운다.
0069 冠婚喪祭(관혼상제): 가정사(家庭事)에는 네 가지 큰 예가 있으니 冠禮, 婚禮, 喪禮, 祭禮가 있어서
0070 卜誌龜甲(복지귀갑): 옛날에 점(占)을 쳐서 거북의 껍질에 기록(記錄)하였는데,
0071 吉凶禍福(길흉화복): 길한 일, 흉한 일, 언짢은 일, 복된 일을
0072 書刻獸骼(서각수격): 짐승의 뼈에 글로써 써서 새겨 넣었으니,
0073 所謂鑽灼(소위찬작): 이른 바 찬작(鑽灼)이라 하였으며,
0074 象形摹寫(상형모사): 사물(事物)의 형상(形象)을 본떠서 닮게 그려냄으로써
0075 鳥跡成篆(조적성전): 새의 발자국 따위를 가지고 글(文字)을 이루게 되었으니,
0076 部首偏旁(부수편방): 部首는 글자의 왼쪽에 있는 것은 偏(편), 오른쪽에 있는 것은 旁(방)이라 한다.
0077 記錄歷史(기록역사): 글로써 그때그때의 일을 기록한 것이 역사(歷史)가 됨으로써
0078 文字般若(문자반야): 문자(文字)는 인류(人類)의 커다란 지혜(智慧)가 되었으며,
0079 獨創國語(독창국어): 독창적(獨創的)인 나라의 문자(文字)를 만들어
0080 訓民正音(훈민정음): '훈민정음(訓民正音)'이라 명명(命名)하였고,
0081 頒布普及(반포보급): 세상(世上)에 펴서 널리 퍼뜨려서 실행(實行)되게 하였다.
0082 宗廟昭穆(종묘소목): 역대 임금과 왕비를 모시는 사당에는 좌우로 위패(位牌)를 모시고 있고,
0083 社稷繼承(사직계승): 국가(國家) 또는 조정(朝廷)은 뒤를 물려받아 이어나가는데,
0084 專鈐御璽(전검어새): 오로지 임금의 옥새(玉璽)를 찍어서 재가(裁可)하여 다스린다.
0085 卿尹輔翼(경윤보익): 나라의 재상(宰相)은 임금을 보필(輔弼)하여

0086 弼匡熙隆(필광희릉): 도와서 바로잡아 나라를 널리 흥성(興盛)하게 하는데,
0087 諮詢稽顙(자순계상): 임금이 의견(意見)을 물으니, 머리가 땅에 닿도록 몸을 굽혀 절을 하고 나서,
0088 軌軸輻輳(궤축폭주): "(권력이 임금을 향해) 수레바퀴의 굴대에 바퀴살이 몰리듯이 하므로
0089 圓融以和(원융이화): 모두가 널리 융통(融通)하여 하나가 됨으로써 화합(和合)되게 하소서.
0090 顯哲堯舜(현철요순): 명철(明哲)함을 세상(世上)에 드러낸 요(堯)임금과 순(舜)임금은
0091 允執厥中(윤집궐중): '진실로 그 가운데를 잡아라!' 라는 말을 정치(政治)의 요체(要諦)로 삼아
0092 安頓綏靖(안돈수정): 나라를 안정(安定)시켜서 백성(百姓)을 편안(便安)하게 하였습니다.
0093 弊竇撤罷(폐두철파): 폐단(弊端)과 해악(害惡)이 있는 곳은 폐지(廢止)하여 없애고
0094 詔勅矯捄(조칙교구): 임금의 조칙(詔勅)으로 바로 잡으소서." 라고 아뢰었다.
0095 法曹典憲(법조전헌): 법률(法律) 사무(事務)에 종사(從事)하는 사람이 법(法)과 규범(規範)을 짓고
0096 慣例規程(관례규정): 관습으로 된 전례를 바탕으로 모든 행위의 준칙이 되는 규칙으로 정하며,
0097 其他條項(기타조항): 그 밖에 낱낱이 들어 벌여놓은 조목(條目)이나 항목(項目)들이 마련되면,
0098 票決認准(표결인준): 가부(可否)의 의사를 투표(投票)로써 결정하여 국가가 이를 승인하게 된다.
0099 聿遵嚴飭(율준엄칙): 이에 엄중(嚴重)한 계칙(戒飭)을 지어서 따르게 되니
0090 勳功褒賞(훈공포상): 나라를 위해 세운 공로(功勞)에는 칭찬하고 권장(勸奬)하여 상(賞)을 주고,
0101 罪責刑罰(죄책형벌): 죄(罪)를 저지른 책임(責任)에는 벌(罰)을 주어서
0102 勸善懲惡(권선징악): 착한 행실(行實)은 권장(勸奬)하고 악(惡)한 행실은 징계(懲戒)한다.
0103 英邁浩蕩(영매호탕): 재능과 지식이 매우 뛰어나고 마음이 거침이 없이 넓고 너그러운 사람이
0104 攬轡澄淸(람비징청): 관직에 나아가 천하의 정치를 바로잡을 큰 뜻을 품고 처음으로 부임하여,
0105 照諒閥閱(조량벌열): 나라에 끼친 공로와 경력이 많은 집안에 대한 사정을 밝혀서 알고 나서
0106 薦擧銓敍(천거전서): 인재를 추천하여 그 재능을 시험하여 우열에 따라 벼슬을 시키기도 하고,
0107 複數召募(소모복수): 일정한 수요(需要)의 자리를 두고 여러 곱절의 인원을 불러 모아놓고
0108 科場坼榜(과장탁방): 시험(試驗)을 본 과장(科場)에는 급제(及第)한 사람의 이름을 내걸었는데,
0109 桃李擢第(도리탁제): 남들이 천거(薦擧)한 우수(優秀)한 인재(人才)가 시험에 합격(合格)하였다.
0110 增員委囑(증원위촉): 인원(人員)을 늘려서 맡겨서 일을 부탁(付託)하니
0111 敏腕辨措(민완변조): 민첩(敏捷)한 수완(手腕)으로 일을 분별(分別)하고 조처(措處)함에
0112 爵位祿俸(작위록봉): 합당(合當)한 벼슬과 지위(地位)를 부여(附與)하고 녹봉(祿俸)을 주게 된다.
0113 俊乂豪傑(준예호걸): 재주와 슬기가 뛰어난 사람이나 용기(勇氣)있고 기개(氣槪)가 있는 사람들이
0114 紅塵鬪名(홍진투명): 번거로운 속세(俗世)에서 명예(名譽)를 걸고 싸우면서
0115 群黨角逐(군당각축): 여러 무리의 당파(黨派)가 서로 겨루며 이기려고 다투게 되니
0116 疆土紛搖(강토분요): 나라의 국경(國境) 안에서는 반역(叛逆)이 일어나거나
0117 寇偸猖獗(구투창궐): 국경을 침범하는 난폭한 도적(盜賊)들의 세력이 걷잡을 수 없이 일어났다.
0118 韃靼屈歐(달단굴구): 몽고족(蒙古族)은 구라파(유럽)를 굴복(屈服)시켰고,
0119 寅倭兇矮(인왜흉왜): 우리나라 동쪽(寅方)의 왜국(倭國)에 사는 흉악(兇惡)한 난쟁이들은
0120 侵略壓制(침략압제): 남의 나라를 침범(侵犯)하여 나라를 빼앗고 무력(武力)으로 억누르며
0121 版圖漸膨(판도점팽): 그들의 세력(勢力)이 미치는 영역(領域)이 점점 넓어져서 커지자
0122 派遣駐屯(파견주둔): 임무(任務)를 부여(附與)해서 사람을 보내고 군대를 머물러 있게 하면서
0123 抹撥政策(말살정책): 주둔지의 존재를 무시하고 정통성(正統性)을 아주 없애버리는 정책을 쓰고
0124 旦夕逼迫(단석핍박): 아침저녁으로(절박한 상황으로 조여 오면서) 억누르고 괴롭게 굴어서
0125 束縛萎縮(속박위축): 자유(自由)롭지 못하게 얽어매어서 힘에 눌려서 기를 펴지 못하게 되니
0126 衰頹騫崩(쇠퇴건붕): 쇠약(衰弱)하여져 그전만 못해지다가 이지러져 아주 무너져서
0127 累代附庸(루대부용): 여러 대(代)에 걸쳐 힘이 센 큰 나라에 의지하여 속국(屬國)으로 지내면서
0128 隷屬貢租(예속공조): 남의 지배하에 종속(從屬)되어 공물(貢物)과 조세(租稅)를 바치게 됨에
0129 侮蔑恥辱(모멸치욕): 남이 깔보아 업신여기게 되니 부끄럽고 욕(辱)된 일이 되었느니라.
0130 靜肅聽講(정숙청강): 고요하고 엄숙(嚴肅)하게 강론(講論)을 듣고 나서
0131 冀諳咿唔(기습이오): 숙달(熟達)되게 익히고자 글 읽는 소리가 들리기를,

0132 洙泗攷欹(수사고의): 공자(孔子)의 학문은 의기(欹器)가 제시하는 뜻을 상고(詳考)하는 학문으로

0133 麒麟曾希(기린증희): 기린(麒麟)의 출현(성인의 출현을 암시함)은 일찍이 부터 바라던 일이었다.

0134 顔孟亞孔(안맹아공): 안자(顔子)와 맹자(孟子)는 공자(孔子)에 버금가는 사람으로

0135 碩儒讜士(석유당사): 큰 유학자(儒學者)로 바른말을 펼친 선비로서

0136 泰師偉才(태두위재): 큰 스승이자 위대(偉大)한 인재(人才)였다.

0137 凌駕凡常(릉가범상): 그들은 예사로움을 넘어서 뛰어났고,

0138 怜悧慧眼(령리혜안): 똑똑하고 민첩(敏捷)하며 지혜(智慧)로운 안목(眼目)을 가졌으며,

0139 品格倜儻(품격척당): 사람 된 인격(人格)이 뜻이 크고 기개(氣槪)가 있었으므로,

0140 襟韻膾炙(금운회자): 그의 마음씨와 인품(人品)이 널리 세상 사람들의 입에 오르내리고 있다.

0141 課題賦與(과제부여): (스승이)부과(附課)된 문제(問題)를 나누어 주어서 보아하니,

0142 蒸烝聘熱(증수빙열): <問>물을 데워서 김이 오르려면? <答>열을 불러와야 함

0143 湯也沸騰(탕야비등): <問>물이 끓는다는 것은? <答>일정온도에 도달한 액체 안의 기화현상임

0144 汽罐替劬(기관체구): <問>물을 가열해 증기를 발생시키는 장치는? <答>수고로움을 대신해 줌

0145 摸擬試驗(모의시험): 실제(實際)의 시험(試驗)과 똑같은 방식(方式)으로 시험을 보고 나서,

0146 訐歪箠楚(알왜추초): 답(答)이 바르지 않은 것은 들춰내어 스승이 종아리를 때리면서

0147 喬栞棟樑(교간동량): 곧고 키가 큰 나무는 기둥과 들보 감으로 베고,

0148 枉柯柴薪(왕가시신): 굽은 가지는 땔나무로 쓰게 되며,

0149 楫櫂濟津(즙도제진): 노를 저어서 나루를 건너는 데 있어서

0150 朽棹辛涉(후도신섭): 썩은 노(櫓)를 가지고는 어렵게 물을 건널 수밖에 없단다.

0151 詰詿愧赧(힐괘괴난): 그르친 것을 꾸짖으니 부끄러워서 얼굴을 붉히는데,

0152 惟惓諄誨(유권순회): 오직 간절(懇切)하게 거듭 일러서 가르치기를,

0153 穉齡傯犇(치령총분): 어린 나이(어린 시절)는 바삐 달아나는 것이니

0154 駒隙刹那(구극찰나): 흰 망아지가 지나가는 것을 문틈으로 엿보듯이 인생이 덧없고 짧은 동안에

0155 耉偪愈邇(구핍유이): 노년(老年)이 다가와 점점 더 가까이 있으니

0156 昏耗耄耋(혼모모질): 늙어서 쇠약(衰弱)해진 늙은이는

0157 寐幻寤惛(매환오혼): 잠이 들면 헛것만 보이고 잠을 깨면 정신(情神)이 흐릿해져서

0158 耆軀倚枴(기구의괘): 늙은 몸은 지팡이에 의지(依支)하게 되고

0159 瞀睹含嘆(무도함탄): 눈이 침침하여 무엇을 자세(仔細)히 보려면 탄식(嘆息)을 머금게 되나니

0160 稚筍攖脽(치순영수): 어린 죽순이 꽁무니를 찌르고 솟아오르는데 (後進이 빠르게 成長해 쫓아옴)

0161 奈獎晩帆(내장만범): 어찌 해가 저물어서 배의 돛을 올리라고 권(勸)하랴?

0162 龍頭蛇尾(용두사미): 머리는 용이고 꼬리는 뱀처럼 시작은 성대하나 나중에 소홀해질 수 있으니

0163 閑暇釐懶(한가리나): 한가(閑暇)할 때는 나태(懶怠)해 짐을 잘 다스려야 한다.

0164 垈陟九層(대척구층): 집터의 낮은 바닥에서부터 올라서 아득히 높은 아홉 층의 고루(高樓)에 이르듯이

0165 方今恒初(방금항초): 바로 지금(只今)이 언제나 처음으로 여기고

0166 意欲懇切(의욕간절): 무엇을 하고자 하는 마음이 지성(至誠)스럽고 간절(懇切)하면

0167 七顚八起(칠전팔기): 일곱 번 넘어져도 여덟 번 일어나게 되며

0168 忍耐克服(인내극복): 참고 견뎌서 곤란(困難)을 이겨내면서

0169 眞摯努力(진지노력): 참되고 진실(眞實)하게 애를 쓰고 힘을 들인다면

0170 涓滴穿磐(연적천반): 매우 적은 량(量)의 흐르는 물방울이 떨어져서 반석(磐石)을 뚫을 수 있으니

0171 燭煬竭炷(촉양갈주): 촛불이 다 타서 심지에서 다하도록

0172 挑燈耽讀(도등탐독): 등불을 돋아서 불을 밝게 하여 책(冊)을 즐겨 읽으라

0173 飜譯解釋(번역해석): 다른 나라의 말을 옮기면서 문장이나 사물의 뜻을 논리에 따라 이해하고

0174 徹底硏究(철저연구): 중도(中途)에 멈추지 않고 깊이 끝까지 관철하는 태도로 조사하고 생각하면서

0175 肄玆玩繹(이자완역): 이를 익히고 글 뜻을 깊이 연구(硏究)하다 보면

0176 積羽沈舟(적우침주): 가벼운 새의 깃털도 많이 쌓아 실으면 배를 가라앉히듯이

0177 孜則得之(자즉득지): 부지런히 힘쓰면 뜻한 바를 얻을 것이다.

0178 井蛙頗頑(정와파완): 우물 안 개구리는 자못 완고(頑固)할 수 있으므로
0179 吾暫擱帕(오잠각파): 우리 잠시(暫時) 공부(工夫)하느라 동여매었던 머리띠를 풀어놓고
0180 乃裹餱糧(내과후량): 이에 먼 길 가는 데 필요(必要)한 말린 양식(糧食)을 싸고
0181 簞笥壺罌(단사호앵): 도시락 상자(箱子)와 호리병과 단지를 마련하여
0182 瓠瓶醴漿(호병예장): 표주박 모양의 병에는 단술(甘酒)과 마실 것을 담고
0183 簡餉麵麭(간향면포): 간단히 먹을 건량(乾糧)으로는 빵을
0184 肆沽塡帣(사고전권): 가게에서 사서 멜빵을 가득 채우고는
0185 遍踏觀覽(편답관람): 두루 돌아다니면서 세상(世上) 구경을 하러 나섰다.
0186 踪踵晷趨(종도귀추): 길을 떠나 발을 내딛어 걸을 때마다 발꿈치를 따라서 그림자도 쫓아간다.
0187 岐佇俟逑(기저사구): 갈림길에서 우두커니 서서 짝을 기다리면서
0188 啖脯齶瘁(담포악췌): 말린 고기를 씹으니 턱뼈가 고달프다.
0189 晡迕莻餐(포오늦찬): 저녁나절에야 만나서 늦은 식사(食事)를 하는데,
0190 霞雁丫迆(하안아이): 노을 지는 하늘의 기러기가 丫자(字) 모양으로 연이어 간다.
0191 旅館投宿(여관투숙): 여관(旅館)에 들어서 잠을 청(請)하니
0192 悶鬱徘宵(민울배소): 가슴이 답답하여 밤거리를 배회(徘徊)하는데,
0193 螢爝炤黯(형작소암): 반딧불이 밝았다 어두웠다 하고,
0194 蛩蟹煢愁(공장경수): 귀뚜라미와 쓰르라미 우는 소리에 외로움으로 수심(愁心)에 잠기는데,
0195 檐溜淋墮(첨류림타): 처마의 낙숫물이 방울져서 뚝뚝 떨어짐에
0196 滯留遲延(체류지연): 그로 인해 머물러 있으면서 일정(日程)이 더디어지게 되어
0197 羈寓逍遙(기우소요): 나그네 신세로 처소(處所)에서 목적(目的) 없이 슬슬 돌아다니며 놀다가 보니,
0198 逗遛忌憚(두류기탄): 한 곳에서 너무 오래 머물게 되는 것을 꺼려하여
0199 僅尋僻徑(근심벽경): 겨우 외진 작은 길을 찾아 나섰다.
0200 黎氛曖昧(려분애매): 새벽녘의 어두운 기운(氣運)이 희미하여 보이는 게 분명(分明)하지 않은데,
0201 睒旭暹赫(섬욱섬혁): 아침 해를 언뜻 보니 햇살이 치밀어 오르며 붉은 빛으로 빛나서
0202 顧瞻瞑眩(고첨명현): 고개를 돌려 주위를 살피니 눈앞이 캄캄하고 어지럽다.
0203 勖攀峻嶺(욱반준령): 높은 산봉우리를 열심히 더위잡아 올라서
0204 頂矜俯瞰(정긍부감): 산꼭대기에서 자랑스러운 마음으로 아래를 내려다보니
0205 遼廓杳渺(요곽묘묘): 멀리 보이는 둘레가 멀고도 아득하기만 하다.
0206 崿嶂如屛(악장여병): 단애(斷崖)로 된 봉우리가 병풍(屛風)같이 둘러쳐져 있는데,
0207 瀑渙泓沼(폭환홍소): 폭포(瀑布)는 소(깊은 물웅덩이)로 흩어져 내리고 있고,
0208 楓嶽緋谿(풍악비계): 단풍이 물든 큰 산(金剛山)은 붉은 골짜기를 이루며
0209 峰疊嵾嵯(봉첩참치): 산봉우리가 포개지고 산이 울멍줄멍하여 높고 낮음이 고르지 않아
0210 秀景奇怪(수경기괴): 빼어난 경치(景致)가 되어 기이(奇異)하고 괴상(怪狀)하니
0211 悸翫猗歟(계완의여): 두근거리는 마음으로 구경하면서 "아아!" 하고 아름다움을 찬미(讚美)한다.
0212 嵩岬崔嵬(숭갑최외): 높은 산(山)이 줄지어 잇닿은 모양이 아주 높고 험(險)한데
0213 峭壁崖壑(초벽애학): 벼랑으로 이루어진 낭떠러지는 깊은 골짜기를 이루면서
0214 蕈傘俏笠(심산초립): 그곳에서 자라는 버섯이 이고 있는 우산(雨傘)은 마치 삿갓을 닮았다.
0215 黴菌微細(미균미세): 그 버섯의 곰팡이 균(菌)은 아주 작은 포자(胞子)로서
0216 暖濕繁殖(난습번식): 따뜻하고 습기(濕氣)가 있으면 번식(繁植)하여 늘어나는데,
0217 松柢茯苓(송저복령): 소나무 뿌리에서 기생(寄生)하여 복령(茯苓)으로 자라기도 한다.
0218 嵎夷晴嵐(우이청람): 해가 돋는 양지(陽地) 쪽에서는 맑게 개인 날씨에 아지랑이가 오르는데,
0219 蕘豎樵笛(요수초적): 땔나무를 하는 아이는 피리를 불고 있다.
0220 鋒爪銳喙(봉조예훼): 뾰족한 발톱과 날카로운 부리를 가진
0221 鷹鷲徊霄(응취회소): 매와 독수리는 하늘을 맴돌며
0222 上翀下降(상충하강): 위로 까맣게 높이 떠올랐다가 아래로 내려오니
0223 種卵孵雛(종란부추): 씨알을 품어 새 새끼를 까려고

0224 捿禽飛翔(서금비상): 깃들어 있던 새가 놀라서 둥지에서 나와 하늘을 어지러이 날아다니는데,
0225 梟嘴巢蛋(효취소단): 올빼미의 부리에는 새의 둥지에 있던 새알이 물려 있으매
0226 烏鵲窺枝(오작규지): 까마귀와 까치도 두려움에 나뭇가지를 엿보고 있다.
0227 豹狼暴虐(표랑포학): 표범과 이리는 흉포(凶暴)하고 사나워서
0228 咆哮麓籟(포효록뢰): 으르렁거리니 그 소리에 산기슭이 울고
0229 虎嘯狸慄(호소이율): 범이 으르렁거리니 살쾡이가 두려워서 떨고 있으며,
0230 獅吼鹿逃(사후록도): 사자가 우는 소리에 사슴이 도망(逃亡)치며 달아난다.
0231 雪氷凝固(설빙응고): 눈과 얼음으로 꽁꽁 얼어붙는 추운 겨울에는
0232 獪敺陷穽(회구함정): 교활(狡猾)하게 함정(陷穽)으로 몰아넣어서
0233 擭擒獐豕(획금장시): 덫을 놔서 노루와 돼지를 사로잡고,
0234 箭鏑翊鳩(전적익구): 화살의 촉은 날아가는 비둘기를 겨냥하고
0235 一鏃二雉(일촉이치): 한 개의 화살촉으로 두 마리의 꿩을 잡았다.
0236 巖盤湧泉(암반용천): 바위로 이루어진 바닥에서 솟아나는 샘물이
0237 潺湲湊溪(잔원주계): 천천히 졸졸 흘러서 계곡(溪谷)으로 모여들고 있는데,
0238 湜澗潛肢(식간잠지): 맑은 산골 물에 팔다리를 잠기고
0239 爽洒浹骸(상쇄협해): 상쾌(爽快)하게 씻으니 그 시원한 기운(氣運)이 뼈에 사무쳐서
0240 泠洌滌溽(영렬척욕): 서늘하고 차가운 기운(氣運)으로 무더위를 씻어내고 나서
0241 瓢勺汲涑(표작급속): 표주박으로 물을 길어서 헹구고 나니,
0242 睨暉斜岑(예휘사잠): 해는 이미 기울어 햇빛이 멧부리에 빗기어 있다.
0243 踰峴庵廬(유현암려): 고개를 넘으니 암자(庵子)가 있는데,
0244 佛敎寺院(불교사원): 불교(佛敎)의 사원(寺院)인 절에서는
0245 僧伽坐禪(승가좌선): 승려(僧侶 :스님)들이 좌선(坐禪)을 하면서
0246 勉勵悟道(면려오도): 불도(佛道)를 깨우치기에 힘쓰고 있고,
0247 袈裟袂裵(가사몌배): 중(스님)이 걸친 가사(袈裟)는 소매가 치렁치렁하게 늘어졌는데,
0248 錫賚藜杖(석뢰여장): 선사(先師)로부터 물려받은 명아주 지팡이를 짚고서
0249 偈鐸梵唄(게탁범패): 게송(偈頌)을 외면서 목탁(木鐸)을 치고 부처의 공덕을 찬미하여 노래하기를,
0250 蓮藕莅濊(련우리예): "연꽃의 뿌리는 더러운 물에 닿아 있으면서도,
0251 芙蓉菡萏(부용함담): 그 연꽃의 봉오리를 아름답고 풍성(豊盛)하게 꽃 피운다네…"
0252 採掘鑛脈(채굴광맥): 광산(鑛山)에서는 광석(鑛石)이 매장(埋藏)된 줄기를 파서 캐어내서
0253 燃爐碎塊(연로쇄괴): 불을 사르는 화로(火爐)에 잘게 부순 덩어리를 넣고,
0253 鎔銑鑄型(용선주형): 선철(銑鐵)을 녹여서 형틀에 부어서 주물(鑄物)을 만들기도 하며,
0255 鍊鐵鍛冶(련철단야): 쇠를 단련(鍛鍊)하거나 쇠붙이를 단련(鍛鍊)하여 기물(器物)을 만들기도 하고,
0256 燉焠煉鋼(돈쉬련강): 불이 이글이글한 데에 담금질하여 쇠를 불려서 강철(鋼鐵)로 만들기도 하며,
0257 特殊材料(특수재료): 특별(特別)히 다른 용도(用途)의 재료(材料)로 만들기도 한다.
0258 匠巧揑造(장교날조): 장인(匠人)이 정교(精巧)하게 물건(物件)의 형상(形像)을 반죽하여 만들어서
0259 窯燔陶瓷(요번도자): 가마에 불을 살라서 도자기(陶瓷器)를 구워내면서
0260 瑕疵淘汰(하자도태): 흠이 있는 것은 가려서 골라 없애버린다.
0261 雇傭勤勞(고용근로): 품삯을 받고 남의 일에 종사(從事)하면서 부지런히 일하면서
0262 公共組合(공공조합): 공공(公共)의 이익(利益)을 꾀하는 조합(組合)을 만들어
0263 擴充伸張(확충신장): 넓히어 충실(充實)하게 하여 규모(規模)가 늘어나게 되면
0264 企業經營(기업경영): 영리(營利)를 목적(目的)으로 계획(計劃)을 세워 사업(事業)을 하기도 한다.
0265 滎水洛潨(형수락총): 실개천 물은 합수(合水)하는 곳에 서로 이어져 맞닿게 되고,
0266 淺灘涖瀁(천탄리양): 얕은 여울은 끝없이 넓은 물에 이르게 되는데,
0267 川央深汪(천앙심왕): 내(川)의 한가운데는 깊고도 물이 많고 넓다.
0268 磯叟釣揟(기수조서): 낚시터의 노인(老人)은 낚시질을 하여 고기를 잡고 있는데,
0269 鉤餌拐鱦(구이괴승): 낚시에 단 미끼로 작은 물고기들을 유혹(誘惑)하는 중(中)에

0270 奄掀禽挽(엄흔인만): 문득 번쩍 들어서 조심스레 당겨서
0271 扼鯉潑剌(액리발랄): 잉어를 움켜쥐니 푸드득 튀면서 힘이 왕성(旺盛)하다.
0272 倪渾趁濱(예혼진빈): 어린애들은 뒤섞여 물가로 뒤좇아 가면서
0273 担罟徐掣(저고서체): 그물을 건져내어 천천히 끌어당긴다.
0274 曳網淆紊(예망효문): 당긴 그물에는 여러 가지가 뒤섞여서 어지러운데,
0275 罣滓抛拌(괘재포반): 걸리적거리는 찌꺼기는 가려서 던져버리고
0276 掬鰍滑澾(국추활달): 미꾸라지를 손으로 움키니 미끄럽다.
0277 胜鱠醋醬(성회초장): 비린 물고기 회(膾)를 초장(醋醬)에 찍어 먹고 나서
0278 遡洄貝殼(소회패각): 물을 거슬러 올라가니 조가비가 보이는데,
0279 腔螺恰耳(강라흡이): 속이 빈 소라는 마치 사람의 귀를 닮았다.
0280 擡袋揵胛(대대건갑): 자루를 들어서 어깨에 둘러메고
0281 兩肩負擔(양견부담): 양쪽 어깨에 짊어지고서 가는데,
0282 渠鷺唼鯫(거로삽추): 개천에 해오라기는 물속의 잡어(雜魚)를 쪼아 먹고 있고
0283 汀葦蕭颯(정위소삽): 물가에 자라난 갈대에는 쓸쓸한 바람소리가 들리는데,
0284 江流向海(강류향해): 강물은 흘러서 바다를 향해 흘러간다.
0285 沿岸砂礫(연안사력): 바다에 연(沿)한 물가에는 모래와 조약돌이 있고,
0286 沙漠坦坪(사막탄평): 모래벌판은 넓고도 평평하여 넓게 트였는데,
0287 際涯淼茫(제애묘망): 바닷가의 끝닿는 곳이 끝없이 넓어 아득하기만 하다.
0288 潮汐洊渚(조석천저): 아침저녁으로 밀물(潮水)과 썰물(汐水)이 물가에 거듭해서 이르고,
0289 浦溆洿濘(포서오녕): 포구(浦口)의 개펄은 진창으로 질퍽질퍽한데,
0290 結晶鹽質(결정염질): 결정(結晶) 상태(狀態)로 굳어져 있는 것은 소금의 성분(成分)이다.
0291 赴艙臊腥(부창조성): 선창(船艙)에 다다르니 비린내가 나는데,
0292 櫓搒舷軋(노방현알): 노(櫓)를 가지고 배를 저어가니 뱃전에서 삐걱거리는 소리가 난다.
0293 寄港碇泊(기항정박): 항해(航海)하던 배가 항구(港口)에 들러서 닻을 내리고 머무니
0294 埠艤堵列(부의도열): 부두(埠頭)에는 배(船舶)를 대고 죽 늘어섰다.
0295 艦艇迅速(함정신속): 함정(艦艇 :軍艦)은 몹시 빠르게 가는데,
0296 船舶緩赶(선박완간): 선박(船舶 :一般의 배)은 느리게 뒤를 좇고 있다.
0297 颱渦怒濤(태와노도): 태풍(颱風)이 소용돌이치니 성난 파도(波濤)가 일어나며
0298 滄波澎湃(창파팽배): 푸른 물결이 서로 부딪쳐서 솟구치는데,
0299 鮫掉臀鰭(교도둔기): 상어는 꼬리지느러미를 흔들며 지나가고,
0300 鯨濆瀛泅(경분영수): 고래는 물을 뿜어내며 바다에서 헤엄을 치고 있다.
0301 郊村陋巷(교촌누항): 도시(都市) 근처(近處)에서 농사(農事)를 짓는 누추하고 좁은 마을이 있어
0302 半里閭閻(반리여염): 반리(넓이가 半里밖에 되지 않는)의 작은 마을 민가(民家)가 모여 있는 곳에
0303 湖畔梟鷗(호반부구): 호숫가에는 물오리와 갈매기가 있는데,
0304 恬鴨俙乙(념압희을): 평온(平穩)한 오리는 마치 을(乙)字와 비슷한 모양으로 떠있고,
0305 沓崟浸潭(답음침담): 중첩(重疊)되어 겹쳐진 산봉우리들이 연못에 빠져있다.
0306 亭榭楊柳(정사양류): 정자(亭子)에는 수양버들이 있고
0307 檉菁鶯啼(정청앵제): 능수버들 우거진 곳에서 꾀꼬리의 울음소리가 들려온다.
0308 丘陵陂陀(구릉피타): 언덕은 비탈져 있는데,
0309 墾畑區劃(간전구획): 화전(火田)을 일궈서 경계(境界)를 갈라 정(定)해 놓았고,
0310 阡陌縱橫(천맥종횡): 밭둑길이 세로와 가로로 나 있다.
0311 鶴唳祥瑞(학려상서): 학(鶴)이 울면 경사(慶事)롭고 길(吉)한 징조(徵兆)가 있다 하였는데,
0312 絳裙嬌孃(강군교양): 붉은 치마(한창 무렵)의 아리따운 아가씨가
0313 齻宜嫁娶(전의가취): 사랑니가 날 때쯤이면 의당(宜當) 결혼(結婚)을 시킬 나이여서
0314 徼徯因緣(요혜인연): 인연(因緣)을 구(求)하며 기다리는데,
0315 媒婆詗諓(매파형현): 중매(仲媒)하는 할멈이 염탐(廉探)하여 소문(所聞)을 퍼트리고 다녀서

0316 風聞茂盛(풍문무성): 뜬소문이 무성(茂盛)하기를,
0317 窈窕淑姬(요조숙희): "행동이 얌전하고 마음이 고운 정숙(貞淑)한 아가씨가 있다네."
0318 郎娘彿庚(랑낭불경): 총각(總角)과 처녀(處女)가 서로 비슷한 나이라고 하면서
0319 慇懃慫慂(은근종용): 은근(慇懃)하게 잘 설명(說明)하고 달래어 권(勸)하게 되면서
0320 憧憬戀慕(동경연모): 그리움에 마음이 달떠서 이성(理性)을 사랑하여 간절히 그리워하게 되니,
0321 欣快許諾(흔쾌허락): 마음이 기쁘고도 시원스럽게 청(請)하는 바를 들어주어
0322 赤繩繫足(적승계족): 부부(夫婦)의 인연(因緣)을 맺기로 주선(周旋)하게 되었다.
0323 盥櫛扮粧(관즐분장): 낯을 씻고 머리를 빗고 꾸며서 단장(丹粧)을 하는데,
0324 鏡返逆像(경반역상): 거울이 거꾸로 된 모습을 되비쳐주는 것을 보면서
0325 珈簪飾繕(가잠식선): 머리장식과 비녀를 꽂고 꾸며서 고친다.
0326 竅圜珏璫(규환각당): 구멍이 뚫린 동그라미 모양의 쌍옥 귀고리를 하고,
0327 珮珂佩肘(패가패주): 옥(玉)으로 만든 띠를 팔뚝에 차고,
0328 錦衣繡履(금의수리): 화려(華麗)한 비단옷과 수(繡)놓은 꽃신을 신으니
0329 萋斐燦爛(처비찬란): 아름답게 수놓은 모양이 눈부시게 아름답다.
0330 岳丈怤謑(악장부혜): 장인(丈人) 어른은 기뻐하시면서 정성(精誠)스러운 말로 이르기를,
0331 夫唱婦隨(부창부수): "남편(男便)이 주장(主張)하면 아내는 이에 잘 따르면서
0332 賢母良妻(현모양처): 어진 어머니이면서 또한 착한 아내가 되면
0333 末分享禧(말분향희): 늙바탕에 복을 누리게 된단다." 라고 하신다.
0334 配匹伴侶(배필반려): "부부(夫婦)로서 짝이 되어 서로를 따르면서
0335 百年偕老(백년해로): 평생(平生)토록 화락(和樂)하게 함께 늙어가겠느뇨?" 하고 물으매,
0336 彼此盟誓(피차맹세): 서로가 장래(將來)를 두고 다짐하여 약속(約束)을 하였다.
0337 什物具備(집물구비): 살림살이에 쓰이는 온갖 기구(器具)가 다 갖추어 지고,
0338 机案椅几(궤안의궤): 책상(冊床)과 의자(椅子)와 안석(案席)이 있고,
0339 梧桐欌籠(오동장롱): 오동(梧桐)나무로 만든 장롱(欌籠)은
0340 摩擦潤澤(마찰윤택): 문지르고 비벼서 닦고 하여 윤기(潤氣)있는 광택(光澤)이 난다.
0341 閨房針線(규방침선): 부녀자(婦女子)가 거처(居處)하는 방(房)에는 바늘과 실이 있어서
0342 綻裂縫緘(탄렬봉함): 옷이 터져서 찢어지면 바늘로 꿰매서 이어붙이기도 하고,
0343 搗砧鍪尉(도침무울): 다듬잇돌에 피륙을 올려놓고 두드리거나 다리미로 옷의 주름을 펴기도 한다.
0344 鴛鴦衾枕(원앙금침): 부부가 함께 덮는 원앙을 수놓은 이부자리가 깔리고 베개가 놓여 있으매
0345 伉儷妊娠(항려임신): 남편(男便)과 아내가 짝을 맺어 아이를 배게 되고,
0346 孕腹娩痛(잉복만통): 아이를 밴 배는 아이를 낳을 때 해산(解産)의 진통(陣痛)을 겪게 된다.
0347 襁褓裸嬰(강보나영): 포대기에는 벌거숭이 젖먹이가 싸여 있는데,
0348 爺覩怡曰(야도이왈): 아비가 보면서 기뻐하며 말하기를,
0349 肖俺祚胤(초엄조윤): "나를 닮은 자손(子孫)이로다!
0350 你倧裔胄(니종예주): 너는 단군(檀君) 할아버지의 먼 후손(後孫)이니
0351 金聲玉振(금성옥진): 지덕(智德)을 온전(穩全)히 갖추거라." 하고는
0352 登載戶籍(등재호적): 호적(戶籍)에 올려 싣고서
0353 哺乳眷毓(포유권육): 젖을 먹여서 돌보아 기르니
0354 衫褰襤褸(삼건남루): 적삼과 바지는 헤져서 너절한데,
0355 袴敝睾恧(고폐고뉵): 사타구니가 헤어져서 불알이 부끄러움을 타네.
0356 送舊迎新(송구영신): 묵은해를 보내고 새해를 맞이할 떼에는
0357 沐浴齋戒(목욕재계): 머리를 감고 몸을 씻어서 몸을 깨끗이 하고 더러운 것을 피(避)하여
0358 焚香招魂(분향초혼): 향(香)을 피우고 죽은 조상(祖上)의 혼(魂)을 불러들이고는
0359 棗栗梨柹(조률리시): 대추, 밤, 배, 감 등을 진설(陳設)하고
0360 奠俎歆嘗(전조흠상): 희생을 담은 조(俎)를 신위(神位) 앞에 올려서 제물을 바치고 제사를 지내며,
0361 愻祐祉佑(손우지우): "천지신명의 도움을 순종할 것이니 하늘이 내리는 복으로 도우소서" 하고는

0362 省墓歲拜(성묘세배): 조상의 묘소에 성묘(省墓)를 하고 나서 집안 어른께 세배(歲拜)를 올리니,
0363 昆季孝悌(곤계효제): “형과 아우가 부모께 효성이 있고 형제지간에 우애가 있어야 하니,
0364 兄友弟恭(형우제공): 형은 아우에게 우애(友愛)있게 대하고, 아우는 형을 공경(恭敬)하여야 한다.
0365 忳忘强調(돈망강조): 잊을 것을 근심하여 특히 힘주어 주장(主張)하여 말하자면,
0366 姊妹楷婉(자매해완): 자매지간(姊妹之間)에는 온순(溫順)함을 본받도록 할 것이며,
0367 怙恃舅姑(호시구고): 너희들이 믿고 의지(依支)할 사람은 시부모(媤父母)님이시다.
0368 婭壻姻親(아서인친): 혼인으로 인한 아내의 언니나 여동생의 남편 같은 사돈지간(査頓之間)과
0369 晜嫂叔姪(곤수숙질): 형(兄)과 형수(兄嫂)와 시동생과 조카 사이는
0370 須睦云爾(수목운이): 모름지기 화목해야 하느니라” 라고 이르신다.
0371 擲柶遨遊(척사오유): 여흥(餘興)으로 윷을 던지며 재미있게 노는데,
0372 拍掌哄笑(박장홍소): 손뼉을 치며 소리 높여 웃는 소리가 들린다.
0373 撙節始富(준절시부): 씀씀이를 아껴서 절약(節約)하여 비로소 재물이 많아지고 넉넉해지게 되니
0374 剩餘財産(잉여재산): 쓰고 난 나머지는 재산(財産)이 되었고,
0375 住址孚辦(주지부판): 살아갈 집터에는 일꾼들이 힘써서 일하는데,
0376 槓杆援搬(공간원반): 지렛대의 도움으로 옮겨서
0377 礎柱基幹(초주기간): 주춧돌을 놓고 기둥을 세워서 바탕과 뼈대를 이루었다.
0378 釿鍔凹凸(근악요철): 큰 자귀의 날이 울퉁불퉁하게 이가 빠져서
0379 銹鈯礪砥(수돌려지): 녹슬고 무디어진 것을 숫돌에 갈고,
0380 鋸牙截椽(거아절연): 톱니로 서까래를 자르고,
0381 撮釘亇鎚(촬정마추): 못을 손으로 집어다가 망치로 때려서 박으며,
0382 建築施設(건축시설): 집을 짓고 설비(設備)를 하여
0383 悤忙竣工(총망준공): 바쁘게 공사(工事)를 마치고 나서
0384 移徙定着(이사정착): 집을 옮겨서 자리를 잡아 살게 되니
0385 邸宅奓斐(저택차비): 규모(規模)가 큰 집이 사치(奢侈)스럽고 크다.
0386 盆芞苾芬(분걸필분): 화분(花盆)에는 향풀이 향기롭고
0387 雂燕哢囀(앵무롱전): 한 쌍의 제비가 지저귄다.
0388 庭前農園(정전농원): 뜰 앞에 있는 농원(農園)에는
0389 葡萄藤蔓(포도등만): 포도와 등나무 덩굴이 꾸불꾸불 얽히어 있는데
0390 姚黃魏紫(요황위자): 모란(牧丹)이 피어 있고,
0391 芝蕙覃馨(지혜담형): 지초(芝草)와 혜초(蕙草)는 향기(香氣)를 널리 퍼지게 한다.
0392 芳茀郁馥(방불욱복): 향기로운 풀이 우거져서 향기(香氣)가 그윽하니,
0393 蜂蝶臻蜜(봉접진밀): 벌과 나비는 꿀을 찾아 모여들고,
0394 杏蔭杜鵑(행음두견): 살구나무 그늘에서는 두견새가 울어댄다.
0395 窪池飼鱗(와지사린): 웅덩이를 파서 만든 연못에서는 물고기를 기르니,
0396 魚泳澹淵(어영담연): 물고기가 맑은 연못에서 헤엄을 치며 노닐고,
0397 塘堤灑掃(당제쇄소): 연못의 둑에다가 물을 뿌리고 비질을 한다.
0398 麴櫱醞釀(국얼온양): 누룩으로 술을 담가서
0399 漉渣滲涿(록사삼탁): 찌끼를 거르니 스미어 나와서 밑으로 방울져 떨어지는데,
0400 碗酎淡醇(완주담순): 주발에는 세 번 빚은 술이 맑으면서 맛이 진한 술이고
0401 瓮醠濃厚(옹앙농후): 독(옹기항아리)에는 막걸리의 빛깔이 진하다.
0402 皿盂盪漹(명우탕전): 접시나 사발 따위의 그릇에 때가 낀 것을 씻어내고,
0403 鑞鉛錮鎬(랍연고호): 땜질용 납(鑞)으로 냄비를 땜질한다.
0404 菜蔬漬鹼(채소지감): 채소(菜蔬)를 소금물에 담가서 절여놓고
0405 刣擣葫薑(부도호강): 칼자루로 마늘과 생강을 짓찧으니
0406 蔥蒜葷臭(총산훈취): 파와 마늘은 매운 채소(菜蔬)의 냄새가 나서
0407 鼻洟幷嚏(비이병체): 콧물과 함께 재채기가 나오고,

0408 噍椒兪辣(초초유랄): 후추를 씹어보고는 대답(對答)하기를 맵다고 한다.
0409 菘蔔淹醛(숭복엄철): 배추와 무를 가지고 절인김치를 담그는데,
0410 醱酵味酸(발효미산): 발효(醱酵)되어 맛이 시어지면
0411 菹凍貯藏(저동저장): 김치는 얼려서 저장(貯藏)한다.
0412 漇粲廚熾(사찬주치): 정(精)한 쌀을 일어서 부엌에서 불을 살라 밥을 지으며,
0413 炒藤榨油(초승자유): 참깨를 볶아서 기름을 짜서
0414 烓鏊煎餠(계오전병): 화덕 위의 번철에서는 밀가루 지짐을 부치고
0415 猪肉串臠(저육관련): 돼지고기는 꿰어서 저민 고기를 만들며,
0416 脂肪煠饅(지방잡만): 비계 기름으로는 만두(饅頭)를 튀기고,
0417 糖粉製菓(당분제과): 설탕가루로 과자(菓子)를 만들고 있다.
0418 往參慶筵(왕참경연): 몸소 가서 경사(慶事)스러운 잔치에 참석(參席)해 보니,
0419 賀客遝至(하객답지): 축하(祝賀)하는 손님이 몰려오매
0420 蹠廈鄭迓(척하정아): 크고 넓은 집에 도착(到着)하는 대로 거듭하여 맞이해 들이고,
0421 舍廊接賓(사랑접빈): 사랑채에서는 손님을 접견(接見)하면서
0422 俉儐滿堂(오빈만당): 맞이하여 인도(引導)하니 온 집안이 손님으로 꽉 찼다.
0423 愿諶祁烋(원심기휴): "바라옵건대, 참으로 큰 경사(慶事)를 맞아,
0424 祝壽翁媼(축수옹온): 할아버지와 할머니께서 오래도록 사실 것을 빌어드립니다." 라고 말씀드리니,
0425 卬亦憙已(앙역희이): "나 역시 기쁠 따름이지…!" 하신다.
0426 歌舞饗宴(가무향연): 노래하고 춤을 추면서 대접(待接)하여 잔치를 하는 중(中)에,
0427 聾啞牽盲(롱아견맹): 귀머거리가 소경을 이끌고 오다가
0428 蹎僵扶掖(전강부액): 발을 헛디뎌 넘어져서 겨드랑이를 부축하여 주며
0429 汝某誰孥(여모수노): "너는 누구며 누구 아들이냐?" 하고 물으니,
0430 幼沖俱歿(유충구몰): "나이가 어려서 이미 양친(兩親)이 다 돌아가셔서
0431 孱孑孤兒(잔혈고아): 잔약(孱弱)하고 의지(依支)할 곳 없는 부모(父母)없는 아이가 되어
0432 乞食行脚(걸식행각): 밥을 빌어먹으면서 여러 곳을 돌아다니고 있습니다." 라고 대답(對答)한다.
0433 閔惜忡怛(민석충달): 불쌍히 여기고 아끼는 마음에 근심하고 슬퍼하면서,
0434 匙飯箸饌(시반저찬): 숟가락으로 밥을 뜨고, 젓가락으로 반찬(飯饌)을 집어서 먹여주니,
0435 饒飽饕餮(요포도열): 넉넉하게 배가 불렀는데도 과도(過度)하게 먹다가 체하여
0436 咽喉噎嘔(인후열구): 목구멍이 메어서 토(吐)하고 나서
0437 胸膈痙攣(흉격경련): 가슴과 배 사이에 경련(痙攣)이 일어남에
0438 剋肺仍呃(극폐잉액): 허파를 치받아서 그로 인해 딸꾹질을 해댄다.
0439 蘖芿卽蘇(얼잉즉소): 그루터기에서 새싹이 돋아나니 곧 소생(蘇生)의 계절(季節)이다.
0440 甿埩謳穰(맹정구양): 농부(農夫)는 밭을 갈면서 풍년(豊年)을 노래하며,
0441 竝幅播植(병폭파식): 나란한 폭(幅)으로 씨앗을 뿌려서 심고 나서
0442 堆肥沃壤(퇴비옥양): 퇴비(堆肥)로 땅을 기름지게 하는데,
0443 嗅塮哇唾(후사와타): 거름 냄새를 맡고서 '왝'하고 게우고 나서 침을 뱉는다.
0444 該籽栽培(해자재배): 마땅한 씨앗을 심어서 기르는데,
0445 核柝萌芽(핵탁맹아): 씨가 터져 싹을 틔워서
0446 瓜芮蒔枚(과예시매): 오이가 뾰족뾰족하게 자라나오니 낱낱을 모종낸다.
0447 町畦撒豆(정휴살두): 밭두둑에는 콩을 뿌려서 심고
0448 苗圃株殷(묘포주은): 묘목(苗木)을 기르는 밭에는 그루가 성하게 자랐는데,
0449 剪柰椄樆(전내접리): 능금 나뭇가지를 잘라서 돌배나무에 접붙인다.
0450 墅庤橘柚(서치귤유): 농막(農幕)에는 귤(橘)과 유자(柚子)가 쌓여 있고,
0451 堉昉穫穗(육방확수): 기름진 땅에서 바야흐로 벼이삭을 베어 수확(收穫)을 해서,
0452 庄儲粳粱(장저갱량): 농막(農幕)에다 멥벼와 기장을 쌓아 놓았다.
0453 早曙桀喔(조서걸악): 이른 새벽에 홰에서 '꼬끼오' 하고 닭이 우는데,

0454 晻昧尙暳(엄매상혜): 침침하여 사물(事物)을 분별(分別)키 어려운데 아직도 별이 반짝거리며
0455 霳抒珠屑(융서주설): 둥근 하늘에 마치 구슬 가루를 쏟아 놓은 것 같은데,
0456 彗孛晢旰(혜패절간): 혜성(彗星)이 밝게 빛나다가 져서 사라진다.
0457 鷄鳴戾晨(계명려신): 닭이 울면 새벽에 이르게 되고
0458 曉零霜露(효영상로): 새벽에는 서리나 이슬이 내린다.
0459 刮眵靧潄(괄치회수): 눈꼽을 비벼서 떼어내고, 낯을 씻고, 양치질을 하고 나서
0460 夙昕絪縕(숙흔인온): 이른 아침 해 뜰 무렵에는 상서(祥瑞)로운 기운(氣運)이 어리니
0461 垂簾捲扱(수렴권급): 아래로 늘어뜨린 발을 말아서 거두어 올리고
0462 托牖呼吸(탁유호흡): 창(窓)을 손으로 밀어서 열고 숨을 내쉬고 들이쉬며 심호흡을 한다.
0463 晌旿昌曜(상오창요): 대낮의 한나절이 되면 기운(氣運)이 성(盛)한 햇살이 비쳐서
0464 午頃最旺(오경최왕): 한낮의 정오(正午) 즈음이 되면 가장 성(盛)하게 되며,
0465 晏昶暐晟(안창위성): 늦게까지 해가 길어져서 햇빛이 성(盛)한데,
0466 鋤犂耘耔(서리운자): 호미와 보습으로 논밭의 잡초를 뽑고 뿌리에 북을 돋우느라
0467 巾帨霑汗(건세점한): 수건은 땀에 젖고
0468 澣搾曝曬(한착포쇄): 그 수건을 빨아서 꼭 짜서 바람을 쐬고 햇볕에 말리고 나서
0469 浣襪揔捝(완말홀세): 버선을 빨고, 먼지를 털고 씻는다.
0470 昊曄旻曠(호엽민광): 여름 하늘은 빛이 성(盛)하지만, 가을 하늘은 가없이 넓고 공허(空虛)하다.
0471 拂摵荳莢(불색두협): 도리깨채로 콩깍지를 털어내고,
0472 稻稈摘稔(도간적임): 벼의 대궁(볏짚)에서 벼가 익은 것을 따내고,
0473 挾簣掇穎(협궤철영): 삼태기를 끼고서 이삭을 줍고 있는데,
0474 鷦鷯跳梁(초료도량): 뱁새가 겁(怯)도 없이 함부로 뛰어다닌다.
0475 杵撞臼粒(저당구립): 절굿공이로 절구에 있는 낟알을 절구질해서,
0476 碓抗粗糲(대유조려): 방아에서 거칠게 애벌 찧은 쌀(현미)을 퍼내는데,
0477 純粹淨潔(순수정결): 잡것이 조금도 섞이지 않고 깨끗하다.
0478 升斗鈞準(승두균준): 되(升)와 말(斗)은 기준(基準)을 고르게 한 것이고,
0479 秤竿錙銖(칭간치수): 저울대에는 미세(微細)한 저울눈이 있어서
0480 鋺錘均衡(원추균형): 저울의 물건 올려놓는 저울판과 추(錘)의 균형(均衡)을 맞추면서
0481 比較差異(비교차이): 서로 차이(差異)가 나는 것을 비교(比較)하여
0482 斤量揆適(근량규적): 저울로 단 무게가 적당(適當)한지를 헤아려
0483 測度荷重(측도하중): 무게를 재서
0484 米穀倉庫(미곡창고): 쌀을 저장(貯藏)하는 창고(倉庫)로 가는데,
0485 猫欠鼠竦(묘흠서송): 고양이가 하품을 하니 쌀을 훔쳐 먹는 쥐가 두려워한다.
0486 洞坰旣曛(동경기훈): 동네의 들에는 이미 땅거미가 지고,
0487 拮据疲困(길거피곤): 애써서 몹시 바쁘게 일하고 나니 몸이 지치고 고달파서
0488 倦怠弛惰(권태이타): 싫증이 생기고 마음이 풀어져서 게을러지게 되자
0489 拂拭塵埃(불식매애): 티끌이 묻어 더러워진 것을 털고 닦고,
0490 濯髮梳洗(탁발소세): 머리를 감고 낯을 씻고 머리를 빗고 나서,
0491 休息脙苶(휴식추날): 쉬게 되자 오금이 나른하여
0492 寢牀就眠(침상취면): 침상(寢牀)에서 잠을 자는데,
0493 蚤蝨褥齧(조슬욕설): 벼룩과 이가 요에서 물어뜯는다.
0494 紡織機械(방직기계): 실을 자아내서 피륙을 짜는 기계(機械)에는
0495 絮綿纖維(서면섬유): 목화(木花)로 만든 실이 걸려 있고,
0496 絹絲紹杼(견사소저): 명주실은 실을 푸는 북으로 이어진다.
0497 抹圜棚棧(말환붕잔): 기둥으로 울짱(木柵)을 쳐서 가축(家畜)을 기르는 우리를 만들었는데,
0498 騶牧馴駿(추목순준): 말을 먹이는 사람이 목장(牧場)에서 준마(駿馬)를 길들이려 하니,
0499 駭嘶撑橈(해시탱요): 말이 놀라서 울면서 버티다가 굴복(屈服)하고 따른다.

0500 僮鎌刈芻(동겸예추): 하인(下人) 아이는 낫으로 꼴을 베어다가
0501 鈇鑕斮莝(부질착좌): 작두로 여물을 썰고 있는데,
0502 廏羈絆牟(구기반모): 마구간에는 고삐에 얽매인 소가 우는 소리가 들려서 보니,
0503 牝牡舐犢(빈모지독): 암수 어미 소가 송아지를 혀로 핥고 있고,
0504 豚柵周穢(돈책주예): 돼지우리는 주변이 더럽고 지저분하다.
0505 婢瀚戴盎(비알대앙): 여편네는 물을 길어서 물동이를 이고 가서
0506 煨焰飪羹(외염임갱): 불씨로 불을 댕겨서 국을 끓이는데,
0507 熹焄燋堀(희훈초굴): 성하게 김이 올라서 굴뚝을 그을리지만,
0508 爸媽糟糠(파마조강): 아비와 어미는 지게미와 쌀겨를 먹으며 가난하고 궁핍한 생활을 이어간다.
0509 洼涸汚染(고학오염): 웅덩이에는 물이 마르고 더럽게 물들어서
0510 蛆蛹蛻蠅(저용태승): 구더기가 번데기가 되어 허물을 벗고 파리가 되며,
0511 蟲覺觸鬚(충각촉수): 벌레는 촉수(觸鬚)로 감각(感覺)을 느끼는데,
0512 蚊蚋虻螫(문예맹석): 모기와 등에 따위가 사람을 물어서
0513 癘疫閉鎖(여역폐쇄): 전염성(傳染性) 열병(熱病)이 돌게 되면 외부와의 교류를 차단(遮斷)하는데,
0514 痘疹痂瘢(두진가반): 천연두(天然痘)나 홍역(紅疫)은 헌데 딱지가 앉아 부스럼 자국이 남게 된다.
0515 巫筮爻卦(무서효괘): 무당(巫堂)이 시초점(蓍草占)을 치고, 효(爻)와 괘(卦)를 놓아 점을 치고 나서,
0516 魔鬼幽靈(마귀유령): “요사(妖邪)스럽고 못된 잡귀(雜鬼)가 된 죽은 사람의 혼령(魂靈)이
0517 奸慝詛呪(간특저주): 간사(奸邪)하고 사특(邪慝)하게 저주(咀呪)를 내려서
0518 災殃恐怖(재앙공포): 재앙(災殃)을 주니 두렵고 무섭도다.
0519 牓符防厄(방부방액): 부적(符籍)을 붙여서 액운(厄運)을 막아내고
0520 祓禳幸朕(불양행짐): 귀신에게 굿이나 푸닥거리를 하고 나면 행운의 조짐이 있을 것이로다.” 하고는
0521 犧牲毛血(희생모혈): 제사(祭祀)지낼 때에 쓰는 짐승과 그 짐승의 피와 털을 바쳐서
0522 壇墠祠祀(단선사사): 제터로 마련된 사당(祠堂)에서 제사(祭祀)를 지내면서
0523 奧妙玄談(오묘현담): 심오(深奧)하고 미묘(微妙)하여 허황(虛荒)되이 알아들을 수 없는 말을 하면서
0524 迷謎讖緯(미미참위): 사람을 미혹하게 하는 수수께끼 같은 말로 예언서(豫言書)의 내용을 말한다.
0525 旱魃枯渴(한발고갈): 가뭄으로 논밭에 물이 바짝 마르고
0526 瘠薄尤甚(척박우심): 토지가 기름지지 못하고 메마름이 매우 심해서
0527 饑饉飢餓(기근기아): 흉년(凶年)이 들어 굶주림에 허덕이는데,
0528 納稅催促(납세최촉): 나라에서는 세금(稅金)을 바칠 것을 재촉하며
0529 聚斂苛酷(취렴가혹): 백성(百姓)의 재물(財物)을 함부로 거두어들이는 것이 매우 혹독(酷毒)하므로
0530 草根木皮(초근목피): 먹을 것이 없어 풀뿌리를 캐어 먹고, 나무껍질을 벗겨 먹으며
0531 糜粥糊口(미죽호구): 죽(粥)으로 입에 풀칠을 하면서 곤궁(困窮)하게 연명(延命)해 가게 되자
0532 郡縣鑑査(군현감사): 관할(管轄) 군현(郡縣)에서 감별(鑑別)하여 조사(調査)를 하여
0533 概括把握(개괄파악): 조사(調査)한 내용의 요점을 간추려서 잘 이해하여 확실하게 알아낸 다음
0534 趣旨拔萃(취지발췌): 근본(根本)의 목적(目的)과 의도(意圖)에 맞게 필요한 것을 골라 추려내어서
0535 請謁稟申(청알품신): 윗사람을 뵙기를 청(請)하여 여쭈어 아뢰기를,
0536 衷心忠告(충심충고): “속에서 진정으로 우러나는 마음으로 잘못된 것을 고치기를 고하나니,
0537 憐愍愚氓(련민우맹): 어리석은 백성(愚氓)을 불쌍하고 가엽게 여기시어
0538 廳拯賑卹(청증진휼): 관청에서 구원의 손길로 흉년이 들어 어려운 민생에 물자를 보내 구휼하시옵소서”
0539 捐廩救恤(연름구휼): 이에 관리(官吏)들 봉록의 일부분을 덜어서 보태서 빈민의 곤궁을 구제하는 한편,
0540 借款俵畀(차관표비): 외국에서 자금(資金)을 빌려다가 나누어 베풀어주게 되었다.
0541 奉仕團體(봉사단체): 국가와 사회를 위해 헌신적(獻身的)으로 일하기 위해 모인 집단(集團)이
0542 巡視訪問(순시방문): 돌아다니며 보살피려고 찾아가는데,
0543 醫聰病症(의총병증): 의원(醫員)은 앓는 병(病)의 증상(症狀)에 총명(聰明)하므로
0544 健康診斷(건강진단): 몸에 병(病)이 있는지 없는지를 환자(患者)를 진찰(診察)하여 판단(判斷)한다.
0545 疝疼嚬呻(산동빈신): 아랫배가 아파오면서 얼굴을 찡그린 채 끙끙거리고 앓으며

0546 痢疾泄瀉(리질설사): 이질(痢疾)이 걸려서 설사(泄瀉)를 하는 환자(患者)에게는,
0547 刀圭劑藥(도규제약): 의사(醫師)가 조제(調劑)하여 약(藥)을 지어 주고,
0548 疥癬搔癢(개선소양): 옴이 옮아 가려운 데를 긁어서
0549 粘膜潰瘍(점막궤양): 피부(皮膚) 점막(粘膜)의 조직(組織)이 헐어서 짓무르고
0550 癰疽疔瘡(옹저정창): 악성(惡性) 종기(腫氣)가 되어 못처럼 단단한 뿌리가 박힌 부스럼이 되어서
0551 膚痍腐膿(부이부농): 피부(皮膚)가 상(傷)하고 썩어서 고름이 생긴 환자(患者)에게는
0552 剖析檢證(부석검증): 갈라서 분석(分析)하고 검사(檢査)하여 병증(病症)을 증명(證明)하고 나서
0553 溶液注射(용액주사): 약(藥) 성분(成分)이 녹아있는 액체(液體)를 주사(注射)하고
0554 消毒棉繃(소독면붕): 소독(消毒)을 해서 솜으로 감아 묶어주어
0555 治療痊癒(치료전유): 치료(治療)를 하여 병(病)이 깨끗이 낫게 한다.
0556 癱瘓頷仄(탄탄함측): 중풍(中風)으로 반신불수(半身不隨)가 되고 아래턱이 비뚤게 기울고,
0557 痲痺障礙(마비장애): 신경감각(神經感覺)이 무디어져서 거치적거리며 잘 걷지 못하는 환자(患者)와
0558 肤踝膹瘀(질과진어): 복사뼈를 삐어서 부어오르고 멍이 들은 환자(患者)에게는
0559 鍼灸腧穴(침구수혈): 침(鍼)을 놓거나 뜸을 뜨는 자리(經穴)에다가 침(鍼)을 놓고 뜸을 뜨는데,
0560 艾蒿灰烙(애호구락): 약쑥으로 뜸을 떠서 지진다.
0561 疚恙茸蔘(구양용삼): 오래된 병(病)에는 녹용과 인삼을 써서
0562 攝養回復(섭양회복): 섭생(攝生)과 보양(保養)을 하여 정상(正常)으로 회복(回復)시킨다.
0563 癲癎狂癖(전간광벽): 간질병과 미친병은 습관(習慣)처럼 반복적(反復的)으로 되풀이되는 병증이며,
0564 癌腫痼癈(암종고폐): 암종(癌腫 :惡性腫瘍)은 걸리면 고질병(痼疾病)으로 고치기 힘든다.
0565 琉璃透映(류리투영): 유리(琉璃)를 통하여 속이 환히 보이는 곳이 있어서 들여다보니,
0566 脊椎支背(척추지배): 등뼈가 등을 지탱(支撐)하고 있고,
0567 肱膂肯綮(굉려긍계): 팔뚝과 등뼈에는 뼈에 붙은 살로 뼈와 살이 이어져 있으며,
0568 骨硬肌軟(골경기연): 뼈는 딱딱하고 살은 물렁물렁하여 연(軟)하다.
0569 五臟六腑(오장육부): 오장(五臟)과 육부(六腑)가 있는데,
0570 肝膽脾胃(간담비위): 간(肝), 쓸개(膽), 지라(脾), 밥통(胃)이 있고,
0571 膀胱泌尿(방광비뇨): 방광(膀胱)에서는 오줌을 분비(分泌)하며,
0572 肛腸擠糞(항장제분): 직장(直腸 :항문(肛門)과 창자)은 똥을 밀어내는 역할(役割)을 한다.
0573 腺弱腎闋(선약신결): 분비작용을 하는 기관(器官)이 약해지면 신장(腎臟)이 문을 닫게 되어서
0574 肋髀股膝(륵비고슬): 갈빗대와 엉덩이와 넓적다리와 무릎 등(等)이
0575 瘦瘠憔悴(수척초췌): 바싹 마르고 해쓱해져서
0576 靡寧憂患(미령우환): 몸이 편치 않아 시름시름 앓다가 우환(憂患)이 되어
0577 輾轉反側(전전반측): 이리저리 뒤척거리며 잠을 이루지 못하면서
0578 咳嗽喀痰(해수객담): 심한 기침을 계속(繼續) 해대면서 가래를 뱉어내고는
0579 喘嘽儜痡(천탄녕부): 숨이 차서 헐떡거리면서 괴로워하며 맥이 풀려서 기운이 없이 앓다가
0580 殞境冥府(운경명부): 죽음의 지경(地境)에 이르니 곧 저승이라.
0581 卒亡永訣(졸망영결): 갑자기 죽어서 죽은 사람과 산 사람이 영원(永遠)히 헤어지게 되니
0582 惆悵亘哭(추창긍곡): 애통(哀痛)함이 뻗쳐서 소리 내어 울기에 이른다.
0583 訃詵哀悼(부선애도): 죽음을 통부(喪告)하니 덕을 흠모하여 사람들이 모여들어서 죽음을 슬퍼하면서
0584 夭逝憫惘(요서민망): "너무 일찍 죽어서 답답하고 딱하여 안타깝지만,
0585 彭殤弗侔(팽상불모): 사람이 장수(長壽)하고 단명(短命)함은 다 같이 가지런히 받은 복(福)이 아니요,
0586 死後私審(사후사심): 죽은 후에 사사(私私)로이 살아오신 그 덕이 자세히 밝혀질 것입니다." 하고
0587 仔詳縷唁(자상루언): 찬찬하고 자세(仔細)하게 정성(精誠)스러운 말로 위문(慰問)을 하면서,
0588 弔儀賻贍(조의부섬): 조문(弔問)하는 의식(儀式)을 치르고 부의(賻儀)를 넉넉히 하여 돕는다.
0589 柩屍麻殮(구시마염): 널 속의 시구(屍軀)는 삼베로 염습(殮襲)을 하고
0590 殯靷尸魄(빈인시백): 주검과 넋을 빈소(殯所)에서 발인(發靷)을 하여
0591 埋葬棺槨(매장관곽): 송장을 넣는 관곽(棺槨)을 묻어서 장사(葬事)를 지내니

0592 邱塋愴悢(구영창량): 언덕 위의 무덤에는 슬픔이 깃든다.
0593 曇暈雲霓(담훈운예): 날씨가 흐리고 햇무리가 지는 것이 비가 올 징조(徵兆)를 보이더니,
0594 霍閃震霈(곽섬진패): 번개가 번쩍하고 나서 천둥이 울고 비가 쏟아지면서
0595 驟響淅瀝(취향석력): 별안간 들리는 소리는 비오는 소리다.
0596 雷霆霹靂(뇌정벽력): 천둥과 벼락이 격렬(激烈)하게 침으로 말미암아
0597 滂沱俾矣(방타비의): 비가 억수같이 퍼붓기를 더하는도다!
0598 溝洫氾溢(구혁범일): 전답(田畓) 사이에 있는 작은 도랑이 넘쳐서 흐르므로
0599 耜沁洑澱(사심보전): 보습으로 보(洑)에 가라앉은 앙금을 물속에서 더듬어 찾아서
0600 鍬鍤浚渫(초삽준설): 가래와 삽으로 개천을 치고
0601 灌漑洩畎(관개설견): 논밭에 물을 끌어대어 밭도랑으로 새서 흐르도록 하니
0602 泡沫汎泛(포말범범): 물거품이 물결을 따라 널리 떠돌아다니고
0603 隄堰閘門(제언갑산): 방죽의 수문(水門) 빗장을 여닫으며 수위(水位)를 조절하고 있는데,
0604 飄颻芸朶(표요운타): 바람에 이리저리 나부끼던 향풀의 꽃떨기를
0605 飈猜忮挫(표시기좌): 광풍(狂風)이 시기(猜忌)하여 사납게 꺾어버리니
0606 莖凋隕淖(경조운뇨): 줄기가 시들어 진창에 떨어지고 말았다.
0607 霪霖乍歇(음림사헐): 장맛비가 잠깐 그치고
0608 暘皐虹蜺(역고홍예): 해가 반짝 난 언덕에는 무지개가 생겨나고
0609 雨霽瀏亮(우제유량): 비가 개이니 날씨가 맑고 밝아져서 청명(晴明)하다.
0610 徜徉徧躡(상양편섭): 한가(閑暇)로이 거닐면서 두루 걷다 보니
0611 街販店鋪(가판점포): 큰길가에 차려놓고 물건(物件)을 파는 가게가 보이는데,
0612 市廛鬧聒(시전뇨괄): 가게(市廛)가 있는 거리에는 시끄럽고 떠들썩한 가운데
0613 展示宣傳(전시선전): 여러 가지 물건(物件)을 벌여놓고 많은 사람들에게 알리면서
0614 待售效果(대수효과): 물건(物件)이 잘 팔려나갈 효과(效果)를 기대(企待)한다.
0615 類似叢脞(유사총좌): 비슷한 것들이 모여서 자질구레하고 번잡(煩雜)한 가운데
0616 取捨選擇(취사선택): 취(取)하고 버릴 것을 고르는데,
0617 抖擻迂斯(두수간사): 물건(物件)을 들어 올리며, “이걸 권해 드리죠!”라고 한다.
0618 箇柬糾購(개간규구): 낱낱이 골라서 자세히 따져가며 값을 치르고 산다.
0619 儈誆仲介(쾌광중개): 거간꾼(仲介人)이 속여서 중개(仲介)를 하면서
0620 架橋役割(가교역할): 양쪽에 다리를 놓아 서로를 이어주는 구실(口實)을 하는데,
0621 帳簿樣式(장부양식): 수입과 지출을 기록하는 책의 일정한 모양과 격식(格式)이 있어서 보니
0622 賣買價値(매매가치): 사고 팔 때의 물건(物件)의 값어치와
0623 賒貰眩估(사고현고): 세(貰)를 내서 앉아서 장사를 한 것과, 돌아다니면서 물건을 판 대금(代金)과
0624 賃貸債務(임대채무): 장사하는 자리를 빌린 급부(給付)와 갚아야 할 채무액(債務額) 등을
0625 加減乘除(가감승제): 더하고, 빼고, 곱하고, 나누어 계산(計算)을 해서
0626 雙挍打算(쌍교타산): 쌍방(雙方)을 비교(比較)해보고 이해관계(利害關係)를 셈쳐보고 나서
0627 貿易協商(무역협상): 무역(貿易)에 관(關)한 협상(協商)을 하고
0628 押署締約(압서체약): 이름을 쓰고 도장(圖章)을 찍어서 계약(契約)을 맺음으로써
0629 渡航漕輓(도항조만): 배를 타고 물을 건너 배나 수레로 짐을 실어 나르고
0630 車輛運輸(차량운수): 차량(車輛)으로 화물(貨物)을 실어 나르면서
0631 需要供給(수요공급): 상품(商品)을 사려는 욕구(慾求)와 그 욕구에 맞추어 물건(物件)을 대준다.
0632 菲帷繚庇(비유료비): 엷은 휘장(揮帳)으로 둘러서 가려놓은 곳에서는
0633 耦俳諢譚(우배원담): 둘이 짝을 지은 광대가 익살스럽게 이야기를 하는데,
0634 譬喩諷刺(비유풍자): 비유(比喩)하는 이야기로 넌지시 말하여 세상사를 빗대어 깨우쳐주기를,
0635 鍵鑰箕帚(건약기추): “자물쇠가 있으면 열쇠가 있고, 쓰레받기가 있으면 빗자루가 있고,
0636 箱奩相應(상암상응): 상자(箱子)에는 뚜껑이 있어서 서로 잘 맞아 어울린다네.” 라고 하면서
0637 古諺說話(고언설화): 옛날부터 내려오는 속담(俗談)에 이르기를,

0638 鰥寡謠惸(환과요경): “홀아비와 홀어미는 홀몸의 외로움을 노래하니,
0639 志操鮮稀(지조선희): 곧은 뜻을 지키며 수절(守節)하는 절조(節操)는 드믄 일이라네.” 라면서
0640 寸劇批評(촌극비평): 아주 짧은 연극(演劇)을 통하여 세상(世上)을 비평(批評)을 한다.
0641 諳誦詩句(암송시구): 한 편(篇)의 시(詩)의 구절(句節)을 암송(暗誦)하면서,
0642 桂樹兎舂(계수토용): 달나라의 계수나무에 옥토끼가 절구질을 한다는
0643 吟哦詠懷(음아영회): 시가(詩歌)를 읊조리며 가슴에 품은 회포(懷抱)를 읊으니,
0644 管籥絃琴(관약현금): 관악기(管樂器)인 피리와 현악기(絃樂器)인 거문고가 어울려
0645 律呂長短(률려장단): 음악(音樂)의 가락과 장단을 맞춰가며
0646 伎倆競演(기량경연): 기량(伎倆)을 가지고 서로 연기(演技)를 다투는데,
0647 傾聆奏樂(경령주악): 음악(音樂)을 연주(演奏)하는 것을 귀 기울여 듣고 나서
0648 喝采稱譽(갈채칭예): 잘 했다고 소리를 질러서 칭찬(稱讚)하여 준다.
0649 懸板扁額(현판편액): 건물(建物)의 정문(正門) 위에 현판(懸板)으로 걸어놓은 편액(扁額)은
0650 毫端遒勁(호단주경): 글씨의 기세(氣勢)가 힘차고 굳세며,
0651 繪畵藝術(회화예술): 그림을 그린 예술작품(藝術作品)은
0652 彪炳彬蔚(표병빈울): 아름답고 찬란(燦爛)하여
0653 紋彩華麗(문채화려): 무늬와 빛깔이 화려(華麗)하다.
0654 墳塚遺蹟(분총유적): 옛 무덤의 유적(遺蹟)에서 나온 것들을 보니
0655 碑碣琢彫(비갈탁조): 비갈(碑碣)에는 정(釘)으로 쪼아서 글씨를 새겨놓았는데,
0656 拊搨銘帖(부탑명첩): 그 위에다 종이를 대고 두드려서 명문(銘文)을 박아내어 만든 서첩(書帖)과
0657 秦漢封泥(진한봉니): 중국(中國) 진(秦)나라와 한(漢)나라 시대(時代)의 봉니(封泥)와
0658 銅器鋟貽(동기침이): 구리로 만든 그릇에는 내용(內容)을 새겨서 전(傳)하고 있다.
0659 筆硯紙墨(필연지묵): 문방사우(文房四友)인 붓, 벼루, 종이, 먹을 사용(使用)해서 그린
0660 梅蘭菊竹(매란국죽): 사군자(四君子)인 매화, 난초, 국화, 대나무의 그림들은
0661 簇幀掄掛(족정윤괘): 많이 모여든 그림족자(簇子)들 중에서 선택(選擇)해 가려서 걸어 놓았는데,
0662 佳作魅了(가작매료): 훌륭한 작품(作品)이 마음을 홀리듯 사로잡아서 보니
0663 傳賜雅號(부사아호): 스승이 내려준 아호(雅號)가 있는데,
0664 薛卞咀嚼(설변저작): 작품(作品) 감상(鑑賞)의 재주가 뛰어난 사람이 음미(吟味)하여 보고는
0665 青出於藍(청출어람): “제자(弟子)가 스승보다 낫다!” 라며 칭찬(稱讚)의 말을 아끼지 않는다.
0666 逵衢敞豁(규구창활): 한길의 네거리는 시원스레 탁 트여 있고,
0667 殿閣樓臺(전각루대): 임금이 거처하는 궁전(宮殿)에는 누각(樓閣)과 대사(臺榭)가 있는데,
0668 禁墉苑囿(금용원유): 출입을 금하는 벽(壁)을 치고 새와 짐승을 놓아기르는 동산(童山)이 있다.
0669 炬烘炫燿(거홍현요): 횃불을 켜놓아 자랑스레 모습을 드러내고 있는데,
0670 閹宦闔闢(엄환합벽): 왕(王)을 곁에서 모시는 내시(內侍)는 문(門)을 여닫는 일을 하면서
0671 宮廷陪侍(궁정배시): 궁궐(宮闕) 안 임금의 곁에서 시중을 들면서 모신다.
0672 輦衚警蹕(연호경필): 임금의 가마가 서울 거리에 나오자 경계(警戒)하여 길을 치우고 통행을 금하니
0673 惶悚跼蹐(황송국척): 두렵고 황송(惶悚)하여 등을 구부린 채 몸을 굽히고 있는데,
0674 皇帝后妃(황제후비): 가마에 탄 임금과 황후(皇后)를 보니
0675 冕旒綾袞(면류능곤): 면류관(冕旒冠)을 쓰고, 비단으로 지은 곤룡포(袞龍袍)를 입었으며,
0676 綵緞絢斌(채단현빈): 비단으로 지은 옷에는 채색무늬가 아롱져 빛난다.
0677 衙掾擅恣(아연천자): 관아(官衙)의 아전(衙前)이 제멋대로 하여 조금도 꺼림이 없는데다가,
0678 狡猾諛媚(교활유미): 교활(狡猾)한 꾀를 써서 알랑거려 남의 환심(歡心)을 사면서,
0679 阿諂手段(아첨수단): 남의 비위(脾胃)를 맞추려고 아첨하는 것이 그의 솜씨요 능력(能力)이라.
0680 鞠躬跽覲(국궁기근): 윗사람 앞에서 몸을 굽히고 꿇어앉아 뵙고는
0681 惻愬付託(측소부탁): 측은(惻隱)한 모습으로 하소연하면서 부탁(付託)하기를,
0682 另別依賴(령별의뢰): “별도(別途)로 특별(特別)히 부탁(付託)하오니,
0683 感謝報恩(감사보은): 고맙게 여기는 마음으로 은혜(恩惠)를 갚도록 하겠습니다.” 하고는

0684 芹誠贈呈(근성증정): "정성(精誠)을 다하는 마음으로 보잘 것 없는 것을 드립니다." 라고 하니,
0685 對座默契(대좌묵계): 자리를 마주한 채 말이 없는 가운데 서로 뜻이 맞아서 약속(約束)이 되어
0686 授膳受賂(수선수뢰): 선물(膳物)과 뇌물(賂物)을 주고받으며,
0687 娷裨賀䫖(수비가적): "일을 서로 부탁하고 도와주는 것은 좋고 아름다운 일이지요." 라고 한다.
0688 唆嗾幇助(사주방조): 이렇게 남을 부추겨 나쁜 일을 시키면 뒤에서 거들어서 도와주다가
0689 餞贐嘉貺(전신가황): 자리 이동(移動)으로 전별(餞別)하는 자리에서, 좋은 선물(膳物)을 주면서,
0690 些个賮贄(사개신지): "약간(若干)의 노자(路資)로 드리는 선물(膳物)입니다." 하고 떠나보냈는데,
0691 嚮贖賰賄(향속춘회): 접때에 저지른 잘못을 속바치고자 넉넉히 준 뇌물(賂物)의 일이
0692 誤謬蹉跌(오류차질): 그릇되어 일이 어그러져서 틀어지는 바람에
0693 瀆吏汶職(독리문직): 부정(不正)한 짓을 저지른 벼슬아치가 직책(職責)을 더럽힌 것이 알려지자,
0694 總察監督(총찰감독): 모든 일을 총괄(總括)하여 살피는 감독(監督)의 직분(職分)을 맡은 사람이
0695 皆蚩看做(개치간주): 이에 관련(關聯)된 모두를 다 어리석다고 여기고는
0696 綜覈抨劾(종핵평핵): 치밀(緻密)하게 속속들이 들춰내어 밝혀서 잘못을 꾸짖고 캐물으니,
0697 諱頉訥答(휘탈눌답): 탈(頉)이 날 것을 꺼려서 말을 더듬거리며 대답(對答)하면서
0698 兢否涇渭(긍부경위): 두려워서 떨면서 사리의 옳고 그름과 시비를 가리는 것을 거부(拒否)하니,
0699 惙譴褊狹(철견편협): 애를 태우며 꾸짖기를, "도량(度量)이 좁은 놈이로구나!
0700 官僚廉直(관료염직): 벼슬아치는 마음이 청렴(淸廉)하고 결백(潔白)해야 하거늘,
0701 誣譖寔羞(무참식수): 없는 사실을 꾸며서 남의 잘못으로 헐뜯는 이것이야말로 부끄러운 일이다." 하고는
0702 歎願棄却(탄원기각): 사정(事情)을 말하여 도와주기를 바라는 것을 이유 없다고 배척(排斥)하고서
0703 貶斥更迭(폄척경질): 벼슬을 깎아내려서 물리치고 그 직책에 다른 사람으로 대신하여 임명하고는
0704 剔抉迥黜(척결형출): 그가 속(屬)한 공직사회(公職社會)에서 제거(除去)하여 멀리 내쫓아서
0705 京畿迂謫(경기우적): 서울 인근(隣近)으로부터 멀리 귀양을 보내어,
0706 邈法島嶼(막겁도서): 멀리 섬 지방(地方)으로 가서
0707 隻影荊棘(척영형극): 외로운 그림자를 끌며 고난의 가시밭길을 가게 되었다.
0708 雜輩坌集(잡배분집): 잡된 무리들이 일시(一時)에 모여들더니
0709 闃閧騷擾(격항소요): 고요하던 골목이 떠들썩한 일로 어수선해졌다.
0710 拿峭刁棍(나초조곤): 이에 소요(騷擾)를 일으킨 불량배(不良輩)들을 붙잡아서 묶어놓고
0711 捶拷訊鞫(추고신국): 매를 치고 고문(拷問)하면서 죄상(罪狀)을 물어 조사(調査)하는데,
0712 諈諉恓搆(추위서구): 남 탓으로 잘 돌리는 사람들인 추위(諈諉)처럼 허둥대며 꾸며대기에,
0713 噫嘻屢僁(희희루건): 탄식하며 말하기를 "아아! 그동안 여러 차례에 걸쳐서 지은 허물이 있건만,
0714 癡呆菽麥(치매숙맥): 이 어리석은 바보야!
0715 單乖齟齬(단괴저어): 단 하나만 어그러져도 말이 맞지 않는 법이다." 하고는
0716 敲扑叱咤(고복질타): 매질을 하면서 성을 내서 꾸짖고 나서,
0717 枷拉桎梏(가납질곡): 목에 칼을 씌우고 끌고 가서 차꼬와 수갑을 채우고는
0718 牢獄拘囚(뢰옥구수): 감옥(監獄)에다 죄수(罪囚)로 가두어 두고
0719 訴訟裁判(소송재판): 기소(起訴)를 하게 되니, 법원(法院)에서 재판(裁判)을 한 결과(結果),
0720 檻于囹圄(함우영어): 죄수(罪囚)를 호송(護送)하는 수레는 감옥(監獄)을 향해서 가게 되었다.
0721 辿過閈閎(천과한굉): 마을 어귀에 세운 문(里門)을 천천히 걸어서 지나쳐서
0722 噲伍同席(쾌오동석): 벗으로 사귀기에는 좀 부끄러운 패거리들이 자리를 같이했다.
0723 掔樽揖袖(견준읍수): 술병을 끌어다가 긴 소매를 모아 잡고서 예(禮)를 갖추어 술을 권하매
0724 挹盞酬酌(읍잔수작): 예(禮)를 갖추어 잔을 높이 받들어 서로 술을 주고받고 나서
0725 酒槃膏肴(주반고효): 술 소반(小盤)에 놓인 살진 고기를 안주로 먹고는
0726 杓盃揠酢(표배아작): 술을 뜨는 자루달린 잔으로 억지로 따라 주면서 술을 권하고,
0727 乾杯酣飮(건배감음): 서로 잔(盞)을 높이 들어 마시며 한창 흥겹게 술을 마신다.
0728 欽羨諧謔(흠선해학): 그들은 해학(諧謔)을 흠모(欽慕)하고 부러워한다지만,
0729 庶幾猥褻(서기외설): 막상 지껄이는 얘기는 거의 음란(淫亂)하고 저속(低俗)하매,

0730 倡攄佯僖(창터양희): 기생(妓生)이 말을 늘어놓으며 거짓으로 즐거워하면서
0731 蟻腰婀娜(의요아나): 개미처럼 가늘고 잘록한 허리를 드러내니 아름답고 요염(妖艶)하여
0732 妖艶誘惑(요염유혹): 사람을 홀릴 만큼의 아리따움으로 꾀어서 정신(情神)을 어지럽게 하니,
0733 舌澁戱弄(설삽희롱): 술에 취(醉)해 혀꼬부랑 소리를 하며 희롱(戱弄)을 하는데,
0734 但只恁嬉(단지임희): 오직 생각하는 게 즐기는 데만 가 있으니 (오직 이렇게 농지거리를 해대니),
0735 媛媿頻顰(원괴빈빈): 우아(優雅)한 멋이 있는 계집은 부끄러워서 자주 이맛살을 찌푸리고
0736 姸蹙蛾眉(연축아미): 곱게 눈썹을 찡그린다.
0737 鄙衕婸婊(비동탕표): 천박(淺薄)한 골목길에는 음탕(淫蕩)한 화랑이(娼婦)들이 있어
0738 娼妓淫佚(창기음일): 몸을 파는 천(賤)한 기생(妓生)을 만나 마음껏 음탕(淫蕩)하게 놀면서
0739 醜忝顋赬(추첨시정): 추(醜)하게 욕(辱)을 보이니 부끄러워서 뺨이 붉어지는데
0740 抪裀掊膀(포인부과): 자리를 펴고 사타구니를 헤쳐서 드러나게 하니,
0741 怔愍藇嬷(정민어마): 황겁(惶怯)하고 민망(憫惘)하여 가리고서 "엄마!" 하고 소리를 지르는데도
0742 撦裳劫奪(차상겁탈): 치마를 찢고 억지로 간음(姦淫)을 하니,
0743 揞顱嗢啜(암로올철): 머리를 감싸고 목메어 훌쩍거리며 우는데,
0744 臥榻仆睡(와탑부수): 침상(寢牀)에 엎어져 자고서
0745 昨醉未醒(작취미성): 일어나 보니 어제 마신 술이 아직도 깨지 않아
0746 腦裏朦朧(뇌리몽롱): 머릿속의 의식(意識)이 흐리멍덩하여 기억(記憶)이 흐릿한데,
0747 嫡嫉寵妾(적질총첩): 본마누라는 귀염 받는 첩(妾)을 미워하는 게 인지상정(人之常情)인지라
0748 寃讒嗚泣(원참오읍): 원통(冤痛)하고 참람(僭濫)하여 목이 메어 우는데,
0749 朱頰淚痕(주협루흔): 붉은 뺨에는 눈물 자국이 어지럽다.
0750 宕娛甹乎(탕오뿐호): 방탕(放蕩)하게 즐기는 것뿐인가?
0751 慾淪賭坊(욕륜도방): 욕심(慾心)으로 도박장(賭博場)에 빠져들어
0752 每僥汩沒(매요골몰): 매번(每番) 요행(僥倖)에만 정신(情神)이 팔려서,
0753 抽籤僥倖(추첨요행): 제비뽑기를 하여 생각지도 않은 뜻밖의 행운(幸運)을 구(求)하며
0754 小貪大失(소탐대실): 작은 것을 탐(貪)하다가 도리어 큰 것을 잃게 되고 나서야,
0755 嗟吁夢哉(차우몽재): 탄식(歎息)하기를 "꿈이로다!" 하고 후회(後悔)하였다.
0756 浪費終貧(랑비종빈): 귀한 시간(時間)과 재물(財物)을 함부로 헛되이 쓰다보면 끝내는 가난해져서
0757 窮乏艱難(궁핍간난): 곤궁(困窮)하고 가난하여 몹시 힘들고 고생(苦生)스럽게 되나니,
0758 苟且嬾愆(구차란건): 몹시 가난하고 궁색(窮塞)해지는 것은 바로 게으른 허물인 것이다.
0759 姜哥姥嫗(강가모구): 강가네 늙은 할망구는
0760 守錢吝嗇(수전인색): 돈을 움켜쥐고 체면(體面)도 없이 지나치게 재물(財物)을 아깝게 여기는지라,
0761 貨幣貫緡(화폐관민): 돈이란 돈은 몽땅 돈꿰미에 꿰어놓았고,
0762 銀盒楮劵(은합저권): 은(銀)으로 된 뚜껑달린 그릇엔 어음을 잔뜩 넣어 놓았다.
0763 媤姐妬媳(시저투식): 시댁(媤宅)의 맏누이는 며느리를 시샘하여,
0764 蠶桑螽禾(잠상종화): 주어진 분수(分數)를 지켜야 하거늘,
0765 虛榮奢侈(허영사치): 필요(必要) 이상(以上)으로 겉치레를 하여 분수없이 호사(豪奢)를 즐겨서
0766 櫃匣寶函(궤갑보함): 나무로 짜서 만든 작은 궤짝으로 된 보물함(寶物函)은
0767 漆搽鍍鉑(칠차도박): 옻으로 칠(漆)하여 금박(金箔)을 입혀서 장식(粧飾)을 하였는데,
0768 珍鈺璧帛(진옥벽백): 귀중(貴重)한 보배와 옥(玉)과 비단(緋緞), 그리고
0769 碧瑛翡翠(벽영비취): 푸른 옥빛이 나는 비취(翡翠)로 만든
0770 球琳琅玕(구림낭간): 아름다운 구슬은 청록색(靑綠色)을 띤 비취(翡翠)로 반투명(半透明)하여
0771 煥朗輝煌(환랑휘황): 불빛이 환한 데서 보니 광채(光彩)가 눈부시게 빛나고
0772 玲瓏恍惚(영롱황홀): 찬란(燦爛)하여 어른어른하고 눈이 부실 지경(地境)이다.
0773 司徭儼伻(사요엄팽): 노역(勞役)의 책임을 맡은 사람이야 엄연(儼然)히 사람을 부린다지만,
0774 僕們慮套(복문려투): 종들은 일을 시키면 맘에 내키지 않아 하는 버릇이 몸에 배어서
0775 吩咐訢喳(분부흔사): 분부(分付)하면 기꺼이 공손하게 "예!"하고 대답(對答)은 잘 하지만,

0776 表悑臆悖(표부억패): 겉으로는 따르면서도 마음속으로는 어긋나서
0777 奴婢疎忽(노비소홀): 종들이 일에 소홀(疎忽)하기 마련인지라,
0778 勃恚啈咄(발에행돌): 그럴 때면 발끈하고 성을 내면서 화난 소리로 분부(分付)하며 혀를 찬다.
0779 姦邪譎誕(간사휼탄): 마음이 간교(奸巧)하고 바르지 못한 행실로 남을 속여 현혹(眩惑)케 하며
0780 詐欺竊盜(사기절도): 약은 꾀로 속여서 남의 물건(物件)을 몰래 훔친 도적(盜賊)이
0781 贋贓預置(안장예치): 가짜로 만든 위조품(僞造品) 장물(贓物)을 맡겨두고자 하자,
0782 鏐顆斟偐(류과짐안): 순금(純金)덩이가 위조(僞造)해서 만든 것임을 짐작(斟酌)하고
0783 磁拖䃶鋌(자긍퇴정): 자석(磁石)을 갖다 대자 빛이 바랜 쇳덩이를 바싹 끌어당긴다.
0784 瞿唉這廝(구애저시): 이에 놀라서 바라보며 "오냐, 이놈!" 하자,
0785 遐陬遯竄(하추둔찬): 멀리 떨어진 곳으로 도망(逃亡)하여 숨었는데,
0786 搜探蹤迹(수탐종적): 발자취를 좇아 찾아서 다니던 중에
0787 危局逢賊(위국봉적): '위태(危殆)한 국면(局面)에서 적(賊)을 만난다' 고,
0788 迨彴遭遇(태작조우): 외나무다리에 이르러 우연(偶然)히 서로 만나게 되었다.
0789 停止躊躇(정지주저): 그러자 마주 오던 걸음을 멈추고 서서 머뭇거리는데,
0790 犬猿胥嫌(견원서혐): "마치 개와 원숭이가 서로를 몹시 싫어하는 것처럼,
0791 予又厭懟(여우염대): 나 또한 물리도록 네놈을 원망(怨望)하던 참이다." 하고는
0792 是非曲折(시비곡절): 옳으니 그르니 하고 다투면서 이런 저런 복잡한 사정을 들어가며
0793 訶譏漫罵(가기만매): 성내어 꾸짖고 나무라며 함부로 욕(辱)을 해대다가,
0794 激昂興奮(격앙흥분): 감정(感情)이 격렬(激烈)히 치솟아 북받쳐 오르자
0795 袒裼揎擥(단석선삭): 웃통을 벗어부치며 소매를 걷어 올리고 가냘픈 팔을 드러내고는
0796 畢竟摑臉(필경괵검): 마침내 뺨을 때리며 싸움이 붙었다.
0797 隔牆捽搏(격장졸박): 이에 "담을 사이에 둔 이웃끼리 머리채를 잡아 꺼들고 때리고 싸우다니,
0798 近隣遠戚(근린원척): 가까이 있는 이웃이 멀리 떨어져 있는 친척보다 낫다는데,
0799 咫尺猶阻(지척유조): 가까이 살면서 오히려 사이가 멀어지는 격(格)이로다." 하고는
0800 容恕慰諭(용서위유): "서로를 용서(容恕)하고 위로(慰勞)해서 잘 타이르고,
0801 被害賠償(피해배상): 손해(損害)를 입은 것은 물어주도록 하고,
0802 寬宥赦免(관유사면): 너그럽게 용서하고 지은 죄에 대한 벌을 받지 않게 하여 주게나." 하고는,
0803 事件收拾(사건수습): 이같이 벌어진 사건(事件)에 대해 잘 수습(收拾)하여 뒤탈이 없게 하였다.
0804 尖塔鐘虡(첨탑종거): 꼭대기가 뾰족한 탑(塔에)는 예배를 알리는 종을 걸어놓은 틀이 보이고,
0805 敬虔讚頌(경건찬송): 우러러 받드는 마음으로 삼가 덕(德)을 기리고 찬양(讚揚)하면서,
0806 懺悔祈禱(참회기도): 과거(過去)의 지은 죄(罪(를 뉘우치며 신명(神明)에게 빌기를,
0807 改悛再活(개전재활): "잘못을 뉘우치고 마음을 바르게 고쳐서 다시 올바르게 살겠습니다." 한다.
0808 樊隅踪跫(번우종공): 울타리 모퉁이에서 발자취를 따라 발자국 소리가 나니
0809 籬垣狗吠(리원구폐): 울타리에서 개가 짖어댄다.
0810 蓬蓽茅軒(봉필모헌): 가난한 사람이 사는 초가집은
0811 蘆葺蓋屋(로즙개옥): 갈대로 이어서 지붕을 덮었는데,
0812 門牌姓銜(문패성함): 문패(門牌)에 성함(姓과 이름)을 보고
0813 疑訝知己(의아지기): "친구가 아닌가?" 하고 의심하고 괴이쩍게 생각하여
0814 叩扉而喚(고비이환): 사립문을 두드리면서 사람을 부르니
0815 識面憶朋(식면억붕): 낯익은 얼굴이 나오매, 벗(親舊)이었음을 기억(記憶)하고는
0816 邂逅抱擁(해후포옹): 뜻하지 않게도 우연히 서로 만나서 얼싸안고
0817 驚喜雀躍(경희작약): 놀랍고도 기뻐서 참새처럼 깡충깡충 뛰면서 기뻐하며
0818 聊喫葉茶(료끽엽차): "부족(不足)하나마 엽차(葉茶)라도 마시고 가게나." 한다.
0819 鍾鉢茗汁(종발명즙): 작은 보시기에 차(茶)를 따르면서
0820 故鄕情緖(고향정서): "고향(故鄕)의 정서(情緖)가
0821 素朴淳樸(소박순박): 거짓 없이 순수(純粹)하고 성실(誠實)하면서도 꾸밈이 없어서

0822 離韓僑胞(리한교포): 한국(韓國)을 떠나 외국(外國)에 나가 교포(僑胞)로 살다가
0823 歸還歡悅(귀환환열): 돌아오니 기쁘고 즐겁다네." 하고는
0824 貰廂僦畸(세상추기): "행랑채(곁채)를 세(貰)를 내고 뙈기밭을 빌려서 부치고 살면서
0825 隱遁逸居(은둔일거): 속세(俗世)를 피해 숨어서 일 없이 한가하고 편안하게 지내고 있다네."
0826 去者莫追(거자막추): "가는 사람 뒤좇지 않고
0827 覓來勿拒(멱래물거): 찾아오는 사람 막지 않으며,
0828 雖窘湛愷(수군담개): 비록 군색(窘塞)한 생활(生活)이지만 마음이 편안(便安)함을 즐기고 있는데,
0829 何必求仙(하필구선): 구태여 신선(神仙)이 되기를 구(求)하겠는가?"
0830 闇室窄竈(암실착조): 어두컴컴한 집의 좁은 부뚜막에서
0831 黍粟炊煮(서속취자): 기장(黍)과 조(粟)로 밥을 지으며,
0832 扇煽熏燮(선선훈섭): 부채로 부채질을 하니 연기(煙氣)가 오르고 불꽃이 일어남에,
0833 堗颺煤煙(돌양매연): 굴뚝에서는 그을음이 섞인 연기(煙氣)를 흩날린다.
0834 胡羯跋扈(호갈발호): 북방(北方)의 오랑캐가 마음대로 날뛰면서
0835 愡恫威脅(총통위협): 자기들 뜻대로 아니 되면 위력(威力)으로 으르고 협박(脅迫)하기에 이르자,
0836 宸仗訏謨(신장우모): 임금이 거처하는 대궐에서는 국사(國事)의 큰 계책(計策)을 논의(論議)하기를
0837 好誼敦篤(호의돈독): 서로 좋은 정의(情誼)를 두텁게 하고,
0838 關係持續(관계지속): 그 관계(關係)를 계속(繼續)하여 유지(維持)시켜 나가기로 하였다.
0839 使臣交換(사신교환): 이에 임금의 명(命)을 받은 사신(使臣)을 교환(交換)하기로 하였는 바,
0840 紬袍纓紳(주포영신): 비단 도포(道袍)에 관(冠)끈과 큰 띠를 두른 벼슬이 높은 사람이
0841 搢笏詣闈(진홀예위): 손에 든 홀(笏)을 조복(朝服)의 띠(帶)에 꽂고(搢笏) 궁중(宮中)으로 나아가
0842 携帶翰札(휴대한찰): 몸에 지니고 간 서한(書翰)를 바치니 그 내용(內容)인 즉(卽),
0843 鼎峙撐錡(정치탱기): "셋이 병립(竝立)하여 세 발 달린 솥을 버텨주는데,
0844 壹鉉攲覆(일현기복): 하나의 솥귀가 기울어져도 솥 전체가 뒤집혀지고 말듯이,
0845 優勝劣敗(우승열패): 힘이 센 자는 이기고 힘이 약한 자는 지는 방식(方式)으로
0846 曷襄佈懿(갈양포의): 어찌 아름답고 훌륭한 뜻을 펼치는 것을 도울 수 있으랴?"라고 하였다.
0847 婞羌繙牒(행강번첩): 이에 성미가 괙한 오랑캐가 서한(書翰)을 펴 보고는,
0848 嚗嗔扯捽(박진차솔): 역정을 내고 성을 내면서 찢어서 땅에다 버렸다.
0849 烽燧笳簫(봉수가소): 봉화에서 연기가 피어오르고 날라리(胡人이 부는 피리) 소리가 들려오더니,
0850 靺鞨裘褐(말갈구갈): 북쪽의 말갈족(靺鞨族)이 갖옷과 털옷 따위를 걸치고 나타났는데,
0851 帽幖党徽(모표당휘): 모자(帽子)와 표지(標識)로 세우는 깃발에는 오랑캐의 휘장(徽章)이 있다.
0852 戎狄擄掠(융적노략): 오랑캐가 떼를 지어 재물(財物)을 약탈(掠奪)하므로
0853 畏怯避匿(외겁피닉): 두렵고 겁(怯)이 나서 피(避)하여 숨었는데,
0854 倘呱殺戮(당고살륙): 혹시나 아이 우는 소리라도 들리면 찾아가 사람을 마구 죽이니,
0855 塞墜塗炭(새추도탄): 변방(邊方)은 도탄지경(塗炭之境)에 빠지고,
0856 憎悀憤涕(증용분체): 증오심(憎惡心)으로 가득차서 분기(憤氣)어린 눈물을 뿌리며,
0857 攷膺絶叫(구응절규): 가슴을 두드리며 울부짖어 외치기에 이르렀다.
0858 貼檄惹愾(첩격야개): 이에 격문(檄文)을 붙여서 적(敵)에 대한 적개심(敵愾心)을 이끌어내니,
0859 俠儕舒贊(협제서찬): 의협심(義俠心)을 가진 무리가 이에 찬동(贊同)하는 의견(意見)을 펼치고,
0860 壯丁徵兵(장정징병): 한창 젊고 힘이 좋은 성년(成年)이 된 남자들을 병사(兵士)로 불러들이고자
0861 入隊令狀(입대영장): 군대(軍隊)에 들어와서 군인(軍人)이 되라는 명령을 적은 문서(文書)가 나왔다.
0862 武班階級(무반계급): 무관(武官)이 소속(所屬)한 반열(班列)에는 계급(階級)이 있어서
0863 指揮統轄(지휘통할): 지휘관(指揮官)이 지시(指示)하여 시키면서 모두를 거느려서 관할(管轄)하면,
0864 謀慮補佐(모려보좌): 참모(參謀)는 그에 따른 꾀와 깊은 계략(計略)으로 보좌(補佐)를 하면서,
0865 主導從推(주도종추): 주된 자가 앞에서 이끌면 따르는 자는 뒤에서 밀어주는 역할(役割)을 한다.
0866 幄幕幢麾(악막당휘): 진중(陣中)에 친 장막(幄幕)에는 의장기(儀仗旗)가 걸려 있고,
0867 鈴閤閫帥(영합곤수): 장수가 있는 곳에는 변경(邊境)으로 출전한 병사(兵使)와 수군(水使)가 있으며,

0868 斧鉞權柄(부월권병): 임금이 군대의 수장(首將)에게 내려준 도끼가 있는데, 이는 지휘권을 상징한다.
0869 揭揚旌旗(게양정기): 깃발을 높이 내걸고서,
0870 孰能夸技(숙능과기): "누가 능(能)히 기량(技倆)을 뽐내 볼 것인가?" 하니,
0871 巨擘衒霸(거벽현패): 엄지손가락을 치켜세우며 스스로 으뜸임을 자랑하고 나서는 자가 있는데,
0872 摺臑崛峿(접노굴어): 팔꿈치를 접어서 구부리니 우뚝 솟아서 울퉁불퉁한 게,
0873 臂構腱筋(비구건근): 팔뚝이 힘줄과 근육(筋肉)으로 뭉쳐졌고,
0874 脛腓髀腿(경비비퇴): 쭉 곧은 장딴지와 살찌고 건장한 넓적다리를 드러내고는,
0875 騎馬姿勢(기마자세): 말을 탄 자세(姿勢)를 하고서,
0876 跆拳練磨(태권련마): 태권도(跆拳道)를 연마(練磨)하면서
0877 跨距踺蹴(과거연축): 간격(間隔)이 떨어진 사이를 타넘어서 발뒤축으로 차고,
0878 鏢攖棒揘(표영봉황): 표창(鏢槍)으로 표적(標的) 한가운데를 맞히는 하면, 몽둥이로 친다.
0879 堡壘瞋眈(보루진탐): 적(敵)의 접근(接近)을 막기 위한 진지(陣地)에서는 눈을 부릅뜨고 노려보면서
0880 順番循環(순번순환): 차례대로 갈아드는 번(番)에 따라서 그 역할(役割)이 이어서 돌아가는데,
0881 獩貊兜鎧(예맥두개): 예맥족(獩貊族)은 투구를 쓰고 갑옷을 입었으며,
0882 鞏靬靴鞋(공간화혜): 단단하게 말린 가죽으로 만든 가죽신발을 신었다.
0883 匍匐偵邏(포복정라): 땅에 배를 대고 기어와서 형세를 살피기 위해 순회(巡廻)하는 자(者)가 있어
0884 哨戍捕捉(초수포착): 국경(國境)을 지키며 망(望)을 보는 병사(兵士)가 붙잡아 와서,
0885 祕密訖漏(비밀흘루): 적(敵)의 군사비밀(軍事秘密)이 마침내 누설(漏泄)되기에 이르렀다.
0886 驛站馹騁(역참일빙): 이렇게 되자 역참(驛站)에서는 역마(驛馬)가 내달려서
0887 郵便通信(우편통신): 역참(驛站)에서 역참(驛站)으로 소식(消息)을 전(傳)하여,
0888 緊急連絡(긴급연락): 일이 아주 긴요(緊要)하고도 급박(急迫)한 사정(事情)을 알리게 되었다.
0889 慷慨噴喟(강개분위): 이에 의기(義氣)가 북받치어 슬퍼하고 한탄(恨歎)하면서 한숨을 내뿜고는
0890 儹咨閼匪(찬자알비): 모여서 비적(匪賊)의 무리를 막아낼 방도(方途)를 물으니,
0891 焦燥討議(초조토의): 애가 타서 마음을 졸이며 의견을 내고 검토를 해서 협의(協議)를 하는데,
0892 黑白論爭(흑백논쟁): 옳고 그름을 가지고 양편(兩便)으로 나뉘어 말로써 다투니,
0893 違忤衆喧(위오중훤): 서로의 의견(意見)을 거슬러서 대립(對立)되어 여럿이 시끄러운 가운데,
0894 煩惱罔兮(번뇌망혜): 번뇌(煩惱)로 인하여 마음에 수심(愁心)이 가득한 모양으로 말하길,
0895 鳳凰鸞鵬(봉황란붕): "봉황(鳳凰)이나 난붕(鸞鵬)처럼 큰 새는
0896 猴翅穩棲(후시온서): 부둥깃 날개를 가진 어린 때는 차라리 평온히 깃들어 있다가,
0897 顥穹頡頏(호궁힐항): 막상 크고도 넓은 하늘에서 비등하게 오르내리고 날며 자웅(雌雄)을 가리듯이,
0898 冒險熟考(모험숙고): 위험(危險)을 무릅쓰는 일은 깊히 생각에 생각을 거듭해서 결정하는 것이
0899 叮嚀妥當(정녕타당): 틀림없이 사리(事理)에 맞고 온당(穩當)할 것이오." 하고는
0900 宰箚現況(재차현황): 재상(宰相)이 현재의 상황을 간단히 상소문(上疏文)으로 임금께 고하기를,
0901 諜諼侯薨(첩수후훙): "염탐(廉探)하여 말을 전하는 바에 의하면, 제후(諸侯)가 죽었다고 하는데,
0902 叛徒犯闕(반도범궐): 반란(叛亂)을 꾀하는 무리가 대궐(大闕)을 침범(侵犯)하여
0903 奚簒弑耶(해찬시야): 어찌 임금을 죽이고 그 자리를 빼앗는단 말입니까?
0904 蹂躪蚓蠢(유린인준): 밟으면 지렁이도 꿈틀하거늘,
0905 焉敢輒妨(언감첩방): 어찌 감(敢)히 번번이 방해(妨害)를 한단 말입니까?
0906 侃証擯殫(간정빈탄): 물리쳐서 모조리 없애버릴 것을 강직(剛直)하게 간(諫)하나이다." 하고
0907 涕泫諫諍(체현간쟁): 눈물을 줄줄 흘리면서 임금에게 힘써 간언(諫言)을 하였다.
0908 干戈弓矢(간과궁시): 창과 방패, 그리고 활과 화살 등(等)의 병장기(兵仗器)를
0909 塹壕按排(참호안배): 성(城) 둘레의 참호(塹壕)에 알맞게 잘 배치(配置)하여
0910 僞裝掩蔽(위장엄폐): 거짓을 실지처럼 가장(假裝)하기도 하고, 또는 보이지 않도록 가려서 숨기고는
0911 摣鉍瞯脆(사필간취): 창(槍)의 자루를 움켜쥐고 취약(脆弱)한 곳을 엿보는 한편,
0912 彊弩狙佰(강노저백): 센 쇠뇌는 일당백(一當百)의 적(敵)을 노리고 있는 가운데
0913 彎弦彈嚆(만현필효): 시위를 당겨서 활을 쏘니 화살 우는 소리가 나면서 개전(開戰)을 알리매,

0914 銃砲彈丸(총포탄환): 총(銃)과 포(砲)의 총탄(銃彈)과 포탄(砲彈)이 날아가서
0915 電光石火(전광석화): 번갯불이 번쩍하고 부싯돌의 불이 튀듯이 짧은 동안에 신속(迅速)하게
0916 爆破標的(폭파표적): 목표(目標)로 삼은 과녁을 폭발(爆發)시켜 부수어버려서
0917 攪亂敵陣(교란적진): 적군(敵軍)의 진영(陣營)을 뒤흔들어 어지럽게 하고는,
0918 攻擊據點(공격거점): “거점(據點)을 공격(攻擊)하라!” 하고 외치자,
0919 咸翕斬劉(함흡참류): 다 한꺼번에 일어나서 칼로 베어 죽이면서
0920 覘堄陞梯(첨예승제): 성가퀴 위를 엿보고 사다리를 타고 오르니,
0921 郛郭扞禦(부곽한어): 적(敵)은 외성(外城)의 성곽(城郭)에서 공격(攻擊)을 막아내기에
0922 猛烈抵抗(맹렬저항): 그 기세(氣勢)가 몹시 사납고 세차게 맞서 대항(對抗)하므로
0923 左衝右突(좌충우돌): 이리저리 닥치는 대로 치고 받고 하는 와중(渦中)에
0924 臨戰毅勇(임전의용): “싸움에 임(臨)하여는 굳세고 용맹(勇猛)스러우라!” 하고 외치고서,
0925 俄蹶踞鞍(아궐거안): 조금 있다가 벌떡 일어나 말안장(鞍裝)에 걸터앉아서
0926 猝倏倢趙(졸숙첩조): 갑자기 빠르게 다다라서
0927 邀沮伊倀(요저이창): 맞이하여 나아가 가로막으니, 저쪽이 갈팡질팡하는 틈에
0928 槍搪劍剄(창당검경): 창(槍)으로 찌르고 칼로 목을 베면서
0929 包圍衛繞(포위위요): 도망(逃亡)가지 못하도록 지키면서 에워싸고는
0930 撲煞殲泯(박살섬민): 때려눕히고 죽여서 다 섬멸(殲滅)하여 멸망(滅亡)시키니,
0931 進退唯谷(진퇴유곡): 나아가고 물러설 길은 오직 골짜기뿐,
0932 豫見卓越(예견탁월): 앞으로 일어날 일을 미리 짐작(斟酌)함이 월등(越等)히 뛰어나서,
0932 遮計霧散(차계무산): 적(敵)의 침략(侵略) 계획(計劃)을 막아서 무산(霧散)시켰다.
0934 魁懼跪頫(괴구궤부): 적(敵)의 우두머리가 두려워서 무릎을 꿇고 머리를 숙이고 있는데,
0935 傀儡殆刎(괴뢰태문): 앞잡이로 온 괴뢰(傀儡)가 거의 목이 잘릴 위태(危殆)로움에 이르자,
0936 俘搓顫頤(부차전이): 사로잡힌 포로(捕虜)가 손을 비비고 턱을 떨면서 두려워하는데,
0937 仇讐怨恨(구수원한): 원수(怨讐)에 대한 원한(怨恨)으로
0938 僉怏誅咎(첨앙주구): 모두가 앙심(怏心)을 먹고서 허물을 벌(罰)하여 죽였다.
0939 砦彙虜獲(채휘노획): 작은 성채(城砦)에는 적(敵)을 사로잡거나 목을 벤 것은 모아 놓고
0940 絞頸馘擎(교경괵경): 목을 매어 죽이거나 목을 베어 높이 들어올리고,
0941 旝幟闡捷(괴치천첩): 대장기(大將旗)의 깃발을 내걸어 싸움에서 이긴 것을 널리 알리게 되었다.
0942 甕城壞落(옹성괴락): 튼튼히 쌓아올린 산성(山城)은 무너져 함락(陷落)되어
0943 燒燬悉盡(소훼실진): 불에 타서 다 없어지고,
0944 熄滅灰燼(식멸회신): 불이 꺼진 곳에는 모든 게 흔적도 없이 사라지고 재만 남은 자리에서
0945 羊丑犒饋(양축호궤): 양(羊)이나 소를 잡아 군사(軍士)들을 먹이고 위로(慰勞)하는데,
0946 路傍殘邑(로방잔읍): 길가의 황폐(荒弊)해진 고을에는
0947 剝片瓦塼(박편와전): 떨어져 나온 조각난 기와와 벽돌이 흩어져 있고,
0948 廢墟悽慘(폐허처참): 성곽이며, 건물 등이 파괴되어 황폐하게 된 옛터는 슬프고도 참혹한데,
0949 寂寞凄然(적막처연): 고요하고 쓸쓸하기만 하여 마음 또한 쓸쓸하고 구슬프다.
0950 匕剽狶亢(비표희항): 비수로 돼지의 목을 찔러서
0951 屠畜釜烹(도축부팽): 가축(家畜)을 도살(屠殺)하여 솥에다 삶아서 먹이고,
0952 鎭撫鼓吹(진무고취): 난리(亂離)를 평정(平定)하고 민심을 진정시켜 다스리고 사기를 북돋우면서
0953 到處戡殄(도처감진): 이르는 곳마다 적(敵)을 무찔러 모조리 멸망(滅亡)시키고 나서,
0954 揔酋兼倂(총추겸병): 모든 두목들을 다 하나로 합쳐서 다스리며,
0955 扳拇抑捺(반무억날): 엄지손가락을 끌어당겨서 억지로 눌러 손도장을 찍어서
0956 完全占領(완전점령): 완전(完全)하게 적국(敵國)의 영토를 군사적(軍事的) 지배하(支配下)에 두고서
0957 將軍凱旋(장군개선): 장군(將軍)이 전쟁(戰爭)에서 이기고 돌아와서는
0958 征伐開拓(정벌개척): 군사(軍士)로써 적국(敵國)을 쳐서 새로운 영토(嶺土)를 열게 되었으므로,
0959 愼陳遷都(신진천도): 도읍(都邑)을 옮기는 문제(問題)를 신중(愼重)히 아뢰고 나서,

0960 致辭丕績(치사비적): 훌륭하고 큰 공적(功績)에 대하여 치하(致賀)의 글을 지어서 내리고,
0961 譔殉謚侑(선순시유): 목숨을 바친 이들을 기려서 시호(諡號)를 내리고 배향(配享)했으며,
0962 戢戟繳銷(집극작소): 병기(兵器)를 거두어 들여 흔적(痕迹)을 없앴다.
0963 彷徨弃輟(방황이철): 그동안 일정한 방향(方向)도 없이 떠돌아다니는 일은 이제 그만두고 멈추었다.
0964 甘呑苦吐(감탄고토): 방황(彷徨)하는 동안 달면 삼키고 쓰면 뱉으면서
0965 炎涼俗態(염량속태): 세태에 따라 인정이 쉽게 변하는 세속의 저속한 행태도 경험했으며,
0966 倒錯混沌(도착혼돈): 세상의 가치가 거꾸로 뒤바뀌고 뒤섞여서 모호(模糊)한 상태임도 알았다.
0967 箴誡秉彝(잠계병이): 훈계(訓戒)하노니, 타고난 천성(天性)을 그대로 지켜나가도록 하라.
0968 驕傲傷謹(교오상근): 잘난 체하면서 남을 업신여기는 것은 삼가 조심하는 마음을 다치게 하여,
0969 倨慢傚恝(거만효괄): 잘난 체하고 으스대면서 남을 푸대접하는 것만 본받아서
0970 誹謗詼嘲(비방회조): 남을 헐뜯어 말하고 희롱(戲弄)하여 비웃게 되나니,
0971 謙遜美德(겸손미덕): 남을 높이고 제 몸을 낮추는 갸륵한 덕성(德性)으로
0972 讓步秩序(양보질서): 남에게 먼저 사양하여 제 자리를 내어준다면 올바른 차례(次例)가 설 것이다.
0973 多言或訛(다언혹와): 말이 많다 보면 간혹 어긋나는 수가 있어서,
0974 矛盾詭辯(모순궤변): 말의 앞뒤가 서로 맞지 않아 이치에 맞지 않는 변론(辯論)을 펼치게 되어,
0975 輕率妄動(경솔망동): 언행(言行)이 가볍고 망녕되이 행동(行動)하게 되나니,
0976 誇少恪堅(과소각견): 남에게 자신(自身)을 자랑함은 적게 하고, 삼가 조심함은 굳게 하라.
0977 外柔內剛(외유내강): 겉으로 보기에는 부드럽고 순하나, 속은 꿋꿋하고 곧아야 하나니,
0978 毖韜囊錐(비도낭추): 삼가 조심하여 자신의 재능을(주머니 속의 송곳) 드러내지 않도록 감추라.
0979 忖誥慤懋(촌고각무): 미루어 생각하여 타이르는 것이니 성실(誠實)하게 힘쓰도록 하여라.
0980 余忺遻諝(여험오서): 내가 깨우쳐서 총명(聰明)한 사람이 되고자 하여,
0981 晉庠棰斅(진상추효): 학교(學校)에 나아가니 회초리로 종아리를 때리며 깨우쳐 주셨다.
0982 詞藻魯鈍(사조로둔): 시문(詩文)을 짓는 재능(才能)에는 몹시 둔(鈍)하였지만,
0983 嗜蒐瓊章(기수경장): 남이 지은 아름다운 글을 모으는 것을 좋아하다 보니,
0984 鈔纂輯撰(초찬집찬): 베껴서 모으거나, 전(傳)해오는 저술(著述)을 모아서 나름대로 지어서,
0985 抄冊原本(초책원본): 요점(要點)만 가려 뽑아 놓은 책(冊)의 원본(原本)을 완성(完成)하였는데,
0986 蠹蝕毁損(두식훼손): 오래되다 보니 좀이 먹어서 헐어서 못쓰게 되었다.
0987 箋註添削(전주첨삭): 여기에 본문의 뜻을 설명하는 주석(註釋)을 다는 한편, 보태거나 빼거나 하고,
0988 校訂編緝(교정편집): 틀린 글자나 체계(體系) 따위의 잘못된 부분을 고쳐서 모아 책(冊)으로 엮었다.
0989 篇牘卷帙(편독권질): 책은 주제(主題)에 따라 쓴 여러 권(卷)이 합하여 하나의 질(帙)로 되었으며,
0990 目次索引(목차색인): 목차(目次)와 색인(索引)을 붙여서
0991 假綴拙稿(가철졸고): 임시(臨時)로 대강 엮은 보잘 것 없는 원고(原稿)를 가지고,
0992 敷衍用途(부연용도): 수량(數量)을 늘려서 널리 퍼뜨릴 목적(目的)으로
0993 描謄印刷(묘등인쇄): 그대로 베껴서 등사(謄寫)하여 인쇄(印刷)를 하였다.
0994 著述發刊(저술발간): 책(冊)이라고 지어서 만들어 펴낸 것이
0995 蕪舛薈蕞(무천회최): 문장(文章)의 조리(條理)가 닿지 않고, 난잡(亂雜)하여 지닐 만한 것이 못되지만,
0996 濁甫怎憾(탁보즘감): 분수(分數)를 모르는 무식(無識)한 주제에 어찌 아쉬움이 있으랴 !
0997 勘懜整慙(감몽정참): 자신의 어리석음을 헤아려 부끄러운 마음을 바로잡고서
0998 俶獻熒窓(숙헌형창): 글을 읽으며 학문(學問)을 닦는 곳에 비로소 바치오니,
0999 攸睿諸彦(유예제언): 슬기롭고 사리(事理)에 밝으신 바의 많은 선비 여러분!
1000 伏望鞭撻(복망편달): 채찍을 들어 바르게 이끌어주실 것을 삼가 엎드려 바라옵니다.

일러두기

□ 교재(教材)의 구성체계(構成體系)

- ㅁ 한자(漢字)의 부수(部首)와 구성상(構成上)의 틀에서 가장 바탕이 되면서도 일상생활(日常生活)에서 빈번(頻煩)히 쓰여지고 있는 한자(漢字) 4천자 (四千字)를 가려서 뽑고,

- ㅁ 한문학습(漢文學習)에 있어 초·중·고(初·中·高) 과정(課程)에서 습득(習得)하게 되는 영역(領域)에 준(準)하여 활용가능(活用可能)한 사자성구(四字成句) 1,000구(一千句)로 구성(構成)하였으며,

- ㅁ 우리나라를 기준(基準)으로 한 천문(天文)과 기후(氣候) 및 지리(地理), 그리고 시대(時代)의 변천(變遷)에 따른 인문(人文)과 사회상(社會相)을 망라(網羅)하고, 인간(人間)의 사회생활(社會生活)에서 요구(要求)되는 덕목(德目)과 학습(學習)에 따른 잠언(箴言)의 순(順)으로 편집(編輯)하였습니다.

□ 교재(教材)의 편집요람(編輯要覽)

- ㅁ 왼쪽으로부터 첫째 칸에는 천구문(千句文) 본문(本文)에 해당(該當)하는 글자를 서체(書體)가 수려(秀麗)하여 글씨 연습(練習)에 유리(有利)한 붓글씨체로 배치(配置)하였으며,

- ㅁ 왼쪽으로부터 둘째 칸에는 부수(部首)와 < >괄호 안에 훈(訓)과 음(音)을 넣었으며, 주(主)된 뜻을 가려서 기술(記述)하였다.

- ㅁ 왼쪽으로부터 셋째 칸에는 본 글자로부터 파생(派生)되는 어휘(語彙)와 속담(俗談) 및 고사성어(故事成語)를 예시(例示)하므로써, 본 교재(教材)가 초학아동(初學兒童)은 물론, 한문(漢文)의 고등과정(高等課程) 이수자(履修者)들도 유익(有益)하게 참고(參考)할 만한 내용(內容)들을 수록(收錄)하였습니다.

- ㅁ 왼쪽으로부터 넷째 칸에는 사자성구(四字成句)에 대한 음(音)을 < > 괄호에 넣고, 이에 대한 해석(解釋)을 하였으며, 의역(意譯)이 필요(必要)한 부분(部分)에서는 < >괄호로 묶었습니다.

□ 교습방법(教習方法)에 대한 당부(當付)

- ㅁ 학동(學童) 여러분은 언어(言語)의 표기(表記)에 있어 다소(多少)의 불편(不便)이 따르더라도 한자(漢字) 어휘(語彙)나 외래어(外來語) 어휘(語彙)를 원자(原字)로 필기(筆記)하는 습관(習慣)을 익힌다면

어휘(語彙)의 변별력(辨別力)은 물론(勿論) 언어독해(言語讀解)에 탁월(卓越)한 능력(能力)을 습득(習得)하여 여타학습(餘他學習)에 일취월장(日就月將)하는 효과(效果)를 기대(企待)할 수 있을 것이라 확신(確信)합니다.

千句文 教材

(천구문 교재)

<table>
<tr><td>孩</td><td>子 <어린아이 해>
①어린아이
②방글방글 웃다</td><td>※ 겨우 웃을 만하다는 뜻 (今統稱幼童曰孩)
* 孩提(해제) :걸음마 배울 무렵의 아이 <孟子> 孩提之童
* 兒孩(아해) :孩兒(해아). 어린아이
* 孩笑(해소) :어린아이의 웃음</td><td rowspan="4"><해제재척>

두세 살 된
어린아이가
겨우 땅을
딛고 일어설
때쯤이 되면</td></tr>
<tr><td>提</td><td>扌(手) <이끌 제>
①들다 ②끌다, 당기다
③가만가만 걷다</td><td>※ 겨우 손을 붙잡아줄 만하다는 뜻 (提提行步安諦)
* 提示(제시) :어떠한 뜻을 드러내어 보이거나 가리킴
* 提出(제출) :文案, 建議, 法案 等을 내어 놓음
* 提交(제교) :<中語>회부(回附)하다. 제출하다. 제기하다</td></tr>
<tr><td>纔</td><td>糸 <겨우 재>
①겨우 ②잠깐 ③비롯하다
④재주, 재능(才能)이 있는 사람</td><td>※ 한 번 물들인 명주. (現)비로소, 겨우, 방금, 그야말로
* 纔食一匙不救腹飢 :첫 술에 배부르랴
* 纔學其技我眼反昏(재학기기아안반혼) :재주를 다 배우고 나니 눈이 어둡다. 技纔成眼有眚(기재성안유생)</td></tr>
<tr><td>跖</td><td>足 <밟을 척 / 발바닥 척>
①밟다 ②가다 ③발바닥
④이르다(어떤 장소나 시간에 닿다)</td><td>* 跖地(척지) :땅을 밟다
* 跖狗吠堯 :<故>跖(盜跖)이란 도둑이 기르는 개가 堯임금을 보고 짖는다 <比喩>사람은 누구나 제가 모시는 上典에게 充實한 법이다</td></tr>
</table>

<table>
<tr><td>模</td><td>木 <본뜰 모 / 법 모>
①본뜨다, 본받다, 본(本), 본보기(本)
②법(法), 법식(法式 :法度와 樣式)
③모호하다(模糊)</td><td>* 模倣(모방) :摹倣(모방) 다른 것을 보고 본뜨거나 본받음. 흉내를 냄. 모본(模本), 모습(模襲), 모의(模依)
* 模樣(모양) :겉으로 나타나는 생김새나 됨됨이
* 模糊(모호) :흐리어 똑똑하지 못함</td><td rowspan="4"><모방습성>

본을 받는
버릇이
생기므로,</td></tr>
<tr><td>倣</td><td>亻(人) <본뜰 방>
①본뜨다 ②본받다, 배우다 ③닮다, 비슷하다 ④글씨본대로 쓴 글자</td><td>* 倣古主義(방고주의) :옛날 한문학(漢文學)을 붙좇는 주의(主義)
* 餘皆倣此(여개방차) :이미 있는 사실(事實)로 미루어 보아 다른 나머지도 다 이와 같음</td></tr>
<tr><td>習</td><td>羽 <익힐 습>
①익히다, 익숙하다, 배우다, 연습하다(練習·鍊習), 복습하다(復習)
②버릇, 습관(習慣), 풍습(風習)</td><td>* 習性(습성) :버릇이 되어 버린 성질(性質)
* 習慣(습관) :여러 번 되풀이함으로써 익히 굳어진 행동
* 慣習(관습) :①익은 습관(習慣) ②사회(社會)의 습관(習慣)
* 學習(학습) :사물(事物)을 배워서 익히는 일.</td></tr>
<tr><td>性</td><td>忄(心) <성품 성>
①성품(性品), 타고난 사람의 천성(天性) ②바탕, 사물(事物)의 본질(本質) ③생명(生命), 목숨, 마음 ④성별(性別), 남녀(男女)</td><td>* 性格(성격) :각 개인(個人)의 특유(特有)한 감정(感情)
* 性質(성질) :사람이나 동물에게 본디 있는 마음의 바탕
* 本性(본성) :사람이나 사물(事物)이 본디부터 가진 고유(固有)한 성질(性質)</td></tr>
</table>

<table>
<tr><td>啓</td><td>口 <열 계>
①열다, 열리다, 일깨워주다 ②여쭈다, 사뢰다(웃어른에게 말씀을 올리다)
③안내하다(案內), 인도하다(引導)</td><td>* 啓蒙(계몽) :몽매(蒙昧)한 사람이나 어린아이를 깨우쳐 가르침
* 啓發(계발) :슬기와 재능(才能)을 열어 깨우쳐 줌
* 復啓(복계) :答狀하여 아룀. 회답(回答)의 便紙 用語.
* 敬啓(경계) :삼가 사뢴다는 뜻의 편지(便紙) 용어(用語)</td><td rowspan="4"><계몽적성>

어린이를
깨우쳐
가르쳐서
깨달음으로
나아가게
하고자</td></tr>
<tr><td>蒙</td><td>艹(艸·草) <어두울 몽>
①(사리에)어둡다, 어리석다, 어리다
②무릅쓰다 ③덮다, 입다, 받다</td><td>* 蒙塵(몽진) :머리에 티끌을 뒤집어씀. <比喩>나라에 난리(亂離)가 있어 임금이 나라 밖으로 도주(逃走)함
* 啓蒙(계몽) :무식한 사람이나 어린아이를 깨우쳐 가르침
* 無知蒙昧(무지몽매) :아는 것이 없이 어리석음</td></tr>
<tr><td>迪</td><td>辶(辵) <나아갈 적>
①나아가다 ②이루다
③이끌다, 인도하다(引導)
④길, 도리(道理), 도덕(道德)</td><td>* 啓迪(계적) :가르쳐 길을 열어줌
* 導迪(도적) :참된 길을 인도(引導)함</td></tr>
<tr><td>惺</td><td>忄(心) <깨달을 성> ※ 類似字 :寤
①(도리를)깨닫다
②영리하다(怜悧·伶俐), 슬기롭다
③조용하다, 고요한 모양</td><td>* 惺惺(성성) :惺憁(성총). 영리(怜悧)한 모양, 똑똑한 모양
* 惺忪(성종) :움직여서 고정(固定)되지 않은 모양
* 黑猩惺(흑성성) :침팬지(chimpanzee). 유인원과(類人猿科) 원숭이의 하나</td></tr>
</table>

<table>
<tr><td>學</td><td>子 <배울 학>
①배우다, 공부하다(工夫)
②흉내 내다, 모방하다(模倣·摸倣·摹倣)</td><td>* 學童(학동) :글방에서 글을 배우는 아이(兒童).
* 學校(학교) :학생(學生)을 가르치는 교육(教育) 기관(機關)
* 學生(학생) :①배우는 사람 ②벼슬 없이 죽은 사람의 호칭
* 教學相長(교학상장) :가르침과 배움이 서로를 증진시켜 줌</td><td rowspan="4"><학동회숙>

글을 배우는
어린 아이들이
글방에 모여서
공부를 하고
있다.</td></tr>
<tr><td>童</td><td>立 <아이 동>
①아이, 어리석다 ②종(從), 노복(奴僕)
③어린 양이나 소 ④눈동자
⑤대머리, 민둥민둥하다, 벗겨지다</td><td>* 童子(동자) :사내아이. 동남(童男). 동수(童豎). 수초(垂髫)
* 童話(동화) :어린이를 상대(相對)로 하여서 지은 이야기
* 兒童(아동) :어린아이 * 樵童(초동) :땔나무를 하는 아이
* 孩提之童(해제지동) :나이가 적은 어린아이. 孩提(해제)</td></tr>
<tr><td>會</td><td>曰 <모일 회>
①모이다, 모으다, 만나다 ②맞다
③잘하다, 능숙하다(能熟) ④깨닫다
⑤통계를 내다, 합계를 산출하다</td><td>* 會談(회담) :모여서 이야기함
* 機會(기회) :공교(工巧)롭게 보람 있는 고비
* 社會(사회) :①촌민(村民)이 사일(社日)에 모이던 모임 ②인간(人間)의 집단적(集團的) 생활(生活)</td></tr>
<tr><td>塾</td><td>土 <글방 숙>
①글방, 학당(學堂), 서당(書堂)
②행랑방(行廊房 :대문 옆방) ③과녁</td><td>* 家塾(가숙) :私塾(사숙). 주(周)나라의 교육(教育) 제도(制度)
* 私塾(사숙) :글방(家塾) 한문(漢文)을 사사로이 가르치던 곳
* 書塾(서숙) :글방(書堂). 한문(漢文)을 가르치던 곳
* 學塾(학숙) :사숙(私塾), 서당(書堂), 학방(学房)</td></tr>
</table>

天	大 <하늘 천> ①하늘 ②임금, 제왕(帝王), 천자(天子) ③자연(自然) ④아버지, 남편(男便)	* 天地(천지) :①하늘과 땅 ②우주(宇宙) ③온 세상(世上) ④대단히 많음 * 天命(천명) :①타고난 수명(壽命) ②하늘의 명령(命令) * 天壽(천수) :타고난 수명(壽命)	<천지간인> 하늘과 땅 사이에 사람이 있고
地	土 <땅 지> ①땅, 대지(大地) ②곳, 장소(場所) ③논밭 ④처해 있는 형편(形便), 處地 ⑤신분(身分), 자리, 지위(地位)	* 地方(지방) :서울 이외(以外)의 지역(地域) * 地域(지역) :일정(一定)한 땅의 구역(區域) * 敷地(부지) :건축물(建築物)이나 도로(道路)에 쓰이는 땅 * 處地(처지) :자기(自己)가 처해 있는 형편이나 경우(境遇)	
間	門 <사이 간> ①사이, 때, 동안 ②틈, 틈새 ③차별(差別) ④몰래, 비밀히(秘密) ⑤이간하다(離間), 헐뜯다	* 時間(시간) :어떤 시각(時刻)에서 시각(時刻)까지의 사이 * 期間(기간) :일정한 시기(時期)에서 일정한 시기까지의 사이 * 瞬間(순간) :극히 짧은 시간(時間). 잠깐 동안. 瞬息間 * 民間(민간) :일반(一般) 백성(百姓)의 사회(社會)	
人	人 <사람 인> ①사람, 인간(人間) ②다른 사람, 타인(他人), 남 ③일손, 인재(人才)	* 人物(인물) :①사람 ②뛰어난 사람. 인재(人材) * 人事(인사) :①안부(安否)를 물음 ②개인 신상에 관한 업무 * 個人(개인) :한 사람 한 사람, 각자 * 人死留名(인사유명) :사람은 죽어서 이름을 남긴다는 뜻	

宇	宀 <집 우> ①집, 지붕, 처마 ②하늘 ③천하(天下), 천지사방(天地四方) ④덮어 가리다 ⑤크다, 넓히다	* 宇宙(우주) :①천지사방(天地四方)과 고왕금래(古往今來) ②세계(世界) 또는 천지간(天地間). 만물(萬物)을 포용(包容)하고 있는 공간(空間). 자연(自然), 두우(斗宇)	<우주홍황> 우주는 넓고 거칠어서 <우주는 넓고 공허(空虛)하여>
宙	宀 <집 주> ①집, 주거(住居) ②하늘 ③천지(天地)의 사이 ④때, 무한(無限)한 시간(時間)	* 宇宙洪荒(우주홍황) :<千字文>하늘과 땅 사이는 넓고 커서 끝이 없음 * 宇宙萬物(우주만물) :우주(宇宙) 안에 있는 온갖 사물(事物)	
洪	氵(水) <넓을 홍> ①넓다 ②크다 ③발어사(發語辭) :말하기 전에 '에~' '저~'처럼 실질적인 뜻이 없이 뱉는 말	* 洪荒(홍황) :①넓고 거칠음(황량함) ②넓고 공허함 ③넓고도 멀다 * 洪水(홍수) :큰 비가 많이 와서 물난리가 난 상태(狀態) * 洪範(홍범) :모범(模範)이 되는 큰 규범(規範)	
荒	++(艸·草) <거칠 황> ①거칠다 ②흉년(凶年)이 들다 ③넓히다 ④허황하다(虛荒) ⑤변방(邊方) ⑥공허하다(空虛)(강), 삭막하다(강)	* 荒唐(황당) :언행(言行)이 허황(虛荒)하여 믿을 수 없음 * 荒廢(황폐) :내버려 두어 거칠고 못쓰게 됨 * 虛荒(허황) :사람됨이 들떠서 황당함, 헛되고 미덥지 못함 * 破天荒(파천황) :이제까지 아무도 하지 않은 일을 행함	

廣	广 <넓을 광> ①넓다, 넓히다 ②공허하다(空虛), 비다 ③무덤 ④직경	* 廣闊(광활) :훤하고 너름. 매우 넓어서 막힌 곳이 없음 * 廣告(광고) :세상(世上)에 널리 알림 * 廣場(광장) :너른 마당, 너른 빈터 * 廣範圍(광범위) :넓은 범위(範圍)	<광활무변> 훤하게 넓어서 막힌 곳이 없이 끝이 없는데
闊	門 <넓을 활> ①넓다, 트이다 ②멀다 ③거칠다 ④성기다(물건의 사이가 뜨다) ⑤오래 만나지 않다	* 闊步(활보) :활개를 치고 거드럭거리며 걷는 걸음 * 闊葉(활엽) :넓고 큰 잎사귀. * 闊葉樹(활엽수) * 頭童齒闊(두동치활) :머리가 벗어지고, 이가 빠져 사이가 벌어짐. 늙은이의 얼굴 모양(模樣)을 형용(形容).	
無	灬(火) <없을 무> ①없다 ②아니다(非), 아니하다(不) ③무려(無慮), 대강(大綱) ④발어사(發語辭)	* 無邊(무변) :①가없다. 끝없이 넓고 큰 것 ②무수히 많은 것 * 無關(무관) :관계(關係)가 없음 * 無視(무시) :존재(存在)를 알아주지 아니함. 사람을 깔봄. * 莫無可奈(막무가내) :도무지 어찌할 수 없음	
邊	辶(辵) <가 변> ①가, 가장자리, 곁, 측면(側面), 변두리 ②변방(邊方), 국경(國境) ③(漢字의) 변(邊) :왼쪽의 붙는 部首	* 邊傍(변방) :회의문자(會意文字)에서 왼쪽은 뜻을 나타내는 변(邊)이고, 오른쪽은 음(音)을 나타내는 방(傍)이다. 달리 편방(偏旁)이라고도 함 * 周邊(주변) :주위(周圍)의 가장자리, 언저리	

綺	糸 <비단 기> ①비단(緋緞), 무늬 좋은 비단(緋緞) ②곱다, 아름답다 ③무늬, 광택(光澤)	* 綺羅(기라) :①곱고 아름다운 비단(緋緞) ②女人 * 綺羅星(기라성) :①밤하늘에 반짝이는 수많은 별 ②훌륭한 사람들이 죽 늘어선 것을 비유 * 綺語(기어) :신문(新聞)·소설(小說) 등에서 묘하게 잘 꾸민 말	<기라성신> 고운 비단을 펼쳐놓은 듯한 수많은 별들이 있다. <밤하늘에 반짝이는 무수(無數)한 별들이 있다>
羅	网 <벌일 라 / 그물 라> ①벌이다(일을 시작하거나 펼쳐 놓다) ②벌이어 놓다, 늘어서다 ③그물 치다, 그물질하다	* 網羅(망라) :물고기를 잡는 그물과 날짐승을 잡는 그물 ①널리 빠짐없이 모음 ②모두 휘몰아 넣어 포함(包含)시킴 * 森羅萬象(삼라만상) :우주 안에 있는 온갖 사물 현상(現象)	
星	日 <별 성> ①별 ②해, 세월(歲月) ③천문, 천체(天體)의 현상(現狀)	* 星辰(성신) :별. 별의 총칭(總稱) * 星宿(성수) :모든 성좌(星座)의 별들 * 恒星(항성) :스스로 빛을 내는 별. 태양(太陽), 북극성(北極星) * 行星(행성) :해의 둘레를 따라서 돌아다니는 별. 지구(地球)	
辰	辰 <별 진 / 때 신> ①별의 총칭(總稱) ②때, 시각(時刻)(신) ③날, 하루(신)	* 辰刻(진각) :시간(時間) 또는 시각(時刻) * 元辰(원신) :①元旦(원단) ②좋은 때 * 日月星辰(일월성신) :해와 달과 별 * 辰宿列張(진수열장) :성좌(星座)가 하늘에 벌려져 있음	

朝	月 <아침 조 / 조정 조 / 뵈올 조> ①아침 ②조정(朝廷), 왕조(王朝) ③(임금을)뵈다, 배알하다(拜謁)	* 朝夕(조석) :아침과 저녁. 조모(朝暮). 단모(旦暮) 흔석(昕夕) * 王朝(왕조) :①왕(王)들의 계열(系列) ②왕의 다스린 동안 * 元朝(원조) :설날. 원단(元旦), 정단(正旦) ,원일(元日) * 朝三暮四(조삼모사) :간사(奸邪)한 꾀를 써서 남을 속임	<조승모측> 아침이면 해가 떠오르고 저녁이면 해가 기울어서
昇	日 <오를 승> ①(해가)오르다 ②(지위가)오르다. (벼슬을)올리다 ③(임금이)죽다	* 昇進(승진) :벼슬이나 지위(地位)가 오름 * 昇華(승화) :고체가 액체를 거치지 않고 곧바로 기체로 변함 * 上昇(상승) :위로 올라감. 오름 * 旭日昇天(욱일승천) :떠오르는 해처럼 세력이 성대(盛大)해짐	
暮	日 <저물 모> ①(날이)저물다, 저물녘, 해질 무렵 ②(시간에)늦다, 끝, 마지막 ③늙다, 노쇠하다(老衰)	* 暮秋(모추) :늦가을. 음력(陰曆) 9월 * 旦暮(단모) :아침과 저녁 * 旦夕(단석) :아침과 저녁 * 歲暮(세모) :①그 해가 저무는 때. 세밑 ②노년(老年) * 日暮途遠(일모도원) :날은 저물었는데 갈 길은 멀다	
昃	日 <기울 측> ①해가 서쪽으로 기울다 ②하오(下午)	* 昃聞(측문) :풍문(風聞)에 얼핏 들음 * 日月盈昃(일월영측) :해는 서쪽으로 기울고, 달도 차면 점차 이지러짐 <千字文>	

明	日 <밝을 명> ①밝다, 밝히다 ②날이 새다 ③명료(明瞭)하게 드러나다, 똑똑하다 ④이승, 현세(現世)	* 明暗(명암) :①밝음과 어두움 ②회화(繪畫)나 사진(寫眞)에서 색(色)의 농담(濃淡)이나 밝기의 정도(程度) * 淸明(청명) :①날씨가 맑고 밝음 ②24절기(節氣)의 하나 * 明若觀火(명약관화) :불을 보듯이 빤하여 명백히 드러남	<명암체흘> 밝고 어두움이 갈마들어 이르게 되는데, <낮과 밤이 서로 번갈아 돌아오게 되는데>
暗	日 <어두울 암> ①(날이)어둡다, 밤(夜) ②(눈에)보이지 않다, 숨기다, 남몰래 ③어리석다	* 暗示(암시) :넌지시 깨우쳐 줌 * 暗澹(암담) :①어두컴컴하고 쓸쓸함 ②희망이 없고 막연함 * 暗鬱(암울) :①어둡고 답답함 ②암담(暗澹)하고 침울(沈鬱)함 * 暗中摸索(암중모색) :어둠 속에서 더듬어 찾음. 어림짐작함	
遞	辶(辵) <갈마들 체 / 전할 체> ①갈리다, 갈마들다(서로 번갈아들다) ②역마(驛馬), 역참(驛站) ③전(傳)하다(驛站에서 驛站으로 전함)	* 交遞(교체) :다른 것으로 바꿈. 교체(交替), 교대(交代) * 郵遞(우체) :역참(驛站)에서 역참(驛站)으로 짐이나 문서(文書) 따위를 전달(傳達)함. 郵便(우편)	
迄	辶(辵) <이를 흘> ①이르다(어떤 장소나 시간에 닿다) ②마치다, 그만두다, 다하다, 마침내 ③모두 ④~까지	* 迄今(흘금) :지금(至今)에 이르기까지 * 迄未(흘미) :<中語>아직까지 ~않다 * 迄可休矣(흘가휴의) :알맞은 정도에서 그만 두라는 뜻으로, 정도(程度)에 지나침을 경계(警戒)하는 말	

逾	辶(辵) <넘을 유> ①넘다, 넘기다, 지나다, 지나가다 ②(물을)건너가다, 건너뛰다, 더욱, 한층 ③구차스럽다(苟且)(투)	* 逾邈(유막) :아득히 멂 * 逾窅(유요) :매우 깊숙함 * 逾月(유월) :그 달의 그믐을 넘김. 달을 넘김 * 逾月而葬(유월이장) :그 달을 넘겨서 장사(葬事)를 지냄	<유회익삭> 그믐을 넘기면 다음날은 초하루가 되어 <그믐이 지나면 다음날은 다음 달의 초하루로 넘어가게 되어>
晦	日 <그믐 회> ①그믐 ②밤, (날이)어둡다, 희미하다 ③어리석다 8. 감추다, 숨기다 ④조금, 얼마 안 됨	* 韜晦(도회) :자기(自己)의 재능(才能)이나 지위(地位)를 감추어 숨김. 韜光養晦(도광양회) * 遵養時晦(준양시회) :도(道)를 좇아 뜻을 기르고, 시세(時勢)에 따라서는 어리석은 체하며 언행을 삼감	
翌	羽 <다음날 익> ①다음날, 명일(明日), 이튿날 ②날개, 깃, 날다(翊과 通) ③돕다(翼)	* 翌日(익일) :다음날, 이튿날 * 翌月(익월) :다음 달 * 翌年(익년) :이듬해. 바로 다음의 해 * 翌朝(익조) :다음날 아침 * 翌夕(익석) :다음날 저녁 * 翌春(익춘) :그 이듬해 봄 * 翌晨 (익신) :<中語>이튿날 아침	
朔	月 <초하루 삭> ①초하루, 음력(陰曆) 매월(每月) 1일 ②처음, 시초(始初), 시작되다, 생겨나다 ③아침, 새벽 ④달력 ⑤북녘	* 朔望(삭망) :삭일(朔日)과 망일(望日), 곧 음력(陰曆) 초하루와 보름 * 正朔(정삭) :정월 초하루 * 朔俸(삭봉) :朔祿(삭록). 월급 * 朔東(삭동) :내몽고(內蒙古)의 고비사막(沙漠)의 동쪽	

盈	皿 <찰 영> ①차다, 가득하다, 충만하다(充滿) ②교만하다(驕慢) ③이루다 ④예쁜 모양	* 盈虧(영휴) :①가득 참과 이지러짐, 또는 가득함과 빔 ②천체(天體)의 빛이 그 위치(位置)에 의(依)하여 증감(增減)하는 현상(現狀), 달이 차는 것과 기우는 것	<영휴임염> 가득 차고 이지러지면서 차츰 차츰 세월이 지나가서 <보름달이 되었다가 그믐달이 되었다 하며 세월이 지나>
虧	虍 <이지러질 휴> ①이지러지다, 줄다, 기울다, 이울다 ②(불쾌한 감정으로)얼굴이 일그러지다 ③부족하다(不足), 모자라다 ④손해(損害)	* 虧損(휴손) :①부족(不足) ②손실(損失) * 虧月(휴월) :이지러진 달 * 虧欠(휴흠) :일정한 수효(數爻)에서 부족(不足)이 생김 * 喫虧(끽휴) :손해(損害)를 입음	
荏	++(艸·草) <들깨 임 / 천연할 임> ①들깨 ②부드럽다 ③천연하다(遷延) ④(세월이)흐르다, 구르다 ⑤점점(漸漸), 점차로(漸次)	* 荏苒(임염) :차츰 차츰 세월(歲月)이 지나감. 사물(事物)이 점진적(漸進的)으로 변화(變化)함. * 光阴荏苒(광음임염) :세월이 덧없이 흐르다. * 色厲內荏(색려내임) :겉으로는 엄격하나 내심으론 부드러움	
苒	++(艸·草) <풀우거질 염 / 천연할 염> ①풀이 우거지다, 성하다(盛) ②천연하다(遷延), (시간이)흘러가다 ③점점, 차츰 ④부드럽고 약한 모양	* 苒苒(염염) :①풀이 우거진 모양 ②가볍고 가냘픈 모양 ③앞으로 나아가는 모양 * 苒若(염약) :무성하다. 울창하다. 만발하다 * 苒弱(염약) :①한들한들 드리운 모양 ②꽃이 시든 모양	

輪	車 <바퀴 륜> ①바퀴 ②수레 ③둘레 ④돌다	* 輪廻(윤회) :①차례로 돌아감 ②수레바퀴가 구르듯이 중생(衆生)이 번뇌(煩惱)와 업(業)에 의하여 삼계육도(三界六道)를 끊임없이 도는 일 * 輪廓(윤곽) :사물(事物)의 대강의 테두리, 겉모양(模樣)	
廻	廴 <돌 회> ①돌다, 빙빙돌다, 선회하다(旋回) ②피하다(避), 회피하다(回避)	* 迂廻(우회) :곧바로 가지 않고 돌아감 * 巡廻(순회) :여러 곳을 돌아다니는 것 * 山盡水廻(산진수회) :산과 물이 서로 얽히어 싸고 돎	<윤회주기>
週	辶(辵) <돌 주> ①(한 바퀴)돌다, 회전하다(回轉·廻轉) ②일주일(一週日) ③전반적이다(全般的) ④일 년마다 돌아오는 주기(週期)	* 週期(주기) :①한 바퀴 도는 시기(時期) ②어떤 현상(現象)이 일정(一定)한 시간(時間)마다 똑같은 변화(變化)를 되풀이하는 그 일정(一定)한 시간(時間)을 이르는 말	차례로 돌아가면서 한 바퀴 도는 일정한 시기가 있는데
期	月 <기약할 기> ①기약하다(期約), 약속하다(約束) ②기다리다, 바라다, 기대하다(期待·企待) ③기간(期間), 기한(期限), 기일(期日)	* 期間(기간) :일정한 시기(時期)에서 다른 일정한 시기까지 * 期待(기대) :희망(希望)을 가지고 기약(期約)한 것을 기다림 * 時期(시기) :어떤 일이나 현상(現象)이 진행(進行)되는 때 * 早期(조기) :①빠른 시기(時期) ②기한(期限)이 빨리 옴	

悠	心 <멀 유> ①멀다, 아득하다 ②한가(閑暇)한 모양 ③많은 모양 ④생각하다, 그리워하다	* 悠久(유구) :연대(年代)가 길고 오램. 장구(長久)하다 * 悠然(유연) :유유(悠悠)하여 태연(泰然)함. * 悠悠(유유) :①아득히 먼 모양 ②한가(閑暇)한 모양, 悠悠自適 * 悠長(유장) :①길고 오램 ②침착(沈着)하여 성미가 느릿함	
久	丿 <오랠 구> ①오래다, 길다, 오래된, 옛날의 ②시간(時間), 기간 ③변(變)하지 아니하다	* 久安(구안) :오래도록 평안(平安)함 * 永久(영구) :①끝없이 오램 ②시간(時間)이 무한히 계속됨 * 持久力(지구력) :어떤 일을 오래 해낼 수 있는 힘 * 天長地久(천장지구) :하늘과 땅이 오래도록 변치 않음	<유구무알>
毋	毋 <말 무> ※ 无(無)와 類似 ①말다 ②없다(無) ③아니다(不) ④발어사 (차라리)	* 毋論(무론) :물론(勿論) * 毋立(무립) :무릇 * 加毋致(가무치) :<借音>가물치. 甘乙治 * 毋望之福(무망지복) :뜻하지 않은 우연(偶然)한 복(福) * 毋望之人(무망지인) :뜻하지 않게 구원(救援)해 주는 사람	아주 오래 전부터 그침이 없다.
遏	辶(辵) <막을 알 / 그칠 알> ①막다, 저지하다(沮止) ②끊다, 단절하다(斷切·斷截) ③가리다, 은폐하다(隱蔽) ④해치다(害)	* 遏迦(알가) :알가(閼伽). 범어(梵語)로, 불전에 바치는 물 * 遏情(알정) :사귄 정을 끊음. 맺은 정분(情分)을 끊음 * 遏抑(알억) :못하게 억누름 * 遏止(알지) :저지하다 * 沮遏(저알) :막아서 못하게 함	

曆	日 <책력 력> ①책력(冊曆) ②역법(曆法) ③수(數) ④셈 ⑤연대(年代) ⑥수명(壽命) ⑦운명(運命)	* 陽曆(양력) :태양력(太陽曆) * 陰曆(음력) :태음력(太陰曆) * 還曆(환력) :還甲(환갑), 60甲子의 간지(干支)가 돌아옴 * 夏扇冬曆(하선동력) :여름철의 부채와 겨울철의 책력(冊曆), 곧 선사품(膳賜品)이 철에 맞음	
朞	月 <돌(돐) 기> ①돌(돐), 1주년(周年·週年) ②시기(時期). 기일(期日). 정해진 시일(時日). 기간(期間)	* 朞服(기복) :朞年服, 일 년 동안 입는 상복(喪服) * 朞制(기제) :한 해 동안 상복을 입는 제도. 朞는 期로도 씀 * 朞年祭(기년제) :소상(小祥). 사람이 죽은 지 한 돐 만에 지내는 제사(祭祀)	<역기서어>
鉏	金 <호미 서> ①호미(쇠로 만든 농기구) ②김매다(논밭의 잡풀을 뽑아내다) ③없애다, 없애버리다 ④어긋나다	* 鉏鋙(서어) :틀어져서 어긋남. 서로 어긋남. 곧 의견이 맞지 않아 뜻대로 되지 않음 * 鉏去(서거) :살아 있거나 존재하지 못하게 제거(除去)함	책력(冊曆)에서 일주년(一週年)이 되는 돐이 서로 어긋나게 되면,
鋙	金 <어긋날 어> ①어긋나다, 서로 맞지 아니하다 ②버성기다(벌어져서 틈이 있다) ③산(山)의 이름(오)	* 圓鑿方枘 鉏鋙難入(원착방예 서어난입) :<楚辭>둥글게 구멍을 뚫어놓고 모난 자루를 끼우려 하니, 어긋나서 잘 들어가지 않는다	

閏	門 <윤달 윤> ①윤달(閏), 윤달이 들다. ②잉여(剩餘 :쓰고 난 후 남은 것) ③정통(正統)이 아닌 임금의 자리	* 閏月(윤월) :윤달(閏). 윤년(閏年)에 드는 달 * 閏年(윤년) :윤달(閏月)이나 윤일(閏日)이 든 해 * 閏朔(윤삭) :음력(陰曆)의 윤달(閏月) * 三歲置閏(삼세치윤) :陰曆으로 3년 만에 윤달(閏月)을 둠	<윤부조결>
副	刂(刀) <버금 부> ①버금(으뜸의 바로 아래), 다음, 둘째 ②부본(副本 :原本을 베낀 것) ③돕다, 보좌하다(補佐·輔佐)	* 副本(부본) :원본(原本)과 같이 꾸민 문서나 서류. 副書 * 副書(부서) :원본과 똑같이 만들어 참고로 보관하는 書類 * 副應(부응) :무엇에 좇아서 응(應)함 * 副作用(부작용) :附隨的으로 일어나는 바람직하지 못한 일	윤달(閏月)을 다음으로 오게 하여서 이지러짐을 채운다.
找	扌(手) <채울 조> ①채우다, 보충하다(補充) ②(인물을) 찾다 ③삿대질하다(화)	* 找補(조보) :보충(補充)하다. 채워 넣다 * 找尋(조심) :찾다, 탐색(探索)하다 * 找頭(조두) :①거스름돈 ②여분(餘分)의 이익(利益) * 找轍(조철) :①핑계를 찾다 ②수단을 강구하다. 살길을 찾다	<윤달(閏月)로 도와서
缺	缶 <이지러질 결> ①이지러지다(한쪽 귀퉁이가 없어지다) ②없다, 없어지다, (할 일을)빠뜨리다 ③모자라다, 부족하다 ④머리띠(규)	* 缺如(결여) :있어야 할 것이 없거나 모자람 * 缺乏(결핍) :모자람, 부족(不足)함 * 缺陷(결함) :흠이 있어 완전(完全)하지 못함 * 欠缺(흠결) :일정한 수효(數爻)에서 부족(不足)이 생김	모자라는 날짜를 채워서 맞춘다>

0017 / 0018 / 0019 / 0020

日	日 <날 일> ①날, 날수, 나날이, 매일(每日) ②해, 태양(太陽), 햇빛(日光) ③낮 ④접때, 앞선 날 ⑤뒷날에, 다른 날에	* 日程(일정) :①그 날에 할 일 ②그 날의 동정(動靜) * 日記(일기) :날마다 하루의 일을 되돌아보면서 기록하는 글 * 日就月將(일취월장) :날마다 달마다 발전(發展)함. <比喻> 학업(學業)이 갈수록 진보(進步)함	<일주월야> 해가 뜨면 낮이고, 달이 뜨면 밤이 되는데,
晝	日 <낮 주> ①낮 ②정오(正午)	* 晝夜(주야) :낮과 밤, 밤낮 * 晝宵(주소) :밤낮. 밤과 낮 * 晝餐(주찬) :午餐(오찬) * 白晝(백주) :대낮 * 晝耕夜讀(주경야독) :낮에는 농사짓고 밤에는 공부(工夫)함. <比喻>바쁜 틈을 타서 어렵게 공부함	
月	月 <달 월> ①달, 별의 이름 ②세월(歲月), 나달 ③달을 세는 단위(單位), 한 달, 1개월 ④월경(月經), 경수(經水)	* 月光(월광) :달빛. 달에서 비쳐 오는 빛 * 月給(월급) :다달이 받는 정(定)해진 봉급(俸給) * 個月(개월) :숫자(數字) 다음에 쓰이어, 달수를 나타내는 말 * 歲月(세월) :해나 달을 단위(單位)로 흘러가는 시간(時間)	
夜	夕 <밤 야> ①밤 ②저녁 무렵, 새벽녘 ③한밤중, 깊은 밤 ④침실, 쉬다, 휴식하다(休息)	* 夜半(야반) :밤중 * 夜半逃走(야반도주) :한밤중에 도망감 * 夜深(야심) :밤이 깊음 * 深夜(심야) :깊은 밤 * 徹夜(철야) :잠을 자지 않고 밤을 새우는 것 * 錦衣夜行(금의야행) :비단옷(緋緞)을 입고 밤길을 감	

溟	氵(水) <바다 명> ①바다 ②(하늘이)어둡다 ③아득하다 ④남북(南北)의 극(極) ⑤가랑비가 오는 모양(멱)	* 溟涬(명행) :천지(天地)가 형성(形成)되기 이전(以前) 자연(自然)의 기운(氣運)이 혼돈(混沌)한 상태(狀態). 또는 자연(自然)의 기운(氣運). * 南溟(남명) :南冥(남명). 남쪽에 있다고 하는 큰 바다	<명행태극> 자연(自然)의 기운(氣運)이 하늘과 땅으로 나뉘어지지 않은 혼돈(混沌)한 상태(狀態)에서
涬	氵(水) <기운 행> ①기운(氣運) ②넓고 어두운 모양 ③큰물의 모양 ④끌다, 당기다	* 涬溟(행명) :溟涬(명행). 混茫貌 <莊子>(在宥)大同乎涬溟 :자연의 氣와 크게 융합됨 (注)與物無際 <成玄英疏>涬溟自然氣也	
太	大 <클 태> ①크다 ②심하다, 심히, 매우 ③처음, 최초 ④첫째 ⑤콩(콩과의 한해살이풀)	* 太極(태극) :우주(宇宙) 만물(萬物)이 생긴 근원(根源)이라고 보는 본체(本體). 하늘과 땅이 아직 나뉘기 전(前)의 원시(元始) 상태(狀態). * 太平(태평) :泰平(태평). 세상이 무사(無事)하고 평안(平安)함	
極	木 <극진할 극 / 다할 극> ①극진하다(極盡), 극, 한계(限界) ②지극하다(至極), 다하다, 이르다 ⑤매우, 심히, 엄하다, 혹독하다(酷毒)	* 極甚(극심) :몹시 심(甚)함 * 至極(지극) :극도(極度)에 이르러 더할 나위 없음 * 罔極(망극) :은혜(恩惠)가 너무 커서 갚을 길이 없음 * 積極(적극) :긍정(肯定)하고 능동적(能動的)으로 활동함	

氤	气 <기운어릴 인> ①기운(氣運)이 어리다 ②기운이 성(盛)하다, 기운이 성한 모양 ③천지(天地)의 기운(氣運)	* 氤氳(인온) :①하늘 기운(氣運)과 땅 기운(氣運)이 서로 합(合)하여 어림 ②날씨가 화창(和暢)하고 따뜻함 ③음양(陰陽)의 기운이 서로 만나 화합(和合)하는 형상으로 서리어 있는 모양	<인온부흡> 천기(天氣)와 지기(地氣)가 서로 어우러져 두루 퍼져서 <하늘의 기운(氣運)과 땅의 기운(氣運)이 서로 합(合)하여 어리어 널리 미치어서>
氳	气 <기운어릴 온> ①기운(氣運)이 어리다 ②기운이 성(盛)하다, 기운이 성한 모양 ③가득 차다	* 氳氳(온온) :기운(氣運)이 성한 모양 * 氳氛(온분) :氛氳(분온). ①음양(陰陽)이 잘 화합(和合)해 있는 모양 ②많은 모양 ③구름이나 안개가 잔뜩 끼어 앞이 잘 보이지 않는 상태	
溥	氵(水) <펼 부 / 넓을 부> ①펴다, 베풀다(혜택을 받게 하다) ②넓다, 광대(廣大)하다(보) ③두루 미치다(보) ④물 모양(박)	* 溥洽(부흡) :널리 여러 사람에게 미침 <漢書>鴻恩溥洽 * 溥大(부대) :넓고 큰 것 * 溥博(부박) :광대(廣大)함 * 溥天(부천) :넓은 하늘 <詩經>溥天之下 莫非王土 * 溥布(부포) :널리 퍼짐	
洽	氵(水) <흡족할 흡> ①흡족하다(洽足), 넉넉하게 하다 ②젖다, 적시다 ③넓다, 광범위하다 ④부합하다, 합치하다(合致)	* 洽足(흡족) :아주 넉넉함, 두루 퍼져서 모자람이 없음 * 洽滿(흡만) :흡족(洽足) * 洽覽(흡람) :돌아다니며 여러 사물(事物)을 두루두루 봄 * 未洽(미흡) :아직 넉넉하지 못함, 흡족(洽足)하지 못함	

陰	阝(阜) <그늘 음> ①그늘, 응달, 그림자, 해그림자, 어둠 ②음기(陰氣), 암컷, 생식기(生殖器) ③가만히, 몰래, 內 ④세월(歲月) ⑤저승	* 陰陽(음양) :①천지(天地) 만물(萬物)을 만들어 내는 상반(相反)하는 두 가지 기운(氣運). 陰과 陽 ②전기(電氣)나 자기(磁氣)의 음극(陰極)과 양극(陽極)	<음양배태> 음(陰)과 양(陽)의 기운이 사물(事物)이 생겨날 수 있는 요소(要素)가 되며
陽	阝(阜) <볕 양> ①볕, 양지(陽地), 낮, 한낮 ②해, 태양(太陽), 하늘 ③드러내다, 外 ④양, 양기(陽氣), 수컷 ⑤현세(現世)	* 太陽(태양) :태양계(太陽系)의 중심을 이루는 발광체(發光體) * 陽奉陰違(양봉음위) :겉으로는 순종(順從)하는 체하고, 속으로는 딴마음을 먹음 * 建陽多慶(건양다경) :입춘(立春)에 길운(吉運)을 기원하는 글	
胚	月(肉) <임신할 배> ①임신하다(妊娠·姙娠), 아이를 배다 ②움트기 시작하다, 시초(始初) ③반제품(半製品)	* 胚胎(배태) :①아이나 새끼를 뱀 ②어떤 일이 일어날 요소(要素)를 내면적(內面的)으로 가짐 * 胚芽(배아) :수정란(受精卵)이 배낭(胚囊) 속에서 분열(分裂) 증식(增殖)한 것. 포자체(胞子體)의 바탕	
胎	月(肉) <아이밸 태> ①아이를 배다, 잉태하다(孕胎) ②태아(胎兒), 태(胎), 태반(胎盤) ③근원(根源), 조짐(兆朕) ④처음	* 孕胎(잉태) :아이를 뱀 * 母胎(모태) :①어머니의 태 안 ②사물(事物)의 토대(土臺) * 換骨奪胎(환골탈태) :뼈를 바꾸고 태를 벗는다. <比喻> 완전히 새로워졌음을 이르는 말.	

元	儿 <으뜸 원> ①으뜸, 처음, 시초(始初), 근원(根源) ②우두머리, 두목(頭目), 임금 ③첫째, 첫째가 되는 해나 날	* 元亨利貞(원형이정) :역학(易學)에서 말하는 천도(天道)의 네 가지 원리(原理). 곧 사물(事物)의 근본(根本)을 말함 * 元旦(원단) :설날 아침 * 元祖(원조) :創始한 사람. 鼻祖	<원형이정> 천도(天道)의 네 가지 원리(原理)는 사물(事物)의 근본원리(根本原理>로서
亨	亠 <형통할 형> ①형통하다(亨通) ②통달하다(通達)하다 ③제사를 올리다, 제사(祭祀) ④드리다(향), 음식을 올리다(향)	* 亨國(형국) :임금이 즉위(卽位)하여 나라를 이어받는 일 * 亨通(형통) :온갖 일이 뜻과 같이 잘 되어 감 * 萬事亨通(만사형통) :모든 일이 뜻한 바대로 잘 이루어짐	
利	刂(刀) <이로울 리> ①이롭다, 이익(利益), 이자 ②편리하다 ③날카롭다 ④이기다, 승전(勝戰)	* 利用(이용) :편리(便利)하게 씀 * 勝利(승리) :겨루어 이김 * 利益(이익) :유익(有益)하고 도움이 됨 * 權利(권리) :권세(權勢)와 이익(利益) * 漁父之利(어부지리) :蚌鷸之爭(방휼지쟁)의 틈을 타서 어부가 둘 다 취(取)하였음	
貞	貝 <곧을 정> ①곧다, 마음이 곧바르다, 충정(忠正) ②지조가 굳다, 정절(貞節), 정조(貞操) ③정성스러운 마음(誠心)	* 貞淑(정숙) :여자(女子)의 행실(行實)이 곧고 마음씨가 맑음 * 貞敏(정민) :마음이 곧고 명민(明敏)함 * 失貞(실정) :동정(童貞)을 잃음 * 氷貞玉潔(빙정옥결) :얼음처럼 곧고 옥처럼 깨끗함	

千	十 <일천 천> ①일천(一千) ②수효(數爻)가 많다, 여러 번	* 千變萬化(천변만화) :천만(千萬) 가지로 변화(變化)함. 한(限)없이 변(變)하여 변화(變化)가 무궁(無窮)함. 자연세계(自然世界)가 무궁무진(無窮無盡)한 조화(造化)로 나타나는 것	<천변만화> 천(千) 번이고 만(萬) 번이고 변화(變化)하나 <변화(變化)가 무궁(無窮)하여 끝이 없으나>
變	言 <변할 변> ①변하다(變), 변화하다(變化) ②바꾸다, 고치다, 변경하다(變更) ③변고(變故), 재앙(災殃), 상(喪), 죽음	* 變更(변경) :바꾸어 고침 * 變動(변동) :변(變)하여 움직임. 바뀌어 달라짐. 고침 * 變數(변수) :어떠한 대응(對應)으로 변화(變化)하는 수(數) * 變化(변화) :모양(模樣)이나 성질(性質)이 바뀌어 달라짐	
萬	艹(艸·草) <일만 만> ①일만(一萬) ②매우 많은, 여럿 ③대단히, 매우 ④절대로, 전혀	* 萬若(만약) :만일(萬一), 혹시 * 萬事(만사) :많은 온갖 일들 * 萬物(만물) :세상(世上)에 있는 갖가지 수많은 물건(物件) * 千萬(천만) :①만의 천 배 ②정도(程度)가 심(甚)함 ③이를 데 없음 ④짝이 없음 ⑤절대로, 전혀	
化	匕 <될 화> ①되다, 화하다(化), 조화(造化) ②변화(變化)하다 ③교화하다(敎化), 감화시키다(感化)	* 强化(강화) :①강하게 함 ②강하게 됨 * 文化(문화) :인간이 성취한 물질적·정신적 소산(所産) * 變化(변화) :모양(模樣)이나 성질(性質)이 바뀌어 달라짐 * 惡化(악화) :나쁘게 됨	

存	子 <있을 존> ①있다, 존재하다(存在) ②살아 있다 ③존문하다(存問), 문안하다(問安) ④편안하다(便安)	* 存在(존재) :현존(現存)하여 있음, 또는 있는 그것. * 旣存(기존) :이미 존재(存在)함, 이전(以前)부터 있음 * 保存(보존) :보호(保護)하여 남아 있게 함 * 適者生存(적자생존) :환경(環境)에 맞는 것만이 살아남음	<존재유한> 현존(現存)하는 모든 것은 그 한계(限界)가 있어서
在	土 <있을 재> ①있다, 존재하다(存在) ②보다, 살피다, (안부를)묻다 ③제멋대로 하다 ④곳, 장소(場所)	* 現在(현재) :지금 이때. 지금 살아 있는 이 세상(世上) * 潛在(잠재) :속에 숨어 겉으로 드러나지 않음 * 命在頃刻(명재경각) :목숨이 경각(頃刻)에 달렸음 * 自由自在(자유자재) :자기(自己) 마음대로 할 수 있음	
有	月 <있을 유> ①있다 ②존재하다(存在) ③가지다, 소지하다(所持) ④많다, 넉넉하다	* 有限(유한) :한계(限界)가 있음 * 保有(보유) :간직하고 있음 * 有利(유리) :이익(利益)이 있음, 이로움 * 所有(소유) :가지고 있음, 또는 그 물건(物件) * 有備無患(유비무환) :준비(準備)가 있으면 근심이 없음	
限	阜 <끝 한> ①한정하다(限定), 끝 ②지경(地境) ③기한(期限) ④심하다(甚 :정도가 지나치다)(은)	* 限界(한계) :①땅의 경계(境界) ②정해 놓은 범위(範圍) * 權限(권한) :권리(權利)의 한계(限界) * 制限(제한) :정해진 한계(限界), 또는 한계(限界)를 정(定)함 * 最小限(최소한) :가장 작은 한도(限度)	

時	日 <때 시> ①때, 그때 ②기회(機會) ③시세(時勢) ④철, 계절(季節) ⑤세대(世代), 시대(時代) ⑥기한(期限)	* 時空世界(시공세계) :3차원(三次元)의 공간(空間)에 제4차원(四次元)으로 시간(時間)을 더하여 4차원 연속체(連續體)를 형성(形成)한 세계(世界) * 時間(시간) :어떤 시각(時刻)에서 어떤 時刻까지의 사이	<시공세계> 시간(時間)과 공간(空間)의 세계(世界)를 <시간(時間)과 공간(空間)이 존재(存在)하는 4차원(四次元) 세계(世界)를>
空	穴 <빌 공> ①비다, 없다, 구멍, 하늘, 공간(空間) ②헛되다, 쓸데없다, 부질없다 ③쓸쓸하다, 공허하다(空虛)	* 空間(공간) :상하전후좌우(上下前後左右)로 퍼져 있는 빈 곳 * 空氣(공기) :지구(地球)의 표면을 둘러싸고 있는 기체(氣體) * 空港(공항) :하늘을 나는 항공기(航空機)가 뜨고 나는 곳 * 卓上空論(탁상공론) :탁자 위에서만 펼치는 헛된 논설(論說)	
世	一 <인간 세 / 대 세> ①인간(人間), 세상(世上), 세간(世間) ②일생(一生), 생애(生涯), 한평생(平生) ③대(代), 대대(代代)로, 대(代)를 잇다	* 世界(세계) :온 세상(世上) * 世上(세상) :인류(人類)가 살고 있는 지구(地球) 위 * 世襲(세습) :대대(代代)로 물려받는 일 * 隔世之感(격세지감) :아주 바뀐 다른 세상이 된 듯한 느낌	
界	田 <지경 계> ①지경(地境 :땅의 가장자리, 둘레) ②경계(境界) 안, 세계(世界) ③한계(限界)	* 限界(한계) :땅의 경계(境界), 사물(事物)의 일정한 범위(範圍) * 境界(경계) :일정 기준(基準)으로 분간(分揀)되는 한계(限界) * 業界(업계) :같은 업종(業種)의 산업(産業) 사회(社會) * 他界(타계) :인간계(人間界)를 떠나 딴 세계(世界)로 감. 죽음	

超	走 <뛰어넘을 초> ①뛰어넘다, 뛰다, 뛰어오르다, 넘다 ②뛰어나다, 빼어나다 ③빠르다 ④멀리 떨어지다, 멀다	* 超脫(초탈) :①성품이 고상(高尙)하여 세상일에 관여(關與)치 않음 ②세속(世俗)을 벗어나 자유로움 * 超越(초월) :어떤 한계(限界)나 표준(標準)을 넘음 * 超過(초과) :일정(一定)한 한도(限度)나 수(數)를 넘어섬	<초탈불가> 벗어나기가 불가능(不可能)하다.
脫	月(肉) <벗을 탈> ①벗다, 벗어나다, 벗기다 ②사면하다(赦免), 풀다 ③나오다, 빠지다, 빠져나오다	* 脫出(탈출) :몸을 빼서 도망(逃亡)함 * 逸脫(일탈) :벗어남 * 離脫(이탈) :①떨어져 나감 ②관계(關係)를 끊음 * 穎脫而出(영탈이출) :송곳 끝이 주머니를 뚫고 나옴. <比喩>뛰어난 재능(才能)이 밖으로 드러남	
不	一 <아니 불 / 아닐 부> ①아니다, 아니하다 ②없다 ③말라 ④아니하냐	* 不可(불가) :①할 수가 없는 것 ②해서는 안 되는 것 * 不可避(불가피) :피할 수 없음 * 不足(부족) :넉넉하지 않음 * 不可抗力(불가항력) :도저히 저항(抵抗)해 볼 수도 없는 힘 * 不拘(불구) :무엇에 얽매이거나 거리끼지 아니함	
可	口 <옳을 가> ①옳다 ②가히 ③허락하다(許諾), 듣다, 들어주다 ④쯤, 정도	* 可能(가능) :①할 수 있음 ②될 수 있음 * 불가능(不可能) * 許可(허가) :법률(法律)의 범위(範圍) 안에서 허락(許諾)함 * 莫無可奈(막무가내) :도무지 어찌할 수 없음 * 不問可知(불문가지) :묻지 않아도 가히 알 수 있음	

氣	气 <기운 기> ①기운(氣運) ②기백(氣魄), 기세(氣勢:) ③힘 ④숨(공기를 마시고 내쉬는 기운) ⑤공기(空氣), 냄새 ⑥기후(氣候), 날씨	* 氣候(기후) :지수화풍(地水火風)에 의한 날씨의 현상(現象) * 氣槪(기개) :씩씩한 기상(氣像)과 꿋꿋한 절개(節槪·節介) * 氣高萬丈(기고만장) :기운(氣運)이 만장(萬丈)이나 뻗침 * 浩然之氣(호연지기) :굽히거나 흔들리지 않는 바르고 큰 마음	<기후조엄> 기후(氣候)란 해(日)가 궤도(軌道)를 따라 운행(運行)하는 데서 비롯되며,
候	亻(人) <기후 후 / 살필 후 / 물을 후> ①기후(氣候) ②계절(季節), 철, 때, 닷새 ②조짐(兆朕), 증상(症狀), 징후(徵候) ③살피다, 망보다(望), 염탐하다(廉探)	* 候補(후보) :어떤 지위(地位)에 오를 가망(可望)이 있는 사람 * 徵候(징후) :어떤 일이 일어날 조짐(兆朕) * 節候(절후) :계절(季節)과 기후(氣候). 5日을 1候라 하고, 3候(15日)를 1氣라 하여 1年을 24氣로 나눔	
肇	聿 <비롯할 조> ①비롯하다, 창시하다(創始) ②시초(始初), 기원(起源·起原) ③지경(地境), 국경(國境) ④신위(神位)	* 肇秋(조추) :초가을. 가을의 초기(初期) * 肇國(조국) :建國(건국) * 肇造(조조) :처음으로 만듦 * 肇基(조기) :開元(개원). 나라를 엶. 개국(開國) * 肇基王迹(조기왕적) :처음으로 나라를 세우는 기초(基礎)	
曮	日 <해 다니는 길 엄 / 해가 돌 엄> ①해가 다니는 길(日之軌道) ②해가 돌다, 태양이 운행(運行)하다 ③엄전하다(矜莊貌)	* 曮晲(엄예) :해가 운행(運行)하는 길(日運行之道也) <淮南子 要略>所以使人不忘沒於勢 利不誘惑於事 能有符曮晲	

丙	一 <남녘 병 / 셋째천간 병> ①남녘 ②밝다, 빛나다 ③불 ④병(丙), 셋째 천간(天干) ⑤묘막(墓幕 :묘지기가 사는 작은 집)	* 丙舍(병사) :①후한(後漢)의 궁중(宮中)에 있던 제3위의 건물 ②묘지에 지은 집. * 丙舍傍啓(병사방계) :병사(丙舍) 곁에 통로를 열어 궁전(宮殿) 안을 출입하는 편리를 도모했음	<병난임렬> 병방(丙方)은 따뜻하고, 임방(壬方)은 차다. <남녘은 따뜻하고 북녘은 차다>
煖	火 <더울 난> ①덥다 ②따뜻하다, 따뜻하게 하다 ③따뜻하다(훤)	* 煖房(난방) :暖房(난방). 방을 덥게 함 * 煖爐(난로) :暖爐(난로). 방안을 덥게 하는 난방(暖房) 기구 * 非帛不煖(비백불난) :비단옷을 입어야 따뜻하다는 뜻으로, 노인(老人)의 쇠약(衰弱)해진 때를 이르는 말	
壬	士 <북방 임 / 아홉째 천간 임> ①북방(北方) ②아홉째 천간(天干) ③간사하다(奸詐), 아첨하다(阿諂) ④크다, 성대하다(盛大)	* 壬方(임방) :북서북방(北西北方), 북(北)쪽에서 서(西)쪽으로 15도(度) 기울어진 방위(方位) * 丙坐壬向(병좌임향) :묏자리나 집터 따위가 병방(丙方)을 등지고 임방(壬方)을 향(向)한 좌향(坐向)	
冽	冫(氷) <찰 렬 / 맑을 렬> ①차다, 한랭하다(寒冷) ②몹시 차갑다, 맵게 춥다 ③차가운 바람, 매운 바람 ④맑다	* 凜冽(늠렬) :凜烈(늠렬) 추위가 살을 엘 듯함 * 冽冽(열렬) :추위가 혹독(酷毒)한 모양(模樣) * 冽彼陰岡 尙或回陽(열피음강 상혹회양) :음지에도 볕들 날 있다. 어려워도 좋은 시절이 올 때도 있다	

春	日 <봄 춘> ①봄 ②동녘 ③남녀(男女)의 정 ④젊은 나이 ⑤정욕(情慾) ⑥움직이다(준), 떨쳐 일어나다(준)	* 春分(춘분) :24절기(節氣)의 넷째. 주야(晝夜)의 길이가 같음 * 春秋(춘추) :①봄과 가을 ②어른의 나이에 대한 존칭(尊稱) * 一場春夢(일장춘몽) :한바탕의 봄꿈. <比喩>헛된 영화(榮華)나 인생(人生)의 허무(虛無)함	<춘화추실> 봄에는 꽃이 피고, 가을에는 열매를 맺으며,
花	++(艸·草) <꽃 화> ①꽃, 꽃답다, 꽃이 피는 초목(草木) ②아름다운 것의 비유(比喩·譬喩) ③기생(妓生)	* 花草(화초) :꽃이 피는 풀과 나무. 花卉(화훼) * 花容月態(화용월태) :꽃다운 얼굴과 달 같은 자태(姿態) * 錦上添花(금상첨화) :비단(緋緞) 위에 꽃을 더함. <比喩>좋은 일에 또 좋은 일이 더하여짐	
秋	禾 <가을 추> ①가을 ②서녘 ③때, 시기(時期), 세월(歲月), 해(1年) ④여물다 ⑤시름겹다	* 秋毫(추호) :가을철 짐승의 털처럼 몹시 작음을 비유(比喩) * 秋霜(추상) :가을에 내리는 서리처럼 엄하고 위엄(威嚴)있음 * 一日如三秋(일일여삼추) :하루가 3년과 같이 길게 느껴짐. <比喩>매우 애타게 기다리는 것	
實	宀 <열매 실> ①열매, 씨, 종자, 곡식(穀食)이 익다 ②내용 ③바탕, 본질(本質) ④참으로, 진실로(眞實), 참되다	* 實際(실제) :현실(現實)의 경우(境遇)나 형편(形便) * 事實(사실) :실제(實際)로 있었던 일, 또는 있는 일 * 名實相符(명실상부) :이름과 실상(實相)이 서로 들어맞음 * 有名無實(유명무실) :이름만 있고 실상(實相)은 없음	

夏	夊 <여름 하> ①여름 ②中國 하나라 (夏 :우왕(禹王)이 세운 고대 왕조)	* 夏至(하지) :24절기(節氣)의 하나. 북반구(北半球)에서는 낮이 가장 길고, 밤이 가장 짧음 * 夏服(하복) :여름 옷 * 春夏秋冬(춘하추동) :봄·여름·가을·겨울의 네 계절(季節)	<하서동랭> 여름은 덥고 겨울은 찬데,
暑	日 <더울 서> ①날씨가 덥다, 더위 ②여름, 더운 계절	* 炎暑(염서) :炎熱(염열). 몹시 무더운 여름날 * 炎熱(염열) :불볕더위. 몹시 심한 더위 * 避暑(피서) :선선한 곳으로 옮기어 더위를 피(避)하는 일 * 寒來暑往(한래서왕) :추위가 오면 더위가 감 <千字文>	
冬	冫(氷) <겨울 동 / 북소리 동> ①겨울 ②겨울을 나다, 동면(冬眠) ③북소리, 소리의 형용(形容)	* 冬至(동지) :24절후(節侯)의 하나. 해의 길이는 夏至와 反對 * 冬眠(동면) :일부(一部)의 동물(動物)의 겨우내 자는 잠 * 嚴冬雪寒(엄동설한) :눈 내리는 깊은 겨울의 심한 추위 * 冬溫夏凊(동온하정) :겨울은 따뜻하게 여름은 서늘하게. 孝道	
冷	冫(氷) <찰 랭> ①차다, 한랭하다(寒冷), 쌀쌀하다, 얼다 ②한산하다(閑散), 쓸쓸하다 ③낯설다 ④인정미가 적다 ⑤물소리(령)	* 冷却(냉각) :차게 하는 것, 또는 식히는 것 * 冷冷(냉랭) :①싸늘하게 차다 ②정답지 않고 매우 찬 태도 * 冷徹(냉철) :판단(判斷)이 감정에 치우치지 않고 철저함 * 冷酷(냉혹) :박정(薄情)하고 가혹(苛酷)함	

三	一 <석 삼> ①석, 셋, 세 번 ②자주, 거듭, 재삼, 여러 번, 몇 번이고	* 三寒四溫(삼한사온) :사흘 춥고 나흘 따뜻하다는 뜻으로, 우리나라 겨울철 기후(氣候)의 특성(特性)을 일컫는 말임. * 朝三暮四(조삼모사) :간사(奸邪)한 꾀를 써서 남을 속임	<삼한사온> (겨울철엔) 사흘은 춥고, 나흘은 따뜻하다.
寒	宀 <찰 한> ①차다, 춥다, 추위 ②떨다, 오싹하다 ③어렵다, 가난하다, 쓸쓸하다 ④지체(사회적 신분이나 지위)가 낮다	* 寒心(한심) :너무 지나치거나 모자라서 가엾고 딱함 * 脣亡齒寒(순망치한) :입술을 잃으면 이가 시림. <比喩>가까운 한쪽이 망하면 이웃도 영향(影響)을 받음 * 歲寒孤節(세한고절) :추운 계절에도 혼자 절개를 지킴. 대나무	
四	口 <넉 사> ①넉, 넷, 네 번 ②사방(四方)	* 四方(사방) :東西南北의 네 방위(方位) * 四寸(사촌) :어버이의 형제자매(兄弟姉妹)의 아들이나 딸 * 四顧無親(사고무친) :사방(四方)을 돌아보아도 친척(親戚)이 없음. <比喩>의지(依支)할 만한 사람이 없음	
溫	氵(水) <따뜻할 온> ①따뜻하다, 따뜻하게 하다, 데우다 ②부드럽다, 온화하다(溫和), 온순하다 ③익히다, 학습하다(學習) ④쌓다	* 氣溫(기온) :대기(大氣)의 온도(溫度) * 溫度(온도) :덥고 찬 정도(程度) * 溫故知新(온고지신) :옛것을 익히고 그것을 미루어서 새것을 앎	

俛	亻(人) <힘쓸 면 / 숙일 면> ①힘쓰다, 노력하다(努力) ②부지런히 일하는 모양 ③숙이다, 굽히다	* 俛仰(면앙) :俯仰(부앙) 아래를 굽어보고 위를 우러러봄 * 俛首帖耳(면수첩이) :머리를 수그리고 귀를 드리워 엎드린다는 뜻으로, 온순(溫純)하게 맹종(盲從)하는 모양	<면앙감여> 하늘과 땅을 아래로 굽어보고 위를 쳐다보니
仰	亻(人) <우러를 앙> ①우러러보다, 머리를 쳐들다 ②경모하다(景慕), 앙모하다(仰慕)	* 信仰(신앙) :종교적(宗敎的)으로 믿고 받드는 일 * 崇仰(숭앙) :높이어 우러름 * 推仰(추앙) :높이 받들어 우러름 * 仰天大笑(앙천대소) :하늘을 쳐다보고 크게 웃음 * 俯仰無愧(부앙무괴) :하늘을 보나 땅을 보나 부끄러움이 없음	
堪	土 <견딜 감 / 하늘(天道) 감> ①견디다, 참다, 참아내다 ②뛰어나다, 낫다 ③맡다 ④싣다 ⑤낫다 ⑥하늘, 천도(天道)	* 堪輿(감여) :①만물(萬物)을 포용(包容)하며 싣고 있는 물건(수레). <比喩>하늘과 땅 ②堪은 천도(天道), 輿는 지도(地道)임 * 堪耐(감내) :참고 견딤 * 堪當(감당) :일을 능히 맡아서 해냄	
輿	車 <수레 여> ①수레, 가마(조그만 집 모양의 탈것) ②(수레를 모는)하인(下人), 노비(奴婢) ③땅, 대지(大地) ④명예(名譽)(예)	* 輿論(여론) :어떤 사안(事案)에 대한 국민들의 의견(意見) * 輿圖(여도) :輿地圖(여지도), 地圖(지도) * 權輿(권여) :저울은 저울대(權)부터, 수레는 수레 바탕(輿)부터 만듦. <比喩>사물(事物)의 시초(始初)	

洋	氵(水) <큰바다 양> ①큰 바다, 거센 파도(波濤) ②서양(西洋), 외국(外國) ③만족(滿足)해 하는 모양, 넘치다	* 海洋(해양) :넓은 바다, 지구(地球)의 거죽에 큰 넓이로 짠물이 많이 괴어 있는 곳 * 大洋(대양) :아주 넓고 큰 바다 * 茫茫大洋(망망대양) :茫茫大海(망망대해) 한없이 넓고 큰 바다	<양주육주> 큰 바다에는 섬이 있고, 뭍(육지)에는 고을이 있으며,
洲	氵(水) <물가 주 / 섬 주> ①물가(물이 있는 곳의 가장자리) ②모래톱(강가나 바닷가의 모래벌판) ③섬, 뭍, 땅, 대륙(大陸)	* 大洲(대주) :넓은 육지(陸地) * 三角洲(삼각주) :①세모진 기둥 ②강물에 떠내려 온 사토(砂土)가 하구(河口)에 쌓여서 된 사주(砂洲)	
陸	阝(阜) <뭍 륙> ①뭍(바다를 뺀 나머지 부분. 섬이 아닌 본토), 육지(陸地), 땅 ②언덕, 길, 높고 평평(平平)한 땅	* 陸地(육지) :물에 덮이지 않은 지구(地球) 표면(表面). 뭍, 땅 * 大陸(대륙) :지역(地域)이 넓은 육지(陸地) * 着陸(착륙) :비행기(飛行機) 따위가 공중에서 땅으로 내려앉음 * 連陸橋(연륙교) :육지(陸地)와 섬을 이은 다리(橋)	
州	川 <고을 주> ①고을, 마을, 동네 ②모이다, 모여서 살다 ③나라, 국토(國土) ④섬, 모래톱	* 竝州之情(병주지정) :오래 살던 타향(他鄕)을 고향(故鄕)에 견주어 이르는 말, 제2의 고향(故鄕). 竝州故鄕(병주고향) * 一斛凉州(일곡양주) :뇌물(賂物)을 주고 벼슬길에 오르는 일	

山	山 <뫼 산> ①뫼(山을 예스럽게 이르는 말) ②산신(山神: 산신령), 산(山)의 신(神) ③무덤, 분묘(墳墓)	* 山川(산천) :①산과 내. 산택(山澤) ②자연(自然)일컫는 말. * 他山之石(타산지석) :다른 산의 나쁜 돌이라도 자기의 옥을 갈 수가 있으므로, 다른 사람의 하찮은 언행이라도 자기의 지덕(智德)을 닦는 데 도움이 됨	<산고하저> 뫼(山)는 높이 솟아있고, 하천(하천)은 낮게 흐르며,
高	高 <높을 고> ①높다, 높이, 고도(高度), 위, 높은 곳 ②높은 자리, 위엄(威嚴) ②뛰어나다, 고상하다(高尙)	* 高度(고도) :높은 정도(程度), 높이 * 高低(고저) :높낮이 * 最高(최고) :가장 높음. 제일(第一)임 * 登高自卑(등고자비) :높은 곳도 낮은 데서부터 오른다는 말로, 일을 하려면 차례(次例)를 밟아야 함	
河	氵(水) <내(물) 하 / 강 하> ①물 ②내(川), 강(江) ③은하(銀河)	* 河口(하구) :강물이 큰 강이나 바다로 흘러 들어가는 어귀 * 河川(하천) :강과 시내 * 百年河淸(백년하청) :백 년이면 황하(黃河)가 맑아질까? <比喩>아무리 기다려도 이루어질 수 없음	
低	亻(人) <낮을 저> ①높이, 온도 등이 낮다 ②값이 싸다 ③(머리를)숙이다, 구부리다	* 低價(저가) :헐한 값, 廉價 * 低廉(저렴) :물건(物件)값이 쌈 * 低頭(저두) :①머리를 숙임 ②굴복(屈服)함 * 低下(저하) :①낮아짐, 내려감 ②품질(品質) 따위가 떨어짐 * 低質(저질) :①품질(品質)이 낮음 ②수준(水準)이 낮음	

岡	山 <산등성이 강> ①산등성이, 작은 산 ②언덕, 고개 ③비탈길(비탈진 언덕의 길)	* 岡巒(강만) :언덕과 산(山) * 岡阜(강부) :언덕 * 丘岡(구강) :땅이 비탈지고 조금 높은 곳 * 振衣千仞岡(진의천인강) :대단히 높은 산 위에서 옷의 먼지를 턴다는 뜻으로, 아주 상쾌(爽快)한 느낌을 이름	<강만치만> 언덕과 산은 바닷가의 큰 물굽이를 향해 달리는데,
巒	山 <뫼 만(란)> ①뫼(山의 옛말) ②둥근 봉우리 ③산등성이 ④길게 뻗은 좁은 산(山)	* 奇巒(기만) :이상야릇(異常)한 산봉우리 * 峰巒(봉만) :꼭대기가 뾰족뾰족하게 솟은 산봉우리 * 翠巒(취란) :푸른 산봉우리 * 層巒(층만) :여러 층으로 겹쳐 있는 산(山)	
馳	馬 <달릴 치> ①달리다, 질주하다(疾走), 빨리 몰다 ②지나가다, 경과하다(經過), ③베풀다 ④쫓다, 추격하다 ⑤제멋대로 하다	* 馳心(치심) :마음을 내달림, 또는 그러한 마음 * 驅馳(구치) :①말이나 수레를 몰아 달림 ②남을 위해 힘씀 * 背馳(배치) :반대(反對)로 되어 어긋남 * 相馳(상치) :일이나 뜻이 서로 어긋나는 것	
灣	氵(水) <물굽이 만> ①물굽이 (강물이나 바닷물이 뭍으로 깊숙이 휘어져 굽어진 후미진 부분) ②(배를) 정박시키다(碇泊·渟泊)	* 灣岸(만안) :만(灣)의 연안(沿岸) * 港灣(항만) :배가 정박(碇泊·渟泊)하고, 승객(乘客)이나 화물(貨物) 따위를 싣거나 부릴 수 있도록 시설(施設)을 한 구역(區域)	

坤	土 <땅 곤> ①땅(地) ②괘(卦)의 이름, 서남(西南)쪽 ③왕후(王后), 왕비(王妃)	* 坤宮(곤궁) :황후(皇后) 또는 그 처소(處所) * 乾坤(건곤) :①하늘과 땅 ②온 세상(世上) ③양(陽)과 음(陰) * 乾坤一擲(건곤일척) :하늘이냐 땅이냐를 한 번 던져서 결정함. <比喩>운명을 건 단판 승부(勝負)를 겨룸	<곤모분석> 땅은 그 모습을 살피니 크고도 기운(氣運)이 왕성(旺盛)하다
貌	豸 <모양 모> ①모양, 자태(姿態), 행동거지(行動擧止) ②얼굴, 안면(顔面) ③표면상(表面上), 외견상(外見上)	* 變貌(변모) :모양(模樣)이나 모습이 달라짐 * 容貌(용모) :사람의 얼굴 모양(模樣) * 外貌(외모) :겉으로의 모습. 겉모양(模樣). 얼굴모양(模樣) * 全貌(전모) :전체(全體)의 모양(模樣)이나 형편(形便)	
賁	貝 <클 분 / 아름다울 분 / 꾸밀 비> ①크다, 거대하다 ②달리다, 날래다 ③아름답다 ④꾸미다(비), 장식하다(裝飾)(비)	* 賁飾(비식) :예쁘게 꾸밈 * 賁然(비연) :빛나는 모양, 밝다, 화려하다 * 獎賁(장비) :장려하여 빛냄 * 麻賁(마분) :①삼꽃의 꽃가루 ②삼씨	
奭	大 <클 석 / 쌍백 석> ①크다 ②성(盛)하다(기운이나 세력이 한창 왕성하다) ③붉다(혁) ④성내다(혁), 화를 내다(혁)	* 奭懌(석역) :즐겁고 기쁨 <易林>欣喜奭懌 所言得當 * 奭然(석연) :풀리는 모양 <莊子>(秋水)奭然四海 淪於不測	

億	亻(人) <억 억> ①억(億) ②많은 수 ③헤아리다, 추측하다(推測) ④편안하다(便安)	* 億兆蒼生(억조창생) :①수많은 백성(百姓) ②수많은 사람 * 億劫(억겁) :셀 수 없이 긴 오랜 동안 * 億臺(억대) :억으로 헤아릴 만큼 많음 * 億兆(억조) :아주 많은 수효(數爻), 億萬(억만)	<억조창생> 억조(億兆)에 이르는 세상(世上)의 모든 사람이 <수많은 세상(世上) 사람들이>
兆	儿 <조 조> ①조 (億의 萬倍) ②백성(百姓), 사람 ③점괘(占卦: 점을 쳐서 나오는 괘) ④조짐(兆朕), 빌미(탈이 생기는 원인)	* 兆朕(조짐) :길흉(吉凶)이 일어날 기미(幾微)가 미리 보이는 변화(變化) 현상(現象) * 吉兆(길조) :좋은 징조(徵兆), 상서(祥瑞)로운 조짐(兆朕) * 凶兆(흉조) :불길(不吉)한 조짐(兆朕)	
蒼	艹(艸·草) <푸를 창> ①푸르다, 푸른 빛 ②우거지다 ③허둥지둥하다 ④어슴푸레하다 ⑤늙다, 늙은이(老蒼)	* 蒼生(창생) :세상의 모든 사람. 창맹(蒼氓)이라고도 함 * 蒼空(창공) :푸른 하늘. 창천(蒼天) * 老蒼(노창) :늙은이 * 鬱蒼(울창) :鬱鬱蒼蒼. 나무가 빽빽하게 들어서 푸르름 * 萬頃蒼波(만경창파) :만 이랑의 푸른 물결, 넓고 푸른 바다	
生	生 <날 생> ①나다, 낳다 ②살다, 삶 ③기르다 ④백성(百姓) ⑤자기(自己)의 겸칭(謙稱) ⑥사람 ⑦날것(익지 않음)	* 生命(생명) :세상에 나와서 살아있는 생물(生物)의 목숨 * 生物(생물) :생명(生命)을 가지고 살아가는 모든 것 * 發生(발생) :어떤 것이 생겨나거나 나타나는 것 * 先生(선생) :학생(學生 :배우는 사람)을 가르치는 사람.	

自	自 <스스로 자> ①스스로, 몸소, 자기(自己), 본연(本然) ②저절로, 자연히(自然) ③~서부터 ④진실로(眞實)	* 自由(자유) :자기(自己)가 마음 내키는 대로 뜻하는 대로 함 * 自然(자연) :저절로 천연(天然) 그대로의 상태(狀態) * 自身(자신) :제 몸 * 自體(자체) :사물(事物)의 본새 * 悠悠自適(유유자적) :여유가 있어 한가롭고 걱정이 없는 모양	<자유방임> 각자(各自)의 자유의사(自由意思)에 맡겨서 간섭(干涉)치 않으며,
由	田 <말미암을 유> ①말미암다 ②까닭 ③~부터	* 事由(사유) :일의 까닭 * 理由(이유) :까닭, 사유(事由), 내력(來歷) * 自由自在(자유자재) :자기(自己) 마음대로 할 수 있음 * 自由奔放(자유분방) :얽매이지 않고 행동이 자유(自由)로움	
放	攵(攴) <놓을 방> ①놓다, 놓이다, 석방되다(釋放) ②내쫓다, 추방하다(追放) ③버리다 ④(꽃이)피다	* 放任(방임) :간섭(干涉)하지 아니하고 그냥 내버려둠 * 放送(방송) :보도(報道)를 내보내어 널리 듣게 함 * 放置(방치) :그대로 내버려 둠 * 開放(개방) :문(門) 등(等)을 활짝 열어 놓음	
任	亻(人) <맡길 임> ①맡기다, (책임을)맡다, 지다, 맡은 일 ②짐, 부담(負擔), 보따리, 당해내다 ③마음대로 하다, 마음대로 제멋대로	* 任意(임의) :자기(自己) 의사(意思)에 맡김. * 任期(임기) :임무(任務)를 맡은 일정(一定)한 기한(期限) * 責任(책임) :도맡아 해야 할 임무(任務) * 就任(취임) :맡은 자리에 나아가 임무(任務)를 봄	

東	木 <동녘 동> ①동녘, 동쪽(東), 동쪽으로 가다 ②오른쪽 ③주인(主人)	* 東奔西走(동분서주) :동(東)쪽으로 뛰고 서(西)쪽으로 뜀. (轉)이리저리 몹시 바쁘게 돌아다님 * 東西南北(동서남북) :동쪽·서쪽·남쪽·북쪽. 곧, 사방(四方)	<동분서주> 동쪽으로 뛰고 서쪽으로 뛰어다니면서 <부산하게 이리저리 돌아다니면서>
奔	大 <달릴 분> ①달리다, 달아나다 ②급(急)히 가다, 빠르다 ③도망가다(逃亡), 패주하다(敗走)	* 奔走(분주) :이리저리 바쁨을 비유(比喩·譬喩)하는 말 * 奔忙(분망) :매우 바쁨 * 狂奔(광분) :①미친 듯이 날뛰는 것 ②미친 듯이 달아남 * 奔告(분고) :달려가서 알림	
西	西 (서녘 서> ①서녘(西), 서쪽(西), 서쪽으로 가다 ②서양(西洋), 구미(歐美) ③깃들이다	* 西歐(서구) :서유럽. 유럽 서부(西部)의 지역(地域). * 西洋(서양) :동양(東洋)이라고 불리는 아시아에 대립(對立)되는 유럽(Europe)을 일컫는 말. * 東西(동서) :①동쪽과 서쪽. ②동양(東洋)과 서양(西洋)	
走	走 <달릴 주> ①달리다, 달아나다 ②길짐승 ③종, 노비(奴婢), 하인(下人), 심부름꾼 ④저, 자신(自身)의 겸칭(謙稱)	* 走行(주행) :달려감 * 疾走(질주) :빨리 달림 * 逃走(도주) :피하거나 쫓겨서 달아남 * 夜半逃走(야반도주) * 走馬看山(주마간산) :말을 타고 달리면서 산을 바라봄. <比喩>대강 보고 지나감	

各	口 <각각 각> ①각각(各各), 각자(各自), 제각기(各其) ②다르다, 각각이다 ③여러, 모두, 다, 전부(全部) ④서로, 마찬가지로	* 各各(각각) :①제각기 ②따로따로 ③몫몫이 * 各別(각별) :①유달리 ②특별(特別)함 ③깍듯함 * 各自(각자) :①제각각 ②각각(各各)의 자기(自己) * 各種(각종) :여러 가지의 종류(種類), 각가지, 여러 가지	<각공부표> 각기(各其) 분별(分別) 모르고 바삐 떠돌아다니지만,
倥	亻(人) <어리석을 공> ①어리석다, 몽매하다(蒙昧) ②바쁘다 ③곤궁하다(困窮) ④괴롭다	* 倥侗(공동) :空侗(공동). 무지몽매(無知蒙昧), 즉 아는 것이 없고 사리에 어두움 * 倥傯(공총) :이것저것 일이 많아 매우 바쁨	
浮	氵(水) <뜰 부> ①물에 뜨다, 떠다니다, 떠서 움직이다 ②가볍다 ③근거가 없다, 진실성이 없다 ④덧없다, 정함이 없다 ⑤하루살이	* 浮刻(부각) :①도드라지게 새긴 조각(彫刻) ②두드러지게 함 * 浮上(부상) :①물 위로 떠오름 ②두드러져 올라 관심을 끌음 * 浮揚(부양) :가라앉은 것이 떠오르거나 떠오르게 함 * 浮沈(부침) :①물위에 떠올랐다 잠겼다 함 ②성쇠(盛衰)	
漂	氵(水) <떠다닐 표> ①떠다니다, 떠내려가다 ②물에 뜨다, 띄우다 ③유랑하다(流浪) ④빨래하다, 표백하다(漂白)	* 浮漂(부표) :①물위에 떠서 떠돌아다님 ②낚싯줄에 매달은 찌 * 漂白(표백) :빨아서 희게 함. 바래지게 하거나 희게 하는 일 * 漂流(표류) :①물에 떠서 흘러감 ②정처 없이 돌아다님 * 漂鳥(표조) :철새. 후조(候鳥). 떠돌이새	

個	亻(人) <낱 개> ※ 箇·个와 同義 ①枚(줄기), 偏(반쪽, 한쪽) ②낱낱 ③하나 ④개, 명 ⑤사람 ⑥이(此) ⑦단독(單獨)의	* 個個(개개) :箇箇(개개). 개개, 낱낱, 하나하나 * 箇箇人 * 個人(개인) :하나하나의 사람. 한 사람 한 사람. 각자(各自) * 個別(개별) :하나하나, 낱낱이 따로 나눔 * 個性(개성) :개인(個人)의 타고난 특유(特有)한 성격(性格)	<개련범주> 낱낱은 같은 성질(性質)의 부류(部類)에 연관(聯關)되어 있으면서 <각 개인(個人)은 어떤 범주(範疇)에 연관되어 있으면서>
聯	耳 <연이을 련> ①연잇다(連), 잇다, 연결하다(連結) 잇닿다(서로 이어져 맞닿다), ②나란히 하다, 이어진 관계(關係), 짝	* 聯合(연합) :둘 이상(以上)이 아울러서 하나를 이룸 * 聯關(연관) :서로 관계(關係)를 맺어 매여 있음. * 關聯(관련) :聯關(연관). 둘 사이에 인과적인 관계가 있음 * 對聯(대련) :시문 등에서 대(對)가 되는 연(聯). 대구(對句)	
範	竹 <법 범> ①법(法), 규범(規範), 법도(法度)에 맞다 ②본보기, 모범(模範), 본받다. ③거푸집, 주조하다(鑄造), 부어 만들다	* 範疇(범주) :개개(個個) 사례(事例)들이 포함(包含)되는 하위개념(下位概念)들을 포함(包含)하는 상위(上位)의 개념(概念). 분류(分類), 범위(範圍) * 範圍(범위) :테두리가 정(定)해진 구역(區域)이나 한계(限界)	
疇	田 <이랑 주 / 누구 주> ①이랑(갈아 놓은 밭의 한 두둑과 한 고랑을 아울러 이르는 말) ②밭, 삼밭 ③때, 무리, 짝 ④누구 ⑤세습 ⑥접때	* 疇曩(주낭) :접때, 지난번 * 疇壟<주롱> :논밭의 두둑, 이랑 * 洪範九疇(홍범구주) :洪範은 大法, 九疇는 9個의 條目. <書經>의 洪範篇에 우(禹)가 정한 政治道德의 9조목.五行·五事·八政·五紀·皇極·三德·稽疑·庶徵 및 五福과 六極임	

한자	뜻	단어	풀이
尊	寸 <높을 존> ①높다, 높이다, 공경하다(恭敬), 어른 ②우러러보다, 중(重)히 여기다 ③따르다, 좇다, (어떤 경향으로)향하다	* 尊卑貴賤(존비귀천) :지위(地位)의 높고 낮음과 신분(身分)의 귀(貴)하고 천(賤)함. * 尊敬(존경) :존중(尊重)히 여겨 공경(恭敬)함 * 尊重(존중) :높이고 중(重)히 여김	<존비귀천> 지위(地位)의 높고 낮음과 귀(貴)하고 천(賤)한 신분(身分)으로 나뉜다.
卑	十 <낮을 비> ①낮다, 낮추다 ②천하다(賤), 천하게 여기다 ③겸손(謙遜·謙巽)하게 대하다(對)	* 卑怯(비겁) :비열(卑劣)하고 겁이 많음 * 卑劣(비열) :성품(性品)이나 하는 짓이 천하고 용렬(庸劣)함 * 卑下(비하) :①땅이나 지위(地位)가 낮음 ②스스로를 낮춤 * 眼高手卑(안고수비) :눈은 높으나 실력(實力)은 미치지 못함	
貴	貝 <귀할 귀> ①귀하다(貴), 귀하게 여기다 ②(신분이)높다, 중요하다(重要) ③비싸다, 값이 높다 ④尊稱 接頭語	* 貴族(귀족) :신분(身分)이 높고 가문(家門)이 좋은 사람 * 貴重(귀중) :귀(貴)하고 소중(所重)함 * 貴下(귀하) :상대방(相對方)을 높여 부르는 말 * 富貴榮華(부귀영화) :부귀(富貴)와 영화(榮華)	
賤	貝 <천할 천> ①천하다(賤), 천히 여기다 ②비열하다(卑劣·鄙劣), 야비하다(野鄙·野卑) ③낮다 ④싸다, 값이 헐하다	* 賤待(천대) :①업신여기어서 푸대접(待接)함 ②함부로 다룸 * 賤視(천시) :①업신여기어 봄 ②천(賤)하게 여김 * 貴賤(귀천) :①부귀(富貴)와 빈천(貧賤) ②신분의 고하(高下) * 貧賤(빈천) :가난하고 비천(卑賤)함	

崇	山 <높을 숭> ①높다, 높이다, 높게 하다 ②존중하다(尊重) ③모으다, 모이다 ④차다, 채우다 ⑤마치다, 끝나다	* 崇昔(숭석) :아득한 아주 오랜 옛날. 태고(太古). 수고(邃古) * 崇拜(숭배) :거룩하게 높이어 공경(恭敬)함 * 崇尙(숭상) :높이어 소중(所重)하게 여김 * 崇仰(숭앙) :높이어 우러름	<숭석람상> 아득한 옛날에 술잔에 넘칠 정도의 작은 물로 비롯하여, <아득한 옛날에 사물(事物)의 시초(始初)가 있었는데,>
昔	日 <예 석> ①예, 옛, 옛날, 오래다, 오래되다 ②어제, 접때(오래지 아니한 과거의 어느 때), 앞서 ③저녁, 밤, 끝, 끝나다	* 昔年(석년) :여러 해 전(前). 옛날 * 昔日(석일) :옛날 * 昔歲(석세) :작년(昨年), 지난해 * 昔人(석인) :옛 사람 * 曩昔(낭석) :지난번 * 今昔之感(금석지감) :금석(今昔)의 차이가 심(甚)함의 느낌	
濫	氵(水) <넘칠 람> ①넘치다(氾濫), 뜨다, 띄우다 ②퍼지다 ③외람하다(猥濫 :하는 행동이나 생각이 분수에 지나치다), 함부로 하다	* 濫觴(남상) :술잔에 겨우 넘칠 정도(程度)의 작은 물. 큰 강물도 그 근원은 술잔이 넘칠 정도의 작은 물에서 시작한다는 뜻으로, 모든 사물이나 일의 시초(始初)나 근원(根源)을 말함	
觴	角 <잔 상> ①잔(盞), 술잔 ②잔을 내다	* 交觴(교상) :교작(交爵). 술잔을 주거니 받거니 함 * 寶觴(보상) :보옥(寶玉)으로 만든 술잔. * 曲水流觴(곡수유상) * 稱觴(칭상) :헌수(獻壽). 祝壽의 뜻으로 잔에 술을 부어 드림 * 接杯擧觴(접배거상) :술잔을 서로 주고받으며 즐기는 모습	

野	里 <들 야> ①들, 들판, 야생(野生) ②시골, 변두리 ③민간(民間 :일반 백성들 사이)(≠朝) ④촌스럽다, 길들지 않다 ⑤미개하다(未開)	* 野蠻(야만) :①지능(知能)이 미개(未開)하고 문화(文化)가 극(極)히 뒤떨어진 상태(狀態)나 종족(種族) ②교양(敎養)이 없는 것이나 그러한 사람 * 朝野(조야) :조정(朝廷)과 민간(民間), 조정(朝廷)과 재야(在野)	<야만유익> 미개(未開)하여 문화(文化)가 유치(幼稚)한 때에는 물속을 헤엄쳐 다니며 주살로 고기를 잡거나
蠻	虫 <오랑캐 만> ①오랑캐, 미개(未開)한 민족(民族) ②거칠다, 난폭하다(亂暴) ③모멸하다(侮蔑), 업신여기다	* 蠻行(만행) :야만(野蠻)스러운 행동(行動) * 蠻觸之爭(만촉지쟁) :蠻氏와 觸氏의 다툼. (喩)시시한 일로 다툼 <莊子>에 달팽이의 왼쪽 뿔 위에 있는 나라를 만(蠻), 오른쪽 뿔 위에 있는 나라를 촉(觸)	
游	氵(水) <헤엄칠 유> ①헤엄치다, 헤엄 ②유동하다(流動), 뜨다, 떠내려가다 ③어슬렁거리다, 놀다 ④하루살이	* 游弋/遊弋(유익) :①(군함이) 순찰하다. 순항하다. ②(물속에서) 유동하다. * 浮游(부유) :浮遊(부유). 수면(水面)에 떠다님. * 浮游物質 * 游於釜中(유어부중) :생명이 매우 위험(危險)한 상태(狀態)	
弋	弋 <주살 익> ①주살(활의 오늬에 줄을 매어 쏘는 화살) ②홰, 말뚝 ③새그물(새를 잡는 데 쓰는 그물) ④빼앗다, 사냥하다	* 弋利(익리) :남에게 돌아갈 이익을 가로채어 빼앗음. * 弋不射宿(익불사숙) :주살질은 해도 자는 새를 쏘지는 않는다. (喩)정도(程度)를 넘지 않는 훌륭한 인물(人物)의 태도(態度)	

狩	犭(犬) <사냥할 수> ①사냥하다, 사냥 ②정벌하다(征伐), 토벌하다(討伐) ③순시하다(巡視), 순행하다(巡行:)	* 狩獵(수렵) :야생동물(野生動物)을 포획(捕獲)하는 행위 * 巡狩(순수) :임금이 나라 안을 두루 보살피며 돌아다님 * 狩漁(수어) :漁獵(어렵). 사냥과 낚시질 * 狩人(수인) :사냥꾼	<수렵어로> 야생동물(野生動物)을 사냥을 하고 수산물(水産物)을 잡거나 채취(採取)하면서 살았다.
獵	犭(犬) <사냥 렵> ①사냥, 사냥하다, 잡다, 사로잡다 ②학대하다(虐待), 해치다(害) ③섭렵하다(涉獵), 대충 훑어보다	* 獵奇(엽기) :괴이(怪異)한 것을 즐겨 찾아다니는 것 * 獵色(엽색) :변태적(變態的)으로 분별없이 여색을 탐하는 일 * 獵酒(엽주) :아는 사람을 찾아다니며 술을 우려 마심 * 涉獵(섭렵) :여러 가지 책을 널리 읽음	
漁	氵(水) <고기잡을 어> ①고기를 잡다, 고기잡이 ②어부(漁夫·漁父) ③사냥하다 ④빼앗다, 약탈하다(掠奪)	* 漁船(어선) :고기잡이 하는 배 * 漁村(어촌) :어민(漁民) 마을 * 漁夫(어부) :고기잡이를 업으로 하는 사람. 漁父(어부) * 漁父之利(어부지리) :방휼지쟁(蚌鷸之爭)의 고사(故事)로, 둘이 서로 다투는 사이 第三者가 득(得)을 봄	
撈	扌(手) <건질 로> ①건지다 ②잡다 ③끙게(씨를 뿌린 뒤에 씨앗이 흙에 덮이게 하는 농구)	* 漁撈(어로) :수산물(水産物)을 잡거나 채취(採取)하는 행위 * 撈網(노망) :반두. 그물의 한 가지 * 撈米(노미) :老米(노미). 물에 담갔다가 건져내어 말린 쌀 * 撈採(노채) :물속으로 들어가 채취(採取)함	

<table>
<tr><td>槿</td><td>木 <무궁화 근>
①무궁화(無窮花)
②무궁화나무(無窮花)</td><td>* 槿域(근역) :무궁화(無窮花)피는 강역(疆域). 우리나라에는 예로부터 궁화(無窮花)가 많이 자라 근역(槿域)이라 하였음
* 槿花(근화) :무궁화(無窮花) * 槿花鄕(근화향) :無窮花의 나라</td><td rowspan="4"><근역아방>

무궁화(無窮花)가 아름답게 피는 강역(疆域)인 우리나라에서</td></tr>
<tr><td>域</td><td>土 <지경 역>
①지경(地境 :땅의 가장자리, 경계)
②구역(區域), 한정(限定)된 일정한 땅
③나라, 국토(國土), 국가(國家)</td><td>* 區域(구역) :일정한 기준(基準)에 의해 갈라놓은 지역(地域)
* 領域(영역) :나라의 주권(主權)이 미치는 범위(範圍)
* 地域(지역) :일정(一定)한 땅의 구역(區域)
* 全域(전역) :온 지역(地域) * 置之忘域(치지망역) :잊혀진 땅</td></tr>
<tr><td>我</td><td>戈 <나 아>
①나, 나의
②우리
③아집을 부리다</td><td>* 我邦(아방) :我國(아국). 우리나라 * 我意(아의) :나의 뜻
* 自我(자아) :자기자신(自己自身)에 대한 의식이나 관념(觀念)
* 我田引水(아전인수) :자기(自己) 논에만 물을 끌어댐. (喩)자기(自己)에게 이롭도록 꾀함</td></tr>
<tr><td>邦</td><td>阝(邑) <나라 방>
①나라 ②서울, 수도(首都)
③제후(諸侯)의 봉토(封土)
④천하(天下) ⑤형(兄), 윗누이</td><td>* 殊邦(수방) :다른 나라
* 聯邦(연방) :국가(國家) 결합(結合)의 하나.
* 外邦(외방) :외국(外國) * 他邦(타방) :타국(他國)
* 父母之邦(부모지방) :내가 태어난 나라. 모국(母國)</td></tr>
</table>

<table>
<tr><td>雌</td><td>隹 <암컷 자>
①암컷 ②암새
③약하다(弱), 쇠약해지다(衰弱)
④패배하다(敗北), 지다</td><td>* 雌熊(자웅) :암컷 곰
* 雌雄(자웅) :①암컷과 수컷. 암수 ②강약(强弱), 승부(勝負), 우열(優劣)의 비유
* 雌伏(자복) :①굴복(屈服)하여 좇음 ②물러나 숨어 삶</td><td rowspan="4"><자웅칩굴>

암컷 곰이 굴에 굴(窟)에 들어가서 밖에 나오지 않고</td></tr>
<tr><td>熊</td><td>灬(火) <곰 웅>
①곰(곰과의 포유류)
②빛나는 모양, 빛나다 ③세찬 모양
④세 발 자라(자랏과의 동물)(내)</td><td>* 熊女(웅녀) :<檀君神話>에는 곰이 환웅(桓雄)에게 사람이 되고 싶다고 빌어 쑥(靈艾)과 마늘(蒜)을 먹고 三七日만에 사람이 되어 환웅과 혼인(婚姻)했다고 함. <三聖記>에는 웅씨(熊氏)의 딸로 기록하였음</td></tr>
<tr><td>蟄</td><td>虫 <겨울잠 잘 칩 / 숨을 칩>
①겨울잠을 자다, 겨울잠 ②자는 벌레
③숨다 ④모이다 ⑤고요하다</td><td>* 蟄居(칩거) :나가서 활동(活動)하지 않고 집에 틀어박혀 있음
* 驚蟄(경칩) :24절기(節氣) 中 벌레가 겨울잠에서 깨어나는 때
* 啓蟄(계칩) :동면(冬眠)하던 벌레가 봄을 맞아 나와서 움직임
* 廢蟄(폐칩) :외출하지 않고 집 안에만 박혀 있음. 杜門不出</td></tr>
<tr><td>窟</td><td>穴 <굴 굴>
①굴(窟), 동굴(洞窟) ②움집(움을 파고 지은 집), 토굴(土窟) ③소굴(巢窟)
④혈거하다(穴居), 둥지를 틀다</td><td>* 洞窟(동굴) :깊고 넓은 굴 * 虎窟(호굴) :범의 굴. 위험한 곳
* 巢窟(소굴) :악당(惡黨)들이 활동의 근거지(根據地)로 삼는 곳
* 兎營三窟(토영삼굴) :토끼는 굴(窟)을 세 개는 마련해 놓음. (喩)안전을 위해 몇 가지 술책을 마련함</td></tr>
</table>

<table>
<tr><td>十</td><td>十 <열 십>
①열, 자연수(自然數) 10.
②열 번, 열 배, 열 배로 하다
③전부(全部), 일체(一切) ④완전(完全)</td><td>* 十旬(십순) :백일(百日). 일순(一旬)은 십일(十日)
* 數十(수십) :열의 두 서너 곱절되는 수효(數爻)
* 十匙一飯(십시일반) :열 사람이 한 술씩 보태면 한 그릇이 됨. (喩)여럿이 한 사람을 돕기는 쉬움</td><td rowspan="4"><십순수투>

백일(百日)이 지나자 비로소 모습이 변(變)하여 달라져서</td></tr>
<tr><td>旬</td><td>日 <열흘 순>
①열흘, 열흘 동안 ②열 번 ③십 년
④두루, 두루 미치다 ⑤고르다, 균일하다(均一) ⑥차다, 꽉 차다</td><td>* 旬報(순보) :열흘에 한 번 나오는 신문(新聞)이나 잡지(雜誌)
* 中旬(중순) :한 달의 11일부터 20일까지의 10일간
* 六旬(육순) :①예순 날 ②예순 살 (60일 또는 60살)
* 三旬九食(삼순구식) :한 달에 아홉 번 밥을 먹음. 가난함</td></tr>
<tr><td>遂</td><td>辶(辵) <드디어 수 / 따를 수>
①드디어, 마침내 ②끝나다, 이루다
③두루, 널리 ④생장하다(生長)
⑤따르다, 순응하다(順應)</td><td>* 遂行(수행) :계획(計劃)한 대로 해 냄
* 完遂(완수) :목적(目的)을 완전(完全)히 달성(達成)함
* 半身不遂(반신불수) :몸의 좌우(左右) 어느 한쪽을 마음대로 잘 쓰지 못함</td></tr>
<tr><td>渝</td><td>氵(水) <변할 투(유)>
①변하다(變), 바뀌다, 변경하다(變更)
②(원한을)풀다, 풀리다, 벗기다
③즐겁다, 기쁘다 ④구차하다(苟且)</td><td>* 渝破(투파/유파) :빛깔이 변(變)하고 깨어져서 못 쓰게 됨
* 渝色(투색) :退色(퇴색). 색(色)이 바램. 존재가 희미해짐
* 渝盟(투맹) :맹세(盟誓)한 언약(言約)을 저버림</td></tr>
</table>

<table>
<tr><td>丹</td><td>丶 <붉을 단 / 정성스러울 란>
①붉다, 붉게 칠하다, 붉은빛, 남쪽(南)
②단사(丹沙·丹砂), 신약(神藥)
③정성스럽다(精誠), 성심(誠心)(란)</td><td>* 丹脣皓齒(단순호치) :붉은 입술과 하얀 치아(齒牙). (喩)아름다운 여자(女子)
* 牡丹(모란/本音은 모단) :작약과에 속(屬)하는 관목(灌木)
* 丹粧(단장) :얼굴을 곱게 하고 머리나 옷맵시를 매만져 꾸밈</td><td rowspan="4"><단순호치>

붉은 입술에 하얀 치아(齒牙)로 되었다.

<아름다운 여자(女子)로 되었다.></td></tr>
<tr><td>脣</td><td>月(肉) <입술 순>
①입술
②가장자리, 둥근 물건(物件)의 둘레
③꼭 맞다(민)</td><td>* 脣頭(순두) :입술 끝 * 口脣(구순) :입과 입술. 입술
* 脣亡齒寒(순망치한) :입술을 잃으면 이가 시리다. (喩)가까운 사이의 서로 도우며 떨어질 수 없는 밀접(密接)한 관계(關係)</td></tr>
<tr><td>皓</td><td>白 <흴 호>
①희다, 깨끗하다
②밝다, 환하다 ③넓다, 하늘
④늙은이, 백발(白髮)의 노인(老人)</td><td>* 朱脣皓齒(주순호치) :丹脣皓齒(단순호치). 붉은 입술과 흰 이. (喩)아름다운 여자(女子)의 얼굴
* 明眸皓齒(명모호치) :맑은 눈동자와 흰 이라는 뜻으로, 미인(美人)을 형용(形容)하여 이르는 말</td></tr>
<tr><td>齒</td><td>齒 <이 치>
①이(齒), 어금니 ②나이, 연령(年齡)
③나란히 서다, 병렬하다(竝列)
④동류(同類)로 삼다</td><td>* 齒牙(치아) :이(齒), 이빨. 이(齒)의 점잖은 일컬음
* 齒列(치열) :잇바디. 이가 죽 박힌 줄의 생김새
* 切齒腐心(절치부심) :이를 갈고 마음을 썩힘. (喩)대단히 분(憤)하게 여기고 마음을 썩임</td></tr>
</table>

桓	木 <푯말 환 / 굳셀 환 / 클 환> ①푯말(標) :어떤 것을 표지하기 위하여 세우는 말뚝) ②굳세다 ③크다 ④위풍당당(威風堂堂)한 모양	* 桓雄(환웅) :천상(天上)을 지배(支配)하는 하늘의 임금인 환인(桓因)의 아들. 환인이 환웅에게 천부인(天符印)을 주며 인간세상을 다스리라고 하였다. * 桓因(환인) :천상(天上)을 지배(支配)하는 하늘의 임금	<환웅간우> 환웅(桓雄)께서 짝으로 가려서 고르시니
雄	隹 <수컷 웅> ①수컷 ②두목 ③씩씩하다, 용감하다(勇敢) ④이기다, 승리하다 ⑤뛰어나다 ⑥웅장하다(雄壯)	* 雄辯(웅변) :힘차고 거침없는 변설(辯舌), 훌륭한 말솜씨 * 雄壯(웅장) :으리으리하게 크고도 굉장함 * 英雄(영웅) :大衆을 領導하고 世上을 經綸할 만한 사람 * 雌雄(자웅) :①암컷과 수컷 ②승부(勝負), 우열(優劣)	
揀	扌(手) <가릴 간> ①가리다, 분간하다(分揀) ②가려 뽑다, 빼다 ③구별하다(區別), 분별하다(分別)	* 揀擇(간택) :①분간(分揀)하여 고름 ②왕(王)이나 왕자(王子), 왕녀(王女)의 배우자(配偶者)를 고르는 일 * 分揀(분간) :서로 같지 아니함을 가려서 앎 * 料揀(요간) :料簡(요간). 잘 생각하여 헤아려 골라 가려냄	
偶	亻(人) <짝 우 / 우연 우> ①짝, 배필(配匹) ②짝수, 짝짓다, 대하다(對) ③마침, 우연(偶然) ④허수아비	* 偶然(우연) :뜻밖에 저절로 되는 일. 우이(偶爾) * 配偶(배우) :부부(夫婦)가 될 짝. 妃偶(비우). 배우자(配偶者) * 沙中偶語(사중우어) :신하(臣下)가 모반(謀反)할 꾀를 속삭임 * 木偶石人(목우석인) :나무나 돌로 만든 사람의 형상(形像)	

南	十 <남녘 남> ①남녘(南), 남쪽(南), 남쪽 나라 ②남쪽으로 가다 ③풍류(風流)의 이름(아악의 이름)	* 南柯一夢(남가일몽) :남쪽 가지에서의 꿈. <比喩>덧없는 꿈이나 한때의 헛된 부귀영화(富貴榮華) * 南橘北枳(남귤북지) :남쪽의 귤나무를 북쪽에 옮겨 심으면 탱자나무로 변한다는 뜻으로, 處한 環境이 重要함	<남남북녀> 남쪽의 남자(男子)와 북쪽의 여자(女子) <남(南)쪽의 남자(男子)인 환웅(桓雄)과 북(北)쪽 웅족(熊族)의 딸이 혼인하여>
男	田 <사내 남> ①사내, 남자(男子) ②아들	* 男子(남자) :남성(男性)으로 태어난 사람. 사내아이 * 男女(남녀) :남자(男子)와 여자(女子) * 男妹(남매) :오라비와 누이 * 男便(남편) :아내의 배우자 * 善男善女(선남선녀) :불교(佛敎)에 귀의(歸依)한 男女	
北	匕 <북녘 북 / 달아날 배> ①북녘(北), 북쪽(北), 북쪽(北)으로 가다 ②달아나다, 도망치다(배) ③패하다(敗)(배)	* 北堂(북당) :①주부가 있는 곳 ②남의 어머니의 높임말 * 敗北(패배) :싸움에 져서 도망(逃亡)함 * 泰山北斗(태산북두) :泰斗(태두). 태산(泰山)과 북두칠성(北斗七星)을 우러러보듯이, 뛰어난 존재(存在)	
女	女 <계집 녀> ①계집, 여자(女子) ②딸, 처녀(處女) ③시집보내다, 짝지어 주다 ④섬기다	* 女子(여자) :여성(女性)으로 태어난 사람 * 女性(여성) :아기를 낳을 수 있는 성(性)에 속(屬)하는 사람. * 女史(여사) :결혼(結婚)한 여자(女子)를 높여 이르는 말 * 甲男乙女(갑남을녀) :보통(普通)의 평범(平凡)한 사람들	

倍	亻(人) <곱절 배> ①곱, 갑절 ②더욱, 점점 더 ③더하다, 많게 하다, 배가하다(倍加) ④배반하다(背反·背叛)(패)	* 倍達(배달) :배달나라의 준말. 신시(神市)시대. 우리의 조상은 환인(桓因)의 환국(桓國)–환웅(桓雄)의 배달국(倍達國)–단군(檀君)의 조선(朝鮮)으로 이어진다. * 倍加(배가) :갑절로 늘거나 늘림	<배달성조> 배달(倍達)나라(우리나라 上古時代의 稱號)의 거룩한 조상(祖上)이 되었으며,
達	辶(辵) <통달할 달 / 이룰 달> ①통달하다(通達), 통하다(通) ②이르다(어떤 장소나 시간에 닿다) ③달하다(達), 환하게 알다 ④이루다	* 達成(달성) :뜻한 바, 목적(目的)한 바를 이룸 * 到達(도달) :목적(目的)한 데에 다다름 * 發達(발달) :사물(事物)이 자라거나 나아져서 진보(進步)함 * 傳達(전달) :전(傳)하여 이르게 함	
聖	耳 <성인 성> ①성인(聖人), 걸출(傑出)한 인물(人物) ②신선(神仙) ③슬기롭다, 기술(技術) ④거룩하다, 신성하다(神聖)	* 聖祖(성조) :거룩한 조상(祖上) * 聖域(성역) :거룩한 지역(地域) * 聖人(성인) :사리에 통달(通達)하고 지덕(智德)이 뛰어난 사람 * 神聖(신성) :신(神)과 같이 거룩하고 존귀(尊貴)하여 성스러움	
祖	礻 <할아비 조 / 선조 조> ①할아버지, 할아비 ②조상(祖上), 선조(先祖) ③시초(始初), 처음	* 祖上(조상) :한 집안이나 한 민족(民族)의 옛 어른들 * 祖父(조부) :할아버지 * 祖母(조모) :할머니 * 祖考(조고) :죽은 할아버지 * 祖妣(조비) :죽은 할머니 * 先祖(선조) :할아버지 이상(以上)의 조상(祖上)	

弘	弓 <클 홍> ①크다 ②넓다, 넓히다, 널리, 넓게 ③너그럽다, 너그러이 ④높다	* 弘益(홍익) :①큰 이익(利益) ②널리 이롭게 함 * 弘益人間(홍익인간) :널리 인간(人間)을 이롭게 함 * 弘報(홍보) :널리 알림, 또는 그 소식(消息)이나 보도(報道) * 寬弘(관홍) :너그럽고 도량(度量)이 큼	<홍익이념> 널리 이롭게 하는 것을 최고의 가치(價値)로 여기는 근본적(根本的)인 생각은
益	皿 <더할 익 / 이로울 익> ①더하다, 점점, 더욱 ②많다, 넉넉해지다 ③이롭다, 유익하다(有益)	* 利益(이익) :물질적(物質的)·정신적(精神的)으로 보탬이 됨 * 多多益善(다다익선) :많으면 많을수록 더욱 좋다는 말 * 老當益壯(노당익장) :老益壯(노익장). 나이를 먹을수록 기력(氣力)이 더욱 좋아짐	
理	玉 <다스릴 리 / 이치 리> ①다스리다, 다스려지다 ②도리(道理), 이치(理致), 사리, 깨닫다 ③수선하다(修繕) ④나뭇결, 잔금	* 理念(이념) :이성(理性)에 의해 얻어지는 개념(槪念). 생각 * 理致(이치) :사물(事物)의 정당(正當)한 조리(條理) * 理由(이유) :까닭, 사유(事由), 내력(來歷) * 處理(처리) :일을 다스려 치러 감	
念	心 <생각 념> ①생각, 생각하다, ②마음에 두다, 기억하다(記憶) ③외우다, 암송하다(暗誦) ④스물, 이십	* 念慮(염려) :여러 가지로 헤아려 걱정하는 것 * 念願(염원) :늘 마음속으로 생각하고 간절(懇切)히 바람 * 槪念(개념) :공통 요소를 추상하여 종합한 하나의 관념(觀念) * 記念(기념) :紀念(기념). 어떤 일을 잊지 않고 마음에 간직함	

平	干 <평평할 평> ①평평하다(平平), 바닥이 고르다 ②편안하다(便安), 무사하다(無事) ③평정하다(平定)	* 平等(평등) :차별(差別)이나 치우침 없이 고르고 한결같음. * 平均(평균) :부동(不同)이나 다소(多少)가 없이 균일(均一)함 * 平素(평소) :평상시(平常時). 생시(生時) * 太平聖代(태평성대) * 平和(평화) :평온(平穩)하고 화목(和睦)함	<평등호혜> 차별(差別)이 없이 동등(同等)하여 서로가 도와서 편익(便益)을 주는 은혜(恩惠)로움이었다.
等	竹 <무리 등> ①무리, 부류(部類), 따위, 같은 또래 ②등급(等級), 계급(階級), 순위(順位) ③차이(差異)가 없다, 가지런하다	* 等級(등급) :높고 낮음을 분별(分別)한 계급(階級) * 平等(평등) :차별(差別)이 없이 동등(同等)한 등급(等級) * 劣等(열등) :상대적(相對的)으로 못한 등급(等級) * 優等(우등) :상대적(相對的)으로 우수(優秀)한 등급(等級)	
互	二 <서로 호> ①서로 ②고기시렁(어물전에서 고기를 늘어놓는 시렁) ③번갈아 들다 ④어긋 매기다	* 互惠(호혜) :서로 도와주고 편익(便益)을 주는 은혜(恩惠) * 相互(상호) :互相(호상). 서로, 서로서로 * 互角之勢(호각지세) :서로 조금도 낫고 못함이 없는 자세(姿勢) * 互有長短(호유장단) :서로 나은 점과 못한 점(點)이 있음	
惠	心 <은혜 혜> ①은혜(恩惠), 사랑, 자애(慈愛) ②경어(敬語 :상대를 공경하는 뜻의 말) ③세모창(槍 :세모진 창)	* 惠澤(혜택) :은혜(恩惠)와 덕택(德澤). * 恩惠(은혜) :남에게서 받는 고마운 혜택(惠澤) * 惠存(혜존) :자기의 저서(著書)나 작품(作品)을 남에게 드릴 때, '받아 간직해 주십사'라는 뜻으로 쓰는 말	

檀	木 <박달나무 단> ①박달나무(자작나뭇과의 활엽 교목) ②참빗살나무 ③아름다운 모양 ④베풀다	* 檀君王儉(단군왕검) :단군조선(檀君朝鮮)의 시조(始祖). 단군(檀君)은 檀君朝鮮 임금의 호칭(呼稱)이며, 왕검(王儉)은 시조(始祖)의 이름임. * 神檀樹(신단수) :환웅(桓雄)이 처음 신단수 아래로 내려옴	<단군왕검> 그 후예(後裔)인 단군왕검(檀君王儉)께서 베푸신
君	口 <임금 군 / 그대 군> ①임금, 영주(領主) ②남편(男便) ③부모(父母) ④아내 ⑤군자(君子) ⑥어진 이, 현자(賢者) ⑦그대, 자네	* 君子(군자) :학식(學識)과 덕행(德行)이 높은 사람 * 君臨(군림) :①임금이 나라를 다스리는 것. ②지배적(支配的) 위치(位置)를 차지함. * 家君(가군) :남에게 대(對)하여 자기(自己)의 아버지를 이름	
王	玉 <임금 왕> ①임금, 천자(天子) ②수령(首領), 으뜸 ③할아비, 할아버지 ④왕 노릇하다, 통치하다(統治)	* 王朝(왕조) :차례(次例)로 왕위(王位)에 오르는 계열(系列) * 王父(왕부) :①할아버지 ②임금의 아버지 * 王母(왕모) :①할머니 ②임금의 어머니 * 王尊丈(왕존장) :남의 할아버지를 일컫는 말. 王大人(왕대인)	
儉	亻(人) <검소할 검> ①검소하다(儉素), 낭비(浪費)하지 않다 ②넉넉하지 못하다, 적다, 가난하다 ③흉작(곡식이 잘 익지 않는 일)	* 儉素(검소) :치레하지 않고 수수함 * 儉約(검약) :검소(儉素)하게 절약(節約)하여 사용(使用)함 * 節儉(절검) :절약(節約)하고 검소(儉素)하게 함 * 由奢入儉(유사입검) :사치(奢侈)를 떠나 검소하게 살고자 힘씀	

博	十 <넓을 박> ①넓다, 넓히다, 넓게 하다, 깊다 ②많다, 크다 ③노름하다, 노름, 돈을 걸고 하는 놀이	* 博愛(박애) :모든 것을 널리 평등(平等)하게 사랑함 * 博士(박사) :학자(學者)나 기술자(技術者)에게 주던 벼슬. 진(秦)나라 때 학문을 맡은 관직으로서 처음 설치 * 賭博(도박) :요행(僥幸·僥倖)을 바라고 돈을 거는 일. 노름	<박애정신> 온 세상 사람을 널리 평등(平等)으로 사랑하는 정신(精神)은
愛	心 <사랑 애> ①사랑하다, 자애(慈愛), 인정(人情) ②사모하다(思慕), 그리워하다 ③물욕(物慾), 탐욕(貪慾), 아끼다	* 愛情(애정) :남녀(男女) 사이에 서로 그리워하는 정(情) * 戀愛(연애) :남녀 사이에 서로 애틋하게 그리워하고 사랑함 * 友愛(우애) :형제(兄弟)나 벗 사이의 정애(情愛) * 令愛(영애) :남의 딸의 높임말 * 愛之重之(애지중지)	
精	米 <정할 정 / 찧을 정 / 세밀할 정 / 정기 정> ①정하다(精 :거칠지 아니하고 매우 곱다) ②깨끗하다 ③찧다(쌀을 곱게 쓿다) ④세밀하다(細密) ⑤정성(精誠) ⑥정기(精氣)	* 精神(정신) :①마음이나 생각. 영혼(靈魂). 신사(神思). 성령(聖靈) ②의식(意識) * 精神一到何事不成 * 精誠(정성) :참되고 거짓이 없는 성실(誠實)한 마음 * 精密(정밀) :가늘고 촘촘함, 아주 잘고 자세(仔細)함	
神	礻(示) <귀신 신> ①귀신(鬼神), 신령(神靈) ②정신(精神), 혼(魂), 마음 ③불가사의(不可思議)한 것, 영묘하다(靈妙), 신기하다(神奇)	* 神經(신경) :감각(感覺)하고 전(傳)하는 신체기관(身體器官) * 神聖(신성) :신과 같이 거룩하여 더럽힐 수 없는 일 * 神位(신위) :죽은 이의 영혼(靈魂)이 의지(依支)할 자리. * 神話(신화) :예로부터 전하는 신(神)을 중심으로 한 이야기	

先	儿 <먼저 선> ①먼저, 앞, 처음, 첫째, 미리 ②선구(先驅), 앞선 사람 ③옛날, 이전 ④죽은 아버지, 조상(祖上)	* 先驅(선구) :①기마(騎馬)에서 선도(先導)하는 일 ②어떤 사상(思想)이나 일에 있어서 앞선 사람. 先驅者 * 先生(선생) :학생(學生)을 가르치는 사람 * 于先(우선) :무엇보다도 먼저 * 優先(우선) :다른 것 보다 앞섬	<선구사상> 다른 사람들보다 앞선 사상(思想)이었다.
驅	馬 <몰 구> ①(말을 타고)몰다, 앞잡이 ②빨리 달리다 ③내쫓다, 내보내다, 몰아내다, 축출하다(逐出), 내침	* 驅使(구사) :①사람이나 동물(動物)을 몰아서 부리는 것 ②능숙(能熟)하게 다루거나 사용(使用)하는 것 * 驅迫(구박) :못 견디게 몹시 굴거나 학대(虐待)함 * 驅蟲(구충) :해충(害蟲)들을 없애 버림	
思	心 <생각 사> ①생각하다, 심정(心情), 정서(情緖) ②의사(意思), 의지(意志), 사상(思想) ③뜻, 마음 ④그리워하다, 시름 겨워하다	* 思想(사상) :①사유(思惟)를 통(通)하여 생겨나는 생각 ②사고(思考) 작용(作用)의 결과(結果)로 생기는 의식(意識) 내용(內容) ③논리적(論理的) 정합성(整合性)을 가진 판단(判斷) 체계(體系)	
想	心 <생각 상> ①생각, 생각하다, 사색하다(思索) ②그리워하다 ③상상하다(想像) ④원하다(願), 바라다	* 想像(상상) :어떤 사물(事物)의 사정(事情)을 미루어 생각함 * 感想(감상) :①마음에 느끼어 생각함 ②느끼어 일어나는 생각 * 發想(발상) :어떤 일을 생각해 내는 것 * 豫想(예상) :어떤 일에 앞서 미리 상상(想像)함	

<table>
<tr><td>牛</td><td>牛 <소 우>
①소(솟과의 포유류) ②희생(犧牲)
③고집스럽다(固執), 순종(順從)하지 않다 ④무릅쓰다</td><td>* 牛耕(우경) :소를 부려 밭을 갊 * 牛乳(우유) :소의 젖
* 牡牛(모우) :暮牛(모우). 소의 수컷. 숫소
* 矯角殺牛(교각살우) :쇠뿔을 바로 잡으려다 소를 죽인다는 뜻으로, 바로잡으려다 지나쳐 일을 그르침</td><td rowspan="4"><우경전답>

소를 부려서
밭과 논을
갈고</td></tr>
<tr><td>耕</td><td>耒 <밭갈 경>
①밭을 갈다 ②농사짓다(農事)
③생계(生計)를 꾸리다
④노력하다(努力)</td><td>* 耕作(경작) :토지(土地)를 갈아서 농작물(農作物)을 심음
* 耕業(경업) :農事를 업(業)으로 함 * 耕夫(경부) :농부(農夫)
* 農耕(농경) :논밭을 갈아 농사(農事)를 짓는 일
* 晝耕夜讀(주경야독) :낮에는 농사(農事) 짓고 밤에는 공부함</td></tr>
<tr><td>田</td><td>田 <밭 전>
①밭, 경작지(耕作地), 봉토(封土)
②밭을 갈다, 농사짓다(農事)
③사냥, 사냥하다</td><td>* 田畓(전답) :밭과 논. 논밭. 전토(田土).
* 田園(전원) :논밭과 동산. 시골
* 我田引水(아전인수) :자기(自己) 논에만 물을 끌어다 댄다는 뜻으로, 자기(自己)의 이익(利益)을 먼저 꾀함</td></tr>
<tr><td>畓</td><td>田 <논 답>
①논, 수전(水田)</td><td>* 反畓(번답) :밭을 논으로 만드는 일
* 薄田薄畓(박전박답) :메마른 밭과 논
* 門前沃畓(문전옥답) :집 앞 가까이에 있는 좋은 논이라는 뜻으로, 곧 많은 재산(財産)을 일컫는 말</td></tr>
</table>

<table>
<tr><td>插</td><td>扌(手) <꽂을 삽>
①꽂다, 끼우다, 삽입하다, 찌르다
②개입하다(介入), 끼어들다 ③가래(흙을 파헤치거나 떠서 던지는 기구 :鍤)</td><td>* 插秧(삽앙) :모내기. 논에 볏모를 심음
* 插架(삽가) :서가(書架). 책시렁 * 插面(삽면) :刺字(자자)
* 插入(삽입) :(원 줄거리에) 끼워 넣음. 끼움, 꽂음
* 插畫(삽화) :문장(文章)의 이해(理解)를 돕기 위해 넣는 그림</td><td rowspan="4"><삽앙가색>

논에 벼를
심어서
곡식(穀食)
농사(農事)를
지으면서</td></tr>
<tr><td>秧</td><td>禾 <볏모 앙>
①모, 볏모
②모내기, 모내기하다, 심다
③재배하다(栽培), 묘목(苗木)</td><td>* 移秧(이앙) :모내기. 모를 못자리에서 논으로 옮겨 심는 일
* 移秧期(이앙기) :모를 내는 시기(時期). 모내기 철
* 乾秧(건앙) :乾苗(건묘). 마른 논에 못자리를 하였다가 물을 대거나 비가 온 뒤에 뽑아서 내는 모</td></tr>
<tr><td>稼</td><td>禾 <심을 가>
①곡식(穀食)을 심다, 일하다, 농사(農事)
②벼의 이삭, 농작물(農作物)
③곡식(穀食), 양식(糧食)</td><td>* 稼穡(가색) :농사(農事)를 뜻함. 곡식(穀食)농사를 말함. 稼는 씨를 뿌리는 것, 穡은 거두어들이는 것.
* 稼動(가동) :①사람이 일을 함 ②기계(機械)가 움직여 일함
* 耕稼(경가) :耕作(경작)</td></tr>
<tr><td>穡</td><td>禾 (거둘 색)
①거두다, 수확하다(收穫), 농사(農事)
②이삭, 곡식(穀食)
③아끼다, 검소하다(儉素)</td><td>* 穡夫(색부) :고을이나 마을에서 농사를 장려하는 직책
* 務玆稼穡(무자가색) :때맞춰 심고, 힘써 일하며, 많은 수익(收益)을 거둠
* 稼穡之艱難(가색지간난) :농사(農事)짓기의 어려움</td></tr>
</table>

<table>
<tr><td>綠</td><td>糸 <푸를 록>
①푸르다, 초록빛, 초록빛 비단(緋緞)
②검고 아름답다, 검은빛</td><td>* 綠色革命(녹색혁명) :품종(品種) 개량(改良) 따위로 농작물(農作物)의 생산량(生産量)을 늘리는 일
* 草綠(초록) :녹색(綠色)보다 조금 더 푸른색을 띤 색깔.</td><td rowspan="4"><녹색혁명>

품종(品種)의
개량(改良)
등을 통해
많은
수확(收穫)을
올리는
농업상(農業上)
의
혁명(革命)을
이루고</td></tr>
<tr><td>色</td><td>色 <빛 색>
①빛, 빛깔 ②색채(色彩)
③낯, 얼굴빛, 기색(氣色) ④미색(美色)
⑤색정(色情), 여색(女色), 정욕(情慾)</td><td>* 色彩(색채) :①빛깔 ②일정한 성질(性質)이나 경향(傾向)
* 傾國之色(경국지색) :나라를 기울일 만한 여자(女子)라는 뜻으로, 매우 아름다운 여자(女子)를 지칭(指稱)
* 巧言令色(교언영색) :교묘히 꾸미는 말과 아첨하는 얼굴빛</td></tr>
<tr><td>革</td><td>革 <가죽 혁>
①가죽, 피부(皮膚)
②갑옷, 투구(쇠로 만든 모자)
③(털을)갈다, 고치다(=改, 更)</td><td>* 革命(혁명) :천명(天命)이 바뀌다의 뜻으로, 낡은 제도를 타파하고 사회의 기본 질서와 제도가 크게 바뀜
* 革罷(혁파) :낡은 것을 개혁(改革)하여 없앰
* 改革(개혁) :새롭게 뜯어고침</td></tr>
<tr><td>命</td><td>口 <목숨 명>
①목숨, 생명(生命), 수명(壽命)
②운수(運數), 하늘의 뜻, 천명(天命)
③명령(命令)하다, 분부(分付·吩咐)하다</td><td>* 命令(명령) :윗사람이 아랫사람에게 무엇을 하도록 시킴
* 生命(생명) :목숨. 생(生), 사물(事物)의 존립(存立)
* 運命(운명) :존망이나 생사(生死)에 관(關)한 처지(處地).
* 任命(임명) :①관직(官職)을 명함 ②직무(職務)를 맡김</td></tr>
</table>

<table>
<tr><td>森</td><td>木 <수풀 삼 / 삼엄할 삼>
①수풀, 수풀이 우거져 빽빽한 모양
②무성(茂盛)한 모양, 많은 모양
③삼엄하다(森嚴)</td><td>* 森林(삼림) :나무가 많이 우거져 있는 숲
* 森嚴(삼엄) :무서우리만큼 질서(秩序)가 바르고 엄숙(嚴肅)함
* 森羅萬象(삼라만상) :우주(宇宙) 안에 있는 온갖 사물(事物)과 현상(現象)</td><td rowspan="4"><삼림보호>

울창한 수풀을
잘 보살펴서
지키니</td></tr>
<tr><td>林</td><td>木 <수풀 림>
①수풀, 숲 ②모임, 집단(集團), 사물(事物)이 많이 모이는 곳, 많은 모양
③야외(野外), 들, 시골, 한적(閑寂)한 곳</td><td>* 山林(산림) :①산과 숲 ②산에 있는 수풀 ③은사(隱士)
* 酒池肉林(주지육림) :술이 못을 이루고 고기가 수풀을 이룬다는 뜻으로, 호화(豪華)스럽고 방탕(放蕩)한 생활
* 綠林(녹림) :푸른 숲 * 綠林豪傑(녹림호걸) :火賊이나 不汗黨</td></tr>
<tr><td>保</td><td>亻(人) <지킬 보>
①지키다, 보호하다(保護)
②유지하다(維持), 보존하다(保存)
③기르다, 양육하다(養育)</td><td>* 保護(보호) :잘 보살피고 지킴
* 保障(보장) :일이 잘 되도록 보호(保護)하거나 뒷받침함
* 確保(확보) :확실(確實)히 보유(保有)함
* 安保(안보) :편안(便安)히 보전(保全)함. 안전보장(安全保障)</td></tr>
<tr><td>護</td><td>言 <보호할 호 / 도울 호>
①보호하다(保護), 지키다
②돕다
③통솔하다(統率)</td><td>* 斗護(두호) :남을 두둔(斗頓)하여 보호(保護)함
* 守護(수호) :지키고 보호(保護)함
* 辯護(변호) :남을 위(爲)해 변명(辨明)하고 도와 줌
* 擁護(옹호) :①부축하여 보호(保護)함 ②편역 들어 지킴</td></tr>
</table>

資	貝 <재물 자> ①재물(財物), 자본(資本) ②비용(費用), 쓰다 ③바탕 ④의뢰(依賴), 도움, 돕다	* 資源(자원) :생산(生産)의 바탕이 되는 여러 가지 물자(物資) * 資金(자금) :자본금(資本金)의 준말로, 이익(利益)을 낳는 바탕이 되는 돈. 밑천. 자본(資本) * 資料(자료) :무엇을 하기 위한 재료(材料)	<자원풍유> 자연(自然)에서 얻어지는 여러 가지 물자(物資)가 매우 넉넉하게 되었다.
源	氵(水) <근원 원> ①근원(根源) ②수원(水源 :물이 발원하는 곳), 발원지(發源地) ③기원(起源·起原), 출처(出處)	* 源泉(원천) :①물이 흘러나오는 근원(根源) ②사물의 근원 * 財源(재원) :재물(財物)을 얻는 근원(根源), 돈의 출처(出處) * 拔本塞源(발본색원) :근본(根本)을 뽑아서 원천(源泉)을 막는다는 뜻으로, 폐단(弊端)을 뿌리째 뽑아 없앰	
豐	豆 <풍년 풍 / 부들 풍> ①풍년(豐年), 풍년이 들다, 넉넉하다 ②잔대(盞臺 : 술잔을 받치는 그릇) ③부들(부들과의 여러해살이풀), 왕골	* 豐裕(풍유) :풍성(豐盛)하고 넉넉함. 부유(富裕). 풍요(豐饒) * 豐年(풍년) :곡식(穀食)이 잘 되고도 잘 여무는 일 * 豐富(풍부) :넉넉하고 많음 * 豐足(풍족) :넉넉하여서 모자람이 없음	
裕	衤(衣) <넉넉할 유> ①(옷이)헐렁하다 ②넉넉하다 ③너그럽다, 관대하다(寬大) ③느긋하다 ④받아들이다, 용납하다(容納)	* 富裕(부유) :재산(財産)이나 재물(財物)이 썩 많고 넉넉함 * 餘裕(여유) :넉넉하고 남음이 있음 * 餘裕滿滿(여유만만) :여유(餘裕)가 가득함 * 餘裕綽綽(여유작작) :아주 넉넉함을 이르는 말	

氏	氏 <각시 씨 / 성씨 씨> ①각시 ②성씨(姓氏) ③~씨, 사람의 호칭(呼稱), 존칭(尊稱)	* 氏族(씨족) :출생계통(出生系統)에 의한 친족집단(親族集團). 남성(男性)을 통한 경우를 부계(父系), 여성(女性)을 통한 경우를 모계(母系)라 함. * 姓氏(성씨) :성(姓)을 높여 부르는 말	<씨족계보> 같은 조상(祖上)을 가진 혈통(血統)이나 혈족(血族)에 관하여 적은 책(冊)을 만들어서
族	方 <겨레 족> ①겨레, 일가(一家), 친족 ②무리, 떼를 짓다 ③풍류(風流)가락(주), 악기(樂器)를 타다	* 族屬(족속) :①같은 문중의 겨레붙이 ②같은 패거리(卑語) * 家族(가족) :한 가정(家庭)을 이루는 사람들 * 民族(민족) :인종적(人種的)으로 운명을 같이 하는 집단(集團) * 遠族近隣(원족근린) :먼 데 있는 친척(親戚)은 이웃만도 못함	
系	糸 <맬 계> ①매다, 이어매다, 묶다, 잇다, 얽다 ②매달다, 매달리다, 끈, 줄, 실마리 ③혈통(血統), 핏줄	* 系譜(계보) :조상(祖上) 때부터 내려오는 혈연관계(血緣關係), 혈통(血統)이나 사제관계(師弟關係), 종교(宗敎) 등의 계통(系統)에 관(關)하여 적은 책(冊) * 系統(계통) :일정(一定)한 차례(次例)에 따라 이어져 있는 것	
譜	言 <계보 보> ①계보(系譜) ②족보(族譜) ③악보(樂譜), 작곡(作曲)하다 ④적다	* 族譜(족보) :집안의 혈통관계(血統關係)를 적어 놓은 책(冊) * 氏譜(씨보) :씨족(氏族)의 계보(系譜) * 系譜(계보) :조상(祖上) 때부터 내려오는 혈통(血統) 등 계통(系統)에 관(關)하여 적은 책(冊)	

嗣	口 <이을 사> ①잇다, 계승하다(繼承), 이어받다 ②자손(子孫), 후손(後孫), 후사(後嗣: 대를 잇는 자식) ③상속자(相續者)	* 嗣孫(사손) :대(代)를 이을 자손(子孫), 孫子(손자) * 世嗣(세사) :후손(後孫) * 絶嗣(절사) :무후(無後), 無嗣(무사) * 承嗣(승사) :뒤를 이음 * 嗣續之望(사속지망) :대(代)를 이을 희망(希望)	<사손습백> 대(代)를 이을 자손(子孫)은 맏이에게 대물림을 하는데,
孫	子 <손자 손> ①손자 ②자손(子孫), 후손(後孫) ③맥락(脈絡) ④움(나무를 베어 낸 뿌리에서 나는 싹), 돋아난 싹	* 孫子(손자) :孫兒(손아). 아들이 낳은 아들, 아들의 아들 * 子孫(자손) :①아들과 손자(孫子) ②후손(後孫) * 後孫(후손) :이후(以後)에 태어나는 자손(子孫)들 * 代代孫孫(대대손손) :대대(代代)로 이어오는 자손(子孫)	
襲	衣 <엄습할 습> ①엄습하다(掩襲 :습격하다), 치다 ②인습하다(因襲), 잇다, 물려받다 ③염하다(殮), (옷을)입다, 껴입다	* 襲擊(습격) :갑자기 적을 엄습하여 침 * 世襲(세습) :대대(代代)로 물려받는 일 * 踏襲(답습) :전해온 방식(方式)을 그대로 함 * 模襲(모습) :무엇을 본으로 삼아 그대로 행(行)하는 일	
伯	亻(人) <맏 백> ①맏이, 첫, 우두머리 ②큰아버지 ③뛰어나다 ④나타나다, 드러나다	* 叔伯(숙백) :아우와 형(兄) * 畫伯(화백) :화가(畫家)의 높임말 * 伯仲之勢(백중지세) :누구를 형이라 아우라 하기 어렵다는 뜻으로, 우열(優劣)의 차이(差異)가 없이 엇비슷함	

慈	心 <사랑할 자> ①사랑, 사랑하다, 자비(慈悲) ②인정(人情), 동정(同情) ③어머니	* 慈悲(자비) :사랑하고 불쌍히 여김 * 慈親(자친) :남에게 대해 자기(自己) 어머니를 일컫는 말 * 家慈(가자) :글에서 자기(自己)의 어머니를 남에게 이르는 말 * 先慈(선자) :세상(世上)을 떠난 어머니	<자비후육> 크게 사랑하고 가엾게 여기는 마음으로 온정(溫情)을 베풀어 기른다.
悲	心 <슬플 비> ①슬프다, 슬퍼하다, 서럽다, 슬픔, 비애 ②마음을 아파하다, 동정하다(同情) ③가엾이 여기는 마음	* 悲劇(비극) :①슬프고 비참(悲慘)한 내용으로 된 연극(演劇) * 悲鳴(비명) :위험이나 두려움 때문에 지르는 외마디 소리 * 悲歎(비탄) :슬퍼하며 탄식(歎息)함 * 興盡悲來(흥진비래) :즐거운 일이 지나가면 슬픈 일이 닥쳐옴	
煦	灬(火) <따뜻하게 할 후> ①따뜻하게 하다 ②햇빛, 덥다, 찌다 ③은혜(恩惠)를 베풀다, 은혜(恩惠) ④말리다(加熱) ⑤눈동자가 돌다	* 煦育(후육) :따뜻하게 길러줌. 온정(溫情)을 베풀어 기름 * 煦柔(후유) :온화하고 유순함. * 春煦(춘후) :봄볕이 따뜻함 * 花煦(화후) :꽃 피고 따뜻한 때. 음력 3월을 이르는 말. * 煦刻間(후각간) :눈 깜짝하는 동안. 짧은 동안. 頃刻間.	
育	月(肉) <기를 육> ①기르다 ②자라다 ③어리다 ④낳다	* 育成(육성) :길러 자라게 하는 것 * 育兒(육아) :어린아이를 기르는 것 * 敎育(교육) :가르치어 지능(知能)을 가지게 하는 일 * 父生母育(부생모육) :아버지는 낳게 하고, 어머니는 기른다	

0065 / 0066 / 0067 / 0068

父	父 <아비 부> ①아버지, 아비, 아빠 ②친족의 어른 ③늙으신네 ④창시자(創始者)	* 父爲子綱(부위자강) :삼강(三綱)의 하나. 三綱 :君爲臣綱, 父爲子綱, 夫爲婦綱 * 父母(부모) :아버지와 어머니 * 父子(부자) :아버지와 아들 * 父君(부군) :아버지의 높임말 * 先父君(선부군) :선고(先考)	<부위자강> 아버지는 아들의 벼리가 되어 <아버지는 아들의 모범(模範)이 되어 이끌어 주며>
爲	爪 <할 위> ①하다, 행위(行爲) ②위하다 ③되다, 이루어지다 ④삼다 ⑤가장하다(假裝 :거짓으로 꾸미다)	* 爲主(위주) :주되는 것으로 삼는 것 * 人爲(인위) :사람의 힘이나 능력(能力)으로 이루어지는 일 * 行爲(행위) :사람이 행(行)하는 짓 * 轉禍爲福(전화위복) :화가 바뀌어 오히려 복이 된다는 뜻	
子	子 <아들 자> ①아들, 자식(子息), 남자(男子) ②어리다 ③당신(當身) ④경칭(敬稱), 스승	* 子女(자녀) :아들과 딸 * 孫子(손자) :아들이 낳은 아들 * 子息(자식) :아들과 딸의 총칭 * 君子(군자) :학덕이 높은 사람 * 骨子(골자) :일이나 말의 골갱이. 요긴(要緊)한 부분(部分) * 父傳子傳(부전자전) :대대로 아버지가 아들에게 전(傳)함	
綱	糸 <벼리 강> ①벼리(그물 코를 꿴 굵은 줄. 줄거리) ②사물(事物)을 총괄하여 규제하는 것 ③대강(동류의 사물을 구별한 유별)	※ 綱(강) :벼리란 그물 위쪽 코를 꿰어 잡아당기는 동아줄 * 綱領(강령) :그물의 벼릿줄과 옷의 깃고대. 일을 하여 나가는 데 으뜸 되는 줄거리의 비유(比喩·譬喩) * 大綱(대강) :大綱領 * 紀綱(기강) :기율(紀律)과 법강(法綱)	

修	亻(人) <닦을 수> ①닦다, 익히다, 연구하다(研究) ②엮어 만들다, 고치다, 손질하다 ③(道德이나 品行을) 기르다	* 修身齊家(수신제가) :자기의 몸을 닦고 집안을 잘 다스림 * 修繕(수선) :낡거나 허름한 것을 손보아 고침 * 修正(수정) :잘못된 점(點)을 바로 잡아서 고침 * 修行(수행) :큰 인격을 이루기 위한 자각적(自覺的) 행위	<수신제가> 심신(心身)을 닦고 집안을 다스리게 함으로써
身	身 <몸 신> ①몸, 신체(身體) ②자기(自己) ③몸소 ④출신(出身) ⑤주(主)된 부분(部分) ⑥나, 1인칭 대명사(代名詞) ⑦아이를 배다	* 身體(신체) :사람의 몸 * 自身(자신) :①제 몸 ②나 스스로 * 代身(대신) :남을 대리(代理) 함 * 出身(출신) :①어떤 부류(部類)로부터 나온 신분(身分) ②처음 벼슬길에 나섬	
齊	齊 <가지런할 제> ①가지런하다, 단정하다(端整) ②질서(秩序) 정연하다(整然) ③같다, 동등하다(同等), 일제히, 다 같이	* 齊家(제가) :집안을 바로 다스리는 일 * 齊唱(제창) :여러 사람이 다 같이 소리를 질러 부름 * 一齊(일제) :여럿이 한꺼번에 함의 뜻을 나타내는 말 * 整齊(정제) :정돈(整頓)하여 가지런히 함. 정정 제제	
家	宀 <집 가> ①집 ②자기(自己) 집 ③가족(家族), 집안, 문벌(門閥) ④전문가, 정통한 사람, 학자(學者)	* 家族(가족) :한 가정(家庭)을 이루는 사람들 * 家庭(가정) :한 가족(家族)으로서의 집안 * 假家(가가) :①임시(臨時)로 지은 집 ②가게(店)의 원말 * 國家(국가) :'나라'의 법적(法的)인 호칭(號稱)	

仁	亻(人) <어질 인> ①어질다, 자애롭다, 인자하다(仁慈) ②사랑하다, 불쌍히 여기다 ③씨, 과실(果實) 씨의 흰 알맹이, 속살	* 仁義禮智(인의예지) :유학(儒學)에서, 사람이 마땅히 갖추어야 할 네 가지 성품(性品). 四端(사단). 곧 어질고, 의롭고, 예의 바르고, 지혜로움을 이름 * 仁慈(인자) :어질고 남을 사랑하는 마음	<인의예지> 사람의 몸에 갖추어야 할 어질고(仁), 의롭고(義), 예의와(禮), 지혜를(智), 갖추게 하여
義	羊 <옳을 의> ①옳다, 의롭다, 올바른 도리(道理) ②의리(義理), 우의(友誼) ③뜻, 의미(意味), 의의(意義) ④가짜	* 義務(의무) :반드시 실행(實行)해야 하는 부과(賦課)된 일 * 義手(의수) :인공(人工)으로 만들어 붙인 사람의 손 * 講義(강의) :학설(學說)의 뜻을 설명(說明)하여 가르침 * 捨生取義(사생취의) :목숨을 버리고 의리(義理)를 좇음	
禮	示 <예도 례> ①예도(禮度), 예절(禮節) ②공경하다(恭敬) ③절하다(남에게 공경하는 뜻으로 몸을 굽혀 하는 인사)	* 禮節(예절) :예의(禮儀)와 절도(節度), 예의(禮儀) 범절(凡節) * 禮儀(예의) :존경을 표하여 예로써 나타내는 말투나 몸가짐 * 禮遇(예우) :예(禮)로써 정중(鄭重)히 맞음 * 克己復禮(극기복례) :욕망을 억제하고 예의(禮儀)를 지켜냄	
智	日 <슬기(지혜) 지> ①슬기, 지혜(智慧·知慧), 슬기롭다 ②총명(聰明)한 사람 ③꾀, 기지(奇智), 모략(謀略)	* 智慧(지혜) :이치(理致)나 도리(道理)를 잘 아는 능력. 슬기 * 機智(기지) :경우에 따라 재빠르게 작용하는 날카로운 재치 * 老馬之智(노마지지) :늙은 말의 지혜(智慧)란 뜻으로, 연륜이 깊으면 나름의 장점(長點)과 특기(特技)가 있음	

倫	亻(人) <인륜 륜> ①인륜(人倫) ②윤리(倫理) ③도리(道理) ④무리, 또래, 동류(同類), 동등(同等) ⑤차례(次例), 순차(順次) ⑥나뭇결	* 倫紀(윤기) :윤리(倫理)와 기강(紀綱) * 倫理(윤리) :사람이 지켜야 할 도리(道理)와 규범(規範) * 悖倫(패륜) :인간(人間)의 도리(道理)에 어긋남 * 絶倫(절륜) :매우 두드러지게 뛰어남	<윤기확립> 윤리(倫理)와 기강(紀綱)을 굳게 세운다.
紀	糸 <벼리 기> ①벼리 ②법(法), 도덕(道德), 규율(規律) ③해, 세월(歲月), 계통을 세워 적다 ④밑바탕, 실마리, 단서(端緖)	※ 紀(기) :벼리란 그물 위쪽 코를 꿰어 잡아당기는 동아줄 * 紀綱(기강) :기율(紀律)과 법강(法綱). 으뜸이 되는 중요(重要)한 규율(規律)과 질서(秩序) * 紀元(기원) :새로운 출발이 되는 기준(基準)이 되는 해	
確	石 <굳을 확> ①굳다, 단단하다, 견고하다(堅固) ②확고하다(確固), 확실하다(確實) ③확실히(確實), 틀림없이	* 確立(확립) :확실(確實)히 정(定)하거나, 굳게 세움 * 確固(확고) :확실하고 단단함 * 確固不動(확고부동) * 確認(확인) :확실(確實)히 인정(認定)함 * 確保(확보) :확실(確實)히 보유(保有)함	
立	立 <설 립> ①서다, 똑바로 서다, 세우다 ②임하다(臨), 즉위하다(卽位) ③이루어지다, 정해지다(定)	* 立場(입장) :처(處)하여 있는 사정(事情)이나 형편(形便) * 立地(입지) :식물(植物)이 생육(生育)하는 장소의 환경(環境) * 立身(입신) :사회(社會)에 나아가 자립(自立)해서 기반을 닦음 * 孤立(고립) :외로이 홀로 따로 떨어짐	

冠	冖 <갓 관> ①갓, 관(冠), 갓을 쓰다 ②닭의 볏 ③관례(冠禮), 관례(冠禮)를 올린 성인(成人), 성년(成年), 나이 스무 살 ④으뜸	* 冠婚喪祭(관혼상제) :관례(冠禮)·혼례(婚禮)·상례(喪禮)·제례(祭禮)의 네 가지 예(禮)를 말함 * 冠禮(관례) :스무살이 되어 남자(男子)는 갓을 쓰고 여자(女子)는 쪽을 찌고 어른이 되던 예식(禮式)	<관혼상제> 가정사(家庭事)에는 네 가지 큰 예(禮)가 있으니, 관례(冠禮), 혼례(婚禮), 상례(喪禮), 제례(祭禮)가 있어서
婚	女 <혼인할 혼> ①혼인하다(婚姻), 결혼하다(結婚) ②처가(妻家) 처가 살붙이 ③사돈(査頓)	* 婚禮(혼례) :남자(男子)와 여자(女子)가 혼인(婚姻) 관계(關係)를 맺는 결혼식(結婚式)에 隨伴(수반)되는 모든 의례(儀禮)와 그 절차(節次) * 婚姻(혼인) :장가들고 시집 가는 일	
喪	口 <잃을 상> ①잃다, 잃어버리다 ②상복(喪服)을 입다 ③죽다, 사망하다(死亡) ④망하다(亡), 멸망하다(滅亡)	* 喪禮(상례) :죽은 사람을 추도(追悼)하는 예절(禮節). 상중(喪中)에 행(行)하는 모든 의례(儀禮) * 喪家(상가) :초상(初喪)난 집 * 喪失(상실) :종래(從來) 가지고 있던 것을 잃어버림	
祭	示 <제사 제> ①제사(祭祀), 제사(祭祀)를 지내다 ②서로 접하다, 사귀다 ③미루어 헤아리다 ④보답하다(報答)	* 祭禮(제례) :제사(祭祀)의 예식(禮式), 또는 예절(禮節) * 祭祀(제사) :신령(神靈) 또는 죽은 사람의 넋에게 음식(飮食)을 차려 놓고 정성을 표하는 예절(禮節) * 祝祭(축제) :경축(慶祝)하여 벌이는 큰 잔치	

卜	卜 <점 복> ①점(占), 점치다, 점쟁이, 점괘(占卦) ②갚다 ③상고하다(詳考), 헤아리다 ④짐바리(마소로 실어 나르는 짐)(짐)	* 卜居(복거) :살 만한 곳을 가려서 정(定)함 * 卜術(복술) :점을 치는 술법(術法), 점쟁이 * 占卜(점복) :점을 쳐서 길흉(吉凶)을 예견(豫見)하는 일 * 弱馬卜重(약마복중) :약한 말에 무거운 짐을 싣는다	<복지귀갑> 옛날에 점(占)을 쳐서 거북의 껍질에 기록(記錄)하였는데,
誌	言 <기록할 지> ①기록하다(記錄), 적다, 기억하다(記憶) ②알아차리다 ③표지(標識 :표시하여 다른 것과 구분함)	* 雜誌(잡지) :정기적(定期的)으로 간행(刊行)하는 출판물(出版物) * 學術誌(학술지) :학술(學術) 분야(分野)에 관(關)한 전문적(專門的)인 글을 싣는 책(冊)	
龜	龜 <거북 귀(구) / 터질 균> ①거북, 거북 껍데기 ②등골뼈 ③본뜨다 ④패물(貝物) ⑤터지다(균), 갈라지다(균)	* 龜甲(귀갑) :거북의 껍데기. 龜板(귀판) * 龜鑑(귀감) :거북 등과 거울이라는 뜻으로, 사물의 본보기 * 龜裂(균열) :龜坼(균탁) ①거북의 등에 있는 무늬처럼 갈라져서 터짐 ②친(親)한 사이에 틈이 생기는 일	
甲	田 <갑옷 갑> ①갑옷 ②딱지(단단한 껍데기), 손톱 ③첫째 ④친압하다(親狎 :지나치게 친하여 버릇이 없다)(압)	* 甲家(갑가) :문벌(門閥)이 좋은 집안 * 遁甲(둔갑) :재주를 부려 변신(變身)하는 술법(術法) * 甲骨文字(갑골문자) :중국 은허(殷墟)에서 발견된 귀갑(龜甲)과 수골(獸骨)에 새겨진 상형문자(象形文字)	

吉	口 <길할 길> ①길하다(吉), 운이 좋다, 상서롭다(祥瑞), 복(福) ②아름답거나 착하거나 훌륭하다 ③음력(陰曆) 초하루	* 吉凶禍福(길흉화복) :길(吉)함과 흉(凶)함, 재난(災難)을 입고, 복(福)을 받음. 인간세상(人間世上)에 존재(存在)하는 좋은 일과 나쁜 일 * 吉兆(길조) :좋은 일이 있을 징조(徵兆)나 조짐(兆朕)	<길흉화복> 길한 일(吉), 흉한 일(凶,) 언짢은 일(禍,) 복된 일(福)을
凶	凵 <흉할 흉> ①흉하다(凶), 운수(運數)가 나쁘다, 재앙(災殃), 재난(災難) ②흉악하다(凶惡), 사악하다 ③흉년(凶年) ④요절(夭折)	* 凶器(흉기) :사람을 죽이거나 해(害)치는 데 쓰는 연장 * 凶兆(흉조) :불길(不吉)한 조짐(兆朕) * 凶惡無道(흉악무도) :성질(性質)이 거칠고 사나우며 도의심(道義心)이 없음	
禍	礻(示) <재앙 화> ①재앙(災殃), 재화(災禍), 사고(事故) 재앙(災殃)을 내리다, 화(禍)를 입히다, 해치다(害) ②허물, 죄(罪)	* 禍福(화복) :재앙(災殃)과 복(福) * 禍根(화근) :재앙(災殃)을 가져올 근원(根源) * 殃禍(앙화) :죄악(罪惡)의 과보(果報)로 받는 재앙(災殃) * 災禍(재화) :재앙(災殃)과 화난(禍難)	
福	礻(示) <복 복> ①복(福), 행복(幸福), (복을)내리다, 돕다, 상서롭다(祥瑞) ②제육(祭肉)과 술 ③폭(幅), 포백(布帛)의 너비	* 福祉(복지) :행복(幸福)과 이익(利益) * 冥福(명복) :죽은 뒤에 저승에서 받는 복(福) * 幸福(행복) :삶의 보람을 느끼는 흐뭇한 상태(狀態) * 轉禍爲福(전화위복) :화(禍)가 바뀌어 오히려 복(福)이 됨	

書	曰 <글 서> ①글, 글씨, 쓰다 ②글자 ③문장(文章) ④기록(記錄) ⑤서류 ⑥편지(便紙·片紙) ⑦장부(帳簿·賬簿)	* 書刻(서각) :글씨를 나무나 기타 재료(材料)에 새기는 것 * 書翰(서한) :편지(便紙). 글로 전(傳)하여 소식(消息)을 알림 * 讀書(독서) :책의 내용(內容)과 뜻을 이해(理解)하면서 읽음 * 身言書判(신언서판) :인물(풍채), 말솜씨, 글씨, 판단력	<서각수격> 짐승의 뼈에 글로써 새겨 넣었으니,
刻	刂(刀) <새길 각> ①새기다, 조각하다(彫刻·雕刻), 깎다 ②각박하다(刻薄), 몰인정하다(沒人情) ③시간(時間), 때, 시각(時刻)	* 深刻(심각) :①마음에 깊이 새겨 둘 일 ②중대(重大)한 일 * 卽刻(즉각) :곧 그 시각(時刻)에 * 浮刻(부각) :①도드라지게 새긴 조각(彫刻) ②두드러지게 함 * 刻骨難忘(각골난망) :고마운 마음이 뼈에까지 사무쳐 잊지 못함	
獸	犬 <짐승 수> ①짐승 ②가축(家畜) ③야만(野蠻), 짐승같은, 야만스러운 ④하류(下流) ⑤사냥하다	* 禽獸(금수) :날짐승과 길짐승. 모든 짐승 * 猛獸(맹수) :육식(肉食)을 주(主)로 하는 매우 사나운 짐승 * 野獸(야수) :①들짐승 ②포악(暴惡)하고 잔인(殘忍)한 사람 * 人面獸心(인면수심) :얼굴은 사람이나 마음은 짐승과 같음	
骼	骨 <뼈 격> ①뼈, 해골(骸骨), 백골(白骨) ②넓적다리뼈 ③허리뼈 ④금수(禽獸)의 뼈(가)	* 骨骼(골격) :骨格(골격). 척추동물(脊椎動物)의 몸을 이루고 지탱(支撐)하게 하는 여러 가지 뼈의 조직(組織) * 骼胔(격자) :骸骨(해골). 송장의 살이 전부 썩고 남은 뼈	

한자	훈음	어휘	설명
所	戶 <바 소> ①바(일의 방법이나 방도) ②것 ③곳, 처소(處所), 거처하다(居處) ④경우(境遇) ⑤얼마, 쯤, 정도(程度)	* 所得(소득) :수입(收入)이 되는 이익(利益) * 所屬(소속) :일정한 기관(機關)이나 단체(團體)에 속(屬)함 * 場所(장소) :어떤 일이 이루어지거나 일어나는 곳 * 無所不爲(무소불위) :못할 것이 없음. 아무 짓이나 다 함	<소위찬작> 이른 바 찬작(鑽灼)이라 하였으며,
謂	言 <이를 위> ①이르다, 일컫다, 이름(이르는 바) ②논평하다(論評), 설명하다(說明) ③알리다, 고하다(告)	* 所謂(소위) :①이른바 ②세상(世上)에서 흔히 말하는 바 * 云謂(운위) :입에 올려 말하는 것 * 或謂(혹위) :어떠한 사람이 말하는 바 * 方可謂之(방가위지) :과연 그렇다고 일컬을 만 하게	
鑽	金 <뚫을 찬> ①뚫다, 송곳 ②끌다 ③모으다 ④깊이 연구하다(研究) ⑤파고들다 ⑥상상하다, 생각하다	* 鑽灼(찬작) :①거북 점(占). 거북 껍질(龜甲)을 불에 달군 꼬챙이로 태워서 길흉(吉凶)을 점(占)침. ②갈고 닦으며 연구(研究)함 * 鑽研(찬연) :研鑽(연찬). 깊이 힘써 연구(研究)함	
灼	火 <불사를 작> ①불사르다, 불에 태우다, 화상(火傷) ②밝다, 밝히다, 밝게 비치다 ③명백하다(明白), 선명하다(鮮明)	* 灼鐵(작철) :석쇠. 어육 따위를 굽는 데 쓰는 주방용구. * 薰灼(훈작) :熏灼(훈작) ①불에 태움 ②큰 세력(勢力)을 가지고 있음을 비유적(比喩的)으로 이르는 말 * 夭夭灼灼(요요작작) :젊고 용모(容貌)가 꽃같이 아름다움	

한자	훈음	어휘	설명
象	豕 <코끼리 상> ①코끼리, 상아(象牙) ②꼴, 모양, 형상(形象·形像), 본뜨다 ③징후(徵候), 조짐(兆朕)	* 象形(상형) :물건의 형상(形像)을 본뜬 것. 한자(漢字)는 상형문자(象形文字)의 대표적(代表的)인 보기임. * 象徵(상징) :추상적(抽象的)인 것을 구체화(具體化)함 * 氣象(기상) :대기(大氣) 중에서 일어나는 모든 징후(徵候)	<상형모사> 사물(事物)의 형상(形象)을 본떠서 닮게 그려냄으로써
形	彡 <모양 형> ①모양, 꼴, 형상(形狀), 거푸집 ②얼굴, 몸, 육체(肉體), 드러내다 ③형세(形勢), 세력(勢力)	* 形成(형성) :어떠한 꼴을 이룸 * 形式(형식) :내용을 담고 있는 바탕되는 격식(格式)이나 틀 * 形態(형태) :사물(事物)의 생김새 * 形便(형편) :일이 되어 가는 모양(模樣)이나 경로(經路)	
摹	手(扌) <베낄 모> ①베끼다, 본뜨다, 묘사하다(描寫) ②본받다, 보고 익히다 ③꾀하다, 계획하다 ④본, 견본(見本)	* 摹寫(모사) :본떠 쓰다. 모방(摹倣). 모효(摹傚). 묘사(描寫) * 摹倣(모방) :模倣(모방) 다른 것을 보고 본뜨거나 본받음 * 摹仿(모방) :模仿(모방) 본받다. 흉내 내다 * 摹天畫日(모천화일) :임금의 공덕(功德)을 칭송(稱頌)하는 말	
寫	宀 <베낄 사> ①베끼다, 본뜨다 ②묘사하다(描寫), 그리다 ③주조하다(鑄造), 부어 만들다	* 寫眞(사진) :실물(實物)의 모양(模樣)을 있는 그대로 그려 냄 * 寫生(사생) :실물(實物)이나 실경(實景)을 있는 그대로 그림 * 描寫(묘사) :사물(事物)을 있는 그대로 그려 냄 * 筆寫(필사) :베끼어 씀	

한자	훈음	어휘	설명
鳥	鳥 <새 조> ①새, 새의 총칭(總稱) ②봉황(鳳凰)	* 鳥跡(조적) :①새의 발자국 ②한자(漢字)의 필적(筆跡)을 비유(比喩)하여 이르는 말. 한자(漢字)의 딴 이름 * 鳥足之血(조족지혈) :새발의 피. <比喩>극히 적은 량(量) * 一石二鳥(일석이조) :한 개의 돌로 두 마리의 새를 잡음	<조적성전> 새의 발자국 따위를 가지고 글(文字)을 이루게 되었으니,
跡	足 <발자취 적> ※ 蹟과 同義 ①발자취, 자취(어떤 것이 남긴 표시) ②행적(行跡·行績·行蹟) ③업적(業績), 공적(功績), 명성(名聲)	* 奇跡(기적) :비상식적(非常識的)인 이상야릇(異常)한 일 * 遺跡(유적) :선대(先代)의 남긴 흔적(痕迹)이나 발자취 * 追跡(추적) :뒤를 밟아 쫓음 * 痕跡(흔적) :뒤에 남은 자국이나 자취	
成	戈 <이룰 성> ①이루다, 이루어지다 ②갖추어지다, 구비되다(具備) ③익다, 성숙하다(成熟)	* 成功(성공) :뜻한 바를 이룸. 뜻한 것이 이루어짐 * 成果(성과) :일의 이루어진 결과(結果) * 成績(성적) :일을 한 결과(結果)로 얻은 실적(實績) * 成熟(성숙) :생물(生物)이 충분(充分)히 발육(發育)이 됨	
篆	竹 <전자(篆字) 전> ①전자(篆字 :한자 글씨체의 하나) ②도장(圖章), 관인(官印) ③(마음에) 새기다	* 篆字(전자) :고대(古代)의 한자(漢字) * 篆書(전서) :고대 한자의 서체(書體). 대전(大篆)은 주(周)나라 때의 서체이고, 소전(小篆)은 진시황(秦始皇) 때 이사(李斯)가 大篆을 간략화(簡略化)한 것.	

한자	훈음	어휘	설명
部	阝(邑) <떼 부> ①떼, 부락(部落), 집단(集團) ②지역(地域), 구역(區域), 곳, 장소(場所) ③분류(分類), 구분(區分), 분야(分野)	* 部首(부수) :한자(漢字) 자전(字典)에서 글자를 찾는 길잡이가 되는 글자의 한 부분(部分). 部首는 변(邊)·방(傍)·머리(頭)·받침·에운담 等이다 * 部分(부분) :전체(全體)를 몇으로 나눈 것의 하나하나	<부수편방> 부수(部首)는 글자의 왼쪽에 있는 것을 편(偏), 오른쪽에 있는 것을 방(旁)이라 한다.
首	首 <머리 수> ①머리, 머리털 ②첫째, 으뜸, 우두머리 ③마리(짐승을 세는 단위(單位)) ④편(篇 :詩文의 篇數를 나타내는 말)	* 首肯(수긍) :그러하다고 고개를 끄덕임. 옳다고 승락함 * 首都(수도) :한 나라의 정부(政府)가 있는 도시(都市) * 首席(수석) :맨 윗자리, 첫 번째 순위(順位) * 鶴首苦待(학수고대) :학처럼 목을 길게 빼고 기다림	
偏	亻(人) <치우칠 편> ①치우치다, 쏠리다, 기울다 ②곁, 가, 반, 절반(折半), 한쪽, 한편 ③한자(漢字)의 변(邊)	* 偏旁(편방) :한자(漢字)의 왼쪽인 편(偏)과 오른쪽인 방(旁)을 아울러 일컫는 말 * 偏見(편견) :공정(公正)하지 못하고 한쪽으로 치우친 생각 * 偏向(편향) :한 쪽으로 치우침	
旁	方 <곁 방> ①곁, 옆 ②널리, 두루 ③도움, 보좌(補佐·輔佐) ④방 (漢字의 오른쪽)	* 旁觀(방관) :傍觀. 상관(相關)하지 않고 곁에서 보기만 함 * 旁系(방계) :傍系. 직계(直系)에서 갈려 나간 계통(系統) * 旁國(방국) :이웃 나라 * 上雨旁風(상우방풍) :위로는 비가 새고, 옆으로는 바람이 침	

記	言 <기록할 기> ①기록하다(記錄), 적다, 쓰다 ②외우다, 암송하다(暗誦) ③기억하다(記憶)	* 記念(기념) :紀念. 어떤 일을 상기(想起)할 근거(根據)로 삼음 * 記錄(기록) :사실(事實)을 적음. 사실을 적은 서류(書類) * 記憶(기억) :지난 일을 잊지 않고 외어 둠 * 博覽强記(박람강기) :두루 널리 읽고 잘 기억(記憶)함	<기록역사> 글로써 그때그때의 일을 기록(記錄)한 것이 역사(歷史)가 됨으로써,
錄	金 <기록할 록> ①기록하다(記錄), 적다 ②베끼다 ③보존하다(保存), 기록(記錄) ④사실하다(寫實 :그대로 그리다)(려)	* 錄音(녹음) :재생(再生)을 목적으로 음(音)을 기록하는 일 * 錄取(녹취) :소리를 녹음(錄音)하여 채취(採取)하는 것 * 目錄(목록) :이름을 차례(次例)로 적은 기록(記錄) * 收錄(수록) :일정(一定)한 계통(系統)의 것을 모아서 적음	
歷	止 <지날 력> ①지나다, 다니다, 가다 ②겪다 ③세월(歲月)을 보내다	* 歷史(역사) :①인류(人類) 사회(社會)의 변천(變遷)과 흥망(興亡)의 과정(過程). 또는 그 기록(記錄) ②어떠한 사물이나 사실이 존재해 온 연혁(沿革) * 履歷(이력) :지금까지 지나온 경력(經歷)	
史	口 <역사 사> ①역사(歷史), 기록(記錄)된 문서(文書) ②사기(史記) ③사관(史官), 문인(文人) ④문필가(文筆家), 서화가(書畫家)	* 史記(사기) :역사(歷史)를 기록(記錄)한 책(冊). 사서(史書) * 女史(여사) :①결혼(結婚)한 여자(女子)를 높여 이르는 말 ②사회적(社會的)으로 저명(著名)한 여자(女子)를 높여 이르는 말.	

文	文 <글월 문> ①글월, 글, 글자, 문장(文章), 어구(語句) ②문서(文書), 서적(書籍), 책 ④학문(學問) ③채색(彩色), 빛깔, 무늬	* 文字(문자) :글자. 글. 문장(文章) * 文明(문명) :인간의 지혜로 정신적·물질적으로 진보된 상태 * 文化(문화) :인간(人間)이 변화(變化)시켜온 물질적(物質的), 정신적(精神的) 과정(過程)의 산물(産物)	<문자반야> 문자(文字)는 인류(人類)의 커다란 지혜(智慧)가 되었으며,
字	子 <글 자> ①글, 글자, 문자(文字) ②자(字 :이름에 준하는 호칭(呼稱)	* 赤字(적자) :지출(支出)이 수입(收入)보다 많은 일 * 漢字(한자) :중국(中國)의 표의(表意) 문자(文字) * 數字(숫자) :수(數)를 나타내는 글자. * 識字憂患(식자우환) :글자를 아는 게 오히려 근심이 됨	
般	舟 <일반 반 / 가지 반> ①일반(一般) ②가지(종류를 세는 단위) ③반야(般若 :불법을 꿰뚫는 지혜)	* 般若(반야) :불가(佛家)의 용어(用語)로서 지혜(智慧)를 뜻함. 분별(分別)이나 망상(妄想)을 떠나 깨달음과 참모습을 환히 아는 지혜(智慧) * 一般(일반) :전체(全體)에 두루 해당(該當)되는 것	
若	艹(艸·草) <같을 약 / 반야 야> ①같다, 이와 같다 ②만약(萬若) ③반야(般若 :만물의 참다운 실상을 깨닫고 불법을 꿰뚫는 지혜)(야)	* 若干(약간) :정도(程度)나 양 따위가 얼마 되지 아니함 * 萬若(만약) :만일(萬一), 혹시(或是) * 傍若無人(방약무인) :곁에 아무도 없는 것처럼 여김 * 明若觀火(명약관화) :명백(明白)한 것이 마치 불을 보듯 함	

獨	犭(犬) <홀로 독> ①홀로, 혼자 ②홀몸, 외로운 사람 ③다만, 오직 ④전단하다(專斷 :혼자 마음대로 함)	* 獨創(독창) :모방(模倣)하지 아니하고 자기(自己) 혼자 힘으로 처음으로 생각해 내거나 만들어 냄 * 獨立(독립) :남의 힘을 입지 않고 홀로 섬 * 單獨(단독) :단 하나. 단 한 사람. 혼자	<독창국어> 독창적(獨創的)으로 나라의 문자(文字)를 만들어
創	刂(刀) <비롯할 창 / 다칠 창> ①비롯하다, 비로소, 시작하다(始作) ②다치다, 상하다(傷), 상처(傷處)	* 創出(창출) :①새로 생겨 남 ②처음으로 지어 냄 * 創造(창조) :처음으로 만듦 * 創意(창의) :새로운 의견(意見) * 創業(창업) :①나라를 세움 ②사업(事業)을 시작(始作)함 * 法古創新(법고창신) :옛것을 본받아 새것을 창조(創造)함	
國	囗 <나라 국> ①나라, 국가(國家) ②서울, 도읍(都邑) ③고향(故鄕) ④고장, 지방(地方) ⑤세상(世上) ⑥나라를 세우다	* 國語(국어) :①나라의 고유(固有)한 말 ②우리말 * 國家(국가) :영토(領土)·국민(國民)·주권(主權)을 갖춘 나라 * 國民(국민) :나라의 백성(百姓) * 國土(국토) :나라의 영토(領土)	
語	言 <말씀 어> ①말씀, 말, 이야기하다, 말하다 ②발표하다(發表), 논란하다(論難) ③알리다, 고하다(告)	* 語文(어문) :말과 글 * 言語(언어) :사람이 생각을 소리로 나타내는 수단(手段) * 語不成說(어불성설) :말이 하나의 일관(一貫)된 논의(論議)로 되지 못함. 말이 이치(理致)에 맞지 않음	

訓	言 <가르칠 훈> ①가르치다, 타이르다, 훈계하다(訓戒) ②이끌다, 인도하다(引導)	* 訓民正音(훈민정음) :1443年 세종대왕(世宗大王)이 集賢殿 학자(學者)들의 도움으로 창제(創製)한 우리나라 글자인 '한글'의 첫 이름. * 敎訓(교훈) :가르치고 깨우침, 타이름, 훈계(訓戒)함	<훈민정음> '훈민정음(訓民正音)'이라 명명(命名)하였고,
民	氏 <백성 민> ①백성(百姓) ②사람 ③직업인 ④나(자신)	* 民生(민생) :①백성(百姓) ②인민(人民)의 생활(生活) * 民衆(민중) :다수(多數)의 백성(百姓) * 人民(인민) :사회(社會)를 구성(構成)하는 사람. 백성(百姓). * 住民(주민) :그 땅에 사는 백성(百姓)	
正	止 <바를 정 / 첫째 정> ①바르다, 올바르다, 정직하다(正直) ②본(本), 정(正), 주(主)가 되는 것 ③처음, 첫 번째, 정월(正月)	* 正直(정직) :거짓이나 꾸밈없이 성품(性品)이 바르고 곧음 * 正確(정확) :어떤 기준(基準)에 어긋남이 없이 바르게 맞음 * 改正(개정) :고쳐서 바로잡음 * 嚴正(엄정) :엄하고 바름 * 不正腐敗(부정부패) :바르지 않고 썩을 대로 썩은 모습	
音	音 <소리 음> ①소리, 말, 언어(言語) ②글 읽는 소리 ③음악(音樂), 음률(音律) ④소식(消息), 음신(音信)	* 正音(정음) :글자의 바른 음(音) * 雜音(잡음) :잡다한 소리 * 音信(음신) :기별, 소식(消息), 편지(便紙) * 音樂(음악) :곡을 목소리나 악기(樂器)로 연주(演奏)하는 것 * 騷音(소음) :시끄럽게 들리는 소리의 총칭(總稱)	

頒	頁 <나눌 반> ①나누다(肦) ②구분하다(區分) ③널리 퍼뜨리다, 반포하다(頒布), 펴다 ④하사하다(下賜) ⑤많다, 많은 모양	* 頒布(반포) :널리 펴서 알게 함 * 頒祿(반록) :나라에서 관리(官吏)들에게 녹봉(祿俸)을 줌 * 頒賜(반사) :임금이 물건(物件)을 나누어 줌 * 頒詔文(반조문) :나라의 경사(慶事)에 포고하던 조서(詔書)	<반포보급> 세상(世上)에 펴서 널리 퍼뜨려서 실행(實行)되게 하였다.
布	巾 <펼 포 / 베 포 / 보시 보> ①펴다, 전파되다(傳播), 번지어 퍼지다 ②씨를 뿌리다 ③베(가늘고 설핀 베) ④베풀다 ⑤보시(布施)(보)	* 布告(포고) :일반(一般)에게 널리 알림. 공포(公布) * 配布(배포) :두루 나눠 줌 * 布施(보시) :普施(보시). 베풂 * 撒布(살포) :①약품 등을 뿌림 ②금품 등을 마구 나누어 줌 * 布施(보시) :普施. 자비심으로 남에게 재물이나 불법을 베풂	
普	日 <넓을 보> ①넓다, 광대하다(廣大) ②널리, 두루, 두루 미치다	* 普及(보급) :널리 펴서 골고루 미치게 함. 널리 퍼뜨려서 알리거나 실행(實行)되게 함 * 普遍(보편) :모든 것에 두루 미치거나 통(通)함 * 普通(보통) :일반적으로 널리 통(通)하여 예사(例事)로움	
及	又 <미칠 급> ①미치다, 닿다, 끼치게 하다 ②이르다(어떤 장소나 시간에 닿다) ③함께, 더불어, 및, ~와	* 及第(급제) :과거(科擧)에 합격(合格)함 (차례에 듦) * 言及(언급) :어떤 일과 관련하여 발언(發言)이 미치게 됨 * 及其也(급기야) :마침내, 필경(畢竟)에는, 마지막에는 * 過猶不及(과유불급) :지나치면 미치지 못한 것과 같음	

宗	宀 <마루 종> ①마루, 일의 근원(根源), 근본(根本) ②으뜸 ③제사(祭祀) ④일족(一族), 동성(同姓)	* 宗廟(종묘) :①원래는 조상(祖上)의 위패(位牌)를 두던 묘(廟)를 가리켰음 ②역대(歷代) 임금과 왕비의 位牌를 모시던 왕실(王室)의 사당(祠堂) * 宗家(종가) :한 문중(門中)에서 맏이로만 내려온 큰 집	<종묘소목> 역대(歷代) 임금과 왕비(王妃)를 모시는 사당(祠堂)에는 좌우(左右)로 위패(位牌)를 모시고 있고,
廟	广 <사당 묘> ①사당(祠堂 :조상의 신주를 모신 곳) ②묘당(廟堂: 종묘와 명당을 아울러 이르는 말) ③위패(位牌) ④절, 사찰(寺刹)	* 廟堂(묘당) :나라와 정치(政治)를 다스리는 조정(朝廷) * 大廟(대묘) :宗廟(종묘) * 家廟(가묘) :한 집안의 사당(祠堂) * 宗廟社稷(종묘사직) :왕실(王室)과 나라를 함께 이르는 말	
昭	日 <밝을 소> ①밝다, 비치다 ②밝히다, 분명(分明)하게 하다 ③신주치레(神主 :높은 벼슬의 이름이 쓰인 신주를 특별히 모심)	* 昭穆(소목) :사당(祠堂)에 조상(祖上)의 신주(神主)를 모시는 차례(茶禮). 왼쪽 줄을 소(昭), 오른쪽 줄을 목(穆)이라 하여, 1세를 가운데 모시고, 2·4·6世를 昭에, 3·5·7世를 穆에 모심.	
穆	禾 <화목할 목> ①화목하다(和睦), 온화하다(溫和) ②아름답다 ③공경하다(恭敬) ④사당치레(祠堂 :사당을 보기 좋게 꾸밈)	* 怡穆(이목) :즐거워하고 화목(和睦)함 * 淸穆(청목) :신기(身氣)가 맑고 화평(和平)함. 윗사람에게 보내는 편지에서 그의 건강(健康)을 말할 때 씀 * 落落穆穆(낙락목목) :성격이 원만(圓滿)하여 모남이 없음	

社	礻(示) <모일 사 / 땅귀신 사> ①모이다, 모임, 단체(團體) ②제사(祭祀)를 지내다 ③땅귀신(-鬼神), 토지신(土地神)	* 社會(사회) :①촌민(村民)이 사일(社日)에 모이던 모임 ②같은 동아리 ③인간(人間)의 집단적(集團的) 생활(生活) * 會社(회사) :상행위(商行爲)를 목적으로 한 단체(團體)	<사직계승> 국가(國家) 또는 조정(朝廷)은 뒤를 물려받아 이어나가는데,
稷	禾 <피 직 / 기장 직 / 곡신(穀神) 직> ①피(볏과의 한해살이풀), 기장(볏과의 한해살이풀) ②곡신(穀神 :오곡(五穀)의 神)	* 社稷(사직) :토지신(土地神)과 곡식신(穀食神) 옛날에 임금이 사직단(社稷壇)에서 土地의 神과 穀食의 神에게 제사(祭祀)를 지냈으므로, 국가(國家)라는 뜻으로 변(變)했음	
繼	糸 <이을 계> ①잇다, 이어나가다, 이어서, 이어받다 ②그 다음에, 그 후에, 뒤이어 ③계속하다(繼續), 지속하다(持續)	* 繼承(계승) :조상(祖上)의 전통(傳統)이나 문화유산(文化遺産), 업적(業績) 따위를 물려받아 이어 나감 * 繼續(계속) :끊어지지 않고 뒤를 이어 나감 * 中繼(중계) :중간(中間)에서 이어줌	
承	手(扌) <이을 승> ①잇다, 계승하다(繼承) ②후계(後繼), 후사(後嗣) ③받들다, 받다, 받아들이다 ④돕다	* 承繼(승계) :다른 사람의 권리(權利)나 의무(義務)를 이어받음 * 承諾(승낙) :청(請)하는 바를 들어 줌 * 承認(승인) :어떤 사실(事實)을 인정(認定)하는 행위(行爲) * 父傳子承(부전자승) :대대(代代)로 아버지가 아들에게 전(傳)함	

專	寸 <오로지 전> ①오로지, 오직 한 곬으로 ②마음대로 ③홀로, 단독(單獨)으로, 사사로이 ⑤전일하다(專一 :한 곳에만 집중하다)	* 專攻(전공) :한 부문을 전문적(專門的)으로 하는 연구(硏究) * 專門(전문) :한 가지 部門에만 全的(전적)으로 전심(專心)함 * 專心(전심) :마음을 오로지 한 곳에만 씀 * 專用(전용) :오로지 국한(局限)된 사람이나 부문에만 씀	<전검어새> 오로지 임금의 옥새(玉璽)를 찍어서 재가(裁可)하여 다스린다.
鈐	金 <비녀장 검> ①자물쇠 ②열쇠 ③도장(圖章), 도장(圖章)을 찍다. 날인(捺印)하다	* 鈐璽(검새) :임금의 옥새(玉璽)를 찍음 * 鈐鍵(검건) :자물쇠 * 鈐印(검인) :관인(官印)을 찍음. 검장(鈐章) * 鈐柅(검니) :옳지 못한 행위(行爲)를 단속(團束)하여 막음. * 鈐識(검지) :도장(圖章)을 찍어서 표지(標識)함. 또는 그 표지	
御	彳 <거느릴 어 / 막을 어> ①거느리다 ②다스리다 ③어거하다(馭車) ④거둥하다(擧動 :임금이 나들이하다) ⑤막다, 저지하다(沮止) ⑥경칭(敬稱)	* 御璽(어새) :옥새(玉璽)의 존칭(尊稱) * 御史(어사) :특별한 임무를 위해 왕명을 받은 관리(官吏) * 御前(어전) :임금님 앞 * 御殿(어전) :임금이 있는 殿閣(전각) * 制御(제어) :통제(統制)하여 복종(服從)시킴	
璽	玉 <옥새 새> ①옥새(玉璽) ②인장(印章)	* 國璽(국새) :靈璽(영새). 대한민국(大韓民國)의 인장(印章) * 御璽(어새) :옥새(玉璽)를 높여 이르는 말 * 玉璽(옥새) :①옥으로 만든 국새(國璽) ②國璽의 미칭(美稱)	

卿	卩 <벼슬 경> ①벼슬(장관 이상의 벼슬) ②임금이 신하를 부르는 말 ③장로(長老)에 대한 존칭(尊稱)	* 卿懇(경간) :2品 以上 신하(臣下)의 상소(上疏)에 대한 비답(批答)에 쓰는 말 * 卿相(경상) :재상(宰相). 삼정승(三政丞)과 육판서(六判書) * 公卿大夫(공경대부) :3公과 9卿과 大夫, 즉 고위직 사람들	<경윤보익> 나라의 재상(宰相)은 임금을 보필(輔弼)하여
尹	尸 <다스릴 윤 / 성 윤> ①다스리다, 바로잡다 ②벼슬 ③미쁘다(믿음직하게 여기다) ④성(姓)의 하나	* 卿尹(경윤) :재상(宰相). 임금을 돕고 모든 관원(官員)을 지휘(指揮)하고 감독(監督)하는 일을 맡아보던 이품(二品) 이상(以上)의 벼슬 * 官尹(관윤) :관청(官廳), 또는 관리(官吏)	
輔	車 <도울 보> ①돕다, 도움 ③재상(宰相) ③아전(衙前) ④바퀴 덧방나무(수레의 양쪽 가장자리에 덧대는 나무)	* 輔翼(보익) :輔翊(보익). 돕다, 보좌(輔佐)하다 * 輔佐(보좌) :補佐(보좌). 지위(地位)가 높은 사람을 도움 * 輔弼(보필) :임금을 도움. * 輔弼之臣(보필지신) * 輔車(보거) :수레의 덧방나무와 수레바퀴. 不可分 關係	
翼	羽 <날개 익> ①날개 ②지느러미 ③솥귀, 솥의 손잡이 ④돕다, 도움 ⑤정치적(政治的)인 파벌(派閥)	* 右翼(우익) :①오른쪽 날개 ②오른편의 부대(部隊) ③보수적(保守的) 당파(黨派). 프랑스 國民議會에서 保守派가 오른쪽에 자리한 데서 由來 * 翼輔(익보) :보좌(補佐·輔佐) * 雙翼(쌍익) :양쪽 날개	

弼	弓 <도울 필> ①돕다, 돕는 사람 ②보필하다(輔弼) ③바로잡다 ④도지개(트집난 활을 바로잡는 틀)	* 弼匡(필광) :도와서 바로잡음 * 左輔右弼(좌보우필) :①보좌(補佐·輔佐)하는 좌우(左右)의 신하(臣下) ②전장(戰場)에서 좌우(左右)의 적(敵)에 대비(對備)하여 좌우(左右) 양쪽에 진을 침	<필광희륭> 도와서 바로잡아 나라를 널리 흥성(興盛)하게 하는데,
匡	匚 <바를 광 / 도울 광> ①바르다, 바로잡다, 바루다 ②돕다, 보좌하다(補佐·輔佐) ③앉은뱅이를 낮잡아 이르는 말(왕)	* 匡困(광곤) :가난한 사람을 도와줌 * 匡正(광정) :바로잡아 고침 * 匡弼(광필) :비(非)를 고쳐 미치지 못하는 곳을 보필(輔弼)함 * 改善匡正(개선광정) :새롭게 잘못을 고치고 바로잡음	
熙	灬(火) <빛날 희> ①빛나다 ②말리다, (햇볕에)쬐다 ③화락하다(和樂), 기뻐하다 ④일어나다, 흥성하다(興盛) ⑤복(禧)	* 熙隆(희륭) :넓고 성(盛)함 * 熙熙(희희) :화목(和睦)한 모양 * 熙笑(희소) :기뻐서 웃음 * 熙朝(희조) :잘 다스려진 시대 * 熙皞(희호) :백성(百姓)의 생활이 즐겁고 화평(和平)함 * 恬熙(염희) :①편안하고 조용함 ②나라가 태평(太平)함	
隆	阝(阜) <높을 륭> ①높다 ②높이다 ③두텁다, 후하다(厚) ④성하다(盛), 성대하다(盛大)	* 隆起(융기) :불룩하게 두드러져 일어남 * 隆盛(융성) :기운(氣運)이 기운(氣運)차게 일어남 * 隆興(융흥) :興隆(흥륭). 세차게 일어남 * 汚隆(오륭) :성함과 쇠함 * 隆冬(융동) :엄동(嚴冬)	

諮	言 <물을 자> ①묻다 ②상의하다(相議), 의논하다(議論) ③꾀다, 꾀하다	* 諮詢(자순) :詢問(순문). 아랫사람에게 의견(意見)을 물음 * 諮考(자고) :의심스러운 일에 대하여 물어 보고 생각함 * 諮問(자문) :전문가(專門家)에게 의견(意見)을 묻는 것 * 諮諏(자추) :下詢(하순). 임금이 신하나 백성에게 물음	<자순계상> 임금이 의견(意見)을 물으니, 머리가 땅에 닿도록 몸을 굽혀 절을 하고 나서,
詢	言 <물을 순> ①묻다, 문의하다(問議) ②상의하다(相議·商議) ③같다	* 詢問(순문) :諮詢(자순). 아랫사람에게 의견을 물음 * 俯詢(부순) :머리를 숙여 물었다는 뜻으로, 상대방의 물음을 높이어 이르는 말. * 下詢(하순) :諮諏(자추). 임금이 신하나 백성에게 물음	
稽	禾 <상고할 계 / 머리조아릴 계> ①상고하다(詳考), 조사하다(調査) ②헤아리다, 세다, 셈하다 ③견주어 보다 ④조아리다	* 稽顙(계상) :稽首(계수) 이마가 땅에 닿도록 조아림. 頓首 * 稽首(계수) :稽顙(계상) 머리가 땅에 닿도록 하는 절. 頓首 * 稽査(계사) :자세(仔細)히 조사(調査)함 * 稽顙再拜 : 宰相된 사람이 편지를 쓸 때 그 첫머리에 씀	
顙	頁 <이마 상 / 절할 상> ①이마(앞머리) ②머리 ③꼭대기 ④뺨 ⑤절하다, 이마를 땅에 대어 절하다	* 扣顙(구상) :이마가 땅에 닿도록 머리를 조아림 * 方頤廣顙(방이광상) :턱이 모가 나고 이마가 넓음 * 稽顙拜言(계상배언) :머리를 조아려 사뢴다는 뜻으로, 상제(喪制)가 편지 첫머리나 자기 이름 다음에 씀	

軌	車 <굴대 궤 / 바퀴자국 궤 / 법도 궤> ①바퀴 굴대(車軸兩轍間) ②바퀴 자국 ③수레바퀴 ④궤도(軌道) ⑤길, 도로(道路) ⑥법도(法道)	* 軌道(궤도) :차가 지나다니는 길 * 常軌(상궤) :떳떳하고 바른 길 * 軌迹(궤적) :軌跡(궤적) 수레바퀴가 지나간 자국 * 前軌(전궤) :前轍(전철) 앞에 지나간 수레바퀴의 자국	<궤축폭주> "수레바퀴의 굴대에 바퀴살이 몰리듯 하므로 <권력(權力)이 임금을 향하여 수레바퀴의 굴대에 바퀴살이 몰리듯 하므로>
軸	車 <굴대 축> ①굴대(한가운데에 뚫린 구멍에 끼우는 긴 나무 막대나 쇠 막대) ②두루마리의 심목	* 主軸(주축) :물체(物體)의 축(軸) 중에서 가장 주가 되는 축 * 車軸(차축) :두 개의 바퀴를 연결(連結)하는 수레바퀴의 굴대 * 天方地軸(천방지축) :하늘 방향이 어디이고 땅의 축이 어디인지 모름. <比喩>어리석은 사람의 모습	
輻	車 <바퀴살 폭(복)> ①바퀴살 ②몰려들다(부), 다투어 모이다(부)	* 輻輳(폭주) :수레의 바퀴통에 바퀴살이 모임. <比喩>한 곳으로 많이 몰려듦. 輻輳幷臻(폭주병진)의 준말. 쇄도(殺到)하다 * 輻湊(폭주) :輻輳(폭주)	
輳	車 <몰려들 주> ①몰려들다, 모이다 ②다가가다, 접근하다(接近)	* 輳補(주보) :이것저것 모아서 깁거나 보탬 * 輳合(주합) :한데 모음 * 輻輳幷臻(폭주병진) :수레바퀴의 살이 바퀴통에 모이듯 한곳으로 많이 몰려듦을 이르는 말	

한자	뜻	어휘	풀이
圓	囗 <둥글 원> ①둥글다, 둘레, 동그라미 ②온전하다(穩全) ③원만하다(圓滿) ④화폐(貨幣)의 단위(單位)	* 圓融(원융) :①한 데 통(通)하여 아무 구별(區別) 없음 ②원만(圓滿)하여 막히는 데가 없음 ③일체(一切)의 여러 법의 사리(事理)가 구별(區別) 없이 널리 융통(融通)하여 하나가 됨	<원융이화> 모두가 널리 융통(融通)하여 하나가 됨으로써 화합되게 하소서.
融	虫 <화할 융 / 녹을 융> ①화하다(和), 즐겁다, 융합하다(融合) ②녹다, 녹이다 ③통하다(通), 유통하다(流通)	* 融通(융통) :막힘이 없이 서로 통(通)하고 넘나드는 것 * 融解(융해) :녹아서 풀어짐 * 金融(금융) :돈(資金)의 융통(融通) * 融通無碍(융통무애) :거침없이 통(通)하여 막히지 않음	
以	人(亻) <써 이> ①~써, ~로, ~를 가지고 ②이유(理由), 까닭 ③(시간, 장소, 방향, 수량)의 한계(限界)	* 以上(이상) :어느 기준(基準)보다 위(上) * 以下(이하) * 以前(이전) :어느 기준보다 그 전(前) * 以後(이후) * 以心傳心(이심전심) :서로 마음으로 마음에 전한다는 뜻 * 以卵擊石(이란격석) :계란으로 돌벽을 치듯, 不堪當의 뜻	
和	口 <화할 화> ①화하다(和 :사이가 좋은 상태) ②서로 응하다(應) ③합치다(合), 합계(合計)	* 和平(화평) :화목(和睦)하고 평화(平和)스러움 * 和解(화해) :다툼질을 서로 그치고 갈등(葛藤)을 풀음 * 調和(조화) :서로 잘 어울림 * 平和(평화) :①평온(平穩)하고 화목(和睦)함 ②전쟁이 없음	

한자	뜻	어휘	풀이
賢	貝 <어질 현> ①어질다, 현명하다(賢明), 어진 사람 ②좋다, 낫다, 더 많다 ③존경하다(尊敬), 남을 높여 이르는 말	* 賢明(현명) :어질고 영리(伶俐)하여 사리(事理)에 밝음 * 賢人(현인) :賢者. 어질고 총명하여 聖人 다음가는 사람 * 聖賢(성현) :성인(聖人)과 현인(賢人) * 賢母良妻(현모양처) :어진 어머니이면서 또한 착한 아내	<현철요순> 명철(明哲)함을 세상(世上)에 드러낸 요(堯)임금과 순(舜)임금은
哲	口 <밝을 철> ※ 喆과 同 ①밝다, 슬기롭다, 알다 ②철인(哲人 :道理나 事理에 밝은 사람) ③높임말	* 賢哲(현철) :어질고 사리(事理)에 밝음. 그런 사람 * 先哲(선철) :예전의 현철(賢哲) * 哲學(철학) :근본원리(根本原理)를 추구하는 학문(學問) * 明哲(명철) :세태(世態)나 사리(事理)에 밝음	
堯	土 <요임금 요> ①요임금(堯) ②높다 ③멀다 ④높은 모양	* 堯舜(요순) :요임금과 순임금. 요임금은 중국(中國) 고대(古代) 오제(五帝)의 한사람. 태평성세(泰平盛世)를 구가(謳歌)했으며, 순(舜) 역시 요(堯)의 뒤를 이어 선정(善政)을 베풀었다 함	
舜	舛 <순임금 순> ①순임금(舜 :中國 太古의 天子) ②무궁화(無窮花) ③나팔꽃 ④뛰어나다	* 舜華(순화) :舜花(순화) :무궁화(無窮花) * 禹行舜趨(우행순추) :겉으로만 우(禹)와 순(舜) 같은 성인(聖人)의 흉내를 내고, 학식(學識)과 인격(人格)은 없음을 이르는 말	

한자	뜻	어휘	풀이
允	儿 <맏 윤 / 진실로 윤> ①맏이, 아들 ②진실로(眞實-), 참으로 ③믿음, 미쁘다(믿음성이 있다) ④승낙하다(承諾), 허락하다(許諾)	* 允執厥中(윤집궐중) :진실로 그 가운데를 잡아라! (堯曰 咨爾舜 天之曆數 在爾躬 允執厥中) * 允兄(윤형) :남의 長成한 아들의 높임말. 允友, 允君, 允玉 * 允許(윤허) :允兪(윤유) 임금이 허가(許可)함	<윤집궐중> '진실(眞實)로 그 가운데를 잡아라!'라는 말을 정치(政治)의 요체(要諦)로 삼아
執	土 <잡을 집> ①잡다 ②가지다 ③맡아 다스리다 ④처리하다(處理) ⑤사귀다, 벗, 동지(同志), 벗하여 사귀는 사람	* 執行(집행) :일을 잡아 행함 * 執權(집권) :정권(政權)을 잡음 * 執着(집착) :어떤 것에 마음이 쏠려 떨치지 못하고 매달림 * 固執(고집) :자기(自己)의 의견(意見)만 굳게 내세움 * 兩手執餠(양수집병) :양손에 떡을 쥔다는 뜻. 과욕(過慾)의 뜻	
厥	厂 <그 궐> ①그, 그것 ②상기(上氣: 피가 머리로 몰리는 병) ③병명(病名), 냉증(冷症)	* 厥角(궐각) :이마를 땅에 대고 절을 함 * 厥公(궐공) :그 분 * 厥也(궐야) :그 사람, 그 者 * 農夫餓死枕厥種子 :농부는 굶어 죽더라도 그 종자를 베고 죽음(무슨 일이 있어도 종자는 보존함)	
中	丨 <가운데 중> ①가운데, 사이 ②중도(中途) ③안, 속 ④마음, 심중(心中) ⑤맞다, 맞히다, 적중시키다(的中)	* 中心(중심) :①한가운데, 복판 ②중요(重要)한 부분(部分) * 中央(중앙) :사방(四方)의 중심(中心)이 되는 한가운데 * 中斷(중단) :중도(中途)에서 끊어짐. 또는, 끊음 * 集中(집중) :한 곳이나 몰리거나 쏠림	

한자	뜻	어휘	풀이
安	宀 <편안할 안> ①편안하다(便安), 편안(便安)하게 하다 ②안존하다(安存) ③즐기다, 좋아하다 ④어찌 ⑤이에(乃), 곧 ⑥어디에	* 安頓(안돈) :①적절하게 배치하다. 안정시키다(安托) ②거주하다, 안착하다 ③편안하다. 평온하다 * 安全(안전) :편안(便安)하여 탈이나 위험성(危險性)이 없음 * 安定(안정) :일이나 마음이 평안(平安)하게 정(定)하여짐	<안돈수정> 나라를 안정(安定)시켜서 백성(百姓)을 편안(便安)하게 하였습니다.
頓	頁 <조아릴 돈> ①조아리다 ②넘어지다 ③꺾이다 ④패하다(敗) ⑤무너지다 ⑥머무르다 ⑦가지런히 하다	* 頓首(돈수) :(절을 할 때) 머리를 땅에 닿도록 꾸벅임 * 頓首再拜(돈수재배) :머리가 땅에 닿도록 두 번 절을 함 * 査頓(사돈) :혼인(婚姻)한 두 집안사람들 사이의 호칭(互稱) * 困頓(곤돈) :困乏(곤핍) * 斗頓(두둔) :편들어서 감싸 줌	
綏	糸 <편안할 수> ①편안하다(便安), 편안(便安)히 하다 ②물러가다 ③기의 장식(裝飾) ④끈, 줄	* 綏靖(수정) :나라와 백성(百姓)을 편안(便安)하게 함 * 綏邊(수변) :변경(邊境)의 백성(百姓)을 편안(便安)하게 함 * 綏安(수안) :다스려 평안케함 * 綏懷(수회) :평안케 해 따르게 함 * 交綏(교수) :화해(和解)하고 서로 퇴진(退陣)함	
靖	靑 <편안할 정> ①편안하다(便安), 평안하다(平安) ②다스리다 ③진정시키다(眞情) ④안정시키다(安定) ⑤평정하다(平定)	* 靖匡(정광) :천하(天下)를 편안(便安)하게 다스려 바로잡음 * 靖國(정국) :나라를 다스려 태평(太平)하게 하는 것 * 靖難(정난) :나라의 위난(危難)을 평정(平定)함 * 靖亂(정란) :국가(國家)의 난리(亂離)를 평정(平定)함	

弊	廾 <폐단 폐 / 해질 폐> ①폐단(弊端), 부정행위(不正行爲) ②해(害), 폐해(弊害) ③해지다 ④자기(自己), 사물(事物)의 겸칭(謙稱)	* 弊竇(폐두) :폐해(弊害)의 근원(根源). 폐단(弊端). 악폐(惡弊) * 弊端(폐단) :좋지 못하고 해(害)로운 점(點) * 弊害(폐해) :폐단(弊端)과 해악(害惡) 폐가 되는 나쁜 일 * 病弊(병폐) :병통(病痛)과 폐단(弊端)	<폐두철파> 폐단(弊端)과 해악(害惡)이 있는 곳은 폐지(廢止)하여 없애고
竇	穴 <구멍 두> ①구멍 ②쪽문, 규문 ③움, 지하실 ④도랑(매우 좁고 작은 개울), 물길 ⑤개천(川)(독)	* 嵌竇(감두) :속이 텅 빈 굴 * 姦竇(간두) :간사한 짓을 할 수 있는 틈. * 厠竇(측두) :뒷간에 오물을 퍼내기 위하여 뚫어 놓은 구멍. * 辯竇(변두) :죄를 면하려 그럴듯하게 말해 빠져 나가는 구멍	
撤	扌 <거둘 철> ①거두다, 치우다 ②제거하다(除去) ③철회하다, 철수하다, 그만두다 ⑤없애다, (직위를)면하다(免)	* 撤罷(철파) :撤廢(철폐). 있던 제도(制度)나 규칙(規則) 따위를 걷어치워서 없앰. * 撤去(철거) :건물(建物)·시설(施設) 따위를 걷어 치워 버림 * 撤收(철수) :거두어들임. 걷어치움	
罷	罒(网) <마칠 파> ①마치다, 그만두다 ②놓다, 놓아주다 ③내치다, 방면하다(放免)	* 罷免(파면) :직무(職務)를 그만두게 함 * 罷業(파업) :노동자(勞動者)들이 하던 일을 중지(中止)함 * 革罷(혁파) :낡아서 못 쓰게 된 것을 개혁(改革)하여 없앰 * 封庫罷職(봉고파직) :官吏를 罷免시키고 官庫를 封해서 잠금	

詔	言 <조서 조> ①조서(詔書) ②왕호(王號) ③고하다(告), 말하다 ④부르다	* 詔勅(조칙) :임금이 백성(百姓)들에게 내리는 명령(命令)이나 알릴 내용(內容)의 문서(文書). 조서(詔書) * 詔令(조령) :王의 말을 조(詔), 皇后나 太子의 말을 영(令)이라고 함	<조칙교구> 임금의 조칙(詔勅)으로 바로 잡으소서." 라고 아뢰었다.
勅	力 <칙서 칙 / 신칙할 칙> ①칙서(勅書), 조서(詔書) ②신칙하다(申飭 :단단히 타일러서 警戒하다) ③꾸짖다 ④삼가다	* 勅命(칙명) :勅令(칙령). 勅旨(칙지). 임금의 명령(命令) * 內勅(내칙) :임금의 칙령(勅令) * 勞謙謹勅(노겸근칙) :근로(勤勞)하고 겸손(謙遜)하며 삼가고 신칙(申飭)하면 중용(中庸)의 도(道)에 이름	
矯	矢 <바로잡을 교> ①바로잡다 ②억제하다(抑制) ③굳세다, 씩씩하다 ④튀겨 나온 화살	* 矯捄(교구) :틀어지거나 잘못된 것을 바로잡음. 矯正(교정) * 矯導(교도) :잘못을 바로잡아 인도(引導)함 * 矯正(교정) :좋지 않은 버릇이나 결점(缺點)을 바로잡음 * 矯角殺牛(교각살우) :쇠뿔을 바로 잡으려다 소를 죽임	
捄	扌(手) <담을 구> ①담다, 퍼담다 ②건지다, 구원하다(救援) ③길다, 가늘고 긴 모양	* 捄正(구정) :잘못된 것이나 그릇된 것을 고치어 바로잡음 * 捄弊(구폐) :폐해(弊害)를 바로잡음 * 蘇捄(소구) :어려운 고비에서 벗어나도록 도와 줌. * 捄弊生弊(구폐생폐) :폐해를 바로잡으려다가 폐단을 일으킴	

法	氵(水) <법 법> ①법(法) ②방법(方法) ③모형(模型·模形), 꼴(모양새나 됨됨이) ④본받다 ⑤불교(佛敎)의 진리(眞理)	* 法曹(법조) :일반적(一般的)으로 법률(法律) 사무(事務)에 종사(從事)하는 사람 * 法律(법률) :국민(國民)이 지켜야 할 나라의 규율(規律) * 方法(방법) :목적(目的)을 이루기 위해 취(取)하는 솜씨	<법조전헌> 법률(法律)에 종사(從事)하는 사람이 법(法)과 규범(規範)을 짓고,
曹	日 <무리 조> ①무리(모여서 뭉친 한 동아리) ②짝, 동반자(同伴者) ③방, 실내(室內) ④마을 ⑤관청(官廳), 관아(官衙)	* 蕭規曹隨(소규조수) :소하(蕭何)가 제정(制定)한 법규(法規)를 조참(曹參)이 따름. <比喩>예전부터 사람들이 쓰던 제도(制度)를 그대로 따르거나 이어 나감	
典	八 <법 전> ①법(法), 법전(法典) ②경전(經典) ③책(冊), 서적(書籍) ④벼슬 ⑤예(禮), 의식(儀式) ⑥저당잡히다(抵當)	* 典憲(전헌) :典型的인 法이나 規範. 典範. * 典型(전형) :모범(模範)이 될 만한 본보기 * 經典(경전) :종교(宗敎)의 교리(敎理)를 적은 글 * 盛典(성전) :성대(盛大)한 의식(儀式) * 典當鋪(전당포)	
憲	心(忄) <법 헌> ①법(法), 모범(模範), 본뜨다 ②가르침, 깨우침 ③관청(官廳), 관아(官衙) ④관리(官吏), 상관(上官)	* 憲法(헌법) :한 나라의 통치(統治) 체제(體制)의 기본(基本) 원칙(原則)을 정(定)하는 법 * 官憲(관헌) :①관청(官廳)의 법규(法規) ②관청(官廳)에서 일하는 사람(官吏)	

慣	忄(心) <익숙할 관> ①익숙하다, 익숙해지다 ②버릇이 되다, 버릇 ③관례(慣例)	* 慣例(관례) :관습(慣習)이 된 전례(前例) * 慣習(관습) :①익은 습관(習慣) ②사회(社會)의 습관(習慣) * 慣行(관행) :관례(慣例)대로 행(行)함 * 習慣(습관) :되풀이함으로써 저절로 익고 굳어진 행동(行動)	<관례규정> 습관(습관)으로 전해오던 전례(前例)를 바탕으로 모든 행위(行爲)의 준칙(準則)이 되는 규칙(規則)으로 정(定)하며,
例	亻(人) <법식 례> ①법식(法式) ②규칙(規則), 규정(規定) ③관례(慣例), 전례(前例), 선례(先例) ④전고(典故), 事例 ⑤본보기, 예(例),	* 類例(유례) :같은 사례(事例), 비슷한 전례(前例) * 事例(사례) :①일의 전례(前例) ②일의 실례(實例) * 條例(조례) :조목(條目)을 적은 규례(規例) * 次例(차례) :순서(順序) 있게 각각에게 돌아오는 기회(機會)	
規	見 <법 규> ①법(法) ②법칙(法則) ③본뜨다, 模範 ③꾀하다, 책략(策略) ④동그라미 ⑤그림쇠(圓形을 그리는 製具)	* 規程(규정) :①규정(規正). 모든 행위(行爲)의 준칙(準則)이 되는 규칙(規則) ②관공서(官公署) 따위의 내부(內部)에 있어서 사무(事務)를 집행(執行)하는 준칙(準則)	
程	禾 <길 정 / 한도 정 / 규정 정> ①길 ②한도(限度) ③규정(規定), 법(法) ③단위(單位) ④계량기(計量器), 표준(標準) ⑤가늠하다, 헤아리다	* 程度(정도) :알맞은 한도(限度). 정한(定限)의 분량(分量) * 過程(과정) :일이 되어 가는 경로(經路) * 日程(일정) :그 날에 할 일, 또는 그 분량(分量) * 長程(장정) :매우 먼 길	

0097 / 0098 / 0099 / 0100

<table>
<tr><td>其</td><td>八 <그 기>
①그, 그것 ②만약(萬若), 만일(萬一)
③아마도, 혹은(或 :그렇지 아니하면)
④장차(將次), 바야흐로 ⑤이에, 그래서</td><td>* 其他(기타) :그것 외(外)에 또 다른 것, 그 밖에
* 其間(기간) :그 사이, 그 동안,
* 各其(각기) :각각(各各), 저마다의 사람이나 사물(事物)
* 及其也(급기야) :마침내. 필경에는. 마지막에는</td><td rowspan="4"><기타조항>

그 밖에
낱낱이 들어
벌여놓은
조목(條目)이
나
항목(項目)들
이 마련되면,</td></tr>
<tr><td>他</td><td>亻(人) <다를 타>
①다르다, 다른 ②다른 곳, 딴 일
③남, 다른 사람, 그, 그 사람, 그이
④두 마음, 부정(不正), 간사하다(奸邪)</td><td>* 他國(타국) :다른 나라
* 排他的(배타적) :남을 배척(排斥)하는 것
* 他鄕(타향) :제 고장이 아닌 다른 고장. 객지(客地)
* 他人(타인) :자기(自己) 이외(以外)의 사람. 남. 타자(他者)</td></tr>
<tr><td>條</td><td>木 <가지 조 / 조목 조>
①가지, 나뭇가지
②맥락(脈絡), 통하다(通), 끈, 줄, 길다
③조목(條目) ④조리(條理), 법규(法規)</td><td>* 條項(조항) :낱낱이 들어 벌인 조목(條目)이나 항목(項目)
* 條件(조건) :어떤 구성을 위해 갖추어야 할 요소(要素)
* 條約(조약) :조목(條目)을 세워서 약정(約定)한 언약(言約)
* 金科玉條(금과옥조) :금옥(金玉)과 같은 법률(法律)</td></tr>
<tr><td>項</td><td>頁 <목 항 / 항목 항>
①목, 목덜미 ②관(冠)의 뒷부분
③항목(項目), 조목(條目)
④크다</td><td>* 項領(항령) :①목(덜미) ②요충지. 중요한 길목
* 項目(항목) :낱낱의 조(條)나 항(項)
* 事項(사항) :①일의 항목(項目) ②사물을 나눈 조항(條項)
* 項領之功(항령지공) :제일(第一) 큰 공(功)을 이르는 말</td></tr>
</table>

<table>
<tr><td>票</td><td>示 <표 표>
①표, 증표(證票)
②쪽지 ③지폐(紙幣)
④나타내다, 표시하다(表示)</td><td>* 票決(표결) :투표(投票)로써 可否(가부)를 결정(決定)함
* 投票(투표) :각 사람의 뜻을 나타내기 위(爲)하여 표지(標紙)에 의견(意見)을 기입(記入)하여 제출(提出)함
* 郵票(우표) :우편(郵便) 요금(料金)을 표시하는 증표(證票)</td><td rowspan="4"><표결인준>

가부(可否)의
의사(意思)를
투표(投票)로써
결정(決定)하여
국가(國家)가
승인(承認)하게
된다.</td></tr>
<tr><td>決</td><td>氵(水) <결단할 결>
①결단하다(決斷), (勝負를)가리다
②결정하다(決定), 판단하다(判斷)
③과감하다(果敢) ④자르다, 끊다</td><td>* 決定(결정) :마지막으로 작정(作定)함, 일의 매듭을 지음
* 解決(해결) :얽힌 일을 풀어 처리(處理)함
* 判決(판결) :시비선악(是非善惡)을 가리어 결정(決定)함
* 決裂(결렬) :①여러 갈래로 찢어짐 ②意見이 不一致함</td></tr>
<tr><td>認</td><td>言 <알 인 / 인정할 인>
①알다, 인식하다(認識)
③인정하다(認定) ④허가하다(許可)</td><td>* 認識(인식) :의식(意識)하고 지각(知覺)하는 정신(精神) 작용
* 認定(인정) :옳다고 믿고 정(定)하는 일
* 承認(승인) :어떤 사실(事實)을 인정(認定)하는 행위(行爲)
* 確認(확인) :확실(確實)히 인정(認定)함</td></tr>
<tr><td>准</td><td>冫(氷) <승인할 준 / 준할 준>
①승인하다(承認), 비준하다(批准)
②허가하다(許可), 허용하다(許容)
③준하다(準 :본보기대로 좇다), 본받다</td><td>* 認准(인준) :입법부(立法府)가 법률(法律)에 지정(指定)된 행정부(行政府)의 행정(行政) 행위를 인정(認定)함
* 批准(비준) :조약(條約)의 체결(締結)에 대한 최종적(最終的) 확인(確認)·동의(同意)의 절차(節次)</td></tr>
</table>

<table>
<tr><td>聿</td><td>聿 <붓 율>
①붓 ②마침내, 드디어 ③이, 이에
④몸소, 친히(親), 스스로, 함께
⑤펴다 ⑥닦다 ⑦좇다, 따르다</td><td>* 聿遵(율준) :지어서 좇음
* 聿修(율수) :선조(先祖)의 덕(德)을 사모(思慕)하여 서술(敍述)함
* 聿皇(율황) :가볍고 빠름. 경질(輕疾)</td><td rowspan="4"><율준엄칙>

이에
엄중(嚴重)한
계칙(戒飭)을
지어서 따르게
되니</td></tr>
<tr><td>遵</td><td>辶(辵) <좇을 준>
①좇다, 따르다, 따라가다
②높이다, 공경하다(恭敬)
③지키다 ④거느리다</td><td>* 遵據(준거) :의거(依據)하여 좇음
* 遵法(준법) :법령(法令)을 좇음, 또는, 지킴
* 遵守(준수) :그대로 좇아 지킴
* 遵行(준행) :좇아서 행(行)함. 그대로 실행(實行)함</td></tr>
<tr><td>嚴</td><td>口 <엄할 엄>
①엄하다(嚴 :매우 철저하고 바르다)
②혹독하다(酷毒), 모질다, 심하다(甚)
③엄격하다, 엄밀하다, 빈틈없다</td><td>* 嚴飭(엄칙) :엄하게 계칙(戒飭)함. 또는 그 계칙(戒飭)
* 嚴格(엄격) :언행(言行)이 엄숙(嚴肅)하고 딱딱함
* 嚴肅(엄숙) :위엄(威嚴) 있고 정중(鄭重)함
* 嚴正(엄정) :엄하고 바름 * 嚴重(엄중) :몹시 엄하고 중대함</td></tr>
<tr><td>飭</td><td>食 <신칙할 칙>
①신칙하다(申飭 :타일러서 경계하다)
②훈계하다(訓戒) ③질책하다(叱責)
④삼가다(몸가짐이나 언행을 조심하다)</td><td>* 戒飭(계칙) :경계(警戒)하여 타이름
* 關飭(관칙) :상급(上級) 관아(官衙)에서 하급(下級) 관아(官衙)에 보내던 공문(公文)
* 申飭(신칙) :단단히 타일러 경계(警戒)함</td></tr>
</table>

<table>
<tr><td>勳</td><td>力 <공 훈>
①공(功), 공로(功勞)
②공적(功績)
③세운 업적(業績)</td><td>* 勳功(훈공) :나라를 위(爲)하여 드러나게 세운 공로(功勞). 훈로(勳勞). 훈(勳)
* 勳章(훈장) :나라에 勳功이 있는 이에게 주는 휘장(徽章)
* 功勳(공훈) :사업(事業)이나 나라를 위해서 세운 공(功)</td><td rowspan="4"><훈공포상>

나라를 위해
세운
공로(功勞)에는
칭찬(稱讚)하고
권장(勸奬)하여
상(賞)을 주고</td></tr>
<tr><td>功</td><td>力 <공로 공>
①공, 공로(功勞), 공적(功績)
②보람, 업적(業績), 성적(成績)
③일, 사업(事業)</td><td>* 功過(공과) :공로(功勞)와 과오(過誤)
* 功勞(공로) :어떤 목적(目的)을 이루는 데에 힘쓴 노력(努力)
* 成功(성공) :①뜻한 바를 이룸 ②목적(目的)을 달성(達成)함
* 螢雪之功(형설지공) :반딧불과 눈빛으로 공부(工夫)한 공(功)</td></tr>
<tr><td>褒</td><td>衣 <기릴 포>
①기리다, 칭찬하다(稱讚)
②크다, 넓다, 넓고 큰 옷자락
③모으다(부), 모이다(부)</td><td>* 褒賞(포상) :칭찬(稱讚)하고 권장(勸奬)하여 상(賞)을 줌.
* 褒奬(포장) :칭찬(稱讚)하여 장려(奬勵)함
* 褒貶(포폄) :칭찬(稱讚)함과 나무람
* 毁譽褒貶(훼예포폄) :칭찬(稱讚)하고 비방(誹謗)하는 言行</td></tr>
<tr><td>賞</td><td>貝 <상줄 상>
①상주다(賞), 칭찬하다(稱讚)
②증여하다(贈與) ③즐기다
④완상하다(玩賞 :즐겨 구경하다)</td><td>* 鑑賞(감상) :예술(藝術) 작품(作品)을 음미(吟味)함
* 懸賞(현상) :상금(賞金)을 걸고 찾거나 모집(募集)함
* 受賞(수상) :상(賞)을 받음 * 授賞(수상) :상(賞)을 줌
* 論功行賞(논공행상) :공(功)을 따져 알맞은 상(賞)을 줌</td></tr>
</table>

한자	뜻	용례	성어
罪	罒(网) <허물 죄> ①허물, 죄(罪), 잘못, 과실(過失) ②죄인(罪人) ③재앙(災殃), 온갖 불행한 일	* 罪責(죄책) :죄(罪)를 저지른 데 대한 책임(責任) * 犯罪(범죄) :죄(罪)를 저지름 * 罪悚(죄송) :죄(罪)스럽고 송구(悚懼)스러움 * 謝罪(사죄) :저지른 죄에 대해 용서(容恕)를 빎	<죄책형벌> 죄(罪)를 저지른 책임(責任)에는 벌(罰)을 주어서
責	貝 <꾸짖을 책> ①꾸짖다, 나무라다, 책망하다(責望) ②책임(責任), 책임을 지우다, 처벌(處罰) ③직책(職責), 의무(義務)	* 責任(책임) :도맡아 해야 할 임무(任務) * 責望(책망) :허물이나 잘못에 대해 꾸짖거나 나무람 * 呵責(가책) :자기나 남의 잘못에 대해 꾸짖어 책망(責望)함 * 叱責(질책) :꾸짖어서 나무람	
刑	刂(刀) <형벌 형 / 탕기(湯器) 형> ①형벌(刑罰), 벌하다(罰), 죽이다 ②법(法) ③국그릇	* 刑罰(형벌) :죄(罪)지은 사람에게 주는 벌(罰) * 刑事(형사) :형법(刑法)의 적용(適用)을 받는 사건(事件) * 刑法(형법) :범죄(犯罪)와 형벌(刑罰)에 관(關)한 법률(法律) * 刑期無刑(형기무형) :刑罰의 目的은 刑罰이 없게 하는 것	
罰	罒(网) <벌할 벌> ①벌(罰), 벌하다(罰), 벌주다(罰) ②죄(罪)	* 處罰(처벌) :형벌(刑罰)에 처함 * 刑罰(형벌) :죄(罪)지은 사람에게 주는 벌(罰) * 一罰百戒 :한 사람을 벌주어 백(百) 사람을 경계(警戒)함 * 信賞必罰 :훈공(勳功)에 상을 주고, 죄과(罪科)에 벌을 줌	

한자	뜻	용례	성어
勸	力 <권할 권> ①권하다(勸), 권장(勸奬), ②권고(勸告), 권면(勸勉) ③가르치다 ④힘쓰다	* 勸善懲惡(권선징악) :착한 행실(行實)을 권장(勸奬)하고 악(惡)한 행실(行實)을 징계(懲戒)함 * 勸奬(권장) :잘하도록 권(勸)하여서 장려(奬勵)함 * 勸告(권고) :타일러서 하도록 권(勸)하여 말함	<권선징악> 착한 행실(行實)은 권장(勸奬)하고 악(惡)한 행실(行實)은 징계(懲戒)한다
善	口 <착할 선> ①착하다 ②좋다 ③훌륭하다 ④잘하다 ⑤옳게 여기다 ⑥아끼다 ⑦친하다(親) ⑧도덕적(道德的) 기준(基準)에 맞는 것	* 善惡(선악) :착한 것과 악(惡)한 것. 선(善)과 악(惡) * 善意(선의) :선량(善良)한 마음. 착한 마음 * 改善(개선) :잘못을 고쳐 좋게 함 * 最善(최선) :가장 좋음 * 改過遷善(개과천선) :지난날의 잘못을 고치어 착하게 됨	
懲	心 <징계할 징 / 혼낼 징 / 벌줄 징> ①징계하다(懲戒), 응징하다(膺懲) ②혼내 주다, 혼나다, 벌주다(罰) ③그치다, 그만두다	* 懲戒(징계) :허물이나 잘못을 뉘우치도록 나무람 * 懲罰(징벌) :잘못에 대해 법적(法的) 제재(制裁)를 가(加)함 * 懲役(징역) :죄인(罪人)을 노역(勞役)에 복무(服務)시킴 * 膺懲(응징) :잘못을 회개(悔改)하도록 징계(懲戒)함	
惡	心 <악할 악 / 미워할 오> ①악하다(惡), 나쁘다 ②더럽다, 추하다(醜), 못생기다 ③미워하다(오) ④어찌(오), 어느(오)	* 惡化(악화) :나쁘게 됨 * 劣惡(열악) :몹시 뒤처지고 나쁨 * 憎惡(증오) :몹시 미워함 * 嫌惡(혐오) :싫어하고 미워함 * 羞惡之心(수오지심) :자기(自己)의 옳지 못함을 부끄러워하고, 남의 옳지 못함을 미워하는 마음	

한자	뜻	용례	성어
英	艹(艸·草) <꽃부리 영 / 뛰어날 영> ①꽃부리(꽃잎 전체를 일컫는 말) ②명예(名譽) ③재주 뛰어나다	* 英邁(영매) :영민(英敏)하고 비범(非凡)하여 매우 뛰어남 * 英傑(영걸) :영웅(英雄)과 호걸(豪傑). 英雄豪傑 * 英雄(영웅) :비범(非凡)하여 대중(大衆)을 영도(領導)하고 세상(世上)을 경륜(經綸)할 만한 사람	<영매호탕> 재능(才能)과 지식(知識)이 매우 뛰어나고 마음이 거침이 없이 넓고 너그러운 사람이
邁	辶(辵) <멀리갈 매> ①멀리 가다 ②지나다 ③힘쓰다 ④돌다, 순행하다(巡行) ⑤늙다	* 邁進(매진) :①힘써 나아감 ②씩씩하게 나아감 * 高邁(고매) :높고 뛰어남 * 征邁(정매) :힘써 나아감 * 邁進一路(매진일로) :외곬으로 전심전력을 다하여 해 나감 * 一路邁進(일로매진) :한 길로 곧장 거침없이 나아감	
浩	氵(水) <넓을 호> ①넓다, 광대하다(廣大), 크다 ②성대하다(盛大) ③넉넉하다 ④물이 넓고 넓게 흐르는 모양	* 浩蕩(호탕) :浩浩蕩蕩의 준말. ①물이 넓어서 끝이 없음 ②성격(性格)이 거침없어 걸릴 것 없는 모양 * 浩然之氣(호연지기) :①天地에 가득 찬 넓고 큰 정기(精氣) ②흔들리지 않는 바르고 큰 마음	
蕩	艹(艸·草) <방탕할 탕 / 씻을 탕> ①방탕하다(放蕩), 방종하다(放縱) ②광대하다(廣大), 넓고 크다 ③씻다, 씻어내다, 용서하다(容恕)	* 蕩減(탕감) :세금(稅金)이나 진 빚(負債)을 온통 삭쳐 줌 * 蕩盡(탕진) :재물(財物) 따위를 죄다 써서 없애 버림 * 放蕩(방탕) :주색잡기(酒色雜技)에 빠져 행동이 좋지 못함 * 淫蕩(음탕) :행동(行動)이 음란(淫亂)하고 방탕(放蕩)함	

한자	뜻	용례	성어
攬	扌(手) <가질 람> ①가지다, 잡아당기다, ②손에 쥐다, ③따다 ④(가려 뽑아서) 취하다(取)	* 攬要(남요) :요점(要點)을 추림 * 總攬(총람) :사무(事務)를 총괄(總括)하여 관할(管轄)함 * 攬髮而拯(남발이증) :물에 빠진 사람은 머리털을 잡아당겨 건짐. <比喩>危急時 些少한 禮儀는 차리지 않음	<람비징청> 관직(官職)에 나아가 천하(天下)의 정치(政治)를 바로잡을 큰 뜻을 품고 처음으로 부임(赴任)하여
轡	車 <고삐 비> ①고삐(코뚜레, 굴레에 잡아매는 줄) ②굴레(마소 머리에 씌워 고삐에 연결하는 것) ③재갈 ④법(法)의 비유(比喩)	* 轡紐(비뉴) :고삐와 끈 * 攏轡(녹비) :고삐를 흔듦 * 握轡(악비) :고삐를 손에 거머쥠 * 攬轡澄淸(람비징청) :처음 관직에 나아갈 때 천하의 정치를 바로 잡을 웅지(雄志)를 품고 부임(赴任)함	
澄	氵(水) <맑을 징> ①물이 맑다, 맑고 깨끗하다 ②안정되다(安定), 편안하다(便安) ③정지하다(停止)	* 澄明(징명) :明澄(명징) * 明澄(명징) :밝고 맑음 * 澄酒(징주) :맑은 술 * 沈澄池(침징지) :沈澱池(침전지) * 澄淸(징청) :①물 같은 것이 몹시 맑고 깨끗함 ②세상의 어지러움을 다스려 맑게 한다는 뜻	
淸	氵(水) <맑을 청> ①맑다, 깨끗하다, 빛이 선명하다(鮮明) ②탐욕(貪慾)이 없다, 사념(邪念)이 없다 ③한가하다(閑暇), 고요하다 ④차갑다	* 淸算(청산) :서로의 관계(關係)를 셈하여 깨끗이 정리(整理)함 * 淸掃(청소) :깨끗이 소제(掃除)함 * 淸廉潔白(청렴결백) :마음이 맑고 깨끗하며 욕심(慾心)이 없음 * 淸風明月(청풍명월) :맑은 바람과 밝은 달. 자연의 아름다움	

照	灬(火) <비칠 조> ①비치다, 비추다 ②빛, 햇빛, 밝다, 환하다 ③견주어 보다, 대조하다(對照) ④영상 ⑤증서(證書), 증거(證據)	* 照諒(조량) :형편(形便)이나 사정(事情)을 밝히어 앎 * 照會(조회) :어떤 사람의 人的事項 등을 알아보는 것 * 照明(조명) :빛으로 밝게 비추는 것. * 參照(참조) :참고(參考)로 맞대 봄 * 肝膽相照(간담상조)	<조량벌열> 나라에 끼친 공로(功勞)와 벼슬 경력(經歷)이 많은 집안에 대한 사정(事情)을 밝혀서 알고 나서
諒	言 <살펴알 량> ①살펴 알다, 살피다 ②찾다 ③어질다 ④돕다 ⑤고집스럽다(固執) ⑥흉하다(凶) ⑦믿다 ⑧참으로, 진실로(眞實)	* 諒解(양해) :사정(事情)을 살펴서 너그럽게 이해(理解)함 * 諒知(양지) :살펴서 앎 * 原諒(원량) :용서(容恕)의 뜻 * 惠諒(혜량) :살펴서 이해(理解)함의 뜻으로 便紙用語 * 海諒(해량) :바다처럼 넓은 마음. 용서(容恕)를 구(求)할 때	
閥	門 <문벌 벌> ①문벌(門閥), 가문(家門) ②지체(社會的 身分이나 地位) ③공훈(功勳), 공로(功勞) ④기둥	* 閥閱(벌열) :나라에 공로가 많고 벼슬 경력이 많은 집안 * 門閥(문벌) :代代로 이어 내려오는 집안의 사회적(社會的) 신분(身分)이나 지위(地位). 지체. 집안 * 派閥(파벌) :이해(利害) 관계(關係)로 갈라진 집단(集團)	
閱	門 <볼 열 / 셀 열> ①보다, 검열하다(檢閱) ②가리다, 분간하다(分揀) ③(數爻를)세다, 조사하다(調査)	* 閱覽(열람) :책 등(等)을 두루 훑어서 봄 * 檢閱(검열) :검사(檢査)하여 살펴봄 * 閱歷(열력) :經歷(경력). 겪어 지내 온 여러 가지 일. 來歷 * 我躬不閱(아궁불열) :자신(自身)도 돌보지 못하는 형편(形便)	

薦	艹(艸·草) <천거할 천 / 자리 천> ①천거하다(薦擧) ②드리다, 올리다 ③줄곧, 계속(繼續), 거듭 ④꽂다, 끼우다 ⑤자리, 깔개, 거적 ⑥꼴(마소 먹이)	* 薦擧(천거) :인재(人材)를 어떤 자리에 추천(推薦)하는 일 * 推薦(추천) :적합(適合)한 대상(對象)을 소개(紹介)함 * 毛遂自薦(모수자천) :모수(毛遂)가 자기 스스로를 천거(薦擧)함. <比喩>앞뒤도 모르고 나서는 사람	<천거전서> 인재(人才)를 추천(推薦)하여 그 재능(才能)을 시험(試驗)하여 우열(優劣)에 따라 벼슬을 시키기도 하고,
擧	手(扌) <들 거 / 온통 거> ①들다 ②제시하다 ③뽑다, 낱낱이 들다, 들추어내다 ④일으키다(興起) ⑤추천하다(推薦) ⑥다, 모든, 온통	* 擧國(거국) :온 나라 * 擧兵(거병) :군사(軍士)를 일으킴 * 擧論(거론) :어떤 사항(事項)을 내놓아 논제(論題)로 삼음 * 選擧(선거) :많은 사람 가운데서 가려서 뽑음 * 快擧(쾌거) :통쾌(痛快)한 거사(擧事)나 행동(行動)	
銓	金 <저울질할 전 / 사람가릴 전> ①무게를 달다, 저울에 달다 ②인재를 저울질하다, 사람을 가리다 ③뽑다, 선발하다(選拔)	* 銓敍(전서) :재능(才能)을 시험(試驗)하여 우열(優劣)에 따라서 벼슬을 시킴 * 銓選(전선) :사람을 전형(銓衡)하여 골라 뽑는 것 * 銓衡(전형) :인물(人物)의 재능(才能)을 시험(試驗)하여 뽑음	
敍	攴(攵) <펼 서 / 차례 서 / 실끝 서> ①펴다 ②늘어서다 ③주다, 베풀다 ④진술하다(陳述), 쓰다 ⑤차례(次例), 순서(順序) ⑥실끝	* 敍事(서사) :사실(事實)을 있는 그대로 적음 * 敍述(서술) :어떤 내용을 차례(次例)로 좇아 말하거나 적음 * 敍情(서정) :抒情(서정). 자기의 감정이나 정서를 글로 씀 * 自敍傳(자서전) :자기(自己)가 쓴 자기(自己)의 전기(傳記)	

複	衤(衣) <겹칠 복 / 겹옷 복> ①겹, 겹치다 ②겹옷(거죽과 안을 맞붙여 지은 옷) ③거듭되다	* 複數(복수) :둘 이상(以上)의 수(數) * 複雜(복잡) :여럿이 겹치고 뒤섞여 있어 혼잡(混雜)스러움 * 複製(복제) :그대로 본떠서 만듦 * 重複(중복) :같은 것이 두 번 이상(以上) 겹침. 거듭함	<복수소모> 일정(一定)한 수요(需要)의 자리를 두고 여러 곱절의 인원(人員)을 불러 모아 놓고
數	攵(攴) <셈 수 / 자주 삭> ①셈, 산법(算法), 수량(數量), 수효(數爻) ②몇몇 ③꾀, 책략(策略), 재주, 솜씨 ③운명(運命), 운수 ④자주(삭)	* 數値(수치) :계산(計算)하여 얻은 數 * 數爻(수효) :낱낱의 數 * 算數(산수) :數를 셈함 * 數量(수량) :수효(數爻)와 分量(분량) * 術數(술수) :어떤 일을 꾸미는 꾀나 방법(方法) * 額數(액수) :돈의 머릿수 * 數脈(삭맥) :자주 뛰는 맥	
召	口 <부를 소> ①부르다 ②불러들이다, 부름 ③초래하다(招來) ④알리다 ⑤청하다(請)	* 召募(소모) :나라에서 필요(必要)한 사람을 불러 모음. * 召命(소명) :임금이 신하(臣下)를 부르는 명령(命令) * 召喚(소환) :일정(一定)한 장소(場所)로 오도록 부르는 일 * 召集(소집) :구성원(構成員)들을 불러서 모음	
募	力 <모을 모 / 뽑을 모> ①모으다, 불러 모음, 부름 ②뽑다, 뽑음	* 募集(모집) :일정한 조건(條件) 아래 널리 구(求)하여 모음 * 募金(모금) :기부금품(寄附金品)을 모음 * 募兵(모병) :병정을 널리 구함 * 募入(모입) :모집해 들임 * 公募(공모) :널리 알려서 사람을 모음	

科	禾 <과목 과> ①과목(科目), 과정(科程) ②과거(科擧) ③그루(초목을 세는 단위) ④법률(法律) ⑤(세금을)매기다	* 科場(과장) :과거(科擧)를 보던 곳. 科擧 시험장(試驗場) * 科擧(과거) :문무관(文武官)을 뽑을 때에 보던 시험(試驗) * 敎科(교과) :가르치는 과목(科目) * 科目(과목) :공부(工夫)할 지식(知識) 분야(分野)	<과장탁방> 시험(試驗)을 본 과장(科場)에는 급제(及第)한 사람의 이름을 내걸었는데,
場	土 <마당 장> ①마당 ②곳, 장소(場所) ③시장, 장터 ④무대(舞臺) ⑤구획(區劃) ⑥밭, 논밭 ⑦때(時期) ⑧경우(境遇)	* 場所(장소) :어떤 일이 이루어지거나 일어나는 곳 * 市場(시장) :도회지(都會地)에 물건(物件)을 사고 파는 곳 * 立場(입장) :처하여 있는 사정(事情)이나 형편(形便) * 登場(등장) :무슨 일에 어떠한 사람이 나타남	
坼	土 <터질 탁> ①터지다, 갈라지다, 갈라진 금 ②싹트다 ③허물다, 허물어뜨리다 ④열다, 펴다	* 坼榜(탁방) :①과거(科擧)에 급제(及第)한 사람의 성명(姓名)을 내어 붙임 ②어떤 일의 결말(結末)을 비유(比喩)하는 말 * 開坼(개탁) :봉한 편지(便紙)나 서류(書類)를 뜯어 보라는 뜻	
榜	木 <방붙일 방> ①방을 붙이다, 고시하다(告示), 알리다 ②방문(榜文) ③방목(榜目 :급제자 성명을 게시하는 패) ④매질, 볼기를 치다	* 榜文(방문) :여러 사람에게 알리려고 길거리에 써 붙이는 글 * 落榜(낙방) :과거(科擧)의 방목(榜目)에 이름이 오르지 않음 * 紙榜(지방) :종이에 지방문(紙榜文)을 써서 만든 신주(神主) * 標榜(표방) :어떠한 명목(名目)을 붙여 주장(主張)을 내세움	

桃	木 <복숭아 도> ①복숭아, 복숭아(열매) ②복숭아나무	* 桃李(도리) :①복숭아와 자두, 또는 그 꽃이나 열매 ②남이 천거(薦擧)한 좋은 인재(人材)의 比喩 * 桃花(도화) :복숭아꽃 * 桃源境(도원경) :별천지(別天地) * 武陵桃源(무릉도원) :이 세상(世上)을 떠난 별천지(別天地)	<도리탁제> 남들이 천거(薦擧)한 우수(優秀)한 인재(人才)가 시험(試驗)에 합격(合格)하였다.
李	木 <오얏 리> ①오얏(자두), 오얏나무(자두나무) ②심부름꾼 ③다스리는 벼슬아치 ④옥관(獄官) ⑤도리(道理)	* 張三李四(장삼이사) :장씨의 셋째 아들과 이씨의 넷째 아들. <比喩>성명(姓名)이나 신분(身分)이 뚜렷하지 못한 평범(平凡)한 사람들 * 瓜田不納履 李下不整冠 :의심받을 짓을 하지 말라는 뜻	
擢	扌(手) <뽑을 탁> ①뽑다, 뽑아내다, 뽑아 버리다, 빼내다 ②버리다, 제거하다(除去) ③발탁하다(拔擢), 뽑아올리다	* 擢第(탁제) :과거(科擧)에 급제(及第)함 시험(試驗)에 합격(合格)함 * 擢拔(탁발) :拔擢(발탁) 사람을 뽑아 씀 * 昇擢(승탁) :등용(登用·登庸)	
第	竹 <차례 제 / 집 제> ①차례(次例), 순서(順序) ②과거(科擧), 급제(及第)하다, 시험(試驗) ③집, 저택(邸宅)	* 及第(급제) :과거(科擧)에 합격(合格)함, 시험(試驗)에 합격함 * 落第(낙제) :성적(成績)이 나빠서 진학(進學)하지 못 하는 것 * 第一(제일) :①첫째 ②가장 훌륭함 * 第次(제차) :次例(차례), 순서(順序)	

增	土 <더할 증> ①더하다, 많아지다, 늘다, 늘리다 ②다시, 새로이 ③더욱, 한층 더	* 增員(증원) :사람 수(數)를 늘림. 인원(人員)을 늘림 * 增加(증가) :더하여 많아짐 * 增殖(증식) :생식(生殖)이나 분열(分裂)로 그 수가 늘어남 * 增幅(증폭) :사물(事物)의 범위(範圍)를 넓혀 크게 함	
員	口 <인원 원> ①인원(人員) ②수효(數爻) ③관원(官員)	* 要員(요원) :어떤 일을 하는 데 꼭 필요한 인원(人員) * 人員(인원) :한 떼를 이룬 여러 사람의 수효(數爻) * 職員(직원) :직무(職務)를 담당(擔當)하는 사람 * 議員(의원) :의결권을 가지고 의사(議事)를 결정하는 사람	<증원위촉> 인원(人員)을 늘려서 맡겨서 일을 부탁하니
委	女 <맡길 위> ①맡기다, 맡게 하다 ②버리다, 내버려 두다 ③시들다, 쇠퇴하다(衰退·衰頹)	* 委囑(위촉) :어떤 일을 다른 사람에게 부탁(付託)하여 맡김 * 委員(위원) :어떤 일의 처리(處理)를 위임(委任) 맡은 사람 * 委任(위임) :어떤 일을 책임(責任)지워 맡김 * 陳根委翳(진근위예) :(가을이면)묵은 뿌리는 시들어 말라 죽음	
囑	口 <부탁할 촉> ①부탁하다(付託), 당부하다(當付) ②위탁하다(委託), 의뢰하다(依賴) ③분부하다(分付·吩咐)	* 囑望(촉망) :屬望(촉망) 잘 되기를 바라고 기대(期待)함 * 唆囑(사촉) :使嗾(사주) 남을 부추기어서 시킴 * 委囑(위촉) :어떤 일을 다른 사람에게 부탁(付託)하여 맡김 * 懇囑(간촉) :간곡(懇曲)히 부탁(付託)함	

敏	攵(支) <민첩할 민> ①민첩하다(敏捷), 재빠르다 ②영리하다(怜悧·伶俐), 총명하다(聰明) ③자세하다(仔細·子細), 소상(昭詳)하다	* 敏腕(민완) :민첩(敏捷)한 수완(手腕) * 敏感(민감) :예민(銳敏)한 감각(感覺) * 敏捷(민첩) :재빠르고 날램 * 銳敏(예민) :느낌 따위가 날카롭고 민첩(敏捷)함	
腕	月(肉) <팔뚝 완 / 솜씨 완> ①팔(어깨와 손목 사이의 부분) ②팔뚝, 팔목 ③재주, 솜씨, 기량(技倆·伎倆)	* 腕章(완장) :팔 부분(部分)에 두르는 표장(標章) * 手腕(수완) :①손회목 ②일을 꾸미고 처리하는 재간(才幹) * 扼腕(액완) :①분격(憤激)해 팔짓을 함 ②분(憤)해 주먹을 쥠 * 切齒扼腕(절치액완) :이를 갈고, 팔을 걷어올려 주먹을 꽉 쥠	<민완변조> 민첩(敏捷)한 수완(手腕)으로 일을 분별(分別)하고 조처(措處)함에
辨	辛 <분별할 변> ①분별하다(分別), 구분하다(區分) ②따지다, 쟁론하다(爭論), 변론하다(辯論) ③準備하다, 갖추다, 구비하다(具備) (판)	* 辨明(변명) :어떤 잘못에 구실을 대며 그 까닭을 밝힘 * 辨別(변별) :사물(事物)의 옳고 그름, 좋고 나쁨을 가림 * 分辨(분변) :같고 다름을 가림 *魚魯不辨(어로불변) * 菽麥不辨(숙맥불변) :콩인지 보리인지 분변(分辨) 못함	
措	扌(手) <둘 조> ①두다, 놓다 ②처리하다(處理), 조처(措處)하다 ③행동거지(行動擧止)	* 措處(조처) :일을 잘 정돈(整頓)하여 처리(處理)함 * 措置(조치) :일을 잘 정돈(整頓)하여 처치(處置)함 * 擧措(거조) :행동거지(行動擧止). 몸을 움직여 하는 모든 짓 * 罔措(망조) :망지소조(罔知所措). 어찌할 바를 모름	

爵	爫 <벼슬 작> ①벼슬, 작위(爵位), 벼슬을 주다 ②술, (술을)마시다 ③술잔(盞)(참새 부리 모양을 한 술잔)	* 爵位(작위) :벼슬과 지위(地位), 관작(官爵)과 위계(位階) * 封爵(봉작) :제후(諸侯)로 봉하고 관작(官爵)을 줌 * 高官大爵(고관대작) :지위(地位)가 높은 큰 벼슬자리나 직위(職位)에 있는 사람	
位	亻(人) <자리 위> ①자리, 곳, 위치(位置), 방위(方位) ②지위(地位), 직위(職位), 제위(帝位) ③임하다(臨), 닿다(리)	* 位置(위치) :사람이나 물건(物件)이 자리잡고 있는 곳 * 方位(방위) :사방(四方) 중에서 그 어느 쪽의 위치(位置) * 順位(순위) :차례(次例)로의 위치(位置), 순서(順序) * 地位(지위) :개인이 차지하는 사회적(社會的) 위치(位置)	<작위녹봉> 합당(合當)한 벼슬과 지위(地位)를 부여(附與)하고 녹봉(祿俸)을 주게 된다.
祿	示 <녹 록> ①녹 (官吏의 俸給) ②녹(祿)을 주다, 봉급(俸給)을 주다 ③복(福), 행복(幸福), 복(福)을 내리다	* 祿俸(녹봉) :俸祿(봉록). 나라에서 벼슬아치들에게 주던 곡식(穀食)이나 돈(金品) 따위를 일컫는 말 * 干祿(간록) :녹봉(祿俸)을 구(求)함. 벼슬을 하고자 함 * 國祿(국록) :나라에서 주는 급료(給料)	
俸	亻(人) <녹 봉> ①녹(祿) ②녹봉(祿俸 :벼슬아치에게 주던 급료) ③봉직하다(奉職 :공직에 종사하다)	* 俸給(봉급) :노무(勞務)에 대(對)한 보수(報酬) * 減俸(감봉) :봉급(俸給)을 줄임 * 薄俸(박봉) :많지 않은 봉급(俸給) * 年俸(연봉) :일 년 단위(單位)로 지급(支給)하는 봉급(俸給)	

俊	亻(人) <준걸 준> ①준걸(俊傑 :재주와 슬기가 뛰어남) ②뛰어난 인물(人物) ③좋다, 당당하다(堂堂), 헌걸차다	* 俊乂(준예) :재주나 슬기가 매우 뛰어난 사람. * 俊傑(준걸) :재주와 지혜(智慧)가 뛰어남. 또는 그런 사람 * 俊敏(준민) :재주와 슬기가 뛰어나서 밝음 * 俊秀(준수) :재주와 지혜(智慧), 풍채(風采)가 뛰어남	<준예호걸> 재주와 슬기가 뛰어난 사람이나 용기(勇氣)있고 기개(氣槪)가 있는 사람들이
乂	丿 <벨 예 / 어질 예> ①(풀을)베다, 깎다 ②다스리다 ③평온하다(平穩), 안정되다(安定) ④어질다, 뛰어나다, 뛰어난 사람	* 烝乂之孝(증예지효) :부모에게 대한 지극한 효성(孝誠) * 俊乂密勿 多士寔寧(준예밀물 다사식녕) :<千字文>俊傑과 才士가 朝廷에 모여 빽빽하고, 俊傑과 才士가 朝廷에 많으니 國家가 太平함	
豪	豕 <호걸 호> ①호걸, 귀인(貴人) ②우두머리 ③뛰어나다, 빼어나다 ④사치(奢侈)	* 豪傑(호걸) :재주, 슬기, 용기(勇氣)가 뛰어나고 도량(度量)이 넓고 기개(氣槪)가 있는 사람 * 豪奢(호사) :호화(豪華)롭게 사치(奢侈)하는 것. * 豪華(호화) :사치스럽고 화려함 * 豪雨(호우) :매우 큰 비	
傑	亻(人) <뛰어날 걸> ①뛰어나다, 출중하다(出衆), 우뚝하다 ②준걸(俊傑), 뛰어난 자 ③사납다, 흉포하다(凶暴·兇暴)	* 傑作(걸작) :썩 잘된 글이나 작품(作品) * 豪傑(호걸) :넓은 마음과 높은 기상(氣像)을 가진 사람 * 英雄豪傑(영웅호걸) :영웅(英雄)과 호걸(豪傑) * 綠林豪傑(녹림호걸) :불한당(不汗黨)이나 화적(火賊) 따위	

紅	糸 <붉을 홍> ①붉다, 붉은빛, 주홍(朱紅), 다홍(多紅) ②빨개지다, 붉히다 ③연지(臙脂) ④이윤(利潤)	* 紅塵(홍진) :①바람이 불어 햇빛에 벌겋게 일어나는 티끌 ②속세(俗世)의 티끌. 번거롭고 속된 세상의 비유(比喩) ③거마(車馬)가 날리는 먼지. * 同價紅裳(동가홍상) :같은 값이면 다홍치마	<홍진투명> 붉은 먼지가 이는 곳에서 이름을 걸고 다투면서 <번거로운 속세(俗世)에서 명예(名譽)를 걸고 싸우면서>
塵	土 <티끌 진> ①티끌 ②더럽히다 ③때, 시간(時間) ④묵다	* 塵界(진계) :티끌 세계(世界). 이 세계(世界) * 塵世(진세) :티끌 많은 세상(世上) * 塵埃(진애) :티끌과 먼지 * 粉塵(분진) :티끌 * 塵合泰山(진합태산) :티끌 모아 태산. 積塵成山, 塵積爲山	
鬪	鬥 <싸울 투> ①(두 병사가 병기를 들고)싸우다 ②승패를 겨루다, 투쟁(鬪爭)하다, 싸움 ③맞서다, 다투다, 경쟁하다(競爭)	* 鬪爭(투쟁) :상대(相對)를 쓰러뜨리려고 싸워서 다툼 * 戰鬪(전투) :적을 쳐서 승리(勝利)를 얻기 위(爲)한 싸움 * 鬪魂(투혼) :투쟁(鬪爭)하려는 기백(氣魄). 鬪爭精神 * 孤軍奮鬪(고군분투) :홀로 여럿을 상대로 힘겹게 싸움	
名	口 <이름 명> ①이름, 이름하다, 지칭하다(指稱) ②이름나다, 평판(評判), 소문(所聞) ③명분(名分), 공적(功績), 명예(名譽)	* 名分(명분) :명목(名目)에 따라 지킬 도리(道理)나 분수(分數) * 名譽(명예) :세상에서 인정(認定) 받는 좋은 이름이나 자랑 * 名稱(명칭) :사물이나 현상(現象)을 구별하여 부르는 이름 * 有名(유명) :이름이 세상에 널리 알려짐 *名山大川(명산대천)	

群	羊 <무리 군> ①무리(모여서 뭉친 한 동아리) ②동아리(뜻을 같이하는 무리), 동료(同僚) ③떼, 떼를 짓다, 여럿의, 많은, 모이다	* 群黨(군당) :①사람들의 무리 ②여러 당파(黨派) * 群像(군상) :①많은 사람들 ②여러 가지의 모양(模樣) * 群衆(군중) :한 곳에 무리지어 모여 있는 사람들 * 群鷄一鶴(군계일학) :닭의 무리 가운데 있는 한 마리의 학	<군당각축> 여러 무리의 당파(黨派)가 서로 겨루며 이기려고 다투게 되니
黨	黑 <무리 당> ①무리, 한 동아리 ②마을, 향리(鄕里) ③일가(一家), 친척(親戚)	* 政黨(정당) :정치이상(政治理想)의 실현(實現)을 위해 모인 무리의 파벌적(派閥的) 당파(黨派) * 不偏不黨 :어느 한 쪽으로 기울어짐 없이 공평(公平)함 * 同黨伐異 :같은 무리와 한패가 되고 다른 사람은 물리침	
角	角 <뿔 각> ①뿔, 짐승의 뿔 ②곤충(昆蟲)의 촉각 ③모, 모진 데, 구석, 모퉁이, 각도(角度) ④겨루다, 경쟁하다(競爭), 다투다	* 角逐(각축) :'겨루고 쫓는다'는 뜻으로, 서로 뿔을 맞대고 싸우는 형세(形勢). 조금도 양보(讓步) 없이 대등(對等)하게 겨루고 있는 모습. <比喩>서로 이기려고 세력(勢力)이나 재능(才能)을 다툼	
逐	辶(辵) <쫓을 축> ①쫓다, 쫓아내다, 다투다 ②뒤쫓다, 뒤따라가다, 따르다 ③도망가다(逃亡), 달리다 ④구하다(求)	* 逐出(축출) :쫓아 냄. 몰아 냄 * 驅逐(구축) :몰아서 내쫓음 * 逐鹿(축록) :사슴을 쫓음. <比喩>정권(政權)을 얻기 위해 다툼 * 逐鹿者不顧兎 * 逐鹿者不見山 * 逐次的(축차적) :차례(次例)대로 좇아서 하는 모양(模樣)	

疆	田 <지경 강> ①지경(地境 :땅의 가장자리, 境界) ②끝, 한계(限界) ③나라, 국토(國土), 강토(疆土), 강역(疆域) ④구획하다(區劃)	* 疆土(강토) :국경(國境) 안에 있는 한 나라의 땅 * 疆界(강계) :강토(疆土)의 경계(境界) * 疆域(강역) :한 나라의 통치권(統治權)이 미치는 지역(地域) * 萬壽無疆(만수무강) :한없이 목숨이 긺. 장수(長壽)를 비는 말	<강토분요> 나라의 국경(國境) 안에서는 반역(叛逆)이 일어나거나
土	土 <흙 토> ①흙, 땅, 토양(土壤), 육지(陸地) ②국토(國土), 영토(領土) ③곳, 장소(場所) ④지방(地方), 향토(鄕土)	* 土臺(토대) :흙으로 쌓아올린 높은 밑바탕(地臺) * 領土(영토) :한 나라의 통치권(統治權)이 미치는 지역(地域) * 土地(토지) :①땅. 흙 ②논밭. 집터. 터 ③영토(領土) * 積土成山(적토성산) :흙이 쌓여서 산이 됨. (類) 積塵成山	
紛	糸 <어지러울 분> ①어지럽다, 번잡하다(煩雜), 번거롭다 ②엉클어지다 ③많다 ④실띠, 행주 ⑤분규(紛糾), 다툼 ⑥재난(災難)	* 紛搖(분요) :분란(紛亂) * 紛亂(분란) :어수선하고 떠들썩함. 정치(政治)나 역사(歷史)에서 분란(紛亂)은 반역(叛逆)의 의미(意味)를 내포(內包)함	
搖	扌(手) <흔들 요> ①흔들다 ②흔들리다, 움직이다 ③어지럽히다	* 搖亂(요란) :시끄럽고 어지러움. 요양(擾攘) * 搖動(요동) :흔들리어 움직임 * 搖籃(요람) :젖먹이 채롱 * 動搖(동요) :어수선하고 떠들썩하여 갈팡질팡함 * 搖之不動(요지부동) :흔들어도 꿈쩍도 하지 않음	

寇	宀 <도적 구> ①도적(盜賊: 도둑), 떼도둑 ②외적, 원수(怨讐) ③난리(亂離) ④침범하다(侵犯), 노략질하다(擄掠)	* 寇偸(구투) :남의 나라에 쳐들어가서 난폭(亂暴)한 짓이나 도둑질을 함 * 寇盜(구도) :도둑 * 內寇(내구) :국내(國內)의 반란(叛亂) * 倭寇(왜구) :13~16세기(世紀)의 일본(日本) 해적(海賊)	<구투창궐> 국경(國境)을 침범(侵犯)하는 난폭(亂暴)한 도적(盜賊)들의 세력(勢力)이 걷잡을 수 없이 일어났다.
偸	亻(人) <훔칠 투> ①훔치다, 도둑질하다 ②탐내다(貪) ③구차하다(苟且), 교활하다(狡猾) ④사통하다(私通 :남녀가 몰래 정을 통함)	* 偸安(투안) :눈앞의 안일(安逸)만을 도모(圖謀)함 * 偸盜(투도) :남의 물건(物件)을 몰래 훔침, 또는 그 사람 * 偸兒(투아) :偸竊(투절). 偸盜(투도). 도둑. * 忙中偸閑(망중투한) :바쁜 가운데 조금 틈을 내어 즐김	
猖	犭(犬) <미쳐 날뛸 창> ①미쳐 날뛰다 ②어지럽다	* 猖披(창피) :①체면(體面)이 깎일 일을 당(當)하여 부끄러움 ②모양이 사나움 * 猖鬼日(창귀일) :잡귀(雜鬼)가 창궐(猖獗)한다고 하는 날 * 沈迷猖惑(침미창혹) :미혹하여 미친듯이 날뛰며 갈팡질팡함	
獗	犭(犬) <날뛸 궐> ①날뛰다 ②날래다	* 猖獗(창궐) :①전염병(傳染病)이나 부정적(否定的)인 세력(勢力)이 세상(世上)을 휩쓸어 퍼지거나 날뛰는 것 ②좋지 못한 병(病)이나 세력(勢力)이 자꾸 퍼져서 걷잡을 수 없이 일어남	

韃	革 <매질할 달 / 종족이름 달> ①매질하다, 치다 ②종족(種族)의 이름	* 韃靼(달단) : 타타르. 옛날에 한족(漢族)의 북방(北方) 유목민족(遊牧民族). 몽고(蒙古) 또는 몽고족(蒙古族)을 달리 이르는 말 * 韃靼禾尺(달단화척) :韃靼族으로서 歸化하여 된 禾尺(賤民).	<달단굴구> 몽고족(蒙古族)은 구라파(歐羅巴)를 굴복(屈服)시켰고,
靼	革 <다룬가죽 단> ①다룸가죽(잘 매만져서 부드럽게 만든 가죽) ②부드럽다 ③오랑캐의 이름	* 獺靼(달단) :몽고(蒙古)의 동부 지방에 거주하였던 종족의 하나. 타타르(Tatar)의 음역(音譯). 獺子. 韃靼. * 達靼(달단) :동몽고(東蒙古)에 살았던 蒙古系의 한 종족(宗族). 곧 타타르(Tatar)의 음역(音譯)이다. 韃靼.	
屈	尸 <굽힐 굴> ①굽히다 ②굽다, 구부러지다 ③쇠하다(衰), 쇠퇴하다(衰退・衰頹) ④꺾다, 억누르다	* 屈伏(굴복) :머리를 굽히어 꿇어 엎드림. 굴복(屈服) * 屈服(굴복) :힘이 모자라 굽혀서 복종(服從)함 * 屈辱(굴욕) :남에게 굽혀 업신여김을 당하고 모욕(侮辱)받음 * 百折不屈(백절불굴) :백 번 꺾여도 굴(屈)하지 않음	
歐	欠 <구라파 구 / 칠 구> ①구라파(Europe의 약칭) ②치다, 쥐어박다 ③게워내다, 토하다(吐)	* 歐羅巴(구라파) :유럽의 음역(音譯) * 歐亞(구아) :구라파(유럽)와 아시아 * 西歐(서구) :유럽과 북아메리카 지역(地域) * 北歐(북구) :유럽의 북부(北部), 북구라파. 북유럽	

寅	宀 <범 인 / 셋째지지 인 / 동북 인> ①범, 셋째 지지(地支) ②동북(東北) ③동관(同官 :같은 관청의 같은 계급의 관리), 동료(同僚)	* 寅時(인시) :오전(午前) 3時부터 5時까지의 시간(時間) * 寅方(인방) :24방위(方位)의 하나. 동북동방(東北東方) * 同寅(동인) :①신하(臣下)된 신분(身分)으로 다 같이 외경(畏敬)함 ②동관(同官), 同僚(동료)	<인왜흉왜> 우리나라 동쪽(寅方)의 왜국(倭國)에 사는 흉악(兇惡)한 난쟁이들은
倭	亻(人) <왜나라 왜> ①왜나라(倭), 일본(日本) ②구불구불하다 (위), 삥 돌다 (위) ③유순하다(柔順) (위)	* 倭寇(왜구) :13~16世紀에 설치던 왜국(倭國)의 해적(海賊) * 倭國(왜국) :일본(日本)을 이름 * 倭軍(왜군) :일본군(日本軍) * 壬辰倭亂(임진왜란) :임진년(1592년)에 일본(日本)이 우리나라를 침입(侵入)하여 일으킨 난리(亂離)	
兇	儿 <흉악할 흉> ①흉악하다(凶惡・兇惡) ②흉악한 사람 ③모질고 사납다 ④두렵다, 두려워하다	* 兇物(흉물) :凶物(흉물). 흉측스럽게 생긴 사람이나 동물(動物) * 兇惡(흉악) :凶惡(흉악). 성질(性質)이 거칠고 사나움 * 兇證(흉증) :凶證(흉증). ① 예후가 나쁜 증상 ② 나쁜 징조 * 元兇(원흉) :악당(惡黨)의 두목(頭目)	
矮	矢 <난쟁이 왜> ①난쟁이, (키가)작다 ②짧다, 짧게 하다	* 矮小(왜소) :키나 체구(體軀)가 보통의 경우(境遇)보다 작음 * 矮檐(왜첨) :矮簷(왜첨). 짧고 낮은 처마 * 矮人看戲(왜인간희) :작은 사람이 큰 사람 틈에 끼여 구경은 못하고서 앞사람의 이야기만 듣고 자기가 본 체함	

侵	亻(人) <침노할 침> ①침노하다(侵擄 :불법으로 침범하다) ②범하다(犯), 어기다(지키지 아니하고 거스르다) ③흉년(凶年) 들다	* 侵略(침략) :남의 나라 땅을 침범(侵犯)하여 약탈(掠奪)함 * 侵掠(침략) :침노(侵擄)하여 약탈(掠奪)하는 것 * 侵犯(침범) :남의 권리(權利) 따위를 침노(侵擄)하여 범(犯)함 * 侵害(침해) :불법적(不法的)으로 남을 해(害)침	<침략압제> 남의 나라를 침범(侵犯)하여 나라를 빼앗고 무력(武力)으로 억누르며,
略	田 <간략할 략 / 약탈 략 / 계책 략> ①간략하다(簡略) ②노략질하다(擄掠) ③다스리다, 계략(計略), 계책(計策)	* 大略(대략) :대강의 줄거리 * 省略(생략) :덜어서 줄임. 뺌 * 計略(계략) :꾀나 수단(手段) * 方略(방략) :方法과 計略 * 謀略(모략) :남을 해치려고 속임수를 써서 일을 꾸밈 * 戰略(전략) :전쟁(戰爭)의 방략(方略)	
壓	土 <누를 압> ①누르다, 억압하다(抑壓), 죄어들다 ②진압하다(鎭壓), 평정하다(平定) ③막다, 가로막다	* 壓制(압제) :①눌러서 제어(制御)함 ②권력(權力)이나 폭력(暴力)으로 남을 꼼짝 못하게 강제(强制)로 누름 * 壓力(압력) :누르는 힘 * 壓迫(압박) :내리 누름 * 壓縮(압축) :①눌러서 쭈그러뜨림 ②간추려 요약(要略)함	
制	刂(刀) <절제할 제 / 법도 제> ①절제하다(節制) ②억제하다(抑制) ③금하다(禁), 바로잡다 ④법도(法度), 규정(規定)	* 制度(제도) :①제정(制定)된 법규(法規) ②나라의 법칙(法則) * 制限(제한) :정(定)해진 한계(限界). 한계(限界)를 정(定)함 * 牽制(견제) :끌어당기어 자유로운 행동(行動)을 못하게 함 * 規制(규제) :규정(規定)에 따른 통제(統制)	

한자	뜻	낱말	풀이
版	片 <판목 판 / 책 판> ①판목(板木) ②널, 널빤지 ②책, 편지(便紙·片紙) ③간행하다(刊行)	* 版圖(판도) :한 나라의 영토(領土)나 어떤 세력(勢力)이 미치는 영역(領域)이나 범위(範圍)의 지도(地圖) * 出版(출판) :책 따위를 인쇄(印刷)하여 세상(世上)에 내보냄 * 番號版(번호판) :번호(番號)를 적어 놓은 판(版)	<판도점팽> 그들의 세력(勢力)이 미치는 영역(領域)이 점점 넓어져서 커지자
圖	口 <그림 도 / 꾀할 도> ①그림, 그리다 ②도장(圖章), 서적(書籍), 책(冊) ③꾀하다, 헤아리다, 계산하다(計算)	* 圖謀(도모) :어떤 일을 이루려고 수단과 방법을 꾀함 * 試圖(시도) :무엇을 이루어 보려고 행동(行動)하는 것 * 意圖(의도) :하고자 하는 생각이나 계획(計劃) * 地圖(지도) :지구(地球) 표면(表面)이나 일부를 나타낸 그림	
漸	氵(水) <점점 점 / 점차 점> ①점점(漸漸), 차츰 ②번지다, 스미다, 적시다 ③천천히 나아가다 ④차례(次例)	* 漸漸(점점) :조금씩 더하거나 덜하여지는 모양(模樣). 漸次 * 漸次(점차) :차례(次例)대로 차차. 점점 * 漸增(점증) :점점 증가(增加)함 * 漸進(점진) :조금씩 나아감 * 漸入佳境(점입가경) :가면 갈수록 경치(景致)가 아름답다	
膨	月(肉) <배부를 팽> ①(배가)부르다 ②부풀다, 불룩하다	* 膨滿(팽만) :음식(飮食)을 많이 먹어 배가 몹시 부름 * 膨脹(팽창) :부풀어서 부피나 면적(面積)이 커짐 * 膨膨(팽팽) :①피부(皮膚) 따위가 한껏 부풀어서 탱탱함 ②분위기 따위가 한껏 부풀어 있음	

한자	뜻	낱말	풀이
派	氵(水) <갈래 파> ①(물)갈래, 갈라지다, 가르다, 나누다 ②지류(支流), 유파(流派) ③학파(學派), 종파(宗派) ④보내다, 파견하다(派遣)	* 派遣(파견) :임무(任務)를 주어 사람을 지역(地域)에 내보냄 * 派閥(파벌) :이해관계(利害關係)에 따라 갈라진 집단(集團) * 流派(유파) :원(原) 줄기에서 갈려서 나온 갈래나 무리 * 學派(학파) :특정한 학문적 방향성을 갖는 학자들의 모임	<파견주둔> 임무(任務)를 부여(附與)해서 사람을 보내고, 군대(軍隊)를 머물러 있게 하면서
遣	辶(辵) <보낼 견> ①보내다, 떠나보내다 ②파견하다(派遣) ③(감정 따위를)풀다, 놓아주다	* 發遣(발견) :할 일을 맡겨서 보냄 * 分遣(분견) :인원(人員) 따위를 갈라서 따로 내보냄 * 欣奏累遣(흔주누견) :기쁨은 아뢰고 더러움은 보냄 * 消遣歲月(소견세월) :하는 일없이 세월(歲月)을 보냄	
駐	馬 <머무를 주> ①(말이)머무르다 ②머무르다, 머무르게 하다 ②체류하다(滯留 :객지에 가서 머무름)	* 駐兵(주병) :어떤 곳에 군대(軍隊)를 머무르게 함. * 駐留(주류) :어떤 곳에 한 때 머무름 * 駐在(주재) :한 곳에 머물러 있음 * 駐車(주차) :차를 일정(一定)한 곳에 세워 두는 것	
屯	屮 <진칠 둔> ①진(陣)을 치다, 수비하다(守備) ②진(陣), 병영(兵營) ③언덕, 구릉 ④어렵다(준) ⑤무리(준)	* 駐屯(주둔) :군대(軍隊)가 한 지역(地域)에 진(陣)을 치고 머무르는 것 * 雲屯(운둔) :사람이 구름처럼 많이 모임 * 蜂屯(봉둔) :벌떼가 모여 있음. <比喩>무리 지은 모임	

한자	뜻	낱말	풀이
抹	扌(手) <바를 말 / 지울 말> ①바르다, 칠하다 ②쓰다듬다, 문지르다, 비비다 ③지우다, 지워 없애다	* 抹殺(말살) :抹摋(말살) ①있는 것을 아주 없애버림 ②존재(存在)를 아주 무시(無視)함 * 抹樓(말루) :마루. 집 안에 바닥과 사이를 띄워 깐 널빤지 * 一抹(일말) :어떤 감정(感情)이 없지 않아 약간 있음	<말살정책> 주둔지(駐屯地)의 존재(存在)를 무시(無視)하고 정통성(正統性)을 아주 없애버리는 정책(政策)을 쓰고
摋	扌(手) <칠 살 / 지워없앨 살> ①치다, 손바닥으로 후려 갈기다 ②지우다, 지워 없애다 ③뒤섞이다	* 抹摋(말살) :抹殺(말살). 있는 것을 아주 없애버림 * 臂摋(비살) :팔로 치다 <公羊傳>(莊公十二年)宋萬臂摋仇牧碎首(송만비살구목쇄수) :송만이 팔로 구목을 쳐 죽이고 머리를 부수었다	
政	攵(攴)<정사 정> ①정사(政事), 나라를 다스리는 일 ②정사(政事)를 행하는 법(法), 법규(法規) ③구실(온갖 稅納을 통틀어 이르던 말)	* 政策(정책) :정치적(政治的) 목적(目的)을 실현(實現)하기 위하여 꾀하는 방법(方法) * 政府(정부) :국가(國家)를 다스리는 기관(機關) * 政治(정치) :국가(國家) 권력(權力)으로 나라를 다스리는 일	
策	竹 <꾀 책 / 채찍 책> ①꾀, 계책(計策) ②대쪽, 점대(占), 산가지(算) ③제비, 추첨(抽籤) ④채찍	* 警策(경책) :정신을 차리게 하는 데 쓰는 대나무 막대기나 채찍 * 對策(대책) :귀현(貴顯)의 순문(詢問)에 대답(對答)하는 책문(策文) * 束手無策(속수무책) :손을 묶인 듯 어찌 할 방책(方策)이 없음 * 糊口之策(호구지책) :겨우 입에 풀칠하는 방책(方策)	

한자	뜻	낱말	풀이
旦	日 <아침 단> ①아침, 해 돋을 무렵 ②(밤을)새우다, (밤이)새다 ③환한 모양, 누그러지는 모양, 정성(精誠)스러운 모양	* 旦夕(단석) :①아침과 저녁. 짧은 시간 ②위급(危急)한 시기(時期)나 상태(狀態)가 절박(切迫)한 모양 * 元旦(원단) :歲旦(세단). 설날 아침 * 一旦(일단) :①한번 ②일조(一朝) ③우선(于先) 잠깐	<단석핍박> 아침저녁으로 억누르고 괴롭게 굴어서 <절박(切迫)한 상황(狀況)으로 조여 오면서 억누르고 괴롭게 굴어서>
夕	夕 <저녁 석> ①저녁, (날이)저물다 ②밤, 밤일 ③끝, 연말(年末)·주기(週期)의 끝 ④서쪽(西)	* 朝夕(조석) :아침과 저녁. 조모(朝暮). 단모(旦暮) 흔석(昕夕) * 中夕(중석) :밤중 * 秋夕(추석) :음력(陰曆) 8월 15일. 한가위 * 七夕(칠석) :음력(陰曆) 7월 7일의 명절(名節)	
逼	辶(辵) <핍박할 핍> ①핍박하다(逼迫) ②닥치다, 가까이하다 ③몰다 ④좁다, 좁아지다, 쪼그라들다	* 逼迫(핍박) :①(사람을) 억누르고 괴롭히는 것 ②형편(形便)이 쪼들리거나 어려워 절박(切迫)한 상태(狀態) * 逼奪(핍탈) :①위협(威脅)하여 빼앗음 ②임금을 협박(脅迫)하여 그 자리를 빼앗음	
迫	辶(辵) <핍박할 박> ①핍박하다(逼迫) ②닥치다, 가까이하다, 다급하다 ③줄어들다 ④궁하다(窮 :가난하고 어렵다) ⑤다그치다	* 迫害(박해) :못견디게 굴어서 해(害)롭게 함 * 驅迫(구박) :못 견디게 몹시 굶. 학대(虐待)함 * 壓迫(압박) :①내리 누름 ②상대편(相對便)에게 겁을 줌 * 脅迫(협박) :을러메서 핍박(逼迫)함 * 窮寇勿迫 :窮寇莫追	

字	훈음	어휘	풀이
束	木 <묶을 속 / 약속할 속> ①묶다, 동여매다(두르거나 감거나 하여 묶다), (잡아)매다, (띠를)매다 ②결박하다(結縛) ③약속하다(約束)	* 束縛(속박) :몸을 자유(自由)롭지 못하게 얽어매거나 자유를 빼앗고 행동(行動)을 제한(制限)하는 것 * 拘束(구속) :자유(自由)를 억제(抑制)하고 속박(束縛)함 * 約束(약속) :언약(言約)하여 정(定)함	<속박위축> 자유(自由)롭지 못하게 얽어매어서 힘에 눌려서 기(氣)를 펴지 못하게 되니
縛	糸 <얽을 박> ①얽다, 동이다(끈이나 실 따위로 감거나 둘러 묶다), 묶다, 포박하다(捕縛) ②매이다, 구속되다(拘束)	* 繫縛(계박) :①얽어맴 ②속박(束縛)되어 자유(自由)를 잃음 * 結縛(결박) :자유(自由)롭지 못하도록 몸을 묶음 * 縛之打之(박지타지) :몸을 묶어 놓고 마구 때림 * 自繩自縛(자승자박) :자기(自己)의 줄로 자기(自己)를 묶음	
萎	艹(艸·草) <시들 위> ①시들다, 마르다 ②쇠미하다(衰微 :쇠잔하고 미약하다) ③둥굴레(백합과의 여러해살이풀)	* 萎縮(위축) :①마르고 시들어서 오그라지고 쪼그라듦 ②우그러져 펴지 못함 * 萎落(위락) :시들어 떨어짐 * 萎靡沈滯(위미침체) :활기가 없어 발전(發展)의 기미가 없음	
縮	糸 <줄어들 축> ①줄이다, 감축하다(減縮) ②오그라들다, 물러서다 ③(단으로)묶다	* 縮小(축소) :줄여서 작아짐, 또는 작게 함 * 減縮(감축) :덜리고 줄어서 적어짐. 덜고 줄여서 적게 함 * 短縮(단축) :짧게 줄어듦, 또는 짧게 줄임 * 一縮一伸(일축일신) :줄였다 늘였다 함	

字	훈음	어휘	풀이
衰	衣 <쇠할 쇠> ①쇠하다(衰) ②약하다(弱) ③줄다, 줄이다(최) ④상옷(최)	* 衰頹(쇠퇴) :衰退(쇠퇴). 기세나 상태가 쇠하여 전보다 못하여 감. 퇴폐(頹廢)하다. 퇴락(頹落)하다. * 衰退(쇠토) :쇠하여 점차로 물러남. 전보다 못해짐 * 衰弱(쇠약) :몸이 쇠하여 약함	<쇠퇴건붕> 쇠약(衰弱)하여 져서 그전(前)만 못해지다가 이지러져 아주 무너져서
頹	頁 <무너질 퇴 / 턱 퇴 / 대머리 퇴> ①무너지다, 무너뜨리다, 기울어지다 ②쇠하다(衰), 쇠퇴하다(衰退·衰頹) ③턱, 아래턱, 턱뼈 ④대머리	* 頹落(퇴락) :무너져 떨어짐 * 崩頹(붕퇴) :崩壞(붕괴) * 頹俗(퇴속) :쇠퇴(衰退)하여 퇴폐(頹廢)한 풍속(風俗) * 頹廢(퇴폐) :쇠퇴(衰退)하여 결딴남 * 頹風(퇴풍) :頹俗(퇴속). 퇴폐한 풍속(風俗)	
騫	馬 <이지러질 건> ①이지러지다(불쾌한 감정 따위로 얼굴이 일그러지다) ②느리다, 둔하다(鈍) ③(고개를)들다 ④허물(愆)	* 騫崩(건붕) :훼손(毁損)되어 무너짐 * 騫騫(건건) :①가볍고 방자한 모양 ②날으는 모양 * 騫馬(건마) :劣馬(열마), 駑馬(노마). 느린 말 * 騫汚(건오) :①몸을 상하게 함 ②이름을 더럽힘	
崩	山 <무너질 붕> ①무너지다, 무너뜨리다 ②훼손되다(毁損) ③(천자가)죽다	* 崩壞(붕괴) :崩潰(붕궤) 崩頹(붕퇴). 허물어져 무너짐 * 崩御(붕어) :임금이 세상(世上)을 떠나는 것 * 天崩地壞(천붕지괴) :하늘이 무너지고 땅이 꺼짐 * 天崩之痛(천붕지통) :임금이나 아버지를 잃은 슬픔	

字	훈음	어휘	풀이
累	糸 <여러 루 / 폐 루> ①여러 ②자주, 거듭하다, 포개다, 연하다(連) ③폐를 끼치다, 폐, 누 ④연좌, 연루(連累·緣累) ⑤더럽히다	* 累代(누대) :여러 대(代). 역대(歷代). 대대(代代) * 連累(연루) :남이 저지른 죄(罪)에 관련(關聯)되는 것 * 累積(누적) :①포개져 쌓임 ②되풀이되어 심해지는 것 * 累次(누차) :여러 차례(次例). 누회(屢回·累回). 수차(數次)	<누대부용> 여러 대(代)에 걸쳐 힘이 센 큰 나라에 의지(依支)하여 속국(屬國)으로 지내면서
代	亻(人) <대신할 대 / 세대 대> ①대신하다(代身), 대리하다(代理) ②교체하다(交替·交遞), 번갈아들다 ③시대(時代) ④일생(一生) ⑤세대(世代)	* 代身(대신) :남을 대리(代理)함 * 代替(대체) :다른 걸로 바꿈 * 代表(대표) :어떤 일을 대신(代身)하여 하는 사람 * 世代(세대) :①세대. 연대(年代) ②대대(代代). 여러 대(代) * 時代(시대) :역사적(歷史的)으로 구분한 어떤 기간(期間)	
附	阝(阜) <붙을 부> ①붙다, 붙이다, 부착하다(附着·付着) ②부합하다(附合 :서로 맞대어 붙이다) ③가까이하다 ④의탁하다(依託·依托)	* 附庸(부용) :작은 나라가 큰 나라에 딸려서 붙음. 남의 힘에 기대어 따로 서지 못함. 예속(隷屬)됨. 속국(屬國) * 附近(부근) :어떠한 곳을 중심(中心)으로 하여 그에 가까운 곳 * 附與(부여) :지니거나 갖도록 해 줌 * 添附(첨부) :더하여 붙임	
庸	广 <용렬할 용 / 쓸 용 / 떳떳할 용> ①범상하다(凡常), 어리석다, 범인(凡人) ②쓰다, 고용하다(雇用) ④공적(功績) ③떳떳하다	* 庸劣(용렬) :못생기고 재주가 남만 못하고 어리석음 * 庸人(용인) :변변하지 못하고 범용(凡庸)한 사람 * 中庸 * 登庸(등용) :登用(등용). 인재(人材)를 골라 뽑아 씀 * 昏庸無道(혼용무도) :세상이 온통 어지럽고 무도(無道)함	

字	훈음	어휘	풀이
隷	隶 <종 례> ①종(남의 집에 딸려 천한 일을 하던 사람) ②붙다, 종속하다, 좇다, 부리다 ③죄인(罪人) ④서체(書體)의 이름	* 隷屬(예속) :어떤 것의 지배(支配) 아래 딸려서 매어 있음. * 奴隷(노예) :자유(自由)를 구속(拘束)당하고 남에게 부림을 받는 사람 * 隷下(예하) :딸림, 또는 딸린 사람	<예속공조> 남의 지배하(支配下)에 종속(從屬)되어 공물(貢物)과 조세(租稅)를 바치게 됨에
屬	尸 <무리 속> ①무리(모여서 뭉친 한 동아리) ②혈족(血族), 거느리다, 복종하다(服從) ③붙다, 부착하다(附着·付着)	* 繫屬(계속) :다른 것에 매여 딸림 * 金屬(금속) :쇠붙이 * 所屬(소속) :일정(一定)한 누리에 속(屬)함 * 直屬(직속) :직접적(直接的)으로 예속(隷屬)됨 * 耳屬于垣(이속우원) :담장에도 귀가 달렸다. 屬耳垣牆	
貢	貝 <바칠 공> ①바치다 ②공물(供物 :神靈이나 부처 앞에 바치는 물건) ③구실(夏나라 때의 稅法) ④이바지하다 ⑤천거하다(薦擧)	* 貢租(공조) :공물(貢物)과 조세(租稅) * 貢獻(공헌) :①사회(社會)에 이바지함 ②공물(貢物)을 바침 * 朝貢(조공) :옛날 종주국(宗主國)에 속국(屬國)이 때맞추어 예물(禮物)로 물건(物件)을 바치는 일	
租	禾 <구실 조> ①구실(口實 :온갖 세납을 통틀어 이르던 말), 조세(租稅) ②징수하다(徵收) ③임대료(賃貸料), 세들다 ④벼, 겉곡	* 租稅(조세) :나라에서 국민으로부터 거둬들이는 세금(稅金) * 租賦(조부) :租稅(조세) * 租金(조금) :임대료(賃貸料). 차임(借賃). 조비(租费), 조전(租钱), 租价(조개)	

侮	亻(人) <업신여길 모> ①업신여기다 ②조롱하다(嘲弄)	* 侮蔑(모멸) :업신여겨 얕봄. 깔봄 * 侮辱(모욕) :깔보고 욕(辱)보임 * 凌侮(능모) :남을 능멸(凌蔑)하고 모욕(侮辱)함 * 受侮(수모) :남에게 모멸(侮蔑)을 당(當)함	<모멸치욕> 남이 깔보아 업신여기게 되니 부끄럽고 욕(辱)된 일이 되었느니라.
蔑	++(艸·草) <업신여길 멸> ①업신여기다, 욕되게 하다, 모독하다(冒瀆) ②코피를 흘리다, 더럽히다 ④깎다 ⑤버리다	* 蔑視(멸시) :업신여김 * 輕蔑(경멸) :어떤 사람이나 태도(態度) 등(等)을 낮추어 보거나 업신여겨 싫어하거나 미워함 * 凌蔑(능멸) :(사람을) 업신여겨 깔보는 것	
恥	心 <부끄러울 치> ①부끄러워하다, 부끄럽게 여기다 ②욕보이다(辱, 창피(猖披)를 주다 ③부끄러움을 당함, 욕(辱), 치욕(恥辱)	* 恥辱(치욕) :부끄럽고 욕(辱)됨. 불명예(不名譽) * 羞恥(수치) :당당하거나 떳떳하지 못하여 느끼는 부끄러움 * 廉恥(염치) :남에게 신세를 질 때 부끄럽고 미안한 마음 * 厚顔無恥(후안무치) :얼굴이 두껍고 부끄러움이 없다	
辱	辰 <욕될 욕> ①욕되다(辱), 수치스럽다(羞恥) ②욕보이다(辱), 모욕(侮辱)을 당하다 ③치욕(恥辱), 수치(羞恥)	* 辱說(욕설) :저주(咀呪)하거나 미워하는 말. 방언(謗言) * 侮辱(모욕) :깔보고 욕(辱)보임 * 汚辱(오욕) :남의 이름을 더럽히고 욕되게 함 * 壽則多辱(수즉다욕) :오래 살면 욕됨이 많다는 뜻	

靜	靑 <고요할 정> ①고요하다(조용하고 잠잠하다) ②조용히, 조용하게 하다 ③쉬다, 휴식하다(休息)	* 靜肅(정숙) :고요하고 엄숙(嚴肅)함 * 鎭靜(진정) :요란(擾亂)한 상태(狀態)를 조용하게 가라앉힘 * 安靜(안정) :편안(便安)하고 고요함 * 冷靜(냉정) :감정(感情)에 사로잡히지 아니하고 차분함	<정숙청강> 고요하고 엄숙(嚴肅)하게 강론(講論)을 듣고 나서
肅	聿 <엄숙할 숙> ①엄숙하다(嚴肅) ②정중하다(鄭重) ③공경하다(恭敬) ④삼가다 ⑤엄하다(嚴 :매우 철저하고 바르다)	* 肅然(숙연) :엄숙(嚴肅)하고 삼가는 모양(模樣) * 肅正(숙정) :부정(不正)을 엄(嚴)하게 바로 잡음. * 嚴肅(엄숙) :위엄(威嚴)있고 정중(鄭重)함 * 自肅(자숙) :스스로 행동(行動)을 조심하는 것	
聽	耳 <들을 청> ①귀로 듣다, 들어주다 ②판결하다(判決) ③받아들이다, 허락하다(許諾) ④따르다(順從) ⑤엿보다, 염탐하다(廉探)	* 聽講(청강) :강의(講義)를 들음 * 盜聽(도청) :몰래 엿들음 * 聽聞(청문) :①퍼져 돌아다니는 소문(所聞) ②연설(演說) 따위를 들음 ③의견을 직접 듣는 행정절차 * 視聽(시청) :눈으로 보고 귀로 들음	
講	言 <외울 강 / 익힐 강 / 설명할 강> ①외우다, 외다, 암송하다(暗誦) ②배우다, 익히다, 연구하다(硏究) ③설명하다(說明), 풀이하다, 이야기하다	* 講究(강구) :좋은 방법(方法)을 조사(調査)하여 궁리(窮理)함 * 講師(강사) :수업(授業)을 위해 강의(講義)를 맡은 사람 * 講義(강의) :글이나 학설(學說)을 설명(說明)하여 가르침 * 講演(강연) :사물(事物)의 뜻을 부연(敷衍)하여 논술(論述)함	

冀	八 <바랄 기> ①바라다, 하고자 하다 ②바라건대 ③기록하다(記錄)	* 冀望(기망) :冀願(기원). 希冀(희기). 희망(希望). 어떤 일을 이루고자 기대(期待·企待)하고 바람 * 冀圖(기도) :바라는 것을 이루려고 꾀함 * 幸冀(행기) :다행(多幸)을 바람. 행여나 하여 바람	<기습이오> 숙달(熟達)되게 익히고자 글 읽는 소리가 들리기를,
謵	言 <익힐 습 / 익달할 습> ①익히다, 익달하다 ②겁먹고 말하다 ③속삭이다	* 謵讋(습섭) :겁을 먹어서 말이 바르지 못한 것 * 服謵(복습) :익숙하게 익혀서 익달하게 함	
咿	口 <선웃음칠 이 / 글 읽는 소리 이> ①선웃음 치다 ②글 읽는 소리	* 咿啞(이아) :어린아이가 말 배우는 소리. 어눌한 말 * 咿喔(이악) :①닭우는 소리 ②선웃음 소리 ③노젓는 소리 * 咿呦(이유) :①사슴 우는 소리 ②이야기하는 소리 * 咿伊(이이) :벌레의 우는 소리	
唔	口 <글 읽는 소리 오> ①글 읽는 소리(讀書聲) ②나 ③깨다	* 咿唔(이오) :伊吾(이오). 글을 읽는 소리 <康熙字典>伊吾吟哦聲 亦作咿唔	

洙	氵(水) <물가 수> ①물가(물이 있는 곳의 가장자리) ②물의 이름 ③강(江)의 이름	* 洙泗(수사) :중국(中國)의 수수(洙水)와 사수(泗水). 공자(孔子)가 이 근처에서 강학(講學) 활동을 했다 하여 공자(孔子)의 도(道)를 지칭(指稱)	<수사고의> 공자(孔子)의 학문(學問)은 의기(欹器)가 제시(提示)하는 뜻을 상고(詳考)하는 학문(學問)으로 <유학(儒學)은 중용(中庸)의 學問으로>
泗	氵(水) <물이름 사> ①물의 이름 ②콧물	* 涕泗(체사) :울어서 흐르는 눈물이나 콧물 따위 * 泗上(사상) :공자(孔子)의 문(門). 공자(孔子)가 회수(淮水)의 支流인 泗水 가에서 道를 가르친 데서 유래함 * 泗上弟子(사상제자) :공자(孔子)의 제자(弟子)	
攷	攵(攴) <생각할 고 / 살필 고> ①생각하다, 깊이 헤아리다 ②살펴보다, 관찰하다(觀察) ③시험(試驗), 고사(考査) ④사체(史體)의 한 가지	* 論攷(논고) :論考(논고). 여러 문헌(文獻)을 고증(考證)하여 사리(事理)를 논술(論述)하여 밝힘 * 雜攷(잡고) :가지가지 사항(事項)을 질서(秩序) 없이 고찰(考察)한 생각, 또는 그러한 책(冊)	
欹	欠 <아!(감탄사) 의 / 기울 의> ①아!(감탄사) ②브라보 ③기울다, 비뚤어지다 ④기대다, 의지하다(依支)	※ 攲·敧(기울 기)와 뜻이 類似 * 欹器(의기) :의(欹)는 기운다는 뜻으로, '넘치지도 모자라지도 않고 알맞게' 처신토록 경계하는 데 사용한 그릇으로 중용(中庸)의 뜻과 상통하는 점이 있다.	

麒	鹿 <기린 기> ①(수컷)기린(麒麟) ②태평성대(太平聖代)에 나타나는 신령(神靈)한 짐승	* 麒麟(기린) :①기린 ②성인(聖人)이 세상에 나오면 나타난다고 하는 고대(古代) 전설상(傳說上)의 길상(吉祥)을 상징(象徵)하는 동물(動物) * 麒麟兒(기린아) :슬기와 재주가 남달리 뛰어난 젊은이	<기린증회> 기린(麒麟)의 출현(出現)은 일찍부터 바라던 일이었다. <聖人의 出現을 알리는 麒麟의 出現은 일찍부터 바라던 일이었다>
麟	鹿 <기린 린> ①(암컷)기린(麒麟) ②큰 사슴의 수컷 ③빛나는 모양	* 吾家麒麟(오가기린) :자기 자식(子息)의 준수함을 칭찬(稱讚) * 鳳麟芝蘭(봉린지란) :봉황(鳳凰)과 기린(麒麟)같이 잘난 남자(男子)와 지초(芝草)와 난초(蘭草)같이 예쁜 여자(女子). 젊은 남녀의 아름다움을 형용	
曾	曰 <일찍 증> ①일찍, 이미, 이전에 ②이에 ③거듭, 겹치다, 포개다 ④더하다(增), 늘다, 늘어나다	* 曾孫(증손) :아들의 손자 * 曾祖(증조) :할아버지의 아버지 * 未曾有(미증유) :지금까지 아직 한 번도 있어 본 적이 없음 * 曾參殺人(증삼살인) :曾參(曾子)이 사람을 죽였다는 뜻으로, 거짓말도 되풀이해 들으면 믿어버리게 된다는 말	
希	巾 <바랄 희> ①바라다, 희망하다(希望) ②동경하다(憧憬), 사모하다(思慕), 앙모하다(仰慕)	* 希望(희망) :앞일에 대(對)하여 기대(期待)를 가지고 바람 * 希幸(희행) :希望(희망) * 希冀(희기) :希望(희망) * 抱炭希涼(포탄희량) :숯불을 안고 서늘하기를 바란다. <比喩>행동(行動)과 목적(目的)이 상치(相馳)됨	

顔	頁 <얼굴 안> ①얼굴, 낯, 안면(顔面), 이마(앞머리) ②표정(表情), 드러나다 ③체면(體面), 명예(名譽), 면목(面目), 염치(廉恥)	* 顔面(안면) :①눈, 코, 입 등(等)이 있는 머리의 앞쪽 ②얼굴. 사람끼리 서로 아는 것 * 顔色(안색) :얼굴 빛 * :顔回(안회) :孔子의 수제자(首弟子) * 破顔大笑(파안대소) :얼굴이 찢어지도록 크게 웃음	
孟	子 <맏 맹> ①맏, 첫, 처음, 맏이, 여러 형제나 자매 중에서 제일 손위 ②우두머리, 크다 ③힘쓰다, 애쓰다 ④孟子의 略稱	* 顔孟(안맹) :안자(顔子)와 맹자(孟子) 顔子는 顔回의 높임말이고, 공자(孔子)의 首弟子였고, 孟子는 공자(孔子)가 죽고 100여년 후에 태어나 孔子의 적통(嫡統)을 이었다고 평가(評價)함	<안맹아공> 안자(顔子)와 맹자(孟子)는 공자(孔子)에 버금가는 사람으로
亞	二 <버금 아> ①버금(으뜸의 바로 아래) ②아세아(亞細亞)의 준말 ③동서(同壻) ④무리, 동아리	* 亞流(아류) :①으뜸에 다음가는 사람이나 사물(事物) ②문학·학문·예술 분야에서 모방(模倣)하는 일 * 亞聖(아성) :유학(儒學)에서 공자(孔子) 다음으로 가는 현인(賢人). 맹자(孟子)를 지칭(指稱).	
孔	子 <구멍 공> ①구멍, 굴 ②공자(孔子)의 약칭(略稱) ③동전(銅錢) ④매우, 심히 ⑤깊다 ⑥비다, 공허하다(空虛)	* 孔子(공자) :중국(中國) 춘추시대(春秋時代)의 철학자(哲學者)·사상가(思想家). 유교(儒敎)의 비조(鼻祖) * 鼻孔(비공) :콧구멍 * 穿孔(천공) :구멍을 뚫음. 또는 구멍이 뚫림	

碩	石 <클 석> ①크다 ②머리가 크다 ③차다, 충실하다(充實) ④단단하다	* 碩儒(석유) :거유(巨儒). 대유(大儒). 대학자(大學者) * 碩士(석사) :벼슬이 없는 선비를 높이어 부르는 말 * 碩學(석학) :학문(學問)이 아주 깊은 경지(境地)에 이른 사람을 우러르는 뜻에서 이르는 말	
儒	亻(人) <선비 유> ①선비(학식은 있으나 벼슬하지 않은 사람을 이르던 말), 학자(學者) ②유교(儒敎), 유가(儒家)	* 儒學(유학) :공자(孔子)의 도(道)를 배우는 선비 공부(工夫)로서의 동양(東洋) 철학(哲學) * 焚書坑儒(분서갱유) :진(秦)나라의 시황제(始皇帝)가 책(冊)을 불태우고 선비들을 생매장(生埋葬)해 죽인 일	<석유당사> 큰 유학자(儒學者)로 바른 말을 펼친 선비로서
讜	言 <곧은말 당> ①곧은 말, 바른말, 직언(直言) ②선언 ③맞다	* 讜論(당론) :이치(理致)에 바른 언론(言論) * 讜言(당언) :①곧은 말 ②이치(理致)에 맞는 말 * 讜直(당직) :말이 충성(忠誠)스럽고 곧음. 마음이 곧음 * 忠讜(충당) :忠直(충직) 충성스럽고 곧음	
士	士 <선비 사> ①선비(學識은 있으나 벼슬하지 않은 사람을 이르던 말) ②관리(官吏), 벼슬아치 ③사내, 남자(男子), 병사(兵士)	* 人士(인사) :사회적(社會的)인 지위(地位)가 있는 사람 * 博士(박사) :①교수(敎授)나 전문기술(專門技術) 종사자(從事者)에게 주던 벼슬 ②최고위(最高位) 학위(學位) * 士農工商(사농공상) :선비·農夫·工匠·商人 네 가지 신분	

泰	氺(水) <클 태> ①크다 ②심하다(甚 :정도가 지나치다) ③편안하다(便安) ④교만하다(驕慢) ⑤너그럽다 ⑥통하다(通)	* 泰斗(태두) :태산북두(泰山北斗)의 준말. 학문(學問)이나 예술(藝術) 방면(方面)에 권위(權威)가 있는 사람 * 泰平(태평) :太平(태평) 세상이 무사(無事)하고 평안(平安)함 * 泰然自若(태연자약) :동요(動搖)하지 않고 천연(天然)스러움	
師	巾 <스승 사> ①스승, 스승으로 삼다 ②전문적인 기예를 닦은 사람 ③군사(軍士), 군대(軍隊) ④벼슬아치	* 師道(사도) :스승된 사람으로서 지켜야 할 도리(道理) * 師事(사사) :스승으로 삼고 모시며 가르침을 받음 * 師表(사표) :학식과 덕행이 높아 사람의 모범이 될 만한 인물 * 敎師(교사) :학술(學術)이나 기예(技藝)를 가르치는 스승	<태사위재> 큰 스승이자 위대(偉大)한 인재(人才)였다
偉	亻(人) <클 위> ①크다 ②훌륭하다 ③위대하다(偉大) ④기이하다(奇異) ⑤성하다(盛) ⑥크다고 하다 ⑦들(복수를 나타냄)	* 偉才(위재) :훌륭한 재지(才智), 또는 그런 인물(人物) * 偉大(위대) :뛰어나고 훌륭함 * 偉人(위인) :뛰어나고 위대(偉大)한 사람 * 偉業(위업) :위대(偉大)한 사업(事業)이나 업적(業績)	
才	才 <재주 재> ①재주 ②재능(才能)이 있는 사람 ③근본(根本), 바탕, 기본(基本) ④겨우, 조금 ⑤결단하다(決斷)	* 才能(재능) :재주와 능력 * 才質(재질) :재주와 타고난 바탕 * 英才(영재) :뛰어난 재주, 또는 그런 재주를 가진 사람 * 秀才(수재) :학문(學問)과 재능(才能)이 매우 뛰어난 사람 * 三才(삼재) :하늘(=天)과 땅(=地)과 사람(=人)	

한자	뜻	용례	풀이
凌	冫(氷) <업신여길 릉 / 능가할 릉> ①업신여기다 ②능가하다(凌駕 :능력이나 수준 따위가 비교 대상을 훨씬 넘어서다)	* 凌駕(능가) :무엇에 비교(比較)하여 그보다 훨씬 뛰어남 * 凌蔑(능멸) :(사람을) 업신여겨 깔보는 것. 凌侮(능모) * 凌辱(능욕) :①업신여겨 욕보임 ②여자(女子)를 강간(强姦)함 * 以少凌長(이소능장) :젊은이가 어른을 능욕(凌辱)함	<능가범상> 그들은 예사로움을 넘어서 뛰어났고,
駕	馬 <멍에 가 / 어거할 가> ①멍에(마소의 목에 얹는 구부러진 막대) ②임금이 타는 수레 ③어거하다(馭車 :수레를 메운 소나 말을 부리어 몰다)	* 駕수(가마) :<借音>"駕馬"와 같다. ※ 수는 ケ와 同字 * 車駕(거가) :①임금이 타는 수레 ②임금의 행차(行次) * 御駕(어가) :鳳駕(봉가) 임금이 타던 수레 * 尊駕(존가) :지위(地位)가 높고 귀(貴)한 사람의 탈 것.	
凡	几 <무릇 범> ①무릇, 대체로 보아 ②모두, 다, 전부 ③보통(普通), 범상(凡常), 예사(例事) ④대강(大綱), 개요(概要) ⑤상도(常度)	* 凡常(범상) :대수롭지 않고 예사(例事)로움. 평범(平凡)함 * 凡人(범인) :평범(平凡)한 사람 * 凡例(범례) :일러두기 * 凡節(범절) :법도(法度)에 맞는 모든 질서(秩序)나 절차(節次) * 平凡(평범) :뛰어난 점(點)이 없이 보통(普通)임	
常	巾 <떳떳할 상 / 항상 상 / 보통 상> ①떳떳하다, 도리(道理), 법도(法道) ②항상(恒常), 늘, 언제나, 평소(平素) ③평범하다(平凡) 범상(凡常), 예사(例事)	* 常識(상식) :일반인(一般人)의 보편적(普遍的) 지식(知識) * 無常(무상) :상주(常住)하는 것이 없이 늘 변(變)함. 덧없음 * 正常(정상) :특별한 변동(變動)이 없이 제대로인 상태(狀態) * 恒常(항상) :내내 변(變)함없이. 언제나. 또는, 자주, 늘	

한자	뜻	용례	풀이
怜	忄(心) <영리할 령> ①영리하다(怜悧·伶俐), 지혜롭다(智慧) ②불쌍히 여기다(연)	* 怜悧(영리) :伶俐(영리). ①눈치가 빠르고 똑똑함 ②슬기롭고 민첩(敏捷)함 * 怜憫(영민) :怜愍(영민). 怜念(영념). 가엾이 여기다 * 怜質(영질) :영리(怜悧)한 성질(性質), 슬기로운 바탕	<영리혜안> 똑똑하고 민첩(敏捷)하며 지혜(智慧)로운 안목(眼目)을 가졌으며,
悧	忄(心) <똑똑할 리> ※ 俐와 同 ①똑똑하다, 영리하다(怜悧·伶俐) ②약다	* 伶牙俐齒(영아이치) :말솜씨가 좋음 * 伶俐猫夜眼不見(영리묘야안불견) :<俗>영리한 고양이가 밤눈이 어둡다. <比喩>매우 영리하여 못할 일이 없는 사람이라도 부족하고 어두운 점이 있음	
慧	心 <슬기로울 혜> ①슬기롭다, 총명하다(聰明), 사리에 밝다 ②교활하다(狡猾), 간교하다(奸巧) ③상쾌하다(爽快), 시원스럽다	* 慧眼(혜안) :①사물(事物)을 밝게 보는 슬기로운 눈 ②오안(五眼)의 하나. 모든 집착(執着)과 차별(差別)을 떠나 진리(眞理)를 밝히 보는 눈 * 慧敏(혜민) :재빠르고 슬기로움	
眼	目 <눈 안> ①눈, 눈동자, 안광(眼光), 시력(視力) ②요점(要點) ③어린 싹	* 眼目(안목) :사물(事物)을 분별(分別)하는 견식(見識) * 瞥眼間(별안간) :눈 깜짝할 동안, 갑자기, 난데없이 * 白眼視(백안시) :업신여기거나 냉대(冷待)하여 흘겨봄 * 眼下無人(안하무인) :눈 아래에 사람이 없는 듯이 거만함	

한자	뜻	용례	풀이
品	口 <물건 품> ①물건(物件), 물품(物品) ②등급(等級), 품계(品階) ③품격(品格), 품위(品位)	* 品格(품격) :①물건(物件)의 좋고 나쁨의 정도(程度) ②품위(品位). 기품(氣品) ③성품(性品). 품행(品行) * 品質(품질) :물품(物品)의 성질(性質), 물건(物件)이 된 바탕 * 品行(품행) :품성(品性)과 행실(行實) * 物品(물품) :쓸 물건	<품격척당> 사람된 인격(人格)이 뜻이 크고 기개(氣概)가 있었으므로,
格	木 <격식 격> ①격식(格式), 법식(法式) ②자리, 지위(地位) ③인격(人格), 인품(人品)	* 格調(격조) :체제에 맞는 격과 운치(韻致)에 어울리는 가락 * 價格(가격) :물건(物件)이 지니고 있는 값어치의 돈 * 性格(성격) :사람이 갖는 저마다의 특유(特有)한 감정(感情) * 資格(자격) :어떠한 경우(境遇)에 필요로 하는 조건(條件)	
倜	亻(人) <기개있을 척> ①기개(氣概) 있다 ②얽매이지 않는 모양 ③높이 들다, 번쩍 들다 ③소탈하다(疏脫) ④소원(疏遠)한 모양	* 倜儻(척당) :倜攩(척당) 뜻이 크고 기개(氣概)가 있음 * 倜然(척연) :①뛰어나다 ②초연(超然)하다 ③소원(疏遠)하다 * 倜儻不羈(척당불기) :기개(氣概)가 있고, 뜻이 커서 남에게 눌려 지내지 않음을 이르는 말	
儻	亻(人) <빼어날 당> ①빼어나다, 뛰어나다 ②마음대로 ③갑자기, 별안간(瞥眼間) ④만일(萬一), 혹시(或是)	※ 儻은 黨과 通用. 倘으로도 씀 * 儻佯(당양) :뜻을 잃고 배회함 * 同儻(동당) :같은 무리 * 大儻(대당) :큰 무리. 큰 떼. 大倘(대당). 同儻(동당) * 作儻(작당) :떼를 지음. 무리를 이룸.	

한자	뜻	용례	풀이
襟	衤(衣) <옷깃 금> ①옷깃, 앞섶(두루마기나 저고리의 깃 아래에 달린 긴 헝겊) ②가슴, 마음, 생각	* 襟韻(금운) :마음씨와 인품(人品) * 襟度(금도) :남을 용납(容納)할 만한 도량(度量) * 斂襟(염금) :옷깃을 여밈의 뜻으로, 예의(禮儀)를 차림을 뜻함 * 宸襟(신금) :임금의 마음 * 胸襟(흉금) :가슴 속에 품은 생각	<금운회자> 그의 마음씨와 인품(人品)이 생선회와 구운 고기 <그의 마음씨와 인품이 널리 세상 사람들의 입에 오르내리고 있다>
韻	音 <운 운> ①운(韻 :漢字의 音節에서 聲母를 除外한 부분) ②운치(韻致), 정취(情趣) ③소리, 음향(音響), 여운(餘韻) ④취향(趣向)	* 韻致(운치) :고아(高雅)한 품격(品格)을 갖춘 멋 * 韻律(운율) :시문(詩文)의 음성적(音聲的) 형식(形式) * 韻文(운문) :운자(韻字)를 끝에 사용(使用)하여 성조(聲調)를 고른 글. 시(詩), 부(賦) 등의 율어(律語)	
膾	月(肉) <회 회> ①회(膾 :얇게 썬 고기) ②회치다 ③얇게 썰다	* 膾炙(회자) :회(膾)와 구운 고기(炙). <比喩>널리 칭찬(稱讚)을 받으며 사람의 입에서 입으로 전(傳)해지는 것 * 生鮮膾(생선회) :생선(生鮮)의 살을 잘게 썰은 고기	
炙	火 <구울 자(적)> ①굽다, ②고기구이 ③가까이하다	* 炙串(적꼬치) :<借音>적꼬치. 산적을 꿰는 꼬챙이 * 炙烈(적렬) :열렬(熱烈)하다. 매우 뜨겁다. * 殘杯冷炙(잔배냉적) :마시다 남은 술과 다 식은 구운 고기. <比喩>보잘것없는 주안상으로 푸대접 받음	

課	言 <공부할 과 / 부과할 과> ①공부하다(工夫) ②시험하다(試驗) ③과정(科程) ④과목(科目) ⑤매기다, 부과하다(賦課), 조세(租稅)	* 課題(과제) :주어진 문제(問題)나 임무(任務) * 課稅(과세) :세금(稅金)을 매김 * 課程(과정) :과업(課業)의 정도(程度) * 賦課(부과) :세금(稅金) 따위를 매기어 물게 함	<과제부여> (스승이) 부과(賦課)된 문제(問題)를 나누어 주어서 보아하니,
題	頁 <제목 제 / 글쓸 제> ①제목(題目), 머리말, 이마(앞머리) ②물음 ③품평(品評), 값을 매기다 ④적다, 글을 쓰다	* 題目(제목) :내용을 대표하거나 요약(要約)해서 붙이는 이름 * 題下(제하) :제목(題目) 아래 (例)'인권'이라는 題下의 글 * 問題(문제) :해답(解答) 따위를 얻으려고 낸 물음 * 宿題(숙제) :두고 생각하거나 해결(解決)해야 할 문제(問題)	
賦	貝 <부세 부 / 문체 부> ①부세(賦稅 :세금을 부과하는 일), 口實 ②문채(文彩 :문장의 멋)의 이름, (詩歌를)짓다 ③군비(軍費), 군사(軍士)	* 賦與(부여) :나누어 줌. 지니거나 갖도록 해 줌. * 賦課(부과) :①세금(稅金)을 물림 ②책임(責任)을 지움 * 賦與(부여) :추가 지니거나 갖도록 해 줌 * 天賦(천부) :하늘이 주었다는 뜻으로, 타고난 것. 先天的	
與	臼 <더불 여 / 줄 여> ①더불다, 같이하다, 참여하다(參與) ②간여하다(干與), 간섭하다(干涉) ③주다, 베풀어주다, 허락하다(許諾)	* 參與(참여) :참가(參加)하여 관계(關係)함 * 與否(여부) :그러함과 그러하지 아니함 * 寄與(기여) :도움이 되는 구실을 하는 것. 이바지, 보내어 줌 * 與世浮沈(여세부침) :세상(世上)과 더불어 변(變)을 같이함	

蒸	艹(艸·草) <찔 증> ①찌다, (증기로)데우다 ②김이 오르다, 증발하다(蒸發·烝發)	* 蒸氣(증기) :수증기(水蒸氣)의 준말. 液體가 氣體로 化한 것 * 蒸發(증발) :액체(液體)가 기체(氣體)로 變하는 현상(現象) * 蒸溜(증류) :蒸氣를 냉각(冷却)시켜 다시 액체(液體)로 만듦 * 水蒸氣(수증기) :물이 증발(蒸發)하여 기체(氣體)로 된 것	<증증빙열> <問> 물을 데워서 김이 오르려면? <答> 열(熱)을 불러와야 함
烝	灬(火) <김오를 증> ①김이 오르다 ②찌다, 무덥다 ③(희생을)올리다, 받치다 ④치붙다, 사통하다(私通)	* 烝溜(증류) :蒸溜(증류). 가열한 기체를 액체로 환원(還元)함 * 烝熱(증열) :蒸熱(증열). 蒸炎(증염). 찌는 듯한 더위 * 烝製(증제) :蒸製(증제). 김을 올려 쪄내어 제조(製造)함 * 上烝(상증) :上淫(상음). 자기보다 지위가 높은 여자와 사통함	
聘	耳 <부를 빙 / 장가들 빙> ①부르다 ②찾아가다, 안부를 묻다 ③구하다(求) ④장가들다	* 聘家(빙가) :妻家(처가) 아내의 본집, 아내의 친정(親庭) * 聘父(빙부) :아내의 친정(親庭) 아버지. 장인(丈人) * 聘丈(빙장) :남의 장인(丈人)의 존칭(尊稱) * 聘母 :丈母 * 招聘(초빙) :예(禮)를 갖춰 불러 맞아들임	
熱	灬(火) <더울 열> ①덥다, 더위, 더운 기운, 타다, 태우다 ②높은 체온(體溫) ③바쁘다, 성하다(盛) ④몸이 달다, 흥분하다(興奮)	* 熱氣(열기) :①뜨거운 기운(氣運) ②높은 신열(身熱) * 熱風(열풍) :①뜨거운 바람 ②사막(砂漠)의 뜨거운 바람 * 加熱(가열) :물체(物體)에 열(熱)을 가함 * 以熱治熱(이열치열) :열(熱)은 열(熱로)써 다스린다	

湯	氵(水) <끓일 탕> ①끓이다 ②끓인 물 ③온천(溫泉) ④목욕간(沐浴間)	* 湯藥(탕약) :湯劑(탕제) 달여서 먹는 한약(韓藥) * 浴湯(욕탕) :沐浴湯(목욕탕) * 醒酒湯(성주탕) :해장국 * 雜湯(잡탕) :고기, 채소(菜蔬), 고명 따위를 뒤섞어서 끓인 국 * 金城湯池(금성탕지) :매우 견고(堅固)한 성(城)과 해자(垓子)	<탕야비등> <問> 물이 끓는다는 것은? <答> 일정(一定) 온도(溫度)에 도달(到達)한 액체(液體) 안의 기화현상(氣化現狀)임
也	乙 <잇기 야 / 어조사 야> ①잇기(한곳에 대어 잇거나 한곳에 닿아서 붙는 일), 잇달다 ②어조사(語助辭), ~이다, ~느냐?, ~도다, ~구나	* 及其也(급기야) :마침내. 필경(畢竟)에는. 마지막에는 * 或也(혹야) :만일(萬一)에. 가다가 더러. 행여나 * 必也(필야) :必然(필연) * 獨也靑靑(독야청청) :홀로 푸르다 * 言則是也(언즉시야) :말인즉 옳다. 사리(事理)에 맞는다는 뜻	
沸	氵(水) <끓을 비> ①끓다, 끓이다, 끓는 물 ②들끓다, 분분히 일어나다 ③샘솟다, 용솟음치다(湧)(불)	* 沸騰(비등) :①액체(液體)가 끓어오름 ②물 끓듯 떠들썩해짐 * 沸騰點(비등점) :蒸氣點(증기점) * 沸波(불파) :물수리. 수릿과의 새 * 白沸湯(백비탕) :아무 것도 넣지 않고 맹탕으로 끓인 물	
騰	馬 <오를 등> ①오르다, 날다, 타다 ②도약하다(跳躍), 뛰어오르다, 뛰다 ③질주하다(疾走), 힘차게 달리다	* 騰達(등달) :立身出世함 * 昂騰(앙등) :물건값(物價)이 오름 * 急騰(급등) :물가(物價)나 시세(時勢) 따위가 갑자기 오름 * 暴騰(폭등) :물가(物價) 등이 갑자기 대폭적(大幅的)으로 오름 * 怒氣騰騰(노기등등) :성이 나서 노기(怒氣)가 얼굴에 가득함	

汽	氵(水) <물끓는김 기> ①물 끓는 김, 증기(蒸氣·烝氣) ②수증기(水蒸氣·水烝氣), (물이)마르다(흘) ③소금 못(鹽池)(헐)	* 汽罐(기관) :물을 끓여 증기(蒸氣)를 일으키는 장치(裝置) * 汽化(기화) :气化(기화)=氣化, 沸騰(비등), 蒸发(증발) * 汽車(기차) :증기(蒸氣) 기관차(汽罐車) * 汽笛(기적) :汽罐車나 선박(船舶)의 신호(信號) 장치(裝置)	<기관체구> <問> 물을 가열(加熱)해 증기(蒸氣)를 발생시키는 장치(裝置)는? <答> 사람의 수고로움을 대신(代身)해 줌
罐	缶 <두레박 관 / 물주전자 관> ①두레박, 양철통, 물주전자 ②물동이 (물을 긷는 데 쓰는 질그릇) ③질장구(우리나라 타악기의 하나)	* 茶罐(다관) :茶罐(차관) 차를 달이는 그릇. 차(茶)주전자 * 湯罐(탕관) :국을 끓이거나 약을 달이는 그릇 * 暖房罐(난방관) :煖房罐(난방관). 난방(暖房)을 위해 증기(蒸氣)를 공급(供給)하는 관(管)	
替	曰 <바꿀 체> ①바꾸다 ②쇠하다(衰), 쇠퇴하다(衰退·衰頹) ③폐하다(廢) ④멸망하다(滅亡)	* 替代(체대) :서로 바꿔 가며 대신(代身)함 * 代替(대체) :다른 것으로 바꿈 * 移替(이체) :서로 옮기어 바꿈 * 交替(교체) :역할(役割) 따위를 다른 사람이나 다른 것과 바꿈 * 凌替(능체) :陵替. 아래가 능범(凌犯)하여 위의 권위가 떨어짐	
劬	力 <수고로울 구> ①수고롭다, 애쓰다, 힘들이다 ②자주 하다 ③바쁘게 일하다	* 劬勤(구근) :부지런히 일함 * 劬勞日(구로일) :자기의 生日 * 劬勞(구로) :어머니가 자기(自己)를 낳느라 힘들어 수고함. 자식(子息)을 낳아 기르는 수고(手苦) * 劬勞之恩(구로지은) :자기를 낳아 기르신 어버이 은혜(恩惠)	

模	木 <본뜰 모 / 모호할 모> ①본뜨다, 본받다, 본(本), 본보기, 법(法), 법식(法式) ②모호하다(模糊) ③모양, 형상(形象·形像) ④거푸집	* 模擬(모의) :실제(實際)처럼 시험적(試驗的)으로 해 보는 일 * 模樣(모양) :겉으로 나타나는 생김새나 됨됨이 * 模糊(모호) :흐리어 똑똑하지 못함 * 曖昧模糊(애매모호) * 規模(규모) :구조(構造) 및 모양의 크기와 범위(範圍)	<모의시험> 실제(實際)의 시험(試驗)과 똑같은 방식(方式)으로 시험(試驗)을 보고 나서,
擬	扌(手) <비길 의 / 본뜰 의> ①비기다, 비교하다(比較), 견주다 ②헤아리다 ③본뜨다, 흉내내다, 모방하다(模倣·摸倣·摹倣)	* 擬聲語(의성어) :사물(事物)의 소리를 본뜬 말 * 擬態語(의태어) :사물(事物)의 모양이나 짓을 흉내낸 말 * 模擬試驗(모의시험) :실제(實際)처럼 그를 본떠서 실시(實施)해 보는 시험(試驗). 模擬考査(모의고사)	
試	言 <시험 시> ①시험(試驗), 시험하다(試驗), 떠보다 ②검증하다(檢證), 검사하다(檢査) ③훈련하다(訓鍊·訓練) ④사용하다(使用)	* 試驗(시험) :학업의 성취도를 실지(實地)로 증험(證驗)해 봄 * 試圖(시도) :무엇을 이루려고 계획(計劃)하거나 행동(行動)함 * 試案(시안) :시험적(試驗的)으로 만든 안(案) * 試行錯誤(시행착오) :실패(失敗)를 거듭하여 적용(適用)함	
驗	馬 <시험 험> ①시험(試驗), 검증하다(檢證) ②증험(證驗 :실지로 사실을 경험함) ③효과(效果), 효력(效力), 증거(證據)	* 驗功(험공) :공(功)의 많고 적음을 조사(調査)함. * 經驗(경험) :실제(實際)로 보고 듣고 겪은 일 * 實驗(실험) :실제(實際)로 시험(試驗)하는 것 * 體驗(체험) :몸소 경험(經驗)함. 또는, 그 경험(經驗)	

訐	言 <들추어낼 알> ①들추어내다 ②비방하다(誹謗) ③거리낌 없이 말하다(계)	* 訐犯(알범) :임금의 잘못을 들추어내서 임금의 비위를 거스름 * 排訐(배알) :남을 배척하고 허물을 들추어 냄 * 非訐(비알) :남의 허물을 들춰냄 * 訴訐(소알) :남의 허물을 들추어 내어 윗사람에게 말함	<알왜추초> 답(答)이 바르지 않은 것을 들춰내어 스승이 종아리를 때리면서
歪	止 <비뚤 왜 / 기울 왜> ①비뚤다, 바르지 아니하다 ②기울다	* 歪曲(왜곡) :사실(事實)과 다르게 해석하거나 그릇되게 함 * 歪力(왜력) :應力(응력), 變形力(변형력) 물체가 외부 힘의 작용에 저항하여 원형(原形)을 지키려는 힘	
箠	竹 <채찍 추> ①채찍 ②채찍질하다	* 箠楚(추초) :①종아리채 ②종아리를 침 * 鞭箠(편추) :채찍질 * 牛箠(우추) :소를 몰 때 쓰는 채찍 * 箠撻(추달) :매로 때림 * 疲馬不畏鞭箠(피마불외편추) :지친 말은 채찍을 두려워하지 않음. <比喩>곤궁하면 엄형을 각오하고라도 범죄함	
楚	木 <회초리 초 / 초나라 초> ①회초리, 매, 가시나무 ②매질하다, 아프다, 괴롭다 ③초나라(楚), 나라의 이름	* 楚撻(초달) :①어버이나 스승이 자식이나 제자의 잘못을 징계하기 위하여 회초리로 볼기나 종아리를 때림. ②닦달하거나 문초함. * 苦楚(고초) :괴로움과 어려움	

喬	口 <높을 교> ①높다, (높이)솟다 ②뛰어나다 ③교만하다(驕慢) ④악랄하다(惡辣) ⑤갈고리 ⑥위쪽으로 굽은 가지	* 喬木(교목) :줄기가 곧고 굵으며, 높이 자라는 나무 * 喬嶽(교악) :①높은 산 ②태산(泰山) * 喬松之壽 :오래 삶 * 出谷遷喬(출곡천교) :봄에 새가 산골짜기에서 나와 높은 나무 위에 올라앉는다. <比喩>출세(出世)함	<교간동량> 곧고 키가 큰 나무는 기둥과 들보 감으로 베고,
栞	木 <표할 간 / 벨 간> ①표하다(表), 표지(標識 :표시나 특징으로 다른 것과 구분함) ②고치다, 수정하다(修正) ③(나무를)베다 ④깎다(刊)	* 栞木(간목) :斬木(참목). 나무를 벰 <史記>(夏紀)行山栞木 <漢書 地理志>隨山栞木 * 栞旅(간려) :나무를 베어서 먼 길을 통(通)하여 산제(山祭)를 행(行)함	
棟	木 <마룻대 동> ①마룻대(용마루 밑에 서까래가 걸리게 된 도리) ②용마루(지붕 가운데 부분에 있는 가장 높은 수평 마루)	* 棟樑(동량) :①기둥과 들보 ②동량지재(棟樑之材) * 棟樑之材(동량지재) :한 나라나 집안의 기둥이 될 만한 인재를 말함. 棟梁之材 * 別棟(별동) :본동(本棟)과는 따로 떨어져 있는 집채. 딴채	
樑	木 <들보 량> ①들보(칸과 칸 사이의 두 기둥을 건너질러는 나무), 대들보(큰 들보) ②나무다리, 교량(橋梁), 징검다리	* 樑奉(양봉) :보를 받치기 위해 기둥에 가로 낀 초각(草刻) * 續樑(속량) :退樑(퇴량) 툇보. 툇기둥과 안기둥에 얹는 짧은 보 * 上樑(상량) :집 지을 때 기둥에 보를 얹고 그 위에 마룻대를 올려놓는 것	

枉	木 <굽을 왕> ①굽다, 휘다, 굽히다, 복종하다(服從) ②사특하다(邪慝 :요사스럽고 간특하다) ③잘못, 과실(過失), 원죄(冤罪 :억울한 죄)	* 枉臨(왕림) :남이 자기(自己)가 있는 곳으로 찾아오는 일을 높여 이르는 말 * 枉駕(왕가) :枉臨(왕림). 枉顧(왕고) * 枉曲(왕곡) :휘어 구부러짐, 또는 휘어 굽힘	<왕가시신> 굽은 가지는 땔나무로 쓰게 되며,
柯	木 <가지 가> ①가지, 줄기 ②모밀잣밤나무 ③자루(끝에 달린 손잡이) ④주발(周鉢 :놋쇠로 만든 밥그릇)	* 斧柯(부가) :①도끼의 자루 ②정권(政權) * 柯葉(가엽) :가지와 잎 * 南柯一夢(남가일몽) :남쪽 가지에서의 꿈. <比喩>덧없는 꿈이나 헛된 부귀영화(富貴榮華)	
柴	木 <섶 시> ①섶(땔나무) ②시제사(柴祭祀 :섶을 불살라 하늘에 지내는 제사) ③거칠다 ④울짱, 목책(木柵)(채)	* 柴薪(시신) :연료용(燃料用으)로 쓰이는 나뭇가지나 잡목(雜木) 따위. 땔나무. 불나무. 땔감. 땔거리. * 柴扉(시비) :사립문 * 柴炭(시탄) :땔나무와 숯 또는 석탄(石炭) 따위. 땔거리	
薪	++(艸·草) <섶 신> ①섶(땔나무를 통틀어 이르는 말) ②(땔감으로)만들다, 나무를 하다 ③잡초(雜草), 풀 ④봉급(俸給)	* 薪樵(신초) :땔나무 * 薪炭(신탄) :땔나무와 숯 * 臥薪嘗膽(와신상담) :섶에 눕고 쓸개를 씹음. <比喩>원수(怨讐)를 갚으려고 온갖 괴로움을 참고 견딤 * 負薪入火(부신입화) :섶을 지고 불에 뛰어 듦.	

한자	뜻	용례	풀이
楫	木 <노 즙(집)> ①노(배를 젓는 막대기), 노를 젓다 ②배 ③모으다, 수집하다(蒐集)	* 毎楫匠(매즙장) :매듭의 옛말. 매즙의 취음(取音)으로 된 말. 공조(工曹) 및 상의원(尙衣院)에 딸린 경공장(京工匠)의 하나. 각종(各種) 의복(衣服)의 매듭(실이나 끈으로만들어 단추로 쓴)을 만들던 장인(匠人)	<즙도제진> 노를 저어서 나루를 건너는 데 있어서
櫂	木 <노 도> ①노(배를 젓는 막대기) ②상앗대(배질을 할 때 쓰는 긴 막대) ③상앗대질하다 ④배	* 櫂舟(도주) :배를 저음 * 桂櫂(계도) :계수나무(桂樹)로 만든 배를 젓는 노 * 桂櫂蘭槳(계도난장) :계수나무(桂樹)로 만든 노(櫓)와 목련(木蓮)으로 만든 삿대라는 뜻으로 미칭(美稱)	
濟	氵(水) <건널 제> ①건너다 ②구제하다(救濟), 원조(援助) ③이루다, 성취하다(成就)	* 濟度(제도) :중생을 고해(苦海)에서 건져내어 극락으로 이끎 * 濟民(제민) :도탄(塗炭)에 빠진 백성(百姓)을 구제(救濟)함 * 濟世(제세) :세상(世上)을 구제(救濟)함 * 經濟(경제) :경세제민(經世濟民)의 준말	
津	氵(水) <나루 진> ①나루, 나루터, 물가, 강기슭 ②진액(津液), 침, 땀 ③은하(銀河) ④넘치다 ⑤경로(經路), 수단(手段)	* 港津(항진) :港口(항구) * 松津(송진) :소나무 등의 줄기에서 내솟는 끈끈한 액체(液體) * 津梁(진량) :①나루터와 다리. 물의 건너는 시설 ②계제(階梯) * 興味津津(흥미진진) :흥미(興味)가 넘칠 만큼 많다는 뜻	

한자	뜻	용례	풀이
朽	木 <썩을 후> ①썩다, 부패하다(腐敗) ②썩은 냄새, 구린내, 악취(惡臭) ③늙다, 쇠하다(衰), 소멸하다(消滅)	* 不朽(불후) :썩어 없어지지 않음 * 老朽(노후) :오래되고 낡아 사용하기 어려운 상태(狀態) * 朽落(후락) :낡고 썩어서 못 쓰게 됨 * 萬世不朽(만세불후) :萬代不朽(만대불후)	<후도신섭> 썩은 노를 가지고는 어렵게 물을 건널 수밖에 없단다.
棹	木 <노 도> ①노(배를 젓는 막대기), 노를 젓다 ②배 ③책상(冊床)(탁)	* 棹歌(도가) :뱃노래. 뱃사공이 노를 저어 가며 부르는 노래 * 櫓棹(노도) :노와 상앗대 * 回棹(회도) :가던 배가 돛대를 돌리는 것과 같다는 뜻에서, 병(病)이 차차 나음을 비유(比喩·譬喩)	
辛	辛 <매울 신 / 고생할 신> ①맵다, 매운 맛, 독하다(毒) ②괴롭다, 고생하다 ③허물, 큰 죄(罪)	* 辛苦(신고) :①매운 것과 쓴 것 ②괴롭고 고생(苦生)스러움 * 辛辣(신랄) :①맛이 쓰고 매움 ②수단(手段)이 가혹(苛酷)함 * 艱辛(간신) :힘들고 고생(苦生)스러움 * 艱難辛苦(간난신고) * 千辛萬苦(천신만고) :온갖 신고(辛苦)	
涉	氵(水) <건널 섭> ①건너다 ②지나다, 거치다, 겪다 ③간섭하다(干涉), 관계하다(關係) ④섭렵하다(涉獵)	* 涉歷(섭력) :물을 건너고 산을 넘음. 여러 일을 많이 겪음 * 涉獵(섭렵) :여러 가지 책을 널리 읽음 * 涉外(섭외) :외부와 연락함 * 交涉(교섭) :서로 관계(關係)함 * 干涉(간섭) :남의 일에 이래라저래라 함	

한자	뜻	용례	풀이
詰	言 <물을 힐 / 꾸짖을 힐> ①묻다, 따지다, 조사하다(調査) ②꾸짖다, 벌하다(罰), 죄주다 ③금지하다(禁止), 경계하다(警戒)	* 詰難(힐난) :힐문(詰問)하여 비난(非難)함 * 詰責(힐책) :잘못을 따져서 꾸짖음 * 詰問(힐문) :잘못된 점(點)을 따져 물음 * 詰問答(힐문답) :힐책(詰責)하는 문답(問答)	<힐괘괴난> 그르친 것을 꾸짖으니 부끄러워서 얼굴을 붉히는데,
詿	言 <그르칠 괘> ①그르치다 ②속이다 ③훼방하다(毁謗)	* 詿言(괘언) :거짓으로 속이어 하는 말 * 詿惑(괘혹) :거짓으로 속이어 현혹(眩惑)시킴 * 詿誤(괘오) :그릇되거나 잘못 됨 * 誤詿(오괘) :잘못되게 그르침	
愧	忄(心) <부끄러울 괴> ①부끄럽다, 수치(羞恥)를 느끼다 ②창피(猖披)를 주다, 모욕하다(侮辱) ③탓하다, 책망하다(責望)	* 愧赧(괴난) :부끄러워 얼굴을 붉힘 * 感愧(감괴) :부끄러움을 느낌 * 自愧(자괴) :스스로 부끄러워 함 * 慙愧(참괴) :부끄러워하며 괴로워함 * 俯仰無愧(부앙무괴) :하늘을 우러러 땅을 굽어 부끄러움이 없음	
赧	赤 <얼굴붉힐 난> ①얼굴을 붉히다, 무안(無顔)해 하다 ②두려워하다, 겁내다	* 赧顔(난안) :부끄러워서 얼굴빛이 붉어짐, 또는 그러한 얼굴 * 汗赧(한난) :부끄러워서 몸에 땀이 나고 얼굴이 붉어짐 * 惶赧(황난) :두렵고 부끄러워서 얼굴이 붉어짐	

한자	뜻	용례	풀이
惟	忄(心) <생각할 유 / 오직 유> ①생각하다, 사려하다(思慮), 생각컨대 ②오직, 오로지, 홀로 ③~와(접속사) ④~으로써 ⑤이(어조사, 伊, 是)	* 惟獨(유독) :唯獨(유독). 오직 홀로 * 惟一(유일) :唯一(유일). 오직 그것 하나 뿐임 * 恭惟(공유) :삼가 생각함 * 思惟(사유) :마음으로 생각함	<유권순회> 오직 간절(懇切)하게 거듭 일러서 가르치기를,
惓	忄(心) <삼갈 권 / 싫증날 권> ①삼가다(몸가짐이나 언행을 조심하다) ②정성스럽다(精誠), 간절하다(懇切) ③충성스럽다(忠誠) ④싫증나다	* 惓惓(권권) :①일에 힘쓰는 모양 <漢書>惓惓之義也 ②삼가는 모양 ③친절(親切)한 모양	
諄	言 <거듭이를 순 / 타이를 순> ①거듭 이르다(諄諄誨言重複), 타이르다 ②지극하다(誠懇貌) ③돕다, 보좌하다(補佐·輔佐) ④두텁다 ⑤알뜰하다	* 諄懇(순간) :정성스럽고 간절함 * 諄誘(순유) :좋은 말로 정성스럽게 달램 * 諄諭(순유) :좋은 말로 정성스럽게 타이름	
誨	言 <가르칠 회> ①가르치다, 보이다 ②간언(諫言)하는 말 ③인도하다(引導), 유인하다(誘引)	* 誨化(회화) :敎化(교화) 가르쳐 착한 길로 인도(引導)함 * 來誨(내회) :來喩(래유) 남이 보내 온 편지의 높임말 * 敎誨(교회) :잘 가르쳐서 지난날의 잘못을 뉘우치게 함 * 獎誨(장회) :권장하는 가르침.	

0153 / 0154 / 0155 / 0156

한자	뜻	어휘	풀이
穉	禾 <어릴 치> ①어리다, 유치하다(幼稚), 작다 ②늦다, 더디다 ③어린 벼, 작은 벼, 만생종(晩生種)	* 穉樹(치수) :稚樹(치수) 한두 해쯤 자란 어린 나무 * 穉拙(치졸) :稚拙(치졸) 유치(幼稚)하고 졸렬(拙劣)함 * 稚子(치자) :열 살 전후의 어린아이 * 童穉(동치) :어린아이 * 幼穉(유치) :幼稚(유치) ①나이가 어리다 ②수준이 낮다	<치령총분> 어린 나이는 바삐 달아나는 것이니 <어린 시절(時節)은 빨리 지나가는 것이니>
齡	齒 <나이 령> ①나이, 연령(年齡)	* 年齡(연령) :출생(出生)한 날로부터 오늘까지의 나이. * 高齡(고령) :나이가 많음 * 老齡(노령) :늙은 나이 * 妙齡(묘령) :스물 안팎의 女子 나이 * 鶴齡(학령) :高齡 * 犬馬之齡(견마지령) :자기(自己) 나이를 겸손하게 이르는 말	
偬	亻(人) <바쁠 총> ※ 傯과 同 ①바쁘다, 조급하다(躁急) ②괴로워하다 ③마음이 어지러운 모양	* 傯傯(총총) :많이 급하고 바쁨(多遽悤悤也) * 倥傯(공총) :이것저것 일이 많아 매우 바쁨	
犇	牛 <달릴 분> ①달리다, 급(急)히 가다, 빨리, 빠르다 ②달아나다, 패주하다(敗走), 도망가다(逃亡)	* 犇潰(분궤) :潰走(궤주) 싸움에 져서 흩어져 달아남. 패주(敗走) * 犇散(분산) :奔散(분산). 離散(이산). 달려 흩어짐 * 犇走(분주) :바삐 돌아다님. 아주 바쁨	

한자	뜻	어휘	풀이
駒	馬 <망아지 구> ①망아지, 새끼말 ②짐승의 새끼 ③젊은이 ④흩어지고 모여들지 않는 모양	* 駒隙(구극) :白駒過隙(백구과극)의 준말. 흰 망아지가 빨리 닫는 것을 문틈으로 엿봄. <比喩>세월이 빨리 흘러 인생이 덧없고 짧음 * 隙駒光陰(극구광음) :인생(人生)의 덧없고 짧음을 비유(比喩)	<구극찰나> 흰 망아지가 지나가는 것을 문틈으로 엿보듯이 인생(人生)이 덧없고 짧은 동안에
隙	阝(阜) <틈 극> ①틈, 벌어진 틈 ②구멍, 흠, 결점(缺點) ③겨를, 여가(餘暇), 짬 ④원한(怨恨), 불화(不和)	* 暇隙(가극) :틈. 겨를 * 間隙(간극) :①사물 사이의 틈 ②사귀는 사이에 생긴 틈 * 尤隙(우극) :틈이 생김. 사이가 나빠짐 * 凶終隙末(흉종극말) :우정(友情)을 끝까지 잘 지키지 못함	
刹	刂(刀) <절 찰> ①절, 사찰(寺刹) ②탑(塔) ③기둥	* 刹那(찰나) :刹那는 古代 印度에서 쓰던 가장 작은 時間單位다. 印度말 크사나(kṣaṇa)의 音譯으로 女子가 바느질 한 땀 뜨는 데 드는 時間. 1/75秒. * 寺刹(사찰) :절. 사원(寺院) * 梵刹(범찰) :절	
那	阝(邑) <어찌 나> ①어찌, 어찌하여, 어찌하리오 ②내하오(어떠하냐) ③어느, 어떤 ④저(彼) ⑤어조사(語助辭)(내)	* 那落(나락) :①불교(佛敎)에서 지옥(地獄)을 이르는 말 ②벗어나기 어려운 절망적(絶望的) 상황(狀況)을 비유(比喩·譬喩)하여 이르는 말 * 那易等則(나역등칙) :논밭 따위의 등급(等級)을 바꿈	

한자	뜻	어휘	풀이
耉	老 <늙을 구> ①늙은이, 늙다, 나이가 많다, 오래 살다 ②검버섯(살갗의 거무스름한 얼룩)	* 耉老(구로) :늙은이, 노인(老人) * 耉長(구장) :나이가 지긋해 보이는 사람 * 黃耉(황구) :나이가 썩 많은 늙은이를 이르는 말	<구핍유이> 노년(老年)이 다가와 점점 더 가까이 있으니
偪	亻(人) <핍박할 핍> ①핍박하다(逼迫), 죄다, 강박하다 ②접근하다(接近), 육박하다(肉薄 :바싹 가까이 다가붙다) ③호되게 독촉(督促)다	* 偪介(핍개) :가까이에 개재(介在)하여 외물(外物)을 멀리함 * 偪匱(핍궤) :매우 곤궁(困窮)함. 궁핍(窮乏)함 * 偪處(핍처) :가까이 있음 * 偪側(핍측) :서로 다가옴 * 偪下(핍하) :윗사람이 아랫사람의 흉내를 냄	
愈	心 <나을 유 / 더욱 유> ①남보다 낫다, 뛰어나다 ②더욱, 점점 더	* 愈往愈甚(유왕유심) :去去益甚(거거익심) * 憂心愈愈(우심유유) :시름하는 마음이 심(甚)함 * 愈出愈怪(유출유괴) :갈수록 더욱 괴상해짐 * 愈出愈奇 * 厠間査家遠愈好 :사돈집과 뒷간은 멀수록 좋다	
邇	辶(辵) <가까울 이> ①가깝다, 가까이하다	* 遠邇(원이) :遠近(원근) 멀고 가까움 * 遐邇(하이) :遠近(원근) 멀고 가까움 * 行遠必自邇(행원필자이) :아무리 먼 길도 반드시 가까운 곳에서부터 시작(始作)됨	

한자	뜻	어휘	풀이
昏	日 <어두울 혼> ①날이 어둡다, 저물다, 희미하다(稀微) ②눈이 흐리다, 어리석다 ③일찍 죽다, 요절하다(夭折)	* 昏耗(혼모) :늙어서 정신이 흐릿하고 기력이 쇠약함 * 昏睡(혼수) :잠든 것처럼 반응(反應)이 없음 * 昏睡狀態 * 昏迷(혼미) :정신(精神)이 흐리고 멍하게 됨 * 黃昏(황혼) :해가 져서 어둑어둑할 무렵 * 昏定晨省	<혼모모질> 늙어서 쇠약(衰弱)해진 늙은이는
耗	耒 <소모할 모 / 소식 모> ①소모하다(消耗), 쓰다, 소비하다(消費) ②흉년(凶年) 들다 ③덜다, 비다 ④모곡(耗穀) ⑤소식(消息), 음신(音信)	* 耗穀(모곡) :축이 날 것을 미리 셈하여 덧붙여 받던 곡식(穀食) * 磨耗(마모) :마찰(摩擦)되는 부분이 닳아서 없어짐 * 消耗(소모) :써서 없어짐 * 息耗(식모) :①이익과 손실 ②좋은 일과 나쁜 일 ③소식(消息)	
耄	老 <늙은이 모> ①늙은이, 늙다, 늙어 빠지다 ②혼몽하다(昏懜 :정신이 흐릿하고 가물가물하다)	* 耄期(모기) :여든 살로부터 백 살까지의 나이 *耄는 80~90歲 *期는 100歲를 말함(期頤) * 悼耄(도모) :일곱 살 된 어린이와 여든 살 된 늙은이. *悼는 <釋名釋長幼>에서 '七年曰悼'라 했음	
耋	老 <늙은이 질> ①늙은이 ②여든 살 ③일흔 살 ④예순 살	* 耄耋(모질) :①80~90歲 ②나이가 들어 기력이 줄고 늙음 * 八耋(팔질) :여든 살 * 七耋(칠질) :일흔 살 * 耄耋耆老(모질기노) :長壽之人 (耆 :60세, 老 :70세, 耋 :80세, 耇 :90세) *耆耇 :90세 *耄耋 :80~90세	

寐	宀 <잠잘 매> ①잠을 자다 ②죽다 ③아무 소리없이 적적하다(寂寂)	* 假寐(가매) :①거짓으로 자는 체함 ②잠자리를 제대로 차리지 않고 잠. 가수(假睡) ③(궁중(宮中))낮잠 * 夢寐(몽매) :잠을 자며 꿈을 꿈 * 夢寐之間(몽매지간) :잠을 자면서 꿈을 꾸는 동안	<매환오혼> 잠이 들면 헛것만 보이고 잠을 깨면 정신(精神)이 흐릿해져서
幻	幺 <헛보일 환 / 변할 환> ①헛보이다, 허깨비, 환상(幻想) ②미혹하다(迷惑), 현혹시키다(眩惑) ③괴이하다(怪異), 요술(妖術) ④바뀌다	* 幻覺(환각) :사물이 없는 데도 마치 있는 것같은 감각(感覺) * 幻想(환상) :현실에 없는 것을 있는 것 같이 느끼는 상념(想念) * 夢幻(몽환) :①꿈과 환상 ②허황(虛荒)한 생각을 뜻함 * 泡幻(포환) :물거품과 환상, 세상이 허무함의 비유(比喩·譬喩)	
寤	宀 <잠깰 오> ①잠을 깨다 ②깨닫다, 각성하다(覺醒) ③만나다 ④꿈 ⑤거꾸로	* 寤寐(오매) :깨어 있을 때나 자고 있을 때 * 寤寐不忘(오매불망) :자나 깨나 잊지 못함 * 寤寐思服(오매사복) :자나 깨나 생각함 * 寤寐求之(오매구지) :자나 깨나 구(求)함	
惛	忄(心) <흐릴 혼> ①흐리다, 혼모하다(昏耄 :늙어서 정신이 흐릿하다) ②마음이 밝지 아니하다, (사리에)어둡다 ③어리석다	* 惛怓(혼노) :마음이 어수선함 * 惛耄(혼모) :늙어서 정신이 맑지 못함 (年老而神志不清) * 僮惛(동혼) :僮昏(동혼) 어리석고 사리(事理)에 어두움	

耆	老 <늙을 기> ①늙다, 늙은이, 어른, 스승 ②즐기다, 좋아하다 ③미워하다, 증오하다(憎惡)	* 耆老(기로) :60세(歲) 이상(以上)의 노인(老人) * 耆叟(기수) :노인(老人) * 耆艾(기애) :노인(老人) * 宿耆(숙기) :늙은이. 노인(老人)	<기구의괘> 늙은 몸은 지팡이에 의지(依支)하게 되고
軀	身 <몸 구> ①몸, 신체(身體), 허우대 ②좌(座 :佛像을 세는 말)	* 軀幹(구간) :머리·사지(四肢)를 제외(除外)한 몸뚱이 * 屍軀(시구) :사람의 죽은 몸뚱이 * 身軀(신구) :몸집. 몸의 부피 * 體軀(체구) :몸 * 賤軀(천구) :천한 몸뚱이. 자기(自己)의 몸의 겸칭(謙稱)	
倚	亻(人) <의지할 의> ①의지하다(依支), 기대다 ②치우치다, 기울다 ③맡기다 ④믿다 ⑤곁	* 倚附(의부) :의지(依支)하여 따름 * 偏倚(편의) :한쪽으로 기울어져 있음 * 倚門之望(의문지망) :倚閭之望(의려지망) 어머니가 아들이 돌아오기를 문에 의지(依支)하고서 기다림.	
枴	木 <지팡이 괘> ①지팡이 ②노인이 짚는 지팡이(老人拄杖)	* 枴杖(괘장) :노인(老人)이 몸을 의지(依支)하고자 짚는 지팡이	

瞀	目 <어두울 무> ①눈이 어둡다, 눈이 흐리다 ②어리석다 ③흐트러지다 ④(눈을 내리뜨고) 공손(恭遜)히 보다	* 瞀瞀(무무) :貿貿(무무) ①교양(敎養)이 없어 말과 행동(行動)이 서투르고 무식(無識)함 ②눈이 흐리다. 눈에 정기가 없다. 멍청하다 ③눈이 어두워지다 * 瞀悶(무민) :정신이 흐리고 가물가물함	<무도함탄> 눈이 침침하여 무엇을 자세(仔細)히 보려면 탄식(嘆息)을 머금게 되나니,
睹	目 <볼 도> ①보다(覩), 자세(仔細)히 보다 ②가리다, 분간하다(分揀), 분별하다(分別) ③알다, 예견하다(豫見) ④국명(國命)	* 目睹(목도) :어떤 모습이나 장면(場面)을 눈으로 보는 것 * 阿睹(아도) :눈을 달리 이르는 말 * 片葉障目謂人莫睹 :(俗談)가랑잎으로 눈 가리고 아웅 한다. <比喩>뻔히 속이 보이는 일을 은폐하려 함	
含	口 <머금을 함> ①머금다 (입 속에 넣고 있음) ②품다, 싸다, 담다, 넣다, 싸서 가지다 ③참다, 견디어내다	* 含靈(함령) :심령(心靈)을 가지고 있음. 중생(衆生)을 이름 * 含蓄(함축) :짧은 표현에 많은 내용이 집약(集約)되어 있음 * 包含(포함) :①속에 싸여 함께 들어 있음 ②함유(含有)함 * 含憤蓄怨(함분축원) :분을 품고 원한(怨恨)을 쌓음	
嘆	口 <탄식할 탄> ※ 歎과 通 ①탄식하다(歎息·嘆息) ②한숨 쉬다 ③찬탄하다(讚歎·贊嘆 :칭찬하며 감탄하다) ④읊다	* 嘆息(탄식) :歎息(탄식) 한숨 쉬며 한탄(恨歎)함 * 慨嘆(개탄) :慨歎(개탄) 의분(義憤)이 북받쳐 탄식(歎息)함 * 悲嘆(비탄) :悲歎(비탄) 슬퍼하며 탄식(歎息)함 * 恨嘆(한탄) :恨歎(한탄) 한숨짓는 탄식(歎息)	

稚	禾 <어릴 치> ①어리다, 유치하다(幼稚), 치자(稚子 :열 살 전후의 어린아이 ②작다 ③늦다, 더디다 ④어린 벼, 작은 벼, 만생종(晩生種)	* 稚筍(치순) :어린 죽순(竹筍) * 稚兒(치아) :어린아이 * 稚拙(치졸) :유치(幼稚)하고 졸렬(拙劣)함 * 幼稚(유치) :①나이가 어려 유아(幼兒)의 단계(段階) ②격에 맞지 않을 만큼 수준(水準)이 낮음	<치순영수> 어린 죽순(竹筍)이 꽁무니를 찌르려고 솟아오르는데 <후진(後進)이 빠르게 성장(成長)하여 뒤좇아 오는데>
筍	竹 <죽순 순> ①죽순(竹筍), 대의 싹 ②대껍질(대나무의 筍을 싸고 있는 껍질) ③악기(樂器)를 다는 틀 ④대로 만든 가마	* 竹筍(죽순) :대의 땅속줄기에서 돋아나는 어리고 연한 싹 대의 순. 죽태(竹胎). 대순 * 雨後竹筍(우후죽순) :비가 온 뒤에 솟는 죽순(竹筍). <比喩>어떤 일이 일시(一時)에 많이 일어남	
攖	扌(手) <찌를 영 / 다가설 영 / 얽힐 영> ①찌르다(觸) ②다가서다, 접근하다(接近) ③구속하다(拘束), 묶다, (잡아당겨)매다 ④잡다 ⑤얽히다 ⑥어지럽다	* 攖鋒(영봉) :觸鋒(촉봉). 칼날이 맞닿다 * 攖攖(영영) :물체(物體)가 서로 맞닿다 * 妄攖(망영) :함부로 건드림	
脽	月(肉) <꽁무니 수> ①꽁무니 ②꽁무니뼈(등골뼈의 마지막 부분의 뼈)	* 脽尻(수고) :꽁무니. <漢書>連脽尻	

奈	大 <어찌 내 / 지옥 나> ①어찌, 어찌할꼬 ②대처하다(對處), 견디어 내다 ③지옥(地獄), 나락(那落·奈落)(나) ④능금나무 (柰와 通)	* 奈落(나락) :那落(나락) 佛敎에서 地獄을 말함.. 奈落迦, 那落迦 * 莫無可奈(막무가내) :莫可奈何(막가내하) 도무지 어찌할 수 없음 * 無可奈(무가내) :무가내하(無可奈何)의 준말. * 無可奈何(무가내하) :몹시 고집(固執)을 부려 어찌할 수가 없음	<내장만범>
獎	犬 <권면할 장> ①권면하다(勸勉 :권하고 격려하여 힘쓰게 하다) ②돕다 ③칭찬하다(稱讚)	* 勸獎(권장) :奬勸(장권). 잘하도록 권(勸)하여 장려(獎勵)함 * 嘉獎(가장) :칭찬(稱讚)하여 권장(勸獎)함 * 激獎(격장) :격려(激勵)하고 장려(獎勵)함 * 褒獎(포장) :칭찬(稱讚)하여 장려(獎勵)함	어찌 해가 저물어서 배의 돛을 올리라고 권(勸)하랴?
晩	日 <늦을 만> ①늦다, (해가)저물다, 해질녘, 황혼(黃昏), 저녁, 늦은 밤, 깊은 밤 ②늙다, 쇠하다(衰), 노년(老年), 만년(晩年), 끝	* 晩餐(만찬) :저녁 식사(食事) * 晩秋(만추) :늦가을 * 早晩間(조만간) :①머지 않아 ②이르든지 늦든지 필경은 * 晩時之歎(만시지탄) :기회(機會)를 놓친 때늦은 한탄(恨歎) * 大器晩成(대기만성) :큰 그릇은 늦게 이루어짐	<어찌 늦은 나이에 학문(學問)할 것을 권하랴?>
帆	巾 <돛 범> ①돛(배 바닥에 세운 기둥에 매어 펴 올리고 내릴 수 있도록 만든 넓은 천) ②돛단배, 돛을 달다	* 帆船(범선) :돛단 배 * 孤帆(고범) :외롭게 떠 있는 배 * 歸帆(귀범) :멀리 나갔던 돛단배가 돌아옴, 또는 그 배 * 出帆(출범) :①배가 돛을 달고 떠남 ②일을 시작(始作)함 * 順風滿帆(순풍만범) :돛에 바람을 받아 배가 잘 달리는 모양	

龍	龍 <미르(용) 룡> ①미르, 용(龍 :상상의 동물) ②임금, 천자(天子) ③임금에 관한 사물의 관형사(冠形詞) ④비범한 사람, 훌륭한 사람	* 龍頭蛇尾(용두사미) :머리는 용(龍)이고 꼬리는 뱀. <比喩>시작(始作)은 좋았다가 갈수록 나빠지거나, 처음 출발(出發)은 야단스러운데 끝장은 보잘것없이 흐지부지되는 것	<용두사미>
頭	頁 <머리 두> ①머리, 꼭대기, 최상부(最上部) ②우두머리, 첫째 ③처음, 시초(始初), 맨 앞, 선단(先端) ⑤動物을 셀 때의 단위, 마리	* 念頭(염두) :머리 속의 생각 * 沒頭(몰두) :어떤 일에 파묻힘 * 口頭禪(구두선) :실행(實行)없이 말로만 거창하게 떠들어댐 * 去頭截尾(거두절미) :머리와 꼬리를 잘라버림. <比喩>앞뒤를 생략하고 요점(要點)만을 말함	용의 머리와 뱀의 고리
蛇	虫 <뱀 사> ①긴 뱀 ②자벌레(자벌레나방의 애벌레) ③구불구불 가는 모양(이) ④느긋하다, 자유롭다(이)	* 毒蛇(독사) :이빨에 독액(毒液) 분비선(分泌腺)을 갖는 뱀 * 蛇足(사족) :畫蛇添足(화사첨족)의 준말. * 畫蛇添足(화사첨족) :뱀을 그리고 발을 더함. <比喩>하지 않아도 될 일을 하는 것	<머리는 용(龍)이고 꼬리는 뱀처럼 시작(始作)은 성대(盛大)하나 나중에 소홀(疎忽)해 질 수 있으니>
尾	尸 <꼬리 미> ①꼬리 ②끝, 뒤, 뒤쪽 ③뒤다르다, 뒤를 밟다 ④교미하다(交尾) ③마리(물고기를 세는 단위)	* 尾行(미행) :어떤 사람을 감시(監視)하려고 몰래 뒤를 밟음 * 語尾(어미) :말의 끝 부분(部分) * 尾生之信(미생지신) :미생(尾生)의 믿음. <比喩>융통성(融通性)이 없이 약속만을 굳게 지킴을 비유	

閑	門 <한가할 한> ①한가하다(閑暇) ②등한하다(等閑) ③조용하다 ④틈, 틈새	* 閑暇(한가) :겨를이 생겨 여유(餘裕)가 있음. 틈. 여가(餘暇) * 閑散(한산) :일이 없어 한가(閑暇)함 * 等閑(등한) :대수롭지 않게 여겨 내버려 둠 * 忙中閑(망중한) :바쁜 가운데에서도 한가(閑暇)로운 때	
暇	日 <겨를 가 / 틈 가> ①겨를, 틈이 있는 날 ②틈, 틈새 ③한가하다(閑暇), 한가히 놀다	* 休暇(휴가) :일정한 일에 매인 사람이 얻는 겨를 * 餘暇(여가) :남은 시간(時間), 겨를, 틈 * 公暇(공가) :공무(公務)의 겨를 * 奔走不暇(분주불가) :부산하게 바빠서 겨를이 없음	<한가리나>
釐	里 <다스릴 리> ①다스리다 ②정리하다 ③개정하다(改正) ④아주 작은 수 (일의 백 분의 일) ⑤이 (수, 척도, 무게, 돈의 단위)	* 釐改(이개) :고치어 바로잡음. 개정(改正). 이정(釐定) * 釐弊(이폐) :폐단(弊端)을 바로잡아 고침. * 釐正(이정) * 釐分(이분) :①푼(分)의 10분의 1 ②썩 적음을 이르는 말 * 釐毫(이호) :아주 조금 만큼의 뜻. (釐毫라도~ :否定의 뜻)	한가(閑暇)할 때는 나태(懶怠)해 짐을 잘 다스려야 한다.
懶	忄(心) <게으를 나(라)> ①게으르다 ②의욕이 없다 ③나른하다 ④눕다	* 懶怠(나태) :懶惰(나타) 게으르고 느림 * 慵懶(용라) :慵惰(용타) 버릇이 없고 게으름 * 洞深花意懶 山疊水聲幽 :마을이 깊으니 꽃의 뜻(開花)이 게으르고, 산이 쌓이고 쌓이니 물소리가 그윽함	

垈	土 <집터 대> ①집터 ②터	* 垈地(대지) :집터로서의 땅 * 垈田(대전) :①텃밭 ②집터와 밭 * 空垈(공대) :①담 안의 빈 터전 ②빈 집터 * 新垈(신대) :새집 터 * 家垈(가대) :집의 터전 * 入垈(입대) :들어가 살고 있는 터 * 苗垈(묘대) :못자리 * 水苗垈(수묘대) :물못자리	<대척구층>
陟	阝(阜) <오를 척> ①오르다, 올리다, 등정하다(登頂) ②등극하다(登極) ③승진하다(昇進·陞進) ④산제(山祭)를 지내다	* 進陟(진척) :①일이 진행(進行)되어 감 ②벼슬이 올라감 * 禮陟(예척) :昇遐(승하) 임금이 세상을 떠남 * 陟岵陟屺(척호척기) :고향(故鄕)의 부모(父母)를 그리워하여 자주 산에 올라가 고향(故鄕) 쪽을 바라봄	집터의 낮은 바닥에서부터 올라서 아득히 높은 아홉 층(層)의 고루(高樓)에 이르듯이
九	乙 <아홉 구> ①아홉, 아홉 번 ②많은 수, 많다 ③오래된 것, 8. 늙다 ③남방(南方), 남쪽(南) ④주역(周易)의 태양수(太陽數)	※ 引用 :<老子>九層之臺起於累土 千里之行始於足下 :<老子>에 9층의 樓臺도 다진 土臺에서부터 올라가고, 천리 먼 길도 발아래에서부터 비롯된다. * 九天(구천) :中央과 四方과 四隅의 하늘. 가장 높은 하늘 위	
層	尸 <층 층> ①층(層) ②겹 ③층집 ④계단(階段) ⑤높다	* 層階(층계) :층층이 올라가게 만들어 놓은 설비(設備). 층층대 * 階層(계층) :사회(社會)를 구성(構成)하는 여러 가지 층. 層階 * 層層侍下(층층시하) :부모(父母)·조부모(祖父母)가 다 살아 있는 시하(侍下)	

方	方 <모 방> ①모, 네모 ②바르다 ③방법(方法), 술법(術法) ④처방, 약방문 ⑤방위(方位), 방향(方向), 곳, 장소(場所)	* 方今(방금) :바로 이제. 지금(至今). 목하(目下) * 方途(방도) :方道(방도) 어떤 일을 해나갈 방법(方法) * 方法(방법) :어떤 목적(目的)을 이루기 위한 수단(手段) * 方向(방향) :어떤 곳을 향한 쪽	<방금항초> 바로 지금(只今)이 언제나 처음으로 여기고,
今	人 <이제 금> ①이제, 지금, 곧, 바로 ②오늘 ③현대 ④혹은(或), 만약(萬若) ⑤이, 이것 ⑥저(발어사)	* 今般(금반) :곧 돌아오거나 이제 막 지나간 차례 * 古今(고금) :옛날과 지금 * 昨今(작금) :어제와 오늘, 요즈음, 요사이 * 只今(지금) :이제, 이 시간(時間), 곧	
恒	忄(心) <항상 항> ①항상(恒常), 항구히(恒久) ②변(變)하지 않고 늘 그렇게 하다	* 恒久(항구) :변하지 아니하고 오래 감 * 恒常(항상) :내내 변(變)함 없이. 언제나, 자주, 늘 * 恒用(항용) :늘. 항상 * 恒茶飯(항다반) :차를 먹듯 늘 있어 예사(例事)롭고 흔함	
初	刀 <처음 초> ①처음으로, 첫째, 비로소, 시초(始初) ②초승(初生), 초순(初旬) ③근본(根本), 근원(根源), 본래(本來)	* 初步(초보) :①첫걸음 ②학문(學問)·기술(技術) 등의 첫걸음 * 初期(초기) :처음 시기(時期) * 當初(당초) :일의 맨 처음. 애초 * 最初(최초) :맨 처음 * 初志一貫(초지일관) :처음 품은 뜻을 한결같이 꿰뚫어 나감	

意	心 <뜻 의> ①뜻, 의미(意味) ②생각, 생각컨대 ③사사로운 마음, 사욕(私慾) ④정취(情趣), 풍정(風情)	* 意欲(의욕) :무엇을 하고자 하는 마음 * 意見(의견) :마음에 생각하는 점(點) * 意味(의미) :말이나 글이 지니는 뜻 * 意識(의식) :생각이 미치어 대상(對象)으로서 느끼는 것	<의욕간절> 무엇을 하고자 하는 마음이 지성(至誠)스럽고 간절(懇切)하면
欲	欠 <하고자할 욕> ①하고자 하다, 바라다, 희구하다(希求) ②장차(將次) ~하려 하다 ③좋아하다, 사랑하다	※ 慾과 通 :<說文>欲은 貪欲也., <廣韻>慾은 嗜慾也 * 欲求(욕구) :뭔가를 얻고 싶어하는 심리(心理) 상태(狀態) * 欲心(욕심) :①자기만을 이롭게 하고자 하는 마음 ②탐내는 마음 ③지나치게 하고자 하는 마음	
懇	心 <간절할 간> ①간절하다(懇切) ②노력하다(努力) ③정성스럽다(精誠) ④믿다 ⑤성심(誠心 :정성스러운 마음)	* 懇切(간절) :지성(至誠)스럽고 절실(切實)함 * 懇曲(간곡) :간절(懇切)하고 곡진(曲盡 :간곡하고 정성을 다함) * 懇談(간담) :마음을 터놓고 정답게 이야기함 * 懇請간청 단어장 추가 간절(懇切)히 청(請)함	
切	刀 <끊을 절 / 간절할 절 / 온통 체> ①끊다, 베다 ②정성스럽다(精誠) ③적절하다(適切) ④중요하다(重要) ⑤간절히(懇切) ⑥온통(체), 모두(체)	* 切迫(절박) :시기(時期), 기일(期日) 등이 매우 급(急)함 * 切實(절실) :매우 시급(時急)하고도 중요(重要)한 상태(狀態) * 適切(적절) :어떤 기준(基準)이나 정도(程度)에 꼭 맞음 * 一切(일체) :모든 것. 온갖 것, 모든 것을 다	

七	一 <일곱 칠> ①일곱, 일곱 번 ②칠재(七齋 :죽은 지 49일 되는 날에 지내는 재) ③문체(文體)의 이름. 소(騷), 사(辭), 칠(七), 부(賦) 등	* 七顚八起(칠전팔기) :일곱 번 넘어져도 여덟 번째 일어남. <比喩>실패(失敗)를 거듭하여도 굴(屈)하지 않고 다시 일어섬 * 七旬(칠순) :나이 일흔 살. 70세(歲). 고희(古稀)	<칠전팔기> 일곱 번 넘어져도 여덟 번 일어나게 되며,
顚	頁 <엎드러질 전 / 이마 전> ①엎드러지다, 넘어지다 ②뒤집히다, 거꾸로 하다 ③머리, 이마(앞머리), 정수리, 꼭대기	* 顚倒(전도) :倒顚(도전) ①엎어져서 넘어짐 ②위와 아래를 바꾸어서 거꾸로 함. * 主客顚倒(주객전도) * 顚末(전말) :일의 처음부터 끝까지의 경과(經過). 본말(本末) * 顚覆(전복) :뒤집혀 엎어짐, 또는, 뒤집어 엎음	
八	八 <여덟 팔> ①여덟, 여덟 번 ②팔자형(八字形) ③나누다	* 八耋(팔질) :나이 여든 살을 이르는 말. 80세(歲) * 八旬(팔순) :①80일 ②여든 살. 80세(歲) * 十中八九(십중팔구) :열 가운데 여덟이나 아홉이나 됨 * 四通八達(사통팔달) :길이 사방(四方) 팔방으로 통(通)함	
起	走 <일어날 기> ①일어나다, 일다(없던 현상이 생기다), 일으키다, 발생하다(發生) ②(일을)시작하다(始作), 비롯하다	* 蜂起(봉기) :벌떼처럼 떼를 지어 세차게 일어남 * 惹起(야기) :무슨 일이나 사건(事件) 따위를 끌어 일으킴 * 再起(재기) :更起(갱기) 다시 일어남. * 提起(제기) :의견(意見)을 붙이어 의논(議論)할 것을 제안함	

忍	心 <참을 인> ①참다, 차마 ~하다 ②질기다, 모질다, 강잉하다(强) ③잔인하다(殘忍), 동정심(同情心)이 없다	* 忍耐(인내) :참고 견딤. 감인(堪忍). 내인(耐忍) * 殘忍(잔인) :인정(人情)이 없고 아주 모짊 * 隱忍自重(은인자중) :속으로 참고 몸가짐을 신중(愼重)히 함 * 目不忍見(목불인견) :차마 눈뜨고 볼 수 없을 정도(程度)임	<인내극복> 참고 견뎌서 곤란(困難)을 이겨내면서
耐	而 <견딜 내> ①견디다, 참다 ②감당하다(堪當) ③구레나룻을 깎다. 그 형벌(刑罰) ④능하다(能)(능), 능(能)히 하다(능)	* 耐久(내구) :오래 견딤 * 堪耐(감내) :감당해서 참고 견딤 * 耐性(내성) :견디는 저항력(저항력) * 耐怨害忍(내원해인) :남의 해(害)침을 받고도 앙갚음할 마음을 내지 않는 일	
克	儿 <이길 극> ①이기다, 해내다, 참고 견디다 ②능하다(能), 능력(能力)이 있다 ③승벽(勝癖 :지기 싫어하는 성질)	* 克服(극복) :①싸움에 이겨서 적을 복종(服從)시킴 ②곤란(困難)을 이겨내어 마음대로 함 * 克復(극복) :본디의 형편(形便)으로 되돌아감 * 克己(극기) :제 사욕(私慾)을 의지(意志)로 눌러 이김	
服	月 <옷 복 / 복종할 복> ①옷, 의복(衣服) ②(옷을)입다 ③한 번에 마시는 약의 분량(分量) ④복종하다(服從), 항복하다(降伏·降服)	* 衣服(의복) :옷. 몸을 싸서 가리는 피륙으로 만든 물건 * 屈服(굴복) :힘이 모자라 굽혀 복종(服從)함 * 降服(항복) :降伏(항복) 힘에 눌려서 적에게 굴복(屈服)함 * 上命下服(상명하복) :윗사람 명령(命令)에 아랫사람이 따름	

한자	뜻	낱말	풀이
眞	目 <참 진> ①참, 참되다, 참으로, 정말로 ②진리(眞理), 진실(眞實) ③본성(本性), 본질(本質)	* 眞實(진실) :거짓이 아닌 사실(事實) * 眞正(진정) :참으로 * 眞情(진정) :①진실하여 애틋한 마음 ②진실한 사정(事情) * 弄假成眞(농가성진) :장난이 진정(眞情)으로 한 것같이 됨 * 純眞無垢(순진무구) :몸과 마음이 깨끗해 더러운 때가 없음	<진지노력> 참되고 진실(眞實)하게 애를 쓰고 힘을 들인다면
摯	手 <잡을 지> ①잡다, 손으로 쥐다 ②이르다(어떤 장소나 시간에 닿다) ③지극하다(至極), 도탑다 ④폐백(幣帛)	* 眞摯(진지) :마음 쓰는 태도(態度)나 행동(行動) 따위가 참되고 착실(着實)하다. * 勤摯(근지) :마음을 씀이 도탑고 지극함. * 摯禽(지금) :새매를 이르는 말.	
努	力 <힘쓸 노> ①힘쓰다 ②부지런히 일하다 ③뾰족 솟다 ④(永字八法에서) 내리긋는 획(劃)	* 努力(노력) :어떤 일을 이루기 위해 힘을 씀, 힘을 다함 * 努目(노목) :성을 내어 눈을 부라림 * 努肉(노육) :헌 데에 두드러지게 내민 군더더기 살, 궂은 살 * 奮鬪努力(분투노력) :힘을 다하여 노력(努力)함	
力	力 <힘 력> ①힘, 힘주다 ②힘쓰다, 부지런히 일하다 ②어렵다, 매우 힘들다, 심하다 ③하인(下人), 인부(人夫), 병사(兵士)	* 力說(역설) :자기의 뜻을 힘주어 말함 * 兵力(병력) :兵數 * 能力(능력) :일을 해결(解決)해 낼 수 있는 힘 * 勢力(세력) :권력(權力)이나 기세(氣勢)의 힘 * 全心全力(전심전력) :온 마음과 온 힘을 다 기울임	

한자	뜻	낱말	풀이
涓	氵(水) <시내 연 / 물방울떨어질 연> ①시내, 실개천 ②작은 흐름, 물방울 ③가리다, 고르다 ④우는 모양 (현), 눈물이 흐르는 모양 (현)	* 涓滴(연적) :물방울, 아주 적은 것의 비유(比喩) * 涓露(연로) :이슬 정도(程度)의 물 * 涓流(연류) :작은 흐름 * 涓埃(연애) :물방울과 티끌. <比喩>썩 작은 것 * 涓然(연연) :훌쩍훌쩍 우는 모양(模樣) * 涓吉(연길) :擇日	<연적천반> 매우 적은 량(量)의 흐르는 물방울이 떨어져서 반석(磐石)을 뚫을 수 있으니,
滴	氵(水) <물방울 적> ①물방울 ②(물방울이)떨어지다 ③극히 적은 분량(分量) ④싱싱한 모양	* 滴水(적수) :떨어지는 물방울 * 水滴(수적) :물방울 * 硯滴(연적) :벼룻물을 담는 그릇 * 汗滴(한적) :땀방울 * 水滴穿石(수적천석) :물방울이 바위를 뚫음. <比喩>작은 노력을 계속하면 큰 일을 이룸 * 點滴穿石	
穿	穴 <뚫을 천> ①뚫다, 꿰뚫다, 뚫어지다, 실을 꿰다 ②구멍 ③묘혈(墓穴) ④개통하다(開通), 관통하다(貫通)	* 穿孔(천공) :구멍을 뚫음 * 穿井(천정) :우물을 팜 * 穿鑿(천착) :①구멍을 뚫음 ②학문(學問)을 깊이 연구(研究)함 * 渴而穿井(갈이천정) :목이 말라야 비로소 샘을 판다	
磐	石 <너럭바위 반> ①너럭바위(盤石·磐石 :넓고 평평한 큰 돌) ②넓다, 광대하다(廣大), 웅장하다(雄壯) ④머뭇거리다 ⑤이어지다	* 磐石(반석) :盤石(반석) * 常磐木(상반목) :常綠樹(상록수) * 落磐(낙반) :落盤(낙반). 떨어진 그 암반(巖盤)	

한자	뜻	낱말	풀이
燭	火 <촛불 촉> ①촛불 ②등불 ③비추다, 비치다 ④간파하다(看破), 꿰뚫어 보다	* 燭光(촉광) :①촛불의 빛 ②광도(光度)의 단위(單位) * 燭力(촉력) :燭光(촉광) * 燈燭(등촉) :등불과 촛불 * 華燭(화촉) :①빛깔 들인 밀초 ②혼인식(婚姻式) 따위에서 좌상의 등화(燈火). (轉)혼례(婚禮)	<촉양갈주> 촛불이 다 타서 심지에서 다하도록
煬	火 <쬘 양> ①쬐다 ②밝게 비추다 ③(밥을)짓다 ④불태우다, 불사르다(불에 태워 없애다) ⑤(덮어)가리다 ⑥(쇠가)녹다, 녹이다	* 煬突(양돌) :차(茶)를 찌는 굴뚝 * 煬者(양자) :밥을 짓는 사람 * 煬和(양화) :화기(和氣)가 넘쳐서 흐름	
竭	立 <다할 갈> ①다하다, 없어지다, 끝나다 ②모두, 다 ③막히다, 제거하다(除去), 없애다 ④무너지다, 망가지다 ⑤엉기다	* 罄竭(경갈) :재정(財政)이 다 없어짐 * 困竭(곤갈) :곤궁(困窮)하여 재물(財物)이 다 없어짐 * 蕩竭(탕갈) :재물(財物)을 남김없이 다 써 버림 * 竭力(갈력) :①있는 힘을 다함 ②있는 힘을 다하여 애씀	
炷	火 <심지 주> ①심지 ②자루(향촉을 세는 단위) ③불사르다(불에 태워 없애다), 불태우다	* 心炷(심주) :<借音>심지 * 炷燭(주촉) :심을 박아서 만든 초. * 燈炷(등주) :불의 심지 * 炷香(주향) :향을 피움	

한자	뜻	낱말	풀이
挑	扌(手) <돋울 도> ①돋우다(도드라지거나 높아지게 하다) ②꾀다, 꼬드기다 ③(줄을)뜯다, 튀기다 ④드러내다, 폭로하다(暴露), 후비다	* 挑燈(도등) :심지를 돋워 불을 밝게 함 * 挑戰(도전) :싸움을 걸거나 돋움 * 挑發(도발) :전쟁(戰爭)·분쟁(紛爭) 등을 일으키는 것 * 挑出(도출) :시비(是非)를 일으키거나 싸움을 돋움	<도등탐독> 등불을 돋아서 불을 밝게 하여 책(冊)을 즐겨 읽으라
燈	火 <등 등> ①등(燈), 등잔(燈盞) ②촛불(燭) ③불법(佛法)	* 點燈(점등) :등(燈) 심지에 불을 켜 당김. 등(燈)에 불을 켬 * 燈下不明(등하불명) :등잔(燈盞) 밑이 어두움. <比喩>가까이 있는 것을 도리어 잘 알기 어려움의 비유 * 風前燈火(풍전등화) :바람 앞의 등불. 위급(危急)함의 비유	
耽	耳 <즐길 탐> ①즐기다, 즐거워하다 ②좋아하다, 빠지다, 열중하다(熱中) ③연구하다(研究), 탐구하다(探求) ④노려보다	* 耽讀(탐독) :①즐겨서 열중(熱中)하여 읽음. 골똘히 읽음 ②다른 일을 잊어버릴 정도로 글 읽기에 빠짐 * 耽溺(탐닉) :어떤 일을 몹시 즐겨서 거기에 빠짐 * 虎視眈眈(호시탐탐) :범이 눈을 부릅뜨고 먹이를 노려봄	
讀	言 <읽을 독 / 구절 두> ①읽다, 읽기 ②이해하다(理解) ③세다, 계산하다(計算) ④구두(句讀 : 읽기 편하게 구절에 점을 찍는 일)	* 讀書(독서) :책의 내용(內容)을 이해(理解)하면서 읽는 것 * 句讀點(구두점) :글을 읽기 쉽게 찍는 마침표나 쉼표 * 晝耕夜讀(주경야독) :낮에는 농사(農事)짓고, 밤에는 공부(工夫)한다는 뜻	

0173 / 0174 / 0175 / 0176

飜	羽 <날 번 / 번역할 번> ※ 翻과 同 ①날다 ②나부끼다 ③뒤집히다, 뒤집다 ④번역하다(飜譯·翻譯) ⑤변하다(變) ⑥도리어	* 飜譯/翻譯(번역) :남의 나라의 글을 제 나라의 글로 고침 * 飜案(번안) :남의 작품(作品)을 원안으로 하여 고쳐 지음 * 天飜地覆(천번지복) :하늘이 날아가고, 땅이 뒤집힘. <比喩>천지(天地)의 큰 이변(異變)	<번역해석> 다른 나라의 말을 옮기면서 문장(文章)이나 사물(事物)의 뜻을 논리(論理)에 따라 이해(理解)하고
譯	言 <번역할 역 / 나타낼 역> ①번역하다(飜譯·翻譯) ②통변하다(通辯), 통역(通譯)하다 ③풀이하다 ④나타내다	* 內譯(내역) :분명(分明)하고 자세(仔細)한 내용(內容) * 音譯(음역) :외국어(外國語)의 음(音)을 나타내는 일 * 譯官(역관) :통역(通譯)하는 일을 맡은 관리(官吏). * 九譯(구역) :아홉 번이나 통역(通譯)을 거듭함. 곧 먼 나라	
解	角 <풀 해> ①풀다, 느슨해지다 ②풀이하다, 깨닫다, 주해(註解), 주석(註釋) ③벗다, 벗기다 ④쪼개다, 분열되다(分裂)	* 解決(해결) :얽힌 일을 풀어 처리(處理)함 * 解弛(해이) :마음의 긴장(緊張) 등이 풀리어 느즈러짐 * 理解(이해) :사리(事理)를 분별(分別)하여 해석(解釋)함 * 瓦解(와해) :기와가 깨짐. <比喩>산산이 흩어짐	
釋	釆 <풀 석> ①풀다, 풀리다, 깨닫다 ②놓아주다 ③풀이, 해석(解釋), 주해(註解) ④(의심이나 오해가) 사라지다, 벗다	* 解釋(해석) :자기 나름으로 이해(理解)하거나 풀이함. * 釋放(석방) :구속(拘束)된 사람을 풀어 자유(自由)롭게 함 * 釋然(석연) :미심(未審)쩍은 마음이 환하게 풀림 * 手不釋卷(수불석권) :손에서 책(冊)을 놓지 않음	

徹	彳 <통할 철> ①통하다(通) ②관통하다(貫通), 꿰뚫다, 뚫다 ③다스리다	* 徹底(철저) :속속들이 꿰뚫거나 미치어 빈틈이 없음 * 貫徹(관철) :자신의 주장(主張)이나 방침(方針)을 밀고 나감 * 徹夜(철야) :어떤 일을 하느라 잠을 자지 않고 밤을 새움 * 徹頭徹尾(철두철미) :처음부터 끝까지 徹底히 관철(貫徹)함	<철저연구> 중도(中途)에 멈추지 않고 깊이 끝까지 관철(貫徹)하는 태도(態度)로 조사(調査)하고 생각하면서
底	广 <밑 저> ①밑, 바닥 ②속, 내부(內部), 구석 ③밑절미(본디 있던 부분), 기초(基礎) ④이루다(지) ⑤이르다, 다다르다(지)	* 到底(도저) :학식(學識)이나 생각이 아주 깊음 * 根底(근저) :사물(事物)의 기초(基礎) * 海底(해저) :바다 밑 * 井底之蛙(정저지와) :우물 밑의 개구리. <比喩>소견(所見)이나 견문(見聞)이 몹시 좁은 것	
研	石 <갈 연 / 벼루 연 / 궁구할 연> ①갈다, 문지르다 ②벼루, 매끄러운 돌 ③궁구하다(窮究 :깊게 연구하다) ④연구하다(硏究), 탐구하다(探求)	* 硏究(연구) :①깊이 조사(調査)하여 밝힘 ②조사(調査)하고 생각하여 진리(眞理)를 알아 냄 * 硏之究之(연지구지) :일의 사리(事理)를 따져 깊이 생각함 * 鍛冶硏磨(단야연마) :단련(鍛鍊)하여 갈고 닦음	
究	穴 <연구할 구 / 다할 구> ①연구하다(硏究), 궁구하다(窮究) ②헤아리다 ③다하다, 끝, 극(極) ④굴(窟), 동굴(洞窟), 골짜기 ⑤주사위	* 究竟(구경) :궁극(窮極), 사리(事理)의 마지막, 필경(畢竟) * 講究(강구) :좋은 방법(方法)을 조사(調査)해 궁리(窮理)함 * 探究(탐구) :학문(學問)을 파고들어 깊이 연구(硏究)함 * 究厥心腸(구궐심장) :남의 마음을 속속들이 헤아림	

肄	聿 <익힐 이> ①익히다 ②수고, 노력(努力) ③나머지 ④움(나무를 베어 낸 뿌리에서 나는 싹)	* 肄兵(이병) :군사(軍士)를 훈련(訓鍊)시킴 * 肄習(이습) :연습(練習)하여 익힘 * 講肄(강이) :講習(강습) 강론(講論)하여 익힘	<이자완역> 이를 익히고 글 뜻을 깊이 연구(硏究)하다 보면
茲	玄 <이 자 / 검을 자> ①이, 이에 ②여기 ③이때 ④지금 ⑤검다 ⑥흐리다	* 今玆(금자) :올해 * 來玆(내자) :올해의 바로 다음 해 * 念念在玆(염념재자) :자꾸 생각이 나서 잊지 못함 * 念玆在玆(염자재자) :그 자리에 앉힐 적임자(適任者)임 * 務玆稼穡(무자가색) :때맞춰 심고 일하며 수익(收益)을 거둠	
玩	玉 <희롱할 완> ①희롱하다(戲弄)(頑) ②장난하다, 놀다, 놀이하다, 장난감 ③사랑하다 ④감상하다(鑑賞), 구경하다	* 玩繹(완역) :글이 지닌 깊은 뜻을 생각하여 찾음 * 玩賞(완상) :①좋아서 구경함 ②아름다움을 보고 즐김 * 愛玩(애완) :사랑하여 가까이 두고 다루거나 보며 즐김 * 玩具(완구) :장난감. 아이들이 가지고 노는 물건(物件)	
繹	糸 <풀 역> ①풀다, 풀리다, 풀어내다 ②끌어내다 ③당기다 ④연달아하다, 늘어놓다 ⑤실 뽑다, 실마리	* 演繹(연역) :한 가지 일로 다른 일을 추론(推論)함 * 絡繹(낙역) :사람이나 수레의 왕래(往來)가 끊이지 않음 * 人馬絡繹(인마낙역) :인마(人馬)의 왕래(往來)가 빈번(頻煩)하여 잇닿아 있음. 번화(繁華)한 도시(都市)	

積	禾 <쌓을 적> ①쌓다, 더미, 많다, 모으다, 저축(貯蓄) ②곱하여 얻은 수 ③부피, 넓이 ④머무르다 ⑤병이 들다 ⑥심하다(甚)	* 積羽沈舟(적우침주) :새털처럼 가벼운 것도 많이 실으면 배가 가라앉는다는 뜻으로, ①작은 일도 쌓이고 쌓이면 큰 일이 됨 ②작은 것, 힘없는 것도 많이 모이면 큰 힘이 됨	<적우침주> 가벼운 새의 깃털도 많이 쌓아 실으면 배를 가라앉히듯이
羽	羽 <깃 우> ①깃, 깃털 ②깃 장식(裝飾), 깃꽂이 ③날개 ④새, 조류(鳥類) ⑤부채 ⑥정기(旌旗 :旌과 旗), 깃발	* 干羽(간우) :무무(武舞)를 추는 사람이 드는 방패(防牌)와 문무(文舞)를 추는 사람이 드는 새의 깃 * 毛羽未成(모우미성) :새의 깃이 덜 자라서 아직 날지 못함. <比喩>사람이 성숙(成熟)되지 못함	
沈	氵(水) <잠길 침 / 성씨 심> ①잠기다, 가라앉다, 빠지다 ②(원기를)잃다 ③침울하다, 막히다 ④오래되다 ⑤성(姓)의 하나(심)	* 沈沒(침몰) :물에 빠져서 가라앉음 * 沈默(침묵) :잠잠(潛潛)하게 아무 말도 하지 않음 * 沈滯(침체) :①오래도록 오르지 않음 ②일이 진전되지 않음 * 浮沈(부침) :①물위에 떠올랐다 잠겼다 함 ②시세의 변동	
舟	舟 <배 주> ①배, 선박(船舶) ②배 타고 건너다 ③싣다 ④반(祭器인 준(尊)을 받쳐놓는 그릇)	* 舟航(주항) :이곳저곳을 두루 거쳐서 항해(航海)함 * 端舟(단주) :작은 배 * 單舟(단주) :한 척의 배 * 方舟(방주) :①네모지게 만든 배 ②배를 나란히 맴 * 破釜沈舟(파부침주) :솥을 깨뜨리고 배를 가라앉힘. 決死	

孜	子 <힘쓸 자> ①힘쓰다 ②부지런하다, 근면하다(勤勉) ③사물(事物)의 형용(形容)	* 孜孜(자자) :①부지런히 힘쓰는 모양 ②무슨 일에 마음을 쏟아 쉴 사이가 없음. 급급(汲汲) * 勤勤孜孜(근근자자) :매우 부지런하고 정성(精誠)스러움	<자즉득지> 부지런히 힘쓰면 뜻한 바를 얻을 것이다.
則	刂(刀) <법칙 칙 / 곧 즉> ①법칙(法則), 준칙(準則), 이치(理致) ②본보기로 삼다, 본받다 ③곧(즉), ~이라면(즉), ~하면(즉)	* 規則(규칙) :다 같이 지키기로 작정(作定)한 법칙(法則) * 法則(법칙) :①법식(法式)과 규칙(規則) ②必然的 關係 * 原則(원칙) :일반(一般)의 경우에 적용(適用)되는 법칙(法則) * 必死則生(필사즉생) :죽기를 각오(覺悟)하면 산다	
得	彳 <얻을 득> ①얻다, 손에 넣다 ②이루어지다 ③이득(利得), 이익(利益) ④깨닫다, 알다	* 得失(득실) :①얻음과 잃음 ②이익(利益)과 손해(損害) * 納得(납득) :사리(事理)를 분별(分別)하여 이해(理解)함 * 獲得(획득) :얻어 내거나 얻어 가짐. 손에 넣음 * 所得(소득) :수입(收入)이 되는 이익(利益) * 一擧兩得	
之	ノ <갈 지 / 어조사 지> ①가다 ②이르다, 닿다, 도달하다(到達) ③어조사(語助辭), ~의, ~에 있어서 ④이(是), 이에, 이곳에 ⑤쓰다, 사용하다	* 當之者(당지자) :그 일에 당(當)한 사람 * 習之(습지) :익히다 * 又重之(우중지) :더욱이. 뿐만 아니라 * 謂之(위지) :이르다 * 方可謂之(방가위지) :과연 그렇다고 이를 만하게 * 師弟之間(사제지간) :師弟間(사제간) 스승과 제자 사이	

井	二 <우물 정> ①우물 ②우물 난간(欄干·欄杆) ③정자 꼴, 반듯하다 ④저자, 마을 ⑤정전(井田) ⑥(왕후의)무덤	* 市井(시정) :①인가(人家)가 모인 거리 ②사람이 사는 곳 * 油井(유정) :석유(石油)를 채취(採取)하기 위해 판 우물 * 渴而穿井(갈이천정) :목이 말라야 비로소 샘을 판다 * 坎井之蛙(감정지와) :정저와(井底蛙), 井中之蛙(정중지와)	<정와파완> 우물 안 개구리는 자못 완고(頑固)할 수 있으므로
蛙	虫 <개구리 와> ①개구리 ②음란하다(淫亂) ③사특하다(邪慝 :요사스럽고 간특함)	* 井蛙(정와) :井底蛙(정저와). 井底之蛙(정저지와) 우물 안의 개구리. <比喩>소견(所見)이나 견문(見聞)이 몹시 좁아서 세상(世上) 물정(物情)을 모르는 사람을 이르는 말.	
頗	頁 <자못 파 / 치우칠 파> ①자못, 꽤, 상당히(相當) ②매우, 퍽, 몹시, 대단히 ③비뚤어지다 ④치우치다(偏頗的)	* 頗多(파다) :자못 많음. 아주 많음 * 偏頗(편파) :치우쳐 공평(公平)하지 못함 * 偏頗的(편파적) :한쪽으로 치우치는 경향(傾向)이 있는 * 阿諛偏頗(아유편파) :아첨(阿諂)하여 한쪽으로 치우침	
頑	頁 <완고할 완> ①완고하다(頑固) ②미련하다, 무디다, 둔하다(鈍) ③욕심이 많다, 탐하다(貪) ④사납다	* 頑强(완강) :태도(態度)가 완고(頑固)하고 의지(意志)가 굳셈 * 頑固(완고) :성질(性質)이 완강(頑强)하고 고루(固陋)함 * 頑守(완수) :완강(頑强)하게 지킴 * 頑腐(완부) :완고(頑固)하고 진부(陳腐)함	

吾	口 <나 오> ①나, 우리 ②그대 ③글 읽는 소리 ④친하지 않다(어)	* 吾等(오등) :우리들 * 吾輩(오배) :우리의 무리 * 吾人(오인) :나, 우리 인류(人類) * 吾儕(오제) :우리네 * 吾鼻三尺(오비삼척) :'내 코가 석자'라는 오비체수삼척(吾鼻涕垂三尺)의 준말로, 남을 도울 여력이 없음	<오잠각파> 우리 잠시(暫時) 머리띠를 풀어놓고 <우리 잠시 책(冊) 읽는 공부를 접어두고>
暫	日 <잠깐 잠> ①잠깐, 잠시(暫時), 짧다, 오래지 않다 ②별안간(瞥眼間), 졸지에	* 暫時(잠시) :暫時間(잠시간)의 준말. 오래지 않은 동안 * 暫定(잠정) :어떤 일을 잠깐 임시(臨時)로 정(定)함 * 暫定的(잠정적) :임시(臨時)로 정(定)하는 모양(模樣) * 暫不離側(잠불이측) :잠시(暫時)도 곁에서 떠나지 아니함	
擱	扌(手) <놓을 각> ①놓다, 두다 ②버리다 ③좌초하다(坐礁 :배가 암초에 얹히다)	* 擱岸(각안) :선박(船舶)이 잘못되어 바닷기슭에 얹힘 * 擱巖(각암) :선박(船舶)이 암초(暗礁) 위에 얹힘 * 擱坐(각좌) * 擱筆(각필) :①(남의 글이 뛰어나므로) 쓰던 글을 멈추고 붓을 놓음 ②(便紙에서) 글을 끝내고 붓을 놓음	
帕	巾 <머리띠 파(말) / 휘장 첩> ①머리띠 ②머리동이(머리가 아플 때 머리를 둘러 동이는 물건) ③싸다, 싸매다 ④보자기 ⑤휘장(揮帳)(첩)	* 手帕(수파) :①궁중(宮中)에서 존귀(尊貴)한 부녀자(婦女子)가 사용(使用)하던 값진 수건 ②손을 닦기도 하고 머리에 쓰기도 하던 수건. 체수파(遞手帕) * 遮手帕(대수파) :손을 가리는 데 쓰는 천 조각.	

乃	ノ <이에 내> ①이에, 곧 ②그래서 ③만일(萬一) ④너, 당신(當身), 그대 ⑤이와 같다	* 乃至(내지) :①수량(數量)의 '얼마에서 얼마까지' ②혹은 * 乃後(내후) :子孫(자손) * 乃兄(내형) :①너의 형 ②자기의 형 * 終乃(종내) :필경(畢竟)에. 마침내 * 乃父(내부) :너의 아버지 * 乃武乃文(내무내문) :문무(文武)를 아울러 갖춤. 임금의 덕	<내과후량> 이에 먼 길 가는데 필요(必要)한 말린 양식(糧食)을 싸고
裹	衣 <쌀 과> ①싸다 ②얽다 ③꾸러미 ④그치다 ⑤꽃송이 ⑥풀의 열매	* 裹紙(과지) :包裝紙(포장지) 물건을 싸는 종이 * 結裹(결과) :물건(物件)을 꾸러미를 싸서 동이어 맴 * 內裹(내과) :안에 넣는 물건을 쌈. * 包裹(포과) :물건(物件)을 꾸리어 싸는 일	
餱	食 <건량 후> ①건량(乾糧 :가지고 다니기 쉽게 만든 음식) ②말린 밥	* 餱糧(후량) :糇糧(후량) 먼 길 가는 사람이 지니고 다니는 마른 양식(糧食) * 餱粻(후창) :乾糧(건량) 먼 길을 가는 데 지니고 다니기 쉽게 만든 마른 양식	
糧	米 <양식 량> ①양식(糧食), 먹이 ②급여(給與) ③구실(온갖 세납을 통틀어 이르던 말)	* 糧穀(양곡) :양식(糧食)으로 쓰는 곡식(穀食) * 糧食(양식) :糧餉(양향) 살림살이에 드는 식량(食糧) * 食糧(식량) :먹을 양식(糧食) * 老少異糧(노소이량) :늙은이와 젊은이의 식사(食事)가 다름	

한자	뜻	단어	연상
簞	竹 <소쿠리 단> ①소쿠리(대나 싸리로 엮어 테가 있게 만든 그릇) ②(대로 만든 둥근) 밥그릇 ③상자(箱子) ④호리병박	* 簞笥(단사) :①대나무로 만든 상자 ②대로 만든 둥글거나 네모난 음식 그릇 * 簞食(단사) :도시락밥, 도시락에 담은 밥 * 簞瓢(단표) :簞食瓢飮(단사표음)의 준말. 도시락과 표주박	<단사호앵> 도시락 상자(箱子)와 호리병과 단지를 마련하여
笥	竹 <상자 사> ①상자(箱子) ②대밥그릇	* 笥箱(사상) :대오리로 결어 만든 상자(箱子) * 筐笥(광사) :대오리로 만든 바구니 * 衣笥(의사) :옷 상자 * 巾笥(건사) :巾笈(건급) 비단(緋緞)을 바른 상자(箱子) * 柤笥(축사) :싸리나무로 결어서 만든 상자 모양의 그릇	
壺	士 <병 호> ①병(甁) ②술병(甁) ③박 ④단지(목이 짧고 배가 부른 작은 항아리) ⑤주전자 ⑥예의	* 壺罌(호앵) :호리병과 단지 * 投壺(투호) :화살을 던져 병 속에 넣는 놀이 * 壺中天(호중천) :항아리 속의 하늘. <比喩>별천지(別天地)·별세계(別世界)·선경(仙境) *壺中天地	
罌	缶 <양병 앵> ①양병(洋甁 :배가 부르고 목이 좁고 짧은 오지병) ②항아리	* 罌粟(앵속) :楊貴妃(양귀비) * 罌粟殼(앵속각) :양귀비의 열매의 껍질 * 銀罌(은앵) :은(銀)으로 만든 단지	

한자	뜻	단어	연상
瓠	瓜 <박 호> ①박, 바가지 ②표주박(瓢 :박으로 만든 작은 바가지) ③병(甁) ④항아리	* 瓠果(호과) :박과(科)에 딸린 식물(植物)의 열매 * 瓠犀(호서) :①박의 살과 씨 ②아름다운 치아(齒牙)를 비유 * 圓瓠履(원호리) :<俗>뒤웅박 신은 것 같다. <比喩>일의 되어 가는 모양이 황망하고 위험함	<호병예장> 표주박 모양의 병(甁)에는 단술(甘酒)과 마실 것을 담고
甁	瓦 <병 병> ①병(甁) ②단지(목이 짧고 배가 부른 작은 항아리) ③시루(떡이나 쌀 따위를 찌는 질그릇) ④두레박	* 花甁(화병) :꽃병. 꽃을 꽂는 병(甁) * 琉璃甁(유리병) :유리(琉璃)로 만든 병(甁) * 守口如甁(수구여병) :입 다물기를 병마개 막듯이 하라는 뜻으로, 비밀(秘密)을 남에게 말하지 말라는 말	
醴	酉 <단술 례> ①단술(甘酒 :엿기름을 우린 물에 밥알을 넣어 식혜처럼 삭혀서 끓인 음식) ②맛좋은 샘물 ③달다	* 醴漿(예장) : 단술과 음료 * 甘醴(감례) :단술 * 醴酒不設(예주불설) :익은 술을 베풀지 않음. <比喩>손님을 대우(待遇)하는 예(禮)가 차츰 없어짐을 이르는 말	
漿	水 <즙 장> ①즙(汁 :물기가 들어 있는 물체에서 짜낸 액체) ②미음(米飮) ③풀, 풀을 먹이다 ④마실 것, 음료(飮料)	* 壺漿(호장) :단지 안에 든 간장. <比喩>보잘것없이 맛없는 반찬(飯饌) * 簞食壺漿(단사호장) :도시락 밥과 병에 담은 음료수(飮料水). <比喩>간소(簡素)한 음식(飮食)	

한자	뜻	단어	연상
簡	竹 <대쪽 간 / 간략할 간> ①대쪽(댓조각), 댓조각(대를 쪼갠 조각) ②편지(便紙·片紙) ③문서(文書) ④간략하다(簡略), 단출하다	* 簡單(간단) :간략(簡略)하고 또렷함 * 簡潔(간결) :簡單하고 깨끗함 * 簡易(간이) :簡單하고 쉬움 * 簡牘(간독) :편지(便紙). 종이가 보급(普及)되기 전(前)에 사용(使用)되었던 대쪽에서 유래(由來)	<간향면포> 간단(簡單)히 먹을 건량(乾糧)으로는 빵을
餉	食 <건량 향> ①건량(乾糧 :가지고 다니기 쉽게 만든 음식) ②군량(軍糧) ③군비(軍費) ④식사 시간 ⑤(음식)보내다	* 晩餉(만향) :저녁 식사(食事) * 糧餉(양향) :①양식(糧食) ②군량(軍糧) * 佛餉畓(불향답) :佛糧畓(불양답) 부처에게 올리는 쌀을 생산(生産)하는 절에 딸린 논밭	
麵	麥 <밀가루 면> ①밀가루, 밀을 빻아서 만든 가루 ②국수 ③보릿가루	* 麵類(면류) :밀국수나 메밀국수 따위의 국수류 * 麵腹(면복) :국수 먹은 배(腹). <比喩>갑자기 생긴 좋은 일이 오래 가지 못함 * 炸醬麵(자장면) :국수를 중국(中國) 된장에 비빈 면(麵)	
麭	麥 <떡 포> ①떡(치거나 빚어서 만든 음식) ②가루떡 ③빵	* 麵麭(면포) : '빵'을 이르던 말. 개화기(開化期) 때에 중국(中國)에서 만든 단어(單語)를 우리 한자음(漢字音)으로 읽은 것이다.	

한자	뜻	단어	연상
肆	聿 <방자할 사 / 가게 사> ①방자하다(放恣) ②늘어놓다 ③늦추다 ④시험하다(試驗) ⑤마구간(馬廏間) ⑥가게	* 矜肆(긍사) :젠체하여 마음대로 행동(行動)함 * 恣肆(자사) :자기(自己) 멋대로 함 * 書肆(서사) :書店(서점) 책을 팔거나 사는 가게 * 店肆(점사) :店鋪(점포) 물건을 파는 가게. 商店(상점)	<사고전권> 가게에서 사서 멜빵을 가득 채우고는
沽	氵(水) <팔 고 / 살 고> ①팔다 ②사다 ③구하다(求), 탐내다(貪) ④술장수	* 沽券(고권) :①토지(土地) 문서(文書) ②값어치. 품위(品位) * 沽名(고명) :①명예(名譽)를 구(求)하려고 함. 명예(名譽)를 탐냄 ②명예(名譽)를 팖 * 沽兒(고아) :장사아치 * 沽酒(고주) :①술을 삼 ②술을 팖	
塡	土 <메울 전 / 채울 전> ①메우다 ②박아넣다 ③따르다, 순종하다(順從) ④채우다, 가득 차다 ⑤북소리 ⑥만족스런 모양 ⑦진정하다(鎭靜)	* 塡補(전보) :부족을 메워서 채움. 결손(缺損)을 보충함 * 補塡(보전) :부족(不足)한 것을 메워 보충(補充)함 * 裝塡(장전) :①속을 넣어 채움 ②총포에 탄약을 재는 것 * 充塡(충전) :빈 곳을 채움. 또는 채워서 메움	
帣	巾 <자루 권 / 멜빵 권> ①자루(헝겊 따위로 길고 크게 만든 주머니) ②멜빵(짐 따위를 어깨에 걸어 메는 끈) ③팔찌(팔에 끼는 장신구)		

遍	辶(辵) <두루 편> ①두루, 두루 미치다, 널리 퍼지다 ②모든, 전면적인(全面的) ③번, 횟수(回數)	* 遍踏(편답) :널리 돌아다님 * 讀書百遍義自見(독서백편의자현) * 普遍(보편) :모든 것에 두루 미치거나 통(通)함 * 讀書百遍(독서백편) :글 읽기를 백 번 함 * 滿山遍野(만산편야) :산과 들에 가득히 뒤덮임	<편답관람> 두루 돌아다니면서 세상(世上) 구경을 하러 나섰다.
踏	足 <밟을 답> ①밟다, 디디다, 밟아 누르다 ②걷다, 밟고 가다 ③신발, 발판 ④조사하다(調査), 살피다	* 踏步(답보) :제자리에 서서 하는 걸음. 제자리걸음 * 踏査(답사) :실지(實地)로 가서 보고 조사(調査)함 * 踏襲(답습) :선인(先人)의 행적(行蹟)을 그대로 따라 행함 * 踏靑節(답청절) :'삼짇날'의 별칭(別稱). 이 날 풀을 밟음	
觀	見 <볼 관> ①보다 ②보이게 하다, 보게 하다 ③모양, 용모(容貌) ④생각	* 觀覽(관람) :①여행하며 구경함 ②공연(公演) 따위를 구경함 * 觀光(관광) :다른 지방(地方)이나 나라를 돌아다니며 구경함 * 觀察(관찰) :사물(事物)을 잘 살펴 봄 * 客觀(객관) :第3者의 눈으로 봄. 主觀의 相對槪念(상대개념)	
覽	見 <볼 람> ①보다, 두루 보다, 대강(大綱) 훑어보다 ②바라보다, 전망하다(展望) ③전망(展望), 경관(景觀)	* 博覽(박람) :①책을 널리 많이 읽음 ②사물(事物)을 널리 봄 * 閱覽(열람) :책 등(等)을 두루 훑어서 봄 * 萬機親覽(만기친람) :임금이 온갖 정사(政事)를 친히 보살핌 * 一覽不忘(일람불망) :한 번 보면 잊지 않음	

蹈	足 <밟을 도> ①(발로)밟다 ②(발을)구르다 ③따르다, 따라 행하다(行) ④가다, 떠나가다 ⑤뛰어들다	* 舞蹈(무도) :음악(音樂)에 맞추어 춤을 추는 것 * 蹈襲(도습) :전(前)부터의 방식(方式)을 본받아 따라 함 * 蹈海(도해) :바다에 몸을 잠근다. <比喩>①고결(高潔)한 절조(節操) ②위험(危險)을 무릅쓰고 항해(航海)함	<도종구추> 발을 내딛어 걸을 때마다 발꿈치를 따라서 그림자도 뒤쫓아 간다. <그림자와 더불어 걸어서 간다.>
踵	足 <발꿈치 종> ①발꿈치 ②뒤밟다, 뒤따르다 ③잇다, 계승하다(繼承) ④자주, 여러 번 ⑤행동(行動)이 불편(不便)한 모양	* 擧踵(거종) :①발뒤꿈치를 세움 ②발돋움을 하고 몹시 기다림 * 比肩繼踵(비견계종) :比踵(비종). 어깨를 나란히 하고 발뒤꿈치를 이음. <比喩>계속 끊이지 않고 잇달아 속출함 * 我養犬噬踵(아양견서종) :내가 기른 개에게 발꿈치를 물림	
晷	日 <그림자 구(귀)> ①그림자 ②햇빛, 빛	* 晷刻(구각) :잠깐 동안. 또는 짧은 시간(時間) * 晷漏(귀루) :해시계와 물시계, 시각(時刻)을 뜻함 * 日晷(일구) :①해 그림자 ②해시계. 일영대(日影臺). * 寸晷(촌구) :매우 짧은 동안의 시간(時間)	
趨	走 <달아날 추> ①달아나다, 달리다, 달려가다 ②빨리 걷다, 종종걸음, 성큼성큼 걷다 ③뒤쫓다, 붙좇다 ④따라 행하다	* 趨勢(추세) :일정(一定)한 방향(方向)으로 움직여 나가는 힘 * 趨庭(추정) :자식(子息)이 부모의 가르침을 받음 * 歸趨(귀추) :사람의 마음이나 사물의 돌아가는 형편(形便) * 疾趨(질추) :疾走(질주). 빨리 달림	

岐	山 <갈림길 기> ①갈림길, 갈래지다, 울퉁불퉁하다 ②날아가는 모양 ③자라나는 모양, 지각이 드는 모양	* 岐路(기로) :여러 갈래로 갈린 길. 갈림길 * 岐路亡羊 * 分岐點(분기점) :여러 갈래로 갈라지기 시작(始作)하는 곳 * 多岐(다기) :①여러 갈래의 길 ②여러 방면(方面) * 多岐亡羊 :學問의 길이 多岐하여 진리(眞理)를 찾기 어려움	<기저사구> 갈림길에서 우두커니 서서 짝을 기다리면서
佇	亻(人) <우두커니 설 저 / 설 저> ①우두커니 서다 ②머물러 있다 ③기다리다	* 佇眷(저권) :머물러 서서 돌아봄 * 佇待(저대) :우두커니 서서 기다림. * 佇思(저사) :우두커니 서서 생각함. * 勤佇(근저) :애타게 기다림.	
俟	亻(人) <기다릴 사> ※ 竢와 通 ①기다리다, 대기하다(待機) ②떼지어 가다 ③가는 모양, 서행(徐行)하는 모양	* 俟命(사명) :①임금의 명(命)을 기다림 ②천명(天命)에 맡김 * 俟俟(사사) :많은 사람이 떼를 지어 천천히 걷는 모양 * 如俟河淸(여사하청) :황하(黃河)의 물이 맑아지기를 기다리는 것과 같이 될성부르지 않을 일을 기대(期待)함	
逑	辶(辵) <짝 구> ①짝(匹) ②모으다(聚斂)	* 好逑(호구) :좋은 짝, 좋은 아내, 配匹	

啖	口 <씹을 담> ①씹다, 씹어 먹다 ②삼키다 ③먹이다, 먹여 주다 ④속이다 ⑤탐내다(貪), 욕심을 부리다	* 茶啖(다담) :茶啖(차담) 손님을 대접(待接)하기 위(爲)해 차리는 다과(茶菓) 따위. * 茶啖床(다담상) * 健啖(건담) :①잘 먹음 ②많이 먹음 * 健啖家(건담가) :大食家(대식가)	<담포악췌> 말린 고기를 씹으니 턱뼈가 고달프다.
脯	月(肉) <포 포> ①포(脯), 포육(脯肉: 얇게 저며서 양념을 하여 말린 고기) ②말린 과실(果實) ③회식하다(會食)(보)	* 乾脯(건포) :쇠고기나 물고기를 저며 말린 포(脯) * 肉脯(육포) :쇠고기를 얇게 저미어 만든 포(脯) * 千里脯(천리포) :짐승의 고기를 술·초·소금에 버무려 삶아서 말린 반찬(飯饌). 먼 길 가는 데 씀	
顎	頁 <턱 악> ①턱(발음하거나 씹는 일을 하는 기관) ②얼굴이 높은 모양 ③공경하다(恭敬) ③엄하다(嚴 :매우 철저하고 바르다)	* 顎脚(악각) :颚脚(시각). 음식물 섭취를 돕기 위하여 입 주위에 발달된 변형된 형태의 절지동물의 다리 * 上顎(상악) :위턱 * 下顎(하악) :아래턱. 아래쪽의 턱 * 顎下腺(악하선) :턱밑샘	
瘁	疒 <병들 췌> ①병들다(病) ②여위다, 파리하다(핏기가 전혀 없다) ③수고롭다 ④근심하다 ⑤무너지다	* 困瘁(곤췌) :困悴(곤췌) 곤궁하고 고달픔 * 勞瘁(노췌) :몹시 지치고 고달파서 파리함 * 顚瘁(전췌) :몹시 지쳐서 쓰러지고 병이 듦. * 盡瘁(진췌) :盡悴(진췌) 지쳐 쓰러질 정도로 열심히 힘을 다함	

晡	日 <신시 포> ①신시(申時 :오후 세 시부터 다섯 시까지의 사이) ②저녁나절 ③해질 무렵	* 朝晡(조포) :朝夕(조석) 아침과 저녁 * 朝晡哭(조포곡) :朝夕哭(조석곡) * 朝晡奠(조포전) :朝夕奠(조석전) 장사에 앞서 아침저녁으로 영전에 지내는 제사.	<포오늦찬> 저녁나절에야 만나서 늦은 식사를 하는데
迕	辶(辵) <만날 오 / 거스를 오> ①만나다 ②거스르다(忤), 등지다 ③틀리다 ④닿다, 범하다(犯) ⑤섞이다	* 迕道(오도) :정도(正道)에서 어긋남 * 迕視(오시) :눈을 치떠 봄 * 錯迕(착오) :물건(物件)이나 생각 따위가 뒤섞임	
[illegible]	艹(艸·草) <늦을 늦> ①'늦다'의 음역자(音譯字) ②국음(國音)은 '늦', 뜻은 없다		
餐	食 <밥 찬> ①밥, 점심밥 ②샛밥(간식), 곁두리 ③음식(飮食) ④먹다, 마시다 ⑤물에 밥을 말다(손)	* 朝餐(조찬) :아침 식사(食事) * 晩餐(만찬) :저녁 식사(食事) * 午餐(오찬) :晝餐(주찬) 잘 차린 점심 * 風餐露宿(풍찬노숙) :바람을 맞으면서 먹고, 이슬을 맞으면서 잠을 잠. <比喩>떠돌며 고생스러운 생활을 함	

霞	雨 <노을 하> ①노을 ②가볍고 아름답다 ③술, 맛있는 술	* 輕霞(경하) :엷은 저녁놀 또는 아침놀 * 夕霞(석하) :해질 무렵의 안개 * 煙霞(연하) :①안개와 놀 ②고요한 산수(山水)의 경치(景致) * 煙霞之癖(연하지벽) :산과 물을 매우 사랑하는 병(病)	<하안아이> 노을 지는 하늘의 기러기가 丫자(字) 모양으로 연이어 간다.
雁	隹 <기러기 안> ①기러기(오릿과에 딸린 철새를 통틀어 이르는 말) ②정처 없이 떠돌다 ③가을	* 雁書(안서) :편지(便紙)를 말함. 雁使(안사), 雁帛(안백), 雁信(안신), 雁札(안찰) * 雁行(안항) :①기러기가 줄지어 날아감 ②남의 형제의 경칭 * 鴻雁(홍안) :큰 기러기와 작은 기러기	
丫	丨 <가닥 아> ①가닥(한군데서 갈려 나온 낱낱의 줄) ②가장귀(나뭇가지의 갈라진 부분) ③총각(總角) ④포크(fork)	※ 椏와 類似 * 丫妲(아달) :<借音>아들 * 丫鬟(아환) :叉鬟(차환) 머리를 얹은 젊은 계집 종 * 三丫鎗(삼아창) :끝이 세 갈래로 갈라진 창(槍). 三刺鎗	
迤	辶(辵) <비스듬할 이> ※ 迆와 同 ①비스듬하다, 경사지다(傾斜) ②굽이지다 ③잇닿다, 연하다(連), 잇닿은 모양(타)	* 委迤(위이) :미꾸라지 * 逶迤(위이) :①(에두른 길이)구불구불함 ②위이(委蛇) * 邐迤(이이) :①잇따라 나아감 ②산기슭이나 길이 길게 둘리어 벋어 나감	

旅	方 <나그네 려> ①나그네, 객지살이 하다(客地) ②여행하다 ③무리, 군중(群衆) ④군대(軍隊)	* 旅館(여관) :여객(旅客)을 묵게 하는 집. 서양(西洋)에서 숙박업소(宿泊業所)의 역사는 고대 이집트·바빌로니아 시대부터 시작되었다. * 旅行(여행) :거주지(居住地)를 떠나 객지(客地)에 나다님	<여관투숙> 여관(旅館)에 들어서 잠을 청(請)하니
館	食 <집 관> ①집 ②객사(客舍) ③관사(官舍) ④마을 ⑤학교(學校) ⑥별관(別館) ⑦가게, 상점(商店) ⑧묵다, 묵히다	* 館舍(관사) :외국(外國) 사신(使臣)을 머물러 묵게 하는 집 * 館主人(관주인) :과거(科擧) 보려고 서울로 온 시골 선비가 성균관(成均館) 근처(近處)에 유숙(留宿)하던 집 * 迎賓館(영빈관) :외국의 귀빈을 맞아 들여 머물게 하는 집	
投	扌(手) <던질 투 / 머무를 투> ①던지다 ②뛰어들다 ③가담하다(加擔), 편이 되다 ④서로 잘 맞다 ⑤머무르다, 멈추다	* 投宿(투숙) :여관(旅館)에서 잠. 숙소(宿所)에 머무름 * 投入(투입) :던져 넣다는 뜻으로 사람이나 자본(資本)을 넣음 * 投資(투자) :사업(事業)에 자금(資金)을 투입(投入)함 * 投票(투표) :의견을 기입하여 제출해서 의사를 결정하는 것	
宿	宀 <잘 숙 / 별자리 수> ①잠을 자다, 숙박하다(宿泊) ②묵다, 오래 되다, 전(前)부터 ③별자리(수), 성수(星宿 :모든 별자리)	* 宿命(숙명) :날 때부터 타고난 운명(運命) * 宿泊(숙박) :여관(旅館)이나 주막(酒幕)에 들어 자고 머무름 * 宿願(숙원) :오래도록 지녀온 소원(所願) * 宿題(숙제) :스스로 집에서 풀어 오게 하는 문제(問題)	

悶	心 <답답할 민> ①답답하다 ②번민하다(煩悶) ③깨닫지 못하다, (사리에)어둡다 ④혼미하다(昏迷) ⑤민망하다(憫惘)	* 悶鬱(민울) :悶沓(민답) 안타깝고 답답함, 우울함, 울적함 * 苦悶(고민) :괴로워하고 번민(煩悶)함 * 矜悶(긍민) :가엾이 여김 * 煩悶(번민) :마음이 답답하여 괴로워함	<민울배소> 가슴이 답답하여 밤거리를 배회(徘徊)하는데,
鬱	鬯 <울창할 울 / 답답할 울> ①울창하다(鬱蒼), 우거지다, 무성(茂盛) ②답답하다, 우울하다(憂鬱), 울적(鬱寂) ③그윽하다 ④맺히다, 쌓이다	* 抑鬱(억울) :원통(冤痛)하여 가슴이 답답함 * 憂鬱(우울) :마음이 어둡고 가슴이 답답한 상태(狀態) * 宮殿盤鬱(궁전반울) :궁전(宮殿)은 울창한 나무 사이에 서린 듯 위치(位置)함	
徘	彳 <어정거릴 배> ①어정거리다, 배회하다(徘徊), 노닐다 ②방황하다(彷徨) ③그리워하다	* 徘徊(배회) :목적(目的) 없이 이리저리 거닒 * 徘徊顧眄(배회고면) :목적 없이 거닐며 여기저기 기웃거림 * 徘徊瞻眺(배회첨조) :같은 장소(場所)를 배회(徘徊)하며 선후(先後)를 보는 모양(模樣)임	
宵	宀 <밤 소> ①밤 ②초저녁 ③깁(명주실로 바탕을 조금 거칠게 짠 비단), 명주(明紬)	* 秋宵(추소) :가을밤 * 半宵(반소) :中宵(중소) 한밤중 * 晝宵(주소) :밤낮. 밤과 낮을 아울러 이르는 말 * 春宵(춘소) * 宵衣旰食(소의간식) :날이 밝기 전에 옷을 입고, 해가 진 후에 식사를 함. 천자(天子)가 정사(政事)에 골몰함	

螢	虫 <반딧불이 형> ①반딧불이(반딧불잇과의 딱정벌레), 개똥벌레(반딧불이)	* 螢雪之功(형설지공) :車胤이 반딧불과 孫康이 눈빛으로 글을 읽어가며 고생 속에서 공부(工夫)하여 이룬 공(功) * 車胤聚螢(차윤취형) :차윤(車胤)이 반딧불이를 모아 그 빛으로 글을 읽었다는 고사(故事) * 車胤盛螢	<형작소암> 반딧불이 밝았다 어두웠다 하고, <반딧불이 깜빡이고,>
爝	火 <횃불 작> ①횃불 ②횃불을 피워 푸닥거리하다	* 螢爝(형작) :반딧불. 반딧불이가 꽁무니에서 내는 불빛 사투리로 반딧불을 '개똥불'이라고도 하고, 반딧불이를 '개똥벌레'라고도 함 * 爝火(작화) :횃불	
炤	火 <밝을 소> ①밝다, 환하다 ②환히 보이다 ③비추다, 비치다(조) ④반딧불(조)	* 炤爛(소란) :昭明(소명). 밝음. 밝고 똑똑함 * 炤明(소명) :照明(조명). 빛을 밝게 비춤 * 炤炤(소소) :①밝은 모양 ②밝게 보임	
黯	黑 <검을 암> ①검다, 시커멓다 ②어둡다, 캄캄하다 ③흐려서 밝지 못한 모양 ④슬퍼하다	* 悽黯(처암) :슬프고 울적함 * 黯昧(암매) :사리에 어두움 * 黯顔(암안) :시름하는 빛을 띤 얼굴 * 黯然(암연) :(시름에 겹거나 離別하거나 하여) 슬프고 침울(沈鬱)함	

蛩	虫 <메뚜기 공 / 귀뚜라미 공> ①메뚜기(메뚜깃과의 곤충) ②매미의 허물 ④노래기 ③귀뚜라미(귀뚜라밋과의 곤충)	* 蛩音(공음) :①귀뚜라미의 우는 소리 ②벌레의 우는 소리 * 秋蛩(추공) :가을에 우는 온갖 벌레 * 蜫蛩(한공) :馬陸(마륙). 馬蚿(마현). 노래기(절지동물 그리맛과의 곤충)	<공장경수> 귀뚜라미와 쓰르라미 우는 소리에 외로움으로 수심(愁心)에 잠기는데,
螿	虫 <쓰르라미 장> ①쓰르라미(매밋과에 속하는 곤충) ②애매미(매밋과의 곤충)	* 蛩螿(공장) :귀뚜라미와 쓰르라미. 귀뚜라미와 쓰르라미의 울음소리는 처량(凄涼)하고 슬픔을 의미함	
煢	火 <외로울 경> ①외롭다 ②시름 겨워하는 모양 ③근심하다(속을 태우거나 우울해하다)	* 煢煢(경경) :외롭고 걱정스러움 * 煢獨(경독) :惸獨(경독). 의지(依支)가지 없이 외로움, 또는 그런 사람	
愁	心 <근심 수> ①근심, 시름, 근심하다(속을 태우거나 우울해하다), 시름겹다, 시름겨워하다 ②얼굴빛을 바꾸다 ③슬퍼하다	* 愁眉(수미) :①근심에 잠긴 눈썹 ②근심스러운 기색(氣色) * 愁心(수심) :근심하는 마음 * 憂愁(우수) :①근심 ②우울(憂鬱)과 수심(愁心) * 鄕愁(향수) :고향(故鄕)을 그리워하는 마음이나 시름	

檐	木 <처마 첨> ※ 簷과 通 ①처마(지붕이 도리 밖으로 내민 부분) ②전(甎·塼)(화로·갓 따위의 전)	* 檐溜(첨류) :처마 끝의 물방울. 낙숫물(落水) * 檐牙(첨아) :簷牙(첨아). 처마 * 茅檐(모첨) :띠로 인 처마 * 矮檐(왜첨) :矮簷(왜첨). 짧고 낮은 처마 * 飛檐(비첨) :기와집의 네 귀가 번쩍 들린 높은 처마	<첨류림타> 처마의 낙숫물이 방울져서 뚝뚝 떨어짐에
溜	氵(水) <낙숫물 류> ①낙숫물(落水 :처마 끝에서 떨어지는 물) ②낙수받이(낙숫물을 받는 그릇) ③물방울, 물방울이 떨어지다	* 蒸溜(증류) :증기(蒸氣)가 냉각(冷却)되어 액체(液體)로 됨 * 烝溜(증류) :蒸溜(증류) * 山溜穿石(산류천석) :산에서 흐르는 물이 바위를 뚫음. <比喩> 작은 노력(努力)도 계속(繼續)하면 큰 일을 이룸	
淋	氵(水) <임질 림 / 물방울 떨어질 림> ①임질(淋疾·痳疾: 임균이 일으키는 성병) ②장마 ③긴 모양 ④물을 대다 ⑤(물방울이)떨어지다 ⑥잠기다 ⑦젖다	* 淋瀝(임력) :뚝뚝 떨어지는 모양 * 淋汗(임한) :땀 * 淋漓(임리) :흠뻑 젖어 뚝뚝 흘러 떨어지거나 흥건한 모양 * 淋病(임병) :淋疾(임질) * 淋疾(임질) :임균(淋菌)의 감염으로 일어나는 성병(性病)	
墮	土 <떨어질 타> ①떨어지다, 떨어뜨리다, 낙하하다(落下) ②빠지다, 탈락하다(脫落) ③무너뜨리다, 훼손하다(毁損)(휴)	* 墮落(타락) :품행(品行)이 나빠서 못된 구렁에 빠짐 * 墮淚(타루) :落淚(낙루) 눈물을 흘림 * 墮漏(타루) :漏落(누락) 기록(記錄)에서 빠짐 * 墮其術中(타기술중) :남의 간악(奸惡)한 꾀에 넘어가거나 빠짐	

滯	氵(水) <막힐 체> ①막히다, 유통(流通)되지 않다 ②남다 ③얽매이다 ④쌓이다, 엉기다 ⑤머무르다 ⑥버려지다 ⑦오래 되다	* 滯留(체류) :여행지(旅行地) 등에서 오래 머물러 있음 * 停滯(정체) :사물(事物)이 한 곳에 그쳐서 쌓임 * 沈滯(침체) :①오래도록 벼슬이 오르지 않음 ②일이 잘 진전되지 않음	<체류지연> 그로 인해 머물러 있으면서 일정(日程)이 더디어지게 되어
留	田 <머무를 류> ①머무르다, 정지하다(停止) ②뒤지다, 지체하다(遲滯), 더디다, 늦다 ③붙잡다, 만류하다(挽留), 억류하다(抑留)	* 留保(유보) :保留(보류) 일 처리(處理)를 뒷날로 미루어 둠 * 抑留(억류) :남의 자유(自由)를 억지로 구속(拘束)함 * 虎死留皮 人死留名 :범은 죽어서 가죽을 남기고, 사람은 죽어서 이름을 남김	
遲	辶(辵) <더딜 지 / 늦을 지> ①더디다, 늦다, 느리다 ②지체하다(遲滯), 천천히 하다, 굼뜨다 ③둔하다(鈍) ④오래다 ⑤기다리다	* 遲延(지연) :오래 끌음. 더디게 끌어감, 시기(時期)에 뒤짐 * 遲刻(지각) :정(定)해진 시각(時刻)에 늦음 * 遲滯(지체) :어물어물하여 시간(時間)이 늦어짐 * 遲遲不進(지지부진) :더디고 더뎌서 진척(進陟)하지 않음	
延	廴 <늘일 연> ①늘이다, 잇다 ②오래다, 장구하다 ③지체되다(遲滯), 오래 끌다 ④길이, 너비 ⑤면류관(冕旒冠) 덮개	* 延期(연기) :정(定)한 때를 뒤로 물림 * 延長(연장) :처음에 정(定)한 것보다 늘이어 길게 함 * 延滯(연체) :늦추어 지체(遲滯)함 * 延年益壽(연년익수) :나이를 늘여서 더욱 오래오래 삶	

羇	罒(网) <나그네 기> ①나그네 ②객지살이(客地), 타관살이 하다	* 羇寓(기우) :타향(他鄕)에서 삶. 타향(他鄕)살이 * 羇愁(기수) :객지(客地)에서 느끼는 시름 * 羇蹤(기종) :나그네로 이리저리 떠돌아다님 * 孤羇(고기) :외로운 나그네	<기우소요> 나그네 신세(身世)로 처소(處所)에서 목적(目的) 없이 슬슬 돌아다니며 놀다가 보니,
寓	宀 <붙어살 우 / 머무를 우> ①붙어살다, 남에게 의지(依支)하여 살다 ②머무르다, 객지(客地)에서 묵다 ③맡기다, 기탁하다(寄託) ④객사(客舍)	* 寓居(우거) :남의 집이나 타향에서 임시로 몸을 붙여 살다 * 寓言(우언) :교훈(敎訓)이나 풍자(諷刺)를 지닌 짤막한 말 * 寓話(우화) :딴 사물(事物)에 빗대어서 교훈적(敎訓的), 풍자적(諷刺的) 내용(內容)을 엮은 이야기	
逍	辶(辵) <노닐 소> ①노닐다 ②거닐다, 배회하다(徘徊) ③편안하고 한가롭다(閑暇)	* 逍遙(소요) :①슬슬 거닐며 자유(自由)롭게 돌아다니는 것. ②자적(自適)하여 구속(拘束)받지 않다 * 逍風(逍風) :①바람을 쐼. 바람 쐬기 ②교육 목적의 견학 * 散慮逍遙(산려소요) :세상일을 잊고 자연 속에서 즐김	
遙	辶(辵) <멀 요 / 거닐 요> ①멀다, 아득하다 ②거닐다, 떠돌다, 소요하다(逍遙) ③흔들거리다, 흔들거리는 모양	* 遙昔(요석) :먼 옛날 * 遙遠(요원) :①시공간(時空間)으로 까마득히 먼 상태 ②당장(當場)에는 불가능(不可能)한 상태(狀態) * 遙天(요천) :아득히 먼 하늘	

逗	辶(辵) <머무를 두> ①머무르다 ②피하다(避)	* 逗撓(두뇨) :적(敵)을 보고 두려워서 앞으로 나아가지 못하고 머물러 있음 * 逗留(두류) :逗遛(두류). 객지에서 일정(一定) 기간 머물러 묵음	<두류기탄> 한 곳에서 너무 오래 머물게 되는 것을 꺼려하여
遛	辶(辵) <머무를 류> ①머무르다, 정지하다(停止) ②지체하다(遲滯), 더디다, 늦다, 뒤지다 ③붙잡다, 만류하다(挽留), 억류하다(抑留)	* 逗遛(두류) :逗留(두류). 잠시 머물다. 체류(滯留)하다 * 遛病(류병) :<中語>병을 고치기 위하여 산보(散步)하다 * 遛狗(류구) :<中語>개를 슬슬 산책시키다, 끌고 다니다 * 遛馬(류마) :<中語>말을 슬슬 산책시키다, 끌고 다니다	
忌	心 <꺼릴 기> ①꺼리다, 경계하다(警戒) ②忌日(기일) ③질투하다(嫉妬·嫉妒), 시기하다(猜忌) ④미워하다, 증오하다(憎惡)	* 忌憚(기탄) :어렵게 여겨 꺼림 * 忌避(기피) :꺼리어 피(避)함 * 禁忌(금기) :꺼려서 싫어함 * 猜忌(시기) :자기보다 뛰어난 사람을 샘하여 미워하는 것 * 妬忌(투기) :경쟁상대(競爭相對)를 질투(嫉妬)하여 미워함	
憚	忄(心) <꺼릴 탄> ①꺼리다, 마음에 꺼림하게 여기다 ②두려워하다, 어렵게 여기다 ③수고롭다, 고달프다	* 憚改(탄개) :고치는 것을 꺼림 * 無所忌憚(무소기탄) :아무 꺼릴 바가 없음 * 過則勿憚改(과즉물탄개) :잘못을 하면 즉시(卽時) 고치는 것을 주저(躊躇)하지 말아야 함	

僅	亻(人) <겨우 근> ①겨우, 적다, ~에 가깝다 ②가까스로, 거의~이다 ③다만, 단지(但只) ④희미하다(稀微)	* 僅少(근소) :아주 적어서 얼마 되지 못함 * 僅僅(근근) :겨우, 간신히 * 僅僅得生 :겨우 삶을 이어감 * 僅僅扶持(근근부지) :겨우 견뎌 나감 * 僅僅圖生 * 幾死僅生(기사근생) :거의 죽을 뻔하다가 겨우 살아남	<근심벽경> 겨우 외진 작은 길을 찾아 나섰다.
尋	寸 <찾을 심> ①찾다, 캐묻다 ②탐구하다(探求), 연구하다(硏究) ③길, 발(길이의 단위), 자(길이 재는 기구), 여덟 자	* 尋訪(심방) :방문(訪問)함. 찾아가거나 찾아 봄 * 尋常(심상) :대수롭지 않고 예사(例事)로움 * 尋問(심문) :찾아 물음 * 推尋(추심) :찾아내서 가져옴 * 尋章摘句(심장적구) :옛 글귀를 뽑아서 시문(詩文)을 지음	
僻	亻(人) <궁벽할 벽> ①궁벽하다(窮僻) ②치우치다, 편벽되다(偏僻) ③후미지다, 구석지다 ④천하다(賤), 비루하다(鄙陋 :너절하고 더럽다)	* 僻村(벽촌) :도시(都市)에서 떨어져 외진 마을 * 僻地(벽지) :도시(都市)에서 멀리 떨어진 외진 곳. 두메 * 偏僻(편벽) :①도회(都會)에서 외짐 ②마음이 치우침 * 窮僻(궁벽) :외따로 떨어져 구석지고 몹시 으슥함	
徑	彳 <지름길 경 / 길 경> ①지름길, 질러가는 길, 길, 논두렁길 ②지름, 직경 ③곧다, 바르다, 정직하다(正直) ④빠르다, 민첩하다(敏捷)	* 徑易(경이) :容易(용이). 아주 쉬움 * 直徑(직경) :원의 지름 * 徑輪(경륜) :직경(直徑)과 주위(周圍). 토지(土地)의 면적(面積) * 盤谿曲徑(반계곡경) :서려 있는 계곡과 구불구불한 길 * 行不由徑(행불유경) :지름길을 취하지 아니하고 큰길로 감	

黎	黍 <검을 려> ①검다 ②미치다, 이르다, 무렵 ③무리, 동아리, 민중(民衆) ④뭇(수효가 많은), 많다	* 黎明(여명) :희미(稀微)하게 날이 밝을 무렵. 희망(希望)의 빛 * 黎民(여민) :서민(庶民)은 머리에 관(冠)을 쓰지 않으므로 검은 머리칼이 보인다는 뜻에서 일반 백성을 일컬음. 黎首(여수), 黔黎(검려) , 黔首(검수)	<여분애매> 새벽녘의 어두운 기운(氣運)이 희미하여 보이는 게 분명(分明)하지 않은데,
氛	气 <기운 분> ①기운(氣運) ②조짐(兆朕) ③재앙(災殃)	* 氛祲(분침) :①요악스러운 기운(氣運) ②바다에 낀 안개 * 戾氛(여분) :요사(妖邪)한 기운(氣運) * 虜氛(노분) :오랑캐로 인한 재앙(災殃)의 조짐(兆朕) * 鯨氛(경분) :큰 화란(禍亂)	
曖	日 <희미할 애> ①희미하다(稀微) ②흐리다, 어두운 모양 ③가리워지다, 가리다 ④정성(精誠)이 들여져 있는 모양	* 曖昧(애매) :희미(稀微)하여 분명(分明)하지 않음 * 曖昧模糊(애매모호) :사물(事物)의 이치(理致)가 희미(稀微)하고 분명(分明)치 않음	
昧	日 <어두울 매> ①(날이)어둡다, 어둑새벽(밤이 샐 무렵) ②찢다 ③탐하다(貪) ④무릅쓰다(冒)	* 三昧(삼매) :한 가지 일에 집중(集中)하여 열중(熱中)함 * 蒙昧(몽매) :어리석고 어두움 * 無知蒙昧(무지몽매) * 愚昧(우매) :어리석고 몽매(蒙昧)함 * 三昧境(삼매경) * 讀書三昧(독서삼매) :책읽기에만 골몰(汨沒)하고 있는 상태	

<table>
<tr><td>睒</td><td>目 <언뜻볼 섬>
①언뜻 보다, 힐끔 보는 모양
②번득이다
③보다, 엿보다, 훔쳐보다</td><td>* 睒睒(섬섬) :번쩍번쩍 빛나는 모양
* 睒睗(섬석) :①번갯불, 電光 ②빨리 봄, 언뜻 봄
* 睗睒(석섬) :미워서 흘겨 봄</td><td rowspan="4"><섬욱섬혁>

아침 해를
언뜻 보니
햇살이 치밀어
오르며
붉은 빛으로
빛나서</td></tr>
<tr><td>旭</td><td>日 <아침해 욱>
①아침 해, 돋은 해, 해 돋는 모양
③해 뜨다, 밝다, 환하다, 빛나다
④득의(得意) 또는 만족(滿足)한 모양</td><td>* 旭日(욱일) :아침에 돋는 해
* 旭暉(욱휘) :旭光(욱광). 솟아오르는 아침 햇빛
* 旭日昇天(욱일승천) :아침 해가 떠오름.
<比喩>세력(勢力)이 성대(盛大)해짐</td></tr>
<tr><td>暹</td><td>日 <햇살치밀 섬 / 나라이름 섬>
①햇살이 치밀다, 해가 돋다
②나라의 이름, 섬라(暹羅 :泰國)</td><td>* 暹羅(섬라) :타이(Thailand)의 예전 이름인 시암(Siam)의 한자음(漢字音) 표기(表記)
* 暹羅國(섬라국) :나라 이름. 샴(siam), 곧 지금(至今)의 태국(泰國). 暹羅斛國(섬라곡국)</td></tr>
<tr><td>赫</td><td>赤 <빛날 혁>
①빛나다, 빛나는 모양, 밝다
②붉다, 붉은빛, 붉은 모양
③나타나다, 드러나다 ④성대하다(盛大)</td><td>* 顯赫(현혁) :(이름이) 높이 드러나 빛남
* 烜赫(훤혁) :업적(業績)이나 공로(功勞)가 빛나고 밝음
* 凶赫(흉혁) :흉악(凶惡)한 기세(氣勢)
* 赫赫之功(혁혁지공) :혁혁한 공(功). 빛나는 큰 공적(功績)</td></tr>
</table>

<table>
<tr><td>顧</td><td>頁 <돌아볼 고>
①돌아보다 ②지난날을 생각하다
③돌보다 ④당기다
⑤돌아가다 ⑥도리어, 돌이켜</td><td>* 顧客(고객) :主顧(주고). 물건(物件)을 항상 사러 오는 손님
* 顧問(고문) :의견(意見)을 물음, 또는 그에 응하는 직책(職責)
* 回顧(회고) :돌아다봄. 지나간 일을 돌이켜 생각하여 봄
* 四顧無親(사고무친) :사방을 둘러봐도 의지할 만한 사람이 없음</td><td rowspan="4"><고첨명현>

고개를 돌려
주위를 살피니
눈앞이
캄캄하고
어지럽다.</td></tr>
<tr><td>瞻</td><td>目 <볼 첨>
①보다 ②쳐다보다
③바라보다, 우러러보다 ④비추어 보다
⑤살피다, 관찰하다(觀察)</td><td>* 顧瞻(고첨) :두루 돌아봄
* 瞻病(첨병) :절에서 병자(病者)를 간호(看護)하는 소임(所任)
* 視瞻(시첨) :①바라다 봄 ②휘둘러 봄
* 罷工瞻禮(파공첨례) :義務的祝日(의무적축일)</td></tr>
<tr><td>瞑</td><td>目 <눈감을 명>
①눈을 감다 ②눈이 어둡다
③눈이 멀다 ④먼눈, 소경, 장님
⑤아찔하다(면)</td><td>* 瞑眩(명현) :어지럽고 눈앞이 캄캄함
* 瞑想(명상) :고요히 눈을 감고 깊이 생각함
* 瞑目(명목) :①눈을 감음 ②편안(便安)한 죽음
* 瞑色(명색) :해질 무렵의 어둑어둑한 빛</td></tr>
<tr><td>眩</td><td>目 <어지러울 현>
①어지럽다, 아찔하다
②어둡다, 눈이 침침하다
③현혹하다(眩惑), 속이다</td><td>* 眩亂(현란) :정신(精神)이 헷갈려 어수선하고 얼떨함
* 眩惑(현혹) :①어지러워져 홀림 ②어지럽게 하여 홀리게 함
* 眩暈(현훈) :정신(精神)이 어찔어찔 어지러움. 현기증(眩氣症)
* 眩氣症(현기증) :현기가 나는 증세(症勢). 어지럼증. 어질증</td></tr>
</table>

<table>
<tr><td>勖</td><td>力 <힘쓸 욱> ※ 勗은 勖의 譌字
①힘쓰다(勉) ②노력하다(努力)
③권면하다(勸勉 :알아듣도록 권하고 격려하여 힘쓰게 하다)</td><td>* 勖勵(욱려) :고무(鼓舞)하다. 격려(激勵)하다
* 勖勉(욱면) :勉勵(면려). 격려(激勵)하다
* 勖勉有加(욱면유가) :거듭 고무(鼓舞)하고 격려(激勵)함
* 勖率(욱솔) :명령(命令)이나 가르침을 따르려고 노력함</td><td rowspan="4"><욱반준령>

높은
산봉우리를
열심히
더위잡아
올라서</td></tr>
<tr><td>攀</td><td>手 <더위잡을 반>
①더위잡다(自下援上 :높은 곳에 오르려고 무엇을 끌어 잡다)
②무엇을 붙잡고 오르다</td><td>* 攀登(반등) :높은 데의 것을 휘어잡고 오름
* 登攀(등반) :매우 높거나 험한 산 따위를 오름
* 攀緣植物(반연식물) :덩굴져 감아 뻗어 올라가는 식물(植物)
* 攀龍附鳳(반룡부봉) :세력 있는 사람을 의지하여 붙좇음</td></tr>
<tr><td>峻</td><td>山 <높을 준>
①높다 ②가파르다
③준엄하다, 엄하다
④훌륭하다, 훌륭한, 뛰어난, 아름다운</td><td>* 峻嶺(준령) :險山峻嶺. 높고 험한 고개 * 高峯峻嶺고봉준령
* 峻嚴(준엄) :매우 엄격(嚴格)함 * 泰山峻嶺(태산준령)
* 高峻(고준) :①산이 높고 가파름 ②술이 몹시 독함
* 高談峻論(고담준론) :고상(高尙)하고 준엄(峻嚴)한 담론(談論)</td></tr>
<tr><td>嶺</td><td>山 <고개 령>
①고개, 재, 산마루의 고개 ②산봉우리
③산맥(山脈), 잇닿아 뻗어 있는 산줄기
④산(山)이 깊다, 산(山)이 으슥하다</td><td>* 分水嶺(분수령) :①분수계(分水界)가 되는 산마루
②발전(發展)하는 전환점(轉換點)
* 高峯峻嶺(고봉준령) :높이 솟은 산봉우리와 험한 산마루
* 泰山峻嶺(태산준령) :큰 산과 험한 고개</td></tr>
</table>

<table>
<tr><td>頂</td><td>頁 <정수리 정>
①정수리(頂 :머리의 최상부)
②이마(앞머리) ③꼭대기
④아주, 대단히 ⑤머리에 이다</td><td>* 頂上(정상) :①산꼭대기 ②최상급(最上級)의 지도자(指導者)
* 頂點(정점) :①맨 꼭대기의 점 ②사물(事物)의 절정(絶頂)
* 絶頂(절정) :①산의 맨 꼭대기 ②사물(事物)의 극도(極度)
* 頂門一鍼(정문일침) :상대방(相對方)의 급소(急所)를 찌르는 말</td><td rowspan="4"><정긍부감>

산꼭대기에서
자랑스러운
마음으로
아래를 내려다
보니,</td></tr>
<tr><td>矜</td><td>矛 <자랑할 긍>
①자랑하다
②엄숙하다(嚴肅), 공경하다(恭敬)
③삼가다 ④숭상하다(崇尙)</td><td>* 矜伐(긍벌) :겉으로 드러내어서 자랑함
* 矜恃(긍시) :자기 행동(行動)에 자존심(自尊心)을 가짐
* 矜持(긍지) :자신(自身)의 능력을 믿음으로써 가지는 자랑
* 自矜心(자긍심) :스스로 자랑스러워하는 마음</td></tr>
<tr><td>俯</td><td>亻(人) <구부릴 부>
①구부리다 ②(고개를)숙이다
③눕다, 드러눕다 ④숨다, 잠복하다
⑤가지런하지 아니하다</td><td>* 俯瞰(부감) :鳥瞰(조감). 높은 곳에서 내려다봄. 굽어보다
* 俯視(부시) :俯瞰(부감), 鳥瞰(조감) * 鳥瞰圖(조감도)
* 俯仰(부앙) :아래를 굽어봄과 위를 쳐다봄
* 俯仰無愧(부앙무괴) :하늘과 땅을 보아 부끄러움이 없음</td></tr>
<tr><td>瞰</td><td>目 <굽어볼 감>
①굽어보다 ②내려다보다
③멀리 바라보다 ④엿보다, 살피다
⑤(물고기)눈이 감기지 않다</td><td>* 瞰視(감시) :높은 데서 내려다봄 * 瞰下(감하) :내려다봄
* 俯瞰圖(부감도) :鳥瞰圖(조감도)
* 鳥瞰圖(조감도) :높은 곳에서 아래를 내려다본 상태(狀態)의 그림이나 지도(地圖)</td></tr>
</table>

字	訓音	用例	풀이
遼	辶(辵) <멀 료> ①멀다 ②늦추다, 느슨하게 하다 ③얼룩 조릿대(볏과의 여러해살이 식물)	* 遼廓(요곽) :①텅 비고 끝없이 멀고 넓음 ②하늘. 허공(虛空) * 遼遠(요원) :遙遠(요원). ①까마득히 멂 ②가능성이 먼 상태 * 遼東豕(요동시) :견문(見聞)이 넓지 못한 사람이 신기(神奇)하게 여기고 떠드는 것이 알고 보면 별 것 아님	<요곽묘묘> 멀리 보이는 둘레가 멀고도 아득하기만 하다.
廓	广 <둘레 곽 / 클 확> ①둘레, 지역(地域) ②외성(外城), 울타리 ③크다(확) ④넓다(확) ⑤휑하다(확)	* 廓大(확대) :넓혀서 크게 함 * 廓然(확연) :넓고 텅 빈 모양 * 輪廓(윤곽) :사물(事物)의 대강의 테두리, 겉모양(模樣) * 外廓(외곽) :①성 밖으로 다시 둘러 쌓은 성 ②바깥 테두리 * 山村水廓(산촌수곽) :산에 따른 마을과 물에 면(面)한 마을	
杳	木 <아득할 묘> ①아득하다, 멀다, 아득히 먼 모양 ②어둡다, 희미하다(稀微) ③깊숙하다, 깊고 넓은 모양	* 杳渺(묘묘) :멀리 떨어져 아득함 * 杳杳(묘묘) :멀어서 아득함 * 杳冥(묘명) :어둠침침하고 아득함 * 杳然(묘연) :①멀어서 눈에 아물아물함 ②행방을 알 수 없음 ③오래 되어 기억(記憶)이 흐릿함	
渺	氵(水) <아득할 묘> ①아득하다 ②(물이)끝없이 넓다 ③멀다 ④어렴풋하다 ⑤물이 끝없이 이어진 모양 ⑥작다, 아주 작다	* 渺漠(묘막) :廣漠(광막). 넓고 아득함 * 渺然(묘연) :①아득히 멂 ②멀리 넓고 아득함 * 渺遠(묘원) :눈이 미치지 않은 만큼 까마득하게 멂 * 漂渺(표묘) :①어렴풋한 모양(模樣) ②넓고 끝이 없는 모양	

字	訓音	用例	풀이
崿	山 <낭떨어지 악> ①낭떠러지 ②벼랑 ③높고 가파르다	* 崿嶂(악장) :단애(斷崖)로 된 봉우리 * 嵁崿(감악) :높은 모양	<악장여병> 단애(斷崖)로 된 봉우리가 병풍(屛風)같이 둘러쳐져 있는데,
嶂	山 <산봉우리 장> ①산봉우리 ②높고 험(險)한 산(山) ③산봉우리를 둘리다(둘레에 선을 치거나 벽 따위를 쌓다)	* 巖嶂(암장) :암석(巖石)의 봉우리. 몹시 험한 산 * 石嶂(석장) :돌로 된 봉우리 * 峯嶂(봉장) :峰巒(봉만) * 疊嶂(첩장) :중첩(重疊)되어 있는 산봉우리	
如	女 <같을 여> ①같다, ~와 같다, 같게 하다 ②비슷하다 ③~보다 더 ④어떠하다	* 如干(여간) :①얼마 되지 아니함 ②보통(普通)으로 ③조금 * 如前(여전) :변함이 없이 전(前)과 같음 * 如此(여차) :이와 같음. 이렇게 * 見金如石(견금여석) * 缺如(결여) :있어야 할 것이 없거나 모자람	
屛	尸 <병풍 병> ①병풍(屛風) ②가리다, 감싸다, 감추다 ③숨다, 숨겨두다 ④은퇴하다, 물러나다 ⑤울, 담 ⑥물리치다, 울이 되어 지켜주다	* 屛居(병거) :세상(世上)에서 물러나서 집에만 있음 * 屛障(병장) :①적의 침입(侵入)을 막는 것 ②안팎을 가려 막는 물건(物件). 곧, 담·장지·병풍(屛風) 따위 * 屛風(병풍) :무엇을 가리거나 바람막이로 둘러치는 것	

字	訓音	用例	풀이
瀑	氵(水) <폭포 폭> ①폭포(瀑布) ②소나기(포) ③거품(포)	* 瀑布(폭포) :瀑布水(폭포수) * 飛瀑(비폭) :높은 곳에서 나는 듯이 세차게 떨어지는 폭포 * 懸瀑(현폭) :매우 높은 곳에서 떨어지는 폭포(瀑布) * 瀑布水(폭포수) :절벽에서 곧추 흘러 쏟아지는 물	<폭환홍소> 폭포(瀑布)는 깊은 소(깊은 물웅덩이)로 흩어져 내리고 있고,
渙	氵(水) <흩어질 환> ①흩어지다 ②물이 많고 세찬 모양 ③풀리다 ④찬란하다(燦爛) ⑤빛나다 ⑥호령(號令)을 발포하다(發布)	* 渙淚(환루) :줄줄 흘러내리는 눈물 * 渙釋(환석) :의심(疑心)이 얼음 녹듯이 풀림 * 渙然氷釋 * 渙渥(환악) :임금이 내리는 은택(恩澤) * 渙然氷釋(환연빙석) :얼음이 녹듯이 의심(疑心)이 풀림	
泓	氵(水) <물깊을 홍> ①물이 깊다, 물이 넓고 깊은 모양 ②맑은 모양 ③연지(硯池) ④웅덩이 ⑤소(沼), 못, 연못, 호수(湖水)	* 泓量(홍량) :물이 깊고 부피가 있는 것 * 泓泓(홍횡) :①물이 깊은 모양 ②물이 맑은 모양 * 深泓(심홍) :깊은 못 * 澄泓(징홍) :물이 맑고 깊음	
沼	氵(水) <못 소> ①못, 연못 ②늪(땅바닥이 우묵하게 뭉떵 빠지고 늘 물이 괴어 있는 곳)	* 沼池(소지) :늪과 못 * 沼澤(소택) :못 * 龍沼(용소) :폭포(瀑布)가 떨어지는 바로 밑에 물받이로 되어 있는 깊은 웅덩이 * 湖沼(호소) :호수(湖水)와 늪	

字	訓音	用例	풀이
楓	木 <단풍 풍> ①단풍(丹楓), 단풍잎 ②단풍나무(丹楓) ③신나무	* 楓嶽(풍악) :풍악산(楓嶽山). 가을의 금강산(金剛山)을 달리 이르는 말 * 丹楓(단풍) :단풍나무(丹楓). 늦은 가을에 잎의 엽록소(葉綠素)가 변(變)하여 붉고 누르게 된 나뭇잎	<풍악비계> 단풍(丹楓)이 물든 큰 산(金剛山)은 붉은 골짜기를 이루며
嶽	山 <큰산 악> ①큰 산(山), 높은 산(山) ②우뚝 솟다 ③긴뿔 모양 ④조종(祖宗) ⑤제후(諸侯) ⑥대신(大臣)	* 淵嶽(연악) :깊은 못과 큰 산. <比喩>침착(沈着)하고 흔들림이 없음 * 山嶽氣像(산악기상) :산악(山岳)같이 씩씩하고 웅장(雄壯)한 기상(氣像)	
緋	糸 <비단 비 / 붉을 비> ①비단(緋緞) ②붉은빛	* 緋緞(비단) :명주실(明紬)로 두껍고도 윤(潤)이 나게 잘 짠 피륙을 통틀어 일컬음 * 緋衲(비납) :①붉은 비단옷(緋緞) ②붉은 승의(僧衣)	
谿	谷 <시내 계> ※ 溪와 同 (與溪似義) * 谿 :①山瀆無所通也 ②空谷也,無水曰谿 * 溪 :①山瀆無所通者,或從水 ②與嵠磎同 ①시내 ②물이 없는 텅 빈 산골짜기	* 谿澗(계간) :溪澗(계간). 골짜기에 흐르는 물 * 谿谷(계곡) :溪谷(계곡). 두 산 사이에 물이 흐르는 골짜기 * 谿流(계류) :溪流(계류). 산골짜기를 흐르는 시내. 시냇물 * 谿壑之慾(계학지욕) :물리지 않는 한없는 욕심(慾心)	

峰	山 <봉우리 봉> ※ 峯과 同 ①봉우리 ②뫼(山)을 예스럽게 이르는 말 ③봉우리처럼 생긴 사물(事物)	* 孤峰(고봉) :孤峯(고봉). 외따로 떨어져 있는 봉우리 * 高峰(고봉) :높은 봉우리 * 峻峰(준봉) :높고 험한 산봉우리 * 孤峰絶岸(고봉절안) :우뚝 솟은 산과 깎아지른 낭떠러지 * 萬壑千峰(만학천봉) :萬壑千峯. 많은 골짜기와 산봉우리	<봉첩참치> 산봉우리가 포개지고 산이 울멍줄멍하여 높고 낮음이 고르지 않아
疊	田 <거듭 첩 / 겹쳐질 첩> ①거듭 ②겹쳐지다, 포개다 ③연속하다(連續), 잇닿다 ④접다, 포개어 개다	* 疊出(첩출) :같은 사물(事物)이 거듭 나오거나 생김 * 重疊(중첩) :거듭 겹치거나 겹쳐지는 것 * 萬疊山中(만첩산중) :겹겹이 둘러싸인 깊은 산속 * 波瀾重疊(파란중첩) :①물결 위에 물결 ②난관(難關)이 겹침	
嵾	山 <산이 울멍줄멍할 참> ※ 嵾과 同 ①산(山)이 울멍줄멍하다(크고 뚜렷한 것이 고르지 않게 많이 벌여 있는 상태) ②가파르다	* 嵾嵯(참치) :산세(山勢)가 고르지 않고 들죽날쭉한 모양 * 嵾差(참치) :嵾嵯(참치). 山不齊貌 * 嵾嵾(참참) :嵾差(참치)	
嵯	山 <우뚝솟을 차 / 울쑥불쑥할 치> ①우뚝 솟다 ②(산이)가파르다 ③울쑥불쑥하다(치) ④(산이)높고 낮고 한 모양(치)	* 嵯峨(차아) :산(山)이 높이 불쑥 솟아 험(險)한 모양 * 䨪嵯峨(매차아) :산이 높은 모양	

秀	禾 <빼어날 수> ①빼어나다 ②뛰어나다, 훌륭하다 ③무성하다(茂盛) ④이삭(꽃대의 끝에 열매가 더부룩하게 많이 열리는 부분)	* 秀景(수경) :빼어난 경치(景致) * 優秀(우수) :여럿 가운데 아주 뛰어남 * 秀才(수재) :학문(學問)과 재능(才能)이 매우 뛰어난 사람 * 俊秀(준수) :재주, 지혜(智慧・知慧), 풍채(風采)가 뛰어남	<수경기괴> 빼어난 경치(景致)가 되어 기이(奇異)하고 괴상(怪狀)하니
景	日 <볕 경 / 경치 경 / 클 경> ①볕, 햇빛, 햇살, 해, 태양(太陽) ②경치(景致), 풍치(風致), 풍물(風物) ③크다	* 景氣(경기) :물건의 매매나 거래가 이루어지는 형편(形便) * 景致(경치) :자연(自然)의 아름다운 모습 * 景勝地(경승지) * 背景(배경) :①뒤의 경치(景致) ②무대(舞臺)의 뒤쪽 광경 * 風景(풍경) :관조적 대상의 가운데에 있는 어느 곳의 모습	
奇	大 <기이할 기 / 홀수 기> ①기이하다(奇異), 기특하다(奇特), 괴상하다(怪常) ②뛰어나다 ③홀수, 기수(奇數) ④속임수	* 奇異(기이) :기묘(奇妙)하고 야릇함 * 奇想天外(기상천외) * 奇妙(기묘) :기이(奇異)하고 신묘(神妙)함 * 奇跡(기적) :보통으로 생각할 수 없는 이상야릇한 일 * 神奇(신기) :신묘(神妙)하고 기이(奇異)함	
怪	忄(心) <괴이할 괴> ①괴이하다(怪異), 기이하다(奇異), 괴상하다(怪常) ②의심스럽다(疑心) ③도깨비, 유령	* 奇怪(기괴) :괴상(怪常)하고 기이(奇異)함. 이상(異常)야릇함 * 怪傑(괴걸) :괴상(怪常)한 재주나 힘이 있는 호걸(豪傑) * 怪疾(괴질) :원인(原因)을 알 수 없는 괴상(怪常)한 돌림병 * 駭怪(해괴) :①매우 괴이(怪異)함 ②야릇하고 괴상(怪常)함	

悸	忄(心) <두근거릴 계> ①(가슴이)두근거리다 ②두려워하다 ③띠가 아래로 축 늘어진 모양 ④절도(節度)가 있는 모양	* 悸动(계동) :①(무서워서 가슴이) 두근거리다. ②흥분하다 * 動悸(동계) :가슴이 울렁거리는 일 * 驚悸(경계) : 놀라서 가슴이 두근거림 * 心悸(심계) :심장(心臟)의 고동(鼓動) * 心悸亢進(심계항진)	<계완의여> 두근거리는 마음으로 구경하면서 "아아!" 하고 아름다움을 찬미(讚美)한다
翫	羽 <희롱할 완> ①희롱하다(戲弄), 장난하다, 가지고 놀다, 노리개, 장난감 ②깔보다 ③탐하다(貪), 욕심내다 ④구경하다 ⑤익히다	* 翫弄(완롱) :玩弄(완롱) 장난감이나 놀림감을 희롱(戲弄)함 * 翫味(완미) :玩味(완미) ①(飮食을)잘 씹어서 맛봄 ②(詩文의 意味를) 잘 생각하여 맛봄 * 日翫月愒(일완월게) :날마다 놀고 달마다 쉼. 虛送歲月	
猗	犭(犬) <불깐개 의 / 어조사 의> ①불깐 개(거세한 개) ②어조사(語助辭) ③아(탄식하는 소리)	* 猗儺(의나) :阿那(아나). 아리따운 모양(模樣) * 猗那(의나) :탄미사(歎美詞) * 猗與(의여) :탄미언(歎美言) * 猗嗟(의차) :탄식성(歎息聲) * 猗移(의이) :아주 순한 모양 * 猗蔚(의울) :초목이 번성(繁盛)하여 무성(茂盛)한 모양	
歟	欠 <어조사 여> ①어조사(語助辭) 疑問·推測·不定·感歎의 뜻 ②편안(便安)한 기운	* 猗歟(의여) :탄미사(歎美詞) ①아름답도다! ②아아! 하는 감탄사(感歎詞) ③찬미(讚美)하다 * 也歟(야여) :그러한가?	

嵩	山 <높은산 숭> ①높은 산(山) ②높다, 높고 크다 ③우뚝 솟다, 높이 솟다	* 嵩高(숭고) :산(山)이 험(險)하고 높음 * 嵩丘(숭구) :숭산(嵩山). 중국(中國)의 오악(五嶽) 중 가운데 있는 중악(中嶽)에 해당(該當)함 * 嵩上(숭상) :①둑 따위를 높게 쌓아올림 ②인상(引上)	<숭갑최외> 높은 산(山)이 줄지어 잇닿아 있는 모양이 아주 높고 험(險)한데
岬	山 <산허리 갑 / 줄지어 잇닿을 갑> ①산허리(山脅) ②줄지어 잇닿은 모양 ③산(山)과 산(山) 사이 ④곶(串), 갑(岬)	* 岬角(갑각) :육지가 바다 안으로 돌출한 첨단의 부분. 곶 * 岬嵑(갑갈) :이어진 모양 * 岬岫(갑수) :산허리, 또는 산의 암굴(岩窟)	
崔	山 <높을 최 / 성씨 최> ①높다, 높고 크다 ②뒤섞이다 ③헛되이 보내다 ④성(姓)의 하나	* 崔嵬(최외) :①산이 오똑하게 높고 험함 ②집이나 정자(亭子)가 크고 높음 * 崔巍(최위) :산이 높고 험함 * 崔崔(최최) :산이 우뚝함 * 崔崒(최줄) :높고 험악한 모양	
嵬	山 <높을 외> ①높다 ②높고 평평(平平)치 않은 모양 ③산(山)이 험준하다(險峻) ④쓸데없다, 허망하다(虛妄) ⑤(술에)취하다(醉)	* 嵬科(외과) :과거에 장원으로 급제함. 嵬選. * 嵬秩(외질) :높은 벼슬의 품계 * 嵬帖(외첩) :崇帖(숭첩). 어른으로부터 받은 편지의 경칭 * 磊嵬(뇌외) :산이 높고 험한 모양	

字	訓音	用例	풀이
峭	山 <가파를 초> ①가파르다, 높고 험하다, 가파른 비탈 ②엄하다(嚴 :매우 철저하고 바르다) ③산뜻한 모양, 선명한 모양	* 峭壁(초벽) :절벽. 낭떠러지. 벼랑 * 峭立(초립) :깎아 세운 듯이 높이 솟아 있음 * 峭寒(초한) :살을 찌르는 듯한 추위 * 峭刑(초형) :엄한 형벌 * 奇峭淸麗(기초청려) :산이 기이하고 가파르며 맑고 아름다움	<초벽애학> 벼랑으로 이루어진 낭떠러지는 깊은 골짜기를 이루면서
壁	土 <벽 벽> ①벽, 담 ②낭떠러지 ③진터, 군루(軍壘), 나성(羅城 :城의 외곽), (陣地를)굳게 지키다	* 巖壁(암벽) :깎아지른 듯이 험하게 솟은 바위. 벼랑 * 障壁(장벽) :①칸막이로 가리어 막은 벽 ②방해되는 사물 * 壁畫(벽화) :건물(建物)이나 무덤 따위의 벽에 그린 그림 * 金城鐵壁(금성철벽) :쇠로 된 성(城)과 철(鐵)로 만든 벽(壁)	
崖	山 <벼랑 애 / 지경 애> ①벼랑, 낭떠러지 ②언덕 ③모나다, 모서리 ④끝, 경계(境界), 지경(地境 :땅의 가장자리, 경계) ⑤물가	* 崖壑(애학) :깊은 계곡. 崖谷. * 崖略(애략) :大略(대략) ①큰 지략(智略) ②대강의 줄거리 * 蒼崖(창애) :아주 높은 절벽 * 斷崖(단애) :깎아지른 듯한 낭떠러지 * 千仞斷崖(천인단애)	
壑	土 <골 학> ①골, 산골짜기, 구렁(움쑥하게 팬 땅) ②석굴(石窟), 암굴(巖窟) ③도랑(좁고 작은 개울), 개천	* 澗壑(간학) :물이 흐르는 골짜기 * 丘壑(구학) :언덕과 구렁 * 溝壑(구학) :구렁. 땅이 움쑥하게 팬 곳. 깊이 빠진 곳 * 巖壑(암학) :바위와 골(골짜기) * 谿壑之慾(계학지욕) * 溪壑(계학) :물이 흐르는 산골짜기, 큰 계곡(溪谷)	

字	訓音	用例	풀이
蕈	艹(艸·草) <버섯 심> ①버섯 ②풀의 이름	* 蕈傘(심산) :腹面有幅射状排列的蕈褶 其上著生許多孢子 * 蕈葷(심훈) :버섯과 훈채 * 笑蕈(소심) :時時蕈(시시심) 시시버섯. 먹으면 웃는다고 함 * 麥松蕈(맥송심) :음력 4~5월에 나는 송이버섯	<심산초립> 그곳에서 자라는 버섯이 이고 있는 우산(雨傘)은 마치 삿갓을 닮았다.
傘	人 <우산 산> ①우산(雨傘) ②일산(日傘 :자루가 굽은 부채의 一種으로 의장(儀仗)의 한 가지)	* 雨傘(우산) :비를 맞지 않도록 머리 위에 받쳐 드는 물건 * 傘下(산하) :보호(保護)를 받는 어떤 세력(勢力)의 그늘 * 傘壽(산수) :산(傘)자의 팔(八)과 십(十)을 팔십(八十)으로 간주(看做)하여 80세를 일컬음	
俏	亻(人) <닮을 초> ①닮다 ②어여쁘다, 어여쁜 모양 ③거문고를 타다, 거문고 타는 소리(소)	* 俏然(초연) :거문고 타는 소리 * 俏貨(초화) :값이 싼 물건 * 伴俏魚(반초어) :伴倘魚(반당어) 밴댕이. 海魛魚(해도어) * 俏成俏敗(초성초패) :우연히 얻었다가 우연히 잃음 * 俏擺春風(초파춘풍) :어여쁜 봄바람 <譬喩>멋진 걸음걸이	
笠	竹 <삿갓 립> ①삿갓 ②구릿대(산형과의 여러해살이풀) ③우리(牛李 :갈매나무)	* 氈笠(전립) :옛 군대(軍隊)에서 병졸(兵卒)이 쓰던 갓 * 草笠(초립) :관례(冠禮)한 사람이 쓰던 누른 빛깔의 가는 풀이나 대나무로 결어 만든 갓 * 敝衣破笠(폐의파립) :敝袍破笠. 헤진 옷과 부러진 갓	

字	訓音	用例	풀이
黴	黑 <곰팡이 미> ①곰팡이, 곰팡이가 생기다 ②창병(瘡病 :피부에 나는 질병을 통틀어 이르는 말) ③(때가 끼어)얼굴이 검다	* 黴菌(미균) :細菌(세균). 곰팡이 * 黴爛(미란) :곰팡이가 피어 썩음 * 衰黴(쇠미) :형세(形勢)가 기울거나 기운(氣運)이 쇠퇴(衰退)하거나 하여 미약(微弱)함	<미균미세> 그 버섯의 곰팡이 균(菌)은 아주 작은 포자(胞子)로서
菌	艹(艸·草) <버섯 균 / 세균 균> ①버섯 ②세균(細菌), 균(菌) ③죽순(竹筍) ④무궁화나무(無窮花) ⑤하루살이(하루살이목의 벌레 총칭)	* 細菌(세균) :한 개의 세포(細胞)로 이루어지며, 분열(分裂)에 의해서 번식(繁殖)하는 가장 미세(微細)한 최하등(最下等)의 단세포(單細胞) 식물(植物) * 病菌(병균) :병을 일으키는 세균(細菌)	
微	彳 <작을 미> ①작다, 자질구레하다 ②정교하다(精巧), 정묘하다(淨妙) ③쇠하다(衰), 쇠미하다(衰微)	* 微細(미세) :①분간(分揀)하기 어려울 만큼 매우 작음. ②몹시 자세(仔細)하고 꼼꼼함 ③미천(微賤)한 신분(身分) * 微妙(미묘) :뚜렷하게 드러나지 않으면서 야릇하고 묘함	
細	糸 <가늘 세> ①가늘다, 잘다, 작다, 적다 ②미미하다(微微) ③자세하다(仔細·子細) ④드물다 ④천하다(賤) ⑤소인(小人) ⑥가는 실	* 細胞(세포) :생물체(生物體) 구성의 가장 기본적인 단위(單位) * 詳細(상세) :자세(仔細)하고 세밀(細密)함 * 零細(영세) :①작고 가늘어 변변하지 못함 ②살림이 가난함 * 仔細(자세) :하찮은 부분까지 구체적(具體的)이고 분명(分明)함	

字	訓音	用例	풀이
暖	日 <따뜻할 난> ①따뜻하다, 따뜻이 하다, 따뜻해지다 ②따뜻한 기운 ③부드럽다(훤) ④유순한 모양(훤)	* 暖濕(난습) :①따뜻하고 축축함. ②따뜻한 습기 * 暖房(난방) :방을 덥게 함. 따뜻한 방 * 暖春(난춘) :따뜻한 봄 * 溫暖(온난) :날씨가 따뜻함 * 暖衣飽食(난의포식) :의식(衣食) 걱정 없는 편한 생활(生活)	<난습번식> 따뜻하고 습기(濕氣)가 있으면 번식(繁殖)하여 늘어나는데,
濕	氵(水) <젖을 습> ①젖다(물이 배어 축축하게 되다) ②습기(濕氣), 물기 ③자연(自然) 그대로의 것	* 濕氣(습기) :축축한 기운(氣運) * 濕痰(습담) :습기(濕氣)로 인(因)해 생기는 담 * 濕潤(습윤) :①젖어서 질척함 ②습기(濕氣)가 많음 * 濕地(습지) :습기(濕氣)가 많은 땅. 축축한 땅	
繁	糸 <번성할 번> ①번성하다(蕃盛·繁盛), 많다, 무성하다(茂盛) ②번거롭다, 복잡하다(複雜) ③잦다(잇따라 자주 있다) ④바쁘다	* 繁殖(번식) :붇고 늘어서 많이 퍼지는 것 * 繁榮(번영) :번성(蕃盛·繁盛)하고 영화(榮華)롭게 됨 * 繁昌(번창) :일이 한창 잘 되어 발전(發展)함 * 頻繁(빈번) :일이 매우 잦음	
殖	歹(歺) <불릴 식> ①붇다, 번성하다(蕃盛·繁盛) ②(초목이)번식하다(繁殖·蕃殖·蕃息) ③자라다, 키우다 ④불리다, 늘어나다	* 殖財(식재) :殖貨(식화). 殖産(식산). 재산(財産)을 불림 * 生殖(생식) :태어나서 개체수(個體數)가 불어나는 것 * 養殖(양식) :인공적(人工的)으로 길러서 번식(繁殖)시킴 * 增殖(증식) :더욱 늘어남. 더하여 늘림	

한자	뜻	용례	요약
松	木 <소나무 송> ①소나무 ②더벅머리(더부룩하게 난 머리털) ③느슨하다, 헐겁다, 긴장(緊張)이 풀리다	* 松柏(송백) :소나무와 잣나무 * 松茂柏悅(송무백열) :소나무가 무성(茂盛)하면 잣나무가 기뻐한다. <比喩>남이 잘되는 것을 기뻐함 * 歲寒松柏(세한송백) :역경(逆境)에서도 변치 않는 절개(節槪)	<송저복령> 소나무 뿌리에서 기생(寄生)하여 복령(茯苓)으로 자라기도 한다.
柢	木 <뿌리 저> ①뿌리, 뿌리를 내리다 ②싹트다 ③밑(물체의 아래나 아래쪽) ④근본(根本), 기초(基礎)	* 根柢(근저) :根底(근저). 사물(事物)의 기초(基礎). 바탕 * 根深柢固(근심저고) :기초가 튼튼해 흔들림이 없다. 뿌리가 깊다 * 深根固柢(심근고저) :뿌리가 땅속 깊이 뻗어 움직이지 않음. <比喩>기초(基礎)와 근본(根本)이 견실(堅實)함	
茯	艹(艸·草) <복령 복> ①복령(茯苓 :버섯의 한 종류) ②수레의 장식(裝飾)	* 茯苓(복령) :구멍장이버섯과의 버섯. 공 모양 또는 타원형(楕圓形)의 덩어리로 땅속 소나무 따위의 뿌리에 기생(寄生)함. 한약재(韓藥材)로 쓰임 * 茯神(복신) :소나무 뿌리를 싸고 뭉키어서 생긴 복령(茯苓)	
苓	艹(艸·草) <도꼬마리 령> ①도꼬마리(국화과에 속하는 한해살이풀) ②향기풀의 이름 ③원추리(백합과의 여러해살이풀) ④버섯	* 苓耳(영이) :도꼬마리 * 豬苓(저령) :흔히 단풍나무(丹楓)의 뿌리에서 나는 버섯 조류(藻類)의 한 가지. 모양이 돼지 똥덩이와 비슷하며 빛이 검음	

한자	뜻	용례	요약
嵎	山 <산굽이 우> ①산굽이(山 :산이 휘어서 구부러진 곳) ②산모퉁이 ③구석 ④가파르다	* 嵎夷(우이) :嵎峓(우이). ①해가 돋는 곳 ②동쪽 * 嵎谷(우곡) :해가 지는 곳 * 嵎嵎(우우) :산이 겹쳐지고 높음 * 嵎峗(우위) :산이 높고 가파른 모양	<우이청람> 해가 돋는 양지(陽地) 쪽에서는 맑게 개인 날씨에 아지랑이가 오르는데,
夷	大 <오랑캐 이> ①오랑캐 ②동방(東方) 종족(種族) ③잘못 ④상하다(傷) ⑤죽이다, 멸하다(滅)	* 東夷(동이) :동쪽 오랑캐. 중국(中國)이 동쪽 나라의 이민족(異民族)을 멸시(蔑視)하여 일컫던 말 * 燒夷(소이) :태워 버림 * 以夷制夷(이이제이) :적을 이용해 다른 적을 제어(制御)함	
晴	日 <갤 청> ①개다, 맑다 ②(마음이)개운하다 ③눈물이 마르다	* 晴嵐(청람) :화창(和暢)한 날에 아른거리는 아지랑이 * 晴天(청천) :맑게 갠 하늘 * 晴耕雨讀(청경우독) :갠 날에는 밖에 나가 농사일(農事)을 하고, 비오는 날에는 책을 읽음	
嵐	山 <남기 람> ①남기(嵐氣 :산속에 생기는 아지랑이 같은 기운) ②산바람(山)	* 嵐氣(남기) :저녁나절에 멀리 보이는 산 등(等)에서 떠오르는 푸르스름하고 흐릿한 기운(氣運) * 溪嵐(계람) :산골짜기 시냇물에서 일어나는 아지랑이 * 磁氣嵐(자기람) :磁氣暴風(자기폭풍)	

한자	뜻	용례	요약
蕘	艹(艸·草) <땔나무 요> ①땔나무 ②풋나무 ③풋나무꾼 ④순무(십자화과의 한해살이 또는 두해살이풀)	* 蕘豎(요수) :蕘子. 樵夫. 나무꾼. * 芻蕘(추요) :꼴과 땔나무 * 蕘言(요언) :나무꾼의 말. <比喩>미천한 사람의 말 * 詢蕘(순요) :나뭇꾼에게 묻는다. <比喩>자기보다 못한 사람에게 묻는 일을 부끄러워하지 않음	<요수초적> 땔나무를 하는 아이는 피리를 불고 있다.
豎	豆 <더벅머리 수 / 세울 수> ※竪는 俗字 ①더벅머리(더부룩하게 난 머리털) ②아이 ③내시(內侍) ④천하다(賤) ⑤세우다, 서다, 곧다 ⑥짧다	* 侍豎(시수) :귀인(貴人)의 옆에서 시중하는 동자(童子) * 內豎(내수) :內侍(내시) * 亂豎(난수) :나라를 어지럽힌 사람 * 孼豎(얼수) :서얼(庶孼) 출신의 남자를 홀하게 이르는 말	
樵	木 <나무할 초> ①나무하다(땔감으로 쓸 나무를 베거나 주워 모으다) ②땔나무, 장작 ③나무꾼 ④불사르다, 불태우다	* 樵笛(초적) :나무꾼이 부는 피리 * 樵童(초동) :나무하는 아이 * 採樵(채초) :땔나무를 베어 거둠 * 薪樵(신초) :땔나무 * 樵童牧豎(초동목수) :땔나무하는 아이와 소먹이는 총각 * 樵童汲婦(초동급부) :땔나무를 하는 아이와 물을 긷는 여자	
笛	竹 <피리 적> ①피리(악기의 하나) ②대나무 ③날카로운 소리	* 汽笛(기적) :기관차(汽罐車)·선박(船舶)의 신호(信號) 장치 * 警笛(경적) :경계(警戒)를 위(爲)하여 울리는 고동 * 鼓笛(고적) :북과 피리 * 萬波息笛(만파식적) :신라(新羅) 신문왕(神文王) 때의 피리	

한자	뜻	용례	요약
鋒	金 <칼끝 봉> ①칼날 ②칼끝 ③봉망(鋒鋩 :창, 칼 따위의 뾰족한 끝) ④뾰족하다 ⑤병기(兵器) ⑥앞장	* 交鋒(교봉) :交戰(교전). 서로 맞붙어 싸움 * 先鋒(선봉) :맨 앞장 * 論鋒(논봉) :평론(評論)·논평(論評)·언론(言論) 따위의 날카로운 논조와 표현(表現)	<봉조예훼> 뾰족한 발톱과 날카로운 부리를 가진
爪	爪 <손톱 조> ①손톱 ②갈퀴, 긁다, 할퀴다 ③움켜잡다 ④돕고 지키다	* 爪角(조각) :짐승의 발톱과 뿔. <比喩>자신(自身)을 적으로부터 보호(保護)하여 주는 물건(物件) * 爪牙之士(조아지사) :발톱이나 어금니 같은 선비. <比喩>나라에 꼭 필요(必要)한 신하(臣下)	
銳	金 <날카로울 예> ①날카롭다, 날카롭게 하다 ②날래다, 날래게 하다 ③빠르다, 민첩하다(敏捷)	* 銳敏(예민) :날카롭고 민첩(敏捷)함 * 銳意(예의) :열심히 잘 하려고 단단히 차린 마음 * 銳利(예리) :날이 서 있거나 끝이 뾰족함 * 尖銳(첨예) :날카롭고 뾰족함. 첨리(尖利)함	
喙	口 <부리 훼> ①(새의)부리, 주둥이 ②(사람의)입 ③뾰족한 끝 ④피로워하다, 피곤하다(疲困) ⑤숨이 차다 ⑥성급하다(性急)	* 喙喙(훼훼) :풀벌레의 울음소리 * 昂喙(앙훼) :뾰족한 부리 * 豕喙(시훼) :돼지 입과 같음, 다욕(多慾)한 인상(印象) * 容喙(용훼) :①입을 놀림 ②옆에서 말참견(參見)을 함 * 喙長三尺(훼장삼척) :허물이 드러나서 감출 수가 없음	

漢字	훈음	단어	성어
鷹	鳥 <매 응> ①매(맷과의 새) ②송골매(松鶻 :매) ③해동청(海東靑: 매)	* 鷹鷲(응취) :독수리와 매 * 鷹犬(응견) :①사냥 때 부리는 매와 개 ②주구(走狗) * 魚鷹(어응) :물수리	<응취회소> 매와 독수리는 하늘을 맴돌며
鷲	鳥 <독수리 취> ①독수리(禿수리 :수릿과의 새) ②수리(수릿과의 독수리 등의 총칭)	* 鷲頭(취두) :망새 * 鷲瓦(취와) :망새. 전각(殿閣)이나 문루(門樓) 등 건물(建物)의 용마루 양쪽 끝머리에 얹는 장식(裝飾) 기와 * 禿鷲(독취) :독수리	
徊	彳 <노닐 **회** / 머뭇거릴 **회**> ①노닐다 ②배회하다(徘徊), 어정거리다 ③돌다, 돌게 하다 ④머뭇거리다	* 徘徊(배회) :목적(目的) 없이 거닒 * 低徊(저회) :머리를 숙이고 사색에 잠기면서 왔다갔다 함 * 遲徊(지회) :결단(決斷)을 내리지 못하고 머뭇거림 * 徘徊顧眄(배회고면) :목적 없이 거닐며 여기저기 기웃거림	
霄	雨 <하늘 소> ①하늘 ②태양(太陽)의 곁에 일어나는 운기(雲氣) ③진눈깨비(비가 섞여 내리는 눈)	* 霄壤(소양) :하늘과 땅 * 霄壤之差(소양지차) :큰 차이 * 中霄(중소) :中天(중천). 하늘의 한복판 * 九霄(구소) :九天(구천) ①하늘의 중앙과 팔방(八方) ②가장 높은 하늘	

漢字	훈음	단어	성어
上	一 <위 상> ①위, 윗 ②앞, 첫째 ③옛날, 이전(以前) ④임금, 군주(君主) ⑤높다, 오르다 ⑥드리다 ⑦탈것을 타다	* 上昇(상승) :위로 올라감. 오름 * 世上(세상) :인류(人類)가 살고 있는 지구(地球) 위 * 以上(이상) :어느 제시(提示)된 기준(基準)보다 위 * 引上(인상) :①끌어 올림 ②물건(物件)값을 올림	<상충하강> 위로 까맣게 높이 떠올랐다가 아래로 내려오니
翀	羽 <높이날 충> ①높이 날다 ②까맣게 뜨다(直上飛貌)		
下	一 <아래 하> ①아래, 밑(물체의 아래나 아래쪽) ②뒤, 끝 ③아랫사람 ④천한 사람 ⑤하급(下級), 열등(劣等) ⑥내리다	* 下降(하강) :①공중(空中)에서 아래쪽으로 내림 ②기온(氣溫) 따위가 내림 ③지체가 낮은 데로 시집감 * 下等(하등) :낮은 등급(等級)의 수준(水準)이나 정도(程度) * 下落(하락) :값이나 등급(等級) 따위가 떨어짐	
降	阝(阜) <내릴 **강** / 항복할 **항**> ①내리다, 떨어지다 ②깎아내리다 ③내려 주다, 하사하다(下賜) ④이후(以後), 이하(以下) ⑤항복하다(降伏·降服)(항)	* 降伏(항복) :降服(항복). 힘에 눌려서 적에게 굴복(屈服)함 * 下降(하강) :공중(空中)에서 아래쪽으로 내림 * 昇降(승강) :오르고 내림 * 乘降(승강) :차, 배, 비행기 따위를 타고 내림.	

漢字	훈음	단어	성어
種	禾 <씨 종> ①씨 ②종족(種族) ③종류(種類) ④식물(植物) ⑤뿌리다 ⑥심다 ⑦펴다	* 種卵(종란) :새끼를 까기 위한 수정(受精)된 알. 씨알. * 種類(종류) :물건(物件)을 부문(部門)에 따라 나눈 갈래 * 種子(종자) :씨 * 種豆得豆 種瓜得瓜 :뿌린대로 거둠 * 各種(각종) :여러 가지의 종류(種類), 각가지. 여러 가지	<종란부추> 씨알을 품어 새 새끼를 까려고
卵	卩 <알 란> ①알 ②고환(睾丸), 불알 ③기르다, 자라게 하다 ④크다, 굵다	* 卵子(난자) :卵巢(난소). 생물(生物) 암컷의 생식세포(生殖細胞) * 鷄卵(계란) :닭의 알, 달걀 * 卵圓形(난원형) :달걀같이 한쪽이 갸름하게 길둥근 모양 * 累卵之危(누란지위) :알을 쌓아 놓은 듯한 위태(危殆)로움	
孵	子 <알깔 부> ①알을 까다, 부화하다(孵化) ②자라다 ③기르다	* 孵卵(부란) :(물고기나 날짐승의)알을 까거나 깨는 일 * 孵化(부화) :동물(動物)의 알이 깨는 것. 알깨기	
雛	隹 <병아리 추> ①병아리 ②새의 새끼 ③갓나다(갓 태어나다) ④어리다, 아이 ⑤최초	* 雛兒(추아) :병아리 같은 아이라는 뜻으로, 풋내기를 이름 * 鳳雛(봉추) :봉황(鳳凰)의 새끼 <比喩>①지략(智略)이 뛰어난 젊은이 ②아직 세상(世上)에 드러나지 아니한 영웅(英雄)	

漢字	훈음	단어	성어
捿	扌(手) <깃들일 서> ※ 棲(栖)와 通 ①깃들이다 ②살다, 거처하다(居處) ③집, 보금자리, 침상(寢牀) ④쉬다, 휴식하다(休息) ⑤저장하다(貯藏)	※ <正字通>捿與棲栖通 從棲爲正 <說文>棲, 鳥在巢上也 * 捿息(서식) :棲息(서식). 동물(動物)이 깃들여 삶 * 捿宿(서숙) :棲宿(서숙). 동물(動物)이 깃들여 사는 것	<서금비상> 깃들어 있던 새가 놀라서 둥지에서 나와 하늘을 어지러이 날아다니는데,
禽	内 <새 금> ①새, 날짐승 ②짐승, 금수(鳥獸)의 총칭(總稱) ③포로(捕虜), 사로잡다, 사로잡히다	* 禽獸(금수) :날짐승과 길짐승이라는 뜻으로, 즉 모든 짐승 * 飛禽走獸(비금주수) :禽獸(금수). 나는 새와 달리는 길짐승 * 良禽擇木(양금택목) :좋은 새는 나무를 가려서 둥지를 튼다. <比喩>어진 사람은 훌륭한 임금을 가려서 섬김	
飛	飛 <날 비> ①날다, 오르다 ②새, 날짐승 ③지다, 떨어지다 ④빠르다, 빨리 가다 ⑤(근거 없는 말이)떠돌다	* 飛翔(비상) :공중(空中)을 날아다님. 하늘을 빙빙 돌며 날다 * 飛躍(비약) :①높이 뛰어오르는 것 ②빠른 발전(發展) * 飛行(비행) :공중(空中)으로 날아서 감 * 飛語(비어) :떠도는 말 * 飛火(비화) :①튀어 번지는 불똥 ②다른 데까지 영향이 미침	
翔	羽 <날 상> ①날다, 빙빙 돌아날다 ②돌다 ③돌아보다, 바라보다 ④노닐다 ⑤(값이)오르다	* 翔貴(상귀) :騰貴(등귀). 물건값(物件)이 뛰어오름. 비싸짐 * 羽翔(우상) :모든 날으는 새들의 총칭(總稱) * 鱗潛羽翔(인잠우상) :비늘 있는 고기는 물속에 잠기고, 날개 있는 새는 공중(空中)에 날아다님	

梟	木 <올빼미 효> ①올빼미(올빼밋과의 새) ②꼭대기 ③영웅 ④사납고 날래다 ⑤목매달다(교)	* 梟首(효수) :목을 베어서 높은 곳에 매다는 처형(處刑) * 梟示(효시) :효수(梟首)하여 뭇사람에게 보여 경계(警戒)함 * 梟勇(효용) :驍勇(효용). 날래고 용맹(勇猛)함 * 梟雄(효웅) :사납고 용맹(勇猛)스러운 인물	<효취소단> 올빼미의 부리에는 새의 둥지에 있던 새알이 물려 있으매,
嘴	口 <부리 취> ①부리(새나 일부 짐승의 주둥이) ②주둥이 ③사물(事物)의 뾰족한 끝 ④돌기(突起)	* 地嘴(지취) :갑(岬). ①곶(串), 갑(岬) ②줄지어 잇닿은 모양 ③산허리(山) ④산(山)과 산(山) 사이 * 嘴細鴉(취세아) :까마귀 * 針嘴魚(침취어) :공미리. 꽁치	
巢	巛 <새집 소> ①새집(새가 깃들이는 집), 깃들이다 ②둥지, 보금자리 ③모이다, 무리를 짓다 ④큰 피리(악기의 하나)	* 巢窟(소굴) :좋지 못한 짓을 하는 사람들이 활동(活動)의 근거지(根據地)로 삼고 있는 곳 * 歸巢(귀소) : 동물(動物)이 집이나 둥지로 돌아감 * 烏鵲通巢(오작통소) :까마귀와 까치가 둥우리를 같이 씀	
蛋	虫 <새알 단> ①새알(모든 새의 알) ②해녀	* 蛋白(단백) :달걀·새알 따위의 흰자위 * 蛋白質(단백질) :세포의 원형질(原形質)을 구성하는 물질 * 巢蛋白(소단백) :피부(皮膚)의 진피(眞皮)와 표피(表皮)의 결합(結合)을 담당(擔當)하는 단백질(蛋白質)	

烏	灬(火) <까마귀 오> ①까마귀 ②검다	* 烏鵲(오작) :까마귀와 까치 * 烏竹(오죽) :빛깔이 검은 대나무 * 日烏(일오) :태양(太陽)의 애칭(愛稱) * 烏合之卒(오합지졸) :까마귀가 모인 것 같은 졸개들 * 烏飛梨落(오비이락) :까마귀 날자 배 떨어진다는 속담(俗談)	<오작규지> 까마귀와 까치도 두려움에 나뭇가지를 엿보고 있다.
鵲	鳥 <까치 작> ①까치(까마귓과의 새)	* 烏鵲橋(오작교) :칠월(七月) 칠석날(七夕) 저녁에 견우(牽牛)와 직녀(織女)의 두 별을 서로 만나게 하기 위해 까막까치가 은하수(銀河水)에 모여 자기(自己)들의 몸으로 놓는다고 하는 다리	
窺	穴 <엿볼 규> ①엿보다, 훔쳐보다 ②살펴보다 ③꾀하다 ④반걸음, 반걸음 내디디다	* 窺視(규시) :몰래 엿봄 * 籬窺(이규) :울타리 사이로 엿봄 * 以管窺天(이관규천) :用管窺天(용관규천). 대롱을 통(通)해 하늘을 본다. <比喩>우물 안 개구리	
枝	木 <가지 지> ①(초목의) 가지 ②팔다리, 사지(四肢) ③버팀목 ④분가(分家) ⑤(가지를)치다	* 枝葉(지엽) :①가지와 잎 ②중요(重要)하지 않은 부분(部分) * 枝幹(지간) :가지와 줄기 * 一枝春(일지춘) :梅花(매화) * 金枝玉葉(금지옥엽) :금(金) 가지에 옥(玉) 잎사귀. <比喩>귀(貴)한 자손(子孫)	

豹	豸 <표범 표> ①표범(豹 :고양잇과의 동물)	* 豹變(표변) :표범의 무늬가 가을이 되면 뚜렷하고 아름다워짐. <比喩>허물을 고쳐 말과 행동이 뚜렷이 전과 달리 착해지는 일 (轉)요즘엔 갑자기 달라진다는 나쁜 뜻으로 오용(誤用)됨	<표랑포학> 표범과 이리는 흉포(凶暴)하고 사나워서
狼	犭(犬) <이리 랑> ①이리(늑대. 갯과의 포유 동물) ②사납다, 거칠고 고약하다 ③어지럽다(狼藉하다) ④허둥지둥하다	* 狼狽(낭패) :狼은 앞다리가 길고 뒷다리가 짧고, 狽는 앞다리가 짧고 뒷다리가 길어, 그 두 짐승이 나란히 걷다가 서로 떨어지면 넘어지게 되므로 당황(唐惶)함을 나타내는 말 * 狼藉(낭자)	
暴	日 <사나울 포(폭) / 쬘 폭 / 드러날 폭> ①사납다, 난폭하다(亂暴), 해치다(害) ②모질다, 모질게 굴다 ③세차다 ④쬐다(폭), ⑤드러나다, 알려지다(폭)	* 暴虐(포학) :횡포(橫暴)하고 잔악(殘惡)함 * 暴力(폭력) :난폭(亂暴)한 힘. 완력(腕力) * 暴炎(폭염) * 暴露(폭로) :①비바람에 노출(露出)됨 ②파헤쳐서 드러냄 * 橫暴(횡포) :제멋대로 굴며 난폭(亂暴)함 * 暴雪(폭설)	
虐	虍 <모질 학> ①모질다 ②사납다, 험악하다(險惡) ③혹독하다(酷毒) ④해치다(害), 학대하다(虐待), 깔보다 ⑤재앙(災殃)	* 虐待(학대) :몹시 괴롭히거나 사납게 대우(待遇)함 * 虐殺(학살) :참혹(慘酷)하게 마구 무찔러 죽임 * 苛虐(가학) :가혹(苛酷)하게 학대(虐待)함 * 暴虐無道 * 自虐(자학) :스스로 자기(自己)를 학대(虐待) 함	

咆	口 <고함지를 포> ①고함지르다(高喊) ②으르렁거리다 ③성을 불끈내다, 불끈 성내는 모양	* 咆哮(포효) :①사납게 외침 ②사나운 짐승이 울부짖음 * 咆號(포호) :咆哮(포효). 哮咆(효포) * 咆喝(포갈) :크게 소리쳐 꾸짖음	<포효록뢰> 으르렁거리니 그 소리에 산기슭이 울고
哮	口 <성낼 효> ①성내다 ②소리 지르다, 외치다 ③으르렁거리다, (맹수 등이)울부짖다 ④천식(喘息), 해수병(咳嗽病)	* 哮喘(효천) :천식(喘息). 숨이 가쁘고 기침이 심한 병(病) * 哮咆(효포) :咆哮(포효). 사나운 짐승이 울부짖음 * 哮吼(효후) :사나운 짐승 따위가 으르렁거림 * 嘲哮(조효) :짐승이 소리를 지름	
麓	鹿 <산기슭 록> ①산기슭 ②산감(山監 :산을 맡은 관리)	* 短麓(단록) :길지 않은 산기슭 * 殘山斷麓(잔산단록) :손상(損傷)되고 남은 작은 산. 殘山短麓 * 飛雉在山各守其麓 :나는 꿩도 제 산기슭을 지킨다. <比喩>누구나 다 자기 고장을 사랑함	
籟	竹 <세 구멍 통소 뢰> ①세 구멍 통소(대로 만든 목관 악기) ②소리 ③울림	* 地籟(지뢰) :땅이 울리는 갖가지의 소리 * 天籟(천뢰) :하늘의 자연(自然)현상(現象)에서 나는 소리 * 萬籟(만뢰) :자연계(自然界)에서 일어나는 여러 가지 소리 * 萬籟俱寂(만뢰구적) :아무 소리도 없이 아주 고요함	

虎	虍 <범 호> ①범, 호랑이 ②용맹스럽다(勇猛)	* 虎嘯(호소) :①범이 으르렁거리다. 범의 울부짖음 ②(바람이) 세찬 소리를 냄 ③영웅(英雄)의 활약(活躍) * 虎班(호반) :西班(서반). 무신(武臣)의 반열(班列). * 猛虎(맹호) :사나운 범 * 虎死留皮 人死留名	<호소리율> 범이 으르렁거리니 살쾡이가 두려워서 떨고 있으며,
嘯	口 <휘파람불 소> ①휘파람, 휘파람을 불다 ②읊조리다 ③울부짖다 ④꾸짖다 ⑤이명(耳鳴)	* 嘯音(소음) :휘파람 소리 * 嘯兇(소흉) :악(惡)한 무리들 * 吟嘯(음소) :시가(詩歌) 따위를 소리 높이 읊음 * 嘯風弄月(소풍농월) :휘파람을 불고, 달을 희롱(戲弄)함	
狸	犭(犬) <삵 리> ①삵(살쾡이. 고양잇과의 포유류) ②너구리(갯과의 포유류) ③죽이다 ④묻다(매) ⑤제사(祭祀) 지내다(매)	* 狸奴(이노) :①고양이의 별칭(別稱) ②수달의 별칭(別稱) * 狐狸(호리) :①여우와 삵 ②도량이 좁고 간사(奸邪)한 사람 * 無虎洞中狸作虎(무호동중이작호) :범 없는 골에 이리가 범 노릇 한다는 속담(俗談)	
慄	忄(心) <떨릴 률> ①떨리다, 떨다 ②두려워하다 ③오싹하다, 소름이 끼치다 ④슬퍼하다, 비통해하다	* 戰慄(전율) :몹시 두렵거나 감동(感動)을 느껴 몸이 떨림 * 股慄(고율) :두려워 다리를 떪 * 惴慄(췌율) :두려워 부들부들 떪 * 不寒而慄(불한이율) :춥지 아니한데 공포에 떨린다는 뜻으로, 포악(暴惡)한 정치로 백성들이 두려워함	

獅	犭(犬) <사자 사> ①사자(獅子) ②한 배에 난 두 마리의 강아지	* 獅吼(사후) :①사자의 포효. 사자후 ②우렁찬 소리. * 獅子(사자) :포유류(哺乳類) 고양잇과의 맹수(猛獸) * 獅子吼(사자후) :사자의 울부짖음. <比喩>①석가모니(釋迦牟尼)의 설법(說法) ②열변(熱辯)을 토함	<사후록도> 사자가 우는 소리에 사슴이 도망(逃亡)치며 달아난다.
吼	口 <울부짖을 후> ①울부짖다 ②(사나운 짐승이)울다 ③아우성치다 ④(소리 높이)설법하다(說法) ⑤크게 노(怒)한 소리	* 叫吼(규후) :울부짖음 * 呼吼(호후) :큰 소리를 지름 * 哮吼(효후) :사나운 짐승 따위가 으르렁거림 * 一牛吼地(일우후지) :소의 울음소리가 들릴 정도(程度)의 거리(距離). <比喩>매우 가까운 거리(距離)	
鹿	鹿 <사슴 록> ①사슴 ②제위(帝位)의 비유(比喩) ③목적물(目的物)	* 鹿茸(녹용) :사슴의 새로 돋은 연한 뿔 * 逐鹿(축록) :사슴을 쫓는다는 뜻으로, 정권(政權) 다툼 * 指鹿爲馬(지록위마) :사슴을 가리켜 말이라고 함. <比喩>윗사람을 농락(籠絡)함	
逃	辶(辵) <도망할 도> ①도망하다(逃亡), 달아나다 ②벗어나다, 면하다(免) ③숨다 ④피하다(避), 회피하다(回避)	* 逃亡(도망) :①피하여 달아남 ②쫓기어 달아남 * 逃走(도주) :피하거나 쫓겨서 달아남 * 逃避(도피) :逃竄(도찬). 도망(逃亡)하여 몸을 피함 * 夜半逃走(야반도주) :한밤중에 몰래 도망(逃亡)함	

雪	雨 <눈 설> ①눈(땅 위로 떨어지는 얼음의 결정체) ②흰색, 흰 것의 비유(比喩·譬喩) ③고결하다(高潔) ④씻다	* 雪氷(설빙) :녹은 눈이 엉켜서 얼어붙은 불투명한 얼음. 설빙과 굳은 눈은 명확한 구분이 없다 * 雪辱(설욕) : 치욕(恥辱)을 씻음 * 壯雪(장설) :많이 오는 눈 * 雪上加霜(설상가상) :환난(患難)이 거듭됨을 비유(比喩)	<설빙응고> 눈과 얼음이 딱딱하게 엉겨 붙음 <눈과 얼음으로 꽁꽁 얼어붙는 추운 겨울이 오면>
氷	水 <얼음 빙> ①얼음, 물이 얼어서 된 고체(固體) ②얼어붙다 ③식히다, 서늘하게 하다 ④깨끗하다, 투명하다(透明)	* 氷雪(빙설) :얼음과 눈 * 氷河(빙하) :얼음이 얼은 큰 강 * 解氷(해빙) :얼음이 풀림 * 流氷(유빙) :물 위에 떠서 흘러가는 얼음덩이 * 如履薄氷(여리박빙) :살얼음판을 걷듯이 몹시 위험(危險)함	
凝	冫(氷) <엉길 응> ①엉기다(한 덩어리가 되면서 굳어지다), 한데 뭉치어 엉겨붙다 ②얼다, 얼어붙다, 굳어지다 ③모으다	* 凝固(응고) :①엉겨 뭉쳐 딱딱하게 됨 ②액체(液體)나 기체(氣體)가 고체(固體)로 변(變)함 * 凝結(응결) :한데 엉기어 뭉침 * 凝集(응집) :엉겨서 모임 * 凝縮(응축) :①엉겨서 집중됨 ②기체가 액체로 변(變)함	
固	囗 <굳을 고> ①굳다, 단단하다, 굳어지다, 굳히다 ②완고하다(頑固), 고루하다(固陋) ③고질병(痼疾病) ④굳이 ⑤도리어	* 固執(고집) :자기(自己)의 의견(意見)만 굳게 내세움 * 堅固(견고) :굳세고 단단함 * 鞏固(공고) :굳고 튼튼함 * 確固(확고) :확실(確實)하고 단단함 * 確固不動(확고부동) * 强固無比(강고무비) :비교할 수 없을 정도로 굳세고 튼튼함	

獪	犭(犬) <교활할 회> ①교활하다(狡猾), 간교하다(奸巧) ②어지럽다, 어지럽게 하다(괘)	* 狡獪(교쾌) :간사(奸邪)하고 꾀가 많음 * 老獪(노회) :(사람이) 어떤 일에 경험(經驗)이 많아 의뭉하고 능란(能爛)함 * 獪猾(회활) :간악(奸惡)하고 교활(狡猾)함	<회구함정> 교활(狡猾)하게 함정(陷穽)으로 몰아넣어서
敺	攴(攵) <몰 구> ※ 驅의 古字 ①(말을 타고)몰다 ②빨리 달리다 ③내쫓다, 내보내다, 몰아내다, 축출하다(逐出), 내침 ④앞잡이 ⑤종아리 치다	* 亂敺(난구) :亂撲(난박). 함부로 마구 때림	
陷	阝(阜) <빠질 함> ①빠지다 ②빠뜨리다 ③움푹 파이다 ④함정(陷穽) ⑤결함(缺陷), 결점(缺點) ⑥모함하다(謀陷) ⑦함락당하다(陷落)	* 陷穽(함정) :①짐승을 잡기 위(爲)하여 파놓은 구덩이. 허방다리. 허정(虛穽) ②빠져 나올 수 없는 곤경(困境)이나 남을 해(害)치기 위(爲)한 계략(計略)의 비유(比喩)	
穽	穴 <함정 정> ①함정(陷穽·檻穽), 허방다리 ②구덩이(땅이 움푹하게 파인 곳)	* 檻穽(함정) :陷穽(함정) * 深穽(심정) :깊은 함정(陷穽) * 落穽下石(낙정하석) :下穽投石(하정투석). 함정(陷穽)에 빠진 사람에게 돌을 떨어뜨림. <比喩>곤경(困境)에 빠진 사람을 도리어 해롭게 함	

擭	扌(手) <잡을 획> ①잡다, 붙잡다 ②쥐다, 가지다 ③덫(확)	* 生擭(생획) :生擒(생금). 사로잡음. 산 채로 잡음 * 捕擭(포획) :捕獲(포획). ①짐승이나 물고기를 잡음 ②적병(敵兵)을 사로잡음	<획금장시> 덫을 놔서 노루와 돼지를 사로잡고,
擒	扌(手) <사로잡을 금> ①사로잡다 ②붙잡다 ③생포하다(生捕) ④포로(捕虜)	* 擒生(금생) :새나 짐승 따위를 산 채로 잡음 * 擒拿(금나) :擒捉(금착). 붙잡다. 사로잡다. 체포하다 * 擒捉(금착) :사로잡음 * 擒獲(금획) :禽獲(금획). 새나 날짐승을 사로잡음	
獐	犭(犬) <노루 장> ①노루(사슴과의 포유류)	* 避獐逢虎(피장봉호) :노루를 피(避)하려다가 범을 만난다 * 走獐落兔(주장낙토) :노루를 쫓는 데 토끼가 걸렸다 * 見奔獐放獲兔(견분장방획토) :달아나는 노루 보다가 잡은 토끼 놓친다는 속담(俗談)	
豕	豕 <돼지 시> ①돼지	* 圈豕(권시) :우리 안의 돼지 * 魯魚亥豕(노어해시) :노(魯)와 어(魚), 해(亥)와 시(豕)는 글자 모양(模樣)이 비슷해 잘못 쓰는 오류(誤謬)를 범(犯)하기 쉬움을 이르는 말	

箭	竹 <화살 전> ①화살 ②어살(물고기를 잡는 장치) ③이대, 대의 이름 ④도박(賭博) 기구(器具)	* 勁箭(경전) :강(强)한 화살 * 弓箭(궁전) :활과 화살 * 響箭(향전) :嚆矢(효시). 쏘면 날면서 소리를 내는 화살 * 光陰如箭(광음여전) :세월의 흐름이 화살과 같이 빠름 * 一箭雙鵰(일전쌍조) :화살 하나로 수리 두 마리를 떨어뜨림	<전적익구> 화살의 촉은 날아가는 비둘기를 겨냥하고,
鏑	金 <화살촉 적> ①화살촉(鏃) ②우는 화살(鳴箭)	* 鏑矢(적시) :수렵장(狩獵場)에서의 신호(信號)나, 선전(宣戰)의 표시(表示)로 쓰이던 화살. 쏘면 소리를 냄 * 鏑銜(적함) :말(馬)의 입에 물리는 재갈 * 鳴鏑(명적) :우는 살(矢). 전쟁(戰爭) 때에 쓰던 화살의 하나	
翊	羽 <나는 모양 익 / 도울 익 / 다음날 익> ①나는 모양, 날개, 깃 ②돕다, 보좌하다(補佐·輔佐) ③새날이 밝다, 다음날(翌) ※ 翌과 通	* 翊戴(익대) :정성(精誠)스럽게 받들어 추대(推戴)함 * 翊衛(익위) :翼衛(익위) :보좌(輔佐)하여 호위(護衛)함 * 翊贊(익찬) :翼贊(익찬). 輔助(보조). 輔導(보도) * 輔翊(보익) :輔導(보도). 잘 도와서 좋은 데로 인도(引導)함	
鳩	鳥 <비둘기 구> ①비둘기(비둘깃과의 새) ②모이다, 모으다 ③헤아리다 ④편안하다(便安) ⑤안정하다(安定)	* 鳩合(구합) :糾合(규합). 일을 꾸미려고 사람들을 끌어 모음 * 鳩居(구거) :鳩居鵲巢(구거작소). 셋집살이 * 鳩首凝議(구수응의) :鳩首會議(구수회의). 비둘기들이 머리를 맞대듯이 사람들이 모여서 의논(議論)함	

一	一 <한 일> ①하나, 일(壹) ②첫째, 첫번째 ③오로지 ④온, 모든 ⑤한결같다 ⑥같다, 동일하다(同一) ⑦만일(萬一), 혹시(或是)	* 一旦(일단) :①한번 ②일조(一朝) ③우선(于先), 잠깐 * 一般(일반) :①같은 모양(模樣) ②보통(普通) ③두루 해당함 * 一部(일부) :①전체(全體)의 한 부분(部分) ②한번 * 一定(일정) :①어떤 기준(基準)에 의(依)해 정(定)해짐	<일촉이치> 한 개의 화살촉으로 두 마리의 꿩을 잡았다.
鏃	金 <화살촉 촉(족)> ①화살촉 ②가볍고 날카롭다 ③새기다, 조각하다 ④튀어나오다 ⑤빼어나다	* 石鏃(석촉) :돌로 만든 화살촉 * 矢鏃(시촉) :화살촉. 화살 끝에 박은 쇠 * 中石沒鏃(중석몰촉) :돌에 박힌 화살촉이라는 뜻으로, 정신 집중으로 때로는 큰 힘이 나올 수 있음	
二	二 <두 이> ①두, 둘, 이(貳) ②둘째 ③두 번 ④버금(으뜸의 바로 아래) ⑤두 가지 마음 ⑥둘로 하다	* 二重(이중) :①두 겹 ②중복(重複), 거듭함 * 二心(이심) :두 마음 * 二律背反(이율배반) :두 가지 규율(規律)이 서로 반대(反對)됨 * 二姓之合(이성지합) :성(姓)이 다른 남자(男子)와 여자(女子)가 혼인(婚姻)을 하는 일	
雉	隹 <꿩 치> ①꿩(꿩과의 새) ②담, 장원(牆垣·墻垣) ③넓이의 단위(單位) ④주사위의 눈	* 雉堞(치첩) :성가퀴(城) * 家鷄野雉(가계야치) :집의 닭을 미워하고 들의 꿩을 사랑함 * 春雉自鳴(춘치자명) :봄철의 꿩이 스스로 운다는 뜻으로, 제 허물을 드러내어 화(禍)를 자초(自招)함	

巖	山 <바위 암> ①바위 ②굴(窟), 석굴(石窟) ③언덕 ④벼랑, 낭떠러지, 가파르다 ⑤험하다(險) ⑥높다	* 巖盤(암반) :바위로 이루어진 지반(地盤) * 巖石(암석) :岩石(암석). 부피가 썩 큰 돌. 바위 * 巖牆之下(암장지하) :돌담의 밑. <比喩>위험(危險)한 곳 * 一念通巖(일념통암) :정신을 집중하면 화살이 바위를 뚫음	<암반용천> 바위로 이루어진 바닥에서 솟아나는 샘물이
盤	皿 <소반 반> ①소반, 쟁반 ②대야(둥글넓적한 그릇) ③받침, 바탕 ④넓고 큰 모양 ⑤큰 돌 ⑥굽다, 돌다, 서리다	* 盤石(반석) :넓고 튼튼한 큰 돌 * 基盤(기반) :사물(事物)의 밑바탕. 터전 * 地盤(지반) :땅의 표면(表面) * 盤溪曲徑(반계곡경) :서려 있는 계곡과 구불구불한 길	
湧	氵(水) <물솟을 용> ①물이 솟다, 솟구치다 ②성하게 일다 ③땅에서 사물이 나오다, 솟아나다 ④떠오르다, 나타나다 ⑤물가가 오르다	* 湧泉(용천) :물이 솟아나오는 샘 * 思如湧泉(사여용천) * 湧出(용출) :액체(液體)가 솟아 나옴 * 洶湧(흉용) :물결이 매우 세차게 일어남 * 水湧山出(수용산출) :시문(詩文)을 짓는 재주가 샘솟듯 함	
泉	水 <샘 천> ①샘, 지하수 ②황천(黃泉), 저승 ③돈(貨泉 :古代中國 新나라의 銅錢)	* 源泉(원천) :①물의 근원(根源) ②사물(事物)의 근원(根源) * 溫泉(온천) :물이 더워져서 땅위로 솟아오르는 샘 * 黃泉(황천) :사람이 죽어서 간다는 곳. 저승 * 渴不飮盜泉水 :목이 말라도 도천(盜泉)의 물은 마시지 않는다	

字	訓音·뜻	용례	주해
潺	氵(水) <졸졸 흐를 잔> ①졸졸 흐르다 ②물 흐르는 소리 ③물 흐르는 모양 ④눈물이 흐르는 모양	* 潺湲(잔원) :①조용하고 잔잔함 ②물이 천천히 흐르는 모양 ③눈물이 흘러내리는 모양 * 潺潺(잔잔) :졸졸 흐르는 시냇물 소리가 약하고 가늚	<잔원주계> 천천히 졸졸 흘러서 계곡(溪谷)으로 모여들고 있는데,
湲	氵(水) <흐를 원> ①(물이)흐르다 ②(물이)맑다 ③(물이)졸졸 흐르는 모양	* 湲湲(원원) :魚鼈顚倒貌 :(어별 :물고기와 자라, 바다 생물의 범칭)이 넘어지는 모양이나 소리	
湊	氵(水) <물모일 주> ①(물이)모이다 ②다가서다 ③달리다, 달려가다 ④향하다(向) ⑤모이는 곳 ⑥항구(港口)	* 湊合(주합) :모이거나 모이게 하여 한데 합함. * 輻湊(폭주) :輻輳(폭주). 한데 몰리는 모습. 輻輳竝臻의 준말 * 輻湊幷臻(폭주병진) :輻輳竝臻(폭주병진) 사람이나 일 따위가 한곳으로 한꺼번에 많이 몰려듦	
溪	氵(水) <시내 계> ※ 谿와 同 (與谿似義) * 溪 :①山瀆無所通者,或從水 ②與嵠谿磎同 * 谿 :①山瀆無所通也 ②空谷也,無水曰谿 ①시내 ②시냇물 ③물이 흐르는 골짜기	* 溪谷(계곡) :두 산 사이에 물이 흐르는 골짜기 * 溪壑(계학) :물이 흐르는 산골짜기, 큰 계곡(溪谷) * 溪壑之慾(계학지욕) :시냇물이 흐르는 산골짜기의 욕심. <比喩>물릴 줄 모르는 한없는 욕심(慾心)	

字	訓音·뜻	용례	주해
湜	氵(水) <물맑을 식> ①물이 맑다 ②물이 맑아 바닥이 보이다 ③엄정하다(嚴正 :엄격하고 바르다)	* 湜湜(식식) :맑고도 맑음. <詩經>涇以渭濁 湜湜其沚(경이위탁 식식기지) :위수(渭水)가 경수(涇水)에 흐려져도 그 물가는 맑고도 맑은데	<식간잠지> 맑은 산골 물에 팔다리를 잠기고
澗	氵(水) <산골물 간> ①산골 물 ②산골짜기(山)	* 澗壑(간학) :물이 흐르는 골짜기 * 澗水(간수) :골짜기에서 흐르는 물 * 澗聲(간성) :澗水聲 * 溪澗(계간) :산골짜기 시냇물 * 谷澗(곡간) :산골짜기 시내 * 碧澗(벽간) :푸른 물이 흐르는 골짜기	
潛	氵(水) <잠길 잠> ①잠기다, 가라앉다 ②자맥질하다(물 속에서 팔다리를 놀리며 떴다 잠겼다 하는 짓) ③감추다, 숨기다 ④몰래	* 潛潛(잠잠) :아무 소리나 말이 없음. 조용함 * 潛在(잠재) :속에 숨어 있어서 겉으로 드러나지 않음 * 潛行(잠행) :①물 속에 잠기어 감 ②남몰래 숨어서 다님 * 鱗潛羽翔(인잠우상) :고기는 물속에 잠기고, 새는 공중을 낢	
肢	月(肉) <팔다리 지> ①팔다리, 사지(四肢) ②수족(手足)	* 肢體(지체) :肢幹(지간). 팔다리와 몸 * 肢骨(지골) :팔다리의 뼈 * 肢端(지단) :손발의 맨 끝 * 四肢(사지) :4개의 팔다리. 수족(手足)	

字	訓音·뜻	용례	주해
爽	爻 <시원할 상> ①시원하다, 서늘하다 ②시원스럽다, 호쾌하다(豪快) ③상쾌하다(爽快), (기분이)좋다 ④밝다, (날이)새다	* 爽快(상쾌) :마음이 아주 시원하고 거뜬함 * 爽闊(상활) :상쾌(爽快)함 * 昧爽(매상) :날이 새려고 막 먼동이 틀 무렵 * 精爽(정상) :精靈(정령). 죽은 사람의 혼백(魂魄). 도깨비	<상쇄협해> 상쾌(爽快)하게 씻으니 그 시원한 기운(氣運)이 뼈에 사무쳐서
洒	氵(水) <물 뿌릴 쇄 / 씻을 세> ①(물을)뿌리다 ②시원하다 ③소탈하다 ④물로 씻다(洗)(세) ⑤(누명 등을)씻다(세)	* 洒掃(쇄소) :灑掃(쇄소). 물을 뿌리고 비로 쓰는 일 * 洒脫(쇄탈) :灑脫(쇄탈). 소탈하다. 대범하다. 거리낌 없다 * 洒心自新(세심자신) :마음을 씻고 기분을 새롭게 가짐 * 洒洒落落(쇄쇄낙락) :소탈하여 사물 등에 집착하지 않음	
浹	氵(水) <두루미칠 협> ①두루 미치다, 널리 퍼지다 ③사무치다, 통하다(通) ②젖다, 적시다	* 浹旬(협순) :挾旬(협순). 浹日(협일). 挾日(협일) 열흘 동안 * 浹洽(협흡) :①(물이 적시듯이)고루 널리 전(傳)해짐 ②화목(和睦)하게 사귐 * 汗流浹背(한류협배) :땀이 흘러 등을 적시다	
骸	骨 <뼈 해> ①뼈, 백골(白骨) ②몸뚱이, 신체(身體) ③정강이뼈	* 骸骨(해골) :살이 전부 썩고 남은 사람의 머리뼈나 뼈 * 遺骸(유해) :遺體(유체). 죽은 사람의 몸 * 死骸(사해) :屍體 * 殘骸(잔해) :버려진 사해(死骸)나 물건(物件)의 뼈대 * 乞骸(걸해) :늙어서 재상(宰相)이 임금에게 사직을 청함	

字	訓音·뜻	용례	주해
泠	氵(水) <깨우칠 령 / 시원할 령> ①깨우치다, 깨닫다 ②맑다 ③온화하다(溫和) ④악인(樂人) ⑤시원하다. 상쾌하다	* 泠冽(영렬) :시원하다. 상쾌하다 * 泠風(영풍) :산들바람 * 泠泠(영령) :(바람소리·악기(樂器)소리·목소리·물소리 등이) 듣기에 맑고 시원함 * 泠然(영연) :①졸졸. 물이 흐르는 소리 ②맑고 시원한 모양	<영렬척욕> 서늘하고 차가운 기운(氣運)으로 무더위를 씻어내고 나서
冽	氵(水) <맑을 렬 / 차가울 렬> ①맑다 ②(맵게)차다, 한랭하다(寒冷), (몹시)차갑다, (맵게)춥다, 차가운 바람	* 冽水(열수) :한강(漢江)의 옛 이름 * 冽陽(열양) :한양(漢陽). 오늘날의 서울을 가리킴 * 冽清(열청) :물이 맑은 모양 * 甘冽(감열) :물이나 술 등이 달고 맑다	
滌	氵(水) <씻을 척> ①씻다 ②닦다, 청소하다(清掃)	* 滌去(척거) :씻어 버림 * 滌暑(척서) :몸을 시원하게 함. 더위의 기운을 씻어 버림 * 洗滌(세척) :깨끗이 씻음 * 澣滌(한척) :옷이나 그릇을 빨거나 씻음	
溽	氵(水) <무더울 욕 / 젖을 욕> ①무덥다, 찌다 ②(물에)젖다, 습하다(濕) ③(맛이)기름지다 ④짙다	* 溽暑(욕서) :溽熱(욕열). 장마철의 무더운 더위 * 暑溽(서욕) :음력 6월의 심한 더위를 이르는 말 * 霖溽(임욕) :장마철의 찌는 듯한 더위	

한자	뜻	용례	
瓢	瓜 <바가지 표> ①바가지, 표주박(瓢 :박으로 만든 작은 바가지) ②박(瓟) ③구기(자루가 달린 술 따위를 푸는 용기)	* 瓢勺(표작) :표주박 * 簞瓢(단표) :①도시락과 표주박 ②단사표음(簞食瓢飮)의 준말 * 佩瓢(패표) :①쪽박을 참 ②빌어먹음의 비유(比喩·譬喩) * 簞瓢陋巷(단표누항) :소박(素朴)한 시골 생활(生活)을 비유	
勺	勹 <구기 작> ①구기(자루가 달린 술 따위를 푸는 용기) ②잔(盞) ③잔질하다(盞 :잔에 술을 따르다)(酌) ④푸다, 떠내다	* 勺水不入(작수불입) :물 한 모금도 마시지 못한다는 뜻으로, 음식(飮食)을 전혀 먹지 못함 * 勺藥之贈(작약지증) :함박꽃 선물(膳物)이란 뜻으로, 남녀간에 함박꽃을 보내어 정을 더욱 두텁게 함	<표작급속>
汲	氵(水) <물길을 급> ①(물을)긷다, 푸다 ②당기다, 끌어당기다 ③힘쓰는 모양 ④인도하다(引導), 이끌다 ⑤천거하다(薦擧)	* 汲汲(급급) :골똘하게 한 가지 일에만 정신(精神)을 쏟음 * 汲水(급수) :물을 길음 * 汲索(급삭) :汲綆(급경). 두레박줄 * 樵童汲婦(초동급부) :땔나무를 하는 아이와 물을 긷는 여자(女子). <比喩>보통(普通) 사람	표주박으로 물을 길어서 헹구고 나니,
涑	氵(水) <헹굴 속> ①(빨래를)헹구다 ②빨래하다(수) ③양치질하다(수)	* 涑口(수구) :漱口(수구). 양치질하다. 입을 가시다. * 雲涑計(운속계) :雲鏡(운경). 거울을 사용(使用)하여 구름의 진행(進行), 방향(方向), 속도(速度)를 재는 기구(器具)	

한자	뜻	용례	
晲	日 <해기울 예> ①해가 기울다	* 曮晲(엄예) :해가 운행(運行)하는 길(日運行之道也) <淮南子 要略>所以使人不忘沒於勢 利不誘惑於事 能有符曮晲	
暉	日 <빛 휘> ①빛, 광채(光彩) ②빛나다, 광채(光彩)가 나다 ③밝다 ④금휘(琴徽 :기러기발. 현악기(絃樂器)의 줄을 고르는 기구)	* 落暉(낙휘) :다 져가는 저녁 햇발 * 旭暉(욱휘) :旭光(욱광) * 朝暉(조휘) :晨暉(신휘). 아침의 햇빛 * 耿暉(경휘) :밝은 햇빛 * 寸草春暉(촌초춘휘) :부모(父母)의 은혜(恩惠)는 만분의 일(萬分之一)도 갚기 어려움을 이르는 말	<예휘사잠>
斜	斗 <비낄 사> ①비끼다, 비스듬하다, 기울다 ②굽다, 굴곡(屈曲)을 이루다	* 斜陽(사양) :斜照(사조), 仄日(측일). ①해질녘에 비스듬히 비치는 햇빛 ②차츰 쇠퇴(衰退)하여 감 * 傾斜(경사) :비스듬히 기울어짐 * 細風斜雨(세풍사우) :가늘게 부는 바람과 비껴 내리는 비	해는 이미 기울어 햇빛이 멧부리에 빗기어 있다.
岑	山 <봉우리 잠> ①봉우리, 산봉우리 ②낭떠러지, 벼랑 ③높다, 높이 솟다, 크다 ④물가의 언덕	* 鯷岑(제잠) :중국(中國)에서 이르던 우리나라의 딴 이름. <漢書>(會稽海外)에 동제학(東鯷壑)이란 땅이 있는 데, 이십여 나라로 나누어졌다 했음 * 寸木岑樓(촌목잠루) :차이(差異)가 매우 심(甚)함을 비유	

한자	뜻	용례	
踰	足 <넘을 유> ①넘다 ②지나가다 ③뛰다 ④더욱	* 踰月(유월) :逾月(유월). ①그 달의 그믐을 넘김. 달을 넘김 ②월경(月經)을 하지 않고 달을 건너는 것 * 父母衣服勿踰勿踐 :부모(父母)님의 의복(衣服)은 넘어다니지 말고 밟지도 않음	
峴	山 <고개 현> ①고개, 재 ②작고 험(險)한 산(山)	* 峴嶺(현령) :고개와 재. 峴은 작은 고갯마루의 길을 말하고, 嶺은 산의 어깨나 목 부분쯤에 나 있는 通路, 卽 큰 재를 말함	<유현암려>
庵	广 <암자 암> ①암자(庵子·菴子) ②절, 사찰(寺刹) ③초막(草幕)	* 庵廬(암려) :승려(僧侶)가 임시(臨時)로 머물면서 도(道)를 닦는 초막(草幕) * 庵子(암자) :①큰 절에 딸린 작은 절 ②승려가 임시로 머물며 도를 닦는 집 ③여승(女僧)이 사는 절	고개를 넘으니 암자(庵子)가 있는데,
廬	广 <오두막집 려 / 농막집 려> ①오두막집 ②농막집(農幕 :논밭 가운데 간단히 지은 집) ③주막 ④여인숙 ⑤숙직실	* 廬落(여락) :민가(民家)가 모여 있음 * 屋廬(옥려) :살림집 * 廬所(여소) :孝廬. 廬下. 廬次. 편지에서, 상주가 거처하는 집 * 草廬(초려) :초가(草家). 지붕을 짚이나 풀로 인 작은 집 * 出廬(출려) :出類(출류) 같은 무리보다 뛰어남	

한자	뜻	용례	
佛	亻(人) <부처 불> ①부처 ②불교(佛敎) ③불경(佛經)	* 佛敎(불교) :기원전(紀元前) 5세기(世紀) 무렵 인도(印度)의 석가모니(釋迦牟尼)가 창시(創始)한 종교(宗敎) * 佛家(불가) :불교(佛敎)를 믿는 사람, 또는 절(寺)	
敎	攵(攴) <가르칠 교> ①가르치다, 가르침 ②본받다 ③~로 하여금 ~하게 하다 ④교령(敎令 :임금의 명령) ⑤종교(宗敎)	* 敎師(교사) :학술(學術)이나 기예(技藝)를 가르치는 스승 * 敎授(교수) :대학(大學)의 교원(敎員) * 敎育(교육) :가르치어 지능(知能)을 가지게 하는 일 * 敎外別傳(교외별전) :경전(經典) 바깥의 특별한 전승(傳承)	<불교사원>
寺	寸 <절 사 / 관청 시> ①절, 사찰(寺刹) ②마을 ③관청(官廳)(시), 관아(官衙)(시) ④환관(宦官)(시), 내시(內侍)(시)	* 寺院(사원) :①절이나 암자(庵子) ②성당(聖堂), 교회당(敎會堂), 수도원(修道院) 등의 종교적(宗敎的) 건물(建物)의 총칭(總稱) * 寺刹(사찰) 절. 사원(寺院) * 寺門(사문) :①절의 문 ②절	불교(佛敎)의 사원(寺院)인 절에서는
院	阝(阜) <집 원> ①집 ②뜰, 정원(庭園) ③담, 담장(牆) ④마을 ⑤절, 사원(寺院) ⑥관아(官衙), 관서(官署)	* 院儒(원유) :서원(書院)의 유생(儒生) * 院僕(원복) :서원(書院)의 노비(奴婢) * 院主(원주) :선원(禪院)의 사무(事務)를 감독하는 직책 * 府部院廳(부부원청) :서울 각 관아(官衙)의 통칭(統稱)	

漢字	부수·훈음·뜻	용례	성어
僧	亻(人) <중 승> ①중, 스님, 승려(僧侶) ②마음이 편한 모양	* 僧伽(승가) :①승려(僧侶). ②부처의 가르침을 믿고 불도(佛道)를 실천(實踐)하는 사람들의 집단(集團) * 僧侶(승려) :僧侶(승려) 중. 불교(佛敎)의 수행자(修行者) * 削髮爲僧(삭발위승) :落髮爲僧. 머리를 깎고서 중이 됨	<승가좌선> 승려(僧侶 :스님)들이 좌선(坐禪)을 하면서
伽	亻(人) <절 가> ①절, 사찰(寺刹) ②가지(茄) ③가야(伽倻·伽耶·加耶) :나라 이름	* 伽藍(가람) :승가람마(僧伽藍摩)의 준말로, 승려(僧侶)들이 불도(佛道)를 닦으면서 머무는 절 * 伽陀(가타) :시(詩)의 형식(形式)을 빌어, 불덕(佛德)을 찬미(讚美)하고 교리를 서술(敍述)한 것	
坐	土 <앉을 좌> ①앉다, 자리, 좌석(座席) ②무릎을 꿇다 ③대질하다(對質 :대면시켜 심문함) ④죄받다(罪), 연좌되다(連坐)	* 坐禪(좌선) :조용히 앉아서 참선(參禪)함 * 坐礁(좌초) :함선(艦船)이 암초(暗礁)에 얹힘 * 對坐(대좌) :서로 마주 대(對)하여 앉음. * 坐不安席(좌불안석) :자리에 편안(便安)히 앉지 못함	
禪	礻(示) <참선 선> ①선, 참선(參禪), 좌선(坐禪)하다 ②봉선(封禪 :山川에 祭祀 지내던 일) ③양위하다(讓位), 선위하다(禪位)	* 禪宮(선궁) :절 * 禪位(선위) :왕의 살아서 자리를 물려 줌 * 禪定(선정) :참선(參禪)하여 삼매경에 이르는 것. 선(禪) * 參禪(참선) :선(禪)을 참구(參究)하고 선에 참입(參入)함 * 口頭禪(구두선) :말로만 거창하게 떠들어대는 일	

漢字	부수·훈음·뜻	용례	성어
勉	力 <힘쓸 면> ①힘쓰다, 부지런히 일하다 ②권하다(勸), 힘쓰도록 격려하다(激勵) ③억지로 하게 하다, 강요하다(強要)	* 勉勵(면려) :①스스로 애써 노력(努力)함. 힘써 함 ②남을 고무(鼓舞)하여 힘쓰게 함 * 勉學(면학) :학문(學問)에 힘써 공부(工夫)함 * 勤勉(근면) :부지런히 노력(努力)함 * 勸勉(권면) :힘쓰게 함	<면려오도> 불도(佛道)를 깨우치기에 힘쓰고 있고,
勵	力 <힘쓸 려> ①힘쓰다 ②권장하다(勸奬), 권면하다(勸勉) ③생각하다, 근심하다	* 激勵(격려) :마음이나 기운(氣運)을 북돋우어 힘쓰도록 함 * 督勵(독려) :감독(監督)하며 격려(激勵)함 * 奬勵(장려) :좋은 일에 힘쓰도록 권(勸)하여 북돋아 줌 * 勸勵(권려) :권하고 격려(激勵)함 * 懲一勵百(징일려백)	
悟	忄(心) <깨달을 오> ①깨닫다, 깨달음 ②깨우쳐 주다 ③슬기롭다, 총명하다(聰明) ④계발하다(啓發), 눈 뜨다	* 悟道(오도) :우주(宇宙)의 근원(根源)이나 모든 현상(現狀)의 본성(本性)과 진리(眞理)를 깨달음 * 覺悟(각오) :①도리(道理)를 깨달음 ②마음의 준비와 결심 * 大悟覺醒(대오각성) :크게 깨달아서 번뇌(煩惱)를 없앰	
道	辶(辵) <길 도 / 이치 도> ①길 ②도리(道理), 이치(理致) ③방법(方法), 술책(術策) ④말하다	* 道路(도로) :사람이나 차가 다닐 수 있게 만든 길 * 道理(도리) :사물(事物)의 정당(正當)한 이치(理致) * 軌道(궤도) :물체가 일정한 힘에 의해 움직이는 경로(經路) * 報道(보도) :새로운 소식(消息)을 일반(一般)에게 알림	

漢字	부수·훈음·뜻	용례	성어
袈	衣 <가사 가> ①가사(袈裟 :승려가 어깨에 걸쳐 입는 옷)	* 袈裟(가사) :장삼(長衫) 위에 왼쪽 어깨에서 오른쪽 겨드랑이 밑으로 걸쳐 입는 승려(僧侶)의 법의(法衣) * 雖嫉僧袈何憎(수질승가하증) :僧雖憎袈裟何憎(승수증가사하증). 승려(僧侶)가 밉기로 가사(袈裟)까지 미우랴 !	<가사메배> 중(스님)이 걸친 가사(袈裟)는 소매가 치렁치렁하게 늘어졌는데,
裟	衣 <가사 사> ①가사(袈裟) ②옷이 너울거리는 모양 ③춤추는 모양, 춤추다	* 彼僧雖憎袈裟何憎(피승수증 가사하증) :중이 밉기로 가사야 미우랴. 미운 사람과 관련된 사람마저 공연히 미워하여서는 아니 된다는 뜻의 속담. (同義) : 雖嫉僧袈何憎. 僧雖憎袈裟何憎.	
袂	衤(衣) <소매 메> ①소매(윗옷의 좌우에 있는 두 팔을 꿰는 부분)	* 袂別(메별) :소매를 잡고 작별(作別)함. 섭섭히 헤어지는 것 * 短袂(단메) :짧은 옷소매 * 連袂(연메) :聯袂(연메). 행동(行動)을 같이 함 * 衣袂(의메) :옷소매. 윗옷의 좌우에 있는 팔을 꿰는 부분	
裵	衣 <치렁치렁할 배> ※ 裴의 本字 ①(옷이)치렁치렁하다 ②서성거리다, 배회하다(徘徊) ③서운해하다	* 裵味(배미) :夜味(야미). 배미. 논배미의 차음(借音). 논두렁으로 둘러싸인 논의 각각의 구역(區域) * 夜味(야미) :배미를 그 뜻과는 상관없이 訓과 音을 딴 것	

漢字	부수·훈음·뜻	용례	성어
錫	金 <주석 석> ①주석(朱錫) ②석장(錫杖 :승려가 짚고 다니는 지팡이) ③다리(여자들의 머리숱이 많아 보이라고 덧넣었던 딴 머리)(체)	* 錫賚(석뢰) :(위로부터)내려 받은 물건(物件) * 錫杖(석장) :승려(僧侶)가 짚고 다니는 지팡이 * 巡錫(순석) :승려가 석장(錫杖)을 가지고 순행(巡行)함 * 錫婚式(석혼식) :결혼(結婚) 10주년(周年·週年)	<석뢰여장> 선사(先師)로부터 물려받은 명아주 지팡이를 짚고서
賚	貝 <줄 뢰> ①주다 ②위로하다(慰勞) ③하사(下賜)한 물건(物件) ④사물(事物)	* 賚賜(뇌사) :하사(下賜)함. 줌. 또는 그 물건(物件) * 賚貺(뇌황) :임금이 신하에게 물품을 줌 * 賞賚(상뢰) :상으로 물건을 줌	
藜	++(艸·草) <명아주 려> ①명아주(명아줏과의 한해살이풀) ②나라의 이름	* 藜杖(여장) :명아주 줄기로 만든 지팡이 * 藜藿(여곽) :명아주 잎과 콩잎. <比喩>아주 변변치 못한 음식(飮食)	
杖	木 <지팡이 장> ①지팡이 ②짚다 ③몽둥이 ④때리다 ⑤장형(杖刑 :죄인의 볼기를 몽둥이로 치던 형벌)	* 杖鼓(장고) :장구. 국악(國樂)에서 쓰는 타악기(打樂器) * 青藜杖(청려장) :명아주 대로 만든 지팡이 * 賊反荷杖(적반하장) :도둑이 도리어 몽둥이를 든다는 뜻 * 竹杖芒鞋(죽장망혜) :대지팡이와 짚신. 먼 길의 간편한 차림	

한자	부수·뜻·음	단어	이야기
偈	亻(人) <중의 글귀 게> ①불시(佛詩), 게(偈), 가타(伽陀) ②승려(僧侶)의 귀글 (귀글이란 두 마디가 한 덩이씩 되게 지은 글)	* 偈句(게구) :가타(伽陀 :僧侶의 詩句). 불경(佛經)은 보통 4구(句)를 1게(偈)로 하는데, 五言이나 七言을 한 句로 하여 만든 글 * 偈頌(게송) :부처의 공덕(功德)을 찬미(讚美)하는 노래	<게탁범패> 게송(偈頌)을 외면서 목탁(木鐸)을 치고 부처의 공덕(功德)을 찬미(讚美)하여 노래하기를,
鐸	金 <방울 탁> ①방울 ②풍경(風磬) ③교령(敎令)을 선포(宣布)할 때 흔드는 큰 방울	* 木鐸(목탁) :①절에서 예불(禮佛)할 때 치는 나무로 만든 불구(佛具) ②세상 사람을 가르쳐 이끌 만한 인물 * 風鐸(풍탁) :風磬(풍경) * 鈴鐸(영탁) :방울 * 一世木鐸(일세목탁) :세상 사람들을 가르치고 이끄는 사람	
梵	木 <범어 범 / 불경(佛經) 범> ①범어(梵語 :산스크리트어) ②브라만(Brahman)의 음역(音譯) ③불경(佛經) ④깨끗하다	* 梵唄(범패) :如來唄(여래패). 석가여래(釋迦如來)의 공덕(功德)을 찬미(讚美)하는 범음(梵音)의 노래 * 梵語(범어) :산스크리트(Sanskrit)語 * 梵鐘(범종) :절에서 치는 큰 종(鐘) * 梵刹(범찰) :절	
唄	口 <염불소리 패> ①염불 소리 ②찬불(讚佛)	* 歌唄(가패) :범패(梵唄)를 부르며 불덕(佛德)을 찬미(讚美)하는 것 * 如來唄(여래패) :梵唄(범패)	

한자	부수·뜻·음	단어	이야기
蓮	++(艸·草) <연꽃 련> ①연꽃(蓮) ②연(蓮 :연꽃과의 여러해살이 수초) ③연밥(蓮 :연꽃의 열매)	* 蓮根(연근) :연꽃의 땅속줄기. 연우(蓮藕)라고도 함 * 蓮花(연화) :藕花(우화). 연꽃 * 泥中之蓮(이중지련) :진흙 속의 연꽃. <比喩>나쁜 환경에서도 그것에 물들지 않는 훌륭한 삶	<연우리예> "연꽃의 뿌리는 더러운 물에 닿아 있으면서도,
藕	++(艸·草) <연뿌리 우> ①연뿌리(蓮), 연근(蓮根) ②서로 맞다	* 蓮藕(연우) :연꽃의 땅속 줄기. 진흙 속을 가로 기는 땅속줄기는 마디가 있고 희고 가늘며, 가을에 비대(肥大)해져서 연근(蓮根)이 된다. * 藕花(우화) :蓮花(연화). 연꽃	
莅	++(艸·草) <다다를 리> ※ 蒞는 俗字 ①다다르다 ②지위(地位) ③녹(祿) ④수목이 바람에 흔들리는 소리	* 莅國(이국) :나라를 다스림 * 莅歷(이력) :여러 벼슬자리를 두루 거침 * 監莅(감리) :감독에 임하기 위하여 현지에 나가거나 나옴	
濊	氵(水) <더러울 예> ①더럽다 ②흐리다 ③종족(種族)의 이름	* 濊貊(예맥) :①한족(韓族)의 선민(先民)들의 통칭(統稱) ②예맥조선(濊貊朝鮮)의 준말. 고조선(古朝鮮) 관할(管轄) 경계(境界) 내(內)에 있던 한 나라 * 濊國(예국) :삼국시대(三國時代) 초기의 부족국가(部族國家)	

한자	부수·뜻·음	단어	이야기
芙	++(艸·草) <연꽃 부> ①연꽃 ②부용(芙蓉 :아욱과의 낙엽 관목)	* 芙蓉(부용) :①연꽃 ②목부용(木芙蓉) ③부용장(芙蓉帳) ④아편의 다름 이름 * 阿芙蓉(아부용) :양귀비꽃	<부용함담> 그 연꽃의 봉오리를 아름답고 풍성(豊盛)하게 꽃 피운다네…"
蓉	++(艸·草) <연꽃 용> ①연꽃(蓮) ②부용(芙蓉 :아욱과의 낙엽 관목)	* 木芙蓉(목부용) :무궁화과(無窮花科)에 딸린 갈잎 떨기나무 * 芙蓉帳(부용장) :①부용꽃으로 물들인 명주(明紬)로 만든 좋은 모기장 ②부용(芙蓉)의 꽃 모양이 있는 방장(房帳) ③규방(閨房)	
菡	++(艸·草) <연꽃 함> ①연꽃(蓮) ②연꽃(蓮) 봉오리 ③풍성한 모양	* 菡萏(함담) :연꽃의 봉우리. 연꽃의 다른 이름.	
萏	++(艸·草) <연꽃봉우리 담> ①연꽃의 봉우리 ②화려하다(華麗) ③풍부(豐富)하게 왕성(旺盛)한 모양		

한자	부수·뜻·음	단어	이야기
採	扌(手) <캘 채> ①캐다 ②뜯다, 채취하다(採取), 채집하다(採集) ③고르다, 채택하다(採擇), 선택하다(選擇) ④가리다, 분간하다(分揀)	* 採掘(채굴) :掘採(굴채). 땅속에 있는 광석(鑛石) 따위를 캐냄 * 採用(채용) :①인재(人材)를 등용(登用)함 ②채택(採擇)해서 씀 * 採取(채취) :자연물(自然物)에서 그 일부분을 베거나 떼어 냄 * 採擇(채택) :①골라서 가려 냄 ②가려서 뽑음	<채굴광맥> 광산(鑛山)에서는 광석(鑛石)이 매장(埋藏)된 줄기를 파서 캐어내서
掘	扌(手) <팔 굴> ①파다, 파내다 ②움푹 패다 ③다하다, (끝이)모지라지다 ④뚫다(궐) ⑤구멍(궐)	* 掘江(굴강) :①개천(開川) ②해자(垓子) * 掘鑿(굴착) :땅이나 바위 등을 뚫음 * 發掘(발굴) :땅 속에 묻힌 물건(物件)을 파냄 * 臨渴掘井(임갈굴정) :목마른 자가 우물 판다는 속담(俗談)	
鑛	金 <쇳돌 광> ①쇳돌(쇠붙이의 성분이 들어 있는 돌) ②광석(鑛石)	* 鑛脈(광맥) :광물(鑛物)이 분포(分布)되어 있는 줄기 * 鑛物(광물) :천연(天然)으로 땅 속에 있는 무기물(無機物) * 鑛石(광석) :광물(鑛物)이 섞인 돌 * 炭鑛(탄광) :석탄(石炭)을 파내는 광산(鑛山)	
脈	月(肉) <줄기 맥> ①줄기 ②맥, 맥박(脈搏) ③혈관, 혈맥 ④수로 ⑤진맥하다 ⑥연달아 하다, 이어지다	* 脈絡(맥락) :혈맥이 서로 연락(連絡)되어 있는 계통(系統) * 山脈(산맥) :여러 산악이 줄기를 이룬 지대(地帶). 산줄기 * 血脈(혈맥) :동물(動物)의 몸에서 피가 도는 줄기 * 一脈相通(일맥상통) :어느 면에서 한 가지로 서로 통(通)함	

燃	火 <탈 연> ①(불이)타다 ②(불을)붙이다 ③불사르다(불에 태워 없애다)	* 燃爐(연로) :담뱃불을 붙이는 데 쓰는 주발만한 화로(火爐) (고대 유럽과 중동에선 燃爐를 통해 연철을 생산) * 燃料(연료) :불 때는 데에 쓸 감. 땔감 * 燃燒(연소) :불에 탐 * 燃眉之厄(연미지액) :눈썹이 타는 재액(災厄). 매우 급한 재앙	<연로쇄괴> 불을 사르는 화로(火爐)에 잘게 부순 덩어리를 넣고,
爐	火 <화로 로> ①화로(火爐 :숯불을 담아 놓는 그릇) ②향로(香爐 :향을 피우는 화로) ③불을 피우게 하는 기구(器具)	* 火爐(화로) :불을 담아 두는 그릇 * 鎔爐(용로) :鎔鑛爐(용광로), 熔鑛爐(용광로). * 夏爐冬扇(하로동선) :여름의 화로(火爐)와 겨울의 부채. <比喩>아무 소용없는 재주나 물건	
碎	石 <부술 쇄> ①부수다, 부서지다 ②깨뜨리다 ③잘다 ④부스러기	* 粉碎(분쇄) :分碎(분쇄). 가루처럼 잘게 부스러뜨림 * 破碎(파쇄) :깨뜨려 부스러뜨림. 부숨. 부서짐 * 粉骨碎身(분골쇄신) :뼈를 가루가 되게 하고 몸을 부스러트림 <比喩>남을 위해 있는 힘을 다해 노력(努力)함	
塊	土 <덩어리 괴> ①덩어리 ②흙덩이, 흙 ③뭉치(한지를 세는 단위)	* 金塊(금괴) :금덩어리. 황금(黃金)의 덩이 * 團塊(단괴) :암층(巖層) 속에 있는 여러 가지 모양의 덩어리 * 礫塊(역괴) :자갈과 흙덩이. <比喩>아무 가치(價値)도 없는 물건(物件)	

鎔	金 <쇠녹일 용> ※ 熔은 俗字 ①쇠를 녹이다, 녹이다, 녹다 ②주조하다(鑄造), 부어 만들다 ③거푸집	* 鎔融(용융) :熔融(용융). 고체가 녹아서 액체 상태로 됨 * 鎔鑄(용주) :쇠붙이를 녹여 기물(器物)을 만듦 * 鎔鑛爐(용광로) :鎔爐(용로). 熔鑛爐(용광로). 금속(金屬) 광석(鑛石)을 녹여 제련(製鍊)하기 위한 가마	<용선주형> 선철(銑鐵)을 녹여서 형틀에 부어서 주물(鑄物)을 만들기도 하며,
銑	金 <무쇠 선> ①무쇠 ②윤이 나는 쇠 ③윤택(潤澤)한 금 ④꾸미다 ⑤끌다 ⑥뿌리다	* 鎔銑(용선) :선철(銑鐵)을 녹임, 또는 녹은 선철(銑鐵) * 銑鐵(선철) :무쇠 * 銑鋧(선현) :작은 끌(小鑿) * 銑錢(선전) :쇠를 녹여서 틀에 부어 만든 돈(鐵鑄之錢) * 銑床(선상) :밀링 머신(milling machine)	
鑄	金 <쇠불릴 주> ①(쇠를)불리다, (쇠를)부어만들다 ②(인재를)양성하다(養成) ③녹(금속 표면에 생기는 부식생성물)	* 鑄型(주형) :물건(物件)을 주조(鑄造)하는 데 쓰는 틀 * 鑄物(주물) :녹인 쇳물을 틀 속에 부어 굳혀 만든 물건(物件) * 鑄造(주조) :쇠를 녹여서 물건(物件)을 만듦 * 鑄貨(주화) :쇠붙이를 녹여 화폐(貨幣)를 만듦, 또는 그 화폐	
型	土 <거푸집 형> ①거푸집 ②모형(模型·模形) ③본보기, 모범(模範)	* 大型(대형) :큰 규격(規格)이나 규모(規模) * 類型(유형) :공통(共通)의 성질(性質)끼리 묶은 하나의 틀 * 模型(모형) :똑같은 모양의 물건(物件)을 만들기 위한 틀 * 典型(전형) :모범(模範)이 될 만한 본보기	

鍊	金 <쇠불릴 련 / 단련할 련> ①(쇠를)불리다(불에 달구어 鍛鍊하다) ②(몸이나 정신을)단련하다(鍛鍊) ③익히다, 익숙하다	* 鍊鐵(련철) :①쇠를 단련(鍛鍊)함 ②단련(鍛鍊)한 쇠 * 鍊磨(연마) :練磨, 硏磨. ①갈고 닦음 ②깊이 연구하고 익힘 * 訓鍊(훈련) :활용할 수 있도록 되풀이해 연습(練習)하는 일 * 鍊磨長養(연마장양) :갈고 닦고 오래도록 준비(準備)해 옴	<연철단야> 쇠를 단련(鍛鍊)하거나 쇠붙이를 단련(鍛鍊)하여 기물(器物)을 만들기도 하고,
鐵	金 <쇠 철> ※ 鉄은 俗字 ①쇠, 검은 쇠 ②무기(武器), 갑옷(甲) ③단단하다 ④곧다, 바르다 ⑤굳고 변(變)하지 않다 ⑥검다, 검은빛	* 鐵鋼(철강) :鐵은 순도(純度)가 높은 것, 鋼은 불순물 함유 * 鐵筋(철근) :가늘고 긴 쇠막대 * 鐵面皮(철면피) :쇠처럼 두꺼운 낯가죽. <比喩>뻔뻔스럽고 염치(廉恥)없는 사람	
鍛	金 <쇠불릴 단> ①쇠를 불리다 ②두드리다, 때리다 ③대장일(쇠를 달구어 연장 따위를 만드는 일) ④익히다	* 鍛冶(단야) :쇠붙이를 불에 달구어 벼림 * 鍛鍊(단련) :①쇠붙이를 달구어 두드려 단단하게 하는 것 ②마음이나 정신(精神)을 수련(修練)하는 것 ③여러 번 반복하여 익숙하게 됨	
冶	冫(氷) <풀무 야> ①풀무(불을 피울 때에 바람을 일으키는 기구), 용광로(鎔鑛爐) ②대장간, 대장장이	* 冶金(야금) :광석(鑛石)에서 쇠붙이를 골라내거나 합금(合金)을 만드는 일 * 陶冶(도야) :①도기(陶器)를 만드는 일과 주물(鑄物)을 만드는 일 ②심신(心身)을 닦아 기름	

燉	火 <불빛 돈> ※ 炖과 通 ①불빛(火色) ②(불이)이글이글하다(火盛貌) ③따뜻하다	* 燉煌(돈황) :中國 甘肅省 西部에 있는 地名 * 燉火鍋(돈화과) :음식을 푹 고아 삶기 위한 솥을 말함	<돈쉬련강> 불이 이글이글한 데에 담금질을 하여 쇠를 불려서 강철(鋼鐵)로 만들기도 하며,
焠	火 <담금질 쉬> ①담금질(달군 쇠를 물에 급히 식힘) ②태우다, 불에 지지다 ③물들이다, 염색하다(染色)	* 焠兒(쉬아) :소나무를 종이처럼 깎아서 한 끝에 유황(硫黃)을 칠하여 불을 붙이는 데 쓰는 것. 引火奴 * 焠掌(쉬장) :<故>공자의 제자 有若이 졸음을 쫓기 위해 손바닥을 태웠음 <比喩>마음을 괴롭게 하여 힘씀	
煉	火 <쇠불릴 련 / 달굴 련> ①단련하다(鍛鍊) ②이기다(빨래 따위를 이리저리 뒤치며 두드리다)(鍊) ③정제하다(精製), 정련하다(精練) ④달구다	* 煉鋼(련강) :제강(製鋼)하다. 시우쇠(軟鐵)를 불려서 강철(鋼鐵)을 만듦 * 煉瓦(연와) :불에 구워서 만든 벽돌 * 煉炭(연탄) :무연탄(無煙炭) 가루로 만든 연료(燃料)	
鋼	金 <강철 강> ①강철(鋼鐵), 단련(鍛鍊)한 쇠 ②단단하다 ③굳세다	* 鋼鐵(강철) :무쇠를 녹여서 단단하게 만든 쇠 * 鐵鋼(철강) :鐵은 순도(純度)가 높은 것, 鋼은 불순물(不純物)이 함유(含有)된 보통의 鐵材 * 粗鋼(조강) :제강로(製鋼爐)에서 제조된 그대로의 강철(鋼鐵)	

한자	훈음·뜻	용례	풀이
特	牛 <특별할 특 / 수컷 특> ①특별하다(特別) ②뛰어나다 ③달리하다 ④수컷, 숫소(소의 수컷), 숫말(말의 수컷) ⑤한 마리의 희생(犧牲)	* 特殊(특수) :특별(特別)히 다름. 또는, 그 모양(模樣) 보편(普遍)과 개별(個別)에 대하여 다른 것 * 特別(특별) :①보통(普通)과 다름 ②보통(普通)보다 뛰어남 * 特徵(특징) :다른 것에 비겨서 특별(特別)히 눈에 뜨이는 점	<특수재료> 특별(特別)히 다른 용도(用途)의 재료(材料)로 만들기도 한다.
殊	歹(歺) <다를 수> ①다르다 ②뛰어나다, 특히, 유달리 ③거의 죽다, 죽이다 ④끊어지다 ⑤결심하다(決心) ⑥지나다	* 殊邦(수방) :다른 나라 * 殊常(수상) :①평상(平常)과 다름 ②의심(疑心)이 가는 상태 * 殊不知((수부지) :전혀 모르다. 생각지도 않게. 뜻밖에. 의외로 * 同歸殊塗(동귀수도) :귀착점은 같으나 경로(經路)가 다름	
材	木 <재목 재> ①재목(材木) ②재료(材料), 원료(原料) ③재능(才能), 재주, 수완(手腕) ④성질(性質), 자질(資質), 바탕	* 材料(재료) :물건(物件)을 만드는 데 드는 원료(原料) * 素材(소재) :가공(加工)하지 않은 본디 그대로의 재료(材料) * 取材(취재) :작품(作品)이나 기사(記事)의 재료(材料)를 얻음 * 人材(인재) :재능(才能)이 있는 사람 * 棟梁之材(동량지재)	
料	斗 <헤아릴 료 / 값 료 / 일감 료> ①헤아리다, 생각하다 ②되질하다(되로 되어 헤아리다), 말로 용량을 헤아리다 ③삯, 급여(給與), 값 ④재료, 일감	* 料簡(요간) :잘 생각하여 핵심(核心)을 가려냄 * 鼻元料簡 * 料金(요금) :수수료(手數料)로 내는 돈, 삯, 또는 값 * 資料(자료) :무엇을 하기 위(爲)한 재료(材料) * 鼻元料簡(비원요간) :그 자리에서 떠오른 생각. 臨機應變	

한자	훈음·뜻	용례	풀이
匠	匚 <장인 장> ①장인(匠人), 장색(匠色), 바치(물건을 만드는 것을 업으로 삼는 사람) ②기술자(技術者) ③고안(考案) 궁리(窮理)	* 匠人(장인) :匠色(장색). 물건 만드는 일을 업으로 하는 사람 * 工匠(공장) :공방에서 물품(物品) 만드는 일을 하는 사람 * 名匠(명장) :①이름난 장색(匠色) ②기술이 뛰어난 장인(匠人) * 師匠(사장) :학예(學藝)에 뛰어나 남의 스승이 될 만한 사람	<장교날조> 장인(匠人)이 정교(精巧)하게 물건(物件)의 형상(形像)을 반죽하여 만들어서
巧	工 <공교할 교> ①공교하다(工巧 :솜씨나 꾀 따위가 재치가 있고 교묘하다), 솜씨가 있다, 재주 ②예쁘다, 아름답다 ③약삭빠르다	* 巧妙(교묘) :①솜씨가 재치 있음 ②썩 잘 되고 묘(妙)함 * 工巧(공교) :①미술·공예·문예·노래 등에 대한 기술 ②뜻밖에 우연(偶然)한 일이 썩 기이(奇異)함 * 技巧(기교) :솜씨가 아주 묘함 * 巧言令色(교언영색)	
捏	扌(手) <꾸밀 날> ①꾸미다 ②반죽하다(가루에 물을 부어 이겨 개다), 이기다(가루나 흙 따위에 물을 부어 반죽하다)	* 捏造(날조) :①흙 따위를 반죽하여 없는 것을 만들어 내는 일 ②사실(事實)이 아닌 것을 사실(事實)인 것처럼 거짓으로 꾸미는 것. 捏合(날합) * 捏和(날화) :반고체(半固體) 재료를 이기고 반죽하는 일	
造	辶(辵) <지을 조> ①짓다, 만들다 ②이루다, 성취하다(成就) ③조작하다(造作), 가짜로 꾸미다 ④날조하다(捏造) ⑤처음	* 造成(조성) :인위적(人爲的)으로 이루어 만드는 것 * 構造(구조) :각 요소(要素)들을 모아 전체(全體)를 짜 이룸 * 製造(제조) :원료(原料)에 인공(人工)을 가(加)하여 만듦 * 創造(창조) :전(前)에 없던 것을 처음으로 만듦	

한자	훈음·뜻	용례	풀이
窯	穴 <기와 굽는 가마 요> ①기와 굽는 가마(숯이나 도자기·기와·벽돌 따위를 구워 내는 시설) ②오지그릇, 질그릇 ③기와를 굽다	* 窯業(요업) :기와·벽돌·사기(沙器)·질그릇·법랑·칠기(漆器) 등(等)을 만드는 업의 총칭(總稱) * 窯出(요출) :구운 도자기(陶瓷器)를 가마에서 꺼내는 일 * 陶窯(도요) :도기(陶器)를 굽는 가마	<요번도자> 가마에 불을 살라서 도자기(陶瓷器)를 구워내면서
燔	火 <불사를 번> ①불사르다(불에 태워 없애다) ②태우다 ③굽다 ④말리다 ⑤제육(祭肉: 제사에 쓰는 고기)	* 燔劫(번겁) :남의 집을 불태우고 위협(威脅)함 * 燔作(번작) :불에 구움 * 燔作而喫(번작이끽) :구워 먹음 * 燔鐵(번철) :지짐질할 때에 쓰는 쇠로 만든 부엌 세간 * 例燔(예번) :일상(日常)생활(生活)에 쓰는 여러 가지 그릇	
陶	阝(阜) <질그릇 도> ①질그릇(잿물을 덮지 아니한, 진흙만으로 구워 만든 그릇) ②도공(陶工 :옹기장이) ③(질그릇을)굽다 ④빚어 만들다	* 陶瓷(도자) :도기(陶器)와 자기(瓷器). 도자기(陶瓷器). 陶器는 오지그릇, 瓷器는 사기그릇 * 陶工(도공) :옹기장이. 옹기를 만드는 사람 * 陶醉(도취) :①술이 얼근히 취함 ②마음이 쏠려 열중(熱中)함	
瓷	瓦 <사기그릇 자> ①사기그릇 ②오지그릇(오짓물을 입혀 다시 구운 질그릇) ③질그릇(잿물을 덮지 않고 진흙으로 구워 만든 그릇)	* 瓷器(자기) :사기그릇(沙器) * 青瓷(청자) :青磁(청자). 푸른 빛깔의 자기(瓷器) * 陶瓷器(도자기) :점토(粘土)를 가지고 어떤 형태(形態)로 만들어 불에 구워 낸 그릇. 도기(陶器)·자기(瓷器) 등	

한자	훈음·뜻	용례	풀이
瑕	玉 <티 하 / 허물 하> ①티(조그마한 흠), 옥의 티(조그마한 흠) ②허물 ③틈, 틈새	* 瑕疵(하자) :疵瑕(자하). 瑕累(하루). 흠. 결점(缺點) * 瑕玉(하옥) :아깝게도 흠이 있어 결점(缺點)이 된다는 뜻으로, 옥(玉)에도 티(瑕)가 있다는 말 * 白璧微瑕(백벽미하) :白玉之微瑕. 흰 옥에도 흠이 있음	<하자도태> 흠이 있는 것은 가려서 골라 없애버린다.
疵	疒 <흠 자 / 허물 자> ①흠, 결점(缺點) ②흉, 허물 ③흑반(黑斑), 혹 ④재앙(災殃) ⑤흉보다, 헐뜯다, 비난하다(非難)	* 疵累(자루) :疵纇(자뢰). 잘못으로 인해 흠이나 허물을 지음 * 疵瑕(자하) :瑕疵(하자). 흠. 결점(缺點) * 吹毛覓疵(취모멱자) :털 사이를 불어가면서 흠을 찾음. <比喩>남의 결점(缺點)을 억지로 낱낱이 찾아냄	
淘	氵(水) <쌀일 도> ①쌀을 일다(물에 흔들어서 쓸 것과 못 쓸 것을 가려내다) ②씻다	* 淘汰(도태) :①물에 넣고 일어서 쓸데없는 것을 가려서 버림 ②환경(環境)이나 조건(條件)에 적응(適應)하지 않는 생물(生物)은 멸망(滅亡)함 * 淘釋(도석) :곡식을 물에 담가서 읾	
汰	氵(水) <일 태> ①일다(흔들어서 쓸 것과 못 쓸 것을 가려내다), 걸러내다 ②(깨끗이)씻다 ③가려 뽑다 ④도태시키다(淘汰·陶汰)	* 砂汰(사태) :沙汰(사태). ①비로 인(因)해 언덕이나 산비탈이 무너지는 일 ②주체(主體)할 수 없이 한꺼번에 많이 쏟아져 나오는 일	

<table>
<tr><td>雇</td><td>隹 <품팔 고>
①품을 팔다
②품을 사다, 고용하다(雇用)
③빌리다, 세내다</td><td>* 雇傭(고용) :한쪽은 노무(勞務)를 제공(提供)하고, 한쪽은이에 대한 보수(報酬)를 지불(支拂)하는 노동계약(勞動契約)
* 雇用(고용) :삯을 주고 사람을 부림</td><td rowspan="4"><고용근로>

품삯을 받고 남의 일에 종사(從事)하면서 부지런히 일하면서</td></tr>
<tr><td>傭</td><td>亻(人) <품팔 용>
①품 팔다 ②품 살다, 품팔이 하다
③품팔이꾼 ④품삯</td><td>* 傭人(용인) :고용인(雇傭人) * 傭兵(용병) :고용(雇用)한 군사(軍士)
* 傭船料(용선료) :용선(傭船) 계약(契約)의 대가(代價)로서 용선자가 선주(船主)에게 지불(支拂)하는 보수(報酬)
* 雇傭人(고용인) :삯을 받고 남의 일을 해 주는 사람</td></tr>
<tr><td>勤</td><td>力 <부지런할 근>
①부지런하다, 부지런히 일하다, 힘쓰다
②임무(任務)를 행하다(行)
③근무하다(勤務)</td><td>* 勤勞(근로) :부지런히 일함
* 勤勉(근면) :부지런히 노력(努力)함
* 勤務(근무) :직무(職務)에 종사(從事)하는 것
* 勤勤孜孜(근근자자) :매우 부지런하고 정성(精誠)스러움</td></tr>
<tr><td>勞</td><td>力 <일할 로>
①일하다 ②힘들이다, 애쓰다, 노고(勞苦)
③지치다, 수고롭다, 고단하다(몸이 지쳐서 느른함) ④공로(功勞), 공적(功績)</td><td>* 勞苦(노고) :수고하고 애씀 * 勞動(노동) :힘써서 일을 함
* 勞務(노무) :육체적 노력(努力)을 들여 하는 노동 근무(勤務)
* 勞賃(노임) :일을 한 대가(代價)의 돈이나 물건(物件)
* 疲勞(피로) :정신이나 육체의 지나친 활동으로 지친 상태</td></tr>
</table>

<table>
<tr><td>公</td><td>八 <공평할 공>
①공평하다(公平) ②공변되다(한쪽으로 치우치지 않고 공평하다) ③널리, 여럿
④함께 하다, 공적(公的)인 것</td><td>* 公共(공공) :여러 사람이 모여 힘을 함께 함
* 公務(공무) :여럿에 관련된 일 * 公正(공정) :공평하고 올바름
* 公衆(공중) :사회(社會)를 이루는 일반(一般) 사람
* 公平(공평) :어느 한 쪽에 기울이지 않고 공정(公正)함</td><td rowspan="4"><공공조합>

공공(公共)의 이익(利益)을 꾀하는 조합(組合)을 만들어</td></tr>
<tr><td>共</td><td>八 <한가지 공>
①한가지, 한가지로 하다, 하나로 합하여, 같게 하다
②함께, 함께하다, 같이하다, 여럿이 하다</td><td>* 共感(공감) :남의 의견(意見)이나 감정(感情)을 같이 느낌
* 共同(공동) :여러 사람이 함께 일을 같이 함
* 共通(공통) :여러 곳에 두루 통용(通用)됨
* 天人共怒(천인공노) :하늘과 사람이 함께 분노(憤怒)함</td></tr>
<tr><td>組</td><td>糸 <짤 조>
①(베를)짜다 ②조직하다(組織)
③꿰매다 ④끈, 줄</td><td>* 組合(조합) :두 사람 이상이 출자(出資)하여 공동(共同) 사업(事業)을 경영(經營)하는 계약(契約)
* 組織(조직) :①짜서 이룸. 얽어서 만듦
②같은 기능(機能)으로 구성(構成)된 단체(團體)</td></tr>
<tr><td>合</td><td>口 <합할 합>
①합하다(合), 모으다 ②만나다
③맞다 ④짝
⑤홉(量을 되는 單位)(홉)</td><td>* 合流(합류) :둘 이상(以上)의 강(江)물이 합(合)하여 흐름
* 合意(합의) :서로 의사(意思)가 합치(合致)함
* 合致(합치) :의견(意見)이나 주장(主張)이 서로 일치(一致)함
* 統合(통합) :모두 합쳐서 하나로 모음 * 烏合之卒(오합지졸)</td></tr>
</table>

<table>
<tr><td>擴</td><td>扌(手) <넓힐 확>
①넓히다
②확대하다(擴大)
③늘리다</td><td>* 擴充(확충) :넓히어 충실(充實)하게 채움
* 擴大(확대) :모양이나 규모(規模) 따위를 늘이어서 크게 함
* 擴散(확산) :넓게 퍼져서 흩어짐
* 擴張(확장) :늘이어서 넓게 함</td><td rowspan="4"><확충신장>

넓히어 충실(充實)하게 하여 규모(規模)가 늘어나게 되면</td></tr>
<tr><td>充</td><td>儿 <채울 충>
①채우다 ②가득하다, 차다
③완전하다(完全)
④갖추다, 채우다</td><td>* 充滿(충만) :가득하게 채움
* 充分(충분) :분량(分量)이 모자람이 없이 넉넉함
* 充實(충실) :속이 꽉 차서 실속(實)이 있음.
* 補充(보충) :모자람을 보태어 채움</td></tr>
<tr><td>伸</td><td>亻(人) <펼 신>
①펴다, 펼치다, 늘이다
③내뻗다, 내밀다 ④기지개를 켜다
⑤사뢰다(웃어른에게 말씀을 올리다)</td><td>* 伸張(신장) :물체(物體)·세력(勢力)·권리(權利) 따위를 늘이어 넓게 펴거나 뻗침
* 伸長(신장) :①길게 늘어남 ②길이, 힘 따위를 늘림
* 伸縮(신축) :늘어남과 줄어듦 * 伸冤(신원) :원통(冤痛)함을 풂</td></tr>
<tr><td>張</td><td>弓 <베풀 장>
①베풀다(일을 차리어 벌이다, 도와주어서 혜택을 받게 하다) ②어떤 일을 벌이다 ③넓히다, 크게 하다</td><td>* 誇張(과장) :사실(事實)보다 지나치게 떠벌려 나타냄
* 緊張(긴장) :마음을 다잡아 정신을 바짝 차리는 심리상태
* 主張(주장) :①자기 의견(意見)을 굳이 내세움 ②주재(主宰)
* 擴張(확장) :늘이어서 넓게 함</td></tr>
</table>

<table>
<tr><td>企</td><td>人 <꾀할 기>
①꾀하다 ②도모하다(圖謀), 계획하다
③발돋움하다 ④기대하다(期待・企待)
⑤바라다, 희망하다(希望)</td><td>* 企業(기업) :영리(營利)를 목적으로 하는 경제(經濟) 사업(事業)
* 企待(기대) :期待(기대). 희망을 가지고 기약한 것을 기다림
* 企圖(기도) :일을 꾸며 꾀함 * 企劃(기획) :일을 계획(計劃)함
* 鶴企(학기) :학처럼 고개를 빼고 발돋움하여 바라봄. 기다림</td><td rowspan="4"><기업경영>

영리(營利)를 목적(目的)으로 계획(計劃)을 세워 사업(事業)을 하기도 한다.</td></tr>
<tr><td>業</td><td>木 <업 업>
①업(業 :職業. 附與된 課業), 일, 직업(職業) ③일삼다, 업(業)으로 삼다
④일하다, 종사(從事)하다 ⑤공적(功績)</td><td>* 事業(사업) :어떤 목적(目的)을 가지고 행하는 활동(活動)
* 生業(생업) :먹고 살아가기 위(爲)한 직업(職業)
* 就業(취업) :①일을 함 ②취직(就職). 직업(職業)을 얻음
* 學業(학업) :공부(工夫)하여 학문(學問)을 닦는 일</td></tr>
<tr><td>經</td><td>糸 <지날 경 / 글 경>
①지나다 ②다스리다 ③글, 경서(經書)
④길, 법(法), 도리(道理)
⑤날, 날실</td><td>* 經過(경과) :지나감 * 經路(경로) :지나온 길, 지나가는 길
* 經歷(경력) :겪어 지내 온 여러 가지 일 * 聖經(성경) :성인의 글
* 經緯(경위) :①직물(織物)의 날과 씨 ②경도(經度)와 위도(緯度)
③사건(事件)의 전말, 일의 내력(來歷)</td></tr>
<tr><td>營</td><td>火 <경영할 영>
①경영하다(經營) ②꾀하다, 계획하다
④갈다(營農 :주로 밭작물의 씨앗을 심어 가꾸다) ⑤진영(陣營)</td><td>* 經營(경영) :계획(計劃)이나 규모(規模)를 세워 일을 추진해감
* 營養(영양) :생물(生物)이 양분(養分)을 섭취(攝取)하여 삭임
* 運營(운영) :사업이나 단체를 운용(運用)하여 경영(經營)함
* 陣營(진영) :군대(軍隊)가 집결(集結)하고 있는 곳 * 營農(영농)</td></tr>
</table>

滎	水 <실개천 형> ①실개천(川 :폭이 매우 좁고 작은 개천) ②못의 이름 ③물결이 일다	* 滎濘(형녕) :실개천(絶小之水) * 滎洞(형동) :물이 샘솟는 구멍 * 滎澤(형택) :얼마 안 되는 작은 물(小水貌) <韓詩外傳五>滎澤之水 無呑舟之魚 :얼마 안 되는 작은 물에는 배를 삼킬만한 대어(大魚)가 없다	<형수락총> 실개천 물은 합수(合水)하는 곳에 서로 이어져 맞닿게 되고,
水	水 <물 수> ①물 ②강물, 내, 하천(河川) ③액체(液體), 물과 관련(關聯)된 일 ④평평하다(平平)	* 水準(수준) :①일정한 표준(標準)이나 정도(程度) ②수평(水平) * 洪水(홍수) :비가 많이 와서 하천이 넘치거나 땅이 물에 잠김 * 水位(수위) :수면(水面)의 높이 * 水魚之交(수어지교) :서로 떨어질 수 없는 친(親)한 사이	
洛	氵(水) <물이름 락 / 잇닿을 락> ①물의 이름, 강(江)의 이름 ②서울, 수도(首都)의 이름 ③물방울 듣는 소리 ④잇닿다(서로 이어져 맞닿다), 잇다 ⑤다하다	* 洛洛(낙락) :물이 흘러내리는 모양 * 京洛(경락) :한 나라의 중앙 정부(政府)가 있는 곳. 서울 * 洛出書(낙출서) :낙수(洛水)에서 나온 글(洛水所出之書也) <易繫辭上>河出圖 洛出書 (河圖 洛書)	
潨	氵(水) <물들이 총 / 물모일 종> ①물들이(여러 갈래의 물줄기들이 한데 합쳐지는 곳) ②합수하다(合水) ③물가의 언덕(종) ※ 潀과 同義	* 潨洞(총동) :큰 강에 흘러드는 작은 여울 * 潨然(총연) :물소리 * 潨潺(총잔) :물이 흐르는 소리 * 潨流(총류) :물이 흘러 떨어지는 모양(水落貌) <自萬瀑洞至摩訶衍記>飛瀑從斷崖直下 長可六七丈 潨流四濺 一壑皆成煙雪	

淺	氵(水) <얕을 천> ①얕다 ②엷다 ③부족하다(不足) ④미숙하다(未熟) ⑤견문(見聞)이 좁다 ⑥물살이 빠른 모양	* 淺薄(천박) :학문(學問)이나 생각이 얕음 * 淺學(천학) :학식(學識)이 얕음 * 淺學菲才(천학비재) * 鄙淺(비천) :천박(淺薄)하고 상스러움 * 寡聞淺識(과문천식) :들은 것이 적고 지식(知識)이 얕음	<탄천리양> 얕은 여울은 끝없이 넓은 물에 이르게 되는데,
灘	氵(水) <여울 탄> ①여울(바닥이 얕거나 폭이 좁아 물살이 세게 흐르는 곳) ②모래톱 ③개펄 ④다 떨어지다, 다하다, 바닥나다	* 淺灘(천탄) :여울. 강이나 바다의 바닥이 얕거나 폭이 좁아 물살이 세게 흐르는 곳 * 灘聲(탄성) :여울물이 흐르는 소리 * 淸灘(청탄) :맑은 여울 * 沙灘(사탄) :모래톱 가의 여울, 또는 바닥에 모래가 깔린 여울	
涖	氵(水) <다다를 리> ※ 莅와 同義 ①다다르다 ②임하다(臨 :어떤 사태나 일에 직면하다) ③보다 ④물소리	* 涖止(이지) :와서 머무름 <詩經>方叔涖止 其車三千 * 涖阼(이조) :涖祚(이조). 임금의 지위에 오름(登君位也) * 涖政(이정) :임금이 정무를 봄(君王聽政也) * 涖盟(이맹) :두 나라 사이에 수호(修好)를 맺음(兩國修好)	
瀁	氵(水) <물이 넓을 양> ※ 漾과 同義 ①물이 망망하다 ②물이 넘치는 모양 ③물이 끝없이 넓은 모양 ④넓다	* 瀁瀁(양양) :끝없이 넓고 멂(無涯際也) * 滉瀁(황양) :물이 넓고 크게 흐르는 모양(水廣大貌)	

川	川 <내 천> ①내 ②물귀신(鬼神) ③느릿한 모양 ④계속(繼續)해서, 끊임없이	* 河川(하천) :강과 시내 * 山川(산천) :①산과 내. 산택(山澤) ②자연(自然)을 일컬음 * 山川草木(산천초목) :①산과 물과 나무와 풀 ②자연(自然) * 水積成川(수적성천) :물이 모이면 내를 이룸	<천앙심왕> 내(川)의 한가운데는 깊고도 물이 많고 넓다.
央	大 <가운데 앙> ①가운데 ②중간, 절반 ③다하다, 끝장나다 ④오래다, 시간적으로 멀다	* 中央(중앙) :①사방(四方)의 중심(中心)이 되는 곳, 가운데 ②중심(中心)이 되는 중요(重要)한 곳 ③서울. 수도(首都) * 震央(진앙) :지진(地震)의 진원(震源)의 바로 위의 지점(地點)	
深	氵(水) <깊을 심> ①깊다, 깊어지다, 깊이 ②(색이)짙다 ③심하다(甚 :정도가 지나치다), 매우 ④두텁다, 후하다(厚) ⑤많다, 우거지다	* 深刻(심각) :①마음에 깊이 새김 ②절박(切迫)함, 중대(重大)함 * 深化(심화) :깊게 함, 또는 깊어짐 * 深夜(심야) :깊은 밤 * 深山幽谷(심산유곡) :깊숙하고 고요한 산과 골짜기 * 深思熟考(심사숙고) :깊이 생각하고 깊이 고찰(考察)함	
汪	氵(水) <넓을 왕> ①(깊고)넓다 ②못, 연못 ③바다 ④(눈물이)그렁그렁하다, 눈물 그렁그렁한 모양	* 汪淚(왕루) :줄줄 흐르는 눈물 * 汪洋(왕양) :바다가 가없이 넓음 * 汪汪(왕왕) :①물이 깊고 넓은 모양 ②사람의 도량이 깊고 넓은 모양	

磯	石 <물가 기 / 낚시터 기> ①물가 ②여울 ③낚시터 ③자갈밭, 서덜(강가의 돌이 많은 곳) ④물결이 바위에 부딪치다	* 磯激(기격) :격렬하게 닥뜨리어 부딪침 * 魚磯(어기) :漁磯(어기). 낚시터 * 釣磯(조기) :낚시터	<기수조서> 낚시터의 노인(老人)은 낚시질을 하여 고기를 잡고 있는데,
叟	又 <늙은이 수> ①늙은이 ②어른 ③쌀 씻는 소리 ④움직이는 모양	* 耆叟(기수) :노인(老人) * 箕叟(기수) :늙은이 * 白叟(백수) :늙은이 * 傳奇叟(전기수) :고전소설(古典小說)을 직업적(職業的)으로 낭독(朗讀)하던 사람	
釣	金 <낚시 조 / 낚을 조> ①낚시, 낚시 하다 ②낚다 ③유혹하다(誘惑) ④탐하다(貪), 구하다(求)	* 釣竿(조간) :낚싯대 * 釣鍼(조침) :낚시 * 釣名(조명) :거짓으로 명예(名譽)를 탐하여 구(求)함 * 釣而不網(조이불망) :釣而不綱(조이불강). 낚시질은 해도 그물질은 하지 않음. 정도(程度)를 넘지 않음	
揟	扌(手) <고기잡을 서> ①고기를 잡다(取魚) ②거르다(액체만 받아 내다)(濾水) ③물 뜨는 그릇(取水沮)		

한자	뜻	용례	요약
鉤	金 <갈고리 구> ①갈고리, 갈고리로 걸다 ②굽다, 꼬부장하다 ③올가미 ④계략(計略), 꾀다 ⑤(끌어)당기다 ⑥낚시로 낚다	* 鉤餌(구이) :낚시에 단 미끼. 낚시밥 * 鉤勒(구륵) :쌍선(雙線)으로 윤곽(輪廓)을 그리고, 그 사이를 채색(彩色)하는 법(法). 雙鉤法(쌍구법) * 雙鉤(쌍구) :쌍구법으로 그려 낸 글씨의 획이나 자형	<구이괴승> 낚시에 단 미끼로 작은 물고기들을 유혹(誘惑)하는 중(中)에
餌	食 <미끼 이> ①미끼 ②먹이, 먹다 ③음식(飮食) ④(물고기를)낚다 ⑤꾀다, 유혹하다(誘惑)	* 餌乞(이걸) :먹이를 구걸(求乞)함. 걸식(乞食), 거지 * 食餌(식이) :음식물(飮食物) * 軟餌(연이) :끓이어 익힌 부드러운 모이	
拐	扌(手) <꾀일 괴 / 속일 괴 / 후릴 괴> ①꾀어내다, 유인하다(誘引) ②속이다, 기만하다(欺瞞) ③돌아서다, (방향을)바꾸다 ④후리다	* 拐引(괴인) :꾀어냄 * 誘拐(유괴) :사람을 속여 꾀어내는 일 * 物拐(물괴) :物怪(물괴). ①물건(物件)으로서 괴이(怪異)하게 생긴 것 ②물체가 오래 되어 천지의 정령(精靈)을 받아 괴력(怪力)을 가지게 된 것	
鱦	魚 <물고기새끼 승 / 작은 물고기 승> ①물고기의 새끼(鮞) ②작은 물고기(小魚)		

한자	뜻	용례	요약
奄	大 <문득 엄> ①문득, 갑자기 ②오래, 오래다 ③고자(鼓子), 환관(宦官) ④숨이 끊어질 듯한 모양	* 奄寺(엄시) :내시 * 奄忽(엄홀) :급작스러움 * 奄奄(엄엄) :숨이 곧 끊어지려고 하거나 몹시 약한 모양 * 奄有(엄유) :남기지 아니하고 다 가짐 * 奄成老人(엄성노인) :빨리 늙는 일	<엄흔인만> 문득 번쩍 들어서 조심스레 당겨서
掀	扌(手) <번쩍들 흔> ①번쩍 들다, 치켜들다 ②당기다 ③높이 솟은 모양	* 掀擊(흔격) :칼을 번쩍 들어올려 침 *掀天動地(흔천동지) * 掀動(흔동) :함부로 마구 흔듦. * 掀動一世(흔동일세) * 掀轟(흔굉) :소리가 매우 크게 위로 울림 * 掀撼(흔감) :남의 허물이나 잘못을 쳐들어 뒤흔듦.	
夤	夕 <조심할 인 / 인연할 인> ①조심하다, 삼가고 두려워하다 ②공경하다(恭敬) ③이어지다, 서로 잇닿다 ④연줄을 잡다, 연줄 ⑤등골뼈	* 夤緣(인연) :①덩굴이 벋어 올라감 ②나무뿌리나 바위 등(等)을 의지(依支)하고 산등성이를 이리저리 올라감 ③권세(權勢) 있는 연줄(緣)을 타서 지위(地位)에 오름을 비유(比喩)	
挽	扌(手) <당길 만> ①당기다, 잡아당기다 ②끌다 ③말다, 말아 올리다 ④짜서 얽어매다 ⑤애도하다 ⑥만사(輓詞·挽詞)	* 挽留(만류) :(어떤 일을) 하지 못하게 붙들고 말리는 것 * 挽章(만장) :挽丈(만장). 輓章(만장). 죽은 사람을 슬퍼하여 지은 글을 적어 기(旗)처럼 만든 것 * 挽回(만회) :바로잡아 회복(回復)함	

한자	뜻	용례	요약
扼	扌(手) <잡을 액> ①잡다 ②누르다 ③움켜쥐다 ④가지다 ⑤멍에(쉽게 벗어날 수 없는 구속이나 억압을 비유적으로 이르는 말)	* 扼守(액수) :隘守(액수). 중요(重要)한 곳을 굳게 지킴 * 扼腕(액완) :搤腕(액완). ①분격(憤激)하여 팔짓을 함 ②성나고 분(憤)하여 주먹을 쥠 * 扼喉(액후) :목을 누름 * 要扼(요액) :적을 기다려 막음	<객리발랄> 잉어를 움켜쥐니 푸드득 튀면서 힘이 왕성(旺盛)하다
鯉	魚 <잉어 리> ①잉어(잉엇과의 민물고기) ②편지(便紙·片紙) ③서찰(書札 :글씨를 쓰는 나뭇조각)	* 鯉魚(이어) :잉어의 원말 * 赤鯉(적리) *黃鯉(황리) * 鯉素(이소) :편지(便紙), 서찰(書札). 잉어의 뱃속에 편지(便紙)가 있었다는 고사(故事)에 유래(由來)함 * 回鯉(회리) :물음이나 편지(便紙) 따위에 대답함	
潑	氵(水) <물뿌릴 발 / 활발할 발> ①물을 뿌리다 ②활발하다 ③솟아나다 ④한바탕 내리다 ⑤사납다 ⑥무뢰배(無賴輩), 악한(惡漢)	* 潑剌(발랄) :①활발(活潑)하게 약동(躍動)하는 모양(模樣) ②물고기가 뛰는 모양(模樣) ③활을 당긴 모양(模樣) * 活潑(활발) :생기 있고 힘차며 시원스러움	
剌	刂(刀) <발랄할 랄> ①발랄하다(潑剌) ②어그러지다, 서로 반대되다(反對) ③어지럽다, 시끄럽게 되다 ④물고리가 뛰는 소리	* 跋剌(발랄) :①물고기가 팔딱팔딱 뛰는 소리, 또는 그 모양 ②새가 나는 소리, 또는 그 모양 * 生氣潑剌(생기발랄) :싱싱한 기운(氣運)이 있고 기세(氣勢)가 활발함	

한자	뜻	용례	요약
倪	亻(人) <어린이 예 / 끝, 가장자리 예> ①어린이 ②우리들 ③끝, 가, 가장자리 ④다시 난 이(齯) ⑤성가퀴(城 :성 위에 낮게 쌓은 담)	* 端倪(단예) :단(端)은 산꼭대기, 예(倪)는 물가의 뜻 ①맨 끝. 한이 없는 가. 아주 먼 끝 ②일의 시초와 끝(본말) ③추측(推測)하여 앎 * 髦倪(모예) :늙은이와 어린이 * 和倪(화예) :알맞게 조화됨	<예혼진빈> 어린애들은 뒤섞여 물가로 뒤쫓아 가면서
渾	氵(水) <흐릴 혼 / 뒤섞일 혼> ①흐리다, 혼탁하다(混濁·渾濁·溷濁) ②뒤섞이다 ③멍청하다, 미련하다 ④온통, 전부(全部) ⑤마구, 함부로	* 渾沌(혼돈) :混沌(혼돈), 渾淪(혼륜) * 渾身(혼신) :온몸으로 열정을 쏟거나 정신을 집중함 * 渾然(혼연) :한 덩어리로 되어 가를 수 없는 모양 * 雄渾(웅혼) :웅장(雄壯)하여 막힘이 없음	
趁	走 <쫓을 진> ①쫓다, 뒤쫓다 ②따르다, 뒤따르다 ③달려가다 ④틈 타다, 편승하다 ⑤성급하다(性急) ⑥내쫓다(년·연)	* 趁期(진기) :기한(期限)에 다다름 * 趁時(진시) :진작의 잘못. 좀 더 일찍이 * 趁早(진조) :진작. 좀 더 일찍이 * 趁卽(진즉) :진작. 좀 더 일찍이	
濱	氵(水) <물가 빈> ※ 瀕과 同義 ①물가(물이 있는 곳의 가장자리) ②끝 ③잇닿다(서로 이어져 맞닿다) ④가깝다, 근접하다(近接) ⑤임박하다(臨迫)	* 砂濱(사빈) :모래가 깔린 바닷가의 땅 * 水濱(수빈) :바다나 강물의 가 * 海濱(해빈) :海邊(해변) * 率土之濱(솔토지빈) :바다에 이르는 땅의 끝. 곧 온 나라의 지경(地境) 안	

字	뜻	용례	성어
抯	扌(手) <잡아당길 저> ①잡아당기다 ②건져내다 ③가져가다 ④약탈(掠奪)해 가다	* 抯格(저격) :격취(擊取) <墨子>(天志下)而況有踰於人之牆垣 抯格人之子女者乎(그런데 하물며 남의 집 담을 넘어 들어가 그 사람의 자녀들을 잡아오고)	<저고서체> 그물을 건져내어 천천히 끌어당긴다.
罟	罒(网) <그물 고> ①그물, 물고기 그물, 그물질 하다 ②규칙(規則), 법망(法網)의 비유(比喩)	* 數罟(촉고) :눈을 썩 잘게 떠서 촘촘하게 만든 그물 * 索罟(삭고) :注朴(주박). 물고기를 잡는 데 쓰는 그물 * 索綯爲罟 尙或捕虎(삭도위고 상혹포호) :索綯結網亦可捕虎 썩은 새끼로 범 잡기. 섣부른 준비로 큰일을 도모	
徐	彳 <천천히 할 서> ①천천히 하다, 천천히 ②평온하다(平穩), 조용하다 ③다, 모두	* 徐徐(서서) :천천히, 서서히 * 徐行(서행) :사람이나 자동차(自動車) 등(等)이 천천히 감 * 徐波(서파) :주파수(周波數)가 느린 것 * 徐波睡眠(서파수면) * 安徐(안서) :어떤 일을 잠시 보류(保留)하거나 중지(中止)함	
掣	手 <끌 체 / 당길 철> ※ 摯와 同字 ①끌다, 끌어당기다 ②뽑다, 잡아당기다 ③길게 뻗다, 지연하다, 연기하다 ④당기다(철), 끌어당기다(철)	* 掣碍(철애) :거리끼어 막힘 * 掣後(철후) :후면을 견제함 * 掣肘(철주) :팔굽을 당김. <比喩>간섭(干涉)하여 마음대로 하지 못하게 함 * 電掣雷轟(전체뢰굉) :번개가 치고, 우레가 울	

字	뜻	용례	성어
曳	日 <끌 예> ①끌다, 끌어당기다 ②끌리다, 이끌리다 ③고달프다, 힘겹다 ④나부끼다 ⑤(옷을)입다	* 曳網(예망) :물에 잠긴 그물을 끌어당김, 또는 그 그물 * 曳引(예인) :끌어 당김 * 牽曳(견예) :끌어 당김 * 曳履聲(예리성) :신발 끄는 소리	<예망효문> 당긴 그물에는 여러 가지가 뒤섞여서 어지러운데,
網	糸 <그물 망> ①그물, 그물질하다, 그물로 잡다 ②싸다, 덮다, 가리다 ③포위망(包圍網) ④계통(系統), 조직(組織)	* 網羅(망라) :물고기를 잡는 그물(網)과 날짐승을 잡는 그물(羅)이란 뜻에서, 널리 모두 포함(包含)시킴 * 魚網(어망) :漁網(어망). 물고기를 잡는 데 쓰는 그물 * 一網打盡(일망타진) :그물질 한 번에 물고기를 모조리 잡음	
淆	氵(水) <뒤섞일 효> ①뒤섞이다 ②어지럽다, 어지러워지다 ③흐리다, 흐리게 하다	* 淆紊(효문) :뒤섞이어 어지러움 * 淆雜(효잡) :混雜(혼잡). 뒤섞이어 어수선함 * 淆亂(효란) :混亂(혼란). 어지럽고 질서 없이 뒤죽박죽임 * 混淆(혼효) :混亂(혼란). * 玉石混淆(옥석혼효)	
紊	糸 <어지러울 문 / 문란할 문> ①어지럽다, 어지럽히다 ②문란하다(紊亂) ③번성하다(蕃盛・繁盛)	* 紊撓(문뇨) :어지럽게 섞갈림 * 風紀紊亂(풍기문란) * 紊亂(문란) :도덕(道德)이나 질서(秩序)등이 어지러움 * 干紊(간문) :법(法)을 어기어 문란(紊亂)한 짓을 범함 * 墜紊(추문) :법질서나 도덕 따위가 땅에 떨어져 문란함	

字	뜻	용례	성어
罣	罒(网) <걸 괘> ①걸다, 매달다 ②(마음에)걸리다 ③거리끼다 ④연루되다(連累・緣累), 연좌되다(緣坐)	* 罣礙(가애) :산스크리트어 āvaraṇa 막힘. 걸림. 구애됨. 거리낌. 방해됨. * 心無罣礙 無罣礙故 無有恐怖 (심무가애 무가애고 무유공포) * 罣誤(괘오) :관리(官吏)가 과오를 저질러 견책(譴責)을 받음	<괘재포반> 걸리적거리는 찌꺼기는 가려서 던져버리고
滓	氵(水) <찌끼 재(자)> ①찌끼, 찌꺼기 ②때가 끼다, 더러운 것 ③앙금(녹말 따위의 아주 잘고 부드러운 가루가 물에 가라앉아 생긴 층)	* 殘滓(잔재) :다 골라 쓰고 남은 못 쓸 것 * 酒滓(주자) :술지게미 * 鑛滓(광재) :제련(製鍊) 과정에서 분리되는 찌꺼기 * 醬滓(장재) :간장을 떠내고 남은 찌끼인 된장	
抛	扌(手) <던질 포> ①던지다, 내던지다 ②버리다, 내버리다 ③전거(戰車)	* 抛棄(포기) :자기의 권리(權利)나 자격(資格)을 쓰지 않음 * 抛擲(포척) :물건(物件)을 내던짐 * 抛物線(포물선) :물체를 던졌을 때 반원(半圓) 모양을 그리며 날아가는 선(線)	
拌	扌(手) <버릴 반 / 섞을 반 / 쪼갤 반> ①버리다, 내버리다 ②학대하다(虐待), 모질게 굴다 ③뒤섞다, 휘저어 뒤섞다 ④쪼개다, 나누다, 가르다	* 拌入(반입) :調入(조입). 혼합(混合)하다, 섞다 * 攪拌(교반) :휘저어 한데 섞음 * 攪拌機(교반기) :攪拌器(교반기). 뒤섞어 휘젓는 기구(器具)나 장치(裝置). 믹서(mixer). 젓개	

字	뜻	용례	성어
掬	扌(手) <움킬 국> ①움키다(놓치지 않도록 힘 있게 잡다) ②(두 손으로)움켜쥐다 ③움큼(손으로 한 줌 움켜쥘 만한 분량을 세는 단위)	* 掬水(국수) :물을 양손에 움켜 뜸 * 一掬(일국) :한 움큼. (轉)얼마 안 되는 량 * 掬水月在手 弄花香滿衣 :물을 움키니 달이 손안에 있고, 꽃을 희롱(戲弄)하니 향기(香氣)가 옷에 가득함	<국추활달> 미꾸라지를 손으로 움키니 미끄럽다.
鰍	魚 <미꾸라지 추> ①미꾸라지(미꾸릿과의 민물고기) ②능가하다(凌駕 :능력이나 수준 따위가 비교 대상을 훨씬 넘어서다) ③밟다	* 鰍魚(추어) :미꾸라지. 미꾸릿과의 민물고기 * 鰍湯(추탕) :추어탕(鰍魚湯) * 泥鰍(이추) :미꾸라지	
滑	氵(水) <미끄러울 활 / 익살스러울 골> ①미끄럽다, 미끄럽게 하다 ②반드럽다, 부드럽게 하다 ③교활하다(狡猾) ④익살스럽다(골)	* 滑稽(골계) :말이 매끄럽고 익살스러워 웃음을 자아내는 일 * 滑降(활강) :비탈진 곳을 미끄러져 내려오거나 내려감 * 圓滑(원활) :규각(圭角)이 없고 원만(圓滿)함 * 潤滑(윤활) :(기름기나 물기가 있어)뻑뻑하지 않고 매끄러움	
澾	氵(水) <미끄러울 달> ①미끄럽다, 미끄러지다	* 滑澾(활달) :①매끄러워 미끄러움 ②(길이)질퍽하여 미끄러움	

胜	月(肉) <비릴 성> ※ 勝의 簡體字 ①비리다, 비린내 ②누리다, 누린내 ③개고기 냄새 ④날고기 ⑤여위다(몸의 살이 빠져 파리하게 되다)		<성회초장> 비린 물고기 회(膾)를 초장(醋醬)에 찍어 먹고 나서
鱠	魚 <회 회> ①회(膾) ②뱅어(뱅엇과의 민물고기)	* 鱠鯉(회리) :鯉膾(리회). 잉어회 <唐書>(李綱傳) 飛刀鱠鯉調和鼎食 * 鱠鱐(회수) :물고기로 만든 회(膾)와 포(脯)	
醋	酉 <초 초 / 잔 돌릴 작> ①초(醋) ②식초(食醋) ③잔을 돌리다(작)	* 醋醬(초장) :①초간장(양념장의 하나) ②초고추장 * 醋酸(초산) :아세트산. 신맛을 내는 무색(無色) 액체(液體) * 食醋(식초) :초산(醋酸)이 들어 있어 신맛이 남. 초(醋)	
醬	酉 <장 장> ①장(醬 :된장, 간장) ②육장(肉漿 :포(脯)를 썰어 누룩 및 소금을 섞어서 술에 담근 음식) ③젓갈(젓으로 담근 음식)	* 醬滓(장재) :간장을 떠내고 남은 찌끼인 된장 * 辛不合醬(신불합장) :천간(天干)이 신(辛)으로 된 날에는 장을 담그면 시어진다 하여 장 담기를 꺼림 * 紅不甘醬(홍불감장) :색은 붉으나 맛은 쓴 간장. 실속없음	

遡	辶(辵) <거스를 소> ※ 溯와 同字 ①거스르다, 거슬러 올라가다 ②따라 내려가다 ③향하다(向)	* 遡洄(소회) :배를 저어 흐르는 물을 거슬러 올라감 * 遡及(소급) :지나간 일에까지 거슬러 올라가서 미치게 함 * 遡流(소류) :물이 거슬러 흐름 * 遡上(소상) :거슬러 올라감 * 馳遡(치소) :그리움이 간절하여 지난날의 생각으로 치달음	<소회패각> 물을 거슬러 올라가니 조가비가 보이는데,
洄	氵(水) <돌아 흐를 회> ①돌아 흐르다 ②거슬러 올라가다 ③어리석다, (마음이)밝지 못하다	* 洄游(회유) :回游(회유). 물고기가 알을 낳기 위해서나 또는 계절(季節)을 따라 정기적(定期的)으로 떼지어 헤엄쳐 다니는 일 * 回游魚(회유어)	
貝	貝 <조개 패> ①조개(판새류의 연체동물 총칭) ②조가비(조개의 껍데기), 패각(貝殼) ③재화(財貨), 돈, 보화(寶貨)	* 貝殼(패각) :조가비. 조개의 껍데기 * 貝物(패물) :산호(珊瑚), 호박(琥珀), 수정(水晶), 대모(玳瑁) 등(等)으로 만든 값진 물건(物件) * 魚貝(어패) :물고기와 조개 * 貝塚(패총) :조개 더미	
殼	殳 <껍질 각> ①껍질 ②(매미의)허물 ③(거북의)등껍데기 ④씨 ⑤바탕 ⑥성실(誠實)한 모양 ⑦내려치다	* 舊殼(구각) :①낡은 껍질 ②낡은 옛 제도(制度)나 관습(慣習) * 地殼(지각) :지구의 표층부(表層部)를 형성하는 암석층(巖石層) * 甲殼類(갑각류) :절족(節足) 동물(動物)의 한 강(綱). 몸은 단단하고 두꺼운 등딱지로 덮여 있음	

腔	月(肉) <속빌 강> ①속이 비다, 빈 속, 빈 곳 ②마리(세는 단위) ③곡조(曲調), 가락 ④말씨 ⑤양고기의 포(공)	* 腔血(강혈) :몸 안에 담긴 피 * 滿腔(만강) :가슴 속에 가득 참 * 腹腔(복강) :복막(腹膜)에 의해 둘러싸여 있는 공간(空間) * 胸腔(흉강) :흉부(胸部)에 있는 체강(體腔). 가슴속	<강라흡이> 속이 빈 소라는 마치 사람의 귀를 닮았다.
螺	虫 <소라 라> ①소라(소랏과의 연체동물) ②고둥, 다슬기 ③쪽(시집간 여자가 뒤통수에 땋아서 틀어 올려 비녀를 꽂은 머리털)	* 螺絲(나사) :원기둥의 옆면에 나선상으로 홈을 판 수나사와 원기둥의 안쪽에 홈을 판 암나사 * 螺線(나선) :소라 껍데기처럼 소용돌이 모양의 곡선(曲線) * 螺旋(나선) :소라 껍데기 같이 빙빙 감아 올린 모양	
恰	忄(心) <흡사할 흡> ①흡사하다(恰似), 마치 ②꼭, 반드시 ③사이가 좋다, 융화하다(融和) ④(마음을)쓰다, 마음을 쓰는 모양	* 恰似(흡사) :거의 같음. 비슷함 * 老人之臥 恰似麥臥(노인지와 흡사맥와) :늙은이 보리 쓰러지듯 한다. <比喩>노인(老人)은 기력(氣力)이 약해서 병(病)에 걸리기가 쉬움을 이름	
耳	耳 <귀 이> ①귀, 오관(五官)의 하나 ②(귀에)익다, 듣다 ③~뿐 ④(곡식이)싹나다 ⑤성(盛)한 모양 ⑥팔대째 손자(孫子)(잉)	* 耳目(이목) :①귀와 눈 ②남들의 주의(注意) * 耳順(이순) :나이 60세를 이르는 말 * 牛耳讀經(우이독경) :쇠귀에 경 읽기. <比喩>우둔(愚鈍)한 사람은 아무리 일러줘도 알아듣지 못함	

擡	扌(手) <들 대> ①들다, 들어 올리다 ②(두 사람이)메다 ③쳐들다, 치켜들다	* 擡頭(대두) :①머리를 듦 ②어떤 현상(現狀)이 일어남 * 擡扛(대강) :짐을 나르기 위하여 들거나 메거나 함 * 分擡(분대) :양잠(養蠶)에서, 누에를 다른 잠박으로 나누고 똥을 쳐 내는 일.	<대대건갑> 자루를 들어서 어깨에 둘러메고
袋	衣 <자루 대> ①자루(헝겊 따위로 만든 주머니) ②부대(負袋), 포대(包袋) ③가방 ④전대(纏帶 :주머니의 한 가지)	* 負袋(부대) :종이·피륙 등(等)으로 만든 큰 자루 * 麻袋(마대) :굵고 거친 삼실로 짠 큰 부대(部隊) * 砂袋(사대) :沙袋(사대). 沙包(사포). 모래주머니 * 包袋(포대) :피륙·가죽·종이 따위로 만든 자루	
揵	扌(手) <멜 건> ①메다 ②들다 ③막다 ④닫다 ⑤둑(물막이)	* 揵鬐(건기) :지느러미를 거스름 * 揵馬牌(건마패) :전쟁(戰爭) 때 나무 따위로 짐승 모양을 만들어서 진(陣) 앞에 세우는 것	
胛	月(肉) <어깨 갑 / 어깨뼈 갑> ①어깨 ②어깨뼈, 견갑골(肩胛骨)	* 肩胛(견갑) :어깨뼈가 있는 자리 * 肩胛骨(견갑골) :어깨뼈 * 肩胛筋(견갑근) :어깨뼈 자리에 붙어 있는 근육(筋肉) * 肩胛部(견갑부) :어깨 부분(部分)	

漢字	뜻	단어	풀이
兩	入 <두 량 / 냥 량> ①두, 둘 ②두 쪽 ③짝, 쌍 ④아울러, 겸하여 ⑤동등(同等)한 것 ⑥냥(화폐의 단위), 냥(무게의 단위)	* 兩肩(양견) :양어깨. 좌우(左右)의 두 어깨 * 兩國(양국) :양쪽의 두 나라 * 兩側(양측) :양쪽의 옆면 * 兩班(양반) :東班(文班)과 西班(武班) * 兩極(양극) :北極(陰極)과 南極(陽極) * 一擧兩得(일거양득)	<양견부담> 양쪽 어깨에 짊어지고서 가는데,
肩	月(肉) <어깨 견> ①어깨 ②어깨뼈 ③지다, 짊어지다 ④(무게를)견디다 ⑤맡다, 맡기다, 임용하다(任用)	* 比肩(비견) :어깨를 나란히 함. <比喩>낫고 못함이 없이 서로 비슷한 수준(水準) * 息肩(식견) :어깨를 쉬게 함. <比喩>무거운 책임(責任)을 벗음	
負	貝 <질 부> ①(짐을)지다, 짐, 업다 ②떠맡다 ③빚지다 ④(부상을)입다 ⑤저버리다 ⑥패하다(敗), 승부(勝負)에서 지는 일	* 負擔(부담) :①등에 짐을 짊어짐 ②어떤 일을 떠맡음 * 負債(부채) :남에게 빚을 짐 * 勝負(승부) :이김과 짐 * 負傷(부상) :몸에 상처(傷處)를 입음 * 抱負(포부) :마음속에 지닌 생각이나 계획(計劃)	
擔	扌(手) <멜 담> ①메다, 짊어지다, 짐, 화물(貨物) ③책임지다, 맡다, 떠맡다, 맡은 일 ④들다, 들어 올리다	* 擔當(담당) :어떤 일을 넘겨 맡음 * 擔保(담보) :맡아서 보관(保管)함 * 分擔(분담) :일을 나누어서 맡음 * 擔負之役(담부지역) :짐을 지는 일. 막벌이 일	

漢字	뜻	단어	풀이
渠	氵(水) <개천 거> ①개천(개골창 물이 흘러 나가도록 길게 판 내) ②도랑(매우 좁고 작은 개울), 해자(垓子) ③우두머리 ④크다	* 渠帥(거수) :악당(惡黨)의 우두머리 * 開渠(개거) :위를 덮지 않고 그대로 터놓아 둔 수로(水路) * 水到渠成(수도거성) :물이 흐르면 개천을 이룸. <比喩>학문(學問)을 열심히 하면 스스로 도(道)를 깨닫게 됨	<거로삽추> 개천에 해오라기는 물속의 잡어(雜魚)를 쪼아 먹고 있고,
鷺	鳥 <해오라기 로 / 백로 로> ①해오라기(왜가릿과의 새) ②백로(白鷺 :왜가릿과의 새의 統稱)	* 鷺質(노질) :둔하고 미련한 성질(性質) * 蒼鷺(창로) :해오라기 * 紫鷺(자로) :붉은왜가리. 왜가릿과의 새	
唼	口 <쪼아먹을 삽> ①쪼아먹다 ②(피를)바르다, 칠하다 ③헐뜯다(첩) ④마시다(잡) ⑤말이 많다(접)	* 唼喋(삽첩) :喋呷(첩합) 啑喋(잡첩) (의성어·의태어). ①삭삭 (물고기나 물새 떼가 먹이를 먹는 소리) ②벙긋벙긋 (물고기가 입을 여닫는 모양)	
鯫	魚 <송사리 추> ①송사리 ②돌잉어 ③소인(小人) ④따라지(보잘것없거나 하찮은 처지에 놓인 사람이나 물건을 속되게 이르는 말)	* 鯫生(추생) :작고 변변치 못한 사람이라는 뜻으로, 자기 자신(自己自身)을 겸손(謙遜)하게 이르는 말 * 鯫魚(추어) :멸치. 멸칫과의 바닷물고기 * 大鯫(대추) :정어리. 曾蘗魚 * 黃鯫(황추) :잉어	

漢字	뜻	단어	풀이
汀	氵(水) <물가 정> ①물가(물이 있는 곳의 가장자리) ②모래섬 ③작은 물줄기 ④흙탕물, 진창	* 汀岸(정안) :물가 * 汀渚(정저) :물가. 물기슭 * 汀洲(정주) :물이 얕고 흙이나 모래가 드러난 곳 * 蘆汀(노정) :갈대가 뒤덮인(우거진) 물가 * 沙汀(사정) :砂汀(사정). 바닷가의 모래톱	<정위소삽> 물가에 자라난 갈대에는 쓸쓸한 바람소리가 들리는데,
葦	++(艸·草) <갈대 위> ①갈대(볏과의 여러해살이풀) ②거룻배(돛이 없는 작은 배)	* 葦舌(위설) :경망하게 혀를 나불거려 말함. 또는 그 말 * 葦魚(위어) :웅어 * 葭葦(가위) :갈대 * 蘆葦(노위) :갈대 * 剖葦(부위) :개개비. 휘파람샛과의 새 * 翼葦(익위) :배(船)를 달리 이르는 말	
蕭	++(艸·草) <쓸쓸할 소 / 맑은대쑥 소> ①쓸쓸하다 ②(바람이) 불다 ③떨어지다 ④(말이) 울다 ⑤맑은대쑥(국화과의 여러해살이풀)	* 蕭寂(소적) :쓸쓸하고 호젓한 모양 * 蕭條(소조) :①분위기가 매우 쓸쓸함 ②고요하고 조용함 * 蕭牆之變(소장지변) :병풍(屛風) 사이의 변(變). <比喩>내부의 변란(變亂)이나 형제(兄弟) 간(間)의 싸움	
颯	立 <바람소리 삽> ①바람 소리, 바람 소리의 형용(形容) ②쇠잔한 모양, 시들다 ③어느덧 ④홀연히(忽然)	* 蕭颯(소삽) :①쓸쓸하다 ②바람이 차고 쓸쓸하다 ③가을바람이 서늘하다 ④초목이 마르다 * 颯拂(삽불) :옷자락 따위가 소리를 내면서 나부낌	

漢字	뜻	단어	풀이
江	氵(水) <강 강> ①강, 큰 내	* 江流(강류) :강물이 흘러감. 강물의 흐름. * 江山(강산) :①강과 산, 자연(自然) ②나라의 영토(領土) * 錦繡江山(금수강산) :비단(緋緞)에 수를 놓은 듯이 아름다운 산천(山川). 우리나라 강산(江山)을 이르는 말	<강류향해> 강물은 흘러서 바다를 향해 흘러간다.
流	氵(水) <흐를 류> ①흐르다 ②번져 퍼지다 ③전하다(傳) ④방랑하다(放浪), 떠돌다 ⑤귀양 보내다 ⑥사회 계층 ⑦갈래, 분파(分派)	* 流行(유행) :넓게 퍼지다. 널리 행해지다. 성행(盛行)하다 * 流通(유통) :세상(世上)에 널리 통용(通用)됨 * 交流(교류) :①서로 주고받음 ②서로 뒤섞이어 흐름 * 漂流(표류) :①물에 떠서 흘러감 ②정처 없이 돌아다님	
向	口 <향할 향> ①향하다(向), 방향(方向) ②바라보다, 대하다(對) ③나아가다, 길잡다	* 向上(향상) :위나 앞을 향(向)해 발전(發展)함 * 向後(향후) :뒤미처 오는 때나 자리, 이다음 * 動向(동향) :현상(現象)이 움직이는 방향(方向) * 方向(방향) :어떤 곳을 향한 쪽	
海	氵(水) <바다 해> ①바다, 바닷물 ②크다, 넓다 ③많이 모인 곳 ④물산(物産)이 풍부(豐富)한 모양	* 海洋(해양) :넓은 바다 * 海外(해외) :바다 밖의 다른 나라, 외국(外國) * 桑田碧海(상전벽해) :뽕나무밭이 변해서 푸른 바다가 됨. <比喩>세상이 몰라 볼 정도(程度)로 바뀐 것	

沿	氵(水) <물 따라 갈 연 / 따를 연> ①물을 따라가다 ②좇다, 따르다 ③가장자리, 언저리	* 沿岸(연안) :강이나 호수(湖水) 또는 바닷가를 따라서 잇닿아 있는 땅. 강물이나 바닷가의 일대(一帶) * 沿海(연해) :바닷가에 있는 일대(一帶)의 지방(地方) * 沿革(연혁) :변천(變遷)되어 온 내력(來歷), 지나온 경과(經過)	<연안사력> 바다에 연(沿)한 물가에는 모래와 조약돌이 있고,
岸	山 <언덕 안> ①언덕 ②낭떠러지 ③층계(層階), 계단(階段) ④높은 지위(地位), 높다, 뛰어나다	* 岸壁(안벽) :깎아지른 듯한 낭떠러지로 된 물가 * 海岸(해안) :바닷가의 언덕이나 기슭, 바닷가의 육지(陸地) * 岸壁(안벽) :깎아지른 듯한 물가의 해안(海岸) 절벽(絶壁) * 對岸之火(대안지화) :강 건너의 불, (轉)관심(關心)이 없음	
砂	石 <모래 사> ※ 沙(細碎散石)와 通 ①약명(藥名), 丹砂, 朱砂 ②모래(沙), 모래알, 모래땅 ②사막(沙漠·砂漠) ③물가 ④거칠다, 조잡하다(粗雜) ⑤(목이)쉬다	* 砂礫(사력) :沙礫(사력). 모래와 자갈 * 朱砂(주사) :약석(藥石) * 砂糖(사탕) :사탕수수나 사탕무를 원료로 하는 감미료(甘味料) * 砂漠(사막) :沙漠(사막). 모래나 자갈 따위로 뒤덮인 벌판 * 砂漏(사루) :沙漏(사루). 모래시계(時計), 시간(時間)을 재는 것	
礫	石 <조약돌 력> ①조약돌(작고 동글동글한 돌) ②자갈 ③모래 ④밝은 모양 ⑤뛰어나다(락)	* 礫塊(역괴) :자갈과 흙덩이. <比喩>아무 가치(價値)도 없는 물건(物件) * 瓦礫(와력) :깨어진 기와 조각, 또는 기와와 자갈. <比喩>하찮은 것을 비유(比喩·譬喩)	

沙	氵(水) <모래 사> ※ 砂(藥石)와 通 ①모래(細碎散石), 모래알, 모래땅 ②사막(沙漠·砂漠) ③물가 ④거칠다, 조잡하다(粗雜) ⑤(물에)일다, 선별하다(選別)	* 沙漠(사막) :砂漠(사막). 모래나 자갈 따위로 뒤덮인 벌판 * 沙果(사과) :砂果(사과). 사과(沙果·砂果)나무의 열매 * 沙器(사기) :砂器(사기) 백토로 구워 만든 그릇. 사기그릇 * 沙上樓閣(사상누각) :모래 위에 세운 다락집. 基礎不實	<사막탄평> 모래벌판은 넓고도 평평하여 넓게 트였는데,
漠	氵(水) <넓을 막 / 사막 막> ①넓다, 광막하다(廣漠) ②널리 펴다 ③쓸쓸하다 ④그윽하다, 조용하다 ⑤사막(沙漠 · 砂漠)	* 漠然(막연) :아득하여 분명(分明)하지 않은 모양(模樣) * 廣漠(광막) :넓고 아득함 * 漠然不知(막연부지) :막연(漠然)하여 알 수 없음 * 漠漠大海(막막대해) :茫茫大海(망망대해). 한없이 넓은 바다	
坦	土 <평탄할 탄 / 너그러울 탄> ①평탄하다(平坦), 평평하다(平平) ②편하다(便), 마음의 평정(平靜)을 얻다 ③꾸밈이 없다, 드러내다, 노출하다(露出)	* 坦坦(탄탄) :평평(平平)하고 넓음 * 坦坦大路(탄탄대로) * 坦平(탄평) :①넓고 편편함 ②근심거리가 없이 마음이 편함 * 順坦(순탄) :純坦(순탄). 아무 탈 없이 순조(順調)로움 * 虛心坦懷(허심탄회) :마음을 비우고 생각을 터놓음	
坪	土 <들 평 / 지적단위 평> ①들(편평하고 넓게 트인 땅) ②평평하다(平平) ③평(지적 단위)	* 坪坦(평탄) :平坦(평탄). 지면(地面)이 평평(平平)함 * 坪當(평당) :한 평에 대(對)한 율(率) * 建坪(건평) :건물(建物)이 차지한 바닥의 평수(坪數) * 看坪(간평) :도조(賭租)를 매기기 위해 작황(作況)을 살펴봄	

際	阝(阜) <가 제 / 즈음 제> ①가, 끝, 변두리 ②즈음, 때 ③사이 ④닿다 ⑤만나다 ⑥사귀다	* 際涯(제애) :끝닿는 곳. 광대(廣大)한 물의 맨 가 * 國際(국제) :나라와 나라 사이의 관계(關係) * 實際(실제) :현실(現實)의 경우(境遇)나 형편(形便) * 此際(차제) :때마침 주어진 이 기회(機會) * 一望無際	<제애묘망> 바닷가의 끝닿는 곳이 끝없이 넓어 아득하기만 하다.
涯	氵(水) <물가 애> ①물가(물이 있는 곳의 가장자리) ②끝, 한계(限界) ③근처(近處) ④어느 곳 ⑤단속하다(團束) ⑥가늠하다	* 生涯(생애) :살아 있는 한평생(一平生) 동안 * 涯限(애한) :限界(한계) * 天涯(천애) :하늘 끝. 먼 변방(邊方) * 天涯地角(천애지각) :하늘 끝과 땅의 귀퉁이. 멀리 떨어져 있음 * 茫無際涯(망무제애) :아득하게 넓고 멀어 끝이 없음	
淼	水 <물 아득할 묘> ①물이 아득하다 ②수면(水面)이 아득하게 넓다 ③넓은 물	* 淼茫(묘망) :강(江)이나 바다가 끝없이 넓어 아득함 * 淼漫(묘만) :강(江)이나 바다 따위가 끝없이 넓음 * 淼淼(묘묘) :바다 따위가 넓고 끝이 없어 아득함 * 浩淼(호묘) :浩渺(호묘). (수면이)한없이 넓고 아득하다	
茫	++(艸·草) <아득할 망> ①아득하다, 드넓다, 망망하다(茫茫 : 넓고 멀다) ②흐릿하다, 멍하다 ③갑자기 ④황홀하다(恍惚·慌惚)(황)	* 茫漠(망막) :흐리멍덩하고 똑똑하지 못한 상태(狀態), 아득함 * 茫茫(망망) :넓고 멀어 아득한 모양 * 茫茫大海(망망대해) * 滄茫(창망) :물이 푸르고 아득하게 넓은 모양(模樣) * 茫然自失(망연자실) :제 정신을 잃고 어리둥절한 모양	

潮	氵(水) <밀물 조 / 조수 조> ①밀물, 밀물이 들어오다 ②조수(潮水 :주기적으로 높아졌다 낮아졌다 하는 바닷물) ③(생각의)흐름 ④드러나다	* 潮夕(조석) :밀물과 썰물 * 潮水(조수) :해와 달, 특히 달의 인력(引力)에 의해 주기적으로 바닷물이 상승(上昇)하고 하강(下降)하는 작용 * 風潮(풍조) :①바람과 조수(潮水) ②시대에 따라 변하는 세태	<조석천저> 아침저녁으로 밀물(潮水)과 썰물(汐水)이 물가에 거듭해서 이르고,
汐	氵(水) <썰물 석 / 조수 석> ①간조(干潮), 썰물 ②조수(潮水 :주기적으로 높아졌다 낮아졌다 하는 바닷물) ③빠르다 (계)	* 海汐(해석) :저녁 조수(潮水). 저녁 무렵의 밀물이나 썰물 * 汐曇(석담) :썰물이 밀고 오는 물기로 인(因)하여 낀 구름 * 汐水(석수) :저녁때에 밀려들어왔다가 나가는 바닷물 * 潮汐水(조석수) :①밀물과 썰물 ②조수(潮水)	
洊	氵(水) <거듭 이를 천> ※ 荐과 同 ①이르다(어떤 장소나 시간에 닿다) ②거듭 오다(再至) ③연거푸 ④자주	* 洊雷(천뢰) :장자(長子)의 상속(相續) * 洊歲(천세) :몇 년이든 계속함 * 洊仍(천잉) :거듭하여 잇달음 * 洊疊(천첩) :거듭하여 겹침 * 洊至(천지) :①물이 사방에서 모임 ②재난(災難)이 잇달음	
渚	氵(水) <물가 저> ①물가(물이 있는 곳의 가장자리) ②모래섬 ③삼각주	* 汀渚(정저) :물가. 물기슭 * 沙渚(사저) :砂渚(사저). 모래톱 * 蘆渚(노저) :蘆汀(노정). 갈대가 뒤덮인(우거진) 물가	

漢字	뜻	용례	비고
浦	氵(水) <개 포 / 바닷가 포> ①개(강이나 내에 조수가 드나드는 곳) ②물가(물이 있는 곳의 가장자리) ③바닷가	* 浦漵(포서) :포구(浦口). 포(浦)와 서(漵)는 모두 개펄의 뜻 * 浦口(포구) :배가 드나드는 개의 어귀. 작은 항구(港口) * 成川浦落(성천포락) :논이나 밭이 냇물에 스쳐 떨어져 나감	<포서오녕> 포구(浦口)의 개펄은 진창으로 질퍽질퍽한데,
漵	氵(水) <갯벌 서> ①갯벌(바닷물이 드나드는 모래톱. 또는 그 주변의 넓은 땅)(澳浮) ②물가 ③포구(浦口)	* 漵浦(서포) :서수(漵水 :中國 湖南省 所在)의 물가	
洿	氵(水) <웅덩이 오> ①웅덩이 ②진흙, 진흙탕 ③파다, 우묵하게 하다	* 洿濘(오녕) :진창. 땅이 질어서 질퍽질퍽하게 된 곳 * 洿池(오지) :웅덩이. 못	
濘	氵(水) <진창 녕> ①진창(땅이 질어서 질퍽질퍽하게 된 곳) ②질척질척하다 ③얕은 내 ④흐름이 작은 모양 ⑤물이 끓는 모양	* 泥濘(이녕) :진창. 땅이 질어서 질퍽질퍽하게 된 곳 * 水濘(수녕) :수렁 ①곤죽이 된 진흙과 개흙이 물과 섞여 많이 괸 웅덩이 ②헤어나기 힘든 곤욕(困辱)을 비유(比喩)	

漢字	뜻	용례	비고
結	糸 <맺을 결> ①맺다, 묶다, 매다 ②엉기다 ③모으다 ④꾸미다, 짓다 ⑤다지다, 단단히 하다 ⑤엇걸리게 하다 ⑥굽히다	* 結果(결과) :①과일이 열매를 맺음 ②원인(原因)에 의한 결말 * 結局(결국) :일의 끝장 혹은 일의 귀결(歸結)되는 마당 * 凝結(응결) :한데 엉겨 뭉침 * 結草報恩(결초보은) :풀을 묶어서 은혜를 갚는다는 고사(故事)	<결정염질> 결정(結晶) 상태(狀態)로 굳어져 있는 것은 소금의 성분(成分)이다
晶	日 <맑을 정 / 수정 정> ①맑다, 깨끗하다 ②밝다, 빛나다 ③수정(水晶) ④결정(結晶)	* 結晶(결정) :①원자·분자·이온 등이 대칭적·주기적으로 규칙있게 배열돼 있는 다면체(多面體)의 고체(固體) ②애써 노력(努力)해 이룬 보람있는 결과(結果) * 液晶(액정) :액체(液體)와 결정(結晶)과의 중간 상태의 물질	
鹽	鹵 <소금 염> ①소금 ②자반 ③절이다	* 鹽分(염분) :소금기 * 賣鹽逢雨(매염봉우) :소금을 팔다가 비를 만남. <比喩> 일에 마(魔마)가 끼어서 되는 일이 없음	
質	貝 <바탕 질> ①바탕, 본질(本質) ②품질(品質) ③성질(性質), 품성(稟性) ④소박하다 ⑤저당물(抵當物), 저당잡히다(抵當)	* 質問(질문) :의문(疑問)이나 이유(理由)를 캐물음 * 質入(질입) :入質(입질). 돈을 빌리기 위해 물건을 맡김 * 物質(물질) :물건(物件)의 본바탕 * 人質(인질) :볼모 * 性質(성질) :본디부터 가지고 있는 마음의 바탕	

漢字	뜻	용례	비고
赴	走 <다다를 부> ①다다르다 ②나아가다, 향하여 가다 ③힘쓰다 ④알리다, 가서 알리다 ⑤부고하다(訃告 :사람의 죽음을 알림	* 赴古(부고) :사람이 죽은 것을 알리는 통지(通知) * 赴告(부고) :사람의 죽음을 알리는 일 * 赴任(부임) :임무(任務)를 받아 근무(勤務)할 곳으로 감 * 赴尊(부존) :副殿(부전). 불당(佛堂)을 맡아서 관리하는 사람	<부창조성> 선창(船艙)에 다다르니 비린내가 나는데,
艙	舟 <부두 창> ①부두(埠頭) ②선창(船艙) ③선실 ④갑판 밑	* 艙口(창구) :함선(艦船)의 화물창(貿物緖)에 실은 짐을 내리고 올리기 위해 상갑판(上甲板)에 마련한 개구(開口) * 船艙(선창) :물가에 배가 닿을 수 있도록 다리처럼 만들어 놓은 곳. 사람이나 짐을 싣고 부리게 되었음	
臊	月(肉) <누린내 조> ①누리다, 누린내가 나다 ②부끄러워하다 ③돼지 기름 ④개기름(얼굴에 번질번질한 기름)	* 臊腥(조성) :누린내, 비린내, 피 비린내 * 臊聲(조성) :나쁜 평판(評判). 나쁜 소문(所聞) * 臊臭(조취) :누린내. 짐승의 고기에서 나는 기름기의 냄새 * 狐臊氣(호조기) :겨드랑이의 고약한 냄새. 암내. 腋臭. 慍羝	
腥	月(肉) <비릴 성> ①비리다, 비린 내 ②누리다 ③더럽다, 추악하다(醜惡) ④돼지 군살 ⑤날고기, 비린내 나는 음식(飮食)	* 腥臊(성조) :비린내. 곧 상스러운 일 * 腥霧(성무) :비린내가 나는 안개 * 腥膻(성전) :비린내와 노린내 * 腥寒(성한) :얼린 고기 * 腥魚(성어) :비린 생선 * 腥肉(성육) :비린내 나는 날고기	

漢字	뜻	용례	비고
櫓	木 <노 로 / 방패 로> ①노(배를 젓는 막대기), 상앗대(배질을 할 때 쓰는 긴 막대) ②(큰)방패(防牌·旁牌) ③망루(望樓)	* 櫓歌(노가) :배를 부리는 사람이 노를 저어 가며 부르는 노래. 뱃노래 * 櫓棹(노도) :노와 상앗대 * 干櫓(간로) :防牌(방패). 창·칼·화살 등을 막는 무기(武器)	<노방현알> 노(櫓)를 가지고 배를 저어가니 뱃전에서 부딪치는 소리가 난다.
搒	扌(手) <배저을 방 / 매질할 방> ①배를 젓다 ②항해 중 쉬다, 휴식(休息) ③매질하다, 볼기를 치다 ④고문하다(拷問)	* 榜掠(방략) :죄인(罪人)을 매질하여 고문(拷問)함, 볼기를 침 * 搒人(방인) :榜人(방인). 뱃사공(舟子) * 搒捶(방추) :搒笞(방태). 죄인(罪人)을 매질하다	
舷	舟 <뱃전 현> ①뱃전(배의 양쪽 가장자리 부분)	* 舷頭(현두) :뱃머리. 배의 앞 끝 * 舷側(현측) :뱃전 * 舷窓(현창) :배의 현측(舷側)에 낸 창문(窓門) * 船舷(선현) :뱃전. 배의 양쪽 가장자리 부분(部分) * 船梢舷(선초현) :뱃전	
軋	車 <삐걱거릴 알> ①삐걱거리다 ②형벌(刑罰)의 이름. 軋刑(알형)	* 軋轢(알력) :①수레바퀴의 삐걱거림 ②의견(意見)이 서로 충돌(衝突)됨 * 軋刑(알형) :수레바퀴 밑에 깔아 죽이던 고대 형벌의 하나 * 斥軋(척알) :서로 배척하여 티격태격함	

한자	훈음·뜻	용례	풀이
寄	宀 <부칠 기> ①부치다, 보내다 ②주다 ③맡기다, 위임(委任) ④의지하다(依支) ⑤빌리다 ⑥붙여 살다, 임시로 얹혀살다	* 寄港(기항) :선박(船舶)이 중간(中間) 항구(港口)에 들름 * 寄宿(기숙) :남의 집에서 먹고 자고 함 * 寄與(기여) :도움이 되는 구실을 하는 것. 이바지 * 寄贈(기증) :금품(金品)이나 물품(物品) 등을 타인에게 줌	
港	氵(水) <항구 항> ①항구(港口) ②뱃길 ③강어귀(江 :강물이 바다로 흘러가는 어귀)	* 港口(항구) :해안(海岸)에 배를 댈 수 있게 한 시설(施設) * 港灣(항만) :배가 정박(碇泊)하고, 승객(乘客)이나 화물(貨物) 따위를 싣거나 부릴 수 있도록 한 구역(區域) * 空港(공항) :항공기(航空機)가 뜨고 내리는 곳	<기항정박> 항해(航海)하던 배가 항구(港口)에 들러서 닻을 내리고 머무니
碇	石 <닻 정> ①닻(배를 멈추어 있게 하는 갈고리가 달린 기구) ②닻을 내리다 ③배가 멈추다	* 碇泊(정박) :배가 닻을 내리고 머무름 * 碇索(정삭) :碇乼(정줄). 닻줄 * 碇住(정주) :배가 닻을 내리고 머무름 * 留碇(유정) :배가 머물러 닻을 내림	
泊	氵(水) <머무를 박 / 배댈 박> ①머무르다, 묵다 ②(배를)대다 ③담백하다(淡白) ④조용하다 ⑤머무는 곳, 여관(旅館), 여인숙(旅人宿)	* 憩泊(게박) :쉬려고 머무름 * 宿泊(숙박) :여관(旅館)에 들어 밤을 자고 머무름 * 漂泊(표박) :①풍랑(風浪)을 만난 배가 정처 없이 물 위에 떠돎 ②정처(定處) 없이 떠돌며 삶. 표우(漂寓)	

한자	훈음·뜻	용례	풀이
埠	土 <부두 부> ①부두(埠頭) ②선창(船艙)	* 埠頭(부두) :항만(港灣) 안에 있는 육안(陸岸)의 일부(一部)를 바다 가운데로 연장(延長)하여 물 위까지 돌을 쌓아 방죽같이 만든 선창(船艙) * 船埠(선부) :나루터	
艤	舟 <배댈 의> ①배 대다, 정박하다(碇泊·渟泊) ②배가 떠날 준비(準備)를 갖추다 ③거룻배(돛이 없는 작은 배)(차)	* 艤舟(의주) :배가 떠날 준비(準備)를 함, 또는 그 배 * 艤裝(의장) :배가 진수(進水)한 다음, 항해(航海)할 수 있도록 설치(設置)한 모든 장비(裝備) * 艤裝品(의장품) :배 안에 꾸려 놓은 물품(物品)	<부의도열> 부두(埠頭)에는 배(船舶)를 대고 죽 늘어섰다.
堵	土 <담장 도> ①담, 담장(牆) ②거처(居處), 담의 안 ③악기(樂器)를 다는 틀 ④이것, 저것 ⑤막다, 틀어막다 ⑥편안(便安)히 살다	* 堵列(도열) :사람들이 대열(隊列)을 지어 죽 늘어섬. 대개 왕(王)을 배알(拜謁)하거나 고위관리(高位官吏)를 영접(迎接)할 때 갖추는 행렬(行列) * 安堵(안도) :①사는 곳에서 평안(平安)히 지냄 ②마음을 놓음	
列	刂(刀) <벌일 렬> ①벌이다, 진열하다(陳列) ②늘어서다, 줄짓다, 행렬(行列) ③순서(順序)를 매기다, 등급(等級), 반열(班列), 석차(席次)	* 陳列(진열) :물건(物件) 따위를 보이기 위해 죽 벌려놓음 * 隊列(대열) :무리를 지어 죽 늘어선 행렬(行列) * 行列(행렬) :여럿이 벌이어 줄서서 감. 또는 그 줄 * 辰宿列張(진수열장) :성좌(星座)가 하늘에 벌려져 있음	

한자	훈음·뜻	용례	풀이
艦	舟 <큰배 함> ①큰 배, 선박(船舶) ②싸움배(강이나 바다에서 싸우기 위하여 만든 배), 군함(軍艦)	* 艦艇(함정) :군사용(軍事用) 배를 통칭(統稱)하는 말. 군함(軍艦)·구축함(驅逐艦)·어뢰정(魚雷艇)·소해정(掃海艇) 등 * 軍艦(군함) :전투용(戰鬪用) 무장(武裝)된 배의 총칭(總稱)	
艇	舟 <거룻배 정> ①배, 작은 배 ②거룻배(돛이 없는 작은 배)	* 艇身(정신) :보트(boat)의 길이 * 短艇(단정) :보트. 보통 함상(艦上)에 올려 실을 수 있는 경량(輕量)의 작은 주정(舟艇) * 舟艇(주정) :소형(小型)의 배. 보트(boat)	<함정신속> 함정(艦艇 :軍艦)은 몹시 빠르게 가는데,
迅	辶(辵) <빠를 신> ①빠르다 ②신속하다(迅速) ③뛰어넘다	* 迅速(신속) :날쌔고 빠름. 급속(急速)하다. 재빠르다. 날래다 * 迅走(신주) :疾走(질주). 빨리 달림 * 迅雷(신뢰) :몹시 맹렬(猛烈)한 우레 * 疾風迅雷(질풍신뢰) :사납게 부는 바람과 빠른 번개	
速	辶(辵) <빠를 속> ①빠르다, 빨리 하다 ②빨리, 자주 ③이루다, 되다, 도래하다(到來)	* 速度(속도) :움직이는 사물(事物)의 빠르기, 빠른 정도(程度) * 早速(조속) :매우 이르고도 빠름 * 拙速(졸속) :서투르지만 빠르다는 뜻으로, 지나치게 서두름 * 欲速不達(욕속부달) :빨리 하고자 하면 이루지 못함	

한자	훈음·뜻	용례	풀이
船	舟 <배 선> ①배, 선박(船舶) ②배로 실어 나르다 ③술잔(盞)	* 船舶(선박) :물 위를 다니는 배. 상당(相當)히 큰 규모(規模)로 만들어진 배를 가리킴 * 船員(선원) :선박(船舶)의 승무원(乘務員) * 漁船(어선) :고기잡이 하는 배	
舶	舟 <배 박> ①배, 선박(船舶) ②옷깃	* 舶來(박래) :딴 나라로부터 물건(物件)이 배에 실리어 옴 * 大舶(대박) :①큰 배. 대선(大船) ②큰 물건(物件)이나 이득(利得)을 비유(比喩·譬喩) * 市舶(시박) :장사하는 배	<선박완간> 선박(船舶 :一般의 배)은 느리게 뒤를 쫓고 있다.
緩	糸 <느릴 완> ①느리다 ②느슨하다 ③늦추다 ④부드럽다 ⑤너그럽다	* 緩急(완급) :①느려짐과 바쁨 ②요긴(要緊)함과 덜 요긴함 * 緩慢(완만) :①행동(行動)이 느림 ②경사(傾斜)가 급하지 않음 * 緩和(완화) :급박(急迫)하거나 긴장(緊張)된 상태를 느슨케 함 * 弛緩(이완) :느즈러짐, 또는 풀려 늦추어짐	
赶	走 <좇을 간> ①좇다 ②뒤따르다 ③다그치다 ④탑승하다(搭乘) ⑤도착하다(到着)	* 赶過(간과) :<中語>추월하다. 따라가 앞지르다. 赶過去 * 赶上(간상) :<中語>①따라잡다 ②시간에 대다 ③만나다 * 赶做(간주) :<中語>서둘러서 하다. 급히 만들다 * 赶着(간착) :<中語>①뒤좇아서 ②마침 ~때이다 ③서둘러서	

颱	風 <태풍 태> ①태풍 ②몹시 부는 바람	* 颱風(태풍) :폭풍(暴風) 또는 싹쓸바람을 통속적(通俗的)으로 이르는 말 * 颱風眼(태풍안) :태풍의 눈	
渦	氵(水) <소용돌이 와> ①소용돌이, 소용돌이치다 ②보조개	* 渦流(와류) :소용돌이치면서 흐르는 물 * 渦線(와선) :나선(螺線)의 옛 이름 * 渦旋(와선) :소용돌이침 * 渦中(와중) :①소용돌이 한가운데 ②분란한 사건의 가운데	<태와노도>
怒	心 <성낼 노> ①성내다, 화내다(火), 성, 화 ②꾸짖다, 나무라다 ③세차다, 기세(氣勢)가 오르다 ④힘쓰다, 떨쳐 일어나다	* 怒濤(노도) :무섭게 밀려오는 큰 파도(波濤) * 怒氣(노기) :노여운 기색(氣色) * 憤怒(분노) :忿怒(분노). 분(憤)하여 성을 냄 * 喜怒哀樂(희로애락) :기쁨과 노여움, 슬픔과 즐거움. 感情	태풍(颱風)이 소용돌이치니 성난 파도(波濤)가 일어나며
濤	氵(水) <물결 도> ①물결, 물결치다, 물결이 일다 ②(쌀을)씻다 ③비추다, 두루 비추다 ④조수(潮水)(주)	* 濤灣(도만) :파도(波濤)가 이는 포구(浦口) * 鯨濤(경도) :驚濤(경도). 고래 같은 파도(波濤)라는 뜻으로, 큰 물결이나 파도(波濤)를 비유(比喩·譬喩)함 * 波濤(파도) :큰 물결 * 風濤(풍도) :바람과 큰 물결	

滄	氵(水) <큰바다 창 / 찰 창> ①큰 바다 ②검푸르다 ③차다, 싸늘하다	* 滄波(창파) :滄浪(창랑). 넓고 큰 바다의 맑고 푸른 물결 * 滄海(창해) :①넓고 큰 바다. 대해(大海) ②푸른 바다 * 滄海一粟(창해일속) :큰 바다에 던져진 좁쌀 한 톨. <比喩> ①보잘 것 없는 존재 ②인간이란 존재의 허무	
波	氵(水) <물결 파> ①물결, 물결이 일다 ②진동(振動)하는 결 ③흐름, 수류(水流) ④요동하다(搖動)	* 波動(파동) :물결의 움직임 * 波浪(파랑) :작은 물결과 큰 물결 * 波瀾(파란) :①작은 물결과 큰 물결 ②여러 가지 사건(事件) * 波紋(파문) :波輪(파륜). 수면(水面)에 이는 잔물결 * 波長(파장) :파동(波動)의 거리(距離) * 波瀾萬丈(파란만장)	<창파팽배>
澎	氵(水) <물소리 팽> ①물소리, 물결이 서로 부딪치는 소리 ②물결치다 ③부풀어 오르다, 팽창하다(膨脹)	* 澎滂(팽방) :물이 콸콸 흐름 * 澎融性(팽융성) :체적(體積)이 늘면서 녹는 성질(性質)	푸른 물결이 서로 부딪쳐서 솟구치는데,
湃	氵(水) <물결칠 배> ①물결치다 ②물결이 이는 모양 ③물결 소리	* 澎湃(팽배) :①큰 물결이 서로 부딪쳐 솟구치는 것 ②끓어 넘치다. 들끓다 ③(氣勢나 思潮 따위가) 맹렬(猛烈)한 기세(氣勢)로 일어나는 것	

鮫	魚 <상어 교> ①상어(악상어목의 바닷물고기 총칭) ②물속에 산다는 괴상(怪常)한 사람	* 鮫人(교인) :人魚(인어) * 鮫函(교함) :상어 가죽으로 만든 갑옷(甲) * 鮫絹(교견) :아주 곱고 얇게 짠 비단 * 鮫燈(교등) :상어의 기름으로 불을 켜는 등	
掉	扌(手) <흔들 도> ①흔들다, 움직이게 하다 ②흔들리다, 요동하다(搖動) ③바로잡다, 정돈하다(整頓) ④떨치다	* 掉尾(도미) :①꼬리를 흔듦 ②끝판에 더욱 세게 활약(活躍)함 * 尾掉(미도) :尾大難掉(미대난도) * 尾大難掉(미대난도) :꼬리가 커서 흔들기 어려움. <比喩>일의 끝이 크게 벌어져서 처리하기 어려움	<교도둔기>
臀	月(肉) <볼기 둔> ①볼기(허벅다리 위의 양쪽으로 살이 불룩한 부분) ②궁둥이(볼기의 아랫부분) ③밑(바닥)	* 臀鰭(둔기) :물고기의 뒷지느러미 * 臀部(둔부) :엉덩이 * 臀腫(둔종) :볼기짝이나 그 근처(近處)에 나는 종기(腫氣) * 挑臀(도둔) :말안장에 까는 방석. 가죽 자루에 짐승의 털을 넣어 만든다	상어는 꼬리지느러미를 흔들며 지나가고,
鰭	魚 <지느러미 기> ①지느러미 ②등지느러미 ③참다랑어(고등어과의 바닷물고기) ④물고기 젓	* 鰭條(기조) :물고기의 지느러미를 이루고 그 뼈가 되는 줄기 * 脊鰭(척기) :등지느러미. 물고기의 등에 있는 지느러미 * 對鰭(대기) :가슴지느러미, 배지느러미 등(等)과 같이 몸 양쪽에 있어서 쌍을 이루는 지느러미	

鯨	魚 <고래 경> ①고래(고래목의 동물을 통틀어 이르는 말) ②고래의 수컷 ③들다, 쳐들다	* 鯨濤(경도) :고래 같은 파도(波濤)란 뜻으로, 큰 파도(波濤) * 鯨浪(경랑) :큰 파도(波濤) * 捕鯨(포경) :고래잡이 * 鯨戰蝦死(경전하사) :고래 싸움에 새우가 죽는다는 속담(俗談)으로, 강자(強者) 싸움에 약자(弱者)가 화(禍)를 입음	
濆	氵(水) <뿜을 분> ①뿜다 ②솟다, 솟아나오다 ③물가(물이 있는 곳의 가장자리) ④물이 서로 휘감기며 흐르는 모양	* 濆水(분수) :힘 있게 솟아오르는 물 * 濆泉(분천) :힘 있게 솟아오르는 샘 * 汀濆(정분) :汀渚(정저). 물가, 물기슭	<경분영수>
瀛	氵(水) <바다 영> ①바다 ②늪(땅바닥이 우묵하게 뭉떵 빠지고 늘 물이 괴어 있는 곳) ③신선(神仙)이 사는 섬	* 瀛州(영주) :봉래산(蓬萊山)·방장산(方丈山)과 더불어 삼신산(三神山)의 하나로 중국(中國)의 진시황(秦始皇)과 한무제(漢武帝)가 불사약(不死藥)을 구하러 사신(使臣)을 보냈다는 선경(仙境). 제주도(濟州島)를 말함	고래는 물을 뿜어내며 바다에서 헤엄을 치고 있다.
泅	氵(水) <헤엄칠 수> ①헤엄치다	* 善攀者落 善泅者溺(선반자락 선수자닉) :나무에 잘 오르는 놈이 떨어지고 헤엄 잘 치는 놈이 빠져 죽는다 * 相門豪奴 死不狗泅(상문호노 사불구수) :정승 집 종은 물에 빠져 죽을지언정 개헤엄은 안 친다	

한자	뜻	용례	풀이
郊	阝(邑) <들 교> ①들, 야외(野外) ②성(城) 밖 ③근교(近郊) ④시골 ⑤국경(國境), 끝 ⑥교사(郊祀 :天地의 祭祀)를 지내다	* 郊村(교촌) :도시 근처에서 농업(農業)을 주로 하는 마을 * 郊外(교외) :도시(都市) 둘레의 들. 들 밖 * 近郊(근교) :도시(都市)에 가까운 주변(周邊) * 春郊(춘교) :①봄철의 경치(景致) ②좋은 들	<교촌누항> 도시(都市) 근처(近處)에서 농사(農事)를 짓는 누추하고 좁은 마을이 있어
村	木 <마을 촌> ①마을 ②시골 ③촌스럽다 ④꾸밈이 없다 ⑤야비하다(野鄙·野卑 :성질이나 행동이 야하고 천하다) ⑥농막(農幕)	* 村落(촌락) :마을, 촌(村)에 이루어진 부락(部落). 생활(生活)에 따라 농촌(農村)·어촌(漁村)·산촌(山村)·강촌(江村)·광산촌(鑛山村) 등(等)으로 구분 * 窮村僻地(궁촌벽지) :가난한 마을과 궁벽(窮僻)한 땅	
陋	阝(阜) <더러울 루> ①더럽다, 천하다(賤) ②못생기다, 추하다(醜) ③(신분이)낮다 ④궁벽하다(窮僻) ⑤좁다, 협소하다(狹小)	* 陋巷(누항) :누추(陋醜)하고 좁은 마을. 좁은 골목. 뒷골목 * 陋名(누명) :억울(抑鬱)하게 뒤집어쓴 불명예(不名譽) * 陋醜(누추) :더럽고 못났음 * 固陋(고루) :완고(頑固)하고 식견(識見)이 없음	
巷	己 <거리 항> ※ 衖과 同字 ①거리, 시가(市街) ②마을, 동네 ③집, 주택(住宅) ④문밖 ⑤복도(複道) ⑥궁궐(宮闕) 안의 통로(通路)나 複道	* 巷間(항간) :일반 사람들 사이 * 里巷(이항) :마을과 거리 * 巷談(항담) :동네에서 뭇 사람들이 지껄여 옮기는 말 * 閭巷(여항) :閭閻(여염) ①마을 입구의 문 ②평민이 살던 곳 * 街談巷說(가담항설) :세상(世上)에 떠도는 뜬 소문(所聞)	

한자	뜻	용례	풀이
半	十 <반 반> ①반, 절반(折半) ②똑같이 둘로 나누다, 반쪽을 내다 ③가운데 ④한창, 절정 ⑤반신불수(半身不隨)	* 半期(반기) :①어떤 기간의 절반(折半) ②한 해의 반(半) * 半百(반백) :백의 절반(折半), 또는 백 살의 절반(折半) * 半熟(반숙) :①곡식(穀食)이 반(半)쯤 익음 ②반쯤 익힘 * 折半(절반) :一半(일반). 하나를 둘로 똑같이 나눔. 반(半)	<반리여염> 반리(半里)의 민가(民家)가 모여 있는 작은 마을에 <넓이가 半里 밖에 되지 않는 작은 마을에>
里	里 <마을 리 / 거리단위 리> ①마을 ②고향(故鄕) ③이웃, 인근 ④리(거리를 재는 단위) ⑤리(행정 구역 단위)	* 里落(이락) :①마을 ②촌락(村落) ③촌리(村里) * 洞里(동리) :마을 * 村里(촌리) :村落(촌락). 마을 * 鄕里(향리) :舊里(구리). ①고향(故鄕)의 마을 ②시골의 마을 * 五里霧中(오리무중) :5里나 안개 속에 있음. 상황을 모름	
閭	門 <이문 려 / 마을 려> ①이문(里門: 동네의 어귀에 세운 문) ②마을	* 閭閻(여염) :閭巷(여항). ①마을 입구의 문 ②일반 민가가 모여 있는 곳 ③시골에 사는 가문이 낮은 천한 사람 * 閭巷(여항) : 閭閻(여염) * 比閭(비려) :마을. 동네 * 倚閭(의려) :어머니가 동구 밖에서 자녀가 돌아오기를 기다림	
閻	門 <마을 염> ①마을 ②이문(里門, 동네의 어귀에 세운 문) ③마을 안의 문 ④거리, 한길	* 閻羅(염라) :閻羅大王(염라대왕). 저승에서, 지옥(地獄)에 떨어지는 사람이 지은 생전(生前)의 선악(善惡)을 심판(審判)하는 왕(王) * 閻王(염왕) :염라대왕(閻羅大王)	

한자	뜻	용례	풀이
湖	氵(水) <호수 호> ①호수(湖水), 큰 못	* 湖畔(호반) :호숫가. 호수(湖水)의 언저리 * 湖水(호수) :큰 못. 육지가 우묵하게 패어 물이 괸 곳 * 江湖(강호) :①강과 호수(湖水) ②자연(自然), 넓은 세상(世上) ③벼슬을 아니한 자가 숨어사는 곳	<호반부구> 호숫가에는 물오리와 갈매기가 있는데,
畔	田 <밭두둑 반> ①밭두둑, 밭두렁(밭이랑의 두둑한 부분)(坢) ②지경(地境 :땅의 가장자리, 경계) ③물가(물이 있는 곳의 가장자리)	* 河畔(하반) :강 가. 강 언덕 * 岸畔(안반) :바다기슭이나 강기슭의 가. 부둣가(埠頭) * 茫無涯畔(망무애반) :아득하게 넓고 멀어 끝이 없음	
鳧	鳥 <오리 부> ①오리(오릿과의 새) ②물오리(오릿과의 새) ③들오리(오릿과의 새)	* 鳧鐘(부종) :①종(鐘)을 달리 이르는 말 ②중국(中國)의 옛 전설(傳說)에 부씨(鳧氏)가 만들었다고 하는 종(鐘) * 野鳧(야부) :물오리 * 沈鳧(침부) :①물오리 ②상오리 * 舒鳧(서부) :집오리. 오릿과의 새	
鷗	鳥 <갈매구 구> ①갈매기(갈매깃과의 새) ②물새	* 鷗鷺(구로) :갈매기와 해오라기 * 白鷗(백구) :흰 갈매기. 갈매기과에 딸린 물새	

한자	뜻	용례	풀이
恬	忄(心) <편안할 념> ①편안하다(便安), 안일하다(安逸) ②평온하다(平穩) ③담담하다(淡淡) ④고요하다(조용하고 잠잠하다)	* 恬淡(염담) :욕심(慾心)이 없고 담백(淡白)함 * 恬雅(염아) :욕심이 없이 마음이 화평하고 단아(端雅)함 * 恬安(염안) :조용함 * 恬靜(염정) :安靜(안정) * 無慾恬淡(무욕염담) :욕심 없이 마음이 깨끗하고 담담(淡淡)함	<염압희을> 평온(平穩)한 오리는 마치 을(乙)字와 비슷한 모양으로 떠있고,
鴨	鳥 <오리 압> ①오리(오릿과의 새) ②집오리(오릿과의 새) ③여종, 하비(下婢)	* 野鴨(야압) :물오리 * 油鴨(유압) :논병아릿과의 철새 * 打鴨驚鴛鴦(타압경원앙) :물오리를 쳐서 잡으려다가 원앙새를 놀라게 함. <比喩>한 사람을 잘못 벌(罰)하여 뭇사람을 놀라게 함	
俙	亻(人) <비슷할 희> ①비슷하다 ②희미하다(稀微) ③어슴푸레하다 ④송사하다(訟事)(해)	* 俙然(희연) :감동(感動)하는 모양 * 僾俙(애희) :仿佛(방불). 비슷하다, 어렴풋이 보이다 * 依俙(의희) :안개 같은 것에 잠겨 희미(稀微)하게 어슴푸레 해진 모양	
乙	乙 <새 을 / 둘째천간 을> ①새 ②제비(제빗과의 새) ③둘째 ④둘째 천간(天干) ⑤아무	* 甲男乙女(갑남을녀) :갑(甲)이란 남자와 을(乙)이란 여자. <比喩>신분이나 이름 모를 평범(平凡)한 사람들 * 甲論乙駁(갑론을박) :갑이 논(論)하면 을이 논박(論駁)함. <比喩>서로 논란(論難)하고 반박(反駁)함	

沓	水 <겹칠 답> ①겹치다, 중첩하다(重疊) ②합하다(合), 합치다(合) ③탐하다(貪) ④끓다, 솟구치다 ⑤(북을)치다 ⑥수다스럽다	* 沓雜(답잡) :혼잡(混雜)한 것, 혼잡(混雜)한 모양 * 悶沓(민답) :悶鬱(민울). 안타깝고 가슴이 답답함 * 悶悶沓沓(민민답답) :매우 민답(悶沓)함	<답음침담> 중첩(重疊)되어 겹쳐진 산봉우리들이 연못에 빠져 있다.
崟	山 <험준할 음 / 산봉우리 음> ①험준하다(險峻) ②산(山)이 높고 가파른 모양 ③높다 ④산봉우리 ⑤수효(數爻)가 많은 모양	* 嶔崟(금음) :산이 우뚝 솟아 있음 * 崎崟(기음) :험악(險惡)한 산봉우리 * 崖崟(애음) :가파른 산(山). 높고 험한 산(山) * 岑崟(잠음) :높고 가파른 산봉우리	
浸	氵(水) <잠길 침> ①잠기다 ②담그다, (물에)적시다 ③스며들다, 젖게 하다, 씻다, 헹구다 ④번지다, 점점, 차츰 ⑤연못	* 浸水(침수) :沈水(침수). 물이 스며들다 * 浸蝕(침식) :빗물이나 냇물·바람 등이 땅이나 암석(巖石) 등(等)의 지반(地盤)을 깎는 작용(作用) * 浸透(침투) :어떤 곳에 몰래 숨어 들어감	
潭	氵(水) <못 담> ①못(물이 괸 깊은 곳) ②소(沼 :늪), 웅덩이 ③깊다 ④물가(심), 강가(江)(심)	* 潭上(담상) :연못가. 늪가. 늪이나 못의 둘레 * 潭府(담부) :①심연(深淵) ②귀댁(貴宅). 귀가(貴家) * 潭心(담심) :①깊은 못의 중심(中心) ②깊은 못의 바닥 * 潭思(담사) :깊이 생각함 * 潭壑(담학) :깊은 골짜기	

亭	亠 <정자 정> ①정자(亭子) ②역마을 ③초소(哨所) ④여인숙(旅人宿), 주막집(酒幕) ⑤기르다, 양육하다(養育)	* 亭榭(정사) :亭子(정자). 亭閣(정각). 경치(景致)가 좋은 곳에 놀거나 쉬기 위하여 지은 집 * 亭舍(정사) :풍치 좋은 곳에 거처(居處)하는 정자(亭子) 모양의 집 * 亭育(정육) :亭毒(정독). 양육(養育)함 * 客亭(객정) :旅館(여관)	<정사양류> 정자(亭子)에는 수양버들이 있고,
榭	木 <정자 사> ①정자(亭子) ②사당(祠堂) ③곳집(곳간(庫間)으로 지은 집) ④사정(射亭: 講武하는 곳)	* 廣榭(광사) :넓고 큰 누각(樓閣) * 樓榭(누사) :다락 또는 다락과 전망대(展望臺) * 臺榭(대사) :둘레를 내려다보기 위해 크고 높게 세운 누각(樓閣)이나 정각(亭閣) 따위	
楊	木 <버들 양> ①버들, 버드나무 ②갯버들	* 楊柳(양류) :버드나무과에 딸린 갈잎큰키나무. 높이는 10m 이상 자람. 이것을 '버들개지'라 함 ①백양나무와 버드나무 ②버드나무(柳树) ③수양버들의 옛 이름.	
柳	木 <버들 류> ①버들, 버드나무 ②상여(喪輿)의 장식(裝飾), 관(棺)의 장식(裝飾)	* 柳絮之才(유서지재) :여자(女子)의 글재주를 기리는 말 * 路柳墻花(노류장화) :길 가의 버들과 담 밑의 꽃은 누구든지 쉽게 만지고 꺾을 수 있다는 뜻으로, 기생(妓生)을 의미(意味)함	

檉	木 <위성류 정 / 능수버들 정> ①위성류(渭城柳 :위성류과의 낙엽 활엽 교목) ②능수버들(버드나뭇과의 낙엽 활엽 교목)	* 檉柳(정류) :능수버들 * 其檉其椐(기정기거) :<詩經>버드나무와 느티나무	<정청앵제> 능수버들 우거진 곳에서 꾀꼬리의 울음소리가 들려온다.
菁	艹(艸·草) <우거질 청 / 순무 정> ①우거지다 ②화려하다(華麗)(정) ③순무(십자화과의 한해살이풀 또는 두해살이풀)(정) ④부추의 꽃(정)	* 菁華(정화) :精華(정화). ①오장의 정기(精氣) ②물건(物件) 속의 순수(純粹)한 부분(部分) ③뛰어나게 우수(優秀)함 ④광채(光彩) * 菁根菜(청근채) :무나물	
鶯	鳥 <꾀꼬리 앵> ①꾀꼬리(까마귓과의 새) ②휘파람새 ③무늬 ④아름다운 모양 ⑤깃이 아름답다	* 鶯啼(앵제) :꾀꼬리의 울음 * 鶯舌(앵설) :꾀꼬리의 혀, 곧 꾀꼬리의 울음소리를 뜻함 * 老鶯(노앵) :晩鶯(만앵). 늦은 봄에 우는 꾀꼬리 * 黃鶯(황앵) :꾀꼬리	
啼	口 <울 제> ①울다 ②소리내어 울다 ③눈물 ④(새나 짐승이)울부짖다	* 啼哭(제곡) :큰 소리로 욺 * 啼聲(제성) :(동물(動物)의)울음소리 * 啼鳥(제조) :우는 새. 또는 새의 울음소리 * 啼血(제혈) :피를 토하며 욺	

丘	一 <언덕 구> ①언덕, 구릉, 뫼 ②무덤, 분묘(墳墓) ③마을, 촌락(村落) ④맏이 ⑤종(從), 하인(下人) ⑥폐허(廢墟)	* 丘陵(구릉) :언덕, 나직한 산(山) * 蓬丘(봉구) :蓬萊山 * 三丘(삼구) :삼신산(三神山)을 달리 일컫는 말 * 首丘初心(수구초심) :여우는 죽을 때 구릉을 향해 머리를 두고 초심으로 돌아간다는 뜻, 근본을 잊지 않음	<구릉피타> 언덕은 비탈져 있는데,
陵	阝(阜) <언덕 릉> ①큰 언덕 ②능, 무덤 ③넘다, 오르다 ④불리다, 물에 담그다	* 陵園(능원) :왕(王)이나 왕비(王妃)의 무덤인 능(陵)과 왕세자(王世子) 등의 무덤인 원(園). 곧, 왕족의 무덤 * 陵谷之變(능곡지변) :언덕이 변해 깊은 골짜기가 되고 골짜기가 언덕으로 변함. 세상 일이 극심하게 뒤바뀜	
陂	阝(阜) <비탈 피 / 방죽 피> ①비탈(기울어진 상태나 정도), 비탈지다, 치우치다 ②방죽(물이 밀려들어 오는 것을 막기 위해 쌓은 둑) ③못, 연못	* 陂陀(피타) :①땅이 비탈져서 비스듬함. 평탄치 못하다. ②험하다. ③순조롭지 못하다 * 陂倚(피의) :한쪽 다리는 들고 한쪽 다리만으로 서서 몸을 다른 것에 기댐	
陀	阝(阜) <비탈질 타 / 사타 타> ①비탈지다, 벼랑, 산등성이 ②험하다(險) ③무너지다 ④사타(沙陀)의 준말	* 沙陀(사타) :6세기말(世紀末) 이래(以來) 터키(turkey)계 유목민(遊牧民)의 부족(部族) 이름. 사타족(沙陀族) * 陀以(타이) :(中語) 投資約定書 (영어 TOI의 音譯)	

한자	훈음	용례	풀이
墾	土 <개간할 간> ①개간하다(開墾) ②따비질하다(돌이 많은 밭을 맬 때 사용하는 농기구를 쓰다) ③김매다(논밭의 잡풀을 뽑아내다)	* 墾鑿(간착) :황무지(荒蕪地)를 개간(開墾)하며 도랑을 팜 * 開墾(개간) :버려져 있던 거친 땅을 처음으로 일구어 논밭을 만드는 것 * 未墾地(미간지) :未開墾地(미개간지)	<간전구획> 화전(火田)을 일궈서 경계(境界)를 정(定)해 놓았고,
畑	田 <화전 전> ①화전(火田) ②밭(田) :日字		
區	匚 <구분할 구 / 지경 구> ①구분하다(區分) ②나누다 ③구역(區域) ④지경(地境 :땅의 가장자리, 경계) ⑤구별(區別) ⑥구구하다(區區 :구차하다)	* 區劃(구획) :경계(境界)를 갈라 정(定)함. 토지(土地)나 장소(場所)를 구별(區別)하여 획정(劃定)함. * 區分(구분) :①따로따로 갈라 나눔 ②한 구역(區域)씩 나눔 * 區域(구역) :일정한 기준으로 갈라놓은 지역이나 범위	
劃	刂(刀) <그을 획> ①긋다, 구획하다(區劃) ②쪼개다 ③(칼로 잘라)나누다 ④구별하다(區別) ⑤계획하다(計劃), 꾀하다 ⑥열다	* 計劃(계획) :①일을 함에 앞서서 미리 생각하여 얽이를 세움 * 企劃(기획) :일을 계획(計劃)함 * 劃期的(획기적) :새로운 시기(時期)를 열만큼 두드러진 것 * 一點一劃(일점일획) :아주 작은 부분의 글이나 말 따위	

한자	훈음	용례	풀이
阡	阝(阜) <두렁 천> ①두렁(두둑. 논이나 밭 가장자리에 경계를 이룰 수 있도록 두두룩하게 만든 것) ②밭두둑 길 ③길, 도로(道路)	* 阡陌(천맥) :①밭 사이의 길. 남북(南北)으로 난 것을 천(阡), 동서(東西)로 난 것을 맥(陌)이라 함 ②경작지(耕作地)를 달리 일컫는 말 * 阡陌縱橫(천맥종횡) :논밭 사이의 두렁길이 종횡으로 나 있음	<천맥종횡> 밭둑길이 세로와 가로로 나 있다.
陌	阝(阜) <길 맥> ①길, 거리 ②두렁, 두렁길(두렁 위로 난 길) ③경계(境界)	* 陌塵(맥진) :티끌이 있는 길이나 언덕 * 陌生(맥생) :驀生(맥생). 生疏(생소). 생소하다. 낯설다 * 紫陌(자맥) :도성(都城)의 길 * 巷陌(항맥) :거리. 도회지(都會地)의 거리	
縱	糸 <세로 종> ①세로 ②늘어지다, 느슨하게 하다 ③놓아주다, 내버려 두다, 멋대로 하다 ④방종하다(放縱), 방임하다(放任)	* 縱橫(종횡) :①세로와 가로 ②자유자재(自由自在)로 거침없음 * 放縱(방종) :거리낌 없이 제 멋대로 함부로 행동(行動)함 * 操縱(조종) :①마음대로 다루어 움직임. 자유(自由)로이 다룸. ②자기(自己) 뜻대로 사람을 움직임	
橫	木 <가로 횡> ①가로 ②가로로 놓다, 가로지르다 ③옆, 곁 ④뜻밖의, 갑작스러운 ⑤자유자재로(自由自在) ⑥제멋대로 하다	* 橫領(횡령) :남의 물건(物件)을 가로채서 가짐 * 橫死(횡사) :뜻밖의 재앙(災殃)에 걸리어 죽음 * 橫暴(횡포) :제멋대로 굴며 난폭(亂暴)함 * 橫行(횡행) :거리낌 없이 멋대로 행동(行動)함. 모로 감	

한자	훈음	용례	풀이
鶴	鳥 <학 학> ①학(鶴) ②두루미(두루밋과의 새) ③희다	* 鶴唳(학려) :학(鶴)의 울음소리 * 鶴髮(학발) :하얗게 센 머리 * 鶴班(학반) :동반(東班)의 다른 이름. 虎班은 西班의 別稱 * 群鷄一鶴(군계일학) :무리 지어 있는 닭 가운데 있는 한 마리의 학. (轉)여럿 가운데 있는 뛰어난 한 사람	<학려상서> 학(鶴)이 울면 경사(慶事)롭고 길(吉)한 징조(徵兆)가 있다고 하였는데,
唳	口 <울 려> ①울다 ②학이 울다 ③새가 울다 ④새 소리	* 風聲鶴唳(풍성학려) :바람소리와 학의 울음소리라는 뜻으로, 싸움에 패한 병정(兵丁)이 바람 소리나 학의 울음소리도 적군(敵軍)인 줄 알고 놀라서 두려워함	
祥	礻(示) <상서 상> ①상서(祥瑞), 상서롭다(祥瑞) ②조짐(兆朕) ③제사(祭祀) ④복(福)	* 祥瑞(상서) :경사(慶事)롭고 길(吉)한 징조(徵兆). 일월(日月)이 빛을 더하고, 성군(聖君)이나 봉황(鳳凰)·기린(麒麟)·연리(連理)나무 등의 진귀한 동식물의 출현으로 나타난다고 생각하였음.	
瑞	玉 <상서 서> ①상서(祥瑞), 길조(吉兆), 경사스럽다(慶事) ②서옥(瑞玉: 상서로운 구슬) ③홀(笏 :제후를 봉할 때 의식에 쓰던)	* 瑞花(서화) :풍년(豐年)의 조짐(兆朕)이 되는 꽃이라는 뜻으로, 눈(雪)을 달리 이르는 말 * 烏魚之瑞(오어지서) :붉은 까마귀와 흰 물고기의 상서(祥瑞)로운 조짐(兆朕)	

한자	훈음	용례	풀이
絳	糸 <진홍 강> ①진홍(眞紅) ②깊게 붉다	* 絳帳(강장) :①붉은 빛깔의 휘장(揮帳) ②스승의 자리 ③학자(學者)의 서재(書齋) * 凌摩絳霄(능마강소) :곤어(鯤魚)가 봉새(鳳)로 변해 한 번 날면 구천(九天)에 이르니, 사람의 운수(運數)를 말함	<강군교양> 붉은 치마의 아리다운 아가씨가 <한창 무렵의 젊고 아리따운 아가씨가>
裙	衤(衣) <치마 군> ①치마 ②속옷	* 羅裙(나군) :엷은 비단(緋緞) 치마 * 大裙(대군) :큰치마. 폭이 넓고 길이가 길다. * 紅裙(홍군) :붉은 빛깔의 치마. <比喩>미인(美人)이나 예기(藝妓)를 이르는 말	
嬌	女 <아리따울 교> ①아리땁다, 요염하다(妖艶) ②사랑스럽다 ③교만하다(驕慢), 뽐내다 ④여자아이(女子), 젊은 여자(女子), 미녀(美女)	* 嬌客(교객) :상대편(相對便)을 높여 그의 사위를 이름 * 嬌童(교동) :귀엽고 사랑스러운 남자(男子) 아이 * 家嬌(가교) :편지(便紙)에서, 남에게 자기 딸을 이르는 말 * 令嬌(영교) :남의 딸의 높임말 * 千嬌萬態(천교만태)	
孃	女 <아가씨 양 / 어미 양> ①아가씨 ②여자(女子) 아이 ③어머니	* 老孃(노양) :혼기(婚期)가 지난 여자(女子) * 令孃(영양) :令愛(영애). 남의 딸의 높임말. 아들은 令植. * 爺孃(야양) :부모(父母)를 속(俗)되게 이르는 말	

齻	齒 <사랑니 전> ①사랑니(성인(成人)이 된 후에 나는 이) ②송곳니 ③어금니	* 齻牙(전아) :사랑니	<전의가취> 사랑니가 날 때쯤이면 의당(宜當) 결혼(結婚)을 시킬 나이어서 <방년(芳年)의 나이가 되면 의당(宜當) 결혼(結婚)을 시킬 때이므로 >
宜	宀 <마땅 의> ①마땅하다, 알맞다 ②마땅히~하여야 함 ③형편(形便)이 좋다, 사정이 좋다 ④화목하다(和睦) ⑤과연(果然), 정말	* 宜當(의당) :마땅히. 의레 * 不達時宜(부달시의) * 時宜(시의) :그 당시(當時)의 사정(事情)에 맞음 * 便宜(편의) :이용(利用)하는 데 편리(便利)하고 마땅함 * 宜家之樂(의가지락) :부부(夫婦) 간(間)의 재미로운 낙(樂)	
嫁	女 <시집갈 가> ①시집가다(嫁), 시집보내다 ②시집(嫁) ③가다, 향하여 가다 ④떠넘기다	* 嫁娶(가취) :장가들고 시집가는 일 * 嫁期(가기) :시집가게 된 나이. 시집갈 만한 나이 * 出嫁(출가) :처녀(處女)가 시집을 감 *出嫁外人(출가외인) * 轉嫁(전가) :허물이나 책임(責任) 따위를 남에게 넘겨 씌움	
娶	女 <장가들 취> ①장가들다 ②아내를 맞다 ③중매 들다(서)	* 娶禮(취례) :아내를 맞는 예(禮) * 婚娶(혼취) :婚姻(혼인). 장가들고 시집가는 일 * 娶嫁(취가) :嫁娶(가취). 장가들고 시집가는 일 * 不娶同姓(불취동성) :성이 같은 사람끼리는 혼인을 아니 함	

徼	彳 <구할 요 / 돌 요> ①구하다(求), 바라다, 요구하다(要求) ②돌다, 순찰하다(巡察), 순행하다(巡行), 돌아다니며 살피다, 순라군	* 徼譽(요예) :명예(名譽)를 구(求)함. * 徼巡(요순) :巡察(순찰). 순행(巡行)하면서 사정(事情)을 살핌 * 徼幸(요행) :僥幸(요행). ①우연(偶然)히 잘 되어 다행(多幸)함 ②뜻밖의 행복(幸福)	<요혜인연> 인연(因緣)을 구(求)하며 기다리는데,
徯	彳 <기다릴 혜 / 샛길 혜> ①기다리다 ②위태하다(危殆), 위태롭다(危殆) ③샛길, 좁은 길	* 徯徑(혜경) :작고 좁은 길 * 徯待(혜대) :바라는 바가 이루어지기를 기다림	
因	囗 <인할 인> ①인하다(因 :어떤 사실로 말미암다) ②말미암다, ~의 까닭으로, ~에 의하여 ③인연(因緣), 연고(緣故), 연줄	* 因緣(인연) :어떤 사물(事物)들 사이에 맺어지는 관계(關係). 연분(緣分). 어떤 사물과 관계되는 연줄 * 因果(인과) :원인(原因)과 결과(結果) * 因果應報(인과응보) * 原因(원인) :어떤 일의 근본(根本)이 되는 까닭	
緣	糸 <인연 연> ①인연(因緣), 연줄, 연분(緣分) ②까닭, 이유(理由), 말미암다 ③가장자리, 가선(縇 :線을 두르다)	* 緣故(연고) :①까닭 ②사유(事由) ③인연(因緣)의 관계(關係) * 緣分(연분) :서로 관계를 갖게 되는 인연(因緣) * 天生緣分 * 事緣(사연) :일의 앞 뒤 사정(事情)과 까닭 * 學緣(학연) :출신(出身) 학교(學校)에 따른 연고(緣故)	

媒	女 <중매 매> ①중매(仲媒), 중매인(仲媒人) ②매개(媒介), 중개자(仲介者) ③향도(嚮導), 안내(案內) ④미끼, 술밑	* 媒婆(매파) :혼인(婚姻)을 중매(仲媒)하는 할멈. 매모(媒姥) 매온(媒媼) * 仲媒(중매) :중간(中間)에서 혼인(婚姻)이 이루어지도록 함 * 媒介(매개) :중간(中間)에서 서로의 관계(關係)를 맺어줌	<매파형현> 중매(仲媒)하는 할멈이 염탐(廉探)하여 뜬소문(所聞)을 퍼뜨리고 다녀서
婆	女 <할머니 파> ①할머니, 늙은 여자(女子) ②춤추는 모양 ③음역자(音譯字)(바)	* 娑婆(사바) :(佛) 인간세계(人間世界), 속세계(俗世界) * 老婆(노파) :늙은 여자(女子). 할머니 * 老婆心(노파심) :婆心(파심). 親切心(친절심). 남의 일에 대(對)하여 지나치게 염려(念慮)하는 마음	
詗	言 <염탐할 형> ①염탐하다(廉探), 염탐꾼(廉探) ②구하다(求) ③깨닫다	* 詗察(형찰) :남몰래 넌지시 엿보며 살핌 * 詗知(형지) :엿보아 알아 냄 * 譏詗(기형) :남모르게 엿봄 * 詗捉(형착) :詗捕(형포). 염탐(廉探)해서 붙잡아 옴 * 詗探(형탐) :가만히 엿보아가며 샅샅이 찾음	
譞	言 <구할 현 / 뜬소문 현> ①구하다(求), 추구하다(追求) ②(소문을)퍼뜨리다, 뜬소문(所聞)	* 譞充(현충) :마음을 말하는 것. 마음이 진실하고자 하는 것 <管子 第4卷 第11篇>(宙合) 譞充 言心也 心欲忠	

風	風 <바람 풍> ①바람 ②경치(景致), 경관(景觀), 모습 ③풍속(風俗), 습속(習俗) ④기질(氣質) ⑤소식(消息), 풍문(風聞)	* 風聞(풍문) :風說(풍설). 바람결에 들리는 所聞. 떠도는 소문 * 風俗(풍속) :옛적부터 행해 온 생활(生活)의 습관(習慣) * 風雲(풍운) :①바람과 구름 ②급변(急變)하는 정세(情勢) * 風波(풍파) :①세찬 바람과 험한 물결 ②세상사의 변고(變故)	<풍문무성> 뜬소문이 무성(茂盛)하기를,
聞	耳 <들을 문> ①듣다, (소리가)들리다 ②소문나다(所聞), 알려지다, 소식(消息), 소문(所聞) ③알다, 깨우치다 ④식견(識見)	* 見聞(견문) :듣거나 보거나 하여 깨달아 얻은 지식(知識) * 所聞(소문) :들려오는 떠도는 말 * 新聞(신문) :새로운 소식(消息) * 前代未聞(전대미문) :지난 시대에는 들어 본 적이 없음	
茂	艹(艸·草) <무성할 무> ①무성하다(茂盛), 우거지다 ②넉넉하다, 풍성하다(豐盛) ③융성하다(隆盛)	* 茂盛(무성) :①풀이나 나무 따위가 우거져 성(盛)함. ②(經濟 等이) 번성(繁盛)하다. 번창(繁昌)하다. * 松茂柏悅(송무백열) :소나무가 무성(茂盛)하면 잣나무가 기뻐함. <比喩>남이 잘되는 것을 기뻐함	
盛	皿 <성할 성> ①성하다(盛 :기운이나 세력이 한창 왕성하다) ②성대하다(盛大) ③많다, 무성하다(茂盛) ④장(壯)하게 여기다	* 盛典(성전) :성대(盛大)한 의식(儀式) * 旺盛(왕성) :한창 성(盛)함 * 豐盛(풍성) :넉넉하고 많음 * 榮枯盛衰(영고성쇠) :성하고 쇠함이 서로 뒤바뀌는 현상(現象) * 興亡盛衰(흥망성쇠) :흥하고 망하고 성하고 쇠하는 일	

窈	穴 <고요할 요> ①고요하다(조용하고 잠잠하다) ②그윽하다, 심원하다(甚遠) ③어둡다 ④얌전하다, 아리땁다 ⑤고운 마음씨	* 窈窕(요조) :①(궁궐·산골짜기 따위가) 깊숙하고 그윽하다. ②부녀(婦女)의 행동이 얌전하고 정숙(貞淑)함 * 窈靄(요애) :깊고 까마득함 * 窈然(요연) :멀고 아득함 * 窈冥(요명) :①날이 어스레함 ②이치가 헤아릴 수 없이 깊음	<요조숙희> "행동이 얌전하고 마음이 고운 정숙(貞淑)한 아가씨가 있다네."
窕	穴 <으늑할 조> ①으늑하다(편안하고 조용한 느낌이 있다) ②깊숙하다 ③조용하다 ④한가하다(閑暇) ⑤아리땁다 ⑥예쁘다(요)	* 窈窕淑女(요조숙녀) :①마음씨가 고요하고 맑은 여자(女子) ②마음씨가 얌전하고 자태(姿態)가 아름다운 여자(女子)	
淑	氵(水) <맑을 숙> ①맑다, 깨끗하다 ②착하다, 어질다 ③얌전하다 ④온화하다(溫和) ⑤아름답다 ⑥사모하다(思慕)	* 淑女(숙녀) :교양(敎養)과 예의(禮儀)와 품격을 갖춘 여자 * 私淑(사숙) :직접(直接) 가르침을 받지는 않았으나 마음속으로 그 사람을 본받아서 배우거나 따름 * 貞淑(정숙) :여자(女子)의 행실(行實)이 곧고 마음씨가 맑음	
姬	女 <계집 희 / 아가씨 희> ①여자(女子), 아가씨, 여자의 미칭(美稱) ②첩(妾), 측실(側室) ③천자(天子)의 딸 ④왕후(王后), 임금의 아내(이)	* 歌姬(가희) :여자(女子) 가수(歌手)를 우아하게 칭함 * 舞姬(무희) :춤추는 아가씨 * 麗姬(여희) :고운 여자(女子). 아름다운 여자(女子) * 幸姬(행희) :치우친 사랑을 받는 여자(女子)	

郞	阝(邑) <사내 랑> ①사내 ②남편(男便), 낭군(郎君) ③아들 ④주인(主人)	* 郞娘(랑낭) :총각과 처녀 * 新郞(신랑) :갓 결혼(結婚)한 남자(男子) * 壻郞(서랑) :남의 사위를 높이어 일컫는 말 * 令郞(영랑) :남의 아들의 경칭(敬稱). 남의 아들의 높임말	<랑낭불경> 총각(總角)과 처녀(處女)가 서로 비슷한 나이라고 하면서
娘	女 <여자 낭> ①여자(女子) ②아가씨 ③각시 ④어미(어머니의 속어)	* 娘家(낭가) :어머니의 친정(親庭) * 娘子(낭자) :①소녀(少女) ②어머니 ③아내 ④궁녀(宮女) ⑤처녀(處女), 젊은 여자(女子)의 높임말 * 令娘(영랑) :令愛(영애). 남의 딸의 높임말	
佛	亻 <비슷할 불> ①비슷하다, 흡사하다(恰似), 방불하다(彷彿·髣髴 :거의 비슷하다) ②분간할 수 없다	* 彷彿(방불) :①거의 비슷함 ②흐릿하거나 어렴풋함 ③무엇과 같다고 느끼게 함 * 彿然(불연) :성이 나서 못마땅한 모양. 성이 나서 뿌루퉁한 모양	
庚	广 <별 경 / 나이 경> ①별 ②일곱째 천간(天干) ③나이 ④길, 도로(道路) ⑤다시금, 더욱 더 ⑥변화하다(變化) ⑦갚다, 배상하다(賠償)	* 庚伏(경복) :여름 중(中) 가장 더울 때. 삼복(三伏) * 三庚(삼경) :三伏(삼복). 초복(初伏), 중복(中伏), 말복(末伏) * 同庚(동경) :①동갑(同甲), 같은 나이 ②같은 시기(時期) 과거(科擧)에 급제해 방목(榜目)에 같이 오른 사람	

慇	心 <은근할 은 / 괴로워할 은> ①은근하다(慇懃 :깊고 그윽하다) ②괴로워하다, 몹시 애태우다, 근심하고 슬퍼하는 모양 ③친절하다(親切)	* 慇懃(은근) :①태도(態度)가 겸손(謙遜)하고 정중(鄭重)함 ②은밀(隱密)하게 정(情)이 깊음 ③전(傳)하여 음흉(陰凶)스럽고 은밀(隱密)함	<은근종용> 은근(慇懃)하게 잘 설명(說明) 하고 달래어 권(勸)하게 되면서
懃	心 <은근할 근> ①은근하다(慇懃 :깊고 그윽하다) ②정성스럽다(精誠) ③일에 힘쓰다 ④살뜰하다, 친절(親切)한 모양	* 拳懃(권근) :부지런하고 정성스러움 * 精懃(정근) :정성스럽고 부지런함. 또는 그렇게 하는 일 * 慇懃無禮(은근무례) :지나치게 겸손(謙遜)하고 정중(鄭重)하게 대접(待接)하여 오히려 무례(無禮)함	
慫	心 <권할 종> ①권하다(勸), 종용하다(慫慂) ②놀라다, 놀라 두려워하다	* 慫慂(종용) :잘 설명(說明)하고 달래어 권(勸)함 * 慫搖(종요) :배나 항공기(航空機) 등이 새로 흔들리는 일 * 慫兢(종긍) :놀라서 떨다	
慂	心 <권할 용> ①권하다(勸) ②억지로 권유하다(勸誘)	* 强慂(강용) :무리하게 달래어 권(勸)함	

憧	忄(心) <동경할 동 / 어리석을 동> ①동경하다(憧憬), 그리워하다, 그리움 ②마음이 정해지지 않다 ③둔하다(鈍), 무디다	* 憧憬(동경) :①무엇이 그리워서 마음이 팔려 그것만을 생각함 ②마음이 스스로 달떠서 가라앉지 아니함 * 憧憬心(동경심) :동경(憧憬)하는 마음 * 憧憧(동동) :①마음이 잡히지 않은 모양 ②왔다 갔다 하는 모양	<동경연모> 그리움에 마음이 달떠서 이성(理性)을 사랑하여 간절(懇切)히 그리워하게 되니
憬	忄(心) <동경할 경 / 깨달을 경> ①동경하다(憧憬), 그리워하다 ②깨닫다 ③멀다 ④멀리 가는 모양	* 憬省(경성) :자성(自省)하다 * 憬悟(경오) :깨닫다 * 憬遠(경원) :멀리 감 * 憬集(경집) :멀리서부터 모여 옴 * 憬然(경연) :문득 깨닫는 모양 * 憬然猛省(경연맹성) :문득 깨닫고 반성함 * 聞之憬然(문지경연) :듣고 문득 깨달음	
戀	心 <그리워할 련> ①그리워하다, 그리다(사랑하는 마음으로 간절히 생각하다), 그리움 ②사모하다(思慕), 사랑하다, 연애(戀愛)	* 戀慕(연모) :이성(異性)을 사랑하여 간절(懇切)히 그리워함 * 戀歌(연가) :①사랑하는 이를 그려 부르는 노래, 사랑 노래 * 戀戀(연연) :①집착(執着)하여 미련을 둠 ②그리워서 애태움 * 戀人(연인) :그리워하는 사람, 사랑하는 사람	
慕	㣺(心) <그리워할 모> ①그리다(간절히 생각하다) ②사모하다(思慕) ③높이다, 우러러 받들어 본받다 ④생각하다, 바라다 ⑤뒤를 따르다	* 追慕(추모) :죽은 사람을 사모(思慕)함 * 思慕(사모) :정(情)을 들이고 애틋하게 생각하며 그리워함 * 欽慕(흠모) :기쁜 마음으로 사모(思慕)함 * 戀慕之情(연모지정) :사랑하여 그리워하는 정(情)	

欣	欠 <기쁠 흔> ①기쁘다, 기뻐하다, 즐거워하다, 기쁨, 즐거움 ②받들다 ③흠모하다(欽慕)	* 欣快(흔쾌) :마음에 기쁘고도 통쾌(痛快)함. 기쁘다. 유쾌(愉快)하다 * 欣然(흔연) :기쁘거나 반가워 기분(氣分)이 좋은 모양 * 男欣女悅(남흔여열) :부부(夫婦)가 화락(和樂)함을 이르는 말	<흔쾌허락> 마음이 기쁘고도 시원스럽게 청(請)하는 바를 들어주어
快	忄(心) <쾌할 쾌> ①쾌하다(快 :마음이 유쾌하다), 상쾌하다(爽快) ②즐겁다, 기뻐하다 ④시원하다 ⑤빠르다, 날래다	* 快擧(쾌거) :통쾌(痛快)한 거사(擧事) * 快樂(쾌락) :①즐거움 ②욕망(慾望) 충족(充足)의 유쾌함 * 愉快(유쾌) :기분(氣分)이 흐뭇하고 좋은 상태(狀態) * 爽快(상쾌) :마음이 아주 시원하고 거뜬함	
許	言 <허락할 허> ①허락하다(許諾), 승낙하다(承諾) ②들어주다, 바치다 ③가량, 정도, 쯤 ④이영차(힘을 모을 때)(호)	* 許諾(허락) :청(請)하고 바라는 바를 들어 줌 * 許可(허가) :제한(制限)하는 일을 허락(許諾)해 줌 * 許容(허용) :허락(許諾)하여 받아들임 * 免許(면허) :금지되어 있는 행위를 특정한 경우에 허가함	
諾	言 <허락할 낙> ①허락하다(許諾), 승낙하다(承諾) ②대답하다(對答) ③동의하다(同意) ④따르다, 순종하다(順從)	* 受諾(수락) :요구(要求)를 받아들여 승낙(承諾)함 * 承諾(승낙) :청(請)하는 바를 들어 줌 * 輕諾寡信(경낙과신) :승낙(承諾)을 잘 하는 것은 믿음성이 적음 * 一諾千金(일낙천금) :한 번 승낙(承諾)이 천금(千金)과 같음	

赤	赤 <붉을 적> ①붉다, 붉은 빛 ②비다, 없다 ③벌거벗다, 어린애 ④진심(眞心), 충심(衷心) ⑤멸하다(滅), 몰살시키다(沒殺)	* 赤繩繫足(적승계족) :혼인(婚姻)의 인연(因緣)을 맺어줌. 월하노인(月下老人)이 붉은 끈을 가지고 다니다가 인연(因緣)이 있는 남녀(男女)가 있으면 그들이 모르게 그 끈으로 다리를 매어 놓는다는 전설(傳說)이 있음	<적승계족> 붉은 끈을 가지고 발에다 묶었다. <부부(夫婦)의 인연(因緣)을 맺기로 주선(周旋)하게 되었다.>
繩	糸 <노끈 승> ①노끈(실, 삼, 종이 따위를 가늘게 비비거나 꼬아서 만든 끈), 줄 ②법(法) ③바로잡다, 통제하다	* 繩索(승삭) :노와 새끼 * 捕繩(포승) :죄인을 잡아 묶는 끈 * 結繩(결승) :노끈으로 매듭을 지어 뜻을 통(通)하던 것 * 自繩自縛(자승자박) :자기(自己)의 줄로 자기(自己)를 묶다는 말로, 자기(自己)를 스스로 망치게 하는 일	
繫	糸 <맬 계> ①매다 ②이어매다 ③묶다, 얽다 ④잇다 ⑤매달다, 매달리다 ⑥끈, 줄 ⑦혈통(血統) ⑧죄수(罪囚) ⑨실마리	* 繫留(계류) :붙잡아 매어 놓음 * 繫屬(계속) :다른 것에 매여 딸림 * 繫縛(계박) :외계의 것에 속박(束縛)되어 자유(自由)를 잃음 * 連繫(연계) :①이어서 얽어맴 ②관련하여 관계(關係)됨	
足	足 <발 족 / 족할 족> ①발 ②뿌리, 근본(根本) ③산기슭 ④넉넉하다, 충족하다(充足) ⑤족하다 ⑥만족(滿足)하게 여기다	* 滿足(만족) :마음에 모자람이 없어 흐뭇함 * 不足(부족) :모자람 * 手足(수족) :손과 발 * 充足(충족) :일정(一定)한 분량(分量)에 차거나 채움 * 豊足(풍족) :매우 넉넉하여서 모자람이 없음	

盥	皿 <대야 관 / 씻을 관> ①대야(둥글넓적한 그릇) ②씻다 ③양치질하다 ④깨끗하다 ⑤강신제(降神祭 :내림굿)	* 盥櫛(관즐) :세수(洗手 :낯을 씻음)하고 머리를 빗음 * 盥水(관수) :손을 씻음 * 盥洗(관세) :제례(祭禮) 때에 집사관(執事官)이 손을 씻던 물대야	<관즐분장> 낯을 씻고 머리를 빗고 꾸며서 단장(丹粧)을 하는데,
櫛	木 <빗 즐> ①빗, 머리빗 ②빗다, 빗질하다 ③긁다 ④늘어서다, 즐비하다 ⑤모닥불, 화톳불	* 櫛沐(즐목) :머리를 빗고 목욕(沐浴)을 함 * 櫛比(즐비) :많은 것이 빗살과 같이 빽빽하게 늘어섬 * 巾櫛(건즐) :①수건과 빗 ②세수(洗手)하고 머리를 빗음 * 梳櫛(소즐) :빗질. 머리카락이나 털 따위를 빗으로 빗음	
扮	扌(手) <꾸밀 분 / 거머쥘 분> ①꾸미다, 분장하다(扮裝) ②매만져 차리다 ③아우르다, 합하다(合) ④거머쥐다	* 扮粧(분장) :배우(俳優)가 출연(出演) 작품(作品) 중의 어느 인물(人物)로 꾸밈. 또는 그러한 차림새 * 扮裝(분장) :①몸을 매만져 꾸밈 ②배우가 配役으로 꾸밈 * 扮飾(분식) :몸치장	
粧	米 <단장할 장> ①단장하다(丹粧), 꾸미다, 화장하다(化粧) ②분장하다(扮裝) ③가장하다(假裝 :태도를 거짓으로 꾸밈)	* 丹粧(단장) :얼굴을 곱게 하고 머리나 옷맵시를 매만져 꾸밈 * 化粧(화장) :얼굴을 곱게 꾸밈 * 化粧室(화장실) :①단장(丹粧)하는 방(房) ②뒷간을 일컬음 * 七寶丹粧(칠보단장) :여러 가지 패물(佩物)로 몸을 꾸밈	

鏡	金 <거울 경> ①거울, 거울삼다, 본받다 ②모범(模範), 본보기 ③길, 밝은 길 ④비추다 ⑤달, 명월(明月) ⑥못, 수면(水面)	* 眼鏡(안경) :시력(視力)을 돕기 위(爲)해 쓰는 기구(器具) * 破鏡(파경) :①깨어진 거울 ②부부(夫婦)의 이혼(離婚) * 明鏡止水(명경지수) :맑은 거울과 고요한 물. <比喩>사념(邪念)이 전혀 없는 깨끗한 마음	<경반역상> 거울이 거꾸로 된 모습을 되비쳐주는 것을 보면서
返	辶(辵) <돌이킬 반> ①돌이키다 ②돌려보내다, 되돌리다 ③돌아오다, 되돌아오다 ④바꾸다, 새롭게 하다 ⑤도리어	* 返戾(반려) :서류(書類) 등 결재(決裁)하지 않고 되돌려 보냄 * 返送(반송) :도로 돌려보냄 * 返還(반환) :도로 돌려 줌 * 返納(반납) :①도로 바침 ②남에게서 빌린 것을 돌려 줌 * 去者必返(거자필반) :헤어진 사람은 언젠가 반드시 돌아옴	
逆	辶(辵) <거스를 역> ①거스르다, 거꾸로 ②거역하다(拒逆) ③어기다 ④배반하다(背反·背叛) ⑤맞다, 맞이하다, 마중하다 ⑥물리치다	* 逆轉(역전) :거꾸로 돎 * 逆風(역풍) :거슬러 부는 바람 * 逆行(역행) :거꾸로 나아감. 순서(順序)를 바꾸어 행함 * 拒逆(거역) :윗사람의 명령(命令)이나 뜻을 어김 * 莫逆之友(막역지우) :서로 거스르는 일이 없을 정도의 친한 벗	
像	亻(人) <모양 상> ①모양, 형상(形狀) ②초상(肖像) ③본뜬 형상(形狀), 본떠 그린 모양 ④법식(法式), 양식(樣式), 규범(規範)	* 逆像(역상) :실체(實體)의 모습이 거꾸로 맺힌 형상(形像) * 氣像(기상) :사람의 타고난 성품(性品)과 몸가짐 * 想像(상상) :어떤 사물의 사정이나 마음을 미루어 생각함 * 形像(형상) :形象(형상). 특유의 형체(形體)와 생긴 모양	

字	訓·音	用例	成句
珈	玉 <머리꾸미개 가> ①머리꾸미개 ②비녀 치장(治粧) ③떨잠(簪 :부인의 예장(禮裝)에 꽂는 비녀의 하나)	* 珈簪(가잠) :머리 장식(裝飾)과 비녀 * 珈琲(가배) :커피(coffee)의 중국식(中國式) 음역(音譯)	<가잠식선> 머리 장식(裝飾)과 비녀를 꽂고 꾸며서 고친다.
簪	竹 <비녀 잠 / 빠를 잠> ①비녀(여자의 쪽 찐 머리가 풀어지지 않도록 꽂는 장신구) ②꽂다 ③빠르다, 신속하다(迅速)	* 簪纓(잠영) :높은 벼슬아치가 쓰는 쓰개의 꾸밈이라는 뜻으로, 높은 지위(地位)를 이르던 말 * 簪筆(잠필) :붓을 휴대(携帶)하는 것 * 金簪(금잠) :금비녀 * 鳳簪(봉잠) :봉황새(鳳凰)의 모양을 대가리에 새긴 비녀	
飾	食 <꾸밀 식> ①꾸미다, 단장하다(丹粧), 장식(粧飾) ②위장하다(僞裝), 거짓으로 꾸미다 ③가선(縇 :의복의 가장자리를 돌린 선)	* 假飾(가식) :①거짓으로 꾸밈 ②임시(臨時)로 장식(裝飾)함 * 粉飾(분식) :①거죽만을 발라 꾸미는 것 ②거짓으로 꾸밈 * 裝飾(장식) :겉모양을 아름답게 꾸밈, 또는 그 꾸밈새 * 粧飾(장식) :겉을 매만져 꾸밈, 단장(丹粧)하여 꾸밈	
繕	糸 <기울 선> ①깁다(떨어지거나 해어진 곳을 꿰매다) ②고치다, 보수하다(補修), 수선하다(修繕) ③베끼다, 필사하다, 정서하다(淨書)	* 繕補(선보) :고치고 보충(補充)함. 기워 보태서 고침 * 補繕(보선) :보충(補充)하여 수선(修繕)함 * 修繕(수선) :낡거나 허름한 것을 손보아 고침 * 營繕(영선) :건축물(建築物) 따위를 수선(修繕)함	

字	訓·音	用例	成句
竅	穴 <구멍 규> ①구멍, 구멍을 뚫다, 통하다(通) ②중요(重要)한 부분(部分) ③관건(關鍵) ④요령(要領), 비결(祕訣), 요점(要點)	* 穴竅(혈규) :움 * 九竅(구규) :눈·코·입·귀의 일곱 구멍과 똥·오줌 구멍 * 七竅百骸(칠규백해) :얼굴과 온 몸. 사람의 얼굴에 있는 귀·눈·입·코의 일곱 구멍과 온 몸의 뼈를 이름	<규환각당> 구멍이 뚫린 동그라미 모양의 쌍옥 귀고리를 하고,
圜	囗 <두를 환 / 둥글 원> ①두르다, 둘러싸다, 에워싸다 ②화폐(貨幣) ③둥글다(원) ④원형(圓形)(원) ⑤감옥(監獄)(원)	* 圜爐(환로) :양푼 * 圈圜(권환) :동그라미. 테 * 圜丘壇(환구단) :하늘에 제사지내기 위하여 쌓은 단(壇) * 圜鑿方枘(환조방예) :둥근 구멍에 모난 자루를 넣는다. <比喩>사물(事物)이 제 격(格)에 맞지 않음	
珏	玉 <쌍옥 각(곡)> ※ 瑴과 同 ①쌍옥(雙玉 :한 쌍의 구슬)	* <說文> 二玉相合爲一珏 * <段注>左傳正義曰 瑴倉頡篇作珏 云雙玉爲珏 故字從雙玉	
璫	玉 <귀고리 옥 당> ①귀고리 옥(玉) ②관의 꾸미개 ③서까래 끝의 서옥(瑞玉)의 꾸미개 ④패옥(佩玉)이 울리는 소리	* 巨璫(거당) :거물(巨物)이라고 이를 만한 환관(宦官). 당(璫)은 환관(宦官)이 쓰는 갓에 꾸미는 장식(裝飾)임 * 蟬璫(선당) :높은 벼슬아치의 관(冠) 앞에 대는 장식(裝飾). 금(金)으로 만든 매미를 붙임	

字	訓·音	用例	成句
珮	玉 <찰 패> ①차다, 달다 ②지니다, 휴대하다(携帶) ③두르다, 둘러싸다 ④노리개(허리띠에 달던 장식품), 패옥(佩玉: 허리띠에 차는 옥)	* 珮珂(패가) :옥(玉)으로 만든 띠 * 珮環(패환) :옥(玉)으로 된 고리 * 珮玉(패옥) :허리띠에 차는 옥(玉) * 玉珮(옥패) :옥(玉)으로 만든 노리개	<패가패주> 옥(玉)으로 만든 띠를 팔뚝에 차고,
珂	玉 <마노 가> ①마노(瑪瑙 :석영의 일종) ②흰 옥돌(玉) ③조개의 이름 ④말굴레의 장식(裝飾)	* 珂里(가리) :珂鄕(가향). 남의 고향(故鄕)에 대한 미칭(美稱) * 珂馬(가마) :굴레를 화려(華麗)하게 꾸민 말 * 馬珂螺(마가라) :馬軻螺(마가라). 고둥의 한 가지	
佩	亻(人) <찰 패> ①차다, 달다 ②지니다, 휴대하다(携帶) ③두르다, 둘러싸다 ④마음을 먹다, 명심하다(銘心) ⑤노리개, 패옥(佩玉)	* 佩物(패물) :몸에 차는 장식물(裝飾物). 노리개 * 佩玉(패옥) :環佩(환패). ①관복(官服)이나 예복(禮服) 좌우에 늘이어 차는 옥 ②여자의 장신구(裝身具) * 銘佩(명패) :고마움을 마음속 깊이 새겨서 간직함	
肘	月(肉) <팔꿈치 주> ①팔꿈치 ②끌다 ③만류하다(挽留) ④길이의 단위(單位)	* 肘腋(주액) :①팔꿈치와 겨드랑이 ②사물(事物)이 자기(自己) 몸 가까이 있음 * 掣肘(철주) :팔굽을 당긴다. <比喩>남을 간섭(干涉)하여 마음대로 하지 못하게 함	

字	訓·音	用例	成句
錦	金 <비단 금> ①비단(緋緞) ②비단옷(緋緞) ③아름답다 ④아름다운 사물(事物)	* 錦衣(금의) :비단(緋緞) 옷 * 錦繡(금수) :수를 놓은 비단(緋緞), 또는 화려(華麗)한 옷 * 錦上添花(금상첨화) :비단(緋緞) 위에 꽃을 더함. <比喩>좋은 일에 또 좋은 일이 더하여짐	<금의수리> 화려(華麗)한 비단옷과 수(繡)놓은 꽃신을 신으니
衣	衣 <옷 의> ①옷, 옷자락 ②웃옷(上衣) ③옷을 입다, 입히다, 덮다 ④싸는 것, 덮는 것 ⑤이끼 ⑥표피(表皮) ⑦깃털, 우모(羽毛)	* 衣服(의복) :옷. 몸을 가리거나 보호하기 위한 것 * 衣食(의식) :의복(衣服)과 음식(飮食). 옷밥 * 衣纏(의전) :옷 * 錦衣還鄕(금의환향) :비단옷 입고 고향에 돌아옴. <比喩>출세(出世)하여 고향(故鄕)에 돌아옴	
繡	糸 <수놓을 수> ①수놓다(繡), 수(繡 :헝겊에 색실로 그림이나 글자 따위를 바늘로 떠서 놓는 일) ②오색을 갖추다 ③비단(緋緞)	* 繡履(수리) :꽃신 * 繡畫(수화) :수를 놓아 만든 그림 * 刺繡(자수) :여러 가지의 색실로 수(繡)를 놓는 일 * 錦繡江山(금수강산) :비단에 수를 놓은 듯이 아름다운 산천(山川)이란 뜻으로, 우리나라 강산(江山)을 이름	
履	尸 <밟을 리 / 신 리> ①밟다 ②(신을)신다, 신, 신발 ③행하다(行), 겪다 ④지위(地位)에 오르다, 자리에 나아가다	* 履行(이행) :약속(約束)이나 계약(契約) 등을 행(行)함 * 履歷(이력) :지금까지의 거쳐온 내력(來歷) * 履修(이수) :학문(學問)의 과정(課程)을 순서를 밟아서 닦음 * 納履(납리) :신을 신음 * 瓜田不納履 李下不整冠	

한자	부수·훈음·뜻	용례	풀이
萋	艹(艸·草) <우거질 처> ①우거지다 ②아름답다 ③공손하다(恭遜)	* 萋斐(처비) :①아름답게 수놓은 모양. 문채(文彩)가 화려함. ②간사하게 남을 참해(慘害)하는 자. 萋斐의 형상을 인하여 文彩를 내어 패금(貝錦)을 이룸을 비유하여, 남의 작은 허물로 인하여 큰 죄를 꾸밈	<처비찬란> 아름답게 수(繡)놓은 모양이 눈부시게 아름답다.
斐	文 <문채날 비> ①문채(文彩 :아름다운 광채)나다 ②(문채(文彩)가 있어)화려하다(華麗)	* 斐炳(비병) :문사(文辭)가 밝게 드러나는 모양 (文彩彰明之貌) * 斐斐(비비) :①가벼운 모양 ②꾸밈새가 있어 아름다운 모양 * 斐成(비성) :아름다운 문채(文彩)의 글을 이룸 (斐然成文) * 斐然(비연) :무늬가 있고 아름다운 모양	
燦	火 <빛날 찬> ①빛나다 ②번쩍번쩍하다 ③찬란하다(燦爛·粲爛)	* 燦爛(찬란) :①빛이 눈부시게 아름다움 ②훌륭하고 빛남 * 燦然(찬연) :번쩍거리어 눈부시게 빛나는 모양 * 豪華燦爛(호화찬란) :호화(豪華)롭고 찬란(燦爛)함 * 輝煌燦爛(휘황찬란) :광채(光彩)가 나서 눈부시게 번쩍임	
爛	火 <빛날 란 / 문드러질 란> ①빛나다, 밝다 ②화려하다(華麗), 곱다 ③무르익다, (꽃이)흐드러지다 ④썩다, 문드러지다, 문드러지게 하다	* 絢爛(현란) :①눈이 부시도록 찬란(燦爛)함 ②시나 글에 수식(修飾)을 하여 찬란(燦爛)함 * 爛商討論(난상토론) :낱낱이 들어 잘 토의(討議)함 * 爛商公論(난상공론) :여럿이 자세(仔細)하게 충분히 의논함	

한자	부수·훈음·뜻	용례	풀이
岳	山 <큰산 악> ①큰 산(山), 높은 산(山) ②우뚝 솟다 ③긴뿔 모양 ④조종(祖宗) ⑤제후(諸侯) ⑥대신(大臣)	* 岳丈(악장) :岳父(악부), 岳翁(악옹). 장인(丈人)의 높임말. 아내의 친정(親庭) 아버지 * 岳母(악모) :아내의 친정(親庭) 어머니 * 山岳(산악) :크고 작은 모든 산(山)	<악장부혜> 장인(丈人) 어른은 기뻐하시면서 정성(精誠)스러운 말로 이르시길,
丈	一 <어른 장> ①어른, 남자(男子) 노인(老人)에 대한 존칭(尊稱) ②장인(丈人), 장모(丈母) ⑤남자의 키 ⑥장(길이의 단위, 열 자)	* 丈夫(장부) :장성(長成)한 남자(男子), 사나이 * 函丈(함장) :스승을 달리 이르는 말 * 氣高萬丈(기고만장) * 先丈(선장) :先考丈(선고장). 남의 돌아가신 아버지의 尊稱 * 椿府丈(춘부장) :春府丈(춘부장) 남의 아버지의 존칭(尊稱)	
怤	心 <생각할 부 / 기뻐할 부> ①생각하다(思) ②기뻐하다(悅)	※ '[忄+付]'와 '怤'는 부수(部首)의 나리종횡(那裏縱橫 :部首가 偏에 位置하든 받침에 位置하든 그 뜻엔 변함이 없음)에 대한 범용(汎用) 통례(通例)와는 달리 서로 뜻이 다름 * 怤愉(부유) :즐겁고 기쁨 <中文大事典>悅也喜也	
[言+兮]	言 <진실한 말 혜> ①진실한 말 ②정성스러운 말 ③성심(誠心)으로 말하다 ④놀리다(調戲) ⑤그러하다(예) ⑥대답하다(對答)(예)		

한자	부수·훈음·뜻	용례	풀이
夫	大 <지아비 부> ①지아비, 남편(男便) ②사내, 장정(壯丁) ③일꾼 ④선생(先生), 사부(師父) ⑤무릇, 대저(大抵 :대체로 보아서)	* 夫唱婦隨(부창부수) :남편이 노래하면 아내가 따라 함. 남편이 하는 일에 아내는 도와가며 서로 화합함. 부부(夫婦) 화합(和合)의 도리(道理)를 이르는 말 * 夫婦(부부) :남편(男便)과 아내 * 工夫(공부) :학문을 닦음	<부창부수> "남편(男便)이 주장(主張)하면 아내는 이에 잘 따르면서
唱	口 <부를 창> ①노래를 부르다 ②노래, 가곡(歌曲) ③먼저 부르다 ④말을 꺼내다, 앞장서서 주장하다(主張), 인도하다(引導)	* 合唱(합창) :많은 사람이 소리를 맞추어서 노래를 부름 * 及唱(급창) :군아(郡衙)에서 부리는 사내 종 * 復唱(복창) :명령이나 지시하는 말을 그대로 되풀이함 * 提唱(제창) :처음으로 주장(主張)함	
婦	女 <며느리 부> ①며느리 ②지어미, 아내 ③여자(女子) ④암컷 ⑤예쁘다 ⑥정숙하다(貞淑)	* 婦女(부녀) :婦女子(부녀자). 남의 아내가 된 여자(女子) * 婦人(부인) :결혼(結婚)한 여자(女子) * 主婦(주부) :한 집안의 주인(主人)의 아내. 안주인(主人) * 夫道婦德(부도부덕) :남편의 도리(道理)와 아내의 덕성(德性)	
隨	阝(阜) <따를 수> ①따르다, 따라서 ②좇다, 추종하다(追從) ③부화하다(附和 :주견이 없이 경솔하게 남의 의견에 따르다) ④즉시, 곧바로	* 隨伴(수반) :붙좇아서 따르는 일. 반수(伴隨) * 隨時(수시) :때때로, 그때그때, 때에 따라서 * 隨想(수상) :그때그때 떠오르는 생각 * 隨筆(수필) :수상(隨想)에 따라 적는 산문(散文)형식의 글	

한자	부수·훈음·뜻	용례	풀이
賢	貝 <어질 현> ①어질다, 착하다, 선량하다(善良) ②현명하다(賢明) ③좋다, 낫다, 더 많다 ④존경하다(尊敬) ⑤남을 높여 이르는 말	* 賢母良妻(현모양처) :어진 어머니이면서 또한 착한 아내 * 賢明(현명) :어질고 영리(怜悧)하여 사리(事理)에 밝음 * 聖賢(성현) :성인(聖人)과 현인(賢人) * 先賢(선현) :先哲(선철). 예전의 현철(賢哲)	<현모양처> 어진 어머니이면서 또한 착한 아내가 되면
母	毋 <어미 모> ①어머니 ②어머니뻘의 여자(女子) ③할머니, 나이 많은 여자(女子) ④암컷 ⑤근본(根本), 근원(根源) ⑥기르다	* 母堂(모당) :慈堂(자당). 남의 어머니의 높임말 * 母生(모생) :남을 대(對)해 자기(自己) 어머니를 일컬음 * 父母(부모) :어버이. 아버지와 어머니 * 祖母(조모) :할머니 * 生母(생모) :자기를 낳은 어머니 * 養母(양모) :길러준 어머니	
良	艮 <어질 량> ①어질다 ②좋다, 훌륭하다 ③참으로 ④곧다 ⑤착하다, 아름답다 ⑥길하다(吉) ⑦남편(男便) ⑧잠깐, 잠시(暫時)	* 良久(양구) :꽤나 한참 지남 * 良俗(미풍양속) :좋은 풍속(風俗) * 良識(양식) :양심적(良心的)인 지식(知識)과 판단력(判斷力) * 良心(양심) :사람으로서 마땅히 가져야 할 바르고 착한 마음 * 改良(개량) :나쁜 점을 좋게 고침 * 善良(선량) :착하고 어짊	
妻	女 <아내 처> ①아내 ②시집보내다 ③아내로 삼다 ④간음하다(姦淫)	* 妻子(처자) :아내와 자식(子息) * 妻家(처가) :아내의 본집 * 愛妻家(애처가) :아내를 각별(各別)히 아끼는 사람 * 糟糠之妻(조강지처) :지게미와 쌀겨를 먹으며 고생을 같이 해온 아내란 뜻으로, 흔히 본처(本妻)를 일컬음	

末	木 <끝 말> ①끝, 꼭대기 ②마지막, 하위(下位) ③시간(時間)의 끝 ④말세(末世) ⑤늘그막 ⑤지엽(枝葉), 중요하지 않은 부분(部分)	* 末分(말분) :한세상(一世上) 사는 동안을 셋으로 나누었을 때의 끝판. 늙바탕. 늙어버린 판 * 年末(연말) :한 해의 마지막. 세밑 * 終末(종말) :끝, 끝판 * 顚末(전말) :本末(본말). 일의 처음부터 끝까지의 경과(經過)	<말분향희> 늙바탕에 복(福)을 누리게 된단다." 라고 하신다.
分	刀 <나눌 분 / 푼 푼> ①나누다 ②구별하다(區別), 명백(明白)히 하다 ③나누어 맡은 몫 ⑤분수(分數) ⑥길이, 무게, 화폐(貨幣)의 단위(單位)	* 分量(분량) :낱낱이 가를 수 있는 많고 적은 정도(程度) * 分析(분석) :각 성분(成分)이나 요소(要素)를 갈라내 알아냄 * 分數(분수) :①한 수를 나눈 몫 ②자신의 처지에 맞는 한도 * 部分(부분) :전체(全體)를 몇으로 나눈 것의 하나하나	
享	亠 <누릴 향> ①누리다 ②드리다 ③제사지내다(祭祀) ④흠향하다(歆饗) ⑤잔치, 연회(宴會) ⑥마땅하다, 합당하다(合當)	* 享年(향년) :한평생 살아 누린 나이, 죽은 사람의 나이 * 享樂(향락) :즐거움을 누림 * 享祀(향사) :제사(祭祀)를 올림 * 享受(향수) :①혜택(惠澤)을 누림 ②음미(吟味)하고 즐김 * 祭享(제향) :①나라에서 지내는 제사 ②제사(祭祀)의 높임말	
禧	礻(示) <복 희> ①복(福), 행복(幸福) ②길상(吉祥) ③기쁜 일, 경사(慶事)	* 鴻禧(홍희) :큰 행운(幸運) * 祝禧宴(축희연) :회갑연(回甲宴)을 축하(祝賀)함. 경조사(慶弔事)의 서식(書式) * 恭賀新禧(공하신희) :謹賀新年(근하신년). 삼가 새해를 축하함	

配	酉 <짝 배 / 나눌 배> ①짝, 짝짓다 ②아내 ③걸맞다 ④견주다, 적수(敵手) ⑤나누다 ⑥귀양 보내다 ⑦딸리다(隸屬)	* 配匹(배필) :부부(夫婦)가 될 짝. 부부(夫婦)로서의 짝 * 配慮(배려) :보살펴 주려고 이리저리 마음을 써 줌 * 分配(분배) :일정(一定)한 기준(基準)에 따라 나누는 일 * 支配(지배) :상대의 행위(行爲)를 규제(規制), 속박(束縛)함	<배필반려> "부부(夫婦)로 서 짝이 되어 서로를 따르면서
匹	匚 <짝 필> ①짝, 배우자(配偶者) ②상대(相對), 맞수, 맞서다, 적수(敵手)가 되다 ③천한 사람 ④마리(동물 따위를 세는 단위)	* 匹鳥(필조) :鴛鴦(원앙). 기러기목 오리과의 조류(鳥類) * 匹夫(필부) :①한 사람의 남자 ②신분이 낮은 보잘것없는 남자 * 匹敵(필적) :①서로 어슷비슷하게 맞섬 ②걸맞아서 견줄 만함 * 匹夫匹婦(필부필부) :평범한 남자(男子)와 평범한 여자(女子)	
伴	亻(人) <짝 반> ①짝, 반려(伴侶 :짝이 되는 동무) ②동반자(同伴者) ③벗 ④동료(同僚) ⑤모시다 ⑥따르다	* 同伴(동반) :①데리고 함께 다님 ②길을 같이 감 * 隨伴(수반) :伴隨(반수). 붙좇아서 따르는 일 * 伴食宰相(반식재상) :곁에 모시고 밥을 먹는 재상(宰相). <比喩>무위도식(無爲徒食)하는 무능한 대신(大臣)	
侶	亻(人) <짝 려> ①짝 ②벗(비슷한 또래로서 서로 친하게 사귀는 사람), 벗하다 ③동반하다(同伴)	* 伴侶(반려) :짝이 되는 것. 짝이 되어 서로 따르는 것 * 僧侶(승려) :불교(佛敎)의 가르침을 배우기 위해 수행修行)하는 사람 * 緇侶(치려) :僧徒(승도). 승려(僧侶)의 무리	

百	白 <일백 백> ①일백(一百) ②백 번 ③백 배 하다 ④여러, 모두, 모든, 온갖	* 百年偕老(백년해로) :백년(百年)을 같이하며 늙어감. 부부(夫婦)의 인연(因緣)을 맺어 평생(平生)을 같이 즐겁게 지낸다는 말 * 百姓(백성) :①일반 국민(國民) ②관직(官職)이 없는 사람들	<백년해로> 평생(平生)토록 화락(和樂)하게 함께 늙어가겠느뇨?" 하고 물으매
年	干 <해 년> ①해, 새해, 신년(新年) ②나이, 연령(年齡) ③때, 시대(時代) ④오곡(五穀)이 잘 익다	* 今年(금년) :올해, 금세(今歲), 당세(當歲) * 來年(내년) :올해의 다음 해, 명년(明年) * 昨年(작년) :지난해 * 沖年(충년) :열 살 안팎의 어린 나이 * 往年(왕년) :往歲(왕세). 지나간 해, 옛날 * 每年(매년) :매해	
偕	亻(人) <함께 해> ①함께, 같이 ②함께 하다, 같이 살다 ③같다, 같게 하다 ④맞다, 적합하다(適合) ⑤두루 미치다	* 偕樂(해락) :여러 사람이 같이 즐김 * 偕來(해래) :함께 옴 * 偕行(해행) :①함께 감 ②여럿이 함께 잇달아 줄지어 감 * 偕老同穴(해로동혈) :부부(夫婦)가 한평생(平生)을 같이 지내며 같이 늙고, 죽어서는 같이 무덤에 묻힘	
老	老 <늙을 로> ①늙다 ②어른, 부모(父母), 늙은이 ③익숙하다, 노련하다(老鍊) ④오래 되다 ⑤쇠약하다(衰弱)	* 老人(노인) :나이가 많은 사람. 늙은이, 늙은 분 * 元老(원로) :오래 종사(從事)하여 공로(功勞)가 있는 연로자 * 老鍊(노련) :老熟(노숙). 오랫동안 경험(經驗)을 쌓아 익숙함 * 男女老少(남녀노소) :남자와 여자, 늙은이와 젊은이. 모든 사람	

彼	彳 <저 피> ①저, 저쪽, 저것 ②그 ③덮다 ④아니다	* 彼此(피차) :①저것과 이것 ②저쪽과 이쪽. 서로 * 於此彼(어차피) :於此於彼(어차어피)의 준말. 이렇게 하든지 저렇게 하든지, 어찌했든 * 此日彼日(차일피일) :오늘 내일 하며 자꾸 기한(期限)을 늦춤	<피차맹서> 서로가 장래(將來)를 두고 다짐하여 약속(約束)을 하였다.
此	止 <이 차> ①이, 이쪽, 이것 ②이에(발어사)	* 此際(차제) :때마침 주어진 이 기회(機會) * 此後(차후) :이 뒤. 이다음 * 如此(여차) :이와 같음. 이렇게 * 在此一擧(재차일거) :이 한번으로 담판(談判)을 짓는다. <比喩>단 한 번의 거사(擧事)로 끝장을 냄	
盟	皿 <맹세 맹> ①맹세(盟誓), 맹세하다, 약속(約束) ②비슷한 사람끼리의 모임 ③구역(區域)	* 盟誓(맹세) :①신불(神佛) 앞에서 약속(約束)함 ②장래(將來)를 두고 다짐하여 약속(約束)함 * 盟約(맹약) :맹세(盟誓)하여 맺은 굳은 약속(約束) * 聯盟(연맹) :공동(共同) 목적(目的)을 가진 조직(組織)	
誓	言 <맹세할 서> ①맹세하다(盟誓), 서약하다(誓約) ②맹세코(盟誓), 반드시 ③(마음에)새기다, 경계하다(警戒), 삼가다	* 誓盟(서맹) :盟誓(맹세) * 盟山誓海(맹산서해) :굳은 맹세 * 誓約(서약) :맹세(盟誓)하고 약속(約束)함 * 宣誓(선서) :공개적(公開的)으로 맹세(盟誓)하는 일 * 指天爲誓(지천위서) :하늘에 맹세(盟誓)함	

什	亻(人) <세간 집 / 열사람 십> ①세간(집안 살림에 쓰는 온갖 물건), 가구 ②열 사람(십) ③열 집(십) ④열, 십(十) ⑤여러 가지, 가지각색(各色)	* 什物(집물) :器什(기집). 살림살이에 쓰이는 온갖 기구(器具). 가구(家具). 집기(什器) 등(等) * 什器(집기) :살림살이에 쓰는 온갖 기구(器具)	
物	牛 <물건 물> ①물건(物件) ②만물(萬物) ③사물(事物) ④재물(財物) ⑤종류(種類) ⑥색깔 ⑦살피다, 변별하다	* 物件(물건) :사람이 필요(必要)에 따라 만든 물품(物品) * 物質(물질) :물건(物件)의 본바탕 * 人物(인물) :①사람의 됨됨이. 人品 ②뛰어난 사람. 人材 * 財物(재물) :돈이나 그 밖의 값나가는 물건(物件)	<집물구비> 살림살이에 쓰이는 온갖 기구(器具)가 다 갖추어지고,
具	八 <갖출 구> ①갖추다, 갖추어지다, 구비하다(具備) ②족하다, 모두, 함께, 다 같이 ③일일이, 자세히(仔細) ④차림 ⑤연장	* 具備(구비) :①빠짐없이 차림 ②고루 갖추어 있음 * 具體(구체) :사물(事物)이 뚜렷한 실체(實體)를 갖춤 * 器具(기구) :세간・그릇・도구(道具) 따위. 집물(什物) * 道具(도구) :일에 쓰이는 여러 가지 연장, 제구(諸具)	
備	亻(人) <갖출 비> ①갖추다 ②준비하다(準備) ③채우다 ④예방하다(豫防) ⑤의장(儀仗) ⑥모두 ⑦비품	* 對備(대비) :어떠한 일에 대응(對應)할 준비(準備)를 함 * 設備(설비) :베풀어서 갖춤, 또는 그 시설(施設) * 裝備(장비) :①갖추어 장식(裝飾)함 ②장치(裝置)하는 일 * 準備(준비) :필요(必要)한 것을 미리 마련하여 갖춤	

机	木 <책상 궤> ①책상(冊床) ②궤나무 ③느티나무	* 机案(궤안) :책상(冊床) * 机下(궤하) :①책상(冊床) 아래 ②편지(便紙) 겉봉에 상대편(相對便)의 이름 밑에 붙여 쓰는 경칭(敬稱) * 机上空論(궤상공론) :机上論(궤상론). 卓上空論(탁상공론)	
案	木 <책상 안> ①책상(冊床) ②생각, 상고하다(詳考) ③안건(案件), 초안(草案) ④어루만지다 ⑤지경(地境) ⑥인도하다(引導)	* 勘案(감안) :참고(參考)하여 생각함 * 方案(방안) :일을 처리(處理)해 나갈 방법(方法)에 관한 일 * 提案(제안) :①안(案)을 냄 ②계획(計劃)을 제출(提出)함 * 懸案(현안) :해결(解決)이 안 되어 걸려 있는 안건(案件)	<궤안의궤> 책상(冊床)과 의자(椅子)와 안석(案席)이 있고,
椅	木 <의자 의> ①의자(椅子), 걸상 ②의나무(椅 :산유자나뭇과의 낙엽 활엽 교목)	* 椅几(의궤) :의자(椅子)와 안석(案席). 椅子는 사람이 걸터앉는 데 쓰는 기구(器具). 案席은 벽에 세워 놓고 기대어 앉는 방석(方席) * 椅子(의자) :사람이 앉을 수 있게 만든 기구(器具)	
几	几 <안석 궤> ①안석(案席 :벽에 세워 놓고 앉을 때 몸을 기대는 방석), 기대다 ②책상(冊床) ③제향에 쓰는 기구(器具)의 한 가지	* 几杖(궤장) :机杖(궤장). 안석과 지팡이. 옛날에 임금이 70세(歲) 이상(以上)의 대신(大臣)에게 하사(下賜)하던 안석과 지팡이 * 書几(서궤) :冊床(책상). 공부(工夫)할 때 받치고 쓰는 상(床)	

梧	木 <오동나무 오> ①오동나무(梧桐 :현삼과의 낙엽 활엽 교목) ②책상(冊床), 서안(書案) ③기둥, 버팀목 ④거문고	* 梧桐(오동) :오동나무. 악기(樂器)나 자녀(子女)의 결혼용(結婚用) 장롱(欌籠)을 만드는 데 많이 쓰였음 * 梧右(오우) :책상 오른쪽 이란 뜻, 편지받는 사람의 이름 밑에 씀 * 梧下(오하) :편지받는 사람의 이름 밑에 써서 존경을 나타냄	
桐	木 <오동나무 동> ①오동나무(梧桐 :현삼과의 낙엽 활엽 교목) ②거문고(우리나라 현악기의 하나)	* 桐梓(동재) :오동나무와 가래나무, 곧 좋은 재목(材木) * 絲桐(사동) :거문고의 별칭(別稱) * 梧桐一葉(오동일엽) :①오동잎 지는 것을 보고 가을이 왔음을 안다 ②한 가지를 보면 일의 전말을 알 수 있음	<오동장롱> 오동(梧桐)나무로 만든 장롱(欌籠)은
欌	木 <장롱 장> ①장롱(欌籠 :옷 따위를 넣어 두는 장과 농을 아울러 이르는 말) ②의장(儀仗)	* 欌籠(장롱) :옷을 넣어 두는 장(欌)과 농(籠)을 함께 이르는 가구(家具). 장(欌)은 옆널이 하나로 붙어 있고, 농(籠)은 층별(層別)로 분리(分離)됨 * 陳列欌(진열장) :물품(物品)을 진열(陳列)하는 데 쓰는 장(欌)	
籠	竹 <대바구니 롱> ①대바구니 ②대그릇(대로 만든 그릇) ③새장(欌 :새를 넣어 기르는 장) ④들어 박히다, 한데 뭉치다, 웅성대다	* 籠球(농구) :바스켓에 공을 넣어 득점을 다투는 경기(競技) * 籠絡(농락) :사람을 교묘(巧妙)한 꾀로 제 마음대로 이용함 * 籠城(농성) :①성문(城門)을 굳게 닫고 성을 지키는 것 ②자리를 떠나지 않고 지키는 시위의 수단	

摩	手 <문지를 마> ①문지르다, 비비다 ②쓰다듬다, 어루만지다 ②연마하다(硏磨·練磨·鍊磨), 닦아서 곱게 하다 ③닳아 없어지다	* 摩擦(마찰) :①물건(物件)과 물건(物件)이 서로 닿아서 비빔. ②개인(個人)이나 당파(黨派) 사이의 알력(軋轢)이나 충돌(衝突)에 비유(比喩)함 * 按摩(안마) :몸의 근육을 주물러 피로(疲勞)가 풀리게 함	
擦	扌(手) <문지를 찰> ①문지르다 ②마찰하다(摩擦) ③비비다	* 擦過傷(찰과상) :스치거나 문질려서 살갗이 벗어진 상처(傷處) * 摩拳擦掌(마권찰장) :주먹과 손바닥을 비빈다는 뜻으로, 기운(氣運)을 모아서 돌진(突進)할 태세(態勢)를 갖추고 기회(機會)를 엿봄을 이름	<마찰윤택> 문지르고 비벼서 닦고 하여 윤기(潤氣)있는 광택(光澤)이 난다.
潤	氵(水) <윤택할 윤 / 불을 윤> ①윤택하다(潤澤), 윤(潤)이 나다, 윤기(潤氣), 광택(光澤) ②(물에)불다, 젖다 ③은혜(恩惠) ④이득(利得), 이익(利益)	* 潤澤(윤택) :①윤기(潤氣) 있는 광택(光澤) ②물건(物件)이 풍부(豐富)함. 넉넉함 * 利潤(이윤) :돈벌이를 하는 동안에 남는 돈 * 霑潤(점윤) :비나 이슬에 젖어 불은 것	
澤	氵(水) <못 택 / 윤택 택 / 은혜 택> ①못(넓고 오목하게 팬 땅에 물이 괴어 있는 곳) ②습하다(濕), 축축하다 ③윤, 윤택(潤澤) ④은혜(恩惠), 은덕	* 光澤(광택) :물체(物體)의 표면(表面)에 번쩍이는 윤기(潤氣) * 德澤(덕택) :德分(덕분). 남에게 끼친 덕이나 혜택(惠澤) * 惠澤(혜택) :은혜(恩惠)와 덕택(德澤) * 雨露之澤(우로지택) :①이슬과 비의 은혜 ②임금의 은혜	

한자	뜻	낱말	풀이
閨	門 <안방 규> ①안방 ②도장방(부녀자가 거처하는 방) ③침실 ④부녀자(婦女子) ⑤남녀(男女) 관계 ⑥협문(夾門 :정문 옆의 작은 문)	* 閨房(규방) :부녀자(婦女子)가 거처(居處)하는 방(房). 안방 * 閨愛(규애) :윗사람의 딸을 높여 이르는 말 * 閨秀(규수) :남의 집 처녀(處女)를 점잖게 이르는 말 * 閨中處女(규중처녀) :안방에만 있는 처녀(處女)	<규방침선> 부녀자(婦女子)가 거처(居處)하는 방(房)에는 바늘과 실이 있어서
房	戶 <방 방> ①방(房) ②곁방(房) ③규방(閨房), 침실(寢室) ④관아(官衙) ⑤사당(祠堂) ⑥집, 가옥(家屋)	* 文房(문방) :책을 읽거나 글을 쓰는 방(房) * 文房四友 * 洞房(동방) :①잠자는 방(房). 침방(寢房) ②깊숙한 방(房) * 廚房(주방) :음식(飮食)을 차리는 방(房) * 空房(공방) :빈 방 * 獨守空房(독수공방) :빈방에서 혼자 잠. 남편(男便)없이 지냄	
針	金 <바늘 침> ①바늘, 침(針) ②바느질하다 ③침을 놓다(鍼) ④가시 ⑤찌르다	* 針線(침선) :①바늘과 실 ②바느질 * 方針(방침) :①방위(方位)를 가리키는 자석의 바늘 ②앞으로 나갈 방향(方向) * 指針(지침) :지시(指示) 장치(裝置)에 붙어 있는 바늘	
線	糸 <실 선 / 줄 선> ①실, 선(線) ②줄(무엇을 묶거나 동이는 데에 쓰는 가늘고 긴 물건) ③노선(路線) ④경계선(境界線), 한계(限界)	* 曲線(곡선) :굽은 선(線)* 直線(직선) :곧은 선(線) * 路線(노선) :정(定)해 놓고 다니도록 되어 있는 길 * 視線(시선) :눈이 가는 방향(方向)의 직선(直線) * 混線(혼선) :갈래가 얽혀 종잡을 수 없음	

한자	뜻	낱말	풀이
綻	糸 <터질 탄> ①(옷이)터지다 ②피다, 봉오리가 벌다 ③깁다(떨어지거나 해어진 곳을 꿰매다), 꿰매다	* 綻裂(탄렬) :터지다. 해지다 * 綻露(탄로) :비밀(秘密)이 드러남 * 破綻(파탄) :①찢어지고 터짐 ②일이 원만(圓滿)히 해결(解決)되지 않고 중도(中途)에서 그릇됨	<탄렬봉함> 옷이 터져서 찢어지면 바늘로 꿰매서 이어붙이기도 하고,
裂	衣 <찢을 렬> ①찢다, 찢어지다 ②터지다 ③해지다, 무너지다 ④쪼개다, 분할하다(分割) ⑤마름질하다, 재단하다(裁斷) ⑥자투리	* 決裂(결렬) :의견(意見)이 여러 갈래로 찢어짐 * 龜裂(균열) :거북의 등에 있는 무늬처럼 갈라져서 터짐 * 分裂(분열) :여러 파(派)로 찢어져 갈라짐 * 支離滅裂(지리멸렬) :이리저리 흩어져 갈피를 잡을 수 없음	
縫	糸 <꿰맬 봉> ①꿰매다 ②바느질하다 ③깁다(해어진 곳을 꿰매다) ④옷 솔기(옷이나 이부자리를 지을 때 두 폭을 맞대고 꿰맨 줄)	* 縫緘(봉함) :꿰매서 봉(封)함. 바늘로 꿰매서 이어붙임 * 縫合(봉합) :갈라진 자리를 서로 꿰매어 붙임 * 彌縫(미봉) :옷감의 터진 부분을 깁고 꿰매어 매워 놓음 * 裁縫(재봉) :옷감을 마르고 꿰매어 옷을 만듦. 바느질	
緘	糸 <봉할 함> ①봉하다(封) ②꿰매다 ③묶다 ④새끼줄 ⑤서류함(書類函) ⑥봉투(封套) ⑦편지(便紙·片紙), 서신(書信)	* 緘口(함구) :입을 다물어서 봉함 * 緘口無言(함구무언) * 緘封(함봉) :편지(便紙)·문서(文書) 등(等)의 겉봉을 봉함 * 緘札(함찰) :봉한 문서(文書) * 謹緘(근함) :편지(便紙) 겉봉의 뒤쪽 봉한 자리에 쓰는 말	

한자	뜻	낱말	풀이
搗	扌(手) <찧을 도> ①찧다 ②다듬이질하다 ③두드리다 ④고치다 ⑤나타내다	* 搗砧(도침) :도침질하다. 피륙이나 종이 따위를 다듬잇돌에 다듬어서 반드럽게 하는 일 * 搗練(도련) :흰 비단을 삶아서 두드리는 것 * 搗精(도정) :곡식(穀食) 등을 찧거나 쓿는 일. 찧기. 대끼기	<도침무울> 다듬잇돌에 피륙을 올려놓고 두드리거나 다리미로 옷의 주름을 펴기도 한다.
砧	石 <다듬잇돌 침> ①다듬잇돌 ②모탕(나무를 패거나 자를 때에 받쳐 놓는 나무토막)	* 砧骨(침골) :누워 베개가 닿는 두개골(頭蓋骨)의 부분(部分) * 砧聲(침성) :다듬이질 하는 소리 * 鐵砧(철침) :모루. 망치로 쇠를 가공을 때 쓰는 받침대 * 擣砧聲(도침성) :다듬이질하는 소리	
鉧	金 <다리미 무> ①다리미	* 鈷鉧(고무) :熨斗(위두). 다리미, 인두	
尉	寸 <벼슬이름 위 / 다리미 울> ①벼슬의 이름 ②다리미(울), 다리미로 주름을 펴다(울)	* 校尉(교위) :중국(中國) 한(漢)나라 때에 궁성(宮城)의 방위(防衛)와 진무(鎭撫) 따위를 맡아보던 무관(武官) * 少尉(소위) :군인(軍人) 계급(階級)의 하나. 위관(尉官)의 초급장교(初級將校)	

한자	뜻	낱말	풀이
鴛	鳥 <원앙 원> ①원앙(鴛鴦 :오릿과의 물새) ②원앙(鴛鴦)의 수컷	* 鴛鴦衾枕(원앙금침) :①원앙을 수놓은 이불과 베개. ②부부(夫婦)가 함께 덮는 이불과 베는 베개 * 鴛侶(원려) :①벼슬아치의 동료(同僚) ②배필(配匹)	<원앙금침> 부부(夫婦)가 함께 덮는 원앙(鴛鴦)을 수(繡)놓은 이부자리가 깔리고 베개가 놓여있으매
鴦	鳥 <원앙 앙> ①원앙(鴛鴦 :오릿과의 물새) ②원앙(鴛鴦)의 암컷	* 鴛鴦(원앙) :오릿과의 물새. 암수가 늘 같이 다니는 필조(匹鳥). 鴛(원)은 수컷, 鴦(앙)은 암컷 * 鴛鴦之契(원앙지계) :금슬(琴瑟)이 좋은 부부(夫婦) 사이 * 鴦伽社多(앙가사다) :남자(男子)의 생식기(生殖器)	
衾	衣 <이불 금> ①이불(침구의 하나)	* 衾枕(금침) :이부자리와 베개 * 衾具(금구) :이부자리 * 寢衾(침금) :이불 * 孤枕單衾(고침단금) :외로운 베개와 얇은 이불. <比喩>홀로 쓸쓸히 자는 여자(女子)의 이부자리	
枕	木 <베개 침> ①베개 ②(베개를)베다, 드러눕다, 잠자다 ③머리뼈 ④말뚝 ⑤가로막다, 방해하다(妨害) ⑥임하다, 향하다(向)	* 木枕(목침) :나무로 만든 베개 * 枕席(침석) :베개와 자리 * 高枕而臥(고침이와) :베개를 높이 하고 누웠다는 뜻으로, 마음을 편안(便安)히 하고 잠잘 수 있음 * 曲肱而枕之(곡굉이침지) :팔을 굽혀 베개 삼다. 낙빈(樂貧)	

伉	亻(人) <짝 항> ①짝 ②부부(夫婦), 배필(配匹) ③정직하다(正直) ④강하다(強), 굳세다 ⑤대항하다(對抗), 저항하다(抵抗)	* 伉儷(항려) :남편(男便)과 아내가 이루어진 짝. 배필(配匹) * 伉配(항배) :夫婦(부부), 配匹(배필) * 伉健(항건) :굳세고 용맹(勇猛)스러움 * 伉直(항직) :성질(性質)이나 행동(行動) 이 곧고도 굳셈	<항려임신>
儷	亻(人) <짝 려> ①짝, 배우자(配偶者) ②쌍, 한 쌍 ③나란히 하다 ④짝하다, 견줄 만하다 ⑤아름답다(麗)	* 儷皮(여피) :자웅(雌雄) 한 쌍의 사슴의 가죽 * 騈儷文(변려문) :儷文(여문). 4字와 6字를 基本句로 對句를 이룬 수사(修辭)가 화려(華麗)한 문장(文章) * 伉儷之年(항려지년) :장가들고 시집 갈 나이	
妊	女 <아이밸 임> ※ 姙과 同字 ①아이를 배다, 임신하다(妊娠·姙娠)	* 妊娠(임신) :姙娠(임신). 懷妊(회임). 아이를 배는 것. 임자(妊子), 중신(重身), 회잉(懷孕)이라고도 함 * 妊婦(임부) :孕婦(잉부). 姙産婦(임산부). 아이를 밴 여자 * 妊産(임산) :어린애를 배거나 낳는 일	남편과 아내가 짝을 맺어 아이를 배게 되고,
娠	女 <아이밸 신> ①아이를 배다, 잉태하다(孕胎) ②머금다 ③심부름꾼, 하인(下人)	* 有娠(유신) :妊娠(임신). 아이를 뱀. * 妊娠婦(임신부) :임신(姙娠) 중(中)인 여자(女子)	

孕	子 <아이밸 잉> ①아이를 배다, 임신하다(妊娠·姙娠) ②품다, 품어 가지다 ③분만하다(分娩) ④부화하다(孵化) ⑤기르다	* 孕腹(잉복) :아이를 밴 배(腹) * 孕胎(잉태) :孕重(잉중). 孕身(잉신). 懷孕(회잉), 姙娠(임신) 아이를 뱀 * 孕吐(잉토) :孕病(잉병), 喜病(희병). 입덧 (害口, 害喜, 閙喜)	<잉복만통>
腹	月(肉) <배 복> ①배(오장육부(五臟六腑)의 하나) ②마음, 속마음 ③중심(中心) 부분(部分) ④(품에)안다, 껴안다 ⑤아이를 배다	* 腹部(복부) :①배 ②물건(物件)의 가운데 부분(部分) * 腹心(복심) :①배와 가슴 ②마음속 깊은 곳의 심정(心情) * 腹案(복안) :마음속에 품고 있는 계획(計劃) * 腹痛(복통) :배를 앓는 병(病) * 口蜜腹劍(구밀복검)	아이를 밴 배(腹)는 아이를 낳을 때
娩	女 <낳을 만 / 해산할 만> ①낳다 ②해산하다(解産 :아이를 낳다) ③유순하다(柔順) ④아양을 떨다 ⑤아리땁다 ⑥번식하다(繁殖·蕃殖)(반)	* 娩痛(만통) :해산(解産 :아이를 낳음)할 때의 진통(陣痛) * 分娩(분만) :산모가 뱃속의 아기를 몸 밖으로 나오게 함 * 解娩(해만) :解産(해산). 아이를 낳음	해산(解産)의 진통(陣痛)을
痛	疒 <아플 통> ①(몸이)아프다 ②애석히 여기다 ③번민하다(煩悶), 괴롭다 ④슬퍼하다 ⑤간절하다(懇切) ⑥몹시, 매우	* 痛症(통증) :아픈 증세(症勢) * 痛哭(통곡) :소리 높여 슬피 욺 * 痛歎(통탄) :몹시 탄식(歎息·嘆息)함 * 苦痛(고통) :몸이나 마음의 괴로움과 아픔 * 陣痛(진통) :분만(分娩) 때 주기적(週期的)으로 오는 통증(痛症)	겪게 된다.

襁	衤(衣) <포대기 강> ①포대기 ②(등에)업다 ③띠(너비가 좁고 기다랗게 생긴 물건. 둘러매는 끈) ④돈꿰미	* 襁褓(강보) :포대기. 곧 포대기에 싸여 있는 어린 아이 때를 말함 * 襁褓幼兒(강보유아) :포대기에 싸이어 양육되는 어린아이	
褓	衤(衣) <포대기 보> ①포대기	* 褓商(보상) :봇짐 장수 * 褓負商(보부상) :봇짐 장수와 등짐 장수 * 床褓(상보) :음식(飮食)을 차려 놓은 상을 덮는 보자기 * 面紗褓(면사보) :面紗布(면사포)	<강보나영>
裸	衤(衣) <벌거벗을 나> ①벌거벗다 ②벌거숭이(옷을 죄다 벗은 알몸뚱이), 알몸 ③벗다 ④털, 날개가 없는 벌레(裸蟲) ⑤무일푼	* 裸體(나체) :사람이 아무 옷도 입지 않고 몸의 살을 다 드러내고 있는 상태(狀態). 알몸 * 赤裸裸(적나라) :①몸에 아무것도 걸치지 않은 발가벗은 상태(狀態) ②숨김없이 본디 모습 그대로 드러남	포대기에는 벌거숭이 젖먹이가 싸여 있는데,
嬰	女 <어린아이 영> ①어린아이 ②갓난아이 ③연약하다(軟弱) ④두르다 ⑤목에 걸다 ⑥잇다 ⑦지니다	* 嬰兒(영아) :젖먹이 * 嬰孩(영해) :어린아이 * 嬰視(영시) :얕잡아 어린아이로 봄 * 句嬰(구영) :곱사등이 * 退嬰(퇴영) :뒤로 물러나서 움직이지 아니함	

爺	父 <아비 야> ①아버지, 아비, 아빠 ②늙으신네 ③남자(男子)의 존칭(尊稱)	* 爺爺(야야) :아버지를 높여 이르던 말 * 爺孃(야양) :부모(父母)를 속(俗)되게 이르는 말	
覩	見 <볼 도> ①보다(覩) ②가리다, 분간하다(分揀) ③분별하다(分別) ④자세(仔細)히 보다 ⑤알다, 예견하다(豫見)	* 目覩(목도) :目擊(목격). 직접(直接) 자기(自己)의 눈으로 봄 * 厭覩(염도) :理致(이치). 사물(事物)의 정당(正當)한 조리(條理). 또는 도리(道理)에 맞는 취지(趣旨)	<야도이왈>
怡	忄(心) <기쁠 이> ①기쁘다 ②즐거워하다, 기뻐하다 ③기쁘게 하다 ④온화하다(溫和)	* 怡怡(이이) :怡然(이연). 즐거워하는 모양. 기뻐서 좋아하는 모양 * 弟有過失怡聲以訓 :아우에게 과실(過失)이 있으면 형(兄)은 온화(溫和)한 목소리로 훈계(訓戒)해야 함	아비가 보면서 기뻐하며 말하기를,
曰	曰 <가로 왈> ①가로되, 말하기를 ②일컫다 ③부르다 ④이르다, 말하다 ⑤~라 하다 ⑥이에	* 予曰(여왈) :내게 말하기를 * 又曰(우왈) :또 말하기를. 다시 이르되 * 或曰(혹왈) :①어떤 이가 말하는 바 ②혹은 이르기를 * 曰可曰否(왈가왈부) :좋으니 나쁘니 하고 떠들어댐	

肖	月(肉) <닮을 초> ①닮다 ②모양이 같다 ③본받다	* 肖像(초상) :사람의 얼굴이나 모양(模樣)을 그리거나 새김 * 不肖(불초) :①못나고 어리석음. 어버이를 이을 만한 능력(能力)이 없는 사람 ②자기(自己)의 겸칭(謙稱)	<초엄조윤> "나를 닮은 자손(子孫)이로다!"
俺	亻(人) <나 엄 / 클 엄> ①나, 자신(自身) ②우리들 ③크다 ④어리석다	* 俺拔(엄발) :배와 비슷한 과일 * 俺每(엄매) :俺們(엄문). 我們(아문). 우리들. 每는 們과 同義 * 俺咱(엄찰) :俺家(엄가). 나(我)	
祚	礻(示) <복 조> ①복(福) ②(복을)내리다, 돕다 ③전하다(傳), 유전하다(流轉) ④보답하다(報答) ⑤해, 연(年) ⑥임금의 자리, 제위(帝位)	* 祚胤(조윤) :복(福)을 자손(子孫)에게 길이 전(傳)하는 것. 자손(子孫), 후예(後裔). 후손(後孫). 후사(後嗣) * 祚命(조명) :하늘의 복으로 도움을 받음 * 祚業(조업) :나라를 다스리는 일 * 聖祚(성조) :임금의 자리	
胤	月(肉) <자손 윤> ①자손(子孫) ②맏, 맏아들 ③혈통(血統), 후손(後孫) ④잇다, 계승하다(繼承)	* 胤君(윤군) :允君(윤군). 웃어른의 장성한 아들을 이르는 말 * 胤玉(윤옥) :允玉(윤옥). 남의 아들을 높여 이르는 말 * 令胤(영윤) :남의 아들에 대(對)한 경칭(敬稱) * 玉胤(옥윤) :令息(영식) * 後胤(후윤) :後孫(후손)	

你	亻(人) <너 니> ①너 ②자네, 당신(當身) ③너희들, 당신들 ④사람, 누구(어떤 사람을 막연히 일컫거나 때로는 자기를 의미하기도 함)	* 你好(니호) :<中語>안녕하십니까? * 你的(니적) :<中語>①너의 ②네 것 * 你叱花(잇곶) :<借音>잇꽃 :국화과에 속함. 홍화(紅花) * 你一言我一語(니일언아일어) :저마다 한마디씩 말하다	<니종예주> 너는 단군(檀君) 할아버지의 먼 후손(後孫)이니
倧	亻(人) <한배 종 / 상고신인 종> ①상고시대(上古時代)의 신인(神人). 곧 단군(檀君)을 이름	※ 한배 :①'한배검'의 준말. 단군(檀君)을 높여 부르는 말 ②同腹(동복) :한 배, 같은 배, 같은 어머니의 배(腹) ※ <參佺戒經>(第331事) 倧之所重者國體也 佺之所重者民敎也	
裔	衣 <후손 예 / 옷자락 예> ①후손(後孫) ②자락(옷이나 이불 따위의 아래로 드리운 넓은 조각) ③가, 끝 ④남다	* 裔胄(예주) :먼 자손(子孫). 후예(後裔) * 胄裔(주예) :後孫(후손) * 來裔(내예) :후세(後世)의 자손(子孫) * 後裔(후예) :핏줄을 이은 먼 후손(後孫)	
胄	月(肉) <자손 주 / 투구 주> ①자손(子孫) ②맏아들 ③핏줄, 혈통(血統), 계통(繼統) ④(뒤를)잇다 ⑤쫓다, 뒤쫓다 ⑥투구(쇠로 만든 모자)	* 胄孫(주손) :적자(嫡子)의 맏아들 맏손자 * 鎧胄(개주) :介胄(개주). 갑옷과 투구를 아울러 이르는 말 * 國胄(국주) :임금의 장자(長子), 태자(太子), 세자(世子) * 華胄(화주) :왕족(王族)이나 귀족(貴族)의 자손(子孫)	

金	金 <쇠 금 / 성(姓) 김> ①쇠(鐵) ②금(金) ③돈, 화폐(貨幣) ④누른빛 ⑤귀하다(貴) ⑥성(姓)(김)	* 金聲玉振(금성옥진) :<孟子>金聲而玉振之 金은 鐘이고, 玉은 磬으로, 八音을 合奏할 때 먼저 鐘을 치고 마지막에 磬을 쳐서 그 韻을 거두어 奏樂을 끝냄. 智德이 갖추어 있음을 比喩.	<금성옥진> 지덕(智德)을 온전(穩全)히 갖추거라." 하고는
聲	耳 <소리 성> ①소리 ②소리를 내다, 말하다 ③선언하다, 펴다, 밝히다 ④풍류(風流), 노래 ⑤이름, 명예(名譽)	* 聲明(성명) :여러 사람에게 의견(意見)을 밝혀서 말함 * 聲援(성원) :옆에서 소리를 질러 응원(應援)하거나 도움 * 名聲(명성) :세상(世上)에 떨친 이름 * 喊聲(함성) :많은 사람들이 함께 지르는 고함(高喊) 소리	
玉	玉 <구슬 옥> ①구슬 ②옥(玉) ③아름다운 덕(德) ④아름답다, 훌륭하다, 귀(貴)하다 ⑤아름다운 사물(事物)의 비유(比喩)	* 玉篇(옥편) :한자(漢字)의 음훈(音訓 :소리와 뜻)을 달아 놓은 책 * 玉石(옥석) :옥과 돌. <比喩>①좋고 나쁜 것 ②옳고 그른 것 * 金枝玉葉(금지옥엽) :금(金) 가지에 옥(玉) 잎사귀. <比喩>귀(貴)한 자손(子孫)	
振	扌(手) <떨칠 진> ①떨치다, 떨쳐 일어나다 ②떨다, 진동하다(振動) ③속력(速力)을 내다, 무리지어 날다	* 振男(진남) :童男(동남). 사내아이 * 振作(진작) :떨쳐서 일으키거나 일어남 * 士氣振作(사기진작) * 振興(진흥) :침체(沈滯)된 상태(狀態)에서 떨쳐 일으킴 * 不振(부진) :활발(活潑)하게 움직여 떨치지 못함	

登	癶 <오를 등> ①오르다 ②나가다 ③기재하다(記載) ④익다(豐登)	* 登載(등재) :어떤 사항을 장부(帳簿)나 대장(臺帳)에 올림 * 登錄(등록) :문서(文書)나 공부(公簿)에 올려 기재(記載)함 * 登場(등장) :무슨 일이나 어떠한 장소에 오르거나 나타남 * 豐登(풍등) :농사(農事)지은 것이 썩 잘됨	<등재호적> 호적(戶籍)에 올려 싣고서
載	車 <실을 재> ①싣다 ②오르다, 올라타다 ③진설하다(陳設) ④지니다 ⑤기록하다(記錄), 등재하다(登載)	* 揭載(게재) :신문(新聞) 따위에 글이나 그림을 실음 * 記載(기재) :문서(文書)에 기록(記錄)하여 실음 * 搭載(탑재) :배·수레·비행기(飛行機) 등에 물건(物件)을 실음 * 千載一遇(천재일우) :천 년에 한 번 만남, 좋은 기회(機會)	
戶	戶 <지게 호 / 집 호> ①지게(돌쩌귀를 달아 여닫는 문) ②출입구(出入口) ③집, 방(房) ④구멍 ⑤막다, 지키다	* 戶籍(호적) :한 집안의 식구(食口)를 적은 부책(簿冊). 한 집안을 표준(標準)으로 하여 호주(戶主)와 가족(家族)과의 관계(關係), 본적지(本籍地), 출생연월일(出生年月日) 따위를 적은 공문서(公文書)	
籍	竹 <문서 적> ①문서(文書), 서적(書籍) ②호적(戶籍), 신분(身分) ③등록부(登錄簿) ④대쪽, 명부(名簿)	* 文籍(문적) :書籍(서적). 책. 서사(書史) * 可考文籍 * 國籍(국적) :한 나라에 소속(所屬)된 자격(資格) * 除籍(제적) :호적(戶籍)·학적(學籍)·당적(黨籍) 등 어떤 자격으로 등재된 기록부에서 이름을 지워 버림	

哺	口 <먹일 포> ①먹다 ②먹이다, 먹여 기르다 ③씹어먹다 ④음식물(飮食物) ⑤어린아이의 병명(病名)	* 哺乳(포유) :젖을 먹이다. 젖을 먹여 키우다 * 哺乳動物 * 反哺之孝(반포지효) :까마귀가 어미에게 먹이를 물어다 주는 효성(孝誠), 卽 부모(父母)를 봉양(奉養)함 * 反哺報恩(반포보은) :부모의 길러준 은혜에 보답(報答)함	<포유권육> 젖을 먹여서 돌보아 기르니
乳	乙 <젖 유> ①젖 ②갓 태어난, 젖먹이의 ③젖을 먹이다, 수유하다(授乳) ⑤유방(乳房) ⑥기르다 ⑦어리다 ⑧어머니, 어버이	* 乳兒(유아) :젖먹이 어린아이 * 授乳(수유) :젖을 먹임 * 乳房(유방) :여성(女性)의 수유기관(授乳器官) * 母乳(모유) :어미의 젖 * 牛乳(우유) :소의 젖 * 口尙乳臭(구상유취) :입에서 아직 젖내가 남. 유치(幼稚)함	
眷	目 <돌볼 권> ①돌보다, 보살피다, 베풀다, 돌아보다 ②겨레붙이(혈연관계가 있는 사람) ③권속(眷屬), 식솔(食率), 권솔(眷率)	* 眷毓(권육) :돌보아 기름 * 眷黨(권당) :親戚(친척) * 眷屬(권속) :眷口(권구). 자기(自己) 집에 딸린 식구(食口) * 眷佑(권우) :친절(親切)히 보살펴 도와 줌 * 家眷(가권) :집안에 딸린 식구(食口). 권속(眷屬). 가솔(家率)	
毓	毋 <기를 육> ①기르다 ②어리다	* 毓物(육물) :養物(양물). 사물(事物)을 길러냄 * 毓秀(육수) :뛰어난 인재(人才)를 배출(輩出)하여 기름 * 毓粹(육수) :순수(純粹)한 품성(品性)을 함양(涵養)함 * 毓養(육양) :養育(양육). 길러 자라게 함	

衫	衤(衣) <적삼 삼> ①적삼(윗도리에 입는 홑옷) ②옷(의복의 통칭)	* 丹衫(단삼) :붉은 저고리. 고려 때 중단경(中壇卿) 이상의 벼슬아치가 입던 공복(公服)이다. * 偏衫(편삼) :법의(法衣) 한 가지. 상반신(上半身)을 덮는 것으로, 왼쪽어깨에서 오른쪽 옆구리에 걸침	<삼건남루> 적삼과 바지는 헤져서 너절한데,
褰	衤(衣) <걷어올릴 건 / 바지 건> ①(옷을)걷어올리다 ②접다, 주름을 잡다 ③펼치다, 열다 ④단절시키다(斷切) ⑤바지 ⑥허물	* 褰鼻蛇(건비사) :백화사(白花蛇), 화사(花蛇), 또는 산무애뱀이라고도 하는데, 백화증(白花症)에 걸린 구렁이를 말하기도 하고, 독사(毒蛇)인 살모사를 말려서 쓰는 약재(藥材)를 이르기도 함	
襤	衤(衣) <누더기 람> ①헌 누더기, 해진 옷 ②(옷이)해지다 ③가선(縇 :의복의 가장자리를 딴 헝겊으로 가늘게 싸서 돌린 선)을 대지 않은 옷	* 襤褸(남루) :①누더기 ②옷 따위가 낡고 해져서 너절함 * 襤衫(남삼) :헤진 적삼 * 短衣襤衫(단의남삼) * 襤衣(남의) :남루한 의복(衣服). 해지고 낡은 너절한 옷	
褸	衤(衣) <누더기 루> ①헌 누더기, 해진 옷 ②남루하다(襤褸) ③깁다(떨어지거나 해어진 곳을 꿰매다)	* 襤褸襤褸猶然錦縷(남루남루 유연금루) :노닥노닥해도 비단(緋緞)일쎄. 지금은 보잘 것 없이 되었지만 처음에는 훌륭한 것이어서 이제도 옛 모습이 남아 있다는 뜻의 속담(俗談)	

袴	衤(衣) <바지 고 / 사타구니 과> ①바지 ②사타구니(샅. 두 다리의 사이)(과)	* 袴衣(고의) :(여름에 입는) 남자(男子)의 바지와 저고리 * 單袴(단고) :남자(男子)의 홑바지 * 紈袴(환고) :곱고 흰 비단(緋緞) 바지 * 紈袴子弟(환고자제) :綺紈公子(기환공자). 부귀한 집안의 자제	<고폐고뉵> 사타구니가 헤어져서 불알이 부끄러움을 타네.
敝	攵(攴) <해질 폐> ①해지다 ②깨지다 ③지다 ④버리다 ⑤황폐하다(荒廢) ⑥겸사(자기의 겸칭으로 쓰이는 접두사)	* 敝件(폐건) :옷·기구(器具) 등이 낡아서 못 쓰게 된 것 * 敝社(폐사) :弊社(폐사). 자기 회사(會社)를 낮추어 일컬음 * 敝屋(폐옥) :鄙第(비제). 자기(自己) 집의 낮춤말 * 敝衣破笠(폐의파립) :敝袍破笠(폐포파립). 해진 옷과 깨진 갓	
睾	目 <불알 고> ①불알, 고환(睾丸) ②봉긋한 모양, 높은 모양 ③못, 늪 ④모두, 죄다	* 睾丸(고환) :불알 * 睾女(고녀) :어지자지. 남자(男子)와 여자(女子)의 생식기(生殖器)를 한 몸에 겸하여 가진 사람이나 동물 * 死有餘睾(사유여고) :죽어도 오히려 죄(罪)가 남음	
恧	心 <부끄러울 뉵> ①부끄럽다, 부끄러워하다 ②겸연쩍게 여기다	* 恧恧(육뉵) :부끄럽고도 부끄럽다 * 恧焉(육언) :부끄러움이다 * 竦恧(송뉵) :두렵고 부끄러움 * 恧縮(육축) :부끄럽고 황송하다 * 慙恧(참뉵) :참괴(慙愧)의 변한 말. 부끄러워하며 괴로워함	

送	辶(辵) <보낼 송> ①보내다, 전송하다(餞送), 배웅하다 ②전달하다(傳達), 알리다 ③선물(膳物) ④쫓다, 쫓아버리다 ⑤다하다	* 送舊迎新(송구영신) :①묵은해를 보내고, 새해를 맞이함 ②구관(舊官)을 보내고, 신관(新官)을 맞이함 * 送別(송별) :헤어지거나 멀리 떠나는 사람을 보냄 * 送還(송환) :제자리에 되돌려 보냄	<송구영신> 옛것을 보내고 새것을 맞이할 때에는 <묵은 해를 보내고 새해를 맞이할 때에는>
舊	臼 <옛 구> ①예, 옛, 오래 오래다, 오래되다, 묵다 ②늙은이 ③친구(親舊), 구의(舊誼) ④묵은 사례(事例) ⑤오랜 집안	* 舊態(구태) :옛 모습 * 復舊(복구) :그전 모양(模樣)으로 되게 함 * 親舊(친구) :오래 두고 가깝게 사귄 벗 * 舊年親舊(구년친구) :오랫동안 헤어져 있는 친구(親舊) * 山川依舊(산천의구) :경치(景致)가 옛 모습 그대로 변함 없음	
迎	辶(辵) <맞을 영> ①맞다, 맞이하다 ②마중, 마중하다, 영접하다(迎接) ③맞추다 ④~를 향하여, ~쪽으로	* 迎送(영송) :送迎(송영). 맞아들이는 일과 보내는 일 * 迎接(영접) :손님을 맞아서 대접(待接)함 * 迎合(영합) :①남의 마음에 들도록 힘씀 ②서로 뜻이 맞음 * 迎入(영입) :맞아들임 * 歡迎(환영) :기쁜 마음으로 맞음	
新	斤 <새 신> ①새, 새로운 것 ②새로, 새롭게 하다 ③처음, 처음으로 ④새해, 신년	* 新規(신규) :①새로운 규정(規定) ②새롭게 하는 일 * 新聞(신문) :새로운 소식(消息), 또는 그 간행물(刊行物) * 新式(신식) :새로운 방식(方式)이나 형식(形式) * 革新(혁신) :묵은 제도(制度)나 방식(方式)을 고쳐 새롭게 함	

字	뜻	용례	풀이
沐	氵(水) <머리감을 목> ①머리를 감다 ②(물로)씻다, 적시다 ③다스리다, 손질하다 ④치다, 잘라내다 ⑤휴가(休暇), 말미	* 沐浴齋戒(목욕재계) :목욕(沐浴)을 해서 몸을 깨끗이 하고 마음을 가다듬어 부정(不淨)을 피(避)하는 일 * 櫛風沐雨(즐풍목우) :바람에 머리를 빗고, 비에 몸을 씻는다. <比喩>긴 세월을 떠돌며 고생(苦生)함	<목욕재계> 머리를 감고 몸을 씻어서 몸을 깨끗이 하고 더러운 것을 피(避)하여
浴	氵(水) <목욕할 욕> ①목욕(沐浴), 목욕하다(沐浴) ②몸을 씻다, 목욕(沐浴)을 시키다 ③수양하다(修養) ④새가 나는 모양	* 沐浴(목욕) :머리를 감으며 몸을 씻는 일 * 浴室(욕실) :목욕(沐浴)할 수 있는 방(房) * 鵠不浴而白(곡불욕이백) :①따오기는 沐浴을 하지 않아도 희다 ②天性이 善한 이는 배우지 않아도 착함	
齋	齊 <재계할 재 / 집 재> ①재계하다(齋戒 :몸과 마음을 깨끗이 함) ②공경하다(恭敬) ③시주하다(施主) ④집, 방 ⑤명복(冥福)을 비는 불공	* 齋戒(재계) :부정(不淨)한 일을 멀리하고 심신을 깨끗이 함 * 齋佛(재불) :부처에게 공양함 * 齋堂(재당) :선사(禪寺)의 식당 * 齋主(재주) :불공(佛供)을 올리는 그 주인(主人) * 書齋(서재) :책을 갖추어 두고 책을 읽거나 글을 쓰는 방(房)	
戒	戈 <경계할 계> ①경계하다(警戒), 막아 지키다 ②재계하다(齋戒 :몸과 마음을 깨끗이 함), 조심하고 주의하다, 삼가다 ③타이르다	* 警戒(경계) :잘못되는 일이 일어나지 않도록 미리 조심함 * 懲戒(징계) :허물이나 잘못을 뉘우치도록 나무람 * 訓戒(훈계) :타일러서 경계(警戒)함 * 一罰百戒(일벌백계) :한 사람을 벌주어 백 사람을 警戒함	

字	뜻	용례	풀이
焚	火 <불사를 분> ①불사르다(불에 태워 없애다) ②타다 ③불태우다 ④넘어지다 ⑤넘어뜨리다	* 焚香(분향) :향불을 피움. 성소(聖所) 안의 분향단(焚香壇)에 향(香)을 피우는 행위(行爲)를 가리킴 * 焚死(분사) :불에 타서 죽음, 또는 그 일 * 焚身(분신) :몸을 불사르는 것	<분향초혼> 향(香)을 피워서 죽은 조상(祖上)의 혼(魂)을 불러들이고는
香	香 <향기 향> ①향기(香氣) ②향기로움(香氣), 향기롭다(香氣), 감미롭다(甘味) ③향(香), 향료(香料)	* 香氣(향기) :①향냄새 ②향기(香氣)로운 냄새 * 國香(국향) :①난초(蘭草)를 달리 이르는 말 ②나라에서 제일(第一)가는 미인(美人) * 馨香(형향) :꽃다운 향기(香氣). 향내	
招	扌(手) <부를 초> ①부르다, 손짓하다 ②구하다(求) ③묶다, 속박하다(束縛)	* 招魂(초혼) :죽은 사람의 혼(魂)을 부르는 일 * 招待(초대) :사람을 불러서 대접(待接)함 * 招來(초래) :①불러 옴 ②어떤 결과(結果)를 가져옴 * 招請(초청) :청하여 부름 * 招聘(초빙) :예(禮)를 갖춰 맞음	
魂	鬼 <넋 혼> ①넋(정신이나 마음) ②마음, 생각	* 魂靈(혼령) :靈魂(영혼). 죽은 이의 넋 * 鬪魂(투혼) * 斷魂(단혼) :넋이 끊길 정도(程度)로 애통(哀痛)함 * 魂飛魄散(혼비백산) :넋이 날아가고 넋이 흩어짐. <比喩>몹시 놀라 어찌할 바를 모름	

字	뜻	용례	풀이
棗	木 <대추 조> ①대추 ②대추나무	* 棗栗梨柹(조율이시) :제사(祭祀)에 쓰는 대추, 밤, 배, 감 따위의 과실(果實). 제사(祭祀)나 차례(茶禮)를 지낼 때 상(床)차림 진설(陳設) 순서(順序).	<조율이시> 대추, 밤, 배, 감. <제삿상(祭祀床)에 제수(祭羞)를 진설(陳設)하고>
栗	木 <밤 률> ①밤, 밤나무 ②많은 모양 ③단단하다, (결실이)좋다, 잘 여물다	* 生栗(생률) :날밤. 흔히 제사(祭祀)나 잔치에 씀 * 入火拾栗(입화습률) :불 속에 들어가 밤을 줍는다. <比喩>사소(些少)한 이익(利益)을 얻으려고 큰 모험(冒險)을 하는 어리석음	
梨	木 <배나무 리> ①배, 배나무 ②뭇, 모든, 많은 ③나누다, 분할하다(分割) ④늙은이 (늙은이 살갗의 색깔)	* 梨花(이화) :배나무꽃 * 烏飛梨落(오비이락) :(俗)까마귀 날자 배 떨어진다는 한역(漢譯)으로, 아무런 관계없는 일이 다른 일과 때가 일치(一致)해 혐의(嫌疑)를 받게 됨	
柹	木 <감나무 시> ※ 柿는 俗字 ①감나무 ②감(감나무의 열매)	* 串柹(관시) :乾柹(건시). 곶감 * 軟柹(연시) :紅柹(홍시). 물렁하게 잘 익은 감 * 熟柿主義(숙시주의) :잘 익은 감이 저절로 떨어질 것을 기다리듯이 노력 없이 이익을 기다리는 주의	

字	뜻	용례	풀이
奠	大 <제사지낼 전 / 정할 전> ①제사(祭祀), 제사(祭祀) 지내다 ②제물(祭物)을 올리다, 바치다, 드리다 ③지상에 안치하다(安置), 터를 정하다	* 奠俎(전조) :제사(祭祀) 때에 희생(犧牲)을 담은 조(俎)를 신위(神位) 앞에 올리는 일 * 奠儀(전의) :香奠(향전). 부의(賻儀). 조사(弔事)의 서식(書式) * 夕奠(석전) :상례(喪禮)에서, 저녁에 제물(祭物)을 올리는 의식	<전조흠상> 희생(犧牲)을 담은 조(俎)를 신위(神位) 앞에 올려서 제물(祭物)을 바치고 제사(祭祀)를 지내며,
俎	人 <도마 조> ①도마 ②적대(炙臺 :제사 때 산적을 담는 그릇)	* 俎罇(조준) :俎樽(조준). 도마와 술통 * 樽俎折衝(준조절충) * 罇俎(준조) :樽俎(준조). 술잔과 고기 그릇. (轉)연회(宴會) * 刀俎(도조) :칼과 도마 * 越俎(월조) :자기 직분을 넘어서 남의 일에 간섭(干涉)함	
歆	欠 <흠향할 흠 / 받을 흠> ①흠향하다(歆饗), 제물(祭物)을 받치다 ②혼령이 제사음식을 기쁘게 받다 ③마음이 동(動)하다, 감동하다(感動)	* 歆嘗(흠상) :신명(神明)에게 제물(祭物)을 바치고 제사(祭祀)를 지냄 * 歆感(흠감) :신명(神明)이 제물(祭物)을 받고 감응(感應)함 * 歆饗(흠향) :신명(神明)이 제물을 받아서 먹음.	
嘗	口 <맛볼 상 / 일찍이 상> ①맛보다, 음식을 맛보다 ②일찍이 ②경험하다(經驗), 체험하다(體驗), 겪다 ③시험하다(試驗) ④가을의 제사(祭祀)	* 嘗試(상시) :시험(試驗)하여 봄 * 未嘗不(미상불) :아닌게 아니라, 아마도, 과연(果然) * 臥薪嘗膽(와신상담) :섶에 눕고 쓸개를 씹음. <比喩>원수(怨讐)를 갚으려고 온갖 괴로움을 참고 견딤	

字	훈음	용례	풀이
愻	心 <따를 손> ※ 遜과 通 ①따르다, 순하다(順) ②공손(恭遜)하게 순종하다(順從) ③겸손하다(謙遜) ④양위하다(讓位)	* 愻順(손순) :遜順(손순). 겸손(謙遜)하고 유순(柔順)하다. 공손(恭遜)하다. * 愻位(손위) :遜位(손위). 임금의 자리를 사양(辭讓)하여 내놓음	<손우지우> "천지신명(天地神明)의 도움을 순종(順從)할 것이니 하늘이 내리시는 복(福)으로 도우소서." 하고는
祐	礻(示) <복 우 / 도울 우> ①복(福), 행복(幸福) ②돕다, 도움, 천지신명(天地神明)의 도움 ③진헌하다(進獻 :임금께 예물을 바치다)	* 冥祐(명우) :모르는 사이에 입는 신불(神佛)의 도움 * 幸祐(행우) :幸福(행복). 복된 좋은 운수(運數) * 指薪修祐(지신수우) :불타는 나무와 같이 정열(情熱)로 도리(道理)를 닦으면 복(福)을 얻음	
祉	礻(示) <복 지> ①복(福) ②하늘에서 내리는 행복(幸福)	* 福祉(복지) :행복(幸福)과 이익(利益) * 祥祉(상지) :경사스러움. 상서(祥瑞)로움 * 新祉(신지) :新禧(신희). 새해의 복(福)	
佑	亻(人) <도울 우> ①도움, 돕다 ②도와주다 ③올리다 ④진헌하다(進獻 :임금께 예물을 바치다)	* 佑助(우조) :도움 * 保佑(보우) :사람을 잘 보호(保護)하고 도와 줌 * 神佑(신우) :신의 도움 * 天佑神助(천우신조) :하늘이 돕고 신이 도움	

字	훈음	용례	풀이
省	目 <살필 성 / 덜 생> ①살피다 ②깨닫다 ③명심하다(銘心) ④관청(官廳), 관아(官衙) ⑤덜다(생)	* 省墓(성묘) :조상(祖上)의 산소(山所)에 가서 인사(人事)를 드리고 산소(山所)를 살피는 일 * 省察(성찰) :허물이나 저지른 일들을 반성(反省)하여 살핌 * 反省(반성) :돌이켜 성찰함 * 省略(생략) :덜어서 줄임. 뺌	<성묘세배> 조상(祖上)의 묘소(墓所)에 성묘(省墓)를 하고 나서 집안 어른께 세배(歲拜)를 올리니,
墓	土 <무덤 묘> ①무덤 ②묘지(墓地) ③장사지내다(葬事)	* 墓碑(묘비) :무덤 앞에 세우는 비석 * 墓所(묘소) :山所(산소) * 墓地(묘지) :무덤이 있는 땅 * 墳墓(분묘) :무덤. 산소(山所) * 高玄墳墓(고현분묘) :먼 윗대 조상(祖上)의 무덤 * 丘墓之鄕(구묘지향) :조상(祖上)의 묘가 있는 고향(故鄕)	
歲	止 <해 세> ①해 ②새해 ③세월(歲月) ④나이 ⑤일생(一生), 한평생(平生) ⑥결실(結實), 수확(收穫)	* 歲月(세월) :해(年)나 달(月)을 단위로 하여 흘러가는 시간 * 歲首(세수) :해의 첫머리. 설 * 歲饌(세찬) :歲拜 飮食 * 歲寒(세한) :설 전후(前後)의 추위란 뜻으로, 한겨울을 의미 * 歲寒孤節(세한고절) :추운 계절에도 혼자 푸르른 대나무	
拜	手 <절 배> ①절하다, 절(남에게 공경하는 뜻으로 몸을 굽혀 하는 인사) ②굽히다 ③삼가고 공경하다(恭敬) ④벼슬을 주다	* 歲拜(세배) :섣달그믐 날이나 정월초하루 날에 친족(親族)이나 웃어른을 찾아가서 문안(問安)하는 뜻으로 올리는 의례적(儀禮的)인 인사(人事) * 參拜(참배) :신이나 부처에게 배례(拜禮)함	

字	훈음	용례	풀이
昆	日 <맏 곤 / 벌레 곤> ①맏, 형(罤) ②자손(子孫), 후예(後裔) ③벌레(蜫), 곤충(昆蟲)	* 昆季(곤계) :맏형과 막내아우. 곧 형제(兄弟)를 뜻함 * 昆蟲(곤충) :벌레의 총칭(總稱) * 後昆(후곤) :後孫(후손) * 昆孫(곤손) :여섯 째 대의 손자(孫子). 내손(來孫)의 아들. 아들 → 孫子 → 曾孫 → 玄孫 → 來孫 → 昆孫	<곤계효제> "형과 아우가 부모(父母)께 효성(孝誠)이 있고 형제지간(兄弟之間)에 우애(友愛)가 있어야 하니,
季	子 <계절 계 / 끝(막내) 계> ①계절(季節), 철(석 달) ②끝, 마지막 ③막내, 젊다, 어리다 ④말년(末年) ⑤말세(末世) ⑥쇠미해지다(衰微)	* 季節(계절) :한 해를 날씨에 따라 나눈 그 한 철 * 季刊(계간) :한 해 동안 철마다 네 번 간행(刊行)함 * 伯仲叔季(백중숙계) :형제(兄弟)의 차례(次例)를 나타내는 말. 伯은 맏이, 仲은 둘째, 叔은 셋째, 季는 막내	
孝	子 <효도 효> ①효도(孝道), 부모를 섬기다 ②상복(喪服)을 입다, 거상하다(居喪) ③제사(祭祀) 지내다 ④맏이, 맏자식	* 孝道(효도) :부모(父母)를 잘 섬기는 도리(道理) * 孝誠(효성) :마음껏 어버이를 잘 섬기는 정성(精誠) * 孝友(효우) :부모(父母)에 대한 효도(孝道)와 형제(兄弟)에 대한 우애(友愛)	
悌	忄(心) <공손할 제> ①공손하다(恭遜) ②공경하다(恭敬) ③화락하다(和樂 :화평하게 즐기다)	* 孝悌(효제) :부모(父母)께 효도(孝道)하고 형(兄)에게 공손(恭遜)함 * 孝悌忠信(효제충신) :부모(父母)께 효도(孝道), 형제(兄弟)간에 우애(友愛), 임금께 충성(忠誠), 벗 사이의 믿음	

字	훈음	용례	풀이
兄	儿 <형 형> ①형(兄) ②맏, 맏이, 나이 많은 사람 ③벗을 높여 부르는 말 ④친척 ⑤훌륭하다, 뛰어나다	* 兄友弟恭(형우제공) :형은 아우를 사랑하고 동생은 형을 공경(恭敬)한다는 뜻으로, 형제간(兄弟間)에 서로 우애(友愛) 깊게 지냄을 이르는 말 * 兄弟(형제) :형과 아우	<형우제공> 형(兄)은 아우에게 우애(友愛)가 있게 대해야 하고, 아우는 형(兄)을 공경(恭敬)하여야 한다.
友	又 <벗 우> ①벗(비슷한 또래로서 서로 친하게 사귀는 사람) ②벗하다, 사귀다 ③우애가 있다 ④가까이하다 ⑤뜻을 같이 하는 사람	* 友人(우인) :벗 * 友情(우정) :친구(親舊)와의 정 * 友愛(우애) :①형제간의 정애(情愛) ②벗 간의 정분(情分) * 朋友(붕우) :벗. 비슷한 또래로서 서로 친하게 사귀는 사이 * 竹馬故友(죽마고우) :대나무 말을 타고 놀던 옛 친구(親舊)	
弟	弓 <아우 제> ①아우 ②나이 어린 사람 ③제자(弟子) ④자기(自己)의 겸칭(謙稱)	* 弟子(제자) :스승으로부터 가르침을 받는 사람 * 師弟(사제) :스승과 제자(弟子) * 兄弟姊妹(형제자매) :형제(兄弟)와 자매(姊妹) * 難兄難弟(난형난제) :누구를 형이라 아우라 하기 어려움	
恭	㣺(忄·心) <공손할 공> ①공손하다(恭遜), 예의 바르다 ②받들다, 섬기다, 높이다, 존중하다(尊重) ③삼가다, 직분(職分)을 다하다	* 恭敬(공경) :삼가서 공손(恭遜)히 예(禮)를 차려 섬김 * 恭遜(공손) :공경(恭敬)하고 겸손(謙遜)함 * 恭惟(공유) :삼가 생각함 * 過恭非禮(과공비례) :지나친 공손은 오히려 예의에 벗어남	

字	訓音	用例	풀이
忳	忄(心) <근심할 돈> ①근심하다(속을 태우거나 우울해하다), 근심에 잠기다 ②지성스럽다(至誠)(준) ③(타이르는 태도가) 친절한 모양(諄)(준)	* 忳忳(돈돈) :<中語>근심하는 모양. 번민하는 모양	<돈망강조> 잊을 것을 근심하여 특(特)히 힘주어 주장(主張)하여 말하자면,
忘	心 <잊을 망> ①잊다, 기억(記憶)하지 못하다 ②버리다, 돌보지 않다 ③상실하다(喪失) ④끝나다, 단절되다(斷切)	* 忘却(망각) :잊어버림. 기억(記憶)에서 사라진 상태(狀態) * 忘德(망덕) :집안을 망치는 못된 언동(言動) * 刻骨難忘(각골난망) :뼈에까지 사무쳐 잊기 어려운 은혜 * 寤寐不忘(오매불망) :자나 깨나 잊지 못함	
强	弓 <강할 강> ①강하다(強), 굳세다 ②강궁(强弓) ②굳다, 단단하다 ③힘쓰다 ③강제(強制)로 하다, 억지로 시키다	* 强調(강조) :어떤 부분(部分)이나 내용(內容)을 중요(重要)하다고 말하거나 여러 번 말하는 것 * 强制(강제) :남을 억지로 눌러서 못하게 함 * 强化(강화) :강하게 함 * 牽强附會(견강부회)	
調	言 <고를 조> ①고르다, 조절하다(調節) ②어울리다 ③꼭 맞다, 적합하다(適合) ④길들이다 ⑤헤아리다, 살피다 ⑥가락, 음률(音律)	* 調査(조사) :내용(內容)을 자세(仔細)히 살펴서 알아봄 * 調節(조절) :정도(程度)에 맞추어서 잘 고르게 함 * 調整(조정) :알맞게 조절(調節)하여 정상(正常)이 되게 함 * 雨順風調(우순풍조) :바람 불고 비오는 것이 순조(順調)로움	

字	訓音	用例	풀이
姊	女 <윗누이 자> ※ 姉는 俗字 ①윗누이 ②맏누이 ③어머니 ④여자(女子)의 호칭(呼稱) ⑤여자에 대한 친근(親近)한 호칭(呼稱)	* 姊妹(자매) :姉妹(자매). 손위 누이와 손아래 누이 * 姊夫(자부) :姉夫(자부). 누이의 남편(男便) * 姊兄(자형) :姉兄(자형). 손위누이의 남편(男便) * 伯姊(백자) :伯姉(백자). 둘 이상의 누이 중 맏누이. 큰누이	<자매해완> 자매지간(姊妹之間)에는 온순(溫順)함을 본받도록 할 것이며,
妹	女 <누이 매> ①손아래 누이 ②소녀, 여자(女子)	* 妹夫(매부) :妹婿(매서),妹倩(매천),妹丈(매장). 여동생 남편 * 妹壻(매서) :妹婿(매서),妹夫(매부) 손위나 아래 누이의 남편 * 妹弟(매제) :①손아래의 누이 ②손아래 누이의 남편(男便) * 男妹(남매) :오라비와 누이	
楷	木 <본보기 해> ①본보기, 모범(模範) ②본받다, 본뜨다 ③해서(楷書) ④곧다, 강직하다(剛直) ⑤바르다	* 楷模(해모) :模楷(모해), 楷範(해범), 模範(모범). 본보기 * 楷書(해서) :자형(字形)이 방정(方正)한 한자(漢字) 서체(書體) * 楷正(해정) :해서(楷書)로 쓴 글자의 모양이 똑똑하고 바름 * 楷條(해조) :글자를 해서(楷書)로 써서 판 도장(圖章)	
婉	女 <순할 완(원)> ①순하다(順) ②예쁘다 ③아름답다 ④은근하다(慇懃) ⑤곡진하다(曲盡 :매우 정성스럽다) ⑥젊은 모양 ⑦움직이는 모양	* 婉曲(완곡) :말이나 행동(行動)을 빙 둘러서 함 * 婉娩(완만) :태도(態度)가 온순(溫順)하고 부드러움 * 婉語(완어) :婉曲한 말 * 婉淑(완숙) :아름답고 겸손함 * 貞婉(정완) :정숙(靜肅)하고 온순(溫純)함	

字	訓音	用例	풀이
怙	忄(心) <믿을 호 / 아버지 호> ①믿다 ②의지하다(依支) ③아버지(≠恃), 아비, 아빠	* 怙恃(호시) :子息이 믿고 依支하는 사람 곧 父母를 이름. <詩經>(小雅蓼莪) 無父何怙 無母何恃(아버지 없이 누굴 믿으며, 어머니 없이 누구를 의지하리) * 怙縱(호종) :자신의 권세를 믿고 제멋대로 함부로 행동함	<호시구고> 너희들이 믿고 의지(依支)할 사람은 시부모(媤父母)님이시다.
恃	忄(心) <믿을 시 / 어머니 시> ①믿다, 의지하다(依支) ②의뢰하다(依賴) ③자부하다(自負) ④어머니(≠怙)	* 恃賴(시뢰) :믿고 의지(依支)함 * 恃險(시험) :험한 지형(地形)을 의지(依支)함 * 矜恃(긍시) :자신(自身)하는 바 있어 자랑함 * 負恃(부시) :등대고 믿음	
舅	臼 <시아버지 구 / 외삼촌 구> ①시아버지 ②장인(丈人) ③외숙, 외삼촌	* 舅姑(구고) : 시아버지와 시어머니. 媤父母 * 舅父(구부) :외삼촌(外三寸) * 國舅(국구) :왕비(王妃)의 아버지. 곧 임금의 장인(丈人) * 外舅(외구) :주로 편지(便紙)에서 장인(丈人)을 이르는 말	
姑	女 <시어머니 고 / 고모 고> ①시어머니 ②고모(姑母) ③여자(女子), 부녀자(婦女子)의 통칭(通稱) ④잠시(暫時), 잠깐, 조금 동안	* 姑從(고종) :고종사촌(姑從四寸)의 준말 * 姑息策(고식책) :당장 편한 것만을 택하는 꾀나 방법 * 因循姑息(인순고식) :구습(舊習)을 고치지 않고 목전(目前)의 편안(便安)함만을 취함	

字	訓音	用例	풀이
婭	女 <동서 아> ①동서(同壻) ②일가(一家) ③버금(으뜸의 바로 아래) ④아양을 떨다, 알랑거리다	* 婭壻(아서) :자기 아내의 언니나 여동생의 남편(男便) * 同婭(동아) :同壻(동서). 자매(姊妹)의 남편(男便)끼리의 관계 * 姻婭(인아) :사위 집 便의 사돈 및 동서 집 便의 사돈. 姻은 사위의 아버지, 婭는 여자 형제의 남편(男便)	<아서인친> 혼인(婚姻)으로 인한 아내의 언니나 여동생의 남편 같은 사돈지간(査頓之間)과
壻	士 <사위 서> ※ 婿와 同字 ①사위(딸의 남편을 이르는 말) ②남편(男便) ③사내 ④동서(同壻) ⑤벗	* 壻郞(서랑) :令壻(영서). 남의 사위를 높이어 일컫는 말 * 佳壻(가서) :참하고 훌륭한 사위 * 女壻(여서) :사위. 딸의 남편(男便) * 賢壻(현서) :어진 사위라는 뜻으로, 대접(待接)하여 이름	
姻	女 <혼인 인 / 시집갈 인> ①혼인(婚姻) ②시집가다(媤) ②장인(丈人) ③시아버지 ④인척(姻戚) ⑤인연(因緣), 연분(緣分)	* 姻親(인친) :姻戚(인척). 査頓(사돈) * 姻戚(인척) :혼척(婚戚). 외가(外家)와 처가의 혈족(血族) * 姻末(인말) :이질(姨姪)이나 처질(妻姪)에게 자기의 겸칭(謙稱) * 婚姻(혼인) :장가들고 시집 가는 일	
親	見 <친할 친 / 어버이 친> ①친하다(親), 가깝다, 사이가 좋다 ②어버이 ③친척 ④혼인 ⑤신부(新婦) ⑥몸소, 친히(親) ⑦손에 익다, 숙달되다	* 親舊(친구) :오래 두고 가깝게 사귄 벗 * 親戚(친척) :친척(親戚)과 외척(外戚) * 家親(가친) :嚴親(엄친). 남에게 대하여 자기 아버지를 이름 * 父親(부친) :아버지 * 親展(친전) :직접(直接) 펼쳐 봄	

한자	뜻	어휘	풀이
晜	日 <형 곤> ①형(兄) ②맏 ③뒤 ④후손(後孫)	* 晜孫(곤손) :내손(來孫)의 자(子), 玄孫(5代孫)의 손자(孫子) * 來晜(내곤) :내손(來孫 :6代孫)과 곤손(晜孫 :7代孫)	<곤수숙질> 형(兄)과 형수(兄嫂)와 시동생과 조카 사이에는
嫂	女 <형수 수> ①형수(兄嫂) ②결혼(結婚)한 여자(女子)	* 伯嫂(백수) :맏형수 * 長嫂(장수) :맏형수. 맏형의 아내 * 弟嫂(제수) :아우의 아내 * 季嫂(계수) :형제(兄弟)가 여럿일 때 막내 아우의 아내	
叔	又 <아재비 숙> ①아저씨, 아재비 ②시동생 ③끝, 말세(末世)	* 叔姪(숙질) :숙부(叔父)와 조카 * 叔父(숙부) :작은아버지 * 叔母(숙모) :작은어머니 * 伯仲叔季(백중숙계) :형제(兄弟)의 차례(次例)를 나타내는 말. 伯은 맏이, 仲은 둘째, 叔은 셋째, 季는 막내	
姪	女 <조카 질> ①조카 ②조카 딸 ③이질(姨姪)	* 姪婦(질부) :조카며느리 * 堂姪(당질) :사촌(四寸)의 아들. 오촌(五寸) 조카, 종질(從姪)을 친근(親近)하게 일컫는 말 * 甥姪(생질) :누이의 아들	

한자	뜻	어휘	풀이
須	頁 <모름지기 수> ①모름지기(사리를 따져 보건대 마땅히), ②틀림없이, 반드시, 마땅히~해야 한다 ③결국(結局), 마침내, 드디어	* 須要(수요) :꼭 소용(所用)되는 바가 있음 * 必須(필수) :꼭 필요(必要)로 함, 없어서는 아니 됨 * 不須多言(불수다언) :여러 말을 할 필요(必要)가 없음 * 男兒須讀五車書 :남자는 모름지기 다섯 수레의 책을 읽어야 함	<수목운이> 모름지기 화목(和睦)해야 하느니라." 라고 이르신다.
睦	目 <화목할 목> ①화목하다(和睦) ②온화하다(穩話) ③친하다(親), 도탑다, 가깝다 ④부드러워지다 ⑤공손하다(恭遜)	* 敦睦(돈목) :①정(情)이 두텁고 화목(和睦)함 ②돈친(敦親) * 親睦(친목) :서로 친(親)하여 화목(和睦)함 * 和睦(화목) :서로 뜻이 맞고 정다움 * 兄弟和睦父母喜之 :형제가 화목하면 부모님이 기뻐하심	
云	二 <이를 운> ①이르다, 일컫다, 말하다 ②이와 같다 ③어조사(語助辭) ④운운(등등)	* 云爾(운이) :문장(文章)의 끝에 써서 위에 말한 바와 같음을 나타내는 말. ~라고 한다, ~라 말할 따름이다, ~라고 했다 * 云云(운운) :이러이러함 * 云謂(운위) :입에 올려 말함	
爾	爻 <너 이> ①너 ②그(其) ③이(此) ④그러하다 ⑤가깝다 ⑥어조사(語助辭) ⑦뿐	* 聊爾(요이) :구차(苟且)한 모양(模樣) * 偶爾(우이) :偶然(우연). 뜻밖에 저절로 되는 일 * 蠢爾(준이) :①벌레가 움찔움찔 움직임 ②무지(無知)하고 하찮음 * 出爾反爾(출이반이) :너에게서 나온 것은 너에게로 돌아감	

한자	뜻	어휘	풀이
擲	扌(手) <던질 척> ①던지다 ②내버리다 ③내버려 두다 ④뛰어 오르다 ⑤떨치다 ⑥노름을 하다, 도박(賭博)을 걸다	* 快擲(쾌척) :금품(金品)을 쓸 곳에 시원스럽게 내놓는 것 * 投擲(투척) :물체(物體)를 힘껏 던지는 것 * 乾坤一擲(건곤일척) :하늘이냐 땅이냐를 한 번 던져서 결정(決定)한다는 뜻으로, 단판으로 승부(勝負)를 겨룸	<척사오유> 여흥(餘興)으로 윷을 던지며 재미있게 노는데,
柶	木 <윷 사 / 숟가락 사> ①윷(작고 둥근 통나무 두 개를 반씩 쪼개어 네 쪽으로 만든 것) ②수저, 숟가락	* 擲柶(척사) :윷놀이. 편을 갈라 윷으로 승부(勝負)를 겨루는 우리나라 고유(固有)의 民俗(민속)놀이 * 柶圖(사도) :윷판. 윷밭을 그린 그림 * 柶戱(사희) :윷놀이 * 柶牙(사아) :<借音>사아. 주사위 * 柶占(사점) :윷점	
遨	辶(辵) <놀 오> ①놀다 ②즐겁게 놀다	* 遨遊(오유) :遨游(오유). 오희(遨嬉). 오유(敖游). 游樂(유락) 재미있고 즐겁게 놂. 노닐다. 유력하다(遊歷) * 遨放(오방) :재미있게 놀도록 내버려 둠(遨遊放任) * 遨怡(오이) :놀면서 기뻐함(遨遊怡悅) * 遨戱(오희) :遨戱	
遊	辶(辵) <놀 유> ①놀다, 즐기다, 놀이 ②떠돌다 ③여행하다(旅行), 유람하다(遊覽) ④유세하다(遊說), 유세(遊說)	* 遊說(유세) :각처로 다니며 자기의 주장(主張)을 설명(說明)함 * 遊戱(유희) :일정한 방법(方法)으로 재미있게 노는 운동(運動) * 浮遊(부유) :①공중(空中)이나 물 위에 떠다님 ②직업(職業)도 없이 이리저리 떠돌아다니는 것	

한자	뜻	어휘	풀이
拍	扌(手) <칠 박> ①(손뼉)치다, 손으로 두드리다 ②박자(拍子), 음악(音樂)의 리듬 ③박(拍 :국악기의 하나) ④어루만지다	* 拍掌(박장) :두 손바닥을 마주침. 박수(拍手)치다 * 拍手(박수) :기쁨이나 찬성의 뜻으로 손뼉을 마주 두드림 * 拍子(박자) :리듬. 곡조의 진행하는 시간을 헤아리는 단위 * 拍掌大笑(박장대소) :손뼉을 치면서 크게 웃음	<박장홍소> 손뼉을 치며 소리 높여 웃는 소리가 들린다.
掌	手 <손바닥 장> ①손바닥, (동물의)발바닥 ②솜씨, 수완(手腕) ③맡다, 주관하다(主管)	* 掌握(장악) :①손에 쥠 ②세력(勢力) 등을 온통 잡음 * 掌甲(장갑) :掌匣(장갑) * 管掌(관장) :차지하여 맡아봄 * 如反掌(여반장) :손바닥을 뒤집는 것과 같이 쉬움 * 孤掌難鳴(고장난명) :혼자서는 어떤 일을 이룰 수 없음의 뜻	
哄	口 <떠들썩할 홍> ①떠들썩하다 ②여러 사람이 함께 웃다 ③크게 웃다, 크게 웃는 소리 ④진작하다(振作), 고무하다(鼓舞)	* 哄笑(홍소) :매우 크게 웃거나 떠들썩하게 웃음 * 哄動(홍동) :여러 사람이 지껄이어서 떠듦 * 哄脅(홍협) :속이고 협박함 * 啜哄(철홍) :떠들썩하게 지껄임 * 哄然(홍연) :큰 웃음을 터뜨리는 모양 * 哄然大笑(홍연대소)	
笑	竹 <웃을 소> ①웃음, 웃다 ②비웃다, 조소하다(嘲笑) ③꽃이 피다	* 大笑(대소) :크게 웃음 * 談笑(담소) :웃으면서 이야기함 * 微笑(미소) :소리를 내지 않고 빙긋이 웃는 것 * 嘲笑(조소) :조롱(嘲弄)하여 비웃는 웃음 * 呵呵大笑(가가대소) :너무 우스워서 한바탕 껄껄 웃음	

漢字	뜻	낱말	풀이
撙	扌(手) <누를 준> ①누르다 ②꺾다 ③모이다	* 撙節(준절) :존절의 원말. ①(씀씀이를)아껴서 알맞게 씀. 节约, 节省 ②법(法)을 지키다. 알맞게 절제(節制)함	<준절시부> 씀씀이를 아껴서 절약(節約)하여 비로소 재물(財物)이 많아지고 넉넉해지게 되니
節	竹 <마디 절> ①(식물의)마디 ②(동물의)관절(關節) ③철, 절기(節氣) ④예절(禮節) ⑤절개(節槪) ⑥명절(名節) ⑦절약(節約)	* 節氣(절기) :한 해 동안을 24로 가른 철 * 節約(절약) :아끼어 씀 * 節次(절차) :일의 순서(順序)나 방법(方法). 수속(手續) * 調節(조절) :정도(程度)에 맞추어서 잘 고르게 함	
始	女 <비로소 시> ①비로소, 처음, 시초(始初), 시작(始作) ②먼저, 앞서서, 일찍 ③옛날, 당초에 ④근본(根本), 근원(根源) ⑤바야흐로	* 始作(시작) :처음으로 함 * 始終(시종) :처음과 끝 * 始祖(시조) :비조(鼻祖). 족속(族屬)의 맨 우두머리 조상(祖上) * 始初(시초) :①시작(始作)한 처음 무렵 ②처음 ③애초 * 原始(원시) :①처음 ②시초(始初) ③자연(自然) 그대로	
富	宀 <가멸 부 / 부자 부> ①가멸다(재산이 넉넉하고 많다) ②부유하다(富裕), 부자(富者) ③풍성하다(豐盛) ④행복(幸福)	* 富裕(부유) :재산(財産)이나 재물(財物)이 썩 많고 넉넉함 * 富者(부자) :살림이 넉넉하고 재산(財産)이 많은 사람 * 豐富(풍부) :豐富(풍부). 넉넉하고 많음 * 貧富(빈부) :가난함과 넉넉함 * 富貴榮華(부귀영화)	

漢字	뜻	낱말	풀이
剩	刂(刀) <남을 잉> ①남다, 나머지, 남음 ②길다 ③더구나, 더욱 ④불까다, 거세하다(去勢)	* 剩餘(잉여) :餘剩(여잉). 다 쓰고 난 나머지 * 剩官(잉관) :정원(定員) 외(外)에 더 둔 벼슬아치 * 過剩(과잉) :①예정(豫定)한 수량(數量)이나 필요(必要)한 수량(數量)보다 많음 ②지나침	<잉여재산> 쓰고 난 나머지는 재산(財産)이 되었고,
餘	食 <남을 여> ①남다, 남기다 ②나머지, 여분 ③정식 이외의, 다른 ④나머지 시간(時間), 여가	* 餘暇(여가) :남은 시간(時間), 겨를, 틈 * 餘裕(여유) :넉넉하고 남음이 있음 * 餘地(여지) :①남은 땅. 여분(餘分)의 토지(土地) ②나위 * 窮餘之策(궁여지책) :궁(窮)한 끝에 나는 한 꾀	
財	貝 <재물 재> ①재물(財物) ②재산(財産), 자산(資産) ③보물(寶物) ④물품(物品) ⑤녹봉(祿俸 :벼슬아치에게 주던 급료)	* 財産(재산) :경제적(經濟的) 가치(價値)가 있는 유형(有形), 무형(無形)의 온갖 것 * 財源(재원) :재화(財貨)를 발생(發生)하는 근원(根源) * 財政(재정) :재력(財力)을 취득·관리하기 위한 일체의 작용	
産	生 <낳을 산> ①낳다, 나다, 태어나다 ②출생(出生) ③자라다, 생기다, 일어나다 ④재산(財産) ④생산하다(生産) ⑥산업(産業)	* 産業(산업) :생산(生産)을 하는 사업(事業) * 生産(생산) :①아이나 새끼를 낳음 ②재화(財貨)를 만들어 내거나 증가(增加)시킴 * 蕩盡家産(탕진가산) :집안의 재산을 모두 써서 없애 버림	

漢字	뜻	낱말	풀이
住	亻(人) <살 주> ①살다, 거주하다(居住) ②거처(居處) ③살고 있는 사람 ④머무르다, 유숙하다(留宿) ⑤멈추다, 그치다 ⑥세우다	* 住址(주지) :주소(住所). 사는 곳 * 住宅(주택) :사람이 살 수 있도록 지은 집 * 住民(주민) :그 땅에 사는 백성(百姓) * 居住(거주) :일정(一定)한 곳에 자리를 잡고 머물러 삶	<주지부판> 살아갈 집터에는 일꾼들이 힘써서 일하는데,
址	土 <터 지> ①터 ②주춧돌(기둥 밑에 기초로 놓은 돌) ③기슭 ④물가	* 故址(고지) :옛날 구조물(構造物)이 있었던 터, 그 자취 * 遺址(유지) :옛 자취가 남아 있는 자리 * 基址(기지) :①건축물의 기초(基礎) ②사업(事業)의 근본 * 住居址(주거지) :주거(住居)의 자취	
⿱功夫	力 <일꾼 부> ※ 國字 ①일꾼 ②공부(工夫), 인부(人夫)	* 人⿱功夫(인부) :人夫(인부). ①품삯을 받고 일하는 사람. 막벌이꾼. 인정(人丁) ②공역(公役)이나 부역(賦役)에 나가 일하는 사람	
辦	辛 <힘들일 판> ①힘들이다 ②힘쓰다, 힘써 일하다 ③갖추다, 준비하다(準備) ④주관하다(主管), 판별하다(判別)	* 辦公(판공) :공무(公務)를 처리(處理)함. * 辦公費(판공비) * 辦務(판무) :맡은 사무(事務)를 처리함 * 辦務官(판무관) * 代辦(대판) :남을 대신(代身)하여 사무(事務)를 처리함 * 多多益辦(다다익판) :많으면 많을수록 더 잘 처리(處理)함	

漢字	뜻	낱말	풀이
槓	木 <지렛대 공> ①지렛대 ②작은 다리 ③깃대 ④둘러메는 가방	* 槓杆(공간) :지레, 지렛대. 무거운 물건을 쳐들어 움직이는 데 쓰는 막대기 * 轎槓(교공) :가마채	<공간원반> 지렛대의 도움으로 옮겨서
杆	木 <몽둥이 간> ①몽둥이 ②지레 ③쓰러진 나무 ④난간(欄干·欄杆) ⑤방패(防牌·旁牌) ⑥박달나무 ⑦뽕나무	* 杆棒(간봉) :사람이나 짐승을 때리는 데 쓰는 굵고 긴 막대기 * 欄杆(난간) :欄干(난간). 누각(樓閣)이나 층계(層階)나 다리 등에 설치하는 추락(墜落) 방지용 시설물(施設物) * 杆狀細胞(간상세포) :눈의 망막에 있는 막대 모양의 세포(細胞)	
援	扌(手) <도울 원> ①돕다. 도움 ②구원하다(救援) ③당기다 ④뽑다 ⑤잡다, 매달리다	* 援助(원조) :助援(조원). 도와 줌 * 聲援(성원) :옆에서 소리를 질러 응원(應援)함 * 應援(응원) :호응(呼應)하며 도와 줌 * 支援(지원) :①지지(支持)하여 도움 ②원조(援助)함	
搬	扌(手) <옮길 반> ①옮기다, 나르다, 운반하다(運搬) ②이사를 가다	* 搬送(반송) :화물(貨物) 따위를 옮겨 보냄 * 搬入(반입) :운반(運搬)하여 들여옴 * 搬出(반출) :운반(運搬)하여 내가는 것 * 運搬(운반) :물건(物件)을 탈것 따위에 실어서 옮겨 나름	

한자	뜻	용례	풀이
礎	石 <주춧돌 초> ①주춧돌(기둥 밑에 기초로 받치는 돌) ②기초(基礎) ③밑(물체의 아래나 아래쪽)	* 礎柱(초주) :주춧돌과 기둥 * 礎盤(초반) :주춧돌 * 礎石(초석) :건물(建物)의 기초가 되는 돌. 주춧돌(머릿돌) * 礎業(초업) :기초(基礎)가 되는 사업(事業) * 基礎(기초) :건축물의 토대. 기초. 기반. 하부 구조	<초주기간> 주춧돌을 놓고 기둥을 세워서 바탕과 뼈대를 이루었다.
柱	木 <기둥 주 / 버틸 주> ①기둥 ②줄기 ③버티다, 괴다 ④막다 ⑤어기다, 거스르다, 순종하지 않다	* 柱礎(주초) :기둥 아래에 받치어 놓은 돌. 주춧돌 * 支柱(지주) :①무엇을 버티는 기둥 ②든든히 받쳐 주는 사람 * 固我心柱(고아심주) :내 마음의 기둥을 굳게 가짐 * 一柱難支(일주난지) :기울어지는 대세를 혼자 감당하기 어려움	
基	土 <터 기> ①터, 기초(基礎), 토대(土臺), 근본(根本) ②자리 잡다 ③비롯하다, 근거하다(根據) ④탑, 무덤 등을 세는 단위	* 基幹(기간) :①골간(骨幹). 기초(基礎). 중심(中心). ②어떤 조직(組織)이나 체계(體系)를 이룬 것 가운데 중심(中心)이 되는 것. 핵심간부)核心幹部). 중견간부(中堅幹部)	
幹	干 <줄기 간> ①줄기 ②몸, 중요(重要)한 부분(部分) ③근본(根本), 본체(本體) ④체구(體軀) ⑤재능(才能), 유능하다(有能)	* 幹部(간부) :단체(團體)의 우두머리 되는 사람들 * 根幹(근간) :①뿌리와 줄기 ②어떤 사물(事物)의 바탕이나 가장 중심(中心)되는 부분(部分) * 幹線(간선) :주요(主要) 구간(區間) 사이를 연결하는 선(線)	

한자	뜻	용례	풀이
釿	金 <큰자귀 근 / 도끼 근> ①큰 자귀(나무를 깎아 다듬는 연장의 하나) ②도끼로 쇠붙이를 끊다 ④대패(나무를 곱게 밀어 깎는 연장)(은)	* 釿鍔(근악) :<禮記>(少儀)에 "車不雕幾"라 했는데, 주(注)에 "조(雕)는 그림이고 기(幾)는 부전(附纏)하여 釿鍔을 만든 것이다." 하였음. 釿鍔은 凹凸文을 만드는 것인데, 凹는 釿이라 하고 凸은 鍔이라 이름	<근악요철> 큰 자귀의 날이 울퉁불퉁하게 이가 빠져서
鍔	金 <칼날 악> ①칼날 ②칼끝 ③칼등 ④창날 ⑤높은 모양 ⑥가장자리 ⑦땅 끝	* 鍔鍔(악악) :높은 모양 * 鍔際(악제) :①도신(刀身 :칼몸)과 칼날 밑이 닿는 곳 ②(勝負·成敗·生死 等) 운명(運命)의 판가름판, 긴요(緊要)한 곳, 고비	
凹	凵 <오목할 요> ①오목하다 ②가운데가 쑥 들어가다 ③우묵하게 패어 들어간 곳, 팬 곳	* 凹凸(요철) :오목하게 들어감과 볼록하게 나옴. 울퉁불퉁함 * 凹角(요각) :두 직각(直角)보다 크고 네 직각(直角)보다 작은 각(角). 곧 180도와 360도 사이의 각(角) * 凹處(요처) :둘레의 다른 곳보다 오목하게 들어간 곳	
凸	凵 <볼록할 철> ①볼록하다 ②가운데가 볼록하다	* 凸角(철각) :이직각(二直角)보다 작은 각(角). 곧 180°보다 작은 각(角) * 凸版(철판) :볼록판. 판면의 볼록하게 도드라진 글자나 그림에 잉크가 묻어서 찍히는 인쇄판(印刷版)	

한자	뜻	용례	풀이
銹	金 <녹슬 수> ①녹슬다 ②녹	* 銹病(수병) :綠病(녹병). 식물(植物)의 잎이나 줄기에 쇠의 녹과 같은 여름홀씨가 생기는 병(病) * 鐵銹(철수) :쇠(鐵)에 생기는 녹 * 不銹鋼(불수강) :쉽사리 녹이 슬지 않는 합금(合金)	<수돌려지> 녹슬고 무디어진 것을 숫돌에 갈고,
鈯	金 <무딜 돌> ①무디다 ②창칼(槍)	* 鈯斧(돌부) :무딘 도끼	
礪	石 <숫돌 려> ①숫돌(연장을 갈아 날을 세우는 데 쓰는 돌) ②갈다, 연마하다(硏磨·練磨·鍊磨) ③권면하다(勸勉)	* 礪砥(려지) :①숫돌 ②갈고 닦음. 礪行(여행) * 礪行(려행) :행동(行動)을 깨끗이 닦음. 即 깨끗이 행동(行動)한다는 뜻 * 礪石(려석) :숫돌	
砥	石 <숫돌 지> ①숫돌 ②갈다(표면을 매끄럽게 하기 위하여 다른 물건에 대고 문지르다) ③닦다, 수양하다(修養)	* 砥礪(지려) :硏磨·練磨·鍊磨(연마) ①물건을 만들기 위해 갈고 닦음 ②학예(學藝)나 기술을 깊이 연구하고 익힘 * 金剛砥(금강지) :금강사(金剛砂)로 만든 숫돌	

한자	뜻	용례	풀이
鋸	金 <톱 거> ①톱, 톱질하다 ②자르다 ③발꿈치 베는 형벌(刑罰)	* 鋸牙(거아) :송곳니. 톱니처럼 날카로운 이빨 * 鋸齒(거치) :톱니 * 鋸刀(거도) :자루를 한쪽에만 박아 혼자 잡아당기어 켜는 톱 * 引鋸軍(인거군) :引鉅軍(인거군). 큰 톱질을 하는 사람	<거아절연> 톱니로 서까래를 자르고,
牙	牙 <어금니 아> ①어금니 ②깨물다 ③(이를)갈다 ④대장기(大將旗) ⑤본진(本陣) ⑥관아(官衙) ⑦이처럼 생긴 물건(物件)	* 牙城(아성) :①주장(主將)이 거처(居處)하는 성(城) ②가장 중요(重要)한 근거지(根據地)를 비유(比喩) * 象牙(상아) :코끼리의 어금니 * 齒牙(치아) :이(이빨)의 점잖은 일컬음	
截	戈 <끊을 절> ①끊다 ②정제하다(整齊 :정돈하여 가지런히 하다) ③다스리다 ④말을 잘하는 모양, 말을 잘하다	* 斷截(단절) :斷切(단절). 截斷·切斷(절단). ①끊어짐 ②잘라 냄 * 截長補短(절장보단) :絶長補短. 좋은 걸로 부족(不足)함을 채움 * 去頭截尾(거두절미) :머리와 꼬리를 잘라버린다는 뜻으로, 앞뒤를 생략(省略)하고 본론(本論)으로 들어감	
椽	木 <서까래 연> ①서까래(마룻대에서 도리 또는 보에 걸쳐 지른 나무) ②사다리	* 附椽(부연) :장연(長椽) 끝에 멋을 내기 위해 덧얹는 짧은 서까래. 며느리서까래 * 附椽說明(부연설명) * 椽大之筆(연대지필) :서까래 만한 큰 붓. <比喩>뛰어난 대문장(大文章)을 이르는 말	

한자	훈음	용례	정리
撮	扌(手) <취할 촬 / 모을 촬> ①취하다(取) ②(손가락으로)집다 ③모으다, 취합하다(聚合) ④빼내다, 골라내다 ⑤(사진을)찍다	* 撮島(촬도) :손가락 끝으로 집을 만한 정도의 섬. 작은 섬 * 撮髮(촬발) :한 줌의 머리털 * 撮書(촬서) :추려내어 적음 * 撮影(촬영) :형상(形象·形像)을 사진(寫眞)으로 찍음 * 撮要(촬요) :①요점을 골라 취함 ②회의 발췌록(拔萃錄)	
釘	金 <못 정> ①못(목재 따위의 접합이나 고정에 쓰는 물건) ②(벌, 모기 등이)쏘다 ③(단추 따위를)달다 ④촉구하다, 재촉하다	* 地釘(지정) :집터를 다질 때 주추(礎石) 대신 땅속에 박는 통나무나 콘크리트 기둥 * 眼中釘(안중정) :눈에 박힌 못이라는 뜻으로, 눈엣가시 또는 남에게 심한 해독(害毒)을 끼치는 사람	<촬정마추> 못을 손가락으로 집어다가 망치로 때려서 박으며,
亇	亅 <망치 마> ①망치	* 亇飛箇(마날개) :<借音>마날개. 주전자. 亇飛乃. 亇飛介. 末飛介. 수飛阝. 末乙飛 * 亇尙船(마상선) :<借音>마상이. 통나무를 파서 만든 작은 배 * 亇正布(마정포) :마전한 품질이 좋은 베	
鎚	金 <쇠망치 추> ①쇠망치, 철퇴 ②저울추(錘) ③치다, 때리다 ④옥을 다듬다(퇴)	* 鐵鎚(철추) :鐵椎(철추). * 空氣鎚(공기추) :공기해머(空氣 hammer). 압축공기(壓縮空氣)의 힘으로 움직이는 기계(機械) 해머	

한자	훈음	용례	정리
建	廴 <세울 건> ①세우다 ②일으키다 ③아뢰다(말씀드려 알리다), 개진하다(開陳) ④끼우다, 사이에 두다	* 建築(건축) :흙·나무·돌·쇠 등(等)을 써서 집·성(城)·다리 같은 건조물(建造物) 따위를 지음 * 建設(건설) :건물(建物)을 짓거나 시설(施設)들을 이룩함 * 建議(건의) :어떤 문제에 대하여 의견을 말함	
築	竹 <쌓을 축> ①쌓다 ②짓다, 건축물 ③다지다 ④날개를 치다 ⑤(절구, 방아의)공이	* 築踏(축답) :築磕(축개). 함부로 마구 짓밟음 * 築臺(축대) :높이 쌓아올린 대(臺)나 터 * 築倒(축도) :지치어 넘어짐 * 築城(축성) :성(城)을 쌓음 * 構築(구축) :쌓아 올려 만듦 * 新築(신축) :새로 건축(建築)함	<건축시설> 집을 짓고 설비(設備)를 하여
施	方 <베풀 시> ①베풀다(일을 벌이다, 혜택을 받게 하다) ②실시하다(實施) ③은혜(恩惠) ④미치게 하다, 나누어 주다	* 施設(시설) :도구(道具)나 기계(機械) 장치(裝置) 따위를 설치(設置)하거나, 일정(一定)한 구조물(構造物)을 베풀어 차림 * 施行(시행) :실제(實際)로 행하여 효력(效力)을 발생시킴	
設	言 <베풀 설> ①베풀다 ②세우다, 설립하다(設立) ③갖추어지다, 설치하다(設置) ④설령(設令), 가령(假令), 만약(萬若)	* 設立(설립) :시설(施設)이나 기관(機關)을 베풀어 세움 * 設定(설정) :새로 만들어 정(定)해 둠 * 設置(설치) :기계(機械)나 장치(裝置) 등을 달거나 매거나 붙이거나 하여 놓아두는 것	

한자	훈음	용례	정리
悤	心 <바쁠 총> ①바쁘다 ②급하다(急) ③서두르다	* 悤忙(총망) :悤劇(총극). 몹시 급(急)하고 바쁨 * 悤急(총급) :총총하고 급(急)함 * 悤折立(총절립) :철갑상어. 錦鱗鯊(금린사) * 悤忙之間(총망지간) :총망(悤忙)한 사이	
忙	忄(心) <바쁠 망> ①바쁘다, 일이 많다 ②분주하다(奔走) ③어수선하다 ④(마음이)급하다(急) ⑤조급하다(躁急), 초조하다(焦燥)	* 多忙(다망) :바쁜 일이 매우 많음 * 奔忙(분망) :매우 바쁨 * 煩忙(번망) :繁忙(번망). 번거롭고 매우 바쁨 * 忙中閑(망중한) :바쁜 가운데에서도 한가(閑暇)로운 때 * 多事多忙(다사다망) :일이 많아 몹시 바쁨	<총망준공> 바쁘게 공사(工事)를 마치고 나서
竣	立 <마칠 준> ①마치다, 끝내다, 끝마치다 ②멈추다, 그치다 ③물러가다 ④고치다 ⑤웅크리다	* 竣工(준공) :①공사(工事)를 다 마침 ②공역(公役)을 마침 * 竣役(준역) :竣工(준공) * 竣事(준사) :사업(事業)을 끝마침 * 告竣(고준) :①준공(竣工)되었음을 알림 ②준공(竣工)	
工	工 <장인 공> ①장인(匠人), 만들다 ②기교(技巧), 솜씨 ③일, 기능(技能) ④공업(工業) ⑤인공(人工) ⑥잘하다, 뛰어나다	* 工夫(공부) :학문(學問)이나 기술(技術)을 닦는 일 * 工事(공사) :토목(土木), 건축(建築) 등(等)에 관(關)한 일 * 工業(공업) :인공(人工)으로 물품을 만드는 생산업(生産業) * 工場(공장) :물건(物件)을 만드는 생산(生産) 시설(施設)	

한자	훈음	용례	정리
移	禾 <옮길 이> ①옮기다 ②옮겨 심다, 모내기 하다 ③바꾸다, 변하다(變) ④늦추다 ⑤미치다, 연루되다(連累·緣累)	* 移徙(이사) :집을 옮김. 이전(移轉) * 移轉(이전) :주소(住所)를 다른 곳으로 옮김 * 移動(이동) :움직여 옮김 * 推移(추이) :일이나 형편(形便)이 차차 옮아가거나 변해 감	
徙	彳 <옮길 사> ①옮기다, 이사하다(移徙) ②교화되다(敎化) ③(한도를)넘어서다 ④(나뭇가지가)한쪽으로 쏠리다	* 徙居(사거) :거처(居處)를 옮김 * 遷徙(천사) :遷動(천동). 움직여서 옮김 * 徙木之信(사목지신) :위정자(爲政者)는 백성(百姓)과의 약속(約束)을 지켜야 한다는 말	<이사정착> 집을 옮겨서 자리를 잡아 살게 되니
定	宀 <정할 정> ①정하다(定), 정해지다 ②바로잡다 ③평정하다(平定) ④안정시키다(安定) ⑤머무르다 ⑥그치다 ⑦이마(앞머리)	* 定着(정착) :어느 곳에 자리 잡아 오래도록 사는 것 * 決定(결정) :마지막으로 작정(作定)함, 일의 매듭을 지음 * 規定(규정) :규칙(規則)으로 정(定)하는 것 * 認定(인정) :옳다고 믿고 정(定)하는 일	
着	目 <붙을 착> ①붙다 ②다다르다 ③(옷을)입다, (머리에)쓰다, (신을)신다	* 到着(도착) :목적(目的)한 곳에 다다름 * 癒着(유착) :사물(事物)이 서로 떨어지지 않게 결합(結合)됨 * 執着(집착) :어떤 것에 마음이 늘 쏠려 매달리는 일 * 自家撞着(자가당착) :자기의 언행(言行)이 전후(前後) 모순됨	

邸	阝(邑) <집 저> ①집, 관저(官邸), 여관(旅館) ②종친(宗親), 왕후(王侯)의 사제(私第: 개인 소유의 집) ③주막, 가게	* 邸宅(저택) :①지난날에 왕후(王后)의 집을 일컬음 ②규모(規模)가 아주 큰 집 * 官邸(관저) :관리(官吏)가 살도록 나라에서 관리하는 집 * 私邸(사저) :개인(個人)의 저택(邸宅) * 壚邸(노저) :술집	<저택차비> 규모(規模)가 큰 집이 사치(奢侈)스럽고 크다.
宅	宀 <집 택(댁)> ①집, 주거(住居), 살다 ②구덩이 ③무덤, 묘지(墓地) ④댁(남을 높여 그의 집이나 가정, 그의 아내를 이르는 말)	* 宅內(댁내) :남의 집안의 존칭(尊稱) * 宅地(택지) :집터. 집을 지을 땅 * 寸田尺宅(촌전척택) :좁은 밭과 작은 집. <比喩>얼마 안 되는 재산(財産). 자기 재산의 겸칭(謙稱)	
奓	大 <자랑할 차 / 사치할 차> ①자랑하다, 오만하다(傲慢), 교만(驕慢)을 떨다 ②펴다, 열리다 ③사치하다(奢侈) ⑤지나치다	* 奓靡(차미) :교만하여 제멋대로 함 * 奓心(차심) :분에 넘치는 사치스러운 마음 * 奓言(차언) :교만스러운 말 * 奓戶(차호) :문을 열음 * 奓闊(차활) :분에 넘치는 사치	
奜	大 <클 비> ①크다 ②성(姓)의 하나 ※ 奜와 同	* <集韻>奜 姓也 春秋傳 晉有奜豹或書作奜	

盆	皿 <동이 분> ①동이(질그릇의 하나) ②주발 ③부피	* 盆地(분지) :산이나 대지(臺地)로 둘러싸인 평지 * 盆栽(분재) :보기 좋게 가꾸어 감상(鑑賞)하는 초목(草木) * 叩盆之痛(고분지통) :鼓盆之痛(고분지통). 술그릇을 두드리는 아픔. <比喩>상처(喪妻)한 슬픔	<분걸필분> 화분(花盆)에는 향풀이 향기롭고,
芞	++(艸·草) <향초 걸> ①향풀, 향초(香草)	* 芞輿(걸여) :향초(香草) 이름. 즉 藒車(걸거), 藒은 芞과 同	
苾	++(艸·草) <향기로울 필> ①향기롭다(香氣), 향기(香氣)가 나다 ②향기(香氣)	* 苾芬(필분) :①향기로움. ②고대 중국에서 제사(祭祀)에 사용했던 향내 나는 풀로서 제물(祭物)을 상징. 향기는 신에게 올리는 인간의 정성을 상징함	
芬	++(艸·草) <향기 분> ①향기(香氣) ②향기롭다(香氣) ③아름다운 덕행이나 명성(名聲) ④많다 ⑤성하다(盛) ⑥툭 튀어오르다	* 芬芳(분방) :꽃다운 향내 * 芬苾(분필) :향기롭다 * 芬芬(분분) :①향기롭다 ②흐트러져 어지러운 모양 ③왕성하고 아름다운 모양 * 芬郁(분욱) :芬茀(분불). 향기가 짙다, 그윽하다	

雔	隹 <새 한쌍 수> ①새 한쌍 ②가죽나무(소태나뭇과의 낙엽 활엽 교목) 고치	* 雔由(수유) :벌레 이름. 누에(蠶)의 일종(一種) <爾雅>(釋蟲)雔由, 樗繭(저견) :가죽나무 누에고치	<수연롱전> 한 쌍의 제비가 지저귄다.
燕	灬(火) <제비 연> ①제비(제빗과의 새) ②잔치 ③즐겁게 하다 ④예쁘다, 얌전하다 ⑤나라 이름, 연나라(燕)	* 燕鴻之歎(연홍지탄) :봄과 가을에 엇갈리는 제비와 기러기처럼 서로 반대의 입장이 되어 만나지 못함을 한탄함 * 魚目燕石(어목연석) :물고기의 눈과 燕山의 돌은 옥과 비슷하나 옥이 아닌 데서 거짓을 진실로 혼동(混同)함	
哢	口 <지저귈 롱> ①새가 지저귀다 ②웃다 ③선웃음치다(억지로 아첨하여 웃음)	* 哢咿(농이) :웃음소리(笑聲) * 哢吭(농항) :새가 지저귐(鳥鳴聲也)	
囀	口 <지저귈 전> ①지저귀다 ②(소리가)바뀌다 ③가락 ④울림	* 鶯囀(앵전) :꾀꼬리가 지저귐 * 春鶯囀(춘앵전) :궁중(宮中)의 잔치 때에 추던 춤의 하나. 조선(朝鮮) 순조(純祖) 28年(1828年), 孝明世子가 창의(創意)를 더한 것이라 함. 춘앵무(春鶯舞)	

庭	广 <뜰 정> ①뜰, 집 안에 있는 마당 ②집안 ③조정(朝廷) ④궁중(宮中), 궁궐(宮闕)의 안	* 庭前(정전) :뜰의 앞 * 庭園(정원) :집안에 있는 뜰 * 家庭(가정) :한 가족(家族)으로서의 집안 * 椿庭(춘정) :아버지를 달리 이르는 말 * 門庭若市(문정약시) :뜰에 저자와 같이 사람이 많이 찾아옴	<정전농원> 뜰 앞에 있는 농원(農園)에는
前	刂(刀) <앞 전> ①앞 ②먼저, 미리, 앞서서, 사전에(事前) ③미래(未來), 앞날 ④나아가다, 인도하다(引導) ⑤뵙다, 찾아뵙다	* 前提(전제) :의논(議論)할 때 먼저 내세우는 기본(基本) * 前轍(전철) :앞에 지나간 수레바퀴의 자국. 以前의 失敗 * 如前(여전) :전(前)과 같이 변함이 없음 * 以前(이전) :①오래 전(前) ②그 전(前)	
農	辰 <농사 농> ①농사(農事), 농사짓다(農事) ②농부(農夫) ③농가(農家) ④노력하다(努力), 힘쓰다	* 農園(농원) :주로 원예(園藝) 작물(作物)을 심는 농장(農莊)을 일컬음 * 農民(농민) :농사(農事)를 짓는 백성(百姓) * 農事(농사) :논밭을 갈아 농산물(農産物)을 수확하는 일	
園	囗 <동산 원> ①동산 ②뜰 ③밭 ④구역(區域) ⑤능(陵) ⑥원소(苑沼 :동산과 못) ⑦사원(寺院) ⑧별장(別莊) ⑨담, 담장(牆), 울	* 公園(공원) :여러 사람들의 유락(遊樂)을 위해 베풀어 놓은 큰 정원(庭園), 동산(童山), 유원지(遊園地) 등 * 樂園(낙원) :아무런 걱정이나 부족(不足)함이 없이 살 수 있는 즐거운 곳	

한자	뜻	용례	풀이
葡	++(艸·草) <포도 포> ①포도 ②포도나무	* 葡萄(포도) :포도나무의 열매. 빛깔은 푸른빛·자줏빛·검은 빛 등 여러 가지가 있으며, 맛은 달고 새큼함 * 葡萄酒(포도주) :포도(葡萄)의 과즙(果汁)에 정제당(精製糖)을 넣어 발효(醱酵)시켜 빚은 술	<포도등만> 포도(葡萄)와 등(藤)나무 덩굴이 꾸불꾸불 얽히어 있는데,
萄	++(艸·草) <포도 도> ①포도 ②머루(포도과의 낙엽 덩굴나무)	* 葡萄莖(포도경) :포도나무(葡萄)의 줄기 * 葡萄藪(포도수) :죄(罪)를 짓고 도망(逃亡)간 사람들이 숨어 있는 곳	
藤	++(艸·草) <등나무 등> ①등나무(藤 :콩과의 낙엽 덩굴성 식물) ②덩굴(길게 뻗어 나가는 식물의 줄기) ③지팡이	* 藤蔓(등만) :꾸불꾸불 꼬인 덩굴. 또는 그 모양 * 葛藤(갈등) :칡과 등나무. <比喩>일이나 사정(事情)이 서로 복잡(複雜)하게 뒤얽혀 화합(和合)하지 못함 * 長春藤(장춘등) :담쟁이덩굴	
蔓	++(艸·草) <덩굴 만> ①덩굴, 덩굴진 풀 ②퍼지다, 뻗다 ③감다 ④순무(십자화과의 한해살이풀)	* 蔓延(만연) :蔓衍(만연). 널리 번지어 퍼짐 * 蘿蔓(나만) :담쟁이덩굴 * 刪蔓(산만) :인사는 빼고 바로 할 말로 들어가겠다는 뜻으로, 편지(便紙) 첫머리에 쓰는 말	

한자	뜻	용례	풀이
姚	女 <예쁠 요> ①예쁘다, 곱다, 아름답다 ②가볍다 ③날래다, 굳세고 빠르다 ④멀다, 멀리 ⑤경솔하다(輕率)(조)	* 姚黃魏紫(요황위자) :모란(牡丹)의 이칭(異稱). 우수(優秀)한 품종(品種)의 모란. 옛날 洛陽의 姚氏와 魏氏의 두 집에 귀한 모란이 피어 이르는 말 * 姚江學(요강학) :양명학(陽明學)	<요황위자> 모란(牡丹)이 피어 있고
黃	黃 <누를 황> ①누렇다, 누런빛 ②노래지다 ③앓다 ④황금(黃金) ⑤어린아이, 유아(幼兒) ⑥늙은이, 병들고 지친 모양	* 黃金(황금) :①누른빛을 띤 금(金)이란 뜻 ②재화(財貨) * 黃粱一炊(황량일취) :黃粱一炊夢(황량일취몽). 메조죽을 쑤는 짧은 동안. <比喩>부귀(富貴)와 공명(功名)의 덧없음	
魏	鬼 <나라이름 위> ①나라의 이름, 魏 ②대궐(大闕), 궁궐(宮闕) ③높다 ④빼어나다(외), 큰 모양(외)	* 魏闕(위궐) :높고 큰 문이란 뜻으로, ①대궐(大闕)의 정문(正門) ②뜻이 바뀌어, 조정(朝廷)을 이름 * 魏書(위서) :중국(中國) 역대(歷代) 왕조(王朝)의 정사(正史)인 25사(二十五史)의 하나	
紫	糸 <자줏빛 자> ①자줏빛(紫朱-) ②자줏빛의 옷	* 紫色(자색) :자줏빛 * 紫籞(자어) :宮闕(궁궐) * 紫闥(자달) :闕內(궐내) * 山紫水明(산자수명) :산빛이 곱고 강물이 맑다는 뜻으로, 산수(山水)가 아름다움을 이르는 말	

한자	뜻	용례	풀이
芝	++(艸·草) <지초 지> ①지초(芝草 :지칫과의 여러해살이풀) ②영지(靈芝 :불로초과의 버섯), 버섯 ③일산(日傘)	* 芝草(지초) :버섯의 종류. 예로부터 상서로운 풀로 여김 * 芝蘭之交(지란지교) :지초(芝草)와 난초(蘭草) 같은 향기(香氣)로운 사귐이라는 뜻으로, 벗 사이의 고상(高尙)한 교제(交際)를 이르는 말	<지혜담형> 지초(芝草)와 혜초(蕙草)는 향기(香氣)를 널리 퍼지게 한다.
蕙	++(艸·草) <혜초 혜> ①풀의 이름, 난초과(蘭草科)의 풀 ②혜초(蕙草), 난초(蘭草)의 일종(一種)	* 芝蕙(지혜) :①지초(芝草)와 蕙草(혜초) ②좋은 친구(親舊) * 芝焚蕙歎(지분혜탄) :약(藥) 중의 최고인 영지(靈芝) 버섯이 불타니 꽃 중의 최고인 혜(蕙)가 슬퍼한다는 말로서, 좋은 친구의 불행을 슬퍼함	
覃	襾 <깊을 담 / 미칠 담> ①깊다 ②깊고 넓다 ③미치다, 이르다 ④퍼지다, 뻗다 ⑤자리 잡다 ⑥고요하다 ⑦날이 서다(염), 날카롭다(염)	* 覃慶(담경) :경사로움을 널리 미치게 함 * 覃內(담내) :온 집안의 안 * 覃甫(담보) :<借音>담비. 족제비과에 속하는 산짐승의 한 가지. 啗父. 儋甫.	
馨	香 <꽃다울 형> ①꽃답다 ②향기롭다(香氣), 향내(香)나다, 향기(香氣) ③덕화(德化 :옳지 못한 사람들을 덕행으로 감화함)	* 馨氣(형기) :香氣(향기) * 馨香(형향) :꽃다운 향기(香氣) * 潔馨(결형) :깨끗하고 향기(香氣)로움 * 似蘭斯馨(사란사형) :난초(蘭草)같이 꽃다우니 군자(君子)의 지조(志操)를 비유(比喩·譬喩)한 것임	

한자	뜻	용례	풀이
芳	++(艸·草) <꽃다울 방> ①꽃답다, 아름답다 ②향기, 향초(香草) ③(이름이)빛나다, 아름다운 명성(名聲) ④씨방, 자방(子房) ⑤청춘(青春)	* 芳紀(방기) :芳年(방년). 芳齡(방령). 스물 안팎의 한창 나이 * 芳春(방춘) :①꽃이 한창 핀 아름다운 봄 ②꽃다운 나이 * 芳薰(방훈) :①꽃다운 향기(香氣) ②향기(香氣)로운 냄새 * 綠陰芳草(녹음방초) :푸르게 우거진 그늘과 꽃다운 풀	<방불욱복> 향기로운 풀이 우거져서 향기(香氣)가 그윽하니,
茀	++(艸·草) <풀 우거질 불> ①풀이 우거지다, 풀로 막히다 ②덮다, 덮이다 ③제초하다(除草) ④머리꾸미개 ⑤수레포장	* 茀祿(불록) :복(福) * 茀離(불리) :초목(草木)이 뒤덮임. 芘覆(비복) * 茀矢(불시) :화살의 하나. 八矢(팔시)의 하나. 주살로 쓰임 * 茀然(불연) :숨을 쉬는 모양. <莊子>氣息茀然	
郁	阝(邑) <성할 욱> ①성하다(盛) ②울창하다(鬱蒼), 우거지다, 무성하다(茂盛) ③향기롭다(香氣) ④그윽하다 ⑤산앵도나무(울)	* 郁馥(욱복) :향기(香氣)가 매우 짙음. 향기가 그윽함 * 郁烈(욱렬) :매우 향기(香氣)로움. 향기(香氣)가 몹시 남 * 郁郁青青(욱욱청청) :향기(香氣)가 높고, 수목(樹木)이 무성(茂盛)하여 푸른 빛깔이 썩 곱고 깨끗함	
馥	香 <향기 복> ①향기(香氣) ②향기롭다(香氣), 향기(香氣)가 짙다 ③향기(香氣)가 흩어지다	* 馥郁(복욱) :郁馥(욱복). 풍기는 향기(香氣)가 그윽함 * 馥馥(복복) :馥郁(복욱). 郁馥(욱복)	

蜂	虫 <벌 봉> ①벌 ②꿀벌 ③날카롭다(鋒) ④봉망(鋒鋩 :창, 칼 따위의 뾰족한 끝)	* 蜂蝶(봉접) :벌과 나비 * 蜜蜂(밀봉) :꿀벌, 참벌 * 蜂起(봉기) :①벌떼처럼 사람들이 곳곳에서 일어남 ②여러 지방(地方)에서 병란이 일어나는 모양(模樣) * 蜂屯(봉둔) :벌떼가 모여 있듯이 무리 지어 모임	<봉접진밀> 벌과 나비는 꿀을 찾아 모여들고,
蝶	虫 <나비 접> ①나비	* 蝶泳(접영) :버터플라이. 수영(水泳) 방법(方法)의 한 가지 * 蝶兒(접아) :나비 * 胡蝶(호접) :호랑나비 * 胡蝶之夢(호접지몽) :장자(莊子)가 나비가 되어 날아다닌 꿈으로, ①현실과 꿈의 구별이 안 됨 ②인생의 덧없음	
臻	至 <이를 진 / 모일 진> ①이르다, 도달하다(到達) ②미치다, 파급되다(波及) ③모이다, 집합하다(集合)	* 輻輳幷臻(폭주병진) :輻湊幷臻(폭주병진). 輻輳竝臻(복주병진). 수레의 바퀴통에 바퀴살 모이듯 한다는 뜻으로, 한 곳으로 많이 몰려 듦. '輳'는 '湊'로도 쓴다.	
蜜	虫 <꿀 밀> ①꿀, 벌꿀 ②달콤하다, 감미롭다(甘味)	* 蜜蠟(밀랍) :꿀을 짜낸 찌꺼기를 끓여 만든 기름 * 蜜語(밀어) :달콤한 말. 남녀(男女) 간(間)의 정담(情談) * 蜜月(밀월) :蜜月旅行의 준말. 결혼 초의 즐겁고 달콤한 동안 * 口蜜腹劍(구밀복검) :달콤하게 말하나 속으론 칼을 감추고 있음	

杏	木 <살구 행> ①살구(살구나무, 개살구나무 따위의 열매), 살구나무 ②은행나무	* 杏林(행림) :①살구나무의 수풀 ②의원(醫員)의 별칭(別稱) * 杏仁(행인) :살구 씨의 알맹이. 기침·변비의 약재(藥材) * 杏花(행화) :살구꽃. 살구나무의 꽃 * 銀杏(은행) :은행나무(銀杏)의 열매	<행음두견> 살구나무 그늘에서는 접동새가 울어댄다.
蔭	艹(艸·草) <그늘 음> ①그늘, 해그림자 ②덮어서 가리다 ③비호하다 ④덕택(德澤), 덕분(德分) ⑤음사(蔭仕 :조상 덕에 벼슬을 함)	* 蔭仕(음사) :蔭職(음직). 蔭官(음관). 蔭敍(음서). 조상(祖上)의 혜택(惠澤)으로 얻던 관직(官職) * 惡木不蔭(악목불음) :나쁜 나무는 그늘이 지지 않음. <比喩>좋지 못한 사람에게서는 바랄 것이 없음	
杜	木 <막을 두> ①막다, 닫다 ②팥배나무(장미과의 낙엽 활엽 교목)	* 杜絶(두절) :막히고 끊어짐 * 杜門不出(두문불출) :문을 닫고 일체 밖에 나가지 않음 * 杜漸防萌(두점방맹) :점(漸)은 사물의 처음. 맹(萌)은 싹. 싹이 나오지 못하도록 막음. 나쁜 조짐(兆朕)을 제거	
鵑	鳥 <두견이 견> ①두견이(杜鵑 :두견과의 새), 접동새 ③두견화(杜鵑花), 진달래, 참꽃	* 杜鵑(두견) :①두견이, 접동새, 자규(子規) ②진달래, 두견화(杜鵑花) * 川鵑(천견) :진달래의 한 가지. 嬋娟花(선연화) * 春鵑(춘견) :진달래	

窪	穴 <웅덩이 와> ①웅덩이 ②우묵하다(가운데가 둥그스름하게 푹 패거나 들어가 있다), 깊다 ③낮다 ④맑은 물	* 窪池(와지) :움푹 패인 웅덩이에 물이 고인 연못 * 窪隆(와륭) :①우묵한 곳과 높은 곳 ②쇠함과 성(盛)함 * 未有窪溝而産神虯 :開川龍出乎(개천에서 용 날까). 미천한 집안에서 훌륭한 인물이 날 수 없다는 속담	<와지사린> 웅덩이를 파서 만든 연못에서는 물고기를 기르니,
池	氵(水) <못 지> ①못, 연못 ②해자(垓子 :성 밖을 둘러싼 못) ③도랑(매우 좁고 작은 개울), 수로(水路) ④연지(硯池)	* 池塘(지당) :못 * 貯水池(저수지) :물을 모아두기 위한 못 * 酒池肉林(주지육림) :호화(豪華)스럽고 방탕(放蕩)한 생활 * 金城湯池(금성탕지) :쇠로 만든 성과 끓는 물을 채운 못. <比喩>매우 견고한 성(城)과 해자(垓子)	
飼	食 <기를 사> ①기르다, 양육하다(養育) ②먹이다, 먹게 하다, 사육하다(飼育) ③양식(糧食), 밥 ④사료(飼料)	* 飼料(사료) :가축(家畜), 사조(飼鳥)의 먹이 * 飼育(사육) :飼養(사양). 짐승을 먹이어 기름 * 飼草(사초) :가축(家畜)의 사료(飼料)로 하는 풀 * 放飼(방사) :가축(家畜)을 놓아먹임	
鱗	魚 <비늘 린> ①비늘 ②비늘이 있는 동물(動物) ③물고기, 어류(魚類)	* 魚鱗(어린) :물고기의 비늘 * 羽鱗(우린) :새와 물고기 * 片鱗(편린) :한 조각의 비늘. (喩)사물의 아주 작은 일부분 * 逆鱗(역린) :용의 가슴에 거꾸로 난 비늘. (喩)①건드리면 반드시 살해됨 ②임금님의 노여움	

魚	魚 <물고기 어> ①물고기 ②물속에 사는 동물(動物)의 통칭(通稱) ③바다 짐승의 이름	* 水魚之交(수어지교) :물과 물고기의 사귐. 친(親)한 사이 * 緣木求魚(연목구어) :나무에 인연(因緣)하여 물고기를 구(求)한다는 고사(故事). <比喩>허술한 계책(計策)으로 큰 일을 도모(圖謀)함	<어영담연> 물고기가 맑은 연못에서 헤엄을 치며 노닐고,
泳	氵(水) <헤엄칠 영> ①헤엄치다 ②무자맥질하다(물속에서 팔다리를 놀리며 떴다 잠겼다 하다)	* 泳涵(영함) :그 속에 깊이 잠기어 자맥질 함. * 水泳(수영) :헤엄. 물속에서 몸을 뜨게 하고 손발을 놀리며 다니는 짓. 헤엄 * 遊泳(유영) :(游泳). 물속에서 헤엄치며 놂	
澹	氵(水) <맑을 담> ①맑다 ②싱겁다 ③담백하다(淡白) ④조용하다 ⑤안존하다(安存 :아무런 탈 없이 평안히 지내다)	* 澹泊(담박) :淡泊(담박). ①산뜻함 ②마음이 깨끗함 * 雅澹(아담) :雅淡(아담). ①조촐하고 산뜻함 ②말쑥함 * 暗澹(암담) :①어둡고 쓸쓸함 ②희망이 없고 막연(漠然)함 * 慘澹(참담) :①딱하고 슬픈 모양 ②비참하고 가슴 아픈 모양	
淵	氵(水) <못 연> ①못(넓고 오목하게 팬 땅에 물이 괴어 있는 곳) ②소(沼 :늪), 웅덩이 ③모이는 곳 ④근원(根源), 근본(根本)	* 淵源(연원) :사물(事物)의 근원(根源) * 淵澄取暎(연징취영) :못이 맑아서 비침. 군자(君子)의 마음 * 積水成淵(적수성연) :한 방울 한 방울의 물이 연못이 됨 * 天淵之差(천연지차) :하늘과 연못 사이처럼 큰 차이(差異)	

塘	土 <못 당> ①못, 연못 ②방죽(물이 밀려들어 오는 것을 막기 위하여 쌓은 둑) ③둑(높은 길을 내려고 쌓은 언덕) ④제방(堤防)	* 堤塘(제당) :堤防(제방). 물이 넘쳐흐르는 것을 막거나 물을 저장하기 위하여 토석으로 쌓은 둑. 방죽 * 水塘(수당) :저수지(貯水池). 흐르는 물을 저장하여 물이 필요할 때에 사용하게 하는 수리시설(水理施設)	
堤	土 <둑방 제> ①둑, 방죽 ②(둑을)쌓다 ③실굽(그릇의 밑바닥에 가늘게 둘려 있는 받침), 밑, 밑바닥 ④대강(大綱)	* 堤防(제방) :수해(水害) 예방을 위해 토석으로 쌓은 둑. 방죽 * 防潮堤(방조제) :조수(潮水)를 막기 위해 바닷가에 쌓은 둑 * 防波堤(방파제) :파다의 파도를 막기 위해 쌓아 올린 둑 * 堤潰蟻穴(제궤의혈) :방축도 개미 구멍으로 인해 무너짐	<당제쇄소> 연못의 둑에다가 물을 뿌리고 비질을 한다.
灑	氵(水) <물뿌릴 쇄> ①(물을)뿌리다 ②깨끗하다, 소제하다(掃除) ③(바람이)불다, (바람이 불어) 흔들다 ④소탈하다	* 灑掃(쇄소) :물을 뿌리고 비로 먼지를 쓸음 * 瀟灑(소쇄) :맑고 깨끗함 * 揮灑(휘쇄) :물에 흔들어 씻어 깨끗이 함 * 灑掃巾櫛(쇄소건즐) :집이나 몸을 거드는 일 등의 잔 시중	
掃	扌(手) <쓸 소> ①(비로)쓸다 ②제거하다(除去), 버리다 ③칠하다, 바르다 ④쓰다, (붓을)휘두르다 ⑤멸망시키다(滅亡)	* 掃除(소제) :먼지나 따위를 떨고 쓸고 닦아서 깨끗이 함 * 掃蕩(소탕) :휩쓸어 모조리 없애 버림 * 一掃(일소) :모조리 쓸어버림. 죄다 없애 버림 * 淸掃(청소) :깨끗이 소제(掃除)함	

麴	麥 <누룩 국> ①누룩(술을 빚는 데 쓰는 발효제) ②효모(酵母 :자낭균류에 속하는 균류) ③술(酒)	* 麴糱(국얼) :누룩. 술을 빚는 데 쓰는 발효제(醱酵劑) * 麪麴(면국) :麵麴(면국). 粉麴(분국). 밀을 곱게 갈아 껍질을 버리고 밀가사로만 눌러서 만든 누룩 * 蕎麥麴(교맥국) :麪麴(면국)	
糱	米 <누룩 얼> ※ 櫱과 同字 ①누룩(술을 빚는 데 쓰는 발효제) ②싹트다 ③빚다	* 糱麴(얼국) :누룩 * 糱酒(얼주) :麴酒(국주). 누룩으로 만든 술	<국얼온양>
醞	酉 <빚을 온> ①(술을)빚다 ②거듭 빚다 ③술밑(누룩을 섞어 버무린 지에밥) ④조화하다(調和) ⑤온자하다(醞藉 :온화하고 인자함)	* 醞釀(온양) :①술을 담금 ②어떤 생각을 가슴속에 은밀히 품고 있음 ③남을 모함(謀陷)함 * 法醞(법온) :內醞(내온).임금이 신하에게 하사(下賜)하는 술 * 別宣醞(별선온) :別醞(별온). 임금이 따로 더 내려주는 술	누룩으로 술을 담가서
釀	酉 <술빚을 양> ①술을 빚다, 양조하다(釀造) ②술(酒) ③꿀을 만들다 ④점차 생기다 ⑤조성해 내다	* 釀造(양조) :미생물(微生物)의 발효(醱酵) 작용(作用)을 이용해 술·간장·식초(食醋) 따위를 담가서 만듦 * 釀造場(양조장) :술·간장·식초(食醋) 따위를 담그는 공장 * 家釀酒(가양주) :집에서 쓰려고 빚어 만든 술	

漉	氵(水) <거를 록> ①거르다(액체만 받아 내다) ②밭다 ③치다, 앙금을 치다 ④물이 마르다 ⑤다하다	* 漉渣(록사) :찌꺼기를 거름 * 漉科(녹과) :여과재(濾過材)를 써서 고체(固體)와 액체(液體)를 나누는 일 * 生漉紙(생록지) :닥나무의 겉껍질로 뜬 종이	
渣	氵(水) <찌꺼기 사> ①찌꺼기, 찌끼	* 渣滓(사재) :가라앉은 찌끼. 찌꺼기 * 殘渣(잔사) :殘滓(잔재) * 油渣(유사) :깻묵. 麻枯餠(마고병). 脫脂粕(탈지박).	<녹사삼탁>
滲	氵(水) <스며들 삼> ①스며들다, 스미다, 배다, 적시다 ②밭다, 거르다(액체만 받아 내다) ③새다, 흘러나오다 ④다하다, 마르다	* 滲出(삼출) :액체가 안에서 밖으로 스며 나옴 * 滲透(삼투) :액체 따위가 스며서 들어감	찌기를 거르니 스미어 나와서 밑으로 방울져 떨어지는데,
涿	氵(水) <방울져 떨어질 탁 / 칠 탁> ①방울져 떨어지다, 듣다(액체가 방울져 떨어지다) ②치다, 두드리다 ③쪼다	* 涿鹿之戰(탁록지전) :치우(蚩尤 :神市 倍達國 第14代 慈烏支桓雄)와 황제 헌원(黃帝 軒轅)간(間)에 있었던 河北 涿鹿의 들에서 벌인 戰爭. 史記 五帝本紀에 記錄된 炎帝와 黃帝間의 阪泉之战에 이은 歷史上 두 번째의 戰爭이라고 함	

碗	石 <사발 완> ①사발(沙鉢 :사기로 만든 국그릇이나 밥그릇) ②주발	* 碗口(완구) :조선시대에 사용하던 화포(火砲) * 茶碗(차완) :찻종(茶鍾)의 한 가지. 조금 크고 뚜껑이 있음 * 沙碗(사완) :사기로 만든 주발.	
酎	酉 <전국술 주> ①전국술(全 :군물을 타지 아니한 진국의 술) ②세 번 빚은 술 ③(술을)빚다	* 燒酎(소주) :燒酒(소주). 쌀이나 수수 또는 그밖의 잡곡(雜穀)을 쪄서 누룩과 물을 섞어 발효(醱酵)시켜 증류(蒸溜)한 무색(無色) 투명(透明)의 술	<완주담순>
淡	氵(水) <맑을 담> ①맑다, (빛깔이)엷다 ②(맛이)싱겁다, 담백하다(淡白) ③묽다 ④맛없는 음식	* 淡白(담백) :淡泊(담박). ①산뜻함 ②마음이 깨끗함 * 淡水(담수) :짠맛이 없는 맑은 물. 단물. 민물 * 冷淡(냉담) :태도(態度)나 마음이 쌀쌀함 * 濃淡(농담) :짙음과 옅음, 또는 그 정도(程度)	주발에는 세 번 빚은 술이 맑으면서 맛이 진한 술이고
醇	酉 <전국술 순> ①전국술 ②진한 술, 진하다(津) ③순수하다 ④도탑다(서로 인정이 많고 깊다) ⑤순박하다(淳朴·淳樸·醇朴)	* 醇酒(순주) :無灰酒(무회주). 석회(石灰)를 넣지 않은 술 * 醇化(순화) :純化(순화) 쓸데없는 것들을 없애고 깨끗하고 바르게 만드는 일 * 醇厚(순후) :淳厚(순후). 醇篤(순독). 良順하고 人情이 두터움	

한자	훈음	단어	성어
甕	瓦 <독 옹> ①독(큰 오지그릇이나 질그릇) ②항아리 ③물 장군(배가 불룩하고 목 좁은 아가리가 있는 질그릇)	* 石甕(석옹) :돌로 항아리 모양과 같이 만든 그릇 * 黃甕(황옹) :황토(黃土)로 빚어 만든 항아리 * 鐵甕城(철옹성) :鐵甕城(철옹성). 무쇠로 옹기(甕器)를 만들듯이 튼튼히 쌓아 올린 성	<옹앙농후> 독(옹기항아리)에는 막걸리의 빛깔이 진하다.
醠	酉 <탁주 앙> ※ 醠과 同 ①탁주(濁酒 :막걸리) ②막걸리(우리나라 고유한 술의 하나)		
濃	氵(水) <짙을 농> ①(색이)짙다 ②(음식이)진하고 맛이 좋다 ③(안개 등이)깊다 ④(정의가)두텁다 ⑤이슬 맺힌 모양	* 濃厚(농후) :①빛깔이 짙음 ②액체(液體)가 진함 ③그럴 가능성(可能性)이 다분히 있음 * 濃度(농도) :진하고 묽은 정도(程度) * 濃淡(농담) :짙음과 옅음 * 濃縮(농축) :진하게 졸임	
厚	厂 <두터울 후> ①두텁다, 후하다(厚), 두터이 하다 ②두껍다 ③짙다, 진하다(津), 맛있다 ④정성스레 대하다 ⑤늘리다. 부(富)	* 厚待(후대) :후하게 대접(待接)함, 또는 그러한 대접(待接) * 厚生(후생) :살림을 안정(安定)시키거나 넉넉하도록 하는 일 * 重厚(중후) :태도(態度)가 점잖고 마음씨가 너그러움 * 厚顔無恥(후안무치) :얼굴이 두껍고 부끄러움이 없음	

한자	훈음	단어	성어
皿	皿 <그릇 명> ①그릇 ②그릇 덮개 ③접시	* 器皿(기명) :살림살이에 쓰이는 그릇붙이 * 膝皿(슬명) :종지뼈. 무릎 앞 한가운데 있는 작은 종지 모양의 오목한 뼈 * 皿頭鋲(명두병) :접시대갈못. 못대가리가 동글납작한 못	<명우탕전> 접시나 사발 따위의 그릇에 때가 낀 것을 씻어내고,
盂	皿 <사발 우> ①사발(沙鉢 :사기로 만든 국그릇이나 밥그릇) ②밥그릇 ③주발	* 鉢盂(발우) :승려(僧侶)의 식기(食器). 바리때 * 沙盂(사우) :沙鉢(사발). 사기(沙器)로 만든 그릇 * 盂方水方(우방수방) :沙鉢이 모나면 거기에 담은 물도 모남. <比喩>백성의 선악(善惡)은 임금에 따라 결정됨	
盪	皿 <씻을 탕> ①씻다 ②밀다, 밀어 움직이다 ③갈마들다(서로 번갈아들다), 이동하다(移動) ④흔들다, 진동하다(振動)	* 盪日(탕일) :씻은 듯이 환하고 밝은 해 * 擊盪(격탕) :심하게 뒤흔들림 * 日盪(일탕) :해가 요동치는 듯한 현상 * 震盪(진탕) :몹시 울려서 흔들림	
淟	氵(水) <때낄 전> ①때(옷이나 몸 따위에 묻은 더러운 먼지 따위의 물질), 때가 끼다 ②더러운 물질(物質) ③빠지다 ④망하다(亡)	* 淟汨(전골) :汨沒(골몰). 잠김 * 淟淟(전전) :때가 묻어 더러워지는 것	

한자	훈음	단어	성어
鑞	金 <땜납 랍> ①땜납 ②주석(朱錫) ③백철(白鐵: 납과 주석과의 합금)	* 鑞封(납봉) :틈이나 구멍을 납으로 메우는 일. 납땜질 * 鑞染(납염) :鑞衣(납의). 그릇이나 물건에 땜납을 올림 * 鑞紙(납지) :은종이. 납(鑞)과 주석(朱錫)의 합금(合金)을 종이처럼 얇게 늘인 것	<납연고호> 땜질용 납(鑞)으로 냄비를 땜질한다.
鉛	金 <납 연> ①납(푸르스름한 잿빛의 금속 원소) ②흑연 ③연필심 ④잿빛	* 鉛刀(연도) :무딘 칼. <比喩>쓸모 없는 물건(物件) * 鉛筆(연필) :흑연(黑鉛) 가루의 심으로 된 필기구(筆記具) * 丹鉛(단연) :①단사(丹砂)와 연분(鉛粉) ②문장(文章) 가운데서 잘못된 글자를 고침	
錮	金 <땜질할 고 / 막을 고> ①땜질하다 ②가두다, 매다, 붙들어 매다 ③막다, 가로막다 ④단단하다	* 錮宦(고환) :벼슬길이 막힘 * 釘錮(정고) :못을 박아 고정함 * 禁錮(금고) :①죄과(罪科) 혹은 신분(身分)에 허물이 있어 벼슬에 쓰지 않음 ②자유형(自由刑)의 하나 * 着錮(착고) :차꼬의 잘못. 죄수(罪囚)를 가두어 두던 형구(刑具)	
鎬	金 <냄비(쟁가비) 호 / 호경 호> ①냄비, 쟁가비(溫器) ②곡괭이 ③빛나다, 빛나는 모양, 밝은 모양 ④호경(鎬京)	* 鎬京(호경) :서주(西周) 무왕(武王)이 처음 도읍했던 곳 지금의 섬서성(陝西省) 서안(西安) 부근(附近) * 鎬鎬(호호) :빛이 빛나는 모양	

한자	훈음	단어	성어
菜	艹(艸·草) <나물 채> ①나물(사람이 먹을 수 있는 풀이나 나뭇잎 따위), 푸성귀 ②반찬(飯饌) ③채식하다(菜食) ④굶주린 빛	* 菜蔬(채소) :채소. 뿌리나 잎·줄기 또는 열매를 먹기 위(爲)해 밭에서 기르는 초본(草本) 식물(植物). 곧, 무·배추·상추·시금치·오이·호박·토마토 따위 * 野菜(야채) :들에서 나는 나물. 심어서 가꾸는 나물	<채소지감> 채소(菜蔬)를 소금물에 담가서 절여놓고,
蔬	艹(艸·草) <나물 소> ①나물, 푸성귀 ②낟(곡식의 알)	* 采蔬(채소) :나물을 캠 * 採蔬(채소) :野菜(야채). 푸성귀를 캔 것 * 蔬筍之氣(소순지기) :육식(肉食)을 하지 않는 사람의 기상(氣像)	
漬	氵(水) <담글 지> ①담그다 ②적시다 ③물들이다 ④잠기다, 젖다(물이 배어 축축하게 되다) ⑤거품 ⑥앓다	* 漬鹽(지염) :配鹽(배염). 소금에 절임 * 漸漬(점지) :(물 따위가)점점 스며듦. 점점 젖음 * 浸漬(침지) :沈漬(침지). 어떤 재료(材料)를 물속에 담가 적심	
鹼	鹵 <소금기 감> ①소금기 ②소금물 ③잿물	* 鹼化(감화) :지방을 가수분해(加水分解)하여 글리세린과 비누를 만들 때의 화학 변화(變化) * 石鹼(석감) :비누. 때를 씻어 낼 때 쓰는 물건(物件)	

⿰缶刂	刂(刀) <칼자루 부 / 활줌통 부> ①칼자루, 칼의 손잡이(刀握) ②칼로 파내어 가지다 ③활줌통(弓中央)		
擣	扌(手) <찧을 도> ①찧다 ②두드리다 ③찌르다, 닿다 ④근심하다(속을 태우거나 우울해하다) ⑤모이다	* 擣葯(도약) :약재(藥材)를 섞어 반죽하여 찧어 부드럽게 함 * 擣鍊(도련) :搗鍊(도련). 흰 비단을 삶아서 두드리는 것 * 擣砧(도침) :搗砧(도침). 다듬잇돌에 다듬어서 반드럽게 함 * 擣衣聲(도의성) :다듬이질하는 소리	<부도호강> 칼자루로 마늘과 생강을 짓찧으니
葫	艹(艸·草) <마늘 호> ①마늘 ②호리병박, 조롱박 ③줄풀의 열매	* 葫蘆(호로) :호리병박 * 葫蘆甁(호로병) :호리병박 모양의 병(甁) * 依樣畫葫蘆(의양화호로) :양식(樣式)에 따라 호로(葫蘆)를 그리듯이 남을 본떠 그대로 흉내 낸다는 말	
薑	艹(艸·草) <생강 강> ①생강(생강과의 여러해살이풀, 채소)	* 生薑(생강) :생강과(生薑科)의 여러해살이풀. 향긋한 냄새와 매운맛이 있음 * 薑桂之性(강계지성) :오래될수록 매워지는 生薑과 桂皮. <比喩>늙을수록 더욱 강직(剛直)해지는 성품	

蔥	艹(艸·草) <파 총> ※ 葱과 同字 ①파(백합과의 여러해살이풀, 채소) ②부들(부들과의 여러해살이풀) ③푸른 색 ④섬섬옥수(纖纖玉手)의 비유(比喩)	* 蔥蒜(총산) :파와 마늘 * 蔥蔥(총총) :(나무가) 배게 들어서서 무성(茂盛)한 모양 * 蔥竹之交(총죽지교) :파피리를 불면서 죽마(竹馬)를 타고 놀던 사이. <比喩>어릴 적부터 사귄 교분(交分)	
蒜	艹(艸·草) <마늘 산> ①마늘	* 蒜泥(산니) :양념으로 쓰기 위해 마늘을 짓찧어 놓은 것 * 蒜炙(산적) :마늘적(炙). 마늘로 만든 적(炙) * 獨頭蒜(독두산) :외톨마늘 * 蒜腦藷(산뇌저) :백합(百合)	<총산훈취> 파와 마늘은 매운 채소(菜蔬)의 냄새가 나서
葷	艹(艸·草) <훈채 훈 / 매운 채소 훈> ①훈채(葷菜 :생강과 같이 매운 채소 또는 파와 같이 냄새나는 채소) ②냄새나다 ③맵다	* 葷臭(훈취) :매운 채소(菜蔬)의 냄새 * 葷酒(훈주) :葷菜와 술 * 葷菜(훈채) :파·마늘처럼 특이(特異)한 냄새가 나는 소채(蔬菜) * 五葷菜(오훈채) :五辛菜(오신채). 불가(佛家)나 도가(道家)에서 꺼리는 다섯 가지의 자극성(刺戟性) 있는 채소	
臭	自 <냄새 취> ①냄새, 냄새나다 ②구린내 ③썩다 ④더럽다 ⑤몹시, 지독하게 ⑥(사이가)나빠지다 ③평판이 나쁘다	* 無臭(무취) :냄새가 없음 * 體臭(체취) :몸의 냄새 * 惡臭(악취) :고약한 냄새 * 香臭(향취) :좋은 느낌의 냄새 * 口尙乳臭(구상유취) :입에서 아직 젖내가 난다 <比喩>말과 하는 짓이 아직 유치(幼稚)함	

鼻	鼻 <코 비> ①코 ②구멍, 맞트이게 뚫은 자국 ③시초(始初), 처음 ④손잡이	* 鼻祖(비조) :어떤 일을 가장 먼저 시작한 사람 * 耳目口鼻(이목구비) :①귀·눈·입·코 ②얼굴의 생김새 * 吾鼻三尺(오비삼척) :吾鼻涕垂三尺(오비체수삼척) '내 코가 석자'라는 속담(俗談)	
洟	氵(水) <콧물 이> ①콧물, 콧물을 흘리다 ②눈물, 눈물을 흘리다	* 鼻洟(비이) :콧물 * 唾洟(타이) :침과 콧물	<비이병체> 콧물과 함께 재채기가 나오고,
幷	干 <어우를 병 / 합할 병 / 겸할 병> ①아우르다(竝) ②어울리다 ③합하다(合) ④겸하다(兼) ⑤같다(同), 倂과 通	* 幷坐(병좌) :범죄 사실에 관련되어 함께 죄를 받음 * 幷兼(병겸) :합쳐서 하나로 함 * 幷合(병합) :倂合(병합) * 幷有(병유) :倂有(병유). 한 데 합하여 소유(所有)함 * 幷呑(병탄) :倂呑(병탄). 남의 것을 한 데 아울러 삼킴	
嚔	口 <재채기 체> ①재채기 ②재채기하다	* 嚔噴(체분) :재채기 * 嚔有人說(체유인설) :재채기가 날 때에는 남들이 자기 말을 하고 있다는 속설(俗說)	

噍	口 <씹을 초 / 먹을 초 / 새소리 추> ①씹다, 씹어 먹다 ②먹다, 물다 ③지저귀다 ④새 소리(추)	* 噍類(초류) :먹을 것을 씹어서 먹는 종류(種類)라는 뜻으로, 사람과 길짐승을 통틀어 이르는 말 * 回噍(회초) :되새김질을 함.	
椒	木 <산초나무 초> ①산초나무(山椒 :운향과의 낙엽 활엽 관목) ②후추나무(후춧과의 열대성 상록 관목) ③향기(香氣) ④서자(庶子)	* 山椒(산초) :①산초나무의 열매 ②분디 * 椒房之親(초방지친) :후비(后妃)나 왕후(王后)의 친정(親庭)의 친족(親族)	<초초유랄> 후주를 씹어보고는 대답(對答)하기를 맵다고 한다.
兪	入 <대답할 유> ①대답하다(對答), 응답하다(應答) ②그러하다, 수긍하다(首肯) ③보답하다(報答) ④지나가다 ⑤편안하다(便安)	* 兪音(유음) :신하(臣下)의 말에 대한 임금의 대답(對答) * 兪命(유명) :신하의 물음에 대하여 답하는 임금의 명령. * 兪準(유준) :임금의 허락(許諾)을 이르는 말 * 允兪(윤유) :임금이 허가(許可)함	
辣	辛 <매울 랄> ①(맛이)맵다 ②언행이 몹시 엄혹(嚴酷)하다	* 辣手(날수) :辣腕(날완). 매서운 수완(手腕) * 辛辣(신랄) :①맛이 몹시 쓰고 매움 ②수단(手段)이 몹시 가혹(苛酷)함 * 惡辣(악랄) :매섭고 표독(慓毒)함	

菘	++(艸·草) <배추 숭> ①배추(십자화과의 두해살이풀)	* 菘菔(숭복) :배추와 무 * 菘心(숭심) :배추의 속대 * 菘菜(숭채) :배추. 십자화과의 두해살이풀 * 地菘(지숭) :담배풀 * 菘心包(숭심포) :배추의 속대쌈 * 半鹽菘包(반염숭포) :얼간쌈	<숭복엄철> 배추와 무를 가지고 절인김치를 담그는데,
菔	++(艸·草) <무 복> ①무(십자화과의 채소) ②나복(蘿菔) ③치자꽃	* 蘿菔(나복) :무. 십자화과의 채소(菜蔬) * 蘿菔菜(나복채) :무나물 * 薝菔(담복) :차자나무의 꽃 * 胡蘿菔(호나복) :紅蘿菔(홍나복). 홍당무, 당근	
淹	氵(水) <담글 엄> ①담그다 ②적시다 ③머무르다 ④오래되다	* 淹留(엄류) :오래 머무름 * 淹沒(엄몰) :沈沒(침몰). 물에 빠져서 가라앉음 * 淹死(엄사) :물에 빠져 죽음	
醛	酉 <절인 김치 철> ①절인 김치(소금에 절인 배추나 무 따위를 양념에 버무린 뒤 발효를 시킨 음식)(鹹菹也) ②소금에 절이다		

醱	酉 <술괼 발> ①술을 괴다(식초 따위가 발효하여 거품이 일다) ②술을 빚다 ③거듭 빚다 ④전술	* 醱酵(발효) :醱醅(발배). 미생물(微生物)이 자신이 가지고 있는 효소(酵素)를 이용해 유기물(有機物)을 분해(分解)시키는 과정(過程). 술·간장·초(醋)·된장 등의 제조(製造)에 이용	<발효미산> 발효(醱酵)되어 맛이 시어지면
酵	酉 <삭힐 효> ①삭히다(음식물이 발효되어 맛이 들게 하다) ②(술을)괴다(식초 따위가 발효하여 거품이 일다) ③술밑, 효묘	* 酵母(효모) :酵母菌(효모균). 뜸팡이. 낭자균(囊子菌) 중 효모균과(酵母菌科)에 딸린 한 무리의 균류(菌類) * 酵素(효소) :뜸씨. 뜸팡이. 생물의 세포(細胞) 안에서 합성되어 화학(化學) 반응의 매체(媒體)가 되는 화합물	
味	口 <맛 미> ①맛, 맛보다 ②맛들이다 ③기분(氣分) ④취향(趣向) ⑤뜻, 의의(意義)	* 味酸(미산) :맛이 시다 * 珍味(진미) :음식의 썩 좋은 맛 * 意味(의미) :말이나 글이 지니는 뜻 * 調味(조미) :맛을 고르게 맞춤 * 興味(흥미) :흥을 느끼는 재미 * 趣味(취미) :마음에 끌려 한 곳으로 쏠리는 흥미(興味)	
酸	酉 <실 산 / 산소 산> ①(맛이)시다 ②신맛, 산(酸), 식초(食醋) ③나른하다, 시큰거리다 ③고되다, 가난하다 ④산소(酸素) ⑤수소화합물	* 酸素(산소) :공기(空氣)의 주성분(主成分)이 되는 원소(元素) * 酸辛(산신) :맵고 시다 <比喩>삶의 괴로움 * 狗猛酒酸(구맹주산) :개가 사나우면 술이 시어짐. <比喩>간신배(奸臣輩)가 있으면 어진 신하(臣下)가 모이지 않음	

菹	++(艸·草) <김치 저> ※ 葅와 同 ①김치(소금에 절인 배추나 무 따위를 양념에 버무린 뒤 발효를 시킨 음식) ②절이다	* 淹菹(엄저) :淹菜(엄채). 김치 * 醃菹(엄저) :겉절이 * 沈菹(침저) :沈菜(침채). '김치'의 어원(語源)임. 채소를 소금물에 담근다고 해서 침채(沈菜)라고 함. 당시 발음 '딤채'에서 '짐치'를 거쳐 '김치'가 되었음	<저동저장> 김치는 얼려서 저장(貯藏)한다
凍	冫(氷) <얼 동> ①얼다, 얼음 ②춥다, 차다 ③소나기	* 凍結(동결) :얼어붙음. 빙결(氷結) * 凍氷(동빙) :結氷(결빙) * 解凍(해동) :얼었던 것이 녹아서 풀림 * 凍足放尿(동족방뇨) :언 발에 오줌 누기 <比喩>잠시(暫時)의 효력(效力)이 있을 뿐, 마침내는 더 나쁘게 됨	
貯	貝 <쌓을 저> ①쌓다, 쌓아 두다 ②저축하다(貯蓄) ③담다 ④안치하다(安置) ⑤가게, 상점(商店) ⑥복(福), 행복(幸福)	* 貯藏(저장) :물건(物件)을 쌓아서 간직하여 둠 * 貯金(저금) :돈을 모아 둠, 또는 그 돈 * 貯蓄(저축) :절약(節約)하여 모아 둠 * 貯水池(저수지) :물을 모아둘 목적으로 만들어 놓은 못	
藏	++(艸·草) <감출 장> ①감추다 ②숨다, 숨기다 ③간직하다, 저장하다(貯藏) ④곳집(곳간(庫間)으로 지은 집), 광	* 藏書(장서) :서적(書籍)을 간직하여 둠, 또는 그 서적(書籍) * 內藏(내장) :내부(內部)에 가지고 있음 * 死藏(사장) :사물(事物)을 활용(活用)하지 않고 묵혀 둠 * 所藏(소장) :간직하여 둠, 또는 그 물건(物件)	

⿰氵思	氵(水) <쌀일 사 / 쌀 씻어 건질 사> ①쌀을 일다(쌀을 씻을 때 흔들어서 쓸 것과 못 쓸 것을 가려내는 일) ②쌀 씻어 건지다(漉米)		<사찬주치> 정(精)한 쌀을 일어서 부엌에서 불을 살라 밥을 지으며,
粲	米 <정미 찬> ①정미(精米 :기계 따위로 벼를 찧어 입쌀을 만듦) ②쌀 찧기 ③밥 ④곱다 ⑤밝다, 환하다 ⑥웃다	* 粲爛(찬란) :燦爛(찬란). 빛이 눈이 부시게 아름다움 * 粲然(찬연) :①조촐하고 산뜻한 모양 ②이를 드러내고 웃는 모습이 산뜻한 모양 * 粲粲玉食(찬찬옥식) :곱게 잘 찧은 입쌀로 지은 하얀 쌀밥	
廚	广 <부엌 주> ①부엌, 주방(廚房) ②요리사 ③찬장(饌欌 :음식이나 그릇 따위를 넣어 두는 장) ④궤(櫃), 장롱(欌籠)	* 廚房(주방) :음식(飮食)을 차리는 방(房) * 貧廚(빈주) :<比喩>가난한 살림 * 庖廚(포주) :'푸주'의 본딧말 * 有脚書廚(유각서주) :다리가 있는 서재(書齋)라는 뜻으로, 박식(博識)한 사람을 이르는 말	
熾	火 <성할 치 / 불땔 치 / 밥지을 치> ①성하다(盛), 기세(氣勢)가 세다 ②불사르다, 불을 피우다, 불길이 세다 ③밥을 짓다	* 熾憤(치분) :대단히 격분(激憤)함. 몹시 화냄 * 熾烈(치열) :세력(勢力)이 불길같이 맹렬(猛烈)함 * 熾熱(치열) :열도(熱度)가 매우 높음. 아주 뜨거움 * 熏熾(훈치) :위력이나 기세가 타오르는 불꽃처럼 맹렬함	

字	훈음	용례	사자성어
炒	火 <볶을 초> ①볶다 ②떠들다 ③시끄럽다	* 鷄炒(계초) :닭볶음탕 * 炒兒(초아) :초외(炒煨). 초아(招兒). 소아(召兒). 냄비. 음식을 끓이거나 삶는 데 쓰는 용구 * 藥炒酒(약초주) :약재를 볶을 때 치는 술	<초승자유> 참깨를 볶아서 기름을 짜서
藤	++(艸·草) <참깨 승> ①참깨(胡麻)	* 苣藤(거승) :검은깨	
榨	木 <술주자 자> ①술주자(酒榨 :술을 거르거나 짜내는 틀) ②거르다(액체만 받아 내다) ③기름틀 ④짜다, 짜내다(착)	* 榨油(자유) :①기름을 짜다. 또는 짜낸 기름 ②착취(搾取)하다 * 酒榨(주자) :술주자 * 壓榨(압자) :압착(壓搾)	
油	氵(水) <기름 유> ①기름, (기름을)칠하다 ②유막(油膜) ③윤(潤,) 윤을 내다, 광택(光澤) ④윤기(潤氣) 나는 모양	* 油類(유류) :기름의 종류 * 食用油(식용유) :먹는 기름 * 油井(유정) :석유(石油)를 채취(採取)하기 위해 판 우물 * 石油(석유) :땅속에서 나는 탄화수소(炭化水素)를 주성분으로 하는 가연성(可燃性) 기름	

字	훈음	용례	사자성어
烓	火 <화덕 계> ①화덕(火 :큰 화로), 小竈(소조) ②작은 화덕(火 :작은 화로) ③밝다	* 烓竈(계조) :불을 때는 화덕	<계오전병> 화덕 위의 번철에서는 밀가루 지짐을 부치고,
鏊	金 <번철 오> ①번철(燔鐵 :솥뚜껑처럼 생긴 무쇠 그릇)	* 鏊子(오자) :번철(燔鐵). 적자(炙子) * 鏊硯(오연) :번철(燔鐵) 모양의 벼루	
煎	灬(火) <달일 전> ①달이다, 졸이다 ②마음을 졸이다 ③끓다, 끓이다 ④지지다 ⑤애태우다	* 煎餠(전병) :찹쌀가루·밀가루·수숫가루 등을 반죽하여 기름에 지진 떡. 유전병(油煎餠)이라고도 함. 중국(中國) 전한(前漢)에서 시작(始作)하였다고 함 * 花煎(화전) :꽃전, 꽃을 붙이어 부친 부꾸미	
餠	食 <떡 병> ①떡(치거나 빚어서 만든 음식) ②밀가루떡 ③밀국수 ④먹다	* 兩手執餠(양수집병) :양손에 떡을 쥐다. <비유>가지기도 어렵고 버리기도 어려운 경우(境遇) * 畵中之餠(화중지병) :그림 속의 떡. <比喩>소용(所用)이 닿지 않음	

字	훈음	용례	사자성어
猪	犭(犬) <돼지 저> ①돼지, 돼지의 새끼 ②웅덩이 ③(물이)괴다, (냄새 따위가 우묵한 곳에 모이다) ④암돼지(차)	* 猪肉(저육) :돼지고기 * 猪脂(저지) :돼지의 기름 * 猪突(저돌) :멧돼지가 앞뒤를 안 가리고 불쑥 돌진(突進)함 * 猪突之勇(저돌지용) :猪突豨勇(저돌희용). 멧돼지처럼 앞으로만 돌진(突進)하는 무모(無謀)한 용맹(勇猛)	<저육관련> 돼지고기는 꿰어서 저민 고기를 만들며,
肉	肉 <고기 육> ①고기 ②살 ③몸 ④혈연(血緣) ⑤둘레 (유) ⑥저울추(錘) (유)	* 肉身(육신) :육체(肉體). 육질(肉質)로 되어 있는 않은 몸 * 肉體(육체) :인간(人間)의 몸뚱이. 신체(身體), 육신(肉身) * 筋肉(근육) :살갗 밑에 있는 살로, 뼈와 뼈 사이에 붙어 있는 골격근(骨格筋)으로 몸을 운동시키는 힘줄	
串	丨 <꿸 관 / 꿰미 천(찬) / 땅이름 곶> ①꿰다 ②친한 사람 ③꿰미(천) ④꼬챙이(찬), 꼬치(찬) ⑤땅의 이름(곶 :바다로 돌출한 육지)	* 串柹(관시) :곶감 * 串甘(곶감) :<借音>곶감 * 串之(곶지) :<借音>꽂이. 초나 향 따위를 꽂는 기구. * 燭串之(초꽂이) :<借音>초꽂이 * 香串之(향꽂이) :<借音>香高支 * 長山串(장산곶) :황해도 용연군 장산리의 돌출한 반도의 끝	
臠	肉 <저민고기 련> ①저민 고기 ②여윈 모양, 여위다 ③파리하다(핏기가 전혀 없다)	* 活臠(활련) :날고기 * 司臠所(사련소) :朝鮮時代 도축(屠畜)을 맡아보던 관아(官衙) * 掌臠司(장련사) :朝鮮時代 소와 말을 잡는 일을 맡았음 * 中禁臠(중금련) :돼지 머리에서 저며 낸 고기.	

字	훈음	용례	사자성어
脂	月(肉) <기름 지> ①기름 ②비계(돼지 등의 가죽 안쪽에 두껍게 붙은 기름 조각) ③연지(臙脂 :입술이나 뺨에 찍는 붉은 빛깔의 염료	* 脂肪(지방) :생물체(生物體)의 피하(皮下)·근육(筋肉)·간(肝) 등에 저장(貯藏)된 에너지원. 굳기름 * 脂膏(지고) :脂肪(지방) * 脂澤(지택) :광채(光彩) * 樹脂(수지) :나무의 진(津)	<지방잡만> 비계 기름으로 만두(饅頭)를 튀기고,
肪	月(肉) <살찔 방> ①살찌다 ②비계(돼지 등의 가죽 안쪽에 두껍게 붙은 기름 조각) ③기름	* 肪脂(방지) :피 기름. 膏血(고혈)의 北韓式 表現 * 松肪(송방) :松津(송진) * 體脂肪(체지방) :분해되지 않고 몸 안에 그대로 쌓인 脂肪	
煠	火 <데칠 잡> ①데치다 ②삶다 ③튀기다(灼)	* 煠熟(잡숙) :잘 삶음 * 煠食(잡식) :삶아 먹음	
饅	食 <만두 만> ①만두(饅頭)	* 饅頭(만두) :밀가루를 반죽하여 고기나 야채(野菜) 등(等)을 다져 만든 소를 넣고 둥글거나 길둥글게 빚어 찌거나 삶거나 튀긴 음식(飮食)	

糖	米 <엿 당 / 사탕 탕> ①엿(곡식으로 밥을 지어 엿기름으로 삭힌 뒤 고아 만든 달고 끈적끈적한 음식) ②사탕(탕) ③설탕(탕)	* 糖粉(당분) :분당(粉糖). 가루사탕. 설탕 * 砂糖(사탕) :沙糖(사탕). 사탕수수나 사탕무를 원료(原料)로 하는 대표적(代表的)인 감미료(甘味料) * 屑糖(설탕) :雪糖(설탕). 사탕(沙糖) 가루	<당분제과> 설탕가루로 과자(菓子)를 만들고 있다.
粉	米 <가루 분> ①가루, 분(粉) ②빻다, 부수다 ③안료(顔料) ④색칠하다 ⑤(분을)바르다, 화장하다(化粧) ⑥고물(배의 뒷부분)	* 粉末(분말) :가루. 딱딱한 물건(物件)을 잘게 부순 것 * 粉飾(분식) :분칠(粉漆)로 거죽만을 발라 꾸미는 것 * 粉骨碎身(분골쇄신) :뼈가 가루가 되고 몸이 부서짐. <比喩>있는 힘을 다해 노력(努力)함	
製	衣 <지을 제> ①짓다 ②만들다 ③가죽옷 ④모습 ⑤비옷	* 製菓(제과) :과자(菓子)나 빵을 만듦 * 製作(제작) :재료(材料)를 가지고 물건(物件)을 만듦 * 製造(제조) :인공(人工)을 가(加)하여 물건(物件)을 만듦 * 製品(제품) :원료(原料)를 써서 만들어 낸 물품(物品)	
菓	++(艸·草) <과자 과 / 실과 과> ①과자(菓子) ②과일, 실과(實果)	* 菓子(과자) :단맛을 위주(爲主)로 만들어 주(主)로 끼니 외(外)에 먹는 음식(飮食) * 茶菓(다과) :차(茶)와 과자(菓子) * 糖菓婚式(당과혼식) :결혼(結婚) 3주년(周年·週年)	

往	彳 <갈 왕> ①가다, 향하다(向) ②뒤, 이후(以後) ③과거(過去), 옛날, 이미 지나간 일 ④이따금 ⑤일찍 ⑥(물품을)보내다	* 往參(왕참) :가서 참여(參與)함 * 往來(왕래) :가고 오고 함 * 往復(왕복) :갔다가 돌아옴 * 旣往(기왕) :①이전(以前). 그 전 ②이미. 벌써. 이왕에 * 已往(이왕) :①오래 전(前) ②그 전(前)	<왕참경연> 몸소 가서 경사(慶事)스러운 잔치에 참석(參席)해 보니,
參	厶 <참여할 참 / 석 삼> ①참여하다(參與) ②간여하다(干與), 관계하다(關係) ③헤아리다, 비교하다(比較) ④뵈다, 뵙다 ⑤석, 셋(삼)	* 參加(참가) :어떤 모임에 참여(參與)하거나 가입(加入)함 * 參拜(참배) :신이나 부처에게 배례(拜禮)함 * 參席(참석) :자리에 참여함 * 參與(참여) :참가하여 관계함 * 參酌(참작) :이리저리 비교(比較)하여 알맞게 헤아림	
慶	心 <경사 경> ①경사(慶事), 기뻐하다 ②선행(善行) ③상(賞) ④복(福), 다행(多幸)한 일 ⑤하례하다(賀禮), 축하하다(祝賀)	* 慶筵(경연) :경사(慶事)스러운 잔치를 벌인 자리 * 慶事(경사) :축하(祝賀)할만한 즐겁고 기쁜 일 * 弄瓦之慶(농와지경) :乃生女子 載寢之地 載衣之裼 載弄之瓦 * 弄璋之慶(농장지경) :乃生男子 載寢之牀 載衣之裳 載弄之璋	
筵	竹 <대자리 연> ①대자리(대오리로 엮어 만든 자리) ②좌석(座席) ③(자리를)펴다 ④연회(宴會) ⑤주연(酒筵: 술자리)	* 經筵(경연) :임금이 경전(經典)을 공부(工夫)하던 자리 * 慶筵(경연) :경사(慶事)스러운 잔치를 벌인 자리 * 壽筵(수연) :壽宴(수연). 장수(長壽)함을 축하(祝賀)하는 잔치. 보통 환갑(還甲)잔치를 말함	

賀	貝 <하례할 하> ①하례하다(賀禮) ②경축(慶祝), 경사(慶事) ③가상하다(嘉賞 :칭찬하여 기리다)	* 賀客(하객) :축하하러 온 손님 * 謹賀(근하) :삼가 축하함 * 賀儀(하의) :축하(祝賀)하는 예식(禮式) * 祝賀(축하) :기뻐하고 즐겁다는 뜻으로 인사(人事)함 * 致賀(치하) :남의 경사(慶事)에 축하(祝賀)의 말을 함	<하객답지> 축하(祝賀)하는 손님이 몰려오매
客	宀 <손 객> ①손, 손님 ②나그네 ③외계(外界) ④여행(旅行), 객지(客地) ⑤과거(過去) ⑥대상(對象), 상대(相對) ⑦객쩍다	* 顧客(고객) :물건(物件)을 항상(恒常) 사러 오는 손님 * 客觀(객관) :제3자(第三者)의 입장(立場)에서 보는 안목(眼目) * 乘客(승객) :차, 배, 비행기(飛行機) 등의 탈것을 타는 손님 * 客反爲主(객반위주) :손이 도리어 주인 행세(行世)를 함	
遝	辶(辵) <뒤섞일 답> ①뒤섞이다 ②모이다 ③따라붙다, 미치다(공간적 거리나 수준 따위가 일정한 선에 닿다)	* 遝至(답지) :한군데로 몰려듦 * 衆拳遝至眼爲眩閃(중권답지안위현섬) :주먹질에 눈이 번쩍하다. 뜻밖에 당하는 매질에 정신이 번쩍 든다는 말	
至	至 <이를 지> ①이르다(어떤 장소나 시간에 닿다), 도달하다(到達) ②과분하다(過分), 정도(程度)를 넘다 ③지극하다(至極)	* 至極(지극) :극도(極度)에 이르러 더할 나위 없음 * 至急(지급) :더할 수 없이 급함. 몹시 급함 * 甚至於(심지어) :심(甚)하게는, 심하다 못해 나중에는 * 至誠感天(지성감천) :지극한 정성에는 하늘도 감동함	

蹠	足 <밟을 척> ①밟다 ②발바닥 ③다리 ④이르다(어떤 장소나 시간에 닿다), 도달하다(到達) ⑤가다	* 蹠骨(척골) :발목뼈와 발가락뼈 사이에 있는 발의 뼈 * 對蹠(대척) :어떤 일에 정반대가 됨 * 對蹠點(대척점) :지구를 중심으로 지구상의 반대편 지점 * 言堯行蹠(언요행척) :말은 요(堯)임금, 행동은 도척(盜蹠)	<척하정아> 크고 넓은 집에 도착(到着)하는 대로 거듭하여 맞이해 들이고,
廈	广 <큰집 하 / 문간방 하> ①큰집 ②문간방(門間房) ③곁방 ④행랑(行廊) ⑤헐소청(歇所廳 :손님이 잠깐 들러 쉬거나 기다릴 수 있게 마련한 방)	* 廣廈(광하) :크고 너른 집 * 崇廈(숭하) :높고 큰 집 * 大廈(대하) :규모(規模)가 큰 건물(建物) * 壤廈(양하) :묘(墓)를 달리 이르는 말. 현려(玄廬). * 大廈高樓(대하고루) :웅장하고 큰 건물을 이르는 말	
鄭	阝(邑) <정나라 정 / 거듭 정> ①정나라(鄭), 春秋戰國時代 나라의 이름 ②거듭하다(重), <中文大辭典>重也, 與仍通. <廣雅釋詁四>鄭, 重也	* 鄭聲(정성) :①음탕(淫蕩)한 정(鄭)나라 가요(歌謠) ②미친 사람처럼 지껄이는 알아들을 수 없는 말 * 鄭重(정중) :①점잖고 묵직함 ②은근(慇懃)함 ③빈번(頻繁)함 * 鄭衛之音(정위지음) :정(鄭)나라와 위(衛)나라의 음란한 노래	
迓	辶(辵) <마중할 아> ①마중하다 ②맞다, 영접하다(迎接) ③맞받아치다	* 迓續(아속) :끊이지 아니하게 이음 * 迎迓禮(영아례) :귀빈(貴賓)이나 개선장군(凱旋將軍)을 맞이하는 예식(禮式)	

舍	舌 <집 사> ①집, 가옥(家屋) ②여관(旅館) ③버리다(捨), 포기하다(抛棄) ④폐하다(廢) ⑤내버려 두다 ⑥바치다	* 舍廊(사랑) :집의 안채와 따로 떨어져 있어 바깥 주인(主人)이 거처(居處)하며 손님을 접대(接待)하는 곳 * 官舍(관사) :관리(官吏)가 살도록 지은 집 * 寄宿舍(기숙사) * 廳舍(청사) :관아(官衙)의 집. 관청(官廳)의 건물(建物)	<사랑접빈> 사랑채에서는 손님을 접견(接見)하면서,
廊	广 <사랑채 랑> ①사랑채, 딴채(본채와 별도로 지은 집), 곁채, 행랑(行廊 :대문 옆방) ②복도(複道)	* 廊下(낭하) :①행랑(行廊) ②길게 골목진 마루 * 斜廊(사랑) :사랑(舍廊) * 行廊(행랑) :대문간에 붙어 있는 방 * 廊廟之志(낭묘지지) :재상(宰相)이나 대신(大臣)이 되어 국사(國事)를 맡아 볼 뜻	
接	扌(手) <이을 접> ①잇다, 접하다, 가까이하다 ②접붙이다 ③사귀다, 교제하다(交際) ④대접하다(待接), 대우하다(待遇)	* 接賓(접빈) :손님을 대접(待接)함. 접객(接客) * 接近(접근) :가까이 닿음 * 接觸(접촉) :觸接(촉접). 맞붙어서 닿음. 교섭(交涉)함 * 直接(직접) :중간(中間)에 매개(媒介)없이 바로 접함	
賓	貝 <손 빈> ①손, 손님 ②(손으로)대접하다(待接) ③객지살이하다(客地) ④사위(딸의 남편을 이르는 말)	* 賓客(빈객) :①손님 ②문하(門下)의 식객 * 佳賓(가빈) :①반가운 손님. 진객(珍客) ②참새를 달리 이름 * 國賓(국빈) :나라의 손님 * 貴賓(귀빈) :귀한 손님 * 回賓作主(회빈작주) :도리어 손님이 주인 행세(行世)를 함	

俉	亻(人) <맞이할 오> ①맞이하다 ②만나다	* 俉俉(오오) :소원(疏遠)한 모양 * 證俉(증오) :실지(實地)로 불도(佛道)를 닦아 대도(大道)를 깨달음	<오빈만당> 맞이하여 인도(引導)하니 온 집안이 손님으로 꽉 찼다.
儐	亻(人) <인도할 빈> ①인도하다(引導) ②대접하다(待接) ③베풀다 ④차려 놓다 ⑤나가다 ⑥물리치다 ⑦찡그리다	* 儐待(빈대) :儐接(빈접). 손님을 접대(接待)함. 사행(使行)을 인도(引導)하여 접대(接待)함 * 儐伴(빈반) :사행(使行)을 맞아 대접함. * 儐使(빈사) :사행(使行)을 맞아 접대하는 관원(官員)	
滿	氵(水) <찰 만> ①차다, 가득 차 있다, 꽉 채우다 ②풍족하다(豐足) ③만족하다(滿足) ④모두의 ⑤아주, 전혀	* 滿堂(만당) :사람들이 가득 찬 온 방안이나 강당(講堂) 안. 방이나 강당(講堂) 따위에 가득찬 사람들 * 滿員(만원) :정(定)한 인원(人員)이 다 참 * 滿足(만족) :마음에 모자람이 없어 흐뭇함	
堂	土 <집 당> ①집, 사랑채 ②마루, 대청 ③근친(近親), 친족(親族) ④남의 어머니 ⑤명당(明堂), 좋은 묏자리나 집터 ⑥당당(堂堂)하다	* 堂堂(당당) :위엄(威嚴)이 있고 떳떳한 모양(模樣) * 內堂(내당) :아낙네가 거처(居處)하는 안방 * 祠堂(사당) :조상(祖上)의 신주(神主)를 모셔 놓은 집 * 講堂(강당) :강의(講義)나 의식(儀式)을 하는데 쓰는 큰 방(房)	

愿	心 <원할 원> ①원하다(願), 바라다 ②바라건대 ③빌다, 기원하다(祈願) ④성실하다(誠實), 공손하다(恭遜) ⑤삼가다	* 愿款(원관) :愿謹(원근). 謹誠(근성). 정성스럽고 간곡함 * 愿心(원심) :①마음으로 바람(心願) ②心愿(심원),염원(念願) * 鄕愿(향원) :수령(守令)을 속이고 양민(良民)에게 폐해(弊害)를 입히던 촌락(村落)의 토호(土豪)	<원심기휴> "바라옵건대, 참으로 큰 경사(慶事)를 맞아,
諶	言 <참 심> ①참 ②참으로 ③믿다	* 諶訓(심훈) :참된 가르침(切實眞誠之敎訓也) * 難諶(난심) :믿기가 어려움	
祁	礻(示) <성할 기> ①성하다(盛 :기운이나 세력이 한창 왕성하다) ②크다 ③많다 ④조용하다	* 祁祁(기기) :①조용한 모양 ②많은 모양 ③느린 모양 * 祁寒(기한) :지독(至毒)한 추위. 몹시 심한 추위. 혹한(酷寒) * 祁寒盛暑(기한성서) :혹독한 추위와 심한 더위	
烋	灬(火) <아름다울 휴 / 뽐낼 효> ①아름답다 ②경사롭다(慶事) ③행복(幸福) ④화하다(和) ⑤거들먹거리다(효) ⑥뽐내다(효)		

祝	礻(示) <빌 축> ①빌다, 기원하다(祈願) ②신에게 축원하다(祝願), 축문하다(祝文) ③축하하다(祝賀), 하례하다(賀禮)	* 祝壽(축수) :오래 살기를 빎 * 祝福(축복) :남을 위(爲)하여 행복(幸福)하기를 빎 * 祝祭(축제) :경축(慶祝)하여 벌이는 큰 잔치 * 祝賀(축하) :기뻐하고 즐겁다는 뜻으로 인사(人事)함	<축수옹온> 할아버지와 할머니께서 오래도록 사실 것을 빌어드립니다." 라고 말씀드리니,
壽	士 <목숨 수 / 오래살 수> ①목숨, 수명(壽命) ②장수(長壽), 오래 살다 ③축수하다(祝壽 :오래 살기를 빌다)	* 壽宴(수연) :장수(長壽)함을 축하(祝賀)하는 잔치. 환갑(還甲) * 長壽(장수) :오래 삶 * 天壽(천수) :타고난 수명(壽命) * 卒壽(졸수) :졸(卒)의 약자(略字) 모양에서 따와 90세(歲) * 米壽(미수) :米字를 분해(分解)하면 八十八, 즉(卽) 88세(歲)	
翁	羽 <늙은이 옹> ①늙은이 ②어르신네(老人의 尊稱) ③아버지 ④시아버지 ⑤장인(丈人)	* 翁媼(옹온) :할아버지와 할머니 * 家翁(가옹) :집 주인(主人) * 衰翁(쇠옹) :老人(노인) * 乃翁(내옹) :아버지가 아들에게 '네 아비', 또는 '이 아비'라는 뜻으로 자기(自己)를 가리킴	
媼	女 <할머니 온> ①할머니, 늙은 여자(女子) ②어머니, 노모 ③여자(女子) ④땅귀신(鬼神) ⑤살찌다	* 媼嫗(온구) :늙은 할머니 * 媼神(온신) :땅귀신(鬼神) * 媒媼(매온) :혼인(婚姻)을 중매(仲媒)하는 할머니 * 尊媼(존온) :늙은 어머니를 높여 이르는 말 * 婆媼(파온) :늙은 여자	

字	訓音	用例	풀이
卬	卩 <나 앙> ①나, 자신(自身) ②위풍당당(威風堂堂)한 모양 ③높은 모양 ④우러러보다, 바라다	* 卬隨我友或之江南(앙수아우혹지강남) :동무 따라 강남 간다. <比喩>자기는 할 마음이 없으나 동무에 끌려서 같은 행동을 한다는 뜻의 속담(俗談). 隨友適江南(수우적강남)	<앙역희이> "나 역시 기쁠 따름이지…!" 하신다.
亦	亠 <또 역> ①또, 또한 ②~도 역시(亦是) ③만약(萬若), 가령(假令) ④단지(但只), 다만 ~뿐 ⑤이미 ⑥모두	* 亦是(역시) :①마찬가지로 ②또한 * 此亦(차역) :이것도 또한 * 馬行處牛亦去(마행처우역거) :말 가는 데 소도 간다 <比喩>남이 하면 나도 할 수 있다는 뜻 * 窮人之事飜亦破鼻 :궁한 사람의 일은 자빠져도 코를 깬다	
憙	心 <기뻐할 희> ①기뻐하다 ②좋아하다 ③허! (感歎詞)	* 憙獵(희렵) :사냥을 좋아함 * 憙遊(희유) :놀이를 좋아함 * 憙欣(희흔) :欣憙(흔희). 기뻐함	
已	己 <이미 이> ①이미, 벌써 ②뿐, 따름 ③말다, 그치다, 그만두다, 끝나다 ④버리다, 버려두다 ⑤조금 있다가	* 已成(이성) :旣成(기성). 이미 이룸 * 已後(이후) :以後(이후) * 已往(이왕) :①오래 전(前) ②그 전(前) * 不得已(부득이) :①마지못해 ②하는 수 없이 ③어쩔 수 없이 * 迫不得已(박부득이) :일이 급박(急迫)하여 어찌 할 수 없음	

字	訓音	用例	풀이
歌	欠 <노래 가> ①노래, 가곡(歌曲), 가사(歌詞) ②노래하다, 읊다, 노래를 짓다 ③칭송하다(稱頌) ④시체(詩體)의 이름	* 歌舞(가무) :①노래와 춤 ②노래하고 춤을 춤 * 凱歌(개가) :승리(勝利)하여 기뻐서 부르는 노래 * 四面楚歌(사면초가) :사방(四方)에서 들리는 초(楚)나라의 노래. <比喩>아무 도움도 없이 고립(孤立)된 상태(狀態)	<가무향연> 노래하고 춤을 추면서 대접(待接)하여 잔치를 하는 중(中)에,
舞	舛 <춤출 무> ①춤추다, 춤, 무용(舞踊) ②뛰어다니다, 날아다니다 ③북돋다, 고무하다(鼓舞), 부추기다	* 舞臺(무대) :노래, 춤, 연극(演劇) 따위를 하도록 마련된 곳 * 舞踊(무용) :춤 * 鼓舞(고무) :①북을 쳐 춤을 추게함 ②격려(激勵)하여 기세(氣勢)를 돋움, 부추겨 용기(勇氣)가 생기게 함	
饗	食 <잔치할 향> ①잔치하다 ②대접하다(待接) ③제사(祭祀)를 지내다, 드리다 ④흠향하다(歆饗), 마시다	* 饗宴(향연) :특별(特別)히 융숭(隆崇)하게 베푸는 잔치. 주연(酒宴)을 베풀어 환대함. 연회(宴會) * 饗應(향응) :특별(特別)히 융숭(隆崇)하게 대접(待接)함 * 歆饗(흠향) :신명(神明)이 제물(祭物)을 받음	
宴	宀 <잔치 연> ①잔치, 술자리, 잔치하다, 술자리를 베풀다 ②즐기다 ③침실, 내실 ④편안하다(便安)	* 宴會(연회) :여러 사람이 모여 베푸는 잔치 * 披露宴(피로연) :기쁜 일을 알리기 위해 베푸는 잔치 * 他人之宴曰梨曰栗 :남의 잔치에 배 놓아라 밤 놓아라 함. <比喩>남의 일에 쓸데없는 참견(參見)을 함	

字	訓音	用例	풀이
聾	耳 <귀먹을 롱> ①귀먹다, 귀머거리(청각에 이상이 생겨 소리를 듣지 못하는 사람) ②캄캄하다 ③어리석다, 무지하다(無知)	* 聾啞(농아) :귀로 듣지 못하고 입으로 말하지 못하는 것, 또는, 그러한 사람 * 聾暗(농암) :귀머거리와 벙어리. <比喩>윗사람과 아랫사람 간에 서로 정의(情宜)가 통(通)하지 않음	<농아견맹> 귀머거리가 소경을 이끌고 오다가
啞	口 <벙어리 아> ①벙어리 ②소리 나지 않다, 목이 쉬다 ③어린아이의 서툰 말 ④까마귀 우는 소리 ⑤놀라다, 놀라 지르는 소리	* 啞者(아자) :啞子(아자). 벙어리. 언어장애인(言語障碍人) * 啞然(아연) :①맥없이 웃는 모양(模樣) ②놀라 입을 벌리고 있는 모양(模樣) * 啞然失色(아연실색) :놀라서 입을 벌린 채 얼굴빛이 변함	
牽	牛 <끌(이끌) 견> ①끌다, 이끌다 ②통솔하다(統率) ③강제하다(強制) ④거리끼다, 구애되다(拘礙), 매이다 ⑤관련되다(關聯·關連)	* 牽引(견인) :끌어당김 * 牽制(견제) :끌어당겨 자유로운 행동을 하지 못하게 함 * 牽強附會(견강부회) :이치(理致)에 맞지 않는 말을 억지로 끌어 붙여 자기 주장(主張)에 맞도록 함	
盲	目 <소경 맹 / 눈멀 맹> ①소경(눈동자가 없는 장님) ②장님 ③눈이 멀다 ④(사리에)어둡다, 무지하다(無知)	* 盲人(맹인) :소경. 장님. 시각장애인(視覺障碍人) * 盲點(맹점) :어떠한 일에 생각이 미치지 못한 점(點) * 盲目的(맹목적) :아무 분간(分揀)없이 덮어놓고 행동함 * 群盲撫象(군맹무상) :여러 맹인(盲人)이 코끼리를 더듬음	

字	訓音	用例	풀이
蹎	足 <넘어질 전> ①넘어지다 ②헛디디거나 걸려 넘어지다	* 蹎跋(전발) :顚沛(전패). 엎어지고 자빠지는 것 * 蹎仆(전부) :躓頓(지돈). 넘어지고 엎어짐 * 蹎蹎(전전) :침착하고 완만하다. 점잖고 느리다. * 蹎跌(전질) :顚跌<中語>넘어지다	<전강부액> 발을 헛디뎌 넘어져서 겨드랑이를 부축하여 주며,
僵	亻(人) <넘어질 강> ①넘어지다, 쓰러지다 ②넘어뜨리다 ③뻣뻣해지다	* 僵仆(강부) :엎어져 넘어짐 <中語>①뻣뻣해져서 넘어짐 ②죽다 * 僵立(강립) :①뻣뻣이 서서 움직이지 않음 ②굳세게 섬 * 僵拔(강발) :나무가 쓰러져 뿌리가 빠짐 * 僵屍(강시) :추워서 얼어 죽은 송장	
扶	扌(手) <도울 부> ①돕다, 지원하다 ②떠받치다 ③붙들다, 부축하다 ④더위잡고 오르다 ⑤다스리다 ⑥바로잡다	* 扶腋(부액) :①겨드랑이를 떠받쳐서 붙들어줌. 부축하다. ②돕다. 부조(扶助)하다. * 扶助(부조) :①남을 거들어서 도와 줌 ②남의 큰일에 돈이나 물건(物件) 등(等)을 도와 줌.	
腋	月(肉) <겨드랑이 액> ①겨드랑이	* 腋芽(액아) :종자식물에서 줄기 잎에 생기는 겨드랑 눈 * 腋花(액화) :잎겨드랑이(葉腋)에 달려서 피는 꽃 * 一狐之腋(일호지액) :여우의 겨드랑이 밑의 희고 고운 모피(毛皮), 곧 아주 진귀(珍貴)한 물건(物件)을 이름	

汝	氵(水) <너 여> ①너 ②물의 이름	* 汝等(여등) :너희 여럿. 너희들 * 吾心卽汝心(오심즉여심) :내 마음이 곧 네 마음 * 天知地知汝知我知 :하늘이 알고, 땅이 알며, 자네가 알고, 내가 안다 <比喩>세상에 비밀(秘密)이란 없음	<여모수노> "너는 누구며, 누구의 아들이냐?" 하고 물으니,
某	木 <아무 모> ①아무 ②어느 ③아무개 ④어느 것, 어느 곳 ⑤자기(自己)의 겸칭(謙稱)	* 某氏(모씨) :아무개. 어떤 양반(兩班) * 某處(모처) :어떤 곳 * 某某(모모) :아무아무 * 某種(모종) :어느 종류(種類) * 誰也某也(수야모야) :아무아무. 누구누구 * 某年某月某日(모년모월모일) : 아무 해, 어느 달, 어떤 날	
誰	言 <누구 수> ①누구 ②무엇 ③묻다 ④옛날 ⑤발어사(發語辭)	* 誰某(수모) :아무개 * 誰何(수하) :①어떤 사람. 어느 누구 ②누구냐고 물어보는 일 * 誰怨孰尤(수원숙우) :누구를 원망(怨望)하고 누구를 탓하랴 * 誰怨誰咎(수원수구) :누구를 원망(怨望)하며 누구를 탓하랴	
孥	子 <자식 노> ①자식(子息) ②처자(妻子 :아내와 자식) ③종(남의 집에서 대대로 천한 일을 하던 사람)	* 孥稚(노치) :아내와 자식(子息), 또는 어린 것 * 坐孥(좌노) :남편이나 아버지의 죄로 아내나 자식이 連坐됨 * 孥籍罪人(노적죄인) :재산 몰수하고 妻子를 관노로 삼은 죄인 * 罪不及孥(죄불급노) :죄는 그 처자(妻子)에게 미치지 아니함	

幼	幺 <어릴 유> ①어리다, 미숙하다(未熟), 어린아이 ②작다, 조그마하다 ③사랑하다 ④(누에가)잠을 자다, 누에의 잠	* 幼沖(유충) :어리다. 유소(幼小 :나이가 어림)하다 * 幼年(유년) :나이가 어림 * 幼兒(유아) :어린아이 * 幼稚(유치) :나이가 어려 유아(幼兒)의 단계(段階) * 長幼有序(장유유서) :어른과 아이 사이에는 순서가 있음	<유충구몰> "나이가 어려서 이미 양친(兩親)이 다 돌아가셔서
沖	氵(水) <화할 충 / 빌 충 / 어릴 충> ①화하다(和 :따뜻하고 부드럽다), 겸허하다(謙虛) ②비다, 공허하다(空虛) ③어리다 ④오르다, 솟구치다, 찌르다	* 沖年(충년) :열 살 안팎의 어린 나이 * 對沖(대충) :방위(方位)가 똑바로 맞섬 * 和沖(화충) :和衷(화충). 진정(眞情)으로 화목(和睦)함 * 沖和之氣(충화지기) :하늘과 땅의 조화(調和)된 기운(氣運)	
俱	亻(人) <함께 구 / 갖출 구> ①함께, 동반하다(同伴) ②모두, 다(남거나 빠진 것이 없이 모두), 전부(全部) ③갖추다, 구비하다(具備)	* 俱沒(구몰) :부모(父母)가 함께 다 죽고 없음 * 俱存(구존) :양친(兩親)이 모두 살아 계심 * 不俱戴天之讐(불구대천지수) :함께 하늘을 이고 살 수 없는 원수(怨讐), 죽여 없애야 할 원수(怨讐)	
歿	歹(歺) <죽을 몰> ①죽다(沒) ②끝내다, 끝나다 ③떨어지다, 해가 지다 ④숨다, 은거하다(隱居)	* 陣歿(진몰) :싸움터에서 죽음 * 戰歿(전몰) :싸움을 하다가 죽음. 전사(戰死) * 戰歿將兵(전몰장병) :적(敵)과 싸우다 죽은 장병(將兵) * 全歿知覺(전몰지각) :전혀 지각(知覺)이 없음	

孱	子 <잔약할 잔> ①잔약하다, 나약하다(懦弱·愞弱) ②신음하다(呻吟) ③삼가다 ④좁다 ⑤가지런하지 않다 ⑥산이 험한 모양	* 孱孑(잔혈) :잔약(孱弱)하고 의지(依支)할 곳 없이 외로움 * 孱弱(잔약) :가냘프고 아주 약(弱)함. * 孱微(잔미) :孱弱하고 변변히 못함 * 孱孫(잔손) :孱弱한 자손(子孫) *孱劣(잔열) *孱夫(잔부)	<잔혈고아> 잔약(孱弱)하고 의지(依支)할 곳 없는 부모(父母)없는 아이가 되어
孑	子 <외로울 혈> ①외롭다, 홀로, 혼자 ②조그마하다 ③짧다 ④남다, 남기다, 나머지 ⑤날이 없는 창(槍) ⑥장구벌레(모기의 애벌레)	* 孑遺(혈유) :①약간의 나머지 ②단 하나 남은 것 * 孤孑(고혈) :孤單(고단). 번성(繁盛)하지 못하여 외로움 * 孑孓(혈궐) :장구벌레 * 孑孑(혈혈) :우뚝하게 외로이 선 모양 * 孑孑單身(혈혈단신) :의지(依支)할 곳 없는 외로운 홀몸	
孤	子 <외로울 고> ①외롭다, 의지(依支)할 데가 없다 ②고아(孤兒), 단독(單獨), 홀로, 하나, 외따로 ③버리다, 저버리다	* 孤兒(고아) :부모(父母)없이 홀로 된 아이 * 孤獨(고독) :①어버이 없는 어린아이와 늙었으되 자식이 없어 홀몸인 사람 ②주위에 함께할 사람이 없이 혼자 동떨어져 있음을 느끼는 상태. 외로움	
兒	儿 <아이 아> ①아이 ②아기, 젖먹이 ③연약하다(軟弱) ③젊은 남자(男子)의 애칭(愛稱) ④어버이에 대한 아들의 자칭(自稱)	* 兒童(아동) :어린아이 * 嬰兒(영아) :젖먹이 * 家兒(가아) :남에게 자기(自己) 아들을 이르는 말 * 豚兒(돈아) :철이 없는 아이, 자기 아들의 겸사말(謙辭) * 迷兒(미아) :길을 잃고 헤매는 아이	

乞	乙 <빌 걸> ①빌다, 구걸하다(求乞) ②거지 ③가난하다 ④구하다(求) ⑤요청(要請) ⑥독촉(督促)하여 받다	* 乞食(걸식) :음식(飮食) 따위를 빌어먹음. 먹을 것을 빎 * 乞人(걸인) :구걸하는 사람. 거지 * 求乞(구걸) :남에게 물건(物件)·돈·곡식(穀食) 따위를 거저 달라고 비는 일. 비럭질. 동냥질	<걸식행각> 밥을 빌어먹으면서 여러 곳을 돌아다니고 있습니다." 라고 대답(對答)한다
食	食 <밥 식 / 먹을 식 / 먹이 사> ①밥 ②음식(飮食) ③먹다, 먹이다 ④벌이, 생활(生活), 생계(生計) ⑤밥, 먹이(사)	* 飮食(음식) :먹는 것과 마시는 것 * 食糧(식량) :먹을 양식(糧食) * 食事(식사) :음식을 먹음 * 簞食瓢飮(단사표음) :대그릇의 밥과 표주박의 물 * 門前乞食(문전걸식) :이 집 저 집 돌아다니며 빌어 먹음	
行	行 <갈 행 / 항렬 항> ①가다, 다니다 ②행하다(行), 행위(行爲) ④유행(流行) ⑤階高職卑(行) ↔ 階卑職高(守) ⑥항렬(行列)(항) ⑦대열(隊列)(항)	* 行脚(행각) :어떤 목적(目的)으로 여기저기 돌아다님 * 行爲(행위) :사람이 행(行)하는 짓 * 流行(유행) :널리 퍼짐 * 行動(행동) :동작(動作)을 하여 행(行)하는 일 * 行動擧止(행동거지) :몸으로 움직이는 모든 행위(行爲)	
脚	月(肉) <다리 각> ①다리 ②밟다 ③물건의 하부(下部) ④토대가 되는 것 ⑤몸둘 곳 ⑥지위(地位)	* 脚光(각광) :무대 아래쪽에서 배우를 비추어 주는 광선(光線) * 立脚(입각) :어떤 견해(見解)를 가지고 그 입장(立場)에 섬 * 健脚(건각) :①튼튼한 다리 ②잘 걷는 다리 * 馬脚露出(마각노출) :말의 다리가 드러남 <比喩>정체를 드러냄	

閔	門 <민망할 민 / 위문할 민> ①민망하다(憫惘) ②위문하다(慰問) ③걱정하다, 근심하다, 가엾게 여기다 ④근심 ⑤우환, 앓다 ⑥성(姓)의 하나	* 閔惜(민석) :불쌍하게 여기고 아낌 * 惜閔(석민) :아끼고 슬퍼함 * 閔迫(민박) :걱정스럽고 절박함 * 閔覆(민부) :딱하게 여기어 죄나 허물을 덮어 줌 * 閔然(민연) :불쌍히 여기는 모양(模樣)	<민석충달> 불쌍히 여기고 아끼는 마음에 근심하고 슬퍼하면서,
惜	忄(心) <아낄 석> ①아끼다, 소중히 여기다, 인색하다(吝嗇) ②아쉬워하다 ③애석하다(哀惜) ④애처롭게 여기다, 가엾게 생각하다	* 惜別(석별) :서로 떨어지기를 서운하게 여김 * 惜敗(석패) :경기(競技)나 시합(試合)에서 애석(哀惜)하게 짐 * 哀惜(애석) :슬프고 아깝게 여김 * 賣惜(매석) :시세(時勢)가 오를 것을 예측하고 팔기를 꺼림	
忡	忄(心) <근심할 충> ①근심하다(속을 태우거나 우울해하다) ②걱정하다, 근심하는 모양 ③장식물(裝飾物)이 드리워진 모양	* 忡怛(충달) :근심하고 슬퍼하는 모양 * 怔忡症(정충증) :까닭 없이 가슴이 울렁거리며 두려운 증(症)이 생기고 불안(不安)해지는 증세(症勢)	
怛	忄(心) <슬플 달> ①슬프다, 슬퍼하다 ②근심하다, 애태우다 ③놀라다, 두려워하다 ④방자하다(放恣)(단), 교만하다(驕慢)(단)	* 怛怾(달기) :세속에서, 좋지 않다고 하여 조심하고 삼가는 날을 이름. "怛忉"의 와전(訛傳)된 말임 * 怛忉(달도) :매우 슬퍼서 백사(百事)를 금기(禁忌)함 * 怾怛(기달) :산 이름. "金剛山"의 다른 이름.	

匙	匕 <숟가락 시> ①숟가락 ②열쇠	* 匙箸(시저) :숟가락과 젓가락(수저)을 아울러 이르는 말 * 十匙一飯(십시일반) :열 사람이 한 술씩 보태면 한 사람 먹을 분량(分量)이 됨. <比喩>여럿이 힘을 합하면 한 사람 돕기가 쉽다는 말	<시반저찬> 숟가락으로 밥을 뜨고, 젓가락으로 반찬(飯饌)을 집어서 먹여주니,
飯	食 <밥 반> ①밥 ②식사 ③먹다 ④먹이다, 사육하다(飼育), 기르다	* 飯饌(반찬) :밥에 곁들여 먹는 온갖 음식(飮食) * 朝飯(조반) :아침밥. 아침 끼니로 먹는 밥 * 茶飯事(다반사) :차를 마시고 밥을 먹듯 일상적(日常的)으로 하는 일. 예사(例事)로운 일 * 恒茶飯事	
箸	竹 <젓가락 저> ※ 櫡와 通 ①젓가락 ②대통(-筒: 대나무로 만든 통)	* 匙箸(시저) :수저. 숟가락과 젓가락을 아울러 이르는 말 * 木箸(목저) :나무젓가락 * 鍮箸(유저) :鍮筯(유저). 놋젓가락 * 漆木箸(칠목저) :옻칠을 한 나무젓가락	
饌	食 <반찬 찬> ①반찬(飯饌) ②음식(飮食), 음식(飮食)을 차리다 ③먹다	* 饌膳(찬선) :음식물(飮食物) * 佳饌(가찬) :①좋은 음식(飮食) ②훌륭한 요리(料理) * 歲饌(세찬) :세배를 하러 온 사람에게 대접하는 음식(飮食) * 飯饌(반찬) :밥에 곁들여 먹는 온갖 음식(飮食)	

饒	食 <넉넉할 요> ①넉넉하다, 넉넉하게 하다 ②기름지다 ③두텁다 ④용서하다(容恕) ⑤너그럽다	* 饒飽(요포) :곡식이 먹고 남게 넉넉함. * 饒富(요부) :살림이 넉넉함 * 富饒(부요) :富裕(부유). 재산이나 재물이 썩 많고 넉넉함 * 豐饒(풍요) :흠뻑 많아서 넉넉함	<요포도열> 넉넉하게 배가 불렀는데도 과도(過度)하게 먹다가 체하여
飽	食 <배부를 포> ①배부르다 ②배불리, 족히, 충분히 ③속이 꽉 차다, 옹골차다 ④물리다 ⑤만족하다(滿足) ⑥착복하다(着服)	* 飽食(포식) :飽腹(포복). 飽喫(포끽). 배부르게 먹음 * 飽和(포화) :일정(一定)한 한도(限度)에 가득 찬 상태(狀態) * 飽食暖衣(포식난의) :배부르게 먹고 따뜻하게 옷을 입음 * 我腹既飽不察奴飢 :내 배가 부르니 종 배고픈 줄 모른다	
饕	食 <탐할 도> ①탐하다(貪) ②(욕심이)과도하다(過度) ③사납다, 광포하다(狂暴) ④악한 짐승의 이름	* 饕饞(도참) :재물이나 음식 따위를 매우 탐함 * 饕風(도풍) :매우 세차게 부는 바람 * 貪饕(탐도) :貪婪(탐람). 음식(飮食)이나 재물(財物)을 탐냄 * 饕饕之食必咽其嗓 :급히 먹는 밥이 목이 메인다	
餲	食 <밥체할 열> ①밥에 체하다 ②목이 메다 ③답답하다 ④기가 막히다	* 餲結(열결) :①목메임 ②기가 막힘	

咽	口 <목구멍 인 / 목멜 열> ①목구멍, 목 ②북을 치다 ③목메다(열), 목이 막히다(열) ④삼키다(연)	* 咽喉(인후) :목구멍. 食道와 氣道를 통하는 입속 깊숙한 곳 * 嗚咽(오열) : 목이 메어 욺 * 耳鼻咽喉(이비인후) :귀·코·목구멍(食道와 氣道 포함) * 咽喉之地(인후지지) :매우 중요한 목을 이루는 지대(地帶)	<인후열구> 목구멍이 메어서 토(吐)하고 나서
喉	口 <목구멍 후> ①목구멍 ②목, 요긴(要緊)한 곳 ③요충지(要衝地)	* 喉佛(후불) :앞 목에 두드러져 나온 뼈 * 喉司(후사) :조선시대 승정원(承政院)을 달리 이르는 말. * 喉嚨(후롱) :목구멍 * 耳鼻咽喉(이비인후) :귀·코·목구멍 * 喉舌之臣(후설지신) :왕명출납(王命出納)을 맡은 승지(承旨)	
噎	口 <목멜 열> ①목메다 ②가로막다 ③덮어서 막다 ④근심하다(속을 태우거나 우울해하다) ⑤울음소리	* 噎嘔(열구) :①목이 막혀서 구토하다. 목이 메서 음식물을 토하다 ②웃음소리. 웃으면서 이야기하는 소리. * 因噎廢食(인열폐식) :목이 멘다고 먹기를 그만두다. 작은 장애(障礙) 때문에 긴요한 일을 그만둠을 비유	
嘔	口 <게울 구> ①게우다, 토하다(吐) ②기꺼이 말하다 ③노래하다(謳) ④어린아이의 말소리나 노랫소리 ⑤기뻐하다(후)	* 嘔家(구가) :늘 메스껍고 구토 증상(症狀)이 있는 환자(患者) * 嘔吐(구토) :위(胃) 속의 음식물(飮食物)을 토함. 게움 * 嘔逆(구역) :속이 메스꺼워 토하고 싶은 느낌. 욕지기 * 乾嘔逆(건구역) :헛구역(-嘔逆)	

胸	月(肉) <가슴 흉> ①가슴 ②마음, 뜻, 의지(意志), 속 ③도량(度量) ④전면, 앞쪽 ⑤요충지	* 胸膈(흉격) :①가슴과 배의 사이. 심장(心臟)과 비장(脾臟) 사이의 가슴 부분(部分). 횡격막(橫膈膜) ②마음속. 감정(感情)·내심(內心)·포부(抱負)·기분(氣分) * 胸中(흉중) :가슴속. 생각. 마음 * 胸襟(흉금) :품은 생각	<흉격경련> 가슴과 배 사이에 경련(痙攣)이 일어남에
膈	月(肉) <가슴 격> ①가슴 ②칸막이(심장과 비장 사이의 장격(障隔) ③종틀(종을 걸어놓는 나무로 만든 틀)	* 膈膜(격막) :①횡격막(橫膈膜·橫隔膜) ②동식물체(動植物體)의 강소(腔所)의 격벽을 이루는 막 * 羅膈(나격) :횡격막(橫膈膜) * 上膈(상격) :가슴에 통증이 치밀어 오름	
痙	疒 <경련 경> ①경련(痙攣), 경련(痙攣)을 일으키다 ②심줄을 당기다 ③목이 뻣뻣하다 ④중풍(中風)이 들다	* 痙攣(경련) :근육(筋肉)이 자기(自己) 의사(意思)에 반(反)하여 병적(病的)으로 수축(收縮)하는 현상(現象) * 痙縮(경축) :자극(刺戟)에 의해 근육의 이완이 지연되는 일 * 鎭痙(진경) :경련(痙攣)을 진정(鎭靜)시킴	
攣	手 <경련할 련 / 걸릴 련> ①경련하다(痙攣) ②쥐가 나다, 오그라지다 ③걸리다, 매이다, 연관되다(聯關) ④이어지다 ⑤사모하다(思慕), 그리워하다	* 攣攣(연련) :그리워하는 모양(模樣) * 牽攣乖隔(견련괴격) :마음은 서로 끌리면서도 몸은 멀리 떨어져 있음을 이르는 말	

剋	刂(刀) <이길 극> ①이기다, 해내다 ②참고 견디다 ③능하다(能) ④이루어내다 ⑤승벽(勝癖 :지기 싫어하는 성질) ⑥그램	* 剋減(극감) :깎아 내어 줄임 * 相剋(상극) :둘 사이가 서로 화합(和合)하지 못하고 늘 충돌(衝突)함 * 水火相剋(수화상극) :물과 불은 서로 용납(容納)하지 않음	<극폐잉액> 허파를 치받아서 그로 인해 딸꾹질을 해댄다.
肺	月(肉) <허파 폐> ①허파(가슴안의 양쪽에 있는, 호흡을 하는 기관), 폐(肺) ②마음, 속마음 ③충심(衷心 :마음에서 우러나는 참된 마음)	* 肺炎(폐렴) :감염(感染)에 의한 폐의 염증(炎症) * 肺癌(폐암) :폐장(肺臟)에 생기는 암종(癌腫) * 肺腑之言(폐부지언) :마음속에서 우러나오는 참된 말 * 肺石風情(폐석풍정) :재판(裁判)의 공정(公正)함을 이르는 말	
仍	亻(人) <인할 잉 / 거듭 잉> ①인하다(因) ②그대로 따르다, 기대다 ③거듭하다, 자주, 누차 ④이에 ⑤오히려 ⑥칠대손(七代孫)	* 後仍(후잉) :後孫(후손). 이후(以後)에 태어나는 자손(子孫)들 * 仍孫(잉손) :곤손(昆孫)의 아들. 곧 칠대손(七代孫) * 雲仍(운잉) :운손(雲孫 :8代孫)과 잉손(仍孫 :7代孫)이라는 뜻으로, 썩 먼 대(代)의 손자(孫子)를 이르는 말	
呃	口 <딸꾹질 액 / 불평의 소리 애> ①딸꾹질 ②재채기하다 ③닭의 소리, (닭이)울다 ③불평의 소리(애) ②소리가 평온치 않다(애)	* 呃逆(애역) :딸꾹질. 횡격막(橫膈膜·橫隔膜)의 경련(痙攣)으로 들이쉬는 숨이 방해(妨害)를 받아 목구멍에서 이상한 소리가 나는 증세(症勢) * 呃吭(애항) :목을 맴.	

蘖	艹(艸·草) <그루터기 얼> ①그루터기(풀이나 나무 따위의 아랫동아리) ②움(나무를 베어 낸 뿌리에서 나는 싹) ③허물, 재앙(災殃)	* 麴蘖(국얼) :누룩. 술을 빚는 데 쓰는 발효제(醱酵劑) * 甹蘖(유얼) :움이 돋아 남 * 蘖連展(얼련전) :엿기름 * 豆蘖(두얼) :豆芽(두아). 콩나물 * 媒蘖(매얼) :술밑과 누룩. <比喩>모든 사물(事物)은 어울림	<얼잉즉소> 그루터기에서 새싹이 돋아나니 곧 소생(蘇生)의 계절(季節)이다
芿	艹(艸·草) <새풀싹 잉> ①새 풀싹 ②묵은 풀 ③풀 ④잡초(雜草)	* 芿荏(잉임) :풀숲. 草莽 * 芿子(잉자) :넉자. 도장을 찍을 때에 인발을 똑똑히 내기 위하여 밑에 받치는 사슴의 가죽 * 芿朴船(잉박선) :너벅선(船). 너비가 넓은 배	
卽	卩 <곧 즉> ①곧 ②이제 ③만약(萬若), 만일(萬一) ④혹은(或 : 그렇지 아니하면) ⑤가깝다, 가까이하다 ⑥끝나다 ⑦죽다	* 卽刻(즉각) :곧 그 시각(時刻)에 * 卽時(즉시) :그 자리에서. 금방. 바로 그때. 당장에 * 卽決(즉결) :그 자리에서 즉시(卽時)로 결정(決定)함 * 一觸卽發(일촉즉발) :한 번 닿기만 하여도 곧 폭발(爆發)함	
蘇	艹(艸·草) <되살아날 소 /차조기 소> ①되살아나다, 소생하다(蘇生·甦生) ②깨어나다 ③(잠에서)깨다, 깨닫다 ④차조기(꿀풀과의 한해살이풀)	※ 甦는 蘇의 俗字 * 蘇生(소생) :다시 살아 남. 되살아남. 계절(季節)로는 '봄'을 의미(意味)함	

甿	田 <백성 맹 / 농부 맹> ①백성(百姓) ②농부(農夫) ③무지(無知)한 백성(百姓)	* 甿俗(맹속) :저자(市)의 무지한 백성(百姓) * 甿庶(맹서) :논밭을 가는 백성(百姓) * 甿隸(맹예) :천(賤)한 백성(百姓) * 甿征(맹정) :백성(百姓)에게 부과(賦課)하는 세금(稅金)	<맹정구양> 농부(農夫)는 밭을 갈면서 풍년(豐年)을 노래하며,
埩	土 <밭갈 정> ①밭을 갈다		
謳	言 <노래 구> ①노래, 노래하다 ②제창하다(齊唱) ③읊조리다, 흥얼거리다 ④어린애의 말소리(말하는 소리)	* 謳吟(구음) :노래를 부름 * 謳歌(구가) :①많은 사람이 입을 모아 칭송(稱頌)함 ②행복(幸福)한 처지(處地)나 기쁜 마음을 나타냄	
穰	禾 <짚 양 / 풍년들 양> ①짚(이삭을 떨어낸 줄기와 잎) ②풍년(豐年), 풍년(豐年)이 들다 ③넉넉하다, 풍성하다(豐盛)	* 飢穰(기양) :흉년(凶年)과 풍년(豐年) * 豐穰(풍양) :풍년(豐年)이 들어 곡식(穀食)이 잘 여묾 * 豐穰歌(풍양가) :풍년(豐年)이 들어 곡식(穀食)이 잘 여문 기쁨을 내용(內容)으로 하는 노래	

竝	立 <아우를 병 / 함께 병> ①아우르다(倂) ②함께(偕) ③다(皆) ④견주다(比) ⑤짝하다(반)	* 竝肩(병견) :어깨를 겨룸. 비견(比肩) * 竝設(병설) :함께 베풀어 함께 둠 * 竝進(병진) :같이 나란히 나감 * 竝行(병행) :①나란히 감 ②두 가지 일을 한꺼번에 행함	<병폭파식> 나란한 폭(幅)으로 씨앗을 뿌려서 심고 나서
幅	巾 <폭 폭> ①폭, 너비 ②가장자리 ③도량(度量) ④천, 포백(布帛) ⑤폭(포목을 세는 단위) ⑥행전(行纏)(핍) ⑦두건(頭巾)(복)	* 大幅(대폭) :큰 규모(規模)나 폭(幅) * 增幅(증폭) :사물(事物)의 범위(範圍)를 넓혀 크게 함 * 全幅的(전폭적) :있는 대로의 전부(全部)에 걸친 모양(模樣)	
播	扌(手) <뿌릴 파> ①(씨를)뿌리다 ②퍼뜨리다, 흩뜨리다 ③베풀다 ④까불다, 키질을 하다 ⑤버리다, 방기하다(放棄)	* 播植(파식) :씨앗을 뿌리어 심음 * 播多(파다) :소문(所聞) 따위가 널리 알려진 상태(狀態) * 播種(파종) :논밭에 곡식(穀食)의 씨앗을 뿌리어 심음 * 傳播(전파) :전포(傳布). 파전(播傳). 전(傳)하여 널리 퍼뜨림	
植	木 <심을 식> ①심다 ②식물(植物) ③세우다 ③수립하다(樹立) ④번식하다(繁殖·蕃殖·蕃息) ⑤자라다 ⑥약하다(弱) ⑧행렬, 줄	* 植物(식물) :온갖 나무와 풀의 총칭(總稱) * 植樹(식수) :나무를 심음 * 移植(이식) :식물을 옮겨 심음 * 植松望亭(식송망정) :솔을 심어 정자(亭子)를 삼는다 <比喩>바라는 일이 까마득한 것	

堆	土 <쌓을 퇴> ①쌓다, 쌓이다 ②놓다 ③흙무더기 ④언덕	* 堆肥(퇴비) :풀·짚 따위를 쌓아 두거나 그것에 가축(家畜)의 똥·오줌을 섞어 썩힌 거름 * 堆積(퇴적) :많이 덮쳐 쌓임 * 堆積物 * 堆積層 * 堆金積玉(퇴금적옥) :금(金)과 옥(玉)을 산처럼 모음	<퇴비옥양> 퇴비(堆肥)로 땅을 기름지게 하는데,
肥	月(肉) <살찔 비> ①살찌다, 살지게 하다 ②기름지다, 지방(脂肪), 기름기 ③비옥하게 하다, 거름, 비료 ④넉넉해지다, 두텁게 하다	* 肥大(비대) :살지고 몸집이 큼. 뚱뚱함 * 肥料(비료) :식물의 생장(生長)을 돕는 영양(營養) 물질 * 肥滿(비만) :살찌고 뚱뚱함 * 肥沃(비옥) :땅이 걸고 기름짐	
沃	氵(水) <기름질 옥> ①기름지다, 비옥하다(肥沃), 기름진 땅 ②(물을)대다, 관개하다(灌漑) ③(손을)씻다, (물에)담그다, (윤이)나다	* 沃壤(옥양) :기름진 토지(土地) * 沃土(옥토) :기름진 땅 * 肥沃(비옥) :땅이 걸고 기름짐 * 沃畓(옥답) :기름진 논 * 門前沃畓(문전옥답) :집 앞 가까이에 있는 좋은 논이라는 뜻으로, 곧 많은 재산(財産)을 일컫는 말	
壤	土 <흙덩이 양> ①흙덩이 ②부드러운 흙, 경작지(耕作地) ③땅, 국토(國土) ④길이의 단위 양(壤 :尺의 1萬倍)	* 土壤(토양) :흙. 곡물(穀物) 등이 생장(生長)할 수 있는 땅 * 天壤(천양) :霄壤(소양). 하늘과 땅 * 天壤之差(천양지차) * 鼓腹擊壤(고복격양) :배불리 먹고 배를 두드리며 흙덩이를 치는 놀이를 함 <比喩>매우 살기 좋은 시절(時節)	

嗅	口 <맡을 후> ①냄새를 맡다	* 嗅覺(후각) :냄새를 맡는 감각(感覺) * 嗅官(후관) :후각(嗅覺) 기관(器官). 코 * 嗅藥(후약) :휘발성(揮發性) 화합물(化合物) * 嗅葉(후엽) :뇌(腦)의 앞 끝에 있는 후신경(嗅神經) 냄새골	<후사와타> 거름 냄새를 맡고서 '왝'하고 게우고 나서 침을 뱉는다.
塮	土 <거름 사> ①거름 (돼지·양 따위의 가축의 똥에 흙이나 잡초를 섞어 만든 퇴비		
哇	口 <게울 와 / 음란한소리 왜> ①게우다, 토하다(吐), 뱉다 ②기가 막히다(氣不暢) ③어린아이의 소리, 옹알이④음란(淫亂)한 소리, 음악(音樂)(왜)	* 哇俚(와리) :상말 * 哇哇(와와) :①웃는 소리 ②아이 우는 소리 * 布哇(포와) :하와이(Hawaii). 미국 하와이 州의 섬	
唾	口 <침 타> ①침(무색의 끈기 있는 소화액) ②침을 뱉다 ③토하다(吐), 게우다 ④읊다	* 唾棄(타기) :침을 뱉음. 곧 아주 업신여겨 돌아보지도 않음 * 唾罵(타매) :더러운 놈이라며 침을 뱉어가며 꾸짖음 * 唾液(타액) :침. 입속의 침샘에서 분비(分泌)되는 소화액 * 咳唾(해타) :①기침과 침 ②어른의 말씀. 고귀(高貴)한 말씀	

該	言 <그 해 / 마땅 해 / 갖출 해> ①그 ②맞다, 마땅히 ③갖추다 ④겸하다(兼) ⑤포용하다(包容) ⑥모조리, 모두	* 該當(해당) :어떤 조건(條件)에 들어맞음. 그에 꼭 맞음 * 該敏(해민) :널리 갖추어져 영리(怜悧·伶俐)함 * 該洞(해동) :그 동리 * 該博(해박) :모든 것을 널리 알음 * 當該(당해) :거기에 들어맞는 그것 * 節該(절해) :이번 그	<해자재배> 마땅한 씨앗을 심어서 기르는데,
籽	米 <씨앗 자> ①씨앗	* 点籽(점자) :<中語>点播(점파). 점뿌림 * 雪末籽(설말자) :<中語>해바라기 씨앗	
栽	木 <심을 재> ①(초목을)심다 ②어린 싹, 묘목(苗木) ③분재(盆栽) ④담틀(흙담을 쌓을 때 양쪽에 세운 널로 된 틀)	* 栽培(재배) :어떤 용도(用途)의 식물(植物)을 심어서 기름 * 盆栽(분재) :화분(花盆)에 심어서 감상(鑑賞)하는 초목(草木) * 栽植(재식) :농작물(農作物)이나 초목(草木) 따위를 심음 * 植栽(식재) :초목(草木)을 심어 가꿈	
培	土 <북돋울 배> ①북(식물의 뿌리를 싸고 있는 흙)을 돋우다(도드라지거나 높아지게 하다) ②기르다, 배양하다(培養), 양성(養成)	* 培養(배양) :①식물(植物)이나 미생물(微生物) 따위를 인공적(人工的)으로 가꾸어 기름 ②인격(人格), 사상(思想), 역량(力量) 따위가 발전(發展)하도록 가르쳐 기름	

한자	훈음	단어	요약
核	木 <씨 핵> ①씨 ②씨 있는 과일 ③핵심(核心), 사물(事物)의 중추(中樞) ④원자핵(原子核)	* 核心(핵심) :사물(事物)의 중심(中心)이 되는 중요(重要)한 부분(部分) * 結核(결핵) :결핵균(結核菌)이 맺히어 생기는 망울. 폐결핵(肺結核)의 속칭(俗稱)	<핵탁맹아> 씨가 터져 싹을 틔워서
柝	木 <터질 탁 / 갈라질 탁 / 딱따기 탁> ①터지다, 갈라지다 ②열다, 펼치다 ③딱따기(딱딱 소리를 내게 만든 두 짝의 나무토막) ④(나무를)쪼개다(석)	* 柝字(탁자) :파자점(破字占) * 金柝(금탁) :군중(軍中)에서 쓰는 징과 딱따기 * 夜柝(야탁) :야경(夜警)을 돌 때 치는 딱따기 * 寒柝(한탁) :추운 밤 야경꾼(夜警-)이 치는 딱따기	
萌	++(艸·草) <싹 맹> ①움(풀이나 나무에 새로 돋아 나오는 싹), 움트다, 싹, 싹트다 ②백성(百姓), 서민(庶民) ③시골뜨기, 어리석은 모양	* 萌芽(맹아) :①식물(植物)에 새로 트는 싹 ②사물(事物)의 시초(始初)가 되는 것 * 萌動(맹동) :싹이 틈 * 未萌(미맹) :①아직 싹이 트지 않음 ②변고(變故) 전(前)	
芽	++(艸·草) <싹 아> ①싹, 맹아(萌芽), (싹이)트다, ②(차의)새싹 ③(조짐이)보이다 ④처음, 시초(始初), 비롯하다	* 發芽(발아) :芽生(아생). 풀이나 나무에 눈이 틈. 싹트기 * 胚芽(배아) :수정란(受精卵)이 배낭(胚囊) 속에서 분열(分裂) 증식(增殖)한 것으로 장차 포자체(胞子體)의 바탕이 되는 것	

한자	훈음	단어	요약
瓜	瓜 <오이 과> ①오이 ②참외 ③모과(木瓜 :모과나무의 열매) ④(오이가)익다 ⑤달팽이	* 瓜期(과기) :①여자 나이 15~16세 ②벼슬의 임기가 끝나는 시기 * 瓜年(과년) :①여자의 瓜期에 이른 나이 ②임기(任期)가 다한 해 * 甘瓜(감과) :참외 * 木瓜(모과) :모과나무의 열매 (본음은 '목과') * 加一瓜(가일과) :任期가 지난 官吏를 다시 한 任期 더 있게 함	<과예시매> 오이가 뾰족뾰족하게 자라나오니 낱낱을 모종낸다.
芮	++(艸·草) <풀 뾰족뾰족 날 예> ①풀이 뾰족뾰족 나다 ②작은 모양 ③물가(水涯) ④작은 벌레의 이름 ⑤방패(防牌·旁牌) 끈 ⑥옷솜	* 芮鞫(예국) :물가, 또는 물의 안쪽과 바깥쪽 * 芮芮(예예) :풀의 싹이 나서 자라는 모양 * 石龍芮(석용예) :개구리자리. 미나리아재빗과의 두해살이풀	
蒔	++(艸·草) <모종낼 시> ①모종을 내다 ②심다 ③소회향(한약재로 씀)	* 蒔蘿(시라) :대회향(大茴香)을 달리 이르는 말 * 蒔樹(시수) :나무를 옮겨 심음(移植樹木) * 蒔植(시식) :모종함(移植) * 蒔秧(시앙) :移秧(이앙). 볏모를 옮겨 심다	
枚	木 <줄기 매 / 낱 매> ①줄기 ②채찍 ③낱, 낱낱이, 장(張 : 얇고 넓적한 물건을 세는 단위) ④점(占) ⑤널리	* 枚擧(매거) :낱낱이 들어서 말함 * 枚報(매보) :낱낱이 보고함 * 枚數(매수) :종이 따위와 같이 장으로 세는 물건의 수(數) * 枚移(매이) :관아(官衙) 사이에 공문(公文)을 서로 주고받음 * 枚陳(매진) :낱낱이 들어 사실(事實)대로 말함	

한자	훈음	단어	요약
町	田 <밭두둑 정 / 빈터 전> ①밭두둑, 밭두렁(밭이랑의 두둑한 부분) ②밭, 경작지(耕作地) ③경계(境界) ④지적(地籍)단위(單位) ⑤빈터(전)	* 町畦(정휴) :①밭둑이나 밭이랑을 통틀어 이르는 말 ②경계나 지경(地境)을 비유적으로 이르는 말 * 町當(정당) :지적(地籍)이 1정보(町步)에 해당(該當)함을 이르는 말. 1정보(町步)는 3,000평(坪)	<정휴살두> 밭두둑에는 콩을 뿌려서 심고
畦	田 <밭두둑 휴> ①밭두둑, 밭두렁(밭이랑의 두둑한 부분) ②지경(地境 :땅의 가장자리, 경계) ③쉰 이랑(밭 넓이 단위)	* 畦種(휴종) :논밭에 두둑을 짓고 씨앗을 심음 * 一穢萵畦每疑厥狗(일예와휴매의궐구) :一汚萵圃終疑此狗(일오와포종의차구) :상치 밭에 똥 싼 개는 저 개 저 개 한다. <比喩>한 번 잘못을 저지르면 매번 남의 지탄을 받음	
撒	扌(手) <뿌릴 살> ①뿌리다, 흩뜨리다 ②흩어져 떨어지다 ③놓다, 놓아주다 ④펼치다	* 撒水(살수) :물을 흩어서 뿌림. 물뿌리기 * 撒布(살포) :①액체(液體)나 기체(氣體) 상태(狀態)의 물질(物質)을 공중(空中)으로 뿜어서 뿌림 ②금품(金品), 전단(傳單) 등을 여러 사람에게 나누어 줌	
豆	豆 <콩 두> ①콩(콩과의 한해살이풀) ②제기(祭器) ③제수(祭需) ④4되 들이 용기(用器) ⑤술 그릇 ⑥식기(食器)	* 豆腐(두부) :콩으로 만든 음식(飮食)의 하나 * 大豆(대두) :콩 * 綠豆(녹두) :녹두. 콩과의 식물(植物) * 種豆得豆(종두득두) :콩을 심어 콩을 얻음. <比喩>원인(原因)에 따라 결과(結果)가 생김	

한자	훈음	단어	요약
苗	++(艸·草) <모 묘> ①모, 모종 ②곡식(穀食) ③핏줄 ④백성(百姓) ⑤사냥	* 苗圃(묘포) :묘목(苗木)을 기르는 밭. 모밭. 모종밭 * 苗木(묘목) :木本(목본) 이식(移植) 전의 식물(植物)의 모종 * 育苗(육묘) :묘목(苗木)이나 모를 기름 * 種苗(종묘) :씨나 싹을 심어서 가꾼 묘목(苗木). 씨모	<묘포주은> 묘목(苗木)을 기르는 밭에는 그루가 성하게 자랐는데,
圃	囗 <채마밭 포> ①채마밭(菜麻) ②채소밭, 남새밭(채소밭) ③농사일(農事) ④농부(農夫) ⑤들, 들판 ⑥정원(庭園), 뜰	* 圃貢(포공) :남새밭에 대하여 물리는 공물(貢物) * 圃幕(포막) :원두막 * 菜圃(채포) :菜園(채원). 야채(野菜)를 심은 밭 * 老圃(노포) :농사일(農事)에 경험(經驗)이 많은 사람	
株	木 <그루 주> ①그루 ②그루터기(풀이나 나무 따위의 아랫동아리) ③근본(根本), 뿌리 ④주식(柱式) ⑤연루되다(連累·緣累)	* 株式(주식) :주식회사의 주주가 회사에 대하여 갖는 지분 * 株價(주가) :주식(株式)이나 주권(株券)의 값 * 守株待兎(수주대토) :그루터기를 지켜 토끼를 기다린다. <故事>고지식하여 구습(舊習)만 고집(固執)함	
殷	殳 <성할 은 / 은나라 은> ①성하다(盛) ②많다, 무리 ③부유하다(富裕), 가멸다(재산이 넉넉하고 많다) ④크다 ⑤(정이)두텁다 ⑥깊다 ⑦은나라(殷)	* 殷鑑(은감) :은(殷)의 국민은 하(夏)가 망한 것을 거울삼으라 * 殷軫(은진) :殷賑(은진). 흥성흥성(興盛興盛)함 * 殷豊(은풍) :豐盛(풍성). 넉넉하고 많음 * 殷墟(은허) :상(尙)나라의 수도(首都)였던 은(殷)의 유적(遺蹟)	

剪	刀 <자를 전> ①자르다 ②끊다, 베다 ③깎다 ④가위 ⑤멸망시키다(滅亡) ⑥제거하다(除去), 없애다	* 剪除(전제) :필요(必要)치 않은 것을 잘라서 없애 버림 * 剪枝(전지) :전지(翦枝). 나뭇가지의 일부(一部)를 쳐냄 * 剪草除根(전초제근) :풀을 베고 뿌리를 캐냄. <比喩>미리 폐단(弊端)의 근본(根本)을 없애 버림	<전내접리> 능금 나뭇가지를 잘라서 돌배나무에 접붙인다.
柰	木 <능금나무 내> ①능금나무, 사과 ②어찌, 어떻게, 어찌하라(나)(奈와 通)	* 柰子(내자) :능금 * 柰脯(내포) :능금을 얇게 저미어 말려서 만든 포 * 果珍李柰(과진이내) :과실(果實) 중(中)에 오얏(자두)과 능금이 진미(珍味)임	
椄	木 <접붙일 접> ①접붙이다 ②형틀	* 椄木(접목) :나무를 접붙임 * 椄筍(접순) :椄枝(접지). 椄穗(접수). 나무를 접붙일 때 접본(椄本)에 붙이는 나뭇가지나 눈 * 居椄(거접) :잠시(暫時) 몸을 의탁(依託)하여 거주(居住)함	
樆	木 <돌배나무 리> ①배, 돌배나무 ②늙은이 ③뭇, 모든, 많은 ④나누다, 분할하다(分割) ⑤찢다, 쪼개다, 가르다 ⑥따르다, 좇다		

墅	土 <농막 서> ①농막(農幕 :농사짓는 데 편리하도록 논밭 근처에 간단하게 지은 집) ②별장(別莊) ③들, 들판(야)	* 別墅(별서) :전장(田莊) 부근에 농사를 겸한 별장(別莊) * 山墅(산서) :山莊(산장). 산 속에 있는 별장(別莊) * 莊墅(장서) :장원(莊園)에 지은 농막(農幕) * 田墅(전서) :논밭 근처(近處)에 간단하게 지은 집	<서치귤유> 농막(農幕)에는 귤(橘)과 유자(柚子)가 쌓여있고,
庤	广 <쌓을 치> ①쌓다(儲置屋下也) ②갖추다(偫와 同) ③지니다	* 庤儲(치저) :쌓아 둠 <承政院日記>庤儲錢帛	
橘	木 <귤 귤> ①귤 ②귤나무 ③달의 이름	* 柑橘(감귤) :귤·밀감의 총칭(總稱) * 橘顆(귤과) :귤나무의 열매. 귤. 귤알 * 南橘北枳(남귤북지) :江南의 귤을 江北에 옮겨 심으면 탱자로 변함. <比喩>사람도 환경을 영향을 받음	
柚	木 <유자 유> ①유자(柚子 :유자나무의 열매), 유자나무(柚子) ②바디(베틀, 가마니틀, 방직기 따위에 딸린 기구의 하나)(축)	* 橘柚(귤유) :귤과 유자(柚子) * 柚子(유자) :유자(柚子)나무의 열매 * 杼柚(저축) :북. 베틀에서, 날실의 틈으로 왔다갔다하면서 씨실을 푸는 기구(器具)	

堉	土 <기름진 땅 육> ①기름진 땅(地土肥也) ②기름지다		<육방확수> 기름진 땅에서 바야흐로 벼이삭을 베어 수확(收穫)을 해서,
昉	日 <마침 방 / 밝을 방 / 비롯할 방> ①마침, 때마침 방(適也) ②밝을 방(明也) ③비롯할 방(始也), 바야흐로	* ① <列子 黃帝> 衆昉同疑 :대중이 마침 함께 의심을 함 * 昉此(방차) :①이에서 비롯함 ②지금(只今)부터. 이번부터. 여기부터	
穫	禾 <거둘 확> ①(벼를)거두다, 벼 베다 ②수확하다(收穫)	* 收穫(수확) :곡식(穀食)을 거두어들임. 소득(所得)을 거둠 * 穫稻(확도) :벼를 거두어 들임 * 秋穫(추확) :가을걷이 * 一樹百穫(일수백확) :한 나무에서 백배(百倍)를 수확(收穫)함. <比喩>인물(人物) 양성(養成)의 보람	
穗	禾 <이삭 수> ①이삭(꽃대의 끝에 열매가 더부룩하게 많이 열리는 부분) ②벼의 이삭 ③보리의 이삭	* 椄穗(접수) :椄枝(접지). (椄筍). 접붙이는 나뭇가지나 눈 * 發穗(발수) :벼·보리 따위의 이삭이 팸 * 落穗(낙수) :가을걷이 후에 논밭에 떨어진 곡식의 이삭 <比喩>어떤 일의 뒷이야기	

庄	广 <농막 장 / 전장 장> ①농막(農幕) ②전장(田莊 :귀척, 고관 등의 사유지) ③영지(領地) ④평평하다(平平) (팽)	* 農庄(농장) :농장(農莊)을 관리(管理)하고 농사(農事)짓는데 편하게 하려고 농장(農莊)과 함께 있는 집 * 村庄(촌장) :살림집 밖에 시골에 따로 장만해 두는 집 * 內庄(내장) :內莊(내장). 고려(高麗) 때 왕실(王室)의 토지	<장저갱량> 농막(農幕)에다 맷벼와 기장을 쌓아놓았다.
儲	亻(人) <쌓을 저 / 버금 저 / 태자 저> ①쌓다 ②저축하다(貯蓄) ③마련해두다 ④버금(으뜸의 바로 아래) ⑤동궁(東宮), 태자(太子)	* 儲積(저적) :貯積(저적). 貯蓄(저축). 절약(節約)하여 모아 둠 * 東儲(동저) :임금의 자리를 이을 왕자(王子) * 國儲(국저) :태자(太子)를 이르는 말 * 儲嗣(저사) :왕세자(王世子)	
粳	米 <메벼 갱> ※ 秔과 同義 ①메벼(낟알에 찰기가 없는 벼) ②메진 벼(찰기가 적은 벼)	* 粳稻(갱도) :秔稻(갱도). 메벼 * 粳粟(경속) :메조. 찰기가 없는 조 * 粳白米(갱백미) :秔白米(갱백미). 멥쌀. 메벼의 차지지 않은 쌀 * 粳米土(경미토) :모래흙. 모래가 많이 섞인 흙	
粱	米 <기장 량> ①기장(볏과의 한해살이풀) ②조(볏과의 한해살이풀) ③좋은 곡식(穀食)	* 高粱(고량) :볏과의 한해살이풀. 수수의 일종(一種) * 粱肉(양육) :쌀밥과 고기 반찬 * 玉高粱(옥고량) :옥수수 * 黃粱一炊夢(황량일취몽) :메조 죽을 쑤는 짧은 동안의 꿈. <比喩>부귀(富貴)와 공명(功名)의 덧없음	

한자	뜻	어휘	성어
早	日 <이를 조> ①이르다(앞서거나 빠르다), 일찍 ②젊다, 젊어서, 젊었을 때에 ③서두르다, 서둘러, 급(急)히, 빨리 ④이른 아침	* 早期(조기) :어떤 기한(期限)이 빨리 옴, 또는 빠른 시기(時期) * 早速(조속) :매우 이르고도 빠름 * 早秋(조추) :이른 가을 * 早晩間(조만간) :머지 않아. 곧 얼마 되지 않아 * 時機尙早(시기상조) :아직 때가 되지 않음을 이르는 말	<조서걸악> 이른 새벽에 홰에서 '꼬끼오' 하고 닭이 우는데,
曙	日 <새벽 서> ①새벽 ②밝다, 동이 트다 ③때(時)	* 曙光(서광) :①동틀 때의 빛. 새벽 빛 ②어둠 속에서 처음으로 비치는 밝은 빛. <比喩>뜻대로 될 가능성 * 曙日(서일) :날 샐 무렵의 햇빛. 아침 해 * 達曙(달서) :밤새움 * 曙鐘(서종) :동틀 때 울리는 종소리. 새벽 종소리	
桀	木 <홰 걸> ①홰, 닭의 홰 ②하왕(夏王)의 이름, 걸왕(桀王) ③흉포하다(凶暴), 흉악하다(凶惡)	* 桀桀(걸걸) :무성(茂盛)한 모양 * 桔桀(길걸) :높고 험준(險峻)함 * 桀驁(걸오) :성정(性情)이 어렴성이 없이 사나움(거셈) * 桀犬吠堯(걸견폐요) :걸왕(桀王)의 개가 요(堯)임금을 보고도 짖는다 <比喩>개는 선악을 불문하고 주인에게만 충성함	
喔	口 <닭이 울 악> ①닭이 울다, 닭의 소리 ②선웃음치다 ③이악하다(한번 마음먹은 것은 끝까지 지켜 나가려 하다) ④꿩 소리(옥)	* 喔喔(악악) :닭 소리, 닭 우는 소리 * 喔咿(악이) :①억지로 웃는 얼굴을 함 ②닭 우는 소리 * 喔齪(악착) :齷齪(악착). ①마음이 좁음 ②설질이 모질고 깜찍스러움	

한자	뜻	어휘	성어
晻	日 <침침할 엄 / 어두울 암> ①(햇빛이)침침하다 ②(햇살이)약하다(弱) ③장맛비, 음우(陰雨) ④(날이)어둡다(암) ⑤음침하다(陰沈)(암)	* 晻昧(엄매) :사실(事實)을 분별(分別)하기 어려울 만큼 애매(曖昧)함 * 晻晻(엄엄) :어두운 모양	<엄매상혜> 침침하여 사물(事物)을 분별(分別)키 어려운데, 아직도 별이 반짝거리며
昧	目 <눈 어두울 매> ①(눈이)어둡다 ②(눈이)밝지 않다 ③흐리다	* 昧踪(매종) :자취를 감춤	
尙	小 <숭상할 상 / 오히려 상 / 아직 상> ①숭상하다(崇尙), 높다, 높이다, 자랑하다 ②오히려 ③더욱이 ④또한 ⑤아직 ⑥풍습(風習), 풍조(風潮)	* 崇尙(숭상) :높이어 소중(所重)하게 여김 * 高尙(고상) :몸가짐과 품은 뜻이 깨끗하고 높음 * 口尙乳臭(구상유취) :입에서 아직 젖내가 남. <比喩>말과 하는 짓이 아직 유치(幼稚)함	
暳	日 <별 반짝일 혜> ①별 반짝이다 ②많은 별이 반짝이는 모양(衆星貌) ③작은 별(小星) ④작별(作別)	* 暳星(혜성) :彗星(혜성). 항성(恒星)이나 행성(行星)의 주위(周圍)를 도는 작은 천체(天體). 살별 또는 꼬리달린 별	

한자	뜻	어휘	성어
窿	穴 <활꼴 륭> ①활꼴 ②하늘이 활 모양으로 둥글게 휘어진 모양	* 穹窿(궁륭) :①한가운데는 높고 사방(四方) 둘레는 차차 낮은 하늘 형상(形象·形像) ②무지개처럼 높고 길게 굽은 형상(形象·形像) ③반달이나 또는 활의 등처럼 곡선면(曲線面)을 이룬 것	<융서주설> 둥근 하늘에 마치 구슬 가루를 쏟아놓은 것 같은데,
抒	扌(手) <풀 서 / 털어놓을 서> ①푸다, 퍼내다 ②펴다, 표현하다(表現) ③토로하다(吐露), 털어놓다, 말하다 ④늦추다, 덜다 ⑤풀어놓다, 쏟아놓다	* 抒情(서정) :사물(事物)을 보고 자기(自己)가 느낀 감정(感情)을 나타냄 * 抒情詩 * 抒情的 * 抒事(서사) :敍事(서사). 사실(事實)을 있는 그대로 적음	
珠	玉 <구슬 주> ①구슬 ②진주(眞珠·珍珠) ③방울 ④붉다, 붉은색(色)	* 珠玉(주옥) :①구슬과 옥(玉) ②남의 시문(詩文)을 칭찬하는 말 * 眞珠(진주) :蚌珠(방주). 蠙珠(빈주). 조개의 살 속에서 형성(形成)되는 동그스름한 덩어리 * 以珠彈雀(이주탄작) :구슬로 새를 쏨 <比喩>小貪大失(소탐대실)	
屑	尸 <가루 설 / 달갑게 여길 설> ①가루 ②부수다 ③자질구레하고 많다 ④문득 ⑤모두 ⑥달갑게 여기다(매우 흡족해 하다), (마음에)두다, 중히 여김	* 屑糖(설당) :屑糖(설탕). 雪糖(설탕). 사탕수수·사탕무 등을 원료(原料)로 하여 만드는 단맛의 결정(結晶) * 屑話(설화) :자질구레한 이야기 * 閑談屑話(한담설화) :심심풀이로 하는 실없는 잡담(雜談)	

한자	뜻	어휘	성어
彗	彐 <살별 혜 / 비 혜> ①살별, 혜성(彗星), 꼬리별 ②빗자루, 쓸다, 털다 ③말리다, (햇볕에)쬐다 ④총명하다(聰明), 영리하다(怜悧)	* 彗孛(혜패) :혜성(彗星). 살별. 곧 요성(妖星)을 말하며 불길(不吉)한 징조(徵兆)를 상징(象徵)함. 혜성(彗星)이 긴 꼬리를 가지고 있는 것에 비해 혜패(彗孛)는 꼬리가 없는 혜성(彗星)을 일컬음	<혜패절간> 혜성(彗星)이 밝은 빛을 내다가 이내 져서 사라진다.
孛	子 <살별 패 / 안색변할 발> ①살별, 혜성(彗星) ②빛이 환히 빛나는 모양 ③어지럽히다 ④안색 변하다(變)(발) ⑤성(盛)한 모양(발)	* 彗孛(혜패) :彗星(혜성) * 慧孛(혜패) :살별 * 孛桃(패도) :<借音>포도. * 孛纜(바람) :<借音>바람 * 孛南木(블나모) :<借音>땔나무	
晢	日 <밝을 절> ①밝다 ②똑똑하다 ③슬기롭다 ④별 반짝반짝하다(제) ⑤별 반짝이는 모양(제)	* 晢晢(절절) :①별이 빛나는 모양 ②광명(光明)한 모양 ③밝은 모양 <詩經>明星晢晢	
旰	日 <해질 간> ①해가 지다 ②빛이 성(盛)한 모양	* 旰食(간식) :임금이 국사(國事)에 골몰하여 날이 저문 뒤에야 식사(食事)를 하는 일 * 宵衣旰食(소의간식) :날이 밝기 전에 옷을 입고, 해가 진 후에 식사를 함. 임금이 정사(政事)에 골몰함	

한자	뜻	용례	성구
鷄	鳥 <닭 계> ①닭(꿩과의 새) ②화계(花鷄 :되새. 되샛과의 겨울 철새) ③폐백(幣帛)의 하나	* 鷄鳴(계명) :닭의 울음. 첫닭이 우는 시각(時刻)이 축시(丑時)라 하여 계명축시(鷄鳴丑時)란 말이 있음 * 鷄卵(계란) :닭이 낳은 알, 달걀 * 養鷄(양계) :닭을 기르는 일	<계명려신> 닭이 울면 새벽에 이르게 되고
鳴	鳥 <울 명> ①(새가)울다 ③울리다, (소리를)내다 ④부르다 ⑤말하다, 이야기하다 ⑥(이름을)날리다 ⑦놀라다	* 悲鳴(비명) :갑작스러운 두려움 때문에 지르는 외마디 소리 * 共鳴(공명) :①맞울림 ②남의 생각에 동감하여 생각을 일으킴 * 孤掌難鳴(고장난명) :외손뼉은 울릴 수 없음. <比喩>상대(相對) 없이는 싸움이 일어나지 않음	
戾	戶 <어그러질 려> ①어그러지다, 거스르다 ②사납다, 포악하다(暴惡) ③돌려주다 ④이르다, 도달하다(到達)	* 戾道(여도) :돌아가는 길 * 戾洛(여락) :서울에 다달음 * 戾天(여천) :하늘에 닿는다고 생각할 정도(程度)로 높이 솟음 * 戾還(여환) :되돌려 보냄 * 買戾(매려) :판 물건을 다시 삼 * 返戾(반려) :서류(書類) 등을 결재(決裁)하지 않고 되돌려 보냄	
晨	日 <새벽 신> ①새벽 ②새벽을 알리다 ③진시(辰時) ④때, 시일(時日)	* 晨星(신성) :샛별, 금성(金星) * 晨光(신광) :아침의 햇빛 * 淸晨(청신) :맑은 첫새벽 * 晨明(신명) :새벽녘. 날이 샐 무렵 * 昏定晨省(혼정신성) :저녁에 잠자리를 보아 드리고, 아침에 문안(問安)을 드림. 朝夕으로 父母의 안부(安否)를 살핌	

한자	뜻	용례	성구
曉	日 <새벽 효> ①새벽, 동틀 무렵 ②밝다, 환하다 ③깨닫다, 환히 알다, 이해하다(理解) ④사뢰다(웃어른에게 말씀을 올리다)	* 曉星(효성) :새벽에 보이는 별 <比喩>드문 존재(存在) * 曉鐘(효종) :새벽에 치는 종(鐘) * 曉天(효천) :새벽 하늘 * 曉達(효달) :사물(事物)이나 도리(道理)를 환하게 깨달아 앎 * 曉然(효연) :환하고 똑똑함 * 徹曉(철효) :새벽까지 밤을 새움	<효령상로> 새벽에는 서리나 이슬이 내린다.
零	雨 <떨어질 령 / 영 령> ①떨어지다 ②비가 오다, 부슬부슬 내리다 ③나머지(우수리) ④영(零), 수(數)가 없음(기호는 0)	* 零落(영락) :①초목(草木)이 시들어 떨어짐 ②권세(權勢)나 살림이 줄어서 보잘 것 없이 됨 * 零細(영세) :①작고 가늘어 변변하지 못함 ②살림이 보잘 것 없음 * 零點(영점) :①득점(得點)이 없음 ②물이 어는점	
霜	雨 <서리 상> ①서리 ②흰 가루 ③세월(歲月) ④깨끗한 절개(節槪·節介)의 비유(比喩) ⑤엄하다 ⑥머리카락이 희게 셈	* 霜露(상로) :①서리(霜)와 이슬(露) ②어려운 환경(環境) * 風霜(풍상) :①바람과 서리 ②세상의 어려움과 고생(苦生) * 雪上加霜(설상가상) :눈 위에 또 서리가 내림. <比喩>어려운 일이 겹침, 또는 환난(患難)이 거듭됨	
露	雨 <이슬 로> ①이슬 ②진액(津液) ③좋은 술 ④드러나다, 나타나다 ⑤은혜(恩惠)를 베풀다	* 露呈(노정) :겉으로 모두 드러내어 보임 * 露出(노출) :가려져 있는 것을 알 수 있도록 드러내는 것 * 暴露(폭로) :남의 비밀(秘密) 따위를 파헤쳐서 드러냄 * 風餐露宿(풍찬노숙) :바람 맞으며 먹고, 이슬을 맞으며 잠	

한자	뜻	용례	성구
刮	刂(刀) <긁을 괄 / 깎을 괄 / 비빌 괄> ①긁다 ②깎다, 깎아내다, 도려내다 ③갈다, 닦다 ④(눈을)비비다 ⑤파헤치다, 폭로하다(暴露) ⑥모진 바람	* 刮目(괄목) :눈을 비비고 다시 봄 * 刮借(괄차) :남의 재물을 빼앗거나 빌어 씀 * 刮目相對(괄목상대) :눈을 비비고 상대(相對)를 다시 봄. <比喩>다른 사람의 학업(學業)이 크게 진보(進步)함	<괄치회수> 눈꼽을 비벼서 떼어내고, 낯을 씻고, 양치질을 하고 나서
眵	目 <눈곱 치> ①눈곱(눈에서 나오는 진득진득한 액. 또는 그것이 말라붙은 것) ②(눈초리를)상하다(傷) ③보다	* 眼眵(안치) :眼屎(안시), 眼渣(안사), 目屎(목시). 눈곱 * 昏眵(혼치) :눈곱이 끼어 눈이 흐림	
靧	面 <세수할 회> ①세수하다(洗手) ②얼굴을 씻다	* 靧面(회면) :洗面(세면). 얼굴을 씻음 * 靧粱(회량) :기장쌀을 삶은 물에 회면(靧面)을 하는 것. <禮記>(玉藻)以粱米之湯汁洗顔面也	
漱	氵(水) <양치질할 수> ※ 潄와 同 ①양치질하다 ②빨래하다 ③씻다 ④헹구다	* 漱石枕流(수석침류) :枕流漱石(침류수석). 돌로 양치질하고 흐르는 물을 베개 삼는다는 뜻으로, ①枕石漱流를 잘못 말해 놓고 그럴 듯하게 꾸며댐 ②또는 이기려고 고집(固執)을 부림	

한자	뜻	용례	성구
夙	夕 <일찍 숙> ①이르다(앞서거나 빠르다), 일찍, 빠르다 ②새벽, 이른 아침 ③어린 나이 ④예로부터, 평소의(平素)	* 夙成(숙성) :나이는 어리지만 발육(發育)이 빨라 어른스러움 * 夙悟(숙오) :숙성(夙成)하여 영리(怜悧·伶俐)함 * 夙興夜寐(숙흥야매) :아침에 일찍 일어나고 밤에는 늦게 잠. <比喩>부지런히 일함	<숙흔인온> 이른 아침 해 뜰 무렵에는 상서(祥瑞)로운 기운(氣運)이 어리니
昕	日 <새벽 흔 / 아침 흔> ①새벽 ②해뜰 무렵, 아침 ③밝은 모양 ④밝다, 선명하다(鮮明) ⑤분명(分明)한 모양 ⑥처마	* 昕夕(흔석) :朝夕(조석). 조모(朝暮). 단모(旦暮). 아침과 저녁 * 大昕朝(대흔조) :3월 초하루 아침	
絪	糸 <기운 인> ①기운(눈에는 보이지 않으나 오관(五官)으로 느껴지는 현상) ②기운이 성(盛)한 모양 ③요(침구의 하나), 깔개	* 絪縕(인온) :상서(祥瑞)로운 기운(氣運). 근원(根源)이 되는 기(氣)의 덩어리. 하늘과 땅이 하나가 된 상태(狀態)	
縕	糸 <헌솜 온> ①헌솜 ②솜옷 ③삼(뽕나뭇과의 한해살이풀) ④모시(모시풀 껍질의 섬유로 짠 피륙) ⑤주홍빛 ⑥혼란스럽다(混亂)	* 縕黂(온분) :삼의 껍질로 만든 솜을 두어서 지은 옷 * 縕袍(온포) :묵은 솜을 둔 도포(道袍)	

한자	뜻	용례	연상
垂	土 <드리울 수> ①드리우다, 늘어뜨리다 ②기울다, 쏟다 ③베풀다 ④전하다(傳), (후세에)물려주다 ⑤가, 가장자리, 변두리 ⑥거의	* 垂簾(수렴) :발을 드리운 것, 또는 드리운 발. * 垂簾聽政(수렴청정) :어린 왕(王)이 즉위했을 때 일정기간 대비(大妃)가 국정(國政)을 대리(代理)하던 일 * 垂直(수직) :위에서 아래로 똑바로 드리운 모양. 직립(直立)	<수렴권급> 아래로 늘어뜨린 발을 말아서 거두어 올리고
簾	竹 <발 렴> ①발(햇빛 등을 가리는 물건) ②주렴(珠簾 :구슬 따위를 꿰어 만든 발) ③주막기(주막의 표지로 세우는 기)	* 翠簾(취렴) :푸른 대오리로 엮어 만든 발. 푸른빛의 발 * 下簾(하렴) :발을 내림 * 撤簾(철렴) :수렴청정(垂簾聽政) 하던 것을 철폐(撤廢)함 * 垂簾聽政(수렴청정) :발을 내리고 정사(政事)를 들음	
捲	扌(手) <말 권 / 거둘 권> ①말다 ②돌돌 감아 말다 ③거두다 ④힘쓰다, 분발하다(奮發), 힘써 일하다 ⑤기세(氣勢 :기운차게 뻗치는 형세)	* 席捲(석권) :席卷(석권). 자리를 말듯이, 거침없이 세력을 넓힘 * 捲揚機(권양기) : 무거운 물건을 달아 올리거나 내리는 기계 * 捲土重來(권토중래) :흙먼지를 날리며 다시 옴. <比喩>패한 자가 세력을 되찾아 다시 쳐들어옴	
扱	扌(手) <미칠 급 / 거두어 모을 급> ①미치다, 이르다 ②다루다, 처리하다(處理) ③취급하다(取扱) ④거두다(흡) ⑤거두어 모으다, 수렴하다(收斂)(흡)	* 取扱(취급) :①사물(事物)을 다룸 ②다루어 처리(處理)함 * 稻扱機(도급기) :벼훑이	

한자	뜻	용례	연상
托	扌(手) <맡길 탁 / 밀어서 열 탁> ①맡기다, 의탁하다(依託·依托) ②부탁하다(付託), 위임하다(委任) ③밀다, 손으로 밀어서 열다 ④받침, 대	* 托生(탁생) :①세상(世上)에 태어나 삶을 유지(維持)함 ②남에게 의탁(依託)하여 생활(生活)함 * 葉托(엽탁) :托葉(탁엽). 잎자루 밑에 붙은 한 쌍의 작은 잎 * 依托(의탁) :依託(의탁). 남에게 의존(依存)함 * 三從之托	<탁유호흡> 창(窓)을 손으로 밀어서 열고 숨을 내쉬고 들이쉬며 심호흡을 한다.
牖	片 <들창 유> ①들창(窓 :들어서 여는 창) ②깨우치다	* 窓牖(창유) :窓門(창문) * 牖惑(유혹) :미혹되는 것을 깨닫거나 깨닫게 함 * 甕牖繩樞(옹유승추) :깨진 항아리의 주둥이로 창을 하고, 새끼로 문을 단다. <比喩>가난한 집을 형용(形容)	
呼	口 <부를 호 / 숨 내쉴 호> ①부르다 ②(숨을)내쉬다 ③부르짖다, 큰소리를 지르다 ④호통치다 ⑤슬프다 ⑥아! 탄식(歎息·嘆息)의 소리	* 呼吸(호흡) :①코 또는 입으로 공기(空氣)를 들이마시고 내쉬는 기운(氣運). 또는 그 작용(作用) ②두 사람 이상이 어떤 일이나 놀이를 할 때의 가락 * 呼應(호응) :부름에 따라 대답(對答)함. 서로 기맥을 통(通)함	
吸	口 <마실 흡 / 숨 들이쉴 흡> ①마시다, 빨다 ②(숨을)들이쉬다 ③(피리를)불다 ④끌다, 잡아당기다 ⑤모이다, 모으다	* 吸收(흡수) :①빨아서 거두어들임 ②여러 가지 물질(物質)을 핏줄이나 임파관 속으로 옮겨 넣는 기능(機能) * 吸煙(흡연) :담배를 피우는 것. 문어적(文語的)인 말임	

한자	뜻	용례	연상
晌	日 <정오 상 / 토지를 세는 단위 향> ①정오(대낮) ②때 ③향(토지를 세는 단위)(향)	* 晌午(상오) :正午(정오). 낮 12時. 한낮 * 晌覺(상각) :낮잠. 오수(午睡) * 晌飯(상반) :점심. 점심밥. (晌午飯, 午飯), 새참 * 默默半晌(묵묵반향) :한참 동안 말이 없음	<상오창요> 대낮의 한나절이 되면 기운이 성(盛)한 햇살이 비쳐서
旿	日 <밝을 오> ①밝다 ②한낮, 대낮		
昌	日 <창성할 창> ①창성하다(昌盛), 흥성하다(興成) ②번성하다(蕃盛·繁盛) ③아름답다, 곱다 ④기운(氣運), 세력 등이 성(盛)한 모양	* 昌盛(창성) :성하여 잘 되어 감. 번창(繁昌)함 * 繁昌(번창) :일이 한창 잘 되어 눈부시게 발전(發展)함 * 昌言正論(창언정론) :매우 적절(適切)하고 정대(正大)한 언론(言論)	
曜	日 <빛날 요> ①빛나다 ②비추다 ③햇빛, 햇살 ④칠요(七曜 :日月과 五星) ⑤요일(曜日) ⑥일월성신(日月星辰 :해와 달과 별)	* 曜魄(요백) :북두성(北斗星)을 달리 이르는 말 * 曜日(요일) :日·月·火·水·木·金·土에 붙어 1주일(週日)의 각(各) 날을 나타내는 말	

한자	뜻	용례	연상
午	十 <낮 오> ①낮(정오) ②거스르다, 어기다 ③어수선하다 ④엇갈리다, 교착하다(交錯) ⑤꿰뚫다	* 午頃(오경) :한낮인 정오(正午) 즈음 * 午前(오전) :자정(子正)으로부터 正午(정오)시까지의 동안 * 午後(오후) :정오(正午)로부터 子正(자정)시까지의 동안 * 午後閑良(오후한량) :배가 출출한 판에 함부로 먹어대는 짓	<오경최왕> 한낮의 정오(正午) 즈음이 되면 가장 성(盛)하게 되며,
頃	頁 <이랑 경 / 잠깐 경> ①이랑(밭 넓이 단위, 밭의 한 두둑과 한 고랑을 아울러 이르는 말) ②잠깐, 잠시(暫時) ③지난 얼마 동안, 近者에	* 頃刻(경각) :잠시(暫時), 눈 깜박할 동안, 극히 짧은 시간(時間) * 頃日(경일) :지난번 * 食頃(식경) :한 끼의 음식(飮食)을 먹을 만한 시간(時間) * 萬頃蒼波(만경창파) :만 이랑의 푸른 물결, 넓고 푸른 바다	
最	曰 <가장 최> ①가장, 제일, 으뜸, 우두머리 ②최상(最上), 가장 뛰어난 것 ③중요(重要)한 일 ④모두, 모조리	* 最旺(최왕) :가장 왕성(旺盛)함 * 最善(최선) :가장 좋음 * 最近(최근) :①가장 가까움 ②가장 가까운 지난 날, 요즈음 * 最高(최고) :①가장 높음 ②제일(第一) * 最大(최대) :가장 큼 * 最初(최초) :맨 처음 * 最後(최후) :맨 마지막	
旺	日 <왕성할 왕> ①왕성하다(旺盛) ②곱다, 아름답다	* 旺盛(왕성) :盛旺(성왕). 한창 성(盛)함 * 萬旺(만왕) :(윗사람의 안부를 물을 때) 신상(身上)이 평안함 * 火旺之節(화왕지절) :오행(五行)에서 화기(火氣)가 왕성(旺盛)한 절기(節氣)라는 뜻으로, '여름'을 이르는 말	

한자	뜻	용례	풀이
晏	日 <늦을 안 / 편안할 안> ①늦다, 저물다 ②편안하다(便安) ③화락하다(和樂), 온화하다(穩和) ④(하늘이)맑다 ⑤산뜻하고 고운 모양	* 晏寧(안녕) :천하(天下)가 잘 다스려져서 태평(太平)함 * 晏駕(안가) :崩御(붕어) * 晏眠(안면) :아침 늦게까지 잠 * 晏如(안여) :①불안하거나 초조한 빛이 없이 태연(泰然)함 ②민심(民心) 등이 편안(便安)하고 태평(太平)함	<안창위성> 늦게까지 해가 길어져서 햇빛이 성(盛)한데,
昶	日 <해길 창 / 트일 창> ①해가 길다(日長也) ②환하다, 밝다 ③트이다, 통달하다(通達)		
暐	日 <햇빛 위> ①햇빛, 햇볕, 햇살 ②환하다 ③번쩍이다, 빛나다 ④번쩍거리는 모양	* 暐暐(위위) :빤짝빤짝 햇빛이 빛남 * 暐曄(위엽) :햇빛이 밝게 빛남	
晟	日 <밝을 성> ①밝다, 환하다 ②(밝게)빛나다 ③성하다(盛 :기운이나 세력이 한창 왕성하다) ④찬미하다(讚美), 어여삐 여기다	* 晟化(성화) :임금의 밝은 교화(敎化)	

한자	뜻	용례	풀이
鋤	金 <호미 서> ①호미(쇠로 만든 농기구) ②김매다(논밭의 잡풀을 뽑아내다) ③없애다, 없애버리다	* 鋤犁(서리) :①호미와 쟁기 ②경작(耕作)을 가리킴 * 耕前鋤後(경전서후) :남편(男便)은 앞에서 밭을 갈고, 아내는 뒤에서 김을 맨다. <比喩>부부(夫婦)가 서로 극진(極盡)하게 도우며 일함	<서리운자> 호미와 보습으로 논밭의 잡초(雜草)를 뽑고 뿌리에 북을 돋우느라
犁	牛 <밭갈 리 / 쟁기 려(류)> ※ 犂와 同 ①밭을 갈다 ②쟁기(논밭을 가는 농기구)(려) ③얼룩소 ④얼룩얼룩하다 ⑤무서워 떨다(류)	* 犁鼠(이서) :鼢鼠(분서). 두더지쥐 * 泥犁(이리) :地獄(지옥) * 犁牛(이우) :얼룩소. 털빛이 얼룩얼룩한 소 * 犁牛之子(이우지자) :얼룩소의 새끼	
耘	耒 <김맬 운> ①김매다(논밭의 잡풀을 뽑아내다) ②없애다, 제거하다(除去) ③북(식물의 뿌리를 싸고 있는 흙)을 돋우다	* 耘稻(운도) :논의 김을 매다 * 耘田(운전) :김을 매다. 제초(除草)하다 * 耘穫(운확) :풀을 베고 곡식(穀食)을 거두어들임 * 耕耘(경운) :밭 갈고 김을 맴 * 耕耘機(경운기)	
耔	耒 <북돋울 자> ①북(식물의 뿌리를 싸고 있는 흙)을 돋우다(도드라지거나 높아지게 하다) ②돋우어 가꾸다	* 耘耔(운자) :김매고 북을 돋움	

한자	뜻	용례	풀이
巾	巾 <수건 건> ①수건(手巾) ②헝겊, 피륙 ③두건(頭巾) ④덮다, 덮어 가리다 ⑤입히다 ⑥책을 넣어 두는 상자(箱子)	* 巾帨(건세) :수건 * 屈巾(굴건) :喪主가 頭巾 위에 덧쓰는 巾 * 巾櫛(건즐) :①수건과 빗 ②세수(洗手)하고 머리를 빗음 * 宕巾(탕건) :옛날에 벼슬아치가 갓 아래에 받쳐 쓰던 관(冠) * 葛巾野服(갈건야복) :은사(隱士)의 두건과 옷	<건세점한> 수건은 땀에 젖고
帨	巾 <수건 세> ①수건(手巾) ②손을 씻다	* 帨手(세수) :수건으로 손을 닦음 * 撼帨(감세) :여자에게 수건을 흔들음. <比喩>여자를 유혹함 * 收帨(수세) :남자가 여자에게 주는 이혼(離婚)의 증서(證書) * 盥帨(관세) :제사 때 제관이 세수를 하고 수건으로 닦음.	
霑	雨 <젖을 점> ①젖다(물이 배어 축축하게 되다) ②적시다 ③은혜를 입다, (은혜가)두루 미치다	* 霑汗(점한) :땀이 뱀. 땀에 젖음 * 霑潤(점윤) :비나 이슬에 젖어 부은 것 * 均霑(균점) :고르게 받거나 이익(利益)을 고루 얻음 * 霑濕(점습) :물기에 젖음, 또는 물기에 적심	
汗	氵(水) <땀 한> ①땀, (땀이)나다, 흐르다 ②물이 끝없이 질펀한 모양 ③윤택하게 하다 ④오랑캐 추장	* 汗滴(한적) :땀방울 * 發汗(발한) :땀을 흘림. 땀을 냄 * 慙汗(참한) :부끄러워서 흘리는 땀 * 取汗(취한) :병(病)을 다스리려고 몸의 땀을 내는 일 * 農土汗(농토한) :농민(農民) * 汗黨(한당) :不汗黨(불한당)	

한자	뜻	용례	풀이
澣	氵(水) <빨래할 한 / 열흘 한> ①빨래하다, 빨다(주물러서 때를 없애다) ②발을 씻다 ③열흘, 10일(日) ④고비 사막(沙漠·砂漠), 한해(澣海)	* 澣衣(한의) :옷을 빪 * 澣海(한해) :바이칼 호(湖) * 澣滌(한척) :①때 묻은 옷을 빪 ②옷과 그릇을 빨거나 씻음 * 澣濯(한탁) :때 묻은 옷을 빪 * 洗澣(세한) :빨래를 함. * 三澣(삼한) :三旬(삼순) * 下澣(하한) :下旬(하순) * 中澣(중한)	<한착포쇄> 그 수건을 빨아서 꼭 짜서 바람을 쐬고 햇볕에 말리고 나서
搾	扌(手) <짤 착> ①짜다, 짜내다 ②기름틀 ③거르다(액체만 받아 내다) ④술주자(酒榨 :술을 거르는 틀)(자)	* 搾乳(착유) :소, 염소, 양 따위의 젖을 짜는 것 * 搾油(착유) :기름을 짬 * 壓搾(압착) :눌러서 짬(짜냄) * 搾取(착취) :①꼭 누르거나 비틀어서 즙을 짜 냄 ②약자에게서 강제로 이익이나 노동을 취득함	
曝	日 <쬘 폭(포)> ①쬐다, 햇볕에 말리다, 따뜻하게 하다 ②나타내다, 드러나다, 알려지다 ③사납다, 난폭하다(亂暴) ④갑자기	* 曝曬(폭쇄·포쇄) :曬乾(쇄건). (젖은 것을)바람을 쐬고 볕에 바램. 햇볕에 쪼이다 * 曝白(포백) :마전. 생피륙을 삶거나 빨아 볕에 바래는 일 * 乾曝(건폭) :햇볕에 쬐어 말림.	
曬	日 <쬘 쇄> ①(볕에)쬐다, (볕에)말리다 ②(볕이)나다	* 曬乾(쇄건) :볕에 쬐어 말림 * 史庫曝曬(사고포쇄) :사서(史書)를 햇볕에 쬐어 말림 * 花下曬褌(화하쇄곤) :꽃나무 밑에서 잠방이를 말림. <比喩>살풍경하고 조금의 멋도 없음	

한자	뜻	낱말	외우기
浣	氵(水) <빨 완 / 열흘 완> ①(옷을)빨다(주물러서 때를 없애다) ②세탁하다(洗濯) ③(때를)씻다 ③(근심을)씻어 버리다 ④열흘(관리들의 휴가)	* 浣布(완포) :빨래를 함 * 浣紗(완사) :마전이나 빨래를 하는 일 * 浣衣(완의) :옷을 빪 * 上浣(상완) :上旬(상순) * 中浣(중완) :中旬(중순) * 下浣(하완) :下旬(하순) * 別浣紙(별완지) :窓戶紙(창호지). 창문(窓門)을 바르는 종이	
襪	衤(衣) <버선 말> ①버선(발에 신는 물건), 족의(足衣) ②허리띠, 여자(女子)들의 허리에 두르는 넓은 띠	* 襪裙(말군) :여인들의 속바지의 하나 * 襪袎(말요) :버선 * 洋襪(양말) :서양식 버선 * 定襪(정말) :버선. 족의(足衣) * 四十初襪(사십초말) :갓 마흔에 첫 버선. <比喩>뒤늦게 비로소 일을 해 봄	<완말홀세> 버선을 빨고, 먼지를 털고, 씻는다.
揔	扌(手) <먼지 털 홀> ①먼지를 털다(拂去塵埃也) ②치다, 때리다(擊)		
挩	扌(手) <씻을 세 / 칠 탈> ①씻다 ②닦다 ③끼치다 ④치다(탈), 때리다(탈) ⑤벗다(탈), 벗어버리다(탈)	* 挩手(세수) :손을 수건에 닦음. <焚香笏記>盥手挩手 訖 執笏 :손을 씻고 수건으로 닦은 후 홀을 잡아라	

한자	뜻	낱말	외우기
昊	日 <하늘 호> ①하늘, 허공(虛空) ②여름 하늘 ③큰 모양, 성(盛)한 모양 ④희다, 밝다	* 昊天(호천) :①넓고 큰 하늘 ②구천(九天)의 하나. 서쪽 하늘 ③사천(四天)의 하나. 여름 하늘 * 昊天罔極(호천망극) :하늘이 넓고 끝이 없다. <比喩>부모(父母)의 은혜(恩惠)가 매우 크고 끝이 없음	<호엽민광> 여름 하늘은 빛이 성(盛)하지만, 가을 하늘은 가없이 넓고 공허(空虛)하다.
曄	日 <빛날 엽> ①빛나다 ②빛을 발하다 ③성(盛)한 모양 ④(번개가)번쩍거리다, 번개가 치는 모양	* 曄然(엽연) :기상(氣象)이 뛰어나고 성(盛)한 모양 * 曄曄(엽엽) :燁燁(엽엽). 曄煜(엽욱). 曄然(엽연). ①빛나는 모양 ②밝고 윤기있는 모양 ③왕성한 모양	
旻	日 <가을 하늘 민> ①하늘 ②가을 하늘 ③불쌍히 여기다	* 旻天(민천) :①사천(四天)의 하나. 가을 하늘 ②(하늘이 億兆蒼生을 사랑으로 돌보아 준다는 觀點에서) 어진 하늘 * 九旻(구민) :맑게 갠 가을 하늘	
曠	日 <빌 광 / 밝을 광> ①비다, 비우다, 공허하다(空虛) ②허비하다, 헛되이 지내다 ③멀다, 넓다, 탁 트이다 ④오래다 ⑤밝다 ⑥홀아비	* 曠劫(광겁) :지극히 오랜 세월 * 曠古(광고) :前例가 없음 * 曠夫(광부) :①홀아비 ②아내에게 충실치 못한 남편(男便) * 曠世(광세) :세상에 보기 드묾 * 曠日(광일) :헛된 나날들 * 曠前(광전) :空前(공전). 비교할 만한 것이 그 이전에 없음	

한자	뜻	낱말	외우기
柫	木 <도리깨 채 불> ①도리깨(곡식의 낟알을 떠는 데 쓰는 농기구) 채		
摵	扌(手) <털어낼 색> ①털어내다 ②(잎이 떨어진)나무의 앙상한 모양 ③잎이 지는 소리	* 摵摵(색색) :①낙엽이 떨어지는 모양 ②바람에 우수수 떨어지는 소리가 나는 상태	<불색두협> 도리깨 채로 콩깍지를 털어내고,
荳	++(艸·草) <콩 두> ①콩(콩과의 한해살이풀)(豆)	* 荳莢(두협) :콩껍질. 콩깍지 * 荳科(두과) :콩과 * 紅荳(홍두) :콩과에 딸린 늘 푸른 덩굴나무 * 荳芽菜(두아채) :숙주나물	
莢	++(艸·草) <꼬투리 협> ①(콩)꼬투리 ②콩깍지 ③풀이 처음 돋아나다 ④비수리(콩과의 여러해살이풀) ⑤쥐엄나무(콩과의 낙엽 활엽 교목)	* 莢果(협과) :꼬투리로 맺히는 열매. 팥·콩·완두 따위의 열매 * 皁莢刺(조협자) :쥐엄나무의 가시 * 皁莢子(조협자) :쥐엄나무 열매의 씨 * 上皁莢樹(상조협수) :조협나무에 오른다. <比喩>恐妻家	

한자	뜻	낱말	외우기
稻	禾 <벼 도> ①벼 ②쌀을 일다(쌀을 흔들어서 쓸 것과 못 쓸 것을 가려내다)	* 稻稈(도간) :볏짚. 찰볏짚 * 水稻(수도) :논벼. 논에 물을 대어 심는 벼 * 山稻(산도) :陸稻(육도). 旱稻(한도). 밭벼. 밭에 심는 벼 * 立稻先賣(입도선매) :벼를 논에 세워 둔 채로 미리 파는 일	
稈	禾 <볏짚 간> ①볏짚(벼의 낟알을 떨어낸 줄기) ②짚(이삭을 떨어낸 줄기와 잎)	* 藁稈(고간) :藁秸(고갈). 藁草(고초). 볏짚 * 糯稈(나간) :찰벼의 짚. * 麥稈(맥간) :밀짚이나 보릿짚의 줄기 * 軟稈稻(연간도) :벼의 한 가지. 줄기가 매우 부드럽다.	<도간적임> 벼의 대궁(볏짚)에서 벼가 익은 것을 따내고,
摘	扌(手) <딸 적> ①(손가락으로)따다 ②(손가락으로)가리키다 ③들추어내다 ④요점만 가려서 쓰다, 남의 글을 따다 쓰다 ⑤악기를 타다	* 摘發(적발) :숨겨진 물건(物件)을 들추어 냄 * 摘示(적시) :지적(指摘)하여 제시(提示)함 * 摘出(적출) :①몸의 일부를 도려냄 ②결점(缺點)을 들추어냄 * 指摘(지적) :①꼭 집어서 가리킴 ②잘못을 들추어 냄	
稔	禾 <여물 임 / 곡식 익을 임> ①여물다, (곡식이)익다 ②해(年), 벼가 익는 동안(1년) ③쌓다, 쌓이다	* 不稔(불임) :식물(植物)이 생식(生殖)하지 못하는 일 * 失稔(실임) :곡식의 알이 여물지 않음. 곧 흉년이 듦 * 惡稔(악임) :못된 짓을 자주 하여 악이 많이 쌓임 * 一稔紅(일임홍) :동백(冬柏)꽃의 다른 이름	

한자	뜻	용례	풀이
挾	扌(手) <낄 협 / 열흘 협> ①끼다, 끼우다, 끼어 넣다 ②몸에 지니다, 휴대하다(携帶) ③협박하다(脅迫) ④열흘	* 挾攻(협공) :①양쪽으로 끼고 공격(攻擊)하는 것. 협격(挾擊) ②협살(挾殺). 양쪽 사이에 끼고서 죽임 * 挾日(협일) :挾旬(협순). 열흘 동안 * 挾雜(협잡) :그릇된 짓으로 남을 속임	<협궤철영> 삼태기를 끼고서 이삭을 줍고 있는데,
簣	竹 <삼태기 궤> ①삼태기(흙을 담아 나르는 그릇)	* 葛簣(갈궤) :칡으로 엮어 만든 삼태기 * 負簣(부궤) :삼태기를 짐 * 九仞功虧一簣(구인공휴일궤) :구인(九仞)이나 되는 산을 쌓는 데에 한 삼태기의 흙을 얹지 못해 미완됨	
掇	扌(手) <주울 철> ①줍다, 주워 모으다 ②가리다, 선택하다(選擇) ③노략질하다(擄掠) ④중지하다(中止) ⑤깎다, 삭제하다(削除) ⑥찌르다	* 掇拾(철습) :거두어 주워 모음 * 掇借(철차) :곡식이나 돈을 거두어 모아서 꾸어 줌 * 銅掇環(동철환) :銅鈐口(동검구). 구리로 도자기(陶瓷器)의 아가리를 싸서 물리는 꾸밈새	
穎	禾 <이삭 영 / 빼어날 영> ①이삭(꽃대의 끝에 열매가 더부룩하게 많이 열리는 부분) ②자루 ③고리 ④뾰족한 끝 ⑤줄기가시 ⑥빼어나다	* 穎敏(영민) :英敏(영민) * 穎慧(영혜) :俊慧(준혜) * 穎脫(영탈) :영탈이출(穎脫而出)의 준말. 재능이 뛰어남 * 毛穎(모영) :털로 만든 붓이라는 뜻으로 붓을 달리 이름 * 秀穎(수영) :①이삭이 잘 여문 것 ②재능(才能)이 뛰어남	

한자	뜻	용례	풀이
鷦	鳥 <뱁새 초> ①뱁새(휘파람과에 딸린 작은 새) ②황작 ③교부조(巧婦鳥 :붉은머리오목눈이)	* 鷦鷯(초료) :금조(禽鳥)의 하나. 뱁새 * 鷦藩(초번) :작은 번방(藩邦)이라는 뜻으로, 소국(小國)이 대국(大國)에 대하여 겸사(謙辭)로 이르는 말 * 鷦學鸛脛欲斷 :뱁새가 황새를 따라가면 가랑이가 찢어짐	<초료도량> 뱁새가 겁(怯)도 없이 함부로 뛰어다닌다.
鷯	鳥 <굴뚝새 료> ①굴뚝새 ②메추라기(꿩과의 겨울 철새) ③개개비(휘파람과에 딸린 작은 새) ④뱁새(휘파람과에 딸린 작은 새)	* 刀鷯(도료) :굴뚝새. <說文>鷯, 刀鷯 能剖葦食其中蟲 * 鷯鶉(요순) :메추라기	
跳	足 <뛸 도> ①뛰다 ②뛰어넘다 ③솟구치다 ④도약하다(跳躍), 도전하다(挑戰) ⑤횡행하다(橫行) ⑥가지고 놀다	* 跳梁(도량) :①도약하다. 펄쩍 뛰다. 함부로 날뜀 ②악인이 창궐하다 ③반란자가 발호하는 모양 * 跳躍(도약) :①몸을 솟구쳐 뛰어오르다 ②수준이 발전하다 * 走幅跳(주폭도) :멀리뛰기	
梁	木 <들보 량> ①들보(칸과 칸 사이의 두 기둥을 건너지르는 나무) ②나무다리(나무로 놓은 다리), 교량(橋梁) ③노략질하다	* 橋梁(교량) :강이나 내를 건너는 비교적 큰 규모의 다리 * 棟梁(동량) :①마룻대와 들보 ②기둥이 될 만한 인물(人物) * 脊梁(척량) :등성마루 * 脊梁骨(척량골) :등골뼈 * 梁上君子(양상군자) :대들보 위에 있는 군자, 도둑을 말함	

한자	뜻	용례	풀이
杵	木 <공이 저> ①공이(절구나 방아확에 든 물건을 찧거나 빻는 기구) ②절굿공이 ③다듬잇방망이 ④방패(防牌·旁牌)	* 杵臼(저구) :절굿공이와 절구 * 杵聲(저성) :다듬이질하는 소리 * 磨杵成針(마저성침) :鐵杵磨鍼(철저마침). 쇠로 만든 다듬이 방망이를 갈아서 바늘을 만듦. <比喩>아주 오래 노력(努力)하면 성공(成功)함	<저당구립> 절굿공이로 절구에 있는 낟알을 절구질해서
撞	扌(手) <칠 당 / 절구질할 당> ①치다 ②찌르다 ③부딪히다 ④충돌하다(衝突) ⑤돌진하다(突進) ⑥절구질하다	* 撞球(당구) :공을 놓고 큐로 치는 실내(室內) 오락(娛樂) * 撞着(당착) :①앞뒤가 서로 맞지 않음 ②서로 맞부딪침 * 自家撞着(자가당착) :자기(自己)의 언행(言行)이 전후(前後) 모순(矛盾)되어 일치(一致)하지 않음	
臼	臼 <절구 구> ①절구(곡식을 빻거나 찧으며 떡을 치기도 하는 기구) ②확(방앗공이로 곡식을 찧는 기구) ③절구질하다 ④허물	* 臼磨(구마) :절구. 곡식(穀食)을 찧는 기구(器具) * 井臼(정구) :정구지역(井臼之役). 물을 긷고 절구질하는 일. <比喩>살림살이의 수고로움 * 杵臼之交(저구지교) :귀천(貴賤)을 가리지 않고 사귐	
粒	米 <낟알 립> ①낟알(껍질을 벗기지 아니한 곡식의 알) ②쌀의 낟알(껍질을 벗기지 아니한 곡식의 알) ③쌀밥을 먹다	* 粒子(입자) :물질을 구성(構成)하는 미세(微細)한 알갱이 * 一粒萬倍(일립만배) :한 톨의 벼를 뿌리면 일만 톨의 쌀이 됨. <比喩>작은 것도 쌓이면 많게 됨 * 粒粒辛苦(입립신고) :쌀 한 톨 한 톨은 농민이 고생한 결과	

한자	뜻	용례	풀이
碓	石 <방아 대> ①방아(곡식 따위를 찧거나 빻는 기구나 설비) ②디딜방아(발로 디디어 곡식을 찧거나 빻게 된 방아) ③망치 ④방망이	* 碓聲(대성) :물방아 찧는 소리 * 碓樂(대악) :신라(新羅) 20대 자비왕(慈悲王) 때 백결선생(百結先生)이 지었다는 노래 * 水碓(수대) :물레방아	<대유조려> 방아에서 거칠게 애벌 찧은 쌀(현미)을 퍼내는데,
抗	扌(手) <쓿을 유 / 퍼낼 요> ①쓿다(곡식을 찧어 속꺼풀을 벗기고 깨끗하게 하다) ②퍼내다 ③확에서 퍼내다 ④물 따위를 파내다 ⑤퍼내다(요)	* 女舂抗(여용유) :夏·尙·周 時代에 부유한 집안의 여자종, 또는 가기(家妓). 여자종은 세 가지를 거들었는데, 食事, 歌舞, 잠자리였음 <周禮>(地官 序官)舂人 女舂抗二人	
粗	米 <거칠 조> ①거칠다 ②크다 ③대략(大略) ④대강(大綱)	* 粗糲(조려) :①도정하지 않은 쌀. 현미 ②껄껄하다. 거칠다 ③변변찮은 음식물 * 粗雜(조잡) :(언행·솜씨 따위가)거칠고 잡스럽게 막됨 * 粗惡(조악) :물건이 거칠고 나쁨 * 粗製(조제) :거칠게 만듦	
糲	米 <현미 려> ①현미(玄米 :벼의 겉껍질만 벗겨낸 쌀) ②매조미쌀(糙米 :왕겨만 벗기고 속겨는 벗기지 아니한 쌀) ③맷돌로 갈다	* 糲米(여미) :玄米(현미). 粗米(조미). 거친 쌀 현미(玄米) * 糲飯(여반) :현미밥 * 糲粢(여자) :현미(玄米)와 기장 * 醜糲(추려) :보잘것없는 궂은 음식	

한자	뜻	어휘	요약
純	糸 <순수할 순> ①순수하다(純粹) ②순박하다(淳朴·淳樸·醇朴) ③진실하다(眞實) ④오로지 ⑤정성(精誠) ⑥실, 명주실(明紬)	* 純粹(순수) :①다른 것이 조금도 섞이지 않음 ②사념(邪念)이나 사욕(邪慾)이 없음 * 純眞無垢(순진무구) :마음과 몸이 아주 깨끗하여 조금도 더러운 때가 없음	<순수정결> 잡것이 조금도 섞이지 않고 깨끗하다.
粹	米 <순수할 수> ①순수하다(純粹) ②오롯하다, 온전하다(穩全) ③정통하다(正統) ④아름답다, 순결하다(純潔) ⑤변하지 않다	* 粹美(수미) :아무 섞임이 없이 순수(純粹)하게 아름다움 * 粹正(수정) :마음이 순수하고 정직함 * 精粹(정수) :①아주 순수(純粹)하고 깨끗함 ②청렴(淸廉)하여 사욕(私慾)이 없음	
淨	氵(水) <깨끗할 정> ①깨끗하다, 맑다, 밝다 ②깨끗이 하다 ③사념(邪念)이 없다 ④차갑다 ⑤악인(惡人)의 역(役)	* 淨潔(정결) :맑고 깨끗함 * 淨土(정토) :부처가 사는 깨끗한 세상(世上) * 淨化(정화) :깨끗하게 함 * 不淨(부정) :조촐하거나 깨끗하지 못함. 더러움	
潔	氵(水) <깨끗할 결> ①깨끗하다, 맑다 ②조촐하다, 간결하다(簡潔) ③(품행이)바르다, 청렴하다(淸廉)	* 潔白(결백) :①깨끗하고 흼 ②욕심(慾心)이 없이 마음이 맑음 * 簡潔(간결) :간단(簡單)하고 깨끗함 * 淸潔(청결) :맑고 깨끗함 * 純潔(순결) :잡것이 섞이지 아니하고 깨끗함 * 淸廉潔白(청렴결백) :마음이 맑고 깨끗하며 욕심(慾心)이 없음	

한자	뜻	어휘	요약
升	十 <되 승> ①되(분량을 헤아리는 데 쓰는 그릇 또는 부피의 단위) ②새(직물의 날실 80올)	* 升斗(승두) :①되와 말 ②두공(枓栱 :대들보 위의 짧은 기둥) ③얼마 되지 않는 녹(祿) * 升斗之利(승두지리) :대수롭지 않은 작은 이익(利益) * 升授斗受(승수두수) :되로 주고 말로 받음. 施用升授還以斗受	<승두균준> 되(升)와 말(斗)은 기준(基準)을 고르게 한 것이고,
斗	斗 <말 두> ①말(용량의 단위) ②구기(자루가 달린 술 따위를 푸는 용기) ③조두(구리로 만든 솥 같은 기구)	* 斗頓(두둔) :편들어서 감싸 줌 * 斗宇(두우) :온 세상(世上) * 泰斗(태두) :태산북두(泰山北斗)의 준말로, 세상(世上) 사람들에게 존경(尊敬)받는 권위(權威)있는 사람 * 泰山北斗(태산북두) :태산(泰山)과 북두성(北斗星)	
鈞	金 <서른 근 균 / 고를 균> ①서른 근 ②고르다 ③녹로(轆轤 :달아 올리거나 끌어당길 때 쓰는 도르래)	* 國鈞(국균) :권력(權力)을 쥐고 나라를 다스림, 또는 그렇게 하는 사람 * 千鈞弩(천균노) :매우 크고 육중한 쇠뇌	
準	氵(水) <준할 준 / 수준기 준> ①준하다(準 :어떤 본보기에 비추어 그대로 좇다) ②본보기로 삼다 ③고르다, 평평하다(平平) ④수준기(水準器) ⑤콧마루	* 準備(준비) :필요(必要)한 것을 미리 마련하여 갖춤 * 基準(기준) :사물(事物)의 기본(基本)이 되는 표준(標準) * 水準(수준) :①일정한 표준(標準)이나 정도(程度) ②수평(水平) * 標準(표준) :사물(事物)을 정(定)하는 목표(目標). 기준(基準)	

한자	뜻	어휘	요약
秤	禾 <저울 칭> ①저울 ②저울질하다, 무게를 달다 ③열다섯 근(斤)	* 秤竿(칭간) :저울대 * 秤錘(칭추) :저울추 * 天秤(천칭) :천평칭(天平秤)의 준말. 저울의 한 가지 * 我心如秤(아심여칭) :내 마음은 저울과 같다. <比喩>마음의 공평(公平)함	<칭간치수> 저울대에는 미세(微細)한 저울눈이 있어서
竿	竹 <장대 간 / 낚싯대 간> ①장대(長 :긴 막대기) ②횃대(닭 같은 것이 앉는 곳) ③낚싯대 ④상앗대(배질을 할 때 쓰는 긴 막대) ⑤화살대	* 竿頭(간두) :장대나 대막대기 끝 * 釣竿(조간) :낚싯대 * 掛竿(괘간) :바지랑대 * 竿竹(간죽) :담배설대. 담뱃대의 대롱 * 百尺竿頭(백척간두) :백 자나 되는 높은 장대 위에 올라섰음. <比喩>위태(危殆)로움이 극도(極度)에 달함	
錙	金 <저울눈 치> ①저울눈 ②무게의 단위(單位) ③적은 양 ④조금 ⑤성하다(盛 :기운이나 세력이 한창 왕성하다)	※ <禮記>日 分國如錙銖 註 八兩爲錙 銖 權分十黍之重也 ※ <律歷志>云 權者所以知輕重也 本起於黃鍾 黃鍾一龠 容千二百黍 重十二銖 二十四銖爲一兩 十六兩爲一斤 三十斤爲一鈞 龠十爲合 合十爲升 升十爲斗 斗十爲斛	
銖	金 <저울눈 수> ①저울눈 ②중량(重量)의 이름 ③무디다	※ 옛날 중국(中國)의 저울눈에서 10個의 기장의 낟알을 1수(銖), 24銖를 1냥(兩), 8兩을 1치(錙)라고 했음. * 1錙는 8兩(12.4g), 1銖는 24分의 1兩(1.55g)에 해당(該當)함 * 錙銖(치수) :미세(微細)한 무게의 저울 눈 (轉)썩 가벼운 무게	

한자	뜻	어휘	요약
鋺	金 <저울판 원 / 주발 완> ①저울판(權衡臺) ②호미목 ③주발(周鉢 :놋쇠로 만든 밥그릇)(완) ④바리(놋쇠로 만든 여자의 밥그릇)(완)	* 秤鋺(칭원) :저울의 달 물건을 올려놓는 판	<원추균형> 저울의 물건 올려놓는 저울판과 추(錘)의 균형(均衡)을 맞추면서
錘	金 <저울추 추> ①저울추(錘) ②철퇴 ③망치 ④무게의 단위(單位) ⑤드리우다 ⑥단련하다(鍛鍊)	* 端錘(단추) :<借音>단추. 鈕子 * 秤錘(칭추) :저울추. 저울대 한쪽에 거는 일정한 무게의 쇠 * 紡錘(방추) :물레의 실을 감는 가락 * 時計錘(시계추) :괘종(掛鐘) 시계 등(等)에 매어달린 추	
均	土 <고를 균> ①고르다, 평평하다(平平) ②가지런히 하다, 조절하다(調節) ③비교하다(比較), 따지다	* 均衡(균형) :치우침이 없이 고름 * 均等(균등) :차별(差別) 없이 고름 * 平均(평균) :부동(不同)이나 다소(多少)가 없이 균일(均一)함 * 陰陽相均(음양상균) :음과 양이 서로 잘 어울림	
衡	行 <저울대 형> ①저울대, 저울 ②저울질하다 ③고르다, 평평하다 ④(수레의)가로장, 가로지르다 ⑤견주어 보다	* 衡門(형문) :두 기둥 사이에 한 개의 횡목을 가로질러 만든 허술한 대문(大門). <比喩>은자(隱者)가 사는 곳 * 衡平(형평) :균형(均衡)이 잡혀 있는 일 * 銓衡(전형) :인물의 됨됨이나 재능을 시험(試驗)하여 뽑음	

0481 / 0482 / 0483 / 0484

한자	뜻	용례	풀이
比	比 <견줄 비> ①견주다, 비교하다(比較) ②나란히 하다, 같다, 대등하다(對等) ③겨루다 ④고르다, 가려 뽑다 ⑤줄을 서다, 잇닿다	* 比較(비교) :서로 견주어 차이(差異)를 살피는 것 * 比喩(비유) :비슷한 다른 표현(表現)으로 빗대어 설명함 * 比率(비율) :일정(一定)한 값에 대한 다른 값의 비(比) * 比重(비중) :어떤 물질과, 같은 부피의 물의 질량과의 비(比)	<비교차이> 서로 차이(差異)가 나는 것을 비교(比較)하여
較	車 <견줄 교 / 비교할 교> ①견주다, 비교하다(比較) ②겨루다 ③대강(大綱), 대략(大略) ④차이(車耳)(각) ⑤차체(車體)(각)	* 較計(교계) :맞나 아니 맞나 서로 견주어 봄 * 較略(교략) :대략(大略), 줄거리 * 較量(교량) :견주어 헤아림 * 較差(교차) :어떤 기간 동안 최고(最高)와 최저(最低)의 차(差) * 較問(교문) :맞는지 아닌지를 물어 봄 * 相較(상교) :비교함	
差	工 <다를 차 / 어긋날 차> ①다르다 ②남다르다, 기이하다(奇異) ③어긋나다, 다름, 틀림, 잘못 ④(사신으로)보내다, 심부름꾼 ⑤(병이)낫다	* 差異(차이) :서로 일치(一致)하거나 같지 않고 틀려 다름 * 差別(차별) :차등(差等) 있게 구별하거나 등급(等級)을 가름 * 隔差(격차) :비교대상간(比較對象間) 수준의 차이(差異) * 格差(격차) :품위(品位)·자격(資格)·가격(價格)의 차(差)	
異	田 <다를 이> ①다르다 ②달리하다, 기이하다(奇異) ③뛰어나다 ④특별하게 다루다 ⑤괴이하다(怪異) ⑥재앙(災殃), 천재(天災)	* 異見(이견) :①서로 다른 의견(意見) ②색다른 의견(意見) * 異常(이상) :①평상시(平常時)와 다름 ②의심(疑心)스러움 * 大同小異(대동소이) :①거의 같고 조금 다름 ②비슷함 * 同床異夢(동상이몽) :같은 침상(寢床)에서 서로 다른 꿈	

한자	뜻	용례	풀이
斤	斤 <근 근 / 도끼 근> ①근(중량 단위) ②무게 ③도끼 ④자귀(나무를 깎아 다듬는 연장의 하나) ⑤살피다 ⑥삼가다 ⑦베다	* 斤量(근량) :①저울로 단 무게 ②무게, 중량(重量) * 斤兩(근량) :①무게 단위(單位)의 근과 양, 또는 무게 ②근량중(斤兩重)의 준말 * 千斤萬斤(천근만근) :아주 무거움을 뜻하는 말	<근량규적> 저울로 단 무게가 적당(適當)한지를 헤아려
量	里 <헤아릴 량> ①헤아리다, 달다, 재다 ②양(量), 분량(分量), 용기(用器), 용적(容積) ③추측하다(推測)	* 假量(가량) :수량(數量)을 대강 어림쳐서 나타내는 말. 쯤 * 力量(역량) :어떤 일을 감당(堪當)하여 해낼 수 있는 힘 * 度量(도량) :도(度)와 양(量). 곧, 길이와 용적(容積) * 大量(대량) :많은 분량(分量) * 無量(무량) :한량(限量)이 없음	
揆	扌(手) <헤아릴 규 / 벼슬아치 규> ①헤아리다, 가늠하다 ②관장하다(管掌) ③멸망시키다(滅亡) ④법도(法道) ⑤벼슬아치, 재상(宰相), 대신(大臣)	* 右揆(우규) :端揆(단규). 우의정(右議政)을 달리 이르던 말 * 左揆(좌규) :좌의정(左議政) * 百揆(백규) :百官(백관)	
適	辶(辵) <맞을 적> ①맞다, 마땅하다, 마침 ②가다, 시집가다(媤) ③즐기다 ④전일하다(專 :마음과 힘을 모아 오직 한 곳에만 쓰다)	* 適當(적당) :지나치거나 모자람이 없이 마땅함. 알맞음 * 適用(적용) :맞추어 알맞게 씀 * 適切(적절) :꼭 맞음 * 適應(적응) :①걸맞아서 서로 어울림 ②순응(順應)하기에 이름 * 悠悠自適(유유자적) :한가로이 하고 싶은 대로 마음 편히 지냄	

한자	뜻	용례	풀이
測	氵(水) <헤아릴 측> ①헤아리다 ②재다, 재어지다 ③맑다 ④알다	* 測度(측도) :①양을 잼. 따져서 헤아림. 측정(測定)할 양(量)을 측정에 사용한 단위로 측정해서 얻은 수(數) ②각종의 양을 재는 단위. 계량(計量) * 測定(측정) :어떤 量(양)의 크기를 헤아려 정(定)함	<측도하중> 무게를 재서
度	广 <법도 도 / 잴 도 / 헤아릴 탁> ①법도(法度), 법제(法制), 법(法) ②자, 도구(道具) ③재다 ④도수(度數) ⑤정도(程度) ⑥풍채(風采) ⑦헤아리다(탁)	* 度量(도량) :①너그러운 마음 ②길이를 재는 자와 양을 재는 되 * 程度(정도) :알맞은 한도(限度). 정한(定限) * 制度(제도) :①제정(制定)된 법규(法規) ②나라의 법칙(法則) * 忖度(촌탁) :남의 마음을 미루어 헤아림	
荷	艹(艸·草) <연(蓮) 하 / 짊어질 하> ①연(蓮), 연꽃 ②메다, 짊어지다, 짐, 화물(貨物) ③부담하다(負擔), 책임지다(責任)	* 荷重(하중) :짐의 무게 * 負荷(부하) :맡아서 지는 의무(義務)나 책임(責任). 부담(負擔) * 底荷(저하) :왕세자(王世子)를 높여서 일컫는 말 * 賊反荷杖(적반하장) :도둑이 도리어 몽둥이를 들다	
重	里 <무거울 중 / 겹칠 중> ①무겁다, 무게, 중량(重量) ②소중하다(所重) ③자주 하다, 거듭하다 ④겹치다 ⑤삼가다, 조심하다	* 重要(중요) :매우 귀중(貴重)하고 소중(所重)함 * 重複(중복) :거듭함. 겹침 * 愼重(신중) :매우 조심스러움 * 尊重(존중) :높이고 중(重)히 여김 * 九重宮闕(구중궁궐) :문이 겹겹이 달린 깊은 대궐(大闕)	

한자	뜻	용례	풀이
米	米 <쌀 미> ①쌀 ②미터(meter)	* 米穀(미곡) :①쌀 ②쌀을 포함(包含)한 다른 곡식(穀食) * 白米(백미) :흰 쌀 * 玄米(현미) :왕겨만 벗기고 속겨는 벗기지 아니한 쌀 * 落庭米(낙정미) :곡식(穀食)을 벨 때에 땅에 떨어진 곡식	<미곡창고> 쌀을 저장(貯藏)하는 창고(倉庫)로 가는데,
穀	禾 <곡식 곡> ①곡식(穀食) ②녹미(祿米 :祿俸으로 받는 쌀) ③녹(祿), 복록(福祿 : 복되고 영화로운 삶) ④정성(精誠) ⑤양육하다(養育)	* 穀物(곡물) :사람이 주식(主食)으로 하는 곡식(穀食) * 穀食(곡식) :벼, 보리, 밀, 조, 수수, 기장, 콩, 옥수수 따위 * 穀間(곡간) :곡식(穀食)을 넣어두는 곳간 * 穀腹絲身(곡복사신) :밥 먹고 옷 입는 일	
倉	人 <곳집 창> ①곳집(곳간(庫間)으로 지은 집) ②창고(倉庫) ③옥사(獄舍) ④선창(船倉) ⑤갑자기	* 倉庫(창고) :물건을 저장(貯藏)·보관(保管)하는 건물(建物) * 倉廩(창름) :庫間(곳간) * 船倉(선창) :배의 짐칸 * 營倉(영창) * 倉府(창부) :미창(米倉)과 금고(金庫) 탕창(帑倉) * 倉卒之間(창졸지간) :미처 어찌할 수도 없는 사이	
庫	广 <곳집 고> ①곳집(곳간(庫間)으로 지은 집) ②곳간(庫間 :물건을 간직하여 두는 곳) ③창고(倉庫) ④성(姓)의 하나(사)	* 庫間(곳간) :물건(物件)을 간직하여 두는 곳. 곳집 * 府庫(부고) :문서(文書)나 재물(財物)을 넣어두는 곳간 * 倉氏庫氏(창씨고씨) :어떤 사물이 오래도록 변하지 않음 * 封庫罷職(봉고파직) :관리를 파면시키고 관고(官庫)를 봉함	

猫	犭(犬) <고양이 묘> ①고양이 ②살쾡이(고양잇과의 포유류) ③삵(살쾡이. 고양잇과의 포유류) ④묘족(苗族)	* 猫兒(묘아) :고양이의 어린 새끼 * 家猫(가묘) :집고양이 * 猫項懸鈴(묘항현령) :고양이 목에 방울 달기 * 窮鼠齧猫(궁서설묘) :궁지에 몰린 쥐가 고양이를 문다. <比喩>궁지에 몰린 약자가 필사적으로 반항함	<묘흠서송> 고양이가 하품을 하니 쥐가 두려워한다. <쥐를 잡는 고양이가 하품을 하니 쌀을 훔쳐 먹는 쥐가 두려워한다.>
欠	欠 <하품 흠 / 모자랄 흠> ①하품, 하품하다 ②기지개 켜다 ③흠, 결함(缺陷) ④모자라다, 이지러지다, 빠지다 ⑤구부리다 ⑥빚, 부채(負債)	* 欠缺(흠결) :일정(一定)한 수효(數爻)에서 부족(不足)이 생김 * 欠席(흠석) :나가야 할 자리에 나가지 않음 * 欠伸(흠신) :하품과 기지개 * 欠身(흠신) :몸을 굽혀 경의 표함 * 欠處(흠처) :欠節(흠절). 欠點(흠점). 불완전하여 흠이 되는 곳	
鼠	鼠 <쥐 서> ①쥐(쥣과의 포유 동물) ②좀도둑 ③간신(奸臣)의 비유(比喩·譬喩) ④근심하다, 걱정하다	* 鼠竊(서절) :鼠竊狗偸. 쥐나 개처럼 물건을 훔침. 좀도둑 * 鼠族(서족) :①쥐의 족속(族屬) ②교활(狡猾)하게 구는 사람 * 窮鼠莫追(궁서막추) :피할 곳 없는 쥐를 쫓지 말라는 뜻으로, 궁지에 몰린 적을 모질게 다루면 해를 입기 쉬움	
竦	立 <공경할 송 / 두려워할 송> ①공경하다(恭敬) ②발돋움하다, 서다, 우뚝솟다, 올리다 ③두려워하다, 놀라다, 움츠리다	* 擢竦(탁송) :높이 솟아 우뚝함. * 竦骨(송골) :몹시 두렵거나 무서워서 뼈가 오싹함. * 竦鶻(송골) :송골매. 松鶻(송골) * 樹竦難緣旴望何爲 :오르지 못할 나무는 쳐다보지도 말라	

洞	氵(水) <골 동 / 밝을 통> ①골, 골짜기, 굴(窟), 동굴(洞窟) ②비다, 공허하다(空虛) ③고을, 마을, 동네 ④밝다(통), 꿰뚫다(통), 통달하다(통)	* 洞里(동리) :①마을 ②동(洞)과 리(里)의 총칭(總稱) * 洞房(동방) :집안 깊숙한 방(房). (轉)부인의 침방(寢房) * 洞察(통찰) :①환히 내다봄 ②꿰뚫어 봄 * 洞察力통찰력 * 空洞(공동) :텅 빈 굴. 동굴(洞窟). 텅 비게 됨 * 空洞化	<동경기훈> 동네의 들에는 이미 땅거미가 지고,
坰	土 <들 경> ①들(편평하고 넓게 트인 땅) ②서울에서 먼 곳 ③국경(國境) 근처(近處)	* 坰畓(경답) :바닷가에 둑을 쌓고 만든 논 * 坰場(경장) :야외(野外)의 장소(場所). (轉)활짝 트인 먼 곳 * 基坰(기경) :基業(기업). 대대(代代)로 이어 오는 사업(事業)	
旣	旡 <이미 기> ①이미, 벌써 ②원래, 처음부터 ③그러는 동안에, 이윽고 ④다 없어지다 ⑤끝나다 ⑥녹미(祿米 :녹봉으로 받는 쌀)(희)	* 旣往(기왕) :①이전(以前). 그 전 ②이미. 벌써. 이왕에 * 旣定(기정) :①이미 정(定)함 ②미리 작정(作定)함 * 旣存(기존) :이미 존재(存在)함. 이전(以前)부터 있음 * 旣得權(기득권) :이미 얻은 권리(權利)	
曛	日 <어스레할 훈 / 석양빛 훈> ①어스레하다(빛이 조금 어둑하다) ②(날이)어둡다 ③황혼(黃昏) ④해질녘 ⑤석양빛(夕陽)	* 曛暮(훈모) :날이 어스레하게 저묾 * 曛黃(훈황) :저녁 때 * 曛日(훈일) :땅거미. 해가 진 뒤 어스레한 동안 * 曛黑(훈흑) :해가 져 어둑어둑 함 * 朝曛(조훈) :아침과 저녁 * 夕曛(석훈) :해가 진 뒤에 어스레하게 남는 빛	

拮	扌(手) <일할 길> ①일하다, 바쁘게 일하다 ②들다, 들어올리다 ③버티다 ④맞서다 ⑤겨루다 ⑥손과 입을 함께 놀리며 일하다	* 拮据(길거) :①애써서 몹시 바삐 일함 ②재정(財政)이 넉넉하지 못하여 어려운 살림을 함 * 拮抗(길항) :힘이나 세력(勢力)이 서로 버티고 대항(對抗)함 * 拮据黽勉(길거민면) :몹시 애써서 일함	<길거피곤> 애써서 몹시 바쁘게 일하고 나니 몸이 지치고 고달파서
据	扌(手) <일할 거 / 근거 거> ①일하다 ②일하는 모양 ③의거하다(依據) ④근거(根據), 근원(根源), 증거(證據) ⑤기댈 곳 ⑥의지하다(依支) ⑦웅거하다(雄據)	* 据銃(거총) :사격(射擊)할 때 목표(目標)를 겨누기 위(爲)하여 총대를 어깨에 댐 * 据置(거치) :손을 대거나 변경(變更)하지 않고 그대로 둠 * 据置臺(거치대) :물건(物件)을 받쳐 놓는 대(臺)	
疲	疒 <피곤할 피 / 지칠 피> ①피곤하다(疲困) ②지치다 ③고달프다 ④느른하다(기운이 없다) ⑤게으르다 ⑥싫증나다 ⑦고달픔	* 疲勞(피로) :노동(勞動)으로 인(因)해 지쳐버린 것 * 疲困(피곤) :몸이나 마음이 지치어 고달픔 * 疲弊(피폐) :어려움으로 쇠약(衰弱)해져 궁(窮)하게 된 상태 * 樂此不疲(요차불피) :좋아서 하는 일은 지치지 않음	
困	囗 <곤할 곤> ①곤하다(困 :기운 없이 나른하다) ②지치다 ③괴로움을 겪다, 시달리다 ④졸리다 ⑤괴롭다 ⑥살기 어렵다	* 困窮(곤궁) :①가난하여 구차(苟且)함 ②어렵고 궁핍(窮乏)함 * 困乏(곤핍) :窘乏(군핍). 고달파서 노곤(勞困)하고 힘이 없음 * 貧困(빈곤) :가난하고 궁색(窮塞)하여 살기 어려움 * 困而得之(곤이득지) :고생(苦生)한 끝에 이루어 냄	

倦	亻(人) <게으를 권> ①게으르다 ②진력나다(盡力) ③고달프다 ④걸터앉다	* 倦怠(권태) :시들해져서 생기는 게으름이나 싫증 * 倦疲(권피) :권태(倦怠)가 나서 피곤(疲困)함 * 勞倦(노권) :피로(疲勞)하여 싫증을 냄 * 好學不倦(호학불권) :학문을 좋아하여 공부에 게으름이 없음	<권태이타> 싫증이 생기고 마음이 풀어져서 게을러지게 되자,
怠	心 <게으를 태> ①게으르다, 게을리하다, 게으름 ②맺힌 데가 없다, 느리다 ③안락하다 ④그만두다, 물러서다 ⑤업신여기다	* 怠慢(태만) :해야 할 일을 하지 않고 게으름을 피움 * 怠業(태업) :일이나 공부를 게을리 함 * 過怠(과태) :잘못과 태만(怠慢) * 過怠料(과태료) * 懶怠(나태) :게으르고 느림	
弛	弓 <늦출 이> ①활을 부리다(활의 시위를 벗기다), 풀리다 ②늦추다, 느슨히 하다, 느슨하다 ③게으르다 ④쉬다, 휴식하다(休息)	* 弛惰(이타) :마음이 느슨하여 몹시 게으름 * 弛緩(이완) :느즈러짐, 또는 풀려 늦추어짐 * 弛張(이장) :느즈러짐과 팽팽하게 켕김 * 解弛(해이) :마음의 긴장이 풀리어 느즈러짐	
惰	忄(心) <게으를 타> ①게으르다, 나태하다(懶怠), 게으름 ②소홀(疏忽)히 하다, 업신여기다 ③삼가지 아니하다, 불경스럽다(不敬)	* 惰性(타성) :나태(懶怠)하게 굳어져 있는 습성(習性) * 惰怠(타태) :懶惰(나타). 게으르고 느림 * 惰弱(타약) :懦弱(나약). 의지(意志)가 굳세지 못함	

拂	扌(手) <떨칠 불> ①떨치다 ②먼지를 털다 ③사악(邪惡)함을 털다 ④치르다, 값을 건네 주다	* 拂拭(불식) :①털고 닦음 ②말끔하게 치워 없앰 * 支拂(지불) :물건(物件)값이나 셈해야 할 돈을 치르는 것 * 滯拂(체불) :지급(支給)을 지체(遲滯)하는 것 * 拂鬚塵(불수진) :수염의 먼지를 털어줌. <比喩>아첨(阿諂)	<불식매애> 티끌이 묻어 더러워진 것을 털고 닦고서
拭	扌(手) <닦을 식> ①씻다 ②닦다 ③닦아서 깨끗하게 하다	* 拭淨(식정) :말끔하게 씻어 깨끗이 함 * 掃拭(소식) :쓸고 닦음 * 拭巾(식건) :씻거나 닦거나 하는 데 쓰는 수건 * 膏脣拭舌(고순식설) :입술에 기름을 바르고 혀를 닦는다. <比喩>남을 비방(誹謗)할 만반(萬般)의 준비를 함	
塺	土 <티끌 매> ①티끌 ②먼지	* 塺塺(매매) :먼지가 자욱하게 끼어 흐린 것(塵濁也) <楚辭>(王褒九懷 陶壅) 浮雲鬱兮晝昏 塵土忽兮塺塺	
埃	土 <티끌 애> ①티끌 ②먼지 ③더러움	* 埃滅(애멸) :티끌처럼 없어짐 * 汚埃(오애) :더러운 먼지 * 埃涓(애연) :涓埃(연애). 티끌과 물방울. (轉)매우 작은 양(量) * 芳埃(방애) :향기로운 티끌이란 뜻으로, 꽃 아래의 티끌 * 塵埃(진애) :①티끌 ②세상(世上)의 속(俗)된 것	

濯	氵(水) <씻을 탁> ①씻다, 빨다(주물러서 때를 없애다) ②목욕(沐浴)한 물 ③빛나다, 밝고 깨끗한 모양	* 濯髮(탁발) :머리를 감음 * 濯足(탁족) :洗足(세족). 발을 씻음 * 洗濯(세탁) :옷이나 피륙을 물에 빨아 깨끗하게 함. 빨래 * 濯足萬里流(탁족만리류) :만리의 흐르는 물에 발을 씻는다는 뜻으로, 대자연으로 돌아가 속진(俗塵)을 씻음	<탁발소세> 머리를 감고, 낯을 씻고 머리를 빗고 나니
髮	髟 <터럭 발> ①터럭(몸에 난 길고 굵은 털) ②머리털, (머리털을)기르다 ③초목(草木) ④줄기	* 頭髮(두발) :머리털 * 白髮(백발) :하얗게 센 머리털 * 假髮(가발) :치레로 머리에 쓰는 물건(物件) * 理髮(이발) :머리털을 다듬어 깎음. 머리를 빗음 * 危機一髮(위기일발) :당장에라도 끊어질 듯한 위험한 순간	
梳	木 <빗 소> ①얼레빗(빗살이 굵고 성긴 큰 빗) ②(머리를)빗다	* 梳洗(소세) :머리를 빗고 세수하다. 몸치장을 하다. 梳头洗脸 * 梳櫛(소즐) :빗질. 머리카락이나 털 따위를 빗으로 빗는 일 * 僧梳(승소) :승려(僧侶)의 빗. <比喩>필요(必要)없는 물건(物件) * 晝寢夜梳(주침야소) :낮에 자고 밤에 머리를 빗음. 밤낮이 바뀜	
洗	氵(水) <씻을 세> ①(물로)씻다 ②깨끗하다, 결백하다(潔白) ③다듬다, 갈고 닦다 ④설욕하다(雪辱) ⑤(마음을)깨끗이 하다(선)	* 洗練(세련) :능숙하고 미끈하게 잘 다듬어져 있음 * 洗兵(세병) :병기(兵器)를 씻어서 거둠. 전쟁(戰爭)을 끝냄 * 洗手(세수) :얼굴을 씻음 * 赤貧如洗(적빈여세) :물로 씻은 듯 가진 것이 없이 가난함	

休	亻(人) <쉴 휴> ①쉬다, 휴식하다(休息) ③그만두다, 그치다 ④멈추다, 중지하다(中止) ②겨를, 휴가(休暇) ⑤사직하다(辭職)	* 休息(휴식) :하던 일을 멈추고 잠깐 동안 쉼 * 休暇(휴가) :일에 매인 사람이 잠시 일을 쉬고 얻는 겨를 * 休日(휴일) :쉬면서 노는 날 * 休紙(휴지) :사용하고 난 종이 * 休題(휴제) :여태까지의 화제(話題)를 중지(中止)함	<휴식추날> 쉬게 되자 오금이 나른하여
息	心 <숨쉴 식 / 쉴 식 / 아이 식> ①(숨을)쉬다, 호흡하다(呼吸) ②숨 한 번 쉬는 동안 ③생존하다(生存) ④아이, 자식(子息) ⑤키우다 ⑥이자(利子) ⑦군 살	* 消息(소식) :①천지의 시운(時運)이 끊임없이 변화하고 순환하는 일 ②안부(安否)나 사정(事情)을 알림 * 子息(자식) :아들과 딸 * 棲息(서식) :동물(動物)이 깃들여 삶 * 瞬息間(순식간) :눈 한 번 깜짝하거나 숨 한 번 쉴 짧은 동안	
䐑	月(肉) <오금 추> ①오금(무릎의 구부러지는 오목한 안쪽 부분) ②팔다리 오금 ③무릎	* 曲䐑(곡추) :오금. 무릎의 구부러지는 오목한 안쪽 부분 * 後䐑(후추) :오금. 무릎의 구부리는 안 쪽	
苶	艹(艸·草) <나른할 날> ①나른하다 ②잊다 ③멈추는 모양	* 苶然(날연) :날연히. 피곤하여 기운(氣運)이 없음 * 沮苶(저날) :몹시 지쳐서 원기를 잃음. * 疲苶(피날) :몸이 고달프고 나른함	

寢	宀 <잠잘 침> ①잠을 자다, 잠 ②쉬다, 그치다 ③눕다 ④앓아눕다 ⑤방, 안방 ⑥사당(祠堂) ⑦능침(陵寢), 능묘(陵墓)	* 寢睡(침수) :수면(睡眠)을 높이어 이르는 말 * 寢食(침식) :잠자고 먹는 일 * 寢室(침실) :잠자는 방(房) * 寢食不安(침식불안) :寢不安食不安. 자도 걱정 먹어도 걱정이라는 뜻으로, 몹시 걱정이 많음을 이르는 말	<침상취면> 침상(寢牀)에서 잠을 자는데,
牀	爿 <평상 상> ①평상(平牀·平床) ②상(床) ③침상(寢牀) ④마루 ⑤우물 난간(欄干·欄杆) ⑥기물(器物)을 세는 단위(單位)	* 寢牀(침상) :침대(寢臺). 사람이 누워 잘 수 있게 만든 평상(平牀·平床). 침상은 상고(上古)시대 우리나라의 주택(住宅) 구조(構造)와 연관(聯關)이 있음 * 病牀(병상) :병자(病者)가 눕거나 또는 누워 있는 자리	
就	尢 <나아갈 취> ①나아가다 ②이루다 ③좇다, 따르다 ④(길을)떠나다 ⑤(한바퀴)돌다 ⑥곧, 이에 ⑦만일(萬一), 가령(假令)	* 就眠(취면) :잠을 자기 시작(始作)함. 잠이 듦. * 就寢(취침) :잠자리에 듦 * 就業(취업) :직업(職業)을 얻음 * 就學(취학) :교육(敎育)을 받기 위하여 학교(學校)에 들어감 * 去就(거취) :물러감과 나아감 * 成就(성취) :목적을 이룸	
眠	目 <잠잘 면> ①(잠을)자다 ②(누워서)쉬다, 휴식하다(休息) ③시들다 ④누이다, 가로 놓다 ⑤(빛깔이)진하다(津) ⑥중독되다(中毒)	* 睡眠(수면) :①잠을 잠 ②활동(活動)을 쉬는 일 * 冬眠(동면) :①겨울잠 ②일시적으로 활동이 멈춘 상태 * 休眠(휴면) :쉬고서 아무 것도 하지 아니하는 상태(狀態) * 永眠(영면) :영원(永遠)히 잠이 들음, 곧 죽음	

한자	훈음	용례	연상
蚤	虫 <벼룩 조> ①벼룩(벼룩목에 속하는 곤충을 통틀어 이르는 말) ②손톱 ③일찍(早)	* 蚤蝨(조슬) :벼룩과 이 * 狗蚤(구조) :개벼룩 * 鼠蚤(서조) :쥐벼룩 * 海蚤(해조) :바다좀 * 蚤歲(조세) :①연초(年初) ②젊은 시절(時節) 약년(弱年) * 蚤世(조세) :早世(조세). 젊은 나이에 죽음	<조슬욕설> 벼룩과 이가 요에서 물어뜯는다.
蝨	虫 <이 슬> ①이(이목의 곤충을 통틀어 이르는 말) ②관(官)이 끼치는 폐해(弊害) ③검은깨, 참깨 ④섞이다 ⑤잡거하다(雜居)	* 蝨附(슬부) :이처럼 달라 붙음 * 蝨甫(슬보) :머릿니 * 床蝨(상슬) :빈대 * 臭蝨(취슬) :빈대 * 瘡頭聚蝨(창두취슬) :헌 머리에 이 꾀듯 <形容>잇속이 있는 곳에 사람들이 잔뜩 모여 있는 모양	
褥	衤(衣) <요 욕> ①요(침구의 하나), 까는 침구(寢具) ②깃저고리	* 褥婦(욕부) :產褥婦(산욕부) * 產褥(산욕) :아이를 낳을 때에 산모가 까는 요 * 褥草(욕초) :가축(家畜)을 기르는 우리에 까는 마른풀. 깃 * 衾褥(금욕) :이부자리 * 病褥(병욕) :病席(병석)	
齧	齒 <물 설> ①물다, 깨물다 ②씹다 ③갉아먹다 ④침식하다(侵蝕 :세력이나 범위 따위가 점점 줄어들다)	* 鼠齧(서설) :鼠破(서파). 쥐가 쏠아서 결딴냄 * 啖齧(담설) :啗齧(담설). 씹어 먹음 * 齧齒類(설치류) :주로 초식성(草食性) 포유류(哺乳類)로 쥐·다람쥐 등이며, 곡물(穀物)을 해치고 병을 옮김	

한자	훈음	용례	연상
紡	糸 <길쌈 방> ①길쌈(실을 내어 옷감을 짜는 일) ②(자은)실 ③비단(緋緞) ④깁다(떨어지거나 해어진 곳을 꿰매다)	* 紡織(방직) :식물(植物)·동물(動物)·광물질(鑛物質)에서 실을 자아내고 그 실을 가지고 피륙을 짜는 것. * 紡績(방적) :동식물(動植物)의 섬유(纖維)를 가공(加工)하여 실을 만듦	<방직기계> 실을 자아내서 피륙을 짜는 기계(機械)에는
織	糸 <짤 직> ①짜다 ②만들다 ③베틀 ④직물(織物) ⑤무늬 있는 옷감(치) ⑥기치(旗幟)(치) ⑦휘장(揮帳)(치)	* 組織(조직) :①짜서 이룸. 얽어서 만듦 ②개개(個個)의 사물이 일정한 계통(系統)에 속해 있는 체계(體系) * 織錦回文(직금회문) :비단으로 회문(回文)을 짜 넣다. <比喩>구성이 절묘한 훌륭한 문학작품(文學作品)	
機	木 <틀 기> ①틀, 기계 ②베틀 ③기틀, 고동(기계 장치) ④기회(機會), 때, 시기(時期), 계기(契機)	* 機關(기관) :①물건을 활동시키는 장치(裝置)를 한 기계(機械) ②어떤 목적을 위해 설치(設置)한 시설(施設) * 機會(기회) :기대(期待)하던 그때, 적당(適當)한 시기(時期) * 契機(계기) :일이 일어나거나 결정(決定)되는 근거(根據)	
械	木 <기계 계> ①기계(器械), 기구(器具), 연장, 도구 ②틀, 기계(器械) 장치(裝置) ③형틀 ④병장기(兵仗器), 무기(武器)	* 機械(기계) :도구(道具)를 짜 맞추어 이에 동력(動力)을 응용(應用)해서 일정(一定)한 운동(運動)을 전(傳)하여 작업(作業)을 행(行)하게 하는 물건(物件) * 機械之心(기계지심) :책략(策略)을 꾸미는 마음	

한자	훈음	용례	연상
絮	糸 <솜 서> ①솜, 헌솜 ②솜옷 ③두건 ④버들개지(버드나무의 꽃) ⑤장황하다(張皇), 지루하게 얘기하다 ⑥실이 헝클어지다(나)	* 絮綿(서면) :①(이불·옷 등에) 넣는 솜 ②솜을 두다 * 絮雪(서설) :솜이나 눈송이처럼 하얗게 날리어 흩어진다는 뜻으로, '버들개지'를 이르는 말 * 彈絮(탄서) :솜을 탐 * 柳絮之才(유서지재) :여자의 글재주	<서면섬유> 목화(木花)로 만든 실이 걸려 있고,
綿	糸 <솜 면 / 이어질 면> ①솜 ②솜옷 ③이어지다, 끊어지지 않다, 잇닿다(서로 이어져 맞닿다), 연속하다(連續) ④얽히다, 감기다	* 綿綿(면면) :끊임 없음 * 海綿(해면) :갯솜. 잔구멍이 많음 * 綿密(면밀) :자세(仔細)하고도 빈틈이 없음 * 周到綿密(주도면밀) :주의(注意)가 두루 미쳐 자세(仔細)하고 빈틈이 없음	
纖	糸 <가늘 섬> ①가늘다 ②잘다 ③가냘프다 ④부드럽다, 곱다 ⑤자세하다(仔細) ⑥가는 줄 ⑦가는 베 ⑧고운 비단(緋緞)	* 纖維(섬유) :길고 가늘며 연(軟)하게 굽힐 수 있는 선상(線狀)의 물질(物質). 직물(織物)이나 제지(製紙)의 원료(原料)로 쓰임 * 纖細(섬세) :①가냘프고 가늚 ②매우 찬찬하고 세밀(細密)함	
維	糸 <벼리 유 / 유지할 유> ①벼리(그물코를 꿴 굵은 줄, 뼈대가 되는 줄거리) ②바(밧줄) ③생각하다 ④유지하다 ⑤오직 ④발어사(發語辭)	* 維持(유지) :지탱(支撐)하여 감, 또는 버티어 감 * 維新(유신) :묵은 제도(制度)를 아주 새롭게 고침 * 維歲次(유세차) :제문(祭文)에서 '이 해의 차례(次例)는'의 뜻 * 進退維谷(진퇴유곡) :앞으로도 뒤로도 골짜기. 궁지(窮地)	

한자	훈음	용례	연상
絹	糸 <비단 견> ①비단(緋緞) ②명주(明紬 :명주실로 무늬 없이 짠 피륙) ③견직물(絹織物)	* 絹絲(견사) :①누에고치와 실 ②누에고치에서 뽑은 명주(明紬)실 * 絹綿(견면) :비단과 무명을 아울러 이르는 말 * 絹織物(견직물) :명주실(明紬-)로 짠 피륙. 비단	<견사소저> 명주실은 실을 푸는 북으로 이어진다.
絲	糸 <실 사> ①실, 가는 실 ②생사(生絲 :삶아서 익히지 아니한 명주실) ③견사(絹絲), 명주실(明紬) ④가늘다 ⑤적다, 조금 ⑥작다	* 螺絲(나사) :원기둥에 나선상으로 가늘게 홈을 판 나사못 * 原絲(원사) :직물(織物)의 원료(原料)가 되는 실 * 一絲不亂(일사불란) :한 오라기의 실도 흐트러지지 않음. <比喩>질서(秩序)나 체계(體系)가 잘 잡혀 있음	
紹	糸 <이을 소> ①잇다 ②돕다 ③소개하다(紹介), 알선하다(斡旋) ④노끈(실, 삼, 종이 따위를 가늘게 비비거나 꼬아서 만든 끈)	* 紹介(소개) :두 사람 사이에 들어서 관계(關係)를 맺어 줌 * 紹復(소복) :선조(先朝)나 선배(先輩)의 사업(事業)을 이어 다시 흥성(興盛)하게 함 * 纘紹(찬소) :纘承(찬승). 계승(繼承)	
杼	木 <북 저> ①북(베틀에서 날실의 틈으로 왔다 갔다 하면서 씨실을 푸는 기구) ②상수리나무(참나무과의 낙엽교목)(서)	* 杼梭(저사) :①베를 짜는 북과 바디 ②베를 짜는 일 * 機杼(기저) :①베틀의 북 ②문사(文辭)의 결구(結構) * 投杼疑(투저의) :(曾子의 母가)베틀의 북을 내던지며 든 의심. <比喩>참언(讒言)도 여러 번 들으면 곧이듣게 됨	

字	訓·音	用例	풀이
枺	木 <기둥 말> ①기둥(橛枺) ②지주(支柱 :쓰러지지 아니하도록 버티어 괴는 기둥)		<말환봉잔> 기둥으로 울짱(木柵)을 처서 가축(家畜)을 기르는 우리를 만들었는데,
攌	扌(手) <울짱 환> ①울짱 ②목책(木柵) ③체포하여 감옥(監獄)에 가두다	※ 울짱 :말뚝 따위를 죽 잇달아 박아서 만든 울타리. 목책(木柵) * 攌如(환여) :붙잡혀 매어있는 모양(拘繫貌)	
棚	木 <사다리 붕> ①사다리 ②시렁(긴 나무를 가로질러 선반처럼 만든 것) ③선반 ④누각(樓閣) ⑤우두막집	* 棚棧(붕잔) :가축을 기르는 우리 * 氷棚(빙붕) :거대한 얼음 덩어리 * 打棚(타붕) :임시로 지은 초막 * 弔棚(조붕) :횃대. 옷을 걸 수 있게 막대로 가로지른 시렁 * 大陸棚(대륙붕) :해안의 완만한 경사(傾斜)로 이어지는 바다 밑	
棧	木 <사다리 잔> ①사다리 ②잔교(棧橋 :절벽과 절벽 사이에 높이 걸쳐 놓은 다리) ③창고(倉庫) ④우리 ⑤여관(旅館) ⑥주막	* 棧橋(잔교) :절벽과 절벽 사이에 높이 걸쳐 놓은 구름다리 * 棧道(잔도) :험한 벼랑에 선반을 매달아 놓은 듯이 만든 길 * 棧房(잔방) :판자로 길거리에 지어 놓고 음식을 파는 가게 * 客棧(객잔) :중국(中國)의 여관(旅館) 또는 하숙집(下宿)	

字	訓·音	用例	풀이
騶	馬 <마부 추> ①마부(馬夫 :말을 부려 마차나 수레를 모는 사람) ②말을 먹이는 사람 ③기수(騎手) ④승마(乘馬) ⑤원유(苑囿)	* 騶吏(추리) :말구종과 역리(驛吏). * 騶卒(추솔) :상전을 따라다니는 하인. 騶直. * 騶從(추종) :상전(上典)을 따라다니는 하속(下屬). 추복(騶僕)	<추목순준> 말을 먹이는 사람이 목장(牧場)에서 준마(駿馬)를 길들이려 하니,
牧	牛 <칠 목 / 가축을 기를 목> ①치다, (가축을)기르다 ②목장(牧場) ③마소 치는 사람, 목자(牧者) ④다스리다, 통치하다(統治)	* 牧童(목동) :牧豎(목수). 가축에 풀을 뜯기며 돌보는 아이 * 牧者(목자) :①양을 치는 사람 ②성직자(聖職者). 목사(牧師) * 牧子(목자) :나라의 목장(牧場)에서 마소를 먹이던 사람 * 牧場(목장) :가축을 놓아먹이는 넓은 구역(區域)의 땅	
馴	馬 <길들일 순> ①길들이다 ②익숙하다 ③따르다 ④순하다(順) ⑤좇다 ⑥옳다 ⑦가르치다(훈)	* 馴鹿(순록) :사슴과의 짐승. 썰매를 끌기도 함 * 馴行(순행) :선하고 착한 행실(行實) * 馴致(순치) :①(짐승을)길들이는 것 ②점차 어떠한 목표(目標)의 상태(狀態)에 이르게 하는 것	
駿	馬 <준마 준> ①준마(駿馬 :빠르게 잘 달리는 말) ②준걸(俊傑 :재주와 슬기가 매우 뛰어남. 또는 그런 사람) ③빼어나다, 뛰어나다	* 駿馬(준마) :걸음이 썩 빠른 말 한마(汗馬) * 駿骨(준골) :준마의 뼈. <比喩>현재(賢才) * 駿馬每馱痴漢走(준마매태치한주) :준마는 항상 어리석은 자를 태우고 다닌다. <比喩>세상사의 불공평함	

字	訓·音	用例	풀이
駭	馬 <놀랄 해> ①놀라다 ②소란스럽다(騷亂), 혼란스럽다(混亂), 어지러워지다 ③흩어지다 ④일어서다 ⑤경계하다(警戒)	* 駭怪(해괴) :①매우 괴이(怪異)함 ②야릇하고 괴상(怪常)함 * 震駭(진해) :진해(振駭). 몸을 벌벌 떨며 놀람 * 驚駭(경해) :뜻밖의 일로 몹시 놀라서 괴이(怪異)하게 여김 * 駭怪罔測(해괴망측) :헤아릴 수 없을 만큼 몹시 괴이(怪異)함	<해시탱요> 말이 놀라서 울면서 버티다가 굴복(屈服)하고 따른다.
嘶	口 <울 시 / 말울 시> ①울다 ②말이 울다 ③흐느끼다 ④(짐승이나 새 등의 울음이)애처롭다	* 馬嘶(마시) :말이 울다. 말 울음소리 * 聲嘶症(성시증) :목소리가 쉬는 증세(症勢) * 人喊马嘶(인함마시) :사람이 고함치고 말이 울다. <比喩>세상이 소란(騷亂)스러움	
撐	牙 <버팅 탱> ①버티다 ②버팀목(물건이 쓰러지지 않게 받치어 세우는 나무)	* 撐拒(탱거/당거) :떠받침 * 撐距(탱거/당거) :거스름. 저항(抵抗) * 撐子(탱자) :①(책상·의자 따위의 다리 사이의)가로대. 가름대 ②경사 버팀대(支柱). 빗 버팀대(斜柱)	
橈	木 <굽을 요(뇨)> ①굽다, 굽히다, 구부리다 ②(세력을)약화시키다(弱化) ③억울(抑鬱)하게 만들다 ④굴복(屈服)하여 따르다 ⑤노, 노를 젓다	* 橈狀(요상) :배를 젓는 노와 같은 모양 * 橈橈(요요) :구부러지고 휘는 모양 * 橈敗(요패) :부서지고 패(敗)함 * 橈凶(요흉) :약해짐	

字	訓·音	用例	풀이
僮	亻(人) <아이 동> ①아이 ②하인(下人) ③두려워하며 삼가는 모양 ④어리석다 ⑤완고하다(頑固)	* 僮子(동자) :童子(동자) * 僮指(동지) :노비(奴婢) * 僮昏(동혼) :마음이 어리석고 사리(事理)에 어두움 * 家僮(가동) :①한 집안의 노복(奴僕)이나 비첩(婢妾) 따위 ②집안 심부름을 맡아 하는 아이	<동겸예추> 하인(下人) 아이는 낫으로 꼴을 베어다가
鎌	金 <낫 겸> ①낫(풀 따위를 베는 기구) ②네모진 화살촉(鏃) ③모서리(물체의 모가 진 가장자리)	* 鉤鎌(구겸) :적선을 끌어당길 때 쓰는 무구(武具)의 한 가지 * 掛鎌(괘겸) :낫을 걸어 놓음 * 全不掛鎌(전불괘겸) :낫을 대어 벨 곡식이 전혀 없다는 뜻으로, 혹독(酷毒)한 재해(災害)를 이름	
刈	刂(刀) <벨 예> ①(풀이나 곡식 따위를)베다 ②낫 ③자르다, 베어 죽이다 ④없애다, 제거하다(除去)	* 刈屯(예둔) :군마(軍馬)에게 먹일 꼴을 기르는 둔전(屯田) * 刈除(예제) :①풀 등을 베어 없앰 ②악인(惡人)을 없애 버림 * 刈穫(예확) :농작물(農作物)을 베어 거두어들임 * 剷刈(산예) :풀이나 나무 같은 것을 벰	
芻	++(艸·草) <꼴 추> ①꼴(말이나 소에게 먹이는 풀) ②꼴을 베는 사람 ③풀 먹는 짐승 ④기르다	* 芻議(추의) :천한 사람의 말. 초야(草野)의 언론. 자기 의견 * 反芻(반추) :①되새김질 ②어떤 일을 되새겨 생각함 * 芻蕘之說(추요지설) :①꼴꾼과 나무꾼의 말 ②고루(固陋)하고 식견(識見)이 없는 촌스러운 말	

鈇	金 <도끼 부 / 작두 부> ①도끼 ②작도(斫刀: 작두의 원말)	* 鈇鑕(부질) :작두. 마소의 먹이를 써는 연장 * 膏鈇(고부) :도끼에 기름을 묻힌다는 뜻으로, 죄인(罪人)을 사형(死刑)에 처(處)함을 이르는 말 * 鉞鈇(월부) :의장용(儀仗用) 도끼	<부질착좌> 작두로 여물을 썰고 있는데,
鑕	金 <도끼 질 / 모루 질> ①도끼 ②모루(쇠로 만든 모탕)	* 碪鑕(침질) :砧鑕(침질). 죄인의 목을 자르는 데 쓰는 모탕	
斮	斤 <벨 착> ①베다 ②자르다 ③치다 ④깎다 ⑤발라내다	* 斮足(착족) :斮脛(착경). 다리(정강이)를 자름 * 斮趾(착지) :발목을 자름 * 斮之(착지) :베다, 자르다	
莝	艹(艸·草) <여물 좌> ①여물(마소를 먹이기 위하여 말려서 썬 짚이나 마른풀) ②꼴을 베다 ③가볍고 작은 것의 비유	* 莝豆(좌두) :마소의 먹이로 쓰는 짚과 콩. 마초(馬草)를 자른 것과 콩을 섞은 말죽 * 莝草(좌초) :작두로 잘게 썬 풀. 여물	

廏	广 <마구간 구> ※ 廐는 俗字 ①마구간(馬廏間) ②마소가 모이는 곳 ③모이다. ④말에 관한 일을 관장하던 벼슬	* 廏肥(구비) :쇠두엄. 외양간에서 쳐낸 두엄 * 馬廏(마구) :마구간(馬廏間). 말을 기르는 집	<구기반모> 마구간에는 고삐에 얽매인 소가 우는 소리가 들려서 보니,
羈	罒(网) <말굴레 기> ※ 羇는 俗字 ①말굴레 ②구속(拘束)받다 ③절제하다(節制) ④북상투(髻)	* 羈絆(기반) :①굴레 ②자유(自由)를 얽매는 일 * 羈束(기속) :얽어 매어 묶음, 자유(自由)를 박탈(剝奪)함 * 豪宕不羈(호탕불기) :기개(氣槪)가 굳고 호걸(豪傑)스러워 사소(些少)한 일에 얽매이지 않음 * 倜儻不羈	
絆	糸 <얽어맬 반> ①얽어매다 ②묶다, 묶어 놓다 ③줄, 올가미 ④견제하다(牽制)	* 絆襖(반오) :각반과 웃옷. * 絆緣(반연) :얽혀서 맺어지는 인연(因緣) * 脚絆(각반) :아랫도리를 가뜬하게 하려고 발목에서부터 무릎 아래까지 감거나 싸매는 띠	
牟	牛 <소 우는 소리 모> ①소가 우는 소리, 소가 울다 ②보리 ③투구 ④제기(祭器) ⑤질냄비 ⑥눈동자 ⑦범하다(犯) ⑧탐내다(貪)	* 牟劍(모검) :왜검(倭劍)을 달리 이르는 말 * 牟利(모리) :謀利(모리). 부정한 이익을 꾀함. 이끗(잇속) 노리기. 잇속 꾼. 잇속장이 * 牟利輩(모리배) * 牟取(모취) :명성(名聲)이나 이익(利益)을 도모(圖謀)하다	

牝	牛 <암컷 빈> ①암컷 ②골짜기, 계곡(溪谷)	* 牝牡(빈모) :길짐승의 암컷과 수컷 * 牝牛(빈우) :암소 * 牝馬(빈마) :피마(馬). 다 자란 암말 * 牝瓦(빈와) :암키와 * 牝鷄司晨(빈계사신) :암탉이 새벽에 우는 일을 맡았음. <比喩>아내가 남편의 할 일을 마음대로 처리함	<빈모지독> 암수 어미 소가 송아지를 혀로 핥고 있고,
牡	牛 <수컷 모> ①수컷 ②양(陽), 양성(陽性) ③자지(남성의 생식기), 남근(男根) ④열쇠(여는 쇠) ⑤언덕	* 牡丹(모란) :작약과(芍藥科)의 활엽(闊葉) 관목(灌木) * 牡蠣(모려) :굴조개 * 鎖牡(쇄모) :자물쇠 다리 * 牡牛(모우) :소의 수컷. 수소 * 牡馬(모마) :말의 수컷. 숫말 * 牡痔(모치) :수치질. 항문(肛門) 밖으로 나온 치질(痔疾)	
舐	舌 <핥을 지> ①핥다 ②빨다	* 舐犢(지독) :어미 소가 송아지를 사랑하여 혀로 핥는 일 * 舐犢之悲(지독지비) :사랑스러운 자식을 잃은 부모의 슬픔 * 舐痔得車(지치득거) :남의 치질(痔疾)을 핥아주고 수레를 얻음. <比喩>비열한 수단으로 권력이나 부귀를 얻음	
犢	牛 <송아지 독> ①송아지	* 犢鼻褌(독비곤) :쇠코잠방이. 여름에 농부(農夫)가 일할 때에 입는 잠방이 * 舐犢之情(지독지정) :어미 소가 송아지를 핥아 주며 귀여워함. <比喩>어버이가 자녀를 사랑하는 지극한 정(情)	

豚	豕 <돼지 돈> ①돼지 ②새끼돼지 ③자기(自己) 아들의 겸칭(謙稱)	* 豚柵(돈책) :돼지우리 * 養豚(양돈) :돼지를 기름 * 豚兒(돈아) :家豚(가돈). 迷豚(미돈). 어리석고 철이 없는 아이. 남에게 대하여 자기(自己) 아들의 낮춤말 * 豚犬(돈견) :개돼지. 미련하고 못난 사람의 비유(比喩·譬喩)	<돈책주예> 돼지우리는 주변이 더럽고 지저분하다.
柵	木 <울타리 책> ①울타리 ②목책(木柵) ③성채(城砦 : 성과 요새) ④작은 성(城) ⑤잔교(棧橋 :절벽과 절벽 사이에 걸쳐 놓은 다리)	* 柵壘(책루) :책(柵)은 목책(木柵), 루(壘)는 흙벽. 적의 침입(侵入)을 막기 위해 세운 목책(木柵), 또는 흙벽 * 木柵(목책) :울짱. 말뚝을 죽 잇따라 박아 만든 울타리 * 鐵柵(철책) :쇠살로 만든 우리나 울타리	
周	口 <두루 주> ①두루 ②골고루 ③널리 ④둘레 ⑤모퉁이, 구부러진 곳 ⑥돌다, 두르다 ⑦두루 미치다 ⑧둥글게 에워싸다	* 周邊(주변) :①주위(周圍)의 가장자리 ②언저리 * 周旋(주선) :일이 잘 되도록 힘을 써서 변통(變通)해 줌 * 周圍(주위) :①어떤 곳의 바깥 ②둘레 ③환경(環境) * 周知(주지) :여러 사람이 어떤 사실(事實)을 널리 아는 것	
穢	禾 <더러울 예> ①더럽다, 더러워지다, 더럽히다 ②거칠다 ③잡초(雜草)	* 穢語(예어) :욕지거리 * 穢政(예정) :惡政(악정) :나쁜 정치 * 穢土(예토) :더러운 국토(國土), 이승을 달리 이르는 말 * 榛穢(진예) :잡초(雜草)가 우거졌다는 뜻으로, 나쁜 풍습(風習)이나 나쁜 정치(政治)를 이름	

字	뜻	용례	암기
嬶	女 <여편네 비> ①여편네(妻賤稱) :남편이 아내를 無間하게 일컫는 말 ②아내, 마누라	* 御嬶(어비) :<日語>자기 또는 남의 아내를 친밀히 부르는 말 * 嬶天下(비천하) :<日語>내주장(內主張), 엄처시하(嚴妻侍下) * 御嬶樣(어비양) :<日語>어머니나 남의 아내를 공손히 부르는 말	<비알대앙> 여편네는 물을 길어서 물동이를 이고 가서
濣	氵(水) <물길을 알> ①물을 긷다(取水也)		
戴	戈 <(머리에)일 대> ①이다, 머리 위에 올려 놓다 ②들다, 받들다 ③만나다, 마주 대하다(對)	* 翊戴(익대) :정성(精誠)스럽게 받들어 추대(推戴)함 * 推戴(추대) :어떤 사람을 높은 직위로 오르게 하여 받듦 * 男負女戴(남부여대) :남자는 지고, 여자는 머리에 인다. <比喩>살 곳을 찾아 이리저리 떠돌아다님	
盎	皿 <동이 앙> ①동이(질그릇의 하나) ②흰 빛깔의 술 ③넘치다, 넘쳐흐르다	* 盎缶(앙부) :동이. * 盎酒(앙주) :盎齊(앙제). 제사(祭祀)에 쓰던 푸른 빛깔의 술 * 睟盎(수앙) :睟面盎背의 준말. 윤택한 얼굴과 탐스러운 등. <比喩>덕성이 있는 사람의 생김새	

字	뜻	용례	암기
煨	火 <불씨 외 / 묻은 불 외> ①묻은 불, 불씨 ②재 ③(재에 묻어서)굽다 ④익히다 ⑤불타다	* 煨塵(외진) :아직 불기가 남은 더운 재 * 煨灸(외구) :불에 구움 * 煨栗(외율) :구운밤 * 炒煨(초외) :炒兒(초아). 招兒(초아). 음식을 볶거나 지지는 데 쓰는 국자처럼 생긴 기구(器具). 냄비	<외염임갱> 불씨로 불을 댕겨서 국을 끓이는데,
焰	火 <불꽃 염 / 불댕길 염> ※ 燄과 同 ①불꽃 ②불빛, 빛 ③불이 붙기 시작하는 모양 ④불이 댕기다	* 氣焰(기염) :①대단한 기세(氣勢) ②굉장한 호기(豪氣) * 勢焰(세염) :기세(氣勢) * 火焰(화염) :불꽃. 타는 불에서 일어나는 붉은 기운(氣運) * 氣焰萬丈(기염만장) :기세(氣勢)가 대단히 높음	
飪	食 <익힐 임> ①익히다 ②삶다 ③너무 익다, 잘 고아지다 ④곰국(국거리를 넣고 진하게 푹 고아서 끓인 국) ⑤떡국 ⑥잘 끓인 음식(飮食)	* 烹飪(팽임) :음식(飮食)을 삶고 지져서 만듦 * 過火炊飯(과화취반) :過火之談我食可飪. 지나는 불에 밥 익히기. 힘 들이지 않고 남의 덕에 이익을 봄	
羹	羊 <국 갱> ①국, 끓인 국(채소 따위에 물을 많이 붓고 간을 맞추어 끓인 음식) ②삶다 ③끓이다	* 羹湯(갱탕) :국 * 羹汁(갱즙) :국의 국물 * 羹獻(갱헌) :종묘(宗廟)나 그 밖의 제사(祭祀)에 쓰기 위(爲)하여 삶은 개고기 * 疏食菜羹(소사채갱) :거친 음식(飮食)과 나물국. 清貧生活	

字	뜻	용례	암기
熹	灬(火) <성할 희 / 밥지을 희> ※ 嬉와 同 ①성하다(盛) ②(불이)세차게 타다 ③(밥을)짓다 ④빛나다, 밝게 비추다 ⑤(날이)밝다, 동이 트다 ⑥(빛이)희미하다(稀微)	* 熹微(희미) :햇빛이 희미함 * 星熹(성희) :별빛이 밝다 * 東方已熹(동방이희) :동녘이 이미 밝았다	<희훈초굴> 성하게 김이 올라서 굴뚝을 그을리지만, (보기엔 음식을 꽤나 많이 조리하는 듯이 보이지만)
焄	灬(火) <김쐴 훈 / 연기에 그을릴 훈> ①김을 쐬다, 김이 오르다 ②그을리다 ③위협하다(威脅), 핍박하다(逼迫) ④냄새, 향기(香氣)	* 焄蒿悽愴(훈호처창) :향기(香氣)가 서려 올라 사람의 기분(氣分)을 오싹하게 한다는 뜻으로, 귀신(鬼神)의 분위기(雰圍氣)가 서림을 형용(形容)하는 말	
燋	火 <그을릴 초> ①그을리다 ②횃불 ③까칠하다, 파리하다(핏기가 전혀 없다) ④불 안 켠 초(착) ⑤귀갑(龜甲)을 불사르다(착)	* 燋槁(초고) :燋枯(초고). 햇볕에 타서 마름 * 燋卷(초권) :곡물(穀物)의 잎이 햇빛에 말라서 말림 * 燋傷(초상) :불에 그슬려서 상함. 또는 그 상처 * 燋心(초심) :焦心(초심). 애를 태움, 마음을 괴롭힘	
堀	土 <굴뚝 굴 / 굴 굴> ①굴뚝(突也) ②굴(孔窟) ③(땅을)파다(掘) ③바람이 불어 먼지가 이는 모양, (먼지가)일어나다	* 堀室(굴실) :窟室(굴실). 지하실(地下室) * 堀穴(窟穴) :동굴(洞窟) 따위 * 削株堀根(삭주굴근) :줄기를 자르고 뿌리를 파냄. <比喩>미리 화근(禍根)을 뽑아 버림	

字	뜻	용례	암기
爸	父 <아버지 파> ①아버지, 아비, 아빠 ②늙은이의 존칭(尊稱)	* 爸爸(파파) :①아버지를 부르는 말 ②노인(老人)에 대한 존칭(尊稱) * 親爸爸(친파파) :<中語>친아버지	<파마조강> 아비와 어미는 지게미와 쌀겨를 먹으며 가난하고 궁핍한 생활을 이어간다.
媽	女 <어머니 마> ①어머니 ②할머니 ③여자(女子) 종 ④암말	* 媽媽(마마) :①임금 또는 그 가족들의 칭호(稱號)에 붙여 존대(尊待)의 뜻을 나타내던 말 ②천연두(天然痘) * 媽任(마님) :<借音>마님 * 媽老阿(마로아) :<借音>마누라	
糟	米 <지게미 조> ①지게미(술을 짜낸 찌꺼기) ②재강(술을 거르고 남은 찌끼) ③찌꺼기 ④막걸리(우리나라 고유한 술의 하나)	* 糟糠(조강) :①지게미와 쌀겨 ②가난한 사람이 먹는 변변하지 못한 음식 ③조강지처(糟糠之妻) :고생을 같이한 아내 * 糟粕(조박) :①재강. 술을 거른 찌끼 ②새로울 게 없는 학문	
糠	米 <겨 강> ①겨(곡식의 껍데기) ②쌀겨 ③매우 작은 것	* 糠粃(강비) :겨와 쭉정이. <比喩>거친 식사(食事) * 糠粥(강죽) :겨죽 * 滓糠(재강) :술을 떠내고 남은 찌꺼기 * 欲加食乃糠粥 :밥 더 먹으려고 하다가 겨죽 먹는다. <俗談>분수에 맞지 않게 헤프게 쓰려다가는 살림이 결단남	

洼	氵(水) <웅덩이 와> ①웅덩이 ②웅덩이 깊다 ③굽다(외) ④이름(왜)	* 洼水(와수) :고인 물 * 洼田(와전) :움푹한 곳에 있는 논 * 洼然(와연) :구멍처럼 파여서 깊은 모양 * 洼子(와자) :웅덩이 * 水洼子(수와자) :물 웅덩이 * 洼處(와처) :움푹 팬 곳 * 洼陷(와함) :움푹 꺼져 들어가다	<와학오염> 웅덩이에는 물이 마르고 더럽게 물들어서
涸	氵(水) <마를 학> ①마르다 ②말리다	* 乾涸(건학) :내나 못의 물이 졸아 마름 * 燥涸(조학) :땅이나 연못의 물이 마르거나 잦아지거나 함 * 涸轍鮒魚(학철부어) :수레바퀴 자국의 고인 물에 있는 붕어. <比喩>몹시 곤궁하거나 위급한 처지(處地)	
汚	氵(水) <더러울 오> ①더럽다, 추하다(醜) ②더럽히다, 더러워지다 ③나쁘다 ④욕되다(辱), 욕보이다(辱) ⑤때, 더러운 물건(物件)	* 汚染(오염) :①더럽게 물듦 ②어떤 물질(物質)이 다른 물질에 들어가 그 본래의 상태를 상실(喪失)함 * 汚吏(오리) :①부정(不正)을 행(行)하는 관리(官吏) ②청렴(淸廉)하지 못한 관리(官吏)	
染	木 <물들 염> ①물들다, 염색하다(染色) ②적시다, 담그다 ③옮다, 전염되다(傳染) ④(감화를)받다 ⑤더럽히다 ⑥연루되다(連累)	* 感染(감염) :①병원체(病原體)가 몸 안에 들어오는 일 ②다른 풍습(風習)이 옮아서 물이 듦 * 傳染(전염) :①병(病)이 남에게 옮음 ②옮아 물듦 * 舊染汚俗(구염오속) :오래 전부터 배어 든 나쁜 풍속(風俗)	

蛆	虫 <구더기 저> ①구더기(파리의 애벌레)	* 蠶蛆(잠저) :누엣구더기. 잠아기생파리의 애벌레 * 蠁蛆(향저) :누엣구더기. 누에기생파리의 애벌레 * 蝍蛆(즉저) :지네	<저용태승> 구더기가 번데기가 되어 허물을 벗고 파리가 되며,
蛹	虫 <번데기 용> ①번데기 ②초파리	* 蛹期(용기) :벌레가 탈바꿈을 하는 과정(科程)의 한동안. 곧 번데기로 있는 동안 * 殺蛹法(살용법) :(누에의)번데기를 죽이는 방법(方法) * 化蛹身(화용신) :꽃다운 얼굴을 가진 몸	
蛻	虫 <허물 태(세)> ①허물 ②허물을 벗다 ③벗어버리다 ④신선(神仙)이 되는 일	* 蟬蛻(선세) :蟬退(선퇴). 매미가 탈바꿈할 때에 벗은 허물 * 蛇蛻(사태) :蛇退(사퇴). 뱀의 허물 * 蛻棄(세기) :허물을 벗어 버림	
蠅	虫 <파리 승> ①파리(곤충의 하나) ②깡충거미 ③돌아다니는 모양	* 蠅頭之利(승두지리) :升斗之利(승두지리). 작은 이익(利益) * 怒蠅拔劍(노승발검) :파리를 보고 화를 내어 칼을 빼듦. <比喩>①사소(些少)한 일에 화를 잘냄 ②작은 일에 지나치게 큰 대책(對策)을 세움	

蟲	虫 <벌레 충> ①벌레, 벌레의 총칭(總稱) ②구더기(파리의 애벌레) ③좀먹다, 벌레 먹다	* 昆蟲(곤충) :벌레를 통틀어 이르는 말 * 寄生蟲(기생충) :다른 동물(動物) 체내(體內)의 양분(養分)을 흡수(吸收)하여 사는 벌레 * 物腐蟲生(물부충생) :생물이 썩으면 벌레가 생김	<충각촉수> 벌레는 촉수(觸鬚)로 감각(感覺)을 느끼는데,
覺	見 <깨달을 각> ①깨닫다, 깨우치다, 터득하다(攄得) ②드러내다, 나타나다, 밝히다 ③깨달음, 선각자(先覺者)	* 覺悟(각오) :미리 깨달아 마음을 작정(作定)함. 결심(決心)함 * 覺醒(각성) :깨달아 정신을 바로 차림 * 感覺(감각) :감촉(感觸)되어 깨달음 * 大悟覺醒(대오각성) :크게 깨달아서 번뇌, 의혹이 다 없어짐	
觸	角 <닿을 촉> ①닿다 ②느끼다 ③찌르다 ④받다 ⑤범하다(犯) ⑥더럽히다	* 觸鬚(촉수) :곤충 따위의 입 주위(周圍)에 있는 수염(鬚髥) 모양으로 생긴 감각기관(感覺器官) * 觸覺(촉각) :피부(皮膚)의 겉에 다른 물건(物件)이 닿을 때 느끼는 감각(感覺)	
鬚	髟 <수염 수> ①수염 ②식물(植物)의 수염, 까끄라기(낟알 껍질에 붙은 깔끄러운 수염) ③술(장식으로 다는 여러 가닥의 실)	* 鬚髥(수염) :동물(動物)의 입 주위(周圍)에 다소(多少) 굵고 길게 나는 몇 가닥의 털 * 龍鬚鐵(용수철) :나선형(螺旋形)으로 된, 탄력(彈力)이 강(强)한 쇠줄. 스프링	

蚊	虫 <모기 문> ①모기	* 蚊蚋(문예) :모기 * 蚊虻(문맹) :모기와 등에 * 見蚊拔劍(견문발검) :모기를 보고 칼을 뺀다는 뜻으로, ①작은 일에 지나치게 큰 대책을 세움 ②조그만 일에도 화를 내는 소견(所見)이 좁은 사람	<문예맹석> 모기와 등에 따위가 사람을 물어서
蚋	虫 <파리매 예> ①파리매(파리맷과의 곤충) ②모기 ③독충(毒蟲)	* 蠓蚋(몽예) :하루살이. 하루살이목을 통틀어 이르는 말	
虻	虫 <등에 맹> ①등에(등엣과에 속하는 곤충의 총칭) ②패모(貝母 :백합과에 속하는 풀) ③새의 이름(比翼鳥) ④다리 한 짝	※ 虻(등에) :파리 목(目) 등에 과(科)에 속(屬)함. 언뜻 보면 벌처럼 보인다. 또 벌처럼 보이는 방법으로 적의 공격(攻擊)을 막기도 한다 * 蚊虻(문맹) :모기와 등에	
螫	虫 <쏠 석> ①(벌레가)쏘다 ②독(毒) ③해독(害毒) ④성내다, 노하다(怒)	* 螫魚(석어) :자가사리 * 螫鍾(석종) :독이 모이어 뭉침 * 螫蟲(석충) :쏘는 벌레 * 螫刺魚(석자어) :룽가리. 바닷물고기의 한 가지	

字	훈음	용례	풀이
癘	疒 <창병 려 / 염병 려> ①창병(瘡病 :피부에 나는 질병을 통틀어 이르는 말) ②염병(染病 :장티푸스를 속되게 이르는 말) ③죽이다	* 癘疫(여역) :역려(疫癘). 癘疾(여질). 돌림으로 앓는 열병(熱病)을 통틀어 이르는 말. 돌림병. 유행병(流行病). 전염병(傳染病) * 癘氣(여기) :못된 열병이나 돌림병을 생기게 하는 기운(氣運)	<여역폐쇄> 전염성(傳染性) 역병(疫病)이 돌게 되면 외부(外部)와의 교류(交流)를 차단(遮斷)하는데,
疫	疒 <전염병 역> ①전염병(傳染病), 돌림병 ②역귀(疫鬼 :역병을 일으킨다는 귀신)	* 疫病(역병) :①공기 전염으로 생기는 농작물(農作物)의 유행병(流行病) ②악성(惡性)의 유행병(流行病) * 疫疾(역질) :疫患(역환). 급성(急性) 전염병(傳染病)의 한 가지. 천연두(天然痘). 앓고 나면 곰보가 됨	
閉	門 <닫을 폐> ①닫다 ②막다, 막히다 ③가리다, 감추다 ④마치다 ⑤자물쇠 ⑥도지개(트집난 활을 바로잡는 틀) ⑦입추(立秋), 입동(立冬)	* 閉鎖(폐쇄) :①문을 닫고 자물쇠를 채움 ②외부(外部)와의 교류(交流)를 끊음 * 閉門(폐문) :①문을 닫음 ②은거(隱居)함 * 密閉(밀폐) :샐 틈이 없이 꼭 막거나 닫음	
鎖	金 <쇠사슬 쇄 / 자물쇠 쇄> ①쇠사슬 ②자물쇠, 잠그다 ③항쇄(項鎖 :죄인에게 씌우던 형틀), 수갑(手匣) ④가두다 ⑤(얼굴을)찡그리다	* 封鎖(봉쇄) :①봉하고 잠금 ②외부와의 연락(連絡)을 끊음 * 閉鎖(폐쇄) :문을 닫고 자물쇠를 채움 * 連鎖(연쇄) :①두 쪽을 맞걸어서 매는 사슬 ②서로 잇대어 관련(關聯)을 맺음 * 連鎖反應(연쇄반응)	

字	훈음	용례	풀이
痘	疒 <역질 두> ①역질(疫疾) ②마마(媽媽 :천연두) ③천연두(天然痘)	* 痘疹(두진) :두창(痘瘡)과 마진(痲疹)을 통틀어 일컫는 발진성(發疹性) 병증(病症)임 * 痘瘡(두창) :痘病(두병). 천연두(天然痘). 천행두(天行痘). 마마	<두진가반> 천연두(天然痘)나 홍역(紅疫)은 헌데 딱지가 앉아 부스럼 자국이 남게 된다.
疹	疒 <마마 진> ①마마(媽媽 :천연두), 두창(痘瘡 :천연두) ②홍역 ③앓다	* 痲疹(마진) :주로 소아(小兒)에게 침범하는 전염병으로 홍역(紅疫) 바이러스 감염(感染)으로 일어나는 급성발진성(急性發疹性) 전염병(傳染病). 홍역(紅疫). 홍진(紅疹)이라고도 함	
痂	疒 <딱지 가> ①딱지(헌데가 아물어 생기는 딱지) ②옴(옴 진드기가 기생하여 일으키는 전염 피부병)	* 痂情(가정) :별난 성미 * 痂疹(가진) :부스럼 딱지가 앉는 피부병(皮膚病)의 하나 * 石痂(석가) :자궁(子宮)에 어혈(瘀血)이 모여 아픈 병(病) * 瘡坐痂(창좌가) :부스럼에 딱지가 짐	
瘢	疒 <흉터 반> ①흉터 ②자국, 흔적(痕跡·痕迹) ③주근깨(얼굴의 군데군데에 생기는 잘고 검은 점) ④허물, 잘못	* 刀瘢(도반) :칼자국 * 瘡瘢(창반) :헌데 자리. 부스럼 자국 * 滌瘢(척반) :흉터를 씻어 줌. <比喩>남의 허물을 덮어 줌 * 洗瘢索痕(세반색흔) :흉터를 씻어 찾아냄. <比喩>남의 작은 허물을 들추어냄	

字	훈음	용례	풀이
巫	工 <무당 무> ①무당(귀신을 섬겨 길흉을 점치고 굿을 하는 여자) ②무녀(巫女) ③의사(醫師) ④망령되다(妄靈), 터무니없다	* 巫覡(무격) :무당(巫堂 :女子)과 박수(男子 巫堂) * 巫堂(무당) :巫女(무녀). 女巫(여무) :귀신(鬼神)을 섬겨 길흉(吉凶)을 점(占)치고 굿을 하는 여자 * 巫山之夢(무산지몽) :남녀(男女)의 밀회(密會)나 정교(情交)	<무서효괘> 무당(巫堂)이 시초점(蓍草占)을 치고, 효(爻)와 괘(卦)를 놓아 점(占)을 치고 나서,
筮	竹 <점대 서 / 시초(蓍草)로 점칠 서> ①점(占) :앞날의 운수, 길흉 따위를 미리 판단하는 일). 점(占)치다 ②점대(占대) :점치는 데에 쓰는 댓가지	※ 筮(서) :옛날에 시초(蓍草)를 사용하여 점(占)을 치던 방법. 蓍草는 국화과(菊花科)의 여러해살이풀로, 톱풀, 가새풀이라고도 하며, 1000여 년 전에 이미 멸종(滅種)하여 蓍草 대신 대나무로 대신하여 점을 쳤음	
爻	爻 <효 효 / 엇갈릴 효 / 수효 효> ①사귀다, 엇걸리다 ②가로 긋다 ③변하다(變) ④육효(六爻 :역(易)의 괘(卦)를 이룬 가로획) ⑤수효(數爻)	* 爻卦(효괘) :팔괘(八卦)를 놓다. 八卦를 놓고 점(占)치다 * 卦爻(괘효) :주역(周易)의 괘와 효. 역괘(易卦)의 여섯 개 획 * 數爻(수효) :사물(事物)의 수(數) * 爻象(효상) :①좋지 못한 몰골 ②괘상(卦象)	
卦	卜 <점괘 괘> ①점괘(占卦 :점을 쳐서 나오는 괘) ②걸다, 걸치다, 매달다 ③입다 ④건너다, 통과하다(通過)	* 卦象(괘상) :역괘(易卦) 길흉(吉凶)의 상(象) * 卦辭(괘사) :점괘(占卦)의 뜻을 풀어서 써 놓은 글. 계사(繫辭) * 卦筮(괘서) :점을 치는 일 * 卦兆(괘조) :점을 칠 때 나타나는 길흉(吉凶)의 현상(現象)	

字	훈음	용례	풀이
魔	鬼 <마귀 마> ①마귀(魔鬼) ②마라(魔羅), 악마(惡魔) ③마술(魔術), 요술(妖術) ④인(되풀이하여 몸에 깊이 밴 버릇)이 박이다	* 魔鬼(마귀) :요사(妖邪)스럽고 못된 잡귀(雜鬼) * 魔女(마녀) :악마(惡魔)처럼 성악(性惡)한 여자(女子) * 斷末魔(단말마) :임종시(臨終時) 내뱉는 짧은 비명(悲鳴) * 好事多魔(호사다마) :좋은 일엔 방해(妨害)되는 일이 많음	<마귀유령> "요사(妖邪)스럽고 못된 잡귀(雜鬼)가 된 죽은 사람의 혼령(魂靈)이
鬼	鬼 <귀신 귀> ①귀신(鬼神) ②혼백(魂魄 :죽은 사람의 넋 ③정령(精靈 :초목이나 무생물 등에 붙어 있다는 혼령) ④도깨비	* 鬼神(귀신) :사람의 죽은 넋 * 鬼哭(귀곡) :귀신(鬼神)의 울음 * 惡鬼(악귀) :악(惡)한 귀신(鬼神) * 神出鬼沒(신출귀몰) :귀신(鬼神)처럼 자유자재(自由自在)로 나타나기도 하고 숨기도 함	
幽	幺 <그윽할 유> ①그윽하다 ②깊다 ③멀다, 아득하다 ④조용하다, 고요하다 ⑤어두운 곳 ⑥검은 빛 ⑦간히다 ⑧저승 ⑨귀신(鬼神)	* 幽靈(유령) :죽은 사람의 혼령(魂靈). 망령(亡靈) * 幽寂(유적) :깊숙하고 고요함 * 幽都(유도) :저승 * 幽宅(유택) :죽은 이의 집. 무덤 * 深山幽谷(심산유곡) :깊숙하고 고요한 산과 골짜기	
靈	雨 <신령 령> ①신령(神靈) ②혼령(魂靈), 혼백(魂魄), 영혼(靈魂) ③귀신(鬼神), 유령(幽靈), 도깨비 ④정기(精氣), 영기(靈氣) ⑤정신(精神)	* 靈魂(영혼) :魂靈(혼령). 육체(肉體)를 지배하는 정신(精神) * 妄靈(망령) :늙거나 정신이 흐려져 말과 행동이 어그러진 상태 * 心靈(심령) :정신의 근원이 되는 의식(意識)의 본바탕. 靈魂 * 幽靈(유령) :①죽은 사람의 혼령(魂靈) ②실제(實際)가 없는 것	

奸	女 <간사할 간> ①간사하다(奸邪 :마음이 바르지 않다) ②간악하다(奸惡)(姦) ③간통하다(姦通), 간음하다(姦淫)	* 奸慝(간특) :간사(奸邪)하고 사특(邪慝)함 * 奸婦(간부) :간악(奸惡)한 여자(女子) * 奸邪(간사) :성질(性質)이 간교(奸巧)하고 사곡(邪曲)함 * 弄奸(농간) :남을 속이거나 남의 일을 그르치게 함	<간특저주> 간사(奸邪)하고 사특(邪慝)하게 저주(詛呪)를 내려서
慝	心 <간특할 특> ①사특하다(邪慝 :요사스럽고 간특하다), 간사하다(奸邪 :마음이 바르지 않다) ②악하다(惡), 못되다 ③음(陰)한 기운	* 慝惡(특악) :사특(邪慝)한 악 * 慝者(특자) :악하고 간사(奸邪)한 사람 * 姦慝(간특) :奸慝(간특) * 邪慝(사특) :못되고 악(惡)함 * 凶慝(흉특) :흉악(凶惡)하고 간특(姦慝)함	
詛	言 <저주할 저> ①저주하다(詛呪·咀呪), 저주(詛呪·咀呪) ②헐뜯다, 욕하다(辱) ③원망하다(怨望) ④맹세(盟誓), 맹세하다(盟誓)	* 詛呪(저주) :呪詛(주저). 남에게 재앙(災殃)이나 불행(不幸)이 일어나도록 빌며 바라는 것 * 壓詛(압저) :남을 억누르고 저주(咀呪)함	
呪	口 <빌 주> ①빌다, 기원하다(祈願) ②저주하다(詛呪·咀呪) ③주술(呪術)을 부리다 ④다라니(陀羅尼 :梵文을 音 그대로 외는 일)	* 呪文(주문) :음양가(陰陽家)나 술가(術家)가 술법(術法)을 행할 때 외는 글귀(句) * 呪術(주술) :초자연적(超自然的) 존재나 신비적(神秘的)인 힘을 빌려 길흉(吉凶)을 점치고 화복(禍福)을 비는 일	

災	火 <재앙 재> ①재앙(災殃), 재앙(災殃)을 내리다 ②응징하다(膺懲) ③화재(火災), 불태우다 ④죄악(罪惡)	* 災殃(재앙) :천변지이(天變地異)로 인한 온갖 불행(不幸)한 일 * 災害(재해) :재앙(災殃)으로부터 받은 피해(被害) * 罹災民(이재민) :재해(災害)를 입은 백성(百姓) * 天災地變(천재지변) :자연(自然) 현상(現象)에 의한 재앙(災殃)	<재앙공포> 재앙(災殃)을 주니 두렵고 무섭도다.
殃	歹(歺) <재앙 앙> ①재앙(災殃) ②하늘이 내리는 벌 ③해치다(害) ④괴롭히다	* 殃禍(앙화) :죄악(罪惡)의 과보(果報)로 받는 재앙(災殃) * 禍殃(화앙) :재앙(災殃), 불행(不幸) * 池魚之殃(지어지앙) :연못에 사는 물고기의 재앙(災殃). <比喩>아무런 상관(相關)도 없이 재앙(災殃)을 입음	
恐	心 <두려울 공> ①두렵다, 두려워하다, 무서워하다 ②공갈하다(恐喝) ③위협하다(威脅), 으르다(무서운 말이나 행동으로 위협하다) ④아마도	* 恐怖(공포) :무서움과 두려움 * 可恐(가공) :두려워할 만함 * 恐喝(공갈) :공하(恐嚇). 남을 을러서 공포심을 자아내게 함 * 恐嚇(공하) :위협(威脅), 공갈(恐喝) * 恐慌(공황) :심리적(心理的)인 불안(不安) 상태(狀態)	
怖	忄(心) <두려워할 포> ①두려워하다, 두려움 ②놀라게 하다 ③으르다(무서운 말이나 행동으로 위협하다), 위협하다(威脅)	* 怖慄(포율) :두려워서 떪 * 怖伏(포복) :무서워 엎드림 * 怖悸(포계) :두려워서 마음이 울렁거림 * 怖畏(포외) :두렵고 무서움 * 怖悖(포패) :두려워하고 꺼림 * 怯怖(겁포) :겁이 나서 두려워함	

牓	片 <패 방> ①패, 방문(榜文 :사람이 많이 모이는 곳에 써 붙이는 글) ②방목(榜目 :급제자 성명을 게시하는 패) ③게시판	* 牓位(방위) :방(榜)을 붙인 곳 * 張牓(장방) :張榜(장방). 여러 사람에게 알리기 위하여 방문(榜文)을 써 붙이는 일 * 唱牓(창방) :唱榜(창방). 과거(科擧)의 합격자를 발표하는 것	<방부방액> 부적(符籍)을 붙여서 액운(厄運)을 막아내고
符	竹 <부신 부 / 부적 부 / 부호 부> ①부신(符信), 부절(符節 :信標로 삼던 물건), 들어맞다, 부합하다(符合), 증표(證票) ②부적(符籍) ③부호(符號), 기호(記號)	* 符合(부합) :틀림없이 서로 꼭 들어맞음 * 符號(부호) :일정한 뜻을 나타내기 위해 정한 기호(記號) * 免罪符(면죄부) :죄(罪)를 사하여 주는 증서(證書) * 名實相符(명실상부) :이름과 실상(實相)이 서로 들어맞음	
防	阝(阜) <막을 방> ①막다, 방어하다(防禦) ②헤살놓다, 훼방하다(毁謗) ③둑, 방죽 ④요새(要塞), 관방(關防) ⑤맞서다, 필적하다(匹敵)	* 防厄(방액) :액막이. 앞으로 닥칠 액운(厄運)을 미리 막는 일. * 防災(방재) :재해(災害)를 막음 * 防止(방지) :막아서 멈춤 * 防禦(방어) :적(敵)이 침노(侵擄)하는 것을 막아냄 * 豫防(예방) :미리 대처(對處)하여 막음	
厄	厂 <액 액 / 재앙 액> ①액, 불행한 일 ②재앙(災殃) ③해치다(害), 핍박하다(逼迫) ④고생하다 ⑤멍에(쉽게 벗어날 수 없는 구속)	* 厄難(액난) :災難(재난) * 厄運(액운) :액을 당할 운수(運數) * 災厄(재액) :재앙(災殃)과 액운(厄運) * 焦眉之厄(초미지액) :눈썹이 타는 재액(災厄). <比喩>매우 급(急)하게 닥치는 재앙(災殃)	

祓	礻(示) <푸닥거리할 불> ①푸닥거리하다, 굿하다, 푸닥거리, 굿 ②(부정을)없애다, 제거하다(除去) ③떨다 ④씻다, 깨끗하게 하다	* 祓禳(불양) :액(厄)을 막기 위(爲)하여 귀신(鬼神)에게 비는 굿이나 푸닥거리 * 祓禊(불계) :삼짇날 동류천(東流川)에서 묵은 때를 씻던 일 * 祓除(불제) :재앙(災殃)을 물리쳐 버림	<불양행짐> 귀신(鬼神)에게 굿이나 푸닥거리를 해서 빌고 나면 행운(幸運)의 조짐(兆朕)이 있을 것이로다." 하고는
禳	礻(示) <제사이름 양 / 푸닥거리 양> ①제사(祭祀)의 이름 ②푸닥거리하다 ③물리치다	* 厭禳(염양) :신(神)에게 빌어서 재앙을 물리치는 일. * 壓禳(압양) :재앙을 억제하고 물리치는 일. * 禳辟符(양벽부) :재액(災厄)을 물리치는 부적(符籍)의 통칭(統稱) * 禳禍求福(양화구복) :재앙(災殃)을 물리치고 복(福)을 구(求)함	
幸	干 <다행 행 / 행복 행> ①다행(多幸), 행복(幸福), 좋은 운(運) ②요행(僥倖·徼幸), 뜻밖의 좋은 운(運) ③은총(恩寵) ④임금의 사랑을 받다	* 幸福(행복) :복된 좋은 운수(運數) * 幸運(행운) :행복(幸福)한 운수(運數), 좋은 운수(運數) * 多幸(다행) :①운수(運數)가 좋음 ②뜻밖에 잘 됨 * 千萬多幸(천만다행) :매우 다행(多幸)함	
朕	月 <조짐 짐 / 나 짐> ①조짐(兆朕), 전조(前兆), 징조(徵兆) ②짐(天子의 自稱), '나'	* 兆朕(조짐) :길흉(吉凶)이 일어날 기미(幾微)가 미리 보이는 변화(變化) 현상(現象) * 地朕(지짐) :땅빈대. 지금초(地錦草). 약초(藥草) 이름 * 朕言不再(짐언부재) :내가 할 말은 더 이상(以上) 없음	

犧	牛 <희생 희> ①희생(犧牲) ②짐승 ③술 그릇(사), 소의 형상을 한 술통	* 犧牲(희생) :천지종묘(天地宗廟) 제사(祭祀) 때 제물(祭物)로 바치는 산 짐승을 일컫는 말로, 犧(희)는 색(色)이 순수(純粹)한 것, 牲(생)은 길(吉)함을 얻지 못해 죽이는 것	<희생모혈> 제사(祭祀)지낼 때에 쓰는 짐승과 그 짐승의 피와 털을 바쳐서
牲	牛 <희생 생> ①희생(犧牲 :제사에 쓰이는 짐승) ②제사(祭祀)에 쓰는 소 ③가축(家畜)의 통칭(通稱)	* 省牲(성생) : 視牲(시생). 나라의 제사(祭祀)에 쓸 희생(犧牲)을 검사(檢査)하던 일 * 省牲省器(성생성기) :나라 제향(祭享)에 쓸 희생(犧牲)과 기명(器皿)을 잘 살펴 봄	
毛	毛 <터럭 모> ①터럭(몸에 난 길고 굵은 털), 털 ②모피(毛皮) ③희생(犧牲) ④짐승 ⑤잘다, 자질구레하다, 가늘다 ⑥가볍다	* 毛血(모혈) :종묘(宗廟)와 사직(社稷)의 제향(祭享)에 쓰는 짐승의 털과 피 * 毛髮(모발) :사람의 몸에 난 온갖 털. 머리카락 * 毛皮(모피) :털가죽. 털이 붙어 있는 짐승의 가죽	
血	血 <피 혈> ①피, 혈액(血液) ②근친(近親) ③월경(月經) ④(피를)칠하다 ⑤빨간색 ⑥물들이다 ⑦(슬픔의)눈물	* 血氣(혈기) :①피와 기운 ②격동(激動)되기 쉬운 의기(義氣) * 血液(혈액) :몸 안을 도는 붉은빛의 액체(液體). 피 * 血肉(혈육) :①피와 살 ②근친(近親) 혈연(血緣)의 관계(關係) * 鳥足之血(조족지혈) :새발의 피. <比喩>극히 적은 분량(分量)	

壇	土 <단 단> ①단, 제단(祭壇) ②마루 ③터, 기초(基礎) ④강단(講壇) ⑤사회 ⑥장소(場所) ⑦특수 사회의 구성원	* 壇墠(단선) :단(壇)은 흙을 쌓아 높다랗게 한 것이고, 선(墠)은 땅을 청소(淸掃)하여 깨끗하게 한 것으로, 제사(祭祀)지내는 장소(場所)를 이름 * 講壇(강단) :강의(講義)나 설교(說敎)를 위해 올라서는 자리	<단선사사> 제터로 마련된 사당(祠堂)에서 제사(祭祀)를 지내면서
墠	土 <제터 선> ①제터, 제사터(祭祀) ②땅을 정결(貞潔)하게 손질하다 ③청소하다(淸掃)	* 墠(선) :한 조상(祖上)의 주제자(主祭者)와의 관계가 멀어질수록 제사(祭祀)지내는 장소도 묘(廟)·단(壇)·선(墠)의 순서로 옮아가는데, 선(墠)에서도 제사(祭祀)를 받을 수 없는 조상(祖上)을 귀(鬼)라 부름	
祠	礻(示) <사당 사> ①사당(祠堂) ②제사(祭祀) 지내다	* 祠祀(사사) :사당(祠堂)에 제사(祭祀)를 지내는 유교식(儒敎式)의 의식(儀式) * 祠堂(사당) :祠宇(사우). 조상의 신주(神主)를 모셔 놓은 집 * 祠版(사판) :祠板(사판). 신주(神主)	
祀	礻(示) <제사 사> ①제사(祭祀), 제사(祭祀) 지내다 ②제터(제사를 지내려고 마련한 터) ③해, 년(年) ④세(世), 대(代)	* 祭祀(제사) :신령(神靈) 또는 죽은 사람의 넋에 음식(飮食)을 차려 놓고 정성(精誠)을 표하는 예절(禮節) * 茶祀(차사) :茶禮(차례). 명절(名節) 등에 간단히 지내는 제사 * 節祀(절사) :철이나 명절(名節)을 따라 지내는 제사(祭祀)	

奧	大 <깊을 오 / 속 오> ①깊다, 깊숙하다, 그윽하다 ②깊숙한 안쪽, 속 ③구석 ④아랫목	* 奧妙(오묘) :심오(深奧)하고 미묘(微妙)함 * 奧地(오지) :도시(都市)에서 멀리 떨어진 깊숙한 땅 * 深奧(심오) :이론(理論) 따위가 썩 깊고 오묘(奧妙)함 * 奧密稠密(오밀조밀) :세밀(細密)하고 교묘(巧妙)한 모양	<오묘현담> 심오(深奧)하고 미묘(微妙)하여 허황(虛荒)되이 알아들을 수 없는 말을 하면서
妙	女 <묘할 묘> ①묘하다(妙 :말할 수 없이 빼어나고 훌륭하다) ②오묘하다(奧妙) ③미묘하다(微妙) ④젊다 ⑤훌륭하다 ⑥세소하다(細小)	* 妙齡(묘령) :여자(女子)의 스물 안팎의 꽃다운 나이 * 巧妙(교묘) :솜씨나 꾀가 재치 있고 약삭빠름 * 奇妙(기묘) :기이(奇異)하고 신묘(神妙)함 * 微妙(미묘) :어떤 현상(現象)이나 내용이 야릇하고 묘(妙)함	
玄	玄 <검을 현> ①검다, 검붉다 ②오묘하다(奧妙), 심오하다(深奧), 신묘하다(神妙) ③깊다 ④하늘 ⑤북쪽(北) ⑥도교(道敎)	* 玄談(현담) :①허황해서 알아들을 수 없는 말 ②도가(道家) 사상(思想)에 관한 말 ③경론(經論)을 강(講)하기 전에 먼저 그 제호(題號)·저자(著者)·대의(大意) 따위를 풀이하는 일	
談	言 <말씀 담> ①말씀 ②이야기, 이야기하다 ③언론(言論) ④농담하다(弄談) ⑤기리다	* 談話(담화) :서로 이야기를 주고받음 * 俗談(속담) :예로부터 전해 내려와 널리 퍼진 격언(格言) * 巷談(항담) :거리에 떠도는 소문(所聞) * 會談(회담) :모여서 이야기함	

迷	辶(辵) <미혹할 미> ①미혹하다(迷惑), 헷갈리다 ②헤매다, 길을 잃다 ③유혹하다(誘惑), 어지럽게 하다 ④심취하다(心醉) ⑤혼미하다(昏迷)	* 迷路(미로) :갈피를 잡을수 없는 길 * 迷兒(미아) :①길을 잃은 아이 ②자기 아들의 낮춤말. 미돈(迷豚) * 迷惑(미혹) :마음이 흐려서 무엇에 홀림 * 昏迷(혼미) :정신(精神)이 흐리고 멍하게 됨	<미미참위> 사람을 미혹(迷惑)하게 하는 수수께끼 같은 말로 예언서(豫言書)의 내용(內容)을 말한다.
謎	言 <수수께끼 미> ①수수께끼 ②미혹시키다(迷惑) ③헷갈리게 하다	* 謎語(미어) :謎子(미자). 수수께끼 * 猜謎(시미) :수수께끼. 猜는 '시기하다' 외에 '추측하다'의 뜻이 있음 * 狂謎(광미) :광망하고 미욱함	
讖	言 <예언 참> ①예언(豫言) ②참서(讖書 :미래의 일에 대한 주술적 예언을 기록한 책) ③조짐(兆朕)	* 讖緯(참위) :도참(圖讖)과 위서(緯書). 앞일의 길흉화복(吉凶禍福)의 조짐(兆朕)이나 예언(豫言) 또는 그러한 술수(術數)의 책(冊). * 圖讖(도참) :장래의 길흉(吉凶)을 예언(豫言)해 기록한 책	
緯	糸 <씨줄 위> ①씨, 씨줄 ②예언서 ③현, 악기(樂器)의 줄 ④가로 ⑤짜다, 만들다 ⑥묶다 ⑦구상하다(構想) ⑧다스리다, 주관하다(主管)	* 緯書(위서) :經書에 對하여 詩·書·禮·樂·易·春秋·孝敬 등 칠위(七緯)의 책(冊). 거의가 예정적 요소를 포함함. 圖讖은 宗敎的인 迷信이 강하고, 緯書는 약간의 哲學的인 理論도 加味되어 있음	

旱	日 <가물 한> ①가물다, 가뭄 ②뭍, 육지(陸地) ③육로(陸路) ④밭 ⑤사납다	* 旱魃(한발) :가뭄을 맡은 귀신(鬼神). 가뭄을 일으키는 전설상(傳說上)의 과물(怪物). 가뭄을 일컬음 * 旱稻(한도) :밭에 심는 벼 * 大旱(대한) :큰 가뭄 * 旱災(한재) :가뭄으로 인(因)한 재앙(災殃)	<한발고갈> 가뭄으로 논밭에 물이 바싹 마르고
魃	鬼 <가뭄 발> ①가뭄, 가물다 ②한귀(旱鬼 :가뭄을 맡고 있다고 하는 귀신)	* 魃虐(발학) :가뭄이 극심(極甚)함 * 健魃(건발) :큰 가뭄. 혹심(酷甚)한 가뭄	
枯	木 <마를 고> ①마르다, 시들다 ②말리다 ③마른 나무 ④약해지다, 쇠하다(衰), 야위다 ⑤해골(骸骨 :죽은 사람의 뼈)	* 枯渴(고갈) :①흐르거나 괴어 있던 물이 말라서 없어짐 ②돈·물건(物件)·자료(資料)·자원(資源)같은 것이 다하여 없어짐 * 枯死(고사) :나무나 풀이 시들어 죽음	
渴	氵(水) <목마를 갈> ①목마르다, 갈증이 나다, 갈증(渴症) ②서두르다 ③급하다(急) ④물이 마르다(걸)	* 渴求(갈구) :몹시 애타게 구(求)하는 것 * 渴望(갈망) :목마른 사람이 물을 찾듯이 간절(懇切)히 바람 * 渴症(갈증) :목이 말라 물이 먹고 싶은 느낌 * 渴而穿井(갈이천정) :(俗)목이 말라야 비로소 샘을 판다	

塉	土 <메마른 땅 척> ①메마른 땅, 척박(瘠薄)한 땅 ②메마르다	※ <周書>(高麗傳) 賦稅則絹布及粟 隨其所有 量貧富差等輸之 土田塉薄 居處節儉 然尙容止多詐僞 * 塉薄(척박) :땅이 메마르다 * 膏塉(고척) :肥瘠(비척). 땅의 기름짐과 메마름	<척박우심> 토지(土地)가 기름지지 못하고 메마름이 매우 심(甚)해서
薄	艹(艸·草) <엷을 박> ①엷다, 얇다 ②적다 ③야박하다(野薄) ④싱겁다, 맛없다 ⑤깔보다, 업신여기다 ⑥척박하다(瘠薄) ⑦가까워지다	* 薄命(박명) :기박(奇薄)한 운명(運命) * 佳人薄命(가인박명) * 薄福(박복) :복(福)이 없고 사나운 팔자(八字) * 肉薄(육박) :바싹 가까이 다가감 * 肉薄戰(육박전) * 淺薄(천박) :학문(學問)이나 생각이 얕음 * 如履薄氷(여리박빙)	
尤	尢 <더욱 우> ①더욱, 한층 더 ②오히려, 도리어 ③허물, 과실(過失), 결점(缺點) ④원한(怨恨), 원망(怨望), 탓하다	* 尤甚(우심) :더욱 심(甚)하다 * 尤隙(우극) :틈이 생김. 사이가 나빠짐 * 尤極(우극) :더욱, 더욱 심(甚)하게 * 愆尤(건우) :잘못 * 誰怨孰尤(수원숙우) :누구를 원망(怨望)하고 누구를 탓하랴	
甚	甘 <심할 심> ①심하다(甚 :정도가 지나치다), 심히, 매우, 몹시, 대단히, 지나치다 ②참으로 ③사납다 ④탓하다, 꾸짖다	* 極甚(극심) :劇甚(극심). 몹시 심(甚)함 * 甚深(심심) :(마음의 표현 정도가) 매우 깊고 간절함 * 甚至於(심지어) :심(甚)하게는, 심하다 못해 나중에는 * 去去益甚(거거익심) :去益甚焉(거익심언). 갈수록 더 심(甚)함	

饑	食 <주릴 기> ①주리다(飢), 굶다 ②흉년(凶年)이 들다, 흉년(凶年)	※ 饑(기) :곡식(穀食)이 여물지 않는 것. * 饑饉(기근) :飢饉(기근). 흉작(凶作), 흉년(凶年)으로 굶주림 * 饑溺(기닉) :굶주림과 물에 빠져 헤어나지 못함. 곧 절박(切迫)한 민생고(民生苦)를 비유(比喩)	<기근기아> 흉년(凶年)이 들어 굶주림에 허덕이는데,
饉	食 <주릴 근> ①주리다 ②흉년(凶年) 들다 ③흉년(凶年), 기근(飢饉·饑饉)	※ 饉(근) :채소(菜蔬)가 자라지 않는 것. * 飢饉(기근) :饑饉(기근). 농사(農事)가 잘 안 되어 식량(食糧)이 모자라 굶주리는 상태(狀態) * 凶饉(흉근) :흉작(凶作)으로 인(因)한 기근(飢饉)	
飢	食 <주릴 기> ①주리다, 굶주리다, 굶주림, 굶기다 ②흉년(凶年) 들다, 흉작(凶作) ③기근(飢饉·饑饉) ④모자라다, 결핍되다(缺乏)	* 飢餓(기아) :굶주림. 먹을 것이 없어 굶고 주림. 영양(營養) 섭취(攝取)가 극도(極度)로 부족(不足)하여 심각(深刻)한 영양실조(營養失調) * 飢死(기사) :饑死(기사). 餓死(아사). 굶어 죽는 것	
餓	食 <주릴 아> ①주리다, 굶다, 굶주리다, 굶주림 ②배고프다 ③기아(飢餓·饑餓)	* 餓死(아사) :굶어 죽음 * 餓鬼(아귀) :아귀도(餓鬼道)에 떨어진 귀신(鬼神) * 農夫餓死枕厥種子 :농부는 굶어 죽더라도 그 종자를 베고 죽는다. <比喩>희망을 버리지 않고 앞날을 생각함	

納	糸 <들일 납> ①(거두어)들이다, 수확하다(收穫) ②받다, 받아들이다, 수장하다(收藏) ③바치다, 헌납하다(獻納)	* 納稅(납세) :나라에 세금(稅金)을 납부(納付)하는 것 * 納得(납득) :남의 말이나 행동을 잘 알아차려 이해(理解)함 * 納品(납품) :계약(契約)한 곳에 물품(物品)을 바치는 것 * 容納(용납) :너그러운 마음으로 남의 언행을 받아들임	<납세최촉> 나라에서는 세금(稅金)을 바칠 것을 재촉하며
稅	禾 <구실 세> ①구실(온갖 세납을 통틀어 이르던 말) ②세금(稅金) ③거두다 ④놓다	* 稅金(세금) :조세(租稅)로 바치는 돈 * 稅制(세제) :세무(稅務)에 관(關)한 제도(制度) * 租稅(조세) :나라에서 국민으로부터 받아들이는 세금(稅金) * 課稅(과세) :세금(稅金)을 매김	
催	亻(人) <재촉할 최> ①재촉하다, 독촉하다(督促) ②쳐오다 ③일어나다 ④방해하다(妨害), 저지하다(沮止)	* 催促(최촉) :어서 빨리 할 것을 요구함. 재촉하다, 독촉(督促) * 催告(최고) :재촉하는 뜻으로 내는 통지(通知) * 開催(개최) :어떤 모임을 주장(主掌)하여 엶 * 主催(주최) :주창(主唱)하여 개최(開催)함	
促	亻(人) <재촉할 촉> ①재촉하다, 다그치다, 촉진하다(促進) ②촉박하다(促迫), 급하다(急) ③다가오다, 가까이하다	* 促求(촉구) :재촉하여 요구(要求)함 * 促進(촉진) :재촉하여 빨리 나아가게 함 * 督促(독촉) :빨리 서둘러 하도록 재촉하는 것 * 星火督促(성화독촉) :(별똥이 떨어지듯이)몹시 급하게 재촉함	

한자	뜻	용례	풀이
聚	耳 <모을 취> ①모으다, 모이다 ②거두어들이다 ③저축하다(貯蓄), 쌓다 ④함께 하다, 함께, 다같이, 무리 ⑤마을, 동네	* 聚斂(취렴) :백성(百姓)의 재물(財物)을 함부로 거두어들임 * 聚散(취산) :모임과 흩어짐 * 聚散十年(취산십년) * 聚合(취합) :모여서 합침. 또는 한데 모아 합침 * 聚集(취집) :모여들거나 모아들임 * 凝聚(응취) :凝集(응집)	<취렴가혹> 백성(百姓)의 재물(財物)을 함부로 거두어들이는 것이 매우 혹독(酷毒)하므로
斂	攵(攴) <거둘 렴> ①거두다, 거두어들이다, 모으다 ②넣다, 저장하다(貯藏) ③오므리다 ④거의, 대략(大略), 줄잡아, 최소한	* 收斂(수렴) :①추렴하여 모아 거두어들임 ②의견을 모음 * 斂襟(염금) :삼가 옷깃을 바로잡고 정숙(靜肅)히 함 * 後斂(후렴) :곡조(曲調) 끝에 되풀이해 부르는 가사(歌辭) * 苛斂誅求(가렴주구) :가혹(苛酷)하게 세금(稅金)을 거둬들임	
苛	艹(艸·草) <가혹할 가> ①가혹하다(苛酷), 모질다 ②까다롭다 ③번거롭다 ④위중하다(危重), 앓다 ⑤가렵다, 옴(皮膚病의 一種) ⑥풀	* 苛酷(가혹) :매우 혹독(酷毒)함 * 苛斂(가렴) :조세(租稅) 등을 가혹(苛酷)하게 징수(徵收)함 * 苛役(가역) :매우 힘이 드는 일 * 苛虐(가학) :가혹(苛酷)하게 학대(虐待)함	
酷	酉 <심할 혹> ①심하다(甚 :정도가 지나치다), 심히 ②독하다(毒) ③괴롭다 ④한(恨)	* 酷毒(혹독) :몹시 까다롭고 심악스러움 * 酷寒(혹한) :몹시 심한 추위 * 冷酷(냉혹) :인정(人情)이 없고 혹독(酷毒)함 * 殘酷(잔혹) :잔인(殘忍)하고 혹독(酷毒)함	

한자	뜻	용례	풀이
草	艹(艸·草) <풀 초> ①풀 ②거친 풀, 잡초(雜草) ③황야(荒野), 거칠다 ④미천하다(微賤) ⑤시초(始初) ⑥초고(草稿), 초안(草案)	* 草根木皮(초근목피) :풀뿌리와 나무껍질이란 뜻으로, 곡식(穀食)이 없어 산나물 따위로 만든 험한 음식(飮食)을 이르는 말 * 草案(초안) :초잡은 글발, 기초(起草)한 의안(議案)	<초근목피> 풀뿌리와 나무껍질. <먹을 것이 없어 풀뿌리를 캐어 먹고, 나무껍질을 벗겨 먹으며>
根	木 <뿌리 근> ①뿌리, 밑동(나무줄기에서 뿌리에 가까운 부분) ②근본(根本) ③뿌리를 내리다 ④근거하다(根據) ⑤생식기(生殖器)	* 根據(근거) :근본(根本)이 되는 토대(土臺)나 의거(依據) * 根本(근본) :사물(事物)의 본질(本質)이 되는 기본(基本)바탕 * 根源(근원) :①물줄기의 근본 ②사물이 생겨나는 본바탕 * 根絶(근절) :다시 살아날 수 없게 뿌리째 끊어 없애 버림	
木	木 <나무 목> ①나무 ②목재(木材) ③꾸밈이 없다 ④질박하다(質樸·質朴 :꾸민 데가 없이 수수하다)	* 木材(목재) :나무로 된 재료(材料) * 草木(초목) :풀과 나무 * 十伐之木(십벌지목) :열 번 찍어 아니 넘어가는 나무가 없다 * 緣木求魚(연목구어) :나무에 올라가 물고기를 구(求)함. <故事>되지 않을 일을 고집스럽게 추구(追求)함	
皮	皮 <가죽 피> ①가죽 ②껍질, 거죽(물체의 겉 부분) ③겉, 표면 ④갖옷(짐승의 털가죽으로 안을 댄 옷), 모피 옷 ⑤(껍질을)벗다	* 皮膚(피부) :몸의 겉을 싸서 보호(保護)하는 외피(外皮) * 毛皮(모피) :털가죽. 털이 붙어 있는 짐승의 가죽 * 脫皮(탈피) :성장(成長)함에 따라 낡은 허물을 벗는 일 * 虎死留皮人死留名 :죽어서 범은 가죽을, 사람은 이름을 남김	

한자	뜻	용례	풀이
糜	米 <죽 미 / 문드러질 미> ①죽(粥 :오래 끓여 알갱이가 흠씬 무르게 만든 음식) ②된죽(粥) ③싸라기(부스러진 쌀알) ④문드러지다	* 糜粥(미죽) :미음(米飮)이나 죽(粥) 따위를 통틀어 이름 * 糜爛(미란) :썩거나 헐어서 문드러짐 * 糜燼(미신) :싸라기와 재. <比喩>아주 작은 것 * 稀糜(희미) :묽게 쑨 죽	<미죽호구> 죽(粥)으로 입에 풀칠을 하면서 곤궁(困窮)하게 연명(延命)해 가게 되자
粥	米 <죽 죽> ①죽(粥), 미음(米飮) ②죽(粥)을 먹다 ③허약하다 ④팔다(육) ⑤기르다(육) ⑥시집보내다(육)	* 魚粥(어죽) :생선죽(生鮮粥) * 粥沙鉢(죽사발) :죽을 담은 사발. <比喩>매우 얻어맞은 상태 * 朝飯夕粥(조반석죽) :아침에는 밥, 저녁에는 죽이라는 뜻으로, 가까스로 살아가는 가난한 삶	
糊	米 <풀칠할 호 / 풀 호 / 죽 호> ①풀칠하다, 바르다 ②(입에)풀칠하다, (죽을)먹다 ③흐릿하다, 모호하다(模糊) ④풀 ⑤죽(粥)	* 糊口(호구) :입에 풀칠하다. 죽(粥)을 먹다. 연명(延命)하다. <比喩>생활이 곤란하여 근근(僅僅)이 살아감 * 糊塗(호도) :풀을 바른다. <比喩>어물쩍하게 넘겨 버림 * 模糊(모호) :흐리어 똑똑하지 못함	
口	口 <입 구> ①입, 주둥이, 부리, 아가리 ②어귀, 입구(入口), 항구(港口), 관문(關門) 따위 ③인구(人口) ④구멍이 난 곳 ⑤말하다	* 口號(구호) :어떤 주장(主張)을 나타내는 간결(簡潔)한 말 * 家口(가구) :독립적으로 한 집을 차린 집안 식구(食口) * 食口(식구) :한 집안에 같이 살면서 끼니를 함께 먹는 사람 * 人口(인구) :①일정 지역 사람의 수(數) ②뭇 사람들의 입	

한자	뜻	용례	풀이
郡	阝(邑) <고을 군> ①고을 ②관청(官廳), 관아(官衙) ③군(郡 :行政區域 單位)	* 郡縣(군현) :①군(郡)과 현(縣). 예전의 지방(地方) 행정구획(行政區劃)의 이름 ②고을 * 郡守(군수) :군청(郡廳)의 으뜸 벼슬 * 郡廳(군청) :군(郡)의 행정(行政)을 맡아보는 관청(官廳)	<군현감사> 관할(管轄) 군현(郡縣)에서 감별(鑑別)하여 조사(調査)를 하여
縣	糸 <고을 현> ①고을 ②현(縣 :옛날 地方 행정구역 단위)	* 縣官(현관) :옛날, 지방 행정구역의 하나인 현(縣)의 우두머리인 현령(縣令)·현감(縣監)을 일컫던 말 * 縣令(현령) :신라(新羅) 때 縣(현)의 우두머리 벼슬 * 縣監(현감) :고려(高麗)·조선(朝鮮) 시대 현(縣)의 우두머리	
鑑	金 <거울 감> ①거울 ②거울삼다, 비추다 ③본보기 ④안식(眼識), 분별(分別)하는 능력, 식별하다(識別) ⑤보다, 살펴보다	* 鑑査(감사) :감별(鑑別)하여 조사(調査)함. 검사(檢査)하여 적부(適否)·우열(優劣) 따위를 감정(鑑定)함 * 鑑別(감별) :작품(作品)의 좋고 나쁨 등을 분별(分別)함 * 鑑賞(감상) :예술(藝術) 작품(作品)을 음미(吟味)하고 이해함	
査	木 <조사할 사 / 사돈 사> ①조사하다(調査) ②사실하다(寫實 :사물을 있는 그대로 그리다) ③사돈(査頓 :혼인으로 맺어진 관계)	* 檢査(검사) :실제(實際)의 상황을 잘 살피고 조사(調査)함 * 搜査(수사) :찾아다니며 조사(調査)함 * 審査(심사) :자세(仔細)하게 조사(調査)하여 결정(決定)함 * 調査(조사) :실정(實情)을 살펴서 알아봄	

概	木 <대개 개> ①대개(大槪 :대부분), 대강(大綱), 대략(大略) ②절개(節槪·節介), 절조(節操 :절개와 지조) ③개탄하다(慨歎·慨嘆)	* 槪括(개괄) :①중요한 내용이나 줄거리를 대강 추려 냄 ②어떤 개념의 외연을 확대하여 포괄하는 개념 * 槪念(개념) :여러 관념(觀念)의 공통(共通) 요소(要素)를 추상(抽象)해 종합(綜合)한 하나의 관념(觀念)	<개괄파악>
括	扌(手) <묶을 괄> ①묶다, 동여매다(두르거나 감거나 하여 묶다), 묶음 ②담다, 담아서 싸다 ③모이다, 모여들다 ④받아들이다	* 括約(괄약) :벌어진 것을 오므라지게 함 * 括約筋(괄약근) * 一括(일괄) :한데 묶음, 한데 아우르는 일 * 總括(총괄) :여러 가지를 한데 모아서 아우름 * 包括(포괄) :있는 대로 온통 휩쓸어 쌈 * 包括的(포괄적)	조사(調査)한 내용(內容)의 요점(要點)을 간추려서 잘
把	扌(手) <잡을 파> ①잡다, 한손으로 쥐다 ②가지다 ③묶다, 묶음, 다발(푸성귀 따위의 묶음) ④한 움금, 줌 ⑤자루, 손잡이 ⑥긁다, 갈퀴	* 把握(파악) :①꽉 잡아 쥠 ②어떠한 일을 잘 이해(理解)하여 확실(確實)하게 바로 앎 * 把兄弟(파형제) :의형제(義兄弟). 손윗사람은 '把兄'이라 하고 손아랫사람은 '把弟'라 함. 맹형제(盟兄弟)	이해(理解)하여 확실(確實)하게 알아낸 다음
握	扌(手) <쥘 악> ①쥐다 ②손아귀 ③손잡이 ④주먹 ⑤줌(한 주먹으로 쥘 만한 분량) ⑥악수(握手) ⑦악착스럽다(齷齪) ⑧장막(帳幕)	* 握手(악수) :인사(人事), 친선(親善) 등(等)의 표시(表示)로 서로 손을 내어 마주 잡음 * 手握(수악) :손아귀 * 掌握(장악) :①손에 쥠 ②세력(勢力) 등(等)을 온통 잡음	

趣	走 <뜻 취 / 달릴 취> ①뜻 ②취지(趣旨), 내용(內容) ③풍취(風趣), 멋, 자태(姿態) ④달리다, 빨리 달려가다, 향하다(向)	* 趣旨(취지) :어떤 일에 담겨 있는 목적(目的)이나 의도(意圖)나 의의(意義). 지취(旨趣). 취의(趣意) * 趣味(취미) :전문(專門)이나 본업(本業)은 아니나 마음이 끌려 재미로 좋아하는 일	<취지발췌>
旨	日 <뜻 지> ①뜻(指) ②조서(詔書) ③성지(聖旨 :임금의 뜻) ④맛, 맛이 있다, 맛있는 음식(飮食) ⑤아름답다 ⑥어조사(語助辭)(只)	* 要旨(요지) :간요(簡要)한 취지(趣旨), 대체의 내용(內容) * 敎旨(교지) :①종교(宗敎)의 취지(趣旨) ②교육(敎育)의 취지(趣旨) ③임금의 명령(命令). 왕지(王旨) * 言近旨遠(언근지원) :말은 알아듣기 쉬우나 내용은 깊음	근본(根本)의 목적(目的)과 의도(意圖)에
拔	扌(手) <뽑을 발> ①뽑다, 빼다 ②빼어나다, 뛰어나다, 특출하다(特出) ③쳐서 빼앗다, 공략하다	* 拔萃(발췌) :글 가운데서 요점(要點)을 뽑음 * 拔群(발군) :여럿 가운데서 특별(特別)히 빼어남. 출중(出衆) * 拔擢(발탁) :사람을 뽑아 씀 * 奇拔(기발) :유달리 뛰어남 * 選拔(선발) :많은 사람 가운데서 가려 뽑음	맞게 필요(必要)한 것을 골라
萃	++(艸·草) <모을 췌> ①모으다, 모이다 ②무리(모여서 뭉친 한 동아리), 모임 ③이르다, 도달하다(到達) ④그치다	* 萃合(췌합) :모아서 합함 * 出萃(출췌) :出類拔萃(출류발췌) * 出類拔萃(출류발췌) :평범한 부류(部類)에서 훨씬 뛰어남 * 拔萃抄錄(발췌초록) :여럿 속에서 뛰어난 것을 뽑아 간단(簡單)히 적어 둔 것	추려 내어서

請	言 <청할 청> ①청하다(請) ②청컨대 ③바라다 ④청탁하다(請託) ⑤뵈다 ⑥묻다 ⑦부르다	* 請謁(청알) :(윗사람에게) 만나 뵙기를 청(請)함 * 請求(청구) :상대방(相對方)에 요구(要求)하는 일 * 請願(청원) :일이 이루어지도록 청(請)하고 원(願)함 * 申請(신청) :신고하여 청구함 * 要請(요청) :요긴하게 청함	<청알품신>
謁	言 <뵐 알 / 아뢸 알> ①뵈다 ②아뢰다(말씀드려 알리다), 고하다(告), 여쭈다, 알리다 ③청하다(請) ④명함(名銜) ⑤객사(客舍) ⑥중개	* 謁見(알현) :見謁(현알). 지체(肢體) 높은 사람을 찾아뵙는 일 * 謁告(알고) :휴가(休暇)를 청함 * 謁者(알자) :請謁하는 사람 * 謁聖(알성) :①성인(聖人)을 뵙는 것 ②문묘(文廟)에 참배함 * 拜謁(배알) :높거나 존경(尊敬)하는 사람을 찾아가 뵘	윗사람을 뵙기를 청(請)하여
稟	禾 <여쭐 품 / 줄 품> ①여쭈다, 아뢰다, 사뢰다, 보고하다(報告) ②주다, 내려주다 ③녹미(祿米 :녹봉으로 받는 쌀) ⑤받다 ④천품(天稟), 바탕	* 稟申(품신) :윗사람에게 여쭈어 아룀 * 稟性(품성) :타고난 성품(性品) * 天稟(천품) :타고난 기품(氣稟) * 氣稟(기품) :타고난 기질(氣質)과 성품(性品) * 性稟(성품) :性情(성정). 타고난 성질(性質)과 심정(心情)	여쭈어 아뢰기를,
申	田 <납 신 / 거듭할 신> ①납(원숭이의 옛말), 아홉째지지(地支) ②거듭, 거듭하다, 되풀이하다, 늘이다 ③알리다, 말하다, 진술하다(陳述)	* 申申(신신) :여러 번 * 申請신청) :신고(申告)하여 청구(請求)함 * 申告(신고) :일정(一定)한 사실(事實)을 보고(報告)하는 일 * 內申(내신) :외부(外部)에 공개(公開)하지 않고 보고(報告)함 * 申申當付(신신당부) :申申付託(신신부탁). 거듭 간절히 부탁함	

衷	衣 <속마음 충> ①속마음, 참마음 ②속옷, (속에)입다, 감추다 ③가운데, 중앙(中央), (치우침 없이) 바르다 ④. 타협하다(妥協) ⑤정성(精誠)	* 衷心(충심) :衷誠(충성). 衷款(충관). 속에서 우러나는 참된 마음 * 苦衷(고충) :괴로운 심경(心境) * 愚衷(우충) :어리석은 마음속 * 微衷(미충) :변변치 못한 작은 속뜻 * 折衷(절충) :치우치지 않고 취사(取捨)하여 알맞은 것을 얻음	<충심충고>
心	心 <마음 심> ①마음, 뜻, 생각, 의지(意志), 본성(本性) ②염통, 심장(心臟), 가슴 ③가운데, 고갱이, 알맹이, 중심(中心),	* 關心(관심) :어떤 대상(對象)에 흥미(興味)를 가지고 마음을 씀 * 疑心(의심) :마음에 미심(未審)하게 여겨 믿지 못하는 것 * 核心(핵심) :사물(事物)의 중심(中心)이 되는 중요한 부분 * 以心傳心(이심전심) :마음에서 마음으로 전하여 서로 통함	"속에서 진정(眞情)으로 우러나는
忠	心 <충성 충> ①충성, 충성하다(忠誠) ②정성(精誠), 정성스럽다(精誠) ③공변되다(公遍 :한쪽으로 치우치지 않고 公平함)	* 忠告(충고) :①충심으로 남의 허물을 경계(警戒)함 ②남의 잘못을 고치도록 타이름 * 忠誠(충성) :①마음에서 우러나는 정성(精誠) ②나라에 몸과 마음을 다하여 헌신(獻身)함	마음으로 잘못된 것을 고치기를
告	口 <고할 고 / 알릴 고> ①고하다(告), 아뢰다, 뵙고 청하다, 여쭈다, (안부를)묻다 ②알리다, 발표하다(發表) ③하소연하다, 고발하다(告發)	* 警告(경고) :주의(注意)하라고 경계(警戒)하여 알림 * 廣告(광고) :널리 선전(宣傳)하여 알림 * 報告(보고) :알리어 바치거나 베풀어 알림 * 以實直告(이실직고) :사실(事實) 그대로 고함	고(告)하나니,

한자	부수·훈음·뜻	용례	성어
憐	忄(心) <불쌍히 여길 련> ①불쌍히 여기다 ②가엾게 여기다 ③동정하다(同情) ④어여삐 여기다 ⑤귀여워하다 ⑥사랑하다	* 憐愍(연민) :남을 불쌍하고 가련(可憐)하게 여기는 마음. 연민(憐憫). 측은지심(惻隱之心) * 可憐(가련) :①불쌍함 ②맵시가 아름다운 것을 이름 ③사랑스러움	<연민우맹> 어리석은 백성(百姓)을 불쌍하고 가엽게 여기시어
愍	心 <근심할 민> ①근심하다, 걱정하다, 근심, 걱정 ②가엾어 하다, 불쌍히 여기다 ③힘쓰다, 노력하다(努力)	* 矜愍(긍민) :불쌍하고 가엾음 * 惜愍(석민) :惜閔(석민). 아끼고 슬퍼함	
愚	心 <어리석을 우> ①어리석다, 어리석은 사람, 어리석은 마음 ②우직하다 ③고지식하다 ④나(자기와 관계된 겸칭)	* 愚氓(우맹) :어리석은 백성(百姓). 우민(愚民) * 愚弄(우롱) :사람을 바보로 만들어 놀림 * 愚鈍(우둔) :어리석고 둔함 * 愚直(우직) :어리석고 고지식함 * 愚昧(우매) :어리석고 몽매(蒙昧)함	
氓	氏 <백성 맹> ①백성(百姓) ②서민(庶民)	* 村氓(촌맹) :鄕氓(향맹). 시골에서 사는 백성(百姓) * 山氓(산맹) :山村民 * 農氓(농맹) :農民 * 漁氓(어맹) :漁夫 * 邊氓(변맹) :邊方의 百姓 * 峽氓(협맹) :두메에 사는 농사꾼 * 遺氓(유맹) :亡國의 百姓 * 流氓(유맹) :유랑민(流浪民)	

한자	부수·훈음·뜻	용례	성어
廳	广 <마루 청 / 관청 청> ①마루, 대청(大廳 :방과 방 사이에 있는 큰 마루) ②관청(官廳), 관아(官衙) ③마을 ④건물(建物)	* 廳舍(청사) :관아(官衙)의 집. 관청(官廳)의 건물(建物) * 廳令(청령) :관청(官廳)에서 내리는 명령(命令) * 借廳借閨(차청차규) :<俗>사랑채 빌리면 안방까지 달라 한다. <比喩>남에게 의지하다가 그 권리마저 침범함	<청증진휼> 관청(官廳)에서 구원(救援)의 손길로 흉년(凶年)이 들어 어려운 민생(民生)에 물자(物資)를 보내 구휼(救恤)하시 옵소서" 하니
拯	扌(手) <건질 증> ①건지다 ②구원하다(救援) ③돕다 ④들어 올리다, 취하다(取) ⑤받다, 받아들이다	* 拯濟(증제) :구제(救濟)함 * 拯恤(증휼) :구(求)하여 도와줌 * 拯米(증미) :물에서 건져 낸 젖은 쌀 * 救拯(구증) :救援(구원) * 拯出(증출) :물에 잠긴 물건을 건져 냄. * 拯劣米(증렬미) :한 번 물에 잠기어서 젖었던 쌀	
賑	貝 <구휼할 진> ①구휼하다(救恤) ②가멸다(재산이 넉넉하고 많다) ③넉넉하다	* 賑卹(진휼) :흉년(凶年)이 들었을 때 물자(物資)를 보내어 구제(救濟)함. * 賑恤(진휼) :기아(飢餓)나 질병(疾病), 혹은 돌보아 줄 사람이 없는 백성(百姓)을 구제(救濟)함.	
卹	卩(㔾) <진휼할 휼> ①진휼하다(賑恤) ②구제하다(救濟) ③돌보다 ④가엾게 여기다	* 贍卹(섬휼) :구제(救濟)함. 진휼(賑恤)함 * 卹養田(휼양전) :恤養田(휼양전). 여말선초(麗末鮮初)의 과전법(科田法)에서, 환과고독(鰥寡孤獨)에게 아버지나 남편의 과전(科田) 일부를 떼어 준 논밭	

한자	부수·훈음·뜻	용례	성어
捐	扌(手) <버릴 연 / 줄 연 / 덜 연> ①버리다 ②없애다 ③주다, 바치다, 내놓다, 기부하다(寄附), 기부(寄附), 헌납(獻納) ④덜다 ⑤(벼슬을)사다	* 捐廩(연름) :공익(公益)을 위해 벼슬아치들이 녹봉(祿俸)의 일부(一部)를 덜어 내어서 보태던 일. * 捐助(연조) :捐補(연보). 捐濟(연제). 재물을 기부하여 돕다 * 出捐(출연) :금품(金品)을 내어 원조(援助)함	<연름구휼> 이에 관리(官吏)들 봉록(俸祿)의 일부분(一部分) 을 덜어서 보태서 빈민(貧民)의 곤궁(困窮)을 구제(救濟)하는 한편,
廩	广 <곳집 름> ①곳집(곳간(庫間)으로 지은 집) ②녹미(祿米 :녹봉으로 받는 쌀) ③구호미(救護米) ④쌓다 ⑤저장하다	* 廩囷(늠균) :廩倉(늠창). 倉廩(창름). 쌀을 넣어 두는 곳집. 늠(廩)은 네모난 창고(倉庫), 균(囷)은 둥근 창고(倉庫) * 廩俸(늠봉) :廩料(늠료). 관황(官貺). 관록(官祿). 관름(官廩). 官況(관황). 관리(官吏)들의 녹봉(祿俸)	
救	攵(攴) <구원할 구> ①구원하다(救援), 건지다, 돕다 ②고치다, 치료하다(治療) ③막다, 못하게 하다, 금지하다(禁止)	* 救恤(구휼) :어려운 상황의 백성에게 금품을 주어 구조(救助)함 * 救援(구원) :어려움이나 위험에 빠진 사람을 구해 줌 * 救濟(구제) :고통(苦痛)받는 사람들을 제도(濟度)함 * 救助(구조) :구원(救援)하고 도와 줌 * 救出(구출) :구하여 냄	
恤	忄(心) <불쌍할 휼 / 구휼할 휼> ①불쌍하다 ②구휼하다(救恤) ③근심하다 ④사랑하다, 친애하다 ⑤돌보다 ⑥동정하다(同情)	* 恤兵(휼병) :금품을 보내 전장(戰場)의 병사를 위로(慰勞)함 * 恤救(휼구) :救恤(구휼) * 拯恤(증휼) :구(求)하여 도와줌 * 患難相恤(환난상휼) :환난(患難)이 생겼을 때 서로 도와 줌	

한자	부수·훈음·뜻	용례	성어
借	亻(人) <빌릴 차> ①빌리다, 빌려주다 ②꾸다, 꾸어주다 ③가탁하다(假託 :거짓 핑계를 대다) ④가령(假令), 설령(設令), ~라 할지라도	* 借款(차관) :①돈을 빌다(차용하다). 돈을 빌려주다 ②국가 간에 자금(資金)을 빌려 쓰고 빌려 줌 * 借用(차용) :물건(物件)이나 돈을 빌리거나 꾸어 씀 * 賃借(임차) :요금(料金)을 주고 빌리는 일	<차관표비> 외국(外國)에서 자금(資金)을 빌려다가 나누어 베풀어주게 되었다.
款	欠 <정성 관 / 항목 관> ①정성(精誠), 정의(情意), 친분(親分) ②항목(項目), 조목(條目) ③돈, 경비(經費) ④글을 새기다, 인장(印章)	* 款待(관대) :정성껏 대접함 * 交款(교관) :서로 사귀어 즐김 * 約款(약관) :조약(條約)이나 계약(契約) 등에서 정해진 하나하나의 조항(條項) * 衷款(충관) :衷心(충심). 속에서 우러나는 참된 마음	
俵	亻(人) <나누어줄 표> ①나누어 주다 ②흩다(한데 모였던 것을 따로따로 떨어지게 하다) ③헤치다	* 俵給(표급) :나누어 줌. * 俵災(표재) :흉년(凶年)이 든 때에 조세(租稅)를 감(減)함 * 俵田(표전) :재상(災傷)의 비율에 따라 감세(減稅)된 논밭. * 俵政(표정) :재상(災傷)에 대해 감세하는 국가의 세정(稅政)	
畀	田 <줄 비> ①주다 ②남에게 넘기다 ③수여하다(授與) ④베풀어 주는 물건(物件)	* 畀矜(비긍) :도움을 주며 불쌍히 여김 <周書>(제16篇 多士) 爾克敬 天惟畀矜爾 * 投畀(투비) :왕명(王命)으로 죄인(罪人)을 지정(指定)한 곳에 귀양을 보냄	

奉	大 <받들 봉> ①받들다 ②바치다 ③섬기다, 힘쓰다 ④(제사를)지내다 ⑤기르다, 양육하다(養育) ⑥이바지하다, 돕다	* 奉仕(봉사) :①남을 위(爲)하여 일함 ②국가(國家)나 사회(社會)를 위(爲)해 헌신적(獻身的)으로 일함 * 奉事(봉사) :①웃어른을 받들어 섬김 ②소경 ③官職名 * 奉獻(봉헌) :물건(物件)을 받들어 바침	<봉사단체> 국가(國家)와 사회(社會)를 위해 헌신적(獻身的)으로 일하기 위해 모인 집단(集團)이
仕	亻(人) <벼슬할 사 / 섬길 사> ①벼슬하다 ②선비(학식은 있으나 벼슬하지 않은 사람) ③섬기다, 일하다, 종사하다(從事) ④살피다, 밝히다	* 勤仕(근사) :자기(自己)가 맡은 일에 부지런히 힘써서 일함 * 出仕(출사) :벼슬을 해서 관아(官衙)에 나감 * 仕非爲貧(사비위빈) :관리(官吏)는 빈한(貧寒)해도 녹을 먹기 위(爲)해 일하지 않는다	
團	囗 <둥글 단 / 모일 단> ①둥글다 ②덩어리(둥글게 뭉친 것) ③모이다, 모으다, 모임, 단체(團體), 집단(集團) ④가게, 점포 ⑤지배하다(支配)	* 團體(단체) :같은 목적(目的)을 달성(達成)하기 위하여 모인 사람들의 집단(集團) 조직체(組織體) * 團結(단결) :많은 사람이 마음과 힘을 한데 뭉침. 團合 * 集團(집단) :모여서 이룬 떼. 단체(團體)	
體	骨 <몸 체> ①몸, 신체(身體) ②몸소, 친히(親) ③물질(物質), 물체(物體) ④형상(形狀) ⑤근본(根本) ⑤격식(格式) ⑥체험하다(體驗)	* 體系(체계) :계통적(系統的)으로 통일(統一)한 전체(全體) * 全體(전체) :①온몸. 전신(全身) ②전부(全部). 총체(總體) * 具體的(구체적) :사물이 뚜렷한 실체(實體)를 갖춘 모양 * 絶體絶命(절체절명) :살아날 길이 없는 막다른 처지(處地)	

巡	巛 <돌 순 / 순행할 순> ①돌다 ②순행하다(巡行), 돌아보다, 살피다 ③어루만지다 ④따르다 ⑤활 쏘는 수를 세는 단위(單位)	* 巡視(순시) :돌아다니며 보살핌. 시찰(視察)함 * 巡狩(순수) :임금이 나라 안을 두루 보살피며 돌아다님 * 巡察(순찰) :순행(巡行)하면서 사정(事情)을 살핌 * 巡廻(순회) :여러 곳을 돌아다니는 것	<순시방문> 돌아다니며 보살피려고 찾아가는데,
視	礻(示) <볼 시> ①보다 ②보이다 ③엿보다 ④간주하다(看做) ⑤일을 맡아보다 ⑥본받다	* 視覺(시각) :빛의 자극(刺戟)을 받아 눈으로 느끼는 것 * 視角(시각) :①보는 각도(角度) ②생각하는 방향(方向) * 監視(감시) :감독(監督)하고 살피어 봄 * 無視(무시) :눈여겨보지 않음, 사람을 깔보거나 업신여김	
訪	言 <찾을 방> ①찾다, 구하다(求) ②탐구하다(探求) ③뵙다, 심방하다(尋訪 :방문하여 찾아보다) ④조사하다(調査) ⑤(의견을)묻다	* 訪問(방문) :남을 찾아가 봄. 물어서 찾다 * 巡訪(순방) :차례(次例)로 돌아가며 방문(訪問)함 * 探訪(탐방) :①탐문하여 찾아 봄 ②기자(記者)가 기사(記事거리를 얻을 목적으로 취재(取材)하러 가다	
問	口 <물을 문> ①묻다, 물음 ②문초하다(問招) ③방문하다(訪問), 찾다 ④부르다 ⑤알리다 ⑥소식(消息)	* 問題(문제) :해답(解答)을 얻으려고 낸 물음 * 疑問(의문) :①의심(疑心)하여 물음 ②의심스러운 생각 * 諮問(자문) :전문가(專門家)에게 의견(意見)을 묻는 것 * 不問可知(불문가지) :묻지 않아도 가히 알 수 있음	

醫	酉 <의원 의> ①의원(醫員), 의사(醫師) ②의술(醫術) ③의학(醫學) ④(병을)고치다, 치료하다(治療) ⑤무당(巫堂)	* 醫療(의료) :병을 치료(治療)함 * 醫師(의사) :병(病)을 고치는 것을 업(業)으로 삼는 사람 * 醫學(의학) :치병(治病)에 관해 연구(硏究)하는 학문(學問) * 醫藥品(의약품) :의료(醫療)에 쓰이는 약품(藥品)	<의총병증> 의원(醫員)은 앓는 병(病)의 증상(症狀)에 총명(聰明)하므로
聰	耳 <귀밝을 총> ①귀가 밝다 ②사리(事理)에 밝다 ③총명하다(聰明) ④듣다 ⑤살피다 ⑥민첩하다(敏捷)	* 聰氣(총기) :총명(聰明)한 기질(氣質) * 聰明(총명) :①눈과 귀가 예민(銳敏)함 ②도리(道理)에 밝음 * 聰睿(총예) : 聰明(총명) * 聰明不如鈍筆 :총명(聰明)은 둔필(鈍筆)만 못함. 기록의 중요성	
病	疒 <병 병> ①병(病), 질병(疾病), 앓다 ②근심 ③흠, 결점(缺點), 하자(瑕疵) ④성벽(性癖), 좋지 않은 버릇	* 病症(병증) :병으로 앓는 증세(症勢) * 病院(병원) :병자(病者)를 진찰(診察) 및 치료(治療)하기 위해 설비(設備)를 갖추어 놓은 곳. * 疾病(질병) :신체기능(身體機能)의 장애(障礙)로 인한 病	
症	疒 <증세 증> ①증세(症勢 :병을 앓을 때 나타나는 여러 가지 상태나 모양), 증상(症狀) ②적취(積聚) (징) ③어혈(瘀血) (징)	* 症狀(증상) :병(病)을 앓을 때의 형세(形勢)나 겉으로 나타나는 여러 가지 모양(模樣) * 症勢(증세) :병으로 앓는 여러 가지 모양(模樣) * 後遺症(후유증) :병을 앓고 난 뒤 남는 병적(病的) 증세	

健	亻(人) <굳셀 건> ①굳세다 ②건강하다(健康), 튼튼하다 ④꿋꿋하다 ⑤군사(軍士)	* 健康(건강) :정신적(精神的)·신체적(身體的)으로 병(病)이 없이 좋은 기능(機能)을 가진 상태(狀態) * 健全(건전) :건강(健康)하고 온전(穩全)함 * 剛健(강건) :①뜻이 굳세며 건전함 ②필력(筆力)이 씩씩함	<건강진단> 몸에 병(病)이 있는지 없는지를 환자(患者)를 진찰(診察)하여 판단(判斷)한다
康	广 <편안할 강> ①(몸과 마음이)편안(便安)함 ②편안하다(便安) ③온화해지다(溫和) ④즐거워하다 ⑤오거리(康)	* 康健(강건) :(윗사람의) 기력(氣力)이 튼튼함 * 康寧(강녕) :몸이 건강(健康)하여 마음이 편안(便安)함 * 康衢(강구) :사방팔방(四方八方)으로 두루 통하는 큰 길거리. 康은 오거리, 衢는 네거리 * 康衢煙月	
診	言 <진찰할 진> ①진찰하다(診察) ②맥(脈)을 보다 ③증험하다(證驗 :실지로 경험하다) ④고하다(告) ⑤증상(症狀)	* 診斷(진단) :의사(醫師)가 환자(患者)를 진찰(診察)하여 병상(病狀)을 판단(判斷)함 * 打診(타진) :①손가락 끝으로 두드려서 병세(病勢)를 알아냄 ②남의 마음이나 알려고 미리 떠봄	
斷	斤 <끊을 단> ①끊다 ②나누다, 나누이다 ③결단하다(決斷) ④단연(斷然 :확실히 단정할 만하게) ⑤조각 ⑥한결같음	* 斷定(단정) :딱 잘라 판단(判斷)하고 결정(決定)함 * 斷乎(단호) :결심(決心)한 것을 과단성(果斷性)있게 처리함 * 遮斷(차단) :가로막아 사이를 끊음 * 判斷(판단) :생각하여 판가름함. 판정(判定). 단정(斷定)	

疝	疒 <산증 산> ①산증(疝症 :허리 또는 아랫배가 아픈 병) ②배가 아프다	* 疝疼(산동) :허리 또는 아랫배가 아픈 것 * 疝症(산증) :疝疾(산질). 허리 또는 아랫배가 아픈 병(病) * 癩疝(퇴산) :㿉疝(퇴산). 불알이 붓는 병의 통틀어 일컬음 * 血疝(혈산) :便癰(변옹). 가래톳이 서서 멍울이 생기는 병(病)	<산동빈신> 아랫배가 아파오면서 얼굴을 찡그린 채 끙끙거리고 앓으며
疼	疒 <아플 동> ①몸이 쑤시고 아프다 ②욱신거리다 ③귀여워하다	* 疼痛(동통) :신경(神經) 자극(刺戟)에 의해 몸이 쑤시게 느껴지는 아픔 * 瘡疼(창동) :부스럼. 창(瘡) * 頭疼(두동) :頭痛(두통). 머리 부분(部分)에 생기는 통증(痛症)	
嚬	口 <찡그릴 빈> ①찡그리다 ②눈살을 찌푸리다 ③하품하다 ④웃는 모양	* 嚬呻(빈신) :顰呻(빈신). 얼굴을 찡그리고 끙끙거림 * 嚬笑(빈소) :얼굴을 찡그림과 웃음. 곧 기쁨과 슬픔 * 嚬蹙(빈축) :①눈살을 찌푸리고 얼굴을 찡그리는 것 ②남들로부터 받는 비난(非難)이나 미움	
呻	口 <끙끙거릴 신 / 읊조릴 신> ①끙끙거리다, 앓는 소리를 내다 ②읊조리다, 웅얼거리다	* 呻吟(신음) :병(病)이나 고통(苦痛)으로 앓는 소리를 냄 * 呻囈(신예) :呻吟(신음) * 顰呻(빈신) :嚬呻(빈신). 찡그리고 신음(呻吟)한다는 뜻으로, 견디기 어려운 고통(苦痛)을 이르는 말	

痢	疒 <설사 리> ①설사(泄瀉) ②이질(痢疾) ③곱똥(곱이 섞여 나오는 똥)	* 痢疾(이질) :痢漸(이점). 배가 아프고 설사(泄瀉)가 잦으며, 똥에 곱이 섞여 나오는 병(病) * 痢症(이증) :곱똥이 나고 뒤가 잦은 이질(痢疾)의 증세(症勢) * 赤白痢(적백리) :적리(赤痢)와 백리(白痢)가 겹친 이질(痢疾)	<이질설사> 이질(痢疾)이 걸려서 설사(泄瀉)를 하는 환자(患者)에게는,
疾	疒 <병 질 / 빠를 질> ①병(病), 질병(疾病) ②괴로움, 아픔 ③흠, 결점(缺點) ④불구자(不具者) ⑤해독(害毒) ⑥빨리, 급히, 신속(迅速)	* 疾病(질병) :신체(身體) 기능(機能)의 장애(障礙)로 인한 병 * 疾患(질환) :질병(疾病). 몸의 온갖 병(病) * 痼疾(고질) :오래도록 낫지 아니하여 고치기 어려운 병(病) * 疾言(질언) :빠르고 급한 말투 * 疾走(질주) :빨리 달림	
泄	氵(水) <샐 설> ①새다, 틈이나 구멍으로 흘러나오다 ②싸다, 설사하다(泄瀉) ③알려지다 ④없애다, 줄다 ⑤일어나다, 발생하다	* 泄瀉(설사) :腹瀉(복사). 배탈이 났을 때 누는 묽은 똥 * 泄怒(설노) :노여움을 터뜨리다 *泄密(설밀) :비밀이 새다 * 泄底(설저) :(비밀·내막을)드러내다. 본성을 드러내다. * 泄恨(설한) :泄憤(설분). 원한을 풀다 * 漏泄(누설) :새 나옴	
瀉	氵(水) <쏟을 사> ①쏟다, 쏟아지다, 물을 쏟아 붓다 ②설사하다(泄瀉) ③게우다	* 吐瀉癨亂(토사곽란) :위로는 토하고 아래로는 설사(泄瀉)하면서 배가 질리고 아픈 급성(急性) 위장병(胃腸病) * 一瀉千里(일사천리) :강물이 쏟아져 단번에 천리를 간다는 뜻으로, 조금도 거침없이 빨리 진행(進行)됨	

刀	刀 <칼 도> ①칼 ②화폐(貨幣)의 이름 ③거룻배(돛이 없는 작은 배) ④종이 100장 ⑤무게의 단위(單位) ⑥갈치(바닷고기)	* 刀圭(도규) :①약(藥)을 뜨는 숟가락 ②의약(醫藥). 의술(醫術) ③의원(醫員)의 별칭(別稱) * 刀劍(도검) :칼과 검. 刀는 외날의 칼, 劍은 양날의 칼 * 短刀(단도) :길이가 짧은 칼	<도규제약> 약(藥)을 뜨는 숟가락으로 약(藥)을 조제(調劑)하고 <의사(醫師)가 조제(調劑)하여 약(藥)을 지어주고,>
圭	土 <홀 규 / 서옥 규 / 모날 규> ①홀(笏 :諸侯를 봉할 때 사용하던 信印) ②서옥(瑞玉 :상서로운 구슬) ③용량(容量) 단위 ④저울눈 ⑤모서리	* 圭璋(규장) :옥으로 만든 귀중한 그릇이나 예식(禮式) 때 장식으로 쓰는 구슬. <比喩>훌륭한 인품(人品) * 圭田(규전) :①이등변삼각형(三角形)으로 된 논밭 ②수확물(收穫物)로 제사(祭祀)를 드리는 밭	
劑	刂(刀) <약제 제> ①약제(藥劑) ②첩(貼 :약봉지를 세는 단위) ③조제하다(調劑), 배합하다(配合) ④조절하다(調節) ⑤쪼개다, 가지런히 끊다	* 劑藥(제약) :약재(藥材)를 조합(組合)하여 첩약(貼藥)을 만듦 * 劑量(제량) :따져서 잘 헤아림 * 和劑(화제) :약의 처방(處方) * 藥劑(약제) :여러 가지 약재(藥材)를 섞어서 조제(調劑)한 약 * 調劑(조제) :여러 가지 약품을 적절히 조합하여 약(藥)을 만듦	
藥	艹(艸·草) <약 약> ①약(藥) ②약초(藥草 :약으로 쓰는 풀) ③구릿대(산형과의 여러해살이풀) ④작약(芍藥) ⑤독(毒) ⑥화약(火藥)	* 藥房(약방) :藥局(약국) * 藥方(약방) :藥方文(약방문). 藥和劑(약화제). 處方箋(처방전) * 良藥苦口(양약고구) :좋은 약은 입에 쓰다. <比喩>충언(忠言)은 귀에 거슬린다	

疥	疒 <옴 개> ①옴(옴진드기가 기생하여 일으키는 전염 피부병) ②학질(瘧疾 :말라리아와 같은 열병) ③더럽히다	* 疥癬(개선) :옴과 버짐 * 疥癩(개라) :나병(癩病) * 疥瘡(개창) :옴. 옴진드기가 기생(寄生)하여 일으키는 전염(傳染) 피부병(皮膚病) * 乾疥(건개) :마른 옴	<개선소양> 옴이 옮아 가려운 데를 긁어서
癬	疒 <옴 선> ①옴(옴진드기가 기생하여 일으키는 전염 피부병) ②버짐 ③종기(腫氣 :큰 부스럼) ④옮다	* 乾癬(건선) :마른버짐 * 白癬(백선) :피부 사상균(絲狀菌)의해 생기는 전염성 피부염 * 可憎之犬鼻不離癬 :사나운 개 콧등 아물 틈이 없다. <俗>난폭한 놈은 늘 싸움만 하여 상처가 아물 새가 없음	
搔	扌(手) <긁을 소> ①긁다, 손톱 따위로 긁다 ②소란하다(騷亂), 떠들다(騷) ③마음이 움직이다 ④굳게 지키다 ⑤붙잡다, 사로잡다	* 搔癢(소양) :가려운 데를 긁다. * 隔靴搔癢(격화소양) :가죽신을 신고 가려운 발을 긁는다. <比喩>하는 행동에 비해 그 효과(效果)가 너무 적음	
癢	疒 <가려울 양> ※ 痒과 同 ①가렵다, 근지럽다 ②넓다 ③종기(腫氣) ④병(病), 질병(疾病) ⑤유유한 모양((儒儒 :어물어물한 모양)	* 伎癢(기양) :技癢(기양). 지니고 있는 재주를 쓰고 싶어서 마음이 간질간질함 * 癢木(양목) :백일홍 * 癢癩子(양라자) :쐐기	

<table>
<tr><td>粘</td><td>米 <끈끈할 점>
①끈끈하다 ②붙다, 달라붙다
③차지다(음식이 끈기가 많다)</td><td>* 粘膜(점막) :소화기(消化器)·기도(氣道)·비뇨생식도(泌尿生殖道) 따위의 내면(內面)을 싸고 있는 부드럽고 끈끈한 막(膜)
* 粘性(점성) :차지고 끈끈한 성질(性質)</td><td rowspan="4"><점막궤양>

피부(皮膚)
점막(粘膜)의
조직(組織)이
헐어서
짓무르고</td></tr>
<tr><td>膜</td><td>月(肉) <막 막 / 꺼풀 막>
①꺼풀, 얇은 막(膜) ②어루만지다
③오랑캐 절(膜拜)(모)
④무릎을 꿇다(모)</td><td>* 角膜(각막) :눈의 겉을 싼 투명(透明)한 막
* 鼓膜(고막) :귓구멍 안쪽에 있는 얇은 막
* 細胞膜(세포막) :細胞壁(세포벽). 세포의 형태를 유지(維持)하는 아주 얇은 막. 원형질막(原形質膜)</td></tr>
<tr><td>潰</td><td>氵(水) <무너질 궤>
①무너지다, 무너뜨리다 ②흩어지다
③문드러지다 ④어지럽다 ⑤성내다
⑥이루다, 성취하다(成就)</td><td>* 潰瘍(궤양) :피부(皮膚)나 점막(粘膜)이 짓물러 헐는 병(病)
* 潰亂(궤란) :싸움에 패해 흩어져 도망(逃亡)침. 궤주(潰走)
* 潰滅(궤멸) :무너지거나 흩어져서 없어지는 것
* 潰兵(궤병) :궤주(潰走)하는 병사(兵士). 패잔병(敗殘兵)</td></tr>
<tr><td>瘍</td><td>疒 <헐 양 / 종기 양>
①(피부가)헐다 ②종기(腫氣), 부스럼
③상처 ④두창(痘瘡 :천연두)
⑤(가축의)설사병(泄瀉病)(탕)</td><td>* 膿瘍(농양) :화농성(化膿性) 염증(炎症)으로 고름이 고인 상태
* 腫瘍(종양) :세포(細胞)가 병적(病的)으로 증식(增殖)하여 무의미(無意味)한 조직괴(組織塊)가 만들어지는 병증
* 瘡瘍(창양) :瘡腫(창종). 피부(皮膚)에 생기는 온갖 부스럼</td></tr>
</table>

<table>
<tr><td>癰</td><td>疒 <악창 옹>
①악창(惡瘡 :고치기 힘든 부스럼)
②헌데 ③종기(腫氣) ④등창(등에 나는 부스럼) ⑤(코가) 냄새를 맡지 못하다</td><td>* 癰疽(옹저) :①옹(癰)과 저(疽)를 아울러 일컬음 ②큰 종기(腫氣)
* 癰癤(옹절) :급성(急性)으로 곪고 한가운데에 큰 근(根)이 박히는 큰 종기(腫氣)</td><td rowspan="4"><옹저정창>

악성(惡性)
종기(腫氣)가
되어 못처럼
단단한 뿌리가
박힌 부스럼이
되어서</td></tr>
<tr><td>疽</td><td>疒 <등창 저>
①등창(瘡 :등에 나는 큰 부스럼)
②악창(惡瘡 :고치기 힘든 부스럼)
③악성(惡性) 종기(腫氣), 악성 부스럼</td><td>* 壞疽(괴저) :괴사(壞死)한 부분(部分)이 부패(腐敗)한 상태
* 吮疽之仁(연저지인) :<故事>주(周)나라의 오기(吳起)란 장수(將帥)가 부하(部下) 군사(軍士)의 종기(腫氣)를 입으로 빨아서 고쳤음. <比喩>부하(部下) 사랑</td></tr>
<tr><td>疔</td><td>疒 <헌데 정 / 정 정>
①정(疔 :단단하고 뿌리가 깊으며 형태가 못과 같은 부스럼) ②종기(腫氣 : 피부가 곪아 생기는 부스럼), 헌데</td><td>* 疔瘡(정창) :단단하고 뿌리가 깊으며 형태(形態)가 못과 같은 부스럼. 증세(症勢)가 위중(危重)한 부스럼
* 疔疽(정저) :헌데의 꼭대기가 까맣고 단단하여 못같이 된 종기(腫氣)</td></tr>
<tr><td>瘡</td><td>疒 <부스럼 창>
①부스럼 ②종기(腫氣: 피부가 곪으면서 생기는 큰 부스럼)
③헌데 ④상처(傷處), 상처내다</td><td>* 痘瘡(두창) :疱瘡(포창). 天疱瘡(천포창). 천연두(天然痘)
* 牙口瘡(아구창) :鵝口瘡(아구창). 아감창(牙疳瘡). 口內炎
* 滿身瘡痍(만신창이) :온몸이 성한 데 없는 상처(傷處)투성이라는 뜻으로, 아주 형편(形便)없이 엉망임</td></tr>
</table>

<table>
<tr><td>膚</td><td>月(肉) <살갗 부>
①살갗, 피부(皮膚) ②겉껍질, 표피(表皮) ③저육(돼지고기), 저민 고기 ④깔개 ⑤길이(네 손가락을 나란히 한 폭)</td><td>* 皮膚(피부) :살갗. 동물의 몸의 겉 부분을 덮고 있는 부분
* 身體髮膚(신체발부) :머리끝부터 발끝까지의 몸 전체(全體)
* 雪膚花容(설부화용) :눈처럼 흰 살결과 꽃처럼 고운 얼굴. <比喩>미인(美人)의 용모(容貌)</td><td rowspan="4"><부이부농>

피부(皮膚)가
상(傷)하고
썩어서 고름이
생긴
환자(患者)에
게는</td></tr>
<tr><td>痍</td><td>疒 <상처 이>
①상처(傷處) ②상처(傷處)를 입다
③다치다</td><td>* 創痍(창이) :병기(兵器)에 다친 상처(傷處)
* 傷痍(상이) :부상(負傷)함 * 傷痍軍人(상이군인) :부상당한 군인
* 創痍未瘳(창이미추) :칼에 맞은 상처가 아직 아물지 않았음. <比喩>전란(戰亂)의 피해가 아직 회복되지 않았음</td></tr>
<tr><td>腐</td><td>肉 <썩을 부>
①썩다, 썩히다 ②(나쁜)냄새가 나다
③(마음을)상하다(傷) ④궁형(宮刑 :음부를 제거하는 형벌) ⑤개똥벌레(반딧불이)</td><td>* 腐蝕(부식) :썩어서 벌레 먹은 것처럼 삭음
* 腐敗(부패) :부패균(腐敗菌)에 의(依)해 물질(物質)이 썩음
* 豆腐(두부) :콩으로 만든 식품의 하나. 腐는 물렁물렁하다는 뜻
* 陳腐(진부) :케케묵음. 새롭지 못함 * 切齒腐心(절치부심)</td></tr>
<tr><td>膿</td><td>月(肉) <고름 농>
①고름 ②짓무르다(살갗이 헐어서 문드러지다) ③썩어 문드러지다
④진한 국물 ⑤살찐 모양</td><td>* 膿痳(농림) :膿淋(농림). 하감(下疳). 매독(梅毒)의 초기 궤양
* 化膿(화농) :(傷處 따위가) 곪아서 고름이 생김
* 會膿(회농) :곪음
* 蓄膿症(축농증) :부비강(副鼻腔) 점막(粘膜)의 염증(炎症)</td></tr>
</table>

<table>
<tr><td>剖</td><td>刂(刀) <쪼갤 부>
①쪼개다 ②가르다, 깨뜨리다
③다스리다, 처리하다(處理) ④똑똑히
⑤명확하다(明確), 명백하다(明白)</td><td>* 剖析(부석) :쪼개어 가른다는 뜻으로 명확(明確)히 분석(分析)하여 판단(判斷)함을 이름
* 解剖(해부) :생체(生體)의 한 부분(部分)을 쪼개어 내부(內部)를 조사(調査)하는 일</td><td rowspan="4"><부석검증>

갈라서
분석(分析)하고
검사(檢査)하여
병증(病症)을
증명(證明)하고
나서</td></tr>
<tr><td>析</td><td>木 <쪼갤 석>
①(나무를)쪼개다, 나누어지다
②가르다, 해부하다(解剖) ③밝히다
④갈라지다, 흩어지다, 분산되다(分散)</td><td>* 分析(분석) :사물의 성분(成分)이나 요소(要素)를 갈라냄
* 透析(투석) :고분자(高分子) 용액을 정제(精製)하는 방법
* 蕩析(탕석) :蕩散(탕산). 망하여 뿔뿔이 흩어져 없어짐.
* 利析秋毫(이석추호) :이해(利害)에 관해 작은 것도 따짐</td></tr>
<tr><td>檢</td><td>木 <검사할 검>
①검사하다(檢査) ②조사하다(調査)
③단속하다(團束) ④검속하다(檢束)
⑤금제하다(禁制 :못하게 말리다)</td><td>* 檢證(검증) :검사(檢査)하여 증명(證明)함
* 檢査(검사) :실제(實際)의 상황을 잘 살피고 조사(調査)함
* 檢討(검토) :내용을 충분히 조사(調査)하여 연구(硏究)함
* 點檢(점검) :낱낱이 검사(檢査)함</td></tr>
<tr><td>證</td><td>言 <증거 증>
①증거(證據) ②증명하다(證明), 밝히다
③병상(病狀), 병세(病勢), 증상(症狀)
④깨닫다, 득도하다(得道)</td><td>* 證據(증거) :어떤 사실을 증명(證明)할 수 있는 근거(根據)
* 證言(증언) :사실(事實)을 증명(證明)하는 말
* 檢證(검증) :검사(檢査)하여 증명(證明)함
* 傍證(방증) :간접적(間接的)인 증거(證據)</td></tr>
</table>

溶	氵(水) <녹을 용> ①녹다, 용해하다(溶解) ②흔들다 ③질펀히 흐르다 ⑤성한 모양(盛) ⑥마음이 편하고 한가로운 모양	* 溶液(용액) :두 가지 이상(以上)의 물질(物質)이 섞여서 균질(均質)하게 되어 있는 액체(液體) * 溶解(용해) :한 물질(物質)이 다른 물질에 녹아 고르게 섞이는 현상(現狀)	<용액주사> 약(藥) 성분(成分)이 녹아있는 액체(液體)를 주사(注射)하고
液	氵(水) <진 액> ①진, 진액(津液), 유동체(流動體) ②즙(汁) ③(얼음이)녹다 ④(윤기가)나다	* 液體(액체) :일정한 모양(模樣)이 없이 유동(流動)하는 물질 * 液晶(액정) :액체(液體)와 결정(結晶)과의 중간 상태(狀態) * 血液(혈액) :피. 몸 안에 돌며 산소(酸素)와 영양(營養)을 공급(供給)하는 붉은빛의 액체(液體)	
注	氵(水) <부울 주 / 주를 달 주> ①붓다(액체나 가루 따위를 다른 곳에 담다) ②(물을)대다 ③(뜻을)두다 ④주를 달다, 주석(註釋), 기록하다(記錄)	* 注射(주사) :몸에 약(藥)을 바늘로 찔러 넣음 * 注入(주입) :흘러들어가게 쏟아서 넣음 * 注目(주목) :관심(關心)을 가지고 주의(注意)깊게 살핌 * 注文(주문) :①注解(注釋)한 글 ②남에게 일의 내용을 부탁함	
射	寸 <쏠 사> ①쏘다, 사궁(射弓) ②쏘아 잡다, 맞히다 ③사수(射手) ③비추다 ④추구하다(追求) ⑤향사례(鄕射禮 :활쏘기를 겨루던 일)	* 射擊(사격) :총, 대포(大砲) 따위로 목표(目標)를 쏨 * 發射(발사) :총포(銃砲), 활 따위를 쏨 * 反射(반사) :뻗쳐나가던 것이 부딪쳐서 되돌아오는 현상 * 放射(방사) :중앙의 한 점에서 바퀴살 모양으로 내뻗침	

消	氵(水) <사라질 소> ①사라지다, 없애다, 소멸시키다(消滅) ②삭이다, (쇠하여)줄어들다 ③소모하다(消耗), (시간을)보내다 ④소식(消息)	* 消毒(소독) :약물(藥物)이나 열 등(等)으로 병원균(病原菌)을 죽이거나 힘을 못 쓰게 하는 일 * 消耗(소모) :써서 없어짐 * 消日(소일) :날(歲月)을 보냄 * 消息(소식) :안부(安否)를 전하는 말이나 글 따위	<소독면붕> 소독(消毒)을 해서 솜으로 감아 묶어주어
毒	毋 <독 독> ①독(毒), 해독(害毒), 해악(害惡) ②해치다(害), 괴롭히다, 죽이다 ③비참(悲慘)하고 참혹(慘酷)한 방법	* 毒物(독물) :독이 들어있는 물질 * 毒性(독성) :독한 성질 * 毒素(독소) :해로운 요소 * 惡毒(악독) :악하고 독살스러움 * 中毒(중독) :독물(毒物)이 체내(體內)에서 기능장애를 일으킴 * 害毒(해독) :해치고 망가뜨림 * 解毒(해독) :독기를 풀어 없앰	
棉	木 <목화 면> ①목화(木花 :아욱과의 한해살이풀)	* 棉亘(면긍) :끊임없이 이어져 뻗침 * 棉實(면실) :목화(木花)의 씨 * 棉油(면유) :목화씨(木花) 기름 * 棉花(면화) :木花(목화). 섬유질(纖維質)인 솜을 뽑는 식물(植物) * 木棉(목면) :木綿(목면). 목화(木花)나무	
繃	糸 <묶을 붕> ①묶다 ②잡아 당겨 매다 ③감다 ④크다 ⑤으뜸 ⑥포대기	* 繃結(붕결) :맺거나 맺히거나 함 * 繃帶(붕대) :상처(傷處)나 헌데 따위에 감는 얇은 헝겊 띠 * 繃渤(붕발) :흐르는 큰 물결이 서로 부딪쳐서 나는 소리	

治	氵(水) <다스릴 치> ①다스리다, (질서가)바로 잡히다 ②정사(政事), 정치(政治) ③(병을)고치다	* 治療(치료) :병(病)이나 상처(傷處)를 다스려서 낫게 함 * 治世(치세) :세상(世上)을 잘 다스림 * 政治(정치) :국가(國家) 권력(權力)을 행사(行使)하여 영토(領土)와 국민(國民)을 다스리는 일	<치료전유> 치료(治療)를 하여 병(病)이 깨끗이 낫게 한다.
療	疒 <고칠 료> ①(병을)고치다, 치료하다(治療) ②(고통을)면하다(免), 극복하다(克服) ③물리치다	* 療養(요양) :휴양(休養)하면서 치료(治療)하는 것 * 療飢(요기) :조금 먹어서 시장기를 면함(免)함 * 加療(가료) :치료를 해주는 것 * 醫療(의료) :병을 치료함 * 診療(진료) :진찰(診察)과 치료(治療)	
痊	疒 <나을 전> ①(병이)낫다 ②(병을)고치다	* 痊癒(전유) :전유(痊愈). 쾌유(快癒). 병(病)이 깨끗이 나음 * 痊復(전복) :병(病)이 나아서 건강(健康)을 회복(回復)함 * 平痊(평전) :병(病)이 다 나음	
癒	疒 <병 나을 유> ①(병이)낫다 ②(남보다)낫다, 뛰어나다 ③더욱, 한층 더 ④앓다, 병들다(病) ⑤해치다(害), 위해(危害)	* 癒着(유착) :분리(分離)돼 있어야 할 조직면(組織面)이 섬유성(纖維性) 조직으로 연결됨 * 政經癒着 * 治癒(치유) :치료(治療)하여 병(病)을 낫게 함 * 快癒(쾌유) :병(病)이나 상처(傷處)가 깨끗이 나음	

癱	疒 <중풍 탄> ①중풍(中風 :뇌혈관의 장애로 인한 병(病) ②마비증(痲痹症), 마비되다(痲痹) ③뻣뻣하다 ④사지(四肢)가 틀리다	* 癱瘓(탄탄) :중풍(中風)으로 팔 다리에 마비(痲痹)가 일어나는 병증(病症). 반신 불수(半身不隨) * 單癱(단탄) :單痲痹(단마비). 신체의 부분(部分) 마비(痲痺) * 左癱又瘓(좌탄우탄) :<中語>전신불수(全身不隨)	<탄탄함측> 중풍(中風)으로 반신불수(半身 不隨)가 되고 아래턱이 비뚤게 기울고
瘓	疒 <중풍 탄> ①중풍(中風 :뇌혈관의 장애로 인한 病) ②앓는 모양	* 膈癱瘓(격탄탄) :<中語>가름막 마비, 횡격막(橫膈膜) 마비 * 手足癱瘓(수족탄탄) :반신불수(半身不隨). 몸의 어느 한쪽이 마비(痲痹)된 상태. 편마비(片痲痺)라고도 함	
頷	頁 <턱 함> ※ 顄·頜과 同 ①턱(발음하거나 씹는 일을 하는 기관), 아래턱 ②굶어 누렇게 뜬 모양, 부황(浮黃)이 들다, 얼굴빛이 누렇다 ③끄덕이다(암)	* 頷可(함가) :머리를 끄덕거려 승낙(承諾)함. 좋다고 수긍(首肯)함 * 頷聯(함련) :율시(律詩)의 앞의 연구(聯句·連句) * 頷下(함하) :頷下物(함하물). 남이 먹다 남긴 음식(飮食)	
仄	人 <기울 측> ①기울다, 기울게 하다 ②곁, 옆 ③(몸을)뒤척이다 ④희미하다(稀微), 어렴풋하다 ⑤(신분이)미천하다(微賤)	* 仄聞(측문) :①얼핏 풍문에 들음 ②남의 말을 잠깐 들음 * 仄日(측일) :斜陽(사양). ①지는 햇빛 ②쇠퇴(衰退)함 * 仄跡(측적) :의지하여 발을 붙임. 또는 함께 어울림. * 仄行(측행) :모로 걸음, 또는 비뚜로 걸음	

痲	疒 <저릴 마> ①저리다, 마비되다(痲痹·痲痺) ②마마꽃 ③홍역(紅疫)	* 痲痹(마비) :①신경(神經), 근육(筋肉)이 그 기능(機能)을 잃는 병(病) ②사물(事物)의 기능(機能)이 정지(停止)되거나 소멸(消滅)되는 일 * 痲醉(마취) :약물(藥物)로 인해 감각(感覺)을 마비(痲痺)시킴	<마비장애> 신경감각(神經感覺)이 무디어져서 지척거리며 잘 걷지 못하는 환자(患者)와
痹	疒 <저릴 비> ①저리다(痺) ②마비되다(痲痹·痲痺) ③각기병(脚氣病) ④습병 ⑤류머티즘(rheumatism)	* 風痹(풍비) :뇌척수(腦脊髓)의 장애(障礙)로 말미암아 몸과 팔다리가 마비(痲痺)되는 병(病) * 小兒痲痹(소아마비) :소아(小兒)에 발생(發生)하는 수족(手足)의 마비성(痲痺性) 질환(疾患)	
障	阝(阜) <막을 장> ①막다, 가로막히다, 칸막이 ②장애(障礙) ③보루(堡壘 :적의 침입을 막기 위해 튼튼하게 쌓은 구축물) ④둑 ⑤병풍(屛風)	* 障礙(장애) :신체(身體) 기관(器官)이 본래(本來)의 제 기능(機能)을 하지 못함. * 障壁(장벽) :가리어 막은 벽(壁) * 保障(보장) :일이 잘 되도록 보호(保護)하거나 뒷받침함	
礙	石 <거리낄 애> ※ 碍는 俗字 ①거리끼다 ②장애(障礙)가 되다 ③지장(支障)을 주다, 방해하다(妨害) ④거치적거리다, 거북하다	* 拘礙(구애) :거리끼거나 얽매임 * 障礙(장애) :본래(本來)의 제 기능(機能)을 제대로 못함 * 礙人耳目(애인이목) :남의 이목(耳目)을 꺼림 * 無障無礙(무장무애) :아무런 장애(障礙)가 되는 것이 없음	

胅	月(肉) <뼈마디 퉁길 질 / 삘 질> ①뼈마디를 퉁기다 ②삐다(骨差) ③돌출하다(突出) ④태아(胎兒)		<질과진어> 복사뼈를 삐어서 부어오르고 멍이 들은 환자(患者)에게는
踝	足 <복사뼈 과> ①복사뼈 ②발꿈치 ③딴딴한 모양	* 踝骨(과골) :복사뼈 * 踝部(과부) :복사뼈가 있는 부분(部分) * 內踝(내과) :발의 안쪽에 있는 복사뼈 ↔ 外踝(외과)	
䐜	月(肉) <부어오를 진> ①붓다(살가죽이나 어떤 기관이 부풀어 오르다), 부어오르다 ②크다	* 䐜脹(진창) :피부가 부어오르고 팽팽하여지는 증상	
瘀	疒 <어혈 어> ①어혈지다(瘀血 :타박상 따위로 살속에 피가 맺히다) ②(병으로)앓다 ③병(病), 어혈(瘀血)	* 瘀血(어혈) :몸에 피가 제대로 돌지 못하여 한 곳에 맺혀 있는 증세(症勢), 또는 그 피. 흔히 무엇에 부딪쳤을 때에 생김	

鍼	金 <침놓을 침> ※ 針과 通用 ①침(針 :바늘) ②바늘, 바느질하다 ③가시 ④찌르다 ⑤침을 놓다	* 鍼灸(침구) :한방(韓方)에서, 침질과 뜸질을 아울러 이름 * 鍼術(침술) :침을 놓아 병(病)을 다스리는 의술(醫術) * 一鍼(일침) :침 한 대. 따끔침 한 대 * 偸鍼(투침) :다래끼. 속눈썹의 뿌리에 생기는 작은 부스럼	<침구수혈> 침(鍼)을 놓거나 뜸을 뜨는 자리(經穴)에다가 침(鍼)을 놓고 뜸을 뜨는데,
灸	火 <뜸 구> ①뜸(병을 치료하는 방법의 하나) ②뜸을 뜨다, 뜸을 뜬 자리 ③(불로)지지다 ④버티다, 지탱하다(支撐)	* 灸治(구치) :뜸으로 병(病)을 고침 * 灸穴(구혈) :뜸을 뜰 수 있는 몸의 일정(一定)한 자리 * 面灸(면구) :남을 마주 대하기가 부끄러운 데가 있음. 면구스럽다	
腧	月(肉) <경혈이름 수> ①경혈(經穴)의 이름 ②아첨(阿諂)하는 모양 (유)	* 腧穴(수혈) :침을 놓거나 뜸을 뜨는 자리. 경락(經絡)은 오장육부(五臟六腑)의 반응(反應)이 몸 거죽에 나타나는 경로(經路)를 말하는데, 이러한 경락(經絡)에 있는 수혈(腧穴)을 경혈(經穴)이라고 함	
穴	穴 <구멍 혈> ①구멍 ②굴(窟), 동굴(洞窟) ③구덩이 ④움집(움을 파고 지은 집) ⑤무덤 ⑥혈(穴 :용맥(龍脈)의 정기가 모인 자리)	* 穴見(혈견) :좁은 식견(識見) * 穴居(혈거) :흙이나 바위의 굴 속에서 삶 * 經穴(경혈) :경락(經絡)에 있어서 침(鍼)을 놓거나 뜸(灸)을 뜨기에 알맞은 곳	

艾	艹(艸·草) <쑥 애> ①쑥, 약쑥, 뜸쑥 ②미모(美貌) ③푸른빛 ④늙다, 늙은이 ⑤햇수, 나이 ⑥남색(男色 :비역. 사내끼리 하는 類似 性行爲)	* 艾蒿(애호) :애엽(艾葉). 산쑥 * 艾葉(애엽) :약쑥의 잎 * 艾老(애로) :쉰 살 넘은 사람 * 耆艾(기애) :노인(老人) * 艾年(애년) :쉰 살. 50歲. (머리털이 세어서 쑥 같으므로) * 蘭艾(난애) :①난초(蘭草)와 쑥 ②군자(君子)와 소인(小人)	<애호구락> 약쑥으로 뜸을 떠서 지진다.
蒿	艹(艸·草) <쑥 호> ①쑥, 사철쑥 ②김이 오르다 ③향기 나다 ④흐트러지다, 어지러워지다 ⑤지치다, 소모하다(消耗) ⑥묘지(墓地) ⑦볏짚	* 白蒿(백호) :산 흰쑥. 국화과의 두해살이풀 * 天蒿(천호) :요성(妖星)의 하나 * 短茵亂蒿(단인난호) :어지럽게 널려 있는 짧은 쑥이라는 뜻으로, 다 해진 기직자리를 이름	
疚	广 <뜸 구> ①뜸(병을 치료하는 방법의 하나)(灸也) ②뜸을 뜬 자리 ③뜸을 뜨다 ④(불로)지지다 ⑤버티다, 지탱하다(支撐)		
烙	火 <지질 락> ①(불로)지지다 ②단근질, 단근질하다(불에 달군 쇠로 몸을 지지다) ③화침(火針 :달군 쇠침)	* 烙印(낙인) :①불에 달구어 찍는 쇠도장. 불도장 ②다시 씻기 어려운 불명예(不名譽)스러운 이름 * 壓烙(압락) :압슬형(壓膝刑)과 낙형(烙刑) * 炮烙(포락) :불에 달구어 지짐 * 炮烙之刑(포락지형)	

疚	疒 <고질병 구> ①고질병(痼疾病), 오랜 병(病) ②상(喪), 거상(居喪 : 喪中에 있음) ③근심하다(속을 태우거나 우울해하다)	* 疚心(구심) :근심함. 걱정함 * 疚懷(구회) :一家붙이가 죽었을 때 슬퍼하는 회포(懷抱) * 美疚(미구) :美愼. 美疹. 美疾. 상대방의 병을 높여 이름 * 哀疚(애구) :哀苦(애고). 슬퍼하고 괴로워함	<구양용삼> 오래된 병(病)으로 맥이 풀려서 기운이 없는 환자(患者)에게는 녹용(鹿茸)과 인삼(人蔘)을 써서
恙	心 <병 양 / 근심할 양> ①병(病) ②독충(毒蟲) ③진드기의 유충 ④근심하다(속을 태우거나 우울해하다) ⑤걱정하다	* 無恙(무양) :몸에 탈이 없음 * 微恙(미양) :대단하지 않은 병 * 心恙(심양) :마음의 병 * 稱恙(칭양) :병이나 탈이 있다고 핑계함	
茸	++(艸·草) <풀날 용 / 녹용 용> ①풀이 나다 ②우거지다 ③어지럽다 ④싹 ⑤잔 털 ⑥미련한 사람 ⑦녹용(鹿茸)	* 鹿茸(녹용) :사슴의 새로 돋은 연한 뿔. 한약재(韓藥材) * 蒙茸(몽용) :①풀이 어지럽게 난 모양 ②물건(物件)이 어지러운 모양 * 闒茸(탑용) :천하고 어리석음	
蔘	++(艸·草) <삼 삼> ①삼(蔘), 인삼(人蔘 :두릅나뭇과의 여러해살이풀) ②(나무가)높이 솟은 모양 ③(아래로)늘어지다	* 人蔘(인삼) :강장제(强壯劑)로 쓰이는 한약재(韓藥材) * 山蔘(산삼) :깊은 산속에 저절로 자라나는 삼(蔘) * 乾蔘(건삼) :말린 人蔘 * 水蔘(수삼) :말리지 않은 人蔘 * 紅蔘(홍삼) :수삼(水蔘)을 쪄서 말린 인삼(人蔘)	

攝	扌(手) <다스릴 섭 / 당길 섭> ①다스리다 ②잡다, 잡아매다, 쥐다 ③가지다, 겸하다(兼) ④굳게 지키다 ⑤당기다, 끌어당기다 ⑥돕다	* 攝養(섭양) :섭생(攝生). 양생(養生) ①병(病)에 걸리지 않고 오래 살기를 꾀함 ②병이 낫도록 조리(調理)를 함 * 攝取(섭취) :좋은 요소나 양분(養分) 따위를 몸속에 빨아들임 * 攝事(섭사) :임금을 대신해 의례(儀禮)에 대한 일을 시행함	<섭양회복> 섭생(攝生)과 보양(保養)을 하여 정상(正常)으로 회복(回復)시킨다.
養	食 <기를 양> ①(낳아서)기르다 ②(젖을)먹이다 ③(심어)가꾸다 ④봉양하다(奉養) ⑤가르치다 ⑥치료하다(治療)	* 養成(양성) :길러서 발전(發展)시킴 * 培養(배양) :생물체를 인공적(人工的)으로 가꾸어 기름 * 療養(요양) :휴양(休養)하면서 치료(治療)하는 것 * 涵養(함양) :서서히 양성(養成)함. 차차 길러 냄	
回	囗 <돌아올 회> ①돌아오다 ②돌다, 돌리다 ③돌이키다 ④피하다(避) ⑤굽히다 ⑥번, 횟수(回數)	* 回復(회복) :일이나 건강(健康) 등을 나빠진 상태(狀態)에서 다시 좋은 상태(狀態)로 되돌리는 것 * 回轉(회전) :축(軸)을 중심으로 하여 그 둘레를 도는 것 * 回避(회피) :몸을 피(避)하여 만나지 아니함. 이리저리 피함	
復	彳 <돌아올 복 / 다시 부> ①돌아가다, 돌아오다 ②돌려보내다, 되돌리다 ③회복하다(回復·恢復) ④(은혜나 원한을)갚다 ⑤다시(부), 거듭(부)	* 復歸(복귀) :본디 상태(狀態)나 자리로 다시 돌아감 * 克復(극복) :본디의 형편(形便)으로 되돌아감 * 反復(반복) :한 가지 일을 되풀이함. 되풀이 * 復活(부활) :죽은 자가 다시 생명을 얻어 되살아남	

癲	疒 <미칠 전> ①미치다(말과 행동이 보통 사람과 다르게 되다) ②광증(狂症) ③지랄병(간질을 속되게 이르는 말)	* 癲癇(전간) :전질(癲疾) 癎疾(간질)을 통칭(統稱)함. 발작적(發作的)으로 의식장애(意識障礙)가 오는 것을 주증(主症)으로 하는 병증(病症)임 * 昌癲(창전) :말리지 않은 쇠가죽을 파는 가게	<전간광벽> 간질병(癎疾病)과 미친 병(病)은 습관(習慣)처럼 반복적(反復的)으로 되풀이되는 병증(病症)이며
癎	疒 <간질 간> ①간질(癎疾), 지랄병 ②경풍(驚風 :어린아이가 경련을 일으키는 병)	* 癎疾(간질) :경련(痙攣)·의식장애(意識障礙) 등의 발작(發作)을 계속 되풀이하는 질환(疾患). 간기(癎氣), 간질병(癎疾病), 전간(癲癇), 전질(癲疾), 지랄병 * 癎癖(간벽) :버럭 신경질을 잘 내는 버릇	
狂	犭(犬) <미칠 광> ①미치다(말과 행동이 보통 사람과 다르게 되다) ②미친 병(病), 광병(狂病), 광인(狂人) ③사납다, 기세(氣勢)가 세다	* 狂氣(광기) :①미친 증세(症勢) ②사소(些少)한 일에 화내고 소리치는 사람의 기질(氣質) * 狂風(광풍) :미친 듯이 사납게 부는 바람 * 熱狂(열광) :너무 좋아서 미친 듯이 날뜀	
癖	疒 <버릇 벽> ①버릇, 습관(習慣) ②적취(積聚 :몸 안에 쌓인 기로 인하여 덩어리가 생겨서 아픈 병)	* 潔癖(결벽) :유난스럽게 깨끗함을 좋아하는 성벽(性癖) * 性癖(성벽) :심신(心身)에 굳어진 좋지 않은 버릇. 性味(성미) * 習癖(습벽) :버릇. 오랫동안 몸에 익어 버린 행동(行動) * 惡癖(악벽) :나쁜 버릇. 좋지 아니한 습관(習慣)	

癌	疒 <암 암> ①암(癌) ②종기(腫氣 :피부가 곪으면서 생기는 큰 부스럼)	* 癌腫(암종) :표피(表皮), 점막(粘膜), 선조직(腺組織) 따위의 상피조직(上皮組織)에서 생기는 악성(惡性) 종양(腫瘍) * 癌的(암적) :고치기 힘든 나쁜 병폐(病弊)가 되고 있는 것	<암종고폐> 암종(癌腫 :惡性腫瘍)은 걸리면 고질병(痼疾病)으로 고치기 힘든다.
腫	月(肉) <종기 종> ①종기(腫氣) ②부스럼 ③부르트다	* 腫氣(종기) :살갗에 생기는 곪기는 병(病). 종(腫) * 腫瘍(종양) :세포(細胞)가 병적(病的)으로 증식(增殖)하여 생리적(生理的)으로 무의미(無意味)한 조직괴(組織塊)를 만드는 병증(病症)	
痼	疒 <고질 고> ①고질(痼疾) ②(어린아이의) 입병	* 痼疾(고질) :오래도록 낫지 않아 고치기 어려운 병(病). 불치병(不治病), 구질(久疾), 지병(持病) * 深痼(심고) :깊고 중(重)한 병(病)이라는 뜻으로, 마음의 병(病)을 이르는 말	
癈	疒 <폐질 폐 / 폐할 폐> ①폐질(廢疾 :고칠 수 없는 병) ②고질(痼疾), 고질병(痼疾病) ③못쓰다 ④버리다, 폐기하다(廢棄)	* 癈疾(폐질) :廢疾(폐질). 불치(不治)의 병(病). 신체장애(현재는 '障害(장애)'라고 함) * 除癈(제폐) :돌보지 않고 제쳐 버림	

琉	玉 <유리 류> ①유리(瑠) ②나라의 이름	* 琉璃(유리) :규사(硅砂)·탄산석회(炭酸石灰) 등의 원료(原料)를 용융(鎔融)된 상태(狀態)에서 냉각(冷却)하여 얻은 투명(透明)한 비결정(非結晶) 고체(固體). 초자(硝子)·파리(玻璃)라고도 함	<유리투영>
璃	玉 <유리 리> ①유리 ②구슬의 이름	* 瑠璃(유리) :야청빛이 나는 보석(寶石) * 琉璃窓(유리창) :유리판(琉璃板)을 낀 창(窓)	유리(琉璃)를 통(通)하여 속이 환히 보이는 곳이 있어서 들여다보니,
透	辶(辵) <통할 투> ①꿰뚫다, 투과하다(透過) ②통하다(通) ③투명하다(透明) ④환하다 ⑤맑다 ⑥사무치다, 다하다	* 透映(투영) :①광선(光線)을 통(通)하여 비침 ②환히 속까지 비치어 보임 * 透過(투과) :①꿰뚫고 지나감 ②투명(透明)하게 비쳐 보임 * 透明(투명) :빛이 그대로 통과하여 속이 훤하게 모두 비침	
映	日 <비칠 영> ①비치다, 반사하다(反射) ②비추다 ③덮다, 덮어 가리다 ④햇빛, 햇살 ⑤미시(未時 :지금의 오후 두 시 경)	* 映畫(영화) :촬영(撮影)한 영상(映像)을 영사막(映寫幕)에 비추어 실재처럼 느끼게 하는 극예술(劇藝術) * 反映(반영) :①반사(反射)하여 되비침 ②사실(事實)로 나타냄 * 放映(방영) :텔레비전으로 영상(映像)을 방송(放送)하는 일	

脊	月(肉) <등마루 척> ①등마루(등골뼈가 있는 두두룩하게 줄진 곳) ②등골뼈 ③(일이 이루어져 나가는)조리(條理) ④어지러워지다	* 脊椎(척추) :척주(脊柱)를 이루는 낱낱의 뼈. 척추골(脊椎骨). 추골(椎骨) * 脊髓(척수) :척추의 관 속에 들어 있는 신경 중추(中樞) * 脊柱(척주) :신체(身體)의 몸통의 중축(中軸)을 이루는 뼈	<척추지배>
椎	木 <쇠몽치 추 / 등골 추> ①쇠몽치, 몽치(짤막하고 단단한 몽둥이), 망치 ②치다, 때리다 ③등골, 등뼈 ④상투(정수리 위에서 틀어 감아 맨 머리)	* 椎骨(추골) :척추동물의 등골뼈. * 頸椎(경추) :목등뼈 * 胸椎(흉추) :가슴등뼈 * 腰椎(요추) :허리등뼈 * 頂門金椎(정문금추) :쇠망치로 정수리를 친다는 뜻으로, 정신(精神)이 들도록 깨우침을 이르는 말	등뼈가 등을 지탱(支撐)하고 있고,
支	支 <지탱할 지> ①지탱하다(支撐), 버티다, 괴다 ②유지하다(維持) ③치르다, 값을 주다 ④가지, 근원(根源)에서 갈라진 것 ⑤지파(支派)	* 支給(지급) :금품(金品) 따위를 내어 줌. 치러 줌 * 支配(지배) :상대(相對)의 행위를 규제(規制), 속박(束縛)함 * 支援(지원) :지지(支持)하여 도움. 원조(援助)함 * 支持(지지) :①붙들어서 버티는 것 ②찬동(贊同)하여 도움	
背	月(肉) <등 배 / 배반할 배> ①등(사람이나 동물의 몸통에서 가슴과 배의 반대쪽 부분) ②뒤 ③등지다, 등 뒤에 두다 ④배반하다(背反·背叛)	* 背景(배경) :뒤의 경치(景致) * 背信(배신) :신의를 저버림 * 背反(배반) :신의(信義)를 등지고 저버림 * 違背(위배) :약속(約束)한 바를 어김 * 面從腹背(면종복배) :겉으로는 따르고 속으로는 배신함	

肱	月(肉) <팔뚝 굉> ①팔뚝	* 肱膂(굉려) :팔뚝과 등뼈. 轉하여 심복(心腹)의 의미(意味). <比喩>임금이 가장 신임(信任)하는 중신(重臣) * 股肱(고굉) :다리와 팔. <比喩>임금이 신임하는 중신(重臣) * 曲肱而枕之(곡굉이침지) :팔을 굽혀 베개 삼다. 청빈을 즐김	<굉려긍경>
膂	月(肉) <등골뼈 려> ①등골뼈, 척추(脊椎) ②근육(筋肉)의 힘 ③등에 지다 ④힘쓰다	* 膂氣(여기) :남에게 굽히지 않는 굳세고 억척스러운 기운 * 膂力(여력) :육체적(肉體的)인 힘 * 脊膂(척려) :등골뼈 * 心膂爪牙(심려조아) :믿고 의지(依支)할 수 있는 요긴(要緊)한 사람	팔뚝과 등뼈에는 뼈에 붙은 살로 뼈와 살이 이어져 있으며,
肯	月(肉) <즐길 긍> ①즐기다, 즐기어 하다 ②옳게 여기다, 들어주다, 수긍하다(首肯) ③뼈에 붙은 살, 뼈 사이의 살	* 肯可(긍가) :허락(許諾) * 肯定(긍정) :그렇다고 인정(認定)함 * 首肯(수긍) :그러하다고 고개를 끄덕임. 옳다고 승낙(承諾)함 * 不肯底意(불긍저의) :마음에 즐기지 아니함	
綮	糸 <발 고운 비단 계 / 힘줄 경> ①발 고운 비단(綈緞) ②창집(槍을 넣어 두는 기구) ③힘줄이 얽힌 곳(가장 중요한 곳), 힘줄(경), 힘줄이 얽힌 곳(경)	* 肯綮(긍경) :긍(肯)은 뼈에 붙은 살이고, 경(綮)은 뼈와 살이 이어진다는 뜻으로, 사물(事物)의 핵심(核心)이나 일의 관건(關鍵)이 되는 부분 * 牙綮(아계) :이가 박혀 이어진 부분(部分)	

骨	骨 <뼈 골> ①뼈 ②골격(骨格·骨骼) ③기골(氣骨), 의기(義氣) ④사물(事物)의 중추(中樞), 중심(中心) ⑤골품(骨品) 제도(制度)	* 骨子(골자) :①일이나 말의 골갱이 ②요긴(要緊)한 부분 * 露骨的(노골적) :숨기지 않고 있는 그대로 드러낸 모양 * 刻骨難忘(각골난망) :입은 은혜가 뼈에 사무쳐 잊히지 않음 * 粉骨碎身(분골쇄신) :남을 위해 있는 힘을 대해 노력함	<골경기연>
硬	石 <굳을 경> ①굳다, 단단하다 ②굳세다, 강하다(強) ③완강하다(頑強) ④힘이 있다 ⑤억지로, 무리하게(無理)	* 硬度(경도) :물체(物體)의 단단함과 무른 정도(程度) * 硬直(경직) :몸 따위가 굳어서 뻣뻣하게 되는 것 * 強硬(강경) :타협(妥協)하거나 굽힘이 없이 힘차고 굳셈 * 剛硬(강경) :剛勁(강경). 성품(性品)이 단단하고 꿋꿋함	뼈는 딱딱하고 살은 물렁물렁하여 연(軟)하다.
肌	月(肉) <살가죽 기> ①살가죽 ②살 ③피부	* 肌傷(기상) :말이 너무 걸어서 살이 자꾸 빠져 마르는 병 * 肌膚(기부) :몸을 싸고 있는 살. 살가죽 * 肌表(기표) :살갗 * 氷肌(빙기) :얼음처럼 맑고 아름답고 깨끗한 살결. 빙부(氷膚) * 銘肌鏤骨(명기누골) :살갗에 새기고 뼈에 새김. 명심(銘心)함	
軟	車 <연할 연> ※ 輭은 本字 ①연하다(軟 :재질이 무르고 부드럽다) ②보들보들하다, 부드럽다 ③연약하다(軟弱) ④능력(能力)이 약하다(弱)	* 軟骨(연골) :무르고 탄력(彈力)이 있는 뼈. 물렁뼈 * 軟弱(연약) :연하고 약함 * 柔軟(유연) :부드럽고 연함 * 軟禁(연금) :외부와의 연락을 금(禁)하거나 제한하는 것 * 軟着陸(연착륙) :사뿐히 내려앉음 ↔ 硬着陸(경착륙)	

五	二 <다섯 오> ①다섯, 다섯 번 ②다섯 곱절 ③다섯 번 하다, 여러 번 하다 ④오행(五行) ⑤제위(帝位)	* 五倫(오륜) :사람이 지켜야 할 다섯 가지의 도리(道理). 父子有親, 君臣有義, 夫婦有別, 長幼有序, 朋友有信 * 三綱五倫(삼강오륜) :세 가지 강령(綱領)과 다섯 가지의 인륜(人倫). 三綱 :君爲臣綱, 父爲子綱, 夫爲婦綱	<오장육부> 오장(五臟)과 육부(六腑)가 있는데,
臟	月(肉) <오장 장> ①오장(五臟 :배 안에 있는 여러 기관(器官)의 총칭) ②내장(內臟)	* 五臟(오장) :다섯 가지 내장(內臟). 간장(肝臟), 심장(心臟), 비장(脾臟), 폐장(肺臟), 신장(腎臟) * 臟器(장기) :내장(內臟)의 여러 기관(器官) * 臟腑(장부) :내장(內臟)의 총칭(總稱)	
六	八 <여섯 륙> ①여섯 ②여섯 번 ③죽이다(戮)	* 六旬(육순) :①예순 날 ②예순 살 (60일 또는 60살) * 望六(망륙) :예순을 바라본다는 뜻으로, 쉰한 살을 이름 * 六何原則(육하원칙) :기사(記事)의 여섯 가지 기본(基本) 요소(要素). 누가,언제,어디서,무엇을,어떻게,왜	
腑	月(肉) <육부 부> ①육부(六腑) ②오장육부(五臟六腑) ③마음 ④충심(衷心 :마음속에서 우러나는 참된 마음) ⑤친족	* 六腑(육부) :소장(小腸), 대장(大腸), 담(膽), 위(胃), 방광(膀胱), 삼초(三焦) * 肺腑(폐부) :마음의 깊은 속 * 肺腑之言 :참된 말 * 肺腑之親(폐부지친) :왕실(王室)의 가까운 친족(親族)	

肝	月(肉) <간 간> ①간(肝), 간장(肝臟) ②진심(眞心) ③충심(衷心 :마음속에서 우러나는 참된 마음), 마음 ④요긴하다(要緊)	* 肝膽(간담) :①간과 쓸개 ②속마음 * 肝膽相照(간담상조) :간과 쓸개를 내놓고 서로에게 내보임. <比喩>서로 마음을 터놓고 친밀(親密)히 사귐 * 九曲肝腸(구곡간장) :굽이 굽이 사무친 깊은 마음속	<간담비위> 간(肝), 쓸개(膽), 지라(脾), 밥통(胃)이 있고,
膽	月(肉) <쓸개 담> ①쓸개, 담 ②마음 ③담력(膽力 :겁이 없고 용감한 기운), 담대하다(膽大) 배짱 ④기백(氣魄) ⑤품은 뜻	* 落膽(낙담) :너무 놀라서 간이 떨어지는 듯하는 것 * 大膽(대담) :어떤 일을 함에 겁을 내지 않는 담력(膽力) * 臥薪嘗膽(와신상담) :섶에 눕고 쓸개를 씹음. <故事>원수(怨讐)를 갚으려고 온갖 괴로움을 참고 견딤	
脾	月(肉) <지라 비> ①지라(척추동물의 림프 계통 기관) ②소의 밥통 ③그치다	* 脾胃(비위) :①지라와 위 ②어떤 음식물을 대하여 먹고 싶은 기분 ③아니꼽고 싫은 일을 견디어 내는 힘 * 脾胃難定(비위난정) :비위가 뒤집혀 가라앉지 아니함. <比喩>밉살스런 꼴을 보고 마음이 아니꼬움	
胃	月(肉) <밥통 위> ①밥통, 위장(胃臟 :위) ②위(胃 :위창자관이 부풀어 주머니처럼 생긴 부분) ③마음	* 胃腸(위장) :위와 창자 * 胃癌(위암) * 胃潰瘍(위궤양) * 刮腸洗胃(괄장세위) :칼로 창자를 도려내고 잿물로 위를 씻어냄 <比喩>마음을 고쳐먹고 스스로 새사람이 됨 ≒ 飮灰洗胃(음회세위)	

膀	月(肉) <오줌통 방> ①오줌통, 방광(膀胱) ②부풀어 오르다	* 膀胱(방광) :신장(腎臟)에서 흘러나오는 오줌을 저장(貯藏)했다가 일정량(一定量)이 되면 요도(尿道)를 통(通)해 배출(排出)시키는 기관(器官). 오줌보 * 翅膀(시방) :날개	<방광비뇨> 방광(膀胱)에서는 오줌을 분비(分泌)하며
胱	月(肉) <오줌통 광> ①오줌통, 방광(膀胱)	* 膀胱狀(방광상) :방광(膀胱)의 형상(形象·形像) * 膀胱炎(방광염) :방광(膀胱)에 세균(細菌)의 감염(感染)으로 생기는 염증(炎症)	
泌	氵(水) <스며흐를 필 / 분비할 비> ①스며흐르다 ②샘물이 졸졸 흐르다 ③샘물 흐르는 모양 ④분비하다(비)	* 泌尿(비뇨) :오줌을 분비(分泌)하여 배설(排泄)함 * 分泌(분비) :선세포(腺細胞)의 작용으로 특수(特殊)한 액즙(液汁)을 만들어 배출(排出)하는 기능(機能)	
尿	尸 <오줌 뇨> ①오줌, 소변 ②(오줌을)누다	* 尿道(요도) :방광(膀胱)에 모아진 오줌을 몸 밖으로 배출하는 기관(器官) * 糖尿(당뇨) :포도당(葡萄糖)이 많이 섞여 나오는 병적인 오줌 * 糞尿(분뇨) :똥과 오줌. 대변(大便)과 소변(小便)	

肛	月(肉) <항문 항> ①항문(肛門), 똥구멍 ②(배가)똥똥하다 ③(배가)부풀다	* 肛門(항문) :고등(高等) 포유(哺乳) 동물(動物)의 똥구멍 * 肛腸(항장) :①항문(肛門)과 창자 ②직장(直腸). 대장(大腸)의 끝 부분. 곧은 창자. 배변(排便) 활동(活動)을 관리(管理)함	<항장제분> 직장(直腸:항문과 창자)은 똥을 밀어내는 역할(役割)을 한다.
腸	月(肉) <창자 장> ①창자(큰창자와 작은창자를 통틀어 이르는 말) ②마음, 충심(衷心 :마음속에서 우러나는 참된 마음)	* 小腸(소장) :위(胃)의 유문(幽門)에서 대장에 이르는 소화관 * 大腸(대장) :소장(小腸)의 끝에서 항문(肛門)에 이르는 소화(消化) 기관(器官) * 斷腸(단장) :창자가 끊어짐. <比喩>심한 슬픔이나 괴로움	
擠	扌(手) <밀칠 제 / 밀어 떨어뜨릴 제> ①밀치다, 밀다 ②밀어 떨어뜨리다 ③배척하다(排斥)	* 擠排(제배) :排擠(배제). 밀어내어 물리침 * 擠抑(제억) :남을 물리치고 억누름 * 擠害(제해) :擠陷(제함). 나쁜 마음으로 남을 못된 곳으로 밀어 넣어서 해(害)침.	
糞	米 <똥 분> ①똥 ②비료(肥料) ③거름을 주다 ④더럽다 ⑤(더러운 것을)치우다 ⑥치다, 쓸다, 제거하다(除去)	* 糞尿(분뇨) :똥과 오줌 * 人糞(인분) :사람의 똥 * 嘗糞徒(상분도) :嘗糞之徒(상분지도). 똥도 핥을 놈이라는 뜻으로, 남에게 아첨(阿諂)하여 부끄러운 짓도 꺼려하지 않는 사람을 이르는 말	

腺	月(肉) <샘 선> ①샘(생물체 내에서 분비 작용을 하는 기관(器官)	* 性腺(성선) :생식선(生殖腺) * 乳腺(유선) :젖샘 * 汗腺(한선) :땀샘 * 脂腺(지선) :진피(眞皮)에 있는 분비선(分泌腺) * 扁桃腺(편도선) :사람의 입 속 양쪽에 있는 림프샘	<선약신결> 분비작용(分泌作用)을 하는 기관(器官)이 약(弱)해지면 신장(腎臟)이 문(門)을 닫게 되어 그 역할(役割)을 다하게 되므로
弱	弓 <약할 약> ①약하다(弱) ②약한 사람 ③쇠해지다 ④날씬하다 ⑥수가 모자라다 ⑦젊다 ⑧잃다 ⑨패하다(敗)	* 弱冠(약관) :남자 나이 20歲 * 弱者(약자) :힘이 약한 사람 * 懦弱(나약) :의지(意志)가 굳세지 못함 * 衰弱(쇠약) :몸이 쇠하여 약함 * 脆弱(취약) :무르고 약함 * 弱肉強食(약육강식) :약한 자는 강(强)한 자에게 먹힘	
腎	月(肉) <콩팥 신 / 자지 신> ①콩팥 ②자지(남성의 생식기) ③고환(睾丸), 불알	* 腎莖(신경) :자지를 달리 이르는 말. 신(腎) * 腎水(신수) :①신장(腎臟)의 수기(水氣) ②정액(精液) * 腎臟(신장) :오줌 배설(排泄) 기관(器官), 콩팥 * 腎腸(신장) :콩팥과 창자. 뜻이 바뀌어 진심(眞心)을 이름	
闋	門 <문닫을 결 / 마칠 결 / 끝날 결> ①문을 닫다 ②끝나다 ③쉬다, 휴식하다(休息)	* 闋服(결복) :解喪(해상). 闋制(결제). 삼년상(三年喪)을 마침 * 闋決(결결) :일을 마무리하고 결정함 * 闋服敍用(결복서용) :상(喪)을 당하여 벼슬에서 물러났던 사람을 탈상(脫喪)한 뒤에 다시 기용(起用)하던 일	

肋	月(肉) <갈빗대 륵> ①갈빗대 ②늑골(肋骨 :흉곽을 구성하는 뼈)	* 肋骨(늑골) :등뼈와 가슴뼈에 붙어 흉곽(胸廓)을 형성하는 뼈 * 肋膜(늑막) :흉곽의 내면과 횡격막(橫膈膜) 윗면의 얇은 막 * 鷄肋(계륵) :닭의 갈빗대. <比喩>먹기에는 너무 적고 버리기에는 아까워 이러지도 저러지도 못하는 형편	
髀	骨 <넓적다리뼈 비> ①넓적다리뼈 ②넓적다리 ③볼기짝(臀) ④대퇴부(大腿部) ③장딴지(종아리 살이 불룩한 부분)	* 髀臼(비구) :치골(恥骨) 바깥쪽 우묵하게 들어간 곳 * 髀骨(비골) :넓적다리뼈 * 髖髀(관비) :궁둥이뼈 * 髀肉之嘆(비육지탄) :넓적다리에 살이 붙음을 탄식함. <比喩>뜻을 펴지 못하고 허송세월함을 한탄함	<륵비고슬> 갈빗대와 엉덩이와 넓적다리와 무릎 등(等)이
股	月(肉) <넓적다리 고> ①넓적다리 ②정강이 ③고(股 :직각삼각형의 직각을 이룬 긴 부분) ④가지, 가닥, 가닥이 지다 ⑤끝	* 股膝(고슬) :넓적다리와 무릎 * 勾股(구고) :직각삼각형(直角三角形)의 옛 이름 * 股肱之臣(고굉지신) :다리와 팔뚝에 비길 만한 신하(臣下)라는 뜻으로, 임금이 가장 신임하는 중신(重臣)	
膝	月(肉) <무릎 슬> ①무릎	* 膝甲(슬갑) :추위를 막기 위해 무릎까지 내려오게 입는 옷 * 膝骨(슬골) :종지뼈. 무릎 앞 한가운데 오목한 뼈 * 膝下(슬하) :무릎 아래 <비유>부모(父母)의 보호 영역(領域) * 膝甲盜賊(슬갑도적) :남의 시문(詩文)을 표절(剽竊)하는 사람	

瘦	疒 <여윌 수> ①여위다 ②파리하다(핏기가 전혀 없다) ③마르다, 메마르다 ④약하다(弱), 희미하다(稀微) ⑤작고 가늘다 ⑥오똑하다	* 瘦瘠(수척) :①몸이 마르고 해쓱해 진 상태(狀態) ②극도(極度)로 피곤(疲困)하거나 비참(悲慘)한 지경(地境)에 이른 상태(狀態) * 長身瘦軀(장신수구) :키는 크나 마른 몸. 호리호리한 몸매	
瘠	疒 <여윌 척> ①여위다 ②파리하다(핏기가 전혀 없다) ③감하다(減), 빈약하게 하다 ④메마르다 ⑤궁핍하다(窮乏), 빈곤하다 ⑥송장	* 瘠骨(척골) :毁瘠骨立(훼척골립). :너무 슬퍼하여 몸이 바짝 마르고 뼈가 앙상하게 드러남 * 瘠薄(척박) :흙이 몹시 메마르고 기름지지 못함 * 瘠土(척토) :메마른 땅	<수척초췌> 바싹 마르고 해쓱해져서
憔	忄(心) <파리할 초> ①파리하다(핏기가 전혀 없다) ②수척하다(瘦瘠), 야위어 쇠약하다(衰弱) ③시달리다 ④애태우느라 쇠약하다(衰弱)	* 憔悴(초췌) :얼굴이나 몸이 몹시 지치거나 병(病)을 앓거나 하여 안색(顔色)이 좋지 않거나 수척(瘦瘠)한 상태(狀態)에 있음 * 憔衰(초쇠) :초췌하고 쇠약함 * 憔容(초용) :말라 빠진 모습	
悴	忄(心) <파리할 췌> ①파리하다(핏기가 전혀 없다) ②시들다, 생기를 잃다 ③야위어 수척하다(瘦瘠) ④근심하다, 괴로워하다	* 悴顔(췌안) :여윈(파리한) 얼굴 * 悴容(췌용) :초췌한 얼굴 * 傷悴(상췌) :마음이 상해서 얼굴이나 몸이 축남 * 營悴(영췌) :기운(氣運)이 좋음과 병에 시달림 * 盡悴(진췌) :몸과 마음이 지쳐 쓰러질 정도로 열심히 함	

靡	非 <쓰러질 미> ①쓰러지다 ②쓰러뜨리다 ③멸하다(滅) ④말다, 금지하다(禁止) ⑤호사하다(豪奢) ⑥다하다	* 靡寧(미령) :어른이 병(病)으로 편(便)치 못함 * 風靡(풍미) :초목(草木)이 바람에 쓸리듯, 어떤 위세(威勢)가 널리 사회(社會)를 휩쓸음 * 從風而靡(종풍이미) :대세(大勢)에 휩쓸리어 좇음을 이름	
寧	宀 <편안할 녕> ①편안하다(便安), 편안(便安)히 하다 ②문안하다(問安) ③친정가다 ④거상하다(居喪) ⑤차라리 ⑥어찌	* 安寧(안녕) :걱정이나 탈이 없음 * 康寧(강녕) :몸이 건강(健康)하여 마음이 편안(便安)함 * 晏寧(안녕) :천하(天下)가 잘 다스려져서 태평(太平)함 * 丁寧(정녕) :추측(推測)컨대, 틀림없이	<미령우환> 몸이 편치 않아 시름시름 앓다가 우환(憂患)이 되어
憂	心 <근심 우> ①근심, 걱정 ②병(病), 질병(疾病) ③고통(苦痛), 괴로움, 환난(患難) ④친상, 상중(喪中)	* 憂患(우환) :①근심이나 걱정되는 일. 질병(疾病) ②가족(家族) 가운데 병자(病者) 있는 근심 * 憂慮(우려) :어떤 일이 잘못되지 않을까 걱정하는 것 * 憂鬱(우울) :마음이 어둡고 가슴이 답답한 상태(狀態)	
患	心 <근심 환> ①근심, 걱정, 근심하다, 걱정하다 ②병(病), 질병(疾病) ③재앙(災殃) ④미워하다	* 患憂(환우) :병(病)이나 근심 * 患者(환자) :병을 앓는 사람 * 患亂(환란) :근심과 재앙(災殃) * 疾患(질환) :질병(疾病) * 識字憂患(식자우환) :글자를 아는 것이 오히려 근심이 됨. <比喩>서투른 지식 때문에 도리어 일을 망침	

한자	뜻	낱말	성어
輾	車 <돌아누울 전> ①돌아눕다 ②구르다, 돌다 ③타작 ④삐걱거리다(년) ⑤연자매(년) ⑥맷돌(곡식을 가는 데 쓰는 기구)(년)	* 輾轉反側(전전반측) :이리 뒤척 저리 뒤척 한다는 뜻으로, ①걱정거리로 마음이 괴로워 잠을 이루지 못함을 이르는 말 ②원래(原來)는 미인(美人)을 사모(思慕)하여 잠을 이루지 못함을 이르는 표현(表現)임	<전전반측> 이리저리 뒤척거리며 잠을 이루지 못하면서
轉	車 <구를 전> ①구르다 ②회전하다(回轉·廻轉) ③선회하다(旋回) ④맴돌다 ⑤옮기다 ⑥바꾸다 ⑦오히려, 더욱 더, 한층 더	* 轉換(전환) :이리저리 굴러서 바뀜. 다른 상태로의 변화 * 移轉(이전) :①다른 곳으로 옮김 ②권리(權利)를 넘김 * 榮轉(영전) :더 좋거나 높은 직위(職位)로 옮아감 * 轉落(전락) :①이리저리 굴러서 떨어짐 ②보잘 것 없이 됨	
反	又 <돌이킬 반> ①돌이키다 ②되풀이하다, 반복하다(反復) ③뒤집다, 뒤엎다 ④배반하다(背反) ⑤어기다 ⑥반대하다(反對) ⑦어렵다(번)	* 反對(반대) :무엇에 맞서서 거스름 * 反駁(반박) :남의 의견(意見)에 반대(反對)하여 논박(論駁)함 * 反撥(반발) :되받아서 퉁김 * 反畓(번답) :밭을 논으로 만듦 * 賊反荷杖(적반하장) :<俗>도둑이 도리어 몽둥이를 든다	
側	亻(人) <곁 측 / 치우칠 측> ①곁, 가까이 ②옆, 치우친 곳, 측면(側面), 가, 언저리 ③(한쪽으로)치우치다, 쏠리다 ④예(禮)에 어긋나는 행위(行爲)	* 側近(측근) :①곁의 가까운 곳 ②가까이 친(親)한 사람 * 側面(측면) :正面(정면)이 아닌 방면(方面). 옆면 * 側傍(측방) :가까운 곁 * 兩側(양측) :양쪽의 옆면 * 暫不離側(잠불이측) :잠시(暫時)도 곁에서 떠나지 아니함	

한자	뜻	낱말	성어
咳	口 <기침 해 / 어린아이 웃을 해> ①기침, 기침을 하다 ②어린아이가 웃다 ③방긋 웃다 ④포괄하다(包括)	* 咳嗽(해수) :심(甚)하게 계속(繼續)하는 기침. 기도(氣道)의 점막(粘膜)이 자극(刺戟)을 받아 갑자기 숨소리를 터트려 내는 일 * 咳喘(해천) :기침과 천식(喘息)	<해수객담> 심한 기침을 계속(繼續) 해대면서 가래를 뱉어내고는
嗽	口 <기침할 수 / 빨아들일 삭> ①기침하다, 기침 ②빨아들이다(삭), 핥다(삭), 마시다(삭)	* 嗽器(수기) :가래나 침을 뱉는 그릇 * 冷嗽(냉수) :해수(咳嗽) * 勞嗽(노수) :주색(酒色)이 지나쳐 몸이 허약(虛弱)해지고, 기침·오한(惡寒)·도한(盜汗)·열(熱)이 나는 병(病)	
喀	口 <토할 객> ①(피를)토하다(吐) ②게우다, 구토하다(嘔吐), 게우는 소리 ③(침을)뱉다, 뱉는 소리	* 喀痰(객담) :가래를 뱉음. 또는 그 가래. 기침이나 헛기침으로 객출(喀出)된 기도점막(氣道粘膜)으로부터의 분비물(分泌物) * 喀血(객혈) :폐병(肺病) 따위로 피를 토(吐)함	
痰	疒 <가래 담> ①가래, 담 ②천식(喘息 :기관지에 경련이 일어나는 병. 숨이 가쁘고 기침과 가래가 심함) ③위병(胃病), 위염(胃炎)	* 痰塊(담괴) :痰核(담핵). 담으로 살가죽 속에 생기는 멍울 * 痰病(담병) :몸의 분비액이 큰 열을 만나서 생기는 병 * 袪痰(거담) :去痰(거담). 가래를 없앰 * 濕痰(습담) :습기(濕氣)로 인(因)해 생기는 담	

한자	뜻	낱말	성어
喘	口 <숨찰 천> ①숨차다, 헐떡이다 ②기침병 ③숨(공기를 들이마시고 내쉬는 기운), 호흡(呼吸)	* 喘息(천식) :기관지(氣管支)에 경련(痙攣)이 일어나는 병(病). 숨이 가쁘고 기침이 나며 가래가 심(甚)함 * 喘滿(천만) :숨이 차서 가슴이 몹시 벌떡거리는 것 * 咳喘(해천) :기침과 천식(喘息)	<천탄녕부> 숨이 차서 헐떡거리면서 괴로워하며 맥이 풀려서 기운이 없이 앓다가
嘽	口 <헐떡일 탄> ①헐떡이다, 숨이 가쁜 모양 ②많다 ③성하다(盛 :기운이나 세력이 한창 왕성하다) ④기뻐하다 ⑤느릿하다(천)	* 嘽緩(탄완) :①점잖고 부드러운 모양 ②가락이 화평(和平)하고 한가(閑暇)로운 것 * 嘽嘽(탄탄) :①마소의 헐떡이는 모양 ②많은 모양 ③즐기는 모양	
儜	亻(人) <괴로워할 녕> ①괴로워하다 ②약하다(弱) ③서로 부르는 소리	* 儜奴(영노) :蠻奴(만노). 사람을 욕하는 말 * 儜弱(영약) :懦弱(나약). 약함 * 儜愚(영우) :약(弱)하고 어리석음 * 儜人(영인) :신체(身體)가 약(弱)한 사람	
痡	疒 <앓을 부> ①앓다, 병(病), 질병(疾病) ②느른하다(맥이 풀리거나 고단하여 몹시 기운이 없다) ③괴롭히다 ④지쳐서 걷지 못하는 병(病)	* 毒痡(독부) :사람을 못살게 굴고 병들게 하는 것이니, 곧 나라를 병들게 한다는 말. 또는 악폐(惡弊)를 말함	

한자	뜻	낱말	성어
殞	歹(歺) <죽을 운> ①죽다 ②훼손하다(毁損) ③떨어지다, 떨어뜨리다, 추락하다(墜落)	* 殞命(운명) :사람의 목숨이 끊어짐 * 殞首(운수) :隕首(운수). 죽음 * 殞泣(운읍) :눈물을 흘리며 욺 * 徑殞(경운) :徑斃(경폐). 시기가 되기 전에 지레 죽음 * 自殞(자운) :스스로 죽음 * 廢殞(폐운) :폐하여서 없어짐	<운경명부> 죽음의 지경(地境)에 이르니 곧 저승이라.
境	土 <지경 경> ①지경(地境 :땅의 가장자리, 경계) ②경계(境界), 국경(國境) ③경우(境遇) ④상태(狀態) ⑤처지(處地)	* 境界(경계) :맞닿은 자리 * 地境(지경) :땅의 경계(境界) * 境地(경지) :일정(一定)한 경계(境界) 안의 땅 * 境遇(경우) :놓여 있는 조건(條件)이나 형편(形便) * 環境(환경) :생존(生存)에 필요한 주위의 조건(條件)	
冥	冖 <어두울 명> ①(날이)어둡다, 어둠, 밤 ②저승 ③어리석다 ④그윽하다, 깊숙하다 ⑤(생각에)잠기다	* 冥府(명부) :명토(冥土)의 왕(王)인 염라대왕(閻羅大王)이 있는 저승세계. 명토(冥土), 저승. 황천(黃泉) * 冥福(명복) :죽은 뒤에 저승에서 받는 복(福) * 冥想(명상) :고요한 가운데 눈을 감고 사물을 깊이 생각함	
府	广 <마을 부 / 곳집 부 / 관아 부> ①마을, 고을, 도읍(都邑), 도시(都市) ②곳집 ③사물(事物)이 모이는 곳 ④관청(官廳), 관아(官衙)	* 府庫(부고) :문서(文書)나 재물(財物)을 넣어두는 곳간 * 府君(부군) :죽은 아버지의 높임말 * 政府(정부) :국가(國家)를 다스리는 기관(機關) * 椿府丈(춘부장) :남의 아버지를 높여 이르는 말	

卒	十 <마칠 졸 / 갑자기 졸 / 병졸 졸> ①마치다, 끝내다, 마침내, 드디어 ②죽다 ③갑자기, 별안간(瞥眼間), 돌연히(突然) ④군사(軍士), 병졸(兵卒)	* 卒亡(졸망) :갑자기 죽음 * 卒倒(졸도) :정신(精神)을 잃음 * 卒業(졸업) :일정한 과정(科程)의 학업(學業)을 마침 * 兵卒(병졸) :장수(將帥)의 명령(命令)을 따르는 군사(軍士) * 烏合之卒(오합지졸) :까마귀 무리 같은 보잘것없는 군중	<졸망영결> 갑자기 죽어서 죽은 사람과 산 사람이 영원(永遠)히 헤어지게 되니
亡	亠 <망할 망 / 잃을 망 / 죽을 망> ①망하다(亡), 멸망시키다(滅亡) ②도망하다(逃亡), 달아나다 ③잃다, 없어지다 ④죽다, 고인(故人)	* 亡兒(망아) :죽은 아이 * 死亡(사망) :죽음 * 逃亡(도망) :쫓기어 달아남 * 滅亡(멸망) :망하여 없어짐 * 脣亡齒寒(순망치한) :입술을 잃으면 이가 시리다. <比喩>가까운 한쪽이 망하면 다른 한쪽도 온전하기 힘듦	
永	水 <길 영> ①길다, 길게 하다, 길게 늘이다 ②(시간이)오래다, (시간을)오래 끌다, 길이, 오래도록, 영원히(永遠) ③멀다	* 永訣(영결) :죽은 사람과 살아있는 사람이 서로 영원(永遠)히 이별(離別)하는 것. 산 사람이 죽은 사람을 저승으로 보내는 일 * 永久(영구) :끝없이 오램 * 永遠(영원) :길고 오랜 세월(歲月)	
訣	言 <이별할 결 / 비결 결> ①헤어지다, 이별하다(離別) ②사별하다(死別) ③비결(祕訣), 비방(祕方)	* 訣別(결별) :기약(期約) 없는 이별(離別) * 訣宴(결연) :결별(訣別)을 아쉬워하여 베푸는 연회(宴會) * 祕訣(비결) :숨겨 두고 혼자만이 쓰는 썩 좋은 방법(方法) * 要訣(요결) :①일의 가장 중요한 방법 ②긴요(緊要)한 뜻	

惆	忄(心) <실심할 추> ①실심하다(失心) ②실망하다, 실망하는 모양 ③슬퍼하다 ④섭섭하다 ⑤한탄하다(恨歎), 개탄하다(慨歎)	* 惆悵(추창) :실망(失望)하고 낙담(落膽)하는 모양. 슬퍼하는 모양. 애통(哀痛)해함; 한탄(恨歎)함 * 惆愴(추창) :비통함, 구슬픔. 酸愴(산창). 慘愴(참창) * 惆然(추연) :맥이 풀려서 한탄하는 모양	<추창궁곡> 애통(哀痛)함이 뻗쳐서 소리 내어 울기에 이른다.
悵	忄(心) <슬퍼할 창 / 원망할 창> ①슬퍼하다, 마음을 아파하다 ②원망하다(怨望) ③한탄하다(恨歎) ④희망(希望)을 잃다	* 悵缺(창결) :悵觖(창결). 몹시 서운함. 매우 섭섭함 * 悵懷(창회) :섭섭한 회포 * 悵鬱(창울) :서운하고 울적함 * 伏悵(복창) :마음에 섭섭하고 궁금하다는 뜻으로, 웃어른에 대하여 한문투(漢文)의 편지(便紙)에 쓰는 말	
亘	二 <뻗칠 궁> ①뻗치다, 가로지르다, 건너다, 길이 ②연접하다(連接 :서로 잇닿다), 넓이 ③다하다, 극진하다(極盡) ④베풀다(선)	* 亘古(궁고) :옛날에까지 걸침 * 延亘(연궁) :聯亘(연궁). 連亘(연궁). 길게 뻗침 * 棉亘(면궁) :끊임없이 이어져 뻗침 * 亘萬古(궁만고) :①만고를 통하여 뻗침 ②옛날까지 뻗침	
哭	口 <울 곡> ①울다, 곡하다(哭) ②사람의 죽음을 슬퍼하여 우는 예 ③노래하다	* 哭泣(곡읍) :소리 내어 슬피 욺 * 慟哭(통곡) :큰소리로 섧게 욺 * 痛哭(통곡) :소리높여 슬피 욺 * 欲哭逢打(욕곡봉타) :<俗>울려는 아이 뺨치기. <比喩>불평을 품고 있는 사람을 선동(煽動)함	

訃	言 <부고 부> ①부고(訃告), 죽음을 알리는 통지 ②부고내다(訃告), 통부하다(通訃) ③이르다, 일컫다	* 訃告(부고) :訃報(부보). 訃信(부신). 사람의 죽음을 알림 * 訃聞(부문) :사람이 죽었다는 소식(消息) * 訃音(부음) :사람이 죽었다고 알리는 말이나 글 * 哭訃(곡부) :조문(弔問)함 * 通訃(통부) :사람의 죽음을 알림	<부선애도> 죽음을 통부(喪告)하니 덕(德)을 흠모(欽慕)하여 사람들이 모여들어서 죽음을 슬퍼하면서
詵	言 <많을 선 / 모일 선> ①많다, 수가 많은 모양 ②덕을 흠모하여 모여드는 모양, 모이다 ③묻다	* 詵詵(선선/신신) :①많은 모양 ②좇아 모여드는 모양	
哀	口 <슬플 애> ①슬프다, 가엾다 ②불쌍히 여기다, 가련하다(可憐) ③사랑하다, 애지중지하다(愛之重之) ④민망(憫惘)히 여기다	* 哀悼(애도) :사람의 죽음을 슬퍼함 * 哀惜(애석) :슬프고 아깝게 여김 * 哀痛(애통) :슬프고 가슴 아파함 * 悲哀(비애) :①슬픔과 설움 ②슬퍼하고 서러워함	
悼	忄(心) <슬퍼할 도> ①(죽음을)슬퍼하다 ②(마음)아파하다, 가엾게 여기다 ③떨다, 두려워하다 ④어린이의 죽음	* 悼詞(도사) :사람의 죽음을 추도하는 글 * 悼歌(도가) * 悼亡(도망) :죽은 아내를 생각하여 슬퍼함 * 悼喪(도상) :다른 사람의 상사(喪事)를 슬퍼함 * 追悼(추도) :죽은 사람을 생각하여 슬퍼함	

夭	大 <일찍 죽을 요 / 젊을 요> ①일찍 죽다, 나이 젊어서 죽다 ②어리다, 젊다, 예쁘다, 아름답다 ③한창 때를 만나다 ④(몸을)굽히다	* 夭逝(요서) :夭折(요절). 夭死(요사). 나이 젊어서 죽음 * 夭折(요절) :①젊어서 죽다. 요절하다. 短世, 夭逝, 夭枉, 夭亡, 夭殤, 短折) ②일이 중도에서 실패하다 * 夭夭(요요) :젊고 아름다운 모양 * 橫夭(횡요) :夭死(요사)	<요서민망> "너무 일찍 죽어서 답답하고 딱하여 안타깝지만,
逝	辶(辵) <갈 서> ①가다, 지나가다 ②죽다, 세상(世上)을 떠나다 ③날다 ④달리다, 뛰다	* 逝去(서거) :죽어서 이 세상(世上)을 떠나감의 높임말 * 逝世(서세) :별세(別世)의 높임말 * 早逝(조서) :夭折(요절) * 卒逝(졸서) :①죽어서 멀리 감(높임말) ②갑자기 죽음 * 薨逝(훙서) :임금이나 왕족(王族), 또는 귀족(貴族)의 죽음	
憫	忄(心) <민망할 민> ①민망하다(憫惘) ②불쌍히 여기다 ③가엾게 생각하다 ④근심하다 ⑤고민하다(苦悶-)	* 憫惘(민망) :①보기에 답답하고 딱하여 안타깝다 ②낯을 들고 대하기가 부끄럽다 * 憐憫(연민) :①가엾이 함 ②불쌍히 여김 * 憫憫(민민) :매우 딱함 * 不憫(불민) :사정이 딱하고 가여움	
惘	忄(心) <멍할 망> ①멍하다, 멍한 모양 ②심심하다 ③황급하다(遑急)	* 惘惘(망망) :낙심(落心)하여 멍한 모양 * 惘然(망연) :맥이 풀려 멍한 모양 * 悵惘(창망) :근심 걱정으로 경황(景況)이 없음	

한자	훈음	용례	성어
彭	彡 <성씨 팽> ①성(姓)의 하나 ②땅의 이름 ③나라의 이름 ④곁, 옆(방)	* 彭殤(팽상) :彭祖(팽조)와 殤子(상자)의 준말. <比喩>장수(長壽)와 요절(夭折)을 뜻함 * 彭祖(팽조) :고대(古代)에 700歲까지 장수(長壽)했다고 함	<팽상불모> 사람이 장수(長壽)하고 단명(短命)함은 다 같이 가지런히 받은 복(福)이 아니요,
殤	歹(歺) <일찍 죽을 상> ①일찍 죽다 ②어려서 죽다 (20살을 넘기지 못하고 일찍 죽다)	* 殤子(상자) :①일반적으로는 나이가 젊어서 죽은 사람 ②왕위(王位)를 계승(繼承)하지 못하고 일찍 죽은 세자(世子)나 왕자(王子) * 殤死(상사) :나이가 스무 살도 되기 전(前)에 죽음	
弗	弓 <아닐 불 / 말 불> ①아니다 ②말다 ③근심하다, 걱정하다 ④어긋나다 ⑤달러($)	* 造次弗離(조차불리) :남을 위(爲)한 동정심(同情心)을 잠시(暫時)라도 잊지 말고 항상(恒常) 가져야 함 * 中人弗勝(중인불승) :보통(普通) 사람은 감당(堪當)하지 못함을 이르는 말	
侔	亻(人) <가지런할 모> ①가지런하다, 같다 ②힘쓰다, 꾀하다 ③취하다(取) ④따르다	* 侔星(모성) :혜성(彗星) * 同侔(동모) :<借音>'同務'와 같다. 동무, 벗, 친구 * 相侔(상모) :수준이나 정도가 서로 어지간하게 같음. '侔'는 '牟'로도 쓴다	

한자	훈음	용례	성어
死	歹(歺) <죽을 사> ①죽다 ②죽이다 ③다하다 ④목숨을 걸다 ⑤생기(生氣)가 없다 ⑥활동력(活動力)이 없다	* 死後(사후) :죽은 뒤 * 死後藥方文(사후약방문) * 死亡(사망) :죽음 * 死地(사지) :①죽을 곳 ②죽음의 땅 * 死藏(사장) :사물(事物)을 활용(活用)하지 않고 묵혀 둠 * 生死(생사) :태어남과 죽음. 삶과 죽음. 사생(死生)	<사후사심> 죽은 후(後)에 사사(私私)로 이 살아오신 그 덕(德)이 자세(仔細)히 밝혀질 것입니다." 하고
後	彳 <뒤 후> ①뒤, 뒤지다, 뒤서다, 뒤떨어지다 ②뒤로 하다, 뒤로 미루다 ③늦다 ④능력(能力) 따위가 뒤떨어지다	* 後代(후대) :뒤의 세대(世代) * 後續(후속) :뒤를 이어 계속됨 * 後孫(후손) :후대(後代)의 자손(子孫) * 午後(오후) :정오(正午)로부터 자정(子正)까지 * 以後(이후) :일정(一定)한 때로부터 그 뒤. 이다음	
私	禾 <사사로울 사> ①사사(私事 :사삿일, 사사로운 일) ②개인(個人), 홀로 ③가족(家族), 집안 ④오줌 ⑤음부(陰部) ⑥간통하다(姦通)	* 私事(사사) :사삿일 * 私的(사적) :개인(個人)에 관한 것 * 私人(사인) :사삿사람 * 私生活(사생활) :사사로운 생활 * 私淑(사숙) :직접 가르침을 받지는 않았으나 마음속으로 그 사람을 본받아서 배우거나 따름	
審	宀 <살필 심> ①살피다, 주의하여 보다 ②자세(仔細·子細)히 밝히다 ③밝게 알다 ④조사하다(調査)	* 審問(심문) :자세(仔細)히 따져서 물음 * 審査(심사) :자세(仔細)하게 조사(調査)하여 결정(決定)함 * 審議(심의) :심사(審査)하고 토의(討議)하는 것 * 審判(심판) :심리(審理)하여 판단(判斷)하고 판결(判決)함	

한자	훈음	용례	성어
仔	亻(人) <자세할 자> ①자세하다(仔細·子細), 자세히 ②세밀하다(細密) ③어리다, 새끼, 아이 ④견디내다	* 仔詳(자상) :①찬찬하고 자세하게 ②인정이 넘치고 정성이 지극하게 * 仔細(자세) :아주 작고 하찮은 부분(部分)까지 구체적(具體的)이고 분명(分明)함	<자상루언> 찬찬하고 자세(仔細)하게 정성(精誠)스러운 말로 위문(慰問)을 하면서
詳	言 <자세할 상> ①자세하다(仔細·子細) ②자세히 알다 ③다하다, 다, 모두, 남김이 없이 하다 ④골고루 마음을 쓰다	* 詳細(상세) :자세(仔細)하고 세밀(細密)함 * 詳述(상술) :자세(仔細)하게 진술(陳述)함 * 未詳(미상) :자세(仔細)하지 아니함 * 昭詳(소상) :분명(分明)하고 자세(仔細)함	
縷	糸 <실 루> ①실, 올 ②실처럼 가늘고 긴 것 ③줄기, 가닥 ④명주(明紬) ⑤자세하다 ⑥하나하나, 상세하게, 차근차근	* 縷言(루언) :소상(昭詳)히 말함. 또는 그러한 말 * 縷飛(누비) :누비. 피륙을 줄이 죽죽 지게 박는 바느질 * 縷子(루자) :실오리라는 뜻으로, 일의 실마리를 이르는 말 * 一縷(일루) :가능성이 극히 적으나 그나마 간신히 있음	
唁	口 <위문할 언> ①위문하다(慰問) ②위로하다(慰勞)	* 唁慰(언위) :위로(慰勞)함 * 唁狀(언장) :상중(喪中)에 있는 사람에게 보내는 위로(慰勞)의 편지(便紙)나 글 * 致唁(치언) :위문(慰問)하는 뜻을 표함	

한자	훈음	용례	성어
弔	弓 <조상할 조> ①조상하다(弔喪), 조문하다(弔問) ②문안하다(問安), 위문하다(慰問) ③안부를 묻다 ④매달다, 매어달다	* 弔問(조문) :남의 상사(喪事)에 조의를 표하여 위문(慰問)함 * 弔喪(조상) :問喪(문상). 남의 상사(喪事)에 弔意를 나타냄 * 弔意(조의) :죽은 이를 슬퍼하는 마음 * 弔儀(조의) :조문(弔問)하는 의식(儀式)	<조의부섬> 조문(弔問)하는 의식(儀式)을 치르고 부의(賻儀)를 넉넉히 하여 돕는다.
儀	亻(人) <거동 의> ①거동(擧動) ②법도(法度) ③법식(法式) ④예절(禮節) ⑤본보기, 본받다 ⑥천문기계(天文器械) ⑦헤아리다	* 儀式(의식) :어떤 행사(行事)를 치르는 법식(法式) * 弔儀(조의) :조문(弔問)하는 의식(儀式) * 賀儀(하의) :축하(祝賀)하는 예식(禮式) * 禮儀凡節(예의범절) :모든 예의(禮儀)와 절차(節次)	
賻	貝 <부의 부> ①부의(賻儀) ②부의(賻儀)를 하다	* 賻儀(부의) :초상(初喪)집에 부조(扶助)로 보내는 돈이나 물품(物品) * 弔賻(조부) :상제(喪制)집에 대 조문(弔問)과 부의(賻儀) * 致賻(치부) :賜賻(사부). 임금이 신하의 죽음에 부의를 내림	
贍	貝 <넉넉할 섬> ①넉넉하다, 많다, 풍부하다(豐富) ②진휼하다(賑恤), 구제하다(救濟) ③돕다, 구조하다(救助) ④(재물을)보태다	* 贍富(섬부) :贍足(섬족). 가멸고 풍족(豐足)함 * 富贍(부섬) :재물(財物)이나 지식(知識)의 밑천이 넉넉함 * 贍養(섬양) :비용을 넉넉히 하여 길러 냄 * 贍賑(섬진) :물품(物品)을 주어서 도움	

柩	木 <널 구> ①널 :시체(屍體)를 넣는 관(棺)이나 곽(槨) 따위를 통틀어 이르는 말	* 柩車(구거) :시체(屍體)를 싣는 수레. 영구차(靈柩車) * 返柩(반구) :객지에서 죽은 시체를 고향으로 돌려옴 * 靈柩(영구) :시체(屍體)를 넣은 관(棺) * 運柩(운구) :시체(屍體)를 넣은 관을 운반(運搬)하는 것	<구시마염> 널 속의 시구(屍軀)는 삼베로 염습(殮襲)을 하고
屍	尸 <주검 시> ①주검 ②시체(屍體) ③송장	* 屍身(시신) :屍首(시수). 죽은 사람의 몸을 이르는 말 * 屍體(시체) :사람이나 생물(生物)의 죽은 몸뚱이. 사체(死體) * 屍軀(시구) :사람의 죽은 몸뚱이 * 沿屍(연시) :屍體(시체). 송장. 죽은 사람의 몸	
麻	麻 <삼 마> ①삼 (뽕나뭇과의 한해살이풀) ②베옷 ③삼으로 지은 상복(喪服) ④마비되다(痲痹·痳痹), 마비시키다	* 麻衣(마의) :삼베옷. 삼베로 만든 옷 * 大麻(대마) :①삼 ②눈동자에 좁쌀만하게 생긴 점(點) * 快刀亂麻(쾌도난마) :헝클어진 삼을 잘 드는 칼로 자른다. <比喩>복잡하게 얽힌 문제들을 솜씨 있게 처리함	
殮	歹(歺) <염할 렴> ①염하다(殮), 염습하다(殮襲) ②납관하다(納棺) ③대렴(大殮 :송장에 옷을 입히고 베로 묶어서 관에 넣는 일)	* 殮襲(염습) :襲殮(습렴). 죽은 사람의 몸을 씻긴 다음, 옷을 입히고 염포(殮布)로 묶는 일 * 殮布(염포) :염습(殮襲)할 때 시체(屍體)를 묶는 베 * 殮昏(염혼) :황혼(黃昏). 한창 때를 지나 쇠퇴기에 이른 상태	

殯	歹(歺) <빈소 빈> ①빈소(殯所) ②초빈하다(草殯 :시체를 입관한 후 장사지낼 때까지 안치하다) ③파묻히다 ④염하다(殮)	* 殯禮(빈례) :장사(葬事) 지낸 예식(禮式) * 殯所(빈소) :발인 때까지 관을 놓아두는 방(房) * 殯殿(빈전) :왕이나 왕비의 관을 모시던 전각(殿閣) * 啓殯(계빈) :출구(出柩)하려고 빈소(殯所)를 엶	<빈인시백> 주검과 넋을 빈소(殯所)에서 발인(發靷)을 하여
靷	革 <가슴걸이 인> ①가슴걸이(말 가슴에 걸어 안장에 매는 가죽 끈) ②이끄는 가죽끈 ③잡아당기다	* 靷行(인행) :상여가 발인(發靷)을 하여 떠나 감 * 靷日(인일) :발인(發靷)을 하는 날 * 擔荷靷(담하인) :멜빵 * 發靷(발인) :상여(喪輿)가 집에서 묘지(墓地)를 향(向)하여 떠나는 것	
尸	尸 <주검 시> ①주검 ②시체(屍體) ③신주(神主 :죽은 사람의 위패) ④시동(尸童 :제사 때 신을 대신하는 아이) ⑤시체(屍體) 같다	* 尸厥(시궐) :정신(精神)이 아찔하여 급작스레 업드러져서 까무러치는 병(病) * 尸位素餐(시위소찬) :높은 자리에 앉아 녹(祿)만 받는다는 뜻으로, 자기 직책을 다하지 않음을 이름	
魄	鬼 <넋 백> ①넋(정신이나 마음) ②몸 ③모양 ④달, 달빛 ⑤재강(술을 거르고 남은 찌끼)(박) ⑥영락하다(零落)(탁)	* 魂魄(혼백) :넋. 몸을 거느리고 정신(精神)을 다스리는 것 * 桂魄(계백) :달(月)을 달리 이르는 말 * 魂飛魄散(혼비백산) :넋이 날아가고 넋이 흩어짐. <比喩> 몹시 놀라 어찌할 바를 모름	

埋	土 <묻을 매> ①묻다, 땅에 파묻다 ②장사지내다(葬事) ③감추다, 감추어지다 ④메우다, 채우다 ⑤영락하다(零落), 낙백하다(落魄)	* 埋葬(매장) :①송장을 땅에 묻음 ②못된 짓을 한 사람을 사회(社會)에서 용납(容納)하지 못하게 함 * 埋沒(매몰) :땅에 파묻음. 파묻힘	<매장관곽> 송장을 넣는 관곽(棺槨)을 묻어서 장사(葬事)를 지내니
葬	++(艸·草) <장사지낼 장> ①장사지내다(葬事), 장사(葬事) ②매장하다(埋葬)	* 葬禮(장례) :葬儀(장의). 장사(葬事)지내는 예절(禮節) * 葬事(장사) :시체(屍體)를 묻거나 화장(火葬)하는 일 * 葬送曲(장송곡) :장렬(葬列)이 행진(行進)할 때 연주(演奏)하는 느린 행진곡(行進曲)	
棺	木 <널 관> ※ 棺은 속널 ①널(시체를 넣는 관이나 곽 따위를 통틀어 이르는 말) ②입관하다(入棺 :시신을 관 속에 넣다)	* 棺槨(관곽) :시체(屍體)를 넣는 관(棺)과 곽(槨) * 下棺(하관) :관(棺)을 광중(壙中)에 내림 * 蓋棺事定(개관사정) :관 뚜껑을 덮고 일을 정한다는 뜻으로, 사람은 죽고 난 뒤에라야 평가 할 수 있다	
槨	木 <외관 곽> ※ 槨은 겉널 ①외관(外棺) ②덧널 :관을 담는 궤(櫃 :나무로 네모나게 만든 그릇)	* 石槨(석곽) :①돌로 만든 곽(槨) ②돌로 만든 고분(古墳) 현실(玄室)의 벽(壁) * 石槨墓(석곽묘) * 磚槨墓(전곽묘) :磚槨墳(전곽분). 현실(玄室)의 벽(壁)을 벽돌로 쌓은 분묘(墳墓)	

邱	阝(邑) <언덕 구> ①언덕, 구릉 ②무덤, 분묘(墳墓)	* 邱壟(구롱) :무덤. 분묘(墳墓) * 一邱一壑(일구일학) :때로는 언덕에 오르고 때로는 골짜기에서 낚시질을 한다는 뜻으로, 은자(隱者)의 삶을 이르는 말	<구영창량> 언덕 위의 무덤에는 슬픔이 깃든다.
塋	土 <무덤 영> ①무덤, 분묘(墳墓) ②산소(山所) ③장지(葬地) ④매장하다(埋葬)	* 塋域(영역) :塋墓(영묘). 산소(山所) * 塋樹(영수) :묘지(墓地)에 심은 나무 * 墳塋(분영) :무덤 * 先塋(선영) :先山(선산) * 世塋(세영) :역대의 조상을 묻은 묘역(墓域)	
愴	忄(心) <슬플 창> ①슬프다 ②슬퍼하다, 마음을 아파하다 ③어지럽다, 어지러워지다 ④차다, 차갑다	* 愴悢(창량) :슬픔. 슬퍼함 * 愴冥(창명) :슬프고 막막함 * 悲愴(비창) :傷愴(상창). 상창(傷愴). 마음이 슬프고 서운함 * 悽愴(처창) :몹시 슬프고 애달픔	
悢	忄(心) <슬퍼할 량> ①슬퍼하다 ②서러워하다 ③돌보다, 사랑하여 돌보는 모양 ④뜻을 얻지 못하다(랑)	* 悢悢(양량) :①몹시 슬퍼하는 모양 ②자애(慈愛)로운 모양 * 悢然(양연) :슬퍼하는 모양	

曇	日 <흐릴 담> ①흐리다 ②구름이 끼다 ③먹구름 모양 ④짐새(鴆 :독조(毒鳥). 그 깃을 담근 술을 마시면 죽게 됨) ⑤불법(佛法)	* 曇天(담천) :구름이 끼어서 흐린 하늘 * 微曇(미담) :조금 흐림 * 薄曇(박담) :조금 흐릿한 날씨 * 瞿曇之教(구담지교) :불교(佛教)를 달리 이르는 말. 석가모니의 가르침	<담훈운예> 날씨가 흐리고 햇무리가 지고 구름과 무지개가 뜨니, <날씨가 흐리고 햇무리가 지는 것이 비가 올 징조(徵兆)를 보이더니,>
暈	日 <무리 훈 / 어지러울 운> ①무리(불그스름한 빛의 둥근 테) ②햇무리 ③달무리 ④안개 ⑤희미하다(稀微)(운) ⑥어지럽다(운) ⑦멀미(운)	* 暈輪(훈륜) :추가 달무리·햇무리 따위의 둥근 테두리 * 暈圍(운위) :달무리나 해무리 따위의 둥그런 테두리 * 半暈(반훈) :반원(半圓)을 이룬 햇무리 * 眩暈(현훈) :정신(精神)이 어찔어찔 어지러움. 현기증(眩氣症)	
雲	雨 <구름 운> 1. 구름 2. 습기(濕氣) 3. 높음의 비유 4. 많음의 비유 5. 멂의 비유 6. 덩이짐의 비유 7. 성(盛)함의 비유	* 雲霓(운예) :①구름과 무지개 ②비가 올 징조(徵兆) * 雲屯(운둔) :사람이 구름처럼 많이 모임. 운집(雲集) * 雲孫(운손) :구름과 같이 멀어진 자손(子孫). 8代孫 * 靑雲(청운) :①푸른 빛깔의 구름 ②높은 이상(理想)이나 벼슬	
霓	雨 <무지개 예> ①무지개 ②벼락(방전 작용으로 일어나는 자연 현상) ③가장자리	* 虹霓(홍예) :①무지개 ②홍예문(虹霓門) * 大旱雲霓(대한운예) :큰 가뭄에 비의 조짐(兆朕)을 기다림 * 雲霓之望(운예지망) :큰 가뭄에 구름과 무지개를(비오기를) 바람. <比喩>희망(希望)이 간절(懇切)함	

霍	雨 <빠를 곽> ①빠르다 ②갑자기, 빠르게 ③사라지다 ④(눈이)멀다, 멀게 하다 ⑤곽란(霍亂·癨亂 :토하고 설사하는 급성 위장병)	* 霍閃(곽섬) :번개 * 霍亂(곽란) :霍氣(곽기). 갑자기 토하고 설사(泄瀉)가 나며 고통(苦痛)이 심한 급성(急性) 위장병(胃腸病) * 霍然(곽연) :별안간 사라져 없어짐. 급함	<곽섬진패> 번개가 번쩍하고 나서 천둥이 울고 비가 쏟아지면서
閃	門 <번쩍일 섬> ①번쩍이다 ②엿보다 ③언뜻 보이다 ④나부끼다, 나부끼게 하다 ⑤번득이다, 번득이게 하다	* 閃光(섬광) :번쩍이는 빛. 순간적(瞬間的)으로 비치는 광선(光線) * 閃火(섬화) :번쩍이는 불 * 東閃西忽(동섬서홀) :동에서 번쩍 서에서 얼씬한다는 뜻으로, 이리 갔다 저리 갔다 함을 이르는 말	
震	雨 <우레 진> ①우레, 천둥(뇌성과 번개를 동반하는 대기 중의 방전 현상) ②벼락(방전 작용으로 일어나는 자연 현상) ③지진(地震)	* 震撼(진감) :크게 울리어서 뒤흔들림 * 震度(진도) :지진(地震)이 일어났을 때 느끼는 감각(感覺) * 震動(진동) :물체(物體)가 몹시 울리어 움직임 * 地震(지진) :땅이 흔들리고 갈라지는 지각(地殼) 변동(變動) 현상	
霈	雨 <비 쏟아질 패> ①비가 쏟아지다 ②큰비(상당한 기간에 걸쳐 많이 쏟아지는 비) ③물이 흐르는 모양 ④젖다(물이 배어 축축하게 되다)	* 大霈(대패) :①만물을 고루 적셔 주는 큰 비 ②임금의 큰 은혜 * 綸霈(윤패) :임금의 은택 * 霈宥(패유) :임금이 죄를 용서해 줌 * 雷雨之霈(뇌우지패) :우레 소리가 나며 큰 비가 쏟아짐. <比喩>임금이 베푸는 큰 은혜	

驟	馬 <달릴 취> ①달리다 ②몰아가다 ③빠르다 ④갑작스럽다, 갑자기, 돌연히(突然) ⑤자주, 종종, 여러 번	* 驟雨(취우) :소나기 * 驟歷(추력) :급작스럽게 여러 벼슬을 역임(歷任)함 * 驟進(취진) :직위(職位)가 급작스럽게 뛰어오름 * 驟雨不終日(취우부종일) :<比喩>권세(權勢)는 오래 가지 못함	<취향석력> 별안간 들리는 소리는 비오는 소리다.
響	音 <울릴 향> ①울리다, 메아리치다, 울림, 음향(音響) ②(소리가)진동하다(振動) ③명성(名聲) ④소리, 가락 ⑤대답(對答), 응답(應答)	* 響應(향응) :①소리에 따라서 마주쳐 울림 ②남의 주창(主唱)에 다른 사람들이 그와 같은 행동을 취함 * 影響(영향) :어떤 사물의 작용이 다른 사물에 변화를 줌 * 言中有響(언중유향) :말 속에 울림이 있다. 깊은 뜻이 있음	
淅	氵(水) <쌀을 일 석> ①(쌀을)일다(흔들어서 쓸 것과 못 쓸 것을 가려내다) ②씻은 쌀 ③비바람 소리 ④쓸쓸하다, 썰렁하다	* 淅瀝(석력) :①비나 눈이 내리는 소리 ②바람이 나무를 스치어 울리는 소리 * 淅籤(석첨) :조리 * 魂驚毛淅(혼경모석) :몹시 놀라서 오싹하여 모발이 쭈뼛함	
瀝	氵(水) <스밀 력> ①스미다 ②듣다(비 등이 떨어지다) ③(물방울이)떨어지다 ④(물을)대다 ⑤흘려보내다 ⑥쏟다 ⑦비바람 소리	* 瀝心(역심) :외곬으로 쏟는 마음 * 淋瀝(임력) :물이 뚝뚝 떨어짐 * 瀝滴(역적) :滴瀝(적력). 물방울이 뚝뚝 떨어짐. 또는 그 물방울 * 餘瀝(여력) :먹고 남은 음식(飮食)이나 술. 자기 집 음식의 겸어 * 披瀝(피력) :평소(平素)에 숨겨둔 생각을 모조리 털어내어 말함	

雷	雨 <우레 뢰> ①우레, 천둥(뇌성과 번개를 동반하는 대기 중의 방전 현상) ②큰소리의 형용(形容) ③사나운 모양의 비유(比喩·譬喩)	* 雷霆霹靂(뇌정벽력) :천둥과 벼락이 격렬(激烈)하게 침. * 雷霆(뇌정) :세찬 천둥소리 * 雷聲(뇌성) :천둥소리 * 附和雷同(부화뇌동) :우레 소리에 맞춰 함께 한다 <比喩>소신 없이 남이 하는 대로 따라감	<뇌정벽력> 천둥과 벼락이 격렬(激烈)하게 침으로 말미암아
霆	雨 <천둥소리 정> ①천둥소리(천둥이 칠 때 나는 소리) ②번개 ③세차고 빠름의 비유 ④벌렁이다 ⑤떨다	* 電霆(전정) :번개 * 震霆(진정) :요란하게 울리는 천둥소리 * 電光索索霹靂之兆(전광삭삭벽력지조) :<俗>번개가 잦으면 천둥을 친다. <比喩>어떠한 현상의 징조가 잦으면 필경에는 그 현상이 생기고야 만다는 뜻	
霹	雨 <벼락 벽> ①벼락(방전 작용으로 일어나는 자연 현상) ②벼락이 치다 ③천둥	* 霹靂(벽력) : ①우레. 벽력. 벼락. 격렬한 뇌명(雷鳴) ②갑작스러운 사건. 뜻밖의 변사(變死) * 靑天霹靂(청천벽력) :<俗>마른하늘에 날벼락. <比喩>돌발적(突發的)인 사태(事態)나 사변(事變)	
靂	雨 <벼락 력> ①벼락(방전 작용으로 일어나는 자연 현상) ②천둥	* 霹棗木(벽조목) :벼락 맞은 대추나무. 벽사(辟邪)의 의미 * 戴瓢子霹靂避(대표자벽력피) :<俗>쪽박을 쓰고 벼락을 피하다. <比喩>봉변을 당했을 때, 엉겁결에 어리석은 방법으로 이를 벗어나려 함	

한자	뜻	용례	
滂	氵(水) <비 퍼부을 방> ①비가 퍼붓다 ②죽죽 퍼붓다 ③물이 흐르는 소리 ④물이 질펀하게 흐르는 모양	* 滂沱(방타) :①비가 세차게 좍좍 쏟아짐 ②눈물이 끊임없이 흘러내림 * 滂滂(방방) :방망이 * 澎滂(팽방) :물이 콸콸 흐름.	<방타비의> 비가 억수같이 퍼붓기를 더하는도다!
沱	氵(水) <물갈래 타> ①물갈래(강물이나 냇물 따위가 갈라져서 흐르는 가닥) ②눈물이 흐르는 모양 ③비가 쏟아지는 모양 ④깨끗하다	* 霶沱(방타) :滂沱(방타). 많은 눈물이 뚝뚝 떨어짐. '霶'은 '滂'과 같다. * 沱茶(타차) :<中國>사발 모양으로 압축시킨 차(茶)	
俾	亻(人) <더할 비 / 시킬 비> ①더하다 ②시키다, 하여금 ③좇다 ④가깝다 ⑤흘겨보다 ⑥성가퀴(堞 :성 위에 낮게 쌓은 담)	* 俾家(비가) :재산(財産)이 풍부(豐富)한 집 * 俾上樹撼之(비상수감지) :<俗>나무에 오르라 하고 흔드는 격. <比喩>처음에 좋은 낯으로 사람을 꾀어 불행(不幸)한 처지(處地)에 몰아넣음	
矣	矢 <어조사 의> ①어조사(語助辭) ②~었다 ③~리라 ④~이다 ⑤~뿐이다 ⑥~도다! ⑦~느냐? ⑧~여라	* 矣夫(의부) :감탄(感歎)의 허자(虛字) * 萬事休矣(만사휴의) :만 가지 일이 끝장이라는 뜻. 絶望 * 朝聞道夕死可矣(조문도석사가의) :아침에 도(道)가 행해지고 있다는 말을 들으면 저녁에 죽어도 좋다	

한자	뜻	용례	
溝	氵(水) <도랑 구> ①도랑(매우 좁고 작은 개울), 도랑 파다 ②봇도랑(洑 :봇물을 대게 만든 도랑) ③시내 ④해자(垓子) ⑤물을 빼는 홈통	* 溝洫(구혁) :길가나 전답(田畓) 사이에 있는 도랑 * 地溝帶(지구대) :지구(地溝)로 이루어진 띠 모양의 낮은 땅 * 下水溝(하수구) :하수가 흘러 빠지도록 만든 도랑 * 經於溝瀆(경어구독) :스스로 목매어 도랑에 익사한다. 개죽음	<구혁범일> 전답(田畓) 사이에 있는 작은 도랑이 넘쳐서 흐르므로
洫	氵(水) <봇도랑 혁> ①봇도랑(洑 :봇물을 대거나 빼게 만든 도랑) ②해자(垓子 :성 밖을 둘러싼 못) ③수문(水門) ④넘치다(일)	* 區洫(구혁) :논이나 밭의 경계 사이로 낸 물도랑. * 白洫(백혁) :물이 바싹 말라붙은 봇도랑 * 枉洫(왕혁) :꼬불꼬불한 봇도랑.	
氾	氵(水) <넘칠 범> ①넘치다, 흐르다 ②(물에)뜨다, (물에)띄우다 ③넓다, 5. 두루, 널리 ④우묵하다(가운데가 움푹하다) ⑤씻다	* 氾溢(범일) :氾濫(범람). 물이 넘쳐 흐름. 벌창 * 氾濫(범람) :汎濫(범람). 汎溢(범일). 물이 넘쳐 흐름 * 氾論(범론) :汎論(범론). 전반(全般)에 걸쳐 개괄(槪括)한 이론 * 氾然(범연) :泛然(범연). 차근차근한 맛이 없이 데면데면함	
溢	氵(水) <넘칠 일> ①넘치다 ②가득 차다, 잠기다 ③홍수(洪水) ④지나치다 ⑤교만하다(驕慢) ⑥왕성하다(旺盛) ⑦한 웅큼 ⑧24냥 쭝	* 漲溢(창일) :큰물이 져 넘침. 창만(漲滿) * 海溢(해일) :바닷물이 육지(陸地)로 넘쳐 들어오는 일 * 滿則溢(만즉일) :가득 차면 넘치다. 성쇠(盛衰)의 교질(交迭) * 溢美之言(일미지언) :너무 지나치게 칭찬(稱讚)하는 말	

한자	뜻	용례	
耜	耒 <보습 사> ①보습(땅을 갈아 흙덩이를 일으키는 데 쓰는 농기구) ②쟁기날 ③따비로 갈다 ④쟁기를 손질하다	* 耜匙(사시) :보습 * 耒耜(뇌사) :쟁기. 논밭을 가는 농기구(農器具) * 犂耜(이사) :쟁기	<사심보전> 보습으로 보(洑)에 가라앉은 앙금을 물속에서 더듬어 찾아서
沁	氵(水) <스며들 심 / 더듬어 찾을 심> ①스며들다, 배어들다 ②긷다, (물을)푸다 ③더듬어 찾다, 물건을 써서 물속의 것을 찾다	* 沁泄(심설) :물이나 공기, 비밀 따위가 밖으로 샘. 또는 밖으로 새어 나가게 함 * 沁州(심주) :땅 이름. 경기도 강화(江華)를 달리 이르는 말	
洑	氵(水) <보 보 / 스며 흐를 복> ①보(논밭의 물 가두는 곳) ②스며 흐르다(복), 돌아 흐르다(복) ③나루(복), 나루터(복)	* 洑主(보주) :보(洑)의 주인(主人) * 防洑(방보) :보를 막음. * 洑水稅(보수세) :봇물을 이용할 때 내는 돈이나 곡식(穀食) * 水中洑(수중보) :수위(水位)를 일정(一定)하게 유지(維持)하기 위(爲)하여 만든 보(洑)	
澱	氵(水) <앙금 전> ①앙금(녹말 따위의 아주 잘고 부드러운 가루가 물에 가라앉아 생긴 층) ②찌꺼기 ③고이다 ④고인 물	* 澱物(전물) :가라앉아서 앙금이 된 물질(物質) * 澱粉(전분) :옥수수 등에서 추출한 다당류 탄수화물 * 沈澱(침전) :물에 미세한 고체(固體)가 가라앉은 앙금	

한자	뜻	용례	
鍬	金 <가래 초> ①가래(흙을 파헤치거나 떠서 던지는 기구) ②삽(땅을 파고 흙을 뜨는 데 쓰는 연장)	* 鍬橛(초궐) :가래 * 手鍬(수초) :<日語>인력(人力)으로 밭을 갊 * 鍬形蟲科(초형충과) :사슴벌레 科	<초삽준설> 가래와 삽으로 개천을 치고
鍤	金 <가래 삽> ①가래(흙을 파헤치거나 떠서 던지는 기구) ②삽(땅을 파고 흙을 뜨는 데 쓰는 연장) ③바늘, 돗바늘(굵은 바늘)	* 曲鍤(곡삽) :철판이 오긋하게 굽혀진 삽 * 平鍤(평삽) :날 부분을 평평하게 만든 삽 * 火鍤(부삽) :<音借>부삽. 아궁이에 불을 담아 옮기는 삽 * 杴鍤(험삽) :가래와 삽	
浚	氵(水) <깊게 할 준 / 칠 준> ①깊게 하다 ②깊다 ③치다 ④재물(財物)을 약탈하다(掠奪), 빼앗다	* 浚渠(준거) :도랑을 파냄 * 浚井(준정) :우물을 쳐냄 * 浚剝(준박) :뼈를 갉아 내고 살을 발라냄. <比喩>가혹하게 착취함 * 浚照(준조) :물이 깊고 맑음	
渫	氵(水) <파낼 설> ①파내다 ②치다, 준설하다(浚渫) ③업신여기다 ④더럽히다 ⑤그치다, 그만두다	* 浚渫(준설) :물의 깊이를 증가(增加)시켜 배가 잘 드나들게 하기 위(爲)하여 하천(河川)·항만(港灣) 등(等)의 바닥에 쌓인 모래나 암석(巖石)을 파내는 일	

漢字	뜻	단어	풀이
灌	氵(水) <물댈 관> ①물을 대다 ②따르다, 붓다(액체나 가루 따위를 다른 곳에 담다) ③흘러들다 ④강신제(降神祭 :내림굿)를 지내다	* 灌漑(관개) :灌水(관수). 농사(農事)를 짓는 데 필요(必要)한 물을 논밭에 대는 것 * 灌漑用水(관개용수) * 灌浴(관욕) :재(齋)를 올릴 때 영혼(靈魂)을 깨끗이 목욕시킴 * 灌腸(관장) :대변이 나오게 항문(肛門)에 약물을 주입(注入)함	<관개설견> 논밭에 물을 끌어대어 밭도랑으로 새서 흐르도록 하니
漑	氵(水) <물댈 개> ①물 대다 ②씻다 ③헹구다 ④물 모양 ⑤물의 이름, 강(江)의 이름	* 漑糞(개분) :농작물(農作物)에 물이나 비료(肥料)를 줌 * 畦間灌漑(휴간관개) :고랑물대기. 고랑에 물을 넣어 농작물(農作物)의 뿌리에 물을 주는 방법(方法)	
洩	氵(水) <샐 설> ①새다 ②(비밀이)흘러나오다 ③폭포 ④퍼지다(예) ⑤훨훨 날다(예)	* 洩憤(설분) :분을 풀어 없앰 * 滲洩(삼설) :새서 빠져 나감 * 漏洩(누설) :漏泄(누설). 洩漏(설루). 밖으로 새어 나감 * 勿洩(물설) :새어 나가지 않게 함. 소문 내지 말라는 말 * 夬洩(쾌설) :시원하게 씻어 냄. 깨끗이 제거됨.	
畎	田 <밭도랑 견> ①밭도랑(밭의 가장자리에 둘러져 있는 도랑) ②산골짜기(山) ③관개하다(灌漑)	* 靑畎(청견) :동쪽에 있는 땅이라는 뜻으로, 우리나라를 가리켜 이르는 말. 청색(靑色)은 동쪽 방위(方位)를 상징(象徵)하는 빛깔임 * 畎畝(견무) :<中語>田間(전간). 논. 밭. 시골	

漢字	뜻	단어	풀이
泡	氵(水) <거품 포> ①거품 ②물 흐르는 소리 ③성하다(盛), 왕성하다(旺盛) ④두부(豆腐)	* 泡沫(포말) :물거품 * 泡幻(포환) :물거품과 환상. <比喩>세상이 허무하고 허전함 * 豆泡(두포) :豆腐(두부). 두부의 '腐'는 썩은 것이란 뜻이 아니고 뇌수(腦髓)처럼 연하고 물렁물렁하다는 뜻임	<포말범범> 물거품이 물결을 따라 널리 떠돌아다니고
沫	氵(水) <물거품 말> ①물거품 ②거품이 일다 ③비말(飛沫 :튀어 올랐다 흩어지는 물방울) ④침, 침방울 ⑤흐르는 땀	* 白沫(백말) :흰 빛으로 부서지는 물거품 * 涌沫(용말) :솟아나온 거품 * 泡沫夢幻(포말몽환) :물 위에 뜨는 거품과 꿈. <比喩>삶의 덧없음	
汎	氵(水) <넓을 범> ①넓다, 두루 ②뜨다, 떠돌다 ③가볍다, 빠르다 ④소리가 어렴풋하다(핍) ⑤물소리(풍)	* 汎稱(범칭) :泛稱(범칭). 포괄하여 넓은 범위로 부르는 이름 * 汎濫(범람) :물이 넘쳐흐름. 범일(汎溢). 범일(氾溢) * 汎愛(범애) :널리 사랑함 * 大汎(대범) :大泛(대범). 잘게 굴거나 까다롭지 않음	
泛	氵(水) <뜰 범> ①뜨다 ②넓다 ③물소리(핍) ④엎다(봉), 전복시키다(顚覆)(봉)	* 泛論(범론) :①널리 논(論)함 ②전체(全體)에 걸쳐 논(論)함 * 泛然(범연) :차근차근한 맛이 없이 데면데면함 * 悠悠泛泛(유유범범) :무슨 일을 다잡아 하지 않음	

漢字	뜻	단어	풀이
隄	阝(阜) <둑 제> ①둑, 방죽(물이 밀려들어 오는 것을 막기 위하여 쌓은 둑) ②(둑을)쌓다 ③제방(堤防) ④막다, 방지하다(防止)	* 隄堰(제언) :둑을 막아서 물을 가두는 수리시설(水利施設), 방죽	<제언갑산> 방죽의 수문(水門) 빗장을 여닫으며 수위(水位)를 조절(調節)하고 있는데,
堰	土 <방죽 언 / 둑 언> ①방죽(물이 밀려들어 오는 것을 막기 위하여 쌓은 둑) ②둑 ③보(洑), 보를 막다 ④(흐르는 물을)막다	* 堰閘(언갑) :제방(堤防)의 수문(水門). * 堰堤(언제) :堤堰(제언). 댐(dam). 물을 가두기 위해 쌓은 둑 * 可動堰(가동언) :물막이 높이를 움직여서 수량(水量)을 조절(調節)하는 둑. 可動댐. 可動堰堤 움직 보(洑)	
閘	門 <수문 갑> ①수문(水門) ②(문을)닫다 ③(문을)여닫다(압) ④삐걱거리는 소리(압)	* 閘渠(갑거) :선박의 통행을 위해 수위를 조절하는 시설 * 閘頭(갑두) :운하(運河)·수로(水路) 등의 여닫는 물문 * 閘門(갑문) :물문. 선박의 정박을 위해 설치한 갑거(閘渠)의 출입문(出入門)	
閂	門 <문빗장 산> ①문빗장(문을 닫고 가로질러 잠그는 막대기 쇠장대) ②문(門)을 잠그는 긴 나무때기	* 閂門(산문) :문(門)에 빗장을 걸다 * 閂關(산관) :빗장을 걸어 잠근 관문(關門) * 鎖閂(쇄산) :빗장을 잠그다	

漢字	뜻	단어	풀이
飄	風 <나부낄 표 / 회오리바람 표> ①나부끼다 ②떨어지다 ③회오리바람 ④질풍(疾風) ⑤바람 부는 모양 ⑥빠르다 ⑦방랑하다(放浪)	* 飄拂(표불) :바람을 받아 나부낌 * 飄洋(표양) :배가 질풍(疾風)과 같이 항해함. * 飄然(표연) :①바람에 가볍게 팔랑 나부끼는 모양 ②훌쩍 나타나거나 떠나가는 모양	<표요운타> 바람에 이리저리 나부끼던 향풀의 꽃떨기를
颻	風 <나부낄 요 / 불어오는 바람 요> ①나부끼다, 날리다 ②바람에 나부끼는 모양 ③불어 오르는 바람 ④올려 부는 바람 ⑤바람이 높이 부는 모양 ⑥질풍(疾風)	* 飄颻(표요) :바람에 이리저리 흩날림 * 落葉飄颻(낙엽표요) :가을이 오면 낙엽(落葉)이 펄펄 날리며 떨어짐	
芸	++(艸·草) <향초이름 운> ①궁궁이(芎藭 :산형과(繖形科)의 여러해살이풀) ②평지(십자화과의 두해살이풀) ③향기(香氣) ④심다(예)	* 芸草(운초) :芸香(운향). 궁궁이. 산형과 식물. 川芎(천궁) * 芸窓(운창) :서재(書齋)나 그 창(窓)을 멋스럽게 이르는 말 * 芸編(운편) :서책(書冊)을 아름답게 이르는 말. 좀을 막기 위해 책갈피에 芸草의 잎을 넣어 두던 데서 온 말	
朶	木 <떨기 타 / 늘어질 타> ①떨기(여러 개의 줄기가 더부룩하게 된 무더기 ②가지에서 휘늘어진 꽃송이 ③늘어지다, 나뭇가지가 휘휘 늘어지다	* 一朶(일타) :한 떨기. 하나의 가지 * 雙朶(쌍타) :두개의 가지 * 萬朶(만타) :수많은 꽃송이. 온갖 초목(草木)의 가지 * 花朶(화타) :꽃이 핀 가지 * 耳朶(이타) :귓불 * 紅雲朶(홍운타) :빛이 붉고도 두꺼운 국화(菊花)	

한자	뜻	용례	풀이
飈	風 <폭풍 표> ※ 飆와 同字 ①폭풍(暴風) ②회오리바람 ③광풍(狂風) ④폭풍 불어 올리다	* 飈塵(표진) :바람에 날리는 티끌 * 飈風(표풍) :회오리바람. 거센 바람 * 寒飈(한표) :매우 찬바람	
猜	犭(犬) <시기할 시> ①시기하다(猜忌) ②혐오하다(嫌惡) ③의심하다(疑心) ④두려워하다 ⑤추측하다(推測), 헤아리다	* 猜忌(시기) :시샘하여 미워함 * 猜謎(시미) :수수께끼 * 猜妬(시투) :시기(猜忌)하고 질투(嫉妬)함 * 猜厲(시려) :시기심이 많고 사나움. * 猜惡之心(시오지심) :샘을 내고 미워하는 마음	<표시기좌> 광풍(狂風)이 시기(猜忌)하여 사납게 꺾어버리니
忮	忄(心) <해칠 기> ①해치다(害), 질투하다(嫉妬·嫉妒) ②흉악하다(凶惡·兇惡), 사납다 ③악(惡) ④거스르다 ⑤원망하다(怨望)	* 忮求(기구) :남을 시기하고 해쳐서 탐욕을 채우려고 함 * 忮忒(기특) :남을 해치고 법을 어김 * 忮害(기해) :대단히 모질어서 사람을 해침 * 不忮不求(불기불구) :<中語>질투하지도 욕심내지도 않음	
挫	扌(手) <꺾을 좌> ①꺾다, 부러지다 ②(기세가)꺾이다 ③창피(猖披)를 주다, 손상시키다(損傷)	* 挫折(좌절) :摧挫(최좌). 마음과 기운(氣運)이 꺾임 * 捻挫(염좌) :관절(關節)이 삐거나 비틀려 생긴 손상(損傷) * 挫傷(좌상) :挫創(좌창). 충격에 의해 속으로 입은 부상(負傷)	

한자	뜻	용례	풀이
莖	艹(艸·草) <줄기 경> ①줄기 ②버팀목(木 :물건이 쓰러지지 않게 받치어 세우는 나무) ③대 ④장대(긴 막대기) ⑤칼자루 ⑥근본(根本)	* 陰莖(음경) :陽莖(양경). 男莖(남경). 腎莖(신경). 남자(男子)의 외성기. 자지. * 一莖九穗(일경구수) :한 줄기에서 아홉 개의 이삭이 맺는다는 뜻으로, 상서(祥瑞)로운 곡물(穀物)을 이름	
凋	冫(氷) <시들 조> ①시들다, 이울다 ②느른하다(맥이 풀리거나 고단하여 몹시 기운이 없다) ③여위다 ④슬퍼하다, 아파하다	* 凋落(조락) :①초목(草木)의 잎이 시들어 떨어짐 ②형편(形便)이 차차 쇠하여 보잘것없이 됨 * 凋弊(조폐) :①시들어 없어짐 ②쇠약(衰弱)하여 해짐 * 枯凋(고조) :①마르고 시듦 ②사물(事物)이 쇠퇴(衰退)함	<경조운뇨> 줄기가 시들어 진창에 떨어지고 말았다.
隕	阝(阜) <떨어질 운> ①떨어지다 ②떨어뜨리다 ③무너지다 ④사로잡히다 ⑤잃다 ⑥죽다 ⑦죽이다	* 隕石(운석) :유성(流星)이 지구(地球)에 떨어진 것 * 隕星(운성) :별똥별. 지구(地球)로 떨어지는 별 * 隕命(운명) :殞命(운명). 사람의 목숨이 끊어짐. 죽음 * 感隕(감운) :감격해 어찌할 바 모름 * 哀隕(애운) :매우 슬픔	
淖	氵(水) <진흙 뇨> ①진흙 ②진창(땅이 질어서 질퍽질퍽하게 된 곳) ③젖다(물이 배어 축축하게 되다) ④빠지다 ⑤얌전하다(작)	* 巡淖(순작) :순회하며 살핌. '淖'은 '綽'과 통용(通用)됨 * 浞淖(착뇨) :땅이 질어서 질퍽질퍽함 * 雨淖跨牛掉尾妨人(우뇨과우도미방인) :비 오는 날 쇠꼬리 같다. <比喩>공연히 남에게 해를 끼치는 사람	

한자	뜻	용례	풀이
霪	雨 <장마 음> ①장마(여름철에 여러 날을 계속해서 비가 내리는 현상이나 날씨) ②장맛비 ③눈물이 끊임없이 흐름	* 霪霖(음림) :淫霖(음림).장맛비. 장마 때에 오는 비 * 霪雨(음우) :오래 오는 궂은 비	
霖	雨 <장마 림> ①장마(여름철에 여러 날을 계속해서 비가 내리는 현상이나 날씨) ②사흘 이상 계속(繼續) 내리는 비	* 霖霖(임림) :장마가 지는 모양(模樣) * 霖濕(임습) :장마 때의 습기(濕氣) * 霖溽(임욕) :장마철의 찌는 듯한 더위 * 霖雨(임우) :①장마 ②가뭄을 푸는 비 ③은택(恩澤)	<음림사헐> 장맛비가 잠깐 그치고
乍	丿 <잠깐 사> ①잠깐, 잠시(暫時) ②언뜻, 별안간(瞥眼間) ③바로, 마침 ④차라리 ⑤겨우 ⑥일어나다(작), 일으키다(작)	* 乍涼(사량) :음력 8월의 異稱. 흔히 서간문에서 쓰는 말 * 乍晴(사청) :지루하게 내리던 비가 그치고 잠깐 갬 * 鼠近糊盆乍出乍入(서근호분사출사입) :풀 방구리에 쥐 드나들듯. <比喩>자주 들락날락함	
歇	欠 <쉴 헐 / 그칠 헐 / 쌀 헐> ①쉬다, 휴식하다(休息) ②그치다 ③마르다 ④머무르다 ⑤휴업하다 ⑥싸다, 헐하다	* 歇價(헐가) :싼 값 * 歇看(헐간) :탐탁하지 않게 보아 넘김 * 歇等(헐등) :낮은 등급 * 歇邊(헐변) :싸게 맨 이자(利子) * 歇息(헐식) :휴식(休息) * 劇歇(극헐) :정도의 심함과 헐함. * 間歇(간헐) :주기적(週期的)으로 그쳤다 일어났다 함	

한자	뜻	용례	풀이
晹	日 <해 반짝 날 역> ①해가 반짝 나다(日覆雲暫見也) ②밝다(양), 환하다(양)		
皐	白 <언덕 고 / 못 고> ①언덕 ②못(넓고 오목하게 팬 땅에 물이 괴어 있는 곳), 늪, 물가 ③오월(五月) ④부르다(호), 부르는 소리(호)	* 皐復(고복) :招魂(초혼). 죽은 사람의 넋을 부르는 것 * 皐月(고월) :음력(陰曆) 오월(五月)을 달리 이르는 말 * 京皐(경고) :京師(경사). 서울 * 林皐(임고) :숲이 우거진 언덕. 은퇴(隱退)를 상징(象徵)	<역고홍예> 해가 반짝 난 언덕에는 무지개가 생겨나고,
虹	虫 <무지개 홍> ①무지개 ②무지개 다리 ③기름접시 ④채색(彩色)한 기(旗) ⑤(양기가 음기를)공격하다(攻擊) ⑥어지럽히다(항)	* 虹蜺(홍예) :무지개. 홍예(虹霓) * 彩虹(채홍) :무지개 * 虹霓(홍예) :①무지개 ②홍예문(虹霓門) * 虹泉(홍천) :폭포(瀑布) * 虹彩(홍채) :눈의 각막(角膜)과 수정체 사이에 있는 얇은 막	
蜺	虫 <무지개 예> / 애매미 예> ①무지개 ②애매미(매밋과에 속하는 곤충, 쓰르라미)	* 蜺旌(예정) :무지개의 형상(形象)을 그린 기(旗)	

雨	雨 <비 우> ①비, 비가 오다 ②(하늘에서)떨어지다 ③많은 모양의 비유(比喩·譬喩) ④(물을)대다 ⑤윤택(潤澤)하게 하다	* 雨霽(우제) :비가 개다 * 雨雪(우설) :눈과 비 * 降雨(강우) :비가 내림 * 雨量(우량) :비가 온 분량(分量) * 雨期(우기) :1년 중(中)에 비가 가장 많이 오는 시기(時期) * 雨傘(우산) :비를 맞지 않도록 손으로 받쳐 쓰는 물건(物件)	<우제유량> 비가 개이니 날씨가 맑고 밝아져서 청명(晴明)하다.
霽	雨 <비갤 제> ①비가 개다, 비가 그치다 ②노여움 풀리다 ③풀리게 하다	* 開霽(개제) :비가 멎고 하늘이 활짝 갬 * 光霽(광제) :光風霽月(광풍제월) * 霽月光風(제월광풍) :갠 날의 달과 맑은 바람이라는 뜻으로, 도량(度量)이 넓고 시원시원함을 이르는 말	
瀏	氵(水) <맑을 류> ①맑다 ②밝다 ③선선하다 ④물 맑은 모양 ⑤빠르다 ⑥바람이 빠른 모양	* 瀏亮(유량) :①맑고 밝은 모양(模樣) ②청명(淸明)한 모양(模樣) ③명랑(明朗)한 모양(模樣)	
亮	亠 <밝을 량> ①밝다, 환하다 ②분명해지다, 뚜렷하게 되다, 밝아지다 ③날이 밝다, 날이 새다 ④밝히다 ⑤드러내다, 나타내다	* 淸亮(청량) :소리가 맑고 깨끗함 * 照亮(조량) :照諒(조량). 형편(形便)이나 사정(事情)을 밝히어 앎	

徜	彳 <노닐 상> ①노닐다 ②어정거리다 ③배회하다(徘徊)	* 徜徉(상양) :한가로이 거닐다. 유유히 걷다. 이리저리 거닐음. 배회(徘徊).	<상양변섭> 한가(閑暇)로이 거닐면서 두루 걷다 보니
徉	彳 <노닐 양> ①노닐다 ②머뭇거리다 ③어정거리다, 헤매다	* 彷徉(방양) :徘徊(배회). 목적(目的) 없이 거닒	
徧	彳 <두루 미칠 변(편)> ①두루 미치다 ②두루 다니다 ③두루 퍼지다 ④널리 ~하다 ⑤보편적(普遍的) ⑥전면적인(全面的)	* 徧讀(편독) :치우치지 않고 두루 책을 읽는 일 * 徧問(변문) :여러 사람에게 두루 물음 * 徧搜(변수) :두루 찾아다니며 구(求)함 * 均徧(균편) :골고루 두루 미침	
躡	足 <밟을 섭> ①밟다 ②뒤쫓다 ③따르다, 잇다 ④연속하다(連續), 계승하다(繼承) ⑤본받다 ⑥이르다, 닿다 ⑦오르다 ⑧신을 신다	* 躡履(섭리) :신을 신음 * 躡雲(섭운) :구름 위로 오름 * 躡着(섭착) :가만가만. 가만가만히 * 追躡(추섭) :뒤를 좇아 밟아감	

街	行 <거리 가> ①거리, 시가(市街) ②네거리 ③한길(사람이나 차가 많이 다니는 넓은 길), 대로(大路) ④길, 통로(通路)	* 街販(가판) :가두판매(街頭販賣). 길거리에 벌여 놓고 팔거나 길거리를 돌아다니며 파는 일 * 街道(가도) :한길이나 또는 큰 길거리 * 街路(가로) :시가지(市街地)의 도로(道路)	<가판점포> 큰길가에 차려놓고 물건(物件)을 파는 가게가 보이는데,
販	貝 <팔 판> ①팔다 ②사다 ③장사하다, 장사, 상업(商業) ④무역하다(貿易)	* 販路(판로) :상품(商品)이 팔리는 방면(方面)이나 길 * 販賣(판매) :상품(商品)을 팖 * 發販(발판) :펴내어 팖 * 販禁(판금) :販賣禁止(판매금지) * 市販(시판) :시장(市場)에서 판매(販賣)함	
店	广 <가게 점> ①가게, 상점(商店), 전방(廛房) ②여관(旅館), 여인숙(旅人宿)	* 店鋪(점포) :상품을 전시, 판매하기 위해 만들어진 건물. 가게. 상점(商店) * 商店(상점) :商鋪(상포). 설비(設備)를 갖추어 놓고 물건(物件)을 파는 가게의 총칭(總稱)	
鋪	金 <펄 포 / 가게 포> ①펴다, 베풀다 ②늘어놓다 ③두루 미치다 ④퍼지다 ⑤앓다 ⑥가게, 점포(店鋪) ⑧역참(驛站) ⑦문고리	* 鋪裝(포장) :길에 콘크리트나 아스팔트 등(等)을 깔아 단단히 다져 꾸미는 일 * 商鋪(상포) :商店(상점). 물건(物件)을 파는 가게의 총칭 * 典當鋪(전당포) :전당(典當)을 잡고 돈을 꾸어 주는 곳	

市	巾 <저자 시> ①저자, 상품을 팔고 사는 시장(市場) ②장사, 거래(去來), 매매(賣買) ③시가(市街), 인가(人家)가 번화한 곳	* 市廛(시전) :장거리의 가게. 城邑이나 都市에 있던 常設店鋪. '전(廛)'이라고 하였음. 市街. 商街 * 市場(시장) :도회지(都會地)에 물건(物件)을 사고 파는 곳 * 都市(도시) :사람이 많이 살고 집과 건물이 집중된 곳	<시전뇨괄> 가게(市廛)가 있는 거리에는 시끄럽고 떠들썩한 가운데
廛	广 <가게 전> ①가게, 전방(廛房) ③터, 집터 ④밭 ⑤묶음. 묶다	* 廛房(전방) :廛鋪(전포). 가게 * 廛肆(전사) :가게. 상점(商店) * 廛市(전시) :가게. 작은 규모(規模)로 물건(物件)을 파는 집 * 商廛(상전) :商店(상점). 물건(物件)을 파는 가게의 총칭 * 古物廛(고물전) :고물(古物, 故物)을 사고파는 가게	
鬧	鬥 <시끄러울 뇨> ①시끄럽다 ②지껄이다 ③함부로 ④흐트러지다 ⑤난만하다(爛漫 :꽃이 활짝 많이 피어 화려하다) ⑥성하다(盛)	* 鬧聒(뇨괄) :시끄럽고 떠들썩함 * 鬧歌(요가) :시끄럽게 노래 부름 * 起鬧(기뇨) :作鬧(작뇨). 소란(騷亂)을 일으킴 * 熱鬧(열뇨) :여러 사람이 모여 떠들썩함	
聒	耳 <떠들썩할 괄> ①떠들썩하다 ②어리석은 모양	* 聒耳(괄이) :듣기에 귀가 아프도록 지껄임(떠듦) * 冒聒(모괄) :함부로 지껄여 떠듦 * 嬲聒(요괄) :몹시 시끄러움. 매우 소란스러움 * 聒聒兒(괄괄아) :여치	

展	尸 <펼 전> ①펴다, 베풀다 ②늘이다, 벌이다 ③나아가다 ④발달하다(發達), 더 나아지다	* 展示(전시) :펼쳐서 보임. 여러 가지 물건을 벌여서 보임 * 展開(전개) :①열리어 벌어짐 ②늘여서 폄 * 展望(전망) :①멀리 바라봄. 경치(景致) ②앞날을 내다봄 * 進展(진전) :일이 진행(進行)되어 발전(發展)함	<전시선전> 여러 가지 물건(物件)을 벌여놓고 많은 사람들에게 알리면서
示	示 <보일 시> ①보이다 ②알리다, 일러주다 ③지시하다(指示) ④보다, 간주하다(看做) ⑤가르치다, 교도하다(敎導)	* 示唆(시사) :미리 암시(暗示)하여 일러줌 * 示威(시위) :위력(威力)이나 기세(氣勢)를 드러내어 보임 * 提示(제시) :어떠한 뜻을 드러내어 보이거나 가리킴 * 指示(지시) :①가리켜 보이는 것 ②어떤 일을 일러서 시킴	
宣	宀 <베풀 선> ①베풀다(일을 벌이다, 혜택을 받게 하다) ②널리 펴다 ③떨치다, 발양하다(發揚) ④밝히다 ⑤임금이 하교(下敎)를 내리다	* 宣傳(선전) :어떤 사물(事物)의 존재(存在)나 효능(效能) 또는 주장(主張) 등을 남에게 설명(說明)하여 동의(同意)를 구(求)하는 일 * 宣布(선포) :세상(世上)에 널리 펴서 알림	
傳	亻(人) <전할 전> ①전하다(傳), 알리다 ②전해 내려오다 ③펴다 ④널리 퍼뜨리다, 퍼지다, 옮기다 ⑤말하다 ⑥보내다	* 傳達(전달) :전(傳)하여 이르게 함 * 傳播(전파) :播傳(파전). 傳布(전포). 전(傳)하여 널리 퍼뜨림 * 遺傳(유전) :조상(祖上)으로부터 자손(子孫)에게 끼치어 내려옴 * 以心傳心(이심전심) :마음에서 마음으로 뜻이 전(傳)해짐	

待	彳 <기다릴 대> ①기다리다 ②대접하다(待接), 대우하다(待遇) ③모시다, 시중들다 ④대비하다(對備) ⑤기대(期待·企待)를 걸다	* 待接(대접) :①손님을 맞음 ②예를 차려 손님을 대우(待遇)함 * 期待(기대) :企待(기대). 기약(期約)한 것을 기다림 * 虐待(학대) :몹시 괴롭히거나 사납게 대우(待遇)함 * 招待(초대) :사람을 불러서 대접(待接)함	<대수효과> 물건(物件)이 잘 팔려나갈 효과(效果)를 기대(企待)한다
售	口 <팔 수> ①팔다 ②사다 ③행하다(行) ④유행하다(流行) ⑤실현하다 ⑥시집가다(嫁)	* 售奸(수간) :간특(奸慝)한 짓을 함. * 售憾(수감) :원한을 갚음 * 售詐(수사) :속임수를 씀 * 買售(매수) :賣買(매매). 물건(物件)을 팔고 삼 * 發售(발수) :發賣(발매) * 出售(출수) :물건(物件)을 내서 팖	
效	攵(攴) <본받을 효> ※ 効와 同字 ①본받다 ②배우다 ③드러내다 ④밝히다 ⑤공효(功效: 공을 들인 보람이나 효과), 보람, 효과(效果) ⑥공(功), 공로(功勞)	* 效果(효과) :보람으로 나타나는 좋은 결과(結果) * 效能(효능) :효험(效驗)을 나타내는 성능(性能) * 效率(효율) :들인 힘에 비하여 실지(實地)로 유효(有效)하게 쓰인 분량(分量)의 비율(比率)	
果	木 <실과 과 / 열매 과> ①실과(實果), 과실(果實), 열매 ②결과(結果) ③과연(果然), 정말로 ④끝내, 마침내 ⑤과감하다(果敢)	* 果敢(과감) :결단성(決斷性) 있고 용감(勇敢)하게 행동함 * 結果(결과) :①열매를 맺음 ②원인으로 인한 결말(結末) * 成果(성과) :일의 이루어진 결과(結果) * 因果應報(인과응보) :원인과 결과는 서로 갚음을 받게 됨	

類	頁 <무리 류> ①무리(모여서 뭉친 한 동아리) ②대개(大概: 대부분) ③같다 ④비슷하다 ⑤(비슷한 것끼리)나누다	* 類似(유사) :서로 비슷함 * 種類(종류) :사물(事物) 부문(部門)에 따라 나눈 갈래 * 類型(유형) :공통(共通)의 성질이 있는 것끼리 묶은 하나의 틀 * 人類(인류) :사람을 다른 동물(動物)과 구별하여 이르는 말	<유사총좌> 비슷한 것들이 모여서 자질구레하고 번잡(煩雜)한 가운데,
似	亻(人) <같을 사 / 닮을 사> ①같다 ②닮다, 비슷하다 ③흉내내다 ④잇다 ⑤상속하다 ⑥보이다	* 近似(근사) :①아주 비슷함, 거의 같음 ②그럴싸하게 좋음 * 恰似(흡사) :거의 같음, 비슷함 * 似而非(사이비) :그럴 듯해 보이지만, 아주 다른 것 * 非夢似夢(비몽사몽) :꿈인지 생시인지 어렴풋한 상태(狀態)	
叢	又 <떨기 총 / 모일 총> ①떨기(한 뿌리에서 여러 개의 줄기가 나와 더부룩하게 된 무더기) ②숲 ③모이다, 모으다 ④더부룩하다 ⑤번잡하다(煩雜)	* 叢脞(총좌) :자질구레하고 번잡(煩雜)하여 통일(統一)이 없음 * 叢林(총림) :잡목(雜木)이 우거진 숲 * 叢集(총집) :떼를 지어 모임 * 叢叢(총총) :들어선 것이 빽빽함 * 叢脞(총좌) :번잡(煩雜)하고 세쇄(細瑣)함	
脞	月(肉) <잘 좌> ①잘다(小) ②자질구레하다(細碎無大略) ③무르다 ④약하다(弱) ⑤저민 고기(肉之碎片)	* 脞言(좌언) :<中語>수다스러운 말	

取	又 <취할 취 / 가질 취> ①취하다(取), 가지다, 손에 들다 ②채용하다(採用), 골라 뽑다 ③받아들이다 ④의지하다(依支), 돕다	* 取捨選擇(취사선택) :여럿 가운데서 쓸 것은 쓰고 버릴 것은 버려서 골라잡음 * 取捨(취사) :취할 것은 취(取)하고 버릴 것은 버림 * 取扱(취급) :사물을 다룸 * 攝取(섭취) :영양분을 빨아들임	<취사선택> 취(取)하고 버릴 것을 고르는데,
捨	扌(手) <버릴 사> ①버리다 ②포기하다(拋棄) ③폐하다(廢) ④내버려 두다 ④개의(介意)하지 않다 ⑤기부하다(寄附), 희사하다(喜捨)	* 捨撤(사철) :희사(喜捨) * 喜捨(희사) :기쁘게 재물(財物)을 내어서 기부(寄附)함 * 用捨(용사) :취하여 씀과 내어버림 * 捨生取義(사생취의) :목숨을 버리고 의리(義理)를 좇음	
選	辶(辵) <가릴 선> ①가리다, 분간하다(分揀) ②뽑다 ③고르다 ④선거하다(選擧) ⑤선택하다(選擇) ⑥임용되다(任用) ⑦뽑힌 사람	* 選擇(선택) :여럿 가운데서 필요(必要)한 것을 골라 뽑음 * 選擧(선거) :많은 사람 가운데서 투표(投票)에 의해 뽑아 냄 * 選拔(선발) :많은 사람 가운데서 가려 뽑음 * 選手(선수) :운동이나 기술에서 대표(代表)로 뽑힌 사람	
擇	扌(手) <가릴 택> ①가리다, 분간하다(分揀) ②고르다 ③뽑다 ④선택하다(選擇) ⑤구별하다(區別)	* 採擇(채택) :①골라서 가려 냄 ②가려서 뽑음 * 簡擇(간택) :여럿 중(中)에서 골라냄 * 擇拔(택발) :많은 가운데서 뽑아냄 * 能書不擇筆(능서불택필) :글씨 잘 쓰는 이는 붓을 가리지 않음	

한자	뜻	용례	
抖	扌(手) <떨 두> ①떨다 ②떨어 흔들다 ③들어 올리다(擧) ④구하다(求)	* 抖擻(두수) :①물건(物件)을 들어 올림(擧索物) ②정신(精神)을 차려 일어남 ③두타(頭陀) * 頭陀(두타) :의식주에 대한 집착을 버리고 심신을 수련함	<두수간사> 물건(物件)을 들어 올리며, "이걸 권해 드리죠!" 라고 한다.
擻	扌(手) <버릴 수 / 들 수> ①버리다 ②떨어버리다 ③(번뇌 따위를)떨쳐버리다 ④떨다, 진동하다(振動) ⑤들다(擧)	* 擻索(수색) :물건을 들어서 찾음 <健菴日記>大風 不過 幾日 失物不少 旣憤且恨 往駐在所通知 巡査 柳志薰來 擻索而未得	
迀	辶(辵) <구할 간 / 권할 간> ①구하다(求) ②요구하다(要求) ③권하다(勸)		
斯	斤 <이 사 / 천할 사> ①이, 이것 ②잠시(暫時), 잠깐 ③죄다, 모두 ④쪼개다, 가르다 ⑤천하다(賤) ⑥낮다	* 如斯(여사) :이러함 * 於斯之間(어사지간) :어느 사이인지도 모르는 동안에 * 於斯爲盛(어사위성) :그때를 한창으로 함 * 斯文亂賊(사문난적) :유교(儒敎)를 어지럽히는 도적(盜賊)	

한자	뜻	용례	
箇	竹 <낱 개> ※ 個·个와 同義 ①竹枚(대나무 줄기) ②낱, 개(個 :물건을 세는 단위) ③이, 이것, 저것 ④어떤, 무슨	* 箇箇(개개) :하나하나. 낱낱 * 箇數(개수) :한 개, 두 개로 세는 물건(物件)의 수효(數爻) * 箇中(개중) :個中(개중). 여럿이 있는 그 가운데 * 箇體(개체) :個體(개체). 독립(獨立)된 낱낱의 물체(物體)	<개간규구> 낱낱이 골라서 자세히 따져가며 값을 치르고 산다.
柬	木 <가릴 간 / 간략할 간 / 편지 간> ①가리다, 분간하다(分揀) ②선택하다(選擇), 고르다 ③간략하다(簡略)(簡) ④편지(便紙·片紙), 서찰(書札)	* 柬書(간서) :편지(便紙)의 글 * 柬理(간리) :사리(事理)를 가림 * 候柬(후간) :候書(후서). 候狀(후장). 候帖(후첩). 안부 편지 * 書柬(서간) :書簡(서간). 便紙(편지). 소식을 서로 알리는 글 * 書柬體(서간체) :書簡體(서간체). 書翰體(서한체)	
糾	糸 <얽힐 규 / 모을 규> ①얽히다 ②꼬다 ③모으다 ④규명하다(糾明), 들추어내다 ⑤살피다 ⑥고하다(告) ⑦바로잡다	* 糾明(규명) :자세(仔細)히 캐고 따져 사실(事實)을 밝힘 * 糾彈(규탄) :잘못이나 허물을 잡아 내어 따지고 나무람 * 糾合(규합) :세력(勢力)이나 사람 등(等)을 한데 끌어 모음 * 紛糾(분규) :일이 뒤얽혀 말썽이 많고 시끄러움	
購	貝 <살 구> ①사다 ②구하다(求) ③풀리다 ④걸다 ⑤친하다(親), 화친(和親) ⑥화해하다(和解)	* 購讀(구독) :책(冊)·신문(新聞)·잡지(雜誌) 등을 사서 읽음 * 購買(구매) :물건(物件)을 삼 * 購入(구입) :물건(物件)을 사들임	

한자	뜻	용례	
儈	亻(人) <거간 쾌> ①거간(居間 :사고파는 사람 사이에 들어 흥정을 붙임. 거간꾼) ②중개인(仲介人) ③상인(商人)	* 儈胥(쾌서) :거간. 중개인 * 女儈(여쾌) :중매하는 여인 * 儈音(주름) :<借音>주름. 거간. 중개인(仲介人) * 家儈(가쾌) :舍儈(사쾌). 집주릅. 집 흥정을 붙이는 사람 * 市儈(시쾌) :장주릅. 장에서 흥정 붙이는 일을 하는 사람	<쾌광중개> 거간꾼(仲介人)이 속여서 중개(仲介)를 하면서
誑	言 <속일 광> ①속이다 ②기만하다(欺瞞) ③호리다 ④유혹하다(誘惑)	* 誑聞(광문) :속여서 말하여 알림 * 誑詐(광사) :거짓말로 속임 * 誑誘(광유) :속이어 꾀어냄 * 誑惑(광혹) :남을 속이어 홀림 * 欺誑(기광) :속이는 일 * 誣誑(무광) :거짓으로 꾸며 대어 속임	
仲	亻(人) <버금 중 / 가운데 중> ①버금(으뜸의 바로 아래), 둘째 ②가운데, 중간	* 仲介(중개) :제3자(第三者)로써 두 당사자(當事者) 사이에서 어떤 일을 주선(周旋)하는 일 * 仲媒(중매) :중간에서 혼인(婚姻)이 이루어지도록 하는 일 * 仲買(중매) :거래(去來)를 매개(媒介)해 줌. 거간꾼, 중개인	
介	人 <끼일 개 / 딱딱한 껍질 개> ①(사이에)끼다, 사이에 들다 ②소개하다(紹介) ③갑옷, 딱딱한 껍질 ④미세(微細)한 것, 사소(些少)한 것	* 介入(개입) :양쪽의 사이에 들어감 * 一介(일개) :한낱 * 紹介(소개) :둘 사이를 잘 알도록 관계(關係)를 맺어 줌 * 媒介(매개) :중간(中間)에서 서로의 관계(關係)를 맺어 줌 * 少不介意(소불개의) :조금도 개의하지 아니함	

한자	뜻	용례	
架	木 <시렁 가> ①시렁(긴 나무를 가로질러 선반처럼 만든 것) ②횃대(닭 같은 것이 앉는 곳) ③건너지르다, 얽어매다, 가설하다(架設)	* 架橋役割(가교역할) :나뉜 것을 서로 이어 주는 일을 함 * 架橋(가교) :다리를 놓음. 교량을 가설(架設)함 * 架空(가공) :①공중(空中)에 가로 건너지름 ②근거(根據) 없음 * 架設(가설) :전선(電線)·다리 등을 건너질러 설치(設置)함	<가교역할> 양쪽에 다리를 놓아 서로를 이어주는 구실(口實)을 하는데,
橋	木 <다리 교> ①다리, 교량(橋梁) ②시렁(긴 나무를 가로질러 선반처럼 만든 것) ③가마(조그만 집 모양의 탈것) ④가로 댄 나무	* 橋脚(교각) :다리의 몸체를 받치는 기둥 * 橋頭(교두) :다리의 근처(近處) * 橋頭堡(교두보) * 橋梁(교량) :강이나 내를 건널 수 있게 만든 큰 다리 * 板橋(판교) :널다리. 널빤지를 깔아서 놓은 다리	
役	彳 <부릴 역> ①부리다, 일을 시키다 ②일하다, 힘쓰다 ③일, 육체적 노동 ④부역(負役), 요역(徭役) ⑤일꾼, 부림 받는 사람 ⑥직무	* 役割(역할) :제가 하여야 할 제 앞의 일. 任務, 所任. 口實 * 勞役(노역) :괴롭고 힘든 노동 * 兵役(병역) :軍務에 從事함 * 用役(용역) :생산(生産)에 필요한 노무(勞務)를 제공(提供)함 * 懲役(징역) :노역(勞役)에 복무(服務)시키는 자유형(自由刑)	
割	刂(刀) <벨 할> ①베다, 자르다, 끊다 ②끊어 버리다 ③나누다, 쪼개다 ④가르다, 갈라서 찢다 ⑤할거하다(割據), 차지하다 ⑥비율(比率)	* 割當(할당) :여러 몫으로 노느는 일 * 割賦(할부) :지급(支給)할 돈을 여러 번으로 나누어 줌 * 割愛(할애) :아쉬움을 무릅쓰고 나누어 줌 * 割引(할인) :일정(一定)한 값에서 얼마를 덜어 냄	

帳	巾 <장막 장> ①장막(帳幕), 휘장(揮帳 :피륙으로 빙 둘러치는 장막) ②군막(軍幕) ③천막(天幕) ④장부책(帳簿冊), 공책(空冊)	* 帳簿(장부) :상품(商品)의 출납(出納) 혹은 금전(金錢)의 수입(收入)과 지출(支出)에 관한 내용(內容)을 기록(記錄)하는 문서(文書) * 帳幕(장막) :풍우(風雨)를 막기 위해 둘러치는 막(幕)	<장부양식> 수입(收入)과 지출(支出)을 기록(記錄)하는 책(冊)의 일정(一定)한 모양(模樣)과 격식(格式)이 있어서 보니,
簿	竹 <문서 부> ①문서(文書) ②장부(帳簿·賬簿) ③노부(鹵簿 :의장을 갖춘 거둥의 행렬) ④치부하다(置簿), (장부에)적다	* 名簿(명부) :이름을 죽 적어 놓은 장부(帳簿) * 置簿(치부) :금전(金錢)·물품(物品)의 출납(出納)을 기록(記錄)함. 치부책(置簿冊)의 준말 * 簿記(부기) :재산(財産)의 출납(出納)을 장부(帳簿)에 정리함	
樣	木 <모양 양> ①모양(模樣) ②본보기, 견본(見本), 표본(標本) ③격식(格式) ④꼴, 형상(形狀) ⑤태도(態度), 표정(表情) ⑥종류(種類)	* 樣式(양식) :일정(一定)한 모양(模樣)과 방식(方式) * 樣相(양상) :생김새나 모습. 모양. 꼴 * 多樣(다양) :모양(模樣)이나 양식(樣式)이 여러 가지임 * 模樣(모양) :겉으로 나타나는 생김새나 모습	
式	弋 <법 식> ①법(法) ②제도(制度) ③의식(儀式) ④정도(正度), 절도(節度) ⑤형상(形狀) ⑥본받다, 기준(基準)으로 삼고 따르다	* 格式(격식) :격(格)에 어울리는 법식(法式) * 公式(공식) :공적(公的)으로 정해진 형식이나 방식(方式) * 方式(방식) :일정(一定)한 방법(方法)이나 형식(形式) * 形式(형식) :겉으로 드러나는 바탕이 되는 틀의 격식(格式)	

賣	貝 <팔 매> ①팔다 ②속이다 ③배신하다(背信) ④내통하다(內通) ⑤넓히다 ⑥내보이다 ⑦과시하다(誇示), 뽐내다, 자랑하다	* 賣買(매매) :물건(物件)을 팔고 사는 일, 흥정 * 販賣(판매) :상품(商品)을 팖 * 買占賣惜(매점매석) :물건(物件)을 몰아서 사들인 후(後), 비싼 값을 받기 위해 팔기를 꺼림.	<매매가치> 사고 팔 때의 물건(物件)의 값어치와
買	貝 <살 매> ①사다 ②세내다 ③고용하다(雇用) ④불러오다, 자초하다(自招)	* 買入(매입) :물건(物件) 따위를 사들임. 사들이기 * 購買(구매) :물건(物件)을 삼 * 賣劍買牛(매검매우) :검을 팔아 소를 산다. <比喩>평화(平和)스런 세상(世上)이 됨	
價	亻(人) <값 가> ①값, 가격(價格) ②값어치 ③명성(名聲), 평판(評判) ④수(數) ⑤값있다, 값지다	* 價値(가치) :사물(事物)이 지니고 있는 쓸모. 값. 값어치 * 價格(가격) :물건(物件)이 지니고 있는 가치(價値)를 돈으로 나타낸 것 * 物價(물가) :물건 값. 상품(商品)의 시장(市場) 가격(價格)	
値	亻(人) <값 치> ①값, 값어치, 가격(價格) ②가치가 있다, ~할 만하다 ③걸맞다 ④가지다, 지니다 ⑤당하다(當)	* 値遇(치우) :서로 우연히 만남 * 等値(등치) :값이 같은 일 * 期待値(기대치) :기대값(期待) * 數値(수치) :계산(計算)하여 얻은 수(數) * 價値觀(가치관) :가치(價値)에 관(關)한 견해(見解)	

賖	貝 <세낼 사> ①세내다(貰) ②(외상으로)사다, 거래하다 ③아득하다, 멀다 ④느리다, 느릿하다 ⑤더디다 ⑥호사하다(豪奢)	* 賖貸(사대) :돈을 빌려주고 이자(利子)를 받음 * 賖貰(사세) :물건을 먼저 사고, 값을 천천히 치르는 것 * 賖與(사여) :물건을 먼저 사고, 값을 천천히 치르는 것 * 賖取(사취) :물건을 먼저 사고, 나중에 값을 치르는 것	<사고현고> 세(貰)를 내서 앉아서 장사를 한 것과, 돌아다니면서 물건(物件)을 판 대금(代金)과
賈	貝 <앉은장사 고 / 값 가> ①앉은장사(坐商) ②장사, 장사하다, ③장수(장사를 업으로 하는 사람), 상인 ④값, 가격(價格), 값어치	* 商賈(상고) :장사꾼 * 都賈(도고) :都庫(도고). 도거리로 팖 * 行賈(행고) :도붓장사. 여러 곳으로 돌아다니면서 파는 장사 * 衒玉賈石(현옥고석) :옥을 진열(陳列)해 놓고 돌을 팖 * 多錢善賈(다전선고) :밑천이 많은 사람이 장사도 잘함	
衒	貝 <돌아다니며 팔 현 / 자랑할 현> ①팔다, 돌아다니며 물건을 팔다 ②자랑하다 ③자기(自己)를 선전하다		
估	亻(人) <값 고> ①(물건의)값, 대금(代金) ②(값을)매기다 ③팔다 ④상인(商人), 장사꾼 ⑤평가하다(評價) ⑥추측하다(推測)	* 估價(고가) :價格(가격). 물건의 가치(價値)를 매긴 값 * 估客(고객) :商人(상인). 장사꾼 * 估計(고계) :물건 값을 계산(計算)함 * 時估(시고) :그 때의 가격	

賃	貝 <품삯 임> ①품삯 ②품팔이, 더부살이, 품팔이꾼 ③품팔이하다, 고용되다(雇傭) ④세내다 ⑤빌리다 ⑥(사람을)부리다	* 賃貸(임대) :물품을 남에게 빌려주고 그 손료(損料)를 받음 * 賃金(임금) :노동(勞動)의 대가(代價)로 받는 보수(報酬) * 賃借(임차) :요금(料金)을 주고 빌리는 일 * 勞賃(노임) :일을 한 대가(代價)로 받는 돈이나 물건(物件)	<임대채무> 장사하는 자리를 빌린 급부((給付)와 갚아야 할 채무액(債務額) 등을
貸	貝 <빌릴 대> ①빌리다, 꾸다 ②빌린 금품(金品) ③주다 ④용서하다(容恕) ⑤느슨하다, 관대(寬大)히 다스리다	* 貸與(대여) :일정한 시기에 돌려받기로 하고 빌려줌 * 貸出(대출) :금전(金錢)이나 물품(物品) 따위를 빌려줌 * 容貸(용대) :容恕(용서). 관용을 베풀어 벌(罰)하지 않음 * 斷不容貸(단불용대) :단연코 용서(容恕)하지 아니함	
債	亻(人) <빚 채> ①빚, 부채(負債) ②빌려 줌, 빌려 준 금품(金品) ③빌리다	* 債務(채무) :빌린 것을 다시 되갚아야 하는 의무(義務) * 債權(채권) :채권자(債權者)가 채무자(債務者)에게 대해 급부(給付)를 청구(請求)할 수 있는 권리(權利) * 負債(부채) :남에게 빚을 짐. 또는 그 빚	
務	力 <힘쓸 무> ①힘쓰다 ②일, 업무(業務), 직무(職務) ③직업(職業), 직분(職分) ④권면하다(勸勉) ⑤구하다(求)	* 勤務(근무) :직무(職務)에 종사(從事)하는 것 * 業務(업무) :직장(職場)에서 직분에 따라 맡아서 하는 일 * 義務(의무) :부과(賦課)되어 반드시 실행(實行)해야 하는 일 * 務實力行(무실역행) :참되고 실속 있도록 힘써 실행(實行)함	

한자	뜻	용례	성어
加	力 <더할 가> ①더하다, 가하다 ②들다, 가입하다 ③입다, 몸에 붙이다, 입히다 ④(영향을) 미치다 ⑤닿다 ⑥가법(加法)	* 加減乘除(가감승제) :덧셈, 뺄셈, 곱셈, 나눗셈의 셈법. * 加減(가감) :①더하기와 빼기, 보탬과 뺌 ②알맞게 함 * 加入(가입) :조직(組織)이나 단체(團體)에 구성원으로 듦 * 增加(증가) :더하여 많아짐 * 追加(추가) :나중에 더하여 보탬	<가감승제> 더하고, 빼고, 곱하고, 나누어 계산(計算)을 해서
減	氵(水) <덜 감> ①덜다, 덜리다, 줄다 ②가볍게 하다 ③죽이다 ④상하다(傷) ⑤빼기, 감산(減算)	* 減免(감면) :감(減)하여 면제(免除)함 * 減少(감소) :①줄어서 적어짐 ②덜어서 적게 함 * 減縮(감축) :덜리고 줄어서 적어짐. 덜고 줄여서 적게 함 * 削減(삭감) :깎아서 줄이거나 덞	
乘	丿 <탈 승 / 곱할 승> ①타다, 오르다 ②수레 ③업신여기다 ④곱하다 ⑤기수사(基數詞 :수량을 셀 때 쓰는 수사), 양수사(量數詞 기수사) ⑥불법(佛法)	* 乘除(승제) :①곱셈과 나눗셈 ②계산(計算). 생각. ③세상(世上)일의 흥망성쇠(興亡盛衰). * 乘客(승객) :차, 배, 비행기(飛行機) 등 탈것을 타는 손님 * 便乘(편승) :남이 타고 가는 차편(車便)을 얻어 탐	
除	阝(阜) <덜 제 / 없앨 제 / 나눌 제> ①덜다, 없애다 ②감면하다(減免), 면제하다(免除) ③버리다 ④제외하다(除外) ⑤나누다, 나눗셈 ⑥섬돌	* 除去(제거) :사물이나 현상(現象)을 없애거나 사라지게 함 * 除外(제외) :범위(範圍) 밖에 두어 빼어 놓음 * 排除(배제) :어떤 대상을 어느 범위나 영역에서 제외시킴 * 削除(삭제) :내용(內容)의 일부를 깎아 없애거나 지워버림	

한자	뜻	용례	성어
雙	隹 <쌍 쌍 / 두 쌍> ①한 쌍(雙) ②두, 둘 ③짝수 ④서로 짝짓다, 짝이 되다 ④견주다, 비견하다	* 雙方(쌍방) :양쪽 * 雙璧(쌍벽) :①두 개의 구슬 ②우열(優劣)을 가릴 수 없음 * 雙曲線(쌍곡선) :서로 맞선 꼴로 나타내는 두 곡선(曲線) * 變化無雙(변화무쌍) :변하여 가는 것이 더할 수 없이 심함	<쌍교타산> 쌍방(雙方)을 비교(比較)해 보고 이해관계(利害關係)를 셈쳐보고 나서
挍	扌(手) <견줄 교> ①견주다(어떠한 차이가 있는지 알기 위하여 서로 대어 보다) ②비교(比較)해 보다 ③갚다, 보답하다(報答)	* 還挍(환교) :씨름 * 挍獵(교렵) :사냥을 하여 그 많고 적음을 비교하는 것을 말함(謂獵取禽獸較其多少也) ※ 校獵(교렵) :여러 가지 책을 대조(對照)하여 섭렵(涉獵)함	
打	扌(手) <칠 타> ①치다, 때리다 ②말하다, 사다, 세다, 더하다 ③및, 와 ④타, 다스 ⑤어떤 동작(動作)을 함을 뜻하는 접두어	* 打算(타산) :이해(利害) 관계(關係)를 셈쳐 봄. 이득(利得)과 손실(損失)을 헤아려 봄. 주판알을 퉁기다 * 打開(타개) :얽히고 막힌 일을 잘 처리해 나아갈 길을 엶 * 毆打(구타) :사람을 심하게 치고 때리는 것	
算	竹 <셈 산> ①셈, 셈하다 ②계산(計算) ③수(數), 수효(數爻) ④산가지(算 :수효를 셈하는 데에 쓰던 막대기) ⑤계획하다(計劃)	* 計算(계산) :①수량(數量)을 헤아림 ②수치(數值)를 구해냄 * 豫算(예산) :필요(必要)한 금액(金額)을 미리 한 계산(計算) * 推算(추산) :짐작(斟酌)으로 미뤄서 셈침 * 利害打算(이해타산) :이해(利害) 관계(關係)를 따져 헤아림	

한자	뜻	용례	성어
貿	貝 <무역할 무> ①무역하다(貿易) ②(물건을)사다 ③바꾸다 ④갈마들다(서로 번갈아들다) ⑤(눈이)어둡다 ⑥흐트러지다	* 貿易(무역) :①이곳 물건(物件)과 저곳 물건(物件)을 팔고 삼 ②나라와 나라 사이에 상품(商品)을 사고 팔고 하는 일 * 貿賤賣貴(무천매귀) :싼 값으로 사서 비싼 값으로 팖	<무역협상> 무역(貿易)에 관(關)한 협상(協商)을 하고
易	日 <바꿀 역 / 쉬울 이> ①바꾸다, 고치다 ②교환하다(交換), 무역하다(貿易) ③주역(周易), 역학(易學) ④쉽다(이), 편안하다(便安)	* 交易(교역) :서로 물건(物件)을 사고 팔아 바꿈 * 安易(안이) :①손쉬움, 어렵지 않음 ②근심이 없고 편안함 * 易地思之(역지사지) :처지(處地)를 서로 바꾸어 생각함 * 萬世不易(만세불역) :만세(萬世)토록 변하지 않음. 永久不變	
協	十 <화합할 협 / 도울 협 / 맞을 협> ①화합하다(和合), 합하다(合) ②돕다, 협력하다(協力) ③적합하다(適合), 맞다 ④복종하다(服從), 좇다	* 協商(협상) :여러 사람이 모여 서로 의논(議論)하여 이익(利益) 등의 일부(一部)를 양보(讓步)하고 일부(一部)를 획득(獲得)하는 일 * 協議(협의) :여러 사람이 모여 서로 의논(議論)함	
商	口 <장사 상 / 헤아릴 상> ①장사, 장사하다 ②장수(장사를 업으로 하는 사람) ③헤아리다, 짐작(斟酌)하여 알다 ④서쪽(西) ⑤가을	* 商業(상업) :상품의 매매(賣買)를 업(業)으로 하는 일. 장사 * 商人(상인) :장사하는 사람. 장수. 장사치 * 商品(상품) :장사하는 물품(物品) * 通商(통상) :외국(外國)과 교통(交通)하여 상업(商業)을 함	

한자	뜻	용례	성어
押	扌(手) <누를 압> ①누르다, 내리누르다 ②(도장을)찍다 ③억지로 누르다 ④잡다, 잡아 가두다 ⑤(운자를)맞추다 ⑥단속하다(團束)	* 押署(압서) :자기 이름을 쓰고 도장(圖章)을 찍음. 문서의 발송이나 권리 이동 때 책임 소재를 밝히기 위해 직접 성명(姓名)을 쓰고 서명(署名)하는 것 * 押收(압수) :몰수(沒收)할 물건(物件)을 강제로 점유(占有)함	<압서체약> 이름을 쓰고 도장(圖章)을 찍어서 계약(契約)을 맺음으로써
署	罒(网) <관청 서 / 마을 서> ①관청(官廳), 관아(官衙) ②부서(部署) ③마을 ④제목(題目) ⑤쓰다, 적다 ⑦수결(手決), 서명하다(署名) ⑥대리(代理)	* 署理(서리) :조직(組織)의 결원(缺員)이 생긴 경우(境遇)에 다른 사람이 그 권한(權限)을 대행(代行)함 * 署名(서명) :자기(自己)의 이름을 문서(文書)에 써넣음 * 部署(부서) :여러 갈래로 나뉜 사무(事務)의 각 부분(部分)	
締	糸 <맺을 체> ①맺다 ②맺히다 ③체결하다(締結 :얽어서 맺다) ④단속하다(團束) ⑤제한하다(制限 ⑥금지하다(禁止)	* 締約(체약) :조약(條約)·계약(契約)·약속(約束) 등을 맺음 * 締結(체결) :①얽어서 맴 ②계약(契約)이나 조약(條約) 등을 맺음 * 締緣(체연) :結緣(결연). 인연을 맺음 * 締交(체교) :사귐을 가짐 * 取締(취체) :주의(注意)를 하여 다잡거나 다스림. 단속(團束)	
約	糸 <맺을 약> ①맺다 ②묶다, 다발을 짓다 ③약속하다(約束), 조약(條約) ④아끼다, 줄이다 ⑤노끈 ⑥부절(符節 :信標로 삼던 물건)	* 約束(약속) :언약(言約)하여 정(定)함 * 節約(절약) :아끼어 씀 * 佳約(가약) :아름다운 언약(言約). 부부(夫婦)가 되겠다는 약속 * 契約(계약) :당사자간(當事者間) 서면(書面)으로 하는 약속 * 條約(조약) :조목(條目)을 세워서 약정(約定)한 언약(言約)	

渡	氵(水) <건널 도> ①(물을)건너다, 건너게 하다 ②나루 ③건네다, 주다, 교부하다(交付·交附) ④건너지르다, 가설하다(架設)	* 渡航(도항) :①배로 바다를 건너 감 ②해외(海外)에 감 * 渡海(도해) :바다를 건넘. 항해(航海) * 賣渡(매도) :팔아서 소유권(所有權)을 남에게 넘김. * 讓渡(양도) :권리(權利)나 이익(利益) 등을 남에게 넘겨 줌	<도항조만> 배를 타고 물을 건너 배나 수레로 짐을 실어 나르고,
航	舟 <배 항> ①배, 선박(船舶) ②방주(方舟 :네모진 모양의 배), 배다리 ③건너다, 항해하다(航海) ④날다	* 航空(항공) :항공기(航空機)로 공중(空中)을 날아다님 * 航海(항해) :배로 바다 위를 항해(航海)함 * 梯山航海(제산항해) :험한 산을 넘고 배로 바다를 건넌다는 뜻으로, 다른 나라에 사신(使臣)으로 감	
漕	氵(水) <배로 실어 나를 조> ①배로 실어 나르다 ②배를 젓다 ③배 ④수레 ⑤홈통(桶 :물이 흐르거나 타고 내리도록 만든 물건) ⑥액즙이 통하는 길	* 漕輓(조만) : 漕는 배의 운전사(運轉士), 輓은 차(車)의 운전사. 세곡(稅穀)은 각 지역에 설치된 해창(海倉)을 통해 배로 실어 서울로 가지고 갔다. 조전(漕轉)·조만(漕輓)·해조(海漕), 조운(漕運)이라고 했음	
輓	車 <끌 만 / 애도할 만> ①끌다 ②끌어당기다 ③실어 나르다 ④애도하다(哀悼) ⑤만사(輓詞·挽詞 : 사람의 죽음을 애도하는 글)	* 輓歌(만가) :상여(喪輿)를 메고 갈 때 부르는 노래 * 輓近(만근) :몇 해 전(前)부터 지금까지 * 輓詞(만사) :죽은 사람을 슬퍼하여 지은 글. 상여글 * 輓章(만장) :만사(輓詞)를 적어 기(旗)처럼 만든 것	

車	車 <수레 거(차)> ①수레 ②수레바퀴 ③수레를 모는 사람 ④치은(齒齦 :잇몸), 이틀	* 車道(차도) :차가 다니도록 마련한 길 * 車路(차로) :찻길 * 車馬(거마) :①수레와 말 ②수레에 맨 말 * 車馬費 :交通費 * 自動車(자동차) :발동기(發動機)의 동력(動力)으로 달리게 만든 차(車)	<차량운수> 차량(車輛)으로 화물(貨物)을 실어 나르면서
輛	車 <수레 량> ①수레 ②수레의 수를 세는 단위(單位) ③서로 비슷하다 ④필적하다(匹敵 :능력이나 세력이 엇비슷하여 서로 맞서다)	* 車輛(차량) :바퀴를 달아 굴러가게 만든 수레의 총칭(總稱)	
運	辶(辵) <옮길 운 / 돌 운> ①옮기다 ②움직이다, 돌다 ③나르다, 운반하다(運搬) ④쓰다, 운용하다(運用) ⑤운수(運數)	* 運輸(운수) :화물(貨物)이나 여객(旅客) 등(等)을 나름 * 運動(운동) :①물체(物體)가 위치(位置)를 바꾸는 일 ②건강(健康)을 위해 몸을 움직이는 일 ③목적(目的)을 위해 활동(活動)하는 일	
輸	車 <보낼 수> ①보내다 ②나르다 ③실어내다 ④짊어지다, 지다 ⑤떨어뜨리다 ⑥깨다, 부수다 ⑦쏟다 ⑧알리다	* 輸送(수송) :운송(運送) 수단(手段)으로 물건을 실어 보냄 * 輸入(수입) :외국(外國)으로부터 물품(物品)을 사 들임 * 輸出(수출) :외국(外國)으로 재화(財貨)를 내다 팖 * 輸血(수혈) :남의 혈액(血液)을 환자(患者)에게 주입(注入)함	

需	雨 <쓰일 수 / 쓸 수> ①쓰이다 ②쓰다 ③구하다(求) ④기다리다 ⑤요구(要求) ⑥필요로 하는 물건(物件)	* 需要(수요) :구매력(購買力)의 뒷받침이 있는 상품(商品) 구매(購買)의 욕망(慾望) * 需世之才(수세지재) :세상에 쓸모가 있어 등용할 만한 인재 * 需光生存的(수광생존적) :빛을 필요로 하는	<수요공급> 상품(商品)을 사려는 욕구(慾求)와 그 욕구(慾求)에 맞추어 물건(物件)을 대준다.
要	襾 <요긴할 요 / 구할 요> ①요긴하다(要緊), 중요하다(重要) ②원하다(願), 바라다, 요구하다(要求) ③반드시, 꼭 ④요약하다(要約 ⑤요컨대	* 要求(요구) :필요(必要)하여 달라고 강력(强力)히 청(請)함 * 要領(요령) :①요긴(要緊)한 줄거리 ②꾀를 부려 하는 짓 * 重要(중요) :매우 귀중(貴重)하고 소중(所重)함 * 必要(필요) :꼭 소용(所用)이 됨. 없어서는 아니 됨	
供	亻(人) <이바지할 공> ①이바지하다 ②베풀다 ③갖추어지다 ④바치다, 올리다, 주다 ⑤공물(供物) ⑥받들다, 모시다 ⑦진술하다(陳述)	* 供給(공급) :①수요(需要)에 응하여 재물(財物)을 댐 ②판매(販賣)를 위해 시장에 재화(財貨)를 내 놓음 * 供養(공양) :어른에게 음식(飮食)을 드림 * 提供(제공) :어떤 사물(事物)을 가지거나 누리도록 주는 것	
給	糸 <줄 급> ①주다 ②대다, 공급하다(供給) ③제때에 대다 ④더하다, 보태다 ⑤넉넉하다 ⑥갖추어지다 ⑦급여(給與)	* 給與(급여) :근무(勤務)에 대한 급료(給料)나 수당(手當) * 需給(수급) :수요(需要)와 공급(供給) * 支給(지급) :금품(金品) 따위를 내어 줌. 치러 줌 * 自給自足(자급자족) :필요한 것을 스스로 생산하여 충당함	

菲	艹(艸·草) <엷을 비> ①엷다, 박하다 ②엷게 하다 ③둔하다(鈍), 보잘 것 없다 ④우거지다 ⑤향기(香氣)가 짙다 ⑥꽃이 아름다운 모양 ⑦짚신	* 菲儀(비의) :부의(賻儀). 조사(弔事)의 서식(書式) * 菲才(비재) :변변치 못한 재주. 자기 재능의 겸칭(謙稱) * 淺學菲才(천학비재) :학문(學問)이 미숙하고 재능(才能)이 변변치 않음. <比喩>자기의 학식(學識)을 낮춤말	<비유료비> 엷은 휘장(揮帳)으 로 둘러서 가려놓은 곳에서는
帷	巾 <휘장 유> ①휘장(揮帳 :피륙을 여러 폭으로 이어서 빙 둘러치는 장막) ②덮다 ③가리다	* 帷幕(유막) :帷幄(유악). 비밀스런 일을 의논하는 곳 * 帷房(유방) :閨房(규방) * 幄帷(악유) :揮帳(휘장) * 帷幄(유악) :유(帷)와 악(幄)은 모두 진영(陣營)에 쓰이는 막(幕)으로, ①유막(帷幕) ②참모부(參謀部)	
繚	糸 <감길 료> ①감기다 ②두르다 ③얽히다 ④비틀다 ⑤묶다 ⑥다스리다	* 繚亂(요란) :撩亂(요란). 얽히고 뒤섞여 난잡하고 어지러움 * 繚悷(요려) :근심어린 마음에 싸여있다 * 繚手(요수) :배에서 돛을 조종하는 사람 * 繚繞(요요) :빙빙 돌며 올라가다. 감돌다. 맴돌다.	
庇	广 <덮을 비> ①덮다, 덮어 가리다 ②감싸다, 보호하다(保護), 감싸주는 사람 ③의탁하다(依託·依托), 의지하다(依支) ④그늘 ⑤덮개	* 庇節(비절) :상대방 식구들의 기거동작(起居動作)의 높임말 * 庇護(비호) :뒤덮어서 보호(保護)함 * 高庇(고비) :남을 높이어 그의 비호(庇護)를 이르는 말 * 賴庇(뇌비) :依賴(의뢰). 남에게 의지(依支)함	

耦	耒 <나란히 갈 우> ①나란히 가다 ②마주서다 ③짝, 짝짓다 ④우수(偶數 :짝수) ⑤한 자(尺) 넓이	* 配耦(배우) :配偶(배우) * 妃耦(비우) :配偶者(배우자) * 耦耕(우경) :두 사람이 쟁기를 나란히 하여 함께 땅을 갊 * 耦刺(우자) :두 사람이 서로 맞찔러서 죽음 * 耦合(우합) :結合(결합)	<우배원담> 둘이 짝을 지은 광대가 익살스럽게 이야기를 하는데,
俳	亻(人) <배우 배> ①배우(俳優) ②광대(직업적 예능인) ③익살 ④장난 ⑤스러지다, 쇠퇴하다(衰頹·衰退)	* 俳優(배우) :광대. 극중(劇中) 인물로 연기(演技)하는 사람 * 俳諧(배해) :남을 웃기려고 하는 소리. 악의(惡意) 없는 농담(弄談) * 俳詼(배회) :실없는 장난 * 俳戲(배희) :익살스러운 짓거리	
諢	言 <농담할 원> ①농담하다(弄談) ②농담(弄談) ③익살꾼, 익살을 잘 부리는 사람	* 諢名(원명) :綽號(작호). 綽名(작명). 별명(別名) * 諢語(원어) :남을 웃기기 위한 익살이나 농담(弄談)의 말로, 옛날 배우(俳優)들이 주로 쓰던 말임	
譚	言 <이야기 담 / 클 담> ①이야기, 말씀 ②이야기하다 ③크다 ④깊다 ⑤편안하다(便安) ⑥느릿하다 ⑦붙다, 붙이다	* 奇譚(기담) :奇談(기담). * 民譚(민담) :민간에 전해 내려오는 흥미 위주의 이야기 * 休譚(휴담) :좋은 이야기. 아름다운 말 * 後日譚(후일담) :어떤 사실(事實) 그 후에 벌어진 이야기	

譬	言 <비유할 비> ①비유하다(比喩·譬喩), 설명하다(說明) ②비유(比喩·譬喩) ④비유컨대 ⑤깨우치다, 인도하다(引導) ⑥깨닫다	* 譬喩(비유) :比喩(비유). 어떤 사물(事物)이나 현상(現狀)을 그것과 비슷한 다른 사물이나 현상에 빗대어 나타낸 것 * 譬曉(비효) :비유하여 깨달아 알게 함.	<비유풍자> 비유(比喩)하는 이야기로 넌지시 말하여 세상사(世上事)를 빗대어 깨우쳐주기를,
喩	口 <깨우칠 유> ①깨우치다, 깨닫다 ②깨우쳐 주다, 가르쳐 주다 ③고하다(告), 이르다 ④비유하다(比喩·譬喩) ⑤기뻐하는 모양	* 比喩(비유) :譬喩(비유) * 隱喩(은유) :隱喩法(은유법). 다른 대상에 비겨서 표현하는 법 * 家喩戶曉(가유호효) :집집마다 알려주어 알아듣게 한다. <比喩>누구나 다 아는 것	
諷	言 <풍자할 풍> ①풍자하다(諷刺) ②풍간하다(諷諫) ③변죽을 울리다 ④알리다 ⑤간하다(諫) ⑥외우다, 암송하다(暗誦)	* 諷刺(풍자) :무엇에 빗대어 경계(警戒)하거나 비판(批判)함 * 諷諫(풍간) :완곡(婉曲)한 표현으로 잘못을 고치도록 간함 * 諷讀(풍독) :외어 읽음 * 吟諷(음풍) :吟詠(음영). 읊조림 * 諷諭(풍유) :諷喩(풍유). 넌지시 말하여 깨닫게 함	
刺	刂(刀) <찌를 자 / 칼로 찌를 척 / 진지 라> ①찌르다, 찔러 죽이다 ②나무라다, 헐뜯다, 꾸짖다 ③간하다(諫) ④가시, 바늘 ⑤칼로 찌르다(척) ⑥수라(水剌), 진지(라)	* 刺戟(자극) :일정한 현상이 촉진(促進)되도록 충동(衝動)함 * 刺殺(척살) :칼 따위로 사람을 찔러 죽임 * 水刺(수라) :진지 * 刺股懸梁(자고현량) :허벅다리를 찌르고, 머리털을 대들보에 묶는다. <比喩>분발(奮發)하여 열심히 공부함	

鍵	金 <열쇠 건> ①열쇠 ②자물쇠 ③문빗장(문을 닫고 가로질러 잠그는 막대기 쇠장대) ④비녀장(문단속 장치) ⑤건반(鍵盤)	* 鍵鑰(건약) :열쇠와 자물쇠 * 鑰鍵(약건) :①문빗장 ②열쇠 * 鍵盤(건반) :피아노・풍금(風琴)・타자기(打字機) 등의 건(鍵)을 늘어놓은 면. 키보드 * 關鍵(관건) :①빗장과 자물쇠 ②사물의 가장 중요한 곳	<건약기추> "자물쇠가 있으면 열쇠가 있고, 쓰레받기가 있으면 빗자루가 있고,
鑰	金 <자물쇠 약> ①자물쇠 ②열쇠 ③닫다, 닫아 걸다 ④지키다, 수비하다 ⑤들어가다	* 鑰匙(약시) :열쇠 * 鑰鐵(약철) :자물쇠 * 管鑰(관약) :궁문이나 성문(城門)의 자물쇠 * 祕鑰(비약) :祕訣(비결). 혼자만이 쓰는 썩 좋은 방법(方法) * 按鑰(안약) :잠기었는지 확인하기 위해 자물쇠를 살펴 봄	
箕	竹 <키 기> ①키(곡식을 까부르는 데 쓰는 기구) ②삼태기(흙을 담아 나르는 그릇) ③쓰레받기 ④대로 꿰매다(체)	* 箕帚(기추) :①쓰레받기와 비 ②가사(家事). 집안 잡무(雜務) ③처첩(妻妾). 기추지첩(箕帚之妾) * 箕裘(기구) :가업(家業)을 이어 받음. 아버지의 유업(遺業) * 箕叟(기수) :늙은이	
帚	巾 <비 추> ※ 箒는 俗字 ①비, 빗자루(청소 도구) ②대싸리 ③소제하다(掃除) ④쓸다	* 箕帚之妾(기추지첩) :쓰레받기와 비를 드는 비첩(婢妾)이라는 뜻으로, 남의 아내임을 겸손(謙遜)하게 하는 말. (例)제 여식(女息)을 箕帚로 삼으심이... * 條帚(조추) :방 청소용 작은 비 * 弊帚(폐추) :닳아빠진 몽당비	

箱	竹 <상자 상> ①상자(箱子) ②곳집(곳간(庫間)으로 지은 집) ③곁채	* 箱子(상자) :나무·대·종이 등으로 만든 손그릇. 모양(模樣)은 대개 기름하고 번듯한 데 뚜껑이 있는 것과 없는 것이 있음 * 書箱(서상) :책을 넣는 상자(箱子)	<상암상응> 상자(箱子)에는 뚜껑이 있어서 서로 잘 맞아 어울린다네." 라고 하면서,
盦	皿 <뚜껑 암> ①뚜껑 ②덮다	* 盦蓋(암개) :용기(用器)의 뚜껑 (盍也)	
相	目 <서로 상 / 바탕 상> ①서로 ②바탕 ③모양, 형상(形象·形像) ④정승(政丞) ⑤도움, 보조자(補助者) ⑥시중드는 사람, 접대원(接待員)	* 相應(상응) :①서로 응(應)함 ②서로 맞아 어울림 * 相當(상당) :일정(一定)한 정도(程度)에 해당(該當)함 * 相對(상대) :①서로 마주 보고 있음. ②마주 겨룸. 對立 * 相互(상호) :서로. 서로서로 * 樣相(양상) :생김새나 모습	
應	心 <응할 응> ①응하다(應) ②대답하다(對答) ③맞장구치다 ④승낙하다(承諾) ⑤받다 ⑥응당~하여야 한다 ⑦아마도	* 應答(응답) :물음이나 부름에 응(應)하여 대답(對答)함 * 對應(대응) :①마주 대함 ②상대(相對)에 응(應)하여 수작함 * 反應(반응) :어떤 작용(作用)에 대응(對應)하여 일어남 * 適應(적응) :①딱 맞게 어울림 ②환경에 순응(順應)하는 과정	

한자	뜻	낱말	이야기
古	口 <옛 고> ①옛, 예, 예전 ②옛날 ③선조 ④묵다 ⑤오래 되다 ⑥예스럽다 ⑦순박하다(淳朴·淳樸·醇朴)	* 古諺(고언) :예로부터 전(傳)해 내려오는 속담(俗談). (例) '소 잃고 외양간 고친다' '낫 놓고 기역자도 모른다' * 古代(고대) :옛 시대(時代) * 古蹟(고적) :옛 遺蹟. 古跡	<고언설화> 옛날부터 내려오는 속담(俗談)에 이르기를,
諺	言 <속담 언 / 상말 언> ①속담(俗談) ②상말 ③언문(諺文 :한글의 俗稱) ④조문하다(弔問) ⑤자랑하다(안) ⑥공손(恭遜)하지 못하다(안)	* 諺簡(언간) :언문(諺文) 편지(便紙) * 諺語(언어) :俗談(속담). 俗諺(속언). 예로부터 전해오는 쉽고 짧으면서도 교훈을 담고 있는 말. 격언(格言) * 世諺(세언) :세상에 떠도는 속(俗)된 말. 세상의 이언(俚言)	
說	言 <말씀 설 / 달랠 세 / 유세할 세> ①말씀 ②말하다, 이야기하다 ③서술하다(敍述), 진술하다(陳述) ④달래다(세) ⑤유세하다(遊說)(세)	* 說話(설화) :민족(民族)에게 전승(傳承)되어 온 신화(神話)나 전설(傳說), 민담(民譚)과 같은 옛이야기. * 說明(설명) :잘 알 수 있도록 말로 풀어서 밝힘. * 遊說(유세) :돌아다니며 자기의 주장을 펼쳐 설명(說明)함	
話	言 <말씀 화> ①말씀, 말하다 ②이야기, 이야기하다 ③좋은 말	* 話題(화제) :이야기의 제목, 이야깃거리 * 對話(대화) :마주 대하여 서로 의견을 주고받으며 이야기함 * 神話(신화) :예로부터 전해오는 신(神)을 중심으로 한 이야기 * 閑談屑話(한담설화) :한가한 말과 자질구레한 이야기	

한자	뜻	낱말	이야기
鰥	魚 <환어 환 / 홀아비 환> ①환어(전설상의 큰 물고기) ②홀아버지, 홀아비 ③근심하여 잠을 이루지 못하는 모양 ④앓다, 병들다	* 鰥居(환거) :홀아비로 삶 * 鰥夫(환부) :홀아비 * 免鰥(면환) :(아내를 얻어)홀아비 신세(身世)를 면함(免)함 * 鰥寡孤獨(환과고독) :홀아비, 홀어미, 고아(孤兒), 자식(子息) 없는 사람 <比喩>외롭고 의지할 곳 없는 사람	<환과요경> "홀아비와 홀어미는 홀몸의 외로움을 노래하니,
寡	宀 <적을 과 / 홀어미 과> ①수량(數量)이 적다 ②작다 ③약하다(弱) ④홀어머니, 과부(寡婦) ⑤임금이 자신을 일컫는 겸칭(謙稱)	* 寡宅(과택) :寡婦宅(과부댁) * 寡人(과인) :임금의 자칭(自稱) * 寡婦(과부) :남편(男便)이 죽어서 혼자 사는 여자. 홀어미 * 多寡(다과) :수효(數爻)의 많음과 적음 * 衆寡不敵(중과부적) :적은 수효로 많은 수효를 대적(對敵) 못함	
謠	言 <노래 요> ①노래, 노래하다 ②가요(歌謠) ③소문, 풍문 ④헐뜯다	* 歌謠(가요) :민요(民謠), 속요(俗謠), 유행가(流行歌) 따위 * 童謠(동요) :어린이들이 부르는 어린이 정서(情緖)의 노래 * 民謠(민요) :민중(民衆)에 전해 내려오며 즐겨 불리는 노래 * 詩謠(시요) :시(詩)와 노래	
惸	忄(心) <근심할 경 / 독신자 경> ①근심하다 ②근심하는 모양 ③독신자(獨身者), 외로운 몸 ④형제가 없는 사람	* 惸惸(경경) :근심하는 모양 * 惸獨(경독) :煢獨(경독). 의지(依支)할 데 없는 외로움, 또는 그런 사람 * 惸嫠(경리) :寡婦(과부). 남편(男便)이 죽은 여자(女子)	

한자	뜻	낱말	이야기
志	心 <뜻 지> ①뜻, 뜻을 두다 ②마음 ③본심(本心) ④감정(感情) ⑤기록(記錄) ⑥의로움을 지키다, 절개(節槪)가 있다	* 志操(지조) :원칙(原則)과 신념(信念)을 굽히지 아니하고 끝까지 지켜 나가는 꿋꿋한 의지(意志) * 意志(의지) :어떤 일을 해내거나 이루어 내려고 하는 마음의 상태(狀態)나 작용(作用). 마음. 뜻.	<지조선희> 곧은 뜻을 지키며 수절(守節)하는 절조(節操)는 드믄 일이라네." 라면서
操	扌(手) <잡을 조> ①잡다, (손에)쥐다 ②부리다, 다루다, 조종하다(操縱) ③단련하다(鍛鍊) ④지조(志操), 절개(節槪) ⑥운치(韻致)	* 操心(조심) :①마음 새김 ②실수(失手)가 없도록 마음을 삼가서 경계(警戒)함 * 操縱(조종) :마음대로 자유(自由)로이 다루어 움직임 * 節操(절조) :절개(節槪)와 지조(志操)	
鮮	魚 <고울 선 / 생선 선 / 드물 선> ①곱다 ②빛나다 ③선명하다(鮮明) ④깨끗하다 ⑤새롭다 ⑥싱싱하다 ⑦생선(生鮮), 날 것 ⑧적다, 드물다	* 鮮稀(선희) :드묾. 드물다 * 鮮少(선소) :드묾. 얼마 안 됨 * 鮮明(선명) :산뜻하고 뚜렷함 * 鮮血(선혈) :생생한 새빨간 피 * 生鮮(생선) :잡은 그대로의 싱싱한 물고기 * 新鮮(신선) :새롭고 산뜻함. 싱싱함	
稀	禾 <드물 희> ①드물다 ②드문드문하다 ③성기다(물건의 사이가 뜨다) ④희소하다, 적다 ⑤묽다, 멀건 것 ⑥극히, 매우, 아주	* 稀貴(희귀) :드물어 매우 귀함(貴)함 * 稀代(희대) :세상(世上)에 드물어 흔히 없음 * 稀微(희미) :또렷하지 못하고 흐릿함 * 稀薄(희박) :농도(濃度)나 밀도(密度)가 엷거나 낮음	

한자	뜻	낱말	이야기
寸	寸 <마디 촌> ①마디 ②치(길이의 단위) ③근소(僅少) ④조금, 약간, 작다, 적다 ⑤촌수(血族의 世數를 세는 말)	* 寸劇(촌극) :①아주 짧은 단편적(斷片的)인 연극(演劇). 토막극 ②사람들의 이목을 끄는 우발적이고도 우스꽝스러운 일을 이르는 말 * 寸志(촌지) :자그마한 뜻의 선물(膳物). 약간의 성의(誠意)	<촌극비평> 아주 짧은 연극(演劇)을 통하여 세상(世上)을 비평(批評)을 한다.
劇	刂(刀) <심할 극> ①심하다(甚), 혹독하다(酷毒) ②바쁘다, 번거롭다 ③장난하다, 희롱거리다(戲弄) ④연극(演劇), 놀이	* 劇的(극적) :극(劇)을 보듯이 감격적(感激的)인 광경(光景) * 悲劇(비극) :슬프고 비참(悲慘)한 내용으로 된 연극(演劇) * 演劇(연극) :배우가 각본(脚本)에 따라 보여 주는 무대 예술 * 農時方劇(농시방극) :농사철(農事)이 되어 일이 한창 바쁨	
批	扌(手) <칠 비 / 비평할 비> ①손으로 치다, 때리다 ②비평하다(批評), 평하다(評), 품평하다(品評) ③비답(批答 :上疏에 대한 임금의 答)을 내리다	* 批評(비평) :①장단점을 지적하다. 시비를 가려 비판하다. ②결점이나 잘못에 대해 의견을 제시하다. 꾸짖다. 주의를 주다 * 批判(비판) :비평(批評)하여 판정(判定)함	
評	言 <평할 평> / 꼲을 평> ①평하다 ②꼲다, 잘잘못을 살피어 정하다, 됨됨이를 평함 ③품평하다(品評) ④평론하다(評論) ⑤문체(文體)의 이름	* 評價(평가) :가격(價格)이나 가치(價値)를 평정(評定)함 * 評論(평론) :비평(批評)하여 논(論)함 * 群盲評象(군맹평상) :장님들이 코끼리 일부를 만져보고 제각기 말함. <比喩>주관(主觀)으로 그릇되게 판단함	

한자	훈음·뜻	용례	성어
諳	言 <외울 암> ①외우다, 암송하다(暗誦) ②글을 외우다 ③알다, 깨닫다 ④기억하다(記憶) ⑤큰소리	* 諳誦(암송) :외다. 외워서 읊다. 암기하여 외우다. 暗誦 * 諳記(암기) :외워서 기억(記憶)하다. 暗記 * 諳熟(암숙) :익히 앎. 숙련(熟練)하다. 숙달(熟達)하다. 능숙(能熟)하다. 정통(精通)하다.	<암송시구> 한 편(篇)의 시(詩)의 구절(句節)을 암송(暗誦)하면서,
誦	言 <외울 송> ①외우다, 암송하다(暗誦) ②읊다, 읽다 ③(풍악에 맞춰)노래하다 ④운문(韻文), 시가(詩歌)	* 誦讀(송독) :①글을 소리내어 읽음 ②글을 외어 읽음 * 朗誦(낭송) :시를 음률적(音律的)으로 감정을 넣어 욈 * 讀誦(독송) :①외어 읽음 ③소리를 내어 경문(經文)을 읽음 * 暗誦(암송) :책을 보지 않고 글을 욈	
詩	言 <시 시> ①시(詩) ②(시를)읊다, 짓다 ③시경(詩經) ④기록하다(記錄) ⑤받들다	* 詩句(시구) :시(詩)의 구절(句節) * 詩歌(시가) :①가사를 포함한 시문학의 통칭 ②시와 노래 * 詩文(시문) :시가(詩歌)와 산문(散文). 사(詞) * 詩人(시인) :시(詩)를 짓는 사람. 시(詩)를 잘 짓는 사람	
句	口 <글귀 구(귀)> ①글귀, 문장(文章)의 단락(段落) ②구절(句節) ③마디 ④갈고리 ⑤올가미, 함정(陷穽), 책략(策略)	* 句節(구절) :①구(句)와 절(節) ②말이나 글을 여러 토막으로 나눈 그 각개의 부분(部分) * 句讀(구두) :단어(單語)와 구절(句節)을 점(點)이나 부호(符號) 등(等)으로 표(表)하는 방법(方法)	

한자	훈음·뜻	용례	성어
桂	木 <계수나무 계> ①계수나무(桂樹) ②월계수(月桂樹) ③계적(桂籍 :과거 급제자의 명부)	* 桂樹(계수) :계수나뭇과의 낙엽(落葉) 활엽(闊葉) 교목(喬木) * 桂皮(계피) :계수나무 껍질. 땀이 나고 허한(虛汗)을 거두는데 필요(必要)한 한약재(韓藥材)로 쓰이기도 함 * 官桂(관계) :품질(品質)이 가장 좋은 육계(肉桂)	<계수토용> 달나라의 계수나무에 토끼가 절구질을 한다는 <계수나무에 옥토끼가 방아를 찧는다는 달을 소재(素材)로>
樹	木 <나무 수> ①나무 ②심다 ③세우다 ④막다	* 樹立(수립) :제도(制度)나 계획(計劃) 등을 이룩하여 세움 * 植樹(식수) :나무를 심음 * 風樹之歎(풍수지탄) :부모(父母)에게 효도(孝道)를 다하려 하나 이미 돌아가셔서 그 뜻을 이룰 수 없음	
兎	儿 <토끼 토> ①토끼 ②달(달 속에 토끼가 있다는 뜻에서 달의 별칭이 됨)	* 兎影(토영) :달을 다른 말로 토월(兎月), 토백(兎魄)이라 하고 달그림자를 토영(兎影)으로 표현한다. 토끼가 달로 표현되듯이 해로 표현되는 동물이 세발달린 까마귀, 즉 삼족오(三足烏)다	
舂	臼 <찧을 용> ①찧다 ②절구질하다 ③치다 ④찌르다 ⑤해가 지다	* 撞舂(당용) :세차게 닥뜨려 부딪침 * 吾事急露舂擣(오사급노용도) :내 일 바빠 한댁 방아. (俗)제 일 위해 남의 일 한다는 뜻의 속담. 己事之忙大家之舂促	

한자	훈음·뜻	용례	성어
吟	口 <읊을 음> ①읊다 ②시가(時歌), 읊는 시가(時歌) ③신음하다(呻吟), 끙끙 앓다 ④탄식하다(歎息·嘆息) ⑤(새가)울다	* 吟味(음미) :①시나 노래를 읊어 그 맛을 봄 ②사물(事物)의 의미(意味)를 새겨 궁구(窮究)함 * 吟詠(음영) :시부(詩賦)를 읊조림. 시문(詩文)을 읊다 * 呻吟(신음) :병(病)이나 고통(苦痛)으로 앓는 소리를 냄	<음아영회> 시가(詩歌)를 읊조리며 가슴에 품은 회포(懷抱)를 읊으니,
哦	口 <읊조릴 아> ①읊조리다 ②성오(醒悟)의 감탄사(感歎詞)	* 吟哦(음아) :시가(詩歌)를 소리 높여 읊음 * 哦松(아송) :<故>唐의 崔斯立이 藍田縣丞이 되어 뜰 가운데의 노송 밑에서 이를 읊었다는 데서. 轉하여 縣丞이 됨을 일컫는 말	
詠	言 <읊을 영> ①읊다, 노래하다 ②(시가를)짓다 ③시가(詩歌) ④읊는 시	* 詠懷(영회) :마음에 품은 생각을 시가(詩歌)로 읊다. * 詠歌(영가) :①시가(時歌)를 읊음. ②서양식(西洋式) 曲調 * 詠歎(영탄) :목소리를 길게 뽑아 심원한 정회(情懷)를 읊음 * 玉詠(옥영) :시가(詩歌)의 높임말	
懷	忄(心) <품을 회> ①품다, 품, 가슴 ②생각하다, 마음, 생각 ③달래다, 위로하다(慰勞) ④임신하다(妊娠·姙娠)	* 懷柔(회유) :①달램 ②교묘(巧妙)한 수단으로 설복(說伏)시킴 * 懷疑(회의) :마음속에 품은 의심(疑心) * 懷抱(회포) :①마음속에 품은 생각 ②잊혀지지 않은 생각 * 虛心坦懷(허심탄회) :마음을 비우고 생각을 터놓음	

한자	훈음·뜻	용례	성어
管	竹 <대롱 관 / 주관할 관> ①대롱, 관(管 :가늘고 속이 빈 긴 대) ②피리(악기의 하나) ③붓대, 붓자루 ④맡다, 다스리다, 주관하다(主管)	* 管理(관리) :일정한 목적의 효과적 실현을 위해 인적·물적 요소의 운영(運營)을 지도·조정하는 기능(機能) * 保管(보관) :물건(物件)을 안전(安全)하게 두어 관리(管理)함 * 主管(주관) :책임(責任)을 지고 맡아 관리(管理)함	<관악현금> 관악기(管樂器)인 피리와 현악기(絃樂器)인 거문고 <대금(大笒)과 가야금(伽倻琴)이 어울려>
籥	竹 <피리 약> ①피리(악기의 하나) ②열쇠 ③쇠 채우다	* 管籥(관약) :생황(笙簧)·단소(短簫) 등의 관악기(管樂器)를 일컫는 말 * 煙籥(연약) :煙管(연관). ①담배 통 ②연기가 통하는 관(管) * 橐籥(탁약) :파이프 오르간(pipe organ)의 한자어(漢字語)	
絃	糸 <줄 현> ①줄(무엇을 묶거나 동이는 데에 쓸 수 있는 가늘고 긴 물건), 끈, 줄 ②현악기(絃樂器) (현악기를)타다, 뜯다	* 絃琴(현금) :가야금(伽倻琴). 伽倻의 가실왕(嘉悉王)이 중국 남제(南齊)와의 교역(交易)에서 얻은 쟁(箏)을 본떠서 중국(中國)의 25현금(絃琴)을 고쳐 만들었다는 12현(絃)의 현악기(絃樂器)	
琴	玉 <거문고 금> ①거문고(우리나라 현악기의 하나) ②거문고 타는 소리 ③(거문고를)타다 ④심다	* 琴瑟(금슬) :①거문고와 비파(琵琶) ②부부(夫婦) 사이의 정 * 琴徽(금휘) :기러기발(거문고나 가야금 등의 줄을 떠받치는 대) * 伽倻琴(가야금) :가야의 우륵(于勒)이 만들었다는 우리나라 고유(固有)의 현악기(絃樂器)	

律	彳 <법칙 률 / 가락 률> ①(학문상의)법칙(法則) ②법(法), 규칙(規則), 법령(法令) ③가락, 음률(音律), 율시	* 律呂(율려) :음악(音樂)이나 음성(音聲)의 가락. 12율(律)의 양률(陽律)과 음려(陰呂)를 가리킴 * 律動(율동) :가락에 맞추어 추는 춤이나 규칙적인 운동 * 法律(법률) :국민(國民)이 지켜야 할 나라의 규율(規律)	<율려장단> 음악(音樂)의 가락과 장단 <음악(音樂)의 높낮이와 박자(拍子)를 맞춰가며>
呂	口 <법칙 려 / 음률 려 / 풍류 려> ①법칙(法則) ②음률(音律) ③풍류(風流)	* 呂翁枕(여옹침) :呂公枕. 인생(人生)의 덧없음과 영화(榮華)의 헛됨을 비유(比喩・譬喩). 한단지몽(邯鄲之夢) * 律呂調陽(율려조양) :천지간(天地間)의 양기(陽氣)를 고르게 하니, 즉 율(律)은 양(陽)이요, 여(呂)는 음(陰)임	
長	長 <긴 장 / 어른 장> ①길다, 길이 ②낫다 ③자라다 ④만 ⑤어른 ⑥우두머리 ⑦늘, 항상(恒常)	* 長短(장단) :①길고 짧은 것 ②장점(長點)과 단점(短點) ③길고 짧은 박자(拍子) * 成長(성장) :생물(生物)이 자라서 점점 커짐, 성숙(成熟)해짐 * 長成(장성) :자라서 어른이 됨 * 長點(장점) :좋은 점(點)	
短	矢 <짧을 단> ①짧다, 짧게 하다 ②(키가)작다 ③가깝다 ④오래되지 않다 ⑤부족하다(不足) ⑥허물, 결점(缺點)	* 短期(단기) :짧은 기간(期間) * 短點(단점) :모자라거나 흠이 되는 점(點) * 短縮(단축) :①짧게 줄어듦 ②짧게 줄임 * 絶長補短(절장보단) :긴 것을 잘라서 짧은 것에 보탬	

伎	亻(人) <재간 기> ①재간(才幹), 재능(才能), 재주 ②방술(方術) ③광대(직업적 예능인), 배우(俳優), 기생(妓生) ④음악(音樂)	* 伎倆(기량) :기량(技倆). 재주. 수단(手段). 수법(手法). * 伎會(기회) :가무연희(歌舞演戲). * 伎樂百戲(기악백희) :가무백희(歌舞百戲). 무곡(舞曲)·잡희(雜戲) 등을 통틀어 일컫는 말	<기량경연> 기량(伎倆)을 가지고 서로 연기(演技)를 다투는데,
倆	亻(人) <재주 량> ①재주, 솜씨, 재능(才能) ②둘, 두 사람	* 技倆(기량) :伎倆(기량). 기술적인 재간(才幹)이나 솜씨 * 倆人(양인) :두 사람(兩人也) * 倆心眼兒(양심안아) :①의견이 일치하지 않는 것 ②두 가지 마음. 딴마음. 불성실한 마음	
競	立 <다툴 경> ①다투다, 겨루다 ②쫓다, 따르다 ③나아가다 ④나란하다 ⑤굳세다 ⑥갑작스럽다, 갑자기 ⑦성하다(盛)	* 競演(경연) :연극(演劇)이나 음악(音樂) 따위의 연기(演技)를 다툼 * 競爭(경쟁) :서로 이기려고 겨루는 것. * 競技(경기) :기술(技術)의 낫고 못함을 서로 겨루는 일	
演	氵(水) <펼 연 / 멀리 흐를 연> ①펴다, 늘이다 ②넓히다, 넓게 미치다 ③부연하다(敷衍·敷演), 자세히 설명하다(說明) ④스며들다 ⑤멀리 흐르다	* 演說(연설) :여러 사람 앞에서 자기의 주장(主張)을 말함 * 演技(연기) :관객 앞에서 배우(俳優)가 베푸는 재주 * 演習(연습) :익숙하도록 되풀이하여 익힘 * 演劇(연극) :배우가 각본(脚本)에 따라 보여 주는 무대 예술	

傾	亻(人) <기울 경> ①기울다, 기울어지다, 비스듬하다 ②바르지 않다 ③(마음을)기울이다 ④뒤집히다 ⑤눕다	* 傾斜(경사) :비스듬히 기울어짐 * 傾聽(경청) :주의(注意)를 기울여 열심히 들음 * 傾向(경향) :어느 한쪽으로 향(向)하여 기울어짐 * 傾國之色(경국지색) :나라를 위태롭게 할 만한 미녀(美女)	<경령주악> 음악(音樂)을 연주(演奏)하는 것을 귀 기울여 듣고 나서
聆	耳 <들을 령> ①듣다 ②깨닫다 ③쫓다, 따르다	* 耳聆(이령) :귀로 들음. * 瞻聆(첨령) :여러 사람의 보고 듣는 일 * 聆音察理(영음찰리) :소리를 듣고 그 거동(擧動)을 살피니, 조그마한 일이라도 주의(注意)하여야 함	
奏	大 <아뢸 주> ①아뢰다, 여쭈다, 상소(上疏) ②바치다, 드리다 ③이루다, 공을 세우다 ④연주하다(演奏), 취주하다(吹奏)	* 奏樂(주악) :음악(音樂)을 연주(演奏)함 * 奏效(주효) :①효력(效力)이 나타남 ②일이 성취(成就)됨 * 奏請(주청) :임금에게 청함 * 上奏(상주) :임금에게 아룀 * 演奏(연주) :청중(聽衆) 앞에서 악기(樂器)를 다루어 들려줌	
樂	木 <노래 악 / 즐길 락 / 좋아할 요> ①노래, 음악(音樂), 악기(樂器) ②연주하다(演奏) ③즐기다(락), 즐거워하다(락) ④편안하다(便安)(락) ⑤좋아하다(요)	* 音樂(음악) :곡(曲)을 목소리나 악기(樂器)로 연주하는 것 * 苦樂(고락) :괴로움과 즐거움 * 安樂(안락) :편안하고 즐거움 * 娛樂(오락) :흥미(興味) 있는 일로 즐겁게 노는 일 * 樂山樂水(요산요수) :산을 좋아하고, 물을 좋아함	

喝	口 <꾸짖을 갈> ①꾸짖다 ②(큰소리로)나무라다 ③으르다(무서운 말이나 행동으로 위협하다) ④고함치다(高喊), 외치다	* 喝取(갈취) :으름장을 놓아 억지로 빼앗음 * 喝破(갈파) :사설(邪說)을 배격하고 진리(眞理)를 밝혀 깨침 * 一喝(일갈) :큰 소리로 꾸짖음 * 恐喝(공갈) :①남을 을러서 무섭게 함. 공하(恐嚇) ②거짓말	<갈채칭예> 잘 했다고 소리를 질러서 칭찬(稱讚)하여 준다.
采	采 <캘 채 / 풍채 채> ①캐다, 뜯다, 채취하다(採取) ②채집하다, 수집하다(蒐集) ③풍채(風采 :드러난 사람의 겉모양)	* 喝采(갈채) :어떤 일을 훌륭하게 해낸 사람에게 칭찬(稱讚)·찬양(讚揚)의 뜻으로 큰소리를 지르는 것 * 風采(풍채) :사람의 드러나 보이는 의젓한 겉모양 * 采色不定(채색부정) :풍채(風采)와 안색(顔色)이 일정치 않음	
稱	禾 <일컬을 칭> ①일컫다, 부르다 ②명칭(名稱), 칭호(稱號) ⑤걸맞다, 부합하다 ③칭찬하다(稱讚), 명성(名聲) ④좋다, 훌륭하다	* 稱譽(칭예) :①칭찬하다 ②명예. 원뜻은 '빛나다', '과시(誇示)하다'로서, '칭송(稱頌)', '영예(榮譽)', '찬양(讚揚)거리'를 의미함. * 稱讚(칭찬) :좋은 점을 일컫고 기림. 잘 한다고 추어올림	
譽	言 <기릴 예 / 명예 예> ①기리다 ②찬양하다(讚揚) ③칭찬하다(稱讚) ④명예(名譽), 영예(榮譽) ⑤좋은 평판	* 名譽(명예) :세상(世上)에서 인정(認定) 받는 좋은 이름 * 榮譽(영예) :빛나는 명예 * 譽稱(예칭) :명예롭게 일컫는 이름 * 出藍之譽(출람지예) :제자(弟子)가 스승보다 낫다는 평판(評判)이나 명성(名聲)	

字	뜻	용례	성어
懸	心 <매달 현> ①달다, 매달다, 달아매다 ②매달리다, 늘어지다 ③(상을)걸다 ④현격하다 ⑤멀다, 동떨어지다 ⑥헛되다 ⑦빚	* 懸板(현판) :글씨나 그림을 새겨 벽이나 문 위에 다는 널조각 * 懸案(현안) :해결(解決)이 안 되어 걸려 있는 안건(案件) * 懸隔(현격) :나타난 차이(差異)가 두드러지거나 확실함 * 懸賞(현상) :어떤 목적을 위해 상금(賞金)이나 상품을 걸고 찾음	<현판편액> 건물(建物)의 정문(正門) 위에 현판(懸板)으로 걸어놓은 편액(扁額)은
板	木 <널빤지 판> ①널빤지(판판하고 넓게 켠 나뭇조각) ②판목(板木), 판자(板子) ③명패(名牌) ④조서(詔書) ⑤길(길이 단위)	* 板局(판국) :일이 벌어진 사태(事態)의 형편이나 국면(局面) * 板子(판자) :나무로 된 널조각. 널빤지 * 看板(간판) :상점(商店) 등(等)에 내 건 표지(標識) * 懸板(현판) :글자나 그림을 새기어서 문 위에 다는 널조각	
扁	戶 <납작할 편 / 작을 편> ①납작하다 ②낮다 ③작다 ④(마음이) 좁다 ⑤현판(懸板), 편액(扁額) ⑥반신불수(半身不隨)	* 扁額(편액) :그림을 그리거나, 글씨를 써서 방 안이나 문 위에 거는 액자(額子). 편제(扁題). 액(額) * 扁舟(편주) :조각배 * 扁平(편평) :넓고 평평(平平)함 * 扁桃腺(편도선) :입 속의 양쪽 구석에 하나씩 있는 림프샘	
額	頁 <이마 액> ①이마(앞머리) ②머릿수 ③수효(數爻), 수량(數量) ④일정한 액수 ⑤한도(限度) ⑥현판(懸板)	* 額面(액면) :有價證券 등의 券面. <比喩>표현된 그대로의 것 * 額數(액수) :①돈의 머릿수 ②인원(人員)의 수효(數爻) * 額子(액자) :그림이나 사진(寫眞) 따위를 끼우는 틀 * 金額(금액) :금전(金錢)의 액수(額數), 돈의 수효(數爻)	

字	뜻	용례	성어
毫	毛 <터럭 호> ①터럭(몸에 난 길고 굵은 털), 털 ②가는 털, 잔 털 ③가늘다 ④조금 ⑤붓, 붓 끝	* 毫端(호단) :붓끝. <比喩>글을 써 내려가는 기세(氣勢) * 秋毫(추호) :가을철에 털을 갈아서 가늘어진 짐승의 털. <比喩>몹시 작음 * 揮毫(휘호) :붓을 휘두른다는 뜻으로, 글씨를 쓰거나 그림을 그림	<호단주경> 붓끝이 힘차고 굳세며, <글씨의 기세(氣勢)가 힘차고 굳세며,>
端	立 <끝 단 / 바를 단> ①끝 ②가, 한계(限界) ③처음, 시초(始初) ④실마리, 일의 단서(端緖) ⑤까닭, 원인(原因) ⑥바르다, 단정하다(端整)	* 端緖(단서) :①일의 처음 ②일의 실마리, 실마리 * 事端(사단) :일의 실마리, 또는 사건(事件)의 단서(端緖) * 尖端(첨단) :①물건의 뾰족한 끝 ②유행 같은 것에 앞장섬 * 弊端(폐단) :좋지 못하고 해(害)로운 점(點)	
遒	辶(辵) <씩씩할 주 / 닥칠 주> ①씩씩하다, 세다. 굳다 ②닥치다, 다가서다, 접근하다 ③모이다 ④다하다, 끝나다	* 遒勁(주경) :그림·글씨 따위의 필력(筆力)이 힘차고 굳셈 * 遒豪(주호) :①아주 굳세고 뛰어남 ②억세고 호탕함 * 遒逸(주일) :문필(文筆)이나 필력(筆力)이 힘차고 분방함 * 遒雅(주아) :아름답고 우아(優雅)함.	
勁	力 <굳셀 경> ①굳세다, 강하다(強) ②단단하다, 견고하다(堅固) ③(의지가)강하고 곧다 ④예리하다(銳利), 날카롭다	* 强勁(강경) :强硬(강경). 타협(妥協)하거나 굽힘이 없이 굳셈 * 剛勁(강경) :성품(性品)이 단단하고 꿋꿋함 * 勁直(경직) :硬直(경직). 몸 따위가 굳어서 뻣뻣하게 되는 것 * 勁草(경초) :억센 풀 * 勁風(경풍) :세게 부는 바람, 센 바람	

字	뜻	용례	성어
繪	糸 <그림 회> ①그림 ②그리다 ③도면(圖面)을 그리다 ④채색하다(彩色)	* 繪畫(회화) :선(線)이나 색채(色彩)로 형상(形像)을 그림 * 繪事後素(회사후소) :그림에서 흰색은 맨 나중에 칠한다. <比喩>사람은 좋은 바탕이 있은 뒤에 문식(文飾)을 더해야 함	<회화예술> 그림을 그린 예술작품(藝術作品)은
畫	田 <그림 화> ①그림, 그리다 ②그림으로 장식(裝飾)된 ③채색, 칠을 하다	* 劇畫(극화) :이야기를 그림과 글로 엮은 읽을거리 * 漫畫(만화) :간명하게 풍자하는 줄거리 있는 회화(繪畫) * 畫蛇添足(화사첨족) :뱀을 그리고 다리까지 그림. <比喩>쓸데없이 덧붙여서 오히려 잘못되게 함	
藝	++(艸·草) <재주 예 / 심을 예> ①재주, 재주가 있다 ②기예(技藝) ③법도(法度) ④학문(學問) ⑤법(法) ⑥글 ⑦과녁 ⑧심다	* 藝術(예술) :미적(美的) 작품을 형성하는 인간의 창조 활동. 藝에는 본디 심는다(種樹)는 뜻이 있어서 機能技術을 의미하며, 인간적 결실을 위한 기초 교양의 씨를 뿌리고 인격의 꽃을 피우는 수단으로 여겼음	
術	行 <재주 술> ①재주, 꾀 ②방법(方法), 수단(手段) ③계략(計略), 술수(術數), 책략(策略) ④기교(技巧), 기예(技藝) ⑤학술(學術)	* 技術(기술) :만들거나 짓거나 하는 재주 또는 솜씨 * 美術(미술) :시각적(視覺的) 아름다움을 표현하는 예술 * 權謀術數(권모술수) :목적 달성을 위해 권세(權勢)와 모략(謀略) 중상(中傷) 등을 쓰는 술책(術策)	

字	뜻	용례	성어
彪	彡 <범 표 / 무늬 표> ①범, 작은 범 ②범의 무늬, 얼룩무늬 ③문채(文彩 :아름다운 광채) 나다 ④빛나다, 선명하다(鮮明)	* 彪炳(표병) :호랑이 가죽처럼 무늬가 선명하고 아름다움. 화려하고 아름답다. 찬란하다. * 彪壯(표장) :기골이 장대하다 *彪形(표형) :우람한 체격 * 彪悍(표한) :용맹스럽다. 사납다.	<표병빈울> 호랑이 가죽처럼 무늬가 선명하고 아름다우며 문채(文彩)가 찬란하여 <아름답고 찬란(燦爛)하여>
炳	火 <밝을 병 / 불꽃 병> ①밝다, 환하다 ②빛나다 ③(불을)밝히다 ④드러내 보이다, 뚜렷하다, 선명하다(鮮明) ⑤불꽃 ⑥단청색(丹靑色)	* 炳然(병연) :빛이 비쳐 밝은 모양 * 炳映(병영) :번쩍번쩍 빛남 * 炳耀(병요) :밝게 드러나 빛남 * 炳彪(병표) :호랑이를 달리 이르는 말	
彬	彡 <빛날 빈 / 밝을 빈> ①빛나다 ②아름답고 성하다(盛) ④밝다 ⑤선명하다(鮮明) ③겸비하다(兼備), 文과 質을 갖춘 훌륭한 모양	* 彬蔚(빈울) :①문채(文彩)가 찬란(燦爛)함 ②글이 정연(整然)하여 아름답고 성(盛)함 * 彬彬(빈빈) :①내용과 외관이 함께 갖추어짐 ②너무 소박하지도 화려하지도 않아 정도가 아주 적절함	
蔚	++(艸·草) <답답할 울 / 제비쑥 위> ①답답하다, 번민하다(煩悶) ②숲이 빽빽하다, 무성하다(茂盛) ③아름답다, 화려하다(華麗) ④제비쑥(국화과의 여러해살이풀)	* 蔚起(위기) :蔚興(울흥). 성하게 일어남 * 蔚然(울연) :초목이 무성(茂盛)하게 우거진 모양 * 蔚爾(울이) :사물(事物)이 왕성(旺盛)한 모양 * 蔚煥(위환) :밝고 빛나는 모양 * 蓊蔚(옹울) :풀이 무성함	

漢字	訓音	用例	解說
紋	糸 <무늬 문> ①(직물의)무늬 ②주름, 주름살 ③문채(文彩: 아름다운 광채)	* 紋彩(문채) :무늬와 빛깔 * 紋章(문장) :국가나 단체 등을 나타내는 상징적인 표지(標識) * 指紋(지문) :사람의 손가락 끝 안쪽에 이루어진 살갗의 무늬 * 波紋(파문) :수면(水面)에 이는 잔물결. 파륜(波輪)	<문채화려> 무늬와 빛깔이 화려(華麗)하다
彩	彡 <채색 채> ①채색(彩色), 고운 빛깔 ②무늬 ③빛, 윤기(潤氣), 광택(光澤) ④모양 ⑤도박(賭博), 노름	* 光彩(광채) :아름답고 찬란(燦爛)하게 빛나는 빛 * 多彩(다채) :여러 가지 빛깔이 어울려 아름다움 * 彩色(채색) :그림 등에 색(色)을 칠함 * 色彩(색채) :빛깔 * 輪彩(윤채) :태양(太陽)의 이칭(異稱)	
華	++(艸·草) <빛날 화 / 꽃 화> ①빛나다, 광채(光彩) ②꽃, 꽃이 피다 ③찬란하다(燦爛·粲爛), 화려하다(華麗) ④사치하다(奢侈) ⑤번성하다(繁盛)	* 華麗(화려) :빛나고 아름다움 * 華燭(화촉) :①빛깔 들인 밀초 ②혼례(婚禮)를 달리 일컫는 말 * 華婚(화혼) :남의 혼인(婚姻)의 미칭(美稱) * 昇華(승화) :고체(固體)가 기체(氣體)로 변하는 현상(現象)	
麗	鹿 <고울 려> ①곱다 ②아름답다 ③맑다 ④빛나다 ⑤매다 ⑥붙다(부착) ⑦마룻대(용마루 밑에 서까래가 걸리게 된 도리) ⑧짝짓다	* 麗景(여경) :봄날 * 秀麗(수려) :경치나 사람의 얼굴이 빼어나게 아름다움 * 美辭麗句(미사여구) :아름다운 말과 글귀(句)라는 뜻으로, 아름다운 말로 꾸민 듣기 좋은 글귀	

漢字	訓音	用例	解說
墳	土 <무덤 분> ①무덤, 봉분(封墳) ②언덕 ③둑 ④책(柵 :말뚝으로 만든 우리나 울타리) ⑤비옥하다(肥沃), 기름지다	* 墳塚(분총) :무덤 * 墳墓(분묘) :무덤 * 墳塋(분영) :무덤 * 古墳(고분) :①고대(古代)의 무덤 ②옛무덤 * 丘墳(구분) :무덤. 언덕 * 墳壤(분양) :기름진 땅 * 封墳(봉분) :封墓(봉묘). 흙을 쌓아 올려 무덤을 만듦	<분총유적> 옛 무덤의 유적(遺蹟)에서 나온 것들을 보니,
塚	土 <무덤 총> ①무덤 ②봉토(封土 :무덤에서 둥글게 흙을 쌓아 올린 부분) ③언덕 ④산꼭대기 ⑤맏(長) ⑥크다	* 塚墓(총묘) :무덤 * 丘塚(구총) :丘冢(구총). 무덤. 송장이나 유골을 땅에 묻은 곳 * 貝塚(패총) :조개껍데기를 버려서 무덤처럼 쌓인 무더기 * 荒塚(황총) :버려두어 거칠어진 무덤	
遺	辶(辵) <끼칠 유> ①끼치다, 전하다(傳), 남기다, 남다 ②버리다, 유기하다(遺棄) ③잃다 ④잊다 ⑤두다, 놓다	* 遺蹟(유적) :고고학적(考古學的) 유물(遺物)이 남아 있는 곳. 유적(遺迹). 유지(遺址). 구적(舊跡) * 遺産(유산) :사후(死後)에 남겨 놓은 재산(財産)이나 業績 * 遺族(유족) :죽은 사람의 뒤에 남은 가족(家族)	
蹟	足 <자취 적> ※ 跡과 同義 ①자취(어떤 것이 남긴 표시나 자리), 발자취 ②업적(業績), 공적(功績) ③행적(行跡·行績·行蹟) ④뒤따르다	* 古蹟(고적) :古跡(고적). 남아 있는 옛 자취 * 事蹟(사적) :事跡(사적). 일의 형적(形跡) * 行蹟(행적) :行跡(행적). ①행위의 자취 ②평생에 한 일 * 名勝古蹟(명승고적) :名勝古跡. 훌륭한 경치와 유적(遺蹟)	

漢字	訓音	用例	解說
碑	石 <비석 비> ①비석(碑石) ②비문(碑文) ③비를 세우다 ④돌기둥 ⑤석주(石柱 :종묘의 문 안에 세워 희생을 매달던 기둥 모양의 돌)	* 碑碣(비갈) :비석(碑石)과 갈석(碣石). 윗부분이 사각형(四角形)의 것을 '碑'라고 하며, 원형(圓形)의 것을 '碣'이라고 함 * 碑石(비석) :사적(事蹟)을 기념하기 위해 글을 새겨서 세운 돌	<비갈탁조> 비갈(碑碣)에는 정(釘)으로 쪼아서 글씨를 새겨놓았는데.
碣	石 <비석 갈> ①비석(碑石), 둥근 비석 ②우뚝 솟은 돌 ③돌을 세우다 ④산이 우뚝 솟은 모양	* 碣石(갈석) :윗부분이 둥근 비석(碑石) * 碣陰(갈음) :비석의 뒷면. 비음(碑陰) * 短碣(단갈) :무덤 앞에 세우는 머리가 둥글고 짤막한 빗돌 * 墓碣(묘갈) :뫼 앞에 세우는 둥그스름하고 작은 돌비석	
琢	玉 <쪼을 탁 / 다듬을 탁> ①(부리로)쪼다 ②(옥을)다듬다 ③닦다, 연마하다(研磨·練磨·鍊磨) ④꾸미다 ⑤선택하다(選擇) ⑥골라 뽑다	* 琢彫(탁조) :조탁(彫琢). 보석 따위를 새기거나 쪼는 일. <比喩>시문(詩文)의 자구(字句)를 아름답게 다듬음 * 切磋琢磨(절차탁마) :옥돌을 자르고 줄로 쓸고 끌로 쪼고 갈아 빛을 냄. <比喩>학문이나 인격을 갈고 닦음	
彫	彡 <새길 조> ①새기다, 칼 따위로 파다 ②아로새기다 ③쪼다, 쪼아먹다 ④꾸미다, 수식하다	* 彫刻(조각) :나무·돌·흙·쇠붙이 따위에 그림·글씨·사람·짐승 등을 새기거나 빚는 일 * 彫本(조본) :彫版本(조판본). 참본(槧本). 글자를 새긴 판목(板木)에서 찍어내어 간행한 것	

漢字	訓音	用例	解說
拊	扌(手) <어루만질 부> ①어루만지다, 사랑하다 ②붙다 ③치다, 가볍게 두드리다 ④자루, 손잡이 ⑤악기(樂器)의 이름	* 拊髀(부비) :무릎을 치며 좋아함. 기뻐서 어쩔 줄을 모름 * 拊循(부순) :어루만져 편안케 함. 무순(撫循). 위무(慰撫) * 博拊(박부) :민족(民族) 악기(樂器)의 하나. 절고(節鼓)보다 작게 생겼으며 대(臺)를 겸하여 만듦	<부탑명첩> 그 위에다 종이를 대고 가볍게 두드려서 명문(銘文)을 박아내어 만든 서첩(書帖)과
搨	扌(手) <베낄 탑> ①베끼다 ②박다, 탑본하다(搨本 :글씨나 무늬를 종이에 그대로 떠내다) ③모사하다(模寫 :형체 그대로 그리다)	* 搨刻(탑각) :본을 떠서 새김 * 搨文(탑문) :탑본(搨本)한 글이나 글자 * 搨本(탑본) :비석(碑石)에 새긴 글씨나 그림을 종이에 그대로 박아냄. 또는 그 박은 종이	
銘	金 <새길 명> ①새기다, 조각하다(彫刻·雕刻) ②금석(金石)에 새긴 글자 ③기록하다(記錄) ④명심하다(銘心)	* 銘帖(명첩) :비문(碑文)에 새겨진 명문(銘文)을 탁본(拓本)을 떠서 만든 서첩(書帖) * 銘心(명심) :잊지 않게 마음에 깊이 새김. 명념(銘念) * 銘文(명문) :금석(金石)·기물(器物) 등(等)에 새겨 놓은 글	
帖	巾 <문서 첩> ①문서(文書), 장부(帳簿·賬簿) ②표제(標題·表題) ③탁본(拓本 :글씨나 그림을 종이에 그대로 떠냄) ④주련(柱聯)	* 帖文(첩문) :고을 守令이 鄕校 儒生에게 諭示하는 書面 * 書帖(서첩) :이름난 사람의 글씨를 모아 꾸민 책(冊) * 手帖(수첩) :휴대용(携帶用)으로 만든 조그마한 공책(空冊) * 畫帖(화첩) :그림을 모아 엮은 책(冊)	

秦	禾 <벼 이름 진 / 나라 이름 진> ①벼의 이름 ②나라의 이름, 진나라(秦) ③왕조(王朝)의 이름 ④성(姓)의 하나	* 秦漢(진한) :중국(中國)의 왕조(王朝)였던 진(秦)나라 시대(時代)와 한(漢)나라 시대(時代) * 秦始皇(진시황) :중국(中國) 최초(最初)의 통일왕조(統一王朝 :B.C.259~B.C.210)인 진(秦)나라 始祖	<진한봉니> 중국(中國) 진(秦)나라와 한(漢)나라 시대(時代)의 봉니(封泥)와
漢	氵(水) <물 이름 한 / 나라 이름 한> ①한수(漢水), 물의 이름 ②한나라(漢) ③종족(種族)의 이름 ④은하수(銀河水) ⑤사나이, 놈	* 漢字(한자) :중국어(中國語)를 표기(表記)하는 문자(文字) * 癡漢(치한) :①치인(癡人). 어리석은 자 ②여자를 희롱하는 남자 * 門外漢(문외한) :①어떤 일에 바로 관계가 없는 사람 ②어떤 일에 전문적 지식(知識)이나 조예(造詣)가 없는 사람	
封	寸 <봉할 봉> ①봉하다(封 :1.임금이 爵位를 내려주다 2.꼭 붙이거나 싸서 막다) ②(흙더미를)쌓다, 높이다 ③북돋우다	* 封泥(봉니) :옛날 중국(中國)에서 간책(簡冊) 등으로 된 문서(文書)를 끈으로 묶고 봉(封)할 때에 사용하던 진흙 덩어리. 우리나라에서는 낙랑(樂浪) 유적지(遺蹟地)에서 많이 출토(出土)됨	
泥	氵(水) <진흙 니> ①진흙, 오니(汚泥 :더러운 흙) ②진창(땅이 질어서 질퍽질퍽하게 된 곳) ③수렁 ④더러워지다, 오염(汚染)	* 泥犁(이리) :지옥(地獄) * 泥鰍(이추) :泥鰌(이추). 미꾸라지 * 泥田鬪狗(이전투구) :진탕에서 싸우는 개. <比喩>명분(名分)이 서지 않는 일로 몰골 사납게 싸움	

銅	金 <구리 동> ①구리 ②동기(銅器 :구리로 만든 그릇) ③동화(銅貨 :구리로 만든 화폐)	* 銅器(동기) :구리로 만든 그릇. 청동기시대(靑銅器時代)보다 선행(先行)함 * 銅錢(동전) :銅貨(동화). 구리로 만든 돈 * 靑銅(청동) :구리와 주석(朱錫)을 섞어 만든 합금(合金)	<동기침이> 구리로 만든 그릇에는 내용(內容)을 새겨서 전(傳)하고 있다.
器	口 <그릇 기> ①그릇, 그릇으로 쓰다, 그릇으로 여기다 ②접시 ③도구(道具) ④생물체(生物體)의 기관(器官) ⑤존중하다(尊重)	* 器官(기관) :생물체(生物體)의 생활 작용을 하는 각 부분 * 器具(기구) :세간·그릇·도구(道具) 따위. 집물(什物) * 器物(기물) :器皿(기명). 살림살이에 쓰는 온갖 그릇 * 武器(무기) :전쟁(戰爭)에 쓰이는 온갖 기구(器具)	
鋟	金 <새길 침> ①새기다 ②조각하다(彫刻·雕刻) ③판각하다(板刻) ④날카롭다 ⑤송곳	* 鋟本(침본) :판각본(板刻本) * 鋟材(침재) :인쇄(印刷)할 목적으로 나무 판에 글자를 새김 * 鋟梓(침재) :鋟材(침재). * 鋟行(침행) :글씨나 그림을 새겨서 책으로 간행함.	
貽	貝 <끼칠 이> ①끼치다 ②남기다 ③전하다(傳) ④주다, 증여하다(贈與)	* 貽笑(이소) :남에게 비웃음을 받게 됨 * 貽醜(이추) :추악한 일을 끼침 * 貽弊(이폐) :딴 사람에게 폐를 끼침 * 貽患(이환) :貽憂(이우). 남에게 걱정을 끼침	

筆	竹 <붓 필> ①붓 ②필기구(筆記具) ③글씨 ④글자를 쓰다 ⑤글을 짓다 ⑥필법(筆法) ⑦필획(筆劃)	* 筆硯紙墨(필연지묵) :붓·벼루·종이·먹. 옛날의 필기도구(筆記道具)로서 문방사우(文房四友)라 일컬어짐 * 筆記(필기) :글씨를 씀. 글씨를 써서 기록(記錄)함	<필연지묵> 문방사우(文房四友)인 붓, 벼루, 종이, 먹을 사용(使用)해서 그린
硯	石 <벼루 연> ①벼루 ②갈다(먹을 풀기 위하여 벼루에 대고 문지르다) ③궁구하다(窮究 : 파고들어 깊게 연구하다), 탐구하다(探求)	* 硯滴(연적) :벼룻물을 담는 그릇 * 硯北(연북) :편지(便紙) 봉투(封套)에 '벼루의 북쪽', 곧 '앞에'의 뜻으로, 받는 사람의 이름 밑에 쓰는 말 * 同硯(동연) :같은 곳에서 학업(學業)을 닦음, 또는 그 동무	
紙	糸 <종이 지> ①종이 ②장(종이를 세는 단위) ③신문(新聞)	* 紙匣(지갑) :가죽이나 헝겊 따위로 조그맣게 만든 물건 * 紙幣(지폐) :지전(紙錢). 종이돈 * 用紙(용지) :쓰이는 종이 * 休紙(휴지) :①못 쓰게 된 종이 ②밑씻개나 코를 푸는 종이 * 便紙(편지) :소식(消息)이나 용건(用件)을 적어 보내는 글	
墨	土 <먹 묵> ①먹 ②그을음 ③검다, 검어지다 ④더러워지다 ⑤(사리에)어둡다 ⑥점괘(占卦), 귀갑(龜甲)의 균열상	* 墨客(묵객) :글씨를 쓰거나 그림을 그리는 사람 * 墨畫(묵화) :먹물로 그림 * 華墨(화묵) :편지(便紙)의 높임말 * 近墨者黑(근묵자흑) :먹을 가까이하면 검어진다. <比喩>나쁜 사람을 가까이하면 그 버릇에 물들기 쉬움	

梅	木 <매화 매> ①매화나무(梅花), 매실나무(梅實) ②매우(梅雨 :매실나무 열매가 익을 무렵에 내리는 비, 장마) ③희미하다(稀微)	* 梅蘭菊竹(매난국죽) :매화(梅花)·난초(蘭草)·국화(菊花)·대나무. 절개(節槪)와 지조(志操)를 상징(象徵)한다 하여 사군자(四君子)라 일컬어짐. * 梅花(매화) :장미과(薔薇科)에 속하며, 음력 섣달에 꽃핌	<매난국죽> 사군자(四君子)인 매화, 난초, 국화, 대나무의 그림들은
蘭	++(艸·草) <난초 란> ①난초(蘭草 :蘭草科의 여러해살이 풀로 향기가 짙음. 觀賞用임) ②목련(木蓮 :목련과의 낙엽 활엽 교목)	* 蘭草(난초) :난초과(蘭草科)의 식물로 향기(香氣)가 진함 * 蘭契(난계) :①금란계(金蘭契) ②난교(蘭交) * 金蘭(금란) :금란지교(金蘭之交)의 준말 * 芝蘭(지란) :芝草와 蘭草. <比喩>높고 맑은 재질(才質)	
菊	++(艸·草) <국화 국> ①국화(菊花) ②대국(大菊)	* 菊花(국화) :엉거시과의 다년생(多年生) 풀. 관상용(觀賞用) * 菊君(국군) :국화(菊花)를 달리 이르는 말 * 十日之菊(십일지국) :국화(菊花)는 9월 9일이 절정기(絶頂期)인데, 10십 날의 菊花이므로, 한창 때가 지났음	
竹	竹 <대 죽> ①대, 대나무 ②대쪽(댓조각 :대를 쪼갠 조각) ③죽간(竹簡 :글자를 기록하던 대나무 조각) ④피리	* 竹器(죽기) :대로 만든 그릇 * 爆竹(폭죽) :화약을 넣은 대통을 터뜨려 소리 나게 하는 물건 * 破竹之勢(파죽지세) :대나무를 쪼개는 기세(氣勢). <比喩>세력(勢力)이 강하여 걷잡을 수 없이 나아가는 모양	

한자	뜻	용례	풀이
簇	竹 <가는 대 족 / 모일 족> ①가는 대, 조릿대 ②떼, 무리(모여서 뭉친 한 동아리), 모이다 ③떨기(식물의 더부룩한 무더기) ④누에섶	* 簇冠(족관) :족두리(簇頭里)를 달리 이르는 말. 족두(簇兜) * 簇生(족생) :①뭉쳐나기 ②한꺼번에 人材가 많이 輩出됨 * 簇子(족자) :그림이나 글씨를 표구(表具)하여 만든 것 * 簇出(족출) :떼를 지어 잇달아 생겨남(나옴)	<족정윤괘> 많이 모여든 그림족자(簇子)들 중에서 선택(選擇)해 가려서 걸어 놓았는데,
幀	巾 <그림족자 정(탱)> ①그림 족자(簇子) ②그림 틀, 수(繡) 틀 ③비단(緋緞)에 그린 그림 ④책의 겉장이나 싸개, 책 꾸미다	* 幀畫(탱화) :그림으로 그려서 벽에 거는 불상(佛像) * 影幀(영정) :그림으로 나타낸 사람의 얼굴 모습이나 용태 * 裝幀(장정) :책의 표지(標識)나 면지(面紙)·도안(圖案)·색채(色彩)·싸개 등(等) 겉모양을 꾸밈	
掄	扌(手) <가릴 륜(론)> ①가리다, 분간하다(分揀) ②선택하다(選擇) ③꿰뚫다	* 掄材(윤재) :좋은 재목(材木)을 고름 * 掄才(윤재) :①재능(才能)을 선택(選擇)함 ②인재(人才)를 고름 ③사람을 시험(試驗)함 * 掄拔(윤발) :가려서 뽑음	
掛	扌(水) <걸 괘> ①걸다, 매달다 ②입다, 걸치다, 옷 ③나누다, 구분하다(區分) ④도모하다(圖謀), 꾀하다 ⑤등록하다(登錄)	* 掛金(괘금) :①노름에서 돈을 겂 ②보험료(保險料) * 掛竿(괘간) :바지랑대 * 掛冠(괘관) :관직(官職)에서 사퇴함 * 掛鏡(괘경) :기둥이나 벽에 걸 수 있게 된 거울, 벽거울 * 掛鐘(괘종) :벽(壁)이나 기둥에 걸어 놓는 시계(時計)	

한자	뜻	용례	풀이
佳	亻(人) <아름다울 가> ①아름답다, 미려하다(美麗) ②좋다, 훌륭하다 ③좋아하다, 즐기다, 사랑하다 ④크다, 크게 ⑤매우	* 佳作(가작) :잘된 훌륭한 작품(作品). 시문(詩文)이나 그림・글씨 따위의 잘된 것. 가편(佳篇) * 佳人(가인) :①아름다운 여자(女子) ②고운 남자(男子) ③사랑하는 마음을 일게 하는 이성(異性)	<가작매료> 훌륭한 작품(作品)이 마음을 홀리듯 사로잡아서 보니
作	亻(人) <지을 작> ①짓다, 만들다 ②일하다, 노동하다(勞動) ③행하다(行), 행동하다(行動) ④창작하다(創作), 저작(著作), 작품(作品)	* 作業(작업) :연장이나 기계(機械)를 가지고 일을 함 * 作用(작용) :힘에 미치어서 영향(影響)이 일어나는 일 * 始作(시작) :①처음으로 함 ②하기를 비롯함 * 製作(제작) :재료(材料)를 가지고 물건(物件)을 만듦	
魅	鬼 <도깨비 매 / 매혹할 매> ①도깨비, 요괴(妖怪) ②매혹하다(魅惑) ③홀리다(정신을 흐리게 하다) ④현혹되다(眩惑)	* 魅了(매료) :남의 마음을 홀리어 사로잡음. 매혹(魅惑)함 * 魅力(매력) :사람의 눈이나 마음을 호리어 끄는 힘 * 魅惑(매혹) :매력(魅力)으로 남의 마음을 사로잡는 것 * 鬼魅(귀매) :도깨비・두억시니 따위의 일컬음	
了	亅 <마칠 료 / 밝을 료> ①마치다 ②끝나다 ③완결하다(完結) ④완전히(完全), 마침내 ⑤전혀, 조금도 ⑥(눈이)밝다 ⑦깨닫다, 알고 있다	* 了無(요무) :전혀 없음 * 了刷(요쇄) :빚을 죄다 갚아 없앰 * 了解(요해) :마음속에 깨달아서 자세(仔細)히 납득함 * 了悉(요실) :자세히 환히 앎 * 滿了(만료) :기한이 차서 끝남 * 完了(완료) :완전(完全)히 끝마침 * 終了(종료) :일을 마침	

한자	뜻	용례	풀이
傅	亻(人) <스승 부> ①스승, 사부(師傅) ②수표(手票), 증서(證書) ③돌보다, 보좌하다(補佐) ④붙다, 부착하다(附着) ⑤바르다, 칠하다	* 傅死(부사) :살려 주어야 할 죄인(罪人)을 죽이는 일 * 傅會(부회) :附會(부회). 이론(理論)을 억지로 끌어다 붙임 * 傅粉婦人(부분부인) :얼굴에 분칠한 부녀자라는 뜻으로, 아첨하는 간신(奸臣)을 기롱하여 이르는 말	<부사아호> 스승이 내려준 아호(雅號)가 있는데,
賜	貝 <줄 사> ①주다 ②하사하다(下賜) ③베풀다, 은덕(恩德), 은혜(恩惠) ④분부하다(分付·吩咐), 명령하다(命令)	* 賜死(사사) :임금이 독약(毒藥)을 내려 자결(自決)하게 함 * 賜藥(사약) :죄(罪)를 진 신하(臣下)에게 독약(毒藥)을 내림 * 膳賜(선사) :친근(親近)의 뜻으로 남에게 물품(物品)을 줌 * 下賜(하사) :임금이 아랫사람에게 금품(金品)을 내려줌	
雅	隹 <우아할 아 / 맑을 아> ①맑다 ②바르다, (규범에)맞다 ③우아하다(優雅), 아름답다 ④고상하다(高尙) ⑤메까마귀	* 雅號(아호) :본명(本名) 외(外)에 갖는 호(號)를 아름답게 표현하는 말. 문인(文人)·학자(學者)·화가(畫家) 등이 갖는 풍아(風雅)한 호(號)를 雅號라 함 * 優雅(우아) :고상(高尙)하고 기품(氣品)이 있으며 아름다움	
號	虎 <이름 호 / 부르짖을 호> ①이름, 일컫다 ②부호(符號) ③명령(命令) ④차례(次例) ⑤번호(番號) ⑥부르짖다	* 號令(호령) :지휘(指揮)하여 명령(命令)하는 소리 * 口號(구호) :어떤 주장을 외치는 간결(簡潔)한 문구(文句) * 記號(기호) :무슨 뜻을 나타내는 표(標) * 番號(번호) :차례(次例)를 나타내는 번수(番數)	

한자	뜻	용례	풀이
薛	艹(艸·草) <맑은대쑥 설 / 성씨 설> ①맑은대쑥(국화과의 여러해살이풀) ②우장(雨裝 :비를 맞지 아니하기 위한 복장) ③성(姓)의 하나 ④나라의 이름	* 薛卞(설변) :설촉(薛燭)과 변화(卞和). 薛燭은 春秋時代 楚나라 사람으로 검(劍)을, 卞和는 옥(玉)을 잘 식별(識別)하였다. 전(轉)하여 작품감상(作品鑑賞)의 재주가 뛰어난 사람을 일컬음	<설변저작> 작품(作品) 감상(鑑賞)의 재주가 뛰어난 사람이 음미(吟味)하여 보고는
卞	卜 <조급할 변 / 법 변 / 성씨 변> ①조급하다(躁急), 성급하다(性急) ②(맨손으로)치다 ③무술(武術)의 하나 ④법(法), 법도(法度), 법제(法制) ⑤성(姓)의 하나	* 卞和(변화) :卞和는 春秋時代 楚나라 사람으로 옥(玉)을 잘 식별(識別)하였다. 그가 형산(荊山)에서 캐낸 옥이 유명한 화씨벽(和氏璧)이다 * 卞論(변론) :辨論(변론) * 抗卞(항변) :抗議(항의)	
咀	口 <씹을 저> ①씹다 ②맛보다 ③방자하다(재앙을 받도록 저주하거나 그런 方術을 쓰는 일), 저주하다(詛呪·咀呪)	* 咀嚼(저작) :①음식물(飮食物)을 씹다 ②의미(意味)를 음미(吟味)하다. * 咀呪(저주) :미워하는 상대(相對)가 불행(不幸)이나 재앙(災殃)을 당(當)하도록 빌고 바람	
嚼	口 <씹을 작> ①씹다 ②맛보다 ③술을 강권하다	* 嚼口(작구) :말에 물리는 재갈 * 嚼癤(작절) :부럼을 깨묾 * 嚼蠟(작랍) :꿀 찌끼인 밀을 씹음. <比喩>맛이 없는 것 * 嚼蛆(작저) :구더기를 씹음. <比喩>필요없는 담화(談話) * 爛嚼(난작) :음식물(飮食物)을 충분(充分)히 잘 씹음	

靑	靑 <푸를 청> ①푸르다, 푸른빛 ②젊다 ③봄 ④동쪽(東) ⑤대껍질 ⑥고요하다, 조용하다	* 靑出於藍(청출어람) :靑出於藍而靑於藍(푸른 색이 쪽에서 나왔으나 쪽보다 더 푸르다)는 뜻으로, 제자(弟子)가 스승보다 나은 것을 비유(比喩)하는 말 * 靑春(청춘) :①만물(萬物)이 푸른 봄철 ②젊은 나이	<청출어람> "푸른 빛이 쪽빛에서 나왔다!" 라고 한다. <"제자(弟子)가 스승보다 낫다!" 라며 칭찬(稱讚)의 말을 아끼지 않는다.>
出	凵 <날 출> ①나다, 태어나다, 낳다 ②나가다, 떠나다, 헤어지다 ③내놓다, 내쫓다 ④드러내다, 나타내다	* 出發(출발) :목적지(目的地)를 향(向)해 나아감 * 出生(출생) :태아(胎兒)가 모체(母體)에서 태어남 * 出世(출세) :사회적으로 높은 지위에 오르거나 이름을 드러냄 * 出衆(출중) :뭇 사람 속에서 뛰어남	
於	方 <어조사 어> ①어조사(語助辭)(~에, ~에서) ②있다, 존재하다(存在) ③기대다, 의지하다(依支), 따르다	* 於中間(어중간) :거의 중간쯤(中間) 되는 데 * 於此彼(어차피) :어차어피(於此於彼)의 준말. 어찌하든 간에 * 甚至於(심지어) :심(甚)하면, 심하게는, 심하다 못해 나중에는 * 仰不愧於天(앙불괴어천) :하늘을 우러러 부끄러움이 없음	
藍	艹(艸·草) <쪽 람> ①쪽(마디풀과의 한해살이풀) ②남빛(藍 :진한 푸른빛) ③절, 사찰(寺刹) ④누더기, 남루하다(襤褸)	* 藍色(남색) :쪽 빛 * 出藍(출람) :靑出於藍의 준말 * 伽藍(가람) :迦藍(가람). 승가람마(僧伽藍摩)의 준말로, 승려(僧侶)들이 불도(佛道)를 닦으면서 머무는 절 * 藍錦緞(남금단) :쪽빛의 비단(緋緞)	

逵	辶(辵) <한길 규 / 길거리 규> ①한길(사람이나 차가 많이 다니는 넓은 길) ②길거리 ③물속 길	* 逵路(규로) :아홉 방향(方向)으로 통(通)한 길. 큰 길 * 九逵(구규) :사방(四方)으로 곧게 십자로(十字路)를 이루고 옆으로 여러 갈래로 된 도시(都市)의 큰 길 * 天逵(천규) :천자의 사신이 가는 길.	<규구창활> 한길의 네거리는 시원스레 탁 트여 있고,
衢	行 <네거리 구> ①네거리 ②갈림길, 기로 ③서로 엉킨 나뭇가지 ④가다(行)	* 衢街(구가) :시가지(市街地)의 큰 길거리 * 街衢(가구) :거리, 시정(市井) * 廣衢(광구) :넓은 길. 큰 거리 * 康衢(강구) :사방팔방(四方八方)으로 두루 통하는 큰 길거리 * 康衢煙月(강구연월) :태평한 세상의 평화로운 풍경(風景)	
敞	攵(攴) <시원할 창> ①시원하다 ②높다 ③높고 평평하다(平平), 탁 트이다 ④드러나다, 드러내다 ⑤널찍한 모양 ⑥광대(廣大)한 모양	* 敞豁(창활) :탁 트여서 시원스러운 모양 * 敞亮(창량) :(방 따위가) 넓고 환하다. 탁 트이고 환하다 * 敞屋(창옥) :벽이 없는 넓은 방. * 敞厅(창청) :응접실. 거실. 로비(lobby). 홀(hall). 대청.	
豁	谷 <뚫린 골짜기 활> ①뚫린 골짜기 ②넓다 ③비다 ④크다 ⑤소통하다(疏通) ⑥깨닫다	* 豁達(활달) :①시원스럽게 탁 트임 ②도량(度量)이 넓음 * 空豁(공활) :텅 비어 몹시 넓음 * 爽豁(상활) :爽快(상쾌) * 袷豁衣(겹활옷) :<借訓>겹활옷. 겹으로 만든 활옷. * 豁然大悟(활연대오) :마음이 활짝 열리듯이 크게 깨달음	

殿	殳 <전각 전> ①전각(殿閣), 궁궐(宮闕) ②큰 집 ③절, 사찰(寺刹) ④전하(殿下) ④후군(後軍) ⑤아래 등급(等級)	* 殿閣(전각) :①궁전(宮殿)과 누각(樓閣). 임금이 거처(居處)하는 궁전(宮殿) ②재상(宰相) * 宮殿(궁전) :임금이 거처(居處)하는 왕궁(王宮). 대궐(大闕) * 殿下(전하) :왕이나 왕비(王妃) 또는 왕족(王族)을 높여 이름	<전각누대> 임금이 거처(居處)하는 궁전(宮殿)에는 누각(樓閣)과 대사(臺榭)가 있는데,
閣	門 <집 각> ①집 ②문설주(문짝을 끼워 달기 위하여 문의 양쪽에 세운 기둥) ③다락집 ④층집 ⑤마을 ⑥관서(官署), 내각(內閣)	* 內閣(내각) :행정부(行政府)의 최고 합의(合議) 기관(機關) * 閣僚(각료) :내각을 조직하는 여러 부처의 장관(長官)들 * 沙上樓閣(사상누각) :모래 위에 세운 다락집. <比喩>기초(基礎)가 약하면 무너질 염려(念慮)가 있음	
樓	木 <다락 루> ①다락 ②망루(望樓 :적이나 주위의 동정을 살피기 위하여 높이 지은 다락집) ③집 대마루 ④층집 ⑤점포	* 樓臺(누대) :누각(樓閣)과 대사(臺榭) 따위의 높은 건물(建物)을 통틀어 이르는 말 * 樓閣(누각) :단층(單層)이 아닌 복층(複層)의 건물(建物) * 望樓(망루) :주위의 동정(動靜)을 살피려고 세운 높은 대(臺)	
臺	至 <돈대 대> ①돈대(墩臺 :높게 두드러진 평평한 땅) ②대(높고 평평한 건축물) ③무대(舞臺) ④받침대 ⑤관청(官廳)	* 土臺(토대) :흙으로 쌓아올린 높은 대(臺) * 舞臺(무대) :노래, 춤, 연극(演劇) 따위를 위해 마련된 곳 * 高臺廣室(고대광실) :높은 누대(樓臺)와 넓은 집이란 뜻으로 크고도 좋은 집을 이르는 말	

禁	示 <금할 금> ①금하다(禁) ②억제하다(抑制) ③꺼리다 ④삼가다 ⑤규칙(規則), 계율(戒律) ⑥대궐(大闕), 궁궐(宮闕)	* 禁忌(금기) :꺼리어서 싫어함 * 禁斷(금단) :어떤 행위를 못하도록 금(禁)함 * 禁墻(금장) :禁垣(금원). 궁궐(宮闕)의 담장을 말함 * 禁止(금지) :금(禁)하여 못하게 함	<금용원유> 출입(出入)을 금(禁)하는 벽(壁)을 치고 새와 짐승을 놓아기르는 동산(童山)이 있다.
墉	土 <담 용> ①담, 담장(牆) ②벽 ③성(城) ④보루(堡壘 :적의 침입을 막기 위해 튼튼하게 쌓은 구축물)	* 墉基(용기) :담의 상대(上臺) * 墉屋(용옥) :담과 집 * 墉垣(용원) :墉牆(용장). 담 * 墉圍(용위) :담과 같이 둘러싸는 일	
苑	艹(艸·草) <나라동산 원> ①나라 동산(울타리를 쳐 짐승, 나무를 키우는 곳) ②동산(큰 집의 정원에 만들어 놓은 작은 산이나 숲)	* 苑囿(원유) :궁궐(宮闕) 안에 있는 동산(童山). 왕후귀족(王侯貴族)이 수렵(狩獵)을 통해 무(武)를 단련(鍛鍊)하기 위해 넓은 지역에 울타리를 치고 새나 짐승을 서식(棲息)시키는 장소(場所)	
囿	囗 <동산 유> ①동산(큰 집의 정원에 만들어 놓은 작은 산이나 숲) ②담, 담장(牆) ③구역(區域) ④모여들다 ⑤얽매이다, 국한되다	* 囿苑(유원) :새와 짐승을 기르는 동산(童山) * 囿人(유인) :궁궐 안의 동물원(動物園)을 지키는 벼슬아치 * 園囿(원유) :①식물원과 동물원 ②원소(園所)와 나랏동산 * 化囿(화유) :덕화(德化)가 미치는 울 안	

炬	火 <횃불 거> ①횃불, 홰 ②등불 ③불사르다(불에 태워 없애다), 불태우다	* 炬子(거자) :홰 * 炬火(거화) :횃불 * 炬軍(거군) :捧炬軍(봉거군). 횃불을 드는 사람. * 炬戰(거전) :炬火戰(거화전). 횃불 싸움. 두 편으로 갈리어서 밤에 횃불을 켜 들고 나와 승부를 겨루는 일	<거홍현요> 횃불을 켜놓아 자랑스레 모습을 드러내고 있는데,
烘	火 <화톳불 홍 / 횃불 홍> ①화톳불(한데다가 장작 따위를 모아 질러 놓은 불) ②(불을)때다, 피우다 ③(불을)쬐다, 그을리다 ④횃불 ⑤밝다 ⑥비추다	* 冬烘先生(동홍선생) :겨울철에 방 안에 앉아서 불만 쬐고 있는 훈장(訓長)이라는 뜻으로, 학문(學問)에만 열중하여 세상(世上) 물정(物情)에 어두운 사람을 이르는 말	
炫	火 <밝을 현 / 자랑할 현> ①밝다 ②광채(光彩)를 발하다 ③빛나다 ④비추다 ⑤눈이 부시다 ⑥자랑하다, 자기 자랑을 하다	* 炫耀(현요) :①광채가 눈부시게 빛남 ②드러내 자랑함 * 炫幻(현환) :정신이 어지러울 정도로 빛남 * 炫富(현부) :재물을 뽐내는 현상 (炫耀財富의 줄임말) * 炫學(현학) :학문(學文)이 있음을 자랑하여 뽐냄	
耀	羽 <빛날 요> ①빛나다 ②빛내다 ③광휘(光輝)를 발하다 ④빛, 광채(光彩) ⑤영광(榮光), 영예(榮譽) ⑥영광스럽다(榮光)	* 光耀(광요) :①광채(光彩) ②빛남 * 昱耀(욱요) :밝게 빛남 * 榮耀(영요) :榮光(영광). 빛나는 영예(榮譽) * 曦暉朗耀(희휘낭요) :태양빛(太陽)과 달빛은 온 세상(世上)을 비추어 만물(萬物)에 혜택(惠澤)을 주고 있음	

閹	門 <내시 엄 / 고자 엄> ①내시(內侍), 환관(宦官) ②궁문(宮門) 여닫이를 맡아보는 하인(下人) ③고자(鼓子), 거세(去勢)한 남자(男子)	* 閹宦(엄환) :엄인(閹人)과 환수(宦豎). 내시(內侍)를 말함. 나중에 엄관(閹官), 환관(宦官)으로도 불렸음. 閹人은 火者, 鼓子로도 불렸으며, 性不具者 宮中奴婢를 말하고, 宦官은 去勢된 王의 시종(侍從)임	<엄환합벽> 왕(王)을 곁에서 모시는 내시(內侍)는 문(門)을 여닫는 일을 하면서
宦	宀 <벼슬 환> ①벼슬, 관직(官職), 벼슬아치, 관원(官員) ②벼슬살이 ③내시(內侍 :궁중의 남자 내관), 환관(宦官), 고자(鼓子)	* 宦官(환관) :거세(去勢)된 남자로 궁정(宮庭)에서 시역하는 내관(內官). 궁문 수위(守衛), 궁중(宮中)의 전명(傳命), 왕의 출행(出行)시 수행(隨行)하는 일을 맡아봄 * 內宦(내환) :궁중(宮中) 깊숙한 곳에서 일하는 사람	
闔	門 <쪽문 합 / 문짝 합 / 문닫을 합> ①쪽문(대문 곁에 딸린 작은 문), 궁중(宮中)의 작은 문 ②문짝(門) ③(문을)닫다 ④침실(寢室), 규방(閨房)	* 闔闢(합벽) :①닫고 열고 함 ②사람을 교묘(巧妙)하게 농락(籠絡)함을 비유(比喩)하는 말 * 闔宮(합궁) :온 궁내 * 闔國(합국) :온 나라. 전국(全國) * 闔家(합가) :온 집안 가족(家族) * 闔履(합리) :闔況. 闔候.	
闢	門 <열 벽> ①열다 ②열리다 ③개간하다(開墾), 일구다 ④개척하다(開拓)	* 闢土(벽토) :闢土地(벽토지). 땅을 갈아 쓸모 있게 만듦 * 開闢(개벽) :천지(天地)가 처음으로 생기는 것 <比喩>새로운 시대(時代)가 열리는 것 * 開天闢地(개천벽지) :하늘이 열리고 땅이 열림	

宮	宀 <집 궁> ①집, 가옥(家屋) ②대궐(大闕), 궁전(宮殿) ③담, 장원(牆垣·墻垣) ④두르다, 위요하다(圍繞) ⑤임금의 아내나 첩	* 宮廷(궁정) :①임금이 거처(居處)하는 곳. 大闕. 宮闕 ②봉건시대(封建時代)의 통치집단(統治集團) * 宮闕(궁궐) :宮殿(궁전). 임금이 거처(居處)하는 집 * 宮城(궁성) :宮牆(궁장). 궁궐(宮闕)을 둘러싼 성벽(城壁)	<궁정배시> 궁궐(宮闕) 안 임금의 곁에서 시중을 들면서 모신다.
廷	廴 <조정 정> ①조정(朝廷) ②관아(官衙), 관서(官署) ③공변되다(한쪽으로 치우치지 않고 공평하다) ④공정하다(公正)	* 朝廷(조정) :나라의 정치를 의논(議論), 집행(執行)하던 곳 * 闕廷(궐정) :大闕(대궐). * 面引廷爭(면인정쟁) :임금 앞에서 그 허물을 직간(直諫)함 * 滿廷諸臣(만정제신) :조정(朝廷)의 모든 벼슬아치	
陪	阝(阜) <모실 배> ①모시다, 수행하다(遂行) ②돕다, 보좌하다(補佐·輔佐) ③배신(陪臣), 가신(家臣) ④더하다, 보태다	* 陪侍(배시) :귀인(貴人)을 모심. 곁에서 시중들다. 모시다 * 陪乘(배승) :①윗사람을 모시고 차를 함께 탐. 참승(驂乘) * 陪下人(배하인) :벼슬아치를 모시는 하인(下人). 陪使令 * 陪京(배경) :서울 이외에 별도로 두었던 서울. 陪都	
侍	亻(人) <모실 시> ①모시다, 받들다 ②시중들다, 시중드는 사람 ③기르다, 양육하다(養育) ④부탁하다(付託) ⑤기다리다 ⑥권하다(勸)	* 侍衛(시위) :임금을 모시어 호위(護衛)함 * 侍從(시종) :옆에서 따르며 모시는 사람 * 侍下(시하) :집안 어른이 생존(生存)해 계시는 사람 * 內侍(내시) :궁중(宮中)에서 임금의 시중을 드는 관원(官員)	

輦	車 <가마 련> ①가마(조그만 집 모양의 탈것) ②연(임금이 타는 수레) ③손수레 ④끌다 ⑤나르다 ⑥싣다	* 輦轂(연곡) :임금이 타는 수레 * 輿輦(여련) :임금이 타는 수레 * 輦陪(연배) :연을 메는 사람. 輦陪軍(연배꾼). * 京輦(경련) :서울. 한 나라의 중앙(中央) 정부(政府)가 있는 곳 * 鳳輦(봉련) :봉황(鳳凰)을 장식(裝飾)한 임금이 타는 가마	<연호경필> 임금의 가마가 서울 거리에 나오자, 경계(警戒)하여 길을 치우고 통행(通行)을 금하니
衚	行 <거리 호 / 서울거리 호> ①서울 거리(京師街道) ②거리(街) ③도시(都市)의 가로	* 衚衕(호동) :①서울의 거리. <正字通>京師街道曰衚衕 ②골목길. <中語>北京衚衕 :베이징 골목길 <中文大辭典>與衙衕同 按今北方謂巷道曰衚衕	
警	言 <경계할 경 / 깨우칠 경> ①경계하다(警戒) ②경보하다(警報) ③주의하다(注意) ④깨우치다, 깨닫다 ⑤갈도(喝道 :거둥(擧動)시 행인을 금함)	* 警蹕(경필) :임금이 거둥(擧動)할 때에 경계(警戒)하여 통행(通行)을 금(禁)하던 일 * 警戒(경계) :잘못되는 일이 일어나지 않도록 미리 조심함 * 警世(경세) :세상(世上) 사람을 경계(警戒)하여 깨우침	
蹕	足 <길치울 필 / 벽제할 필> ①길 치우다(존귀한 사람이 행차할 때 통행을 금하는 일), 벽제하다(辟除) ③한 발로 서다 ④거둥(擧動 :임금의 나들이)	* 蹕路(필로) :거동(擧動)할 때에 통행(通行)을 금지(禁止)시키고 왕가(王駕)가 지나가던 길. 거둥길(擧動) * 住蹕(주필) :잠시 어가(御駕)를 멈추고 머무르는 일 * 啓蹕(계필) :임금의 거가(車駕)가 출발함	

한자	뜻	용례	풀이
惶	忄(心) <두려울 황> ①두려워하다, 황공해하다(惶恐) ②당황하다(唐慌·唐惶·惝怳) ③(갑작스러워)어찌할 바를 모르다	* 惶悚(황송) :분에 넘쳐 고맙고도 송구(悚懼)함. 두렵다. * 惶恐(황공) :지위(地位)나 위엄(威嚴)에 눌리어서 두렵고 무서움 * 惶怯(황겁) :겁을 집어 먹고 얼떨떨함	<황송국척> 두렵고 황송(惶悚)하여 등을 구부린 채 몸을 굽히고 있는데,
悚	忄(心) <두려울 송> ①두려워하다, 송구스럽다(悚懼) ②공경하다(恭敬) ③기뻐하다 ④꼿꼿이 서다	* 悚懼(송구) :두려워서 마음이 몹시 거북함 * 罪悚(죄송) :죄스럽고 송구(悚懼)스러움 * 毛骨悚然(모골송연) :아주 끔직한 일을 당(當)하거나 볼 때, 두려워 몸이나 털이 곤두선다는 말	
跼	足 <구부릴 국> ①구부리다, 몸을 오그리다 ②굽다, 펴지 아니하다 ③한쪽 발을 들다	* 跼蹐(국척) :마음에 황송(惶悚)하여 몸을 굽힘. 跼天蹐地 * 跼天蹐地(국천척지) :머리가 하늘에 닿을까 두려워 허리를 굽히고, 땅이 꺼질까 두려워 살금살금 걸음 * 跼影(국영) :두려워서 몸을 구부리어 숨김. 매우 조심함.	
蹐	足 <살금살금 걸을 척> ①살금살금 걷다	* 蹙蹐(축척) :삼가 조심하여 걸음을 걸음 * 跼高蹐厚(국고척후) :마음에 황송하여 몸을 구부린다는 뜻으로, 매우 두려워서 어찌 할 바를 모름을 이름	

한자	뜻	용례	풀이
皇	白 <임금 황> ①임금 ②천자(天子) ③만물의 주재자(主宰者)	* 皇帝(황제) :제국(帝國)의 세습군주(世襲君主) 또는 이념상(理念上) 최고권력자(最高權力者)의 존칭(尊稱) * 皇位(황위) :황제(皇帝)의 지위(地位). 천자(天子)의 地位 * 皇宮(황궁) :皇闕(황궐). 帝闕(제궐). 황제(黃帝)의 궁궐(宮闕)	<황제후비> 가마에 탄 임금과 황후(皇后)를 보니
帝	巾 <임금 제> ①임금, 천자(天子) ②하느님 ③크다 ④오제(五帝)의 약칭(略稱)	* 帝王(제왕) :황제(黃帝)나 국왕(國王)의 총칭(總稱) * 帝國(제국) :황제(黃帝)가 다스리는 나라 * 帝祚(제조) :황제(黃帝)의 지위(地位) * 帝王切開(제왕절개) :자궁을 절개(切開)하여 출산하는 수술	
后	口 <임금 후 / 뒤 후> ①임금 ②왕후(王后), 후비(后妃) ③신령(神靈), 토지(土地)의 신(神) ④뒤 ⑤결 ⑥딸림 ⑦아랫사람 ⑧뒤지다	* 后妃(후비) :①제왕(帝王)의 배필(配匹). 임금의 아내. ②황후(皇后)와 비(妃) * 母后(모후) :임금의 어머니 * 皇后(황후) :황제(黃帝)의 정궁(正宮)	
妃	女 <왕비 비> ①왕비(王妃), 왕후(王后) ②아내, 배우자(配偶者) ③태자(太子)의 아내 ④여신(女神)의 존칭(尊稱)	* 妃偶(비우) :妃耦(비우), 배우자(配偶者) * 王妃(왕비) :임금의 아내 * 妃嬪(비빈) :왕비와 궁녀(宮女) * 楚妃守符(초비수부) :초(楚)나라 왕비(王妃)가 부(符)를 지킨다. <比喩>명분(名分)에 사로잡혀 실(實)을 잃음	

한자	뜻	용례	풀이
冕	冂 <면류관 면> ①면류관(冕旒冠: 제왕(帝王)의 정복(正服)에 갖추어 쓰던 관) ②(관을)쓰다	* 冕旒(면류) :관(冠)의 덮개에 여러 줄로 매단 끈에 꿴 구슬 * 冕服(면복) :임금의 정복(正服). 곧 면류관(冕旒冠)과 곤룡포(袞龍袍). 袞冕(곤면)이라고도 함 * 冠冕(관면) :벼슬하는 것을 이르는 말	<면류릉곤> 면류관(冕旒冠)을 쓰고, 비단으로 지은 곤룡포(袞龍袍)를 입었으며,
旒	方 <깃발 류> ①깃발(旗) ②면류관(冕旒冠)의 끈	* 旗旒(기류) :기드림. 중요한 기(旗)의 위에 달던 좁고 긴 띠 * 冕旒冠(면류관) :제왕(帝王)의 정복(正服)에 갖추어 쓰던 冠 <禮記>에 따르면, 류(旒)의 數는 天子 12個, 諸侯 9個, 上大夫 7個, 下大夫 5個, 士는 3個	
綾	糸 <비단 릉> ①비단(緋緞) ②무늬 있는 비단(緋緞)	* 綾袴(능고) :비단(緋緞)으로 지어 만든 바지 * 綾裙(능군) :비단(緋緞)으로 지어 만든 치마 * 綾羅(능라) :綾緞(능단). 무늬가 있는 두꺼운 비단과 얇은 비단 * 紗羅綾緞(사라능단) :얇고 두꺼운 깁을 통틀어 이르는 말	
袞	衣 <곤룡포 곤> ①곤룡포(袞龍袍 :고대 天子 또는 相公의 禮服. 龍의 무늬가 있음) ②곤의(袞衣) ③삼공(三公)의 세 벼슬	* 袞馬(곤마) :임금이 타는 말 * 袞職(곤직) :①임금의 직책(職責) ②임금을 보좌(輔佐)하는 삼공(三公 :太尉, 司徒, 司空)의 직책(職責) * 袞龍袍(곤룡포) :임금이 입는 정복(正服). 준말 :용포(龍袍)	

한자	뜻	용례	풀이
綵	糸 <비단 채> ①비단(緋緞) ②채색(彩色) ③무늬	* 綵緞(채단) :온갖 비단(緋緞)을 통틀어 일컬음 * 綵幣(채폐) :채색(彩色) 비단(緋緞)의 폐백(幣帛) * 綵服(채복) :채단(綵段)으로 지은 옷 * 綵紋席(채문석) :채색 무늬를 놓아서 짠 돗자리	<채단현빈> 비단으로 지은 옷에는 채색무늬가 아롱져 빛난다.
緞	糸 <비단 단> ①비단(緋緞) ②헝겊 ③신 뒤축에 붙인 헝겊	* 緋緞(비단) :명주실(明紬)로 두껍고도 윤이 나게 잘 짠 피륙 * 絨緞(융단) :양털 따위를 표면(表面)에 보풀이 인 것같이 짠 두꺼운 직물(織物) * 疋緞(필단) :필로 된 비단(緋緞)	
絢	糸 <무늬 현> ①무늬 ②문채(文彩 :아름다운 광채) ③밝게 비추다, 눈부시게 하다 ④현혹시키다(眩惑) ⑤끈(紃)(순)	* 絢爛(현란) :①눈이 부시도록 찬란(燦爛)함 ②시나 글에 수식(修飾)을 하여 찬란(燦爛)함 * 絢采(현채) :말이나 글을 아름답게 꾸미는 일. 또는 그런 글	
斌	文 <빛날 빈> ①빛나다 ②아름답고 성하다(盛) ③겸비하다(兼備) ④훌륭한 모양	* 斌斌(빈빈) :彬彬(빈빈). 외양(外樣)과 내용(內容)이 어울려 조화(調和)하여 섞인 모양. <史記>(儒林傳)斌斌多文學之士 <邕蔡>斌斌碩人	

한자	뜻	용례	풀이
衙	行 <마을 아 / 관청 아> ①마을 ②대궐(大闕), 궁궐(宮闕) ③관청(官廳), 관아(官衙) ④참알하다(參謁) ⑤걸어가는 모양(어)	* 衙前(아전) :지방(地方) 관청에 소속된 하급관리(下級官吏) * 公衙(공아) :마을 * 官衙(관아) :벼슬아치들이 모여 나랏일을 처리하던 곳 * 殿衙(전아) :관청(官廳)을 달리 이르는 말	<아연천자> 관아(官衙)의 아전(衙前 :下級官吏)이 제멋대로 하여 조금도 꺼림이 없는데다가,
掾	扌(手) <도울 연 / 아전 연> ①돕다 ②바삐 돌아다니며 경영하다 ③아전(衙前), 하급관리(下級官吏) ④옷깃, 소맷부리	* 掾吏(연리) :吏掾(이연). 이서(吏胥). 지방관아(地方官衙)에 딸린 구실아치 * 掾房(연방) :아전(衙前). 지방 관청에 소속된 하급 관리 * 掾司(연사) :掾廳(연청). 아전(衙前)들이 일을 보는 청사	
擅	扌(手) <멋대로 할 천> ①멋대로 하다 ②천단하다(擅斷 :제 마음대로 처단하다) ③오로지 ⑤차지하다, 점유하다(占有) ④물려주다	* 擅恣(천자) :제 마음대로 하여 조금도 꺼림이 없음 * 擅斷(천단) :제멋대로 처단(處斷)하거나 처리(處理)함 * 擅作(천작) :제멋대로 하다. * 擅作威福(천작위복) :제멋대로 권력(세력)을 휘두르다	
恣	心 <방자할 자 / 마음대로 할 자> ①방자하다(放恣) ②방종하다(放縱) ③마음대로, 제멋대로, 내키는 대로 하다 ④맡기다	* 恣行(자행) :방자(放恣)하게 제 멋대로 행(行)함 * 恣肆(자사) :자기(自己) 멋대로 함 * 放恣(방자) :어려워하거나 삼가는 태도가 없이 건방짐 * 放恣無忌(방자무기) :건방지고 꺼림이 없음	

한자	뜻	용례	풀이
狡	犭(犬) <교활할 교> ①교활하다(狡猾), 간교하다(奸巧) ②시샘하다, 의심하다(疑心) ③예쁘다 ④빠르다(急) ⑤미치다(狂)	* 狡猾(교활) :교활(狡猾)과 낭패(狼狽)는 상상(想像)의 동물(動物)이다. 이 교활(狡猾)이란 놈은 어찌나 간사한지 여우를 능가(凌駕)할 정도(定度)라고 함. 약은 꾀를 쓰는 것이 능한 자의 비유(比喩)	–
猾	犭(犬) <교활할 활> ①교활하다(狡猾), 간사하다(奸邪 :마음이 바르지 않다) ②어지럽히다, 침범하다(侵犯) ③희롱하다(戱弄)	* 姦猾(간활) :奸猾(간활). 간사(奸邪)하고 교활(狡猾)함. * 土猾(토활) :본토박이의 교활(狡猾)한 무리 * 兇猾(흉활) :음흉(陰凶)하고 교활(狡猾)함 * 奸鄕猾吏(간향활리) :간향(奸鄕 :간악한 鄕吏)과 활리(猾吏)	<교활유미> 교활(狡猾)한 꾀를 써서 알랑거려 남의 환심(歡心)을 사면서,
諛	言 <아첨할 유> ①아첨하다(阿諂) ②비위를 맞추는 말 ③즐겨 따르는 모양	* 諛媚(유미) :알랑거려 남의 환심(歡心)을 삼. * 諛佞(유녕) :남에게 잘 보이기 위해 아첨(阿諂)함. * 諛言(유언) :아첨(阿諂)하는 말 * 諛辭(유사) :아첨하는 말투 * 諛悅(유열) :아첨(阿諂)하여 기쁘게 함	
媚	女 <아첨할 미 / 예쁠 미> ①아첨하다(阿諂), 아양을 떨다 ②예쁘다, 아름답다 요염하다(妖艶) ③사랑하다 ④요괴(妖怪) ⑤천천히	* 媚笑(미소) :남에게 아양을 부리며 곱게 웃는 웃음 * 媚悅(미열) :媚諂(미첨). 阿諂(아첨), 남의 마음에 들려고 간사(奸邪)를 부려 비위를 맞추어 알랑거리는 짓 * 阿媚(아미) :남의 환심을 사려고 알랑거림. 아첨(阿諂)함	

한자	뜻	용례	풀이
阿	阝(阜) <언덕 아> ①언덕, 고개, 구릉 ②물가 ③대답(對答)하는 소리 ④의지하다(依支) ⑤알랑거리다, 영합하다(迎合)	* 阿諂(아첨) :남의 비위(脾胃)를 맞추어 알랑거리는 짓 * 阿膠(아교) :쇠가죽을 고아 굳힌 것. 접착제(接着劑)로 씀 * 阿附(아부) :남의 비위를 맞추고 알랑거림 * 迎阿(영아) :알랑거림	<아첨수단> 남의 비위(脾胃)를 맞추려고 아첨(阿諂)하는 것이 그의 솜씨요 능력(能力)이라
諂	言 <아첨할 첨> ①아첨하다(阿諂) ②아양을 떨다 ③비위를 맞추다, 알랑거리다 ④사특하다(邪慝 :요사스럽고 간특하다)	* 諂曲(첨곡) :자기의 지조(志操)를 굽히어 아첨(阿諂)함 * 諂佞(첨녕) :몹시 아첨함 * 諂瀆(첨독) :아첨하고 업신여김 * 諂附(첨부) :아첨하며 붙좇음 * 諂諛(첨유) :알랑거려 아첨함 * 媚諂(미첨) :微諂(미첨). 阿諂(아첨)	
手	手 <손 수> ①손 ②재주, 솜씨 ③수단(手段), 방법(方法), 계략(計略) ④사람 ⑤(바둑돌이나 장기 말을 한 번씩 두는) 번수	* 手段(수단) :일을 다루어 처리(處理)하는 능력(能力)이나 솜씨 * 手腕(수완) :일을 꾸미고 치러 나가는 재간(才幹). 術手, 術策 * 着手(착수) :어떤 일에 손을 대어 시작(始作)함 * 失手(실수) :잘못하여 그르침.	
段	殳 <층계 단> ①층계(層階), 단(段) ②구분(區分), 갈림 ③부분(部分), 단락(段落) ④가지, 종류(種類) ⑤방법(方法)	* 段階(단계) :일의 차례(次例)를 따라 나아가는 과정(過程) * 段落(단락) :①일이 다 된 끝 ②문장(文章)에서 크게 끊는 곳 * 階段(계단) :①층층대 ②어떤 일의 밟아야 할 일정한 순서 * 特段(특단) :보통의 정도(程度)를 훨씬 넘은 상태에 있는 것	

한자	뜻	용례	풀이
鞠	革 <공 국 / 굽힐 국 / 국문할 국> ①공, 가죽 공, 축국(蹴鞠 :가죽으로 만든 공을 차던 놀이) ②굽히다 ③국문하다(鞫問·鞠問)	* 鞠躬(국궁) :존경(尊敬)하는 마음으로 윗사람이나 영위(靈位) 앞에서 몸을 굽힘 * 鞠問(국문) :임금이 죄인(罪人)을 신문(訊問)하던 일 * 鞠劾(국핵) :송사(訟事)를 심리(審理)함	<국궁기근> 윗사람 앞에서 몸을 굽히고 꿇어앉아 뵙고는
躬	身 <몸 궁 / 몸소 궁> ①몸, 신체(身體) ②자기(自己), 자신(自身) ③몸소, 스스로, 몸소 행하다(行), 스스로 하다 ④활 ⑤굽히다	* 躬行(궁행) :자기(自己) 스스로 행(行)함. 몸소 행(行)함 * 躬稼(궁가) :몸소 곡물(穀物)을 심음 * 寡躬(과궁) :寡身(과신). 덕이 적은 몸. <比喩>임금의 자칭 * 鞠躬盡瘁(국궁진췌) :마음과 몸을 다해 나라에 이바지함	
跽	足 <꿇어앉을 기> ①꿇어앉다 ②굽다 ③몸을 앞으로 구부리다	* 跽曰(기왈) :무릎을 꿇고 말함 <戰國策>秦王跽曰先生不幸敎寡人乎 :진왕이 무릎 꿇고 청하길, 선생께서는 과인에게 무엇을 가르쳐 주시겠소? * 跽斬(기참) :무덤을 파헤쳐 시체를 꿇어앉히고 목을 벰	
覲	見 <뵐 근> ①뵈다, 알현하다(謁見) ②만나다 ③보다	* 覲見(근현) :윗사람을 만나 뵘 * 覲光(근광) :뵈옴. 배알(拜謁)함 * 覲親(근친) :시집간 딸이 친정(親庭)에 가서 어버이를 뵘. 귀녕(歸寧)	

한자	뜻	용례	풀이
惻	忄(心) <슬퍼할 측> ①슬퍼하다 ②감창하다(感愴 :사무쳐 슬프다) ③가엾게 여기다 ④간절(懇切)한 모양 ⑤진심(眞心)을 다하는 모양	* 惻隱(측은) :딱하고 가엾게 여김 * 惻心(측심) :측은지심(惻隱之心). 사단(四端)의 하나로, 남의 불행(不幸)을 불쌍히 여기는 마음 * 矜惻(긍측) :矜憐(긍련).	<측소부탁> 측은(惻隱)한 모습으로 하소연하면서 부탁(付託)하기를,
愬	心 <하소연할 소 / 두려워할 색> ①하소연하다 ②참소하다(讒訴·譖訴 : 남을 헐뜯어서 윗사람에게 고하여 바치다) ③헐뜯다, 일러바치다 ④두려워하다(색)	* 告愬(고소) :고하여 하소연함 * 愬愬(색색) :놀라 두려워하는 모양 * 膚受之愬(부수지소) :살을 대는 듯한 통절(痛切)한 하소연	
付	亻(人) <줄 부> ①주다, 수여하다(授與) ②맡기다, 부탁하다(付託) ③의지하다(依支) ④따르다, 따라붙다(附)	* 付託(부탁) :어떤 일을 해 달라고 맡기거나 청(請)함 * 付上(부상) :웃어른께 편지나 물건 따위를 부쳐 드림 * 當付(당부) :말로써 어찌하라고 단단히 부탁(付託)함 * 納付(납부) :세금(稅金)이나 공과금(公課金) 따위를 냄	
託	言 <부탁할 탁> ①부탁하다(付託) ②의탁하다(依託·依托) ③핑계하다 ④우의하다(寓意 :빗대어 비유함) ⑤받치다 ⑥의지하다(依支)	* 請託(청탁) :청촉(請囑)하고 부탁(付託)함 * 結託(결탁) :결합(結合)하여 서로 의탁(依託)함. 배가 맞음 * 信託(신탁) :믿어서 위탁함 * 委託(위탁) :맡기어 부탁함 * 依託(의탁) :남에게 의뢰(依賴)하여 부탁(付託)함	

한자	뜻	용례	풀이
另	口 <헤어질 령 / 별다를 령> ①헤어지다 ②별거하다(別居) ③따로 ④별다른	* 另別(영별) :보통(普通)과 별달리 특별(特別)함 * 另付(영부) :①첨부하다 ②별도로 지불하다 * 另作(영작) :(일 따위를) 다시 하다. 다시 만들다. 另做(영주) * 另一方面(영일방면) :다른 한편으로는	<영별의뢰> "별도(別途)로 특별(特別)히 부탁(付託)하오니,
別	刂(刀) <나눌 별 / 다를 별> ①나누다 ②몇 부분(部分)으로 가르다 ③헤어지다, 이별(離別) ④따로 떨어지다 ⑤떠나다 ⑥다르다, 따로 달리 ⑦틀리다	* 別世(별세) :세상(世上)을 떠난다는 뜻으로, 윗사람이 죽음 * 別途(별도) :다른 용도(用途) * 離別(이별) :서로 헤어짐 * 差別(차별) :차등(差等)이 있게 구별(區別)하여 가름 * 特別(특별) :보통(普通)과 달리 훨씬 뛰어남	
依	亻(人) <기댈 의 / 의지할 의> ①기대다, 의지하다(依支) ②전과 같다 ③좇다, 따르다, 순종하다(順從) ④믿다 ⑤~에 의해서, ~대로, ~따라	* 依賴(의뢰) :①남에게 의지(依支)함. 뇌비(賴庇) ②남에게 부탁(付託)함 * 依他(의타) :남에게 의지(依支)함. 남에게 의존(依存)함 * 依人作嫁(의인작가) :남에게 빌붙어 얹혀살다.	
賴	貝 <의뢰할 뢰> ①의뢰하다(依賴) ②힘입다 ③의지하다(依支) ④얻다 ⑤버티다 ⑥전가시키다(轉嫁), 덮어씌우다	* 無賴(무뢰) :의지할 데가 없음. * 無賴漢(무뢰한) * 信賴(신뢰) :남을 믿고 의지(依支)함 * 無賴之輩(무뢰지배) :無賴輩(무뢰배). 浮浪輩(부랑배). 일정한 사는 곳과 하는 일 없이 떠돌아다니는 무리	

한자	뜻	용례	풀이
感	心 <느낄 감> ①느끼다, 깨닫다, 생각하다, 느낌 ②감응하다(感應), 느낌이 통하다(通) ③감동하다(感動), 마음이 움직이다	* 感謝(감사) :①고마움 ②고맙게 여기고 사례(謝禮)함 * 感情(감정) :사물(事物)에 느끼어 일어나는 심정(心情). 기분(氣分). 생각. 마음. * 多情多感(다정다감) :정(情)이 많고 느낌이 많다는 뜻	<감사보은> 고맙게 여기는 마음으로 은혜(恩惠)를 갚도록 하겠습니다." 하고는
謝	言 <사례할 사> ①사례하다(謝禮) ②보답하다(報答) ③양보하다(讓步) ④사양하다(辭讓) ⑤물러나다, 그만두다	* 謝過(사과) :잘못에 대(對)하여 용서(容恕)를 빎 * 謝罪(사죄) :저지른 죄나 잘못에 대해 용서(容恕)를 빎 * 新陳代謝(신진대사) :묵은 것이 없어지고 새것이 대신(代身) 생기거나 들어서는 일	
報	土 <갚을 보 / 알릴 보> ①갚다, 갚아주다 ②알리다, 알림, 통지, 신문 ③대답하다(對答) ④여쭈다	* 報恩(보은) :은혜를 갚음 * 報告(보고) :글이나 말로 알림 * 報道(보도) :새로운 소식(消息)을 일반(一般)에게 알림 * 情報(정보) :사정(事情)이나 정황(情況)의 분석 보고(報告) * 弘報(홍보) :널리 알리는 것. 또는 그 보도(報道)	
恩	心 <은혜 은> ①은혜(恩惠), 은혜를 베풀다 ②혜택(惠澤) ③인정, 온정 ④사랑하다 ⑤감사(感謝)하게 여기다	* 恩惠(은혜) :남에게서 받는 고마운 혜택(惠澤) * 恩師(은사) :은혜(恩惠)를 베풀어 준 스승 * 承恩(승은) :특별(特別)한 은혜(恩惠)를 받음 * 背恩(배은) :은혜(恩惠)를 저버림	

한자	뜻	용례	풀이
芹	++(艸·草) <미나리 근> ①미나리(산형과의 여러해살이풀) ②변변찮다 ③물건을 선사할 때의 겸사(謙辭)	* 芹誠(근성) :옛날, 미나리를 임금께 바쳤다는 데서 생긴 말로, 있는 정성(精誠)을 다하여 바치는 마음 * 芹忱(근침) :근성(芹誠). 근폭(芹曝 :임금에 대한 충성심) * 芹宮(근궁) :문묘(文廟)의 별칭. 곧 성균관(成均館)	<근성증정> "정성(精誠)을 다하는 마음으로 보잘 것 없는 것을 드립니다." 라고 하니,
誠	言 <정성 성> ①정성(精誠) ②진실(眞實) ③참, 참으로, 참되게 하다 ④삼가다, 공경하다(恭敬)	* 誠實(성실) :①정성(精誠)스럽고 참됨 ②착실(着實)함 * 誠意(성의) :어떤 일을 정성껏 하는 태도(態度)나 마음 * 精誠(정성) :성의(誠意)를 다하려는 성실(誠實)한 마음 * 忠誠(충성) :참마음에서 우러나는 정성(精誠)	
贈	貝 <줄 증> ①주다 ②보내버리다 ③(남에게)바치다 ④선사하다(膳賜), 선물(膳物)	* 贈呈(증정) :남에게 물건(物件)을 줌 * 贈與(증여) :무상(無償)으로 타인(他人)에게 물려 줌. 贈遺 * 寄贈(기증) :선사(膳賜)하는 물건(物件)을 보내 줌 * 追贈(추증) :공로 있는 벼슬아치가 죽은 뒤 그 관위를 높여 줌	
呈	口 <드릴 정> ①드리다, 웃사람에게 바치다 ②나타내다, 드러내 보이다 ③뽐내다 ④한도(限度), 한정(限定)	* 謹呈(근정) :삼가 증정(贈呈)함 * 露呈(노정) :원치 않는 사실을 드러내어 알게 하는 것 * 拜呈(배정) :공손(恭遜)히 받들어 올림. 진상(進上)함 * 獻呈(헌정) :물품(物品)을 올림	

對	寸 <대할 대> ①대하다(對), 대하여, 마주하다 ②상대, 맞수, 짝, 배우자(配偶者) ③대조하다(對照) ④대답하다(對答)	* 對坐(대좌) :마주보고 앉음 * 對象(대상) :목적(目的)이 되는 상대(相對)나 사물(事物) * 對應(대응) :상대(相對)에 응(應)하여 수작(酬酌)함 * 反對(반대) :맞서 있는 상태(狀態). 무엇에 맞서서 거스름	<대좌묵계> 자리를 마주한 채 말이 없는 가운데 서로 뜻이 맞아서 약속(約束)이 되어
座	广 <자리 좌> ①자리 ②깔개, 방석(方席) ②지위(地位) ③기구(器具)를 설치하는 대(臺) ④좌(座 :산이나 탑을 세는 단위)	* 座席(좌석) :①깔고 앉는 자리 ②여러 사람이 모인 자리 * 座下(좌하) :공경해야 할 어른으로 귀하(貴下)보다 높임말 * 座右銘(좌우명) :자리 오른쪽에 새겨 둔다는 뜻으로, 곁에 적어 두고 보면서 가르침으로 삼는 말이나 문구	
默	黑 <묵묵할 묵 / 잠잠할 묵> ①묵묵하다(말없이 잠잠하다) ②입을 다물다 ③조용하다 ④고요하다(조용하고 잠잠하다)	* 默契(묵계) :말 없는 가운데 뜻이 서로 맞아 성립된 약속 * 默念(묵념) :말없이 생각에 잠기는 일. * 默想(묵상) :묵묵히 마음속으로 생각하거나 기도(祈禱)함 * 沈默(침묵) :잠잠(潛潛)하게 아무 말도 하지 않음	
契	大 <맺을 계 / 부족이름 글 / 애쓸 결> ①(연분·인연을)맺다 ②약속하다, 언약하다 ③들어맞다, 부합하다(符合 :서로 꼭 들어맞다) ④새기다, 조각하다(彫刻·雕刻)	* 契機(계기) :일이 일어나거나 결정(決定)되는 근거(根據) * 契約(계약) :사람과 사람 사이의 법률적 약속(約束) * 金蘭之契(금란지계) :쇠처럼 단단하고 난초(蘭草) 향기(香氣)처럼 그윽한 사귐의 의리(義理)를 맺음	

授	扌(手) <줄 수> ①주다 ②수여하다(授與) ③제수하다(除授 :임금이 직접 벼슬을 내리다) ④가르치다 ③전수하다(傳受) ⑥받다(受)	* 授受(수수) :주고 받음. * 授業(수업) :학업(學業)이나 기술(技術)을 가르쳐 줌 * 敎授(교수) :大學에서 학술(學術)이나 기예(技藝)를 가르침 * 口傳心授(구전심수) :말과 마음으로 전(傳)하여 가르침	<수선수뢰> 선물(膳物)과 뇌물(賂物)을 주고받으며,
膳	月(肉) <반찬 선 / 선물 선> ①반찬(飯饌) ②생육 ③희생(犧牲) 고기 ④음식(飮食) ⑤찬(饌)을 차리어 올리다, 드리다 ⑥먹다 ⑦선물(膳物)	* 膳賂(선뢰) :선물(膳物)과 뇌물(賂物) * 膳物(선물) :남에게 선사(膳賜)로 주는 물품(物品) * 膳賜(선사) :親近·愛情·尊敬의 뜻으로 남에게 物品을 줌 * 饌膳(찬선) :음식물(飮食物)	
受	又 <받을 수> ①받다 ②얻다, (이익을)누리다 ③받아들이다, 받아들여 쓰다, 배우다 ④거두어들이다, 회수하다(回收)	* 受賂(수뢰) :뇌물(賂物)을 받는 것 * 接受(접수) :받아들임 * 受容(수용) :남의 문물(文物)이나 의견(意見) 등을 받아들임 * 受諾(수락) :요구(要求)를 받아들여 승낙(承諾)함 * 引受(인수) :물건(物件)이나 권리(權利)를 넘기어 받음	
賂	貝 <뇌물 뢰> ①뇌물(賂物), (뇌물을)주다 ②증정하다(贈呈) ③선물(膳物) ④재물(財物), 재화(財貨)	* 賂物(뇌물) :사사로운 이익(利益)을 위해 권력자(權力者)에게 금품(金品)을 비밀리(秘密裏)에 주는 일 * 賂謝(뇌사) :뇌물(賂物) * 賂遺(뇌유) :뇌물(賂物)을 보냄	

娷	女 <서로 부탁할 수> ①(일을)서로 부탁하다(以事相託)		<수비가적> "일을 서로 부탁(付託)하고 도와주는 것은 좋고 아름다운 일이지요."라고 한다.
裨	衤(衣) <도울 비> ①돕다 ②보좌하다(補佐·輔佐) ③더하다, 보태다 ④작다 ⑤주다	* 裨益(비익) :補益(보익). 보태고 늘여 도움이 되게 함 * 裨將(비장) :지방장관(地方長官)이 데리고 다니던 막료(幕僚) * 補裨(보비) :補助·輔助(보조). 보태어 도와 줌 * 寄與補裨(기여보비) :이바지하여 돕고 부족함을 보태어 줌	
哿	口 <좋을 가 / 옳을 가 / 아름다울 가> ①좋다 ②옳다 ③아름답다 ④머리꾸미개	* 哿矣(가의) :정말 훌륭함. 기막히게 좋음 <詩>(小雅)哿矣當人 哀此惸獨	
頔	頁 <아름다울 적> ①아름답다 ②좋다		

唆	口 <부추길 사> ①부추기다 ②꼬드기다 ③교사하다(敎唆)	* 唆嗾(사주) :唆囑(사촉). 남을 부추기어서 시킴 * 唆弄(사농) :調唆(조사). 사주하다. 충동질하다. 부추기다 * 敎唆(교사) :唆使(사사). 충동질하여 나쁜 일을 하게 하다 * 示唆(시사) :미리 암시(暗示)하여 일러줌	<사주방조> 이렇게 남을 부추겨 나쁜 일을 시키면 뒤에서 거들어서 도와주다가
嗾	口 <부추길 주> ①부추기다 ②개를 부리다 ③위협(威脅)하여 시키다	* 嗾囑(주촉) :상대편(相對便)을 꾀어 부추겨서 시킴 * 受嗾(수주) :남의 부추김을 받음 * 承嗾(승주) :사주(使嗾)를 받음 * 訾嗾(자주) :헐뜯고 부추김 * 指嗾(지주) :달래고 꾀어서 무엇을 하도록 부추김	
幇	巾 <도울 방> ※ 幫과 同 ①돕다 ②보좌하다(補佐·輔佐) ③지원하다 ④무리(모여서 뭉친 한 동아리) ⑤패거리 ⑥단체(團體)	* 幇助(방조) :①어떤 일을 거들어서 도와 줌. 흔히 나쁜 일의 뒤를 돕는 경우(境遇)에 씀 ②타인(他人)의 범죄(犯罪) 수행(遂行)에 편의(便宜)를 주는 행위(行爲)	
助	力 <도울 조> ①돕다, 힘을 빌리다, 거들다 ②도움, 구조(救助), 원조(援助) ③유익하다(有益)	* 協助(협조) :힘을 보태어 서로 도움 * 補助(보조) :①보태어 도움 ②보충(補充)하여 돕는 것 * 助長(조장) :벼의 대궁을 뽑아 올려 억지로 자라게 돕는다는 뜻으로, 옳지 못한 결과를 초래하게 도움	

0689 / 0690 / 0691 / 0692

餞	食 <보낼 전> ①보내다 ②전별하다(餞別 :잔치를 베풀어 작별하다) ③전송하다(餞送) ④가는 사람에게 주는 예물 ⑤권하다(勸)	* 餞贐(전신) :전별(餞別) * 餞迎(전영) :전별하고 영접함 * 餞別(전별) :떠나는 사람에게 잔치를 베풀어 작별(作別)함 * 餞送(전송) :전별(餞別)하여 보냄 * 餞需(전수) :전별(餞別)하는 데 드는 여러 가지 물품(物品)	<전신가황> 자리 이동(移動)으로 전별(餞別)하는 자리에서, 좋은 선물(膳物)을 주면서,
贐	貝 <전별할 신> ①전별하다(餞別 :잔치를 베풀어 작별하다) ②노수(路需), 노자(路資) ③예물(禮物) ④회동(會同)할 때 주는 재화	* 贐行(신행) :행자필이신(行者必以贐)에서 유래(由來)함. 즉 길 가는 사람에게 전별금(餞別金)을 주는 것이 예의(禮儀)라는 뜻임. * 行贐(행신) :작별(作別)할 때 주는 물건(物件)임.	
嘉	口 <아름다울 가> ①아름답다 ②훌륭하다 ③경사스럽다(慶事) ④기뻐하다 ⑤즐기다 ⑥칭찬하다(稱讚)	* 嘉貺(가황) :佳貺(가황). 佳賜(가사). 선물을 높여 부르는 말 * 嘉月(가월) :음력(陰曆) 삼월(三月)의 딴이름 * 嘉節(가절) :경사(慶事)스러운 날. 가절(佳節) * 嘉俳節(가배절) :추석(秋夕) 嘉俳日. 嘉俳 또는 嘉排	
貺	貝 <줄 황> ①주다 ②하사하다(下賜) ③선사하다(膳賜) ④베풀다 ⑤남에게서 받은 선물(膳物)이나 하사품(下賜品)	* 貺室(황실) :딸을 아내로 삼도록 줌 * 禮貺(예황) :예물로 주는 물건 * 腆貺(전황) :厚賜(후사). 厚貺(후황). 물품을 후하게 내려 줌 * 玄貺(현황) :하늘이 은택(恩澤)을 내려 줌	

些	二 <적을 사> ①적다 ②작다, 조그마하다 ③약간, 조금 ④어조사(語助辭)	* 些个(사개) :좀. 약간. 일사(一些) * 些小(사소) :사소한. 약간의. 적다. 작다 * 些少(사소) :하찮음. * 一些(일사) :약간. 조금. 얼마간의(好些). 여러 번. 여러 가지 * 好些(호사) :①많은. 호사개(好些个) ②비교적 낫다.	<사개신지> "약간(若干)의 노자(路資)로 드리는 선물(膳物)입 니다." 하고 떠나보냈는데,
个	丨 <낱 개> ※ 個·箇와 同義 ①半竹也 或作箇(대나무 반쪽 혹은 箇) ②낱낱 ③하나 ④개, 명 ⑤사람 ⑥단독(單獨)의 ⑦이(此) ⑧키(몸의 길이)	* 个个(개개) :개개. 낱낱. 하나하나. 각각. 매. 마다 * 个人(개인) :個人(개인). ①그 사람 ②나(자신). 저(자신). 공식적(公式的)으로 의견(意見)을 발표할 때 씀 * 个中(개중) :其中(기중). 그 가운데 * 个中人(개중인) :관계자	
賮	貝 <전별할 신 / 노자 신> ①전별하다(餞別 :잔치를 베풀어 작별하다) ②예물(禮物) ③보배 ④노자(路資) ⑤노수(路需)	* 賮儀(신의) :재화(財貨)에 관한 일로 모임을 갖는 의례(儀禮) <中文大辭典>以財貨爲會合之禮儀也 * 賮贄(신지) :재화(財貨). 토산(土産)	
贄	貝 <폐백 지> ①폐백(幣帛) ②움직이지 아니하다(열)	* 贄見(지현/지견) :선물(膳物)을 가지고 가서 뵘 * 交贄(교지) :폐백(幣帛)을 서로 주고 받음 * 執贄(집지) :執質(집지). 스승이나 임금을 뵐 때 예폐(禮幣)나 예물(禮物)을 가지고 가서 경의를 표하던 일	

嚮	口 <접때(지난번) 향 / 향할 향> ①지난 번(접때) ②향하다(向), 방향(方向) ③나아가다 ④길잡다, 길잡이 ⑤메아리	* 嚮內(향내) :지난날. 접때 * 嚮仰(향앙) :마음이 쏠리어 우러름 * 嚮導(향도) :길을 인도(引導)함, 또는 인도(引導)하는 그 사람 * 嚮往(향왕) :向往(향왕). (마음이 늘 어느 사람이나 고장으로) 향(向)하여 감	<향속춘회> 접때(지난 번) 에 저지른 잘못을 속바치고자 넉넉히 준 뇌물(賂物)의 일이
贖	貝 <속바칠 속> ①속바치다(贖 :죄를 면하기 위하여 돈을 바치다) ②속전을 내다 ③속죄하다(贖罪) ④바꾸다	* 贖良(속량) :贖身(속신). 종을 풀어 주어 양민(良民)이 되게 함 * 贖錢(속전) :죄(罪)를 벗기 위(爲)하여 바치는 돈 * 贖罪(속죄) :공을 세워 지은 죄(罪)를 비겨 없앰 * 代贖(대속) :남의 죄나 고통을 대신(代身)하여 속죄(贖罪)함	
賰	貝 <넉넉할 춘> ※ 偆과 同義 ①넉넉하다 ②부유하다(富裕)	* 賱賰(운춘) :재물(財物)을 썩 많이 가지고 있음. 富有(부유)	
賄	貝 <뇌물 회 / 재물 회> ①뇌물(賂物), 뇌물(賂物)을 주다 ③선사하다(膳賜), 예물(禮物), 선물 ②재물(財物)	* 賄賂(회뢰) :뇌물(賂物)을 주거나 받는 행위(行爲), 뇌물(賂物) * 收賄(수회) :뇌물(賂物)을 받음. 뇌물(賂物)을 먹음 * 財賄(재회) :財物(재물). 돈이나 그 밖의 값나가는 물건(物件) * 贈賄(증회) :뇌물(賂物)을 줌	

誤	言 <그르칠 오> ①그르치다, 그릇함 ②잘못하다, 잘못 ③의혹하다(疑惑 :의심하여 수상히 여기다), 의혹(疑惑)하게 하다	* 誤謬(오류) :그릇되어 이치(理致)에 어긋남. * 誤解(오해) :뜻을 잘못 이해(理解)함 * 過誤(과오) :잘못, 그릇된 짓 * 錯誤(착오) :착각(錯覺)으로 인(因)해 잘못한 것. 誤錯. 錯謬	<오류차질> 그릇되어 일이 어그러져서 틀어지는 바람에
謬	言 <그르칠 류> ①그르치다, 착오(錯誤)를 저지르다 ②잘못하다, 틀리다, 사리에 맞지 않다 ③어긋나다 ④속이다	* 過謬(과류) :실수(失手)나 부주의(不注意) 등으로 인한 잘못 * 僞謬(와류) :誤謬(오류) * 錯謬(착류): 錯誤(착오) * 魯魚之謬(노어지류) :노(魯)와 어(魚)는 글자 모양(模樣)이 비슷해 틀리기 쉽다는 뜻으로, 글자를 잘못 쓰는 일	
蹉	足 <미끄러질 차 / 넘어질 차> ①미끄러지다 ②넘어지다 ③지나다	* 蹉跌(차질) :①헛디뎌 넘어지는 것 ②일이 틀어지는 것 * 蹉跎(차타) :①미끄러져 넘어짐 ②시기(時期)를 놓침 ③일을 이루지 못하고 나이가 많아짐	
跌	足 <거꾸러질 질 / 넘어질 질> ①거꾸러지다 ②넘어지다 ③지나치다 ④틀리다, 잘못하다 ⑤방종하다(放縱)	* 跌宕(질탕) :흥취(興趣)가 썩 높거나 방탕(放蕩)함 * 跌倒(질도) :蹉跌(차질) * 折跌(절질) :부러지거나 삐는 것 * 射幸數跌(사행삭질) :요행(僥倖)을 노리는 화살은 자주 차질(蹉跌)을 일으킴	

한자	뜻	단어	풀이
瀆	氵(水) <도랑 독 / 더럽힐 독> ①도랑(매우 좁고 작은 개울) ②더럽히다 ③업신여기다, 깔보다 ④버릇없이 굴다	* 瀆職(독직) :직책(職責)을 모독(冒瀆)하는 일. 오직(汚職) * 瀆冒(독모) :신성한 것을 범(犯)하여 더럽힘 * 瀆聖(독성) :신성성(神聖性)을 절차(節次)없이 모독(冒瀆)함 * 冒瀆(모독) :어떤 存在의 權威나 名譽를 욕(辱)되게 함	<독리문직> 부정(不正)한 짓을 저지른 벼슬아치가 직책(職責)을 더럽힌 것이 알려지자,
吏	口 <벼슬아치 리> ①벼슬아치, 관리(官吏) ②아전(衙前 :중앙과 지방의 관아에 속한 구실아치) ③벼슬살이를 하다	* 瀆吏(독리) :부정(不正)한 짓을 일삼는 벼슬아치 * 官吏(관리) :벼슬아치, 관직(官職)에 있는 사람 * 胥吏(서리) :관아(官衙)에서 행정실무에 종사하는 하급관리 * 淸白吏(청백리) :청렴하고 깨끗한 관리(官吏)	
汶	氵(水) <물이름 문 / 더럽힐 문> ①물의 이름 ②분명(分明)하지 않은 모양 ③더럽다, 불결하다(不潔) ④수치(羞恥), 치욕(恥辱)	* 汶汶(문문) :불명예(不名譽). 더럽힘 <楚辭>(父辭)受物之汶汶乎 * 汶濛(문몽) :汶濁(문탁). 점욕(玷辱). 더럽히다. 모욕(侮辱)을 당하다 <集韻>汶濛 玷辱也	
職	耳 <직분 직 / 벼슬 직> ①직분(職分) ②직책(職責) ③벼슬 ④공물(貢物) ⑤일 ⑥사업(事業) ⑦맡다 ⑧오로지 ⑨주로	* 職務(직무) :담당(擔當)하여 맡은 사무(事務) * 職業(직업) :생계(生計)를 위해 종사(從事)하는 일 * 職員(직원) :직장에서 직무(職務)를 담당(擔當)하는 사람 * 職場(직장) :각자가 맡은 일을 하는 일터, 일자리	

한자	뜻	단어	풀이
總	糸 <거느릴 총 / 합할 총> ①거느리다 ②우두머리의, 지도적인 ③다, 모두 ④내내, 언제나, 늘, 줄곧 ⑤총괄적인, 합하다(合), 모으다, 묶다	* 總察(총찰) :모든 일을 맡아 총괄하여 살핌. 그런 직무(職務) * 總括(총괄) :여러 가지를 한데 모아서 아우름 * 總帥(총수) :전군(全軍)을 지휘(指揮)하는 사람 * 總責(총책) :총책임자(總責任者)의 준말	<총찰감독> 모든 일을 총괄(總括)하여 살피는 감독(監督)의 직분(職分)을 맡은 사람이
察	宀 <살필 찰> ①살피다 ②알다, 살펴서 알다 ③상고하다(詳考) ④조사하다(調査), 생각하여 보다 ⑤밝고 자세하다	* 檢察(검찰) :①검사(檢査)하여 살핌 ②죄 지은 사실(事實)과 증거(證據)를 찾음. 또는 그 기관(機關) * 警察(경찰) :사회 공공(公共)의 질서 유지를 위한 조직(組織) * 觀察(관찰) :사물(事物)을 잘 살펴 봄	
監	皿 <볼 감 / 살필 감> ①보다 ②살피다 ③경계하다(警戒) ④독찰하다(督察 :단속하여 살피다) ⑤감옥(監獄) ⑥마을 ⑦관청(官廳)	* 監督(감독) :어떤 일을 하는 사람을 잘못이 없도록 보살펴 다잡는 것. 또는 그런 사람 * 監査(감사) :감독(監督)하고 검사(檢査)함 * 監視(감시) :경계(警戒)하기 위해 미리 감독(監督)하고 살핌	
督	目 <감독할 독> ①감독하다(監督) ②살피다, 살펴보다 ④세밀(細密)히 보다 ⑤거느리다, 통솔하다(統率) ⑥재촉하다 ⑦권하다(勸)	* 督勵(독려) :감독(監督)하며 격려(激勵)함 * 督促(독촉) :어떤 일이나 행동을 빨리 하라고 재촉함 * 星火督促(성화독촉) :별똥이 떨어지듯이 몹시 심(甚)하고 급(急)하게 재촉함	

한자	뜻	단어	풀이
皆	白 <다 개> ①다(總), 모두 ②함께, 다 같이 ③두루 미치다	* 皆勤(개근) :일정 기간 동안 하루도 빠짐없이 출근(出勤)함 * 擧皆(거개) :거의 모두, 대부분 * 幾皆(기개) :거의 다 * 易地皆然(역지개연) :사람은 환경(環境)을 바꾸면 누구나 다 똑같아진다는 말	<개치간주> 이에 관련(關聯)된 모두를 다 어리석다고 여기고는
蚩	虫 <어리석을 치> ①어리석다 ②못생기다, 추하다(醜), 추악하다(醜惡) ③얕보다, 업신여기다 ④벌레 이름	* 蚩蠢(치준) :어리석고 미련함 * 愚蚩(우치) :어리석고 미련함 * 姸蚩(연치) :미추(美醜) * 蚩尤(치우) :<桓檀古記>에 배달국(倍達國)의 14세(世) 자오지(慈烏支) 환웅(桓雄)으로 기록됨	
看	目 <볼 간> ①보다, 손을 이마에 얹고 바라보다 ②지키다, 감시하다(監視), 번서다(番) ③방문하다(訪問) ④진료하다(診療)	* 看做(간주) :그러한 것으로 여김. 그렇다고 침 * 看過(간과) :대강 예사로 보아 넘기다 빠뜨림 * 看板(간판) :상점(商店) 등(等)에 내 건 표지(標識) * 看護(간호) :병자(病者)나 노약자(老弱者)를 보살피어 돌봄	
做	亻(人) <지을 주> ①짓다, 만들다 ②(직무를)맡다 ③가령(假令), 설령(設令), ~하더라도	* 做去(주거) :실행(實行)하여 나감 * 做對(주대) :對句를 지음 * 做恭(주공) :공손(恭遜)한 태도(態度)를 가지거나 지음 * 做事(주사) :일을 함. 사업(事業)을 경영(經營)함 * 做況(주황) :공부(工夫)나 일을 경영(經營)하는 형편(形便)	

한자	뜻	단어	풀이
綜	糸 <모을 종 / 잉아 종> ①모으다 ②통할하다(統轄) ③짜다 ④잉아(베틀의 굵은 실) ⑤바디(베틀, 가마니틀, 방직기 따위에 딸린 기구)	* 綜覈(종핵) :綜核(종핵). 사건의 본말(本末)을 종합하여 자세히 밝힘. 치밀(緻密)하게 속속들이 뒤지어 밝힘 * 綜核(종핵) :치밀(緻密)하게 속속들이 뒤지어 밝힘 * 綜合(종합) :개별(個別)의 것을 한데 합(合)함. 총괄(總括)	<종핵평핵> 치밀(緻密)하게 속속들이 들춰내어 밝혀서 잘못을 꾸짖고 캐물으니,
覈	襾 <핵실할 핵> ①핵실하다(覈實 :사실을 조사하여 밝히다) ②엄하다(嚴) ③씨(核) ④보리 싸라기(부스러진 쌀알)(흘)	* 覈實(핵실) :사건(事件)의 실상(實相)을 조사(調査)함 * 覈啓(핵계) :일의 실상을 조사해 임금에게 서면으로 보고함 * 覈出(핵출) :죄상을 조사하여 밝혀 냄 * 査覈(사핵) :실정(實情)을 자세(仔細)히 조사(調査)하여 밝힘	
抨	扌(手) <탄핵할 평> ①탄핵하다(彈劾) ②하여금, ~로 하여금 ~하게 하다 ③스치다 ④(활을)쏘다, 잡아당기다	* 抨劾(평핵) :抨彈(평탄). 彈劾(탄핵). 죄를 조사(調査)함 * 抨擊(평격) :抨彈(평탄) ①탄핵(彈劾)함 ②(부정적인 면에 대해 평론의 형식으로) 비난하다. 규탄하다. 논란하다	
劾	力 <캐물을 핵 / 꾸짖을 핵> ①캐묻다, (죄상을)조사하다(照査) ②신문(訊問) 조서(調書) ③꾸짖다	* 鞫劾(국핵) :송사(訟事)를 심리(審理)함 * 論劾(논핵) :죄과(罪過)나 허물을 분석하여 탄핵(彈劾)함 * 奏劾(주핵) :임금에게 아뢰어 관리(官吏)의 죄(罪)를 다스림 * 彈劾(탄핵) :죄상(罪狀)을 조사(調査)하여 꾸짖음	

諱	言 <꺼릴 휘 / 숨길 휘> ①꺼리다, 싫어하다 ②피하다(避) ③숨기다, 은휘하다(隱諱 :꺼리어 감추거나 숨기다) ④휘(죽은 사람의 이름)	* 家諱(가휘) :부모나 조상의 이름을 부르는 것을 꺼리어 피함 * 忌諱(기휘) :①꺼리어 싫어함 ②꺼리어 피함 ③숨김 * 實陳無諱(실진무휘) :사실(事實) 그대로 고함 * 諱之祕之(휘지비지) :남을 꺼리어 우물쭈물 얼버무려 넘김	<휘탈눌답> 탈(頉)이 날 것을 꺼려서 말을 더듬거리며 대답(對答)하면서
頉	頁 <탈날 탈 / 기를 이> ①탈나다, 탈(의무를 수행할 수 없는 상태) ②병(病) ③사고(事故) ④기르다 ⑤보양하다(保養) ⑥부리다	* 病頉(병탈) :①병으로 인한 탈(頉) ②병이라고 칭탈(稱頉)함 * 雜頉(잡탈) :여러 가지 잡스러운 탈(頉) * 稱頉(칭탈) :무엇 때문이라고 핑계함 * 據實懸頉(거실현탈) :흠을 사실(事實)대로 적어 넣음	
訥	言 <말 더듬거릴 눌> ①말을 더듬거리다, 말을 더듬다 ②(입이 무거워)말을 잘 하지 않다 ③소리가 나오지 아니하는 모양	* 訥辯(눌변) :더듬거리는 말씨 * 訥言(눌언) :더듬거리는 말 * 訥澁(눌삽) :말이 더듬거려 잘 나오지 않아 듣기에 답답함 * 大辯如訥(대변여눌) :말을 잘하는 사람은 함부로 지껄이지 아니하므로 도리어 말더듬이처럼 보임	
答	竹 <대답할 답> ①답하다(答), 대답(對答), 회답(回答) ②응낙하다(應諾), 동의하다(同意) ③갚다, 보답하다(報答) ④해답(解答)	* 答辯(답변) :어떠한 물음에 밝히어 대답(對答)함 * 對答(대답) :사람이 상대의 물음에 응해 어떤 말을 하는 것 * 問答(문답) :물음과 대답(對答). 서로 묻고 대답(對答)함 * 應答(응답) :물음이나 부름에 응(應)하여 대답(對答)함	

兢	儿 <떨릴 긍 / 삼갈 긍> ①떨리다 ②두려워하다, 와들와들 떨다 ③삼가다(몸가짐이나 언행을 조심하다) ④굳다, 굳세다	* 兢恪(긍각) :두려워하고 삼감 * 兢懼(긍구) :삼가고 두려워함 * 兢惕(긍척) :경계(警戒)하고 두려워하여 조심함 * 戰戰兢兢(전전긍긍) :전전(戰戰)은 겁을 먹고 벌벌 떠는 것. 긍긍(兢兢)은 조심해 몸을 움츠리는 것	<긍부경위> 두려워서 떨면서 사리의 옳고 그름과 시비(是非)를 가리는 것을 거부(拒否)하니
否	口 <아닐 부> ①아니다 ②부정하다(否定) ③불가하다(不可) ④없다 ⑤~느냐	* 否認(부인) : 어떤 사실이 있음을 인정(認定)하지 아니함 * 否定(부정) :그렇지 않거나 옳지 않다고 인정(認定)함 * 拒否(거부) :거절(拒絶)하여 받아들이지 않음 * 與否(여부) :그러함과 그러하지 아니함	
涇	氵(水) <통할 경 / 물이름 경> ①통하다(通), 흐르다 ②곧다, 곧게 흐르다 ③대변(大便) ④월경(月經) ⑤물의 이름(涇水)	* 涇渭(경위) :중국(中國)의 경수(涇水)는 항상(恒常) 흐리고, 위수(渭水)는 항상 맑아 구별(區別)이 분명(分明)한 데서 '사리(事理)의 옳고 그름과 시비(是非)의 분간(分揀)'을 이르는 말	
渭	氵(水) <물이름 위> ①물의 이름 ②강(江)의 이름 ③(떠돌다)흩어지다	* 渭樹江雲(위수강운) :위수(渭水)에 있는 나무와 위수를 지나와 강수(江水) 위에 떠 있는 구름. <比喩>떨어져 있는 두 곳의 거리(距離)가 먼 것을 이르는 말로서, 멀리 떨어져 있는 벗이 서로 그리워함	

惙	忄(心) <근심할 철> ①근심하다(속을 태우거나 우울해하다) ②고달프다, 피로하다(疲勞) ③애태우는 모양 ④그치다, 그만두다	* 惙怛(철달) :근심하고 슬퍼함 * 惙惙(철철) :근심하는 모양. 근심하여 마음이 산란(散亂)한 모양	<철견편협> 애를 태우며 꾸짖기를, "도량(度量)이 좁은 놈이로구나!
譴	言 <꾸짖을 견> ①꾸짖다, 혼내다, 질책하다(叱責) ②책망하다(責望) ③꾸지람, 견책(譴責) ④허물, 죄과 ⑤재앙(災殃)	* 譴呵(견가) :꾸짖음 * 譴告(견고) :꾸짖고 훈계(訓戒)함 * 譴嘖(견책) :譴叱(견질). 꾸짖음 * 譴斥(견척) :꾸짖어 내침 * 譴責(견책) :加譴(가견). 잘못을 꾸짖고 나무람 * 譴罷(견파) :관원(官員)의 실수(失手)를 탓하여 파면(罷免)함	
惼	忄(心) <편협할 편> ①편협하다(偏狹·褊狹 :한쪽으로 치우쳐 도량이 좁고 너그럽지 못하다) ②조급하다(躁急)	* 惼狹(편협) :도량(度量)이 좁음. 편굴(惼屈) * 惼心(편심) :도량(度量)이 좁은 마음	
狹	犭(犬) <좁을 협> ①좁다, 좁아지다 ②조그마하다, 자질구레하다 ③경시하다(輕視) ④다가오다 ⑤급하다(急), 촉박하다(促迫)	* 狹軌(협궤) :폭(幅)이 좁은 궤도(軌道) * 狹小(협소) :공간(空間)이 어떤 일을 하기에 좁고 작음 * 狹窄(협착) :차지하고 있는 자리가 몹시 좁음 * 偏狹(편협) :褊狹(편협). 도량(度量)이 좁고 편벽(偏僻)됨	

官	宀 <벼슬 관> ①벼슬, 벼슬자리 ②벼슬아치 ③마을 ④관청(官廳), 공무(公務)를 집행(執行)하는 곳, 기관(機關) ⑤관능(官能)	* 官僚(관료) :행정(行政)을 집행(執行)하는 공무(公務)를 담당(擔當)하는 관리(官吏)들. 벼슬아치. * 官吏(관리) :공무원(公務員)이나 관헌(官憲)처럼 관직(官職)에 있는 사람. 벼슬아치	<관료염직> 벼슬아치는 마음이 청렴(淸廉)하고 결백(潔白)해야 하거늘,
僚	亻(人) <동료 료> ①동료(同僚) ②동관(同官 :같은 관청의 같은 계급의 관리) ③벼슬아치 ④관리(官吏)	* 僚席(요석) :동료들이 모여 있는 자리 * 同僚(동료) :같은 곳에서 같은 일을 보는 사람 * 閣僚(각료) :내각(內閣)을 조직(組織)하는 장관(長官)들 * 黨僚(당료) :정당(政黨)에서 사무(事務)를 맡아보는 사람	
廉	广 <청렴할 렴 / 살필 렴> ①청렴하다(淸廉), 결백하다(潔白) ②검소하다(儉素), 검박하다(儉朴) ③살피다, 살펴보다 ④염치(廉恥)	* 廉直(염직) :청렴(淸廉)하고 결백(潔白)함 * 廉價(염가) :헐값. 싼 값 * 淸廉(청렴) :고결하고 탐욕이 없음 * 廉問(염문) :남의 사정(事情)이나 비밀(秘密)을 몰래 알아냄 * 廉吏(염리) :청렴한 벼슬아치 * 廉恥(염치) :부끄러움을 아는 마음	
直	目 <곧을 직> ①곧다, 굳세다 ②바르다, 옳다 ③펴다, 곧게 하다 ④꾸미지 아니하다 ⑤부정(不正)이 없다, 사(私)가 없다	* 直線(직선) :꺾이거나 굽은 데가 없는 곧은 선(線) * 直接(직접) :매개(媒介) 없이 바로 접함 * 率直(솔직) :거짓으로 꾸미거나 숨김이 없이 바르고 곧음 * 正直(정직) :거짓이나 꾸밈이 없이 성품(性品)이 바르고 곧음	

誣	言 <무고할 무 / 속일 무> ①무고하다(誣告), 비방하다(誹謗) ②속이다, 꾸미다, 왜곡하다(歪曲) ③과장하다(誇張) ④더럽히다	* 誣譖(무참) :없는 사실(事實)을 있는 듯이 꾸미어 남을 참소(讒訴·譖訴)함. 또는 그 참소(讒訴·譖訴) * 誣告(무고) :없는 사실(事實)을 거짓으로 꾸며 고소(告訴)하거나 고발(告發)하는 것	<무참식수> 없는 사실을 꾸며서 남의 잘못으로 헐뜯는 이것이야말로 부끄러운 일이다." 하고는
譖	言 <참소할 참> ①참소하다(讒訴·譖訴 :남을 헐뜯어서 죄가 있는 것처럼 꾸며 윗사람에게 고하여 바침) ②헐뜯다 ③속이다, 거짓	* 譖訴(참소) :讒訴(참소). 남을 헐뜯어서 꾸며 고해 바침 * 讒譖(참참) :참소하여 하리를 놀음. * 浸潤之譖(침윤지참) :浸潤之讒(침윤지참). 물이 차츰 스며들듯이 깊이 믿도록 서서히 하는 참소(讒訴·譖訴)	
寔	宀 <이 식> ①이, 이것 ②참으로 ③진실로(眞實) ④방치하다(放置), 두다	* 寔景(식경) :매우 좋은 경치(景致) * 多士寔寧(다사식녕) :준걸(俊傑)과 재사(才士)가 조정(朝廷)에 많으니 국가(國家)가 태평(太平)함	
羞	羊 <부끄러울 수> ①부끄러워하다, 수치(羞恥) ②수줍어하다 ③두려워하다, 겁내다 ④음식(飮食), (음식을)올리다, 드리다	* 羞恥(수치) :떳떳하지 못하여 느끼는 부끄러움 * 內羞(내수) :궐내(闕內)의 음식물 * 羞惡之心(수오지심) :자기(自己)의 옳지 못함을 부끄러워하고, 남의 옳지 못함을 미워하는 마음	

歎	欠 <탄식할 탄 / 읊을 탄> ※ 嘆과 通 ①탄식하다(歎息·嘆息), 한탄하다(恨歎·恨嘆), 한숨 ②읊다, 노래하다 ③화답하다(和答) ④칭찬하다(稱讚)	* 歎願(탄원) :사정(事情)을 이야기하고 도와주기를 바람 * 歎息(탄식) :①한숨쉬며 한탄(恨歎)함 ②감탄(感歎)함 * 痛歎(통탄) :몹시 탄식(歎息·嘆息)함 * 恨歎(한탄) :원망(怨望)이나 뉘우침이 있을 때의 탄식(歎息)	<탄원기각> 사정(事情)을 말하며 도와주기를 바라는 것을 이유(理由) 없다고 배척(排斥)하고서
願	頁 <원할 원> ①원하다(願), 바라다, 바라건대 ②빌다, 기원하다(祈願), 소망(所望), 희망(希望), 기원(祈願), 염원(念願)	* 祈願(기원) :바라는 일이 이루어지기를 빎 * 民願(민원) :국민(國民)이 청하여 바라는 바 * 所願(소원) :원하는 바 * 訴願(소원) :호소(呼訴)하여 바람 * 所願成就(소원성취) :원하던 바를 이룸	
棄	木 <버릴 기> ①버리다 ②물리치다 ③꺼리어 멀리하다 ④그만두다 ⑤돌보지 않다 ⑥잊다	* 棄却(기각) :①어떤 사물(事物)을 버림. ②신청(申請) 내용을 이유 없다고 배척(排斥)함 * 棄權(기권) :권리를 포기(抛棄)하고 행사(行使)하지 아니함 * 抛棄(포기) :①중도(中途)에 그만둠 ②권리(權利)를 쓰지 않음	
却	卩 <물리칠 각> ①물리치다 ②물러나다 ③피하다(避) ④돌아가다 ⑤그치다, 쉬다, 멎다 ⑥뒤집다 ⑦도리어, 다시, 반대로(反對)	* 賣却(매각) :물건(物件)을 팔아 버림 * 却下(각하) :원서나 소송(訴訟) 따위를 받지 않고 물리침 * 燒却(소각) :불에 태워 없애 버림 * 却之不恭(각지불공) :주는 것을 물리치는 것은 불공(不恭)임	

貶	貝 <낮출 폄> ①낮추다 ②떨어뜨리다 ③떨어지다 ④덜다, 줄다, 감해지다 ⑤물리치다 ⑥폄하다(貶 :남을 나쁘게 말하다)	* 貶斥(폄척) :①벼슬을 떨어뜨려 물리침. ②남의 인망(人望)을 깎아내려 배척(排斥)함. 폄출(貶黜). 감출(減黜) * 貶下(폄하) :직위(職位)나 자격(資格)을 강등(降等)시킴 * 貶毁(폄훼) :남을 깎아 내리고 비방(誹謗)하여 헐뜯음	<폄척경질> 벼슬을 깎아내려서 물리치고 그 직책(職責)에 다른 사람으로 대신(代身)하여 임명(任命)하고는
斥	斤 <물리칠 척> ①물리치다, 내쫓다 ②엿보다, 망보다(望), 몰래 살피다 ③가리키다, 손가락질 하다	* 斥候(척후) :적(敵)의 형편을 정찰(偵察)하고 탐색하는 일 * 排斥(배척) :반대(反對)하여 내침 * 除斥(제척) :배척(排斥)하여 물리침 * 衛正斥邪(위정척사) :정(正)을 지키고 사(邪)를 배척(排斥)함	
更	曰 <고칠 경 / 다시 갱> ①고치다 ②개선하다(改善) ③변경되다(變更), 바뀌다 ④다시(갱)	* 更迭(경질) :어떤 직위의 사람을 바꾸어 다른 사람으로 임명함 * 更生(갱생) :①다시 살아남 ②죄를 뉘우쳐 새로운 삶을 삶 * 更新(갱신) :①새롭게 바꿈 ②종전(從前)의 기록을 깨뜨림 * 更考(갱고) :다시 생각함 * 變更(변경) :바꾸어 고침	
迭	辶(辵) <갈마들 질 / 번갈아들 질> ①갈마들다, 번갈아들다, 번갈아 ②범하다(犯)(일), 침범하다(侵犯)(일) ③달아나다(일)	* 迭代(질대) :서로 바꾸어서 대신(代身)함 * 迭犯(질범) :서로 갈마들며 자꾸 침범함 * 迭憊(질비) :서로 갈마들며 자꾸 고달프게 함 * 交迭(교질) :교체(交替)함	

剔	刂(刀) <뼈 바를 척> ①(뼈를)바르다 ②깎다, 베어내다 ③도려내다, 후벼파다 ④치다, 준설하다(浚渫) ⑤돋우다	* 剔抉(척결) :①살을 긁어내고 뼈를 발라냄 ②제거(除去)함 * 剔釐(척리) :잘못을 들추어 다스림. * 剔撥(척발) :발라냄. 꼬집어냄. * 剔牙杖(척아장) :이쑤시개. 牙叉兒.	<척결형출> 그가 속(屬)한 공직사회(公職社會)에서 제거(除去)하여 멀리 내쫓아서
抉	扌(手) <도려낼 결> ①도려내다, 후벼내다 ②긁어내다 ③들추어내다, 폭로하다(暴露) ④(구멍을)파다, 뚫다 ⑤활의 깍지	* 抉摘(결적) :숨겨진 것을 찾아냄. 정미(精微)한 뜻을 찾아냄 * 抉腹出腸(결복출장) :배를 가르고 창자를 드러냄. <比喩>숨김이 없이 드러내어 보임 * 爬羅剔抉(파라척결) :손톱으로 긁거나 후벼 모조리 파냄	
迥	辶(辵) <멀 형> ※ 逈은 俗字 ①멀다 ②판이하다 ③아주 다르다 ④뛰어나다 ⑤빛나다 ⑥아주, 대단히 ⑦홀로	* 迥拔(형발) :높고 멀리 우뚝한 모양 * 迥望(형망) :遠望 * 迥別(형별) :迥異(형이). 迥殊(형수). 동떨어지게 다름 * 迥野(형야) :아득히 멀리 보이는 들판 * 迥途(형도) :遠路 * 迥迥(형형) :거리(距離)가 먼 모양 * 迥遠(형원) :遙遠	
黜	黑 <내칠 출> ①내치다 ②물리치다 ③내쫓기다 ④버리다 ⑤떨어뜨리다 ⑥줄이다	* 黜黨(출당) :정당(政黨)에서 자격을 박탈(剝奪)하고 내쫓음 * 黜陟(출척) :못된 사람을 내쫓고, 착한 사람을 올리어 씀 * 黜學(출학) :학생의 자격을 박탈(剝奪)하고 제적(除籍)함 * 減黜(감출) :벼슬을 떨어뜨리어 물리침	

京	亠 <서울 경> ①서울, 도읍(都邑), 수도(首都) ②언덕, 높은 언덕(原) ③경(京), 數의 單位(兆의 萬倍)	* 京畿(경기) :서울을 중심으로 한 가까운 주위(周圍)의 땅 * 京師(경사) :서울. 수도(首都) * 京鄕(경향) :①서울과 지방(地方) ②나라 전체(全體) * 京府(경부) :서울. 京邑(경읍). 京洛(경락). 京輦(경련)	<경기우적> 서울 인근(隣近)으로부터 멀리 귀양을 보내어,
畿	田 <경기 기> ①경기(京畿 :王都 周圍로 五百里 以內의 땅) ②서울, 수도(首都) ③영토(領土) ④들, 전야(田野)	* 畿民(기민) :기내(畿內)의 백성 * 畿甸(기전) :畿內(기내). 왕성(王城)에서 500里 이내(以內) * 邦畿(방기) :서울을 중심(中心)으로 하여 사방(四方)으로 뻗어 나간 가까운 행정(行政) 구획(區劃)의 안	
迂	辶(辵) <에돌 우> ①에돌다(선뜻 나아가지 아니하고 멀리 피하여 돌다) ②에두르다(둘러막다, 둘러서 말하다, 둘러대다) ③넌지시 ④멀다	* 迂廻(우회) :迂回(우회). 곧바로 가지 않고 돌아감 * 迂儒(우유) :세상(世上) 물정(物情)에 어두운 선비 * 迂餘曲折(우여곡절) :①이리저리 굽음 ②여러 가지로 뒤얽힌 복잡(複雜)한 사정(事情)이나 변화(變化)	
謫	言 <귀양 갈 적> ①귀양을 가다 ②꾸짖다 ③벌하다(罰) ④책망하다(責望) ⑤결점(缺點), 허물 ⑥재앙(災殃)	* 謫降(적강) :신선(神仙)이 인간 세상에 내려오거나 태어남 * 謫客(적객) :귀양살이하는 사람을 점잖게 이르는 말 * 謫所(적소) :죄인(罪人)이 귀양살이 하는 곳 * 在謫(재적) :적소(謫所)에 있음 * 在謫人(재적인)	

邈	辶(辵) <멀 막> ①멀다 ②아득하다 ③근심하다 ④업신여기다	* 邈然(막연) :漠然(막연). 아득하여 분명하지 않은 모양 * 邈遠(막원) :멀고 아득함 * 逾邈(유막) :아득히 멂 * 綿邈(면막) :매우 멀고 아득함 * 曠遠綿邈(광원면막) :山江 등이 아득히 멀고 널리 줄지어 있음	<막겁도서> 멀리 섬 지방(地方)으로 가서
迲	辶(辵) <갈 겁 / 자래 겁> ①가다 ②자래(쌍으로 된 생선의 알상자를 세는 단위) ③자래(나뭇단을 세는 단위)(겁·가)	* 迲乃(거내) :<借音>거래. 자래 (쌍으로 된 생선의 알 상자)	
島	山 <섬 도> ①섬(水中之陸地也) <說文>海中往往有山可依止曰島	* 島嶼(도서) :크고 작은 섬들 * 孤島(고도) :외딴 섬. 낙도(落島) * 半島(반도) :삼면이 바다에 둘러싸인 육지(陸地) * 列島(열도) :줄을 지은 모양으로 죽 늘어선 여러 개의 섬	
嶼	山 <섬 서> ①섬(海中州) ②작은 섬 ③작은 산(小山) <六書故>平地小山也 在水爲島 在陸爲嶼	* 島嶼性(도서성) :도서(島嶼)에 딸린 특성(特性). 도서적(島嶼的)인 성격(性格)이나 성질(性質) * <廣韻>嶼 海中州也 <集韻>嶼 山在水中	

隻	隹 <외짝 척> ①외짝 ②하나 ③새 한 마리 ④척(배를 세는 단위) ⑤쪽, 짝 ⑥단독(單獨)의, 단일(單一)의, 단 하나의	* 隻手空拳(척수공권) :외손에 맨주먹. 곧 가진 것이 없음 * 孤身隻影(고신척영) :외로운 몸과 하나의 그림자라는 뜻으로, 몸 붙일 곳 없이 떠도는 외로운 신세(身世) * 片言隻句(편언척구) :몇 마디 안 되는 짧은 말	<척영형극> 외로운 그림자를 끌며 고난의 가시밭길을 가게 되었다.
影	彡 <그림자 영> ①그림자 ②환상(幻像), 가상(假象) ③형상(形象·形像), 모습, 자태 ④초상(肖像), 화상(畫像) ⑤음덕(陰德), 도움	* 影像(영상) :화상(畫像)을 그린 족자(簇子). 영정(影幀) * 影響(영향) :어떤 사물(事物)의 작용(作用)이 다른 사물에 미쳐 반응(反應)이나 변화(變化)를 주는 일 * 撮影(촬영) :형상(形象·形像)을 사진(寫眞)으로 찍음	
荊	艹(艸·草) <가시나무 형> ①가시나무 ②곤장(棍杖) ③아내	* 荊棘(형극) :나무의 가시. <比喩>고난(苦難)의 길 * 荊婦(형부) :荊妻(형처). 남에게 자기 아내를 낮추어 이름 * 負荊請罪(부형청죄) :가시나무를 등에 지고 죄를 청함 * 肉袒負荊(육단부형) :웃옷을 벗고 가시나무를 짐. 크게 뉘우침	
棘	木 <가시 극> ①가시 ②가시나무 ③멧대추나무 ④창(槍 :武器의 하나) ⑤공경(公卿)의 자리 ⑥야위다 ⑦벌여놓다	* 棘人(극인) :喪制(상제). 부모의 상중(喪中)에 있는 사람 * 加棘(가극) :배소(配所) 울타리에 가시나무를 둘러치는 일 * 栫棘(천극) :①가난한 사람이 옷이 없어서 밖에 나가지 못함을 가리키는 말 ②가극(加棘)	

雜	隹 <섞일 잡> ①섞이다, 뒤섞이다 ②섞다 ③어수선하다, 번다하다(煩多·繁多) ④거칠다 ⑤천하다(賤), 낮다 ⑥많다	* 雜輩(잡배) :잡된 무리. * 雜音(잡음) :뒤섞여서 시끄러운 소리. * 複雜(복잡) :여럿이 겹치고 뒤섞여 있음 * 錯雜(착잡) :갈피를 잡을 수 없이 뒤섞여 어수선함	<잡배분집> 잡된 무리들이 일시(一時)에 모여들더니
輩	車 <무리 배> ①무리(모여서 뭉친 한 동아리) ②짝 ③순서(順序) ④친족 간의 서열, 항렬 ⑤수레가 줄을 지어 섰을 때의 그 행렬	* 輩出(배출) :①인재가 연달아 많이 나옴 ②무리지어 나옴 * 奴輩(노배) :'자식(子息)들', '놈들'의 뜻으로, 남을 얕잡는 말 * 先輩(선배) :학교(學校)나 직장(職場)을 먼저 거친 사람 * 暴力輩(폭력배) :폭력(暴力)을 행사(行使)하는 무리	
坌	土 <먼지 분 / 모일 분> ①먼지 ②티끌 ③솟아오르는 모양 ④모이다 ⑤줄을 서다 ⑥뿌리다	* 坌集(분집) :①복잡(複雜)하게 무더기로 모여듦 ②큰 세력이 일시에 모임 * 坌起(분기) :뭉쳐서 일어남. * 坌出(분출) :수두룩이 나옴 * 垢坌(구분) :더러운 것이 모여 있음. 또는 때와 먼지	
集	隹 <모일 집> ①모이다 ②모으다 ③이루다 ④이르다, 닿다, 도달하다(到達) ⑤가지런하다 ⑥편안(便安)히 하다	* 集團(집단) :모여서 이룬 떼. 또는 단체(團體) * 集中(집중) :어떤 것을 중심으로 몰리거나 쏠리게 함 * 募集(모집) :사람이나 물품(物品)을 널리 구(求)하여 모음 * 蒐集(수집) :어떤 것을 여러 가지로 찾아 모음. 모으기	

闃	門 <고요할 격> ①고요하다(조용하고 잠잠하다) ②조용하다 ③인기척이 없다	* 闃然(격연) :매우 고요하고 쓸쓸한 모양 * 闃寂(격적) :아무 것도 없이 텅 비어 호젓하고 쓸쓸함 * 敻闃(형격) :멀고 고요함	<격항소요> 고요하던 골목이 떠들썩한 일로 어수선해졌다.
闀	門 <골목 항> ①골목 ②거리 ③갖추다 ④구비하다(具備)	* 闀陌(항맥) :巷陌(항맥). 거리. 도회지(都會地)의 거리 <中語>길거리와 골목의 통칭(通稱)	
騷	馬 <떠들 소> ①떠들다, 떠들썩하다 ②소동(騷動) ③근심, 근심하다 ④급하다(急) ⑤(말을)긁다, 긁어 주다 ⑥절뚝발이	* 騷擾(소요) :여럿이 떠들어 어수선하거나 들고 일어남 * 騷動(소동) :①수선거리면서 움직이는 일 ②사건이나 큰 변 * 騷亂(소란) :야단스럽고 시끄러움 * 騷音(소음) :시끄러운 소리	
擾	扌(手) <시끄러울 요 / 어지러울 요> ①시끄럽다 ②어지럽다 ③흐려지다, 탁해지다 ④길들이다	* 擾動(요동) :搖動(요동). 요란스럽게 흔들림 * 擾民(요민) :백성(百姓)을 성가시게 함 * 擾亂(요란) :搖亂(요란). 擾攘(요양). 시끄럽고 어지러움 * 紛擾(분요) :紛亂(분란). 어수선하고 떠들썩함	

拿	手 <잡을 나> ①잡다 ②붙잡다, 포획하다(捕獲) ③손에 넣다 ④사로잡다 ⑤점령하다(占領) ⑥탈취하다(奪取)	* 拿處(나처) :잡아들이어 조처(措處)함 * 拿致(나치) :죄인(罪人)을 붙잡아 강제(强制)로 데려 감 * 拿捕(나포) :①죄인(罪人)을 붙잡는 일 ②타국(他國)의 선박(船舶)을 자기의 지배하에 두는 행위	<나초조곤> 이에 소요(騷擾)를 일으킨 불량배(不良輩) 들을 붙잡아서 묶어놓고
帩	巾 <묶을 초> ①묶다 ②두건(頭巾)	* 帩頭(초두) :幧頭(조두). 고대(古代)에 남자(男子)의 머리카락을 묶던 두건(頭巾)	
刁	刀 <조두 조 / 바라 조> ①조두(刁斗 :구리로 만든 징의 일종) ②바라(哱囉 :나각. 소라의 껍데기로 만든 옛 군악기) ③칼(도) ④갈치(도)	* 刁棍(조곤) :악한(惡漢). 무뢰한(無賴漢). 불량배(不良輩) * 刁姦(조간) :여자(女子)를 꾀어내서 간통(姦通)함 * 刁斗(조두) :군대에서 야경(夜警)하느라고 치던 동라(銅鑼) * 刁踊(조용) :물가가 오름. 고등(高騰).	
棍	木 <몽둥이 곤> ①몽둥이 ②곤장(棍杖) ③일으키다 ④묶다(혼) ⑤동여매다(두르거나 감거나 하여 묶다)(혼) ⑥함께(혼)	* 棍棒(곤봉) :나무를 짤막하고 둥글게 깎아 만든 몽둥이 * 棍杖(곤장) :죄인(罪人)을 때리던 형구(刑具)의 하나 * 棍刑(곤형) :곤장으로 죄인(罪人)의 볼기를 치던 형벌(刑罰) * 治盜棍(치도곤) :①곤장의 한 가지 ②곤욕(困辱)을 치르는 것	

捶	扌(手) <때릴 추> ①때리다, 매질하다 ②종아리 치다 ③채찍질하다 ④찧다, 빻다 ⑤매, 몽둥이, 채찍, 종아리채	* 捶拷(추고) :매를 치면서 고문(拷問)함 * 捶曳(추예) :매를 치고 이리저리 끌고 다님 * 捶笞(추태) :볼기를 침 * 剝髓捶肌(박수추기) :골수를 깎아내고 살을 짓찧음	<추고신국> 매를 치고 고문(拷問)하 면서 죄상(罪狀)을 물어 조사(調査)하 는데,
拷	扌(手) <칠 고> ①치다, 때리다 ②두드리다 ③도려내다 ④약탈하다(掠奪) ⑤빼앗다	* 拷問(고문) :신체(身體)나 정신(情神)에 격심(激甚)한 고통(苦痛)을 가(加)하는 심문행위(審問行爲) * 拷訊(고신) :고문(拷問) * 拷打(고타) :피의자(被疑者)를 고문(拷問)하여 때림	
訊	言 <물을 신> ①묻다 ②(죄를)조사하다(調査), 나무라다 ③말하다, 간하다(諫) ④알리다, 편지(便紙片紙), 소식(消息) ⑤다스리다	* 訊鞫(신국) :죄상(罪狀)을 물어 조사(調査)하는 일. 訊問 * 訊問(신문) :캐어물음. 따져서 물음 * 拷訊(고신) :고문(拷問) * 鞫訊(국신) :鞫訊(국신). 국문(鞫問)함	
鞫	革 <국문할 국> ①국문하다(鞫問鞫問) ②심문하다(審問) ③죄안(罪案) ④곤궁하다(困窮) ④다하다 ⑤물가의 굽어 들어간 곳	* 鞫訊(국신) :죄(罪)를 신문(訊問)함. 鞫問(국문). 鞫訊(국신) * 鞫問(국문) :중죄인(重罪人)을 국청(鞫廳)에서 신문(訊問)함 * 鞫正(국정) :鞫正(국정). 조사(調査)하여 바로잡음 * 鞫劾(국핵) :鞫劾(국핵). 송사(訟事)를 심리(審理)함	

諈	言 <번거롭게 할 추> ①번거롭게 하다 ②(스스로 해결하지 못하고 남에게)수고를 끼치다 ③핑계하다 ④남의 탓으로 돌리다	* 諈諉(추위) :일을 남의 탓으로 잘 돌리는 사람들. <列子 제6篇>(力命)에서, 일을 남의 탓으로 잘 돌리는 사람들을 추위(諈諉)로 표현하였음	<추위서구> 일을 남의 탓으로 잘 돌리는 사람들인 추위(諈諉)처럼 허둥대며 꾸며대기에,
諉	言 <번거롭게 할 위> ①번거롭게 하다 ②핑계대다 ③맡기다	* 推諉(추위) :推委(추위). 자기(自己)의 일에 관(關)해 자기가 책임(責任)을 지지 않고 남에게 전가(轉嫁)함 * 強諉(강위) :억지로 맡김	
恓	忄(心) <애쓸 서 / 허둥댈 서> ①애쓰다 ②번뇌하다(煩惱) ③허둥대다 ④적막하다(寂寞)	* 恓恓(서서) :적막(寂寞)하다 * 恓惶(서황) :당황하여 허둥지둥하다. 놀라 쩔쩔매다. 낭패하여 어찌할 바를 모르다 * 零落恓惶(영락서황) :고독함에 몸부림침을 이르는 말	
搆	扌(手) <얽을 구 / 이해 못할 구> ①얽다 ②차리다, 꾸미다, 얽어 만들다 ③헐뜯다 ④구상하다(構想) ⑤이해(理解) 못하다, 사리를 깨닫지 못하다	* 搆告(구고) :터무니없는 사실을 꾸며 고발하거나 고소함 * 搆誣(구무) :터무니없는 사실을 꾸며서 무고(誣告)함 * 搆殺(구살) :터무니없는 죄를 얽어 만들어 죽임 * 搆煽(구선) :터무니없는 사실을 얽어 만들어서 선동함	

한자	뜻	용례	이야기
噫	口 <한숨 쉴 희> ①한숨을 쉬다 ②탄식하다(歎息·嘆息) ③아아! ④느끼다 ⑤트림하다(애) ⑥하품(애)	* 噫噫(희희) :아! 하는 감탄사(感歎詞). 비통(悲痛)함과 탄식(歎息)을 나타냄 * 噫嗚(희오) :슬피 탄식(歎息)하고 괴로워하는 모양(模樣) * 噫氣(애기) :噯氣(애기). 트림. 트림하는 것	<희희루건> 탄식(歎息)하며 말하기를, "아아! 그동안 여러 차례에 걸쳐서 지은 허물이 있건만,
嘻	口 <화락할 희> ①화락하다(和樂 :화평하게 즐기다) ②웃다 ③억지로 웃다 ④자득하다 ⑤아! (감동하여 내는 소리)(의)	* 嘻笑之言或成實際(희소지언혹성실제) :<俗>농담이 진담된다. <比喩>웃으며 농으로 한 말에도 평소에 생각한 것이 들어 있을 수 있기 때문에 진담이 될 수도 있다. 假弄成眞(가농성진)	
屢	尸 <여러 루 / 창 루> ①여러 ②자주 ③수효(數爻)가 많은 ④여러 번 되풀이하여 ⑤창(窓), 빛이 들어오는 창(光窓) ⑥씨뿌리는 수레	* 屢年(누년) :累年(누년) * 屢次(누차) :屢回(누회). 여러 차례 * 屢屢(누누) :누누이(屢屢). 말 따위를 여러 번 반복(反復)함 * 屢見不鮮(누견불선) :자주 대하니 신선함이 없다는 뜻으로, 너무 자주 보아 전혀 새롭지 않음	
諐	言 <허물 건> ①허물, 잘못하다 ②어그러지다 ③어기다, 위반하다(違反) ④나쁜 병 ⑤악질(惡疾 :고치기 힘든 병)을 앓다	* 諐殃(건앙) :잘못된 것 * 諐節(건절) :諐候(건후). (書簡文에서)남을 높이어 그의 병(病)을 이르는 말	

한자	뜻	용례	이야기
癡	疒 <어리석을 치> ※ 痴는 俗字 ①어리석다 ②어리다 ③미련하다 ④미치다(말과 행동이 보통 사람과 다르게 되다), 미치광이 ⑤열중하다(熱中)	* 癡呆(치매) :언어(言語) 동작(動作)이 느리고 정신(精神) 작용(作用)이 완전(完全)하지 못함. 어리석음 * 白癡(백치) :天癡(천치). 뇌수(腦髓) 장애(障礙)로 인한 바보 * 音癡(음치) :소리에 대한 음악적(音樂的) 감각이 둔한 사람	<치매숙맥> 이 어리석어서 콩과 보리도 구분하지 못하는 바보야! <이 어리석은 바보야!>
呆	口 <어리석을 매(태) / 지킬 보> ①어리석다 ②미련하다 ③어리둥절하다 ④지키다, 보호하다(保護), 보위하다(保衛)(보) ⑤보증하다(保證)(보)	* 呆笨(매분) :우둔(愚鈍)하다 * 呆子(매자) :愚人(우인) * 呆重(매중) :笨重(분중). ①육중하다. 둔하고 무겁다 ②우둔하다 ③품이 많이 들고 힘들다. 고되다 * 呆板(매판) :멍든 자리	
菽	++(艸·草) <콩 숙> ①콩(콩과의 한해살이풀) ②대두(大豆) ③콩잎	* 菽麥(숙맥) :①콩과 보리 ②숙맥불변(菽麥不辨) * 菽萁(숙기) :콩깍지 * 菽芽(숙아) :菽菜(숙채). 콩나물 * 菽麥不辨(숙맥불변) :콩과 보리도 구분하지 못할 만큼 어리석음. 어리석고 못난 사람을 비유(比喩)	
麥	麥 <보리 맥> ①보리(볏과의 두해살이풀) ②귀리(볏과의 한해 또는 두해살이풀) ③메밀 ④작은 매미 ⑤묻다, 매장하다(埋葬)	* 麥酒(맥주) :엿기름에 홉(hop)을 넣어 발효(醱酵)시킨 술. 비어(beer) * 麥秀之歎(맥수지탄) :보리만 무성(茂盛)하게 자란 것을 탄식(歎息)함이라는 뜻으로, 고국의 멸망을 탄식함	

한자	뜻	용례	이야기
單	口 <홑 단> ①홑, 하나 ②혼자 ③외롭다 ④오직, 다만 ⑤정성(精誠), 참으로 ⑥한 벌의 옷 ⑦오랑캐의 이름(선)	* 單純(단순) :복잡(複雜)하지 않고 간단(簡單)함 * 簡單(간단) :간략(簡略)하고 또렷함 * 單獨(단독) :단 하나. 단 한 사람. 혼자 * 單位(단위) :양(量)을 계산(計算)하는 기준(基準)이 되는 것	<단괴저어> 단 하나만 어그러져도 가지런하지 않게 된다." 하고는 <단 하나만 어그러져도 말이 맞지 않는 법이다." 하고는>
乖	丿 <어그러질 괴> ①어그러지다, 어긋나다, 비뚤어지다 ②다르다, 차이(差異)가 있다 ③거스르다 ④단절되다(斷切·斷截)	* 乖覺(괴각) :①총명(聰明)한 사람 ②조숙(早熟)한 사람 * 乖離(괴리) :서로 어긋나 동떨어진 상태(狀態) * 乖僻(괴벽) :성격 따위가 이상야릇하고 까다로움 * 乖愎(괴팍) :성미(性味)가 까다롭고 별나서 붙임성이 없음	
齟	齒 <어긋날 저> ①(이가) 어긋나다 ②(윗니 아랫니가 서로 어긋나) 맞지 않다 ③씹다 ④이(齒)가 바르지 못하다(차)	* 齟齬(저어) :①틀어져서 어긋남. 상하(上下) 치아(齒牙)가 서로 가지런하지 않다. ②의견(意見)이 맞지 않음	
齬	齒 <어긋날 어> ①(아래윗니가) 어긋나다(齒不相值) ②맞지 않다	* 齹齬(차어) :이가 바르지 못하고 어긋남	

한자	뜻	용례	이야기
敲	攴(攵) <두드릴 고> ①두드리다 ②후려치다 ③곁매치다 ④짤막한 회초리	* 敲扑(고복) :매를 침. 죄인(罪人)을 매질하는 것을 가리킴 * 敲擊(고격) :치고 때림 * 推敲(퇴고) :미느냐(推) 두드리느냐(敲) 라는 뜻으로, 시문(詩文)의 자구(字句)를 여러 번 고침을 이름	<고복질타> 매질을 하면서 성을 내서 꾸짖고 나서,
扑	扌(手) <칠 복> ①치다, 때리다, 구타하다(毆打), 때려눕히다 ②두드리다 ③엎드러지다, 넘어지다 ④종아리채, 매, 회초리, 몽둥이	* 扑撻(복달) :종아리를 때림 * 敲扑(고복) :두드려 침 * 敬扑(경복) :敬復(경복). 공경(恭敬)하여 답장(答狀)함 * 鞭扑(편복) :鞭撻(편달). ①채찍으로 때림 ②잘 할 수 있도록 따끔하게 나무라는 것	
叱	口 <꾸짖을 질> ①꾸짖다, 책망하다(責望) ②욕하다(辱) ③소리치다, 성을 내는 소리 ④(소리의 형용)혀를 차는 소리	* 叱咤(질타) :叱咄(질돌). 성내어 큰소리로 꾸짖음 * 叱責(질책) :꾸짖어서 나무람 * 雨脚尺天地 雷聲叱江山 :빗발은 하늘과 땅을 재고, 우레 소리는 강과 산을 꾸짖음	
咤	口 <꾸짖을 타> ①꾸짖다, 나무라다 ②(혀를)차다 ③슬퍼하다, 개탄하다(慨歎·慨嘆) ④(입맛을)다시다 ⑤음식 먹는 소리 내다	* 咤食(타식) :헛소리를 내며 먹음 * 咤咟(타확/타획) :메뚜기 * 咤叱(타질) :叱咤(질타) * 咤咤(타타) :노(怒)한 소리 * 叱咤激勵(질타격려) :큰소리로 꾸짖기도 하고, 격려(激勵)도 하고 하며 분발(奮發)하게 함	

枷	木 <칼 가 / 도리깨 가> ①칼(죄인에게 씌우던 형틀. 널빤지의 한끝에 구멍을 뚫어 죄인의 목을 끼움) ②도리깨(곡식의 낟알을 떠는 기구)	* 枷鎖(가쇄) :죄인의 목에 칼을 씌우고 발에 쇠사슬을 채움 * 鐵枷(철가) :죄인을 구속하는 쇠로 만든 형구(刑具). 쇠고랑 * 着枷(착가) :죄인(罪人)의 목에 칼을 씌움. 착칼 * 連枷(연가) :連耞(연가). 도리깨. 곡식의 낟알을 떠는 데 씀	<가랍질곡> 목에 칼을 씌우고 끌고 가서 차꼬와 수갑을 채우고는
拉	扌(手) <끌 랍 / 꺾을 랍> ①끌다 ②끌고 가다, 잡아가다 ③꺾다, 부러뜨리다, 부수다 ④당기다 ⑤바람 소리	* 拉致(납치) :강제(强制) 수단(手段)을 써서 억지로 데리고 감 * 被拉(피랍) :납치(拉致)를 당(當)하는 것 * 摧枯拉朽(최고납후) :마른 나무 꺾기와 썩은 나무 부러뜨리기. <比喩>①어떤 일을 하기 쉬움 ②쉽사리 굴복시킴	
桎	木 <차꼬 질> ①차꼬(죄수를 가두어 둘 때 쓰던 형구(刑具). 족쇄(足鎖) ②차꼬를 채우다 ③(물건 사이에 끼우는)쐐기 ④막히다	* 桎梏(질곡) :차꼬(着錮)와 수갑(手匣). 곧 몸과 마음을 속박(束縛)하여 자유(自由)를 억압(抑壓)하는 것 * 桎檻(질함) :발에 칼을 씌워 감옥(監獄)에 넣음	
梏	木 <수갑 곡> ①수갑(手匣), 쇠고랑 ②(쇠고랑을)채우다 ③묶다, 붙잡다 ④궤다 ⑤어지럽히다 ⑥크다(각)	* 荷琵琶者抃 荷桎梏者亦抃(하비파자변 하질곡자역변) :비파 멘 놈이 손뼉 치면 형틀 멘 놈도 손뼉 친다. <比喩>남이 하는 것을 덩달아 흉내냄. 琵琶者舞枷者亦舞. 瑟人蹲蹲荷校隨欣.	

牢	牛 <우리 뢰> ①우리 ②감옥(監獄) ③희생(犧牲)(소, 양, 돼지의 세 희생) ④굳다 ⑤에워싸다 ⑥안온하다(安穩 :조용하고 편안하다)	* 牢獄(뇌옥) :죄인(罪人)을 가두는 옥(獄). 감옥(監獄) * 周牢(주뢰) :주뢰(周牢)가 變하여 주리(罪人의 다리 사이에 주릿대를 끼워 비트는 刑罰)로 통용(通用)됨 * 亡牛補牢(망우보뢰) :소 잃고 외양간 고친다. 亡羊補牢	<뇌옥구수> 감옥(監獄)에다 죄수(罪囚)로 가두어 두고
獄	犭(犬) <감옥 옥> ①옥(獄), 감옥(監獄) ②송사(訟事) ③판결(判決) ④죄(罪)	* 監獄(감옥) :죄인(罪人)을 가두어 놓는 곳. 형무소(刑務所) * 囚獄(수옥) :옥(獄). 감옥(監獄) * 地獄(지옥) :중생(衆生)이 자기가 지은 죄업(罪業)으로 가서 나게 된다는 지하(地下)의 세계(世界)	
拘	扌(手) <잡을 구> ①잡다, 잡히다 ②체포하다(逮捕), 체포되다(逮捕) ③굽히다, 구부리다 ④(두 팔을 벌려)껴안다 ⑤단속하다(團束)	* 拘囚(구수) :죄인을 잡아서 가두어 둠. 갇혀 있는 죄수(罪囚) * 拘束(구속) :구인(拘引)하여 속박(束縛)함 * 拘礙(구애) :거리끼거나 얽매임 * 不拘(불구) :무엇에 얽매이거나 거리끼지 아니함	
囚	囗 <가둘 수> ①가두다, 자유를 빼앗다 ②갇히다, 감금되다(監禁) ③사로잡다 ④죄인(罪人) ⑤포로(捕虜) ⑥인질(人質) ⑦옥사(獄舍)	* 囚獄(수옥) :옥. 감옥(監獄) * 俘囚(부수) :捕虜(포로). 전투(戰鬪)에서 사로잡힌 적군(敵軍) * 罪囚(죄수) :교도소(矯導所)에 수감(收監)된 죄인(罪人) * 死刑囚(사형수) :사형(死刑)의 판결(判決)을 받는 죄수(罪囚)	

訴	言 <호소할 소> ①호소하다(呼訴) ②하소연하다 ③아뢰다(말씀드려 알리다), 알리다 ④고소하다(告訴), (판결을)구하다(求)	* 訴訟(소송) :재판(裁判)을 걸다. 고소(告訴)하다 * 呼訴(호소) :억울(抑鬱)하고 원통(冤痛)한 사정(事情)을 관청(官廳)이나 남에게 하소연하는 것 * 呼訴無處 :원통한 사정을 호소할 곳이 없음. 呼訴無地	<소송재판> 기소(起訴)를 하게 되니, 법원(法院)에서 재판(裁判)을 한 결과(結果),
訟	言 <송사할 송> ①송사하다(訟事), 고소하다(告訴) ②다투다 ③쟁론하다(爭論) ④신원하다(伸冤) ⑤꾸짖다 ⑥자책하다(自責)	* 訟事(송사) :옳고 그름의 판결(判決)을 호소함. 소송(訴訟) * 健訟(건송) :웬 만한 일에도 송사(訟事)하기를 즐겨함 * 爭訟(쟁송) :서로 다투며 송사(訟事)를 일으킴 * 自責內訟(자책내송) :스스로 제 언행(言行)을 꾸짖음	
裁	衣 <마를 재> ①(옷을)마르다(치수에 맞게 자르다), 자르다 ②(옷을)짓다, 만들다 ③(글을)짓다 ④결단하다(決斷), 결정하다(決定)	* 裁判(재판) :옳고 그름을 밝히고 심판(審判)함 * 制裁(제재) :法令이나 規則 違反時 加하는 징벌(懲罰) * 裁斷(재단) :①옷감 따위를 본에 맞추어 마름 ②옳고 그름과 착하고 악함을 가름	
判	刂(刀) <판단할 판 / 판가름할 판> ①판단하다(判斷) ②판결하다(判決) ③가르다, 나누다(牉), 구별하다(區別) ④떨어지다, 흩어지다	* 判決(판결) :시비선악(是非善惡)을 판단하여 결정(決定)함 * 判斷(판단) :判定(판정). 斷定(단정). 생각하여 판가름함 * 批判(비판) :비평(批評)하여 판정(判定)함 * 審判(심판) :심리(審理)하여 판단(判斷), 또는 판결(判決)함	

檻	木 <우리 함 / 난간 함> ①우리 ②덫, 함정(陷穽·檻穽) ③함거(檻車: 죄인을 실어 나르던 수레) ④난간(欄干·欄杆) ⑤막다 ⑥닫다	* 檻車(함거) :짐승이나 죄수(罪囚)를 호송(護送)하던 수레 * 桎檻(질함) :발에 칼을 씌워 감옥에 넣음 * 折檻(절함) :난간(欄干)을 부러뜨림. <比喩>신하(臣下)가 임금에게 강경(强硬)하게 간(諫)함	<함우영어> 죄수(罪囚)를 호송(護送)하는 수레는 감옥(監獄)을 향해서 가게 되었다.
于	二 <어조사 우> ①어조사(語助辭)(~에서, ~부터, ~까지, ~에게) ②향하여 가다 ③동작(動作)을 하다, 행하다(行) ④구하다(求)	* 于歸(우귀) :신부(新婦)가 처음으로 시집에 들어감 * 于今(우금) :지금까지 * 至于今(지우금) :여태까지 * 于先(우선) :무엇보다도 먼저 * 于禮(우례) :우귀(于歸)의 禮 * 三歲之習至于八十(삼세지습지우팔십) :세 살 버릇 여든까지 감	
囹	囗 <옥 령> ①옥(獄), 감옥(監獄)	* 囹圄(영어) :圄囹(어령). 죄수(罪囚)를 가두는 곳. 감옥(監獄) * 倉廩實而囹圄空(창름실이영어공) :백성(百姓)의 생계(生計)가 풍족(豐足)하면 감옥(監獄)은 텅 비게 됨.	
圄	囗 <옥 어> ①옥, 감옥(監獄) ②가두다 ③지키다 ④말을 기르는 사람	* 圄囹(어령) :囹圄(영어). 監獄(감옥) * 圄扃(어경) :감옥(監獄)의 문(門) * 梐圄(폐어) :監獄(감옥)	

漢字	뜻	용례	풀이
辿	辶(辵) <천천히 걸을 천> ①천천히 걷다(緩步)	* 辿步(천보) :천천히 걸음	<천과한굉> 마을 어귀에 세운 문(里門)을 천천히 걸어서 지나쳐서
過	辶(辵) <지날 과> ①지나다, 경과하다(經過) ②예전 ③초과하다(超過), 지나치다 ④(분수에)넘치다, 넘다 ⑤허물, 잘못	* 過程(과정) :일이 되어 가는 경로(經路) * 過去(과거) :지나간 때 * 過剩(과잉) :지나치게 남음 * 經過(경과) :①(시간이나 장소를)지나감 ②일을 겪음 * 謝過(사과) :잘못에 대(對)하여 용서(容恕)를 빎	
閈	門 <이문 한> ①이문(里門. 동네의 어귀에 세운 문) ②마을 ③담, 담장(牆)	※ 閈 :里門. 동네의 어귀에 세운 문(門) * 閈閎(한굉) :마을 어귀에 세운 문(門). 里門. 里巷的大门 <左传·襄公三十一年> 高其閈閎 厚其墻垣. * 同閈(동한) :마을을 이웃하여 삶 * 廛閈(전한) :작은 가게	
閎	門 <마을문 굉> ①마을의 문(門) ②문(門) ③하늘의 문(門) ④문설주 ⑤크다 ⑥안이 넓다, 넓히다 ⑦공허(空虛)하다	※ 閎 :巷門. 마을 어귀의 문(门). 마을 소로(小路)에 세운 문 * 閎廓(굉곽) :宏廓(굉곽). 넓고 깊음. * 閎辯(굉변) :宏辯(굉변). 대단한 변론(辯論) * 閎誕(굉탄) :밑도 끝도 없는 큰소리를 하는 일	

漢字	뜻	용례	풀이
噲	口 <목구멍 쾌> ①목구멍 ②시원하다, 상쾌하다(爽快) ③밝다, 환하다	* 噲伍(쾌오) :與噲等伍(樊噲와 같은 패거리)의 준말로, 漢나라의 韓信이 번쾌(樊噲)와 같은 못난이와 어깨를 나란히 하게 됨을 歎息한 데서 緣由. ①평범한 인물 ②벗으로 사귐을 부끄럽게 여김을 비유(比喩)	<쾌오동석> 벗으로 사귀기에는 좀 부끄러운 패거리들이 자리를 같이 했다.
伍	亻(人) <다섯 사람 오> ①다섯 사람 ②다섯 집 ③다섯 ④대오(隊伍), 대열(隊列) ⑤군대(軍隊) ⑥동반자(同伴者) ⑦섞이다	* 落伍(낙오) :여럿이 줄을 지어 가는 무리에서 뒤로 처짐 * 隊伍(대오) :군대(軍隊)의 항오(行伍). 군대 행렬(行列)의 줄 * 行伍(항오) :군사(軍士)를 편성(編成)하는 대오(隊伍). 한 줄에 5명을 오(伍), 5줄인 25명을 항(行)이라 함	
同	口 <한가지 동> ①한가지 ②함께(同), 같이하다 ③합치다(合) ④고르게 하다(均一) ⑤화합하다(和合) ⑥무리, 동아리 ⑦모이다	* 同席(동석) :①같은 지위(地位) ②자리를 같이 함 * 同等(동등) :등급(等級)이 같음. 동급(同級) * 同時(동시) :같은 때. 같은 시간(時間) * 共同(공동) :여러 사람이 일을 같이 함	
席	巾 <자리 석> ①자리, 돗자리, 앉을 자리 ②깔다, 자리를 깔다 ③베풀다, 벌이다, 벌여 놓다 ④여럿이 모인 자리	* 座席(좌석) :①앉는 자리 ②여러 사람이 모인 자리 * 參席(참석) :여러 사람이 모인 자리에 참여(參與)함 * 出席(출석) :어떤 자리에 참석(參席)함 * 坐不安席(좌불안석) :자리에 편히 앉아있지 못함. 불안함	

漢字	뜻	용례	풀이
掔	手 <끌 견> ①끌다, 이끌다 ②몰다 ③단단하다 ④튼튼하다	* 掔羊(견양) :양(羊)을 잡아끌음 * 掔緯(견위) :단단히 잡아맴	<견준읍수> 술병을 끌어다가 긴 소매를 모아 잡으매 <예를 갖추어 술을 권하는 모습을 보이매>
樽	木 <술통 준> ①술통(술을 담아 두는 큰 통) ②술 단지(목이 짧고 배가 부른 작은 항아리) ③술잔(盞) ④술 그릇	* 樽床(준상) :제사(祭祀) 때에 준뢰(樽罍)를 올려놓는 상(床) * 金樽(금준) :금(金)으로 만든 술통이라는 뜻으로, 화려(華麗)하게 꾸며 만든 술통을 이르는 말 * 匏樽(포준) :박으로 만든 술그릇	
揖	扌(手) <읍할 읍> ①읍하다(揖 :인사하는 예(禮)의 하나) ②사양하다(辭讓)	* 揖讓(읍양) :①예를 다하여 사양(辭讓)함 ②읍하는 동작(動作)과 사양(辭讓)하는 동작(動作) ③겸손(謙遜)한 태도(態度)를 가짐 * 揖禮(읍례) :읍으로 하는 예(禮), 또는 그 예법(禮法)	
袖	衤(衣) <소매 수> ①소매(윗옷의 좌우에 있는 두 팔을 꿰는 부분) ②반소매저고리 ③소매에 넣다 ④소매 속에 숨기다	* 領袖(영수) :여럿 중(中)의 우두머리 * 紅袖(홍수) :①옛 군복의 붉은 소매 ②나인 * 袖手傍觀(수수방관) :팔짱을 끼고 보고만 있다는 뜻으로, 어떤 일을 당하여 옆에서 보고만 있는 것을 말함	

漢字	뜻	용례	풀이
挹	扌(手) <뜰 읍 / 당길 읍> ①(물에)뜨다 ②(물을)푸다 ③누르다, 겸양하다(謙讓) ④당기다, 잡아당기다 ⑤읍하다(揖 :인사하는 예(禮)의 하나)	* 挹掬(읍국) :손으로 움킴, 또는 퍼 냄 * 挹損(읍손) :損挹. 抑損. 자기 감정을 누르고 겸손함 * 挹遜(읍손) :곰살갑고 겸손함 * 傾挹(경읍) :온 정성을 다함 * 挹注(읍주) :①길어다 부음 ②여유분으로 부족한 것을 채움	<읍잔수작> 잔(盞)을 끌어당겨서 서로 술을 주고받고 나서 <예를 갖추어 잔(盞)을 높이 받들어 서로 술을 주고받고 나서>
盞	皿 <잔 잔> ①잔(盞) ②술잔(盞) ③등잔(燈盞) ④(술 등의)세는 단위(單位)	* 盞臺(잔대) :술잔을 받치는, 접시 모양의 그릇 * 燈盞(등잔) :기름을 담아 등불을 켜는 그릇 * 茶盞(찻잔) :차(茶)를 담아 마시는 잔(盞) * 火燈盞(화등잔) :①등잔(燈盞) ②놀라거나 앓아서 퀭해진 눈	
酬	酉 <갚을 수> ①갚다, 보답하다(報答) ②응대하다(應待) ③배상하다(賠償), 변상하다(辨償) ④(잔을)돌리다, (술을)권하다(勸)	* 酬酌(수작) :술잔을 서로 주고받는다는 뜻에서, ①말을 서로 주고받음, 또는 주고받는 그 말 ②엉큼한 속셈이나 속보이는 짓을 얕잡아 이름 * 報酬(보수) :①고마움을 갚음 ②근로(勤勞)의 대가(代價)	
酌	酉 <잔질할 작 / 술 부을 작> ①잔질하다(盞 :잔에 술을 따르다) ②술을 붓다, (술을)따르다 ③짐작하다(斟酌), 참작하다(參酌), 헤아리다	* 酌定(작정) :일의 사정(事情)을 잘 헤아려 결정(決定)함 * 自酌(자작) :自酌自飮의 준말. 혼자서 술을 따라 마심 * 斟酌(짐작) :①어림쳐서 헤아림 ②겉가량으로 생각함 * 參酌(참작) :참고(參考)하여 알맞게 헤아림	

酒	酉 <술 주> ①술(알코올 성분이 들어 있어 마시면 취하는 음료) ②(술을)마시다 ③잔치, 주연(酒宴) ④술자리, 주연(酒筵)	* 飮酒(음주) :술을 마심 * 酒案床(주안상) :술과 안주를 차려 놓은 상(床). 술상 * 酒池肉林(주지육림) :술이 못을 이루고 고기가 수풀을 이룸. <比喩>매우 호화(豪華)스럽고 방탕(放蕩)한 생활	<주반고효> 술 소반(小盤)에 놓인 살진 고기를 안주로 먹고는
槃	木 <쟁반 반> ①쟁반(錚盤) ②소반(小盤) ③머뭇거리다 ④멈추다 ⑤빙빙 돌다 ⑥즐기다(般)	* 涅槃(열반) :일체(一切)의 번뇌(煩惱)를 해탈(解脫)한 경지 * 毆槃捫燭(구반문촉) :장님이 쟁반을 두드리고 초를 어루만져 보고서 태양에 대해 말함. <比喩>남의 말만 듣고 지레짐작으로 이렇다 저렇다 논하는 것	
膏	月(肉) <기름 고> ①기름, 지방(脂肪) ②기름지다 ③살진 고기 ④고약(膏藥 :헐거나 곪은 데에 붙이는 끈끈한 약) ⑤은혜(恩惠) ⑥염통 밑	* 脂膏(지고) :脂肪(지방). 동물의 피하(皮下)에 있는 굳기름 * 軟膏(연고) :지방(脂肪)에 의약품을 섞은 외용제(外用劑) * 膏粱珍味(고량진미) :살진 고기와 좋은 곡식(穀食)으로 만든 맛있는 음식(飮食)	
肴	月(肉) <안주 효> ①안주(按酒) ②고기 안주(按酒) ③익힌 고기 ④채소 절임	* 佳肴(가효) :嘉肴(가효). 美肴(미효). 맛이 좋은 안주 * 珍味佳肴(진미가효) :맛있는 음식(飮食)과 좋은 안주 * 殘杯冷肴(잔배냉효) :마시다 남은 술과 다 식은 구운 고기. <比喩>보잘것없는 주안상으로 푸대접(待接)받음	

杓	木 <북두자루 표> ①북두 자루(북두칠성의 자루 부분) ②당기다 ③매다 ④치다, 때리다 ⑥구기(자루가 달린 술 따위를 푸는 용기)(작)	* 杓子(작자) :구기. 술이나 기름 따위를 풀 때에 쓰는 기구(器具) * 杓子定規(표자정규) :무엇이든지 하나의 규칙(規則)이나 척도(尺度)에 맞추려고 하는 융통성(融通性) 없는 태도(態度)를 말함	<표배아작> 술을 뜨는 자루달린 잔(盞)으로 억지로 따라 주면서 술을 권하고,
盃	皿 <잔 배> ※ 杯와 同義 ①잔(盞)(杯) ②(국을 담는)대접(위가 넓적하고 운두가 낮으며 뚜껑이 없는 그릇)	* 暴盃(폭배) :暴杯(폭배). 술을 한 사람에게만 거듭 따라 줌 * 賞盃(상배) :賞杯(상배). 표창(表彰)하기 위해 주는 술잔 * 毒盃(독배) :독약(毒藥)이 든 잔이나 그릇 * 一盃之飮必分而飮 :한 잔의 마실 것도 나누어서 먹어야 함	
掗	扌(手) <흔들 아 / 억지로 줄 아> ①흔들다 ②억지로 주다 ③떠맡기다	* 掗把(아파) :서로 자기의 의견을 고집함(相持也) * 掗賈(아고) :억지로 남에게 팔아넘김(强賣與人也) * 掗攞(아라) :흔들다(搖也) * 掗擺(아파) :꽉 움켜쥐고 있음(把持也)	
酢	酉 <식초 초 / 술권할 작> ①신맛이 나는 조미료(調味料), 초(醋), 식초(食醋) ②(맛이)시다, 신맛(酸) ③잔을 돌리다(작) ④응대하다(應待)(작)	* 酢酸(초산) :신맛과 자극적인 냄새가 나는 유기화합물 * 酬酢(수작) :서로 말을 주고받음. 또는 그 말 * 食酢(식초) :고유의 향기를 가진 신맛의 조미료 * 酢漿草(작장초) :괭이밥	

乾	乙 <하늘 건 / 마를 건> ①하늘 ②임금 ③남자(男子) ④마르다, 건조하다(乾燥), 말리다 ⑤건성(대충 겉으로만 함)으로 하다	* 乾杯(건배) :서로 잔을 높이 들어 행운을 빌고 마시는 일 * 乾坤(건곤) :①하늘과 땅 ②온 세상(世上) * 乾燥(건조) :습기(濕氣)나 물기가 없음. 마름 * 乾達(건달) :하는 일 없이 빈둥거리며 노는 사람	<건배감음> 서로 잔(盞)을 높이 들어 마시며 한창 흥겹게 술을 마신다.
杯	木 <잔 배> ※ 盃와 同義 ①잔(盞), 술잔(盞) ②(국을 담는)대접(위가 넓적하고 운두가 낮으며 뚜껑이 없는 그릇)	* 苦杯(고배) :①쓴 즙을 담은 잔 ②쓰라린 경험(經驗) * 杯中蛇影(배중사영) :술잔 속의 뱀 그림자. <比喩>①자기 스스로 의혹(疑惑)된 마음이 생겨 고민(苦悶)함 ②별 것 아닌 일에 의심(疑心)을 품고 근심함	
酣	酉 <흥겨울 감> ①흥겹다 ②(술을)즐기다 ③(술에)취하다(醉) ④무르익다 ⑤한창 ⑥성하다(盛)	* 酣飮(감음) :한창 흥겹게 술을 마심 * 酣樂(감락) :맘껏 즐김 * 酣歌(감가) :술을 마시고 흥겨워 노래 부름 * 酣臥(감와) :깊이 잠이 듦. 깊이 든 잠. 충분(充分)히 잠 * 酣戰(감전) :한창 격렬(激烈)하게 어우러진 싸움	
飮	食 <마실 음> ①마시다, 마시게 하다 ②먹이다, 먹게 하다 ③머금다, 품다 ④음식(飮食), 음료(飮料), 마실 것 ⑤호흡하다(呼吸)	* 飮料(음료) :물, 술 따위의 마시는 것의 총칭(總稱) * 飮食(음식) :먹는 것과 마시는 것 * 飮酒(음주) :술을 마심 * 簞食瓢飮(단사표음) :대그릇의 밥과 표주박의 물. <比喩>좋지 못한 적은 음식(飮食)	

欽	欠 <공경할 흠> ①공경하다(恭敬) ②존경하다(尊敬) ③흠모(欽慕)하다 ④삼가다 ⑤구부리다 ⑥(天子에 관해 붙이는)경칭(敬稱)	* 欽羨(흠선) :공경(恭敬)하고 부러워함. 선망(羨望)하다 * 欽慕(흠모) :기쁜 마음으로 사모(思慕)함 * 欽恤之典(흠휼지전) :죄수(罪囚)를 신중(愼重)히 심의(審議)하라는 뜻의 은전(恩典)	<흠선해학> 그들은 해학(諧謔)을 흠모(欽慕)하고 부러워한다지만 ,
羨	羊 <부러워할 선> ①부러워하다 ②탐내다(貪) ③사모하다(思慕) ④그리워하다 ⑤넉넉해지다, 풍요롭다(豐饒), 남다, 나머지, 잉여(剩餘)	* 羨望(선망) :부러워함 * 健羨(건선) :매우 부러워함 * 羨慕(선모) :부러워하며 사모(思慕)함 * 仰羨(앙선) :①우러러 부러워함 ②사모하고 동경(憧憬)함 * 艶羨(염선) :남의 좋은 점(點)을 몹시 부러워함	
諧	言 <화할 해 / 농지거리 해> ①화하다(和), 화합하다(和合) ②어울리다 ③조화되다(調和), 고르게 하다 ④농담하다(弄談), 농지거리, 해학(諧謔)	* 諧謔(해학) :익살스럽고도 멋이 있는 악의 없는 농담(弄談). 배회(俳詼). 회해(詼諧), 유머. * 俳詼(배회) :실없는 장난 * 詼諧(회해) :해학(諧謔). 익살 * 俳諧(배해) :남을 웃기려고 하는 소리. 악의 없는 농담(弄談)	
謔	言 <희롱할 학> ①희롱거리다(戲弄), 희롱하다(戲弄) ②농하다(弄), 농담하다(弄談) ③익살부리다	* 戲謔(희학) :실없는 말로 하는 농지거리 * 笑謔之戲(소학지희) :우스운 말로 된 간단한 연극(演劇). 한 사람의 광대가 자문자답(自問自答)하는 것이 보통(普通)임. 판소리의 기원(起源)이라고도 함	

0729 / 0730 / 0731 / 0732

한자	뜻	낱말	풀이
庶	广 <뭇 서 / 여러 서 / 거의 서> ①뭇, 무리, 여럿, 많다 ②거의 ③바라건대 ④서출(庶出 :첩의 자식이나 자손) ⑤천하다(賤) ⑥벼슬이 없는 사람	* 庶幾(서기) :①바람. 바라건대. ②거의 * 庶民(서민) :①관직(官職)이 없는 평민(平民). 庶人(서인) ②귀족(貴族)이 아닌 보통 신분(身分)의 사람 * 黎庶(여서) :백성. 검수(黔首 :관(冠)을 쓰지 않은 검은머리)	<서기외설> 막상 지껄이는 얘기는 거의 음란(淫亂)하고 저속(低俗)하매
幾	幺(幺) <몇 기> ①몇, 얼마, 어느 정도 ②거의 ③바라건대 ④가, 언저리 ⑤기미(幾微), 낌새, 조짐(兆朕), 징조(徵兆) ⑥위태롭다(危殆)	* 幾微(기미) :앞일에 대한 조짐(兆朕). 낌새 * 幾回(기회) :몇 번 * 幾何(기하) :①기하학(幾何學) ②얼마 * 幾死之境(기사지경) :거의 다 죽게 된 지경(地境) * 庶幾之望(서기지망) :거의 될 듯한 희망(希望)	
猥	犭(犬) <외람할 외> ①외람하다(猥濫 :하는 행동이나 생각이 분수에 지나치다) ②함부로 ③더럽다, 추하다(醜) ④뒤섞이다 ⑤적어도	* 猥褻(외설) :음란(淫亂)하고 노골적(露骨的)인 그림이나 이야기. 음란(淫亂)하다. 저속(低俗)하다 * 猥濫(외람) :하는 생각이나 짓이 분수(分數)에 지나침. * 猥廁(외측) :'여러 사람들 축에 외람되게 낌'의 겸사(謙辭)	
褻	衣 <더러울 설> ①더럽다 ②음란하다(淫亂) ③업신여기다 ④친압하다(親狎 :버릇없이 너무 지나치게 친하다) ⑤속옷 ⑥평복(平服)	* 褻昵(설닐) :친근하여서 스스럼없고 버릇없음 * 褻慢(설만) :행동(行動)이 무례(無禮)하고 방자(放恣)함 * 褻服(설복) :褻衣(설의). ①속옷 ②예복(禮服)이 아닌 평상복 * 褻語(설어) :외설(猥褻)한 말 * 褻器(설기) :뒷물을 담는 그릇	

한자	뜻	낱말	풀이
倡	亻(人) <여자 광대 창> ①(여자)광대(직업적 예능인) ②기생(妓生) ③가무(歌舞) ④노래 마디 ⑤부르다 ⑥미치광이 ⑦인도하다(引導)	* 倡優(창우) :俳優(배우). 廣大(광대). 연기(演技)하는 사람 * 排倡(배창) :廣大(광대). ①넓고 큼 ②직업적 예능인(藝能人) * 倡道(창도) :唱道(창도).앞장서서 솔선하여 부르짖음 * 倡隨(창수) :唱隨(창수). 부창부수(夫唱婦隨)의 준말	<창터양희> 기생(妓生)이 말을 늘어놓으며 거짓으로 즐거워하면서
攄	扌(手) <펼 터> ①펴다 ②(생각이나 말을)늘어놓다 ③나타내다 ④발표하다(發表) ⑤진술하다(陳述) ⑥약동하다(躍動)	* 攄竹(터대) :<借音>테대. 테를 메우는 데 쓰는 대나무 * 攄得(터득) :깊이 생각하여 이치(理致)를 깨달아 알아내는 것 * 攄破(터파) :자기의 속마음을 밝혀서 남의 의혹을 풀어 줌 * 攄抱(터포) :마음속에 품은 생각을 툭 털어 놓고 이야기함	
佯	亻(人) <거짓 양> ①거짓 ②속이다, 기만하다 ③가장하다(假裝), ~인 체하다 ④득의(得意)한 모양 ⑤헤매다 ⑥노닐다	* 佯狂(양광) :거짓으로 꾸며서 미친 체함 * 佯病(양병) :꾀병 * 佯名(양명) :이름을 속임 * 佯言(양언) :거짓말 * 佯敗(양패) :거짓으로 패한 체함 * 佯若不知(양약부지) :알고 있으면서 거짓으로 모르는 체함	
僖	亻(人) <기쁠 희> ①기쁘다, 기뻐하다(喜) 기쁨 ②즐겁다, 즐거워하다 ③좋다, 좋아하다 ④사랑하다 ⑤행복(幸福)	* 僖樂(희락) :喜樂(희락). 기쁨과 즐거움, 喜悅	

한자	뜻	낱말	풀이
蟻	虫 <개미 의> ①개미(개밋과의 곤충) ②검은 빛깔 ③술구더기(걸러 놓은 술에 뜬 밥알) ④미천함 ⑤보잘것없음	* 蟻腰(의요) :개미 허리 <比喩>개미처럼 가늘고 잘록한 허리 * 蟻徑(의경) :개미 길 <比喩>매우 작은 길 * 蟻寇(의구) :좀도둑 * 蟻裳(의상) :검은 치마 * 蟻穴(의혈) :개미 굴 * 螻蟻(누의) :땅강아지와 개미 <比喩>작은 힘	<의요아나> 개미처럼 가늘고 잘록한 허리를 드러내니 아름답고 요염(妖艶)하여
腰	月(肉) <허리 요> ①허리 ②중요(重要)한 곳 ③기슭 ④밑동(긴 물건의 맨 아랫동아리) ⑤(허리에)차다 ⑥신장, 콩팥	* 腰帶(요대) :허리띠 * 腰痛(요통) :허리가 아픈 병(病) * 細腰(세요) :①가느다란 허리 ②허리가 가늘고 날씬한 여자 * 腰折腹痛(요절복통) :우스워서 허리가 끊어지고 배가 아픈 지경 * 柳眉蜂腰(유미봉요) :버들 같은 눈썹에 개미 같은 허리	
婀	女 <아리따울 아> ①아리땁다 ②아름답고 날씬한 모양 ③머뭇거리다 ④주저(躊躇)하며 결단(決斷)하지 못하다	* 婀娜(아나) :①아름답고 요염(妖艶)함 ②유연(柔軟)하고 아름다운 모양 ③미녀(美女)의 아름다운 모양	
娜	女 <아름다울 나> ①아름답다, 아리땁다 ②예쁘다 ③날씬하다 ④휘청휘청하다 ⑤천천히 흔들리는 모양 ⑥물체가 노글노글 부드러운 모양	* 娜娜(나나) :①한들거리는 모양 ②가냘프고 아름다운 모양 <梅堯臣>萬柳枝娜娜	

한자	뜻	낱말	풀이
妖	女 <요사할 요> ①요사하다(妖邪 :요망하고 간사하다) ②요염하다(妖艶), 아리땁다 ④괴이하다(怪異) ⑤재앙(災殃) ⑥요괴(妖怪)	* 妖艶(요염) :(주로 女子가) 사람을 호릴 만큼 아리따움 * 妖妄(요망) :요사(妖邪)스럽고 망령(妄靈)됨. 터무니없음 * 妖邪(요사) :요망(妖妄)하고 간사(奸邪)함 * 妖怪(요괴) :①妖邪스럽고 怪常함 ②妖妄한 마귀(魔鬼)	<요염유혹> 사람을 홀릴 만큼의 아리따움으로 꾀어서 정신(精神)을 어지럽게 하니,
艶	色 <고울 염> ①곱다 ②아름답다 ③탐스럽다(貪) ④탐내다(貪) ⑤선망하다(羨望) ⑥부러워하다 ⑦광택(光澤), 윤나다(潤)	* 艶書(염서) :남녀(男女) 간의 애정(愛情)에 관한 편지(便紙) * 艶羨(염선) :남의 좋은 점(點)을 몹시 부러워함 * 芳艶(방염) :향기(香氣)롭고 아리따움 * 浮艶(부염) :겉은 화려(華麗)하나 실속(實)은 없음	
誘	言 <꾈 유> ①꾐(남을 꾀어 속이거나 부추기는 일), 꾀다, 유혹하다(誘惑) ②유인하다(誘引) ③권하다(勸) ④미혹(迷惑)시키다	* 誘惑(유혹) :①남을 꾀어서 정신(精神)을 어지럽게 함 ②나쁜 길로 꾐 * 誘發(유발) :원인이 된 어떤 일에 이끌려 다른 일이 일어남 * 誘致(유치) :꾀어서 끌어옴 * 誘導(유도) :이끎. 도유(導誘)	
惑	心 <미혹할 혹> ①미혹하다(迷惑) ②미혹케 하다(迷惑), 현혹시키다(眩惑) ③의심하다(疑心), 의아스럽게 여기다 ④번뇌(煩惱)	* 迷惑(미혹) :마음이 흐려서 무엇에 홀림 * 疑惑(의혹) :의심(疑心)스럽고 미혹됨. 수상(殊常)하게 여김 * 眩惑(현혹) :①어지러워져 홀림 ②어지럽게 하여 홀리게 함 * 惑世誣民(혹세무민) :세상을 어지럽히고 백성(百姓)을 속임	

한자	뜻	단어	풀이
舌	舌 <혀 설> ①혀 ②말, 언어(言語) ③과녁의 부분(部分)	* 舌澁(설삽) :혀가 자유(自由)롭지 못하고 느낌이 깔깔한 것. * 舌戰(설전) :말다툼. 입씨름 * 口舌(구설) :시비(是非)하거나 헐뜯는 말 * 駟不及舌(사불급설) :소문(所聞)은 빨리 퍼짐의 비유(比喩)	<설삽희롱> 술에 취(醉)해 혀꼬부랑 소리를 하며 희롱(戱弄)을 하는데,
澁	氵(水) <떫을 삽> ①(맛이)떫다 ②껄끄럽다(꺼칠꺼칠하다, 거북하다) ③(말하기를)꺼리다 ④(말을)더듬다 ⑤어렵다, 힘들다 ⑥막히다	* 澁滯(삽체) :일이 더디어 잘 나가지 못하는 것 * 乾澁(건삽) :말라서 윤택(潤澤)이 없음 * 難澁(난삽) :(말이나 글 따위가) 이해하기 어렵고 까다로움 * 訥澁(눌삽) :말이 더듬거려 잘 나오지 않아 듣기에 답답함	
戲	戈 <놀이 희> ※ 戱는 俗字 ①놀이 ②놀다 ③희롱하다(戱弄) ④겨루다 ⑤험하다(險)	* 戱弄(희롱) :말이나 행동으로 장난삼아 실없이 놀리는 짓 * 戱曲(희곡) :연극(演劇)을 위한 대본(臺本) * 遊戱(유희) :재미있게 장난으로 노는 것 * 矮人看戱(왜인간희) :<比喩>잘 모르면서 남의 주장에 동조함	
弄	廾 <희롱할 롱> ①희롱하다(戱弄) ②실없이 놀리다 ③업신여기다 ④놀다, 가지고 놀다 ⑤즐기다, 흥에 겨워하다 ⑥솜씨 있게 다루다	* 弄談(농담) :실없는 말. 농지거리 * 愚弄(우롱) :사람을 바보로 만들어 놀림 * 才弄(재롱) :어린아이의 슬기로운 말과 귀여운 짓 * 嘲弄(조롱) :어떤 사람을 우습게 여겨 비웃고 놀리는 것	

한자	뜻	단어	풀이
但	亻(人) <다만 단> 1. 다만, 오직 2. 그러나, 그렇지만 3. 기탄없이(忌憚), 거리낌없이 4. 다만 ~만 한다면 a. 거짓(誕)(탄)	* 但只(단지) :다만, 오직, 겨우, 한갖 * 但書(단서) :본문(本文) 외(外)의 어떤 조건(條件)이나 예외(例外) 등을 밝혀 나타내는 글 * 非但(비단) :부정의 뜻을 가진 문맥 속에서 '다만', '오직'	<단지임희> 오직 생각하는 게 즐기는 데만 가 있으니, <오직 이와 같이 실없는 말로 농지거리를 해대니,>
只	口 <다만 지> ①다만, 단지(但只) ②뿐, 오직 ③겨우, 한갓 ④그러나 ⑤오직 ~하여야만 ⑥오직 ~밖에 없다	* 只今(지금) :①이제 ②이 시간(時間) ③곧 * 只管(지관) :오직 이것 뿐 * 狗逐鷄屋只睇(구축계옥지제) :<俗>닭 쫓던 개 지붕 쳐다보기. <比喩>일에 실패(失敗)하고 낙심만 한다는 말	
恁	心 <생각할 임 / 너 임(님)> ①생각하다 ②이러하다 ③이같이 ④이같은 ⑤너(임·님) ⑥당신(當身)(임·님)	* 恁麽(임마) :①어떻게 ②이와 같은 * 恁生(임생) :이와 같은. 生은 助詞 * 恁的(임적) :이와 같은 * 恁地(임지) :이와 같은, 이와 같이	
嬉	女 <즐길 희 / 아름다울 희> ①즐거워하다, 즐기다, 즐겁게 놀다 ②기뻐하다 ③희학질하다 ④희롱하다(戱弄) ⑤장난하다 ⑥아름답다	* 嬉笑(희소) :①실없이 웃는 웃음 ②예쁘게 웃는 웃음 * 嬉遊(희유) :즐겁게 놂 * 文恬武嬉(문념무희) :문관들은 안일(安逸)하고 무관들은 희롱함. <比喩>안일(安逸)에 빠져 직분을 다하지 않음	

한자	뜻	단어	풀이
媛	女 <미인 원 / 우아한 여자 원> ①미인(美人), 우아(優雅)한 여자(女子) ②예쁘다, 아름답다 ③여자(女子) ④궁녀(宮女)	* 令媛(영원) :남을 높이어 그의 딸을 이르는 말 * 懿媛(의원) :아름다운 덕행을 갖춘 젊은 여자 * 才媛(재원) :재주가 있는 젊은 여자(女子)	<원괴빈빈> 우아(優雅)한 멋이 있는 계집은 부끄러워서 자주 이맛살을 찌푸리고
媿	女 <부끄러울 괴 / 창피 줄 괴> ①부끄럽다, 부끄러워하다, 부끄러움 ②수치(羞恥)를 느끼다 ③창피(猖披)를 주다, 모욕하다(侮辱)	* 媿屈(괴굴) :굴욕을 당함 * 媿辱(괴욕) :부끄러움 * 媿切(괴절) :몹시 굴욕(屈辱)을 줌	
頻	頁 <자주 빈> ①자주, 빈번히(頻繁) ②급하다(急), 절박하다(切迫) ③친하다(親), 가까이하다 ④콧날	* 頻度(빈도) :똑같은 것이 되풀이되는 도수(度數) * 頻繁(빈번) :頻煩(빈번). 번거로울 정도로 일이 매우 잦음 * 頻發(빈발) :일이 자주 일어남 * 頻數(빈삭) :매우 잦음 * 頻尿症(빈뇨증) :오줌이 지나치게 자주 마려운 병증(病症)	
顰	頁 <찡그릴 빈> ①찡그리다, 얼굴을 찡그리다 ②눈살을 찌푸리다 ③이맛살을 찌푸리다	* 顰蹙(빈축) :嚬蹙(빈축). ①눈살을 찌푸리고 얼굴을 찡그리는 것 ②남들로부터 받는 비난(非難)이나 미움 * 顰呻(빈신) :찡그리고 신음함. <比喩>견디기 어려운 고통 * 顰眉(빈미) :눈살을 찌푸림 * 效顰(효빈) :분수없이 흉내냄	

한자	뜻	단어	풀이
姸	女 <고울 연> ①곱다 ②예쁘다 ③아름답다 ④우아하다(優雅) ⑤총명하다(聰明) ⑥갈다(다른 물건에 대고 문지르다)	* 姸容(연용) :娟容(연용). 어여쁜 용모(容貌). 아름다운 얼굴 * 姸粧(연장) :예쁘게 단장(丹粧)함 * 姸醜(연추) :용모(容貌)의 아름다움과 추함 * 姸蚩(연치) :美醜(미추). 아름다움과 추함	<연축아미> 곱게 눈썹을 찡그린다.
蹙	足 <닥칠 축 / 찡그릴 축 / 움추릴 축> ①닥치다, 긴박하다(緊迫) ②재촉하다 ③찡그리다 ④오므리다 ⑤궁색하다(窮塞) ⑥삼가다(몸가짐이나 언행을 조심하다)	* 蹙眉(축미) :두 눈썹 사이가 좁은 인상(人相) * 蹙頞(축알) :(괴롭고 귀찮아서) 눈살을 찌푸림 * 惶蹙(황축) :황공(惶恐)하여 몸을 움추림 * 悶蹙(민축) :안타까워 마음을 졸임	
蛾	虫 <나방 아> ①나방, 누에나방 ②(나방의 촉각에 견주어)눈썹 ③예쁜 눈썹, 미인의 눈썹 ④초승달	* 蛾眉(아미) :누에나방의 눈썹. <比喩>①가늘고 길게 곡선(曲線)을 그린 고운 눈썹 ②미인(美人) * 飛蛾(비아) :여름밤에 불을 찾아 날아다니는 나방. 밤나방 * 蠶蛾(잠아) :누에나방. 유아(乳蛾)	
眉	目 <눈썹 미> ①눈썹 ②노인(老人), 눈썹이 긴 사람 ③미녀(美女) ④알랑거리다, 교태(嬌態)를 부리다 ⑤언저리, 가장자리, 둘레	* 愁眉(수미) :근심에 잠긴 눈썹, 근심스러운 기색(氣色) * 眉間(미간) :두 눈썹의 사이 * 白眉(백미) :여럿 중(中)에서 가장 뛰어난 사람 * 焦眉(조미) :눈썹에 불이 붙은 것 같이 매우 위급(危急)함	

한자	뜻	낱말	암기
鄙	⻏(邑) <더러울 비> ①더럽다 ②천하다(賤), 비루하다(鄙陋 :행동이나 성질이 너절하고 더럽다) ③속되다 ④촌스럽다 ⑤마을 ⑥두메	* 鄙劣(비열) :卑劣(비열). 하는 짓이 천하고 용렬(庸劣)함 * 鄙淺(비천) :천박(淺薄)하고 상스러움 * 野鄙(야비) :野卑(야비). 야(野)하고 비루(鄙陋)함 * 鄙地(비지) :보잘것없는 곳. 자기가 사는 곳의 겸칭(謙稱)	<비동탕표> 천박(淺薄)한 골목길에는 음탕(淫蕩)한 화랑이(娼婦)들이 있어
衕	行 <거리 동> ①거리(通街, 衚衕) ②길거리 ③설사하다(泄瀉)	* 衚衕(호동) :①서울의 거리. <正字通>京師街道曰衚衕 ②골목길. <中語>北京衚衕 :베이징 골목길	
婸	女 <음탕할 탕> ①음탕하다(淫蕩) ②나(我)(양) <漢書 西南夷傳>夷人自稱	* 婸女(탕녀) :음탕(淫蕩)한 계집	
婊	女 <화랑이 표> ①화랑이(花郞 :광대와 비슷한 놀이꾼의 패) ②창부(娼婦) ③매춘부(賣春婦)	* 婊子(표자) :表子(표자). 옛날의 창부(娼婦). 매춘부(賣春婦) <中文大事典>俗呼倡妓曰婊子. 俗呼倡家爲婊子	

한자	뜻	낱말	암기
娼	女 <창녀 창> ①창녀(娼女 :돈을 받고 몸을 파는 일을 직업으로 하는 여자) ②노는 여자(女子) ③여자(女子) 광대(직업적 예능인)	* 娼妓(창기) :노래와 춤과 몸을 파는 기생(妓生). 여랑(女良). 매음(賣淫)이나 매춘(賣春)하는 여성(女性). 매춘부(賣春婦) * 娼女(창녀) :몸을 파는 여자(女子). 창부(娼婦)	<창기음일> 몸을 파는 천(賤)한 기생(妓生)을 만나 마음껏 음탕(淫蕩)하게 놀면서
妓	女 <기생 기> ①기생(妓生) ②창녀(娼女 :돈을 받고 몸을 파는 일을 직업으로 하는 여자) ③갈보(娼女를 속되게 이르는 말)	* 妓生(기생) :노래나 춤 따위로 술자리에서 흥을 돋는 여자 * 妓舞(기무) :기생(妓生)이 추는 춤 * 歌妓(가기) :노래에 능(能)한 기생(妓生) * 妙妓(묘기) :곱게 생긴 기생(妓生)	
淫	氵(水) <음란할 음> ①음란하다(淫亂) ②간사하다(奸邪) ③도리(道理)에 어긋나다 ④어지럽다, 어지럽히다, 미혹시키다(迷惑)	* 淫佚(음일) :①마음껏 음탕(淫蕩)하게 놂 ②유흥(遊興)에 탐닉(耽溺)함 ③남녀 사이의 음란한 행위 * 淫亂(음란) :음탕(淫蕩)하고 난잡(亂雜)함 * 淫蕩(음탕) :행동(行動)이 음란(淫亂)하고 방탕(放蕩)함	
佚	亻(人) <편안할 일> ①편안하다(便安) ②숨다 ③잃다, 없어지다 ④허물, 실수(失手) ⑤방탕하다(放蕩)(질) ⑥질탕하다(跌宕·佚蕩)(질)	* 佚蕩(질탕) :跌宕(질탕). 흥취(興趣)가 썩 높거나 방탕(放蕩)함 * 古佚(고일) :古逸(고일). 옛날에 빠져 없어짐 * 驕奢淫佚(교사음일) :교만(驕慢)하며 사치(奢侈)스럽고 방탕(放蕩)한 사람을 이르는 말	

한자	뜻	낱말	암기
醜	酉 <추할 추> ①용모(容貌)가 추하다(醜) ②못생기다, 밉다 ③못되다, 나쁘다 ④미워하다 ⑤부끄러워하다	* 醜惡(추악) :보기 흉하고 나쁨 * 醜雜(추잡) :말과 행실(行實)이 지저분하고 잡스러움 * 醜態(추태) :추한 행동(行動)이나 태도(態度) * 美醜(미추) :아름다움과 추함	<추첨시정> 추(醜)하게 욕(辱)을 보이니 부끄러워서 빰이 붉어지는데,
忝	小(忄·心) <더럽힐 첨 / 욕보일 첨> ①더럽히다 ②욕보이다(辱), 욕(辱)되게 하다 ③욕(辱), 수치(羞恥) ④겸사(謙辭 :겸손의 말) ⑤황송하다(惶悚)	* 忝館(첨관) :남의 집을 욕되게 하였다는 뜻으로, 남의 집 사위가 되었음을 겸손하게 이르는 말 * 忝叨(첨도) :자격(資格) 없는 사람이 외람되게 벼슬을 받음 * 尸忝(시첨) :시위(尸位)와 첨도(忝叨). 외람되게 자리만 차지함	
顋	頁 <빰 시> ①빰, 볼 ②아가미	* 顋頰(시협) :빰 * 裹顋(과시) :상중에 여자 상제가 양쪽 빰을 싸서 가리는 데 쓰는 상복의 한 가지 * 閤顋(합시) :물고기의 아가미. 구섬(句纖 :귀새미)	
赬	赤 <붉을 정> ①붉다 ②붉은빛	* 赬肩(정견) :어깨가 벌겋게 부풂. 또는 그렇게 된 어깨 * 赬脣(정순) :붉은 입술	

한자	뜻	낱말	암기
抪	扌(手) <퍼질 포 / 펼 포> ①퍼지다, 널리 퍼지다 ②깔다 ③펴다(舒) ④더듬다(捫持) ⑤날뛰다, 횡포(橫暴)를 부리다	* 抪覆(포복) :산포(散布)해서 덮음	<포인부과> 자리를 펴고 사타구니를 헤쳐서 드러나게 하니,
裀	衤(衣) <요 인> ①요(寢具의 하나) ②자리 ③속옷(近身衣) ④겹옷(複襂)	* 裀褥(인욕) :앉거나 눕기 위한 침구(寢具)	
掊	扌(手) <그러모을 부 / 헤칠 부> ①그러모으다, 거두다, 수탈하다(收奪) ②헤치다, 헤쳐 드러나게 하다, (땅을) 파다 ③깊다, 심하다(甚) ④쪼개다	* 掊克(부극) :①권세(權勢)를 믿고 함부로 돈이나 물건(物件)을 거두어들임 ②조세(租稅)를 함부로 부과(賦課)하여 받아서 백성(百姓)을 못 살게 착취(搾取)함	
胯	月(肉) <사타구니 과> ①사타구니(샅. 두 다리의 사이) ②팔에 걸다 ③허리에 차다 ④부드럽게 살찐 모양	* 捍胯(한과) :허리띠의 한 가지 * 胯關節(고관절) :股關節(고관절). 골반과 대퇴골을 잇는 관절 * 鷃效鸛步載裂蹶胯(안효관보재열궐과) :<俗>뱁새가 황새를 따라가면 다리가 찢어짐. <比喩>분수껏 행동해야 함	

字	뜻	용례	구
怔	忄(心) <황겁할 정> ①황겁하다(惶怯 :겁이 나서 얼떨떨하다) ②두려워하다 ③신경쇠약증 ④사물(事物)을 형용(形容)하는 말	* 怔忪(정송) :두려워하는 모양 * 怔營(정영) :까닭 없이 가슴이 울렁거리는 모양 * 怔怔(정정) :얼이 빠진 모양. 멍청한 모양 * 怔忡(정충) :공연히 가슴이 울렁거리며 불안해하는 증세	<정민어마> 황겁(惶怯)하고 민망(憫惘)하여 가리고서 "엄마!" 하고 소리를 지르는데도
怋	忄(心) <민망할 민> ①민망하다(憫惘) ②어지럽다(亂)	* 怋怓(민노) :크게 어지럽고 혼란스러움 <傳>怋怓大亂也	
蘌	艸 <가릴 어> ①가릴 어(掩也) ②땅이름 어(地名 蘌況)		
嬤	女 <엄마 마> ①엄마(幼兒呼母 :어머니를 부르는 俗稱) ②할머니(늙은 부인을 부르는 通稱)	* 嬤嬤(마마) :엄마. 어머니의 속칭(俗稱) ①<字彙>俗呼母爲嬤嬤 ②北方亦以爲老婦之通稱	

字	뜻	용례	구
撦	扌(手) <찢을 차> ※ 扯와 通 ①찢다 ②여러 조각으로 가르다 ③뜯다 ④붙잡다 ⑤만류하다(挽留)	* 撦餻(차고) :撦糕(차고). 차좁쌀이나 찹쌀가루에 밤·대추·팥을 섞어 버무려서 찐 떡 * 撦裂(차열) :손으로 찢음	<차상겁탈> 치마를 찢고 억지로 간음(姦淫)을 하니,
裳	衣 <치마 상> ①치마 ②아랫도리 옷 ③바지 따위 ④보통(普通) ⑤산뜻한 모양 ⑥화려하고 아름다운 모양	* 衣裳(의상) :저고리와 치마. 겉에 입는 의복(衣服). 옷 * 綠衣紅裳(녹의홍상) :연두저고리에 다홍치마. 여자의 예쁜 옷차림 * 同價紅裳(동가홍상) :<俗>같은 값이면 다홍치마. <比喩>같은 조건(條件)이라면 좀 더 나은 것을 선택하게 됨	
劫	力 <위협할 겁> ①위협하다(威脅), 으르다(무서운 말이나 행동으로 위협하다) ②빼앗다 ③겁탈하다(劫奪) ④겁(劫), 가장 긴 시간(時間)	* 劫奪(겁탈) :①위협하거나 폭력을 써서 빼앗음 ②위협하거나 폭력을 써서 성 관계를 맺음 * 劫迫(겁박) :위력(威力)으로 으르고 협박(脅迫)함 * 永劫(영겁) :영원(永遠)한 세월(歲月)	
奪	大 <빼앗을 탈> ①빼앗다 ②약탈하다(掠奪) ③빼앗기다 ④잃다, 없어지다 ⑤관직(官職)을 삭탈(削奪)하다 ⑥징수하다(徵收)	* 奪還(탈환) :도로 빼앗음 * 剝奪(박탈) :지위(地位)나 자격(資格) 따위를 힘으로 빼앗음 * 掠奪(약탈) :폭력(暴力)을 써서 무리(無理)하게 빼앗음 * 換骨奪胎(환골탈태) :뼈를 바꾸고 태를 벗김. 완전히 좋게 바뀜	

字	뜻	용례	구
揞	扌(手) <손으로 덮을 암 / 숨길 암> ①손으로 덮다(手揞) ②숨기다 ③감추다(藏) ④덮다, 덮어씌우다 ⑤멸하다(滅)	* 揞漿(암장) :동물(動物)의 살갗에 있는 액체(液體) * 揞藏(암장) :숨겨서 감춤	<암로올철> 머리를 감싸고 목메어 훌쩍거리며 우는데,
顱	頁 <머리뼈 로> ①머리뼈, 두개골(頭蓋骨) ②촉루(髑髏 :죽은 사람의 머리뼈) ③해골(骸骨 :죽은 사람의 앙상한 뼈)	* 顱骨(노골) :꼭뒤의 뼈 * 禿顱(독로) :대머리 * 頭顱(두로) :①골통 ②두정골(頭頂骨), 顱頂骨(노정골) * 圓顱之徒(원로지도) :머리를 박박 깎은 무리라는 뜻으로, 승려(僧侶)를 홀대(忽待)하여 이르는 말	
嗢	口 <목멜 올> ①목메다 ②마시다 ③크게 웃다	* 嗢噱(올갹) :웃음이 그치지 않음. 허리가 부러지도록 웃음 <魏文帝>執書嗢噱 不能離手 * 嗢噦(올홰) :①숨을 들이쉬고 내쉬는 모양 ②흐느끼는 소리 * 嗢咽(올열) :목메임. 목이 메이다	
啜	口 <마실 철 / 훌쩍훌쩍 울 철> ①먹다, 마시다 ②훌쩍훌쩍 울다 ③훌쩍거리며 우는 모양, 울먹이는 모양	* 啜哄(철홍) :떠들썩하게 지껄임 * 乞啜(걸철) :음식을 구걸함 * 熱啜湯(열철탕) :뜨거운 국 * 論人過尤類啜冷粥(논인과우 유철냉죽) :남의 말 하기는 식은 죽 먹기. 談人事如喫冷粥. 言他事食冷粥	

字	뜻	용례	구
臥	臣 <누울 와> ①눕다, 엎드리다 ②잠, 누워 자다 ③쉬다, 휴식하다(休息) ④엎다, 그만두다 ⑤숨어 살다	* 臥病(와병) :병으로 자리에 누움 * 臥席(와석) :병석에 누움 * 酣臥(감와) :①깊이 잠듦 ②충분(充分)히 잠 ③잘 잠 * 困臥(곤와) :고단하여 드러누움, 또는 깊이 든 잠 * 臥床(와상) :①베개의 위 ②침상(寢牀)	<와탑부수> 침상(寢牀)에 엎드러져 자고서
榻	木 <걸상 탑> ①걸상 ②임금의 의자(倚子) ③길고 좁게 만든 평상(平牀·平床) ④책상(冊床) ⑤탁자(卓子) ⑥침상(寢牀)	* 臥榻(와탑) :寢床(침상). 寢牀(침상). 누워 자는 평상(平牀·平床) * 榻前(탑전) :임금의 자리 앞 * 寓榻(우탑) :寓座(우좌). 우거(寓居)하는 자리 * 旅榻(여탑) :객지에 있는 사람이 머무는 곳	
仆	亻(人) <엎드릴 부> ①엎드리다 ②넘어지다, 넘어뜨리다 ③뒤집히다 ④죽다 ⑤저(자기의 겸칭)(복) ⑥무리, 동아리 패거리(복)	* 仆臥(부와) :쓰러져 눕거나 잠 * 仆伏(부복) :넘어져 엎드림 * 顚仆(전부) :顚倒(전도). ①엎어져서 넘어짐 ②위와 아래를 바꾸어서 거꾸로 함	
睡	目 <잠잘 수 / 졸음 수> ①잠, 자다 ②졸음, 졸다 ③꽃이 오무려지는 모양	* 睡眠(수면) :①잠 ②잠을 잠 ③활동(活動)을 쉬는 일 * 寢睡(침수) :수면(睡眠)을 높이어 이르는 말 * 昏睡狀態(혼수상태) :아주 정신(精神)을 잃어서 거의 죽은 이나 다름이 없이 된 상태(狀態)	

昨	日 <어제 작> ①어제 ②옛날 ③지난날, 이전(以前)	* 昨醉未醒(작취미성) :어제 먹은 술이 아직 깨지 아니함 * 昨今(작금) :①어제와 오늘 ②요사이 * 昨年(작년) :지난해 * 昨非今是(작비금시) :어저께는 나쁘다고 생각한 것이 오늘은 좋다고 생각됨	<작취미성> 일어나 보니 어제 마신 술이 아직도 깨지 않아
醉	酉 <취할 취> ①취하다(醉) ②취(醉)하게 하다 ③술에 담그다 ④빠지다 ⑤지나치게 좋아하다, 탐닉하다(耽溺)	* 醉客(취객) :①술에 취한 사람 ②술이 취한 손님 * 陶醉(도취) :①흥취(興趣) 있게 술이 얼근히 취함 ②어떠한 것에 마음이 쏠려 취(醉)하다시피 함 * 心醉(심취) :어떤 일에 깊이 빠져 마음을 빼앗기는 일	
未	木 <아닐 미> ①아니다, 못하다 ②아직 ~하지 못하다 ③아니냐? 못하느냐?	* 未洽(미흡) :아직 넉넉하지 못함, 흡족(洽足)하지 못함 * 未來(미래) :아직 오지 않은 때 * 未滿(미만) :정(定)한 수효(數爻)나 정도(程度)에 차지 못함 * 未熟(미숙) :①과일이나 음식이 채 익지 못함 ②일에 서툼	
醒	酉 <깰 성 / 술깰 성> ①(술이)깨다, (잠이)깨다 ②깨닫다, 깨우치다 ③(병이)낫다 ④다시 활동하다(活動)	* 覺醒(각성) :醒覺(성각). ①눈을 떠서 정신(精神)을 차림 ②자기의 잘못을 깨달음 * 大悟覺醒(대오각성) * 半醒(반성) :술기운(氣運)이나 졸음이 반쯤 깸 * 醒酒湯(성주탕) :해장국. 전날의 술기운을 풀기 위해 먹는 국	

腦	月(肉) <골 뇌> ①골, 뇌(腦) ②뇌수(腦髓) ③머릿골 ④머리 ⑤마음, 정신(精神) ⑥중심 ⑦두목, 우두머리	* 腦裏(뇌리) :①머리 속 ②사람의 의식(意識)이나 기억(記憶), 생각 따위가 들어 있는 영역(領域) * 頭腦(두뇌) :머릿속 뇌(腦) * 肝腦塗地(간뇌도지) :간과 뇌를 땅에 쏟아냄. 나라에 충성함	<뇌리몽롱> 머릿속의 의식(意識)이 흐리멍덩하여 기억(記憶)이 흐릿한데,
裏	衣 <속 리> ①속(裡), 내부(內部), 가운데 ②(사물의)안쪽 ③뱃속, 가슴속 ④속마음, 충심(衷心 :참된 마음) ⑤다스려지다	* 裏面(이면) :표면(表面)에 나타나지 않는 내부(內部) * 禁裏(금리) :궐내 * 心裏(심리) :마음의 속 * 表裏不同(표리부동) :겉과 속이 같지 않음이란 뜻으로, 마음이 음흉(陰凶)맞아서 겉과 속이 다름	
朦	月 <흐릴 몽 / 풍부할 몽> ①흐리다 ②(달빛이)어슴푸레하다 ③(눈이)어둡다 ④우매하다(愚昧) ⑤풍부하다 ⑥풍만한 살	* 朦朧(몽롱) :①(달빛이)흐릿함 ②어른어른하여 희미(稀微)함 ③의식(意識)이 뚜렷하지 않고 흐리멍덩함 * 朦昏(몽혼) :마취(痲醉) * 朦瞽(몽고) :맹인(盲人). 장님 * 醉眼朦朧(취안몽롱) :술에 취(醉)해 앞이 똑똑히 보이지 않음	
朧	月 <흐릿할 롱> ①흐릿하다, 흐리다 ②분명(分明)하지 아니하다 ③(달빛)희미하다(稀微) ④(달이)지다	* 朦朧體(몽롱체) :시문(詩文)·회화(繪畫) 등에서 명확한 의의(意義)나 윤곽(輪廓) 등을 갖지 아니한 것 * 醉眼朦朧(취안몽롱) :술에 취(醉)하여 눈이 흐려 앞이 똑똑히 보이지 않는 상태(狀態)를 이름	

嫡	女 <정실 적> ①정실(正室), 본처(本妻) ②본마누라 ③본처가 낳은 아들 ④맏아들 ⑤대를 이을 사람	* 嫡妾(적첩) :적처(嫡妻)와 첩(妾) * 嫡子(적자) :정실(正室)의 몸에서 태어난 아들 * 嫡家(적가) :서파(庶派)가 적파(嫡派)의 집을 이르는 말 * 嫡母(적모) :庶子가 아버지의 正室을 이르는 말. 큰어머니	<적질총첩> 본마누라는 귀염 받는 첩(妾)을 미워하는 게 인지상정(人之常情)인지라
嫉	女 <미워할 질> ①미워하다 ②시새움하다(자기보다 잘되거나 나은 사람을 공연히 미워하고 싫어하다), 시샘 ③투기하다(妬忌)	* 嫉妬(질투) :嫉妒(질투). ①사랑하는 이성(異性)이 다른 異性을 좋아함을 미워함 ②잘난 사람을 시기(猜忌)함 * 嫉視(질시) :시기(猜忌)하여 봄. 투시(妬視). 흘겨 봄 * 冒嫉(모질) :媢嫉(모질). 질투(嫉妬). 강샘	
寵	宀 <괼 총 / 사랑할 총> ①굄, 괴다(특별히 귀여워하고 사랑하다) ②높이다 ③사랑하다 ④은혜 ⑤첩(妾), 특히 임금의 첩(妾)	* 寵妾(총첩) :총애(寵愛)를 받는 첩(妾). 愛妾(애첩) * 寵愛(총애) :남달리 귀엽게 여겨 사랑함 * 寵兒(총아) :많은 사람들로부터 특별한 사랑을 받는 사람 * 繫臂之寵(계비지총) :군주(君主)의 특별(特別)한 총애(寵愛)	
妾	女 <첩 첩> ①첩(여자의 겸칭) ②시비(侍婢 :좌우에 두고 부리는 부녀자) ③여자(女子) 아이	* 宮妾(궁첩) :宮女(궁녀). 왕족(王族)을 제외한 궁중의 여인들 * 小妾(소첩) :婦人이 男便에 대해 自身을 낮추어 이르던 말 * 少妾(소첩) :나이 어린 첩(妾) * 愛妾(애첩) :사랑하는 첩(妾) * 妻妾(처첩) :아내와 첩(妾)	

寃	宀 <원통할 원> ①원통하다(寃痛) ②억울하다(抑鬱) ③원죄(寃罪) ④원한(怨恨) ⑤원수(怨讐) ⑥재앙(災殃) ⑦누명(陋名)	* 寃痛(원통) :분(憤)하고 억울(抑鬱)함 * 伸寃(신원) :원통(寃痛)한 일을 풀어 버림 * 寃傷(원상) :무고(誣告)한 죄(罪)를 받은 사람을 불쌍히 여김 * 寃魂(원혼) :원통(寃痛)하게 죽은 사람의 넋	<원참오읍> 원통(寃痛)하고 참람(僭濫)하여 목이 메어 우는데,
讒	言 <참람할 참 / 참소할 참> ①참람하다(僭濫 :분수에 넘쳐 지나침 / 괴롭고 슬프며 근심이 가득함) ②간악하다(奸惡) ③참소하다(讒訴·譖訴)	* 讒訴(참소) :남을 헐뜯어서 없는 죄(罪)를 꾸며 고해 바침 * 讒誣(참무) :참소(讒訴·譖訴)와 무고(誣告) * 讒謗(참방) :비웃어서 말함. 남을 헐어서 말함 * 讒言(참언) :讒舌(참설). 거짓으로 꾸며서 남을 헐어 하는 말	
嗚	口 <흐느껴 울 오 / 탄식하는 소리 오> ①흐느껴 울다, 목메어 울다 ②슬프다 ③탄식하다(歎息·嘆息), 애달파하다 ④탄식(歎息·嘆息)하는 소리	* 嗚泣(오읍) :목이 메어 욺 * 嗚咽(오열) :목이 메어 우는 것 * 嗚呼(오호) :슬플 때나 탄식(歎息)할 때 '아' 하며 내는 소리 * 嗚呼痛哉(오호통재) :아아, 슬프고 원통(寃痛)함 * 噫嗚(희오) :슬피 탄식(歎息)하고 괴로워하는 모양(模樣)	
泣	氵(水) <울 읍> ①울다 ②울리다, 울게 하다 ③울음 ④눈물 ⑤근심하다, 걱정하다 ⑥바람이 빠른 모양(립)	* 泣訴(읍소) :눈물로써 간절(懇切)히 하소연함 * 感泣(감읍) :감격(感激)하여 욺 * 哭泣(곡읍) :소리내어 슬피 욺 * 涕泣(체읍) :눈물을 흘리며 욺	

朱	木 <붉을 주> ①붉다, 붉게 하다, 붉은 빛 ②연지(臙脂 :입술이나 빰에 찍는 붉은 빛깔의 염료), 화장(化粧) ③적토(赤土)	* 朱頰(주협) :붉은 빰을 칭(稱)하는 말 * 朱墨(주묵) :붉은 색(色)의 묵. * 近朱者赤(근주자적) :붉은빛에 가까이 하면 붉게 됨. <比喩>주위(周圍) 환경(環境)이 중요(重要)함	
頰	頁 <빰 협> ①빰(얼굴의 양 옆) ②쾌적하다(快適), 기분(氣分)이 좋다 ③비유(比喩·譬喩)하여 천천히 말하다	* 頰窩(협와) :빰에 우묵하게 들어간 자리 * 頰骨(협골) :빰뼈 * 批頰(비협/별협) :남의 빰을 때림 * 債旣給逢批頰(채기급봉비협) :<俗>빗 주고 빰맞기. <比喩>남에게 후하게 하고도 해를 당함	<주협누흔>
淚	氵(水) <눈물 루> ①눈물 ②울다 ③촛농, 촛농이 떨어지다	* 淚痕(누흔) :①눈물 자국 ②'누한'의 원말 * 垂淚(수루) :눈물을 흘리는 것. 墮淚(타루) 낙루(落淚) * 催淚彈(최루탄) :눈물이 나도록 가스를 넣은 탄환(彈丸) * 孤臣冤淚(고신원루) :고신(孤臣)의 원통(冤痛)한 눈물	붉은 빰에는 눈물 자국이 어지럽다.
痕	疒 <흔적 흔> ①흔적(痕跡·痕迹) ②흉터 ③자취(어떤 것이 남긴 표시나 자리) ④발뒤꿈치 ⑤그림자	* 痕迹(흔적) :痕跡(흔적). 뒤에 남은 자취나 자국 * 刀痕(도흔) :칼날에 베인 흔적(痕跡·痕迹) * 墨痕(묵흔) :붓 자국. 곧 필적(筆跡) * 痕咎(흔구) :흠. 허물 * 筆痕(필흔) :글씨의 흔적(痕跡·痕迹)	

宕	宀 <방탕할 탕 / 호탕할 탕> ①방탕하다(放蕩) ②방종하다(放縱) ③호탕하다(豪宕), 대범하다(大汎·大泛) ④넓다, 광대하다(廣大) ⑤탕건(宕巾)	* 宕巾(탕건) :갓 아래에 받쳐 쓰던 관(冠)의 한 가지 * 跌宕(질탕) :흥취(興趣)가 썩 높거나 방탕(放蕩)함 * 豪宕不羈(호탕불기) :기개(氣槪)가 굳고 호걸(豪傑)스러워 사소(些少)한 일에 얽매이지 않음	
娛	女 <즐길 오> ①즐기다 ②즐거워하다 ③농담하다(弄談) ④장난치다 ⑤안정되다(安定), 삭이다, 가라앉히다	* 娛樂(오락) :喜娛(희오). 흥미(興味) 있는 일로 즐겁게 노는 일 * 娛遊(오유) :유람(遊覽)을 하며 즐겁게 놂 * 戲娛(희오) :실없는 장난이나 놀이로 즐김 * 歡娛(환오) :기쁘고 즐거움, 또는 기뻐하고 즐거워함	<탕오뿐호>
哛	口 <~일뿐 뿐> ①음역자(音譯字) ~일뿐	* 哛不喩(뿐아닌디) :<吏頭>뿐 아니라. 뿐 아닌 것. 哛不喩. 分叱不喩. 叱分不喩. * 其矣身哛(그의몸 뿐/저의몸 뿐) :<吏頭>그 사람 본인 뿐. 저 사람 본인 뿐. 저 사람 본인만. 其矣身叱分	방탕(放蕩)하게 즐기는 것뿐인가?
乎	丿 <어조사 호> ①어조사(語助辭) ②~느냐? ③~랴! ④~지?, ~겠지? ⑤~도다 ⑥그런가? ⑦아!, 감탄사(呼)	* 乎哉(호재) :감탄(感歎)을 표시(表示)하는 말. ~런가. ~로다 * 乎代(호ᄃᆡ) :<音譯>~호대. ~하오대 * 斷乎(단호) :결심한 것을 과단성(果斷性) 있게 처리하는 모양 * 不亦樂乎(불역락호) :또한 기쁘지 아니한가?	

慾	心 <욕심 욕> ①욕심(欲心·慾心), 욕정(欲情·慾情) ②탐하다, 탐내다(貪)	※ 欲과 通 :<廣韻>慾은 嗜慾也, <說文>欲은 貪欲也. * 慾心(욕심) :자기만을 이롭게 하고자 하는 마음. 欲心. * 慾望(욕망) :무엇을 하거나 가지고자 하는 마음. 欲望 * 貪慾(탐욕) :사물(事物)을 지나치게 탐하는 慾心. 貪欲	
淪	氵(水) <빠질 륜> ①빠지다, 빠져들다 ②잠기다 ④스며들다, 배다 ⑤망하다(亡), 몰락하다(沒落) ⑥물놀이(수면에 잔물결이 이는 현상)	* 淪落(윤락) :①영락(零落)하여 타향(他鄕)으로 떠돌아다님 ②여자(女子)가 타락(墮落)하여 몸을 망침 * 淪漪(윤의) :잔물결 * 沈淪(침륜) :①침몰(沈沒) ②몰락(沒落) * 渾淪(혼륜) :混沌(혼돈). 사물의 구별이 확실하지 않은 상태	<욕륜도방>
賭	貝 <내기할 도> ①내기, 내기하다, 노름, 도박(賭博) ②(노름판에 금품을) 걸다	* 賭坊(도방) :도박(賭博)을 하는 곳. 賭場(도장) * 賭場(도장) :도박(賭博)을 하는 곳. * 賭博(도박) :금품을 걸고 승부를 다투는 일. 내기. 노름 * 博戲(박희) :돈이나 재물 따위를 걸고 하는 내기. 노름	욕심(慾心)으로 도박장(賭博場)에 빠져들어
坊	土 <동네 방> ①동네, 마을 ②집, 거처(居處)하는 방 ③저자, 가게, 전방 ④동궁(東宮), 별채 ⑤관청(官廳), 공무의 집행 장소(場所)	* 坊曲(방곡) :坊里(방리). 坊村(방촌). 마을 * 坊坊曲曲 * 坊間(방간) :市井(시정) * 坊任(방임) :방(坊)의 구실아치 * 坊店(방점) :가게 * 僧坊(승방) :절. 사원(寺院) * 坊坊曲曲(방방곡곡) :어느 한 군데도 빼놓지 않은 모든 곳	

每	毋 <매양 매> ①매양, 언제나, 늘 ②마다, 그때마다 ③자주, 번번이	* 每日(매일) :하루하루의 모든 날 * 每週(매주) :주마다 * 每月(매월) :다달이 * 每年(매년) :매해 * 每番(매번) :각각의 차례 * 每回(매회) :한 회 한 회 모두 * 每事(매사) :하나하나의 모든 일	
憿	忄(心) <요행 요> ①요행(僥倖·憿幸) ②(요행을)바라다 ③성의(誠意)가 있다 ④성의껏 아뢰다(말씀드려 알리다) ⑤빠르다(激)(격)	* 憿幸(요행) :僥倖(요행). 뜻밖에 얻어지는 행운(幸運) * 憿憭(요료) :정성(精誠)으로 아룀 <集韻>憿憭以誠告也	<매요골몰>
汨	氵(水) <골몰할 골 / 빠질 골> ①골몰하다(汨沒) ②빠지다, 잠기다 ③(물에)가라앉다, (물에)잠기다 ④어지럽히다, 어지러워지다 ⑤물결	* 汨沒(골몰) :①다른 생각을 일절(一切) 하지 않고 한 가지 일에만 온 정신(精神)을 쏟음 ②부침(浮沈) * 汨汨(골골) :물이 흐르는 모양 * 汨活(골활) :물이 빠르고 세차게 흐르는 모양	매번(每番) 요행(僥倖)에만 정신(情神)이 팔려서,
沒	氵(水) <빠질 몰> ①(물에)빠지다, 가라앉다 ②잠수하다(潛水), 무자맥질하다 ③다하다, 끝나다, 바닥나다 ④죽다	* 沒頭(몰두) :어떤 일에 오로지 파묻힘 * 沒落(몰락) :성하던 것이 쇠하여 아주 형편(形便)없이 됨 * 埋沒(매몰) :파묻음. 파묻힘 * 出沒(출몰) :나타났다 없어졌다 함	

漢字	訓音	用例	成語
抽	扌(手) <뽑을 추> ①뽑다, 뽑아내다 ②빼다 ③당기다, 잡아당기다 ④없애다, 제거하다(除去) ⑤거두다, 거두어들이다 ⑥싹이 나오다	* 抽籤(추첨) :어떤 表示나 內容이 적힌 것 중에 하나를 무작위(無作爲)로 뽑아 決定하는 것. 제비뽑기 * 抽出(추출) :어떤 물질(物質)을 빼냄. 뽑아 냄 * 抽象(추상) :여러 槪念에서 特定한 속성(屬性)을 빼냄	<추첨요행> 제비뽑기를 하여 생각지도 않은 뜻밖의 행운(幸運)을 구(求)하며,
籤	竹 <제비 첨> ①제비(기호 등에 따라 승부 따위를 결정하는 방법) ②대꼬챙이 ③쪽지 ④심지 ⑤예언의 기록 ⑥점치다 ⑦시험하다	* 籤丁(첨정) :簽丁(첨정). 장정(壯丁)을 군적에 올려 기록함 * 籤紙(첨지) :책 따위에 무엇을 표시(表示)하려고 붙이는 쪽지 * 落籤(낙첨) :제비뽑기에 뽑히지 않은 것 * 當籤(당첨) :제비에 뽑힘	
僥	亻(人) <요행 요 / 바랄 요> ①요행(僥倖·徼幸) ②바라다, 구하다(求) ③난쟁이 ④기다란 모양 ⑤속이다(교), 거짓말 하다(교)	* 僥倖(요행) :거의 可能性 없는 어려운 일이 우연(偶然)히 잘 되어 다행(多幸)하거나, 뜻밖에 얻는 행복(幸福). 徼倖(요행)과 同. * 僥冒(요모) :요행히 벼슬길에 낌	
倖	亻(人) <요행 행> ①요행(僥倖·徼幸) ②괴다(특별히 귀여워하고 사랑하다) ③사랑하다 ④총애하다(寵愛)	* 射倖(사행) :요행(徼幸·僥倖)을 바람. 횡재(橫財) 바라기 * 射倖心(사행심) :우연(偶然)한 이익(利益)을 얻고자 요행(徼幸·僥倖)을 바라는 마음 * 倖而得免(행이득면) :요행(徼幸·僥倖)히 벗어남	

漢字	訓音	用例	成語
小	小 <작을 소> ①작다 ②적다 ③협소하다(狹小), 좁다 ④가볍게 여기다 ⑤(지위가)낮다 ⑥겸양(謙讓)의 뜻을 나타내는 접두어	* 小貪大失(소탐대실) :작은 것을 탐하다가 큰 것을 잃음 * 大小(대소) :사물의 큼과 작음 * 縮小(축소) :줄여서 작아짐 * 大同小異(대동소이) :거의 같고 조금 다름. 비슷함 * 積小成大(적소성대) :적은 것도 쌓이면 많아짐	<소탐대실> 작은 것을 탐(貪)하다가 도리어 큰 것을 잃게 되고 나서야,
貪	貝 <탐할 탐> ①탐하다(貪), 탐내다(貪) ②탐, 탐욕(貪慾) ③바라다, 희망하다(希望) ④자초하다(自招 :스스로 초래하다)	* 貪慾(탐욕) :사물(事物)을 지나치게 탐하는 욕심(慾心) * 貪官汚吏(탐관오리) :탐욕이 많고 부정을 일삼는 벼슬아치 * 貪者怨之本(탐자원지본) :무엇을 탐한다는 것은 남의 원한(怨恨)을 사는 근본(根本)임	
大	大 <클 대 / 큰 대> ①크다, 심하다(甚 :정도가 지나치다) ②많다 ③높다, 존귀하다(尊貴) ④중(重)히 여기다, 중요시하다(重要視)	* 大人(대인) :남에게 대(對)한 경칭(敬稱) * 大幅(대폭) :규모(規模)에 있어서 썩 많거나 크게 * 擴大(확대) :모양이나 규모(規模) 따위를 늘이어서 크게 함 * 廓大(확대) :넓혀서 크게 함 * 大部分(대부분) :거의 모두	
失	大 <잃을 실> ①잃다, 잃어버리다 ②남기다, 빠뜨리다 ③틀어지다, 어긋나다 ④잘못, 허물 ⑤달아나다, 도망치다(逃亡)	* 失敗(실패) :일에 성공(成功)하지 못하고 망(亡)함 * 失踪(실종) :소재(所在)나 행방(行方)을 알 수 없게 됨 * 得失(득실) :①얻음과 잃음 ②이득(利得)과 손해(損害) * 損失(손실) :①축나서 없어짐 ②손해(損害)를 봄	

漢字	訓音	用例	成語
嗟	口 <탄식할 차> ①탄식하다(歎息·嘆息) ②탄식(歎息·嘆息) ③감탄하다(感歎·感嘆) ④감탄(感歎·感嘆) ⑤창졸(倉卒)간에, 갑작스럽게	* 嗟吁(차우) :탄식(歎息). 탄식(歎息)하는 소리 * 嗟乎(차호) :'슬프다'의 뜻. 슬퍼서 歎息할 때에 쓰는 말 * 嗟歎(차탄) :탄식(歎息)하고 한탄(恨歎)함. 嗟咨(차자) * 傷嗟(상차) :슬프게 탄식(歎息)함 * 咄嗟(돌차) :혀를 참	<차우몽재> 탄식(歎息)하기를, "꿈이로다!" 하고 후회(後悔)하였다.
吁	口 <탄식할 우> ①탄식하다(歎息·嘆息) ②근심하다 ③내뿜다 ④(숨을)내쉬다 ⑤아! 탄식(歎息·嘆息)하는 소리	* 吁咈(우불) :불찬성(不贊成)을 표시하는 말 * 長吁(장우) :①길게 한숨 짐 ②몹시 한탄(恨歎)함	
夢	夕 <꿈 몽> ①꿈, 꿈꾸다 ②공상(空想) ③환상(幻想) ④혼미하다(昏迷), 흐리멍덩하다 ⑤마음이 뒤숭숭하다 ⑦(사리에)어둡다	* 惡夢(악몽) :무섭거나 기괴(奇怪)하거나 불길(不吉)한 꿈 * 夢寐(몽매) :잠을 자며 꿈을 꿈 * 南柯一夢(남가일몽) :덧없는 한때의 부귀영화(富貴榮華) * 一場春夢(일장춘몽) :한바탕의 봄꿈. <比喩>인생의 허무함	
哉	口 <어조사 재> ①어조사(語助辭) :感歎調의 終結辭 ②비롯하다, 처음 ③재난(災難), 재앙(災殃)	* 哀哉(애재) :슬프도다! * 快哉(쾌재) :통쾌(痛快)하다! * 乎哉(호재) :감탄(感歎)을 표시하는 말. ~런가, ~로다 * 可然哉(가연재) :그렇게 하오리까? * 時哉時哉(시재시재) :좋을 때를 만난 기뻐 감탄하는 소리	

漢字	訓音	用例	成語
浪	氵(水) <물결 랑> ①물결, 물결이 일다 ②파도(波濤) ③표랑하다(漂浪) ④유랑하다(流浪) ⑤함부로, 마구 ⑥방종하다(放縱)	* 浪費(낭비) :재물(財物)이나 시간(時間) 따위를 헛되이 헤프게 쓰는 것 * 浪人(낭인) :떠돌이. 떠돌아다니는 사람. 방랑자(放浪者) * 放浪(방랑) :정처 없이 떠돌아다님 * 激浪(격랑) :센 물결	<낭비종빈> 귀(貴)한 시간(時間)과 재물(財物)을 함부로 헛되이 쓰다보면 끝내는 가난해져서
費	貝 <쓸 비> ①쓰다, 닳다 ②비용(費用), 용도(用途) ③소비하다(消費) ②소모하다(消耗) ④재화(財貨), 재보(財寶)	* 費用(비용) :물건을 사거나 어떤 일을 하는 데 드는 돈 * 消費(소비) :재화(財貨) 따위를 써서 없애는 행위(行爲) * 不費之惠(불비지혜) :자기에게는 해(害)될 것이 없어도 남에게는 이익(利益)이 될 만한 은혜(恩惠)	
終	糸 <마칠 종> ①마치다, 끝내다, 다하다, 끝, 마지막 ②마침내, 결국(結局) ③이루어지다, 완성되다(完成) ④죽다 ⑤늘, 항상(恒常)	* 終了(종료) :일을 마침 * 終末(종말) :끝, 끝판 * 終熄(종식) :한 때 매우 성(盛)하던 것이 주저앉아서 그침 * 始終(시종) :처음과 끝. 항상. 처음부터 끝까지 * 最終(최종) :단계(段階)나 차례(次例)에 있어서 맨 나중	
貧	貝 <가난할 빈> ①가난하다, 빈궁하다(貧窮), 가난, 빈곤 ②모자라다, 부족하다(不足) ③구차하다(苟且), 천하다(賤)	* 貧困(빈곤) :가난하고 궁색(窮塞)하여 살기 어려움 * 貧富(빈부) :가난함과 넉넉함 * 貧賤(빈천) :가난하고 천함 * 貧血(빈혈) :피가 모자라는 증상(症狀) * 外華內貧(외화내빈) :겉치레는 화려(華麗)하나 실속이 없음	

한자	뜻	용례	풀이
窮	穴 <다할 궁 / 궁할 궁> ①다하다, 마치다 ②극(極)에 달하다(達) ③궁하다(窮), 가난하다 ④외지다, 궁벽하다(窮僻) ⑤궁구하다(窮究), 궁리(窮理)	* 窮乏(궁핍) :몹시 가난하고 궁(窮)함 * 無窮(무궁) :끝이 없음 * 窮極(궁극) :극도(極度)에 달(達)해 어찌 할 수 없음 * 窮理(궁리) :이치(理致)를 헤아리며 깊이 연구(硏究)함 * 困窮(곤궁) :가난하여 살림이 궁핍(窮乏)하고 구차(苟且)함	<궁핍간난> 곤궁(困窮)하고 가난하여 몹시 힘들고 고생(苦生)스럽게 되나니,
乏	丿 <모자랄 핍> ①모자라다, 결핍되다(缺乏), 부족하다(不足) ②비다, 없다 ③가난하다 ④힘이 없다, 무력하다(無力)	* 缺乏(결핍) :모자람, 부족(不足)함 * 困乏(곤핍) :고달파서 노곤(勞困)하고 힘이 없음. 군핍(窘乏) * 窮乏(궁핍) :몹시 가난하고 궁함 * 代不乏人(대불핍인) :어느 시대나 인재(人材)가 없지 아니함	
艱	艮 <어려울 간> ①어렵다 ②괴롭다 ③가난하다 ④험악하다(險惡) ⑤고생(苦生) ⑥당고(當故 :父母의 喪事를 當함)	* 艱難(간난) :괴롭고 고생(苦生)스러움. * 艱苦(간고) :가난하여 고생이 됨. 간난신고(艱難辛苦) * 艱辛(간신) :힘들고 고생(苦生)스러움 * 艱難辛苦(간난신고) :몹시 힘든 고생(苦生)을 이르는 말	
難	隹 <어려울 난> ①어렵다 ②근심, 재앙(災殃) ③꺼리다, 싫어하다 ④괴롭히다 ⑤힐난하다, 나무라다	* 困難(곤란) :어떤 일을 하는 것이 어렵거나 까다로움 * 論難(논란) :옳으니 그르니 하며 시비(是非)를 따져 논(論)함 * 非難(비난) :남의 잘못이나 흠 따위를 책잡아서 나쁘게 말함 * 災難(재난) :뜻밖에 일어나는 불행(不幸)한 일	

한자	뜻	용례	풀이
苟	艹(艸草) <진실로 구 / 구차할 구> ①진실로(眞實), 참으로 ②다만, 단지(但只) ③겨우, 간신히 ④만약(萬若) ⑤구차하다(苟且), 구차(苟且)하게 굴다	* 苟且(구차) :몹시 가난하고 궁색(窮塞)함. * 苟安(구안) :한때 겨우 편안(便安)함 * 苟生(구생) :구차(苟且)하게 겨우 살아감. 구명도생(苟命圖生) * 苟合(구합) :①겨우 합치함 ②아부(阿附)함	<구차란건> 몹시 가난하고 궁색(窮塞)해지는 것은 바로 게으른 허물인 것이다.
且	一 <또 차> ①또, 또한 ②우선 ③잠깐 ④장차(將次) ⑤만일(萬一) ⑥구차하다(苟且)	* 且置(차치) :우선 다음으로 미루어 내버려둠 * 況且(황차) :하물며. 더구나 * 重且大(중차대) :매우 중요(重要)하고 또 큰 일임 * 且問且答(차문차답) :한편 묻고 한편 대답(對答)함	
嬾	女 <게으를 란> ①게으르다 ②태만하다(怠慢) ③꽤 나른하다 ④엎드리다 ⑤눕다	* 嬾夫(난부) :게으른 남자(男子) * 嬾婦(난부) :①게으른 여자(女子) ②귀뚜라미를 달리 이르는 말	
愆	心 <허물 건> ①허물, 잘못하다 ②악질(惡疾), 나쁜 병 ③어그러지다 ④어기다, 위반하다(違反) ⑤지나치다, 초과하다(超過)	* 愆過(건과) :허물 * 愆尤(건우) :잘못 * 愆戾(건려) :허물 * 愆期(건기) :정(定)한 기한(期限)을 어김 * 愆滯(건체) :延滯(연체). 기한(期限)이 늦추어 지체(遲滯)됨 * 微愆(미건) :가벼운 병 * 滌愆(척건) :허물을 씻어 버림	

한자	뜻	용례	풀이
姜	女 <성씨 강> ①성(姓)의 하나 ②굳세다(彊), 강하다(强)	* 姜哥(강가) :①남이 姜氏 집안을 얕잡아 부르는 비칭(卑稱) ②姜氏(강씨) 집안의 사람이 자기(自己) 집안의 姓氏를 謙辭(겸사)하여 지칭(指稱)하는 말	<강가모구> 강가네 늙은 할망구는
哥	口 <성씨 가> ①형(兄). 오빠 ②친척(親戚) 중 같은 항렬(行列)에서 나이가 많은 남자(男子) ③얕잡아 말할 때 쓰는 말	※ 哥 :남이 다른 사람의 성씨(姓氏)를 얕잡아 부를 때 姓氏 뒤에 붙여서 부르거나, 자기(自己) 집안의 姓氏에 대한 겸칭(謙稱)으로 姓氏 뒤에 붙여서 부름. * 哥哥(가가) :형을 부르거나, 아들이 아버지를 말할 때.	
姥	女 <할머니 모> ①할머니(祖母), 늙은 여자(女子) ②늙은 어머니 ③아내 ④유모(乳母) ⑤외조모(外祖母)(노)	* 姥嫗(모구) :할망구. 늙은 할멈. 노파(老婆) <三國史記>에서 新羅 善德女王의 執政에 대해 '豈可許姥嫗出閨房 斷國家之政事乎'라 평(評)했음. * 姥姥(노질) :외할머니 * 權姥(권모) :골무떡. 權母와 同	
嫗	女 <할머니 구> ①할머니, 늙은 여자(女子) ②어머니 ③여자(女子)	* 老嫗(노구) :할멈 * 媒嫗(매구) :중매(仲媒)쟁이 노파 * 父嫗(부구) :아버지와 어머니 * 媼嫗(온구) :늙은 할머니 * 老嫗能解(노구능해) :늙은 할머니도 이해(理解)할 수 있다. <比喩>글을 쉽게 쓰는 것을 이름	

한자	뜻	용례	풀이
守	宀 <지킬 수> ①지키다, 지키는 사람 ②다스리다 ③階卑職高(守) ↔ 階高職卑(行) ④지방(地方) 장관(長官) ⑤임시, 가짜	* 守錢(수전) :돈을 지키는 것 * 守錢奴(수전노) :玼吝考妣 * 守備(수비) :외부의 공격(攻擊)이나 침략(侵略)을 막아냄 * 守護(수호) :지키고 보호(保護)함 *固守(고수) :굳게 지킴 * 保守(보수) :묵은 그대로 보전(保全)하여 지킴 * 수령(守令)	<수전인색> 돈을 움켜쥐고 체면(體面)도 없이 지나치게 재물(財物)을 아깝게 여기는지라,
錢	金 <돈 전> ①돈, 화폐(貨幣) ②동전(銅錢), 엽전(葉錢) ③값, 대금(代金) ④자금(資金) ⑤주효(酒肴) ⑥가래(흙을 파헤치는 기구)	* 口錢(구전) :口文(구문). 소개나 흥정의 대가로 받는 돈 * 金錢(금전) :①쇠붙이로 만든 돈 ②돈, 화폐(貨幣) * 銅錢(동전) :구리로 만든 돈 * 稅錢(세전) :稅金(세금) * 葉錢(엽전) :놋쇠로 만든 옛날의 돈. 둥글고 납작함	
吝	口 <아낄 린> ①아끼다 ②인색하다(吝嗇) ③소중히 여기다(所重) ④욕심을 부리다(慾心) ⑤한하다(恨) ⑥주저하다(躊躇)	* 吝嗇(인색) :체면(體面)도 없이 재물(財物)을 지나치게 아낌 * 貪吝(탐린) :탐욕(貪慾)스럽고 인색(吝嗇)함 * 改過不吝(개과불린) :허물을 고침에 인색(吝嗇)하지 않음 * 玼吝考妣(자린고비) :紙榜을 기름에 절임. 玼吝은 '절인'의 音譯	
嗇	口 <아낄 색> ①아끼다 ②아껴 쓰다 ③인색하다(吝嗇) ④탐내다(貪) ⑤곡식(穀食)을 거두다(穡)	* 珍嗇(진색 :몸을 진중하게 여기고 아낌 * 偏嗇(편색) :편벽되고 인색함 * 貪嗇(탐색) :탐오하고 인색함 * 吝嗇之心(인색지심) :인색(吝嗇)한 마음	

한자	훈음	용례	요약
貨	貝 <재물 화> ①재물(財物), 재화(財貨) ②돈, 화폐(貨幣) ③화물(貨物) ④상품(商品), 물건(物件) ⑤뇌물(賂物) ⑥매매(賣買)	* 貨幣(화폐) :상품교환(商品交換)의 매개체(媒介體)로서, 지불수단(支拂手段)이나 가치(價値)의 척도(尺度). 돈 * 貨物(화물) :운반(運搬)할 수 있는 물품(物品)의 총칭(總稱) * 財貨(재화) :사람의 욕망(慾望)을 만족(滿足)시키는 財物(재물)	<화폐관민> 돈이란 돈은 몽땅 돈꿰미에 꿰어놓았고,
幣	巾 <화폐 폐> ①화폐(貨幣) ②비단(緋緞) ③폐백(幣帛) ④재물(財物)	* 僞幣(위폐) :위조(僞造)한 화폐(貨幣), 지폐(紙幣) * 紙幣(지폐) :紙錢 종이돈 * 幣帛(폐백) :예물로 바치는 비단 * 納幣(납폐) :신랑(新郎) 집에서 신부(新婦) 집으로 혼서지와 폐백(幣帛)을 함에 담아 보내는 일	
貫	貝 <뀔 관> ①꿰다 ②뚫다, 꿰뚫다 ③이루다, 달성하다(達成) ④통과하다(通過) ⑤익숙하다 ⑥돈꿰미(엽전을 꿰던 꿰미)	* 貫緡(관민) :동전 1관문(貫文)을 꿰는 끈, 또는 끈에 꿴 1貫文의 돈. 실제(實際)로는 960문(文)을 꿰어 1관문(貫文)으로 통용(通用)되었음 * 貫通(관통) :처음부터 끝까지 꿰뚫어 통(通)함	
緡	糸 <낚싯줄 민 / 돈꿰미 민> ①낚싯줄 ②돈꿰미 ③입다, 입히다 ④성하다(盛) ⑤합하다(合)	* 緡綸(민륜) :줄 또는 낚싯줄. 조사(釣絲) * 緡錢(민전) :꿰미에 꿴 엽전 * 緡鈔(민초) :동전(銅錢)을 달리 이르는 말	

한자	훈음	용례	요약
銀	金 <은 은> ①은(銀) ②은빛(銀) ③돈, 화폐(貨幣) ④도장(圖章)	* 銀盒(은합) :은(銀)으로 만든 합(盒) * 銀行(은행) :예금(預金)을 맡아주는 한편 대부(貸付) 등의 업무(業務)를 하는 금융기관(金融機關) * 銀河水(은하수) :은하계(銀河系)를 강(江)에 비유(比喩)함	<은합저권> 은(銀)으로 된 뚜껑 달린 그릇엔 어음을 잔뜩 넣어 놓았다.
盒	皿 <합 합> ①합(소반 뚜껑) ②입이 훌쭉한 그릇	※ 둥글넓적하며 위에는 뚜껑이 있는 음식을 담는 그릇 * 砂盒(사합) :사기(沙器)로 만든 그릇. 沙盒(사합) * 舌盒(설합) :서랍의 잘못 * 饌盒(찬합) :음식(飮食)을 담는 여러 층으로 된 그릇	
楮	木 <닥나무 저> ①닥나무 ②종이 ③돈, 지폐(紙幣)	* 楮劵(저권) :옛날 중국(中國)에는 오늘날의 약속(約束)어음과 같은 것이 있었는데, 楮劵이라 하였음. * 楮幣(저폐) :高麗朝 末에서 朝鮮朝 初에 닥나무 껍질로 만들어 쓰던 종이돈. 楮貨(저화)	
劵	刀 <문서 권> ①문서(文書), 증서(證書), 증표(證票) ②계약서(契約書) ③화폐(貨幣) ④엄쪽(어음을 쪼갠 한 쪽) ⑤일치하다	※ 劵이란 나무에 칼집을 내어 약속(約束)의 표시(標示)를 새긴 다음 쪼개어 양(兩)쪽이 하나씩 증거(證據)로 보관(保管)하던 것을 말함 * 文劵(문권) :땅이나 집 또는 권리를 증명하는 문서(文書)	

한자	훈음	용례	요약
媤	女 <시집 시> ①시집(남편의 집)	* 媤宅(시댁) :시집(媤家)을 높여 이르는 말 * 媤家(시가) :시집. 남편(男便)의 집안 * 媤妹(시매) :시누이. 남편(男便)의 누이. * 媤父母(시부모) :남편(男便)의 부모(父母)	<시저투식> 시댁(媤宅)의 맏누이는 며느리를 시샘하여,
姐	女 <누이 저 / 교만할 저> ①누이 ②여자(女子) ③여자(女子) 아이 ④아주머니(여자의 통칭) ⑤교만하다(驕慢)(嫭)	* 姐姐(저저) :누님을 이르는 말 * 小姐(소저) :아가씨 * 宋氏姐(송씨저) :시집가지 못하고 죽은 처녀(處女)의 귀신(鬼神). 孫閣氏.	
妬	女 <샘낼 투> ①샘내다 ②강샘하다(지나치게 시기하다) ③시기하다(猜忌) ④투기하다(妬忌)	* 妬忌(투기) :경쟁상대(競爭相對)를 질투(嫉妬)하여 미워함 * 妬視(투시) :嫉視(질시). 시기(猜忌)하여 봄. 흘겨 봄 * 嫉妬(질투) :사랑하는 이성(異性)이 다른 이성(異性)을 좋아할 대 느끼는 분(憤)한 마음. 강샘	
媳	女 <며느리 식> ①며느리	* 媳婦(식부) :息婦(식부). 며느리 * 姑媳(고식) :姑婦(고부). 시어머니와 며느리 * 丑媳婦(축식부) :못생긴 며느리 * 姪媳婦(질식부) :조카며느리 * 養媳婦(양식부) :童養媳(동양식). 민며느리	

한자	훈음	용례	요약
蠶	虫 <누에 잠> ①누에 ②(누에를)치다 ③양잠(養蠶 :누에를 치는 일) ④잠식하다(蠶食)	* 蠶桑(잠상) :누에와 뽕나무. * 蠶食(잠식) :누에가 뽕잎을 먹는 것처럼 남의 것을 차츰차츰 먹어 들어가거나 침략(侵略)하는 것 * 稍蠶食之(초잠식지) :점차 조금씩 침략(侵略)하여 들어감	<잠상종화> 누에는 뽕잎을 먹고 메뚜기는 벼를 먹어야 하거늘, <주어진 분수(分數)를 지켜야 하거늘.>
桑	木 <뽕나무 상> ①뽕나무 ②뽕잎을 따다	* 扶桑(부상) :①해가 돋는 동쪽 바다 ②동쪽 바다 속에 해가 뜨는 곳에 있다고 하는 나무 * 桑田碧海(상전벽해) :뽕나무밭이 푸른 바다가 되었다. <比喩> 세상(世上)이 몰라 볼 정도(程度)로 바뀐 것	
螽	虫 <메뚜기 종> ①메뚜기(메뚜깃과의 곤충) ②베짱이(여칫과의 곤충) ③마디충(벼의 마디를 먹는 벌레)	* 螽斯(종사) :①메뚜기 ②배짱이 ③여치 ④(여치가 한 번에 99개의 알을 낳으므로, 자손 번창을 비유(比喩) * 阜螽(부종) :蟲螽(부종). 메뚜깃과 곤충(昆蟲)의 통칭(統稱) * 斯螽(사종) :메뚜기 * 螽斯科(종사과) :여치과	
禾	禾 <벼 화> ①벼 ②모, 볏모(옮겨심기 위해 기른 벼의 싹) ③곡식(穀食) ④곡식(穀食)의 줄기 ⑤해, 연(年)	* 禾穀(화곡) :벼에 속(屬)하는 곡식(穀食)을 통틀어 일컬음 * 禾苗(화묘) :벼의 모 * 麥禾(맥화) :보리와 벼 * 晩禾(만화) :늦벼. 제철보다 늦게 여무는 벼 * 嘉禾(가화) :大禾(대화). 열매가 많은 벼이삭. 慶事의 徵兆	

한자	훈음·뜻	용례	풀이
虛	虍 <빌 허> ①비다, 없다 ②비워 두다 ③헛되다 ④공허하다(空虛) ⑤하늘 ⑥구멍 ⑦틈, 빈틈 ⑧약하다(弱), 취약(脆弱)	* 虛榮(허영) :①실상(實相)이 없는 외견상(外見上)의 영예(榮譽) ②필요(必要) 이상(以上)의 사치(奢侈)나 겉치레 * 虛構(허구) :사실(事實)에 없는 일을 얽어서 꾸밈. * 空虛(공허) :①속이 텅 빔 ②내용(內容)이 없이 부실(不實)함	<허영사치> 필요(必要) 이상(以上)으로 겉치레를 하여 분수(分數)없이 호사(豪奢)를 즐겨서
榮	木 <영화 영 / 꽃 영> ①영화(榮華) ②영예(榮譽) ③영광(榮光) ④명예(名譽) ⑤꽃 ⑥꽃이 피다	* 榮光(영광) :빛나는 영예(榮譽) * 榮譽(영예) :빛나는 명예(名譽) * 榮轉(영전) :더 좋거나 높은 직위(職位)로 옮아감 * 繁榮(번영) :번성(蕃盛·繁盛)하고 영화(榮華)롭게 됨	
奢	大 <사치할 사> ①사치하다(奢侈) ②낭비하다(浪費) ③지나치다, 분에 넘치다 ④넉넉하다 ⑤뽐내다 ⑥오만하다(傲慢) ⑦아름답다	* 奢侈(사치) :분수(分數)에 넘치게 필요(必要) 이상(以上)으로 돈이나 물건(物件)을 함부로 씀 * 華奢(화사) :①화려(華麗)하고 사치(奢侈)스러움 ②밝고 환함 * 豪奢(호사) :호화(豪華)롭게 사치(奢侈)하는 것	
侈	亻(人) <사치할 치> ①사치하다(奢侈) ②호사(豪奢), 사치(奢侈) ②무절제하다(無節制), 난잡하다(亂雜) ③과장되다(誇張) ④크다, 넓다	* 侈濫(치람) :사치(奢侈)한 것이 분수(分數)에 넘쳐 지나침 * 侈麗(치려) :크고 아름다움 * 豪侈(호치) :豪華(호화) * 侈傲(치오) :우쭐하고 거만(倨慢)함 * 外侈(외치) :구차(苟且)한 사람이 분수없이 사치(奢侈)함	

한자	훈음·뜻	용례	풀이
櫃	木 <함 궤> ①궤(櫃 :나무로 네모나게 만든 그릇) ②함(函) ③상자(箱子) ④느티나무(거)	* 櫃匣(궤갑) :나무로 짜서 만든 작은 상자(箱子) * 金櫃(금궤) :①금으로 장식(裝飾)하여 만든 궤 ②철궤(鐵櫃) * 櫃封(궤봉) :물건(物件)을 궤에 넣고 봉하여 둠 * 玉石同櫃 :똑똑한 사람과 어리석은 사람이 한데 섞여 있음	<궤갑보함> 나무로 짜서 만든 작은 보물함(寶物函)은
匣	匚 <갑 갑> ①갑(작은 상자) ②우리(짐승을 가두어 기르는 곳 :柙) ③궤(櫃)에 담다	* 掌匣(장갑) :손을 보호(保護)하기 위해 손에 낄 수 있도록 손의 모양(模樣)과 비슷하게 만든 물건(物件) * 紙匣(지갑) :돈·증명서(證明書) 등(等)을 넣을 수 있도록 쌈지처럼 조그맣게 만든 물건(物件)	
寶	宀 <보배 보> ①보배 ②보물(寶物) ③옥새(玉璽), 도장(圖章) ④돈, 전폐(錢幣) ⑤존칭어(尊稱語)의 경우에 前置(전치) :寶座, 寶位	* 寶函(보함) :귀중(貴重)한 보배를 넣는 함(函). 보배상자 * 寶物(보물) :썩 드물고 귀(貴)한 가치(價値)있는 물건(物件) * 寶庫(보고) :①귀중(貴重)한 물건(物件)을 간수하여 두는 곳 ②훌륭한 재원(財源)이 묻혀 있는 땅	
函	凵 <함 함> ①함(나무로 짠 궤) ②상자(箱子), 갑 ③갑옷 ④글월, 편지(便紙) ⑤혀 ⑥잔(盞), 술잔 ⑦큰소리의 형용(形容)	* 函丈(함장) :스승을 달리 이르는 말 * 書函(서함) :①책을 넣는 상자(箱子) ②便紙를 넣는 통(桶) * 函數(함수) :한 변수(變數)의 값에 따라 결정되는 다른 변수(變數)를 앞의 것에 대(對)하여 일컫는 말	

한자	훈음·뜻	용례	풀이
漆	氵(水) <옻 칠> ①옻, 옻나무 ②옻나무 진 ③옻칠하다 ④검은 칠 ⑤검다, 까맣다	* 漆甲(칠갑) :鐵甲(철갑). ①쇠로 만든 갑옷 ②어떤 물건 위에 다른 물질(物質)을 흠뻑 칠하여 이룬 겉더께 * 漆器(칠기) :옻칠을 하여 아름답게 만든 기물, 그릇 * 漆板(칠판) :분필(粉筆)로 글씨를 쓰는 검은 칠을 한 판(板)	<칠차도박> 옻으로 칠(漆)하여 금박(金箔)을 입혀서 장식(粧飾)을 하였는데,
搽	扌(手) <칠할 차 / 바를 차> ①칠하다 ②바르다(塗飾)	* 搽凌(차릉) :살얼음. 冰縷(빙루). 冰筏(빙벌). * 榠搽(명차) :木瓜(모과). 모과나무의 열매	
鍍	金 <도금할 도> ①도금하다(鍍金)	* 鍍金(도금) :녹을 막거나 장식(裝飾)을 하기 위해 금속(金屬) 표면(表面)에 다른 금속(金屬)인 금(金)·은(銀)·니켈 따위의 얇은 막(膜)을 입히는 일 * 鍍金漆(도금칠) :도금하는 방법(方法)으로 하는 칠	
鉑	金 <금박 박> ①금박(金箔)	* 鉑黑(박흑) :백금흑(白金黑 :platinum black). 白金의 黑色가루. 微細한 粉末狀의 白金. 검은색을 띰 * 鉑絨(박융) :鉑海綿. 白金海綿. 鹽化白金酸 암모늄을 높은 熱을 加해 만든 海綿 模樣의 白金 덩어리. 觸媒로 쓰임	

한자	훈음·뜻	용례	풀이
珍	玉 <보배 진> ①보배, 보물(寶物), 소중히 여기다 ②진귀하다(珍貴), 희귀하다(稀貴) ③맛있는 음식(飮食)	* 珍貴(진귀) :보배롭고 귀중(貴重)함 * 珍珠(진주) :眞珠(진주). 조개의 체내(體內)에 생긴 구슬 * 山海珍味(산해진미) :산과 바다의 산물(産物)을 다 갖추어 아주 잘 차린 진귀(珍貴)한 음식(飮食)	<진옥벽백> 귀중(貴重)한 보배와 옥(玉)과 비단(緋緞), 그리고
鈺	金 <보배 옥> ①보배, 보물(寶物) ②단단한 쇠(堅金)	* 寶鈺(보옥) :보배	
璧	玉 <구슬 벽 / 둥근옥 벽> ①구슬 ②둥근 옥 ③아름다운 옥	* 璧帛(벽백) :옥(玉)과 비단(緋緞) * 完璧(완벽) :완전무결(完全無缺)하다는 뜻으로 사용(使用) * 雙璧(쌍벽) :①두 개의 구슬. 쌍구슬 ②우열(優劣)이 없이 둘이 다 뛰어나게 훌륭한 존재(存在)	
帛	巾 <비단 백> ①비단(緋緞), 견직물(絹織物) ②명주(明紬 :명주실로 무늬 없이 짠 피륙) ③폐백(幣帛) ④백서(帛書: 비단에 쓴 글)	* 雁帛(안백) :雁信(안신). 안서(雁書). 편지(便紙), 소식(消息) * 竹帛(죽백) :서적(書籍)이나 사기(史記)를 달리 이르는 말 * 幣帛(폐백) :신부(新婦)가 혼례(婚禮)를 마치고 시댁에 와서 시부모(媤父母)와 어른들께 드리는 첫인사(人事)	

한자	뜻	단어	풀이
碧	石 <푸를 벽> ①푸르다 ②푸른빛 ③푸른 옥(玉) ④푸른 물	* 碧空벽공 단어장 추가 짙게 푸른 하늘 * 碧海(벽해) :짙푸른 바다 * 丹碧(단벽) :丹青(단청) * 碧眼(벽안) :안구(眼球)가 푸른 눈. 서양(西洋) 사람을 말함 * 碧玉婚式(벽옥혼식) :결혼(結婚) 40주년(周年·週年)	<벽영비취> 푸른 옥빛이 나는 비취(翡翠)로 만든
瑛	玉 <옥빛 영> ①옥빛 ②수정(水晶) ③패옥(佩玉 :허리띠에 차는 옥)	* 瑛琚(영거) :수정(水晶)으로 만든 패옥(佩玉) * 瑛瑤(영요) :①아름다운 옥(玉) ②옥(玉)과 같이 아름다운 덕(德)을 가진 사람	
翡	羽 <물총새 비 / 비취옥 비> ①물총새(물총샛과의 새) ②비취옥	* 翡翠(비취) :짙은 초록색의 경옥(硬玉). 빛깔이 아름다워 보석(寶石)으로 쓰임 * 翡色(비색) :고려(高麗) 청자(青瓷)와 같은 푸른 빛깔 * 翡玉(비옥) :붉은 점(點)이 박혀 있는 비취옥	
翠	羽 <물총새 취 / 푸를 취> ①물총새(물총샛과의 새) ②물총새의 깃 ③비취(翡翠) ④푸르다, 비취색(翡翠色), 청록색(青綠色)	* 翠簾(취렴) :푸른 대오리로 엮어 만든 발. 푸른빛의 발 * 翠綠(취록) :綠色(녹색) * 翠碧色(취벽색) :짙푸른 색(色) * 翡翠衾(비취금) :비취색의 비단(緋緞) 이불이란 뜻으로, 젊은 부부(夫婦)가 덮을 화려(華麗)한 이불	

한자	뜻	단어	풀이
球	玉 <공 구> ①공(둥근 물체) ②옥(玉) ③옥으로 만든 경쇠(磬) ④둥글다	* 球琳(구림) :琳球(임구). ①아름다운 구슬 ②빼어난 재능(才能), 또는 그런 재능(才能)을 가진 사람 * 球體(구체) :공처럼 둥근 형체(形體) * 地球(지구) :사람이 살고 있는 땅 덩어리	<구림낭간> 아름다운 구슬은 청록색(青綠色)을 띤 비취(翡翠)로 반투명(半透明)하여
琳	玉 <옥 림> ①옥(玉) ②푸른 옥(玉) ③옥이 부딪쳐 나는 소리	* 琳宮(임궁) :사원(寺院) * 琳宇(임우) :琳宮(임궁). 寺院 * 琳闕(임궐) :아름다운 옥으로 장식한 대궐의 문(門) * 琳琅(임랑) :①아름다운 옥 ②옥이 부딪쳐 우는 소리 ③시문(詩文) 등이 아름다운 모양	
琅	玉 <옥돌 랑> ①옥돌(玉) ②금옥(金玉) 소리(쇠와 옥이 서로 부딪치는 소리) ③문고리	* 琅玕(낭간) :①짙은 녹색 또는 청록색으로 반투명한 비취(翡翠) ②잘 쓴 글, 또는 문장을 꾸며서 이르는 말. * 琅函(낭함) :①서류(書類) 상자(箱子) ②남을 높이어 그의 편지(便紙)를 이르는 말	
玕	玉 <옥돌 간> ①옥돌(玉)	* 青琅玕(청낭간) :빛이 푸른 낭간. 옥(玉) 비슷한 보석(寶石)의 한 가지	

한자	뜻	단어	풀이
煥	火 <불꽃 환 / 빛날 환> ①불꽃 ②빛나다 ③밝다, 선명하다(鮮明) ④문채(文彩 :아름다운 광채) 있는 모양	* 煥號(환호) :빛나는 이름 * 巍煥(외환) :두드러지게 뛰어나고 빛남 * 才氣煥發(재기환발) :재주와 슬기가 불 일어나듯이 나타남. 사리 판단이 날카롭고 재능이 빛난다는 뜻	<환랑휘황> 불빛이 환한 데서 보니 광채(光彩)가 눈부시게 빛나고
朗	月 <밝을 랑> ①밝다 ②환하다 ③유쾌하고 활달하다 ④(소리가)맑다, (소리가)깨끗하다 ⑤소리 높이 ⑥또랑또랑하게	* 朗讀(낭독) :소리를 높이어 밝게 읽음 * 朗報(낭보) :반가운 소식(消息) * 朗誦(낭송) :소리 내어 글을 욈 * 明朗(명랑) :①밝고, 맑고, 유쾌(愉快)하고, 쾌활(快活)함	
輝	車 <빛날 휘> ①빛나다 ②비추다 ③빛, 불빛 ④아침 햇빛	* 輝煌(휘황) :광채(光彩)가 눈부시게 빛남 * 輝映(휘영) :밝게 비침 * 輝光(휘광) :빛남. 찬란(燦爛)한 빛 * 光輝(광휘) :아름답게 번쩍이는 빛 * 明輝(명휘) :밝게 빛남 * 赤輝(적휘) :붉은색이 빛나다. 루비 * 赤輝公(적휘공) :잉어	
煌	火 <빛날 황> ①빛나다 ②불빛 ③불의 형상(形狀) ④성하다(盛 :기운이나 세력이 한창 왕성하다) ⑤아름답다 ⑥사물의 모양	* 煌煌(황황) :번쩍번쩍 밝게 빛나는 모양 * 炫煌(현황) :眩慌(현황). 정신이 어지럽고 황홀(恍惚)함 * 銀燭煒煌(은촉위황) :은촛대의 촛불은 빛나서 휘황찬란함 * 輝煌燦爛(휘황찬란) :광채(光彩)가 나서 눈부시게 번쩍임	

한자	뜻	단어	풀이
玲	玉 <옥소리 령> ①옥(玉) 소리 ②곱다 ③투명하다(透明) ④영롱하다(玲瓏)	* 玲瓏(영롱) :①광채(光彩)가 찬란(燦爛)함 ②금옥(金玉)이 울리는 소리가 맑고 산뜻함 * 五色玲瓏(오색영롱) :여러 가지 빛깔이 한데 섞여 찬란(燦爛)함	<영롱황홀> 찬란(燦爛)하여 어른어른하고 눈이 부신 지경(地境)이다
瓏	玉 <옥소리 롱> ①옥(玉) 소리 ②바람 소리 ③환한 모양, 환히 보이는 모양 ④기우제(祈雨祭)에 쓰는 홀(笏)	* 瓏瓏(농롱) :①옥(玉)이 부딪치는 소리 ②광채가 찬란함 * 五彩玲瓏(오채영롱) :五色玲瓏(오색영롱) * 八面玲瓏(팔면영롱) :①어느 쪽에서 보아도 다 투명(透明)하고 밝음 ②대인 관계가 원만하고 사교성이 있음	
恍	忄(心) <황홀할 황> ①황홀하다(恍惚·慌惚) ②멍하다, 마음을 빼앗겨 멍한 모양 ④어슴푸레하다 ⑤형체가 없는 모양	* 恍惚(황홀) :①광채(光彩)가 어른어른하여 눈이 부심 ②사물에 마음이 팔려 멍하니 서 있는 모양 * 恍如(황여) :마치 …인 것 같다. 恍若(황약) * 恍如隔世(황여격세) :마치 한 세대를 거른 것 같다. 隔世之感	
惚	忄(心) <황홀할 홀> ①황홀하다(恍惚·慌惚) ②마음을 빼앗겨 멍한 모양 ③흐릿하다, 확실(確實)하게 보이지 않는 모양	* 自惚(자홀) :①스스로 황홀(恍惚)함 ②자기(自己) 도취(陶醉)에 빠짐 * 慌惚(황홀) :恍惚(황홀) * 恍惚境(황홀경) :황홀(恍惚)한 경지(境地)나 지경(地境)	

司	口 <맡을 사> ①(직무로서 어떤 일을)맡다 ②관아(官衙 :공무를 집행하는 곳) ③벼슬아치, 관리(官吏), 공무원(公務員)	* 司法(사법) :법률을 적용하는 국가의 통치 작용(作用) * 司令(사령) :군(軍)을 지휘(指揮)하는 직책(職責) * 司正(사정) :그릇된 일을 다스려 바로잡음 * 上司(상사) :상급(上級)의 관아(官衙), 상부(上府)	<사요엄팽> 노역(勞役)의 책임(責任)을 맡은 사람이야 엄연(儼然)히 사람을 부린다지만,
傜	彳 <역사 요> ①역사(役事 :土木이나 建築 등의 工事) ②부역(賦役) ③노역(勞役) ④부리다	* 徭貢(요공) :요역(徭役)과 공부(貢賦). * 徭米(요미) :백성이 요역(徭役) 대신(代身)에 바치는 쌀 * 徭戍(요수) :戍役(수역). 수자리. 변방을 지키던 병사(兵士) * 常徭(상요) :상례(常例)로 부담(負擔)하는 부역(賦役)	
儼	亻(人) <엄연할 엄 / 의젓할 엄> ①엄연하다(儼然 :의젓하고 점잖다) ②의젓하다 ③근엄하다(謹嚴) ④공손하다(恭遜) ⑤삼가다 ⑥바로잡다	* 儼然(엄연) :①장엄(莊嚴)하고 엄숙(嚴肅)한 모양(模樣) ②아무리 해도 움직일 수 없는 모양 ③현상(現象)이 뚜렷하여 누구도 감(敢)히 부인(否認)할 수 없음 * 儼乎(엄호) :엄숙(嚴肅)한 모양	
伻	亻(人) <부릴 팽> ①부리다 ②좇다 ③시키다 ④사자(使者), 심부름꾼 ⑤하여금	* 伻書(팽서) :심부름꾼을 시켜 편지를 보냄. 또는 그 편지 * 伻候(팽후) :사람을 보내어 안부(安否)를 묻는 일. * 哀伻(애팽) :상중(喪中)에 있는 사람이 보낸 심부름꾼 * 委伻(위팽) :위탁하여 보낸 심부름꾼	

僕	亻(人) <종 복> ①(사내)종(남의 집에서 대대로 천한 일을 하던 사람) ②마부(馬夫), 거마(車馬)를 모는 사람 ③저(자기의 겸칭)	* 公僕(공복) :국가·사회의 심부름꾼. 공무원(公務員) * 奴僕(노복) :사내 종 * 臣僕(신복) :신하(臣下) * 僕婢(복비) :奴婢(노비). 남자(男子) 종과 여자(女子) 종 * 從僕(종복) :①사내 종 ②남이 시키는 대로 하는 사람	<복문려투> 종들은 일을 시키면 맘에 내키지 않아 하는 버릇이 몸에 배어서
們	亻(人) <무리 문 / 들 문 / 따위 문> ①들(인칭 대명사에 붙어 복수를 나타내는 말) ②무리(等輩 :모여서 뭉친 한 동아리) ③따위(等) ④살찐 모양	* 吾們(오문) :우리들 * 汝們(여문) :너희들 * 彼們(피문) :그들 * 我們(아문) :<中語> ①우리(들)(伲) ②(주로 여자나 아이들이 我 대용으로 써서) 나. 저 * 咱們(자문) :<中語>우리(들) ①我們 혹은 倆們 ②나 또는 너	
儢	亻(人) <힘쓰지 아니할 려> ①힘쓰지 아니하다 ②힘쓰지 않는 모양 ③내키지 않다 ④게으르다 ⑤가만히 물러나다 ⑥물리치다	* 儢拒(여거) :①하고 싶지 않음 ②슬며시 물리침 * 儢儢(여려) :마음에 하기 싫은 모양, 힘쓰지 않는 모양 <荀子>儢儢然	
套	大 <씌울 투 / 덮개 투 / 버릇 투> ①씌우다, 씌우개, 덮개 ②겹치다 ③한 벌 ④버릇 ⑤버릇이 되어 이루어진 일정한 틀 ⑥전례, 정한 대로의	* 套署(투서) :套書(투서). 도장(圖章)을 달리 이르는 말 * 套頭(투두) :올가미 * 封套(봉투) :종이로 만든 주머니 * 外套(외투) :추위를 막기 위해 겉옷 위에 덧입는 두꺼운 옷 * 套兒(투아) :덫 * 常套的(상투적) :늘 버릇이 되다시피 한(것)	

吩	口 <분부할 분 / 뿜을 분> ①분부하다(分付·吩咐) ②명령(命令)을 내리다 ③뿜다(噴)	* 吩咐(분부) :分付(분부). 말로 시키다. 명령(命令)하다 * 嚴吩咐(엄분부) :엄한 분부(分付·吩咐)	<분부흔사> 분부(分付)하면 기꺼이 공손(恭遜)하게 "예!" 하고 대답(對答)은 잘 하지만,
咐	口 <분부할 부 / 불 부> ①분부하다(分付·吩咐) ②불다(숨을 내뿜어 따뜻하게 하다)	* 咐囑(부촉) :부탁(付託)하여 맡김 * 嘔咐(구부) :숨을 내뿜어 따뜻하게 하다	
訢	言 <기꺼울 흔> ①기꺼워하다(喜) ②온화하며 공손하다 ③삼가고 공경하는 모양 ④화기가 서리다(和氣) ⑤화평하다(和平)(은)	* 訢然(흔연) :欣然(흔연). 기뻐하는 모양 * 訢合(흔합) :①천지의 기운이 하나 됨 ②기뻐하며 모임 * 訢訢焉(흔흔언) :기뻐하고 즐거워하는 모양 * 訢訢如(흔흔여) :기뻐하고 삼가는 모양	
喳	口 <떠들 사 / 대답하는 소리 사> ①떠들다 ②속삭이다 ③'예' 하고 대답(對答)하는 소리 ④짹 소리	* 喳呼(사호) :<中語>咋呼(색호). 깨방정 * 喳喳(사사) :<中語>속삭이는 소리. 소곤소곤. 조잘조잘(插插)	

表	衣 <겉 표> ①겉, 거죽, 겉면 ②드러내다, 표하다 ③바깥 ④외가붙이 ⑤표, 도표(圖表) ⑥모범(模範) ⑦우두머리 ⑧시계(時計)	* 發表(발표) :널리 드러내어 세상(世上)에 알림 * 代表(대표) :어떤 일을 집단(集團)을 대신(代身)하는 사람 * 表現(표현) :겉으로 나타냄 * 表示(표시) :겉으로 드러내 보임 * 表裏不同(표리부동) :마음이 음흉맞아서 겉과 속이 다름	<표부억패> 겉으로는 따르면서도 마음속으로는 어긋나서
怤	忄(心) <따를 부> ①따르다	※ '怤'와 '怤'는 부수(部首)의 나리종횡(那裏縱橫 :部首가 偏에 位置하든 받침에 位置하든 그 뜻엔 변함이 없음)에 대한 범용(汎用) 통례(通例)와는 달리 각기(各其)의 뜻에 차이(差異)가 있음	
臆	月(肉) <가슴 억> ①가슴 ②가슴뼈 ③마음, 생각 ④(기운이)막히다 ⑤억제하다(抑制) ⑥마실 것(의), 단술, 감주(甘酒)(의)	* 臆測(억측) :근거(根據)가 없이 하는 추측(推測) * 臆斷(억단) :근거(根據) 없이 억측(臆測)하여 판단(判斷)함 * 臆持(억지) :抑持(억지). 자기의 주장을 무리하게 내세움 * 凶臆(흉억) :흉측한 속셈. * 生臆持(생억지) :<借音>생억지	
悖	忄(心) <거스를 패> ①거스르다 ②어그러지다 ③어지럽다 ④혼란스럽다(混亂) ⑤거칠다, 나쁘다	* 悖倫(패륜) :인간(人間)의 도리(道理)에 어긋남 * 悖倫兒 * 乖悖(괴패) :도리(道理)에 벗어나 엇됨 * 行悖(행패) :체면(體面)에 어그러지도록 버릇 없는 짓을 함 * 悖子逆孫(패자역손) :천륜(天倫)을 어긴 자손(子孫)	

奴	女 <종 노> ①종(사내종) ②(종으로)부리다 ③놈 ④저, 자신(自身)을 낮추는 말 ⑤접미사(接尾辭) (例 :守錢奴)	* 奴婢(노비) :①사내종과 계집종 ②환관(宦官)이 임금이나 왕비(王妃) 앞에서 자신을 낮추어 부르는 말 * 奴隷(노예) :자유를 구속당하고 남에게 부림을 받는 사람 * 耕當問奴(경당문노) :농사일(農事)은 머슴에게 물어야 함.	<노비소홀> 종들이 일에 소홀(疎忽)하기 마련인지라,
婢	女 <여자종 비> ①여자 종(남의 집에 딸려 천한 일을 하던 사람) ②소첩(小妾 :여자 자신의 卑稱) ③첩(妾), 여자를 얕잡아 이름	* 婢子(비자) :①계집종 ②여자 자신의 卑稱 ③무수리 * 侍婢(시비) :곁에 모셔 시중드는 계집종 * 奴顔婢膝(노안비슬) :사내종이 고개를 숙이고, 계집종이 무릎을 꿇듯이 지나치게 비굴(卑屈)한 태도를 보임	
疎	疋 <성길 소> ※ 疏는 同字 ①성기다(물건의 사이가 뜨다) ②멀다, 멀리하다, 멀어지다 ③드물다 ④거칠다 ⑤(막힌 것이 없이)트이다 ⑥치우다	* 疎忽(소홀) :疏忽(소홀). 데면데면하고 허술함 * 疏外(소외) :어떤 무리에서 기피하여 따돌리거나 멀리함 * 疎遠(소원) :疏遠(소원). 지내는 사이가 두텁지 않고 버성김 * 生疎(생소) :生疏(생소). 별로 대(對)한 적이 없어 서먹함	
忽	心 <갑자기 홀 / 소홀히 할 홀> ①갑자기, 돌연히(突然), 문득, 느닷없이 ②마음에 두지 않다, 소홀(疏忽)히 하다, 경시하다(輕視)	* 忽待(홀대) :푸대접(-待接). 소홀(疏忽)히 대접(待接)함 * 忽然(홀연) :①문득 ②느닷없이 ③뜻하지 않게 갑자기 * 忽顯忽沒(홀현홀몰) :문득 나타났다가 문득 없어짐 * 毫忽之間(호홀지간) :서로 얼마 아니 되는 사이	

勃	力 <우쩍 일어날 발 / 노할 발> ①우쩍 일어나다 ②갑작스럽다, 갑자기 ③노하다(怒) ④발끈하다 ⑤다투다 ⑥성하다(盛) ⑦밀치다	* 勃啓(발계) :갑자기 일어남. 우쩍 성해짐 * 勃發(발발) :전쟁(戰爭)이나 사건(事件) 등이 갑자기 일어남 * 牛溲馬勃(우수마발) :우수(牛溲)는 질경이, 마발(馬勃)은 먼지버섯으로, 흔하지만 유용(有用)한 약재(藥材)	<발에행돌> 발끈하고 성을 내면서 화난 소리로 분부(分付)하며 혀를 찬다.
恚	心 <성낼 에> ①성내다 ②성, 화, 분노(憤怒) ③분노하다(憤怒)	* 憾恚(감에) :성을 냄 * 憤恚(분에) :忿恚(분에). 분노(忿怒) * 嗔恚(진에) :성을 냄 * 妬恚(투에) :시새우고 성을 냄 * 瞋恚(진에) :①노여움 분노(憤怒) ②자기(自己) 의사(意思)에 어그러짐에 대해 성내는 일	
啈	口 <화내는 소리 행> ①화내는 소리 ②(화난 소리로)분부하다 ③속이다	* 啈聲(행성) :<中語>부르다 <西遊記>啈聲天兵 :천자(天子)의 군사(軍士)를 부르다	
咄	口 <꾸짖을 돌 / 혀찰 돌> ①꾸짖다 ②놀라 지르는 소리 ③탄식(歎息)하는 소리 ④혀를 차다 ⑤"어이!" 소리 질러 부르는 소리	* 咄咄(돌돌) :괴이(怪異)하게 여겨서 놀라는 모양 * 咄嘆(돌탄) :혀를 차며 탄식(歎息)함 * 咄嗟(돌차) :혀를 차며 애석(愛惜)히 여김 * 咄嗟間(돌차간) :눈 깜짝할 사이	

姦	女 <간음할 간 / 간사할 간> ①간음하다(姦淫), 간통하다(姦通) ②간사하다(奸邪), 간악하다(奸惡) ③훔치다 ④옳지 않다 ⑤속이다	* 姦邪(간사) :마음이 간교(奸巧)하여 행실(行實)이 바르지 못함 * 姦慝(간특) :奸慝(간특). 간사(奸邪)하고 사특(邪慝)함 * 强姦(강간) :강제(强制)로 간음(姦淫)함 * 大姦似忠(대간사충) :큰 간사(奸邪)함은 충성된 사람 같음	<간사휼탄> 마음이 간교(奸巧)하고 바르지 못한 행실(行實)로 남을 속여 현혹(眩惑)케 하며
邪	阝(邑) <간사할 사> ①간사하다(奸邪 :마음이 바르지 않다) ②사악하다(邪惡) ③바르지 아니하다 ④기울다, 비스듬하다 ⑤사기(邪氣)	* 邪惡(사악) :도리(道理)에 어긋나고 악독(惡毒)함 * 奸邪(간사) :성질(性質)이 간교(奸巧)하고 사곡(邪曲)함 * 邪不犯正(사불범정) :바르지 못한 것은 바른 것을 감(敢)히 범(犯)하지 못함.	
譎	言 <속일 휼> ①속이다, 기만하다(欺瞞) ②속임수 ③어긋나다 ④변하다(變) ⑤굽다(曲) ⑥넌지시 비추다 ⑦햇무리 ⑧진기하다	* 陰譎(음휼) :마음속이 컴컴하고 내흉(內凶)스러움 * 詭譎(궤휼) :교묘(巧妙)하고 간사(奸邪)스러운 속임 * 兇譎(흉휼) :음흉(陰凶)하고 간휼(奸譎)함. * 回譎(회휼) :간사(奸邪)스럽고 속임수가 많음.	
誕	言 <낳을 탄 / 속일 탄> ①낳다 ②탄생하다(誕生) ③기르다 ④속이다, 거짓, 거짓말 ⑤현혹하다(眩惑) ⑥방종하다(放縱) ⑦넓다, 크다	* 誕生(탄생) :사람이 태어남. 특히 귀인(貴人)에 대해 씀 * 誕辰(탄신) :탄생(誕生)한 날 * 聖誕(성탄) :성인의 탄생 * 荒誕無稽(황탄무계) :荒唐無稽(황당무계). 말이나 행동(行動)이 터무니없고 근거(根據)가 없음	

詐	言 <속일 사> ①속이다, 거짓말하다 ②가장하다(假裝) ③기롱하다(欺弄) ④말을 꾸미다 ⑤함정(陷穽)에 빠뜨리다, 술책(術策)을 쓰다	* 詐欺(사기) :꾀로 남을 속임. * 詐病(사병) :꾀병 * 詐稱(사칭) :남의 것을 사용하거나 거짓으로 지어 칭(稱함) * 兵不厭詐(병불염사) :용병(用兵)에 있어서는 적(敵)을 속이는 것도 꺼리지 않는다는 뜻	<사기절도> 약은 꾀로 속여서 남의 물건(物件)을 몰래 훔친 도적(盜賊)이
欺	欠 <속일 기> ①속이다, 기만(欺瞞) ②거짓, 허위(虛僞) ③업신여기다 ④보기 흉하다(凶), 추하다(醜)	* 欺瞞(기만) :남을 그럴 듯하게 속여 넘김 * 欺罔(기망) :欺瞞(기만). 남을 그럴 듯하게 속여 넘김 * 自欺欺人(자기기인) :자신을 속이고 남을 속인다. <諷刺>자신도 믿지 않는 말이나 행동으로 남까지 속임	
竊	穴 <훔칠 절> ①훔치다 ②도둑질하다 ③절취하다 ④살짝, 남몰래 ⑤마음속으로 ⑥슬그머니	* 竊盜(절도) :남의 물건을 몰래 훔치는 일. 도적. 도둑질 * 剽竊(표절) :남의 창작물(創作物)의 내용(內容) 일부(一部)를 취(取)하여 제 것으로 삼아 이용(利用)함 * 鼠竊狗偸(서절구투) :쥐나 개처럼 가만히 훔치는 것. 좀도둑	
盜	皿 <도둑 도> ①도둑 ②도둑질, 훔치다 ③비적(匪賊 :떼지어 다니는 도적)	* 盜用(도용) :남의 명의(名義)나 물건(物件)을 몰래 씀 * 盜賊(도적) :도둑 * 盜聽(도청) :몰래 엿들음 * 强盜(강도) :폭행(暴行)·협박(脅迫) 등의 수단으로 남의 재물(財物)을 빼앗는 도둑	

贋	貝 <옳지 않을 안 / 가짜 안> ①옳지 않다 ②바르지 못하다 ③거짓 ④가짜 ⑤위조품(僞造品)	* 眞贋(진안) :眞贋(진안). 참과 거짓 * 眩贋(현안) :정신을 어지럽게 하여 속임.	
贓	貝 <장물 장> ①장물(贓物 :범죄에 의하여 불법으로 가진 타인 소유의 재물) ②숨기다, 감추다 ③(뇌물을)받다, 수뢰하다(受賂)	* 贓物(장물) :범죄(犯罪) 행위(行爲)로 부당(不當)하게 얻은 타인(他人) 소유(所有)의 물건(物件) * 姦贓(간장) :남모르게 은밀히 주고받는 뇌물(賂物) * 執贓(집장) :증거물(證據物)로 잡음. 또는 그 증거물	<안장예치> 가짜로 만든 위조품(僞造品) 장물(贓物)을 맡겨 두고자 하자,
預	頁 <맡길 예 / 미리 예> ①맡기다 ②미리, 사전에(事前) ③참여하다(參與) ④관계하다(關係) ⑤간여하다(干與) ⑥즐기다, 놀다	* 預置(예치) :맡겨 둠 * 預金(예금) :금전(金錢)을 금융기관(金融機關)에 맡김 * 干預(간예) :관계(關係)하여 참견(參見)함 * 參預(참예) :참여(參與). 어떤 일에 끼어들어 관계(關係)함.	
置	罒(网) <둘 치> ①두다, 배치하다(配置) ②베풀다, 차려 놓다 ④세우다, 설치하다(設置) ③내버려 두다 ③버리다, 폐기하다(廢棄)	* 放置(방치) :그대로 내버려 둠 * 設置(설치) :베풀어 마련하여 둠 * 裝置(장치) :기계(機械)나 도구(道具) 등을 차리어 둠 * 措置(조치) :일을 잘 정돈(整頓)하여 처치(處置)함	

鏐	金 <순금 류> ①금(金), 순금(純金)(류·규) ②질이 좋은 황금(黃金)(류·규) ③은(銀)(료) ※ 康熙字典	* 鏐石(규석) :층샛돌(層). 귀금속(貴金屬)의 순도(純度)를 판정(判定)하는 데 쓰는 검은색의 현무암(玄武巖)이나 규질(硅質·珪質)의 암석(巖石)	
顆	頁 <낟알 과> ①낟알(껍질을 벗기지 아니한 곡식의 알) ②머리통이 작은 머리 ③흙덩이 ④작고 둥근 물건을 세는 단위(單位) ⑤둘레	* 顆粒(과립) :둥글고 자질구레한 물품(物品)의 통칭(統稱) * 橘顆(귤과) :귤나무의 열매. 귤. 귤알 * 飯顆(반과) :밥알 * 一顆(일과) :한 알 * 三百顆(삼백과) :찰벼의 한 가지 * 青顆麥(청과맥) :쌀보리. 볏과의 한해살이풀	<류과짐안> 순금(純金)덩이가 僞造(위조)해서 만든 것임을 짐작(斟酌)하고
斟	斗 <짐작할 짐(침)> ※ 原音 :침 ①짐작하다(斟酌), 헤아리다 ②푸다, 술을 따르다 ③요리하다(料理) ④머뭇거리다, 주저하다(躊躇) ⑤국 ⑥음료(飮料)	* 斟酌(짐작) :어림쳐서 헤아림 * 斟量(침량) :斟酌(짐작) * 大帽子斟酌耳(대모자짐작이) :큰 벙거지 귀 짐작. <俗> 벙거지가 아무리 커도 귀에 걸리듯이, 일이 좀 지나쳐도 반드시 짐작이 가게 됨	
偐	亻(人) <위조할 안> ①위조하다(僞造) ②위로하다(慰勞)		

磁	石 <자석 자> ①자석(磁石) ②자기(瓷器·磁器 :사기그릇)	* 磁氣(자기) :쇳조각을 끌어당기는 자석(磁石)의 기운(氣運) * 磁石(자석) :①자철광(磁鐵鑛) ②자기(磁氣)를 띤 물체(物體) * 磁針(자침) :방향(方向)을 가리키는 자석 바늘. 지남침(指南針) * 磁氣場(자기장) :자기력(磁氣力)이 미치는 공간(空間)	
搄	扌(手) <바싹 당길 긍> ①바싹 당기다		<자긍퇴정> 자석(磁石)을 대자 빛이 바랜 쇳덩이를 바싹 끌어당긴다.
褪	衤(衣) <바랠 퇴> ①빛이 바래다, 엷어지다 ②퇴색하다(退色·褪色) ③(옷을)벗다 ④(꽃이)지다 ⑤물러서다	* 褪色(퇴색) :退色(퇴색). 빛이나 색(色)이 바램 * 褪去(퇴거) :(옷 따위를) 벗다. 벗어 버리다 * 褪頭(퇴두) :머리를 움츠리다. 머리를 안으로 밀어 넣다 * 褪下(퇴하) :벗다	
鋌	金 <쇳덩이 정> ①쇳덩이 ②광석(鑛石) ③동철(銅鐵) ④판금(板金 :얇고 넓게 조각낸 쇠붙이) ⑤살촉이 화살대에 꽂히는 부분(部分)	* 南鋌(남정) :정제(精製)하여 만든 금괴(金塊)	

瞿	目 <볼 구 / 놀랄 구> ①보다 ②놀라다 ③놀라서 보는 모양 ④(가슴이)두근거리다 ④두려워하다(懼) ⑤의심(疑心)하여 사방(四方)을 살피다	* 瞿曇(구담) :도(道)를 닦아 이루기 전(前)의 석가(釋迦) 宗族(종족)의 성(姓) * 瞿曇之敎(구담지교) :불교(佛敎)를 달리 이르는 말. 석가모니(釋迦牟尼)의 가르침	
唉	口 <놀라 물을 애 / 그래 애> ①놀라 묻다 ②그래 ③오냐 ④대답하다(對答) ⑤대답(對答)하는 소리 ⑥한탄하여 지르는 소리(희)	* 唉唉(애애) :어린아이 우는 소리 <韋孟>(諷諫詩)應劭曰 小兒啼聲唉唉 * 唉姐(애저) :조모(祖母)를 말함	<구애저시> 이에 놀라서 바라보며, "오냐, 이놈!" 하자,
這	辶(辵) <이 저> ①이, 이것 ②낱낱 ③이때 ④이제, 지금 ⑤이렇게 ⑥그렇게 ⑦맞다, 맞이하다	* 這廝(저시) :이놈. 這廝(저시)시 * 這間(저간) :그리 멀지 않은 과거(過去)로부터 현재(現在)까지의 동안. 그간. 요즈음. * 這番(저번) :요전의 그때.	
廝	广 <하인 시 / 서로 시> ※ 廝와 同 ①하인(下人). 종(從). 노예(奴隸) ②천하다(賤) ③서로 ④나누다, (물길을)트다 ⑤부리다	* 廝室(시실) :천한 일에 종사하는 사람의 집. * 廝殺(시살) :전투(戰鬪)에서 마구 침 * 廝禪(시선) :①선법(禪法)을 서로 겨룸 ②사가(師家)와 학인(學人)이 서로 의논(議論)하고 문답(問答)함	

0785 / 0786 / 0787 / 0788

한자	부수·훈음·뜻	용례	성어
遐	辶(辵) <멀 하> ①멀다 ②멀리 ③멀어지다 ④멀리하다 ⑤가다 ⑥어찌	* 遐陬(하추) :멀리 떨어진 땅을 말함. 하방(遐方). 중국과 먼 것을 들어 우리나라를 의미함. 하예(遐裔) * 遐年(하년) :오래 삶 * 昇遐(승하) :임금이 세상을 떠남 * 遐緬(하면) :아득하게 멂 * 遐邇(하이) :원근(遠近)	<하추둔찬> 멀리 떨어진 곳으로 도망(逃亡)하여 숨었는데,
陬	阝(阜) <구석 추> ①구석, 모퉁이 ②굽어진 곳 ③산기슭 ④마을, 촌락(村落) ⑤거처(居處) ⑥장소(場所) ⑦정월(正月)	* 陬逖(추적) :외따로 멀리 떨어진 곳 * 邊陬(변추) :변두리 * 炎陬(염추) :남쪽의 더운 변방(邊方) * 寰陬(환추) :천하의 구석구석이라는 뜻으로, 온 세상(世上)	
遯	辶(辵) <달아날 둔> ①달아나다(遁) ②숨다 ③도망치다(逃亡) ④피하다(避), 회피하다(回避)	* 遯竄(둔찬/돈찬) :遁竄(둔찬). 도망(逃亡)하여 숨음. * 隱遯(은둔) :隱遁(은둔). ①세상(世上)을 버리고 숨음 ②사회적(社會的) 활동(活動)에서 도피(逃避)하여 숨음	
竄	穴 <숨을 찬> ①숨다 ②달아나다 ③숨기다 ④내치다 ⑤고치다 ⑥들여놓다 ⑦훈하다(薰 :약 기운을 쐬어 치료함)	* 竄流(찬류) :귀양살이란 뜻으로, 현세(現世)의 삶 * 竄伏(찬복) :潛伏(잠복). 드러나지 않게 몰래 숨어 엎드림 * 竄黜(찬출) :벼슬에서 내쫓고 멀리 귀양 보냄 * 鼠竄(서찬) :쥐새끼처럼 급히 내빼다. 쥐구멍을 찾다	

한자	부수·훈음·뜻	용례	성어
搜	扌(手) <찾을 수> ①찾다, 뒤지다 ②탐구하다(探求) ③가리다, 고르다 ④많다 ⑤빠르다 ⑥쓸쓸하다, 드문드문하다	* 搜探(수탐) :수사(搜査)하고 탐지(探知)함. 더듬어 찾음 * 搜査(수사) :찾아다니며 조사(調査)함 * 搜索(수색) :더듬어서 찾음 * 搜所聞(수소문) :세상에 떠도는 소문(所聞)을 더듬어 찾음	<수탐종적> 발자취를 좇아 찾아서 다니던 중(中)에
探	扌(手) <더듬을 탐> ①찾다, 더듬어 찾다 ②염탐하다(廉探), 엿보다 ③구명하다(究明), 깊이 연구하다(研究)	* 探究(탐구) :학문(學問) 등을 파고들어 깊이 연구(研究)함 * 探査(탐사) :더듬어 살펴 조사(調査)함 * 探索(탐색) :실상(實相)을 더듬어 찾음. 탐구(探究) * 探問(탐문) :더듬어 찾아가 물음. 채문(採問)	
蹤	足 <발자취 종> ①발자취 ②사적(史跡·史蹟) ③흔적(痕跡·痕迹) ④좇다 ⑤뒤따르다 ⑥폭(幅), 권(卷), 서화(書畫)를 세는 단위(單位)	* 蹤迹(종적) :蹤跡(종적). 발자취. 떠난 뒤에 남은 흔적 * 客蹤(객종) :나그네 몸이 되어 떠돌아다닌 행적(行蹟) * 露蹤(노종) :①행색(行色)을 드러냄 ②어사출도(御史出道) * 前蹤(전종) :옛 사람의 사적(事蹟). 기왕(旣往)의 事跡	
迹	辶(辵) <자취 적> ①자취(어떤 것이 남긴 표시나 자리), 발자취 ②업적(業績), 공적(功績) ③행적(行跡·行績·行蹟) ④좇다	* 痕迹(흔적) :뒤에 남은 자취나 자국 * 古迹(고적) :古跡(고적). 남아있는 옛 건물(建物)이나 자취 * 軌迹(궤적) :軌跡(궤적). 수레바퀴가 지나간 자국 * 奇迹(기적) :奇跡(기적). 기이한 일의 업적이나 행적(行蹟)	

한자	부수·훈음·뜻	용례	성어
危	㔾(卩) <위태할 위> ①위태하다(危殆), 위태롭다(危殆) ②아슬아슬하게 높다 ③엄하다(嚴) ④발돋움하다 ⑤바르다, 똑바르다	* 危局(위국) :危險한 국면(局面). 急迫한 판국(版局). * 危機(위기) :위험(危險)한 고비. 危險한 경우(境遇) * 危險(위험) :실패(失敗)하거나 목숨을 다치게 할 만함 * 累卵之危(누란지위) :매우 위태(危殆)로운 형세(形勢)	<위국봉적> '위태(危殆)한 국면(局面)에서 적(敵)을 만난다' 고,
局	尸 <판 국> ①(장기·바둑의)판, 판국 ②마을, 관청(官廳) ③방, 구분(區分), 구획(區劃) ④재간(才幹) ⑤도량(度量) ⑥당면(當面)한 사태(事態)	* 局面(국면) :①바둑, 장기판(將棋板)의 형세(形勢) ②현상황 * 局限(국한) :범위(範圍)를 어느 부분(部分)에 한정(限定)함 * 結局(결국):일의 끝장 혹은 일의 귀결(歸結)되는 마당 * 當局(당국) :어떤 일을 담당(擔當)함. 또는 그곳	
逢	辶(辵) <만날 봉> ①만나다 ②맞이하다, 영접하다(迎接) ③영합하다(迎合) ④점치다(占), 예측하다(豫測) ⑤크다, 크고 넓다	* 逢賊(봉적) :도적(盜賊)을 만남 * 相逢(상봉) :서로 만남 * 逢着(봉착) :만나서 부닥침. 만남 * 遭逢(조봉) :조우(遭遇) * 逢變(봉변) :변을 당(當)함. 남에게 모욕(侮辱)을 당(當)함 * 欲哭逢打 :울려는 아이 빰때리기라는 속담(俗談)의 漢譯	
賊	貝 <도둑 적> ①도둑 ②도둑질 ③역적(逆賊) ④해치다(害), 죽이다 ⑤사악한(邪惡), 나쁜 ⑥그르치다 ⑦학대하다(虐待)	* 賊黨(적당) :賊徒(적도). 도둑의 무리 * 盜賊(도적) :도둑 * 賊反荷杖(적반하장) :도둑이 도리어 몽둥이를 든다 * 亂臣賊子(난신적자) :나라를 어지럽게 하는 신하(臣下)와 어버이를 해(害)치는 자식(子息). 불충(不忠)한 무리	

한자	부수·훈음·뜻	용례	성어
迨	辶(辵) <미칠 태> ①미치다(공간적 거리나 수준 따위가 일정한 선에 닿다), 닿다 ②이르다, 도달하다(到達) ③바라다, 원하다(願)	* 迨今(태금) :지금에 이름 * 迨吉(태길) :좋은 시기(時期)를 잃지 마라. 또는 결혼(結婚)의 시기(時期)를 말함 * 迨恨(태한) :한스럽게 됨	<태작조우> 외나무다리에 이르러 우연(偶然)히 서로 만나게 되었다.
彴	彳 <외나무다리 작 / 별똥 박> ①외나무다리(한 개의 통나무로 놓은 다리) ②돌다리 ③별똥, 유성(流星)(박)	* 彴橋(작교) :외나무다리. 독목교(獨木橋) * 彴約(박약) :별이 약속(約束)을 지키기 위해 간다는 뜻으로, 유성(流星), 운성(隕星), 별똥별을 가리킴	
遭	辶(辵) <만날 조> ①(우연히)만나다, 상봉하다(相逢) ②(나쁜 일을)당하다(當) ③두르다, 둘레, 바퀴(둘레를 세는 말) ④번(횟수)	* 遭遇(조우) :만남. 우연(偶然)히 서로 만남. 적(敵) 또는 불행(不幸)한 일에 맞닥뜨리다. 조봉(遭逢) * 獨木橋冤家遭 :원수(怨讐)는 외나무다리에서 만난다는 속담(俗談)으로, 회피(回避)할 수 없는 境遇	
遇	辶(辵) <만날 우> ①(우연히)만나다, 조우하다(遭遇) ②대접하다(待接), 대우하다(待遇) ③(뜻이)맞다, 짝하다 ④우연히, 때마침	* 境遇(경우) :놓여 있는 조건(條件)이나 형편(形便) * 待遇(대우) :예의(禮儀)를 갖추어 대함. 접대(接待) * 不遇(불우) :좋은 때를 만나지 못하여 불행(不幸)함 * 千載一遇(천재일우) :천 년에 한 번 만남. 좋은 기회(機會)	

停	亻(人) <머무를 정> ①머무르다, 묵다, 체류하다(滯留) ②서다, 멎다, 멈추다 ③밀리다, 막히다 ③정해지다 ④쉬다, 휴식하다(休息)	* 停止(정지) :하던 일을 중도(中途)에서 멈춤 * 停年(정년) :퇴직(退職)함을 요(要)하는 연령(年齡) * 停滯(정체) :정지(停止)하여 체류(滯留)함 * 停戰(정전) * 馬不停蹄(마부정제) :더욱 정진(精進)하자는 뜻	<정지주저> 그러자 마주 오던 걸음을 멈추고 서서 머뭇거리는데,
止	止 <그칠 지> ①그치다, 멎다, 멈추다 ②머무르다 ③그만두다, 폐하다(廢) ④금하다(禁) ⑤없어지다, 없애다 ⑥만류하다(挽留)	* 禁止(금지) :금하여 못하게 함 * 沮止(저지) :막아서 그치게 함 * 廢止(폐지) :실시(實施)하던 제도(制度)나 법규(法規) 및 일을 그만두거나 없앰	
躊	足 <머뭇거릴 주> ①머뭇거리다, 주저하다(躊躇) ②느직한 모양 ③조용한 모양 ④득의(得意)한 모양	* 躊躇(주저) :적극적(積極的)으로 하지 못하고 머뭇거림 * 躊日(주일) :접때. 지난번 * 躊躇滿志(주저만지) :무슨 일을 끝마치고 스스로 만족(滿足)해함을 형용(形容)하는 말	
躇	足 <머뭇거릴 저> ①머뭇거리다 ②건너뛰다(착)	* 躇跱(저치) :주저(躊躇)함. 멈칫함 * 躇階(착계) :계단을 넘겨 디딤. 계단을 一段씩 밟지 않고 건너 뛰어서 내려옴 * 躊躇躊躇(주저주저) :몹시 주저(躊躇)함	

犬	犬(犭) <개 견> ①개(갯과의 포유류) ②자신이나 자식의 겸칭(謙稱) ③남을 멸시(蔑視)하는 말 ④하찮은 것의 비유(比喩·譬喩)	* 犬猿(견원) :개와 원숭이 * 犬猿之間 :개와 원숭이의 사이. 매우 사이가 나쁜 관계(關係) * 犬馬(견마) :①개와 말 ②자기(自己)에게 딸린 것의 비칭 * 犬馬之勞 :개나 말의 하찮은 힘. ②자기의 노력의 비칭(卑稱)	<견원서혐> "마치 개와 원숭이가 서로를 몹시 싫어하는 것처럼,
猿	犭(犬) <원숭이 원> ①원숭이(구세계원숭잇과와 신세계원숭잇과의 총칭(總稱))	* 獼猿(미원) :원숭이 * 類人猿(유인원) :척추동물(脊椎動物)인 사람과(科)에 해당하는 인간, 오랑우탄, 고릴라, 보노보, 침팬지와 긴팔원숭이과(科)에 해당하는 종(種)의 통칭(統稱)	
胥	月(肉) <서로 서> ①서로, 함께 ②다, 모두 ③잠깐 동안 ④아전(衙前 :중앙과 지방의 관아에 속한 구실아치) ⑤재주꾼 ⑥게장, 게젓	* 胥吏(서리) :중앙과 지방 관아(官衙)에 속하여 말단 행정 실무에 종사(從事)하는 하급(下級) 관리(官吏) * 吏胥(이서) :각 관아(官衙)에 딸린 구실아치의 통칭(統稱) * 象胥(상서) :譯官(역관). 통변(通辯). 통역(通譯)	
嫌	女 <싫어할 혐> ①싫어하다 ②미워하다 ③의심하다(疑心), 혐의하다(嫌疑) ④불만스럽다(不滿) ⑤닮다, 혼동하기 쉽다 ⑥나쁜 일	* 嫌惡(혐오) :싫어하고 미워함 * 嫌疑(혐의) :의심(疑心)스러움. 미심(未審)쩍음 * 越俎之嫌(월조지혐) :자기의 직분(職分)을 넘어 부당히 남의 일에 간섭(干涉)한다고 인정(認定)되는 혐의(嫌疑)	

予	亅 <나 여 / 줄 여> ①나(余) ②주다(與), 손으로 건네다, 하사하다(下賜) ③승인하다(承認), 허락하다(許諾), 인정하다(認定) ④미리(예)	* 予曰(여왈) :내게 말하기를 * 予奪(여탈) :주는 것과 빼앗는 것 * 欲取先予(욕취선여) :얻으려면 먼저 주어야 함 * 予所憎兒先抱之懷 :<俗>미운 아이 먼저 품어라	<여우염대> 나 또한 물리도록 네놈을 원망(怨望)하던 참이다." 하고는
又	又 <또 우> ①또 ②또한, 동시에 ③다시, 더욱 ④거듭하다, 두 번 하다 ⑤오른손, 오른쪽(右)	* 又況(우황) :하물며 * 又重之(우중지) :더욱이. 뿐만 아니라 * 減之又減(감지우감) :감(減)한 위에 또 감(減)함 * 兼之又兼(겸지우겸) :겸(兼)한 위에 또 더욱 겸(兼)함 * 日新又日新(일신우일신) :날로 새롭고 또 날로 새로워짐	
厭	厂 <물릴 염 / 싫을 염> ①물리다(다시 대하기 싫을 만큼 몹시 싫증이 나다) ②싫다, 싫어하다 ③족하다(足), 차다, 가득 차다, 잔뜩	* 厭症(염증) :싫증. 싫은 생각이나 느낌 * 厭世(염세) :세상(世上)을 괴롭게 여기고 싫증을 내는 것 * 厭惡(염오) :싫어서 미워함 * 兵不厭詐(병불염사) :전쟁에서는 속임수도 꺼리지 않음	
懟	心 <원망할 대> ①원망하다(怨望), 원한(怨恨)을 품다 ②고민하다(苦悶), 근심하다 ③위배되다(違背), 도리에 어긋나다	* 怨懟(원대) :怨望(원망). 분(憤)하게 여기고 미워함 * 冤懟(원대) :원통(冤痛)하고 원망(怨望)스러움 * 憤懟(분대) :성을 내어 원망(怨望)함	

是	日 <옳을 시 / 이 시> ①옳다, 바르다 ②옳다고 인정하다(認定) ③바르게 하다, 바로잡다 ⑤이, 이것 ⑥여기 ⑦무릇 ⑧이에(접속사)	* 是非曲折(시비곡절) :是非曲直(옳고 그르고 굽고 곧음). 是非善惡(옳고 그르고 착하고 나쁨) * 是非(시비) :①잘잘못 ②옳으니 그르니 하는 말다툼 * 亦是(역시) :마찬가지, 또한 * 或是(혹시) :만일(萬一)에, 행여	<시비곡절> 옳으니 그르니 하고 다투면서 이런 저런 복잡(複雜)한 사정(事情)을 들어가며
非	非 <아닐 비> ①아니다 ②그르다 ③나쁘다, 옳지 않다 ④부정(否定)의 조사(助詞) ⑤등지다, 배반하다(背反·背叛) ⑥비난하다 ⑦거짓	* 非難(비난) :남의 잘못이나 흠을 책잡아서 나쁘게 말함 * 非常(비상) :예사(例事)롭지 않고 특별(特別)함 * 非理(비리) :옳은 이치(理致)에 어그러짐 * 似是而非(사시이비) :似而非(사이비). 옳은 것 같으나 아님	
曲	曰 <굽을 곡> ①굽다, 굽히다 ②도리(道理)에 맞지 않다 ③바르지 않다 ④정직하지 않다 ⑥가락, 악곡(樂曲) ⑦재미있는 재주	* 曲藝(곡예) :보통사람이 할 수 없는 여러 가지 재주를 부림 * 歪曲(왜곡) :비틀어 곱새김. 바르지 못하다. 비뚤다 * 婉曲(완곡) :말・행동(行動)을 노골적이지 않게 빙 둘러서 함 * 懇曲(간곡) :간절(懇切)하고 마음과 정성(精誠)이 지극(至極)함	
折	扌(手) <꺾을 절> ①꺾다 ②꺾이다, 부러지다 ③자르다, 쪼개다 ④값을 깎다, 할인하다(割引) ⑤타협하다(妥協) ⑥일찍 죽다	* 曲折(곡절) :①구불구불하다 ②이런저런 복잡한 사정(事情) * 折半(절반) :하나를 둘로 똑같이 나눔 * 挫折(좌절) :마음과 기운(氣運)이 꺾임 * 折衷(절충) :이것 저것 취사(取捨)하여 그 알맞은 것을 얻음	

字	訓音	用例	要約
訶	言 <꾸짖을 가> ①꾸짖다, 혼내다, 책망하다(責望) ②꾸지람(하) ③노하다(怒) ④노래하다	* 訶譏(가기) :꾸짖으며 나무람 * 摩訶般若波羅密多心經(마하반야바라밀다심경) :摩訶는 無限大의 뜻이고, 般若는 智慧를 뜻하며, 波羅密은 到彼岸 卽 涅槃이며, 多心은 모든 것의 核心임. 一名 般若心經.	<가기만매> 성내어 꾸짖고 나무라며 함부로 욕(辱)을 해대다가,
譏	言 <나무랄 기 / 비웃을 기> ①나무라다 ②책하다(責) ③원망하다(怨望) ④비웃다 ⑤기찰하다(譏察 :행동 따위를 넌지시 살피다) ⑥간하다(諫)	* 譏詗(기형) :남모르게 엿봄 * 譏謗(기방) :남을 헐뜯어서 말함 * 譏察(기찰) :남의 행동을 넌지시 살핌 * 譏弄(기롱) :남을 속여 희롱(戲弄)하거나 농락(籠絡)함	
漫	氵(水) <흩어질 만 / 질펀할 만> ①흩어지다 ②질펀하다(질거나 젖어 있다) ③가득 차다, 넘치다 ④함부로, 방종하다(放縱) ⑤넓다, 멀다 ⑥더럽히다	* 漫罵(만매) :①만만히 보아 함부로 욕하고 꾸짖음 ②함부로 욕하다. 마구 꾸짖다 * 漫畵(만화) :漫筆(만필). 간단하게 풍자(諷刺)하는 그림 * 放漫(방만) :엉터리없고 제멋대로임	
罵	罒(网) <욕할 매 / 꾸짖을 매> ①욕하다(辱), 욕(辱), 욕설(辱說) ②꾸짖다	* 罵倒(매도) :꾸짖고 욕함 * 侮罵(모매) :업신여겨 꾸짖음 * 詬罵(후매) :詬辱(후욕). 꾸짖고 욕함 * 斥罵(척매) :지척(指斥)하여 꾸짖음 * 唾罵(타매) :더러운 놈이라며 침을 뱉어가며 꾸짖음	

字	訓音	用例	要約
激	氵(水) <격할 격 / 물결 부딪칠 격> ①격하다, 심하다 ②빠르다 ③세차다 ④격렬하다(激烈) ⑤(기가)높아지다 ⑥(물결이)부딪쳐 흐르다 ⑦떨치다	* 激昂(격앙) :감정(感情)이나 기운(氣運)이 격렬(激烈)히 일어나 높아지는 것 * 激勵(격려) :마음이나 기운(氣運)을 북돋우어 힘쓰도록 함 * 激烈(격렬) :지극(至極)히 맹렬(猛烈)함	<격앙흥분> 감정(感情)이 격렬(激烈)히 치솟아 북받쳐 오르자
昂	日 <밝을 앙> ※ 昻은 俗字 ①밝다 ②높다 ③오르다 ④뜻이 높다 ⑤임금의 덕이 높은 모양 ⑥말이 저벅저벅 걷다 ⑦말이 달리는 모양 ⑧들다	* 昂喙(앙훼) :뾰족한 부리 * 昂刺犯龍(앙자범룡) :자가사리가 용을 건드림. <比喩>제 힘을 헤아리지 못하고 강(强)한 상대(相對)를 함부로 건드림.	
興	臼 <일 흥> ①일다, 일으키다 ②시작하다(始作) ③창성하다(昌盛) ④성공하다(成功) ⑤흥겹다, 기뻐하다 ⑥징발하다(徵發)	* 興奮(흥분) :어떤 자극(刺戟)으로 감정(感情)이 북받쳐 일어남 * 興味(흥미) :흥을 느끼는 재미 * 興亡盛衰(흥망성쇠) * 振興(진흥) :침체(沈滯)된 상태(狀態)에서 떨쳐 일으킴 * 復興(부흥) :한 번 쇠퇴(衰退)한 것이 다시 성(盛)하여 일어남	
奮	大 <떨칠 분> ①떨치다 ②명성(名聲) 등을 드날리다 ③힘쓰다 ④성내다, 분격하다(憤激) ⑥휘두르다 ⑦흔들리다, 움직이다	* 奮激(분격) :분발(奮發)하여 마음을 떨쳐 일으킴 * 奮發(분발) :가라앉은 마음과 힘을 떨쳐 일으킴 * 奮鬪(분투) :奮戰(분전). 있는 힘을 다하여 싸움 * 發奮(발분) :마음과 힘을 떨쳐 일으킴	

字	訓音	用例	要約
袒	衤(衣) <웃통 벗을 단> ①웃통을 벗다 ②소매를 걷어 올리다 ③어깨를 드러내다 ④옷 솔기가 타지다 ⑤가세하다(加勢), 편들다	* 袒裼(단석) :①윗도리를 벗음 ②팔뚝을 드러낸다는 뜻 * 左袒(좌단) :왼쪽 어깨를 벗음. 남에게 편들어 동의(同意)함 * 袒裼裸裎(단석나정) :①팔을 걷어 부치고 웃통을 드러냄 ②예의(禮儀)가 없음.	<단석선삭> 웃통을 벗어부치며 소매를 걷어 올리고 가냘픈 팔을 드러내고는
裼	衤(衣) <웃통 벗을 석> ①웃통을 벗다 ②웃통을 벗어 어깨를 드러내다 ③소매를 걷어 올리다 ④홑으로 된 갖옷	* 袒裼露臂(단석로비) :소매를 걷어 올리고 팔을 드러냄 * 裼皮斜蛛(석피사주) :갈색은둔거미	
揎	扌(手) <걷을 선> ①(소매를)걷다(捲袂出臂) ②(소매를)걷어 올리다 ③(맨손으로)때리다	* 揎袖(선수) :소매를 걷다, 소매를 걷어 올리다 * 捋臂揎拳(랄비선권) :팔뚝을 드러내고 소매를 걷어붙임 * 揎拳捋袖(선권랄수) :揎拳擄袖(선권로수). ①소매를 걷어붙이고 팔뚝을 드러내다 ②싸울 태세를 취하다	
揱	手 <날씬할 삭> ①날씬하다 ②팔뚝이 날씬한 모양(人臂細長) ③뾰족하게 깎인 모양	* 揱爾(삭이) :가늘고 작은 모양	

字	訓音	用例	要約
畢	田 <마칠 필> ①마치다, 끝내다, 마침내 ②다하다 ③완성하다 ④죄다, 모두 ⑤드리다 ⑥작은 자루가 달린 그물 ⑦간찰(簡札)	* 畢竟(필경) :마침내. 결국(結局)에는. 그예 * 畢生(필생) :일생(一生) 동안. 목숨이 끊어질 때까지 * 畢世(필세) :한평생(限平生). 살아 있는 동안 * 檢査畢(검사필) :검사(檢査)를 마침 * 檢討畢(검토필)	<필경괵검> 마침내 빰을 때리며 싸움이 붙었다.
竟	立 <마침내 경> ①마침내, 드디어 ②끝 ③지경(地境), 경계(境界) ④다하다, 끝나다, 끝내다 ⑤극(極)에 이르다 ⑥도리어, 그러나	* 竟境(경경) :지역(地域)이나 나라가 나뉘는 자리. 경계(境界) * 竟夜(경야) :밤새도록 * 究竟(구경) :①궁극(窮極) ②사리(事理)의 마지막. 필경(畢竟) * 有志竟成(유지경성) :뜻이 있으면 마침내 이룬다	
摑	扌(手) <빰때릴 괵 / 칠 괵> ①빰을 때리다(掌耳批) ②후려갈기다 ③치다(打) ③잡다	* 打摑(타괵) :①빰을 때림 ②마구 후려침	
臉	月(肉) <빰 검> ①빰 ②얼굴 ③국(채소 따위에 물을 많이 붓고 간을 맞추어 끓인 음식) ④국물	* 耒臉(뇌검) :볏. 보습 위에 비스듬히 대어 갈아 넘기는 흙이 한쪽으로 떨어지게 하는 쇳조각. 鏵子(화자). 瑩鐵(영철)	

한자	뜻	용례	고사
隔	阝(阜) <사이 뜰 격> ①사이가 뜨다, 사이를 떼다 ②멀리하다, 등한(等閑)히 하다, 멀어지다 ③막다, 막히다, 가리다, 숨기다 ⑤치다(擊)	* 隔牆(격장) :서로 담을 사이에 두고 이웃함 * 隔離(격리) :떨어져 있게 함 * 遠隔(원격) :멀리 떨어져 있음 * 隔世(격세) :한 세대(世代)를 넘김. 시대(時代)를 달리함 * 間隔(간격) :물건(物件)과 물건(物件)과의 거리(距離).	<격장졸박> 이에 "담을 사이에 둔 이웃끼리 머리채를 잡아 꺼들고 때리고 싸우다니,
牆	爿 <담 장> ※ 墻은 俗字 ①담, 담장(牆) ②(담을)치다, 쌓다 ③경계(境界) ④궁녀(宮女) ⑤관을 덮는 옷 ⑥관의 옆널	* 牆屋(장옥) :집의 둘레를 흙, 돌, 벽돌 따위로 쌓아 올린 것 * 牆外(장외) :담 바깥 * 宮牆(궁장) :宮城(궁성) * 面牆(면장) :담벼락을 마주 대하고 섰듯이 앞이 내다보이지 않음. <比喩>견문(見聞)이 좁음	
捽	扌(手) <잡을 졸> ①잡다 ②머리채를 잡다 ③잡아 뽑다 ④겨루다 ⑤맞붙어 싸우다	* 捽搏(졸박) :머리채를 잡고 휘두르고, 손으로 때리는 것 * 捽曳(졸예) :머리채를 움켜 잡아 끎. * 捽辱(졸욕) :머리채를 움켜 잡고 욕함. * 捽致(졸치) :머리채를 움켜 잡아 끌어옴.	
搏	扌(手) <두드릴 박 / 어깨 박> ①두드리다, 치다 ②쥐다, 잡다 ③박, 악기(樂器)의 하나 ④박자(拍子), 음악(音樂)의 리듬 ⑤어깨, 어깻죽지	* 搏動(박동) :맥이 뛰는 것 * 脈搏(맥박) :염통이 뛰는 맥 * 搏殺(박살) :손으로 쳐서 죽이는 것 * 龍虎相搏(용호상박) :용(龍)과 호랑이가 서로 싸운다는 뜻으로, 두 강자(强者)가 서로 승패(勝敗)를 다툼	

한자	뜻	용례	고사
近	辶(辵) <가까울 근> ①가깝다, 곁, 가까운 곳 ②가까이하다, 친하게 지내다 ③닮다, 비슷하다 ④요사이, 요즘 ⑤천박하다(淺薄)	* 近隣(근린) :①가까운 이웃 ②가까운 곳. 인근(隣近) * 近來(근래) :가까운 요즈음, 요사이 * 接近(접근) :가까이 닿음 * 側近(측근) :①곁의 가까운 곳 ②가까이 친(親)한 사람	<근린원척> 가까운 이웃이요, 멀리 떨어진 친척(親戚)이라는데, <가까이 있는 이웃이 멀리 떨어져 있는 친척(親戚)보다 낫다는데,>
隣	阝(阜) <이웃 린> ※ 鄰의 俗字 ①이웃, 이웃한, 이웃하다 ②이웃한 사람 ③근접(近接)한, 인접한 ④보필(輔弼), 보필하다(輔弼) ⑤수레의 소리	* 隣近(인근) :거리(距離) 상(上)으로 가까운 이웃 * 隣接(인접) :이웃해 있음. 옆에 닿아 있음 * 隔隣(격린) :가까이 떨어져 이웃함, 또는 가까운 이웃 * 善隣(선린) :이웃나라와 사이좋게 지냄. 또는 좋은 이웃	
遠	辶(辵) <멀 원> ①멀다 ②멀리하다, 멀어지다 ③(세월이) 오래되다 ④소원하다(疏遠), 싫어하다 ⑤심오하다(深奧), 깊다 ⑥선조(先祖)	* 遠近(원근) :멀고 가까움 * 遙遠(요원) :까마득히 멂음 * 永遠(영원) :길고 오랜 세월(歲月) * 遠隔(원격) :시공간적(時空間的)으로 멀리 떨어져 있는 것 * 敬而遠之(경이원지) :공경(恭敬)하되 가까이하지는 아니함	
戚	戈 <겨레 척 / 친척 척> ①겨레 ②친척(親戚), 일가(一家) ③가깝다, 가까이하다, 친하게 지내다 ④슬퍼하다, 마음을 아파하다 ⑤도끼	* 哀戚(애척) :사람의 죽음을 슬퍼함 * 姻戚(인척) :외가(外家)와 처가의 혈족(血族) * 親戚(친척) :동성(同姓)과 이성(異姓)의 겨레붙이. 친척(親戚)과 외척(外戚), 고종(姑從), 외종(外從), 이종(姨從)	

한자	뜻	용례	고사
咫	口 <여덟치 지> ①여덟 치(길이의 단위. 3.03㎝) ②길이 단위 ③가깝다 ④짧다	* 咫尺(지척) :지(咫)는 여덟 치, 척(尺)은 열 치. 한 걸음도 채 안 되는 아주 가까운 거리(距離) * 咫尺之間(지척지간) :매우 가까운 거리. 咫尺之地(지척지지) * 咫尺之功(지척지공) :매우 하찮은 공적(功績)을 이르는 말.	<지척유조> 가까이 살면서 오히려 사이가 멀어지는 격(格)이로다." 하고는
尺	尸 <자 척> ①자(길이를 재는 道具) ②(자로)재다 ③길이의 단위(單位 :寸의 10倍) ④짧다 ⑤작다 ⑥조금 ⑦법도(法度)	* 尺牘(척독) :짧은 편지(便紙) * 尺翰(척한) :便紙(편지) * 百尺竿頭(백척간두) :백 자나 되는 높은 장대 위에 올라섬 * 吾鼻三尺(오비삼척) :<俗>내 코가 석 자. 吾鼻涕垂三尺의 준말. <比喩>곤경(困境)에서 어찌 남을 돕겠는가?	
猶	犭(犬) <오히려 유> ①오히려 ②조차 ③마치 ~와 같다 ④그대로, 지금도 역시, 같다, 똑같다 ⑥그 위에 더 ⑦마땅히 ~해야 한다	* 猶父(유부) :아버지의 형제(兄弟) * 猶豫(유예) :①망설여 결행하지 않음 ②시일(時日)을 늦춤 * 猶或(유혹) :設令(설령). 그렇다 하더라도, 間或, 假令, 設使, * 過猶不及(과유불급) :지나치면 미치지 못한 것과 같음	
阻	阝(阜) <막힐 조 / 험할 조> ①막히다 ②떨어지다 ③험하다(險) ④고난(苦難) ⑤허덕거리다 ⑥걱정하다 ⑦의심하다(疑心) ⑧의거하다(依據)	* 阻擋(조당) :(앞으로 나아가거나 다가오는 것을)막아서 가림 * 阻面(조면) :①(오랫동안)서로 만나 보지 못함 ②절교(絶交) * 隔阻(격조) :積阻(적조). ①멀리 떨어져 있어 서로 통(通)하지 못함 ②오랫동안 서로 소식(消息)이 막힘	

한자	뜻	용례	고사
容	宀 <얼굴 용 / 담을 용> ①얼굴 ②모양, 용모(容貌), 몸가짐 ③담다, 그릇 안에 넣다, 용량 ④용납하다(容納), 용서하다(容恕)	* 容恕(용서) :관용(寬容)을 베풀어 벌(罰)하지 않음 * 內容(내용) :사물(事物)의 안에 있는 속내나 실속 * 受容(수용) :남의 것을 용납(容納)하여 받아들임 * 許容(허용) :허락(許諾)하여 받아들임 * 花容月態(화용월태)	<용서위유> "서로를 용서(容恕)하고 위로(慰勞)해서 잘 타이르고,
恕	心 <용서할 서> ①용서하다(容恕) ②동정하다(同情) ③어질다, 인자하다(仁慈), 어짊, 사랑 ⑥깨닫다, 밝게 하다 ⑦거의	* 忠恕(충서) :충실(充實)하고 인정(人情) 많음 * 以恕己之心恕人 :자기를 용서하는 마음으로 남을 용서함 * 責人則明恕己則昏 :남의 허물을 꾸짖는 데는 밝지만, 자기(自己)의 허물을 밝히는 데는 어두움	
慰	心 <위로할 위> ①위로하다(慰勞) ②안심시키다(安心) ③우울해지다(憂鬱) ④울적해지다(鬱寂) ⑤성내다, 성, 화 ⑥원망하다(怨望)	* 慰諭(위유) :위로(慰勞)하고 타일러 달래줌. * 慰勞(위로) :괴로움이나 슬픔을 잊게 따뜻하게 대해 줌 * 慰安(위안) :위로(慰勞)하여 마음을 편안(便安)하게 함 * 慰藉(위자) :위로(慰勞)하고 도와줌. 또는 위로하고 달램.	
諭	言 <타이를 유> ①타이르다 ②깨닫다, 깨우침, 밝히다 ③이끌다, 인도하다(引導) ④비유하다(比喩·譬喩), 견주다	* 諭書(유서) :지방장관(地方長官) 부임시 임금이 내리던 명령서 * 諭示(유시) :관청(官廳)에서 백성(百姓)에게 타일러 가르침 * 勸諭(권유) :어떤 일을 하도록 타이름 * 訓諭(훈유) :가르치어 타이름, 또는 그런 말	

한자	뜻풀이	어휘	풀이
被	衤(衣) <입을 피> ①(옷을)입다 ②옷, 이불, 겉, 거죽 ③씌우다, 덮다 ④당하다(當) ⑤미치다, 닿다 ⑥의지하다(依支)	* 被害(피해) :해(害)를 입음. 해로움을 당함 * 被告(피고) :고소(告訴)나 고발(告發)을 당함 * 被擊(피격) :사격(射擊)을 받음 * 被拉(피랍) :납치(拉致) 됨 * 被服(피복) :옷, 의복(衣服) * 被殺(피살) :죽임을 당(當)함	<피해배상> 손해(損害)를 입은 것은 물어주도록 하고,
害	宀 <해칠 해> ①해하다(害), 해치다, 해롭다(害) ②손해(損害) ③해(害), 재앙(災殃) ④훼방하다(毁謗), 방해하다(妨害)	* 侵害(침해) :불법적(不法的)으로 남을 해(害)침 * 弊害(폐해) :폐단(弊端)과 해악(害惡) * 妨害(방해) :남의 일에 헤살을 놓아 해를 끼침 * 利害打算(이해타산) :이해(利害) 관계를 따져 헤아리는 일	
賠	貝 <물어줄 배> ①물어주다, 보상하다(報償), 변상하다(辨償), 배상하다(賠償) ②밑지다, 손해(損害)를 보다 ③사과하다(謝過)	* 賠償(배상) :남에게 입힌 손해(損害)를 갚아 줌 * 賠款(배관) :손해(損害)를 배상(賠償)한다고 약속(約束)한 조목(條目)	
償	亻(人) <갚을 상> ①갚다, 돌려주다 ②상환하다(償還) ③배상(賠償) ④대가(代價) ⑤보상(報償), 보답(報答), 속죄(贖罪)	* 償却(상각) :보상(補償)하여 갚아줌 * 償還(상환) :대상(代償)으로 돌려 줌. 빚을 갚음 * 補償(보상) :남에게 끼친 손해(損害)를 갚는 것 * 減價償却(감가상각) :자산의 소모에 의한 가치의 감소	

한자	뜻풀이	어휘	풀이
寬	宀 <너그러울 관> ①너그럽다, 도량(度量)이 크다 ②관대하다(寬大), 관대(寬大)히 용서하다(容恕) ③느슨하다, 늦추다	* 寬宥(관유) :寬恕(관서). 너그럽게 용서(容恕)함. * 寬大(관대) :마음이 너그럽고 큼 * 水寬魚大(수관어대) * 寬待(관대) :너그럽게 대접(待接)함 * 寬容(관용) :마음이 넓어 남의 말을 너그럽게 받아들임	<관유사면> 너그럽게 용서(容恕)하고 지은 죄(罪)에 대한 벌(罰)을 받지 않게 하여 주게나." 하고는,
宥	宀 <너그러울 유> ①너그럽다, 너그럽고 어질다 ②용서하다(容恕) ③돕다, 보우하다(保佑), 보좌하다(補佐·輔佐) ④오른쪽	* 宥罪(유죄) :죄(罪)를 너그러이 용서(容恕)함 * 空宥(공유) :①공(空)과 유(有) ②평등(平等)과 차별(差別) * 蒙宥(몽유) :蒙放(몽방). 蒙赦(몽사). 죄인을 사면하여 석방함 * 原宥(원유) :原諒(원량). 容恕(용서). 편지(便紙)에 쓰는 말	
赦	赤 <용서할 사> ①(죄를)용서하다(容恕), (죄수를)풀어주다, 사면(赦免) ②탕감하다(蕩減), 감면하다(減免) ③버리다, 방치하다(放置)	* 赦免(사면) :죄(罪)나 허물을 용서(容恕)하여 놓아 줌 * 赦罪(사죄) :죄(罪)를 용서하여 죄인(罪人)을 놓아줌 * 罔赦之罪(망사지죄) :용서할 수 없을 정도의 큰 죄(罪) * 勿揀赦前(물간사전) :은사(恩赦)를 입지 못할 무거운 죄(罪)	
免	儿 <면할 면> ①면하다(免), 벗어나다 ②용서(容恕)하여 놓아주다 ③허가하다(許可) ④벗다, 해직하다(解職), 내치다	* 免除(면제) :책임(責任)이나 의무(義務)를 벗어나게 해 줌 * 免賤(면천) :천민의 신분에서 벗어남 * 謀免(모면) :어떤 일 따위로부터 꾀를 써서 벗어남 * 罷免(파면) :직무(職務)를 그만두게 함	

한자	뜻풀이	어휘	풀이
事	亅 <일 사 / 섬길 사> ①일, 일삼다, 직업(職業) ②재능(才能) ③국가(國家) 대사(大事) ④다스리다 ⑤변고(變故) ⑥섬기다 ⑦(글을)배우다	* 事件(사건) :뜻밖에 일어난 사고(事故)나 주목(注目)을 끌 일 * 事實(사실) :實際로 있는 일 * 事例(사례) :일의 實例 * 事態(사태) :일이 되어 가는 형편(形便) * 好事多魔(호사다마) :좋은 일에는 방해(妨害)되는 일이 많음	<사건수습> 이같이 벌어진 사건(事件)에 대해 잘 수습(收拾)하여 뒤탈이 없게 하였다.
件	亻(人) <물건 건> ①(하나하나 셀 수 있는)물건(物件) ②사건(事件) ③조건(條件) ④가지, (일, 사건, 사물 등을)세는 단위(單位)	* 件數(건수) :일이나 사건(事件) 따위의 가짓수 * 物件(물건) :사람이 필요에 따라 만들어 낸 물품(物品) * 與件(여건) :주어진 조건(條件) * 條件(조건) :어떤 일이 성립(成立)되는 데 필요한 요소(要素)	
收	攵(攴) <거둘 수> ①거두다, 모으다 ②수확(收穫), 익다, 곡식(穀食)이 여물다 ③정제하다(精製), 거둬들여 정리하다 ④쉬다, 그만두다, 그치다	* 收拾(수습) :어수선한 사태(事態)를 거두어 바로잡음 * 收斂(수렴) :돈이나 물건을 거두어들이거나 의견을 모음 * 吸收(흡수) :빨아서 거두어들임. * 撤收(철수) :거두어들여서 걷어치우고 물러남	
拾	扌(手) <주울 습> ①줍다, 습득하다(拾得) ②거두다, 모으다 ③활팔찌(활을 쏠 때에 활 쥔 팔의 소매를 걷어 매어 두는 띠) ④칼집	* 拾得(습득) :물건(物件)을 주워서 얻음 * 道不拾遺(도불습유) :途不拾遺(도불습유). 路不拾遺(로불습유). 길에 떨어진 것을 줍지 않음. <比喩>나라가 잘 다스려져 백성(百姓)의 풍속(風俗)이 돈후(敦厚)함	

한자	뜻풀이	어휘	풀이
尖	小 <뾰족할 첨> ①뾰족하다 ②날카롭다, 날카로운 끝 ③작다 ④꼭대기, 정상(頂上) ⑤봉우리, 산봉우리 ⑥거칠다, 격렬하다(激烈)	* 尖塔(첨탑) :뾰족한 탑(塔) * 尖端(첨단) :①물건(物件)의 뾰족한 끝 ②시대(時代)의 사조(思潮)나 유행(流行) 같은 것의 맨 앞장 * 尖銳(첨예) :날카롭고 뾰족함. 첨리(尖利)함.	<첨탑종거> 꼭대기가 뾰족한 탑(塔)에는 예배(禮拜)를 알리는 종(鐘)을 걸어놓은 틀이 보이고,
塔	土 <탑 탑> ①탑(塔) ②탑처럼 생기다 ③층집 ④절, 사찰(寺刹)	* 石塔(석탑) :돌로 쌓은 탑(塔) * 象牙塔(상아탑) :학자(學者)들의 학구(學究) 생활(生活) * 金字塔(금자탑) :이집트의 피라밋을 번역한 말. 그 모양이 '金'字와 비슷한 데서 온 말. <比喩>길이 전할 업적	
鐘	金 <쇠북 종> ①쇠북, 종(鐘) ②시계(時計)	* 鐘閣(종각) :종을 매달아 둔 집 * 打鐘(타종) :종을 침 * 警鐘(경종) :비상(非常)한 위험(危險)을 알리기 위해 치는 종 * 鐘鼎文(종정문) :고대 중국의 금석이나 그릇에 새겨진 문자 * 自鳴鐘(자명종) :때가 되면 저절로 울리는 시계(時計)	
虡	虍 <쇠북 거는 틀 기둥 거> ※ 簴와 通 ①쇠북 거는 틀 기둥 ②책상(冊床) ③신령(神靈)스런 짐승의 이름	* 鐘虡/鐘簴(종거) :고대(古代) 중국(中國)에서 악기(樂器)인 종(鐘) 등(等)을 거는 틀. 鐘鐻라고도 씀	

한자	훈음·뜻	용례	풀이
敬	攵(攴) <공경할 경> ①공경(恭敬), 공경하다(恭敬) ②예(禮), 예의(禮儀)가 바르다 ③정중하다(鄭重) ④훈계하다(訓戒)	* 敬虔(경건) :우러르고 받드는 마음으로 삼가고 조심함 * 尊敬(존경) :존중(尊重)히 여겨 공경(恭敬)함 * 恭敬(공경) :삼가서 예를 차려 높임 * 敬遠(경원) :敬而遠之. 공경(恭敬)하되 가까이하지는 않음	<경건찬송> 우러러 받드는 마음으로 삼가 덕(德)을 기리고 찬양(讚揚)하면서,
虔	虍 <공경할 건> ①공경하다(恭敬), 삼가다 ②정성(精誠) ③단정(端正)한 모양 ④굳게 지키다 ⑤어지럽히다 ⑥약탈하다(掠奪)	* 虔恭(건공) :삼가서 경솔(輕率)하게 행동하지 않는 모양 * 虔肅(건숙) :경건(敬虔)하고 엄숙(嚴肅)함 * 恪虔(각건) :삼가고 조심함 * 恭虔(공건) :공손하고 삼감 * 揭虔(게건) :선현을 추앙하여 사우를 세워서 위패를 봉안함	
讚	言 <기릴 찬> ①기리다 ②찬양하다(讚揚) ③찬조하다(贊助) ④칭찬하다(稱讚) ⑤돕다(贊) ⑥밝히다, 명확히 하다 ⑦고하다(告)	* 讚頌(찬송) :덕(德)을 기리고 찬양(讚揚)함 * 讚揚(찬양) :칭찬(稱讚)하여 나타나게 함 * 自畵自讚 * 稱讚(칭찬) :어떤 일을 잘 했다고 높이 평가(評價)함 * 讚辭(찬사) :칭찬(稱讚)하는 말, 찬미(讚美)하는 글	
頌	頁 <기릴 송 / 칭송할 송> ①기리다, 칭송하다(稱頌) ②낭송하다(朗誦), 외우다, 암송하다(暗誦) ③시체(詩體)의 하나 ④문체(文體)의 하나	* 歌頌(가송) :공덕(功德)을 칭송(稱頌)하는 노래 * 讚頌(찬송) :덕을 기리고 찬양(讚揚)함 * 稱頌(칭송) :공덕(功德)을 칭찬(稱讚)하여 기림 * 頌德碑(송덕비) :공덕(功德)을 칭송(稱頌)하여 세운 비(碑)	

한자	훈음·뜻	용례	풀이
懺	忄(心) <뉘우칠 참> ①뉘우치다 ②회개하다(悔改) ③저지른 잘못을 뉘우치고 고백하다	* 懺悔(참회) :과거(過去)의 죄악(罪惡)을 깨달아 뉘우쳐 고침 * 懺滌(참척) :(佛)과거의 잘못을 뉘우치고 마음을 깨끗이 씻음 * 大禮懺(대례참) :부처・보살(菩薩)의 이름을 부르며 절을 많이 하는 예(禮)	<참회기도> 과거(過去)의 지은 죄(罪)를 뉘우치며 신명(神明)에게 빌기를,
悔	忄(心) <뉘우칠 회> ①뉘우치다, 뉘우침, 후회 ②스스로 꾸짖다 ③한이 맺히다 ④분하게 여기다 ⑤잘못, 과오(過誤) ⑥아깝게도, 유감스럽게도	* 悔恨(회한) :뉘우치고 한탄(恨歎)함 * 痛悔(통회) :뼈저리게 뉘우침. 가슴 아프게 후회(後悔)함 * 後悔(후회) :일이 지난 뒤에 잘못을 깨치고 뉘우침 * 後悔莫及(후회막급) :아무리 뉘우쳐도 어찌할 수 없음	
祈	礻(示) <빌 기> ①(신에게)빌다, 기원하다(祈願), 기도(祈禱) ②(신에게)고하다(告) ③구하다(求) ④보답하다(報答) ⑤산제사(山祭祀)(궤)	* 祈年(기년) :풍년(豐年)이 들기를 빎 * 祈福(기복) :복을 빎 * 祈願(기원) :바라는 일이 이루어지기를 빎 * 望祈(망기) :멀리서 그 대상(對象)이 있는 쪽을 향해 절함 * 祈雨祭(기우제) :비오기를 비는 제사(祭祀)	
禱	礻(示) <빌 도> ①빌다, 기원하다(祈願) ②(신불에)기도하다(祈禱) ③소망하다(所望), 바라다, 원하다(願)	* 祈禱(기도) :신명(神明)에게 비는 것 * 默禱(묵도) :소리를 내지 않고 마음속으로 기도(祈禱)함 * 桑林禱(상림도) :비 내리기를 비는 기도(祈禱). <比喩> 성인(聖人)이 백성(百姓)을 근심함	

한자	훈음·뜻	용례	풀이
改	攵(攴) <고칠 개> ①고치다, 고쳐지다 ②바꾸다, 바뀌다 ③만들다 ④다시 ⑤따로 ⑥새삼스럽게	* 改悛(개전) :悛改(전개). 잘못을 뉘우쳐 개심(改心)함 * 改善(개선) :고쳐서 좋게 함 * 改革(개혁) :새롭게 뜯어고침 * 改編(개편) :고쳐서 편성(編成)하거나 엮음 * 改過遷善(개과천선) :지난날의 잘못을 고치어 착하게 됨	<개전재활> "잘못을 뉘우치고 마음을 바르게 고쳐서 다시 올바르게 살겠습니다." 한다.
悛	忄(心) <고칠 전> ①고치다 ②중지하다(中止) ③깨닫다 ④개오하다(改悟) ⑤잇다, 차례(次例)를 짓다, 차례(次例)	* 悛心(전심) :改悛(개전). 전에 저지른 잘못을 뉘우쳐 고침 * 悛容(전용) :위의(威儀)를 갖추어 얼굴빛을 고침 * 悛換(전환) :改悛(개전). 잘못을 뉘우쳐 개심(改心)함 * 悔悛(회전) :①전비(前非)를 뉘우침 ②고백 성사(聖事)	
再	冂 <두번 재 / 거듭 재> ①두, 두 번, 두 번 하다 ②재차, 거듭, 거듭하다, 다시 한 번	* 再活(재활) :①다시 활동함 ②신체장애자가 장애를 극복하고 생활함. * 再開(재개) :①다시 엶 ②다시 시작(始作)함 * 再建(재건) :무너진 것을 다시 일으켜 세움 * 非一非再	
活	氵(水) <살 활> ①살다, 살리다, 소생시키다(蘇生·甦生) ②생존하다(生存), 목숨을 보전하다(保全) ③생기가 있다 ④응용하다(應用)	* 活動(활동) :기운(氣運)차게 움직임 * 活潑(활발) :생기 있고 힘차며 시원스러움 * 活用(활용) :이리저리 잘 응용(應用)함 * 生活(생활) :살아서 활동(活動)함. 생계(生計)를 유지함	

한자	훈음·뜻	용례	풀이
樊	木 <울타리 번> ①울타리 ②새장, 우리 ③뱃대끈(마소의 배에 걸쳐 조르는 끈) ④농(버들, 싸리 따위로 만든 그릇) ⑤가, 곁, 변두리	* 樊籬(번리) :藩籬(번리). 울타리. 풀이나 나무 따위를 얽거나 엮어서 담 대신에 경계(境界)를 지어 막는 물건 * 林樊(임번) :수풀로 울타리를 삼는다는 뜻으로, 은사(隱士)가 사는 곳을 이르는 말	<번우종공> 울타리 모퉁이에서 발자취를 따라 발자국 소리가 나니
隅	阝(阜) <모퉁이 우> ①모퉁이 ②구석 ③귀(네모진 것의 모퉁이) ④절개(節槪·節介) ⑤정조(貞操)	* 邊隅(변우) :邊境(변경). 나라의 경계가 되는 변두리의 땅 * 四隅(사우) :네 모퉁이의 방위(方位) * 向隅之歎(향우지탄) :모인 사람들이 다 즐거워하나 자기만은 구석을 향해 한탄함. <比喩>不遇之歎	
踪	足 <자취 종> ①자취(어떤 것이 남긴 표시나 자리), 발자취 ②사적(史跡·史蹟) ③흔적(痕跡·痕迹) ④좇다, 뒤따르다	* 昧踪(매종) :자취를 감춤 * 失踪(실종) :소재(所在)나 행방(行方)을 알 수 없게 됨 * 發踪指示(발종지시) :사냥개를 풀어 짐승이 있는 곳을 가리켜 잡게 함. <比喩>시문 따위의 빼어남을 평하는 말	
跫	足 <발자국 소리 공> ①발자국 소리 ②발 디디는 울림 소리	* 跫音(공음) :사람의 발자국 소리 * 無跫(무공) :발자국 소리가 없음 * 空谷跫音(공곡공음) :빈 골짜기의 발자욱 소리. <意味>①몹시 신기(神奇)한 일 ②뜻밖의 기쁨 ③반가운 소식(消息)	

籬	竹 <울타리 리> ①울타리 ②대나무 ③대 조리(笊籬 :쌀을 이는 데에 쓰는 기구)	* 籬垣(리원) :울타리. 섶 같은 것을 양쪽에 대어 말뚝이 보이지 않게 한 울타리. * 籬窺(이규) :울타리 사이로 엿봄 * 牆籬(장리) :담, 울타리 * 藩籬(번리) :풀이나 나무 따위를 얽거나 만든 울타리	<리원구폐> 울타리에서 개가 짖어댄다.
垣	土 <담 원> ①담, 담장(牆) ②울타리 ③(담을)두르다, 에워싸다 ④관아(官衙)	* 垣牆(원장) :울타리. 풀이나 나무 따위를 얽거나 엮어서 담 대신(代身)에 경계를 지어 막는 물건(物件) * 藩垣(번원) :울타리 * 土垣(토원) :토담. 흙으로 쌓아 만든 담	
狗	犭(犬) <개 구> ①개(작은 개) ②강아지 ③개새끼(행동이 나쁜 사람 비유) ④범의 새끼 ⑤곰의 새끼	* 狗肉(구육) :개고기 * 畜狗(축구) :畜生(축생). 사람이 기르는 온갖 짐승 * 羊頭狗肉(양두구육) :양(羊) 머리를 걸어놓고 개고기를 판다. <比喩>겉과 속이 서로 다름	
吠	口 <짖을 폐> ①(개가)짖다 ②욕하다(辱)	* 吠善(폐선) :개가 착한 사람을 보고 짖는다. <비유>까닭 없이 죄 없는 사람을 헐뜯음 * 反吠其主(반폐기주) :개가 주인을 보고 짖는다. <比喩>배은망덕(背恩亡德)한 사람	

蓬	++(艸·草) <쑥 봉> ①쑥(국화과의 여러해살이풀) ②흐트러지다 ③떠돌아다니다 ④성(盛)하게 일어나다 ⑤봉래산(蓬萊山)	* 蓬蓽(봉필) :蓬戶蓽門(봉호필문), 蓬门荜户(봉문필호)의 준말. ①가난한 집, 혹은 그 생활(生活)을 비유(比喩) ②자기의 집에 대한 겸칭(謙稱) * 蓬萊山(봉래산) :금강산(金剛山)의 여름 호칭(呼稱)	<봉필모헌> 가난한 사람이 사는 초가집은
蓽	++(艸·草) <콩 필> ①콩(콩과의 한해살이풀) ②식물(植物)의 가시 ③참소리쟁이(마디풀과에 속하는 여러해살이풀) ④사립문	* 蓽路(필로) :나뭇가지로 만든 허술한 수레 * 蓽門(필문) :나뭇가지로 엮어서 만든 문(門) * 蓽蔀(필부) :사립문을 세우고 떼적을 둘러 친 집이라는 뜻으로, 매우 가난한 집을 이르는 말	
茅	++(艸·草) <띠 모> ①띠(포아풀과의 여러해살이풀) ②띳집(띠로 지붕을 이은 집) ③두름(열 마리씩 두 줄로 엮은 것)	* 茅軒(모헌) :茅屋(모옥). 띠집. 띠(풀)로 지붕을 엮은 집. * 茅塞(모색) :①띠가 생겨서 막힘 ②마음이 욕심 때문에 막힘 * 茅屋(모옥) :띠풀로 엮은 집. 초가집(草家) * 茅簷(모첨) :띠로 인 처마	
軒	車 <집 헌 / 추녀 헌> ①집 ②추녀(처마의 네 귀에 있는 큰 서까래), 처마(지붕이 도리 밖으로 내민 부분) ③수레, 초헌(軺軒)	* 軒軒(헌헌) :풍채(風采)가 당당(堂堂)하고 빼어남 * 戎軒(융헌) :싸움에 쓰는 큰 수레. 병거(兵車). 융거(戎車) * 東軒(동헌) :지방 수령들의 공무를 처리하는 대청이나 집 * 軒軒丈夫(헌헌장부) :헌거로운 남자(男子)	

蘆	++(艸·草) <갈대 로> ①갈대(볏과의 여러해살이풀) ②이삭이 아직 패지 않은 것 ③무, 냉이의 뿌리 ④호리병박(조롱박) ⑤꼭두서니	* 蘆穄(노제) :수수 * 政如蒲蘆(정여포로) :부들과 갈대가 빨리 자라듯이, 정치(政治)의 효력(效力)이 빨리 나타남을 비유(比喩·譬喩)	<로즙개옥> 갈대로 이어서 지붕을 덮었는데,
葺	++(艸·草) <기울 즙 / 지붕 일 집> ①깁다(떨어지거나 해어진 곳을 꿰매다) ②(띠나 짚으로)지붕을 이다 ③덮다 ④수리하다(修理) ⑤겹치다, 거듭되다	* 葺治(즙치) :改葺(개즙). 집을 고치고 지붕을 새로 이음 * 營葺(영즙) :집을 짓고 수리함 * 失牛治廐(실우치구) :喪其馬乃葺厥廐(기상기마내즙궐구). 소(말) 잃고 외양간 고친다. 旣失之馬乃治其廐.	
蓋	++(艸·草) <덮을 개> ①덮다, 덮어씌우다 ②뚜껑, 이엉 덮개 ③일산(日傘) ④하늘, 상천(上天) ⑤숭상하다(崇尙), 뛰어나다	* 蓋屋(개옥) :지붕을 함. * 蓋然性(개연성) :어떤 일이 일어날 수 있는 가능성(可能性) * 覆蓋(복개) :①뚜껑 또는 덮개 ②뚜껑을 덮음 * 築垣蓋屋(축원개옥) :담을 쌓고 지붕을 함.	
屋	尸 <집 옥> ①집, 주거(住居) ②지붕 ③장막(帳幕) ④덮개, 수레의 덮개	* 屋上(옥상) :지붕 위 * 書屋(서옥) :글방 * 家屋(가옥) :사람이 들어가 살기 위(爲)하여 지은 집 * 茅屋(모옥) :띠풀로 엮은 집. 초가집(草家) * 酒屋(주옥) :술집 * 草屋(초옥) :풀로 인 집	

門	門 <문 문> ①문(門) ②집안 ③문벌(門閥) ④동문(同門) ⑤전문(專門) ⑥방법(方法) ⑦과목(科目), 부문(部門), 분류(分類)	* 門牌(문패) :주소(住所)와 성명(姓名) 따위를 적어서 대문(大門) 위에나 옆에 붙이는 작은 패(牌) * 門戶(문호) :①집으로 드나드는 문(門) ②외부(外部)와 교류(交流)하기 위한 통로(通路)나 수단(手段)	<문패성함> 문패(門牌)에 성함(姓銜 :성과 이름)을 보고
牌	片 <패 패> ①패(牌) ②간판(看板) ③명찰(名札) ④공을 새긴 패(牌) ⑤부신(符信) ⑥부절(符節) ⑦포고문(布告文)	* 名牌(명패) :이름이나 직위(職位) 등을 적은 나무의 패 * 防牌(방패) :칼·창·화살 등의 공격을 막는 데 쓰던 물건 * 旁牌(방패) :防牌(방패) * 位牌(위패) :신주(神主)의 이름을 적은 나무패	
姓	女 <성씨 성> ①성(姓), 성씨(姓氏) ②낳은 자식(子息), 아들 ③겨레, 씨족(氏族) ④백성(百姓) ⑤타고난 천성(天性)	* 姓銜(성함) :①성(姓)과 이름(名) ②성명(姓名)의 경칭(敬稱) * 姓名(성명) :성(姓)과 이름(名) * 姓氏(성씨) :성(姓)을 높여 부르는 말 * 百姓(백성) :관직(官職)이 없는 일반(一般) 사람들	
銜	金 <재갈 함 / 직함 함> ①재갈(말을 부리기 위하여 아가리에 가로 물리는 가느다란 막대) ②머금다, 입에 물다 ③직함(職銜) ④받들다	* 銜字(함자) :'남의 이름 자(字)'에 대한 공댓말. * 名銜(명함) :'남의 성명(姓名)'에 대한 공댓말. 성함(姓銜) * 尊銜(존함) :상대편(相對便)을 높여서 그의 '이름'을 이름 * 職銜(직함) :벼슬의 이름	

<table>
<tr><td>疑</td><td>疋 <의심할 의>
①의심하다(疑心), 믿지 아니하다
②헛갈리다, 미혹되다(迷惑)
③괴이(怪異)하게 여기다 ④두려워하다</td><td>* 疑訝(의아) :의심(疑心)스러워 괴이(怪異)쩍음
* 疑問(의문) :①의심(疑心)하여 물음 ②의심스러운 생각
* 疑心(의심) :마음에 미심(未審)하게 여기는 생각.
* 疑惑(의혹) :의심(疑心)하여 수상(殊常)하게 여김.</td><td rowspan="4"><의아지기>

“친구(親舊)가 아닌가?” 하고 의심(疑心)하고 괴이쩍게 생각하여</td></tr>
<tr><td>訝</td><td>言 <의심할 아 / 맞을 아>
①의심하다(疑心), 의아하다(疑訝)
②맞다, 맞이하다 ③서로 만나 놀라다
④놀라다 ⑤위로하다</td><td>* 訝菀(아울) :訝鬱(아울). 속으로 미심(未審)하여 답답함
* 訝惑(아혹) :괴이(怪異)하고 의심(疑心)스러움
* 驚訝(경아) :놀랄 만큼 의아하게 여김
* 怪訝(괴아) :이상하게 여김</td></tr>
<tr><td>知</td><td>矢 <알 지>
①알다, 앎, 지식(知識) ②견문(見聞)으로 깨닫다 ③드러내다 ④사귀다, 친한 친구(親舊), 나를 알아주는 사람</td><td>* 知己(지기) :(남남끼리) 자기(自己)의 속마음을 지극(至極)하고 참되게 알아 줌. 절친(切親)한 친구(親舊). 서로 막역(莫逆)한 親舊(친구)
* 知識(지식) :어떤 대상(對象)에 대해 알고 있는 내용(內容)</td></tr>
<tr><td>己</td><td>己 <몸 기>
①몸 ②자기(自己), 자아(自我)
③사욕(私慾)
④다스리다</td><td>* 自己(자기) :제 몸, 제 자신(自身). 나
* 利己心(이기심) :자기(自己)의 이익(利益)만을 꾀하는 마음
* 克己復禮(극기복례) :자기(自己)의 사욕(邪慾)을 극복(克服)하고 다시 예(禮)로 돌아가는 것</td></tr>
</table>

<table>
<tr><td>叩</td><td>口 <두드릴 고>
①두드리다, 때리다 ②조아리다, 꾸벅거리다 ③잡아당기다, 끌어당기다 ④묻다, 물어보다 ⑤정성(精誠)스러운 모양</td><td>* 叩頭(고두) :경의(敬意)를 나타내려고 머리를 조아리는 것
* 叩盆(고분) :鼓盆(고분). 아내의 죽음을 뜻함. 叩盆之痛
* 叩謝(고사) :머리를 조아려 사례(謝禮)하거나 사죄(謝罪)함 ①고두사례(叩頭謝禮) ②고두사죄(叩頭謝罪)</td><td rowspan="4"><고비이환>

사립문을 두드리면서 사람을 부르니</td></tr>
<tr><td>扉</td><td>戶 <사립문 비>
①사립문 ②문짝(門)
③집, 가옥(家屋)</td><td>* 扉紙(비지) :책 겉장의 다음 장. 안겉장. 흔히 內題를 붙임
* 扉窓(비창) :좌우(左右)로 열어 젖혀 여닫게 된 창문(窗門)
* 扉鐶(비환) :문고리 * 門扉(문비) :문짝 * 柴扉(시비) :사립문
* 竹扉(죽비) :대를 엮어서 만든 사립문. 대사립</td></tr>
<tr><td>而</td><td>而 <말 이을 이>
①말을 잇다. 順接·逆接의 接續詞. 句末에 붙여 語勢를 돕는 助詞 ②그리고, ~하면서 ③그러나 ④너, 자네, 그대</td><td>* 渴而穿井(갈이천정) :목이 말라야 비로소 샘을 판다. <比喩>자기(自己)가 급해야 서둘러서 일을 함
* 思而不學(사이불학) :생각만 하고 더 배우지 않음
* 學而時習之(학이시습지) :배우고 때때로 익힘</td></tr>
<tr><td>喚</td><td>口 <부를 환>
①부르다 ②소환하다
③부르짖다, 외치다
④울다, 지저귀다</td><td>* 叫喚(규환) :큰 소리를 지르며 부르짖음
* 召喚(소환) :사람을 오도록 부름 * 千呼萬喚(천호만환)
* 阿鼻叫喚(아비규환) :阿鼻地獄과 叫喚地獄. 阿鼻는 無間의 뜻으로, 고통으로 쉴 새 없이 비명(悲鳴)을 질러댐</td></tr>
</table>

<table>
<tr><td>識</td><td>言 <알 식 / 기록할 지 / 표시할 지>
①알다 ②지식(知識) ③식견(識見)
④친분(親分) ⑤기록하다(記錄)(지)
⑥표시하다(表示)(지) ⑦표지(標識)</td><td>* 識面(식면) :①낯이 익다 ②세상 물정 ③안면이 있다
* 面識(면식) :얼굴을 서로 알고 있음
* 認識(인식) :事物을 分別하고 판단(判斷)하여 아는 일
* 意識(의식) :어떤 대상(對象)을 알거나 깨닫거나 느끼는 것</td><td rowspan="4"><식면억붕>

낯익은 얼굴이 나오매, 벗(親舊)이었음을 기억(記憶)하고는</td></tr>
<tr><td>面</td><td>面 <낯 면>
①낯, 얼굴 ②표정(表情), 얼굴빛
③모양, 모습 ④겉, 표면 ⑤겉치레
⑥앞, 면전, 만나다 ⑦방면(方面), 쪽</td><td>* 面接(면접) :직접(直接) 얼굴을 마주 대함
* 反面(반면) :반대(反對)되거나 다른 방면(方面)
* 四面(사면) :사방(四方) * 四面楚歌(사면초가)
* 側面(측면) :옆면. 정면(正面)이 아닌 방면(方面). 左右面</td></tr>
<tr><td>憶</td><td>忄(心) <생각할 억 / 기억할 억>
①생각하다 ②기억하다(記憶), 잊지 않다
③추억하다(追憶), 추억(追憶)
④우울해지다(憂鬱), 울적해지다</td><td>* 記憶(기억) :지난 일을 잊지 않고 외어 둠
* 追憶(추억) :지난 일을 돌이켜 생각함
* 回憶(회억) :지나간 일을 돌이켜 생각함
* 憶昔當年(억석당년) :오래 전에 지난 일을 돌이켜 생각함</td></tr>
<tr><td>朋</td><td>月 <벗 붕>
①벗, 친구(親舊) ②무리(모여서 뭉친 한 동아리), 떼를 짓다, 무리를 이루다
③짝, 같은 부류(部類), 패 ④마을</td><td>* 朋友(붕우) :벗. 비슷한 또래로서 친한 사람. * 朋友責善
* 朋知(붕지) :朋友(붕우) * 朋執(붕집) :벗
* 同朋(동붕) :親舊(친구). 오래 두고 가깝게 사귄 벗
* 同門爲朋(동문위붕) :같은 스승 밑에서 공부(工夫)한 벗</td></tr>
</table>

<table>
<tr><td>邂</td><td>辶(辵) <만날 해>
①우연히 만나다(不期而遇), 우연(偶然), 뜻하지 않게 마주치다
②요행(僥倖·徼幸) ③기뻐하는 모양</td><td>* 邂逅(해후) :邂逅相逢(해후상봉). 누구와 우연히 만남. 뜻하지 않게 만나다. 우연(偶然)히 만나다</td><td rowspan="4"><해후포옹>

뜻하지 않게도 우연(偶然)히 서로 만나서 얼싸안고</td></tr>
<tr><td>逅</td><td>辶(辵) <만날 후>
①만나다
②우연(偶然)히 만나다(不期而會)
③터놓다 ④허물없이 사귀다</td><td>* 邂逅致斃(해후치폐) :죄인(罪人)이 형벌(刑罰)을 받은 뒤에 우연(偶然)히 병(病)을 얻어서 죽음</td></tr>
<tr><td>抱</td><td>扌(手) <안을 포>
①안다, 품다 ②둘러싸다, 위요하다(圍繞) ③가지다, 손에 넣다 ④지키다
⑤아름 ⑥품, 가슴 ⑦마음, 생각</td><td>* 抱擁(포옹) :얼싸안음. 품에 껴안음.
* 抱負(포부) :마음속에 지닌 앞날에 대한 생각이나 계획
* 抱主(포주) :①기둥서방 ②창기(娼妓) 영업하는 주인(主人)
* 懷抱(회포) :마음속에 품은 생각이나 잊혀지지 않은 생각</td></tr>
<tr><td>擁</td><td>扌(手) <낄 옹>
①끼다 ②안다 ③가지다, 들다
④가리다, 막다 ⑤호위하다(護衛)</td><td>* 擁護(옹호) :①부축하여 보호(保護)함 ②편역을 들어 지킴
* 擁立(옹립) :받들어서 임금의 자리 따위에 모시어 세움
* 抱擁(포옹) :품에 껴안음 * 擁衛(옹위) :부축하여 護衛함
* 擁書萬卷(옹서만권) :많은 책을 가지고 있음을 이르는 말</td></tr>
</table>

한자	뜻	용례	풀이
驚	馬 <놀랄 경> ①놀라다 ②놀라게 하다 ③두려워하다 ④위험(危險)하고 다급하다(多急) ⑤빠르다 ⑥동요하다(動搖), 어지러워지다	* 驚喜雀躍(경희작약) :몹시 좋아서 뛰며 기뻐함 * 驚喜(경희) :(뜻밖의 좋은 일 따위로) 놀라고도 기뻐하다. * 驚異(경이) :①놀랍고 이상(異常)함 ②놀라움 * 驚愕(경악) :뜻밖의 일에 놀라서 충격(衝擊)을 받는 것	<경희작약> 놀랍고도 기뻐서 참새처럼 깡충깡충 뛰면서 기뻐하며,
喜	口 <기쁠 희> ①기쁘다, 기뻐하다 ②즐겁다, 즐거워하다 ③좋다, 좋아하다 ④행복(幸福)	* 喜悅(희열) :기쁘고 즐거움 * 喜悲(희비) :기쁨과 슬픔 * 喜捨(희사) :마음에 즐기어서 재물(財物)을 냄 * 歡喜(환희) :매우 즐거움 * 喜怒哀樂(희로애락) :기쁨과 노여움, 슬픔과 즐거움	
雀	隹 <참새 작> ①참새 ②다갈색(茶褐色), 검붉은 빛깔	* 雀躍(작약) :①참새가 깡충깡충 뛰는 것 ②기뻐서 (참새처럼) 깡충깡충 뛰며 좋아함 * 雀舌茶(작설차) :차(茶)나무의 새싹을 따서 만든 차(茶) * 歡呼雀躍(환호작약) :기뻐서 소리치며 날뜀	
躍	足 <뛸 약> ①뛰다, 뛰어오르다 ②뛰게 하다 ③가슴이 뛰다, 흥분하다 ④빠르다 ⑤물가(物價)가 뛰다	* 躍動(약동) :생기 있고 활발(活潑)하게 움직임 * 躍進(약진) :빠르게 진보(進步)함 * 跳躍(도약) :①몸을 솟구쳐 뜀 ②더 높은 단계로 발전함 * 暗躍(암약) :남의 눈을 피(避)하여 몰래 활동(活動)함	

한자	뜻	용례	풀이
聊	耳 <애로라지 료 / 귀울 료> ①애오라지(부족하나마 그대로) ②귀가 울다(耳鳴 나다) ③힘입다 ④편안하다(便安) ⑤즐기다	* 聊賴(요뢰) :남에게 의지(依支)하거나 의뢰(依賴)하여 살아감 * 聊爾(요이) :구차(苟且)한 모양(模樣) * 無聊(무료) :①어울리지 아니하여 탐탁한 맛이 없음 ②조금 부끄러운 생각이 있음. 열없음, 열적음	<료끽엽차> "부족(不足)하나마 엽차(葉茶)라도 마시고 가게나." 한다.
喫	口 <마실 끽 / 먹을 끽> ①(음료를)마시다 ②(음식을)먹다 ③(담배를)피우다 ④생활하다(生活) ⑤당하다(當), 받다	* 喫煙(끽연) :담배를 피우는 것 * 喫茶(끽다) :차(茶)를 마심 * 喫着(끽착) :먹을 것과 입을 것 * 滿喫(만끽) :①마음껏 먹고 마심 ②마음껏 즐기거나 누림 * 飽喫(포끽) :飽食(포식). 배부르게 먹음	
葉	++(艸·草) <잎 엽> ①나뭇잎, 꽃잎 ②끝, 갈래 ③후손 ③시대(時代) ④장(종이를 세는 단위) ⑤닢(동전 등을 세는 단위) ⑥잎처럼 얇은 물건	* 葉茶(엽차) :차(茶)나무의 잎을 달인 차(茶) * 落葉(낙엽) :떨어진 나뭇잎 * 枝葉(지엽) :①가지와 잎 ②중요하지 않은 부분(部分) * 末葉(말엽) :어떤 시대나 세기(世紀)의 맨 끝 무렵	
茶	++(艸·草) <차 다(차)> ①차(茶) ②(차를)마시다 ③차나무(茶) ④다갈색(茶褐色) ⑤동백나무(冬柏) ⑥소녀에 대한 미칭(美稱)	* 茶汁(차즙) :날찻잎(生茶叶)으로 만든 생즙. '차즙'이라고도 하지만, '차집'이 맞는다고 함 * 茶飯事(다반사) :①차를 마시고 밥을 먹듯 일상적(日常的)으로 하는 일 ②예사(例事)로운 일	

한자	뜻	용례	풀이
鍾	金 <술잔 종> ①술잔(盞) ②술병(甁) ③쇠북 ④되(升 :분량을 재는 부피의 단위) ⑤모으다, 모이다	* 鍾鉢(종발) :작은 밥그릇의 한 가지. 중발보다 작고, 종지보다 약간 나부죽하게 생겼음 * 鍾結(종결) :한 데 모임 * 鍾愛(종애) :애정을 한 데로 모음 * 茶鍾(차종/다종) :차(茶)를 따라 마시는 종지(鍾子)	<종발명즙> 작은 보시기에 차(茶)를 따르면서
鉢	金 <바리때 발> ①바리때(승려의 밥그릇) ②사발(沙鉢 :사기로 만든 국그릇이나 밥그릇) ③승려(僧侶)가 되는 일 ④대대(代代)로 전하는 것	* 沙鉢(사발) :사기(沙器)로 만든 그릇. 아래는 좁고 위는 넓음 * 托鉢(탁발) :승려(僧侶)가 집집마다 다니며 동냥하는 일 * 鉢盂(발우) :鉢釪(발우). 승려(僧侶)의 식기(食器). 바리때 * 沙鉢通文(사발통문) :관계자의 이름을 빙 둘러 적은 통문	
茗	++(艸·草) <차싹 명 / 차 명> ①차(茶)의 싹 ②차(茶) ③늦게 딴 차(茶) ④차나무(茶) ⑤높은 모양 ⑥(술에)취하다(醉)	* 茗汁(명즙) :茶. 찻물 * 茗爐(명로) :찻물을 끓이는 데 쓰는 화로(火爐) * 茗盌(명완) :찻물을 따라 마시는 데 쓰는 그릇의 한 가지 * 老茗(노명) :차나무의 쇤 잎을 따서 만든 차. 晩茗(만명)	
汁	氵(水) <즙 즙> ①즙(汁 :물기가 들어 있는 물체에서 짜낸 액체) ②국물 ③남의 덕으로 얻은 이익(利益) ④진눈깨비(비가 섞인 눈)	* 汁物(즙물) :汁釉(즙유). 도자기(陶瓷器)에 바르는 잿물 * 汁液(즙액) :즙을 짜내서 된 액(液). 액즙(液汁) * 汁滓(즙재) :즙을 짜내고 남은 찌끼 * 羹汁(갱즙) :국의 국물 * 米汁(미즙) :쌀뜨물	

한자	뜻	용례	풀이
故	攵(攴) <연고 고 / 옛 고> ①연고(緣故), 사유(事由) ②까닭, 이유(理由) ②사건(事件), 고의(故意)로 ③옛날, 옛일 ④본래(本來) ⑤죽다	* 故鄕(고향) :자기가 태어나서 자란 곳. * 故人(고인) :죽은 사람 * 故障(고장) :어떤 기능(機能)에 이상(異狀)이 생기는 일 * 事故(사고) :①뜻밖의 사건(事件) ②어떤 일의 까닭	<고향정서> "고향(故鄕)의 정서(情緖)가
鄕	阝(邑) <시골 향> ①시골, 마을 ②고향(故鄕), 태어난 곳 ③곳, 장소(場所), 지구(地區) ④성진(城鎭) 이외(以外)의 땅	* 他鄕(타향) :제 고장이 아닌 다른 고장. 객지(客地) * 鄕愁(향수) :고향(故鄕)을 그리워하는 마음이나 시름 * 錦衣還鄕(금의환향) :비단옷(緋緞) 입고 고향(故鄕)에 돌아옴. <比喩>출세(出世)하여 고향(故鄕)에 돌아옴	
情	忄(心) <뜻 정> ①뜻, 마음의 작용(作用) ②사랑 ③인정(人情) ④본성(本性) ⑤사정(事情) ⑥실상(實狀), 형편(形便), 상태(狀態)	* 情緖(정서) :어떤 사물(事物) 또는 경우(境遇)에 부딪쳐 일어나는 갖가지 감정(感情)을 불러일으키는 기분(氣分)이나 분위기(雰圍氣) * 感情(감정) :사물(事物)에 느끼어 일어나는 심정(心情). 마음	
緖	糸 <실마리 서> ①실마리 ②첫머리, 시초(始初) ③차례(次例)를 세워 선 줄 ④계통(系統), 줄기 ⑤나머지	* 緖論(서론) :序論(서론) * 緖言(서언) :序言(서언) * 緖業(서업) :시작한 일 * 緖戰(서전) :전쟁에서의 첫 싸움 * 端緖(단서) :①일의 처음 ②일의 실마리, 실마리 * 頭緖(두서) :①일의 단서(端緖). 실마리 ②조리(條理)	

한자	뜻	어휘	풀이
素	糸 <흴 소 / 바탕 소> ①흰 깁, 흰 빛깔의 무늬가 없는 피륙 ②희다 ②바탕 ③본디 ⑤평소(平素) ⑥질박하다(質樸·質朴 :꾸밈 없이 수수함)	* 素朴(소박) :①거짓이나 꾸밈이 없이 순수(純粹)하고 자연(自然)스러움 ②생긴 그대로임 * 素質(소질) :①흰 바탕. 밑바탕. ②소양. 자질. ③본질(本質) * 要素(요소) :어떤 구성(構成)에 필요(必要)한 성분(成分)	<소박순박> 거짓 없이 순수(純粹)하고 성실(誠實)하면 서도 꾸밈이 없어서
朴	木 <순박할 박 / 후박나무 박> ①순박하다(淳朴·淳樸·醇朴), 소박하다(素朴) ②본성(本性), 본질(本質) ③후박나무(厚朴 :녹나뭇과) ④나무껍질	* 朴質(박질) :質朴(질박). 질박(質樸) * 質朴(질박) :질박(質樸). 꾸밈없이 수수함 * 厚朴(후박) :후박나무 껍질	
淳	氵(水) <순박할 순> ①순박하다(淳朴·淳樸·醇朴) ②(인정이) 도탑다 ③깨끗하다, 맑다 ④(물을)대다, (물을)뿌리다, 흠뻑 적시다	* 淳樸/淳朴(순박) :성실하고 꾸밈이 없음 ①소박(素朴)하고 순진(純眞)함 ②인정(人情)이 두텁고 거짓이 없음 * 淳風美俗(순풍미속) :人情이 두텁고 아름다운 풍속(風俗)	
樸	木 <순박할 박 / 통나무 박> ①순박하다(淳朴·淳樸·醇朴) ②질박하다(質樸·質朴) ③통나무, 켜지 않은 나무 ④본디대로, 생긴 그대로 ⑤바탕	* 樸殺(박살) :때려 죽임 * 質樸(질박) :樸質(박질). 꾸민 데가 없이 수수함 * 響樸頭(향박두) :嚆矢(효시). 우는 화살을 쏘아 개전(開戰)의 신호로 삼다라는 뜻으로, 모든 일의 시초	

한자	뜻	어휘	풀이
離	隹 <떠날 리> ①떠나다 ②떼어놓다, 떨어지다 ③갈라지다, 가르다, 분할하다(分割) ④흩어지다, 분산하다 ⑤배반하다(背反)	* 離韓(이한) :한국(韓國)을 떠남 * 離別(이별) :서로 갈리어 떨어짐. * 距離(거리) :서로 떨어진 사이의 멀고 가까운 정도(程度) * 分離(분리) :서로 나뉘어서 떨어지거나 떨어지게 함	<이한교포> 한국(韓國)을 떠나 외국(外國)에 나가 교포(僑胞)로 살다가
韓	韋 <나라이름 한 / 한국 한> ①나라의 이름 ②삼한(三韓 :馬韓·辰韓·弁韓)의 통칭(通稱) ③대한제국(大韓帝國), 대한민국(大韓民國)의 略稱	* 韓國(한국) :대한민국(大韓民國)의 약칭(略稱) * 韓半島(한반도) :우리나라를 지형적(地形的)으로 일컫는 말 * 三韓甲族(삼한갑족) :우리나라에서 대대(代代)로 문벌(門閥)이 높은 집안	
僑	亻(人) <더부살이 교> ①더부살이 ②우거하다(寓居 :남의 집이나 타향에서 임시로 몸을 붙여 살다) ③잠시 머물다, 임시거처(臨時居處) ④타관살이	* 僑胞(교포) :다른 나라(外國)에서 살고 있는 동포(同胞) * 僑民(교민) :외국(外國)에 살고 있는 동포(同胞) * 僑人(교인) :여행(旅行)하고 있는 사람 * 僑體(교체) :객체(客體)	
胞	月(肉) <태보 포 / 세포 포> ①배, 태보(胎褓), 삼(태아를 싸고 있는 태반) ②자궁(子宮) ③친형제(親兄弟), 동기(同氣: 형제와 자매) ④세포(細胞), 포자(胞子)	* 同胞(동포) :①같은 어머니로부터 태어난 형제자매(兄弟姊妹) ②같은 겨레 ③한 민족(民族)의 백성(百姓) * 細胞(세포) :생물체(生物體)를 구성(構成)하는 가장 기본적(基本的)인 단위(單位)	

한자	뜻	어휘	풀이
歸	止 <돌아갈 귀> ①돌아가다, 돌아오다 ②돌려보내다 ③따르다, 붙좇다(섬겨 따르다) ④(몸을)의탁하다(依託·依托) ⑤시집가다(媤)	* 歸還(귀환) :①본디의 처소(處所)로 돌아옴 ②외지(外地)에서 다시 돌아오거나 감 * 歸家(귀가) :집으로 돌아감, 또는 돌아옴 * 復歸(복귀) :본디 상태(狀態)나 자리로 다시 돌아감	<귀환환열> 돌아오니 기쁘고 즐겁다네." 하고는
還	辶(辵) <돌아올 환> ①돌아오다, 복귀하다(復歸) ②돌려보내다 ③갚다 ④다시, 도리어 ⑤뒤돌아보다 ⑥물러나다 ⑦(눈동자를)굴리다	* 還收(환수) :다시로 거두어 들임 * 還元(환원) :본디의 상태(狀態)로 되돌리는 일 * 返還(반환) :도로 돌려 줌 * 償還(상환) :대상(代償)으로 돌려 줌. 빚을 갚음	
歡	欠 <기쁠 환> ①기쁘다, 기뻐하다, 기쁨 ②좋아하다 ③즐거움 ④사랑하다	* 歡悅(환열) :기쁘다. 즐겁다 * 歡喜(환희) :매우 즐거움 * 歡心(환심) :기쁘고 즐거워하는 마음 * 歡迎(환영) :기쁜 마음으로 맞음 * 歡呼(환호) :기쁘고 반가워서 고함(高喊)을 지름	
悅	忄(心) <기쁠 열> ①기쁘다, 기뻐하다, 기쁨 ②심복하다(心服 :마음속으로 기뻐하며 성심을 다하여 순종하다) ③사랑하다	* 悅樂(열락) :기뻐하고 즐거워함 * 喜悅(희열) :기쁘고 즐거움 * 媚悅(미열) :阿諂(아첨). 남의 비위를 맞추어 알랑거리는 짓 * 松茂柏悅(송무백열) :소나무가 무성(茂盛)하면 잣나무가 기뻐함. <比喩>남이 잘되는 것을 기뻐함	

한자	뜻	어휘	풀이
貰	貝 <세낼 세> ①세내다, 빌리다 ②외상으로 사다 ③놓아주다, 용서하다(容恕) ④관대(寬大)하게 대하다(對)	* 貰房(셋방) :세(貰)를 내고 빌어쓰는 방 * 月貰(월세) :①다달이 내는 집세 ②사글셋방 * 傳貰(전세) :돈을 맡기고 빌어쓰다가, 내놓을 때 그 돈을 다시 찾아 가는 제도(制度)	<세상추기> "행랑채(곁채) 를 세(貰)를 내고 뙈기밭을 빌려서 부치고 살면서
廂	广 <행랑 상> ①행랑(行廊 :대문 옆방) ②곁채 ③곁간(집의 양쪽에 딸려 붙은 간살) ④몸채의 동서(東西)의 벽	* 東廂(동상) :東床(동상). ①관아 동쪽에 있는 방(房) ②남의 새 사위를 높이어 일컫는 말. <王羲之의 故事> * 後廂(후상) :後廂陣(후상진). 임금이 행차(行次)할 때 뒤를 호위(護衛)하던 군대(軍隊)	
僦	亻(人) <세낼 추 / 빌 추 / 품삯 추> ①세내다 ②빌리다 ③품삯 ④(수레를 빌려)보내다 ⑤모이다, 모여들다	* 僦居(추거) :僦舍(추사). 집을 빌려서 살음 * 僦舍(추사) :借家(차가). 세(貰)를 주고 남의 집을 빌려서 쓰는 것, 또는 그 집	
畸	田 <뙈기밭 기 / 불구 기> ①뙈기밭(큰 토지에 딸린 조그마한 밭) ②나머지 ③불구(不具), 병신(病身) ④기이하다(奇異)	* 畸人(기인) :①성질(性質)이나 행동(行動)이 보통(普通) 사람과는 다른 사람 ②병신(病身), 불구자(不具者) * 畸形(기형) :정상(正常)의 형상(形象·形像)과는 다른 것 * 畸形的(기형적) :정상이 아닌 불완전한 상태의 것	

隱	阝(阜) <숨을 은> ①숨다, 숨기다 ②가리다, 비밀로 하다 ③사사로이 하다 ④음흉하다(陰凶) ⑤벗어나다, 떠나다 ⑥수수께끼 ⑦점치다(占)	* 隱遁(은둔) :세상(世上)을 버리고 숨음 * 隱匿(은닉) :숨김. 감춤 * 隱蔽(은폐) :가리거나 숨겨서 감춤 * 隱密(은밀) :숨어 있어서 형적(形跡)이 나타나지 않음 * 隱退(은퇴) :세속(世俗)의 일에서 손을 떼고 한가(閑暇)히 삶	<은둔일거> 속세(俗世)를 피(避)해 숨어서 일 없이 한가(閑暇)하고 편안(便安)하게 지내고 있다네."
遁	辶(辵) <숨을 둔 / 달아날 둔> ①숨다 ②피하다(避), 회피하다(回避) ③달아나다, 도망치다(逃亡)	* 遁世(둔세) :①속세에서 도피함. 돈세(遯世) ②둔속(遁俗) * 遁俗(둔속) :세속(世俗)을 피(避)하여 불문(佛門)에 들어감 * 遁迹(둔적) :종적(蹤迹)을 감춤 * 遁絶(둔절) :소식이 끊어짐 * 遁走(둔주) :도망(逃亡)쳐 달아남 * 遁避(둔피) :숨어서 피함	
逸	辶(辵) <편안할 일 / 달아날 일> ①편안하다(便安), 즐기다 ②없어지다, 잃다 ③숨다, 달아나다 ④은사(隱士), 재덕이 뛰어난 사람	* 逸居(일거) :별로 하는 일이 없이 한가(閑暇)로이 편히 지냄. * 逸脫(일탈) :빗나가고 벗어남 * 逸話(일화) :아직 世上에 널리 알려지지 아니한 이야기 * 安逸(안일) :①편안(便安)하고 한가(閑暇)함 ②쉽게 여김	
居	尸 <살 거> ①살다, 거주하다(居住) ②곳, 자리, 거처(居處)하는 곳, 집 ③자리 잡다, 앉다, 차지하다 ④벼슬을 하지 않다	* 居住(거주) :일정(一定)한 곳에 자리를 잡고 머물러 삶 * 住居(주거) :어떤 곳에 자리 잡고 머물러 삶 * 客居(객거) :타향(他鄕)에서 거주(居住)함 * 可居之地(가거지지) :머물러 살 만한 곳, 살기 좋은 곳	

去	厶 <갈 거> ①가다 ②피하다(避) ③지나간 세월(歲月), 과거(過去) ④버리다, 돌보지 아니하다, 내쫓다 ⑤덜다, 덜어 없애다	* 去來(거래) :①가고 오는 것 ②물건(物件)을 매매(賣買)함 * 去就(거취) :물러감과 나아감 * 過去(과거) :지나간 때, 현재(現在)에 앞선 때 * 除去(제거) :없애거나 사라지게 하는 것	<거자막추> "가는 사람 뒤좇지 않고
者	耂 <놈 자> ※ 물건(物件)이나 일을 가리켜 이르는 의존명사(依存名詞) ①놈, 사람 ②것, 이 ③곳, 장소(場所)	* 近者(근자) :요사이, 요즈음 * 死者(사자) :죽은 사람 * 患者(환자) :병을 앓는 사람 * 政者(정자) :정치라는 것은 * 關係者(관계자) :어떤 일에 관계(關係)되는 사람 * 結者解之(결자해지) :일을 맺은 사람이 풀어야 한다	
莫	++(艸·草) <말 막 / 없을 막> ①말다, ~하지 말라 ②불가하다 ③없다 ④해질 무렵, 저녁, 저물다 ⑥조용하다 ⑦드넓다, 아득하다 ⑧꾀하다(謨)	* 莫強(막강) :더 할 수 없이 셈 * 莫及(막급) :더 이를 수 없음 * 莫重(막중) :더할 수 없이 소중(所重)함 * 莫大(막대) :몹시 크거나 많음 * 索莫(삭막) :황폐하여 쓸쓸함 * 莫上莫下(막상막하) :어느 것이 낫고 못한지 분간할 수 없음	
追	辶(辵) <쫓을 추> ①쫓다 ②뒤쫓는 사람 ③내쫓다 ④따르다, 사모하다(思慕) ⑤거슬러 올라가다 ⑥구하다(求), 이루다	* 追加(추가) :나중에 더하여 보탬 * 追求(추구) :어디까지나 뒤쫓아 구(求)함 * 追慕(추모) :죽은 사람을 사모(思慕)함 * 追跡(추적) :뒤를 밟아 쫓음 * 追念(추념) :죽은 이를 생각함	

覓	見 <찾을 멱> ①찾다 ②구하다(求), 구(求)하여 찾다 ③곁눈질	* 覓來(멱래) :찾아옴. 가져옴 * 覓去(멱거) :찾아감. 가져감 * 覓家(멱가) :환자를 피접시키기 위해 마땅한 집을 찾음 * 覓科(멱과) :벼슬아치가 되기 위해 과거(科擧)할 길을 찾음 * 覓官(멱관) :벼슬할 길을 찾음 * 覓得(멱득) :찾아냄	<멱래물거> 찾아오는 사람 막지 않으며,
來	人 <올 래> ①오다 ②돌아오다 ③부르다 ④이래(以來), 그 이후(以後)로 ⑤앞으로, 장래(將來), 미래(未來)	* 來年(내년) :올해의 다음 해, 명년(明年) * 來日(내일) * 招來(초래) :①불러 옴 ②어떤 결과(結果)를 가져옴 * 未來(미래) :아직 오지 않은 때 * 苦盡甘來(고진감래) :쓴 것이 다하면 단 것이 옴	
勿	勹 <말 물> ①말다, 말라, 말아라 ②아니다, 아니하다 ③없다 ④근심하는 모양 ⑤부지런히 힘쓰는 모양, 분주(奔走)한 모양	* 勿驚(물경) :놀라지 말라. 엄청난 것을 말할 때 겁주는 뜻 * 勿拘(물구) :무엇에 얽매이거나 거리끼지 아니하고 * 勿論(물론) :말할 것도 없음 * 勿失好機(물실호기) :좋은 기회(機會)를 놓치지 않음	
拒	扌(手) <막을 거> ①막다 ②거부하다(拒否), 거절하다(拒絶) ③막아 지키다, 방어하다(防禦) ④겨루다, 적대하다(敵對) ⑤(문을)닫다	* 拒否(거부) :거절(拒絶)하여 받아들이지 않음 * 拒絶(거절) :남의 제의(提議)나 요구(要求) 따위를 물리침 * 螳螂拒轍(당랑거철) :사마귀가 수레바퀴를 막음. <比喩> 강자(强者)에게 함부로 덤빔	

雖	隹 <비록 수> ①비록 ②아무리 ~하여도 ③그러나 ④밀다 ⑤도마뱀붙이 ⑥벌레의 이름 ⑦추천하다(推薦)	* 雖然(수연) :그렇지만, 그렇다지만, 비록 ~라 하더라도 * 雖小唯椒(수소유초) :작아도 후추. 몸은 작아도 야무짐 * 僧雖憎袈裟何憎(승수증가사하증) :중이 밉기로서니 가사(袈裟)도 미우랴. 雖嫉僧袈何憎	<수군담개> 비록 군색(窘塞)한 생활(生活)이지만 마음이 편안(便安)함을 즐기고 있는데,
窘	穴 <군색할 군> ①군색하다(窘塞) ②가난하다, 곤궁하다(困窮) ③고생하다(苦生) ④닥쳐오다 ⑤막히다 ⑥얽매이다, 구애되다(拘礙)	* 窘塞(군색) :필요(必要)한 것이 없거나 모자라 옹색함 * 窘乏(군핍) :무엇이 부족하거나 없어서 군색하고 아쉬움 * 困窘(곤군) :곤란(困難)하고 군색(窘塞)함 * 窮窘(궁군) :困窮(곤궁). 가난하여 살림이 구차(苟且)함	
湛	氵(水) <즐길 담> ①괴다(특별히 귀여워하고 사랑하다) ②즐기다 ③술에 빠지다(침) ④탐닉하다(耽溺) ⑤더디다, 느릿하다 ⑥맑다	* 湛露(잠로) :가득하게 내린 이슬 * 湛恩(담은) :깊은 은혜 * 湛然(담연) :①물이 괴어있는 모양 ②침착하고 고요한 모양 * 湛樂(담락) :평화(平和)롭고 화락(和樂)하게 즐김 * 湛靜(침정) :沈靜(침정). 깊고 고요함	
愷	忄(心) <편안할 개> ①(마음이)편안하다(便安) ②즐겁다, 즐거워하다 ③(마음이)누그러지다 ④싸움 이긴 풍류(風流)	* 愷樂(개악) :凱樂(개악). 개선(凱旋)할 때 연주(演奏)하는 음악(音樂) * 愷悌(개제) :용모(容貌)와 기상(氣像)이 화평(和平)하고 단아(端雅)함	

何	亻(人) <어찌 하> ①어찌, 어느, 어떤, 어떠한 ②언제 ③얼마, 약간 ④무엇	* 何必(하필) :어찌하여 반드시, 구태여 * 何等(하등) :①아무런 ②조금도 * 如何(여하) :어떻게 하는가 하는 것, 또는 어떠한가 하는 것 * 不知何歲月(부지하세월) :언제일지 그 時期를 알지 못함	<하필구선> 구태여 신선(神仙)이 되기를 구하겠는가?"
必	心 <반드시 필> ①반드시, 틀림없이, 꼭 ②오로지, 전일하다(專一) ③기필하다(期必), 이루어 내다	* 必要(필요) :①꼭 소용(所用)이 됨 ②없어서는 아니 됨 * 必須(필수) :①꼭 필요(必要)로 함 ②없어서는 아니 됨 * 必需品(필수품) :일상(日常)에 없어서는 아니 되는 물품 * 事必歸正(사필귀정) :모든 일은 반드시 정리(正理)로 돌아감	
求	氺(水) <구할 구> ①구하다(求), 필요(必要)한 것을 찾다 ②빌다, 청하다(請) ③탐하다(貪), 욕심을 부리다 ④묻다, 나무라다	* 要求(요구) :필요(必要)하여 달라고 청(請)함 * 請求(청구) :상대방에게 일정한 행위를 요구(要求)하는 일 * 促求(촉구) :재촉하여 요구(要求)함 * 追求(추구) :목적(目的)한 바를 끝까지 좇아 구(求)함	
仙	亻(人) <신선 선> ①신선(神仙) ②신선(神仙)이 되다 ③선교(仙敎 :신선이 되기 위한 도를 닦는 종교) ④날 듯하다	* 神仙(신선) :선도(仙道)를 닦아서 도에 통(通)한 사람 * 仙境(선경) :仙鄕(선향). 신선(神仙)이 산다는 곳 * 仙界(선계) :신선(神仙)의 세계(世界) * 仙人(선인) :신선(神仙) * 仙馭(선어) :崩御(붕어)	

闇	門 <닫힌문 암 / 어두울 암 / 숨을 암> ①닫힌 문 ②어둡다, 희미하다(稀微), 어렴풋하다 ③숨다 ④여막(廬幕) ⑤밤, 일식(日蝕), 월식(月蝕), 해질 무렵	* 闇室(암실) :①어두운 집 ②불교(佛敎)에선 지혜의 광명이 번뇌의 어둠을 깨뜨려 진리의 경지에 들었다는 뜻으로 암실(闇室)이라는 표현을 씀. * 昏闇(혼암) :어리석고 못나서 사리(事理)에 어두움. 闇愚	<암실착조> 어두컴컴한 집의 좁은 부뚜막에서
室	宀 <집 실 / 방 실> ①집, 건물(建物) ②방, 거실(居室) ③거처(居處), 사는 곳 ④아내 ⑤가족(家族), 일가(一家)	* 敎室(교실) :학교(學校)에서 수업(授業)을 하는 방(房) * 令室(영실) :남의 아내를 높여서 이르는 말 * 正室(정실) :본처 * 後室(후실) :①널방의 뒤쪽 ②첩(妾), 후처(後妻), 후취(後娶) * 高臺廣室(고대광실) :높은 누대(樓臺)와 넓은 집	
窄	穴 <좁을 착> ①좁다, 비좁다 ②닥치다 ③축소시키다(縮小) ④곤궁하다(困窮), 군색하다(窘塞)	* 窄袴(착고) :통이 좁은 바지 * 窄袖(착수) :좁은 소매 * 窄梁(착량) :강이나 바다의 폭이 좁은 여울 * 窄小(착소) :좁고 작음 * 狹窄(협착) :차지하고 있는 자리가 몹시 좁음	
竈	穴 <부엌 조> ①부엌 ②부엌 귀신(鬼神), 조왕신(竈王神)	* 竈王(조왕) :竈神(조신). 부뚜막. 부엌을 맡았다는 신(神) * 俾竈無焫爨豈有煙(비조무설나기유연) :<俗>아니 땐 굴뚝에 연기 날까? <比喩>어떤 결과에나 반드시 원인이 있음. 不燃堗煙何生. 不燃之堗豈有煙出.	

黍	黍 <기장 서> ①기장(볏과의 한해살이풀) ②무게의 단위(單位)(기장 한 알의 重量. 轉하여 極小의 重量) ③술 그릇(3되 들이)	* 黍粟(서속) :①기장과 조를 아울러 이르는 말 ②조(볏과의 한해살이풀)의 방언(慶北地方) * 黍離(서리) :망국(亡國)의 성터가 황폐(荒廢)해서, 기장 같은 식물(植物)이 자라 쓸쓸한 광경(光景). * 黍離之歎	<서속취자> 기장(黍)과 조(粟)로 밥을 지으며,
粟	米 <조 속> ①조(볏과의 한해살이풀), 좁쌀 ②오곡(五穀)의 총칭(總稱) ③겉곡식(찧지 않은 穀食) ④식량(食糧) ⑤녹봉(祿俸)	* 穀粟(곡속) :穀食(곡식). 식량(食糧)이 되는 농작물의 열매 * 黍粟(서속) :기장과 조 * 滄海一粟(창해일속) :큰 바다에 던져진 좁쌀 한 톨. <比喩> 지극(至極)히 작거나 보잘것 없는 존재(存在)	
炊	火 <불땔 취> ①불을 때다 ②(밥을)짓다 ③(입으로)불다 ④(바람에)흩날리다	* 炊煮(취자) :불을 때서 익히다. * 炊事(취사) :불을 사용(使用)하여 음식(飮食)을 만듦. * 一炊之夢(일취지몽) :밥 지을 동안의 꿈. <比喩>世上의 부귀영화(富貴榮華)가 덧없음	
煮	灬(火) <삶을 자> ①삶다 ②끓이다 ③익히다, 익다 ④굽다	* 煮沸(자비) :(물 따위가)펄펄 끓음, 또는 펄펄 끓임 * 熏煮(훈자) :지지고 삶음. <比喩>날씨가 몹시 더움 * 煮豆燃萁(자두연기) :콩을 삶는 데 콩깍지를 태움. <比喩>형제(兄弟)가 서로 시기(猜忌)하고 싸움	

扇	戶 <부채 선 / 사립문 선> ①부채, 부채질하다 ②사립문, 문짝(門) ③햇빛을 가리는 단선(團扇) ④행주, 수건(手巾) ⑤거세(去勢)한 말	* 扇亂(선란) :煽亂(선란). 소란(騷亂)을 선동(煽動)함 * 扇狀(선상) :부채를 편 것과 같은 모양. 부채 모양. 부채꼴 * 扇子(선자) :부채 * 扇子匠(선자장) :부채를 만드는 장인 * 扇風機(선풍기) :바람을 일으키는 기계(機械) 장치(裝置)	<선선훈섭> 부채로 부채질을 하니 연기(煙氣)가 오르고 불꽃이 일어남에,
煽	火 <부채질할 선 / 부추길 선> ①부채질하다 ②불이 일다 ③성하다(盛 :기운이나 세력이 한창 왕성하다) ④불길이 세차다 ⑤부추기다, 꼬드기다	* 煽動(선동) :남을 추기어 일을 일으키게 함 * 煽情(선정) :정욕(情慾)을 북돋워 일으킴 * 煽情的(선정적) * 煽釀(선양) :선동하여 양성함 * 煽俑(선용) :허위로 선동함 * 煽火(선화) :불을 함부로 놓음 * 誘煽(유선) :꾀어서 선동함	
熏	灬(火) <불길 훈> ※ 燻은 俗字 ①불길 ②연기, 연기끼다 ③타다, 태우다 ④불에 말리다 ⑤황혼 ⑥움직이다 ⑦취하다(取)	* 熏香(훈향) :태워서 향기(香氣)를 내는 향료(香料) * 熏心(훈심) :근심이나 걱정으로 마음을 태움 * 熏煮(훈자) :지지고 삶는다. <比喩>날씨가 몹시 더움 * 衆口熏天(중구훈천) :많은 사람의 말은 하늘을 감동시킴	
燮	火 <불꽃 섭 / 화할 섭> ①불꽃 ②조화하다(調和) ③화해하다(和解), 정답다(情) ④(불에)익히다, 삶다 ⑤낙엽(落葉)이 지는 소리	* 燮理(섭리) :음양(陰陽)을 고르게 다스림 * 燮伐(섭벌) :협동(協同)하여 정벌(征伐)함 * 燮友(섭우) :협화(協和)하여 친근(親近)함 * 燮和(섭화) :조화(調和)시켜 알맞게 함	

字	뜻	용례	이야기
堗	土 <굴뚝 돌> ①굴뚝 ②구들(방바닥을 만들고 불을 때어 난방을 하는 구조물) ③부엌 창(窓)	* 堗石(돌석) :구들장 * 冷堗(냉돌) :불기 없는 찬 온돌방 * 溫堗(온돌) :온돌(溫突). 불기가 있는 따스한 온돌방(溫突房) * 東溫堗(동온돌) :대궐(大闕) 침전(寢殿)의 동쪽에 있던 방(房) * 堗不燃不生烟(돌불연불생연) :<俗>아니 땐 굴뚝에 연기 날까	<돌양매연> 굴뚝에서는 그을음이 섞인 연기(煙氣)를 흩날린다.
颺	風 <날릴 양> ①(바람에)날리다, 날다 ②새가 날아오르다 ③일다, 일어나다 ④높이다 ⑤나타나다 ⑥큰소리로 말하다	* 颺扇(양선) :곡식 속에 섞인 검불이나 티끌을 날리는데 쓰는 농기구(農器具)의 한 가지 * 颺場(양장) :부뚜, 부뚜질. 風席(무엇을 펴놓고 말리는 거적) * 飄颺(표양) :바람에 날림	
煤	火 <그을음 매> ①그을음 ②석탄(石炭) ③먹(墨)	* 煤煙(매연) :연료(燃料)를 태웠을 때 생기는 그을음과 연기(煙氣) * 煤炭(매탄) :석탄(石炭) * 煤窯(매요) :매탄요(煤炭窯) * 硬煤(경매) :무연탄(無煙炭)	
煙	火 <연기 연> ①연기(煙氣), 연기(煙氣)가 끼다 ②그을음 ③안개 ④아리땁다 ⑤담배 ⑥아편(阿片·鴉片)	* 煙氣(연기) :물건(物件)이 불에 탈 때에 일어나는 흐릿한 기체(氣體)나 그 기운(氣運) * 煙霞(연하) :안개와 노을. <比喩>고요한 산수(山水)의 경치 * 喫煙(끽연) :吸煙(흡연). 담배를 피우는 것	

字	뜻	용례	이야기
胡	月(肉) <오랑캐 이름 호 / 턱밑살 호> ①오랑캐의 이름 ②턱밑살 ③드리워지다(아래로 늘어지다) ④수염, 구레나룻 ⑤오래 살다, 장수하다(長壽) ⑥되(升)	* 胡亂(호란) :오랑캐들로 인(因)하여 일어나는 난리(亂離) * 胡地(호지) :오랑캐가 사는 땅 * 胡壽(호수) :오래도록 삶 * 胡蝶之夢(호접지몽) :장자(莊子)가 나비가 되어 날아다닌 꿈. <比喩>①현실과 꿈의 구별이 안 됨 ②인생의 덧없음	<호갈발호> 북방(北方)의 오랑캐가 마음대로 날뛰면서
羯	羊 <불깐 양 갈 / 오랑캐 갈> ①불깐 양(羊)(去勢한 羊) ②오랑캐	* 胡羯(호갈) :원래 북방의 이민족(異民族)인 흉노(匈奴)의 별종인 五胡(匈奴·羯·鮮卑·氐·羌) 중의 하나를 일컫는 말인데, 보통 북쪽 오랑캐(北狄)란 말로 쓰임. 조선 시대에는 여진족을 일컬음	
跋	足 <밟을 발> ①밟다, 짓밟다 ②넘어가다 ③난폭하다(亂暴) ④촛불이 다 타다 ⑥밑동, 타다 남은 부분(部分) ⑦발문(跋文)	* 跋扈(발호) :제 마음대로 날뛰며 행동(行動)하는 것 * 跋文(발문) :책의 끝에 본문(本文)의 내용(內容)의 대강이나 간행(刊行)에 관계(關係)되는 사항(事項)을 간략(簡略)하게 적은 글. 跋辭. 跋尾	
扈	戶 <뒤따를 호 / 널리 퍼질 호> ①따르다, 뒤따르다 ②호종하다(扈從 :임금이 탄 수레를 호위하여 따르다) ③널리 퍼지다, 횡행하다(橫行) ④파랑새	* 跋扈將軍(발호장군) :폭풍(暴風)을 의미(意味)함 * 跳梁跋扈(도량발호) :권세(權勢)나 세력(勢力)을 제멋대로 부리며 함부로 날뛰는 행동(行動)이 만연(蔓延·蔓衍)함	

字	뜻	용례	이야기
憁	忄(心) <바쁠 총 / 실심할 총> ①바쁘다, 분주하다(奔走) ②무지하다(無知) ③실심하다(失意貌) ③뜻을 얻지 못한 모양(不得志貌)	* 憁恫(총통) :不得志貌. 不得志也. 뜻을 얻지 못한 모양 * 悾憁(공총) :실심(失心)한 모양	<총통위협> 자기(自己)들 뜻대로 아니 되면 위력(威力)으로 으르고 협박(脅迫)하기에 이르자,
恫	忄(心) <상심할 통> ①상심하다(傷心) ②슬프다, 애통하다(哀痛) ③두려워하다(동) ④뜻을 얻지 못하다(동) ⑤의심하다(疑心)(동)	* 效恫(효통) :서로 본을 받아 의심(疑心)함 * 十指偏齰嚌不余恫(십지변색주불여통) :<俗>열 손가락 깨물어 아니 아픈 손가락 없다. 十指便齰嚌不予慼	
威	女 <위엄 위 / 으를 위> ①위엄(威嚴), 권위(權威) ②세력(勢力), 힘, 권세(權勢) ③두려워하다(畏) ④으르다(위협하다), 협박하다(脅迫)	* 威脅(위협) :脅威(협위). 힘으로 으르고 협박함 * 狐假虎威 * 權威(권위) :개인적 재능(才能), 덕망(德望)이나 문벌(門閥) 따위에서 생기는 사회적(社會的) 세력(勢力) * 示威(시위) :위력(威力)이나 기세(氣勢)를 드러내어 보임	
脅	月(肉) <위협할 협 / 옆구리 협> ①위협하다(威脅), 으르다(무서운 말이나 행동으로 위협하다) ③웅크리다, 움츠리다 ④겨드랑이, 옆구리, 갈빗대 ⑤겯	* 脅迫(협박) :①올러메서 핍박(逼迫)함 ②가해(加害)할 뜻을 보임 ③으르고 대듦 * 迫脅(박협) :①협박(脅迫) ②지세(地勢)가 좁음 * 威之脅之(위지협지) :여러 방법(方法)으로 위협(威脅)함	

字	뜻	용례	이야기
宸	宀 <대궐 신> ①대궐(大闕) ②집 ③처마(지붕이 도리 밖으로 내민 부분) ④하늘, 허공(虛空) ⑤하늘과 땅이 만나는 곳	* 宸仗(신장) :임금이 거처하는 대궐(大闕). * 宸掖(신액) :임금의 궁전(宮殿) 宸闕(신궐). 宮闕(궁궐). * 宸襟(신금) :임금의 마음 * 宸慮(신려) :임금의 뜻. 임금의 마음	<신장우모> 임금이 거처(居處)하는 대궐(大闕)에서는 국사(國事)의 큰 계책(計策)을 논의(論議)하기를,
仗	亻(人) <의장 장 / 무기 장> ①의장(儀仗) ②무기(武器), 병장기(兵仗器) ③호위(護衛) ④의지하다(依支), 기대다 ⑤짚다 ⑥지팡이	* 儀仗(의장) :나라 의식(儀式)에 쓰는 무기(武器)·일산(日傘)·월부(鉞斧)·깃발 따위의 물건(物件) * 兵仗(병장) :兵仗器(병장기). 兵器(병기). 병사가 쓰는 도구 * 仗器(장기) :武器(무기). 전쟁에 쓰는 도구	
訏	言 <클 우> ①크다 ②속이다 ③과장하다(誇張) ④큰소리치다	* 訏謨(우모) :국사(國事)의 큰 계책(計策). 대모(大謨). 원대(遠大)한 모략(謀略) <詩>(抑)定命訏謨 * 訏訏(우우) :너그럽고 큰 모양 <詩經>(韓奕)川澤訏訏	
謨	言 <꾀 모> ※ 謀와 通(類似) ①꾀, 계책(計策) ②꾀하다, 계획하다(計劃·計畫) ③속이다 ④없다 ⑤그릇의 이름	※ 謨와 類似 (謨는 天子나 政事上의 大計, 謀는 一般計策) * 嘉謨(가모) :嘉謀(가모). 임금께 아뢰는 좋은 의견(意見) * 高謨(고모) :高謀(고모). 뛰어난 계책(計策) * 鬼謨(귀모) :범인(凡人)으로선 생각할 수 없는 뛰어난 계략	

字	訓音	用例	풀이
好	女 <좋을 호> ①좋다 ②사이좋다 ③아름답다 ④옳다 ⑤좋아하다, 사랑하다 ⑥우의, 정분, 교분(交分) ⑦곧잘, 자주, 걸핏하면	* 好誼(호의) :①가까이 지내는 좋은 정의(情誼) ②가까운 정분(情分) * 選好(선호) :여럿 중(中)에서 가려서 좋아함 * 好事多魔(호사다마) :좋은 일에는 방해(妨害)가 많음	<호의돈독> 서로 좋은 정의(情誼)를 두텁게 하고,
誼	言 <정 의 / 옳을 의> ①정(情) ②의(情誼) ③정분(情分) ④도리(道理) ⑤옳다 ⑥의논하다(議論)	* 友誼(우의) :친구(親舊) 사이의 정분(情分) * 恩誼(은의) :은혜(恩惠)로운 정의(情誼) * 瓜葛之誼(과갈지의) :인척 관계(關係)로 맺어진 정의(情誼) * 通家之誼(통가지의) :친구 사이에 친척처럼 지내는 정의(情誼)	
敦	攵(攴) <도타울 돈> ①도탑다(서로의 관계에 사랑이나 인정이 많고 깊다) ②힘쓰다, 노력하다(努力) ③진(陣)을 치다	* 敦篤(돈독) :인정(人情)이 도타움. 돈후(敦厚), 독후(篤厚) * 敦厚(돈후) :①人情이 두터움 ②親切하고 정중(鄭重)함 * 溫柔敦厚(온유돈후) :부드럽고 온화(溫和)하며 성실(誠實)한 인품(人品)	
篤	竹 <도타울 독> ①도탑다 ②진심(眞心)이 깃들어 있다 ③단단하다, 견실하다(堅實) ④살피다 ⑤(병이)위독하다(危篤) ⑥매우, 몹시	* 篤實(독실) :①성실하고도 극진함 ②인정이 두텁고 친절함 ③열성(熱誠)이 있고 진실(眞實)함 * 篤志(독지) :도탑고 친절(親切)한 마음 * 篤志家(독지가) * 醇篤(순독) :醇厚(순후). 양순(良順)하고 인정이 두텁다	

字	訓音	用例	풀이
關	門 <빗장 관 / 관계할 관> ①빗장 ②닫다, 잠그다 ③관문(關門) ④기관(機關) ⑤가두다, 감금하다(監禁) ⑥주다, 받다 ⑦관계하다(關係)	* 關聯(관련) :어떤 일과 다른 일과의 관계(關係)가 있음 * 關門(관문) :국경(國境)이나 요새(要塞)에 세운 성문(城門) * 機關(기관) :①장치(裝置)를 하여 놓은 기계(機械) ②목적을 이루는 수단으로서 설치한 시설(施設)	<관계지속> 그 관계(關係)를 계속(繼續)하여 유지(維持)시켜 나가기로 하였다.
係	亻(人) <맬 계> ①매다, 묶다 ②이어 매다, 잇다, 얽다 ③매달다, 매달리다 ④끈, 줄 ⑤혈통(血統), 핏줄 ⑥실마리	* 關係(관계) :①둘 이상(以上)이 서로 걸림 ②서로 관련(關聯)이 있음 ③남녀(男女)의 성교(性交) * 係念(계념) :늘 생각함. 잊지 않음 * 係累(계루) :繫累(계루). ①다른 일에 얽매임 ②권솔(眷率)	
持	扌(手) <가질 지> ①가지다, 지니다, (손에)쥐다, 잡다 ②지키다, 보전하다(保全), 유지하다(維持) ③버티다, 견디어내다, 대립하다(對立)	* 持續(지속) :①계속(繼續)해 지녀 나감 ②같은 상태(狀態)가 오래 계속(繼續)됨 * 維持(유지) :지탱(支撑)하여 감, 또는 버티어 감 * 支持(지지) :붙들어서 버티는 것, 또는 부지하여 지나는 것	
續	糸 <이을 속> ①잇다, 이어지다 ②잇닿다(서로 이어져 맞닿다) ③계속하다(繼續) ④계승하다(繼承) ⑤보태다, 더하다	* 續絃(속현) :금슬(琴瑟)의 끊어진 현(絃)을 다시 이음. 再娶 * 繼續(계속) :뒤를 이어 나감 * 連續(연속) :죽 이어 나감 * 狗尾續貂(구미속초) :담비 꼬리가 모자라 개 꼬리로 잇는다. <比喩>인재가 없어 자질이 부족한 사람을 등용함	

字	訓音	用例	풀이
使	亻(人) <하여금 사 / 부릴 사 / 사신 사> ①하여금 ②가령(假令), 설사(設使) ③심부름꾼, 하인(下人) ④부리다, 시키다 ⑤따르다, 순종하다(順從) ⑥사신(使臣)	* 使臣(사신) :국가(國家)나 임금의 명령(命令)을 받고 외국(外國)에 사절(使節)로 가는 신하(臣下) * 使用(사용) :①물건(物件)을 씀 ②사람을 부리어 씀 * 行使(행사) :자기의 권리(權利)를 실현(實現)되게 하는 것	<사신교환> 이에 임금의 명(命)을 받은 사신(使臣)을 교환(交換)하기로 하였는 바,
臣	臣 <신하 신> ①신하(臣下) ②신하(臣下)로 삼다 ③臣下의 自稱 ④自己의 謙稱 ⑤백성(百姓) ⑥하인(下人) ⑦종속(從屬)되다	* 臣下(신하) :임금을 섬기어 벼슬을 하는 자리에 있는 사람 * 功臣(공신) :나라에 공로(功勞)가 있는 신하(臣下) * 亂臣(난신) :나라를 어지럽게 하는 신하(臣下) * 亂臣賊子 * 股肱之臣(고굉지신) :다리와 팔뚝에 비길 만한 신하(臣下)	
交	亠 <사귈 교> ①사귀다, 교제하다(交際) ②오고 가다, 주고 받다, 바꾸다 ③서로 맞대다 ④엇걸리다 ⑤섞이다, 교차하다(交叉)	* 交換(교환) :서로 바꿈 * 交際(교제) :서로 사귀어 가까이 함 * 交涉(교섭) :일을 이루기 위(爲)하여 서로 관계(關係)함 * 交替(교체) :자리나 역할(役割) 따위를 다른 것과 바꿈 * 交通(교통) :사람이나 짐이 한곳에서 다른 곳으로 오가는 일	
換	扌(手) <바꿀 환> ①바꾸다 ②바뀌다, 교체되다(交替·交遞) ③고치다, 고쳐지다 ④새롭게 하다, 새로워지다 ⑤주고 받고 하다	* 換氣(환기) :공기(空氣)를 바꾸어 넣음 * 換算(환산) :다른 단위로 바꿔 셈침 * 交換(교환) :서로 바꿈 * 轉換(전환) :사물의 한 상태로부터 다른 상태로의 변화 * 換骨奪胎(환골탈태) :뼈를 바꾸고 태를 벗김. 완전히 좋게 바뀜	

字	訓音	用例	풀이
紬	糸 <명주 주> ①명주(明紬 :명주실로 무늬 없이 짠 피륙), 굵은 명주 ②잣다(섬유에서 실을 뽑다) ③모으다, 철하다(綴) ④깁다	* 明紬(명주) :명주(明紬)실로 무늬 없이 얇게 짠 피륙 * 綿紬(면주) :明紬(명주) * 紬衾(주금) :명주로 만든 이불 * 紬絲(주사) :명주실(明紬) * 紬衣(주의) :명주옷(明紬) * 紬物(주물) :紬屬(주속). 비단(緋緞)이나 명주(明紬) 따위	<주포영신> 비단 도포(道袍)에 관(冠)의 끈과 큰 띠를 두른 관위(官位)가 높고 귀(貴)한 사람이 <벼슬이 높은 사람이>
袍	衤(衣) <도포 포 / 핫옷 포> ①도포(道袍 :예복으로 입던 남자의 겉옷) ②두루마기(외출할 때 입는 우리나라 고유의 웃옷) ③핫옷(솜을 두어 만든 옷)	* 道袍(도포) :통상(通常) 예복(禮服)으로 입던 남자의 겉옷 * 龍袍(용포) :袞龍袍(곤룡포). 임금이 입던 정복(正服) * 敝袍破笠(폐포파립) :해진 옷과 부러진 갓이란 뜻으로, 너절하고 구차(苟且)한 차림새를 말함	
纓	糸 <갓끈 영> ①갓끈(갓에 다는 끈) ②관(冠)의 끈 ③노끈 ④새끼 ⑤가슴걸이(말 가슴에 걸어 안장에 매는 가죽 끈)	* 纓紳(영신) :①갓이나 관의 끈과 큰 띠 ②벼슬이 높은 사람을 비유적(比喩的)으로 이르는 말. * 濯纓濯足(탁영탁족) :갓끈과 발을 물에 담가 씻음. <比喩> 세속(世俗)에 얽매이지 않는 초탈(超脫)한 삶	
紳	糸 <큰띠 신> ①큰 띠 ②벼슬아치	* 紳士(신사) :점잖고 예의(禮儀) 바르며 교양(敎養) 있는 남자(男子) * 搢紳(진신) :진신(縉紳) ①벼슬아치의 통칭(統稱) ②지위(地位)가 높고 행동(行動)이 점잖은 사람	

한자	뜻	단어	풀이
搢	扌(手) <꽂을 진> ①(사이에)꽂다, (사이에)끼워 넣다 ②흔들다(장) ③떨치다(장)	* 搢笏(진홀) :손에 든 홀(笏)을 조복(朝服)의 대(帶)에 꽂음 * 搢圭(진규) :손에 들었던 홀(笏)을 띠에 꽂음. * 搢紳(진신) :縉紳(진신) ①벼슬아치의 統稱(통칭) ②지위(地位)가 높고 행동(行動)이 점잖은 사람	<진홀예위> 손에 든 홀(笏)을 조복(朝服)의 띠(帶)에 꽂고 궁중(宮中)으로 나아가
笏	竹 <홀 홀> ①홀(笏 :제후를 봉할 때 의식에 쓰던) ②피리 가락 맞추다 ③가락을 맞추는 모양	* 笏記(홀기) :혼례(婚禮)나 제례(祭禮) 때 의식(儀式)의 순서(順序)를 적은 글. 준말 :홀(笏) * 投笏(투홀) :홀(笏)을 내던진다는 뜻으로, 벼슬살이를 그만 둠을 이르는 말	
詣	言 <나아갈 예 / 이를 예> ①가다, 나아가다 ②출두하다(出頭) ③참배하다(參拜) ④이르다, 다다르다, 도달하다(到達)	* 詣闕(예궐) :궁궐(宮闕)에 이름 * 往詣(왕예) :가서 다달음 * 馳詣(치예) :웃어른 앞으로 빠른 걸음으로 나아감 * 造詣(조예) :학문이나 기예(技藝)가 깊은 경지까지 이름 * 進詣(진예) :대궐(大闕)에 들어가서 임금을 뵈옴	
闈	門 <대궐중문 위 / 문 위 / 대궐 위> ①대궐 중문(宮中之門) ②문(門) ③대궐(大闕) ④안방 ⑤과장(科場: 과거(科擧)를 보이는 장소)	* 闈門(위문) :宮中의 옆문 * 闈域(위역) :宮門 안. 宮中 * 宮闈(궁위) :宮闕(궁궐) * 文闈(문위) :과장(科場) * 坤闈(곤위) :坤殿(곤전) * 中闈(중위) :중전(中殿) * 東闈(동위) :동궁(東宮)의 문(門), 곧 동궁(東宮)	

한자	뜻	단어	풀이
携	扌(手) <이끌 휴 / 손에 가질 휴> ①이끌다, 끌다 ②손에 가지다, 들다, 휴대하다(携帶) ③잇다, 연하다(連 :잇닿아 있다)	* 携帶(휴대) :물건(物件)을 손에 들거나 몸에 지님 * 提携(제휴) :①서로 붙들어 도와줌. 악수(握手) ②공동(共同)의 목적(目的)을 위(爲)하여 서로 도움 * 扶老携幼(부로휴유) :늙은이는 부축하고 어린애는 이끌고 감	<휴대한찰> 몸에 지니고 간 서한(書翰)을 바치니, 그 내용인 즉(卽),
帶	巾 <띠 대> ①띠(너비가 좁고 기다랗게 생긴 끈) ②띠를 두르다 ③근처(近處) ④허리에 차다 ⑤데리고 다니다, 붙어 다니다	* 冠帶(관대) :관면(冠冕)과 신대(紳帶)를 뜻함. 관복(官服) * 連帶(연대) :한 덩어리로 서로 결속(結束)되어 있는 것 * 衣帶(의대) :옷과 띠의 뜻으로, 갖추어 입는 옷차림 * 一帶(일대) :어느 지역(地域)의 전부(全部), 일원(一圓)	
翰	羽 <날개 한 / 금계 한 / 편지 한> ①날개 ②금계(金鷄) ③깃, 깃털 ④붓, 모필(毛筆) ⑤편지(便紙·片紙) ⑥글, 문장(文章), 문서(文書)	* 翰札(한찰) :편지(便紙). 서한(書翰) * 尺翰(척한) :편지(便紙) * 篇翰(편한) :문장(文章) * 華翰(화한) :남의 便紙(편지)를 높이어 이르는 말 * 弄翰戲語(농한희어) :낙서와 농담(弄談)	
札	木 <패 찰 / 뽑을 찰 / 편지 찰> ①패, 나무, 종이, 쇠등의 얇은 조각 ②뽑다, 뽑아내다 ③편지(便紙·片紙) ④공문서(公文書) ⑤어려서 죽다	* 書札(서찰) :便紙(편지) * 雁札(안찰) :기러기가 전해 주는 서찰. 便紙. 雁書. 雁帛 * 入札(입찰) :가장 유리한 조건으로 경쟁하여 매매(賣買)함 * 落札(낙찰) :경쟁(競爭) 입찰(入札)에서 권리(權利)를 얻음	

한자	뜻	단어	풀이
鼎	鼎 <솥 정> ①솥(발이 셋 달리고 귀가 둘 달린 밥을 짓거나 국 따위를 끓이는 그릇) ②삼공(三公) ③존귀하다 ④바야흐로, 한창	* 鼎峙(정치) :鼎立(정립). 세 세력(勢力)이 솥발처럼 벌여 섬 * 鼎立(정립) :셋이 솥발과 같이 서로 벌여 섬. 鼎足. 鼎峙 * 鼎談(정담) :세 사람이 솥발처럼 벌려 앉아서 하는 이야기 * 鼎新(정신) :(바야흐로)낡을 것을 새로이 고침. 혁신(革新)	<정치탱기> "셋이 병립(竝立)하여 세 발 달린 솥을 버텨주는데,
峙	山 <언덕 치 / 우뚝 솟을 치> ①언덕, 높은 언덕 ②고개, 재 ③우뚝 솟다 ④쌓다, 저축하다(貯蓄) ⑤머물다 ⑥의지하다(依支) ⑦일어서다	* 峙立(치립) :①산이 높이 솟아서 우뚝 섬 ②대치(對峙) * 峙兵(치병) :병기를 쌓아 둠 * 棋峙(기치) :죽 벌이어 섬 * 對峙(대치) :서로 마주 대(對)하여 버팀 * 如山積峙(여산적치) :매우 많이 쌓여 있음을 이름	
撐	扌(手) <버틸 탱> ※ 撑은 俗字 ①버티다 ②버팀목, 지주(支柱 :쓰러지지 아니하도록 버티어 괴는 기둥) ③(배를)저어 나가다	* 撐過(탱과) :撐度(탱도). 버티어 나감 * 撐木(탱목) :버팀목 * 撐柱(탱주) :넘어지지 않게 버티는 기둥 * 支撐(지탱) :撐支(탱지). 오래 버티거나 배겨 냄 * 憤氣撐天(분기탱천) :憤氣騰天(분기등천). 憤氣衝天(분기충천)	
錡	金 <가마솥 기 / 세발 솥 기> ①가마솥(아주 크고 우묵한 솥) ②세발 솥 (발이 셋 달림) ③톱(鋸) ④끌(鏓) ⑤쇠뇌(큰 활)	* 錡釜(기부) :가마솥. <左傳>筐筥錡釜(광거기부) :모난 광주리를 筐, 둥근 광주리를 筥라 하며, 발이 있는 솥을 錡, 발이 없는 솥을 釜라 함 * 崎錡(기기) :불안한 모양(不安貌)	

한자	뜻	단어	풀이
壹	士 <한 일 / 오로지 일 / 모두 일> ①한, 하나 ②오직, 오로지 ③전일하다(專一 :마음과 힘을 모아 오직 한 곳에만 쓰다) ④죄다, 모두 ⑥통일하다	* 壹萬(일만) :천(千)의 열 배 * 壹是(일시) :모두. 일체(一切). 오로지. 모두 한결같이 * 節壹(절일) :節惠(절혜). 임금이 죽은 신하에게 시호를 주는 일 * 遐邇壹體(하이일체) :멀고 가까운 나라가 모두 일체일 수 있음	<일현기복> 하나의 솥귀가 기울어져도 솥 전체가 뒤집혀지고 말듯이,
鉉	金 <솥귀 현> ①솥귀(솥의 운두 위로 귀처럼 빠죽이 돋은 부분) ②솥귀고리(솥귀의 구멍에 꿰는 고리) ③재상(宰相), 삼공(三公)의 지위(地位)	* 鉉司(현사) :삼공(三公)의 직책(職責) * 鉉席(현석) :삼공(三公)의 지위(地位), 또는 그 지위(地位)의 사람. 鉉臺(현대) * 鉉台(현태) :삼공(三公) <注>善曰 鉉台爲三公也	
攲	攴(攵)<기울어질 기> ※ 敧와 同字 ※ 欹(기울 의)와 뜻이 類似 ①기울어지다	* 攲器(기기) :①기울어지게 만든 그릇 ②주(周)나라 때에 임금을 경계(警戒)하기 위해 만들었다는 그릇. 물이 그릇에 알맞아야만 반듯하게 섰다고 함 ※ 欹器(의기)의 뜻과도 通함	
覆	襾 <엎어질 복> ①엎어지다, 뒤집히다, 반전하다(反轉) ②넘어지다, 전도되다(顚倒), 무너지다 ③다시 ④도리어 ⑤덮다(부) ⑥덮개(부)	* 覆蓋(복개) :뚜껑 또는 덮개 * 顚覆(전복) :뒤집혀 엎어짐 * 飜覆(번복) :고치거나 바꾸어 처음과 다른 내용이 되게 함 * 覆車之戒(복거지계) :앞의 수레가 뒤집히는 것을 보고 뒤의 수레는 미리 경계함. 앞사람의 실패를 본보기로 함	

優	亻(人) <넉넉할 우 / 광대 우> ①넉넉하다 ②도탑다(인정이 많고 깊다) ③후하다(厚) ④뛰어나다, 낫다 ⑤광대(藝能人), 연기자(演技者), 배우(俳優)	* 優勝劣敗(우승열패) :나은 자는 이기고 못한 자는 짐. * 優勝(우승) :경기(競技)·경주(競走) 등에서 첫째로 이김. * 優秀(우수) :여럿 가운데 아주 뛰어남 * 優劣(우열) :우수(優秀)함과 열등(劣等)함	<우승열패> 힘이 센 자는 이기고 힘이 못한 자는 망(亡)하는 방식(方式)으로 <생존경쟁(生存競爭)의 소모적(消耗的) 방식으로>
勝	力 <이길 승> ①이기다 ②낫다 ③뛰어나다, 훌륭하다 ④경치(景致)가 좋다	* 勝利(승리) :겨루어 이김 * 勝負(승부) :이김과 짐 * 勝敗(승패) :이김과 짐 * 名勝(명승) :훌륭하고 이름난 경치(景致) * 景勝之地(경승지지) :명승지(名勝地)	
劣	力 <못할 렬> ①못하다, 남보다 뒤떨어지다 ②(수준 등이)낮다 ③약하다(弱) ④적다, 많지 아니하다 ⑤어리다, 어리석다 ⑥겨우, 간신히	* 劣敗(열패) :남보다 못하여 경쟁에서 짐. * 劣等(열등) :상대적(相對的)으로 남보다 못한 등급(等級) * 劣惡(열악) :상태(狀態)가 몹시 떨어지고 나쁨 * 卑劣(비열) :성품(性品)이나 하는 짓이 천하고 용렬(庸劣)함	
敗	攵(攴) <패할 패 / 깨뜨릴 패> ①패하다(敗), 지다 ②무너지다, 헐어지다 ③깨뜨리다, 깨어지다, 부수다 ④썩다 ⑤해치다(害) ⑥재앙(災殃) ⑦흉년(凶年)	* 敗北(패배) :싸움에 져서 도망(逃亡)함 * 腐敗(부패) :①물질이 썩는 것 ②정신(精神)이 타락(墮落)함 * 失敗(실패) :일에 성공(成功)하지 못하고 망(亡)함 * 敗家亡身(패가망신) :가산(家産)을 탕진(蕩盡)하고 몸을 망침	

曷	曰 <어찌 갈> ①어찌, 어찌하여, 어찌 ~하지 아니하냐? ②언제, 어느 때에 ③누가, 누군가	* 曷非(갈비) :<借音>갈비. 乫非(갈비) * 多曷(다갈) :<借音>대갈. 말굽에 편자를 신기는 데 박는 징 * 爲人子者曷不爲孝(위인자자갈불위효) :사람의 자식(子息)된 자(者)로써 어찌 효도(孝道)를 하지 않으리오	<갈양포의> 어찌 아름답고 훌륭한 뜻을 펼치는 것을 도울 수 있으랴?" 라고 하였다.
襄	衣 <도울 양> ①돕다, 조력하다(助力) ②오르다, 높은 곳으로 가다 ③높다 ④옮기다 ⑤우러르다, 머리를 들다 ⑥이루다 ⑦탈것	* 襄禮(양례) :葬禮(장례). 장사(葬事)지내는 예절(禮節) * 襄奉(양봉) :장례(葬禮)를 지냄을 높여 이르는 말 * 宋襄之仁(송양지인) :송(宋)나라 양공(襄公)의 어짊. <比喩>쓸데없이 베푸는 인정(人情)	
佈	亻(人) <펼 포> ①펴다 ②널리 알리다 ③널리, 두루 ④두려워하다, 무서워하다	* 佈景(포경) :①배경(背景) ②풍경(風景) ③그림을 배치함 * 佈告(포고) :布告(포고). 일반(一般)에게 널리 알림 * 佈達(포달) :통고(通告), 시달(示達) * 佈明(포명) :널리 밝힘 * 佈置(포치) :配置(배치)	
懿	心 <아름다울 의> ①아름답다 ②훌륭하다 ③기리다, 칭송하다(稱頌) ④깊다, 깊숙하다 ⑤크다 ⑥허(통탄), 탄식(歎息·嘆息)하는 소리	* 懿軌(의궤) :좋은 표본(標本) * 懿德(의덕) :좋은 덕행(德行) * 懿望(의망) :좋은 인망(人望) * 懿績(의적) :훌륭한 공훈(功勳) * 懿旨(의지) :왕비(王妃)·왕자(王子)·왕손(王孫)의 명령(命令) * 懿風(의풍) :좋은 풍습(風習) * 懿行(의행) :좋은 행실(行實)	

婞	女 <성미 팩할 행 / 강직할 행> ①성미가 팩하다 ②도리(道理)에 어긋나다 ③패려궂다(悖戾 :말과 행동이 매우 거칠고 비꼬여 있다) ④강직하다(剛直)	* 婞直(행직) :강직(剛直)함 <楚辭>(離騷)婞直以亡身 * 婞很(행한) :강인하다. 굳세다. 꿋꿋하다. 억세다 * 婞婞(행행) :悻悻(행행). ①패려궂은(말과 행동이 매우 거칠고 비꼬여 있음) 모양. ②성을 발끈 냄	<행강번첩> 이에 성미가 팩한 오랑캐가 서한(書翰)을 펴 보고는,
羌	羊 <오랑캐 강> ①오랑캐 ②티베트 종족(種族)의 이름 ③빛나다, 밝다 ④굳세다 ⑤새의 새끼가 주린 모양 ⑥아(탄식하는 소리)	* 羌桃(강도) :胡桃(호도). 호두나무 열매 * 羌飣(강정) :<借音>강정. 과자의 한 가지. 乾飣. 剛丁. 剛飣 * 臣伏戎羌(신복융강) :덕(德)으로 다스리면 오랑캐인 융(戎)과 강(羌)도 신하(臣下)로 복속(伏屬)시킴	
繙	糸 <되풀이 풀이할 번> ※ 翻과 通 ①되풀이하다 ②되풀이해서 풀다, 번역하다(飜譯) ③펴보다 ④휘날리다, 기(旗)가 바람에 펄럭이는 모양 ⑤어지럽다	* 繙譯(번역) :飜譯(번역). 翻譯(번역). 다른 언어로 옮기는 것 * 繙繹(번역) :책을 읽고 그 뜻을 속속들이 캐어냄 * 繙書(번서) :책을 펴서 읽음 * 繙閱(번열) :책을 보면서 조사함 * 繙轉(번전) :물건(物件)을 뒤적이고 옮김	
牒	片 <편지 첩> ①편지(便紙·片紙) ②서찰(書札 :글씨를 쓰는 나뭇조각), 서판(書板) ③공문서(公文書) ④계보(系譜) ⑤소장(訴狀)	* 請牒(청첩) :경사(慶事)에 손님을 초청하는 글발 * 通牒(통첩) :문서(文書)로 통지(通知)하는 일 * 錄牒(녹첩) :관계자(關係者)의 이름을 적은 장부(帳簿) * 牋牒簡要(전첩간요) :글과 편지(便紙)는 간략(簡略)함을 요함	

嚗	口 <역정낼 박> ①역정(逆情)을 내다 ②지팡이 던지는 소리 ③여럿의 소리	* 嚗然(박연) :지팡이를 버리는 소리 <莊子>神農隱几 擁杖而起 嚗然放杖而笑曰 :신농이 책상에 기대어 있다가 지팡이를 짚고 일어나더니, 휙 지팡이를 내던지고 웃으면서 말했다	<박진차솔> 역정을 내고 성을 내면서 찢어서 땅에다 버렸다.
嗔	口 <성낼 진> ①성내다 ②책망하다(責望), 원망하다(怨望) ③(기운이)성(盛)한 모양(전)	* 嗔喝(진갈) :꾸지람을 함 * 嗔怒(진노) :瞋怒(진노). 성내어 노여워함 * 嗔言(진언) :성내어서 꾸짖는 말 * 弄過成嗔(농과성진) :장난도 지나치면 노염을 사게 됨	
扯	扌(手) <찢을 차> ※ 撦와 同義 ①찢다, 찢어버리다 ②여러 조각으로 가르다 ③뜯다 ④붙잡다 ⑤만류하다(挽留)	* 扯談(차담) :한담하다. 잡담하다. 쓸데없는 말을 하다 * 扯落(차락) :①연관(聯關)되다 ②견제(牽制)하다 ③돌보아 주다, 보살펴 주다 * 扯手(차수) :①고삐. 韁繩(강승) ②손을 잡아끌다	
摔	扌(手) <땅에 버릴 솔> ①땅에 버리다 ②내던지다 ③화를 내며 힘차게 손을 흔들다 ④떨어지다, 떨어져서 깨지다	* 摔鈸(솔발) :요령(搖鈴). 불교(佛敎) 의식(儀式)에 사용하는 일종의 작은 종(鐘)으로, 소리를 내는 종신(鐘身)과 손잡이 부분으로 구성됨 * 摔鈸手(솔발수) :요령을 흔드는 사람	

字	뜻	용례	
烽	火 <봉화 봉> ①봉화(烽火) ②봉화(烽火)를 올리다 ③봉화대(烽火臺) ④경계(警戒) ⑤병화(兵火)	* 烽燧(봉수) :봉화(烽火). 적(敵)이 침입(侵入)했을 때 밤에 불을 올리는 것을 '烽'이라 하고, 낮에 연기를 피우는 것을 '燧'라 함. * 烽鼓(봉고) :봉화(烽火)와 북. <比喩>병란(兵亂)	<봉수가소> 봉화(烽火)에서 연기(煙氣)가 피어오르고 날라리(胡人이 부는 피리) 소리가 들려오더니,
燧	火 <부싯돌 수 / 봉화 수> ①부싯돌 ②불을 피우다 ③횃불 ④봉화(烽火) ⑤적에 대한 경계(警戒)	* 巢燧(소수) :나무 위에 집을 짓던 유소씨(有巢氏)와 부싯돌을 쳐서 불을 얻어 살던 수인씨(燧人氏) 시대(時代)의 뜻으로, 아주 오랜 옛날을 이름 * 烽燧臺(봉수대) :봉화(烽火)를 올리는 곳. 봉홧둑	
笳	竹 <호드기 가> ①호드기 (갈잎피리) :갈대 피리(草琴) ②갈대 (볏과의 여러해살이풀) ③비녀 (여자의 쪽찐 머리에 꽂는 장신구)	* 笳簫(가소) :호인(胡人)이 부는 피리. 날라리. 笳管(가관). 笳笛(가적). 胡笳(호가) * 笳管(가관) :피리 * 笳手(가수) :날라리(胡笳)를 부는 일을 맡은 사람.	
簫	竹 <퉁소 소> ①퉁소(가는 대로 만든 목관 악기) ②조릿대(볏과의 여러해살이 식물) ③활고자(활짱 머리에 시위를 매는 곳)	* 洞簫(퉁소) :퉁소의 잘못 * 太平簫(태평소) :날라리. 나팔 모양으로 된 관악기(管樂器) * 憶吹簫樂(억취소악) :제가 보아서 아는 대로 제 생각만으로 어림치고 하는 생각. 억지 추측(推測)	

字	뜻	용례	
靺	革 <말갈 말 / 버선 말> ①말갈(靺鞨 :韓半島 北部에 居住한 퉁구스계의 여러 民族을 통틀어 이름) ②오랑캐의 이름 ③버선(발에 신는 것)	* 靺鞨(말갈) :中國 수당(隋唐) 시대에 韓半島 北部에 거주한 퉁구스계 제족(諸族)의 총칭(總稱). 여진족(女眞族)·만주족(滿洲族)의 선조(先祖)임	<말갈구갈> 북쪽의 말갈족(靺鞨族) 이 갖옷과 털옷 따위를 걸치고 나타났는데,
鞨	革 <말갈 갈> ①말갈(靺鞨) :나라 이름 ②말갈(靺鞨)에서 나는 보석(寶石) 이름 ③두건(頭巾)(말) ④가죽신(말)	* 鞨鼓(갈고) :갈족(鞨族)이 사용한 북. 발(撥)로 양면(兩面)을 치는 악기(樂器)	
裘	衣 <갖옷 구> ①갖옷(짐승의 털가죽으로 안을 댄 옷) ②갖옷을 입다 ③가죽옷	* 裘褐(구갈) :갖옷(裘)과 털옷(褐). 곧 가죽 옷과 거친 모직물. 검소(儉素)한 옷차림을 비유(比喩)함. * 夏葛冬裘(하갈동구) :여름의 서늘한 베옷과 겨울의 따뜻한 갖옷. <比喩>격(格)에 맞음	
褐	衤(衣) <털옷 갈 / 굵은베 갈> ①털옷 ②굵은 베 ③베옷 ④천한 사람 ⑤갈색, 다색(茶色)	* 褐色(갈색) :거무스름한 주황빛. 다색(茶色). 밤색 * 褐夫(갈부) :거친 베옷을 입은 남자. <比喩>천(賤)한 사람 * 釋褐(석갈) :천복(賤服)인 갈(褐)을 벗는다는 뜻으로, 과거(科擧)에 급제(及第)하여 새로이 관복(官服)을 입음	

字	뜻	용례	
帽	巾 <모자 모> ①모자 ②(모자를)쓰다 ③두건(頭巾) ④붓두껍	* 帽子(모자) :추위를 막거나 햇볕을 가리거나 격식(格式)을 갖추기 위해 머리에 쓰는 물건(物件) * 冠帽(관모) :벼슬아치들이 쓰던 모자 * 紗帽(사모) :문무관(文武官)이 평상복에 착용하던 모자	<모표당휘> 모자(帽子)와 표지(標識)로 세우는 깃발에는 오랑캐의 휘장(徽章)이 있다.
幖	巾 <깃발 표 / 표지 표> ①깃발(旗) ②표지(標識 :표시나 특징으로 다른 것과 구분함) ③권(책을 세는 단위) ④높이 솟은 모양	* 幖幟(표치) :기치(旗幟). 표지(標識)로 세우는 깃발	
党	儿 <오랑캐 당 / 무리 당> ①오랑캐 ②무리(모여서 뭉친 한 동아리) ③일가(一家), 친척(親戚) ④마을, 향리(鄕里)	※ 黨의 略字로도 쓰임 * 党項(당항) :<借音>탕구트의 한자(漢字) 이름. 羌種(강종)	
徽	彳 <아름다울 휘 / 표기 휘> ①아름답다, 훌륭하다 ②표기(標旗 :목표로 세운 기) ③기러기발(거문고·가야금·아쟁 따위의 줄을 고르는 기구)	* 徽章(휘장) :신분이나 직무 또는 명예를 나타내기 위해 옷이나 모자(帽子) 따위에 붙이는 표장(表章) * 徽旨(휘지) :왕세자가 임금을 대리(代理)하여 내리는 명령 * 琴徽(금휘) :기러기발(거문고·가야금 등의 줄을 고르는 기구)	

字	뜻	용례	
戎	戈 <오랑캐 융 / 병장기 융> ①오랑캐, 되(西方 오랑캐) ②병장기(兵仗器) ③병거(兵車), 싸움 수레 ④군사(軍士), 병사(兵士) ⑤전쟁(戰爭)	* 戎狄(융적) :오랑캐. 중국(中國)에서 주변(周邊)에 살던 미개(未開)한 종족(種族)을 멸시(蔑視)하는 말. 동이(東夷)·서융(西戎)·남만(南蠻)·북적(北狄)·이적(夷狄) 따위의 비칭(卑稱)을 썼음	<융적노략> 오랑캐가 떼를 지어 재물(財物)을 약탈(掠奪)하 므로,
狄	犭(犬) <오랑캐 적> ①오랑캐, 북방(北方) 오랑캐 ②오랑캐로 하다 ③악공(樂工) ④낮은 관리(官吏), 아전(衙前)	* 夷狄(이적) :오랑캐 * 北狄(북적) :중국(中國) 북쪽에 사는 족속(族屬)들을 이름 * 夷蠻戎狄(이만융적) :중국(中國)에서 그 東·南·西·北쪽 사방(四方)의 오랑캐를 일컫는 말	
擄	扌(手) <노략질할 로(노)> ①노략질하다(擄掠) ②사로잡다 ③노획하다(虜獲) ④빼앗다 ⑤거둬들이다 ⑥문지르다	* 擄掠(노략) :떼를 지어 돌아다니며 사람과 재물(財物)을 약탈(掠奪)함 * 斬擄(참로) :전투 과정에서 적병의 목을 베고 사로잡음. * 被擄(피로) :노략질을 당함.	
掠	扌(手) <노략질할 략> ①노략질하다(擄掠), 탈취하다(奪取) ②볼기를 치다 ③칼을 휘둘러 자르다 ④스쳐 지나가다 ⑤書法에서의 '삐침'	* 掠奪(약탈) :폭력(暴力)을 써서 무리하게 빼앗음 * 劫掠(겁략) :위협(威脅)이나 폭력(暴力)으로 남의 것을 뺏음 * 攻掠(공략) :공격(攻擊)하여 약탈(掠奪)함 * 侵掠(침략) :침노(侵擄)하여 약탈(掠奪)하는 것	

字	訓音	用例	풀이
畏	田 <두려워할 외> ①두려워하다 ②꺼리다 ③경외하다(敬畏) ④으르다(무서운 말이나 행동으로 위협하다), 협박하다(脅迫) ⑤죽다	* 畏怯(외겁) :두려워하고 겁을 냄. * 畏敬(외경) :공경(恭敬)하고 두려워함 敬畏(경외) * 後生可畏(후생가외) :젊은 후학(後學)들을 두려워할 만하다는 뜻. 학문정진(學問精進)의 경책어(警策語)임	<외겁피닉> 두렵고 겁(怯)이 나서 피(避)하여 숨었는데,
怯	忄(心) <겁낼 겁> ①겁내다, 무서워하다, 두려워하다 ②겁많다 ③약하다(弱), 비겁하다(卑怯) ④피하다(避), 회피하다(回避)	* 怯懦(겁나) :겁이 많고 마음이 약(弱)함 * 喫怯(끽겁) :몹시 겁을 집어 먹음 * 食怯(식겁) :뜻밖에 놀라 겁을 먹음 * 卑怯(비겁) :①비열(卑劣)하고 겁이 많음 ②야비(野鄙)함	
避	辶(辵) <피할 피> ①피하다(避), 숨다, 감추다 ②회피하다(回避), 꺼리다 ③벗어나다, 면하다(免) ④떠나다, 가다, 물러나다	* 避匿(피닉) :피하여 숨다. * 忌避(기피) :꺼리어 피(避)함. * 逃避(도피) :도망(逃亡)하여 몸을 피함. 도찬(逃竄). * 回避(회피) :이리저리 몸을 피(避)하여 만나지 아니함. * 不可避(불가피) :피할 수 없음	
匿	匸 <숨길 닉> ①숨기다, 감추다 ②숨다, 도피하다(逃避) ③감추고 나타내지 아니하다 ④숨은 죄, 드러나지 아니한 죄악(罪惡)	* 隱匿(은닉) :숨김. 감춤 * 匿名(익명) :신분(身分)을 숨기기 위해 이름을 밝히지 않음 * 能士匿謀(능사익모) :재능(才能)이 있는 자는 계책(計策)을 숨기고 남에게 알리지 않음	

字	訓音	用例	풀이
倘	亻(人) <혹시 당> ①혹시(或是 :그러할 리는 없지만 만일에), 만일(萬一), 적어도 ②갑자기 멈추는 모양 ③빼어나다(儻)	* 倘來(당래) :①혹은 ②만약에 * 同倘(동당) :함께. 또는 한 무리 * 大倘(대당) :大儻(대당). 同儻(동당). 큰 무리. 큰 떼. 倘은 儻·黨과도 通用	<당고살륙> 혹시나 아이 우는 소리라도 들리면 찾아가서 사람을 마구 죽이니,
呱	口 <울 고 / 아이 우는 소리 고> ①울다 ②아이 우는 소리 ③새 울음소리	* 呱呱(고고) :①아이가 세상(世上)에 나오면서 처음 우는 울음 ②젖먹이의 우는 울음. '고고의' 형으로만 쓰임 * 呱呱之聲(고고지성) :고고의 소리. 응애 소리	
殺	殳 <죽일 살 / 빠를 쇄> ①죽이다 ②죽다 ③베다 ④없애다, 지우다 ⑤감하다(減) ⑥빠르다(쇄) ⑦매우(쇄)	* 殺戮(살육) :사람을 마구 죽임. 戮殺(육살) * 殺害(살해) :남의 생명(生命)을 해(害)침 * 被殺(피살) :살해(殺害)를 당(當)함. 죽임을 당(當)함 * 殺到(쇄도) :세차게 몰려듦 * 殺身成仁(살신성인)	
戮	戈 <죽일 륙> ①죽이다 ②육시하다(戮屍 :이미 죽은 사람의 시체에 다시 목을 베는 형벌을 가하다) ③벌(罰), 형벌(刑罰) ④치욕(恥辱)	* 戮殺(육살) :사람을 마구 죽임 * 戮屍(육시) :죽은 사람의 목을 다시 베던 형벌(刑罰) * 屠戮(도륙) :무참하게 마구 죽임. 죄다 무찔러 죽임 * 斬戮(참륙) :칼로 베어 죽이는 것	

字	訓音	用例	풀이
塞	土 <변방 새 / 막힐 색> ①변방(邊方 :중심지에서 멀리 떨어진 가장자리 지역) ②요새(要塞), 보루(堡壘) ③사이 뜨다 ④막히다(색), 막다(색)	* 梗塞(경색) :막히거나 굳어져 순조롭지 못한 상태(狀態) * 窘塞(군색) :①필요한 것이 없어서 옹색함 ②일이 거북함 * 語塞(어색) :①말이 궁함 ②서먹서먹하여 멋쩍고 쑥스러움 * 要塞(요새) :중요한 곳에 구축하여 놓은 방어(防禦) 시설	<새추도탄> 변방(邊方)은 도탄지경(塗炭之境)에 빠지고,
墜	土 <떨어질 추> ①떨어지다, 낙하하다(落下) ②떨어뜨리다 ③무너뜨리다 ④드리우다, 늘어뜨리다 ⑤잃다, 손상시키다(損傷)	* 墜落(추락) :아래로 떨어짐 * 墜典(추전) :문란해진 법도 * 墜紊(추문) :법질서나 도덕 따위가 땅에 떨어져 문란함 * 墜心(추심) :낙심(落心) * 擊墜(격추) :쏘아 떨어뜨림 * 失墜(실추) :①떨어뜨림 ②잃음 * 顚墜(전추) :굴러 떨어짐	
塗	土 <진흙 도 / 칠할 도> ①진흙 ②진흙탕, 진창(땅이 질어서 질퍽질퍽하게 된 곳) ③칠하다 ④칠하여 없애다, 지우다 ⑤더럽히다 ⑥괴로움	* 塗料(도료) :물건(物件)의 거죽에 칠하는 재료(材料) * 塗褙(도배) :종이를 벽·반자·장지 등(等)에 바르는 일 * 塗裝(도장) :물체(物體)의 겉에 도료(塗料)를 칠하거나 바름 * 糊塗(호도) :풀을 바름 <比喩>어물쩍하게 얼버무려 넘김	
炭	火 <숯 탄> ①숯, 목탄(木炭) ②숯불 ③석탄(石炭) ④재 ⑤먹물 ⑥탄소(炭素)	* 塗炭(도탄) :'흙탕물에 빠지고 숯불에 떨어지듯, 백성들이 겪는 어려움을 뜻한다'고 풀이했는데, 오랑캐의 노략질과 겁탈로부터 피하기 위해 아녀자(兒女子)들이 얼굴에 숯칠을 한 데서 비롯된 말임	

字	訓音	用例	풀이
憎	忄(心) <미워할 증> ①미워하다, 미움 ②밉다, 밉살스럽다 ④증오하다(憎惡) ⑤가증스럽다(可憎) ⑥미움받다	* 憎惡(증오) :몹시 미워함 * 憎惡心(증오심) :미워하는 마음 * 憎嫉(증질) :미워하고 질투함 * 愛憎(애증) :사랑과 미워함 * 可憎(가증) :얄미움, 밉살스러움 * 生憎(생증) :밉살스러움 * 愛憎厚薄(애증후박) :사랑과 미움과 후함과 박함	<증용분체> 증오심(憎惡心)으로 가득차서 분기(憤氣)어린 눈물을 뿌리며,
悀	忄(心) <성낼 용 / 찰 용> ①성내다(怒), 분내다(忿), 결내다 ②차다, 가득 차다	* 悀偪(용핍) :가득 참(滿也). <方言六>悀偪滿也 凡以器盛而滿謂之悀 腹滿曰偪 * 悀幅(용폭) :悀偪(용핍). 가득 참(滿也) <廣雅 釋詁一> 悀幅 滿也	
憤	忄(心) <분할 분> ①분하다(憤·忿), 원통하다(冤痛) ②성내다, 분노하다(憤怒), 흥분하다(興奮) ③괴로워하다, 감정이 복받치다	* 憤慨(분개) :몹시 분(憤)하게 여김 * 憤怒(분노) :분(憤)하여 성을 냄 * 激憤(격분) :몹시 분개(憤慨)함 * 公憤(공분) :공적(公的)인 일에 대해 느끼는 분개심(憤慨心)	
挮	扌(手) <눈물뿌릴 체> ①눈물을 뿌리다(去淚) ②씻다(拭)		

한자	뜻	용례	고사
敂	攴(攴) <두드릴 구> ①두드리다(叩) ②때리다	* 敂關(구관) :관문을 두드리다 <周禮 地官司徒>(司關)凡四方之賓客敂關則爲之告 :사방에서 빈객들이 도착하면 곧바로 왕에게 보고한다	<구응절규> 가슴을 두드리며 울부짖어 외치기에 이르렀다.
膺	月(肉) <가슴 응> ①가슴, 흉부(胸部) ②마음, 심중(心中) ③(마음속에)품다 ④안다, 받다, 접수하다(接受) ⑤맡다, 담당하다(擔當)	* 膺受(응수) :①선물(膳物) 등을 받음 ②의무나 책임을 짐 * 膺懲(응징) :잘못을 회개(悔改)하도록 징계(懲戒)함 * 服膺(복응) :교훈(敎訓) 같은 것을 늘 마음에 두어 잊지 아니함. 가슴속에 품어 둠	
絕	糸 <끊을 절 / 으뜸 절> ①끊다 ②단절하다(斷切·斷截) ③죽다 ④다하다, 끝나다 ⑤막히다 ⑥뛰어나다, 비할 데 없다 ⑦으뜸 ⑧매우, 몹시	* 絕叫(절규) :힘을 다하여 부르짖음. 외치다 * 絕景(절경) :더할 수 없이 빼어나고 훌륭한 경치(景致) * 絕對(절대) :상대(相對)하여 견줄 만한 다른 것이 없음 * 絕望(절망) :모든 기대(期待)를 저버리고 체념(諦念)함	
叫	口 <부르짖을 규> ①부르짖다 ②크게 외치다 ③부르다 ④(큰소리로)울다 ⑤불다, 연주하다(演奏)	* 叫聲(규성) :부르짖는 소리, 외치는 소리 * 叫彈(규탄) :잘못을 꼬집어 말함 * 阿鼻叫喚(아비규환) :아비지옥(阿鼻地獄)과 규환지옥(叫喚地獄). 여러 사람이 고통으로 비명을 지름	

한자	뜻	용례	고사
貼	貝 <붙일 첩> ①붙이다, 붙다 ②저당잡히다(抵當), 전당(典當)잡히다 ④따르다 ⑤메우다, 보태주다 ⑥보조금(補助金), 수당(手當)	* 貼付(첩부) :①발라서 붙임 ②착 달라붙게 함 * 貼金(첩금) :금가루를 붙임 * 公貼(공첩) :공문서(公文書) * 貼詩(첩시) :元旦이나 立春에 宮闕門이나 大門에 붙이던 詩 * 回貼(회첩) :回帖(회첩). 회답(回答)의 글	<첩격야개> 이에 격문(檄文)을 붙여서 적(敵)에 대한 적개심(敵愾心) 을 이끌어내니,
檄	木 <격문 격> ①격문(檄文) ②편지(便紙·片紙) ③빠른 모양 ④뛰어나다 ⑤빼어나다 ⑥나뭇조각으로 된 집(혁)	* 檄文(격문) :檄書(격서). 사람들의 의분을 고취하려고 쓴 글 * 毛義奉檄(모의봉격) :본의 아니게 오해(誤解)를 삼. <後漢書>毛義가 老母를 모시는데, 守令에 任命하는 詔書가 내려오자 奉養을 위해 기뻐했음. 奉檄之喜	
惹	心 <이끌 야> ①이끌다, 끌어당기다 ②부르다, 초대하다(招待) ③흐트러지다 ④헐뜯다 ⑤속박하다(束縛) ⑥끼다, 엉겨붙다	* 惹起(야기) :무슨 일이나 사건(事件) 따위를 끌어 일으킴 * 惹端(야단) :떠들썩하게 벌어진 일 * 惹鬧(야료) :까닭 없이 트집을 잡고 함부로 떠들어 대는 짓. 야기요단(惹起鬧端 :서로 是非를 끌어 일으킴)의 준말	
愾	忄(心) <성낼 개> ①성내다 ②분개하다(憤慨·憤愾) ③가득하다, 차다 ④한숨 쉬다(희) ⑤한탄하다(恨歎·恨嘆)(희)	* 愾憤(개분) :몹시 분개(憤慨)함 * 敵愾心(적개심) :적을 미워하며 분개(憤慨)하는 심정(心情) * 愾廓之痛(희확지통) :한숨이 절로 나오고 마음이 허전하여 북받치는 슬픔. 부모의 삼년상을 마친 사람의 슬픔	

한자	뜻	용례	고사
俠	亻(人) <의기로울 협 / 낄 협> ①의기롭다 ②호협하다(豪俠 :호방하고 의협심이 있다) ③가볍다 ④젊다 ⑤제멋대로 굴다 ⑥끼다	* 俠客(협객) :의협심(義俠心)이 있는 남자(男子) * 俠氣(협기) :호협(豪俠)한 기상(氣像) * 俠侍(협시) :좌우(左右)에서 모심 * 俠卓(협탁) :곁상 * 義俠(의협) :강자(强者)를 누르고 약자(弱者)를 돕는 마음	<협제서찬> 의협심(義俠心) 을 가진 무리가 이에 찬동(贊同)하는 의견(意見)을 펼치고,
儕	亻(人) <무리 제> ①무리(모여서 뭉친 한 동아리), 벗, 동아리(같은 뜻을 가지고 모여서 한패를 이룬 무리) ②함께, 같이 ③동등하다(同等)	* 儕輩(제배) :儕流(제류). 동배(同輩). 또래. 나이나 신분(身分)이 서로 같거나 비슷한 사이의 사람 * 儕友(제우) :같이 어울리어 사귀는 벗 * 等儕(등제) :동료(同僚) * 吾儕(오제) :우리네	
舒	舌 <펼 서> ①펴다, 신장시키다(伸張) ②퍼지다 ③흩어지다 ④느리다, 천천히, 게으르다 ⑤편안하다(便安) ⑥나타내다, 드러내다	* 舒究(서구) :사실(事實)을 자세(仔細)히 따지어 밝혀 냄 * 舒氣(서기) :안도(安堵)의 숨을 쉬다. 마음을 놓다. * 舒縮(서축) :신축(伸縮) * 急舒(급서) :급함과 완만(緩慢)함 * 平心舒氣(평심서기) :마음을 평온하고 순화(順和)롭게 함	
贊	貝 <도울 찬> ①돕다 ②뵙다, 보다 ③참례하다(參禮) ④이끌다, 인도하다(引導), 나아가다 ⑤알리다, 고하다(告) ⑥보좌(補佐)	* 贊反(찬반) :찬성(贊成)과 반대(反對) * 贊成(찬성) :옳다고 동의(同意)함 * 贊助(찬조) :어떤 일에 찬성하여 도움 * 贊助金(찬조금) * 協贊(협찬) :협력(協力)하여 찬성(贊成)함	

한자	뜻	용례	고사
壯	士 <장할 장> ①장하다(壯 :기상이나 인품이 훌륭하다) ②굳세다, 씩씩하다 ③기세(氣勢)가 좋다, 성하다(盛) ④젊다 ⑤음력(陰曆) 8月	* 壯丁(장정) :젊고 한창 힘을 쓰는 건장(健壯)한 남자(男子) * 壯觀(장관) :굉장(宏壯)하고 볼 만한 광경(光景) * 壯談(장담) :확신(確信)을 가지고 자신(自信)있게 하는 말 * 壯雪(장설) :많이 오는 눈 * 雄壯(웅장) :크고 굉장함.	<장정징병> 한창 젊고 힘이 좋은 성년(成年)이 된 남자(男子)들을 병사(兵士)로 불러들이고자
丁	一 <고무래 정 / 장정 정> ①고무래(밭의 흙을 고르는 데에 쓰는 丁字 모양의 기구) ②장정(壯丁) ③일꾼 ④인구(人口)	* 兵丁(병정) :병역(兵役)에 복무(服務)하는 장정(壯丁) * 丁寧(정녕) :추측(推測)컨대, 틀림없이 * 目不識丁(목불식정) :고무래를 보고도 그것이 고무래 정(丁)자인 줄 모른다. <比喩>글자를 전혀 모름	
徵	彳 <부를 징> ①부르다 ②징집하다(徵集) ③소집하다(召集) ④구하다(求), 모집하다(募集) ⑤거두다, 징수하다(徵收) ⑥조짐(兆朕), 징조(徵兆)	* 徵兵(징병) :군대(軍隊)에 병사(兵士)로 불러들임 * 徵收(징수) :나라에서 세금(稅金)이나 물건(物件)을 거둬들임 * 徵兆(징조) :미리 보이는 낌새, 조짐 * 徵集(징집) :불러 모음 * 象徵(상징) :추상적(抽象的)인 것을 구체화(具體化)하는 것	
兵	八 <병사 병> ①병사(兵士), 병졸(兵卒), 군사(軍士), 군인(軍人) ②무기(武器), 병기(兵器) ③싸움, 전쟁(戰爭) ④재앙(災殃)	* 兵士(병사) :士兵(사병), 병정(兵丁), 兵卒(병졸), 卒兵(졸병) * 兵役(병역) :군무(軍務)에 종사(從事)하는 일 * 卒兵(졸병) :지위(地位)가 낮은 병사(兵士) * 將兵(장병) :장교(將校)와 사병(士兵)을 통틀어 일컫는 말	

入	入 <들 입> ①들다, 들이다 ②간여하다(干與) ③지나치게 정신(精神)이 쏠려 헤어나지 못하다 ④시집보내다, 받아들이다	* 入隊(입대) :군대(軍隊)에 들어가 군인(軍人)이 됨. * 入場(입장) :장내(場內)로 들어감. * 介入(개입) :이쪽과 저쪽의 사이에 들어감 * 購入(구입) :물건(物件)을 사들임 * 導入(도입) :끌어들임	<입대영장> 군대(軍隊)에 들어와서 군인(軍人)이 되라는 명령(命令)을 적은 문서(文書)가 나왔다.
隊	阝(阜) <무리 대> ①무리(모여서 뭉친 한 동아리), 떼 ②군대(軍隊)의 대오(隊伍) ③군대(軍隊)	* 隊列(대열) :무리를 지어 죽 늘어선 행렬(行列) * 軍隊(군대) :군인(軍人)의 집단(集團) * 部隊(부대) :①사람들 집단(集團) ②군대(軍隊)의 조직(組織) * 隨衆逐隊(수중축대) :사람들 틈에 끼어 덩달아 행동(行動)함	
令	人 <하여금 령> ①하여금 ②부리다 ③명령하다(命令) ④관아(官衙)의 우두머리 ⑤법령(法令) ⑥가령(假令), 이를테면 ⑦남을 높이는 말	* 令狀(영장) :명령(命令)의 뜻을 기록(記錄)한 서장(書狀) * 命令(명령) :윗사람이 아랫사람에게 무엇을 하도록 시킴 * 令郎(영랑) :남의 아들에 대한 경칭(敬稱). 令息(영식) * 令愛(영애) :남의 딸의 높임말. 令孃(영양). 令嬌(영교)	
狀	犬 <형상 상 / 문서 장> ①형상(形狀), 모양, 용모(容貌) ②형용하다(形容) ③정상(情狀), 사실에 의한 근거(根據) ④문서(文書)(장), 편지(便紙)(장)	* 狀態(상태) :현재 처해 있는 형편(形便)이나 모양(模樣) * 狀況(상황) :일이 되어 가는 과정이나 상태, 형편(形便) * 現狀(현상) :현재(現在)의 상태(狀態), 지금의 형편(形便) * 書狀(서장) :공사(公私)에 자유롭게 오간 문서. 便紙, 簡札	

武	止 <호반 무 / 굳셀 무> ①호반(虎班 :武官의 班列) ②무인(武人) ③무예(武藝), 무술(武術) ④군대(軍隊) ⑤전술(戰術) ⑥굳세다, 용맹하다(勇猛)	* 武班(무반) :무신(武臣)의 반열(班列) * 武器(무기) :전쟁(戰爭)에 쓰이는 온갖 기구(器具) * 武力(무력) :①군사상(軍事上)의 힘 ②마구 욱대기는 힘 * 武裝(무장) :전투(戰鬪)를 할 수 있도록 갖춘 장비(裝備)	<무반계급> 무관(武官)이 소속(所屬)한 반열(班列)에는 계급(階級)이 있어서
班	玉 <나눌 반> ①나누다 ②서옥(瑞玉)을 나누다 ③이별하다(離別) ④돌아가다 ⑤주다 ⑥벌려서다 ⑦차례(次例), 석차(席次)	* 班列(반열) :班次(반차). 品階나 身分, 等級의 次例 * 首班(수반) :①班列의 수위(首位) ②行政府의 우두머리 * 兩班(양반) :조선(朝鮮) 시대 신분이 높은 사람 ↔ 상놈 * 虎班(호반) :무신(武臣)의 반열(班列). 西班 ↔ 東班	
階	阝(阜) <섬돌 계> ①섬돌(집채의 앞뒤에 오르내릴 수 있게 놓은 돌층계) ②층계(層階), 계단(階段) ③사다리 ④품계(品階) ⑤차례(次例)	* 階級(계급) :지위(地位)나 관직(官職) 등(等)의 등급(等級) * 階段(계단) :사람이 오르내리기 위해 만든 층층대 * 階層(계층) :①사회를 구성하는 여러 가지 층 ②층계(層階) * 段階(단계) :일의 차례(次例)를 따라 나아가는 과정(過程)	
級	糸 <등급 급 / 목 급> ①등급(等級) ②위차(位次 :자리나 계급 따위의 차례), 차례(次例) ③층계(層階), 계단(階段) ④목, 수급(首級)	* 等級(등급) :높고 낮음의 차례(次例)를 분별한 급수(級數) * 上級(상급) :윗 등급(等級), 윗 계급(階級) * 高級(고급) :등급(等級)이 높음, 또는 높은 등급(等級) * 一階半級(일계반급) :一資半級. 대수롭지 않은 낮은 벼슬	

指	扌(手) <가리킬 지 / 손가락 지> ①가리키다, 손가락질하다 ②지시하다(指示), 가리켜 보이다 ③손가락 ④발가락 ⑤마음, 뜻	* 指揮(지휘) :어떤 일의 방도(方途)를 지시(指示)하여 시킴 * 指示(지시) :①가리켜 보이는 것 ②일러서 시키는 것 * 指摘(지적) :꼭 집어서 가리킴. 잘못을 들추어 냄 * 指定(지정) :분명(分明)히 그렇게 가리켜 정(定)하는 것	<지휘통할> 지휘관(指揮官)이 지시(指示)하여 시키면서 모두를 거느려서 관할(管轄)하면
揮	扌(手) <휘두를 휘> ①휘두르다 ②지휘하다 ③지시하다 ④뿌리다, 흩어지다 ⑤떨치다 ⑥기, 표기(標旗), 대장기(大將旗)	* 揮毫(휘호) :붓을 휘두른다는 뜻으로, 글씨를 쓰거나 그림 * 發揮(발휘) :재능(才能)이나 힘 따위를 떨쳐서 드러냄 * 指揮(지휘) :어떤 일의 해야 할 방도를 지시(指示)하여 시킴 * 一筆揮之(일필휘지) :한숨에 글씨나 그림을 쓰거나 그림	
統	糸 <거느릴 통 / 큰줄기 통> ①거느리다 ②합치다(合) ③모두 ④큰 줄기, 본 가닥의 실, 실마리 ⑤계통(系統) ⑥핏줄, 혈통(血統)	* 統轄(통할) :모두를 거느려서 관할(管轄)함. * 統合(통합) :모두 합쳐서 하나로 모음. 통일(統一) * 統制(통제) :여러 부분을 한 원리(原理)로 제약(制約)함 * 系統(계통) :체계에 따라 관련된 부분들의 통일적 조직	
轄	車 <다스릴 할 / 비녀장 할> ①다스리다 ②관할하다(管轄) ③관리하다(管理) ④(눈알을)굴리다 ⑤비녀장(수레의 바퀴가 벗어져 나가지 않게 하는 쇠)	* 管轄(관할) :권한에 의해 다스리거나 그 지배의 범위(範圍) * 分轄(분할) :나누어서 관할(管轄)함 * 直轄(직할) :직접(直接) 관리(管理)하거나 지배(支配)함 * 統轄(통할) :모두 거느려서 관할(管轄)함	

謀	言 <꾀할 모> ※ 謨와 通(類似) ①꾀하다, 도모하다(圖謀), 모색하다(摸索) ③꾀, 지략(智略), 계략(計略), 계책(計策), 술책(術策), ④속이다 ⑤의논하다(議論)	※ 謨와 類似 (謨는 天子나 政事上의 大計, 謀는 一般計策) * 謀慮(모려) :어떤 일을 꾀하는 깊은 계략(計略) * 圖謀(도모) :어떤 일을 위해 수단(手段)과 방법(方法)을 꾀함 * 參謀(참모) :모의(謀議)에 참여(參與)함. 또는 그 사람	<모려보좌> 참모(參謀)는 그에 따른 꾀와 계략(計略)으로 보좌(補佐)를 하면서,
慮	心 <생각할 려> ①생각하다 ②이리저리 헤아려 보다 ③꾀, 꾀하다 ④근심하다, 걱정하다 ⑤의심(疑心) ⑥계획(計劃·計畫)	* 考慮(고려) :생각하여 헤아림 * 念慮(염려) :헤아려 걱정함 * 配慮(배려) :보살펴 주려고 이리저리 마음을 써 줌 * 憂慮(우려) :잘못되지 않을까 걱정하는 것 * 無慮(무려) :①아무 염려할 것이 없음 ②'자그마치'의 뜻	
補	衤 <기울 보 / 도울 보> ①깁다(떨어지거나 해어진 곳을 꿰매다) ②보태다, 채우다 ③꾸미다, 고치다, 개선하다(改善) ④돕다, 보좌하다(補佐)	* 補佐(보좌) :자기(自己)보다 지위(地位)가 높은 사람을 도움 * 補償(보상) :남에게 끼친 손해(損害)를 갚는 것 * 補完(보완) :보충(補充)하여 온전(穩全)하게 함 * 補充(보충) :모자람을 보태어 채움	
佐	亻(人) <도울 좌> ①돕다, 보좌하다(補佐·輔佐) ②도움, 돕는 사람 ③권하다(勸) ④속료(屬僚), 속관(屬官) ⑤부차적(副次的)인 것	* 補佐(보좌) :자기(自己)보다 지위(地位)가 높은 사람을 도움 * 輔佐(보좌) :補佐(보좌). 주로 나랏일을 도움에 쓰임 * 王佐之材(왕좌지재) :임금을 도울 만한 인물(人物) * 佐命之士(좌명지사) :천명을 받은 사람을 도울 만한 사람	

<table>
<tr><td>主</td><td>丶 <주인 주>
①주인(主人), 임자, 소유주(所有主) ②임금 ③우두머리 ④상전(上典) ⑤주체(主體), 당사자(當事者) ⑥주요한(主要)</td><td>* 主導(주도) :주장(主將)이 되어 이끌음
* 主要(주요) :가장 소중(所重)하고 긴요(緊要)함
* 主張(주장) :자기(自己) 의견(意見)을 굳이 내세움
* 主宰(주재) :주장(主掌)하여 맡음, 또는 그 사람</td><td rowspan="4"><주도종추>

주(主)된 자(者)가 앞에서 이끌면 따르는 자(者)는 뒤에서 밀어주는 역할(役割)을 한다.</td></tr>
<tr><td>導</td><td>寸 <이끌 도 / 인도할 도>
①이끌다 ②인도하다(引導) ③유도(誘導), 안내(案內), 지도(指導) ④간하다(諫), 충고하다(忠告) ⑤소통(疏通)하게 하다</td><td>* 導入(도입) :끌어들임. 인도(引導)하여 들임
* 領導(영도) :앞장서서 거느리어 이끎
* 誘導(유도) :꾀어서 이끎. 도유(導誘)
* 指導(지도) :어떤 목적이나 방향에 따라 가르쳐 이끎</td></tr>
<tr><td>從</td><td>彳 <좇을 종 / 따를 종>
①좇다, 따르다 ②모시다, 시중들다 ③나아가다, 다가서다 ④일하다 ⑤모이다 ⑥말미암다 ⑦~부터</td><td>* 從事(종사) :어떤 일에 매달려 일함
* 從前(종전) :①이전(以前) ②이제까지
* 服從(복종) :남의 명령(命令), 의사(意思)에 좇음
* 類類相從(유유상종) :같은 무리끼리 서로 따르고 모임</td></tr>
<tr><td>推</td><td>扌(手) <밀 추(퇴)>
①밀다 ②옮다, 변천하다(變遷) ③천거하다(薦擧), 추천하다(推薦) ④받들다 ⑤밀다(퇴), 밀어젖히다(퇴)</td><td>* 推定(추정) :미루어 판정(判定)함 * 推進(추진) :밀고 나아감
* 推薦(추천) :알맞은 대상(對象)을 남에게 권(勸)함
* 推敲(퇴고) :미느냐(推) 두드리느냐(敲)라는 뜻으로, 시문(詩文)의 자구(字句)를 여러 번 고침을 이르는 말</td></tr>
</table>

<table>
<tr><td>幄</td><td>巾 <휘장 악>
①휘장(揮帳 :피륙을 여러 폭으로 이어서 빙 둘러치는 장막) ②장막(帳幕) ③군막(軍幕) ④막을 쳐 놓은 곳</td><td>* 幄幕(악막) :진중(陣中)에 친 장막(帳幕)
* 幄帷(악유) :휘장(揮帳) * 帳幄(장악) :휘장(揮帳)
* 帷幄(유악) :유(帷)와 악(幄)은 모두 진영(陣營)에 쓰이는 막(幕). 유막(帷幕). 참모부(參謀部). 모신(謀臣).</td><td rowspan="4"><악막당휘>

진중(陣中)에 친 장막(帳幕)에는 의장기(儀仗旗)가 걸려 있고,</td></tr>
<tr><td>幕</td><td>巾 <장막 막>
①장막(帳幕) ②군막(軍幕) ③휘장(揮帳) ④막부(幕府) ⑤진(陣), 진영(陣營) ⑥덮다, 덮어 가리다</td><td>* 幕後(막후) :①막의 뒤 ②겉으로 드러나지 아니하는 뒤편
* 帳幕(장막) :비바람을 막고 안이 보이지 않게 둘러치는 막
* 開幕(개막) :①막을 엶 ②행사(行事) 등을 시작(始作)함
* 閉幕(폐막) :②막을 내림 ②행사(行事) 등을 끝냄</td></tr>
<tr><td>幢</td><td>巾 <기 당>
①기(旗), 의장(儀仗)이나 군(軍)에서 지휘용(指揮用)으로 쓰는 기(旗) ②막(幕), 장막(帳幕) ③수레 휘장(揮帳)</td><td>* 幢麾(당휘) :옛날의 의장기(儀仗旗)의 일종(一種)으로 좁고 긴 천의 한 끝을 장대에 매달아 세움
* 幢下(당하) :휘하(麾下)
* 石幢(석당) :돌로 기둥처럼 길게 만들어 세운 것.</td></tr>
<tr><td>麾</td><td>麻 <기 휘>
①기(旗) ②대장기(大將旗 :지휘하는 깃발) ③지휘하다 ④가리키다 ⑤부르다, 손짓하여 오라고 하다</td><td>* 指麾(지휘) :指揮(지휘). 단체(團體)의 행동을 통솔(統率)함
* 麾下(휘하) :주장(主將)의 지휘(指揮) 아래. 또는 딸린 사졸
* 麾動(휘동) :①지휘하여 움직임 ②지휘하여 선동(煽動)함
* 偃麾(언휘) :휘를 눕힘. 휘는 음악을 연주할 때 지휘용 기(旗)</td></tr>
</table>

<table>
<tr><td>鈴</td><td>金 <방울 령>
①방울
②요령(鐃鈴·搖鈴 :종 모양의 큰 방울)
③수레의 좌우를 가리는 휘장(揮帳)</td><td>* 鈴閤(영합) :장수(將帥)가 있는 곳. *鈴聲(영성) :방울소리
* 鈴下(영하) :①따라다니며 호위(護衛)하는 兵卒(병졸) ②鈴閤 ③將帥 ④편지(便紙) 용어(用語)
* 鈴語(영어) :①풍경(風磬) 소리. ②영성(鈴聲)</td><td rowspan="4"><영합곤수>

장수(將帥)가 있는 곳에는 변경(邊境)으로 출전(出戰)한 병마절도사(兵馬節度使)와 수군절도사(水軍節度使)가 있으며,</td></tr>
<tr><td>閤</td><td>門 <쪽문 합>
①쪽문(門) ②협문(夾門 :대문이나 정문 옆에 있는 작은 문) ③궁중(宮中)의 작은 문 ④대궐(大闕) ⑤규방(閨房)</td><td>* 閤內(합내) :남을 높이어 그의 가족(家族)을 이르는 말
* 右閤(우합) :우의정(右議政) * 左閤(좌합) :좌의정(左議政)
* 賢閤(현합) :남의 아내를 공경(恭敬)하여 일컫는 말
* 閤夫人(합부인) :남의 아내에 대한 높임말</td></tr>
<tr><td>閫</td><td>門 <문지방 곤>
①문지방(門地枋) ②문지방(門地枋) 한가운데의 턱 ③왕후(王侯)가 거처(居處)하는 곳, 또는 후비(后妃) ④城門</td><td>* 閫帥(곤수) :梱帥(곤수). 兵馬節度使와 水軍節度使를 統稱. 이는 閫外 즉, 문지방 밖, 대궐 밖의 臣下라는 뜻의 閫外之臣에서 나온 말로, 대궐 밖의 모든 것을 맡긴다는 뜻에서 邊境으로 나가는 將軍을 이름</td></tr>
<tr><td>帥</td><td>巾 <장수 수 / 거느릴 솔>
①장수(將帥) ②통솔자(統率者) ③우두머리, 인솔자(引率者) ④거느리다(솔) ⑤인도하다(引導)(솔)</td><td>* 帥先(솔선) :앞장서서 인도(引導)함. 솔선(率先)
* 帥臣(수신) :병사(兵使)와 수사(水使)를 아울러 일컫던 말
* 將帥(장수) :군사(軍士)를 거느리는 우두머리
* 統帥(통수) :온통 몰아서 거느림 * 統帥權(통수권)</td></tr>
</table>

<table>
<tr><td>斧</td><td>斤 <도끼 부>
①도끼(작은 도끼)
②(도끼로)베다 ③(도끼로)찍다
④도끼의 무늬</td><td>* 斧柯(부가) :①도끼의 자루 ②정권(政權)
* 磨斧作針(마부작침) :도끼를 갈아 바늘을 만든다. <比喩>아무리 이루기 힘든 일도 끈기로 노력(努力)하면 성공(成功)하고야 만다</td><td rowspan="4"><부월권병>

임금이 군대(軍隊)의 수장(首將)에게 내려준 도끼가 있는데, 이는 곧 지휘권(指揮權)을 상징(象徵)하는 것이다.</td></tr>
<tr><td>鉞</td><td>金 <도끼 월>
①도끼(큰 도끼)
②수레의 방울 소리
③뛰어넘다</td><td>* 斧鉞(부월) :작은 도끼와 큰 도끼. 斧鉞은 제왕(帝王)의 상징(象徵)으로, 출정(出征)하는 장수(將帥)에게 주어 권한(權限)을 부여(附與)했음. 따라서 군대(軍隊)의 수장(首將)임을 표시하는 무기(武器)임</td></tr>
<tr><td>權</td><td>木 <권세 권 / 저울추 권>
①권세(權勢) ②권력(權力), 권한(權限) ③잠시(暫時), 당분간(當分間), 임시로(臨時) ④저울추(錘) ⑤저울, 저울질하다</td><td>* 權柄(권병) :권력(權力)으로써 사람을 마음대로 좌우(左右)할 수 있는 힘이나 신분(身分)
* 權力(권력) :강제(强制)로 복종(服從)시키는 힘. 본뜻은 '저울대의 힘'으로, 조정자(調停者)의 역할을 뜻함</td></tr>
<tr><td>柄</td><td>木 <자루 병>
①자루(끝에 달린 손잡이)
②근본(根本) ③권세(權勢), 권력(權力)
④재료(材料)</td><td>* 身柄(신병) :구금(拘禁)이나 보호(保護)의 대상(對象)으로서 본인(本人)의 몸
* 政柄(정병) :政權(정권)
* 殺生之柄(살생지병) :죽이고 살리는 권리(權利)</td></tr>
</table>

<table>
<tr><td>揭</td><td>扌(手) <들 게 / 높이들 게>
①들다, 높이 들다
②걸다, 내걸다
③추다, 추어올리다</td><td>* 揭揚(게양) :기(旗) 따위를 높이 내거는 일.
* 揭示(게시) :여러 사람에게 알리기 위해 써서 내붙임
* 揭載(게재) :신문(新聞) 따위에 글이나 그림을 실음
* 揭竿而起(게간이기) :장대를 높이 들고 일어남. 봉기(蜂起)</td><td rowspan="4"><게양정기>

깃발을 높이 내걸고서,</td></tr>
<tr><td>揚</td><td>扌(手) <날릴 양>
①날리다 ②하늘을 날다 ③바람에 흩날리다 ④위로 오르다, 올리다 ⑤쳐들다
⑥드러나다 ⑦들날리다, 알려지다</td><td>* 讚揚(찬양) :칭찬(稱讚)하여 나타나게 함
* 浮揚(부양) :가라앉은 것을 떠오르게 함
* 止揚(지양) :더 높은 단계로 오르기 위해 어떤 것을 하지 않음
* 立身揚名(입신양명) :출세(出世)하여 이름을 세상에 드날림</td></tr>
<tr><td>旌</td><td>方 <기 정>
①기(旗 :새털로 장식한 기) ②천자(天子)가 사기(士氣)를 고무할 때 쓰던 기
③왕명(王命)을 받은 신하에게 주던 기</td><td>* 旌旗(정기) :정(旌)과 기(旗). 깃발
* 旌善(정선) :선행(善行)을 드러내어 포상함
* 旌閭(정려) :충신(忠臣)·효자(孝子)·열녀(烈女) 등을 그 동네에 정문(旌門)을 세워 표창(表彰)함. 旌表門閭</td></tr>
<tr><td>旗</td><td>方 <기 기>
①기(旗 :곰과 범을 그린 붉은 기)
②깃발(旗) ③군대(軍隊) ④표(標)
⑤표지(標識 :표시로 다른 것과 구분함)</td><td>* 旗幟(기치) :①군중(軍中)에서 쓰던 깃발 ②기의 표지(標識)
* 國旗(국기) :나라를 상징(象徵)하는 기(旗)
* 白旗(백기) :①흰 빛깔의 기 ②항복(降伏)할 때 흔드는 기
* 偃旗息鼓(언기식고) :군기(軍旗)를 누이고 북을 쉼. 휴전(休戰)</td></tr>
</table>

<table>
<tr><td>孰</td><td>子 <누구 숙>
①누구 ②어느 ③무엇
④익다 ⑤여물다 ⑥무르익다
⑦익히다 ⑧정통하다</td><td>* 孰能(숙능) :누가 감(敢)히 할 수 있겠는가
* 孰若(숙약) :어느 편이. 양자(兩者)를 비교(比較)해서 묻는 말
* 孰哉(숙재) :누구이겠느냐? * 孰知(숙지) :누가 ~을 알 것인가
* 誰怨孰尤(수원숙우) :누구를 원망하고 누구를 탓하랴</td><td rowspan="4"><숙능과기>

"누가 능(能)히 기량(技倆)을 뽐내 볼 것인가?" 하니,</td></tr>
<tr><td>能</td><td>月(肉) <능할 능>
①능하다(能), ~할 수 있다, 능력(能力)
②기량(技倆·伎倆)을 보이다
③재능(才能)이 있다, 재능(才能)</td><td>* 能力(능력) :일을 해결(解決)해 낼 수 있는 힘
* 可能(가능) :할 수 있음. 될 수 있음
* 機能(기능) :어느 기관(機關)이 작용(作用)할 수 있는 능력
* 無所不能(무소불능) :능통(能通)하지 않은 것이 없음</td></tr>
<tr><td>夸</td><td>大 <자랑할 과>
①자랑하다, 뽐내다 ②자만하다(自慢)
③사치하다(奢侈) ④공허하다(空虛)
⑤뻗다, 퍼지다</td><td>* 夸傲(과오) :뽐내고 거드름을 부림
* 浮夸(부과) :떠벌리어 허풍을 침
* 誕夸(탄과) :사실보다 크게 과장함</td></tr>
<tr><td>技</td><td>扌(手) <재주 기>
①재주, 재능(才能), 솜씨, 기술(技術)
②재간(才幹) ③능력(能力) ④장인(匠人)
⑤방술(方術), 의술(醫術), 점술(占術)</td><td>* 技能(기능) :기술적(技術的)인 능력(能力) 또는 재능(才能)
* 技術(기술) :만들거나 짓거나 하는 재주 또는 솜씨
* 競技(경기) :기술(技術)의 낫고 못함을 서로 겨루는 일
* 特技(특기) :특별(特別)한 기능(技能). 장기(長技)</td></tr>
</table>

<table>
<tr><td>巨</td><td>工 <클 거>
①(부피가)크다 ②(수량이)많다 ③거칠다, 조악하다(粗惡), 조잡하다(粗雜) ④자(尺), 곱자('ㄱ'字 모양의 자) ⑤법도(法度)</td><td>* 巨匠(거장) :一定한 分野에서 뛰어난 재능(才能)을 지닌 사람
* 巨家(거가) :문벌(門閥)이 높은 집안
* 巨大(거대) :엄청나게 큼
* 巨創(거창) :사물(事物)이 엄청나게 큰 것</td><td rowspan="4"><거벽현패>

엄지손가락을 치켜세우며 스스로 으뜸임을 자랑하고 나서는 자(者)가 있는데,</td></tr>
<tr><td>擘</td><td>手 <엄지손가락 벽>
①엄지손가락
②나누다 ③쪼개다 ④찢다</td><td>* 巨擘(거벽) :①엄지손가락 ②뛰어난 인물 ③두목(頭目) ④어떤 분야의 권위자 ⑤조선(朝鮮)시대에 과거(科擧) 시험(試驗)의 답안지(答案紙)를 대신 지어 주던 사람
* 擘指(벽지) :엄지손가락</td></tr>
<tr><td>衒</td><td>行 <자랑할 현>
①자랑하다
②자기(自己)를 선전하다
③팔다, 돌아다니며 팔다</td><td>* 衒能(현능) :제 재능(才能)을 드러내어서 자랑함
* 衒求(현구) :제 스스로 자랑하여 남이 알아주기를 바람
* 衒學的(현학적) :학식(學識)이 많음을 드러내어 뽐내는
* 衒玉賈石(현옥고석) :옥을 진열(陳列)해 놓고 돌을 팔음</td></tr>
<tr><td>霸</td><td>雨 <으뜸 패> ※ 覇는 俗字
①으뜸 ②으뜸가다
③두목, 우두머리
④달의 넋 ⑤달이 비로소 빛을 얻는 일</td><td>* 霸權(패권) :남의 나라를 지배하는 패자(霸者)의 권력(權力)
* 霸氣(패기) :霸權을 잡으려는 氣像, 霸者의 늠름한 氣像
* 霸者(패자) :패권(霸權)을 잡아 천하(天下)를 다스리는 사람</td></tr>
</table>

<table>
<tr><td>摺</td><td>扌(手) <접을 접>
①접다(折) ②꺾다, 꺾어서 겹으로 되게 하다 ③부러뜨리다 ④(방향을)바꾸다 ⑤끌다(拉)(랍), 끌고 가다(랍)</td><td>* 摺刀(접도) :접칼의 취음(取音). 접붙일 때 쓰는 칼
* 摺衾(섭금) :이부자리를 접어서 갬.
* 摺寢牀(접침상) :접었다 폈다 할 수 있도록 만든 침상(寢牀)
* 摺東盞西(접동잔서) :접시는 동쪽에 차리고 잔은 서쪽에 차림</td><td rowspan="4"><접노굴어>

팔꿈치를 접어서 구부리니 우뚝 솟아서 울퉁불퉁한 게</td></tr>
<tr><td>臑</td><td>月(肉) <팔꿈치 노>
①팔꿈치 ②팔뚝
③팔뼈(유) ④삶다(이)</td><td>* 臑羔(노고) :양 새끼를 구운 고기
* 臑骨(노골) :팔 뼈. 완골(腕骨)</td></tr>
<tr><td>崛</td><td>山 <우뚝 솟을 굴>
①우뚝 솟다
②산(山)이 홀로 우뚝 솟다
③산(山)의 모양</td><td>* 崛起(굴기) :①산이 불쑥 솟음
②기울어진 집안에서 큰 인물이 남
* 崛出(굴출) :불끈 솟아 나옴
* 耆屠崛(기도굴) :수리를 달리 이르는 말</td></tr>
<tr><td>峿</td><td>山 <울퉁불퉁할 어 / 어긋날 어 >
①울퉁불퉁하다(險)
②어긋나다, 맞지 아니하다
③불안하다(不安)</td><td>* 嶇峿(구어) :산이 험하고 울퉁불퉁한 모양
* 岨峿(저어) :①험한 산이 울퉁불퉁한 모양 ②서로 어긋남</td></tr>
</table>

臂	月(肉) <팔 비> ①팔(어깨와 손목 사이의 부분), 팔뚝 ②희생(犧牲)의 앞발 ③쇠뇌(큰 활) 자루	* 臂膊(비박) :팔과 어깨 * 肩臂(견비) :어깨와 팔 * 聯臂(연비) :간접적(間接的)인 연줄로 하여 서로 알게 되는 일 * 割臂盟(할비맹) :팔뚝을 베어 피로 맺은 맹세(盟誓)라는 뜻으로, 남녀(男女)의 굳은 사랑의 맹세(盟誓)를 이름	<비구건근> 팔뚝이 힘줄과 근육(筋肉)으로 뭉쳐졌고,
構	木 <얽을 구 / 닥나무 구> ①얽다 ②맺다 ③이루다 ④집을 짓다 ⑤(생각을)얽어 짜내다 ⑥(거짓을)꾸며대다 ⑦닥나무 ⑧서까래	* 構成(구성) :요소(要素)들을 모아서 전체(全體)를 짜 이룸 * 構造(구조) :①꾸밈새 ②요소(要素)들을 모아 꾸며 만듦 * 構築(구축) :①쌓아 올려 만듦 ②바탕을 닦아 마련함 * 機構(기구) :①얽어 잡은 구조 ②조직을 이루는 체계(體系)	
腱	月(肉) <힘줄 건> ①힘줄 ②힘줄의 밑동(긴 물건의 맨 아랫동아리)	* 腱筋(건근) :힘줄과 근육(筋肉) * 腱反射(건반사) :건(腱)의 기계적(機械的) 자극(刺戟)에 의하여 근육(筋肉)이 연축(攣縮)을 일으키는 반사(反射).	
筋	竹 <힘줄 근> ①힘줄 ②살 ③힘, 체력(體力) ④(植物의)섬유질(纖維質)	* 筋骨(근골) :①근육(筋肉)과 뼈 ②체력(體力). 신체(身體) * 筋力(근력) :일을 능히 감당해낼 수 있는 힘. 기력(氣力) * 筋肉(근육) :뼈와 뼈 사이에 붙어 있는 힘살. 골격근(骨格筋) * 鐵筋(철근) :콘크리트 속에 박아 뼈대로 삼는 긴 쇠막대	

脛	月(肉) <정강이 경> ①정강이 ②정강이뼈(정강이의 무릎에 가까운 부분) ③종아리 ④걸음, 보행(步行) ⑤바른 모양(直貌)	* 脛金(경금) :칼코등이와 칼날 사이에 감은 쇠테 * 準脛(절경) :準梁(절량). 平準(평절). 콧마루, 평평한 콧마루 * 脚脛布(각경포) :脚絆(각반). 종아리를 돌려 싸는 띠 헝겊 * 鶴脛雖長斷之則悲 :<比喩>천부의 특징을 가감할 것이 아님	<경비비퇴> 쪽 곧은 장딴지와 살찌고 건장한 넓적다리를 드러내고는,
腓	月(肉) <장딴지 비> ①장딴지(종아리 살이 불룩한 부분) ②다리 베는 형벌(刑罰) ③피하다(避) ④덮다 ⑤앓다	* 腓腸(비장) :장딴지 * 股腓(고비) :사타구니와 장딴지 * 腓腹筋(비복근) :하퇴부 뒤쪽 피하(皮下)에 있는 근육(筋肉)	
⿰月鼻	月(肉) <살 뚱뚱히 찔 비 / 성할 비> ①살 뚱뚱히 찌다(肥壯) ②성하다(盛 : 기운이나 세력이 한창 왕성하다) ②왕성하다(旺盛) ③군살(이) ④혹(이)	* ⿰月鼻呬(비희) :충만(充滿)하여 씩씩함(充壯也)	
腿	月(肉) <넓적다리 퇴> ①넓적다리 ②다리 살 ③다리 ④정강이	* 腿灣(퇴만) :무릎 오금(腿之可彎處 膝蓋之後方也) * 內腿(내퇴) :허벅지 * 外腿(외퇴) :허벅다리의 바깥 쪽 * 大腿骨(대퇴골) :腿梃骨(퇴정골). 넓적다리 뼈 * 大腿部(대퇴부) :대퇴(大腿). 허벅다리. 넓적다리.	

騎	馬 <말탈 기> ①말을 타다, 기마(騎馬) ②걸터앉다 ③기병(騎兵), 기사(騎士) ④말을 탄 사람, 말을 탄 군사(軍士)	* 騎馬(기마) :①말을 타다 ②타는 말 * 騎士(기사) :말 타는 무사(武士) * 騎虎之勢(기호지세) :호랑이를 타고 달리는 氣勢라는 뜻으로, 범을 탄 사람이 途中에서 내릴 수 없는 形勢	<기마자세> 말을 탄 자세(姿勢)를 하고서,
馬	馬 <말 마> ①말(말과의 포유류) ②산가지(算 : 수효를 셈하는 데에 쓰던 막대기) ③크다, 큰 것의 비유(比喩·譬喩)	* 出馬(출마) :①말을 타고 나감 ②선거(選擧)에 입후보(立候補)함 * 車馬(거마) :수레와 말 * 騎馬(기마) :말을 탐 * 塞翁之馬(새옹지마) :변방(邊方)에 사는 노인(老人)의 말. <比喩>세상사 예측이 어려워 일희일비할 게 아님	
姿	女 <모양 자> ①모양, 모습 ②맵시 ③풍취(風趣), 멋 ④바탕, 소질(素質), 성품(性品) ⑤모양내다, 자태(姿態)를 꾸미다	* 姿勢(자세) :①어떤 동작(動作)을 취할 때 몸이 이루는 어떤 형태(形態) ②사물(事物)을 대하는 마음가짐 * 姿態(자태) :모양(模樣)이나 태도(態度) * 氷姿玉質(빙자옥질) :①용모와 재주가 뛰어남 ②梅花의 異稱	
勢	力 <형세 세> ①형세(形勢) ②권세(權勢) ③기세(氣勢 :기운차게 뻗치는 형세) ④동향(動向) ⑥불알, 고환(睾丸) ⑦언저리	* 勢力(세력) :권력(權力)이나 기세(氣勢)의 힘 * 氣勢(기세) :상대를 제압하고자 하는 기운(氣運)과 세력(勢力) * 趨勢(추세) :어떤 현상이 일정한 방향으로 움직여 나가는 힘 * 破竹之勢(파죽지세) :거침없이 쳐들어가는 기세(氣勢)	

跆	足 <밟을 태> ①밟다 ②짓밟다 ③유린하다(蹂躪·蹂躝·蹂躪) ④업신여기다 ⑤노래하다(駘), 손에 손잡고 노래하다	* 跆拳(태권) :우리나라 고유(固有)의 무예(武藝). 맨손과 맨주먹으로 찌르기·치기·발로차기 등(等)의 공격(攻擊)으로 자기(自己) 몸을 방어(防禦)하는 기술(技術)	<태권연마> 태권도(跆拳道)를 연마(練磨)하면서,
拳	手 <주먹 권> ①주먹, 주먹을 쥐다, 오그려 쥔 손 ②주먹질하다, 주먹질, 권법(拳法) ③힘, 힘쓰다 ④부지런하다	* 拳銃(권총) :한 손으로 다룰 수 있게 만든 작은 총 * 拳鬪(권투) :상대방 상반신을 치고 막는 운동 경기 * 赤手空拳(적수공권) :맨손과 맨주먹. <比喩>아무 것도 가진 것이 없음	
練	糸 <익힐 련> ①익히다 ②단련하다(鍛鍊) ③연습하다(練習) ④경험하다(經驗) ⑤누이다(명주를 잿물에 삶아 희고 부드럽게 하다)	* 練磨(연마) :硏磨(연마) ①숫돌에 갈고 닦음 ②노력을 거듭해 정신(精神)이나 학문(學問), 기술(技術)을 닦음 * 練習(연습) :학문이나 기예 따위를 익숙토록 되풀이해 익힘 * 未練(미련) :딱 잘라 단념(斷念)하지 못하는 마음	
磨	石 <갈 마> ①(돌을)갈다, 숫돌에 갈다, 문지르다 ②닳다, 닳아 없어지다 ③고생하다 ④연자방아(硏子) ⑤맷돌	* 硏磨(연마) :①갈고 닦음 ②기술을 닦음 ③학문을 연구함 * 磨耗(마모) :닳아서 작아지거나 없어짐 * 切磋琢磨(절차탁마) :옥돌을 자르고 줄로 쓸고 끌로 쪼고 갈아 빛을 내다. <比喩>학문이나 인격을 갈고 닦음	

0877 / 0878 / 0879 / 0880

漢字	訓音	用例	연상
跨	足 <넘을 과> ①넘다, 타넘다, 넘어가다 ②타고 넘다 ③사타구니(샅. 두 다리의 사이) ④자랑하다 ⑤걸터앉다(고)	* 跨轢(과력) :초월하여 압도함 * 跨馬(과마) :말을 탐 * 跨視(과시) :실속 없이 떠벌려서 보임 * 走獐之背亦有能跨 :닫는 노루 등에 올라타는 놈도 있다. <比喩>뛰어난 재능을 가진 사람도 간혹 있음	<과거연축> 간격(間隔)이 떨어진 사이를 타넘어서 발뒤축으로 차고,
距	足 <떨어져 있을 거 / 상거할 거> ①떨어지다 , 떨어져 있다 ②상거하다(相距 :서로 떨어져 있다) ③이르다, 도달하다(到達) ④며느리발톱	* 距今(거금) :지금으로부터 지나간 어느 때 * 距離(거리) :서로 떨어진 사이의 멀고 가까운 정도(程度) * 相距(상거) :서로 떨어져 있는 두 곳의 거리(距離) * 近距離(근거리) :매우 가까운 거리(距離)	
蹥	足 <발뒤꿈치 련> ①발뒤축, 발뒤꿈치	* 蹥蹇(연건) :①행로(行路)가 험(險)해서 나아가지 못하는 모양 ②괴로워 고민(苦悶)함	
蹴	足 <찰 축> ①차다, 발로 물건을 차다 ②밟다 ③쫓다, 뒤쫓다 ④삼가다 ⑤공경(恭敬)하는 모양	* 蹴球(축구) :볼을 차서 상대편의 골 속에 넣는 경기(競技) * 一蹴(일축) :①한 번 참. 내참 ②단번에 거절(拒絶)함 * 怒蹴巖(노축암) :성이 나서 바위를 참. <比喩>분을 참지 못하여 자기(自己) 몸을 해(害)침	

漢字	訓音	用例	연상
鏢	金 <칼끝 표 / 칼집끝장식 표> ①칼 끝 ②푼끌(먼 데서 던져 사람을 살상하는 데 쓰는 작은 끌) ③칼집 끝의 장식(裝飾)	* 鏢槍(표창) :①던져서 적(敵)을 공격하는 무기(武器) ②지난날 무기로 사용하던 창의 한 가지. 창 대강이는 쇠로 하는 데 끝을 호로 모양으로 함	<표영봉황> 표창(鏢槍)으로 표적(標的) 한가운데를 맞히는가 하면, 몽둥이로 친다.
摬	扌(手) <가운데 맞출 영> ①가운데 맞추다(擊之而中也)		
棒	木 <막대 봉 / 몽둥이 봉> ①막대 ②몽둥이 ③(몽둥이로)치다, (몽둥이로)때리다 ④자지가 불끈 일어나다	* 杆棒(간봉) :때리는 데 쓰는, 비교적(比較的) 굵고 긴 막대기 * 木棒(목봉) :몸둥이. 때리는 데 쓰는 비교적 굵고 긴 막대기 * 針小棒大(침소봉대) :바늘 만한 것을 몽둥이 만하다고 말함. <比喩>작은 일을 크게 과장(誇張)하여 말함	
揘	扌(手) <칠 황> ①치다(擊) ②찌르다(擊刺)	* 揘畢(황필) :칼이나 창 따위로 치거나 찌름(擊刺也)	

漢字	訓音	用例	연상
堡	土 <작은 성 보> ①작은 성 ②둑(높은 길을 내려고 쌓은 언덕) ③방죽(물이 밀려들어 오는 것을 막기 위하여 쌓은 둑), 제방(堤防)	* 堡壘(보루) :적(敵)의 접근(接近)을 막기 위하여 돌, 흙, 콘크리트 등으로 만든 견고(堅固)한 구축물(構築物) * 城堡(성보) :성(城)과 요새(要塞)	<보루진탐> 적(敵)의 접근(接近)을 막기 위한 진지(陣地)에서는 눈을 부릅뜨고 노려보면서
壘	土 <보루 루> ①보루(堡壘 :적의 침입을 막기 위해 튼튼하게 쌓은 구축물) ②진(작은 성) ③포개다, 겹치다 ④쌓다	* 堅壘(견루) :방비(防備)나 구조(構造)가 튼튼하여 쳐서 두려빼기가 어려운 보루(堡壘) * 城壘(성루) :①성(城) 밖 둘레의 흙담 ②성보(城堡) * 柵壘(책루) :적의 침입을 막기 위해 세운 목책 또는 흙벽	
瞋	目 <부릅뜰 진> ①(눈을)부릅뜨다 ②성내다	* 瞋怒(진노) : 성내어 노여워함 * 瞋目(진목) :두 눈을 부릅뜸 * 瞋心(진심) :嗔心(진심). 갑자기 왈칵 성내는 마음 * 瞋言(진언) :嗔言(진언). 성내어서 꾸짖는 말 * 瞋目張膽(진목장담) :대단히 용기(勇氣)를 냄을 이르는 말	
眈	目 <노려볼 탐> ①노려보다 ②(범이)내려다보는 모양, 범이 보는 모양 ③천천히 보다 ④가까운 데를 보며 먼 곳에 뜻을 두다	* 虎視眈眈(호시탐탐) :범이 먹이를 노린다. <比喩>①기회(機會)를 노리며 형세(形勢)를 살핌 ②날카로운 눈으로 가만히 기회(機會)를 노려보고 있는 모양(模樣)	

漢字	訓音	用例	연상
順	頁 <순할 순> ①순하다(順), 유순하다(柔順) ②좇다 ③(道理에)따르다, 순응하다(順應) ④잇다, 이어받다 ⑤차례(次例), 순서(順序)	* 順番(순번) :차례(次例)로 드는 번(番) * 順序(순서) :정(定)해진 차례(次例) * 順位(순위) :次例로의 위치(位置), 차례(次例), 순서(順序) * 順理(순리) :①道理에 順從함 ②올바른 理致나 道理	<순번순환> 차례대로 갈아드는 번(番)에 따라서 그 역할(役割)이 이어서 돌아가는데,
番	田 <차례 번 / 갈마들 번> ①차례(次例) ②번(番), 차례(次例)로 임무를 맡는 일 ③횟수(回數), 수(數), 차례(次例) ④갈마들다(서로 번갈아들다)	* 番番(번번) :번번이. 매번 * 番次(번차) :번을 드는 차례(次例) * 番地(번지) :땅을 나누어서 매겨 놓은 땅의 번호(番號) * 番號(번호) :차례(次例)를 나타내는 호수 * 今番(금번) :이번 * 當番(당번) :차례의 번이 됨 * 這番(저번) :요전의 그때	
循	彳 <돌 순 / 좇을 순> ①돌다, 빙빙 돌다 ②돌아다니다 ③좇다 ④차례(次例)가 있다 ⑤말하다 ⑥결단(決斷)을 내리지 못하는 모양	* 循環(순환) :한 차례(次例) 돌아서 다시 먼저의 자리로 돌아옴, 또는 그것을 되풀이함 * 因循姑息(인순고식) :구습(舊習)을 고치지 않고 목전(目前)의 편안(便安)함만을 취함	
環	玉 <고리 환> ①고리 ②둥근 옥(環玉), 고리 모양의 옥(玉) ③둘레 ④두르다 ⑤돌다, 선회하다(旋回) ⑥두루 미치다	* 環境(환경) :생활이나 생존을 위한 주위의 상태나 조건 * 環刀(환도) :군복(軍服)에 갖추어 차던 군도(軍刀) * 一環(일환) :①줄지어 있는 많은 고리 중의 하나 ②밀접(密接)한 관계가 있는 사물의 일부분(一部分)	

獩	犭(犬) <민족이름 예> ①민족(民族)의 이름 (滿洲와 우리나라 北部에 살았음) ②나라의 이름	* 獩貊(예맥) :고대(古代)에 우리나라와 중국(中國) 동북 지방(東北地方)에 있었던 종족(種族)인 예(獩)와 맥(貊). 濊貊(예맥)이라고도 함.	<예맥두개> 예맥족(獩貊族)은 투구를 쓰고 갑옷을 입었으며,
貊	豸 <종족의 이름 맥 / 맥국 맥> ①북방 종족(種族) ②맥국(貊國), 나라의 이름 ③오랑캐 ④맹수(猛獸)의 이름 ⑤조용하다 ⑥고요하다	* 貊弓(맥궁) :高句麗의 소수맥(小水貊)에서 나던 좋은 활 * 小水貊(소수맥) :압록강(鴨綠江)의 지류(支流)인 소수(小水) 근처(近處)에 근거(根據)를 두고 있던 예맥(濊貊)을 말함. 여기서 고구려(高句麗)가 일어났음	
兜	儿 <투구 두 / 도솔천 도> ①투구(쇠로 만든 모자) ②두건(頭巾) ③쓰개(머리에 쓰는 쓰개) ④갈팡거리다, 미혹하다(迷惑) ④도솔천(兜率天)(도)	* 兜鎧(두개) :투구와 갑옷 * 兜率天(도솔천) :佛敎에서 말하는 慾界 6天 中의 第4天. 그 內院은 將次 부처가 될 보살(菩薩)이 사는 곳으로, 釋迦도 前世에 兜率天에 머물렀다 함	
鎧	金 <갑옷 개> ①갑옷 ②갑옷을 입다 ③무장하다(武裝) ④가사(袈裟 :장삼 위에 어깨에 걸쳐 입는 승려의 옷)	* 鎧胄(개주) :갑옷(甲)과 투구(兜) * 鐵鎧(철개) :鐵甲(철갑). 쇠로 만든 갑옷 * 忍辱鎧(인욕개) :袈裟(가사). 장삼 위에 걸쳐 입는 중의 法衣 * 鎧胄之士(개주지사) :갑옷을 입고 투구를 쓴 군사(軍士)	

鞏	革 <굳을 공 / 묶을 공> ①굳다 ②묶다 ③가죽테	* 鞏固(공고) :굳고 튼튼함. 견고(堅固)함 * 鞏皮症(공피증) :피부(皮膚)가 굳어지는 피부병(皮膚病) * 外禦內鞏(외어내공) :외부(外部)의 침략(侵略)을 막고 내부(內部)의 결속(結束)을 공고(鞏固)히 함	<공간화혜> 단단하게 말린 가죽으로 만든 신발을 신었다.
靬	革 <가죽 간> ①가죽 ②말린 가죽 ③동개(활과 화살을 넣어 어깨에 메는 통) ④화살통, 전통(箭筒)		
靴	革 <신 화 / 가죽신 화> ①신, 신발 ②가죽신(목이 긴 신) ③어린아이가 신는 신	※ 靴(목이 있는 가죽 신) * 靴鞋(화혜) :가죽 신발의 총칭(總稱). 靴는 목이 있는 긴 신발이고, 鞋는 목이 없는 짧은 신발임 * 隔靴搔癢(격화소양) :신발을 신고 가려운 데를 긁음.	
鞋	革 <신 혜 / 가죽신 혜> ①신, 신발 ②가죽신(목이 짧은 신) ③가죽 창을 받은 삼신 ④짚신	※ 鞋(목이 없는 가죽 신) * 竹杖芒鞋(죽장망혜) :대지팡이와 짚신. <比喩>먼 길을 떠날 때의 간편(簡便)한 차림	

匍	勹 <길 포> ①기다, 기어가다 ②갈다(표면을 매끄럽게 하기 위하여 다른 물건에 대고 문지르다) ③문지르다 ④힘을 다하다	* 匍匐(포복) :①배를 땅에 대고 김 ②기어서 적(敵)에 접근(接近)하는 전투전진(戰鬪前進) * 匍行(포행) :지표(地表)의 퇴적물(堆積物) 같은 것이 몹시 느리게 사면(斜面)을 미끄러져 내려옴	<포복정라> 땅에 배를 대고 기어와서 형세(形勢)를 살피기 위해 순회(巡廻)하는 자(者)가 있어
匐	勹 <길 복> ①기다, 엎드려 기어가다 ②엎드리다, 꿇어 엎드리다 ③무너지다	* 匐步(복보) :엎드리어 김 * 匐枝(복지) :땅으로 뻗어가며 뿌리가 생겨 자라는 가지 * 扶匐(부복) :扶伏(부복). 배를 땅에 대고 기어감 * 匍匐救之 :급히 구(救)함. 남의 상사(喪事)에 힘껏 도움	
偵	亻(人) <염탐할 정> ①염탐하다(廉探) ②정탐하다(偵探) ③(몰래)살피다, 엿보다 ④(몰래)조사하다(調査) ⑤탐색하다(探索) ⑥염탐꾼	* 偵邏(정라) :형세(形勢)를 살피기 위하여 순회(巡廻)함 * 偵察(정찰) :척후(斥候)를 보내어 적(敵)의 정세(情勢)나 지형(地形)을 살펴 알아내는 것 * 偵探(정탐) :몰래 살펴서 알아내는 것. 탐정(探偵)	
邏	辶(辵) <순라 라> ①순라(巡邏 :순찰하는 사람) ②순찰하다(巡察) ③돌다, 순행하다(巡行) ④연하(煙霞) 따위가 산에 끼다 ⑤두르다 ⑥막다	* 邏戍(나수) :순라하면서 지킴 * 邏候(나후) :순라하면서 살핌 * 邏卒(나졸) :순찰(巡察)과 죄인(罪人)을 잡아들이던 병졸(兵卒) * 警邏(경라) :순찰(巡察)하며 경계(警戒)함 * 巡邏(순라) :경계하기 위해 밤에 궁중과 도성 둘레를 순시함	

哨	口 <망볼 초> ①망보다(望), 보초서다(步哨) ②경계하다(警戒) ③작다, 잘다 ④망보는 사람 ⑤병제(兵制)의 하나	* 哨戍(초수) :①망을 보는 수자리 ②국경을 지키는 병사 * 哨所(초소) :경계(警戒)를 맡은 보초(步哨)가 서 있는 곳 * 步哨(보초) :경계(警戒)의 임무(任務)를 맡은 병정(兵丁) * 前哨(전초) :전방(前方)에 배치(配置)되는 초소(哨所)	<초수포착> 국경(國境)을 지키며 망(望)을 보는 병사(兵士)가 붙잡아 와서,
戍	戈 <수자리 수 / 지킬 수> ①수자리(변방을 지키는 일) ②지키다 ③둔영(屯營), 병사(兵舍)	* 戍樓(수루) :수자리(戍) 터에 지은 망대(望臺) * 戍役(수역) :수자리(戍). 국경(國境)을 지키던 일 * 戍卒(수졸) :①변경(邊境)을 지키던 군졸(軍卒) ②수자리(戍) * 衛戍(위수) :부대가 일정지역에 주둔하여 경비(警備)하는 일	
捕	扌(手) <잡을 포 / 사로잡을 포> ①잡다, 붙잡다 ②사로잡다, 붙잡히다, 사로잡히다 ③구하다(求), 찾다	* 捕捉(포착) :①꼭 붙잡음. 파착(把捉) ②어떤 기회(機會)나 정세(情勢)를 알아차림 * 逮捕(체포) 쫓아가서 잡음 * 捕虜(포로) :전투(戰鬪)에서 사로잡힌 적군(敵軍)	
捉	扌(手) <잡을 착> ①잡다, 쥐다 ②체포하다(逮捕), 사로잡다 ③지키다 ④부리다, 지탱하다(支撑)	* 擒捉(금착) :活捉(활착). 사로잡음 * 捉送(착송) :잡아서 보냄 * 吐哺捉髮(토포착발) :吐哺握髮(토포악발). 주(周)나라 주공(周公)이 인재영입을 위해 사람이 찾아오면 입속에 먹던 것을 뱉고, 감던 머리를 잡은 채 맞이했다 함	

0885 / 0886 / 0887 / 0888

한자	뜻	단어	성어
祕	礻(示) <숨길 비> ※ 秘는 俗字 ①숨기다 ②신묘(神妙)하여 알기가 어렵다 ③신비하다(神祕) ④알리지 않다, 비밀(秘密) ⑤심오하다(深奧)	* 秘密(비밀) :秘密(비밀). 숨기어 남에게 드러내거나 알리지 말아야 할 일 * 秘訣(비결) :세상에 알려지지 않은 자기만의 방법(方法) * 秘書(비서) :要職에 있는 사람의 機密事務를 보는 사람	<비밀흘루> 적(敵)의 군사비밀(軍事秘密)이 마침내 누설(漏泄)되기에 이르렀다.
密	宀 <빽빽할 밀> ①빽빽하다, 촘촘하다 ②빈틈없다, 착붙다 ③자세하다, 꼼꼼하다 ④가깝다, 친하다 ⑤조용하다, 깊숙하다 ⑥숨기다	* 密度(밀도) :빽빽한 정도 * 精密(정밀) :아주 잘고 자세함 * 密接(밀접) :가깝게 맞닿음 * 密着(밀착) :빈틈없이 달라붙음 * 綿密(면밀) :자세(仔細)하고도 빈틈이 없음 * 緻密(치밀) :①자세(仔細)하고 꼼꼼함 ②피륙이 배고 톡톡함	
訖	言 <이를 흘> ①이르다, 도달하다(到達), 이르기까지 ②마치다, 그만두다 ③다하다, 그치다 ④마침내 ⑤모두 ⑥까지	* 訖今(흘금) :지금(至今)에 이름. 이제까지 * 訖了(흘료) :완전히 마침(完畢) * 訖息(흘식) :멈춤 * 照訖(조흘) :서로 맞대어 보아 살핌을 끝냄	
漏	氵(水) <샐 루> ①새다, 스며들다 ②빠뜨리다 ③틈, 틈이 나다, 틈으로 나타나다 ④구멍 ⑤물시계, 漏水器(누수기 :물시계)	* 漏落(누락) :기록(記錄)에서 빠짐 * 漏泄(누설) :①밖으로 샘 ②비밀(秘密)을 밖으로 새게 함 * 漏出(누출) :밖으로 새어 나오는 것 * 脫漏(탈루) :밖으로 빠져서 새는 것	

한자	뜻	단어	성어
驛	馬 <역참 역> ①역(驛), 역참(驛站 :驛馬를 갈아타는 곳) ②역말(驛馬 :각 역참에 갖추어 둔 말) ③역관(驛館)	* 驛站(역참) :역마(驛馬)를 바꾸어 타던 곳. * 驛馬(역마) :각(各) 역참(驛站)에 대기(待機)시켜 둔 말. * 驛卒(역졸) :역에서 심부름하던 사람. 일자(馹子) * 驛舍(역사) :역으로 쓰는 건물(建物)	<역참일빙> 이렇게 되자 역참(驛站)에서는 역마(驛馬)가 내달려서
站	立 <역마을 참 / 우두커니 설 참> ①역마을 ②우두커니 서다 ③일어서다	* 站路(참로) :역참(驛站)을 지나는 길 * 站馬(참마) :역참에 갖추어 두고 관용(官用)에 쓰는 말 * 站需(참수) :역참에 필요한 갖가지 물자(物資) * 兵站(병참) :부대의 전투력을 유지를 위해 지원하는 기능	
馹	馬 <역말 일> ①역말(驛馬 :각 역참에 갖추어 둔 말)	* 馹官(일관) :馹丞(일승). 驛丞(역승). 역참을 관리하던 外官 * 馹騎(일기) :역마(驛馬). 또는 역마를 탄 사람 * 馹吏(일리) :驛吏(역리). 역(驛)에 딸린 구실아치 * 馹召(일소) :지방의 관원(官員)을 역마(驛馬)로 불러올림	
騁	馬 <달릴 빙 / 제멋대로할 빙> ①(말을)달리다 ②(마음을)달리다, (회포를)풀다 ③다하다, 이르다 ④펴다, 신장하다(伸張) ⑤제멋대로 하다	* 騁奸(빙간) :간악한 짓을 자행함 * 騁私(빙사) :사사로운 마음을 제멋대로 부림 * 騁舌(빙설) :혀를 마구 놀림 * 馳騁(치빙) :①말을 타고 달림 ②이곳저곳 바삐 돌아다님	

한자	뜻	단어	성어
郵	阝(邑) <우편 우 / 역참 우> ①우편(郵便) ②역참(驛站) ③驛遞(역체 :역참에서 공문을 주고받던 일) ④역말(驛馬) ⑤오두막집 ⑥지나다	* 郵便(우편) :역참(驛站)에서 역참으로 서신(書信)이나 물품(物品)을 송달(送達)하는 일 * 郵遞(우체) :우편(郵便) * 郵送(우송) :우편(郵便)으로 보냄	<우편통신> 역참(驛站)에서 역참(驛站)으로 소식(消息)을 전(傳)하여,
便	亻(人) <편할 편 / 똥오줌 변> ①편하다(便), 편리하다(便利) ②쉬다 ③여러 패로 나누었을 때 그 하나하나의 쪽 ④소식(消息) ⑤똥오줌(변)	* 便利(편리) :편하고 이로우며 이용(利用)하기 쉬움 * 便紙(편지) :소식(消息)이나 용건(用件)을 적어 보내는 글 * 便所(변소) :뒷간 * 男便(남편) :아내의 배우자(配偶者) * 形便(형편) :일이 되어 가는 모양(模樣)이나 형세(形勢)	
通	辶(辵) <통할 통> ①통하다(通), 꿰뚫다 ②두루 미치다 ③내왕하다(來往) ④알다, 알리다 ⑤정을 통하다(通) ⑥통(편지를 세는 단위)	* 通信(통신) :소식(消息)이나 의사(意思)를 남에게 전(傳)함 * 通過(통과) :통(通)하여 지나가거나 지나옴. * 交通(교통) :막힘이 없이 서로 오고가는 일. * 普通(보통) :두루 널리 통(通)하여 예사(例事)로움	
信	亻(人) <믿을 신> ①믿다, 신임하다(信任), 신봉하다(信奉) ③~에 맡기다 ④성실하다(誠實), 확실히(確實) ⑤소식(消息), 편지(便紙·片紙)	* 信賴(신뢰) :남을 믿고 의지(依支)함 * 信用(신용) :①믿어 의심치 않음 ②평판(評判)이 좋음 * 雁信(안신) :안서(雁書), 기러기가 전해 주는 편지(便紙) * 平信(평신) :①평상시의 소식(消息) ②무사(無事)한 소식	

한자	뜻	단어	성어
緊	糸 <긴할 긴 / 굳게 얽을 긴> ①긴하다(緊 :꼭 필요하다), 요긴하다(要緊) ②팽팽하다(膨膨) ③엄하다(嚴) ④급하다(急) ⑤굳게 얽다, 굳다, 단단하다	* 緊急(긴급) :①요긴(要緊)하고 급함 ②일이 중대(重大)하고도 급함 ③현악기(絃樂器)의 줄이 되고 팽팽함 * 緊張(긴장) :마음을 다잡아 정신(精神)을 바짝 차림 * 緊要(긴요) :꼭 필요(必要)함 * 緊密(긴밀) :긴하고 가까움	<긴급연락> 일이 아주 긴요(緊要)하고도 급박(急迫)한 사정(事情)을 알리게 되었다.
急	心 <급할 급> ①급하다(急) ②빠르다 ③재촉하다 ④긴요하다(緊要), 중요하다(重要) ⑤켕기다(마음속으로 겁이 나다)	* 急激(급격) :급(急)하고 격렬(激烈)함 * 急騰(급등) :물가(物價)나 시세(時勢) 따위가 갑자기 오름 * 急增(급증) :급(急)히 늘어남 * 焦眉之急(초미지급) :눈썹이 탈 만큼 위급(危急)한 상태	
連	辶(辵) <잇닿을 련> ①잇닿다(서로 이어져 맞닿다) ②이어지다, 연속하다(連續) ③관련되다(關聯) ④동행, 동반자 ⑤살붙이, 친척	* 連絡(연락) :오고 가며 교통(交通)하거나 사정(事情)을 알림 * 連結(연결) :①서로 이어 맺음 ②잇대어 결합(結合)시킴 * 連累(연루) :남이 저지른 죄(罪)에 관련(關聯)되는 것 * 連坐(연좌) :①잇따라 앉음 ②어떤 일에 연루(連累)됨	
絡	糸 <이을 락 / 헌솜 락> ①잇다 ②띠, 대 ③두르다, 둘러싸다 ④얽다, 얽히다 ⑤묶다, 잡아매다 ⑥헌솜(묵은 솜), 실, 면 ⑦줄, 고삐	* 籠絡(농락) :사람을 교묘한 꾀로 이용하거나 제 멋대로 다룸 * 脈絡(맥락) :①혈맥이 서로 연락(連絡)되어 있는 계통(系統) ②사물(事物)의 이어져 있는 연관(聯關) * 聯絡(연락) :連絡(연락)	

한자	뜻	용례	풀이
慷	忄(心) <강개할 강 / 슬플 강> ①강개하다(慷慨 :의기가 북받치어 원통하고 슬퍼하다) ②슬프다 ③호탕하다(豪宕), 대범하다(大汎·大泛)	* 慷慨(강개) :의(義)롭지 못한 것을 보고 정의심(正義心)이 복받치어 슬퍼하고 한탄(恨歎)함 * 悲憤慷慨(비분강개) :슬프고 분(憤)한 느낌이 마음속에 가득 차 있음	<강개분위> 이에 의기(義氣)가 북받치어 슬퍼하고 한탄(恨歎)하면서 함숨을 내뿜고는
慨	忄(心) <슬퍼할 개> ①슬퍼하다 ②분개하다(憤慨·憤愾) ③분노하다(憤怒) ④개탄하다(慨歎·慨嘆) ⑤탄식하다(歎息·嘆息) ⑥분격하다(憤激)	* 慨歎(개탄) :慨嘆(개탄). 의분(義憤)이 북받쳐 탄식(歎息)함 * 憤慨(분개) :몹시 분(憤)하게 여김 * 感慨(감개) :마음속 깊이 사무치게 느낌 * 感慨無量(감개무량) :그지없도록 마음속 깊이 스며들어 느낌	
噴	口 <뿜을 분> ①뿜다, 내뿜다 ②재채기하다 ③코를 골다 ④꾸짖다, 화내다, 노하다 ⑤불다 ⑥취주하다(吹奏 :관악기를 불다)	* 噴飯(분반) :입에 물었던 밥이 튀어나옴. 웃음이 터짐 * 噴水(분수) :물을 뿜어내게 되어 있는 설비(設備)나 그 물 * 噴出(분출) :①뿜어 나옴 ②내뿜음 * 噴火(분화) :불을 내뿜음 * 火山噴火口(화산분화구)	
喟	口 <한숨 쉴 위> ①한숨 쉬다 ②한숨, 탄식(歎息·嘆息) ③탄식(歎息·嘆息)하는 소리	* 喟焉(위언) :탄식(歎息)하는 소리, 한숨을 쉬다 * 喟喟(위위) :한숨 * 喟爾(위이) :猶喟然也 * 喟然(위연) :한숨을 쉬며 서글프게 탄식(歎息)하는 모양 * 喟然歎息(위연탄식) :한숨을 쉬며 크게 탄식(歎息)함	

한자	뜻	용례	풀이
儹	亻(人) <모일 찬 / 모을 찬> ※ 儧은 俗字 ①모이다 ②모으다 ③모아서 일을 꾸미다	* 儹那(찬나) :모아놓고 대조(對照) 확인하다(聚集而核對) * 儹運(찬운) :물건을 모아 쌓아놓았다가 운수(運輸)함 * 儹錢(찬전) :돈을 모아둠(積資也) * 儹程(찬정) :뒤좇아 달려가는 길(趕路也)	<찬자알비> 사람들을 모아놓고 비적(匪賊)의 무리를 막아낼 방도(方途)를 물으니,
咨	口 <물을 자> ①묻다 ②상의하다(相議·商議) ③꾀하다 ④탄식하다(歎息·嘆息) ⑤이, 이것	* 咨判(자판) :아랫사람에게 상의하여 판결함(咨詢判決也) * 咨明(자명) :설명(說明)함 * 嗟咨(차자) :嗟歎(차탄). 탄식(歎息)하고 한탄(恨歎)함 * 下咨(하자) :신하에게 임금이 자문(咨問)을 구함	
閼	門 <가로막을 알> ①가로막다, 막히다 ②막다, 틀어막다 ③그치다, 끝나다, 멈추다 ④멈추게 하다, 못하게 하다	* 格閼(격알) :格塞(격색). 꽉 막힘 * 遮閼(차알) :다가오거나 나아가지 못하게 막음. 차옹(遮擁) * 滯閼(체알) :꽉 막힘	
匪	匚 <비적 비 / 대나무 상자 비> ①비적(匪賊 :떼지어 다니는 盜賊) ②대나무 상자(箱子) ③문채(文彩 :아름다운 광채) ④아니다, 부정(否定)의 뜻	* 匪石(비석) :돌처럼 심지(心地)가 굳은 절조(節操) * 匪徒(비도) :비적(匪賊)의 무리 * 剿匪(초비) :비적(匪賊)을 토벌함 * 共匪(공비) :공산당(共産黨)의 유격대(遊擊隊)	

한자	뜻	용례	풀이
焦	灬(火) <탈 초> ①타다, 태우다 ②그을리다 ③탄내 나다 ④초조(焦燥)하게 굴다 ⑤안달하다(속을 태우며 조급하게 굴다) ⑥애태우다	* 焦燥(초조) :애가 타서 마음을 졸이는 모양(模樣) * 焦眉(초미) :눈썹에 붙이 붙음. <比喩>매우 위급(危急)함 * 焦點(초점) :①입사(入射) 광선(光線)이 한 곳으로 모이는 점 ②집중(集中)되는 가장 중요(重要)한 부분(部分)	<초조토의> 애가 타서 마음을 졸이며 의견(意見)을 내고 검토(檢討)를 해서 협의(協議)를 하는데,
燥	火 <마를 조> ①마르다, (물기가)없어지다 ②말리다, 마르게 하다 ③마른 물건(物件) ④애태우다, 초조하다(焦燥)	* 燥渴(조갈) :목이 마름 * 燥濕(조습) :물기의 마름과 젖음 * 乾燥(건조) :습기(濕氣)나 물기가 없음, 마름 * 無味乾燥(무미건조) :①재미나 취미(趣味)나 없고 메마름 ②깔깔하여 운치(韻致)가 없음	
討	言 <칠 토> ①치다, 때리다 ②토벌하다(討伐), 정벌하다(征伐) ③죽이다 ④죄를 다스리다 ⑤비난하다(非難), 책망하다(責望)	* 討議(토의) :어떤 사물(事物)에 대하여 각자의 의견(意見)을 내걸어 검토(檢討)하고 협의(協議)하는 일 * 討論(토론) :여러 사람이 의견(意見)을 말하며 논의(論議)함 * 討伐(토벌) :군대(軍隊)를 보내 반항(反抗)하는 무리를 침	
議	言 <의논할 의> ①의논하다(議論) ②토의하다(討議) ③꾀하다 ④문의하다(問議), 평의하다(評議) ⑤계획을 세우다 ⑥강론하다(講論)	* 議論(의논) :각자(各自)가 의견(意見)을 내어 상의(相議)함 * 論議(논의) :서로 의견을 논술(論述)하여 토의(討議)함 * 審議(심의) :심사(審査)하고 토의(討議)하는 것 * 協議(협의) :여러 사람이 모여 서로 의논(議論)함	

한자	뜻	용례	풀이
黑	黑 <검을 흑> ①검다, 검은 빛, 흑색(黑色) ②(사리에)어둡다 ③비밀(秘密)의, 은밀(隱密)한 ④나쁘다, 악독하다(惡毒)	* 黑白(흑백) :①검은 빛과 흰 빛 ②시비(是非)나 선악(善惡) * 暗黑(암흑) :①캄캄함 ②문물(文物)이나 도덕(道德) 등이 타락(墮落)된 암담(暗澹)하고 비참(悲慘)한 상태 * 近墨者黑(근묵자흑) :먹을 가까이하면 따라서 검어 진다	<흑백논쟁> 옳고 그름을 가지고 양편(兩便)으로 나뉘어 말로써 다투니,
白	白 <흰 백> ①희다, 흰빛 ②깨끗하다 ③밝다, 밝히다 ④분명하다(分明), 명백하다(明白) ⑤진솔하다 ⑥비다, (가진 것이)없다	* 白眉(백미) :여럿 중에서 가장 뛰어난 사람이나 물건 * 告白(고백) :숨긴 일을 사실대로 솔직(率直)하게 말함 * 明白(명백) :의심(疑心)할 것 없이 아주 뚜렷하고 환함 * 白骨難忘(백골난망) :죽어도 잊지 못할 은혜(恩惠)를 입음	
論	言 <논할 론(륜)> ①논하다(論), 논의하다(論議) ②말하다 ③서술하다(敍述) ④따지다, 문제(問題)삼다 ⑤견해(見解) ⑥학설(學說)	* 論爭(논쟁) :말이나 글로 논(論)하여 다툼 * 論難(논란) :어떤 문제(問題)에 대해 시비(是非)를 논(論)함 * 輿論(여론) :국민들이 나타내는 공통(共通)된 의견(意見) * 論議(논의) :서로 의견을 논술(論述)하여 토의(討議)함	
争	爪 <다툴 쟁> ①다투다 ②경쟁하다(競爭) ③논쟁하다(論爭) ④다툼, 싸움 ⑤따져 말하다 ⑥간하다(諫) ⑦하소연	* 競爭(경쟁) :같은 목적을 두고 서로 이기려고 겨루는 것 * 紛爭(분쟁) :①얼크러져 다툼 ②말썽을 일으켜 다툼 * 戰爭(전쟁) :①싸움 ②무력(武力)으로 국가 간(間)에 싸움 * 鬪爭(투쟁) :상대(相對)를 쓰러뜨리려고 싸워서 다툼	

한자	뜻	용례	풀이
違	辶(辵) <어긋날 위> ①어긋나다 ②어기다(지키지 아니하고 거스르다) ③다르다 ④떨어지다, 멀리하다 ⑥피하다(避), 달아나다 ⑦허물	* 違忤(위오) :거슬러 어김. 거스르다. 가역(拒逆)하다 * 違反(위반) :약속(約束)된 바를 어기거나 지키지 않는 것 * 違法(위법) :법률(法律) 또는 명령(命令)을 어김 * 違背(위배) :약속(約束)한 바를 어김 * 陽奉陰違	<위오중훤> 서로의 의견(意見)을 거슬러서 대립(對立)되어 시끄러운 가운데,
忤	忄(心) <거스를 오> ①거스르다, 거역하다(拒逆), 반대하다(反對) ②미워하다 ③어지럽다, 뒤섞여 갈피를 잡을 수 없다 ④섞이다	* 忤犯(오범) :웃사람의 명령을 거슬러 범함 * 忤狠(오한) :남의 뜻을 거슬러 어김 * 見忤(견오) :남에게 미움을 받음 * 忤上典猶可生 忤班下不可生 :상전은 거슬러도 아랫사람을 거슬러 살 수는 없음	
衆	血 <무리 중> ①무리(모여서 뭉친 한 동아리) ②백성(百姓), 서민(庶民) ③군신(群臣: 많은 신하), 백관(百官) ④많은 물건(物件)	* 公衆(공중) :사회(社會)를 이루는 일반(一般) 사람 * 群衆(군중) :한 곳에 무리지어 모여 있는 사람들 * 大衆(대중) :수가 많은 여러 사람 * 民衆(민중) :다수(多數)의 백성(百姓)	
喧	口 <지껄일 훤 / 의젓할 훤> ①지껄이다 ②떠들썩하다, 시끄럽다 ③어린아이가 울음을 그치지 않다 ④슬피 울다 ⑤두려워하다 ⑥의젓하다	* 喧騷(훤소) :요란(擾亂)하고 소란(騷亂)스러움 * 喧言(훤언) :①잘 지껄임 ②말을 많이 함 * 喧藉(훤자) :어떤 소문(所聞)이 퍼져서 왁자하게 됨 * 喧爭(훤쟁) :떠들면서 다투는 것	

한자	뜻	용례	풀이
煩	火 <번거로울 번 / 괴로워할 번> ①번거롭다 ②번잡하다(煩雜) ③장황하다(張皇), 어지럽다, 시끄럽다 ④성가시다 ⑤귀찮다 ⑥괴로워하다	* 煩惱(번뇌) :마음이 시달려 괴로움 * 百八煩惱 * 煩悶(번민) :마음이 답답하여 괴로워함 * 煩雜(번잡) :번거롭고 복잡(複雜)함 * 頻煩(빈번) :頻繁(빈번). 일이 매우 잦음	<번뇌망혜> 번뇌(煩惱)로 인(因)하여 마음에 수심(愁心)이 가득한 모양으로 말하길,
惱	忄(心) <번뇌할 뇌> ①번뇌하다(煩惱) ②괴로워하다, 괴로움 ③괴롭히다 ④화내다(火), 성내다 ⑤원망하다(怨望)	* 惱殺(뇌쇄) :몹시 괴롭힘 * 惱神(뇌신) :정신(精神)을 괴롭고 어지럽게 함 * 苦惱(고뇌) :①마음이 괴로움 ②괴로워하고 번뇌(煩惱)함 * 懊惱(오뇌) :뉘우쳐 한탄(恨歎)하고 번뇌(煩惱)함	
罔	罒(网) <그물 망 / 없을 망> ①그물(짐승이나 고기를 잡는 그물) ②포위망(包圍網) ③계통(系統) ④조직(組織) ⑤없다 ⑥말다 ⑦속이다	* 罔兮(망혜) :마음에 수심이 있는 모양. * 罔兮不樂 * 罔夜(망야) :밤을 새움 * 罔測(망측) :이치(理致)에 맞지 않아 헤아릴 수 없음 * 罔極(망극) :은혜(恩惠)가 너무 커서 갚을 길이 없음	
兮	八 <어조사 혜> ①어조사(語助辭) :윗말을 완화(緩和)하고 아래의 말을 강조하는 뜻으로 쓰임 ②감탄사(感歎詞)	* 兮也(혜야) :語助辭로 윗말을 緩和하고 아래의 말을 強調하는 뜻으로 쓰임. 也가 붙을 때는 종결(終結)의 뜻 * 寂兮寥兮(적혜요혜) :형체(形體)도 소리도 다 없다 * 禍兮福之所倚 :화(禍)와 복(福)은 서로 의지(依支)하고 있음	

한자	뜻	용례	풀이
鳳	鳥 <봉새 봉> ①봉새(鳳 :봉황), 봉황새(수컷) ②봉황(鳳凰) :상서(祥瑞)로움을 상징(象徵)하는 상상(想像)의 새	* 鳳凰(봉황) :전설(傳說)에 나오는 상상(想像)의 새. 성천자(聖天子)의 치정(治政)의 징조(徵兆)로 나타난다고 함. 가슴은 인(仁), 날개는 의(義), 등은 예(禮), 머리는 덕(德), 배는 신(信)의 五德을 뜻함	<봉황난붕> "봉황(鳳凰)이나 난붕(鸞鵬)처럼 큰 새는
凰	几 <봉황 황> ①봉황(鳳凰) ②봉황(鳳凰)의 암컷	* 鳳凰은 前半身은 기러기, 後半身은 기린, 목은 뱀, 꼬리는 물고기, 등은 거북, 턱은 제비, 부리는 닭을 닮고, 깃에는 오색(五色) 무늬가 있음. 봉황·용·기린·거북은 4가지 靈物(四靈)으로 알려져 있음.	
鸞	鳥 <난새 란> ①난새(鸞 :중국 전설에 나오는 상상의 새) ②천자(天子)가 타는 말고삐에 다는 방울 ③천자(天子)의 수레	* 鸞鵬(난붕) :난새. 난(鸞)은 수컷, 붕(鵬)은 암컷을 가리킴 * 鸞鳳(난봉) :①난새와 봉황(鳳凰) ②덕(德)이 높은 군자(君子)의 비유(比喩) * 鸞輿(난여) :鑾輿(난여). 임금이 타는 연(輦)을 이르는 말	
鵬	鳥 <봉새 붕> ①봉새(鵬 :대붕) ②대붕(大鵬) :하루에 구만리(九萬里)를 날아간다는 상상(想像)의 새	* 鵬鳥(붕조) :대붕 (大鵬) * 鵬圖(붕도) :큰 희망과 의도(意圖) * 鵬飛(붕비) :봉새가 날음. <比喩>사람이 크게 발전(發展)함 * 鵬程萬里(붕정만리) :봉새가 날아갈 길이 만리(萬里). <比喩> 앞길이 아주 양양(陽陽)한 장래(將來)	

한자	뜻	용례	풀이
翭	羽 <깃촉 후 / 부등깃 후> ※ [illegible]와 同 ①깃촉(새의 깃대 밑쪽의 단단한 부분) ②부등깃(갓 태어난 어린 새의 다 자라지 못한 약한 깃) ③화살촉(鏃)의 일종		<후시온서> 부등깃 날개를 가진 어린 때에는 차라리 평온(平穩)히 깃들어 있다가,
翅	羽 <날개 시> ①날개 ②(날개를)펴다, (공중을)날다 ③지느러미 ④뿐, 다만 ⑤다만 ~뿐이다, 다만 ~만이 아니라 ⑥마치다, 끝내다	* 翅膀(시방) :날개 * 馬脚翅(마각시) :편자(鞭子) * 翅鳥(시조) :하늘을 날아다니는 새 * 翅翼(시익) :날개. 새나 곤충(昆蟲)의 몸 양쪽에 붙은 날개 * 後翅(후시) :뒷날개. 곤충의 뒷가슴마디 등에 달린 날개	
穩	禾 <평온할 온 / 편안할 온> ①평온하다(平穩) ②편안하다(便安) ③안정되다(安定) ④온건하다(穩健) ⑤틀림없다 ⑥곡식을 걷어 모으다	* 穩棲(온서) :평온(平穩)히 깃듦 * 穩全(온전) :본바탕대로 고스란히 있음 * 穩當(온당) :사리(事理)에 어그러지지 않고 알맞음 * 平穩(평온) :평화롭고 안온(安穩)함. 고요하고 안온함	
棲	木 <깃들일 서> ※ 捿와 通 ①깃들이다 ②살다, 거처하다(居處) ③집, 보금자리, 침상(寢牀) ③쉬다, 휴식하다(休息) ④저장하다(貯藏)	※ <說文>棲, 鳥在巢上也 <正字通>捿與棲栖通 從棲爲正 * 棲宿(서숙) :동물(動物)이 어떠한 곳에 깃들여 사는 것 * 棲息(서식) :동물(動物)이 깃들여 삶 * 林深鳥棲(임심조서) :숲이 우거져야 새가 깃든다	

顥	頁 <클 호> ①크다 ②넓다 ③빛나다, 빛나는 모양 ④희다, 머리털이 흰 모양 ⑤하늘가의 기운(氣運)	* 顥穹(호궁) :크고도 넓은 하늘 * 顥天(호천) :구천(九天)의 하나. 서쪽 하늘	<호궁힐항> 막상 크고도 넓은 하늘에서 비등(比等)하게 오르내리고 날며 자웅(雌雄)을 가리듯이,
穹	穴 <하늘 궁> ①하늘 ②활꼴, 궁형(穹形), 궁륭형(穹窿形) ③궁하다(窮 :가난하고 어렵다) ④막다르다 ⑤깊다 ⑥크다	* 穹橋(궁교) :홍예(虹蜺)다리 * 穹壤(궁양) :하늘과 땅 * 穹豐(궁풍) :높고 큼 * 價穹(가궁) :값이 높음. 값이 비쌈 * 高穹(고궁) :활 모양으로 되어 있는 높은 대공(大空) * 蒼穹(창궁) :蒼天(창천) * 青穹(청궁) :푸른 하늘	
頡	頁 <곧은 목 힐 / 새 날아오를 힐> ①곧은 목 ②날아올라 가다 ③크다 ④겁략하다(刼掠 :폭력으로 빼앗다)(갈) ⑤삐걱거리다, 마찰하는 소리(갈)	* 頡頏(힐항) :①새가 오르내리며 날다 ②우열(優劣)을 가리기 어렵다 ③비슷하다, 비등(比等)하다 ④힘이나 세력(勢力) 따위로 서로 버티고 대항(對抗)함. 맞버팀. 拮抗(길항)	
頏	頁 <새 날아 내릴 항> ①새가 날아 내리다 ②목구멍 ③목		

冒	冂 <무릅쓸 모> ①무릅쓰다 ②나아가다 ③이기다, 견디다 ④덮다, 가리다, 씌우다, 쓰개, 모자(帽子) ⑤수의(壽衣 :죽은 사람에게 입히는 옷)	* 冒險(모험) :어떤 일을 위험(危險)을 무릅쓰고 하는 것 * 冒瀆(모독) :어떤 존재(存在)를 깎아내려 욕되게 하는 것 * 冒頭(모두) :이야기나 글의 첫머리 * 冒萬死(모만사) :만 번 죽기를 무릅씀. 어려움을 무릅씀	<모험숙고> 위험(危險)을 무릅쓰는 일은 깊이 생각에 생각을 거듭해서 결정(決定)하는 것이
險	阝(阜) <험할 험> ①험하다(險) ②높다, 험준하다(險峻) ③위태롭다(危殆) ④위험(危險) ⑤요해지(要害地) ⑥음험하다(陰險) ⑦자칫하면	* 險難(험난) :위험하고 어려움 * 險談(험담) :남을 헐뜯는 말 * 險相(험상) :험상궂게 생긴 인상(印象) * 險惡(험악) :지세(地勢)나 형세(形勢) 따위가 거칠고 사나움 * 險地(험지) :험난한 땅 * 危險(위험) :안전(安全)하지 못함	
熟	灬(火) <익을 숙> ①익다 ②여물다 ③무르익다 ④익혀서 무르게 되다 ⑤익숙하다, 숙련하다(熟鍊·熟練), 정통하다(精通) ⑥한도에 이르다	* 熟考(숙고) :곰곰이 잘 생각함. 익히 생각함. * 深思熟考 * 熟成(숙성) :충분(充分)하게 이루어짐. * 成熟(성숙) :①생물(生物)이 충분히 발육(發育)이 됨 ②어떤 현상(現象)이 무르익은 시기(時機)에 달함	
考	耂 <생각할 고 / 살필 고> ①생각하다 상고하다(詳考) ②깊이 헤아리다 ③살펴보다, 관찰하다(觀察) ④치다, 두드리다 ⑤죽은 아버지	* 考慮(고려) :깊이 생각하여 헤아림 * 先考(선고) :죽은 아버지 * 考察(고찰) :어떤 것을 깊이 생각하고 연구(研究)함 * 思考(사고) :생각하고 궁리(窮理)함. 사유(思惟) * 參考(참고) :①살펴 생각함 ②도움이 될 만한 자료로 삼음	

叮	口 <신신당부할 정> ①신신당부하다(申申當付) ②정성스럽다(精誠) ③찌르다, 벌이 쏘거나 모기가 물다 ④패옥(佩玉) 등의 소리	* 叮囑(정촉) :단단히 부탁(付託)함 * 蜂叮傷(봉정상) :벌에게 쏘인 상처(傷處)	<정녕타당> 틀림없이 사리(事理)에 맞고 온당(穩當)할 것이오." 하고는
嚀	口 <간곡할 녕> ①간곡하다(懇曲) ②간절(懇切)하고 곡진하다(曲盡 :매우 정성스럽다) ③정중(鄭重)히 당부하다(當付)	* 叮嚀(정녕) :틀림없이 꼭. 丁寧(정녕). 叮寧(정녕)	
妥	女 <온당할 타> ①온당하다(穩當) ②마땅하다, 타당하다(妥當) ③평온하다(平穩), 편안하다(便安) ④편히 앉다 ⑤(아래로)떨어지다	* 妥當(타당) :(일의 이치로 보아) 옳다. 사리(事理)에 맞아 마땅함. * 妥結(타결) :서로 좋도록 협의(協議)하여 일을 마무름 * 妥協(타협) :두 편이 서로 좋도록 협의(協議)함	
當	田 <마땅 당 / 당할 당> ①마땅, 마땅하다 ②밑바탕, 바닥 ③저당(抵當) ④갚음, 보수(報酬) ⑤(임무나 책임을)맡다 ⑥당하다(當) ⑦이, 그	* 當局(당국) :어떤 일을 담당(擔當)한 곳 * 當時(당시) :일이 생긴 그때 * 堪當(감당) :능히 맡아서 해냄 * 當身(당신) :상대편을 높여 이르는 이인칭 대명사(代名詞) * 該當(해당) :어떤 조건(條件)에 들어맞음. 꼭 맞음	

宰	宀 <재상 재> ①재상(宰相) ②주재자(主宰者) ③우두머리 ④다스리다 ⑤벼슬아치, 관원(官員) ⑥가신(家臣) ⑦도살하다(屠殺)	* 宰相(재상) :임금을 돕고 모든 관원(官員)을 다스리는 벼슬 * 宰官(재관) :官吏(관리) * 賢宰(현재) :어진 재상(宰相) * 宰臣(재신) :宰相(재상). 宰輔(재보). 宰匠(재장). 卿宰(경재) * 主宰(주재) :주장(主掌)하여 맡음 * 宰殺(재살) :죽여서 잡음	<재차현황> 재상(宰相)이 현재(現在)의 상황(狀況)을 간단(簡單)히 상소문(上疏文)으로 임금께 고(告)하기를,
箚	竹 <차자 차 / 찌를 차> ①차자(箚子: 상소문) ②공문서(公文書) ③기록(記錄)하다 ④(어떤 장소나 시간에) 닿다 ⑤찌르다	* 箚子(차자) :신하(臣下)가 임금에게 사실만을 간략히 적어 올리던 간단한 서식(書式)의 상소문(上疏文). * 駐箚(주차) :외교(外交) 대표(代表)로서 외국(外國)에 관리(官吏)가 직무상(職務上) 주재(駐在)함	
現	玉 <나타날 현> ①나타나다 ②드러내다 ③실재(實在) ④현금(現今), 곧, 지금(只今) ⑤당장(當場), 그 자리에서 ⑥즉흥적으로	* 現況(현황) :현재(現在)의 상황(狀況)이나 형편(形便) * 現象(현상) :눈 앞에 나타나 보이는 사물(事物)의 형상(形狀) * 現實(현실) :현재(現在)의 사실(事實)이나 형편(形便) * 現在(현재) :지금 이때. 지금 살아 있는 이 세상(世上)	
況	氵(水) <상황 황 / 하물며 황> ①상황(狀況), 정황(情況) ②형편(形便) ③하물며, 더군다나, 게다가 ④더욱 더 ⑤비유(比喩·譬喩)로써 설명하다	* 況且(황차) :又況(우황). 況旀(황며: 吏讀). 하물며 * 不況(불황) :경기(景氣)가 좋지 못함 ↔ 好況(호황) * 狀況(상황) :어떤 일이 되어 가는 상태(狀態)나 형편(形便) * 情況(정황) :사정(事情)과 상황(狀況)	

0901 / 0902 / 0903 / 0904

諜	言 <염탐할 첩> ①염탐하다(廉探) ②염탐꾼(廉探軍) ③안심하다(安心), 편안(便安)히 하다 ④기록(記錄) ⑤말이 잇닿다(섭)	* 諜報(첩보) :상대방의 정보나 형편을 탐지(探知)하여 보고함 * 諜者(첩자) :間諜(간첩). 間者(간자) * 諜知(첩지) :적국(敵國)의 내정을 염탐(廉探)해서 알아냄 * 間諜(간첩) :상대의 정보를 탐지하여 자기편에 알리는 사람	<첩수후훙> "염탐(廉探)하여 말을 전(傳)하는 바에 의하면, 제후(諸侯)가 죽었다고 하는데,
謏	言 <말 전할 수> ①말을 전하다(傳) ②직접 자기 입으로 말을 전하는 일		
侯	亻(人) <제후 후 / 과녁 후> ①제후(諸侯) ②임금 ③후작(侯爵 :다섯 爵位 중 둘째 작위) ④과녁 ⑤오직 ⑥어찌 ⑦아름답다	* 諸侯(제후) :봉건시대(封建時代)에 일정한 영토를 가지고 그 영내(領內)의 인민을 지배하는 권력을 가진 사람 * 公侯(공후) :공작(公爵)과 후작(侯爵) * 列侯(열후) :천자(天子)에게 조공(朝貢)을 하는 나라의 임금	
薨	⺿(艸·草) <죽을 훙 / 훙서 훙> ①죽다, 훙서하다(薨逝 :제후가 죽다) ②죽이다 ③무너지는 소리 ④많다, 무리(횡) ⑤빠르다, 날다(횡)	* 薨逝(훙서) :薨御(훙어). 薨去(훙거). 임금이나 왕족(王族), 또는 높은 귀족(貴族) 등의 죽음을 높이어 이르는 말	

叛	又 <배반할 반> ①배반하다(背反·背叛), 배반(背反·背叛), 배반자(背反者) ②떨어지다, 둘이 되다 ③달아나다 ④어긋나다 ⑤어지럽히다	* 叛徒(반도) :반란(叛亂)을 꾀하거나 거기에 참여한 무리 * 叛逆(반역) :反逆(반역). 배반(背反)하여 반역(叛逆)을 꾀함 * 叛亂(반란) :반역(叛逆)하여 난리(亂離)를 꾸밈 * 背叛(배반) :배반(背反). 신의(信義)를 등지고 저버림	<반도범궐> 반란(叛亂)을 꾀하는 무리가 대궐(大闕)을 침범(侵犯)하여
徒	彳 <무리 도 / 걸을 도 / 헛될 도> ①무리, 동아리 ②동류(同類) ③제자(弟子), 문하생(門下生) ④걸어다니다, 보행하다(步行) ⑤헛되다, 보람없다	* 徒步(도보) :타지 아니하고 걸어감 * 徒消(도소) :헛되이 씀 * 徒勞(도로) :보람 없이 애씀. 헛되이 수고함 * 教徒(교도) :信徒(신도). 종교(宗教)를 믿는 사람이나 그 무리 * 門徒(문도) :스승의 가르침을 받는 사람	
犯	犭(犬) <범할 범> ①범하다(犯), 침범하다(侵犯) ②저촉하다(抵觸) ③(법을)어기다 ④여자를 욕보이다 ⑤해치다 ⑥죄(罪), 범인(犯人)	* 犯闕(범궐) :대궐(大闕)을 침범(侵犯)함 * 犯罪(범죄) :죄(罪)를 저지름. 또는 저지른 죄(罪) * 侵犯(침범) : 남의 영토(領土) 따위를 침노(侵擄)하여 범함 * 邪不犯正(사불범정) :삿됨으로 바른 것을 범(犯)하지 못함	
闕	門 <대궐 궐 / 궐할 궐> ①대궐(大闕), 대궐문(大闕門) ②조정(朝廷) ③궐하다(闕 :마땅히 해야 할 일을 빠뜨리다) ④흠 ⑤이지러지다	* 闕席(궐석) :缺席(결석). 출석(出席)하지 아니함 * 闕失(궐실) :실수(失手)나 부주의(不主意)로 인한 잘못 * 宮闕(궁궐) :大闕(대궐). 임금이 거처(居處)하는 집 * 補闕(보궐) :補缺(보결). 빈 자리를 채움	

奚	大 <어찌 해> ①어찌, 왜 ②무슨, 무엇, 어떤 ③어디, 어디에서, 어느 곳 ④종, 하인(下人)	* 奚若(해약) :여하(如何). 어찌 * 奚特(해특) :어찌 특(特)히 * 奚必(해필) :다른 방도를 취(取)하지 아니하고 어찌 꼭 * 女奚(여해) :여자종	<해찬시야> 어찌 임금을 죽이고 그 자리를 빼앗는단 말입니까?
簒	竹 <빼앗을 찬> ①빼앗다 ②강탈하다(強奪) ③붉은 끈	* 簒弑(찬시) :아랫사람이 임금의 자리를 빼앗고 죽임. * 簒奪(찬탈) :신하(臣下)가 임금 자리를 빼앗음. 찬위(簒位) * 簒逆(찬역) :임금의 자리를 빼앗으려고 하는 반역(叛逆) * 簒立(찬립) :신하가 임금의 자리를 빼앗아 그 자리에 섬	
弑	弋 <윗사람 죽일 시> ①윗사람을 죽이다 ②죽이다	* 弑殺(시살) :弑逆(시역). 부모(父母)나 임금을 죽임 * 弑害(시해) :부모(父母)나 임금을 죽이는 일 * 叛弑(반시) :배반(背叛)하여 시해(弑害)함 * 簒弑之變(찬시지변) :임금을 죽이고 그 자리를 빼앗는 괴변	
耶	耳 <어조사 야> ①어조사(語助辭) ②어세(語勢)를 돕는 조사(助詞) ③의문조사(疑問助詞), ~그런가? ④아버지(爺) ⑤야소교(耶蘇敎)	* 耶教(야교) :耶蘇敎(야소교). 예수교 * 耶許(야허) :힘을 합할 때 일제(一齊)히 내는 소리 * 有耶無耶(유야무야) :흐지부지한 모양(模樣) * 千耶萬耶(천야만야) :천 길이나 만 길이 되는 듯함	

蹂	足 <밟을 유> ①밟다, 짓밟다 ②물을 뿌려서 축이다, 축축하게 만들다 ③빠르다	* 蹂躪(유린) :蹂躙(유린). 蹂蹸(유린) ①함부로 짓밟음 ②압제(壓制)를 가(加)해 자유(自由)를 속박(束縛)함 ③폭력(暴力)을 써 남의 권리(權利)를 침해(侵害)함	<유린인준> 밟으면 지렁이도 꿈틀하거늘,
躪	足 <짓밟을 린> ①짓밟다 ②유린하다(蹂躪·蹂躙·蹂蹸) ③(수레가)짓밟고 지나가다 ④수레바퀴의 자국	* 蹋躪(답린) :짓밟음 * 人權蹂躪(인권유린) :인권(人權)을 침해(侵害)하는 일 * 入門蹂躪(입문유린) :조선(朝鮮) 시대에, 과거(科擧) 응시자(應試者)가 아닌 사람이 과장(科場)에 들어가던 일	
蚓	虫 <지렁이 인> ①지렁이 :빈모강(貧毛綱)의 환형동물(環形動物)을 통틀어 이르는 말	* 蚯蚓(구인) :지렁이 * 螼蚓(근인) :지렁이. 堅蚕(견잠) * 蚯蚓泥(구인니) :지렁이의 똥 * 海蚓(해인) :갯지렁이 * 莫誣蚯蚓踐亦發動(막무구인천역발동) :<俗>지렁이도 밟으면 꿈틀한다. 相彼蚯蚓踐之則蠢(상피구인천지즉준)	
蠢	虫 <꿈틀거릴 준> ①꿈틀거리다, 꾸물거리다 ②어리석다 ③조잡하다(粗雜) ④작은 모양 ⑤불손하다(不遜), 예의(禮儀)가 없는 모양	* 蠢動(준동) :蠢爾(준이). 벌레 따위가 꿈적거린다는 뜻으로, 불순(不順)한 세력(勢力)이나 무리가 법석을 부리는 것 * 蠢然(준연) :꿈질거리는 모양이 굼뜸 * 蠢蠕(준연) :꿈틀거림 * 愚蠢(우준) :어리석고 민첩(敏捷)하지 못함	

焉	灬(火) <어찌 언 / 어조사 언> ①어찌, 어떻게 ②어디, 어디에 ③이에, 이(지시 대명사) ④~보다 더 ⑤~느냐? ⑥~도다! ⑦~와 같다 ⑧어조사	* 於焉(어언) :벌써, 어느새 * 於焉間(어언간) :어느덧 * 焉敢(언감) :어찌 감(敢)히. 감(敢)히 하지 못함을 뜻함 * 焉敢生心(언감생심) :어찌 감히 그런 마음을 먹을 수 있으랴 * 吾不關焉(오불관언) :나는 그 일에 상관(相關)하지 아니함	<언감첩방> 어찌 감(敢)히 번번이 방해(妨害)를 한단 말입니까?
敢	攵(攴) <구태여 감 / 감히 감> ①구태여(忍爲) ②감히(敢), 감(敢)히 하다, 감행하다(敢行) ③함부로 ④용맹스럽다(勇猛) ⑤우렁우렁하게 큰소리로	* 敢然(감연) :결단(決斷)하여 실행(實行)하는 모양(模樣) * 敢行(감행) :어려움을 무릅쓰고 용감(勇敢)하게 행(行)함 * 果敢(과감) :결단성(決斷性) 있고 용감하게 행동(行動)함 * 勇敢(용감) :씩씩하고 겁이 없으며 기운(氣運)참	
輒	車 <번번이 첩 / 문득 첩> ①번번이 ②늘, 언제나, 항상(恒常) ③오로지 ④문득 ⑤쉽게 ⑥직립하다 ⑦수레 양쪽에 두르는 휘장(揮帳)	* 動輒得謗(동첩득방) :무엇을 할 때마다 남에게 비난을 받음 * 逢人輒說(봉인첩설) :만나는 사람마다 소문(所聞)을 퍼뜨림 * 應口輒對(응구첩대) :묻는 대로 지체(遲滯) 없이 대답함 * 一覽輒記(일람첩기) :한 번 보면 잊지 아니함	
妨	女 <방해할 방> ①방해하다(妨害), 거리끼다, 헤살을 놓다 ②순조롭지 못하게 방해되다(妨害) ③장애(障礙), 방해(妨害), 거리끼는 일	* 妨害(방해) :남의 일에 헤살을 놓아 해를 끼침 * 妨礙(방애) :妨碍(방애). 막아 거리끼게 함 * 無妨(무방) :①괜찮음 ②해(害)롭지 않음 ③거리낄 것 없음 * 也自無妨(야자무방) :괜찮음. 해(害)롭지 않음	

侃	亻(人) <강직할 간 / 굳셀 간> ①강직하다(剛直) ②굳세다 ③화락하다(和樂) ④조용하다, 안온하다(安穩 :조용하고 편안하다) ⑤안락(安樂)한 모양	* 侃侃(간간) :성품이나 행실 따위가 꼿꼿하고 굳셈 * 侃諤(간악) :성격(性格)이 곧아 굽히지 않고 바른말을 함 * 侃侃諤諤(간간악악) :간악(侃諤)을 강조하여 이르는 말. 즉, 성격이 곧아 거리낌 없이 바른말을 함	<간정빈탄> 물리쳐서 모조리 없애버릴 것을 강직(剛直)하게 간(諫)하나이다" 하고
証	言 <간할 정 / 증거 증> ①간하다(諫 :웃어른이나 임금에게 옳지 못하거나 잘못된 일을 고치도록 말하다) ②증거(證據)(증) ③증상(症狀)(증)	* 別証(별증) :어떤 병을 앓는 동안에 함께 딸려서 생기는 다른 증세(症勢). (病症과 관련된 경우 '証'을 쓰기도 하나, '症'으로 쓰는 것이 맞다)	
擯	扌(手) <물리칠 빈> ①물리치다 ②배척하다(排斥) ③인도하다(引導), 인도(引導)하는 사람	* 擯却(빈각) :擯斥(빈척). 싫어하여 아주 물리쳐 버림 * 擯介(빈개) :손님과 주인 사이에 서서 주선하여 주는 사람 * 排擯(배빈) :밀어냄. 밀어내어 물리침 * 擯不與言(빈불여언) :아주 배척(排斥)해 버리고 말도 아니 함	
殫	歹(歺) <다할 탄> ①다하다 ②쓰러지다, 쓰러뜨리다 ③두루	* 殫竭(탄갈) :殫盡(탄진). 마음이나 힘을 남김없이 다함 * 殫擧(탄거) :빠짐없이 다 들어 말함 * 彰善殫惡(창선탄악) :착한 일을 칭찬하여 드러내고 악(惡)한 일을 징벌(懲罰)하여 없앰	

涕	氵(水) <눈물 체> ①눈물 ②울다 ③눈물을 흘리며 울다	* 涕泣(체읍) :눈물을 흘리며 욺 * 鼻涕(비체) :콧물 * 感涕(감체) :깊이 감격하여 눈물을 흘림 * 破涕(파체) :눈물을 거둔다는 뜻으로, 슬픔을 기쁨으로 돌리어 생각함	<체현간쟁> 눈물을 줄줄 흘리면서 임금께 힘써 간언(諫言)을 하였다.
泫	氵(水) <이슬 빛날 현> ①이슬이 빛나다 ②듣다(이슬이 내리다) ③이슬이 내리는 모양 ③눈물 흘리다 ④눈물을 흘리는 모양	* 涕泫(체현) :눈물이 줄줄 흐름 * 泫泫(현현) :눈물을 줄줄 흘림 * 泫然(현연) :눈물이 줄줄 흐르는 모양(模樣) * 泫沄(현운) :물이 솟아서 흘러 나오는 모양(模樣)	
諫	言 <간할 간> ①간하다(諫 :웃어른이나 임금에게 옳지 못하거나 잘못된 일을 고치도록 말하다) ②간하는 말 ③헐뜯다	* 諫諍(간쟁) :간쟁(諫爭). 임금의 옳지 못한 처사(處事)나 과오(過誤)에 대하여 힘써 간언(諫言)하는 것 * 諫言(간언) :(임금이나 윗사람에게) 간(諫)하는 말 * 箴諫(잠간) :훈계(訓戒)하여 간(諫)하는 것	
諍	言 <간할 쟁> ①간하다(諫) ②간(諫)하는 말이나 글 ③송사하다(訟事) ④다투다	* 諍亂(쟁란) :騷亂(소란). 야단스럽고 시끄러움 * 諍臣(쟁신) :임금의 잘못을 바른말로 간하는 신하(臣下) * 諍友(쟁우) :친구(親舊)의 잘못을 바로잡고자 극력(極力) 충고(忠告)하는 벗	

干	干 <방패 간 / 범할 간 / 줄기 간> ①방패(防牌·旁牌) ②막다, 방어하다(防禦) ③범하다(犯), 간여하다(干與) ④줄기 ⑤몸, 중요(重要)한 부분(部分)	* 干戈(간과) :①창과 방패(防牌) ②무기(武器)의 총칭(總稱) ③싸움 또는 전쟁(戰爭) * 干涉(간섭) :①남의 일에 이래라저래라 참견(參見)하는 것 * 若干(약간) :정도(程度)나 양 따위가 얼마 되지 아니함	<간과궁시> 창(槍)과 방패, 그리고 활과 화살 등(等)의 병장기(兵仗器)를
戈	戈 <창 과> ①창(槍 :무기의 하나) ②전쟁(戰爭), 싸움 ③과법(戈法 :필법(筆法)의 하나)	* 戈甲(과갑) :창과 갑옷(甲) * 戈兵(과병) :武器(무기). 전쟁(戰爭)에 쓰이는 온갖 기구(機具) * 兵戈(병과) :싸움에 쓰는 창. 무기(武器), 전쟁(戰爭)을 말함 * 盾戈(순과) :방패(防牌)와 창(槍)	
弓	弓 <활 궁> ①활(화살을 메워서 쏘는 기구) ②궁술(弓術) ③활 모양 ④구부정하게 하다 ⑤활의 길이 ⑥여덟 자(尺)	* 弓矢(궁시) :①활과 화살 ②무기 ③무도(武道) ④전쟁(戰爭) * 弓家(궁가) :돌담 지붕 * 角弓(각궁) :쇠뿔이나 양뿔 등(等)으로 꾸민 활 * 驚弓之鳥(경궁지조) :화살에 놀란 새는 구부러진 나무에도 놀람	
矢	矢 <화살 시> ①화살 ②산가지(算 :수효를 셈하는 데에 쓰던 막대기) ③벌여놓다 ④곧다, 똑바르다 ⑤맹세하다(盟誓)	* 矢服(시복) :矢箙(시복). 화살집. 화살을 넣는 통 * 流矢(유시) :빗나간 화살. 누가 쏘았는지 모르는 화살 * 嚆矢(효시) :전쟁터에서 우는 화살을 쏘아 개전(開戰)의 신호(信號)로 삼다라는 뜻으로, 모든 일의 시초(始初)	

한자	뜻	용례	풀이
塹	土 <구덩이 참> ①구덩이(땅이 움푹하게 파인 곳) ②(땅을)파다 ③해자(垓子 :성 밖을 둘러싼 못) ④낮다(점) ⑤평평하다(점)	* 塹壕(참호) :①성(城)둘레의 구덩이 ②야전(野戰)에서 땅에 판 좁고 긴 흠. 호참(壕塹). 참호(塹濠) * 天塹(천참) :강하(江河) 따위로 이루어진 천연(天然)으로 된 요새지(要塞地)	<참호안배> 성(城) 둘레의 참호(塹壕)에 알맞게 잘 배치(配置)하여
壕	土 <해자 호> ①해자(垓子 :성 밖을 둘러싼 못) ②도랑(매우 좁고 작은 개울)	* 城壕(성호) :해자(垓子) * 交通壕(교통호) :참호(塹壕) 사이를 서로 잇는 통로용 호(壕) * 待避壕(대피호) :적의 공습(空襲)을 피하기 위한 땅위의 구덩이 * 防空壕(방공호) :공습(空襲)을 피하기 위한 땅속에 파놓은 굴	
按	扌(手) <누를 안 /어루만질 안> ①누르다, 억누르다 ②어루만지다, 쓰다듬다 ③잡아당기다 ④살피다, 생각하다 ⑤맥을 짚다	* 按排(안배) :안배(按配). 제 차례(次例)나 제자리에 알맞게 몫몫이 갈라 붙이거나 벌여 놓음. 몫 나누기 * 按摩(안마) :몸의 근육(筋肉)을 두드리거나 주무르거나 함 * 按酒(안주) :술을 마실 때 곁들여 먹는 고기나 나물 따위	
排	扌(手) <밀칠 배 / 풀무 배> ①밀치다, 밀어내다, 밀어젖히다 ②물리치다, 배척하다(排斥) ③늘어서다, 차례(次例)로 서다 ④풀무(煽風用 器具)	* 排定(배정) :여러 군데로 별러서 벌여 놓음 * 排除(배제) :어느 범위(範圍)나 영역(領域)에서 제외(除外)함 * 排斥(배척) :반대(反對)하여 내침 * 排出(배출) :불필요한 물질(物質)을 밀어서 밖으로 내보냄	

한자	뜻	용례	풀이
僞	亻(人) <거짓 위> ①거짓 ②속이다 ③작위(作爲 :의식적으로 꾸며서 하는 행위) ④그릇 되게 바뀌다 ⑤그런 양 나타내 보이다	* 僞裝(위장) :본래의 모습이 드러나지 않도록 거짓으로 꾸밈 * 僞善(위선) :본심(本心)이 아니라 겉으로만 하는 착한 일 * 眞僞(진위) :정말과 거짓말. 진짜와 가짜 * 虛僞(허위) :없는 사실(事實)을 거짓으로 꾸밈	<위장엄폐> 거짓을 실지(實地)처럼 가장(假裝)하기도 하고, 또는 보이지 않도록 가려서 숨기고는
裝	衣 <꾸밀 장> ①꾸미다 ②치장하다(治粧) ③화장하다(化粧) ④행장(行裝), 옷차림, 의복(衣服), 짐보따리 ⑤꾸밈, 장식(裝飾)	* 裝備(장비) :갖추어 장식(裝飾)함. 꾸미어 갖춤 * 裝置(장치) :어떤 기능(機能)을 할 수 있도록 차리어 둠 * 武裝(무장) :전투(戰鬪)를 할 수 있도록 차린 장비(裝備) * 包裝(포장) :물건(物件)을 싸서 꾸림	
掩	扌(手) <가릴 엄> ①가리다, 보이지 않게 하다 ②숨기다 ③엄습하다(掩襲), 불의에 습격하다 ④비호하다(庇護), 감싸다 ⑤(문을)닫다	* 掩蔽(엄폐) :보이지 않도록 가려서 숨김. 掩諱(엄휘) * 掩塞(엄색) :①덮어 막음 ②들씌워 막음 * 掩護(엄호) :적의 공격(攻擊)으로부터 자기편(自己便)의 행동(行動)이나 시설(施設) 따위를 보호(保護)함	
蔽	++(艸·草) <덮을 폐> ①덮다 ②가리다, 가려서 막다 ③어둡다 ④숨기다 ⑤속이다 ⑥싸다 ⑦포괄하다(包括)	* 隱蔽(은폐) :가리어 숨김. 덮어 감춤 * 遮蔽(차폐) :가려 막아 덮음. 엄폐(掩蔽) * 蔽一言(폐일언) :이러니저러니 할 것 없이 한 마디로 말함 * 一言以蔽之(일언이폐지) :한 마디 말로 능히 그 뜻을 다함	

한자	뜻	용례	풀이
摣	扌(手) <잡을 사> ①잡다 ②움켜쥐다 ③손가락으로 집다 ④거머쥐다(握取)(차) ⑤후려칠 차(搏撮)(차)	* 摣取(사취) :손으로 집어서 건져냄 <廣雅釋詁一>摣取也南楚之間 凡取物溝泥中 * 摣叉(사차) :<廣雅>摣取也又云摣叉	<사필간취> 창(槍)의 자루를 거머쥐고 취약(脆弱)한 곳을 엿보는 한편,
鉍	金 <창자루 필> ①창(槍) 자루(끝에 달린 손잡이)(矛柄)		
瞯	目 <엿볼 간 / 지릅뜰 한> ①엿보다(覘覗) ②지릅뜨다(고개를 수그리고 눈을 치올려서 뜨다)(한) ③곁눈질(한) ④흰자위가 많은 눈(한) ⑤백안(白眼)(한)	* 瞯然(간연) :①곁눈질하는 모습 ②대단히 화가 난 모양	
脆	月(肉) <연할 취> ①연하다(軟 :재질이 무르고 부드럽다) ②무르다 ③부드럽다 ④가볍다	* 脆怯(취겁) :약해서 쓰일 데가 없는 것 * 脆弱(취약) :①무르고 약함 ②가냘픔 * 勁脆(경취) :단단함과 연약함. 서로 상반됨을 이르는 말 * 軟脆(연취) :軟弱(연약). 연하고 약(弱)함	

한자	뜻	용례	풀이
彊	弓 <굳셀 강> ①굳세다 ②굳다, 굳어지다 ③힘쓰다 ④억지로, 억지로 시키다 ⑤돕다 ⑥서로 따르는 모양 ⑦힘이 센 활	* 彊弩(강노) :强弩(강노). 센 쇠뇌. * 彊求(강구) :구(求)하기 힘든 것을 억지로 구(求)함. 强求 * 彊記(강기) :强記(강기) * 彊禦(강어) :强禦(강어) * 自彊不息(자강불식) :自强不息(자강불식)	<강노저백> 센 쇠뇌는 일당백(一當百)의 적(敵)을 노리고 있는 가운데
弩	弓 <쇠뇌 노> ①쇠뇌(여러 개의 화살이나 돌을 잇따라 쏘는 큰 활) ②힘쓰다	※ 쇠뇌 :여러 개의 화살이나 돌을 잇달아 쏘는 큰 활. * 弩末之勢(노말지세) :큰 활 끝의 힘이란 뜻으로, 건잡을 수 없이 튕겨져 나오는 세력(勢力) * 强弩之末(강노지말) :아무리 강(强)한 힘도 결국 쇠퇴(衰退)함	
狙	犭(犬) <원숭이 저 / 엿볼 저> ①(긴팔)원숭이 ②교활하다(狡猾) ③속이다 ④찾다 ⑤엿보다 ⑥노리다	* 狙擊(저격) :어떤 대상(對象)을 노리고 겨냥하여 치거나 총(銃)을 쏘는 것 * 狙擊手(저격수) :적의 대상(對象)을 저격(狙擊)하기 위하여 뽑힌 우수(優秀)한 사수(射手)	
佰	亻(人) <일백 백> ①일백(百) ②백 사람의 어른(百人長) ③우두머리 ④밭두둑, 밭두렁(밭이랑의 두둑한 부분)(맥) ⑤거리(距離)(맥)	* 什佰(십백) :열 사람 백 사람 * 什佰之器(십백지기) :열 사람 백 사람의 그릇이란 뜻으로, 보통 사람들보다 열 배 백 배 이상 뛰어난 기량(器量)	

한자	뜻	용례	요약
彎	弓 <굽을 만 / 활 당길 만> ①굽다 ②(활을)당기다 ③화살을 활시위에 메다	* 彎弦(만현) :활의 시위를 당김 * 彎弓(만궁) :활을 잡아당김 * 彎曲(만곡) :활처럼 휘우듬하게 굽음 * 彎月(만월) :구붓하게 이지러진 달. 초승달이나 그믐달 * 彎入(만입) :灣入(만입). 해안선이 육지 쪽으로 휘어듦	<만현필효> 시위를 당겨서 활을 쏘니 화살 우는 소리가 나면서 개전(開戰)을 알리매,
弦	弓 <활시위 현> ①활시위(활대에 걸어서 켕기는 줄), 시위 ②악기(樂器)줄 ③초승달 ④직각 삼각형의 사변 ⑤맥박(脈搏)이 빠르다	* 弦樂(현악) :絃樂(현악). 줄 풍류(風流) * 弓弦(궁현) :활시위. 활대에 걸어서 켕기는 줄 * 上弦(상현) :달의 지름이 위로, 둥근 부분이 아래로 됨 * 下弦(하현) :달의 지름이 아래로, 둥근 부분이 위로 됨	
彃	弓 <쏠 필> ①쏘다 ②활을 쏘다 ③활시위(활대에 걸어서 켕기는 줄)	* 彃日(필일) :태양을 쏘다 <楚辭>羿焉彃日 烏焉解羽(예언필일 오언해우) :예(羿)는 어이해 태양을 쏘았는가? 까마귀는 어이해 깃털을 떨어뜨렸을꼬?	
嚆	口 <울릴 효> ①울리다, (소리가)나다 ②울다 ③외치다, 부르짖다	* 嚆矢(효시) :전쟁터(戰爭)에서 우는 화살을 쏘아 개전(開戰)의 신호(信號)로 삼다라는 뜻으로, 모든 일의 시초(始初)를 뜻함 화살의 하나	

한자	뜻	용례	요약
銃	金 <총 총> ①총(銃) ②총을 쏘다 ③도끼 자루 구멍 ④우렛소리(천둥소리) ⑤(말로)대들다	* 銃砲(총포) :소총(小銃)과 대포(大砲) * 銃擊(총격) :총으로 쏨 * 銃器(총기) :소총(小銃)·권총(拳銃) 등(等)의 병기(兵器) * 銃聲(총성) :총소리. 총을 쏠 때에 나는 소리 * 小銃(소총) :휴대(携帶)할 수 있는 작은 화기(火器)의 총(銃)	<총포탄환> 총(銃)과 포(砲)의 총탄(銃彈)과 포탄(砲彈)이 날아가서
砲	石 <대포 포 / 돌쇠뇌 포> ①대포(大砲) ②포로 공격하다(攻擊) ③돌쇠뇌(여러 개의 화살이나 돌을 잇따라 쏘는 큰 활), 돌쇠뇌에서 쏘는 돌	* 砲門(포문) :화포(火砲)의 탄환(彈丸)이 나가는 아구리 * 砲手(포수) :①총으로 짐승 잡는 사냥꾼 ②대포 쏘는 군인 * 大砲(대포) :커다란 탄환(彈丸)을 멀리 내 쏘는 큰 화기 * 發砲(발포) :총포(銃砲)를 쏨	
彈	弓 <탄알 탄 / 튕길 탄> ①탄알(彈) ②탄알을 쏘는 활 ③튀기다, 튕기다 ④악기를 타다, 연주(演奏) ⑤열매, 과실(果實) ⑥탄핵하다(彈劾)	* 彈丸(탄환) :총포(銃砲)에서 발사(發射)되는 단단한 발사체(發射體). 탄두(彈頭). 탄알, 총알. * 彈劾(탄핵) :죄상(罪狀)을 조사(調査)하여 꾸짖음 * 彈壓(탄압) :함부로 을러대고 강권(强權)으로 억누름	
丸	丶 <둥글 환 / 알 환> ①둥글다 ②둥글게 하다 ③알, 새의 알 ④탄알(彈) ⑤방울 ⑥환약(丸藥), 환약을 세는 단위(單位)	* 丸藥(환약) :丸劑(환제). 작고 둥글게 만든 알약 * 丸衣(환의) :환약(丸藥)의 겉에 입힌 가루 * 丸玉(환옥) :보통 끈에 꿸 수 있게 구멍이 뚫린 둥근 옥 * 投丸(투환) :포환(砲丸) 던지기	

한자	뜻	용례	요약
電	雨 <번개 전> ①번개 ②전기, 전류 ③전화, 전보 ④번쩍이다, 빛나다 ⑤빠르다 ⑥빠름의 비유(比喩·譬喩)	* 電光石火(전광석화) :번갯불이나 부싯돌의 불이 번쩍이는 것처럼, 몹시 짧은 시간이나 몹시 재빠른 동작 * 電擊(전격) :번개와 같이 갑자기 들이 침 * 電氣(전기) :물질 내 전자(電子)의 이동으로 생기는 에너지	<전광석화> 번갯불이 번쩍하고 부싯돌의 불이 튀듯이 짧은 동안에 신속(迅速)하게
光	儿 <빛 광> ①빛, 어둠을 물리치는 빛 ②빛깔, 번쩍거리는 빛 ③세월(歲月) ④경치(景致), 풍경(風景) ⑤명예(名譽), 영예(榮譽)	* 光線(광선) :빛이 지나가는 선(線). 빛, 빛살 * 光陰(광음) :해와 달. <比喩>흘러가는 시간(時間), 세월(歲月) * 觀光(관광) :돌아다니며 구경하는 것 * 榮光(영광) :어려운 일을 해냈을 때의 빛나는 영예(榮譽)	
石	石 <돌 석> ①돌 ②돌팔매 ③돌비석(碑石) ④숫돌 ⑤굳다 ⑥쓸모없음을 나타내는 말 ⑦섬(10말. 용량 단위) ⑧무게의 단위	* 石火(석화) :돌을 쳤을 때 번쩍 일어나는 불처럼, 몹시 짧은 시간이나 눈 깜짝할 사이. * 一石二鳥(일석이조) :한 개의 돌로 두 마리의 새를 잡음. 하나의 일을 해서 둘의 이익(利益)을 얻음	
火	火 <불 화> ①불, 열(熱)과 빛(光) ②불타다, 불태우다 ③화재(火災) ④긴급(緊急)함의 비유(比喩·譬喩), 급하다(火急)	* 火急(화급) :매우 급함 * 火山(화산) :용암이 분출하는 산 * 火災(화재) :불이 나는 재앙(災殃), 불로 인한 재난(災難) * 飛火(비화) :①튀는 불똥 ②영향(影響)이 다른 데까지 번짐 * 風前燈火(풍전등화) :바람 앞의 등불. <比喩>위태롭고 급함	

한자	뜻	용례	요약
爆	火 <터질 폭> ①(불이)터지다 ②폭발하다 ③불사르다(불에 태워 없애다) ④불길이 세다 ⑤튀기다 ⑥(불로)지지다(박)	* 爆破(폭파) :폭약(爆藥)을 폭발(爆發)시켜 부수어 버림 * 爆彈(폭탄) :폭약(爆藥)을 暴發시켜 인명살상(人命殺傷)이나 건축물(建築物)을 파괴(破壞)하는 무기(武器) * 爆發(폭발) :불이 일어나며 갑작스럽게 터짐	<폭파표적> 목표(目標)로 삼은 과녁을 폭발(爆發)시켜 부수어버려서
破	石 <깨뜨릴 파> ①깨뜨리다, 깨다 ②부수다, 파괴하다(破壞) ③패배시키다(敗北) ④쪼개지다, 갈라지다 ⑤흩뜨리다 ⑥(일을)망치다	* 破壞(파괴) :깨뜨리어 헐어 버림 * 破綻(파탄) :①찢어지고 터짐 ②일이 중도(中途)에서 그릇됨 * 突破(돌파) :무찔러 깨뜨림. 뚫어 깨뜨림 * 破廉恥(파렴치) :염치를 모름. 몰염치(沒廉恥), 뻔뻔스러움	
標	木 <표할 표 / 우듬지 표> ①표(標)를 하다, 표(標 :다른 사물과 분간할 수 있도록 하는 특징) ②표하다(表), 나타내다 ③적다 ④높은 나뭇가지	* 標的(표적) :①목표(目標)가 되는 과녁 ②목적(目的) * 標準(표준) :타(他)의 규범(規範)이 되는 준칙(準則) * 目標(목표) :目的을 위해 實際的 對象으로 삼는 것 * 指標(지표) :방향(方向)을 가리키는 표지(標識)	
的	白 <과녁 적> ①과녁 ②목표(目標), 표준(標準) ③사물의 행하는 기준(基準) ④요점(要點) ⑤적실하다(的實) ⑥분명하다(分明) ⑦~의	* 的中(적중) :①과녁을 맞힘 ②목표(目標)에 꼭 들어맞음 * 的實(적실) :틀림없이 확실(確實)함, 꼭 그러함 * 的確(적확) :확실(確實)함, 틀림이 없음 * 具體的(구체적) :실체(實體)를 갖추고 가지고 있는 모양	

攪	扌(手) <흔들 교 / 어지러울 교> ①흔들다 ②어지럽다, 어지럽히다 ③휘젓다 ④고루 섞다 ⑤반죽하다 ⑥방해하다(妨害), 훼방을 놓다	* 攪亂(교란) :뒤흔들어서 어지럽게 함 * 攪拌(교반) :휘저어 한데 섞음. * 攪拌機(교반기) * 攪車(교거) :씨아. 목화(木花)의 씨를 빼는 기구(器具)	<교란적진> 전군(敵軍)의 진영(陣營)을 뒤흔들어 어지럽게 하고는,
亂	乙 <어지러울 란> ①어지럽다 ②어지럽히다 ③음란하다(淫亂) ⑤무도하다(無道), 함부로, 마구잡이 ⑥난리(亂離), 반란(叛亂·反亂)	* 搖亂(요란) :시끄럽고 어지러움. 요양(擾攘) * 淫亂(음란) :음탕(淫蕩)하고 난잡(亂雜)함 * 混亂(혼란) :갈피를 잡을 수 없이 어지러움 * 一絲不亂(일사불란) :한 오라기의 실도 흐트러지지 않음	
敵	攵(攴) <대적할 적 / 원수 적> ①대적하다(對敵) ②겨루다 ③맞서다 ④대등하다(對等), 필적하다(匹敵), 짝 ⑤거역하다(拒逆) ⑥원수(怨讐) ⑦상대방	* 敵陣(적진) :①적의 진지 ②적군(敵軍)의 진영(陣營) * 敵對(적대) :마주 대(對)하여 버팀 적으로 여김 * 敵對視 * 敵愾心(적개심) :적을 미워하며 분개(憤慨)하는 심정(心情) * 衆寡不敵(중과부적) 많은 수효(數爻)를 적은 수효로 對敵 못함	
陣	阝(阜) <진칠 진> ①진(陣)을 치다 ②진(陣), 진영(陣營), 대열(隊列), 줄 ③무리 ④방비(防備) ⑤싸움, 전투(戰鬪) ⑥한차례(次例), 한바탕	* 陣痛(진통) :아이 낳을 때 주기적(週期的)으로 오는 통증 * 退陣(퇴진) :군사(軍士)의 진지(陣地)를 뒤로 물림 * 後陣(후진) :거동(擧動) 때에 뒤쪽을 호위(護衛)하는 군대 * 背水陣(배수진) :물러설 곳 없이 물을 등지고 진(陣)을 침	

攻	攵(攴) <칠 공> ①치다, 때리다, 공격하다(攻擊) ②책망하다(責望) ③다스리다 ④불까다, 거세하다(去勢)	* 攻擊(공격) :공세(攻勢)로 나아가 적(敵)을 침 * 攻勢(공세) :공격(攻擊)하는 태세(態勢)나 그 힘 * 攻防(공방) :공격(攻擊)과 방어(防禦) * 專攻(전공) :한 部門을 전문적(專門的)으로 하는 연구(硏究)	<공격거점> "거점(據點)을 공격(攻擊)하라" 하고 외치자,
擊	手 <칠 격> ①치다 ②부딪치다 ③공격하다(攻擊) ④마주치다 ⑤두드리다 ⑥죽이다 ⑦배나 수레가 질서있게 나아가다	* 擊破(격파) :쳐서 부수다 * 衝擊(충격) :서로 맞부딪쳐서 몹시 침 * 打擊(타격) :때려서 침 * 以卵擊石(이란격석) :계란으로 바위치기. <比喩>無謀한 일	
據	扌(手) <근거 거> ①근거(根據) ②증거(證據) ③근원(根源) ④의지하다(依支) ⑤기댈 곳 ⑥의거하다(依據) ⑦웅거하다(雄據) ⑧살다	* 據點(거점) :①활동(活動)의 발판이 되는 점(點) ②근거(根據)가 되는 점(點) * 群雄割據(군웅할거) * 根據(근거) :근본(根本)되는 토대(土臺) * 證據(증거) :어떤 事實을 증명(證明)할 수 있는 근거(根據)	
點	黑 <점 점> ①점(點 :작고 둥글게 찍은 표) ②점을 찍다 ③흠, 얼룩 ④물방울 ⑤불을 붙이다 ⑥시간(時間)단위(單位)	* 點檢(점검) :點査(점사). 檢點(검점). 낱낱이 검사(檢査)함 * 時點(시점) :시간(時間)의 흐름 위의 어떤 한 점(點) * 焦點(초점) :입사 광선이 한 곳으로 모이는 점 * 虛點(허점) :비거나 허술한 부분(部分), 빈점	

咸	口 <다 함> ①다(남거나 빠진 것이 없이 모두) ②모두 ③두루 미치다 ④널리 미치다 ⑤충만하다(充滿) ⑥부드러워지다	* 咸亡(함망) :①다 망함 ②다 잃어버림 * 咸池(함지) :①동쪽 양곡에서 돋은 해가 질 때 들어간다는 서쪽의 큰 못 ②오곡(五穀)을 주관(主管)한다는 별 * 咸有一德(함유일덕) :임금과 신하가 다 한 가지 덕이 있음	<함흡참류> 다 한꺼번에 일어나서 칼로 베어 죽이면서
翕	羽 <합할 흡> ①합하다(合) ②화합하다(和合) ③한꺼번에 일어나다 ④새가 날아오르다 ⑤성하다(盛) ⑥모으다 ⑥많다	* 翕一(흡일) :합하여 하나가 됨. 합하여 하나로 되게 함 * 翕訿(흡자) :좋을 때는 서로 화락하게 지내다가 싫어지면 허물을 들추어내 헐뜯음. 潝潝訿訿에서 온 말 * 翕赩(흡혁) :매우 빛남. '赩'은 '赫'으로도 쓴다	
斬	斤 <벨 참> ①베다 ②재단하다(裁斷) ③끊다, 끊기다 ④가장, 매우, 심히 ⑤다하다 ⑥도련(刀鍊)하지 않은 상복(喪服)	* 斬戮(참륙) :斬劉(참류). 칼로 베어 죽이는 것 * 斬首(참수) :목을 자름 * 斬新(참신) :취향이 매우 새로움 * 泣斬馬謖(읍참마속) :제갈량(諸葛亮)이 군령(軍令)을 어겨 패(敗)한 마속(馬謖)의 목을 눈물을 머금고 벰	
劉	刂(刀) <죽일 류> ①죽이다, 살해하다(殺害) ②베풀다, 벌여 놓다 ③이겨내다, 승리하다 ④도끼 ⑤칼	* 劉漢(유한) :유방(劉邦)이 건국(建國)한 전한(前漢) * 斬劉(참류) :斬戮(참륙). 칼로 베어 죽임	

覘	見 <엿볼 첨(점)> ①엿보다 ②몰래 보다 ③살펴보다 ④관찰하다(觀察)	* 覘望(첨망) :살피며 바라봄 * 覘視(점시) :窺視(규시). 몰래 엿봄 * 浮覘(부첨) :병풍(屛風)이나 창문(窓門) 등(等)을 바를 때, 그 살에만 풀칠하여 가운데는 뜨게 하여 바르는 일 * 覘伺(점사) :남 모르게 가만히 엿봄	<첨예승제> 성가퀴 위를 엿보고 사다리를 타고 오르니
堄	土 <성가퀴 예> ①성가퀴(城 :성 위에 낮게 쌓은 담)	* 埤堄(비예) :성가퀴. 성 위에 낮게 쌓은 담. 여장(女墻·女牆)	
陞	阝(阜) <오를 승> ①(높은 곳에)오르다 ②올리다 ③승진하다(昇進·陞進), 승진시키다	* 陞降(승강) :昇降(승강). 오르고 내리는 것 * 陞進(승진) :昇進(승진). 벼슬이나 지위(地位)가 오름 * 陞階納陛(승계납폐) :문무(文武) 백관(百官)이 계단(階段)을 올라 임금께 납폐(納陛)하는 절차(節次)임	
梯	木 <사다리 제> ①사다리 ②오르다 ③실마리 ④새싹 ⑤기대다, 의지하다(依支)	* 階梯(계제) :①계단(階段)과 사닥다리 ②일이 진행되는 순서 * 梯級(제급) :等級(등급). 위아래를 구별(區別)한 등수(等數) * 登樓去梯(등루거제) :누상(樓上)에 오르게 하여 놓고, 오른 뒤에 사다리를 치워 버림. 속여서 해롭게 함	

字	訓音	語彙	풀이
郛	阝(邑) <외성 부> ①외성(外城 :성 밖에 겹으로 둘러쌓은 城)	※ 城 밖의 작은 城이 郛이고, 城 밖의 땅이 郭임 * 郛郭(부곽) :城郭. 城의 바깥 部分 또는 羅城을 일컬음. (轉)一般 城廓이나 都市를 가리키기도 하였음	<부곽한어> 적(敵)은 외성(外城)의 성곽(城郭)에서 공격(攻擊)을 막아내기에
郭	阝(邑) <성곽 곽 / 둘레 곽> ①성곽(城郭·城廓 : 도읍을 둘러싼 성) ②외성(外城) ③외위(外圍 :바깥 둘레) ④둘레, 가장자리	※ 城 밖의 작은 城이 郛이고, 城 밖의 땅이 郭임 * 郭公(곽공) :뻐꾸기. 울음소리 中國 音譯 '가꼬오'의 借聲 * 郭公蟲(곽공충) :개미붙이. 개미붙잇과의 곤충(昆蟲) * 城郭(성곽) :내성(內城)과 외성(外城)을 아울러 일컫는 말	
扞	扌(手) <막을 한> ①막다 ②저항하다(抵抗) ③막아 내다 ④막아 지키다 ⑤거절하다(拒絶) ⑥용감하다(勇敢) ⑦덮다, 덮어 가리다	* 扞禦(한어) :防禦(방어). 막아냄 * 扞掫(한추) :밤에 경비하는 일. 또는 그 경비. 干掫(간추). * 干掫(간추) :밤에 순찰(巡察)함이라 하였음 <左傳>干掫行夜也 干音扞 掫音鄒 賓將掫註 行夜以助守備	
禦	示 <막을 어> ①막다, 방어하다(防禦) ②맞서다, 항거하다(抗拒) ③감당하다(勘當) ④금지하다(禁止) ⑤제사(祭祀) 지내다	* 防禦(방어) :남 또는 적의 침노(侵擄)하는 것을 막아냄 * 外禦其侮(외어기모) :외로부터의 수모(受侮)를 막음 * 兄弟鬩牆外禦其侮 :형제는 담장 안에서는 싸우기도 하나, 밖에서 모욕(侮辱)을 당하면 함께 이를 막음	

字	訓音	語彙	풀이
猛	犭(犬) <사나울 맹> ①사납다 ②굳세고 용맹스럽다(勇猛) ③날래다 ④세차다, 맹렬하다(猛烈) ⑤잔혹하다(殘酷) ⑥사나운 개	* 猛烈(맹렬) :기세(氣勢)가 몹시 사납고 세참 * 猛獸(맹수) :육식(肉食)을 주(主)로 하는 매우 사나운 짐승 * 猛威(맹위) :맹렬(猛烈)한 위세(威勢) * 勇猛(용맹) :날래고 사나움	<맹렬저항> 그 기세(氣勢)가 몹시 사납고 세차게 맞서서 대항(對抗)하므로,
烈	灬(火) <매울 렬 / 세찰 렬> ①맵다 ②(기세가)대단하다 ③사납다 ④포악하다(暴惡) ⑤굳세다, 강하다(強) ⑥세차다 ⑦빛나다 ⑧공덕(功德)	* 激烈(격렬) :지극(至極)히 맹렬(猛烈)함 * 猛烈(맹렬) :기세(氣勢)가 몹시 사납고 세참 * 先烈(선열) :나라를 위하여 싸우다가 죽은 열사(烈士) * 熾烈(치열) :세력(勢力)이 불길같이 맹렬(猛烈)함	
抵	扌(手) <막을 저 / 거스를 저> ①막다, 배척하다(排斥) ②거스르다 ③겨루다, 들이받다 ④거절하다(拒絶), 거부하다(拒否) ⑤밀다 ⑥맞닥뜨리다	* 抵抗(저항) :①힘의 작용에 대해 그 방향과 반대방향으로 작용하는 힘 ②적(敵)과 마주 대(對)하여 버팀 * 抵觸(저촉) :①서로 부딪침. ②거슬리거나 위반(違反)됨 * 大抵(대저) :①대체로 보아서 ②무릇 ③대강	
抗	扌(手) <막을 항 / 겨룰 항> ①막다, 저지하다(沮止) ②겨루다 ③대항하다(對抗) ④구하다(救), 두둔하다(斗頓) ⑤들다, 들어 올리다	* 抗拒(항거) :대항(對抗)함. 버팀 * 抗議(항의) :반대(反對)하는 뜻을 폄 * 對抗(대항) :서로 맞서서 버티어 겨룸 * 不可抗力(불가항력) :도저히 저항(抵抗)해 볼 수도 없는 힘	

字	訓音	語彙	풀이
左	工 <왼 좌> ①왼, 왼쪽 ②옳지 못하다 ③그르다, 어긋나다 ④낮은 자리, 아랫자리, 낮추다 ⑤증거를 대다(證據), 증좌(證左) ⑥동쪽	* 左衝右突(좌충우돌) :①이리저리 닥치는 대로 부딪침 ②아무하고나 구분(區分)하지 않고 함부로 맞닥뜨림 * 左右(좌우) :①왼쪽과 오른쪽 ②옆, 측근(側近) * 左遷(좌천) :관리(官吏)의 지위(地位)를 낮은 자리로 떨어뜨림	<좌충우돌> 이리저리 닥치는 대로 치고 받고 하는 와중(渦中)에
衝	行 <찌를 충> ①찌르다, 치다 ②부딪치다, 맞부딪치다 ③향하다(向), 움직이다 ④목, 요긴(要緊)한 곳 ⑤길, 통로(通路), 거리	* 衝擊(충격) :서로 맞부딪쳐서 몹시 침 * 衝突(충돌) :서로 대질러서 부딪침 * 折衝(절충) :적(敵)의 창끝을 꺾어 막는다는 뜻에서, 교섭(交涉)에서 담판(談判)하거나 흥정하는 일	
右	口 <오른쪽 우> ①오른쪽 ②오른 손 ③높다, 귀하다(貴) ④숭상하다(崇尙) ⑤서쪽(西)	* 座右銘(좌우명) :오른쪽 자리에 새겨 둔다는 뜻으로, 곁에 적어 두고 늘 보면서 마음을 다스리는 좋은 말 * 左顧右眄(좌고우면) :왼쪽을 둘러보고 오른쪽을 곁눈질함. <比喩>무슨 일에 결정(決定)을 짓지 못함	
突	穴 <갑자기 돌 / 부딪칠 돌> ①갑자기, 갑작스럽다 ②내밀다, 쑥 나오다 ③부딪치다 ④구멍을 파서 뚫다 ⑤대머리 ⑥사나운 말	* 突然(돌연) :突如(돌여). 갑작스러움, 갑자기, 별안간 * 突入(돌입) :기세(氣勢) 있게 뛰어드는 것 * 突破(돌파) :무찔러 깨뜨림. 뚫어 깨뜨림 * 突出(돌출) :쑥 불거짐 * 衝突(충돌) :서로 대질러서 부딪침	

字	訓音	語彙	풀이
臨	臣 <임할 림> ①임하다(臨 :어떤 사태나 일에 직면하다) ②군림하다(君臨) ③내려다보다 ④다스리다, 통치하다(統治) ⑤뵙다	* 臨戰(임전) :①戰爭에 임함 ②싸움터에 다다름 * 臨時(임시) :어떤 일에 당(當)하여 정(定)한 때 * 君臨(군림) :임금으로서 나라를 다스리는 것 * 臨機應變(임기응변) :그때그때 알맞게 대처(對處)하는 일	<임전의용> "싸움에 임(臨)하여는 굳세고 용맹(勇猛)스러우라." 하고 외치고서,
戰	戈 <싸움 전> ①싸움, 싸우다 ②전쟁(戰爭), 전투(戰鬪) ③경기(競技), 시합 ④경쟁(競爭) ⑤떨다, 두려워서 떨다	* 戰略(전략) :전쟁(戰爭)의 방략(方略) * 戰爭(전쟁) :무력(武力)으로 국가(國家) 간(間)에 싸우는 일 * 戰鬪(전투) :규모(規模)가 작은 전쟁(戰爭). 싸움, 교전(交戰) * 挑戰(도전) :싸움을 걸음 * 戰戰兢兢(전전긍긍) :벌벌 떨음	
毅	殳 <굳셀 의> ①굳세다 ②강인하다(強靭) ③용맹스럽다(勇猛) ④잔혹하다(殘酷) ⑤성을 발끈 내다 ⑥함부로 화를 내다	* 毅然(의연) :의지(意志)가 강하여 사물에 동하지 않은 모양 * 剛毅(강의) :강직(剛直)하여 굴하지 않음 * 剛毅木訥(강의목눌) :의지(意志)가 굳고 용기(勇氣)가 있으며 꾸밈이 없고 말수가 적은 사람을 비유(比喩)함	
勇	力 <날랠 용> ①날래다 ②용감하다(勇敢), 용기있다(勇氣) ③과감하다(果敢), 결단력(決斷力) 있다 ④강하다(強) ⑤용사(勇士)	* 勇敢(용감) :씩씩하고 겁이 없으며 기운(氣運)참 * 勇氣(용기) :씩씩하고 용감(勇敢)한 기운(氣運) * 勇斷(용단) :용기 있게 결단함 * 勇猛(용맹) :날래고 사나움 * 匹夫之勇(필부지용) :하찮은 남자(男子)의 용기(勇氣)	

0925 / 0926 / 0927 / 0928

俄	亻(人) <아까 아 / 갑자기 아> ①아까 ②잠시(暫時) ③갑자기 ④기울다 ⑤높다, 높게 하다 ⑥러시아(Russia)	* 俄頃(아경) :①조금 있다가. 아간(俄間) ②아까 * 俄者(아자) :아까. 조금 전 * 俄館(아관) :러시아 公使館 * 俄招(아초) :조금 전의 공초(供招) * 供招 :죄인(罪人)이 범죄사실을 진술(陳述)한 말	<아궐거안> 조금 있다가 벌떡 일어나서 말안장(鞍裝)에 걸터앉아서
蹶	足 <넘어질 궐 / 일어설 궐> ①넘어지다 ②거꾸러뜨리다 ③기울어져 다하다 ④밟다 ⑤일어서다 ⑥뛰어 일어나다 ⑦달리다 ⑧허둥지둥하다	* 蹶起(궐기) :사람들이 어떤 일에 대한 각오(覺悟)를 다지거나 결심을 굳히면서 기운(氣運)차게 일어서는 것 * 蹶然(궐연) :갑자기 뛰어 일어남. 벌떡 일어남 * 蹶躓(궐지) :발을 헛디디어 넘어짐	
踞	足 <웅크릴 거 / 걸터앉을 거> ①웅크리고 앉다 ②쭈그리고 앉다 ③기대다 ④걸터앉다 ⑤거만하다(倨慢) ⑥(하는 일 없이)놀다	* 踞坐(거좌) :어떤 것에 몸을 실어 걸터앉음 * 盤踞(반거) :蟠踞(반거). 어떤 무리들이 둥지를 틀고 들어앉음 * 虎踞(호거) :①범처럼 웅크리고 앉음 ②지세(地勢)가 웅장(雄壯)함 ③괴이(怪異)하게 생긴 돌의 형상(形狀)	
鞍	革 <안장 안> ①안장(鞍裝) ②안장(鞍裝)을 지우다	* 鞍裝(안장) :말(馬) 등에 얹어서 타기에 편리하도록 만든 것 * 鞍具(안구) :안장(鞍裝)에 딸린 여러 가지 기구(器具) * 孤鞍(고안) :홀로 타고 가는 말 * 鞍馬之勞(안마지로) :먼 길을 달려가는 수고	

猝	犭(犬) <갑자기 졸> ①갑자기, 갑작스럽게, 갑작스럽다 ②창졸간에 ③빠르다, 빨리 ④급히 지르는 노성(怒聲)	* 猝富(졸부) :벼락부자(富者) * 猝然(졸연) :갑자기, 돌연, 뜻밖에, 느닷없이 * 猝地(졸지) :①갑작스러운 판 ②느닷없이 벌어진 판 * 猝地風波(졸지풍파) :갑작스럽게 일어나는 풍파(風波)	<졸숙첩조> 갑자기 빠르게 다다라서
倏	亻(人) <갑자기 숙> ①갑자기, 문득 ②매우 짧은 시간 ③빨리 내닫는 모양, 빨리 달리다 ④개가 빨리 내닫는 모양 ⑤빛나다	* 倏高(숙고) :아주 높거나 많음 * 倏落(숙락) :갑자기 떨어짐 * 倏忽(숙홀) :儵忽(숙홀). 걷잡을 새 없이 갑자기 * 倏往倏來(숙왕숙래) :빠르게 갔다왔다함. 재빨리 움직임	
倢	亻(人) <빠를 첩> ①빠르다, 재빠르다 ②민첩하다(敏捷) ③굳세다 ④가깝다 ⑤사냥질하다	* 倢伃(첩여) :婕妤(첩여). 漢代 궁녀(宮女)의 관명(官名) * 倢倢(첩첩) :①욕설(辱說) ②재미 붙일 만한 일. 즐거운 일(樂事) <詩>云 征夫倢倢 倢倢樂事也	
趙	走 <나라이름 조 / 찌를 조 / 미칠 조> ①나라의 이름, 조나라(趙) ②찌르다 ③넘다, 뛰어 넘다 ④미치다, 닿다 ⑤걸음걸이가 느린 모양	* 完璧歸趙(완벽귀조) :구슬을 온전히 조(趙)나라로 돌려보낸다의 뜻으로, 빌렸던 물건을 온전히 반환함 * 竊符救趙(절부구조) :훔친 병부(兵簿)로 조(趙)나라를 구(救)했다는 뜻	

邀	辶(辵) <맞을 요> ①맞다, 맞이하다 ②오는 것을 기다리다 ③만나다, 마주치다 ④구하다(求) ⑤초대하다(招待) ⑥부르다, 초래하다(招來)	* 邀擊(요격) :要擊(요격). 공격(功擊)해 오는 대상(對象)을 기다리고 있다가 도중(途中)에서 맞받아침 * 招邀(초요) :불러서 맞아들임 * 邀招(요초) :청하여 맞아들임 * 奉邀(봉요) :존경하는 웃어른을 와 주십사고 청(請)함	<요저이창> 맞이하여 나아가 가로막으니, 저쪽이 갈팡질팡하는 틈에
沮	氵(水) <막을 저> ①막다, 가로막다, 저지하다(沮止) ②방해하다(妨害) ③그치다, 그만두다 ④새다 ⑤적시다, 담그다	* 沮止(저지) :막아서 그치게 함 * 沮害(저해) :막아서 못 하게 해(害)침 * 沮遏(저알) :막아서 못하게 함 * 沮喪(저상) :(義氣나 元氣 따위의) 기운(氣運)을 잃음. 죽음	
伊	亻(人) <저 이> ①저, 이, 그 (發語詞) ②그이, 그녀 ③너 ④또, 또한 ⑤그래서, 이리하여 ⑥어조사(語助辭)	* 伊呂(이려) :殷의 伊尹과 周의 呂尙 * 伊吾(이오) :咿唔(이오). 吾伊(오이). ①글 읽는 소리 ②말이 명확하지 않은 모양 * 伊伊(이이) :벌레 우는 소리 <劉禹錫>樹槭槭兮蟲伊伊	
倀	亻(人) <갈팡질팡할 창 / 넘어질 창> ①갈팡질팡하다 ②쓰러지다, 넘어지다 ③길을 잃다 ④미치다(狂) ⑤귀신(鬼神)의 이름, 창귀(倀鬼)	* 倀鬼(창귀) :먹을 것이 있는 곳으로 범을 인도(引導)한다는 나쁜 귀신 * 倀倀(창창) :길잡이를 잃고 헤매는 모양. 갈 곳을 모르는 모양 * 倀倀然(창창연) :갈 곳을 몰라 헤매는 모양	

槍	木 <창 창> ①창(槍 :무기의 하나) ②몽둥이 ③나무 ④치다 ⑤막다 ⑥다다르다 ⑦어지럽히다	* 槍刃(창인) :鎗刃(창인). 창의 날 * 槍手(창수) : 鎗手(창수). 창을 쓰는 군사 * 鏢槍(표창) :던져 맞히기에 편한 창(槍)의 한 가지 * 旗幟槍劍(기치창검) :깃발, 창, 칼 따위를 통틀어 이름	<창당검경> 창(槍)으로 찌르고 칼로 목을 베면서
搪	扌(手) <뻗을 당 / 찌를 당> ①뻗다, 뻗치다 ②찌르다, 부딪다 ③막다, 통하지 못하게 하다 ④모면하다(謀免)	* 搪網(당망) :후릿그물. 여럿이 끌어당겨 고기를 잡는 큰 그물 * 搪塞(당색) :간격(間隔)을 막음 * 操搪(조당) :남을 조종하여 헤살을 부림 * 阻搪(조당) :가거나 오거나 하지 못하게 막음	
劍	刂(刀) <칼 검> ①칼 ②검법(劍法 :칼을 쓰는 법) ③찌르다 ④베다 ⑤죽이다	* 劍術(검술) :칼로 싸우는 무술(武術) * 刻舟求劍(각주구검) :칼을 강물에 떨어뜨리자 뱃전에 그 자리를 표시(表示)했다가 나중에 그 칼을 찾으려 함. <比喩>융통성이 없는 어리석은 사람	
剄	刂(刀) <목벨 경> ①목을 베다 ②세다, 굳세다	* 剄死(경사) :스스로 목을 잘라 죽음 * 剄殺(경살) :목을 베어 죽임 * 自剄(자경) :自刎(자문). 자기가 스스로 목을 찔러 죽음 * 剄馬(경마) :말의 목을 벰	

한자	부수·훈음·뜻	용례	성어
包	勹 <쌀 포> ①싸다 ②감싸다 ③용납하다(容納) ④아우르다, 함께 넣다 ⑤아이를 배다 ⑥꾸러미, 보따리, 주머니, 봉지 ⑦푸줏간	* 包圍(포위) :도망(逃亡)가지 못하도록 둘러쌈 * 包含(포함) :①속에 싸여 있음 ②함유(含有)함 * 包裝(포장) :물건(物件)을 싸서 꾸림 * 包容(포용) :①감싸서 받아들임 ②넓은 마음으로 받아들임	<포위위요> 도망(逃亡)가 지 못하도록 지키면서 에워싸고는
圍	囗 <둘레 위 / 에워쌀 위> ④두르다, 둘레 ②경계(境界) ③에워싸다 ④둘러싸다 ⑤포위하다 ⑥지키다 ⑦사냥하다 ⑧아름(양 팔을 벌려 낀 둘레)	* 圍繞(위요) :①둘러쌈. 빙 둘러앉음. 요잡(繞匝) ②요객(繞客) * 範圍(범위) :테두리가 정(定)해진 구역(區域). 한계(限界) * 周圍(주위) :①어떤 곳의 바깥 ②둘레 ③환경(環境) * 包圍(포위) :도망(逃亡)가지 못하도록 둘러쌈	
衛	行 <지킬 위> ①지키다 ②시위하다(侍衛) ③호위하다(護衛) ④숙위하다(宿衛) ⑤보위하다(保衛) ⑥막다 ⑦방비하다(防備)	* 衛繞(위요) :에워싸다. * 衛星(위성) :행성(行星)의 주위(周圍)를 도는 별 * 衛生(위생) :건강(健康)의 보전(保全)에 힘쓰는 일 * 防衛(방위) :적(敵)의 공격(攻擊)을 막아서 지킴	
繞	糸 <두를 요> ①두르다, 둘러싸다 ②감다, 감기다 ③얽어매다, 얽히다 ④치맛자락	* 繞客(요객) :圍繞(위요). 혼인(婚姻) 때에 신랑(新郞)이나 신부(新婦)를 데리고 가는 사람 * 繞帶(요대) :띠를 두름 * 盤繞(반요) :빙빙 둘러 감음 * 旋繞(선요) :旋遶(선요). 주위로 빙 돎. 빙 둘러 에워쌈	

한자	부수·훈음·뜻	용례	성어
撲	扌(手) <칠 박> ※ 擈과 同 ①치다, 때리다, 두드리다, 때려눕히다 ②찌르다 ③엎드러지다 ④가지다(所有) ⑤몽둥이 ⑥회초리(복) ⑦종아리채(복)	* 撲滅(박멸) :해(害)로운 벌레 따위를 죽여서 없애는 것 * 撲殺(박살) :打殺(타살). 때려서 죽임 * 淳撲(순박) :소박(素朴)하고 순진(純眞)함 * 打撲(타박) :동물(動物)이나 사람을 때리어 침	<박살섬민> 때려눕히고 죽여서 다 섬멸(殲滅)하여 멸망(滅亡)시키니,
殺	灬(火) <죽일 살 / 흉신 살> ①죽이다 ②총괄하다(總括) ③결속하다(結束) ④단속하다(團束) ⑤수효(數爻)가 많다 ⑥흉신(凶神·兇神) ⑦빠르다(쇄)	* 急煞(급살) :①보게 되면 운수가 아주 나빠진다고 하는 별 ②갑자기 닥치는 재액(災厄) * 制煞(제살) :살풀이를 하여 재액(災厄)을 미리 막음 * 三煞方(삼살방) :세 가지의 불길(不吉)한 살(煞)이 낀 방위	
殲	歹(歺) <다 죽일 섬> ①다 죽이다 ②다하다 ③없애다 ④멸하다(滅) ⑤섬멸하다(殲滅)	* 殲滅(섬멸) :적을 모조리 무찔러 없애는 것 * 殲撲(섬박) :때려 부숨 * 殄殲(진섬) :무찔러서 남김없이 모두 멸망(滅亡)시킴 * 殲滅戰(섬멸전) :적을 섬멸(殲滅)시키는 전투(戰鬪)	
泯	氵(水) <망할 민> ①망하다(亡), 멸망하다(滅亡) ②죽다 ③문란해지다(紊亂) ④사물(事物)의 형용(形容) ⑤뒤섞이다, 혼합되다(混合)	* 泯亂(민란) :사회의 질서(秩序)·도덕(道德)을 어지럽게 함 * 泯滅(민멸) :泯絕(민절). 泯沒(민몰). 자취가 아주 없어짐 * 泯默(민묵) :입을 다물고 말을 하지 않음 * 泯然(민연) :민연히. 형적(形跡)이 없다. 자취가 없다	

한자	부수·훈음·뜻	용례	성어
進	辶(辵) <나아갈 진> ①나아가다 ②오르다 ③다가오다 ④힘쓰다 ⑤더하다 ⑥선사, 선물(膳物)(신)	* 進退(진퇴) :나아감과 물러남 * 進展(진전) :일이 진행(進行)되어 발전(發展)함 * 進行(진행) :①앞으로 나아감 ②일을 처리(處理)해 나감 * 促進(촉진) :재촉하여 빨리 나아가게 함	<진퇴유곡> 나아가고 물러설 길은 오직 골짜기뿐,
退	辶(辵) <물러날 퇴> ①물러나다 ②물리치다 ③(빛깔이)바래다(≒褪), 변하다(變) ④유화(柔和)한 모양	* 退場(퇴장) :장소에서 물러남 * 後退(후퇴) :뒤로 물러남 * 辭退(사퇴) :직책을 그만두고 물러남 * 隱退(은퇴) :직책에서 손을 떼고 물러나서 한가로이 지냄 * 進退兩難(진퇴양난) :나아갈 수도 물러설 수도 없는 궁지	
唯	口 <오직 유> ①오직 ②다만 ③비록 ~하더라도(雖) ③대답하다, '예'하고 공손히 대답하는 말 ④발어사(發語詞) ⑤이	* 唯獨(유독) :여럿 가운데 오직 홀로 * 唯物(유물) :물질적인 것을 중요시하는 입장 ↔ 唯心(유심) * 唯一(유일) :오직 그 하나만 있음 * 唯一無二(유일무이) :둘이 아니고 오직 하나 뿐임	
谷	谷 <골 곡> ①골, 골짜기, 계곡(溪谷·谿谷) ②우묵한 골짜기 ③홈, 홈통 ④좁은 길 ⑤흉노(匈奴)의 임금	* 溪谷(계곡) :산과 산 사이의 골짜기를 따라 물이 흐르는 곳 * 峽谷(협곡) :산과 산 사이에 생긴 좁고 깊은 골짜기 * 山谷(산곡) :산골짜기 * 幽谷(유곡) :깊고 그윽한 산골 * 深山幽谷(심산유곡) :깊은 산속의 으슥한 골짜기	

한자	부수·훈음·뜻	용례	성어
豫	豕 <미리 예> ①미리, 미리하다 ②먼저 ③기뻐하다 ④즐기다, 놀다 ⑤편안하다(便安) ⑥머뭇거리다 ⑦참여하다(參與)	* 豫見(예견) :앞으로 일어날 일을 미리 짐작(斟酌)함 * 豫告(예고) :미리 일러서 알게 함 * 豫備(예비) :미리 갖춤 * 豫想(예상) :미리 상상(想像)함 * 豫定(예정) :미리 정(定)함 * 猶豫(유예) :망설여 결행하지 않고 시일을 늦춤	<예견탁월> 앞으로 일어날 일을 미리 짐작(斟酌)함이 월등(越等)히 뛰어나서,
見	見 <볼 견 / 뵈올 현> ①보다 ②보이다 ③당하다(當) ④견해(見解) ⑤의견(意見) ⑥뵙다(현) ⑦나타나다, 드러나다(현)	* 見聞(견문) :듣거나 보거나 하여 깨달아 얻은 지식(知識) * 見解(견해) :자기(自己) 의견(意見)으로서의 해석(解釋) * 意見(의견) :마음에 생기는 주관적(主觀的) 판단(判斷) * 謁見(알현) :지체(肢體) 높은 사람을 찾아 뵘	
卓	十 <높을 탁> ①높다 ②높고 멀다 ③높이 세우다 ④뛰어나다 ⑤정지하다(停止) ⑥탁자(卓子), 책상(冊床) ⑦마침, 바로 그때 ⑧홀로	* 卓越(탁월) :월등(越等)하게 뛰어남. * 卓見(탁견) :뛰어난 의견(意見)이나 견식(見識) * 卓上(탁상) :책상(冊床)이나 식탁(食卓) 등 탁자(卓子)의 위 * 食卓(식탁) :식사용(食事用)의 탁자(卓子)	
越	走 <넘을 월> ①넘다, 뛰어넘다 ②건너가다, 넘어가다 ③앞지르다 ③빼어나다, 초과하다(超過) ④지나다, 경과하다(經過) ⑤멀어지다	* 越冬(월동) :겨울을 남. 겨우살이 * 越等(월등) :수준이나 실력이 훨씬 뛰어남 * 越墻(월장) :담을 넘음 * 超越(초월) :어떤 한계(限界)나 표준(標準)을 뛰어넘음	

<table>
<tr><td>遮</td><td>辶(辵) <가릴 차>
①가리다 ②보이지 않게 막다, 덮다
③감추다, 숨기다 ④차단하다(遮斷)
⑤속이다 ⑥이(這)(저), 이것(저)</td><td>* 遮斷(차단) :①막아서 멈추게 함 ②가로막아 사이를 끊음
* 遮陽(차양) :햇볕을 막기 위해 처마 틀에 덧붙이는 널조각
* 遮止(차지) :막아서 못하게 함
* 遮蔽(차폐) :가려 막아 덮음. 엄폐(掩蔽)</td><td rowspan="4"><차계무산>

적(敵)의
침략(侵略)
계획(計劃)을
막아서
무산(霧散)시
켰다.</td></tr>
<tr><td>計</td><td>言 <셀 계 / 꾀할 계>
①세다, 셈, 헤아리다 ②수학, 산수
③셈하다, 계산하다(計算) ④꾀하다
⑤계획하다(計劃) ⑥의논하다(議論)</td><td>* 計器(계기) :수량(數量)을 재는 각종(各種) 기구(器具)
* 計算(계산) :수(數)를 셈하는 것
* 計測(계측) :물건의 길이나 넓이를 재어 계산(計算)함
* 計劃(계획) :일을 함에 앞서 미리 생각하여 얽이를 세움</td></tr>
<tr><td>霧</td><td>雨 <안개 무>
①안개 ②(안개가 자욱하여)어둡다
③(안개처럼 모였다가 안개처럼)깨끗이 흩어지다 ④가볍고 잘다</td><td>* 霧散(무산) :①안개가 걷힘
②안개가 걷히듯 흔적(痕跡·痕迹)없이 사라짐
* 霧集(무집) :사람들이 안개처럼 많이 모여듦
* 噴霧(분무) :물이나 약품(藥品)을 안개처럼 내뿜음</td></tr>
<tr><td>散</td><td>攵(攴) <흩을 산>
①흩다, 흩뜨리다 ②흩어지다, 헤어지다
③내치다, 풀어 놓다 ④한가롭다(閑暇), 볼일이 없다 ⑤쓸모없다 ⑥가루약</td><td>* 散華(산화) :꽃같이 진다는 뜻으로, 꽃다운 목숨이 죽음
* 離散(이산) :헤어져 흩어짐 * 散人(산인) :한가한 사람
* 解散(해산) :모인 사람이 흩어짐, 또는 흩어지게 함
* 離合集散(이합집산) :헤어졌다가 모였다가 하는 일</td></tr>
</table>

<table>
<tr><td>魁</td><td>鬼 <으뜸 괴 / 괴수 괴>
①으뜸 ②장원(壯元)
③괴수(魁首), 우두머리
④크다 ⑤선구(先驅) ⑥빼어나다</td><td>* 魁首(괴수) :首魁(수괴). 악당(惡黨)의 우두머리
* 賊魁(적괴) :도둑의 우두머리
* 魁榜(괴방) :과거의 갑과에 장원으로 급제한 사람
* 花魁(화괴) :백화(百花)의 선구(先驅). 곧 매화(梅花)를 이름</td><td rowspan="4"><괴구궤부>

적(敵)의
우두머리가
두려워서
무릎을 꿇고
머리를 숙이고
있는데,</td></tr>
<tr><td>懼</td><td>忄(心) <두려워할 구>
①두려워하다, 두렵다 ②걱정하다, 근심
③염려하다(念慮) ④위태로워하다(危殆)
⑤위태롭게 여기다</td><td>* 恐懼(공구) :몹시 두려움 * 兢懼(긍구) :두려운 마음을 가짐
* 悚懼(송구) :매우 두렵고 거북함 * 畏懼(외구) :두려워함
* 危懼(위구) :염려하고 두려워함 * 危懼心(위구심)
* 疑懼(의구) :의심하고 두려워함 * 疑懼心(의구심)</td></tr>
<tr><td>跪</td><td>足 <꿇어앉을 궤>
①꿇어앉다
②무릎 꿇고 절하다
③발 ④집게발</td><td>* 跪拜(궤배) :무릎을 꿇고 절함 * 拜跪(배궤) :절하고 꿇어앉음
* 跪伏(궤복) :무릎 꿇고 엎드림 * 跪坐(궤좌) :무릎 꿇고 앉음
* 斂膝跪坐(염슬궤좌) * 跪謝(궤사) :무릎을 꿇고 용서(容恕)를 빎
* 長跪(장궤) :허리를 세운 채 한쪽 무릎을 꿇고 앉는 일</td></tr>
<tr><td>頫</td><td>頁 <머리 숙일 부>
①고개를 숙이다(低頭) ②구부리다
③눕다, 드러눕다 ④숨다, 잠복하다
⑤뵈다(조), 알현하다(조)</td><td>* 頫首(부수) :머리를 숙이다
* 頫視(부시) :머리를 숙여서 봄. 내려다 봄
* 頫仰(부앙) :俯仰(부앙). 俛仰(면앙).
아래를 굽어보고, 위를 우러러봄</td></tr>
</table>

<table>
<tr><td>傀</td><td>亻(人) <꼭두각시 괴 / 허수아비 괴>
①허수아비 ②꼭두각시
③귀신(鬼神), 재앙(災殃)
④크다, 위대하다(偉大)</td><td>* 傀儡(괴뢰) :①꼭두각시 * 傀儡劇(괴뢰극) :꼭두각시 놀음
②남의 앞잡이가 되어 이용(利用)당하는 사람
* 傀懼(괴구) :수치(羞恥)스러워서 두려워함.
* 傀奇(괴기) :크고 기이(奇異)함 * 傀然(괴연) :거대한 모양</td><td rowspan="4"><괴뢰태문>

앞잡이로 온
괴뢰(傀儡)가
거의
목이 잘릴
위태(危殆)로
움에 이르자,</td></tr>
<tr><td>儡</td><td>亻(人) <꼭두각시 뢰 / 허수아비 뢰>
①꼭두각시 ②허수아비
③망석중이(남이 부추기는 대로 따라 움직이는 사람을 비유적으로 이르는 말)</td><td>* 儡身(뇌신) :실패(失敗)하여 영락(零落)한 몸
* 傀儡師(괴뢰사) :꼭두각시를 놀리는 사람
* 傀儡軍(괴뢰군) :꼭두각시 노릇을 하는 군대(軍隊).
괴뢰(傀儡) 정부(政府)의 군대(軍隊)</td></tr>
<tr><td>殆</td><td>歹(歺) <위태할 태 / 거의 태>
①위태하다 ②의심하다 ③두려워하다
④지치다 ⑤거의 ⑥가깝다</td><td>* 殆無(태무) :거의 없음
* 殆半(태반) :太半(태반). 거의 절반(折半)
* 危殆(위태) :(생명이나 사태가) 위험하다. 위태롭다, 위급하다
* 百戰不殆(백전불태) :백 번 싸워도 위태롭지 않음</td></tr>
<tr><td>刎</td><td>刂(刀) <목벨 문>
①목을 베다
②스스로 목을 자르다</td><td>* 刎頸(문경) :목을 벰
* 刎死(문사) :스스로 목을 베어 죽음
* 自刎(자문) :스스로 목을 찔러 자결(自決)함
* 刎頸之交(문경지교) :목을 내놓을 정도의 막역(莫逆)한 벗</td></tr>
</table>

<table>
<tr><td>俘</td><td>亻(人) <사로잡을 부>
①사로잡다 ②산 채로 잡다 ③포로(捕虜)
④노획하다(虜獲), 노획물(鹵獲物)
⑤빼앗다 ⑥가지다 ⑦벌(罰)</td><td>* 俘口(부구) :捕虜(포로) * 俘囚(부수) :捕虜(포로)
* 俘虜(부로) :捕虜(포로) * 俘獲(부획) :捕虜(포로)
* 囚俘(수부) :생포(生捕)된 포로(捕虜)
* 俘掠(부략) :포로로 잡아가고 재물을 약탈함</td><td rowspan="4"><부차전이>

사로잡힌
포로(捕虜)가
손을 비비고
턱을 떨면서
두려워하는데,</td></tr>
<tr><td>搓</td><td>扌(手) <비빌 차>
①비비다 ②손으로 문지르다
③끊다, 자르다 ④밀고 치다(推擊)
⑤휘두르다(搓挪)</td><td>* 搓手(차수) :손을 비비다
* 搓挪(차나) :揉挪(유나). 손으로 주무르다. 문지르다. 비비다. 비벼 구기다</td></tr>
<tr><td>顫</td><td>頁 <떨 전>
①떨다 ②떨리다 ③진동하다(振動)
④흔들리다 ⑤와들와들 떨다 ⑥놀라다
⑦머리 비뚤어지다 ⑧냄새를 잘 맡다</td><td>* 顫動(전동) :떨거나 떨리거나 하여 움직임
* 顫聲(전성) :떨리는 목소리 * 震顫(진전) :振顫(진전). 떨림
* 手顫(수전) :手戰(수전). 손이 떨림
* 手顫症(수전증) :물건을 잡을 때 자꾸 손이 떨리는 병(病)</td></tr>
<tr><td>頤</td><td>頁 <턱 이>
①턱(발음하거나 씹는 일을 하는 기관)
②아래턱 ③기르다 ④보양하다(保養 ⑤부리다 ⑥이사하다(頤使 :턱으로 부리다)</td><td>* 期頤(기이) :백 살의 나이. 사람의 수명(壽命)은 100년(年)으로써 기(期)라 함. 이(頤)는 양(養)의 뜻
* 頤指(이지) :턱으로 가리켜 시킨다는 뜻. 마음대로 부림
* 頤指氣使(이지기사) :턱으로 가리키고 기운으로 시킴</td></tr>
</table>

漢字	뜻	단어	풀이
仇	亻(人) <원수 구> ①원수(怨讐) ②적(敵) ③해치다(害), 죽이다 ④원망하다(怨望) ⑤짝하다, 짝, 동반자(同伴者) ⑥상대(相對)	* 仇讐(구수) :怨讐(원수). 원한(怨恨)이 맺힐 정도(程度)로 자기(自己)에게 해(害를) 끼친 사람이나 집단 * 仇恨(구한) :怨恨(원한) * 仇怨(구원) :怨讎(원수) * 恩反爲仇(은반위구) :은혜(恩惠)가 도리어 원수(怨讐)가 됨	<구수원한> 원수(怨讐)에 대한 원한(怨恨)으로
讐	言 <원수 수> ①원수(怨讐) ②갚다 ③대답하다(對答) ④동류(同類) ⑤맞다 ⑥합당하다(合當) ⑦바로잡다 ⑧자주, 빈번히(頻煩)	* 怨讐(원수) :원한(怨恨)의 대상(對象)이 되는 것 * 復讐(복수) :復讎(복수). 원수(怨讐)를 갚음 * 檢讐(검수) :①조사(調査)함 ②조사(調査)하여 바로잡음 * 徹天之怨讐(철천지원수) :하늘에 사무치는 원수(怨讐)	
怨	心 <원망할 원> ①원망하다(怨望) ②고깝게 여기다 ③책망하다(責望), 나무라다 ④미워하다 ⑤슬퍼하다 ⑥어긋나다 ⑦쌓다, 쌓이다	* 怨恨(원한) :원통(寃痛)하고 한(恨)되는 생각 * 怨望(원망) :남이 한 일을 억울(抑鬱)하게 여기거나, 분(憤)하게 여기고 미워함 * 怨讐(원수) :怨讎(원수). 원한(怨恨)의 대상(對象)이 되는 것	
恨	忄(心) <한할 한> ①한(恨), 한탄(恨歎·恨嘆) ②한하다(恨), 원통하다(冤痛) ③원망하다(怨望) ④후회하다(後悔) ⑤억울하다	* 恨歎(한탄) :원통한 일에 대하여 한숨을 쉬며 탄식(歎息)함 * 餘恨(여한) :남은 원한(怨恨) * 怨恨(원한) :원망과 한이 응어리진 마음 * 悔恨(회한) :뉘우치고 한탄함	

漢字	뜻	단어	풀이
僉	人 <다 첨 / 여러 첨> ①다(남거나 빠진 것이 없이 모두) ②모두 ③여러 많은 사람이 함께 말하다 ④고르다 ⑤공정하다(公正) ⑥가려 뽑다	* 僉議(첨의) :여러 사람의 의논(議論) * 僉位(첨위) :여러분 * 僉座(첨좌) :여러분 앞. 주(主)로 편지(便紙)에 씀	<첨앙주구> 모두가 앙심(怏心)을 먹고서 허물을 벌(罰)하여 죽였다.
怏	忄(心) <원망할 앙 / 앙심먹을 앙> ①원망하다(怨望) ②불만스럽다 ③앙심(怏心)을 먹다 ④납득(納得)하지 아니하다	* 怏心(앙심) :원한을 품고 앙갚음하기를 벼르는 마음 * 怏宿(앙숙) :앙심을 품고 서로 미워함, 또는 그런 사이 * 怏忿(앙분) :분(憤)하게 생각하여 앙심을 품음 * 怏怏(앙앙) :마음에 섭섭하여 불평을 품은 모양 * 怏怏不樂	
誅	言 <벨 주> ①베다 ②죄인(罪人)을 죽이다 ③책하다(責) ④형벌(刑罰) ⑤치다, 적(敵)을 토벌(討伐)하다	* 誅求(주구) :관청에서 백성의 재물을 강제로 빼앗음 * 誅殺(주살) :죄(罪)에 해당(該當)시키어 죽임 * 天誅(천주) :天罰(천벌). 하늘이 내리는 벌(罰) * 詰誅(힐주) :힐책(詰責)하여 형벌(刑罰)에 처함	
咎	口 <허물 구> ①허물, 저지른 잘못, 죄과(罪過) ②재앙(災殃), 근심거리 ③미움, 증오(憎惡) ④꾸짖다, 책망하다(責望)	* 咎責(구책) :잘못을 들어 나무람. 꾸짖음 * 咎悔(구회) :①꾸지람을 듣고 뉘우침 ②잘못과 뉘우침 * 怨咎(원구) :원망(怨望)하고 꾸짖음 * 罪咎(죄구) :罪過 * 天咎(천구) :하늘이 내리는 재앙(災殃)	

漢字	뜻	단어	풀이
砦	石 <진터 채 / 울타리 채> ①진터(陣) ②진(陣)을 치다 ③작은 성채(城砦) ④목책(木柵) ⑤울타리	* 砦堡(채보) :적을 막기 위하여 쌓은 작은 성(城) * 堡砦(보채) :堡壘(보루) * 城砦(성채) :성과 요새(要塞) * 山砦(산채) :山寨(산채). ①산에 돌이나 목책(木柵) 따위를 빙 둘러 만든 진터 ②산 도둑이 웅거(雄據)하는 소굴	<채휘노획> 작은 성채(城砦)에는 (敵)을 사로잡거나 목을 벤 것을 모아 놓고
彙	彑(彐) <무리 휘 / 고슴도치 휘> ①무리 ②동류(同類) ③모으다 ④번무하다(繁蕪 :번잡하고 어지럽다) ⑤성하다(盛) ⑥고슴도치	* 彙類(휘류) :같은 종류나 내용의 것을 따라 모은 종류 * 彙集(휘집) :類聚(유취). 類集(유집). 같은 부류에 딸린 모음 * 語彙(어휘) :辭彙(사휘). 낱말의 수효(數爻). 낱말의 전체(全體) * 字彙(자휘) :①자전(字典) ②글자의 수효(數爻)	
虜	虍 <서로잡을 로 / 포로 로> ①사로잡다 ②생포하다 ③포로(捕虜) ④종, 노복 ⑤오랑캐	* 虜獲(노획) :적을 사로잡거나 목을 베는 것 * 虜囚(노수) :포로(捕虜) * 俘虜(부로) :포로(捕虜) * 被虜(피로) :적에게 사로잡힘 * 捕虜(포로) :전투(戰鬪)에서 사로잡힌 적군(敵軍)	
獲	犭(犬) <얻을 획> ①얻다, 얻어지다 ②(과녁에)맞히다 ③잡다, 붙잡다 ④사냥하여 잡은 짐승 ⑤포로(捕虜) ⑥계집종 ⑦빼앗다	* 獲得(획득) :얻어 내거나 얻어 가짐. 손에 넣음. * 捕獲(포획) :①적(敵)을 사로잡음 ②짐승이나 물고기를 잡음 * 濫獲(남획) :짐승이나 물고기 따위를 마구 잡는 것 * 禽獲(금획) :擒獲(금획). 새나 날짐승을 사로잡음	

漢字	뜻	단어	풀이
絞	糸 <목맬 교> ①목을 매다 ②목매어 죽이다 ③묶다 ④꼬다, 새끼를 꼬다 ⑤비방하다(誹謗), 헐뜯다	* 絞頸(교경) :끈 등으로 목을 조르는 것 * 絞殺(교살) :목을 매어 죽임. 絞首(교수) * 絞首刑(교수형) :사형수(死刑囚)의 목을 옭아매어 죽이는 형벌(刑罰)	<교경괵경> 목을 매어 죽이거나 목을 베어 높이 들어올리고,
頸	頁 <목 경> ①목 ②목덜미의 앞부분(部分) ③물건(物件)의 목 모양으로 된 부분(部分) ④칠성(北斗七星)	* 頸骨(경골) :목뼈 * 頸椎(경추) :목등뼈 * 扼頸(액경) :손이나 손가락으로 목을 조르는 것 * 刎頸之友(문경지우) :목을 벨 수 있는 벗이라는 뜻으로, 생사(生死)를 같이 할 수 있는 소중(所重)한 벗	
馘	首 <귀벨 괵> ①베다 ②귀를 베다(전쟁에서 적의 왼쪽 귀나 머리를 베다) ③뺨, 볼(혁) ④낯, 얼굴(혁)	* 馘首(괵수) :①목을 자름 ②직무(職務)에서 파면(罷免)함 * 驗馘(험괵) :전쟁터에서 베어 온 수급(首級)을 조사함 * 獻馘之禮(헌괵지례) :적(敵)과 싸워서 이겨 잘라온 적(敵)의 우두머리의 머리를 임금에게 바치던 예식(禮式)	
擎	手 <들 경 / 들어 올릴 경> ①들다, 들어 올리다 ②받들다, 떠받들다 ③높다 ④우뚝 솟다	* 擎手(경수) :공경(恭敬)하는 마음으로 두 손으로 떠받듦 * 擎壺(경호) :도기(陶器)의 호(壺). 예전에 시각(時刻)을 알리는 데 쓰던 병(甁) 모양의 도기(陶器) * 齎擎(재경) :짐을 꾸려서 지니어 보냄	

<table>
<tr><td>旝</td><td>方 <기 괴>
①기(旗) ②대장(大將)이 지휘할 때 쓰는 붉은색 바탕의 기(旗) ③돌 쇠뇌(여러 개의 돌을 잇따라 쏘는 큰 활)</td><td>* 旟旝(여괴) :기(旗). 헝겊이나 종이 따위에 글자나 그림, 색깔 따위를 넣어 어떤 뜻을 나타내거나 특정한 단체(團體)를 나타내는 데 쓰는 물건(物件)
* 雲旝(운괴) :구름처럼 많은 기(旗)</td><td rowspan="4"><괴치천첩>

대장기(大將旗)의 깃발을 내걸어 싸움에서 이긴 것을 널리 알리게 되었다.</td></tr>
<tr><td>幟</td><td>巾 <기 치>
①기(旗), 깃발(旗) ②기치(旗幟) ③표지(標識 :표시나 특징으로 다른 것과 구분함) ④표기(標旗 :목표로 세운 기)</td><td>* 旗幟(기치) :①옛날 군중(軍中)에서 쓰던 깃발 ②어떤 목적을 위해 내세우는 태도(態度)나 주장(主張)
* 赤幟(적치) :붉은 기(旗) * 標幟(표치) :標識(표지)
* 旗幟鮮明(기치선명) :태도(態度)나 언행(言行)이 뚜렷함</td></tr>
<tr><td>闡</td><td>門 <밝힐 천>
①밝히다 ②밝혀지다 ③분명하다(分明) ④분명(分明)하게 하다, 드러내다 ⑤열다 ⑥넓히다 ⑦크게 하다</td><td>* 闡明(천명) :사실이나 의사(意思)를 분명하게 드러내서 밝힘
* 大闡(대천) :크게 발천(發闡)하였다. 문과급제(文科及第)
* 發闡(발천) :①싸이거나 가리어 있던 것이 열려서 드러남 ②앞길을 개척(開拓)하여 세상(世上)에 나섬</td></tr>
<tr><td>捷</td><td>扌(手) <이길 첩 / 빠를 첩>
①이기다, 승리하다(勝利), 승전(勝戰) ②빠르다, 날래다, 빨리, 속히 ③말을 잘하는 모양</td><td>* 捷徑(첩경) :①지름길 ②빠른 방법(方法)
* 大捷(대첩) :전투(戰鬪)에서 크게 이김. 큰 승리(勝利)
* 敏捷(민첩) :재빠르고 날램
* 百擧百捷(백거백첩) :하는 일마다 잘 되어 감</td></tr>
</table>

<table>
<tr><td>甕</td><td>瓦 <독 옹>
①독(큰 오지그릇이나 질그릇)
②항아리</td><td>* 甕城(옹성) :독처럼 튼튼히 쌓은 산성(山城) * 鐵甕城(철옹성)
* 甕器(옹기) :옹기그릇. 질그릇과 오지그릇의 통칭(統稱)
* 破甕救友(파옹구우) :독(甕)을 깨뜨려서 친구(親舊)를 구(救)함. 資治通鑑을 쓴 司馬光의 故事</td><td rowspan="4"><옹성괴락>

튼튼히 쌓아올린 산성(山城)은 무너져 함락(陷落)되어</td></tr>
<tr><td>城</td><td>土 <재 성>
①재(높은 산의 고개) ②성(城) ③도읍(都邑), 나라, 도시(都市) ④구축하다(構築), 성을 쌓다 ⑤무덤, 묘지(墓地)</td><td>* 城廓(성곽) :城郭(성곽). 내성(內城)과 외성(外城)
* 城壁(성벽) :성곽(城廓·城郭)의 담벼락
* 干城(간성) :①방패(防牌)와 성(城) ②나라를 지키는 군인
* 牙城(아성) :주장(主將)이 거처하는 성(城). 중요한 根據地</td></tr>
<tr><td>壞</td><td>土 <무너질 괴>
①무너지다, 하물어지다 ②무너뜨리다, 파괴하다(破壞) ③망가지다, 고장나다(故障) ④나쁘다, 악하다(惡)</td><td>* 壞落(괴락) :무너져 떨어짐 * 壞決(괴결) :무너짐. 무너뜨림
* 壞亂(괴란) :무너뜨려 어지럽게 함 * 風俗壞亂(풍속괴란)
* 崩壞(붕괴) :허물어져 무너짐
* 破壞(파괴) :①깨뜨리어 헐어 버림 ②기능(機能)을 잃게 함</td></tr>
<tr><td>落</td><td>艹(艸·草) <떨어질 락>
①떨어지다 ②떨어뜨리다 ③이루다 ④준공하다(竣工) ⑤쓸쓸하다 ⑥죽다 ⑦낙엽(落葉) ⑧쓸모없이 되다 ⑨마을</td><td>* 落榜(낙방) :시험에서 떨어짐 * 落選(낙선) :선거에서 떨어짐
* 落日(낙일) :지는 해 * 落葉(낙엽) :지는 잎. 나뭇잎이 떨어짐
* 部落(부락) :민가(民家)가 모여 있는 동네, 마을
* 墮落(타락) :품행(品行)이 나빠서 못된 구렁에 빠짐</td></tr>
</table>

<table>
<tr><td>燒</td><td>火 <불사를 소>
①불사르다, 불태우다, 타다 ②불에 쬐어 익히다 ③안달하다(속을 태우며 조급하게 굴다), 애태우다 ④(붉게)물들다</td><td>* 燒燬(소훼) :①불에 타서 없어짐 ②불에 태워서 없애버림
* 燒却(소각) :불에 태워 없애 버림 * 燃燒(연소) :불에 탐
* 燒酒(소주) :곡류(穀類)를 발효(醱酵)시켜 증류(蒸溜)한 술
* 燒眉之急(소미지급) :눈썹이 타는 것처럼 다급(多急)한 일</td><td rowspan="4"><소훼실진>

불에 타서 다 없어지고,</td></tr>
<tr><td>燬</td><td>火 <불 훼>
①불 ②불꽃, 화염(火焰)
③타다, 태우다 ④화재(禍災)</td><td>* 燬焚(훼분) :焚燬(분훼). 구움, 불태움, 불살라 태움
* 燬然(훼연) :구움, 불사름 * 燬燎(훼요) :횃불
* 燬炎(훼염) :활활 타오르는 불꽃. 해를 말함
* 燬火(훼화) :활활 타오르는 불</td></tr>
<tr><td>悉</td><td>心 <다 실>
①다, 모두, 남김없이 ②다하다, 궁구하다(窮究) ③깨닫다, 다 알다
④다 갖추다 ⑤(뜻을)펴다</td><td>* 悉盡(실진) :남김없이 모두 없어짐 * 悉皆(실개) :모두. 다
* 悉心(실심) :마음을 다함 * 明悉(명실) :모든 일을 환히 앎
* 熟悉(숙실) :자세(仔細)히 앎. 충분(充分)히 앎
* 詳悉(상실) :知悉(지실). 모조리 자세하게 아는 것. 죄다 앎</td></tr>
<tr><td>盡</td><td>皿 <다할 진>
①다하다 ②다 없어지다 ③죽다 ④완수하다(完遂) ⑤극치(極致)에 달하다(達) ⑥모든, 전부의(全部) ⑦다만 ~뿐</td><td>* 盡力(진력) :肆力(사력). 있는 힘을 다함
* 立盡(입진) :곧 다 없어짐 * 盡終日(진종일) :온종일 하루
* 苦盡甘來(고진감래) :고생(苦生) 끝에 낙이 온다는 말
* 氣盡脈盡(기진맥진) :온몸의 기운이 없어지고 맥이 다 풀림</td></tr>
</table>

<table>
<tr><td>熄</td><td>火 <불꺼질 식>
①불이 꺼지다 ②불 묻어두다
③없어지다, 소멸하다(消滅)
④그치다, 멎다 ⑤망하다(亡)</td><td>* 熄滅(식멸) :①불이 꺼져 없어짐 ②자취도 없이 없애 버림
* 熄燼(식신) :불에 타고 남은 재
* 未熄(미식) :①어떤 변고(變故)가 그치지 않음 ②꺼지지 않음
* 終熄(종식) :한 때 매우 성(盛)하던 것이 주저앉아서 그침</td><td rowspan="4"><식멸회신>

불이 꺼진 곳에는 모든 게 흔적(痕迹)도 없이 사라지고 재만 남은 자리에서</td></tr>
<tr><td>滅</td><td>氵(水) <멸망할 멸 / 꺼질 멸>
①멸하다(滅), 멸망하다(滅亡) ②죽다, 없어지다, 다하다 ③제거하다(除去) ④열반(涅槃) ⑤(불이)꺼지다, 끄다</td><td>* 滅亡(멸망) :망해 없어짐 * 滅門(멸문) :한 집안을 다 죽임
* 滅種(멸종) :생물의 한 종류가 없어짐
* 滅族(멸족) :한 겨레를 멸(滅)하여 없앰
* 全滅(전멸) :①죄다 없어짐 ②모조리 망(亡)하여 버림</td></tr>
<tr><td>灰</td><td>火 <재 회>
①재 ②재로 되다, 재로 만들다 ③먼지 ④석회(石灰) ⑤잿빛, 회색(灰色) ⑥실망하다, 의기소침하다, 맥이 탁 풀리다</td><td>* 灰燼(회신) :①재와 불탄 끄트러기 ②흔적 없이 타서 없어짐
* 灰色(회색) :잿빛 * 石灰(석회) :석회석(石灰石), 백악(白堊)
* 死灰復燃(사회부연) :다 탄 재가 다시 불이 붙음. <比喩>세력(勢力)을 잃었던 사람이 다시 세력을 잡음</td></tr>
<tr><td>燼</td><td>火 <불탄 끝 신 / 깜부기불 신>
①불탄 끝 ②깜부기불(타다가 남은 것) ③불똥 ④유민(遺民 :망해 없어진 나라의 백성) ⑤살아남은 나머지</td><td>* 燒燼(소신) :모두 다 타버리거나 태워버림
* 餘燼(여신) :①타다 남은 불기운 ②남은 사람, 패잔병(敗殘兵)
* 燼滅(신멸) :몽땅 없애 버림. 남김 없이 멸망(滅亡)시킴
* 有敗灰燼(유패회신) :패하고 타서 없어짐</td></tr>
</table>

羊	羊 <양 양> ①양(羊 :솟과의 동물) ②상서롭다(祥瑞) ③배회하다(徘徊) ④바라보다 ⑤자세하다(仔細)	* 羊毛(양모) :양(羊)의 털 * 羊皮(양피) :양(羊)의 가죽 * 犬羊(견양) :개와 양. <比喩>하찮은 것 * 犬羊之質 * 羊頭狗肉(양두구육) :양(羊)의 머리를 걸어놓고 개고기를 판다. <比喩>겉과 속이 서로 다름	<양축호궤> 양(羊)이나 소를 잡아 군사(軍士)들을 먹이고 위로(慰勞)하는데,
丑	一 <소 축> ①소(솟과의 포유류) ②둘째 지지(地支) ③수갑(手匣)	* 丑生界(축생계) :십계(十界)의 하나. 동물의 세계(世界). 佛敎에서 六道世界 중 짐승으로 태어나는 세계 * 鷄鳴丑時(계명축시) :새벽닭이 축시에 운다는 뜻에서, 축시(丑時)를 일컫는 말	
犒	牛 <호궤할 호> ①호궤하다(犒饋 :군사에게 음식을 주어 위로하다) ②맛 좋은 음식(飮食)	* 犒饋(호궤) :군사(軍士)들에게 음식(飮食)을 베풀어 위로함 犒軍(호군). 犒師(호사). 犒慰(호위) * 乾犒饋(건호궤) :군사(軍士)를 호궤(犒饋)하는데 음식(飮食) 대신(代身)으로 돈을 줌	
饋	食 <보낼 궤> ①(음식을)보내다 ②(음식을)권하다(勸) ③먹이다	* 供饋(공궤) :(윗사람에게) 음식(飮食)을 드림 * 饋恤(궤휼) :(가난한 사람에게) 물건을 주어 구제(救濟)함 * 一饋十起(일궤십기) :인재(人材)를 골라 씀에 있어 정성(精誠)이 대단함을 이르는 말	

路	足 <길 로> ①길, 통행(通行), 도로(道路) ②도리(道理), 도의(道義) ③방도(方道·方途), 방법(方法) ④거쳐가는 길, 겪는 일	* 路傍(로방) :길 옆. 길의 옆 * 經路(경로) :지나온 길 * 街路(가로) :시가지(市街地)의 도로(道路) 南北으로 난 길은 街, 東西로 난 길은 路 * 道路(도로) :사람이나 차가 다닐 수 있게 만든 길	<로방잔읍> 길가의 황폐(荒弊)해진 고을에는
傍	亻(人) <곁 방> ①곁, 옆 ②가까이 ③방(漢字 構成에서 오른쪽에 붙어있는 部首)	* 傍若無人(방약무인) :곁에 아무도 없는 것처럼 여긴다는 뜻으로, 제멋대로 행동함을 일컫는 말 * 袖手傍觀(수수방관) :팔짱을 끼고 보고만 있다는 뜻으로, 어떤 일을 당(當)하여 옆에서 보고만 있는 것	
殘	歹(歺) <잔인할 잔 / 남을 잔> ①잔인하다(殘忍), 흉악하다(凶惡) ②해치다(害) ③멸하다(滅), 없애다 ④죽이다 ⑤남다, 나머지, 남은 음식	* 殘邑(잔읍) :피폐하고 가난한 작은 읍(邑). 황폐해진 고을 * 殘額(잔액) :나머지 금액(金額) * 殘留(잔류) :남아서 머묾 * 殘忍(잔인) :인정(人情)이 없고 아주 모짊 * 殘酷(잔혹) :잔인(殘忍)하고 혹독(酷毒)함	
邑	邑(⻏) <고을 읍> ①고을 ②마을 ③도읍(都邑), 도성(都城) ④나라 ⑤봉지(封地), 영지(領地) ⑥읍(행정 구역 단위)	* 邑內(읍내) :읍(邑)의 안 * 都邑(도읍) :한 나라의 수도(首都). 서울 * 祿邑(녹읍) :직전(職田)으로 나누어 주던 논밭 * 食邑(식읍) :공신(功臣)에게 내려준 고을의 조세권(租稅權)	

剝	刂(刀) <벗길 박> ①벗기다 ②벗겨지다 ③깎다 ④다치다 ⑤상하다(傷) ⑥두드리다 ⑦떨어뜨리다 ⑧찢다 ⑨괴롭히다	* 剝片(박편) :벗겨져 떨어진 조각 * 剝落(박락) :벗겨져 떨어짐 * 剝製(박제) :동물의 껍질을 벗긴 속을 채워 만든 모형(模型) * 剝奪(박탈) :지위(地位)나 자격(資格) 따위를 힘으로 빼앗음 * 剝皮(박피) :껍질 또는 거죽을 벗김	<박편와전> 떨어져 나온 조각난 기와와 벽돌이 흩어져 있고,
片	片 <조각 편> ①조각, 납작한 조각 ②쪽, 한 쪽 ③명함(名銜) ④아주 작음을 나타냄 ⑤쪼개다 ⑥절반(折半)(반)	* 片鱗(편린) :한 조각의 비늘. <比喩>작은 일부분(一部分) * 片片(편편) :①조각조각 ②총알(銃) 따위의 부스러기 * 一葉片舟(일엽편주) :한 척의 작은 배 * 一片丹心(일편단심) :한 조각의 붉은 마음. 참된 마음	
瓦	瓦 <기와 와> ①기와 ②(기와를)이다 ③질그릇 ④실패(실을 감아 두는 작은 도구) ⑤방패(防牌·旁牌)의 등 ⑤유곽(遊廓)	* 瓦磚(와전) :기와와 벽돌 * 煉瓦(연와) :진흙을 구워 만든 벽돌 * 瓦器(와기) :진흙으로 만들어 잿물을 올리지 않고 구운 그릇 * 瓦解(와해) :기와가 깨진다는 뜻으로, 사물이 깨져 산산이 흩어짐을 이르는 말. 붕괴(崩壞)하다. 분열(分裂)하다.	
磚	石 <벽돌 전> ①벽돌 ②바닥에 까는 벽돌 ③둥글다, 둥근 모양(타)	* 磚瓦(전와) :벽돌과 기와 * 塼塔(전탑) :벽돌로 쌓은 탑 * 磚茶(전차) :차(茶)를 쪄서 벽돌 모양으로 압착(壓搾)한 것 * 磚槨(전곽) :벽돌로 축조(築造)된 고분(古墳)의 현실(玄室) * 磚槨墳(전곽분) :벽돌을 쌓아 올려 묘실(墓室)을 만든 무덤	

廢	广 <폐할 폐> ①폐하다(廢) ②못 쓰게 되다 ③버리다 ④그치다 ⑤부서지다 ⑥떨어지다 ⑦쇠퇴하다(衰退·衰頹) ⑧고질병(痼疾病)	* 廢墟(폐허) :건물(建物)·시가(市街)·城(성) 등(等)이 파괴(破壞)되어 황폐(荒廢)된 터 * 廢止(폐지) :실시(實施)하던 일을 그만두거나 없앰 * 撤廢(철폐) :철거(撤去)하여 폐지(廢止)함	<폐허처참> 성곽(城郭)이며, 건물(建物) 등이 파괴(破壞)되어 황폐(荒弊)하게 된 옛터는 슬프고도 참혹(慘酷)한데,
墟	土 <터 허> ①터 ②언덕 ③저자, 시장 ④황폐하게 하다 ⑤구렁(움쑥하게 팬 땅)	* 古墟(고허) :오래된 폐허 * 故墟(고허) :고토(故土)의 폐허 * 舊墟(구허) :옛날 성이나 건물(建物) 따위가 있던 곳 * 丘墟(구허) :번화(繁華)하던 곳이 뒤에 쓸쓸하게 변한 곳 * 遺墟(유허) :오랜 세월 쓸쓸하게 남아 있는 역사 어린 곳	
悽	忄(心) <슬퍼할 처> ①슬퍼하다, 구슬픈 생각이 들다 ②굶주려 괴로워 하는 모양 ③야위다 ④차갑다, (추위로 오싹)소름이 끼치다	* 悽慘(처참) :몸서리처질 정도(程度)로 슬프고 끔찍함. * 悽然(처연) :쓸쓸하고 구슬픈 모양(模樣) * 悽絶(처절) :더할 나위 없이 처참(悽慘)함 * 悽愴(처창) :몹시 슬프고 애달픔	
慘	忄(心) <참혹할 참> ①참혹하다(慘酷) ②무자비하다(無慈悲) ③혹독하다(酷毒) ④비참하다(悲慘) ⑤애처롭다 ⑥아프다, 아프게 하다	* 慘酷(참혹) :①비참(悲慘)하고 끔찍함 ②잔인(殘忍)하고 무자비(無慈悲)함 * 慘事(참사) :①비참(悲慘)한 일 ②참혹(慘酷)한 사건(事件) * 慘敗(참패) :참혹(慘酷)하게 패(敗)함	

字	訓音	用例	成語
寂	宀 <고요할 적> ①고요하다(조용하고 잠잠하다), 조용하다 ②쓸쓸하다, 적막하다(寂寞) ④평온하다(平穩) ③죽다	* 寂寞(적막) :적적(寂寂)함. 고요함 * 寂寞江山(적막강산) * 寂寂(적적) :①조용하고 쓸쓸하다 ②하는 일 없이 심심하다 * 孤寂(고적) :쓸쓸하고 외로움 * 潛寂(잠적) :고요하고 호젓함 * 靜寂(정적) :고요하고 쓸쓸함	<적막처연> 고요하고 쓸쓸하기만 하여 마음 또한 쓸쓸하고 구슬프다.
寞	宀 <쓸쓸할 막 / 고요할 막> ①쓸쓸하다 ②고요하다(조용하고 잠잠하다) ③물욕(物慾)이 없다	* 寞寞(막막) :①고요하고 쓸쓸함 ②의지(依支)할 데 없이 외로움 ③막연(漠然)함 * 索寞(삭막) :索漠(삭막), 索莫(삭막). 황폐하여 쓸쓸함 * 落寞(낙막) :마음이 쓸쓸함	
凄	冫(氷) <쓸쓸할 처> ①쓸쓸하다 ②처량하다(凄凉), 서글프다 ③(날씨가)차다, 싸늘하다	* 凄然(처연) :외롭고 쓸쓸하고 구슬픔 * 凄凉(처량) :마음이 구슬프고 쓸쓸함 * 凄如(처여) :비통(悲痛)한 모양 * 凄切(처절) :몹시 처량함	
然	火(灬) <그럴 연> ①그러하다, 틀림이 없다 ②그리하여 ③그렇다고 여기다 ④그리하여 ⑤그런데, 드디어 ⑥그러나, 그렇지만	* 然而(연이) :그러나. 그러고 나서 * 突然(돌연) :예기치 못한 사이에 갑자기 * 率然(솔연) :①갑작스러운 모양 ②당황(唐慌)하는 모양 * 猝然(졸연) :卒然(졸연), 갑작스레, 창졸간(倉卒間)에	

字	訓音	用例	成語
匕	匕 <비수 비> ①비수(匕首 :날이 예리하고 짧은 칼) ②숟가락 ③화살촉(鏃)	* 匕首(비수) :날이 썩 날카롭고 짧은 칼 * 匕箸(비저) :숟가락과 젓가락 * 飯匕(반비) :수저. 숟가락 * 圖窮匕見(도궁비현) :지도를 펼치자 비수가 드러남. <比喩> 끝에 가서 속셈이 드러남	<비표희항> 비수로 돼지의 목을 찔러서
剽	刂(刀) <겁박할 표/찌를 표/훔칠 표> ①겁박하다 ②빠르다 ③표독하다 ④찌르다(刺) ⑤끊다(截) ⑥끝(末) ⑦도둑질하다, 벗기다, 훔치다	* 剽襲(표습) :조금도 변경하지 않고 모방(模倣·摸倣·摹倣)함 * 剽竊(표절) :남의 창작물의 내용을 제 것으로 삼아 이용함 * 剽奪(표탈) :剽掠(표략). 남을 협박(脅迫)하여 갈기어 빼앗음 * 耳剽(이표) :귀동냥으로 얻은 학문(學問)	
狶	犭(犬) <돼지 희> ①돼지 ②돼지 부르는 소리	* 狶薟(희렴) :희첨(豨薟)의 원말. 진득찰을 약재(藥材)로 이르는 말. 풀의 냄새가 돼지와 비슷하고 맵고 쏘는 맛이 있기 때문에 붙여진 이름임	
亢	亠 <목 항 / 높을 항> ①목, 목줄기 ②목구멍 ③용마루(지붕 가운데 있는 가장 높은 수평 마루) ④높다 ⑤자만하다(自慢) ⑥겨루다	* 亢羅(항라) :명주(明紬)·모시·무명실 따위로 짠 피륙 * 亢龍(항룡) :하늘에 오른 용(龍). <比喩>썩 높은 지위(地位) * 亢進(항진) :①기세(氣勢)가 높아짐 ②병세(病勢)가 심해짐 * 亢鼻(항비) :높은 코 * 極亢(극항) :窮極해서 餘地가 없음	

字	訓音	用例	成語
屠	尸 <죽일 도 / 잡을 도> ①죽이다 ②(짐승을)잡다 ③짐승을 찢어 죽이다 ④백정(白丁) ⑤도수장(屠獸場 :屠殺場) ⑥무찌르다 ⑦앓다	* 屠畜(도축) :가축(家畜)을 도살(屠殺)하는 일 * 屠畜場 * 屠戮(도륙) :무참하게 마구 죽임. 죄다 무찔러 죽임. * 屠殺(도살) :①마구 죽임 ②육축(六畜)을 잡아 죽임 * 屠城(도성) :성(城)이 함락(陷落)됨의 비유(比喩)	<도축부팽> 가축(家畜)을 도살(屠殺)하여 솥에다 삶아서 먹이고,
畜	田 <짐승 축> ①짐승, 가축(家畜) ②개간(開墾)한 밭 ③비축(備蓄), 쌓다, 모으다 ④기르다, 양육하다(養育)(휵)	* 畜生(축생) :사람에게 길러서 사는 온갖 짐승 * 家畜(가축) :사람에게 길들여져 집에서 기르는 짐승 * 畜産(축산) :가축(家畜)을 사육(飼育)·생산(生産)하는 업(業) * 牧畜(목축) :가축(家畜)을 기르는 일	
釜	金 <가마 부> ①가마(가마솥), 가마솥(아주 크고 우묵한 솥) ②솥의 범칭(汎稱·泛稱) ③용량 단위(單位)(6말 4되)	* 釜子(부자) :가마솥 * 釜竈(부조) :솥과 부뚜막 * 釜月(부월) :가마솥의 밑 * 釜底(부저) :가마 밑 * 釜正器(부정기) :부엌에서 날마다 쓰는 그릇 * 釜中之魚(부중지어) :솥 속의 물고기. <비유>위험이 닥침	
烹	灬(火) <삶을 팽> ①(음식물을)삶다 ②삶아지다 ③익힌 음식(飮食), 요리(料理) ④(삶아서)죽이다, 삶아서 죽이는 벌	* 烹茶(팽다) :煎茶(전다) * 烹刑(팽형) :삶아 죽이는 형벌(刑罰) * 烹飪(팽임) :烹割(팽할). 음식(飮食)을 삶고 지져서 만듦 * 兎死狗烹(토사구팽) :토끼를 잡고나면, 사냥하던 개는 삶아 먹음. <比喩>필요할 때 써 먹고 쓸모가 없어지면 버림	

字	訓音	用例	成語
鎭	金 <진압할 진> ①진압하다(鎭壓) ②진정하다(鎭靜) ③누르다 ④눌러두는 물건 ⑤진영(陣營) ⑥요해지(要害地)	* 鎭撫(진무) :난리(亂離)를 평정하고 민심을 가라앉히다 * 鎭壓(진압) :억눌러서 조용하게 함. 가라앉힘 * 鎭靜(진정) :흥분(興奮)된 상태를 차분하게 가라앉힘 * 鎭火(진화) :화재(火災)가 꺼짐. 화재(火災)를 끔.	<진무고취> 난리(亂離)를 평정(平定)하고 민심(民心)을 진정(鎭靜)시켜 다스리고 사기를 북돋우면서,
撫	扌(手) <어루만질 무> ①어루만지다 ②(손으로)누르다, 쥐다 ③위로하다(慰勞) ④사랑하다 ⑤좇다, 따르다 ⑥돌다, 순찰하다(巡察) ⑦덮다	* 撫摩(무마) :손으로 어루만짐. <比喩>분쟁(紛爭)이나 사건(事件) 등을 문제(問題)가 되지 않도록 덮어 버림 * 撫育(무육) :보살펴 기름 * 愛撫(애무) :사랑하여 어루만짐 * 存撫(존무) :위로(慰勞)하여 안심(安心)하게 함	
鼓	鼓 <북 고> ①북(타악기의 하나) ②북을 치다, 두드리다 ③북소리 ④맥박(脈搏), 심장의 고동(鼓動) ⑤부추기다, 선동하다(煽動)	* 鼓吹(고취) :①북을 치고 피리를 붊 ②용기(勇氣)와 기운(氣運)을 북돋우어 일으킴 * 鼓舞(고무) :①북을 쳐 춤추게 함 ②격려하여 기세를 돋움 * 鼓手(고수) :북을 치는 사람	
吹	口 <불 취> ①(입김을)불다 ②불을 때다, 불태우다 ③바람 ④퍼뜨리다 ⑤과장하다(誇張) ⑥부추기다, 충동하다(衝動)	* 吹鞴(취비) :풀무질을 함 * 吹正(취정) :곡식을 바람에 날리어 정갈하게 하는 일. * 再吹(재취) :再娶(재취). 아내가 죽고 두 번째 드는 장가 * 吹打隊(취타대) :입으로 불고 치며 연주하던 군악대	

<table>
<tr><td>到</td><td>刂(刀) <이를 도>
①이르다, 도달하다(到達) ②닿다, (어떤 곳에)가다 ③주밀하다(周密), 빈틈없이 찬찬하다 ④속이다, 기만하다(欺瞞)</td><td>* 到處(도처) :①가는 곳 ②이르는 곳 ③방방곡곡 ⑤가는 곳마다 ⑥이르는 곳마다
* 到着(도착) :목적(目的)한 곳에 다다름
* 到達(도달) :목적(目的)한 데에 다다름.</td><td rowspan="4"><도처감진>

이르는 곳마다 적(敵)을 무찔러 모조리 멸망(滅亡)시키고 나서,</td></tr>
<tr><td>處</td><td>虍 <곳 처>
①곳, 처소(處所) ②살다, 거주하다 ③지위(地位), 신분(身分) ④부분(部分) ⑤처리하다(處理) ⑥벼슬을 하지 않다</td><td>* 處理(처리) :사건이나 사무를 절차에 따라 다루어 결말을 냄
* 處事(처사) :일을 처리함 * 處死(처사) :죄인을 사형에 처함
* 處身(처신) :살아가면서 가져야 할 몸가짐이나 행동(行動)
* 處置(처치) :일을 감당하여 치름 * 處刑(처형) :형벌에 처함</td></tr>
<tr><td>戡</td><td>戈 <이길 감 / 칠 감>
①이기다, 승리하다(勝利)
②평정하다(平定)
③치다 ④죽이다</td><td>* 戡殄(감진) :모조리 멸망(滅亡)시킴.
* 戡亂(감란) :난리(亂離)를 평정(平定)시킴
* 戡夷(감이) :오랑캐를 물리치고 난리(亂離)를 평정(平定)함
* 戡定(감정) :적(敵)을 물리치어 난리(亂離)를 평정(平定)함</td></tr>
<tr><td>殄</td><td>歹(歺) <다할 진>
①다하다 ②끊다, 끊어지다
③멸하다(滅) ④죄다, 모조리
⑤죽다 ⑥앓다, 병들다(病)</td><td>* 殄瘁(진췌) :①남김없이 없어짐 ②병 들어서 시듦
* 殄戮(진륙) :모조리 무찔러 다 죽임
* 殄滅(진멸) :무찔러 죽여 없애 버림
* 殄殲(진섬) :무찔러서 모두 없애 버림. 남김없이 멸망시킴</td></tr>
</table>

<table>
<tr><td>摠</td><td>扌(手) <모두 총 / 합할 총>
①다(남거나 빠진 것이 없이 모두) ②모두, 합하다 ③총괄하다 ④지배하다(支配), 우두머리의 ⑤내내, 늘, 언제나</td><td>* 摠管(총관) :군대(軍隊)를 통솔(統率)하던 벼슬
* 摠理(총리) :總理(총리). 전체(全體)를 모두 관리(管理)함
* 摠口(총구) :전체의 식구 * 摠地(총지) :전체의 토지
* 摠萃(총췌) :모두를 모음 * 軍摠(군총) :군병의 총수(總帥)</td><td rowspan="4"><총추겸병>

모든 두목들을 하나로 합쳐서 다스리며,</td></tr>
<tr><td>酋</td><td>酉 <두목 추 / 우두머리 추>
①두목, 우두머리, 추장(酋長) ②묵은 술, 오래된 술, 오래되다 ③익다, 성숙하다(成熟) ④이루다(成就)</td><td>* 酋長(추장) :추령(酋領). 추수(酋帥). ①만족(蠻族)들이 사는 마을의 우두머리 ②씨족(氏族)을 통솔하는 우두머리
* 巨酋(거추) :巨魁(거괴). 거물(巨物)이라 할 만한 추장(酋長)
* 群酋(군추) :여러 괴수(魁首)</td></tr>
<tr><td>兼</td><td>八 <겸할 겸>
①겸하다(兼), 아우르다, 아울러, 함께 ②둘러싸다 ③포용하다(包容), 겸용하다(兼用) ④합치다, 포개다 ⑤나란히 하다</td><td>* 兼倂(겸병) :둘 이상(以上)의 것을 한데 합치어 가짐
* 兼備(겸비) :여러 가지가 겸(兼)하여 갖추어져 있음
* 兼全(겸전) :여러 가지를 다 갖추어 완전(完全)함
* 文武兼全(문무겸전) :文識과 武略을 다 갖추고 있음</td></tr>
<tr><td>倂</td><td>亻(人) <아우를 병>
①아우르다(합하다)
②나란히 하다
③다투다</td><td>* 倂呑(병탄) :竝呑(병탄). 아울러 삼킨다는 뜻으로, 남의 재물(財物)·영토(領土)·주권(主權) 등을 강제(强制)로 한데 아울러서 제 것으로 삼음
* 合倂(합병) :倂合(병합). 둘 이상(以上)의 사물을 하나로 합침</td></tr>
</table>

<table>
<tr><td>扳</td><td>扌(手) <끌어당길 반>
①끌어당기다
②오르려고 잡아당기다</td><td>* 扳倒(반도) :①끌어당겨 넘어뜨리다 ②(적을)타도하다
* 扳動(반동) :(아래로, 안으로)잡아당기다. 젖히다
* 扳引(반인) :끌어당기거나 끌어 들임
* 扳回(반회) :만회(挽回)하다</td><td rowspan="4"><반무억날>

엄지손가락을 끌어당겨서 억지로 눌러 손도장을 찍어서</td></tr>
<tr><td>拇</td><td>扌(手) <엄지손가락 무>
①엄지손가락
②엄지발가락</td><td>* 拇印(무인) :손도장(圖章)
* 拇指(무지) :엄지손가락. 손가락 가운데 가장 짧고 굵은 첫째 손가락
* 大拇指(대무지) :엄지손가락</td></tr>
<tr><td>抑</td><td>扌(手) <누를 억>
①누르다, 억누르다 ②굽히다, 숙이다 ③물러나다, 물리치다 ④못하게 막다 ⑤삼가다 ⑥우울해지다 ⑦또한 ⑧문득</td><td>* 抑貿(억무) :강제로 물건을 삼 * 抑情(억정) :욕정을 억누름
* 抑止(억지) :억눌러 못하게 함 * 排抑(배억) :배척하고 억압함
* 抑制(억제) :억눌러 그치게 함 * 貶抑(폄억) :깎아내려 억누름
* 抑何心情(억하심정) :무슨 심정으로 그러는지 알 수 없다</td></tr>
<tr><td>捺</td><td>扌(手) <누를 날>
①누르다 ②찍다
③문지르다, 비비다
④파임</td><td>* 捺印(날인) :捺章(날장). 도장(圖章)을 찍음
* 捺染(날염) :무늬찍기
* 署名捺印(서명날인) :문서(文書)에 이름 또는 상호(商號)를 표시(表示)하고 도장을 찍는 일</td></tr>
</table>

<table>
<tr><td>完</td><td>宀 <완전할 완>
①완전하다(完全), 온전하다(穩全), 결함(缺陷)이나 부족(不足)이 없다
②끝내다, 일을 완결짓다(完結)</td><td>* 完全(완전) :부족(不足)하거나 흠이 없이 온전(穩全)한 상태
* 完成(완성) :어떤 사물(事物)을 완전(完全)히 이룸
* 完璧(완벽) :완전무결(完全無缺)한 둥근 옥(玉)이란 뜻으로, 결함(缺陷)이 없이 완전(完全)하다는 뜻</td><td rowspan="4"><완전점령>

완전(完全)하게 적국(敵國)의 영토(嶺土)를 군사적(軍事的) 지배하(支配下)에 두고서</td></tr>
<tr><td>全</td><td>入 <온전할 전>
①온전하다(穩全) ②순전하다(純全) ③흠이 없는 옥 ④완전히(完全), 모두, 다 ⑤갖추다, 갖추어지다 ⑥무사하다(無事)</td><td>* 全權(전권) :일체의 권한(權限) * 全無(전무) :전혀 없음
* 全然(전연) :①아주 ②도무지 ③전혀
* 全委(전위) :전부(全部)를 위임(委任)함. 모두 맡김
* 全幅(전폭) :①한 폭의 전부 ②일정한 범위의 전체(全體)</td></tr>
<tr><td>占</td><td>卜 <차지할 점 / 점칠 점>
①차지하다 ②점령하다(占領), 지키다 ③점치다(占), 점(占) ④징조, 엿보다 ⑤입으로 부르다, 불러주다(구술하다)</td><td>* 占領(점령) :군대(軍隊)가 적국(敵國)의 영토(嶺土)에 들어가 군사적(軍事的) 지배하(支配下)에 둠
* 占據(점거) :일정한 장소(場所)를 차지하여 자리를 잡음
* 獨占(독점) :어떤 권리(權利)나 이익(利益) 등을 독차지함</td></tr>
<tr><td>領</td><td>頁 <옷깃 령 / 거느릴 령>
①옷깃 ②목, 가장 요긴(要緊)한 곳 ③중요(重要)한 부분(部分) ④요소(要素), 요점(要點) ⑤거느리다, 다스리다</td><td>* 領域(영역) :관계되는 범위(範圍), 세력이 미치는 범위
* 領土(영토) :나라의 통치권(統治權)이 미치는 지역(地域)
* 綱領(강령) :일을 하여 나가는 데 으뜸 되는 줄거리
* 要領(요령) :사물(事物)의 요긴(要緊)하고 으뜸 되는 줄거리</td></tr>
</table>

字	뜻	단어	성어
將	寸 <장차 장 / 장수 장> ①장차(將次), 막~하려한다 ②장수(將帥), 인솔자(引率者) ③거느리다 ④만일(萬一) ⑤청컨대 ⑥어찌 ⑦오히려	* 將軍(장군) :군(軍)을 통솔(統率)·지휘(指揮)하는 우두머리 * 將來(장래) :①앞으로 닥쳐올 때, 다가올 앞날 ②전도(前途) * 將帥(장수) :군사(軍士)를 거느리는 우두머리 * 將次(장차) :앞으로, 次次, 漸次, 머지않아	<장군개선> 장군(將軍)이 전쟁(戰爭)에서 이기고 돌아와서는
軍	車 <군사 군> ①군사(軍士) ②진(陣)을 치다	* 軍隊(군대) :軍部隊(군부대), 군인(軍人)의 집단(集團) * 軍人(군인) :軍士(군사), 軍卒(군졸), 軍兵(군병) * 軍事(군사) :군무(軍務)에 관한 일 * 叛軍(반군) :반란군 * 獨不將軍(독불장군) :혼자서는 장군(將軍)을 못한다	
凱	几 <개선할 개 / 즐길 개> ①개선하다(凱旋) ②이기다 ③개가(凱歌), 승리(勝利)의 함성(喊聲) ④즐기다, 즐겨하다 ⑤마파람, 남풍(南風)	* 凱旋(개선) :전쟁(戰爭)이나 경기(競技)에서 이기고 돌아옴 * 凱旋將軍(개선장군) :싸움에서 이기고 돌아온 장군(將軍) * 凱歌(개가) :승리(勝利)하여 기뻐서 부르는 노래 * 凱風(개풍) :따뜻한 바람, 남풍(南風)	
旋	方 <돌 선> ①돌다, 회전하다(回轉·廻轉) ②원(圓)을 그리다, 소용돌이치다 ③돌아오다, 귀환하다(歸還)	* 旋風(선풍) :①회오리바람 ②어떤 현상(現象)이 돌발적(突發的)으로 사회에 강한 영향(影響)을 끼침 * 旋回(선회) :둘레를 빙빙 돌아감 * 斡旋(알선) :남의 일을 잘 되도록 마련하여 줌	

字	뜻	단어	성어
征	彳 <칠 정> ①치다, 정벌하다(征伐) ②토벌하다(討伐) ③탈취하다(奪取), 취하다(取) ④(먼 길을)가다 ⑤구실(稅納) 받다	* 征伐(정벌) :죄(罪) 있는 무리를 군대(軍隊)로써 침 * 征服(정복) :정벌(征伐)하여 복종(服從)시킴 * 遠征(원정) :먼 곳으로 싸우러 가는 것 * 出征(출정) :군대(軍隊)가 정벌(征伐)하러 나감	<정벌개척> 군사(軍士)로써 적국(敵國)을 쳐서 새로운 영토(嶺土)를 열게 되었으므로,
伐	亻(人) <칠 벌 / 벨 벌> ①치다, 정벌하다(征伐) ②베다 ③찌르다, 찔러 죽이다 ④비평하다(批評) ⑤공로(功勞), 훈공(勳功) ⑥자랑하다	* 伐木(벌목) :刊木(간목), 나무를 벰 * 伐草(벌초) :무덤의 잡초를 베어서 깨끗이 함 * 不伐己長(불벌기장) :자기의 장점(長點)을 자랑하지 않음 * 以臣伐君(이신벌군) :신하(臣下)로서 임금을 침	
開	門 <열 개> ①열다, 열리다 ②(꽃이)피다 ③펴다, 늘어놓다 ④개척하다(開拓) ⑤시작하다(始作) ⑥깨우치다	* 開拓(개척) :①거친 땅을 일구어 논밭을 만듦 ②새로운 분야(分野)를 엶 * 開發(개발) :미개지(未開地)를 개척(開拓)하여 발전시킴 * 公開(공개) :어떤 내용(內容)을 여러 사람에게 널리 알림	
拓	扌(手) <주울 척 / 박을 탁> ①줍다, 들어올리다 ②꺾다, 부러뜨리다 ③넓히다, 확장하다(擴張) ④개척하다(開拓), 열다 ⑤박다(탁), 새기다(탁)	* 拓本(탁본) :새긴 글씨나 그림을 그대로 종이에 박아 냄 * 干拓(간척) :호수(湖水)나 바닷가에 둑을 만들어 그 안의 물을 빼고 육지(陸地)나 경지(境地)를 만듦 * 克世拓道(극세척도) :어려움을 극복하고 새 길을 개척함	

字	뜻	단어	성어
愼	忄(心) <삼갈 신> ①삼가다(몸가짐이나 언행을 조심하다) ②근신하다(謹愼) ③진실로(眞實), 참으로 ④부디, 제발 ⑤이루다, 이룩하다	* 謹愼(근신) :들어앉아 언행(言行)을 삼가고 조심(操心)함 * 愼重(신중) :매우 조심(操心)스러움 * 愼獨(신독) :홀로 있을 때에도 도리에 어그러짐 없도록 삼감 * 愼終如始(신종여시) :마지막에도 처음처럼 신중(愼重)을 기함	<신진천도> 도읍(都邑)을 옮기는 문제(問題)를 신중(愼重)히 아뢰고 나서,
陳	阝(阜) <베풀 진 / 말할 진> ①베풀다(일을 차리어 벌이다, 도와주어서 혜택을 받게 하다) ② 늘어놓다, 펴다, 넓게 깔다 ③묵다 ④말하다	* 陳腐(진부) :케케묵음 * 陳情(진정) :사정(事情)을 아룀 * 陳列(진열) :죽 벌려놓음 * 陳述(진술) :자세하게 말함 * 陳設(진설) :제사나 잔치 때, 상 위에 음식을 차리어 놓음 * 新陳代謝(신진대사) :묵은 것이 없어지고 새것이 대신 생김	
遷	辶(辵) <옮길 천> ①옮기다, 옮겨가다, 위치를 바꿔놓다 ②떠나가다 ③변하다, 달라지다 ④바꾸다 ⑤오르다 ⑥벼슬이 바뀌다 ⑦내쫓다	* 遷都(천도) :도읍(都邑)을 옮김 * 變遷(변천) :변(變)하여 바뀜 * 孟母三遷之敎 * 左遷(좌천) :높은 자리에서 낮은 자리로 떨어짐 * 改過遷善(개과천선) :지난날의 잘못을 고치어 착하게 됨	
都	阝(邑) <도읍 도 / 모두 도> ①도읍(都邑), 서울 ②제후(諸侯)의 하읍(下邑) ③도시(都市) ④마을, 동네 ⑤나라 ⑥성(城) ⑦대개(大槪) ⑧모두, 다	* 都賣(도매) :물건(物件)을 도거리로 팖 * 都是(도시) :도무지, 전혀 * 都合(도합) :모두 한데 합해서 * 都市(도시) :인구와 가옥이 집중되어 있는 중심 지역 * 都邑(도읍) :①나라의 수도(首都) ②좀 작은 도회지(都會地)	

字	뜻	단어	성어
致	至 <이를 치 / 보낼 치> ①이르다, 도달하다(到達) ②다하다 ③이루다 ④보내다 ⑤주다, 내주다 ⑥촘촘하다 ⑦경치(景致), 풍취(風趣)	* 致辭(치사) :致詞(치사), 다른 사람을 칭찬함, 또는 그 말 * 景致(경치) :자연(自然)의 아름다운 모습 * 誘致(유치) :①꾀어서 데려옴 ②끌어옴 * 一致(일치) :어긋남이 없이 한결같게 서로 맞음	<치사비적> 훌륭하고 큰 공적(功績)에 대하여 치하(致賀)의 글을 지어서 내리고,
辭	辛 <말씀 사 / 사양할 사> ①말씀, 말하다 ②핑계, 하소연하다 ③사양하다(辭讓) ④사퇴하다(辭退) ⑤알리다 ⑥청하다(請) ⑦타이르다	* 辭讓(사양) :자기에게 유리한 것을 남에게 양보(讓步)함 * 辭典(사전) :단어를 모아 순서대로 배열하고 해설한 책(冊) * 辭退(사퇴) :어떤 일을 그만두고 물러섬, 작별하고 물러감 * 美辭麗句(미사여구) :아름다운 말과 글귀(句)	
丕	一 <클 비> ①크다 ②으뜸 ③받들다, 받다 ④엄숙하다(嚴肅), 장중하다(莊重) ⑤처음 ⑥이에, 곧(語助辭)	* 丕績(비적) :훌륭하게 여길 만한 큰 공적(功績), 대공(大功) * 丕搆(비구) :洪業(홍업), 나라를 세우는 큰 사업(事業) * 丕業(비업) :큰 사업(事業), 대업(大業), 제업(帝業), * 丕子(비자) :천자(天子)의 적자(嫡子)	
績	糸 <길쌈 적 / 공적 적> ①길쌈하다(실을 내어 옷감을 짜다) ②뽑다, 잣다(섬유에서 실을 뽑다) ③공적(功績), 성과(成果) ④일(事業)	* 功績(공적) :쌓은 공로(功勞), 애쓴 보람 * 紡績(방적) :섬유(纖維)를 가공(加工)하여 실을 만듦 * 成績(성적) :일을 한 결과로 얻은 실적, 일의 성과(成果) * 實績(실적) :실제의 업적 * 業績(업적) :사업의 성과(成果)	

譔	言 <가르칠 선 / 기릴 선> ①가르치다 ②기리다 ③칭송하다 ④아름답다 ⑤시문(詩文)을 짓다(찬) ⑥적다(찬), 기록하다(記錄)(찬)	* 譔述(선술) :말을 가려서 함 <白居易>遠託譔述 迨今而成 * 譔其先祖之美事(선기선조지미사) :그 선조(先祖)의 아름다운 일을 기리다	<선순시유> 목숨을 바친 이들을 기려서 시호(諡號)를 내리고 배향(配享)했으며,
殉	歹(歺) <따라죽을 순> ①따라 죽다, 순사하다(殉死) ③순장하다(殉葬) ④(목숨을)바치다 ⑤따르다 ⑥추구하다(追求), 탐하다(貪)	* 殉教(순교) :종교를 위해 죽음 * 殉國(순국) :나라를 위해 죽음 * 殉死(순사) :①나라를 위해 죽음 ②죽은 사람을 따라서 죽음 * 殉愛(순애) :사랑을 위해 죽음 * 殉義(순의) :의를 위해 죽음 * 殉職(순직) :맡은 바 직무(職務)를 보다가 죽음	
諡	言 <시호 시> ①시호(諡號) ②시호(諡號)를 내리다	* 諡號(시호) :제왕(帝王), 경상(卿相), 유현(儒賢)들이 죽은 뒤에 그들의 공덕(功德)을 칭송(稱頌)하여 추증(追贈)하는 칭호(稱號) * 上諡(상시) :죽은 임금에게 묘호(廟號)를 올리던 일	
侑	亻(人) <권할 유> ①(음식을)권하다(勸) ②배식하다(配食) ③돕다 ④갚다, 보답하다(報答) ⑤종사하다(從祀), 배향하다(配享)	* 侑食(유식) :①제사(祭祀)에서 조상께 음식을 권(勸)함 ②임금께 음식(飮食)을 권(勸)하던 일 * 侑書(유서) :伴簡(반간). 편지와 짝하여 보낸다는 뜻으로, 편지와 함께 선물을 보낼 때 쓰는 말	

戢	戈 <거둘 집> ①거두다, 보관하다(保管) ②그치다, 정지하다(停止) ③잡도리하다, 단속하다(團束) ④편안(便安)하게 하다	* 戢盜(집도) :도둑을 단속함 * 戢下(집하) :부하를 단속함 * 警戢(경즙) :옳지 않거나 잘못된 일을 경계하여 그치게 함 * 謹戢(근즙) :이전의 잘못된 언행을 근신(謹愼)하여 그침 * 防戢(방즙) :하지 못하게 막아서 그만두게 함	<집극작소> 병기(兵器)를 거두어 들여 흔적(痕迹)을 없앴다. <전쟁(戰爭)을 그치고 평화(平和)에 대한 의지(意志)를 천명(闡明)하였다.>
戟	戈 <창 극> ①창(槍: 무기의 하나) ②두 갈래로 갈래진 창(槍) ③찌르다 ④극(戟)모양으로 굽히다	* 刺戟(자극) :일정한 현상이 촉진되도록 충동(衝動)함 * 交戟(교극) :交戰(교전). 서로 맞붙어 싸움 * 兵戟(병극) :兵戈(병과). ①무기류(武器類)를 두루 일컫는 말. 간과(干戈). ②전쟁(戰爭)을 말함	
繳	糸 <주살 끈 격(작) / 얽힐 교> ①주살끈 ②생사(生絲) ③얽히다(교) ④바치다, 치르다(교) ⑤행전(行纏 :정강이에 감아 무릎 아래 매는 물건)(교)	* 繳銷(작소) :흔적(痕跡·痕迹)을 없애 버림 * 繳還(작환) :①돌려보냄. 작송(繳送) ②도로 찾아옴. 작래(繳來) * 繒繳(증작) :矰繳(증작). 주살 * 繳網(작망) :수렵(狩獵)	
銷	金 <녹일 소> ①녹이다, 녹다 ②사라지다, 사라지게하다 ③쇠하다(衰), 쇠하게 하다 ④무쇠	* 銷殘(소잔) :쇠가 녹듯이 사그라짐. 힘없이 사그라짐 * 銷縮(소축) :의기가 쇠침하여 위축됨 * 銷折(소절) :의기가 꺾임 * 銷變(소변) :변괴나 재변을 없앰 * 意氣銷沈(의기소침) :기운(氣運)을 잃고 풀이 죽음	

彷	彳 <헤맬 방 / 거닐 방> ①헤매다, 배회하다(徘徊) ②거닐다 ③비슷하다, 어울리다 ④확연히 구별할 수 없는 모양	* 彷徨(방황) :①방향(方向)이나 위치(位置)를 잘 몰라 이리저리 헤매는 것 ②삶의 분명(分明)한 목표(目標)를 정(定)하지 못하고 마음의 갈등(葛藤)을 겪거나 갈팡질팡하는 것	<방황이철> 그동안 일정(一定)한 방향(方向)도 없이 떠돌아다니는 일은 이제 그만두고 멈추었다.
徨	彳 <헤맬 황 / 노닐 황> ①헤매다, 방황하다(彷徨) ②노닐다 ③배회하다(徘徊) ④어정거리다 ⑤(마음이)불안하다(不安)	* 彷徨失措(방황실조) :罔知所措(망지소조). 당황(唐惶)해서 어찌할 바를 모름 * 夢中彷徨(몽중방황) :①꿈속에서 이리저리 헤맴 ②몽유병(夢遊病)	
异	廾 <그만둘 이 / 다를 이> ①그만두다 ②다르다, 달리하다 ※ 異의 簡體字로도 씀 ③다른, 그 밖의, 딴 것 ④기이하다(奇異)	* 异哉(이재) :그만두십시요! <書>异哉試可乃已(이재시가내이) :그만두십시요! 시험해 보고 이에 할 수 있습니다 * 試可乃已(시가내이) :관료 등을 선발할 때, 먼저 그 사람됨이나 유능한지를 시험해 보고 취사(取捨)하는 일	
輟	車 <그칠 철> ①그치다 ②버리다 ③깁다(해진 곳을 꿰매다) ④조금 부서진 수레를 다시 고친 것	* 輟朝(철조) :조정(朝廷)을 임시(臨時) 폐(廢)함 * 輟耕(철경) :밭가는 일을 멈춤. 경작(耕作)을 중도에 그침 * 沮輟(저철) :중도에서 그치어 그만둠 * 廢輟(폐철) :폐지하여 그만둠	

甘	甘 <달 감> ①달다(꿀이나 설탕의 맛과 같다) ②맛 좋다 ③맛있는 음식(飮食) ④익다 ⑤달게 여기다, 만족하다(滿足)	* 甘呑苦吐(감탄고토) :달면 삼키고 쓰면 뱉는다는 뜻으로, 자기 비위(脾胃)에 맞으면 좋아하고 맞지 않으면 싫어한다는 의미(意味) * 甘受(감수) :군말 없이 달게 받음	<감탄고토> 방황(彷徨)하는 동안 달면 삼키고 쓰면 뱉으면서
呑	口 <삼킬 탄> ①삼키다 ②싸다 ③감추다 ④경시하다(輕視), 안중(眼中)에 두지 아니하다	* 呑食(탄식) :①통째로 먹음 ②쳐들어와 하나로 합침 * 強呑(강탄) :남의 재물이나 영토를 강제로 빼앗음 * 倂呑(병탄) :竝呑(병탄). 아울러 삼킨다는 뜻으로, 강제(強制)로 한데 아울러서 제 것으로 삼음	
苦	++(艸·草) <쓸 고> ①쓰다 ②쓴맛, 쓴 나물 ③괴롭다 ④애쓰다, 힘쓰다 ⑤거칠다 ⑥깊이, 심히 ⑦기어코	* 苦待(고대) :몹시 기다림 * 苦樂(고락) :괴로움과 즐거움 * 苦盡甘來(고진감래) :고생(苦生) 끝에 낙이 온다는 말 * 良藥苦口(양약고구) :좋은 약은 입에 씀. <比喩>충언(忠言)은 귀에 거슬림	
吐	口 <토할 토> ①토하다(吐), 게우다, 뱉다 ②털어놓다, 말하다, 펴다 ③드러내다, 드러내어 보이다	* 吐納(토납) :묵은 기운을 입으로 뿜고 새 기운을 코로 들임 * 吐痰(토담) :가래를 뱉어 냄 * 吐逆(토역) :욕지기 * 吐露(토로) :속마음을 죄다 드러내어서 말함 * 吐瀉(토사) :上吐下瀉(상토하사). 위로 토하고 아래로 싸는 것	

炎	火 <불탈 염 / 더울 염> ①불꽃(焰), 태우다, 불타다 ②덥다, 더위, 뜨겁다 ③남쪽(南) ④아름답다(담), 아름답고 성한 모양(담)	* 炎涼(염량) :①더위와 서늘함 ②세태(世態)에 따른 인정(人情)의 변화(變化). * 炎涼世態(염량세태) * 炎暑(염서) :炎熱(염열). 몹시 심한 더위. 불볕더위 * 炎天(염천) :①몹시 더운 날씨 ②구천의 하나인 남쪽 하늘	<염량속태> 세태(世態)에 따라 인정(人情)이 쉽게 변하는 세속(世俗)의 저속(低俗)한 행태(行態)도 경험했으며,
涼	氵(水) <서늘할 량> ※ 凉은 俗字 ①서늘하다 ②얇다, 엷다 ③외롭다, 쓸쓸하다 ④맑다, 깨끗하다 ⑤슬픔, 시름, 근심	* 涼秋(양추) :①서늘한 가을 ②음력(陰曆) 구월(九月) * 溫涼(온량) :따뜻함과 서늘함 * 凄涼(처량) :구슬프고 쓸쓸함 * 炎涼世態염량세태) :뜨거웠다가 차가워지는 세태(世態) <比喩>형편에 따라 변하는 세상 인심(人心)	
俗	亻(人) <풍속 속> ①풍속(風俗), 관습(慣習) ②속인(俗人) ③범속하다(凡俗) ④심상하다(尋常), 흔하다 ⑤품위가 없다, 저속하다(低俗)	* 俗態(속태) :고상(高尙)하지 못하고 아담스럽지 못한 모양. 속(俗)된 자태(姿態). 저속(低俗)한 자태(姿態). * 俗談(속담) :예로부터 전해오는 널리 퍼진 격언(格言) * 風俗(풍속) :예로부터의 생활(生活)에 관(關)한 습관(習慣)	
態	心 <모습 태 / 모습 태> ①모습, 생김새 ②모양(模樣) ③형태(形態) ④상태(狀態) ⑤태도(態度) ⑥몸가짐 ⑦몸짓	* 態度(태도) :몸을 가지는 모양(模樣). 몸가짐 * 狀態(상태) :사물이 처해 있는 형편(形便)이나 모양(模樣) * 世態(세태) :세상(世上)의 돌아가는 형편(形便) * 千態萬象(천태만상) :천 가지 만 가지 모양(模樣)	

倒	亻(人) <넘어질 도> ①넘어지다 ②거꾸로 되다, 반대(反對)로 되다, 뒤집다 ③실패하다(失敗), 도산하다(倒産), 망하다(亡) ④죽다	* 倒錯(도착) :상하(上下)가 전도(顚倒)되어 서로 어긋남. 뒤바뀌어 거꾸로 됨 * 罵倒(매도) :①몹시 꾸짖음 ②심히 욕함 * 壓倒(압도) :월등(越等)히 우세(優勢)하여 남을 눌러 버림	<도착혼돈> 세상(世上)의 가치(價値)가 거꾸로 뒤바뀌고 뒤섞여서 모호(模糊)한 상태(狀態)임도 알았다.
錯	金 <어긋날 착 /섞일 착> ①어긋나다 ②섞다, 섞이다 ③도금하다(鍍金) ④어지럽히다 ⑤잘못하다 ⑥등지다 ⑦틀린 답안	* 錯覺(착각) :잘못 보거나 듣거나 느끼는 것 * 錯雜(착잡) :갈피를 잡을 수 없이 뒤섞여 어수선함 * 錯亂(착란) :①뒤섞여서 어수선함 ②머리가 혼란(混亂)함 * 錯誤(착오) :착각(錯覺)으로 잘못함	
混	氵(水) <섞을 혼> ①섞다, 섞이다 ②합하다(合), 맞추다 ③흐리다, 혼탁하다(混濁·渾濁·溷濁) ④덩어리지다(한데 뭉쳐지다) ⑤크다	* 混沌(혼돈) :①천지개벽(天地開闢) 초(初)에 하늘과 땅이 아직 나누어지지 않은 상태(狀態). 혼륜(渾淪) ②사물(事物)의 구별이 확실치 않은 상태 * 混亂(혼란) :뒤얽혀 어지러움 * 混濁(혼탁) :맑지 않고 흐림	
沌	氵(水) <엉길 돈 / 어두울 돈> ①엉기다(한 덩어리가 되면서 굳어지다) ②혼탁(混濁·渾濁·溷濁)하고 어지럽다 ③어둡다 ④(사리에)어둡다 ⑤빙 돌다	* 渾沌(혼돈) :混沌(혼돈) * 混沌衣(혼돈의) :태(胎)를 이름 * 混沌氏(혼돈씨) :흐리멍덩한 사람을 농조로 이르는 말 * 混沌湯(혼돈탕) :여러 가지 음식을 뒤섞어서 끓인 국 * 混沌皮(혼돈피) :태아(胎兒)를 싸고 있는 막과 태반(胎盤)	

箴	竹 <바늘 잠 / 경계할 잠> ①바늘 ②침, 시계바늘 ③꽂다, 지르다 ④돌침(鍼 :돌을 가지고 놓는 침) ⑤경계(警戒), 경계하다(警戒)	* 箴誡(잠계) :箴戒(잠계). 훈계(訓戒)하다. 충고(忠告)하다. * 箴言(잠언) :가르쳐서 훈계(訓戒)가 되는 말 * 箴諫(잠간) :훈계(訓戒)하여 간하는 것 * 視箴(시잠) :예(禮)가 아니어든 보지 말라는 규계(規戒)	<잠계병이> 훈계(訓戒)하노니, 타고난 천성(天性)을 그대로 지켜나가도록 하라.
誡	言 <경계할 계> ①경계하다(警戒) ②훈계하다(訓戒) ③경고(警告), 경계(警戒) ④고하다(告) ⑤분부하다(分付·吩咐), 명령하다(命令)	* 誡命(계명) :도덕상(道德上) 마땅히 지켜야 할 규범(規範) * 教誡(교계) :가르치며 훈계함 * 守誡(수계) :계명을 지킴 * 告誡(고계) :告戒(고계). 타일러 훈계(訓戒)함 * 誡盈(계영) :지나친 욕심을 가지지 말도록 타이름	
秉	禾 <잡을 병> ①잡다, 손으로 쥐다 ②장악하다(掌握) ③자루(끝에 달린 손잡이), 손잡이 ④권력(權力) ⑤볏단(벼를 베어 묶은 단)	* 秉彝(병이) :타고난 천성(天性)을 그대로 지킴 * 秉權(병권) :권력(權力)을 잡는 것 * 秉燭夜行(병촉야행) :촛불을 들고 밤길을 간다. <比喩>시기(時期)에 늦음	
彝	彐(크) <떳떳할 이> ※ 彛는 俗字 ①떳떳하다, 변(變)하지 아니하다 ②상도(常度), 떳떳한 도리(道理) ③술 그릇, 술 병 ④제기(祭器)의 이름	* 彝器(이기) :나라의 의식(儀式)에 쓰이는 제구(諸具) * 彝倫(이륜) :사람으로서 떳떳이 지켜야 할 도리(道理) * 彝儀(이의) :언제나 지켜야 할 도리 * 彝典(이전) :常道 * 彝則(이칙) :항상 지켜야 할 법칙 * 彝憲(이헌) :常道	

驕	馬 <교만할 교> ①교만하다(驕慢) ②오만하다(傲慢) ③무례하다(無禮), 경시하다(輕視), 제멋대로 하다 ④(말이)길들여지지 않다	* 驕傲(교오) :젠체하여 남을 업신여길 만큼 건방짐 * 驕慢(교만) :잘난 체하고 뽐내며 방자(放恣)함 * 驕亢(교항) :교만(驕慢)하고 자존심(自尊心)이 강(强)함 * 驕矜(교긍) :교만(驕慢)하고 자부(自負)함	<교오상근> 잘난 체하면서 남을 업신여기는 것은 삼가 조심하는 마음을 다치게 하여,
傲	亻(人) <거만할 오> ①거만하다(倨慢) ②오만하다(傲慢) ③교만하다(驕慢) ④업신여기다 ⑤멸시하다(蔑視) ⑥나가서 놀다	* 傲氣(오기) :①지기 싫어하는 마음 ②오만스러운 기운 * 傲慢(오만) :태도(態度)가 거만(倨慢)함 * 傲視(오시) :교만(驕慢)하게 남을 깔봄 * 倨傲(거오) :거만(倨慢)스럽고 남을 깔보는 태도(態度)	
傷	亻(人) <다칠 상> ①다치다, 상하다(傷), 상처(傷處) ②부상(負傷) 당하다 ③해치다(害) ④애태우다, 근심하다 ⑤불쌍히 여기다	* 傷痍(상이) :부상(負傷)함 * 傷處(상처) :몸의 다친 자리 * 傷害(상해) :남의 몸에 상처(傷處)를 내어 해를 입힘 * 負傷(부상) :몸에 상처(傷處)를 입음 * 損傷(손상) :①병(病)이 들거나 다침 ②깨지거나 상(傷)함	
謹	言 <삼갈 근> ①삼가다(몸가짐이나 언행을 조심하다) ②조심하다, 공손히 하다 ③자성하다(自省 :스스로 반성하다) ④금하다(禁)	* 謹啓(근계) :삼가 아룁니다. 편지(便紙)의 첫머리에 씀 * 謹拜(근배) :삼가 절합니다. 편지(便紙) 끝 이름 아래 씀 * 謹愼(근신) :삼가고 조심함 * 謹弔(근조) :삼가 弔喪함 * 謹呈(근정) :삼가 증정(贈呈)함 * 謹賀(근하) :삼가 祝賀함	

한자	뜻	용례	풀이
倨	亻(人) <거만할 거> ①거만하다(倨慢), 불손하다(不遜) ②걸터앉다(踞) ③굽다, 구부러지다 ④멍하다, 아무 생각 없는 모양	* 倨慢(거만) :잘난 체하고 으스댐. 겸손하지 못하고 거드름을 피우며 타인을 업신여김. 驕慢(교만) * 倨侮(거모) :거만(倨慢)하여 남을 업신여김 * 倨傲(거오) :거만스럽고 남을 낮추어 보는 교만한 태도	<거만효괄> 잘난 체하고 으스대면서 남을 푸대접하는 것만 본받아서
慢	忄(心) <거만할 만 / 게으를 만> ①거만하다(倨慢), 오만하다(傲慢) ②게으르다, 게으름을 피우다 ③거칠다, 간략하다(簡略)	* 慢性(만성) :버릇처럼 되어 쉽사리 고쳐지지 않는 성질 * 傲慢(오만) :태도(態度)가 거만(倨慢)함 * 傲慢放恣 * 自慢(자만) :거만(倨慢)하게 스스로 자랑함 * 怠慢(태만) :해야 할 일을 하지 않고 게으름을 피움	
傚	亻(人) <본받을 효> ①본받다 ②배우다 ③닮게 하다	* 飮啜亦愼 兒必視傚(음철역신 아필시효) :<俗>아이 보는 데는 찬물도 못 먹는다. 아이들이란 보는 대로 따라 하기 때문에, 아이들이 보는 데에서는 함부로 입을 놀리거나 행동을 하기가 어렵다는 뜻	
恝	心 <푸대접할 괄> ①소홀(疏忽)히 하다, 푸대접하다(待接) ②여유(餘裕)가 없다 ③근심 없다, 걱정이 없다(개)	* 恝却(괄각) :괄시(恝視)하여 물리침 * 恝待(괄대) :소홀(疏忽)히 대접(待接)함. 푸대접(-待接) * 恝視(괄시) :(사람을) 업신여겨 하찮게 대함 * 難恝(난괄) :푸대접하기 어려움. 괄시하기 어려움	

한자	뜻	용례	풀이
誹	言 <헐뜯을 비> ①헐뜯다 ②비방하다(誹謗) ③흉을 보다	* 誹謗(비방) :남을 헐뜯어 말함. 誹訕(비산) * 誹謗之木 * 誹訕(비산) :誹謗(비방) * 腹誹(복비) :말없이 마음속으로 나무람 * 誹詆(비저) :남을 해치려고 헐뜯음.	<비방회조> 남을 헐뜯어 말하고 희롱(戲弄)하여 비웃게 되나니,
謗	言 <헐뜯을 방> ①헐뜯다, 헐뜯는 말 ②비방하다(誹謗) ③나무라다 ④대답하다(對答)	* 謗怨(방원) :헐뜯으며 원망함 * 醜謗(추방) :추악한 비방 * 得謗(득방) :비방(誹謗)을 들음 * 被謗(피방) :誹謗을 당함 * 毁謗(훼방) :①남을 헐뜯어 비방함 ②남을 방해(妨害)함 * 飛謗(비방) :아무 근거도 없이 꾸며서 하는 비방(誹謗)	
詼	言 <조롱할 회> ①조롱하다(嘲弄) ②비웃다 ③기롱하다(欺弄) ④(실없는 말로)농락하다, 농지거리(弄)	* 詼嘲(회조) :희롱하여 비웃음 * 詼笑(회소) :실없이 놀리며 웃음 * 詼諧(회해) :諧謔(해학) * 俳詼(배회) :실없는 장난 * 滑詼(골회) :재미있게 익살을 부림. 또는 그러한 익살.	
嘲	口 <비웃을 조> ①비웃다 ②조롱하다(嘲弄) ③지저귀다	* 嘲弄(조롱) :남을 비웃거나 깔보면서 놀리는 것 * 嘲笑(조소) :비웃는 웃음 * 自嘲(자조) :스스로를 비웃음 * 嘲謔(조학) :실없는 말로 빗대어 놀림 * 衆嘲群咻(중조군휴) :여럿이 비웃고 이러쿵저러쿵 지껄임	

한자	뜻	용례	풀이
謙	言 <겸손할 겸> ①겸손하다(謙遜·謙巽) ②겸허하다(謙虛) ③사양하다(辭讓) ④공경하다(恭敬)	* 謙遜(겸손) :남을 대할 때에 거만(倨慢)하지 않고 공손(恭遜)한 태도(態度)로 제 몸을 낮춤. 謙巽(겸손) * 謙虛(겸허) :겸손(謙遜)하게 자기(自己)를 낮춤 * 謙讓(겸양) :겸손(謙遜)한 태도(態度)로 사양(辭讓)함	<겸손미덕> 남을 높이고 제 몸을 낮추는 갸륵한 덕성(德性)으로
遜	辶(辵) <겸손할 손> ①겸손하다(謙遜) ②순하다(順) ③사양하다(辭讓) ④양위하다(讓位) ⑤못하다, 뒤지다, 뒤떨어지다 ⑥따르다	* 恭遜(공손) :공경(恭敬)하고 겸손(謙遜)함 * 遜色(손색) :서로 견주어 보아서 못한 점(點) * 遜位(손위) :임금의 자리를 사양(辭讓)하여 내놓음 * 傲慢不遜(오만불손) :오만(傲慢)하여 겸손(謙遜)하지 않음	
美	羊 <아름다울 미> ①아름답다 ②좋다, 좋은 일 ③경사스럽다(慶事) ④즐기다 ⑤기리다 ⑥맛나다, (맛이)좋다, 맛있다	* 美德(미덕) :아름다운 덕성(德性) * 美術(미술) :시각(視覺)의 아름다움을 표현하는 예술(藝術) * 美人(미인) :아름답게 생긴 여자(女子) * 美人薄命(미인박명) :美人은 흔히 불행하거나 요절한다는 말	
德	彳 <큰 덕 / 덕 덕> ①크다 ②덕을 베풀다, 선행(善行) ③덕으로 여기다, 고맙게 생각하다 ④덕(德) ⑤은덕(恩德) ⑥어진 사람	* 德分(덕분) :남에게 어질고 고마운 짓을 베푸는 일 * 德澤(덕택) :남에게 미치는 은덕(恩德)의 혜택(惠澤) * 德行(덕행) :어질고 너그러운 행실(行實) * 道德(도덕) :사람으로서 지켜야 할 도리(道理)	

한자	뜻	용례	풀이
讓	言 <사양할 양> ①사양하다(辭讓), 물러나다 ②양보하다(讓步), 넘겨주다 ③겸손하다(謙遜·謙巽) ④꾸짖다	* 讓步(양보) :남에게 사양(辭讓)하여 물러나는 것 * 讓渡(양도) :권리(權利)나 이익(利益) 따위를 남에게 넘겨 줌 * 辭讓(사양) :자기에게 이로운 것을 겸손하게 받지 아니함 * 分讓(분양) :나누어서 넘겨 줌	<양보질서> 남에게 먼저 사양(辭讓)하여 제 자리를 내어준다면 올바른 차례(次例)가 설 것이다.
步	止 <걸음 보> ①걸음, 걸음걸이 ②보(距離의 單位 :6尺) ③행위(行爲) ④운수(運數), 시운(時運) ⑤보병(步兵) ⑥처하다 ⑦나루터	* 步行(보행) :두 다리로 걸음 * 徒步(도보) :걸어감 * 散步(산보) :바람을 쐬기 위하여 이리저리 거닒 * 進步(진보) :차차 좋게 되어감 * 初步(초보) :첫걸음 * 行步(행보) :목적지(目的地)까지 걸어서 가거나 다녀옴	
秩	禾 <차례 질> ①차례(次例), 순서(順序) ②쌓다, 차례로 쌓아올리다 ③순서를 매기다 ④녹봉(祿俸) ⑤벼슬 ⑥십년(10年) ⑦제사(祭祀)	* 秩序(질서) :사물(事物)의 조리(條理)나 그 순서(順序) * 秩次(질차) :秩序(질서) * 秩米(질미) :俸給으로 받는 쌀 * 官秩(관질) :관등(官等), 관록(官祿) * 一秩(일질) :十年 * 俸秩(봉질) :官吏에게 주는 給料 * 進秩(진질) :品階가 오름	
序	广 <차례 서> ①차례(次例), 차례(次例)를 매기다 ②서문(序文), 머리말 ③담, 담장(牆) ④행랑방(行廊房) ⑤학교(學校), 학당(學堂)	* 序列(서열) :①순서(順序)를 좇아 늘어섬 ②순서(順序) * 序文(서문) :序言(서언). 머리말 * 順序(순서) :차례(次例) * <孟子>設爲庠序學校以敎之 庠者養也 校者敎也 序者射也 夏曰校 殷曰序 周曰庠	

<table>
<tr><td>多</td><td>夕 <많을 다>
①많다, 많이 ②붇다, 늘어나다 ③크다, 남다 ③겹치다, 포개지다 ④넓다, 도량이 넓다 ⑤낫다, 더 좋다, 뛰어나다</td><td>* 多言(다언) :①말수가 많음 ②여러 말 * 多言多語(다언다어)
* 多樣(다양) :여러 가지 모양(模樣) 또는 양식(樣式)
* 多幸(다행) :운수(運數)가 좋음 * 多數(다수) :많은 수효(數爻)
* 多多益善(다다익선) :많으면 많을수록 더욱 좋다는 말</td><td rowspan="4"><다언혹와>

말이 많다 보면 간혹(間或) 어긋나는 수가 있어서,</td></tr>
<tr><td>言</td><td>言 <말씀 언>
①말씀, 말, 말하다 ②글 ③언론(言論) ④견해(見解), 의견(意見) ⑤요컨대, 다시 말하면 ⑥여쭈다, 묻다 ⑦알리다</td><td>* 言及(언급) :말이 미침. 어떤 문제에 관련하여 말함
* 言論(언론) :말로나 글로써 자기의 의사를 발표하는 일
* 言語(언어) :생각을 소리나 글자로 나타내는 수단(手段)
* 發言(발언) :말을 꺼냄. 의견(意見)으로 말을 함</td></tr>
<tr><td>或</td><td>戈 <혹 혹>
①혹(或), 혹은(或 :그렇지 아니하면), 혹시(或是 :만일에 어떤 경우에는) ②의심하다(疑心) ③있다, 늘, 언제나</td><td>* 或是(혹시) :或如(혹여). 設或(설혹). 만일에, 더러, 행여
* 或曰(혹왈) :①어떤 이가 말하는 바 ②혹은 이르기를
* 或云(혹운) :혹은 이르기를 * 或者(혹자) :어떤 사람
* 間或(간혹) :或間(혹간). 간간이 어쩌다가. 가끔. 이따금</td></tr>
<tr><td>訛</td><td>言 <그릇될 와>
①그릇되다, 잘못되다 ②거짓되다 ③속이다 ④이상야릇하다 ⑤유언비어(流言蜚語), 요사(妖邪)스런 말</td><td>* 訛言(와언) :①잘못 전파(傳播)된 말. 訛說(와설) ②사투리
* 訛字(와자) :譌字(와자). 잘못 쓰이고 있는 글자
* 訛傳(와전) :본래의 뜻을 잘못되게 바꾸어 전(傳)하는 것
* 訛稱(와칭) :①잘못 일컬음 ②그릇 이르는 칭호(稱號)</td></tr>
</table>

<table>
<tr><td>矛</td><td>矛 <창 모>
①창(槍 :무기의 하나, 자루가 긴 창)
②세모창(槍 :세모진 창)</td><td>* 矛盾(모순) :창(槍)과 방패(防牌)라는 뜻으로, 말이나 행동의 앞뒤가 서로 일치(一致)되지 아니함
* 亡戟得矛(망극득모) :물건을 얻거나 잃거나 함에 있어 그 이해(利害)를 두 가지로 해석할 수 있다는 뜻</td><td rowspan="4"><모순궤변>

말의 앞뒤가 서로 맞지 않아 이치(理致)에 맞지 않는 변론(辯論)을 펼치게 되어,</td></tr>
<tr><td>盾</td><td>目 <방패 순>
①방패(防牌·旁牌)
②피하다(避), 숨다
③화폐(貨幣)의 이름</td><td>* 盾戈(순과) :戈盾(과순). 방패(防牌)와 창(槍)
* 盾鼻(순비) :방패(防牌)의 손잡이
* 戟盾(극순) :창과 방패(防牌)를 아울러 이르는 말
* 圓盾(원순) :원형(圓形)의 방패(防牌)</td></tr>
<tr><td>詭</td><td>言 <속일 궤>
①속이다, 기만하다(欺瞞) ②어기다, 위배하다(違背) ③어그러지다, 다르다, 차이지다(差異) ④꾸짖다, 책임지우다</td><td>* 詭辯(궤변) :이치(理致)에 닿지 않는 변론(辯論). 얼른 들으면 옳은 것 같지만 실은 이치에 닿지 않는 말
* 詭計(궤계) :詭謀(궤모). 남을 간사(奸邪)하게 속이는 꾀
* 詭辭(궤사) :거짓 꾸며대는 말</td></tr>
<tr><td>辯</td><td>辛 <말 잘할 변 / 말씀 변>
①말을 잘하다, 말에 조리(條理)가 있다 ②교묘(巧妙)하게 말하다 ③말씀 ④변론하다(辯論) ⑤송사하다(訟事)</td><td>* 辯明(변명) :말로써 밝힘 * 言辯(언변) :말을 잘 하는 재주
* 辯護(변호) :남을 위해 변명(辨明)하고 도와줌
* 雄辯(웅변) :힘차고 거침없으며, 설득력 있는 변설(辨說)
* 代辯(대변) :남을 대신(代身)하여 책임(責任)지고 말함</td></tr>
</table>

<table>
<tr><td>輕</td><td>車 <가벼울 경>
①가볍다 ②(무게가) 적다 ③모자라다 ④손쉽다 ⑤재빠르다 ⑥경솔하다(輕率) ⑦업신여기다 ⑥천하다(賤), 신분이 낮다</td><td>* 輕率(경솔) :언행(言行)이 진중(鎭重)하지 아니하고 가벼움
* 輕視(경시) :가볍게 봄. 가볍게 여김. 깔봄
* 輕妄(경망) :언행이 가볍고 방정맞음 * 輕擧妄動(경거망동)
* 輕重(경중) :①가벼움과 무거움 ②중요함과 그렇지 아니함</td><td rowspan="4"><경솔망동>

언행(言行)이 가볍고 망녕되이 행동(行動)하게 되나니,</td></tr>
<tr><td>率</td><td>玄 <거느릴 솔 / 비율 률>
①거느리다 ②좇다, 따르다 ③소탈하다, 꾸밈없다 ④경솔하다(輕率), 가볍다 ⑤비율(률) ⑥제한(制限)(률)</td><td>* 率直(솔직) :거짓으로 꾸미거나 숨김이 없이 바르고 곧음
* 統率(통솔) :몰아서 거느림 * 引率(인솔) :이끌고 거느림
* 輕率(경솔) :언행(言行)이 진중(鎭重)하지 아니하고 가벼움
* 比率(비율) :어떤 수량(數量)에 대한 다른 수량의 비(比)</td></tr>
<tr><td>妄</td><td>女 <망령될 망>
①망령되다(妄靈), 어그러지다
②허망하다(虛妄), 헛되다
③속이다, 거짓 ④무릇, 대개(大槪)</td><td>* 妄動(망동) :분수(分數)없이 망령(妄靈)되이 행동(行動)함.
* 妄靈(망령) :늙거나 정신(精神)이 흐려져서 말과 행동(行動)이 정상(正常)에서 어그러지는 상태(狀態)
* 妄想(망상) :이치(理致)에 어긋나는 헛된 생각. * 妄言(망언)</td></tr>
<tr><td>動</td><td>力 <움직일 동>
①움직이다 ②옮기다 ③흔들리다, 동요하다(動搖) ④변하다(變) ⑤일하다 ⑥느끼다, 감응하다(感應) ⑦살아나다</td><td>* 動物(동물) :생물계(生物界)의 움직이는 존재(存在)
* 動作(동작) :어떤 일을 하기 위해서 몸을 움직이는 일
* 運動(운동) :물체가 시간의 경과에 따라 위치를 바꾸는 일
* 行動(행동) :동작(動作)을 하여 행(行)하는 일</td></tr>
</table>

<table>
<tr><td>誇</td><td>言 <자랑할 과>
①자랑하다, 기리다, 찬미하다(讚美) ②자만하다(自慢) ③공허하다(空虛) ④아름답다 ⑤거칠다, 굵고 성기다</td><td>* 誇大(과대) :작은 것을 크게 떠벌림
* 誇示(과시) :뽐내어 보임. 사실보다 크게 나타내어 보임
* 誇張(과장) :사실(事實)보다 지나치게 떠벌려 나타냄
* 誇大妄想(과대망상) :턱없이 과장(誇張)하여 엉뚱하게 생각함</td><td rowspan="4"><과소각견>

남에게 자신(自身)을 자랑함은 적게 하고, 삼가 조심함은 굳게 하라.</td></tr>
<tr><td>少</td><td>小 <적을 소 / 젊을 소>
①적다, 많지 아니하다 ②줄다, 적어지다 ③약간(若干), 조금, 얼마간 ④적다고 여기다 ⑤젊다 ⑥젊은이, 어린이</td><td>* 少年(소년) :사내아이 * 少女(소녀) :계집아이
* 年少(연소) :나이가 적음 * 些少(사소) :매우 적음. 하찮음
* 減少(감소) :줄어서 적어짐 * 稀少(희소) :드물고 썩 적음
* 多少(다소) :분량(分量)이나 정도(程度)의 많음과 적음</td></tr>
<tr><td>恪</td><td>忄(心) <삼갈 각>
①삼가다(몸가짐이나 언행을 조심하다) ②공경하다(恭敬) ③정성(精誠) ④(等級이)오르다 ⑤법(法) ⑥표준(標準)</td><td>* 恪虔(각건) :恪肅(각숙). 삼가고 조심(操心)함
* 恪勤(각근) :정성(精誠)껏 부지런히 힘씀 * 恪勤勉勵
* 恪謹(각근) :恪愼(각신). 조심(操心)함. 삼감
* 恪別(각별) :各別(각별) * 不恪(불각) :不敬(불경)</td></tr>
<tr><td>堅</td><td>土 <굳을 견>
①굳다 ②굳어지다 ③굳게 하다 ④굳세다, 강하다(強) ⑤변(變)하지 아니하다 ⑥갑옷, 갑주(甲冑: 갑옷과 투구)</td><td>* 堅甲(견갑) :튼튼한 갑옷 * 堅實(견실) :확실하고 틀림이 없음
* 堅固(견고) :굳세고 단단함 * 堅持(견지) :굳게 지니는 일
* 堅約(견약) :굳은 약속(約束) * 堅忍(견인) :굳게 참고 견딤
* 中堅(중견) :사회에서 중심이 되어 활동하는 중요한 사람</td></tr>
</table>

<table>
<tr><td>外</td><td>夕 <바깥 외>
①바깥, 밖 ②겉, 표면(表面) ③남, 타인(他人) ④언행(言行), 용모(容貌) ⑤앞, 이전(以前) ⑥멀리하다, 벗어나다 ⑦남편</td><td>* 外柔內剛(외유내강) :겉으로 보기에는 부드러우나 속은 꿋꿋하고 강(强)함
* 外交(외교) :다른 나라와 하는 교섭(交涉) 또는 교제(交際)
* 除外(제외) :범위(範圍) 밖에 두어 빼어 놓음</td><td rowspan="4"><외유내강>

겉으로 보기에는 부드럽고 순하나, 속은 꿋꿋하고 곧아야 하나니,</td></tr>
<tr><td>柔</td><td>木 <부드러울 유>
①부드럽다 ②순하다(順) ③연약하다(軟弱), 여리다, 무르다 ④좇다, 복종하다(服從) ⑤편안(便安)하게 하다</td><td>* 柔弱(유약) :몸이나 마음이 약(弱)함
* 柔軟(유연) :부드럽고 연함 * 剛柔(강유) :굳세고 부드러움
* 溫柔(온유) :온화(溫和)하고 유순(柔順)함
* 柔順(유순) :성질(性質)이 부드럽고 온순(溫純)함</td></tr>
<tr><td>內</td><td>入 <안 내>
①안, 속 ②안으로 들이다 ③뱃속 ④나라의 안, 국내(國內) ⑤부녀자(婦女子), 아내 ⑥몰래, 가만히, 비밀히(祕密)</td><td>* 內容(내용) :사물(事物)의 속내나 실속
* 內外(내외) :①아내와 남편 ②수량을 약간 넘거나 못 미침
* 內包(내포) :어떤 성질(性質)이나 뜻을 그 속에 지님
* 內部(내부) :안쪽 부분 * 室內(실내) :방(房)이나 건물의 안</td></tr>
<tr><td>剛</td><td>刂(刀) <굳셀 강>
①굳세다 ②굳다, 단단하다 ③굳이 ④강직하다(剛直) ⑤억세다 ⑥성하다(盛), 한창이다 ⑦강철(鋼鐵)</td><td>* 剛健(강건) :마음이 곧고 뜻이 굳세며 건전(健全)함
* 剛斷(강단) :과단성(果斷性) 있게 결단(決斷)하는 힘
* 剛直(강직) :마음이 굳세고 곧음
* 剛愎(강퍅) :성미(性味)가 깐깐하고 고집(固執)이 셈</td></tr>
</table>

<table>
<tr><td>毖</td><td>比 <삼갈 비>
①삼가다 ②근신하다(謹愼) ③고달프다, 피로하다(疲勞) ④멀다 ⑤통하다(通), 소통하다(疏通)</td><td>* 懲毖錄(징비록) :<詩經>(小毖篇)에 '豫其懲而毖役患 (미리 징계하여 후환을 경계한다)'는 구절에서 딴 것으로, 西厓(서애) 유성룡(柳成龍)이 임진왜란(壬辰倭亂)의 원인(原因)과 전황(戰況) 등을 기록(記錄)한 책(冊)임</td><td rowspan="4"><비도낭추>

삼가 조심하여 주머니 속의 송곳이 드러나지 않도록 감추라.

<삼가 조심하여 자신의 재능을 드러내지 않도록 하라></td></tr>
<tr><td>韜</td><td>韋 <감출 도 / 활집 도>
①감추다 ②느슨하다 ③바르다 ④칼전대(纏帶) ⑤활팔찌 ⑥활집(부린 활을 넣어 두는 자루) ⑦비결(祕訣)</td><td>* 韜光(도광) :빛을 감춘다는 뜻으로, 학식(學識)이나 재능(才能)을 감추고 남에게 알리지 않음
* 韜晦(도회) :①자기(自己)의 재능(才能)이나 지위(地位) 같은 것을 숨기어 감춤 ②종적(蹤迹)을 감춤</td></tr>
<tr><td>囊</td><td>口 <주머니 낭>
①주머니 ②자루(헝겊 따위로 길고 크게 만든 주머니) ③불알, 고환(睾丸) ④(주머니에)넣다 ⑤(싸서)동여매다</td><td>* 囊錐(낭추) :囊中之錐(낭중지추). 주머니 속에 있는 송곳. <比喩>재능(才能)이 아주 빼어난 사람은 숨어 있어도 저절로 남의 눈에 드러난다는 뜻
* 背囊(배낭) :등에 짊어질 수 있도록 만든 멜빵 달린 주머니</td></tr>
<tr><td>錐</td><td>金 <송곳 추>
①송곳 ②바늘, 침(針 :바늘) ③작은 화살 ④뾰족하다</td><td>* 錐囊(추낭) :囊中之錐(낭중지추)
* 立錐(입추) :송곳을 세움 * 試錐(시추) :땅속 깊이 구멍을 팜
* 立錐之地(입추지지) :송곳 하나 세울 만한 매우 좁은 땅
* 立錐餘地(입추여지) :송곳 하나 세울 만한 여유(餘裕)의 땅</td></tr>
</table>

<table>
<tr><td>忖</td><td>忄(心) <헤아릴 촌>
①헤아리다 ②미루어 생각하다 ③절단하다(切斷·截斷) ④쪼개다 ⑤덜다, 제하다(除)</td><td>* 忖度(촌탁) :남의 마음을 미루어 헤아림
* 他人有心予忖度之(타인유심여촌탁지) :다른 사람의 심정(心情)을 나는 잘 짐작(斟酌)해 앎을 이르는 말</td><td rowspan="4"><촌고각무>

미루어 생각하여 타이르는 것이니, 성실(誠實)하게 힘쓰도록 하여라.</td></tr>
<tr><td>誥</td><td>言 <고할 고 / 가르칠 고>
①고하다(告), 윗사람이 아랫사람에게 가르쳐 말함 ②가르침 ③경계(警戒) ④직첩(職牒), 고신(告身 :임금이 내리는 辭令狀)</td><td>* 誥文(고문) :告文(고문). 임금이 신하에게 고유(告諭)하는 글
* 誥命(고명) :임금이 내리는 명령 * 官誥(관고) :敎旨(교지)
* 誓誥(서고) :윗사람이 아랫사람에게 맹세(盟誓)하여 말함
* 庭誥(정고) :가정의 교훈 * 制誥(제고) :임금의 사령(辭令)</td></tr>
<tr><td>愨</td><td>心 <성실할 각>
①성실하다(誠實) ②거짓이 없고 정성스럽다(精誠) ③삼가다(몸가짐이나 언행을 조심하다) ④바르다 ⑥순박하다(淳朴)</td><td>* 愨士(각사) :성실(誠實)한 선비
* 愨誠(각성) :誠實(성실). 진심(眞心), 정성(精誠)
* 愨實(각실) :誠實(성실). 깊이 삼가고 정직한 것
* 謹愨(근각) :깊이 삼가고 성실(誠實)함</td></tr>
<tr><td>懋</td><td>心 <힘쓸 무 / 무성할 무>
①힘쓰다 ②뛰어나다, 빼어나다 ③우수하다(優秀) ④무성하다(茂盛), 우거지다 ⑤넉넉하다 ⑥융성하다(隆盛)</td><td>* 懋懋(무무) :힘쓰는 모양 * 懋戒(무계) :힘써 잘 경계(警戒)함
* 懋典(무전) :盛典(성전). 성대(盛大)한 의식(儀式)
* 懋學(무학) :학업에 힘씀 * 殊懋(수무) :특수하고 큼
* 功懋懋官(공무무관) :공로가 많은 사람에게 높은 벼슬을 줌</td></tr>
</table>

<table>
<tr><td>余</td><td>人 <나 여> ※ 餘의 俗字로도 쓰임
①나(予) ②나머지(餘) ③남다, 남기다 ④나머지 시간(時間), 여가(餘暇) ⑤여분(餘分) ⑥정식 이외의 ⑦다른</td><td>* 余輩(여배) :우리의 무리. 우리네 * 余等(여등) :우리들
* 余月(여월) :음력(陰曆) 4月
* 余伊(예) :口(구결) —예. —에. 亦伊
* 余叱(엿) :<借音> 엿</td><td rowspan="4"><여험오서>

내가 깨우쳐서 총명(聰明)한 사람이 되고자 하여,</td></tr>
<tr><td>忺</td><td>忄(心) <바랄 험>
①바라다 ②원하다(願) ③하고자 하다(意所欲也)</td><td></td></tr>
<tr><td>遻</td><td>辶(辵) <깨우칠 오>
①깨우치다(寤) ②지나가다 ③상관하다(相關)</td><td></td></tr>
<tr><td>諝</td><td>言 <슬기 서>
①슬기 ②총명(聰明)한 사람 ③지자(智者) ④헤아리다 ⑤속이다</td><td>* 才諝(재서) :才智(재지). 재주와 지혜(智慧·知慧)</td></tr>
</table>

한자	뜻	낱말	풀이
晉	日 <나아갈 진 / 진나라 진> ①나아가다 ②억누르다, 억제하다(抑制) ③사이에 끼우다 ④꽂다 ⑤진나라(晉)	* 晉山(진산) :승려(僧侶)으로서 자기(自己)가 있는 그 절에서 주지(住持)로 되는 일 * 晉晝(진주) :임금이 낮 동안 신하들을 세 번 접견하는 일 * 晉候(진후) :웃어른을 찾아 뵙고 안부를 물음	<진상추효> 학교(學校)에 나아가니 회초리로 종아리를 때리며 깨우쳐 주셨다.
庠	广 <학교 상> ①학교(學校) ②태학(太學) ③향학(鄕學 :殷나라와 周나라 때의) ④침착하다(沈着), 점잖다	* 庠序(상서) :학교(學校). 향교(鄕校)를 주(周)나라에서는 상(庠), 은(殷)나라에서는 서(序)라고 했음 * 庠校(상교) :중국(中國) 주(周)나라 때 학교(學校) * 鄕庠(향상) :鄕校(향교). 각 마을에 설치한 서당(書堂)	
棰	木 <매 추> ※ 箠와 通 ①매(사람이나 동물을 때리는 막대기, 방망이 따위) ②매질하다 ③회초리 ④회초리로 때리다	* 棰楚(추초) :매, 매질함, 매로 때림 <漢書>(路溫舒傳) 棰楚之下 何求而不得 :채찍으로 초달(楚撻)하는 아래에서는 무슨 대답을 구한들 얻어내지 못하겠습니까?	
斅	攴(攵) <깨우칠 효> ※ 學의 古字 ①깨우치다(悟) ②가르치다, 교도하다(敎導) ②교육하다(敎育) ③배우다, 본받다 ④학교(學校)	* 惟斅(유효) :깨우침, 가르침 <書經>(說命) 惟斅學半 念終始典于學 厥德修罔覺 :깨우침이 배움의 반(半)이니, 처음부터 끝까지 배움에 표준을 삼으면, 그 덕이 알지 못하는 사이에 닦아질 것이다	

한자	뜻	낱말	풀이
詞	言 <말씀 사 / 글 사> ①말, 말씀, 말하다 ②글, 문장(文章) ③시문(詩文) ④문체(文體)의 이름 ⑤고하다(告), 알리다 ⑥청하다(請)	* 詞藻(사조) :시문(詩文)의 문채(文彩). 말의 수식(修飾) * 詞海(사해) :사조(詞藻)의 바다. 문장(文章)이나 시가(詩歌)의 풍부함을 바다의 넓고 깊음에 비유 * 名詞(명사) :사물(事物)의 이름을 나타내는 낱말 갈래	<사조노둔> 시문(詩文)을 짓는 재능(才能)에는 몹시 둔(鈍)하였지만
藻	艹(艸·草) <마름 조> ①마름(바늘꽃과의 수초) ②졸(은화식물에 딸린 수초를 통칭) ③말, 바닷말(미역), 무늬 있는 말 ④무늬 ⑤꾸밈	* 藻類(조류) :수중(水中) 부유식물(浮游植物) * 海藻類 * 藻文(조문) :잘 지은 글 * 鳳藻(봉조) :훌륭한 글 * 文藻(문조) :①문장(文章)의 멋 ②글재주. 문재(文才) * 藻翰(조한) :①훌륭한 문장(文章) ②품위가 있는 편지(便紙)	
魯	魚 <노둔할 로> ①노둔하다(老鈍 :늙어서 재빠르지 못하고 둔하다) ②미련하다 ③나라이름(魯)	* 魯鈍(노둔) :이해력(理解力)이나 습득력(習得力)이 낮음. 愚鈍(우둔). 愚魯(우로) * 魚魯不辨(어로불변) :어(魚)자와 노(魯)자를 구별(區別)하지 못함. <比喩>몹시 무식(無識)함	
鈍	金 <무딜 둔 / 둔할 둔> ①무디다, 무디어지다, 무디게 하다 ②둔하다(鈍), 우둔하다(愚鈍) ③미련하다 ④굼뜨다	* 鈍角(둔각) :직각(直角)보다 큰 각도(角度) * 鈍感(둔감) :예민(銳敏)하지 못한 무딘 감각(感覺) * 鈍濁(둔탁) :성질(性質)이 둔하고 혼탁(混濁)함 * 鈍化(둔화) :둔하여짐 * 愚鈍(우둔) :어리석고 둔함	

한자	뜻	낱말	풀이
嗜	口 <즐길 기> ①즐기다 ②좋아하다 ③탐하다(貪)	* 嗜客(기객) :무엇을 몹시 즐기고 좋아하는 사람 * 嗜癖(기벽) :嗜僻(기벽). 너무 지나치게 좋아하는 버릇 * 嗜慾(기욕) :즐기고 좋아하는 욕심(慾心) * 嗜好(기호) :어떤 사물(事物)을 즐기고 좋아함	<기수경장> 남이 지은 아름다운 글을 모으는 것을 좋아하다 보니,
蒐	艹(艸·草) <모을 수 / 꼭두서니 수> ①모으다, 모아들이다 ②은닉하다(隱匿) ③점검하다(點檢), 검열하다(檢閱) ④꼭두서니(여러해살이풀) ⑤사냥, 봄사냥	* 蒐羅(수라) :널리 수집(蒐集)함 * 蒐錄(수록) :수집(蒐集)하여서 기록하거나 수록(收錄)함 * 蒐集(수집) :어떤 물건(物件)이나 재료(材料)를 찾아 모음 * 蒐輯(수집) :여러 재료를 찾아 모아 책을 편집(編輯)함	
瓊	玉 <구슬 경> ①구슬 ②옥(玉) ③붉은 옥(玉) ④패옥(佩玉 :허리띠에 차는 옥) ⑤주사위(놀이 도구의 하나)	* 瓊章(경장) :구슬 같은 문장(文章)이라는 뜻으로, 남의 글을 높여 이르는 말 * 瓊琚(경거) :아름다운 옥(玉)이라는 뜻으로, 훌륭한 선물 * 瓊樓(경루) :궁전(宮殿)을 좋게 이르는 말 * 投瓜得瓊	
章	立 <글 장> ①글, 문장(文章) ②시문(詩文)의 절(節), 단락(段落) ③악곡(樂曲)의 단락(段落) ④기(旗), 표지(標識) ⑤인장(印章)	* 章句(장구) :문장의 단락 * 文章(문장) :생각을 글로 쓴 것 * 印章(인장) :도장(圖章). 인감(印鑑) * 指章(지장) :손도장 * 憲章(헌장) :약속을 이행하기 위한 법적(法的) 규범(規範) * 勳章(훈장) :훈공(勳功)이 있는 이에게 주는 휘장(徽章)	

한자	뜻	낱말	풀이
鈔	金 <노략질 초 / 베낄 초> ①노략질하다 ②베끼다 ③초록(抄錄 :필요한 부분만 뽑아 적음) ④문집(文集) ⑤영수증(領收證) ⑥지전(紙錢), 지폐(紙幣)	* 鈔擊(초격) :노략질하고 습격함 * 鈔盜(초도) :노략질하여 훔침 * 價鈔(가초) :값. 가격(價格) * 鈔法(초법) :지폐(紙幣)를 발행하여 유통시키는 법 * 印鈔(인초) :지폐(紙幣)를 인쇄함	<초찬집찬> 베껴서 모으거나, 전(傳)해오는 저술(著述)을 모아서 나름대로 지어서
纂	糸 <모을 찬 / 상투 찬> ①모으다 ②잇다 ③만들어 내다 ④편집하다(編輯), 편찬하다(編纂) ⑤붉은 끈 ⑥채색(彩色) ⑦상투	* 纂述(찬술) :문예 등에 관한 글을 모아 저술(著述)함 * 類纂(유찬) :같은 종류(種類)의 것을 엮음 * 纂集(찬집) :시가(詩歌)나 문장 등을 모아 책을 엮음 * 編纂(편찬) :자료를 수집(蒐集)하고 정리하여 책을 만듦	
輯	車 <모을 집> ①모으다 ②모이다 ③합치다(合) ④화하다(和), 화목하다(和睦) ⑤상냥하다 ⑥솔솔 불다	* 輯撰(집찬) : 모아서 편찬(編纂)함. 그 전부터 내려오는 내용을 정리(整理)하고 자신의 의견도 반영하여 짓는 것을 말함 * 蒐輯(수집) :여러 재료(材料)를 찾아 모아 책을 편집함	
撰	扌(手) <지을 찬> ①짓다, 시문(詩文)을 짓다 ②엮다, 편찬하다(編纂 :자료를 정리하여 책을 만들다) ③손에 쥐다 ④만들다 ⑤갖추다	* 撰修(찬수) :저술(著述)하고 편집(編輯)함 * 撰述(찬술) :책(冊)이나 글을 씀 * 撰集(찬집) :시가(詩歌)나 문장(文章) 등을 가려 모음 * 修撰(수찬) :재료(材料)를 뽑고 글을 지어서 책을 꾸며냄	

抄	扌(手) <노략질할 초 / 뽑을 초> ①노략질하다(擄掠), 약탈하다(掠奪) ②뽑다, 초하다(抄 :필요한 것만 뽑아 기록하다) ③(문서를)베끼다 ④두벌갈이하다	* 抄冊(초책) :요점(要點)만 뽑아 기록(記錄)한 책(冊) * 抄本(초본) :원본(原本)의 일부(一部)를 베끼거나 발췌(拔萃)한 문서(文書) * 抄錄(초록) :소용(所用)될 만한 것만 뽑아서 적음	<초책원본> 요점(要點)만 가려 뽑아 놓은 책(冊)의 원본(原本)을 완성(完成)하였는데,
冊	冂 <책 책> ①책(冊), 문서(文書) ②칙서(勅書) ③계획(計劃), 계략(計略), 꾀 ④책을 세는 말 ⑤세우다, 봉하다(封)	※ 죽간(竹簡)을 끈으로 이어붙인 것. 종이가 발명(發明)되기 전에 고대(古代) 중국(中國)에서는 죽간(竹簡)에 글씨를 썼음 * 冊床(책상) :책을 읽거나 글씨를 쓰는 데 받치고 쓰는 상(床) * 冊子(책자) :書冊(서책) * 冊封(책봉) :봉작(封爵 :작위를 봉함)	
原	厂 <근원 원 / 언덕 원> ①근원(根源), 근본(根本) ②원래(原來) ③언덕 ④들, 벌판 ⑤용서하다(容恕), 놓아 주다 ⑥거듭하다, 재차(再次)	* 原本(원본) :수정(修訂)을 하지 않은 본디의 원고(原稿). 原本은 正本·謄本·抄本 等의 基本이 됨. 謄寫·飜刻·抄錄·改訂·引用·飜譯 以前의 書冊 * 原因(원인) :어떤 일의 근본(根本)이 되는 까닭	
本	木 <근본 본 / 뿌리 본> ①근본(根本) ②(초목의)뿌리, 그루 ③원래(元來·原來), 본래(本來), 본디 ④바탕 ⑤자기(自己) 자신(自身)	* 本末(본말) :처음과 끝 * 本性(본성) :본디의 성질(性質) * 本人(본인) :①자기(自己) ②바로 그 사람 * 根本(근본) :사물(事物)의 생겨나는 근원(根源) * 原本(원본) :처음 작성한 본디의 서류(書類)나 서책(書冊)	

蠹	虫 <좀 두> ①좀(좀과의 곤충) ②나무좀(나무좀과의 곤충) ③쐐기(불나방의 애벌레) ④좀먹다 ⑤해치다(害)	* 蠹蝕(두식) :①좀 먹다. 벌레 먹다 ②(轉)돈을 슬쩍 훔치다. 착복(着服)하다 * 蠹蟲(두충) :①좀. 蠹魚子(좀벌레) ②해를 끼치는 나쁜 사람 * 蠹書蟲(두서충) :①책벌레 ②책에 파묻혀 세상 물정 모르는 서생	<두식훼손> 오래되다 보니 좀이 먹어서 헐어서 못쓰게 되었다.
蝕	虫 <좀먹을 식> ①좀먹다 ②갉아 먹다 ④썩어 들어가다 ③일식(日蝕), 월식(月蝕)	* 腐蝕(부식) :썩어서 벌레 먹은 것처럼 삭음 * 日蝕(일식) :日食(일식). 달이 해를 가리는 현상(現狀) * 浸蝕(침식) :물이나 바람이 지반(地盤)을 깎는 작용(作用) * 侵蝕(침식) :차츰차츰 먹어 들어감	
毁	殳 <헐 훼> ①헐다, 부수다 ②훼손하다(毁損) ③손상하다(損傷) ④일그러지다 ⑤비방하다(誹謗), 헐뜯다 ⑥해치다	* 毁損(훼손) :헐거나 깨뜨리어 못 쓰게 만듦 * 毁謗(훼방) :①남을 비방(誹謗)함 ②남의 일을 방해(妨害)함 * 毁節(훼절) :절개(節槪·節介)나 절조(節操)를 깨뜨림 * 貶毁(폄훼) :남을 깎아 내리고 헐뜯음	
損	扌(手) <덜 손> ①덜다, 줄이다 ②감소하다(減少) ③잃다, 손해(損害)를 보다 ④해치다(害) ⑤헐뜯다 ⑥낮추다, 겸손하다(謙遜)	* 損傷(손상) :물체(物體)가 깨지거나 변(變)하여 상(傷)함 * 損失(손실) :①축나서 없어짐 ②손해(損害)를 봄 * 損益(손익) :손실(損失)과 이익(利益) ②재산의 증감(增減) * 損害(손해) :가지고 있는 것을 잃은 상태(狀態). 손(損)	

箋	竹 <기록할 전 / 주낼 전 / 찌지 전> ①기록하다(記錄) ②주내다(註) ③찌지(간단한 쪽지) ④부전(附箋) ⑤글, 문서(文書) ⑥명함(名銜) ⑦상표(商標)	* 箋註(전주) :본문(本文)의 뜻을 설명(說明)한 주석(註釋) 주해(註解) * 處方箋(처방전) :의사(醫師)의 처방을 적은 글. 藥方文 * 片箋片玉(편전편옥) :아름다운 문장(文章)을 이르는 말	<전주첨삭> 여기에 본문(本文)의 뜻을 설명(說明)하는 주석(註釋)을 다는 한편, 보태거나 빼거나 하고,
註	言 <주낼 주 / 글뜻 풀 주> ①주(註)를 내다, 주(註), 주해(註解), 해석(解釋) ②글 뜻을 풀다, 뜻을 풀어 밝히다 ③기술하다(記述) ④기록하다(記錄)	* 註釋(주석) :注釋(주석). 문장의 뜻을 자세하게 풀이함 * 註解(주해) :注解(주해). 글의 뜻을 주(註)를 달아 풀이함 * 脚註(각주) :脚注(각주) :본문(本文) 밑에 붙인 풀이 * 譯註(역주) :번역자(飜譯者)가 단 주석(註釋)	
添	氵(水) <더할 첨> ①더하다, 보태다 ②덧붙이다 ③맛을 더하다, 맛을 내다 ④낳아 기르다	* 添削(첨삭) :①첨가(添加)와 삭제(削除). 增刪(증산) ②문자(文字)를 보태거나 뺌. ③시문(詩文)·답안(答案) 등(等)을 고침. * 添加(첨가) :더함 * 添附(첨부) :더하여 붙임	
削	刂(刀) <깎을 삭> ①깎다 ②창칼 ③빼앗다 ④약해지다 ⑤작다 ⑥모질다 ⑦지근대다 ⑧범하다(犯), 해치다(害)	* 削減(삭감) :깎아서 줄이거나 덞. * 削髮(삭발) :①머리를 깎음. 낙발(落髮) ②출가(出家)함 * 削除(삭제) :글 따위 내용(內容)의 일부(一部)를 지워버림 * 切削(절삭) :끊어 없앰. 잘라 끊거나 깎음	

校	木 <학교 교> ①학교(學校) ②가르치다, 교습하다(教習) ③본받다 ④비교하다(比較) ⑤교정하다(校正), 바로잡다 ⑥장교(將校)	* 校訂(교정) :출판물(出版物)의 잘못된 곳을 고침. 특(特)히 이미 나온 도서(圖書)의 문장(文章), 어귀(語句)를 고치는 일 * 學校(학교) :학생(學生)을 가르치는 교육(教育) 기관(機關)	<교정편집> 틀린 글자나 체계(體系) 따위의 잘못된 부분(部分)을 고쳐서 모아 책(冊)으로 엮었다.
訂	言 <바로잡을 정> ①바로잡다, 고치다 ②견주다 ③평론하다(評論) ④평의하다(評議) ⑤(세금을)거두다 ⑥부과하다(賦課) ⑦정하다	* 訂正(정정) :잘못을 고쳐서 바로잡음 * 改訂(개정) :다시 뜯어고침 * 更訂(경정) :책 따위의 내용(內容)을 고치어 바로잡음 * 修訂(수정) :서적(書籍) 등(等)의 잘못을 고침	
編	糸 <엮을 편> ①엮다 ②짜다, 얽다, 맺다 ③짓다 ④만들다, 꾸미다 ⑤편집하다(編輯) ⑥책끈 ⑦책(冊), 편(編) ⑧편제(編制)	* 編輯(편집) :編輯과 通用. 여러 가지 자료(資料)를 수집(蒐集)하여 책(冊)·신문(新聞) 등(等)을 엮음 * 編成(편성) :엮어서 만드는 일 * 編纂(편찬) :여러 資料를 蒐集하고 整理하여 책을 만듦	
緝	糸 <모을 집 / 엮을 집> ①모으다, 모이다 ②길쌈하다(실을 내어 옷감을 짜다) ③꿰매다, 깁다 ④엮다, 편집하다(編輯) ⑤낳다 ⑥잇다(즙)	* 緝囚(집수) :죄인을 잡아 가둠 * 緝捕(집포) :죄(罪)를 진 사람을 잡는 일 * 緝綴(집철) :한 데 모아서 철(綴)함. 또는 그 철한 책(冊) * 緝合(집합) :주워 모아서 한데 합(合)함	

<table>
<tr><td>篇</td><td>竹 <책 편>
①책, 서책(書冊) ②완결(完結)된 시문(詩文), 사장(詞章·辭章) ③편(書冊의 部類, 또는 詩文을 세는 말)</td><td>※ 죽간(竹簡)으로 만든 冊을 여러 개로 이어 만든 더 큰 의미(意味)의 단위(單位)이며, 완결(完結)의 의미로 쓰임
* 篇牘(편독) :①책(冊) ②문서(文書). 편적(篇籍)
* 玉篇(옥편) :한자(漢字)의 음훈(音訓)을 달아놓은 책(冊)</td><td rowspan="4"><편독권질>

책(冊)은 주제(主題)에 따라 쓴 여러 권(卷)이 합(合)하여 하나의 질(帙)로 되었으며,</td></tr>
<tr><td>牘</td><td><편지 독 / 문서 독>
①서찰(書札 :글씨를 쓰는 나뭇조각)
②서판(書板: 종이 밑에 받치는 널조각)</td><td>* 書牘(서독) :便紙(편지). 簡牘(간독) * 尺牘(척독) :짧은 편지
* 簡牘(간독) :옛날, 종이가 보급(普及)되기 전에 글을 쓰기 위해 사용되었던 대쪽과 얇은 나무쪽에서 유래(由來)
* 簡牘文(간독문) :書簡文(서간문)</td></tr>
<tr><td>卷</td><td>㔾(卩) <책 권 / 말 권 / 쇠뇌 권>
①책(冊) ②공문서(公文書) ③시험지(試驗紙) ④말다, 접다, 돌돌 감아싸다 ⑤두루마리 ⑥쇠뇌(돌을 쏘는 센 활)</td><td>※ 종이나 두루마리를 말아놓은 것으로 완결된 책의 의미이며, 글의 소재(素材)나 주제(主題)에 따라 나누는 단위
* 卷帙(권질) :책(冊)의 卷과 帙. 주로 수량(數量)을 말함
* 壓卷(압권) :여러 책 가운데 제일(第一) 잘 된 책(冊)</td></tr>
<tr><td>帙</td><td>巾 <책권 차례 질>
①책권(冊卷) 차례(次例) ②책갑(冊匣) ③책(冊) ④여러 권으로 된 책 한 벌 ⑤책을 정리하다(整理)</td><td>※ 여러 개의 권(卷)을 한꺼번에 세는 단위(單位)로 여러 권(卷)의 책(冊) 전체를 의미하며, 가장 큰 범주(範疇)임
* 帙冊(질책) :한 벌이 여러 권으로 이루어진 책(冊)
* 書帙(서질) :①서적(書籍) ②여러 권을 한목에 싸는 책덮개</td></tr>
</table>

<table>
<tr><td>目</td><td>目 <눈 목>
①눈(감각 기관) ②눈빛, 시력(視力) ③견해(見解), 안목(眼目) ④요점(要點) ⑤옹이 ⑥목록(目錄) ⑦그물의 구멍, 눈</td><td>* 目次(목차) :책 따위의 기사(記事)의 순서(順序), 목록(目錄)
* 目標(목표) :목적(目的)을 이루기 위한 대상(對象)
* 刮目相對(괄목상대) :눈을 비비고 다시 대(對)한다. <比喩>다른 사람의 학식(學識)이 크게 진보(進步)함을 이름</td><td rowspan="4"><목차색인>

목차(目次)와 색인(索引)을 붙여서</td></tr>
<tr><td>次</td><td>欠 <버금 차>
①버금(으뜸의 바로 아래), 다음, 둘째 ②차례(次例), 순서(順序) ③부차적(副次的)인 것 ④번, 횟수(回數)</td><td>* 次例(차례) :여럿을 선후(先後)로 구분(區分)하여 벌인 것
* 次元(차원) :어떤 사물(事物)을 생각할 때의 입장(立場)
* 次次(차차) :천천히 차례(次例)대로. 차츰. 점차(漸次)
* 次席(차석) :으뜸의 다음 자리 * 節次(절차) :일의 순서</td></tr>
<tr><td>索</td><td>糸 <찾을 색 / 동아줄 삭>
①찾다 ②더듬다
③동아줄(노, 바, 노끈, 새끼 따위)(삭)
④(새끼를)꼬다(삭) ⑤가리다(삭)</td><td>* 索引(색인) :①찾아냄 ②책속의 항목(項目)이나 낱말을 빨리 찾도록 만든 목록(目錄)
* 檢索(검색) :검사(檢査)하여 찾음 * 搜索(수색) :더듬어서 찾음
* 摸索(모색) :좋은 방법(方法)을 이리저리 생각하여 찾는 것</td></tr>
<tr><td>引</td><td>弓 <끌 인>
①(수레를)끌다 ②당기다 ③이끌다, 인도하다(引導) ④활을 쏘다 ⑤늘이다 ⑥인용하다(引用) ⑦가슴걸이 ⑧상여끈</td><td>* 引導(인도) :길을 안내함 * 引率(인솔) :사람을 이끌고 거느림
* 引用(인용) :다른 사례(事例) 등을 끌어다 씀
* 引力(인력) :물질이 서로 당기는 힘 * 牽引(견인) :끌어당김
* 引受引繼(인수인계) :물려받고 넘겨줌</td></tr>
</table>

<table>
<tr><td>假</td><td>亻(人) <거짓 가>
①거짓 ②가짜 ③임시(臨時), 일시(一時 :잠깐 동안) ④가령(假令), 이를테면 ⑤빌리다, 빌려 주다</td><td>* 假綴(가철) :책(冊)이나 서류(書類) 따위를 정식(定式)으로 매지 않고 임시(臨時)로 대강 매어 둠
* 假家(가가) :①가게(店)의 원말 ②임시(臨時)로 지은 집
* 假定(가정) :임시(臨時)로 정(定)함</td><td rowspan="4"><가철졸고>

임시(臨時)로 대강 엮은 보잘 것 없는 원고(原稿)를 가지고,</td></tr>
<tr><td>綴</td><td>糸 <꿰맬 철 / 엮을 철>
①꿰매다 ②매다 ③엮다
④잇다, 연결하다 ⑤짓다, 글을 짓다
⑥표하다(標) ⑦깃발(旗)</td><td>* 綴字(철자) :자음(字音)과 모음(母音)을 맞추어 글자를 만듦
* 綴輯(철집) :글을 모아 철함 * 編綴(편철) :정리해 짜서 철함
* 雜綴(잡철) :갖가지 종류(種類)를 한데 철(綴)해 놓은 것
* 點綴(점철) :여기저기 흩어진 것들이 서로 이어짐</td></tr>
<tr><td>拙</td><td>扌(手) <옹졸할 졸>
①옹졸하다(壅拙), 졸하다(拙) ②둔하다(鈍), 어리석다 ③질박하다(質樸·質朴) ④서툴다 ⑤불우하다(不遇)</td><td>* 拙稿(졸고) :자기(自己)의 원고를 겸손(謙遜)하게 이르는 말
* 拙劣(졸렬) :①옹졸(壅拙)하고 비열함 ②서투르고 보잘것없음
* 拙速(졸속) :서두르고 서툴러 그 결과가 바람직하지 못함
* 壅拙(옹졸) :성질(性質)이 너그럽지 못하고 생각이 좁음</td></tr>
<tr><td>稿</td><td>禾 <볏짚 고 / 원고 고>
①볏짚(벼의 낟알을 떨어낸 줄기)(稾) ②원고(原稿) ③초안(草案), 초고(草稿) ④화살대 ⑤마르다(槁) ⑥여위다</td><td>* 原稿(원고) :작품(作品)을 쓴 초벌
* 寄稿(기고) :신문(新聞), 잡지(雜誌) 따위에 원고를 보냄
* 遺稿(유고) :죽은 사람이 남긴 원고(原稿)
* 草稿(초고) :草藁(초고). 시문(詩文)의 초벌로 쓴 원고(原稿)</td></tr>
</table>

<table>
<tr><td>敷</td><td>攵(攴) <펼 부>
①펴다 ②공포하다(公布) ③퍼지다, 널리 흩어지다 ④두루, 널리 ⑤분할하다(分割), 나누다 ⑥다스리다 ⑦이어지다</td><td>* 敷衍(부연) :①덧붙여 알기 쉽게 자세(仔細)히 설명(說明)을 늘어놓음. 敷演(부연) ②늘려서 퍼지게 함
* 敷地(부지) :건축물(建築物)이나 도로(道路)에 쓰이는 땅
* 敷設(부설) :시설물 따위를 설치함. 깔아 놓음. 펴놓음</td><td rowspan="4"><부연용도>

수량(數量)을 늘려서 널리 퍼뜨릴 목적(目的)으로</td></tr>
<tr><td>衍</td><td>行 <넘칠 연 / 넓을 연>
①넘치다, 흐르다 ②질펀하다 ③넓다, 널리 퍼지다, 넓히다, 확충하다(擴充) ④남다, 넉넉하다 ⑤가다, 지나다</td><td>* 衍義(연의) :뜻을 넓혀서 자세(仔細)히 설명(說明)함
* 衍字(연자) :들어가지 않아도 될 곳에 쓸데없이 들어간 글자
* 蔓衍(만연) :蔓延(만연). 널리 번지어 퍼짐
* 富衍(부연) :돈이 넘칠 정도(程度)로 많이 있음</td></tr>
<tr><td>用</td><td>用 <쓸 용>
①쓰다, 쓰임새 ②씀씀이 ,비용(費用)
③부리다 ③베풀다 ④등용하다(登用·登庸) ⑤행하다(行) ⑥다스리다 ⑦들어주다</td><td>* 用途(용도) :쓰이는 곳. 쓰임새 * 適用(적용) :맞추어 씀
* 雇用(고용) :삯을 주고 사람을 부림
* 使用(사용) :물건(物件)이나 사람을 부리어 씀
* 利用(이용) :편리(便利)하게 씀 * 利用厚生(이용후생)</td></tr>
<tr><td>途</td><td>辶(辵) <길 도>
①길
②도로(道路)</td><td>* 途中(도중) :①길을 가고 있는 동안 ②일의 중간(中間)
* 中途(중도) :일이 되어 가는 동안
* 別途(별도) :딴 방면(方面)이나 방도(方途). 딴 용도(用途)
* 前途(전도) :前道(전도). 앞으로 갈 길. 장래(將來)</td></tr>
</table>

描	扌(手) <그릴 묘> ①그리다 ②묘사하다(描寫)	* 描寫(묘사) :사물(事物)을 있는 그대로 그려 냄 * 描破(묘파) :밝히어 그려 냄. 막히지 아니하고 끝까지 그려 냄 * 描畫(묘화) :다른 그림을 모떠서 그림 * 素描(소묘) :한 가지 색(色)의 선(線)이나 점으로 그린 그림	<묘등인쇄> 그대로 베껴서 등사(謄寫)하여 인쇄(印刷)를 하였다.
謄	言 <베낄 등> ①베끼다 ②옮겨 쓰다 ③등사하다(謄寫)	* 謄本(등본) :문서(文書)의 원본(原本)의 내용(內容)을 그대로 베낌. 또는 그런 서류(書類) * 謄寫(등사) :등초(謄抄). 등사기(謄寫機)로 박는 것 * 謄抄(등초) :謄草(등초). 謄出(등출). 원본에서 옮겨 베낌	
印	卩(㔾) <도장 인> ①도장(圖章) ②찍다, 눌러서 자리를 내다, 박다 ③찍히다, 박히다 ④묻어나다 ⑤인상(印象) ⑥벼슬, 관직(官職)	* 印刷(인쇄) :잉크를 사용하여 글이나 그림 등을 박아 냄 * 印章(인장) :圖章(도장). 조각된 글씨나 문양을 인주(印朱)를 발라 문서에 찍어 증명하는 신물(信物) * 烙印(낙인) :①불에 달구어 찍는 도장 ②씻기 힘든 불명예	
刷	刂(刀) <쓸 쇄 / 인쇄할 쇄> ①쓸다, 털다, 닦다 ②솔질하다 ③깨끗하게 하다 ④씻다, 없애버리다 ⑤솔 ⑥인쇄하다(印刷), 박다, 등사하다(謄寫)	* 刷新(쇄신) :묵은 것을 없애고 새롭게 함 * 刷掃(쇄소) :쓸고 닦아 깨끗이 함 * 刷行(쇄행) :인쇄(印刷)하여 출판(出版)함 * 印刷(인쇄) :잉크(ink)를 사용해 글이나 그림을 박아 내는 일	

著	艹(艸·草) <지을 저 / 드러날 저> ①짓다, 저술하다(著述) ②그리다 ③드러나다, 분명하다(分明) ④나타나다, 나타내다 ⑤분명(分明)함, 뚜렷함	* 著述(저술) :논문(論文)이나 글을 써서 책(冊)을 만듦 * 著名(저명) :이름이 세상(世上)에 드러남. 유명(有名)함 * 著者(저자) :책을 지은 사람 * 顯著(현저) :뚜렷이 드러나서 두드러짐	<저술발간> 책(冊)이라고 지어서 만들어 펴낸 것이
述	辶(辵) <지을 술 / 펼 술> ①글을 짓다, 글로 표현하다, 저술(著述) ②펴다, 서술하다(敍述), 해석하다(解釋) ③말하다, 설명하다(說明) ④잇다	* 記述(기술) :문장(文章)으로 적음 * 論述(논술) :어떤 사물(事物)을 논(論)하여 말하거나 적음 * 敍述(서술) :어떤 내용을 차례(次例)로 좇아 말하거나 적음 * 陳述(진술) :구두(口頭)로 자세(仔細)히 말함	
發	癶 <필 발 / 쏠 발> ①피다 ②쏘다 ③일어나다 ④떠나다 ⑤나타나다, 드러내다 ⑥밝히다 ⑦들추다 ⑧계발하다(啓發) ⑨베풀다	* 發刊(발간) :책(冊)·신문(新聞)·잡지(雜誌) 등을 만들어 냄. * 發表(발표) :널리 드러내어 세상(世上)에 알림 * 發展(발전) :좋아지는 상태(狀態)로 옮아가는 과정(過程) * 發生(발생) :생겨나거나 나타남 * 出發(출발) :길을 떠남	
刊	刂(刀) <새길 간 / 책 펴낼 간> ①새기다 ②깎다 ③쪼개다, 덜다 ④(책을)펴내다, 발행하다(發行)	* 刊刻(간각) :글씨를 새김 * 刊印(간인) :간행(刊行)함 * 刊行(간행) :인쇄(印刷)하여 박아 냄. 발행(發行)함 * 開刊(개간) :처음으로 간행함 * 終刊(종간) :마지막 간행 * 不刊之書(불간지서) :길이 전(傳)할 불후(不朽)의 양서(良書)	

蕪	艹(艸·草) <거칠 무> ①거칠다 ②거친 풀, 잡초가 우거지다 ③황무지(荒蕪地) ④순무, 무나물 ⑤어지럽다 ⑥달아나다	* 蕪舛(무천) :거칠어서 도리(道理)에 어긋남. 문장(文章) 따위의 조리(調理)가 닿지 않는 것 <參考>晉書를 지은 王隱의 평가에서 蕪舛不倫이라 하였음. 곧 내용이 산만하고 체제가 잘 잡히지 않은 것을 말함	<무천회최> 문장(文章)의 조리(條理)가 닿지 않고, 난잡(亂雜)하여 지닐 만한 것이 못되지만,
舛	舛 <어그러질 천> ①어그러지다 ②상치되다(相馳) ③틀리다 ④어지럽다 ⑤어수선하다 ⑥섞이다, 잡되다(雜)	* 舛駁(천박) :舛雜(천잡). 뒤섞여서 어수선하고 고르지 못함 * 舛逆(천역) :서로 뒤집혀 거슬리고 어긋남 * 舛誤(천오) :어그러져 그릇됨 * 舛訛(천와) :글자나 말의 그릇됨 * 乖舛(괴천) :이치(理致)에 어그러져 온당(穩當)하지 않음	
薈	艹(艸·草) <무성할 회> ①무성하다(茂盛), 우거지다, 숲 ②가리다, 가려서 덮다, 막다 ③모이다, 모으다 ④구름 피어오르는 모양	* 薈蕞(회최) :①난잡(亂雜)하여 가질 만한 것이 못됨. 곧, 자기(自己) 저서(著書)에 대한 겸칭(謙稱) ②많은 것에서 간추려 정리(整理)함	
蕞	艹(艸·草) <표할 최> ①(띠 묶어)표하다(表) ②자그마하다 ③작은 모양 ④풀이 더부룩한 모양(절) ⑤작은 모양(촬)	* 蕞小(최소) :조그마함 * 蕞芮(최예) :①모이는 모양 <潘岳>蕞芮于城隅者 百不處一 ②작고 허술한 집 * 蕞爾(최이) :좁고 작은 모양 <左傳>蕞爾國	

濁	氵(水) <흐릴 탁> ①흐리다 ②혼탁하다(混濁 渾濁 溷濁) ③더럽다, 불결(不潔) ④혼란하다(混亂) ⑤우둔하다(愚鈍), 우매하다(愚昧)	* 濁甫(탁보) :①성격이 흐리터분한 사람 ②분수를 전혀 모르는 사람을 놀림조로 이르는 말 ③막걸리(濁酒)를 몹시 좋아하는 사람을 놀림조로 이르는 말. * 淸濁(청탁) :①맑음과 흐림 ②선인(善人)과 악인(惡人)	<탁보즘감> 분수(分數)를 모르는 무식(無識)한 주제에 어찌 아쉬움이 있으랴!
甫	用 <클 보> ①크다 ②많다 ③사나이 ④(아무개)씨, 남자(男子)의 미칭(美稱) ⑤자(字 :이름 아래에 붙이던 美稱) ⑥채마밭(菜麻)(포)	* 甫田(보전) :큰 밭 * 章甫(장보) :유생(儒生)의 이칭(異稱) * 拙甫(졸보) :아주 재미없고 졸망하게 생긴 사람의 비칭(卑稱) * 酒甫(주보) :술에 곁은 사람. 술 안 마시고는 못 견디는 사람	
怎	心 <어찌 즘> ①어찌 ②어찌하여	<中國語 辭典> * 怎的(즘적) :怎地(즘지). 왜. 어째서. 어떻게 하다. 어떻게 * 怎能(즘능) :哪能(나능), 怎么能(즘사능) 어찌 ~할 수 있으랴 * 怎敢(즘감) :어찌 감히. 어떻게 감히	
憾	忄(心) <섭섭할 감 / 한할 감> ①섭섭하다 ②한하다(恨 :몹시 억울하거나 원통하여 원망스럽게 생각하다) ③원한(怨恨) ④유감(遺憾) ⑤근심하다	* 憾情(감정) :언짢아하는 마음 * 宿憾(숙감) :오래 된 怨恨 * 私憾(사감) :사사(私私)로이 언짢게 여기는 마음 * 遺憾(유감) :마음에 남는 섭섭함. 언짢게 여기는 마음 * 挾憾(협감) :함감(含憾). 원망(怨望)하는 뜻을 품음	

勘	力 <헤아릴 감> ①헤아리다 ②생각하다 ③정하다(定) ④문초하다(問招) ⑤조사하다(調査) ⑥교감하다(校勘), 바로잡다 ⑦견디다	* 勘考(감고) :熟考(숙고). 곰곰이 잘 생각함 * 勘案(감안) :참고하여 생각함 * 勘定(감정) :헤아려 정(定)함 * 勘査(감사) :대조(對照)하여 조사(調査)함 * 勘罪(감죄) :죄인(罪人)을 심의(審議)하여 처분(處分)함	<감몽정참> 자신(自身)의 어리석음을 헤아려 부끄러운 마음을 가지런히 하여서
懜	忄(心) <어리석을 몽> ※ 懵과 同字 ①어리석다 ②(사리에)어둡다 ③무지(無知)한 모양 ④희미(稀微)한 모양 ⑤부끄러워하다	* 自懜(자몽) :정신(精神)이 흐릿하여 조는 듯한 상태(狀態)에 있음 * 昏懜(혼몽) :어둠과 밝음을 아울러 이르는 말	
整	攵(攴) <가지런할 정> ①가지런하다, 가지런히 하다 ②정돈하다(整頓) ③정연하다(整然) ④단정하다(端整) ⑤우수리 없음(돈의 액수 끝에 붙임)	* 整頓(정돈) :가지런히 바로잡음 * 整列(정렬) :가지런히 섬 * 整理(정리) :흐트러진 것을 가지런히 바로잡음 * 端正(단정) :바르고 얌전함 * 端整(단정) :깨끗하게 정돈됨 * 調整(조정) :고르지 못한 것을 알맞게 조절(調節)함	
慙	心 <부끄러울 참> ①부끄럽다, 부끄러워하다 ②부끄럽게 여기다 ③부끄러움 ④수치(羞恥)	* 慙愧(참괴) :부끄러워하며 괴로워함 * 慙悔(참회) :부끄러워하며 뉘우침 * 慙汗(참한) :부끄러워서 흘리는 땀 * 慙色(참색) :부끄러워하는 기색 * 慙德(참덕) :임금의 허물	

俶	亻(人) <비로소 숙> ①비로소 ②비롯하다 ③정돈하다(整頓) ④움직이다 ⑤착하다 ⑥기재(奇才) 있다(척), 뛰어나다(척)	* 俶獻(숙헌) :처음으로 바침 * <千字文>俶載南畝 我藝黍稷(숙재남묘 아예서직) :비로소 남쪽에 이랑을 내고 나는 기장과 피를 심노라	<숙헌형창> 글을 읽으며 학문(學問)을 닦는 곳에 비로소 바치오니,
獻	犬(犭) <드릴 헌> ①드리다, 바치다, 올리다 ②나타내다, 표현하다(表現), 보이다 ③권하다(勸) ④나아가다 ⑤어진 이, 현자(賢者)	* 獻納(헌납) :돈이나 물품을 바침 * 獻花(헌화) :꽃을 바침 * 獻身(헌신) :신명(身命)을 바쳐 일에 진력함 * 貢獻(공헌) :사회(社會)를 위(爲)하여 이바지함 * 文獻(문헌) :참고(參考)가 되는 기록(記錄)이나 서적(書籍)	
熒	火 <등불 형> ①등불 ②개똥벌레(반딧불이) ③빛나다, 밝다 ④번쩍이다 ⑤비치다 ⑥현혹하다(眩惑) ⑦어지럽히다 ⑧아찔하다	* 熒窓(형창) :등불이 켜진 방의 창 (轉)글을 읽느라 불이 켜있는 공부방(工夫房) * 熒燭(형촉) :반짝이는 촛불 * 熒惑(형혹) :정신(精神)이 어수선하고 의혹(疑惑)함	
窓	穴 <창 창 / 창문 창> ①창(窓), 창문(窓門) ②지게문(門 :마루와 방 사이의 문이나 부엌의 바깥문) ③굴뚝(총)	* 窓門(창문) :벽(壁)에 만들어 놓은 작은 문(門) * 窓戶(창호) :창(窓)과 문(門)의 통칭(通稱) * 鷄窓(계창) :독서(讀書)하는 방(房) * 同窓(동창) :같은 학교(學校)에서 공부(工夫)한 관계(關係)	

攸	攵(攴) <바 유> ①바(所), 바(所)와 거의 같이 쓰이는 어조사(語助辭) ②곳, 장소(場所), 처소(處所) ③이, 이에 ④닦다 ⑤다스리다	* 攸司(유사) :그 관청(官廳) * 攸好德(유호덕) :도덕(道德) 지키기를 낙(樂)으로 삼는 일 * 易輶攸畏(이유유외) :매사를 소홀(疏忽)히 하고 경솔(輕率)함은 군자(君子)가 진실(眞實)로 두려워하는 바임	<유예제언> 슬기롭고 사리(事理)에 밝으신 바의 많은 선비 여러분!
睿	目 <슬기 예> ①슬기 ②슬기롭다, 총명하다(聰明) ④깊고 밝다 ⑤사리(事理)에 밝다 ⑥임금이나 성인(聖人)의 언행(言行)	* 睿德(예덕) :①몹시 뛰어난 덕망 ②왕세자(王世子)의 덕망 * 睿慮(예려) :임금이 하는 생각이나 걱정 * 睿智(예지) :叡智(예지). 뛰어난 깊은 지혜(智慧) * 睿筆(예필) :왕세자(王世子)의 글씨 * 聰睿(총예) :聰明(총명)	
諸	言 <모두 제> ①모두, 모든, 여러 ②무릇 ③딴, 기타의 ④만약(萬若) ~한다면 ⑤이, 저(대명사) ⑥지차(之次: 맏이 이외의 자식들)	* 諸彦(제언) :모든 선비. 여러분 * 諸君(제군) :여러분 (손아랫사람에게 대(對)하여 쓰는 말) * 諸般(제반) :여러 가지. 모든 것 * 諸島(제도) :①모든 섬 ②여러 섬	
彦	彡 <선비 언> ①선비(학식은 있으나 벼슬하지 않은 사람을 이르던 말) ②훌륭한 사람 ③크다 ④남자(男子)의 미칭(美稱)	* 彦士(언사) :①재덕(才德)이 뛰어난 남자 ②훌륭한 인물 * 彦聖(언성) :뛰어나고 현철(賢哲)함 * 英彦(영언) :①뛰어난 남자(男子) ②빼어난 사람 * 俊彦(준언) :재주가 뛰어난 남자. 언(彦)은 남자의 미칭	

伏	亻(人) <엎드릴 복> ①엎드리다, 머리를 숙이다 ②굴복하다(屈服), 항복하다(降伏·降服) ③숨다, 감추다, 잠복하다(潛伏) ④(알을)품다	* 伏望(복망) :엎드려 바란다는 뜻으로, 웃어른께 삼가 바란다는 뜻 * 降伏(항복) :힘에 눌려서 적에게 굴복(屈服)함 * 屈伏(굴복) :屈服(굴복). 머리를 굽히어 꿇어 엎드림	<복망편달> 채찍을 들어 바르게 이끌어 주시기를 삼가 엎드려 바라옵니다.
望	月 <바랄 망 / 보름 망> ①바라다, 기다리다 ②기대하다(期待·企待), 희망하다(希望) ③바라보다 ④망보다(望), 엿보다 ⑤보름(陰曆 15日)	* 所望(소망) :意望(의망). 어떤 일을 바람 * 希望(희망) :冀望(기망). 어떤 일을 이루고자 바람 * 旣望(기망) :이미 망월(望月 :15日)이 지났다는 뜻에서 16日 * 怨望(원망) :분해하고 미워함 * 展望(전망) :앞날을 내다봄	
鞭	革 <채찍 편> ①채찍, 회초리 ②채찍질하다, 매질하다 ③형벌(刑罰)의 이름 ④대의 뿌리	* 鞭撻(편달) :①채찍으로 때리는 것 ②더 잘 할 수 있도록 따끔하게 나무라는 것 * 走馬加鞭(주마가편) :달리는 말에 채찍질하기라는 속담으로, 잘할 때에 더욱 힘을 내라고 격려하는 것	
撻	扌(手) <때릴 달> ①때리다 ②매질하다 ③종아리 치다 ④빠르다	* 撻楚(달초) :楚撻(초달). 회초리로 종아리를 때림 * 撻罰(달벌) :회초리로 종아리를 때려 벌(罰)함 * 扑撻(복달) :종아리를 때림 * 撻笞(달태) :볼기를 때림 * 箠撻(추달) :매로 때림 * 撻辱(달욕) :종아리를 쳐서 욕보임	

部首 要覽(부수 요람)

부수 (部首)	부수명칭 (部首名稱)	부수요결 (部首要訣)	부수요결 해석 (部首要訣 解釋)
一	한 **일**	一數之始 (일수지시)	'一'은 수(數)의 시작임
丨	뚫을 **곤**	丨上下通 (곤상하통)	'丨'은 위에서 아래로 통하는 것임
丶	점 (불똥 **주**)	丶落點標 (주락점표)	점을 찍어서 표(標)를 하는 것임
丿	삐침 (삐칠 **별**)	丿之左引 (별지좌인)	삐쳐서 왼쪽으로 끌어당김
乙	새 **을** 굽을 **을**	乙若鳥也 (을약조야)	'乙'은 마치 새와 같이 생겼음이라
亅	갈고리 **궐**	亅形鉤逆 (궐형구역)	'亅'은 형상이 갈구리가 거꾸로 놓인 것 같음
二	두 **이**	二分兩面 (이분양면)	둘로 나누면 양쪽 면이 생김
亠	돼지해 머리 (머리부분 **두**)	亠義未詳 (두의미상)	'亠'는 뜻이 명확치 않음
人	사람 **인** 사람 **인** 변(亻)	人像立人 (인상립인)	'人'의 형상은 서있는 사람의 모습임
儿	어진사람 **인** 발 (걷는사람 **인**)	儿像行人 (인상행인)	'儿'의 형상은 걸어가는 사람의 모습임
入	들 **입**	入內出外 (입내출외)	들어가면 안이고, 나가면 바깥임
八	여덟 **팔**	八貌鬚髥 (팔모수염)	'八'은 모양이 수염같음
冂	멀 **경** 몸	冂義遠野 (경의원야)	'冂'의 뜻은 멀리 보이는 들판임
冖	민갓머리 (덮을 **멱**)	冖像巾覆 (멱상건복)	'冖'의 형상은 수건 따위로 덮는 것
冫	이수 변 (얼음 **빙**)	冫寒水結 (빙한수결)	'冫'은 추워서 물이 어는 것
几	안석 **궤** 책상 **궤**	几席凭坐 (궤석빙좌)	'几席(안석과 돗자리)'에 기대어 앉음
凵	위튼입구 몸 (입벌릴 **감**)	凵貌容器 (감모용기)	'凵'의 모양은 무엇을 담기 위한 그릇의 형태임
刀	칼 **도**(刂)=(⺈)	刀刃使割 (도인사할)	칼날은 무엇을 베이게 함
力	힘 **력**	力作運動 (역작운동)	'力'은 무엇을 움직이게 함
勹	쌀 **포** 몸	勹形抱物 (포형포물)	'勹'의 형상은 어떤 물건을 품어 안고 있는 모양임

匕	비수 **비**	匕首短刀 (비수단도)	비수(匕首)는 썩 잘 드는 단도(短刀)를 뜻함
匚	터진입구 변 (상자 **방**)	匚者方器 (방자방기)	'匚'이란 모난 그릇을 뜻함
匸	터진에운담 (감출 **혜**)	匸義覆藏 (혜의복장)	'匸'의 뜻은 덮어서 감추는 것임
十	열 **십**	十數之具 (십수지구)	'十'은 십진법에서 한단위의 마지막 글자로 완성을 뜻함
卜	점 **복**	卜筮占卦 (복서점괘)	길흉을 점쳐서 점괘를 얻음
卩	병부 **절** 마디 **절**	卩是兵符 (절시병부)	'卩'은 바로 병부(兵符)임
厂	민**엄** 호 (굴바위 **엄**)	厂形厓窟 (엄형애굴)	'厂'은 모양이 깎아지른 절벽에 사람이 은신할 수 있는 굴
厶	마늘 모 (사사 **사**)	厶字古私 (사자고사)	'厶'字는 옛날의 '私'字임
又	또 **우**	又義反復 (우의반복)	'又'의 뜻은 다시 되풀이함
口	입 **구**	口能言食 (구능언식)	입으로 능히 말하고 음식을 먹음
囗	큰입구 몸 (에울 **위**(**국**))	囗稱大口 (국칭대구)	'囗'란 '큰입구'라 칭함
土	흙 **토**	土養生物 (토양생물)	흙은 온갖 생물을 길러냄
士	선비 **사**	士崇儒學 (사숭유학)	선비는 유학을 실천하고 숭상하는 사람임
夂	뒤져올 **치**	夂卽後至 (치즉후지)	'夂'는 곧 뒤미처 따라옴
夊	천천히걸을 **쇠** 발	夊卽徐行 (쇠즉서행)	'夊'는 곧 편안한 걸음으로 천천히 걸어가는 것임
夕	저녁 **석**	夕暮朝昇 (석모조승)	저녁에 날이 저물면 아침에는 해가 떠오름
大	큰 **대**	大者肉重 (대자육중)	'大'란 덩치가 크고 무거운 것을 말함
女	계집 **녀**	女尙未嫁 (여상미가)	'女'는 아직 시집가지 않은 계집임
子	아들 **자**	子孫嗣續 (자손사속)	자손으로 대를 이음
宀	갓머리 (집 **면**)	宀像蓋屋 (면상개옥)	'宀'은 그형상이 이엉 따위로 지붕을 덮어 이은 모양
寸	마디 **촌**	寸長十分 (촌장십분)	'寸'은 길이가 열 푼임
小	작을 **소**	小者輕微 (소자경미)	'小'란 가볍고 작은 것을 뜻함
尢	절름발이 **왕**(兀)	尢者跛行 (왕자파행)	절름발이가 절뚝거리며 걸어감

尸	주검 **시**	尸卽死體 (시즉사체)	'尸'란 죽은 몸을 뜻함
屮	싹날 **철** 왼손 **좌**(屮)	屮貌初生 (철모초생)	'屮'은 풀이 막 처음 돋아나는 모양임
山	메 **산**	山嶽峰嶺 (산악봉령)	크고 작은 모든 산에는 산봉우리와 산등성이가 있음
巛	개미허리 셋 (내 **천**) = 川	巛是流水 (천시류수)	'巛'이란 바로 흐르는 물을 말함
工	장인 **공**	工匠作業 (공장작업)	물건 만드는 것을 업으로 삼는 사람이 일터에서 일을 함
己	몸 **기**	己也自身 (기야자신)	'己'란 스스로의 몸을 말함
巾	수건 **건**	巾帨拭汗 (건세식한)	수건으로 땀을 닦음
干	방패 **간**	干戈兵器 (간과병기)	방패와 창은 병장기임
幺	작을 **요**	幺麽微細 (요마미세)	매우 작아서 보잘 것 없고 작고 가늘음
广	**엄** 호 (집 **엄**)	广形巖屋 (엄형암옥)	'广'의 형상은 바위굴 따위의 거처가 가능한 곳의 모습임
廴	민책받침 (길게걸을 **인**)	廴義長行 (인의장행)	'廴'의 뜻은 길게, 즉 멀리 걷는 것을 뜻함
廾	스물입 발 (들 **공**)	廾形竦手 (공형송수)	'廾'은 그 형상이 팔짱을 끼고 있는 모습임
弋	주살 **익** 푯말 **익**	弋射狩獵 (익사수렵)	주살로 새를 쏘아서 잡고, 짐승을 사냥함
弓	활 **궁**	弓矢射器 (궁시사기)	활과 화살은 쏘는 무기임
彐	터진가로왈(彐) (돼지머리 **계**(彑))	彐義豕頭 (계의시두)	'彑'의 뜻은 산돼지 머리를 뜻함
彡	터럭 **삼** 방 (삐친 석 **삼**)	彡若繪毛 (삼약회모)	'彡'은 마치 털을 그려놓은 것과 같음
彳	두인 변 (자축거릴 **척**)	彳亍爲行 (척촉위행)	'彳'과 '亍'이 어우러져서 '行'자가 되었음
心	마음 **심** 심 **방** 변(忄=㣺)	心府神明 (심부신명)	마음이 있는 곳에 신명이 깃듦
戈	창 **과**	戈平頭戟 (과평두극)	'戈'는 머리가 평평한 창임
戶	지게문 **호** 문 **호**	戶形室口 (호형실구)	'戶'는 집의 입구(入口)를 형상화(形象化)한 것임
手	손 **수** 재방 변(扌)	手腕才幹 (수완재간)	사람은 손과 팔에서 재주와 재능이 나옴
支	지탱할 **지**	支撐不壞 (지탱불괴)	고여서 버티어 주니 무너지지 않음
攴	등글월문(攵) (칠 **복**)	攴義小叩 (복의소고)	'攴'의 뜻은 작게 똑똑 두드리는 것임

文	글월 **문**	文敎開化 (문교개화)	글로써 가르쳐서 문화(文化)를 열어 문명(文明)이 진보함
斗	말 **두**	斗量十升 (두량십승)	한 말(斗)의 분량(分量)은 열 되(升)에 해당함
斤	날(무게) **근** 도끼 **근**	斤十六兩 (근십육량)	'斤'은 무게단위로 열엿냥임
方	모 **방**	方者中矩 (방자중구)	'方'이란 중구(中矩)로서 곡척(曲尺), 전(轉)하여 모가 남의 뜻
无	이미기 몸(旡) (없을 **무**)	无字古無 (무자고무)	'无'字는 옛날의 '無'字임
日	날 **일**	日輝陽晝 (일휘양주)	해는 빛나니 밝은 낮임
曰	가로 **왈**	曰發語辭 (왈발어사)	'曰'은 말을 시작할 때 쓰는 말로 어단사(語端詞)임
月	달 **월**	月明陰夜 (월명음야)	달이 밝으니 음침한 밤임
木	나무 **목**	木本根土 (목본근토)	나무(木本:나무의 총칭)는 땅에 뿌리를 둠
欠	하품 **흠** 방	欠伸氣解 (흠신기해)	하품을 하고 기지개를 켜면서 입을 벌리고 숨을 토해냄
止	그칠 **지**	止於止處 (지어지처)	그쳐야 옳을 자리에서 그침
歹	죽을사 변 (뼈앙상할 **알**(歺))	歹義剔抉 (알의척결)	'歹'이란 고기를 발려서 뼈를 추림을 뜻함
殳	갖은등글월 문 (칠 **수**)	殳無刃戟 (수무인극)	'殳'는 날이 없는 창(槍)
毋	말 **무**	毋卽勿爲 (무즉물위)	'毋'란 곧 하지 말라는 말임
比	견줄 **비**	比肩竝行 (비견병행)	어깨를 견주고 나란히 걸어감
毛	터럭 **모**	毛生於皮 (모생어피)	털은 살가죽에서 나옴
氏	각시 **씨** 성씨 **씨**	氏族姓分 (씨족성분)	씨족(氏族)은 성(姓)을 가지고 구분함
气	기운**기** 엄	气雰圍氣 (기분위기)	'气'란 지구(地球)를 둘러싸고 있는 대기(大氣)임
水	물 **수** 삼**수** 변(氵.氺)	水謂地血 (수위지혈)	'水'란 땅의 피로 비견(比肩)될 만큼 땅의 신진대사를 도움
火	불 **화**(灬)	火生光熱 (화생광열)	불은 빛과 열을 냄
爪	손톱 **조** 손톱 **조** 머리(爫)	爪甲於指 (조갑어지)	손톱은 손가락에 있음
父	아비 **부**	父生己者 (부생기자)	'父'는 몸을 생기게 해준 사람
爻	점괘 **효** 사귈 **효**	爻交變化 (효교변화)	'爻'는 서로 어울리면서 변화(變化)함

爿	장수 **장** 변 (조각널 **장**)	爿左判木 (장좌판목)	'爿'이란 나무를 쪼갰을 때 왼쪽의 변(邊)을 말함
片	조각 **편**	片右判木 (편우판목)	'片'이란 나무를 쪼갰을 때 오른쪽의 변(邊)을 말함
牙	어금니 **아**	牙口牡齒 (아구모치)	'牙'란 입속의 어금니
牛	소 **우**(牜)	牛耕畜生 (우경축생)	'牛'는 밭을 가는 가축임
犬	개 **견** 개사슴록 변(犭)	犬也狗也 (견야대구)	'犭'이란 큰개를 이름
玄	검을 **현**	玄天黃地 (현천황지)	검은 하늘과 누른 땅, 곧 온 천지(天地)를 말함
玉	구슬 **옥**(王)	玉者美石 (옥자미석)	'玉'이라는 것은 곱고 아름다운 돌
瓜	오이 **과**	瓜葛蔓草 (과갈만초)	오이와 칡은 덩굴 풀임
瓦	기와 **와**	瓦蓋屋陶 (와개옥도)	'瓦'란 지붕을 덮는 흙으로 구운 오지임
甘	달 **감**	甘也美味 (감자미미)	달다는 것은 좋은 맛임
生	날 **생**	生也出産 (생야출산)	'生'이란 낳아서 내보내는 것임
用	쓸 **용**	用途施行 (용도시행)	쓰임이 있는 곳에 베풀어 행함
田	밭 **전**	田畓耕地 (전답경지)	밭과 논은 농사(農事)를 짓기 위해 경작(耕作)하는 땅임
疋	필 **필** 발 소	疋緞織造 (필단직조)	필(疋)로 된 비단은 한올한올 짱아서 만들어짐
疒	병질 엄 (병들 **녁**)	疒像疾倚 (역상질의)	'疒'의 형상은 병이 들어서 병상(病床)에 기댄 모양임
癶	필 **발** 머리 (걸을 **발**)	癶義進步 (발의진보)	'癶'이란 걸어서 점차 나아감의 뜻
白	흰 **백**	白也雪色 (백야설색)	'白'이란 눈 색깔임
皮	가죽 **피**	皮膚體表 (피부체표)	살갗은 몸뚱이의 겉면임
皿	그릇 **명**	皿屬食器 (명속식기)	'皿'은 식기류(食器類)에 속함
目	눈 **목** 누운눈 **목**	目卽瞳子 (목즉동자)	'目'은 곧 눈동자임
矛	창 **모**	矛柄頭刃 (모병두인)	'矛'는 자루 끝에 달린 날이 달린 창(槍)임
矢	화살 **시**	矢苛箭鏃 (시가전족)	화살대에는 화살촉이 있음
石	돌 **석**	石者土精 (석자토정)	돌이란 것은 흙의 精强(뛰어나게 굳셈)한 것임

示	보일 **시**(礻)	示明使視 (시명사시)	일반에 널리 알도록 자세히 포고하여 보도록 함
禸	짐승발자국 **유**	禸形獸跡 (유형수적)	'禸'의 형상은 짐승의 발자국 모양임
禾	벼 **화**	禾穀稼穡 (화곡가색)	벼 종류의 곡식을 심고 거둠. 즉 농사를 지음
穴	구멍 **혈**	穴居定着 (혈거정착)	움집(土穴)에 살면서 자리를 잡고 떠나지 않음
立	설 **립**	立脚起住 (입각기주)	다리를 세워서 일어서 있음
竹	대 **죽**	竹節枝空 (죽절지공)	대나무는 마디가 있고 가지는 속이 비었음
米	쌀 **미**	米者精穀 (미자정곡)	'米'란 것은 껍질을 벗긴 곡식 알갱이를 뜻함
糸	실 **사**	糸卽蠶絲 (사즉잠사)	'糸'란 곧 누에가 입으로 뽑은 가는 실을 뜻함
缶	장군 **부**	缶腹大盎 (부복대앙)	'缶'는 배가 불룩한 모양으로 생긴 질그릇임
网	그물 **망**(罒.㓁)	网總羅罟 (망총라고)	'网'이란 새 잡는 그물과 고기잡는 그물을 통털어 일컬음
羊	양 **양**	羊柔毛畜 (양유모축)	'羊'은 부드러운 털을 가진 가축(家畜)임
羽	깃 **우**	羽鳥之翅 (우조지시)	'羽'는 새의 날개임
老	늙을 **로**(耂)	老衰年高 (노쇠년고)	늙어서 쇠약해지고 나이가 많음
而	말이을 **이**	1. 而語助辭 (이어조사)	'而'는 어조사(語助辭)임. 그리고~, 그러나~의 뜻을 지님
耒	가래 **뢰** 쟁기 **뢰**	耒鍤耕具 (뢰삽경구)	쟁기는 밭을 가는 기구(機具)임
耳	귀 **이**	耳主聽覺 (이주청각)	'耳'는 주로 들어서 느끼게 됨
聿	오직 **률** 붓 **률**	聿其義惟 (률기의유)	'聿'은 그 뜻이 '오직'의 뜻임
肉	고기 **육** 육달월(月)	肉質皮下 (육질피하)	살로 된 부분은 살가죽 아래에 있음
臣	신하 **신**	臣仕於公 (신사어공)	'臣'은 나라의 공무(公務)에 나아가 벼슬을 하는 사람임
自	스스로 **자**	自己由從 (자기유종)	자신(自身)으로 말미암아 쫓는 바임
至	이를 **지**	至卽到也 (지즉도야)	'至'란 '~에 이르다'의 뜻임
臼	절구 **구** 확 **구**	臼杵舂粒 (구저용립)	절구와 공이로 곡식 낟알을 찧음
舌	혀 **설**	舌以言味 (설이언미)	혀로써 말하고 음식 맛을 봄

舛	어그러질 **천**	舛錯相違 (천착상위)	어그러져서 서로 맞지 않음
舟	배 **주**	舟艇渡航 (주정도항)	배로 물을 건넘
艮	그칠 **간** 머무를 **간**	艮卦釋山 (간괘석산)	'艮卦'는 산(山)으로 풀이함
色	빛 **색**	色所彩感 (색소채감)	'色'이란 사물이 띠는 채색(彩色)에 대해 느끼는 바임
艸	풀 **초** **초** 두(++.++)	艸貌發芽 (초모발아)	'艸'는 풀의 싹이 돋아나는 모양임
虍	범 **호** 엄 (범의문채 **호**)	虍義虎文 (호의호문)	'虍'의 뜻은 범의 문채(文彩)임
虫	벌레 **충** 벌레 **훼**	虫總鱗介 (충총린개)	'虫'란 물고기와 조개 종류를 통털어 일컬음
血	피 **혈**	血液循環 (혈액순환)	피(血液)는 몸속을 돌고 돌음
行	다닐 **행**	行步足跡 (행보족적)	걸어가면 발자욱이 남음
衣	옷 **의** 옷 **의** 변(衤)	衣裳庇身 (의상비신)	옷(저고리와 치마)으로 알몸을 가림
襾	덮을 **아**	襾義覆隱 (아의복은)	'襾'의 뜻은 덮어서 숨기는 것을 말함
見	볼 **견**	見卽視感 (견즉시감)	'見'이란 곧 보고서 느끼는 것임
角	뿔 **각**	角逐獸鬪 (각축수투)	뿔로 찌르려고 서로 쫓고 쫓기며 짐승이 싸움
言	말씀 **언**	言語傳意 (언어전의)	말로써 뜻을 전함
谷	골 **곡**	谷有山間 (곡유산간)	골짜기는 산과 산 사이에 있음
豆	콩 **두**	豆謂菽類 (두위숙류)	'豆'는 콩 종류를 일컬음
豕	돼지(돝) **시**	豕是成豚 (시시성돈)	'豕'는 다 자란 도야지를 말함
豸	발없는벌레 **치** 해태 **치**	豸無足蟲 (치무족충)	'豸'는 발이 없는 벌레임
貝	조개 **패** 자개 **패**	貝類甲殼 (패류갑각)	조개 종류는 몸을 보호하는 딱딱한 껍질을 가지고 있음
赤	붉을 **적**	赤色似火 (적색사화)	붉은 색은 불의 색깔과 비슷함
走	달아날 **주**	走獸疾行 (주수질행)	달아나는 짐승이 줄달음질을 쳐서 감
足	발 **족**	足部脚下 (족부각하)	'足'의 부위(部位)는 다리 아래 부분임
身	몸 **신**	身體筋骨 (신체근골)	몸은 근육과 뼈로 이루어졌음

車	수레 **거**	車輛乘用 (차량승용)	수레는 사람이 타기 위한 용도의 것임
辛	매울 **신**	辛味似椒 (신미사초)	매운 맛이 후추와 비슷함
辰	별 **신** 날 **진**	辰謂星宿 (신위성수)	'辰'이란 모든 성좌(星座)의 별들을 통털어 일컬음
辵	책받침(辶) (쉬엄쉬엄갈 **착**)	辵義漸行 (착의점행)	'辵'이란 뜻은 점차 조금씩 나아가는 것을 말함
邑	고을 **읍** 우부 방(阝)	邑內都會 (읍내도회)	고을 안에는 사람이 많이 모여 삶
酉	닭 **유** 술 **유**	酉方正西 (유방정서)	'酉'의 방위(方位)는 정서(正西) 쪽임
釆	분별할 **변** 나눌 **변**	釆是辨別 (변시변별)	'釆'이란 변별하는 것. 즉 판단하고 분간함을 이름
里	마을 **리**	里爲五隣 (리위오린)	'里'는 오린(五隣)을 합해서 된 마을 단위임
金	쇠 **금**	金者貴鐵 (금자귀철)	'金'이란 것은 귀한 쇠붙이임
長	길(긴) **장**(镸)	長短尺度 (장단척도)	길고 짧은 것을 자로 잼
門	문(두짝문) **문**	門形兩戶 (문형양호)	'門'은 그 형상(形象)이 지게문이 양쪽으로 달린 모양임
阜	언덕 **부** 좌부 변(阝)	阜陵土山 (부릉토산)	언덕은 흙으로 된 야트막한 산을 이름
隶	미칠 **이** 밑 **이**	隶本或及 (이본혹급)	'隶'는 뿌리, 혹은 '~에 미치다'는 뜻임
隹	새 **추**	隹短尾鳥 (추단미조)	'隹'는 꼬리가 짧은 새를 이름
雨	비 **우**	雨卽雲降 (우즉운강)	'雨'란 곧 물기 있는 구름이 내리는 것임
靑	푸를 **청**	靑色似天 (청색사천)	'靑色'은 마치 하늘의 빛깔과 같음
非	아닐 **비**	非卽不是 (비즉불시)	'非'는 곧 '옳지 않다' 의 뜻임
面	낯 **면**	面貌各樣 (면모각양)	얼굴은 그 모양이 각각 다름
革	가죽 **혁**	革去毛皮 (혁거모피)	'革'은 털을 없앤 가죽임
韋	다룬가죽 **위**	韋者柔革 (위자유혁)	'韋'라는 것은 부드럽게 가공(加工)한 가죽임
韭	부추 **구**	韭屬葷菜 (구속훈채)	'韭'는 훈채(葷菜: 매운 맛이 나는 채소)에 속함
音	소리 **음**	音聲可聽 (음성가청)	소리는 들을 수 있음
頁	머리 **혈**	頁義頭部 (혈의두부)	'頁'이란 사람의 머리 부분을 뜻함

風	바람 **풍**	風卽氣流 (풍즉기류)	'風'이란 대륙에서 공기의 흐름을 말함
飛	날 **비**	飛翔以羽 (비상이우)	하늘을 날아다니는 것은 날개로써 함
食	밥 **식** 먹을 **식**	食餌攝取 (식이섭취)	먹이를 먹어서 양분을 빨아들임
首	머리 **수**	首腦宗要 (수뇌종요)	'首腦'란 우두머리, 혹은 중요한 자리로서 종요로운 곳임
香	향기 **향**	香氣芬芳 (향기분방)	'香氣'는 꽃과 같은 향초(香草)에서 나는 좋은 냄새
馬	말 **마**	馬乘畜生 (마승축생)	'馬'는 사람이 타고 다니는 가축(家畜)임
骨	뼈 **골**	骨肉之核 (골육지핵)	'骨'은 살 속에서 중요한 역할(役割)을 함
高	높을 **고**	高低上下 (고저상하)	높고 낮음은 위와 아래의 위치(位置)임
髟	터럭발 (긴털드리울 **표**)	髟義髮垂 (표의발수)	'髟'는 회의자(會意字)로서 '긴 머리털이 늘어지다' 의 뜻임
鬥	싸울 **투**	鬥形相鬪 (두형상투)	'鬥'는 두사람이 마주서서 싸우는 형상임
鬯	울창주 **창** 활집 **창**/술 **창**	鬯茂鬱然 (창무울연)	초목이 쭉쭉 자라서 무성한 것이 울창한 모습임
鬲	다리굽은솥 **력** (오지병 **격**)	鬲曲脚鼎 (격곡각정)	'鬲'은 굽은 다리가 달린 솥을 말함
鬼	귀신 **귀**	鬼無依魂 (귀무의혼)	'鬼'란 의지할 곳이 없는 죽은 사람의 떠도는 혼(魂)임
魚	물고기 **어**	魚類鱗蟲 (어류린충)	물고기 종류는 비늘 있는 고기를 일컬음
鳥	새 **조**	鳥類羽族 (조류우족)	새 종류는 날짐승에 속(屬)함
鹵	소금밭 **로** 짠땅 **로**	鹵田鹽分 (로전염분)	'鹵田' 즉 염전에는 소금기가 있음
鹿	사슴 **록**	鹿有壯角 (록유장각)	사슴은 크고 잘 생긴 뿔이 있음
麥	보리 **맥**	麥類芒穀 (맥류망곡)	'麥類'의 곡식(보리,쌀보리,밀 등)은 가시랭이가 붙은 곡식임
麻	삼 **마**	麻者枲屬 (마자시속)	'麻'는 수삼류(水蔘類)에 속(屬)함
黃	누를 **황**	黃土之色 (황토지색)	누런 흙의 색깔
黍	기장 **서**	黍者禾屬 (서자화속)	'黍'는 벼의 종류(種類)에 속함
黑	검을 **흑**	黑色晦冥 (흑색회명)	'黑色'은 그믐밤처럼 어둡고 깜깜한 색임
黹	바느질할 **치**	黹義縫紩 (치의봉질)	'黹'란 옷을 바느질하는 뜻임

黽	맹꽁이 **민(맹)**	黽者蛙屬 (민자와속)	'黽'이란 놈은 개구리과에 속함
鼎	솥 **정**	鼎足三峙 (정족삼치)	'鼎'은 발이 셋 달린 솥임
鼓	북 **고**	鼓動革音 (고동혁음)	북을 울리는 소리는 가죽 소리임
鼠	쥐 **서**	鼠族遁穴 (서족둔혈)	쥐라는 족속은 구멍으로 숨어다니는 놈임
鼻	코 **비**	鼻腔肺竅 (비강폐규)	콧구멍은 폐의 밖으로 통하는 구멍임
齊	가지런할 **제**	齊等整然 (제등정연)	모두가 같은 것이 가지런히 정돈된 모양
齒	이 **치**	齒前牙後 (치전아후)	'齒'는 앞쪽에 난 이, '牙'는 뒷쪽에 난 이를 말함
龍	용 **룡**	龍想像獸 (용상상수)	'龍'은 상상(想像)의 짐승임
龜	거북 **구(귀)**	龜甲殼類 (구갑각류)	'龜'는 딱딱한 껍질로 둘러싸인 파충류임
龠	피리 **약**	龠三孔管 (약삼공관)	'龠'은 세 개의 구멍이 뚫린 피리임

索 引 (색 인)

結 語 (결어)

UN(국제연합)은 2019년을 '세계 토착어(土着語)의 해'로 정(定)하였다.

소멸위기언어연구소(Living Tongues Institute for Endangered Languages)의 조사(調査)에 따르면 지난 500년(年) 동안 전체(全體) 언어(言語) 7,000여종(餘種) 중(中) 4.5%가 소멸(消滅)되었고, 현재(現在) 2주일(週日)에 하나 꼴로 사라져간다고 한다. 이런 추세(趨勢)대로라면 100년(年) 안에 절반(折半)의 언어(言語)가 사라진다는 추산(推算)이 나온다. 이를 뒷받침하듯, 미국(美國)의 비정부기구(非政府機構)인 ELF(위기에 처한 언어를 위한 기금)의 조사(調査)에 의하면 현재 지구상(地球上)에 존재(存在)하는 토착언어(土着言語) 6,000여종(餘種) 중(中) 절반(折半)은 금세기(今世紀) 안에 사라진다는 발표(發表)도 있었다.

지구상(地球上)에 존재(存在)하는 언어(言語) 중(中) 97%의 인구(人口)가 사용(使用)하는 언어(言語)의 비중(比重)은 고작 4%에 해당(該當)하며, 이 4%의 범주(範疇) 밖에 있는 96%의 언어(言語)는 아마도 조만간(早晩間) 소멸(消滅) 위기(危機)에 놓인다고 봐야 할 것이다.

요즘 들어 인류(人類)의 국제화(國際化)가 빠르게 진행(進行)되어 가는 과정(過程)에서 영토(領土)의 예속(隷屬)이나 문화(文化)의 종속(從屬)에 의해 일부 약소(弱小)한 나라나 종족(種族)의 고유(固有)한 언어(言語)가 도태(淘汰)되어 사라져가는 경우(境遇)는 경쟁력(競爭力) 있는 언어(言語)만이 살아남는 적자생존(適者生存)의 원리(原理)가 빠른 속도(速度)로 진행(進行)되어가는 추세(趨勢)임을 증명(證明)한다.

그런 만큼 미래(未來)의 언어(言語)는 경쟁(競爭)에서도 살아남아야 하는 명제(命題) 또한 이 시대(時代)에 새롭게 부여(附與)받고 있다 할 것이다.

이 시점(時點)에서 우리는 이러한 시대적(時代的) 상황(狀況)을 감안(勘案)하여 우리말과 글이 시초(始初)한 어문학적(語文學的) 원리(原理)와 흘러온 역사적(歷史的) 가치(價値)를 돌아보아 미래(未來)의 언어(言語) 경쟁력(競爭力)을 높이기 위한 방향(方向)의 틀을 마련할 필요(必要)가 있을 것이다.

일찍이 우리 한민족(韓民族) 고대(古代) 역사(歷史)의 기록(記錄)들을 참고(參考)하여 보자면, 초대 환웅(初代 桓雄) 거발한(居發桓: B.C 3897~3804년)이 신지 혁덕(神誌 赫德)으로 하여금 천부(天符)의 유의(遺意)를 녹도문(鹿圖文)으로 남기게 했다는 기록(記錄)이나, 초대 단군(初代 檀君) 왕검(王儉: B.C 2333~2241年) 시대(時代)에 문자(文字)를 담당(擔當)하는 신지(臣智)라는 벼슬이 있었다는 기록(記錄)이나, 3세 단군(三世 檀君) 가륵(嘉勒: B.C 2182~2138年) 시대(時代)에 소위(所謂) 가림다(加臨多)라 이르는 정음(正音) 38자(字)를 정리(整理)했다는 기록(記錄) 등(等)은 이미 당시(當時)에 오늘날 뜻글자인 한자(漢字)의 전형(前型)으로 추측(推測)되는 녹도문(鹿圖文)과 오늘날 소리글자인 한글의 전형(前型)으로 보이는 정음(正音)의 병용(倂用) 가능성(可能性)이 미루어 짐작(斟酌)될 뿐만 아니라, 교착어(膠着語)의 어문체계(語文體系)를 가진 우리말의 태생적(胎生的) 특징(特徵)을 짐작(斟酌)케 하는 기록(記錄)들이라 할 것이며, 이미 최소한(最小限) 6천여 년(六千餘年) 전(前)부터 우리의 조상(祖上)은 우리의 말과 글을 사용(使用)하고 자유(自由)로이 소통(疏通)했던 문화선진국(文化先進國)이었음을 간접적(間接的)으로 증명(證明)하는 기록(記錄)들이다.

이를 입증(立證)하듯, 중국(中國) 고대(古代) 최고(最古)의 문자학서(文字學書)인 '설문해자(說文解字)'를 지은 후한 시대(後漢 時代: 25~220年)의 허신(許愼)조차도 몰랐던 한자(漢字)의 전형(前型)이라 할 수 있는 갑골문(甲骨文)이 1899年 지금(只今)의 중국(中國) 하남성(河南省) 안양시(安陽市)에 있는 옛 상(商)나라 수도(首都)였던 은(殷)의 터에서 발견(發見)되어 그동안 중국(中國)의 역사(歷史)에서 전설시대(傳說時代)의 영역(領域)으로 두었던 상(商)나라 시대(時代)가 역사시대(歷史時代)로 편입(編入)되는 계기(契機)가 되었으며, 특히 지금(至今)으로부터 20여년(餘年) 전(前)인 서기(西紀) 2000년경(年頃)에 발굴(發掘)된 새로운 자료(資料)에 근거(根據)하여, 그동안 우리에게 사론(史論)으로는 존재(存在)하나 실증적(實證的) 사료(史料)의 미비(未備)로 궁금증의 영역(領域)으로만 남아있던 옛 사료(史料)에 대한 거증(擧證)이 이루어짐에 따라 지금(至今)의 한자(漢字)로 불리는 뜻글자의 기원(起源)이 바로 우리 한민족(韓民族)의 문화권(文化圈)에서 비롯되었음에 대한 나름대로의 심증(心證)을 얻은 바 있다.

그 심증(心證)이란 고려(高麗) 말기(末期) 두문동(杜門洞) 72현(賢) 중(中)의 한 사람인 민안부(閔安富) 선생(先生)의 농은유집(農隱遺集) 책갈피에서 갑골문(甲骨文)으로 쓰여진 천부경(天符經)이 발견(發見)됨에 따라, 지금(至今)까지는 시대별(時代別)로 각기(各其) 다른 문자(文字)의 존재(存在)로만 알고 있었던 녹도문(鹿圖文)이나 녹비문자(鹿皮文字), 신지문자(神誌文字), 은문(殷文), 갑골문(甲骨文) 등등(等等)이 결국(結局)은 하나의 문자(文字)였던 것으로 추정(推定)된다는 점(點)에서다.

한편, 대요(大撓)와 창힐(倉頡)은 14세(世) 자오지(慈烏支) 환웅(桓雄: B.C 2706~2598年)인 치우(蚩尤)의 무리로서 대요(大撓)는 일찍이 간지지술(干支之術)을 배우고, 창힐(倉頡)은 부도지문(符圖之文)을 받았다는 기록(記錄)이나, 자부선생(紫府先生)께서 삼청궁(三淸宮)에 거(居)하시니 공공(共工)·헌원(軒轅)·창힐(倉頡)·대요(大撓)의 무리가 와서 배웠다. 이에 윷놀이를 만들어 이로써 환역(桓易)을 강연(講演)하니, 대저(大抵) 신지(神誌) '혁덕(赫德)'이 적은 천부(天符)의 유의(遺意)였다는 내용(內容)의 고대사(古代史) 기록(記錄)들을 굳이 들추어낸다면, 창힐(倉頡)의 한자(漢字) 창제

설(創製說)은 그 신빙성(信憑性)이 취약(脆弱)해짐을 피(避)할 수 없다.

비록 학자(學者)들 사이에 진위(眞僞) 논란(論難)이 남아있기는 하나, 이러한 사료(史料)들에 의(依)에 확보(確保)된 증거(證據)들은 일찍이 문자혁명(文字革命)이 이루어지던 시기(時期)를 우리가 앞장서서 이끈 주인공(主人公)이었음을 입증(立證)하는 증거(證據)들로서, 우리가 지금(至今)까지 알고 있었던 한자(漢字)의 기원(起源)과 언어(言語) 사용(使用)의 영역(領域)에 대해 다시 한번 살펴보아야 할 여지(餘地)를 던져주는 새로운 명제(命題)라 할 것이다.

소리글자는 소통(疏通)의 강점(强點)이 있다면, 뜻글자는 기록(記錄)에 있어서의 강점(强點)을 지닌다는 점(點)에서 이미 그 당시(當時)에 얼마나 깊이 있는 어문체계(語文體系)의 연구(硏究)가 이루어지고 있었던가를 짐작(斟酌)케 하는 대목이다.

그러한 우수(優秀)한 문화적(文化的) 유산(遺産)을 물려받은 겨레의 후손(後孫)된 입장(立場)에서 오늘의 현실(現實)을 돌아보노라면, 오늘날 우리나라 언어교육(言語敎育)이 퇴락(頹落)해가는 당면(當面)한 문제(問題)들과 맞닥뜨리게 됨을 애석(哀惜)하게 생각지 않을 수 없다.

한글 전용정책(專用政策)으로 말미암아 문자(文字)의 독해능력(讀解能力) 저하(低下)는 문맹(文盲) 수준(水準)으로 심각(深刻)한 상황(狀況)에 처(處)해 있을 뿐만 아니라, 원류(源流)도 모르는 난잡(亂雜)한 외국어(外國語)가 뜻도 모를 은어(隱語)와 함께 남발(濫發)되어 일반(一般) 가정(家庭)에서조차 세대간(世代間)의 소통(疏通)이 어려워지고 있는 실정(實情)임에도, 언어(言語)의 순화(醇化) 노력(努力)은커녕 이러한 소통(疏通) 불합리(不合理)의 교정(矯正)과 각성(覺醒)을 촉구(促求)하는 이가 없는 현실(現實)이 안타깝고, 미래(未來) 또한 암담(暗澹)하기만 하다.

설사(設使) 우수(優秀)한 어문체계(語文體系)를 지닌 우리의 말이 여의(如意)히 창달(暢達)되어 일상(日常)에서는 아무리 소통(疏通)이 잘 된다 할지라도, 이를 기록(記錄)하여 문화적(文化的) 유산(遺産)으로 남기는 데에 있어서 취약성(脆弱性)을 드러낸다면, 이는 마치 모래밭에 누각(樓閣)을 올리는 일이 될 것이요, 장차(將次) 문화적(文化的)으로 절름발이 신세(身世)가 될 것이며, 또한 국제적(國際的) 위상(位相)에서 아류국(亞流國)으로 남아야 할 것임을 명심(銘心)해야 할 일이다.

한 나라의 말과 글이 지니는 소통(疏通)과 기록(記錄)의 역할(役割)이 이리도 중차대(重且大)할진대, 하물며 이 방면(方面)의 학자(學者)들조차 한글의 우수성(優秀性)은 자랑하고 다니면서도 정작 한자(漢字)의 원류(源流)가 우리에게 있음을 아는 자(者) 또한 없으니, 오죽하면 20세기(世紀) 석학(碩學)인 중국(中國)의 임어당(林語堂) 선생(先生)이 대한민국(大韓民國) 초대(初代) 문교부장관(文敎部長官)을 지낸 안호상(安浩相) 박사(博士)의 한글

자랑을 듣고 있다가 빙긋이 웃으며, “그런데 왜 한자(漢字) 자랑은 아니 하느냐?”며 짐짓 조롱(嘲弄) 섞인 면박(面駁)을 주면서까지 굳이 우리 스스로가 잃어버린 역사(歷史)를 일깨워주려 하였을까?

이울러 이 시점(時點)에서 간절(懇切)한 것은 우리의 고대사(古代史)에 대한 진위(眞僞) 논란(論難)에 매몰(埋沒)된 채 아직도 배타적(排他的) 논란(論難)만 벌이고 있는 역사학자(歷史學者)들이 각자(各自) 알량한 지식(知識)의 아상(我相)을 깨고 나와 사료(史料)에 대한 진솔(眞率)한 접근(接近)과 연구(硏究)에 초심(初心)의 분발(奮發)이 요구(要求)된다는 점(點)이라 하겠다.

이는 과거(過去)의 영광(榮光)에 대한 향수(鄕愁)에 안주(安住)하기 위함이 아니요, 역사(歷史)에 바탕한 문화적(文化的) 소양(素養)을 찾아 미래(未來)로 나아가기 위함이다.

일찍이 근역천자문(槿域千字文)을 감수(監修)하고 격려(激勵)해마지 않으셨던 어문학계(語文學界)의 큰 학자(學者)이신 고(故) 난대(蘭臺) 이응백(李應百) 선생(先生)이 주창(主唱)하신 국한문병용정책(國漢文竝用政策)의 지론(持論)도 문자(文字)가 가지는 소통(疏通)과 기록(記錄)이라는 커다란 요소(要素)에 주목(注目)하였으며, 이에 있어서 가장 우수(優秀)한 어문체계(語文體系)를 갖춘 우리말이 인류사(人類史)에 끼칠 미래지향적(未來指向的) 가치(價値)와 기여(寄與)에 대한 명제(命題)를 안고 필생(畢生)의 업(業)으로 삼으셨음을 참고(參考)한다.

언어문화(言語文化)의 창달(暢達) 의지(意志)는 단순(單純)히 이 시대(時代) 경쟁력(競爭力) 제고(提高)라는 소아적(小我的) 목적(目的)을 넘어서, 인류문화(人類文化)의 고도화(高度化)에 기여(寄與)하고 미래(未來) 인류(人類) 가치(價値)의 창달(暢達)을 선도(先導)하기 위한 대의(大義)에 둔다.

언어(言語)란 문화(文化)의 첨병(尖兵)이며, 미래(未來)의 힘이기 때문이다.

학생(學生)들이여!

분발(奮發)하라.

西紀 2021年 7月 祭魚齋에서 著者 朴永信 肅記.

追 記 (추기)

근역천자문(槿域千字文)이 왕성(旺盛)한 열정(熱情)의 활동기(活動期)에 지어져 그 마무리가 더디지 않았다면, 천구문(千句文)은 기력(氣力)이 쇠잔(衰殘)한 염혼기(殮昏期)에 접어들어 완성(完成)을 보기까지 가다가 멈추고 다시 가기를 여러 차례 되풀이 했다.

또한 근역천자문(槿域千字文)이 세상(世上)에 나오기까지 난대(蘭臺) 이응백(李應百) 선생(先生)의 지도(指導)와 편달(鞭撻)이 있었다면, 천구문(千句文)이 완성(完成)되어 교재(敎材)로 간행(刊行)되기까지는 일산(逸山) 양철민(梁澈敏) 선생(先生)의 각별(恪別)한 관심(關心)과 성원(聲援)이 있어 특별(特別)하다.

혹여(或如) 항간(巷間)의 유행(流行)처럼 저술(著述)을 통해 이름을 알리고자 했다면, 애초에 한자교육(漢字敎育)이 등한시(等閑視)되는 이 시대(時代)에 굳이 이러한 책(冊)은 쓰지 않아도 되었을 것이다.

으레 현실(現實)에서는 당장(當場) 눈앞의 이익(利益)에 주목(注目)하는 다수(多數)의 안목(眼目)이 주효(奏效)하겠으나, 다만 백년(百年) 앞을 내다보는 배고픈 과학도(科學徒)의 소망(所望)도 있는 것처럼, 비록 당장(當場)은 외면(外面) 받더라도 미래가치(未來價値)에 주목(注目)하는 소수(少數)의 안목(眼目)도 소용(所用)이 있으리라 여겼다.

그처럼 천구문(千句文)이 성구(成句)되기까지 아무도 눈길을 주지 않았고, 심지어(甚至於) 저자(著者)인 본인(本人)마저도 다른 일에 한눈이 팔려서 10여년(餘年)을 허송(虛送)하는 사이, 일산(逸山) 선생이 어느 날 서가(書架)의 한 귀퉁이에서 잠자고 있던 보잘 것 없는 졸고(拙稿)를 꺼내 들춰보고 요란스레 먼지를 털어내며 게으름을 일깨워주고 단근질하면서 지지부진(遲遲不進)하던 본(本) 교재(敎材)의 완성(完成)을 도왔다.

일찍이 백아(伯牙)에게 종자기(鍾子期)가 있었다면, 비록 오늘의 못난 나에게도 양철민(梁澈敏)이라는 지우(知友)가 있다 할 것이다.

특히 나의 오랜 벗이자 험난(險難)한 인생길의 향도(嚮導)와도 같은 혜안(慧眼)으로 고비마다 아름다운 지혜(智慧)를 선사한 충주(忠州) 고불선원(古佛禪院)의 석암(石岩) 강희준(姜熙俊) 법사(法師)의 사려(思慮) 깊은 보살핌과 우정(友情)에 각별(恪別)한 마음을 전(傳)한다.

이 저술(著述)은 애초에 청사(晴斯) 안광석(安光碩) 선사(先師)의 유지(遺旨)를 제대로 받들지 못해 답답한 마음으로 소일(消日)하다가 시작(始作)한 일이었으되, 생각은 번거로우나 천성(天性)이 게으른 스스로를 경책(警責)해 나감에 있어 문하(門下)의 선배(先輩)이신 무진(無盡) 권순관(權淳寬) 선생의 질책(叱責)과 독려(督勵)가 스승의 빈자리를 대신(代身)해 의지(依支)된 바 또한 컸음도 잊지 않고 있다.

돌아보건대, 못난 내가 살아오면서 별다른 복(福)은 없었다지만, 이만하면 그래도 인복(人福) 하나는 있었다고 자부(自負)할 만하지 않겠는가?

인덕(人德)을 타고난 나는 늘 주위(周圍)의 친지(親知)들에 의해, 더 가까이는 두 분의 가형(家兄)에 의지(依支)해 거친 성품(性品)이 다듬어지고, 아둔한 안목(眼目)이 세련(洗練)되게 단련(鍛鍊)되었으며, 잘못 든 길에서 바른 길로 인도(引導)되어 왔다. 비록 오늘의 자그마한 열매일지라도 어찌 나만의 것이라 할 것인가!

늘 옆에서 이끌어주며 복(福)을 선사한 그들에게 감사(感謝)한다.

또한 은혜(恩惠)로운 인연(因緣)을 베풀어 출판(出版)의 번거로움을 흔쾌(欣快)히 감당(堪當)해 주신 도서출판『뱅크북&청연』김민곤(金敏坤) 사장(社長)님과 출판관계자(出版關係者) 여러분의 노고(勞苦)에도 심심(甚深)한 사의(謝意)를 표(表)하고자 한다.

西紀 2022年 3月　文補山房에서 著者 朴永信 肅拜.

천구문

인쇄일 2022년 6월 5일
발행일 2022년 6월 10일
저 자 박영신
발행처 뱅크북
신고번호 제2017-000055호
주 소 서울시 금천구 가산동 시흥대로 123 다길
전 화 (02) 866-9410
팩 스 (02) 855-9411
이메일 san2315@naver.com

* 책값과 바코드는 표지 뒷면에 있습니다.